現代心理学
［理論］事典

新装版

中島義明［編］

朝倉書店

本書は『現代心理学[理論]事典』第6刷を底本として刊行したものです.

まえがき

　本書は，現代の心理学を支えている原理的考え，すなわち「理論」を一堂に集約した「事典」である．心理学の各分野におけるこのような理論を集めれば，その数は相当なものとなろう．本書は，それらの理論を単に個別に説明しようと試みた「辞典」ではない．何らかの「整理枠組み」のもとに，いくつかの理論をカテゴライズしたり，いくつかの理論を横断する共通項を整理することにより，より大きな「総合理論」化を図ったものでもある．

　いかなる整理枠組みを用いるか，またいかなる総合理論化をめざすかということは執筆者自身に委ねられた．それゆえ，ここにいかなる視点を持ち込むのかオリジナリティを出すのかということが，執筆者の研究者としての感性・力量を示すことにつながりかねない．その意味で，それぞれの章は各理論に関する単なる解説の章というより，諸理論についての一種の「展望論文」ともいえる．

　本書のもつこの特色は，執筆者に対して重い負担を強いることになる．がしかし，学問的には非常にやりがいのある仕事でもある．執筆を依頼されれば，これら両要因の間で，引き受けるかどうかにつき，きっと思い迷うであろう．執筆に気持を傾斜させる説得が，編集者に課されたまずクリアすべき難事であった．十分に時間をかけて話し合った結果，交渉相手のほとんどの先生方が本書刊行の意義を認めて下さり，執筆に意欲的なご返事をいただけた．

　心理学の領域において現在刊行されている書物の中に，類書を編者は知らない．本書誕生のきっかけは，朝倉書店の企画者より，心理学の領域で息長く用いられ，かつ，「この種の本なら朝倉のあれがある」といわれるような書物をぜひ刊行したいとの相談を受けたことに始まる．編者は迷うことなく「理論」に焦点化した書物の刊行を提案した．

　そのとき，編者の頭の中には，壮大な？企画がイメージされていた．まず，心理学という学問領域を，発達心理学とか社会心理学といったように，大きく5，6の分野に分ける．次に，これらそれぞれの分野ごとに5，6冊ずつの小冊子を割り当てる．それゆえ，全分野を合計すると30～40冊にもなろうか．いってみれば，「心理学理論シリーズ」とでも呼べるような叢書の類である．この形態をとれば，読者は必要に応じた小冊子を選択的に購入できよう．結果的には，この形態は日の目を見るに至らなかった．経費のうえで，また営業のうえで，出版社にあまりに過重な負担を強いることが予測されたからである．

　しかし，本書は，そのスケルトンは十分に踏襲している．上記叢書の各小冊子をシュルシュルッと1/3～1/4ほどに圧縮して1章となし，全分野をカバーしてこれらの章を一堂

に集め，1冊の厚い書物(事典)の形をとったものが，ほかならぬ本書であるからだ．この出版形態をとると，叢書とはまた別のメリットが生まれる．章を横断してパラパラとページをめくることにより，読者は，現代の心理学の「全体像」をより容易に把握できよう．読者には，特定の理論を深く理解するためにある部分を精読するといった作業にのみ本書を用いるのではなく，時間のあるときにはぜひ上述のような章や分野にまたがった「パラパラ読み」を試みてほしい．この回数が増えるほど，「心理学」という一つの呼称で呼ばれているディシプリンの現在の全体的イメージを構成しやすくなろう．

　本書にはもう一つ特筆すべき工夫がなされている．各章に可能な限り「エピソード」と「現象例」を配したことである．前者は，たとえば当該章に出てくる理論の提唱者や理論誕生に関わるような「ちょっとしたお話」である．後者は，当該章で言及された理論を用いて解釈できるような，われわれの生活の中にみられる実際例をあげたものである．これらが，「理論」の味をマイルドに整え，読者の消化吸収を助ける香辛料の働きをしてくれればと期待している．

　「こころ」というとらえにくい対象を取り扱うディシプリンの宿命として，「心理学」はその独立の当初より現在に至るまで，主観主義パラダイムと客観主義パラダイムの狭間の中で揺れ動いてきた．現代の心理学が，両者にどのような折り合いをつけているのかを考えるうえで，本書はまたとない参考書となるであろう．その意味で，本書が心理学の研究者・学生のみならず隣接諸科学に携わる人々や心理学に関心を有する多くの人々の座右の書となることを願ってやまない．

　最後に，本書の誕生に関わった執筆者の先生方に深甚なる謝意を表したい．本書は理論を真正面から取り上げるという重い作業ゆえに，その企画から出版に至るまでにじつに多くの歳月を要した．その間には，新しい理論の出現により，担当部分を全面的あるいは部分的に書き改めるという過重な負担をおかけしてしまった執筆者も数多くいる．ひとえに編者の編集者としての非力によるものであり，この場をお借りして心よりのお詫びを申し上げたい．また，朝倉書店の先の企画者はじめ編集を直接担当された方々に対しても厚く御礼を申し上げる．彼らは，忍耐強い主治医のごとく，ともすれば気弱になる編者や執筆者たちを陰にひなたに励まし，本書の誕生を現実のものとしてくれた．まさに名医であった．

　21世紀の扉が開いた年に本書を刊行できることは編者として無上の喜びである．

　2001年9月

中 島 義 明

執　筆　者
(執筆順)

菅井勝雄	大阪大学大学院人間科学研究科	石井　澄	名古屋大学大学院文学研究科
中島義明	早稲田大学人間科学部	石黒広昭	北海道大学大学院教育学研究科
野嶋栄一郎	早稲田大学人間科学部	子安増生	京都大学大学院教育学研究科
太田裕彦	関西国際大学人間学部	岩立志津夫	日本女子大学人間社会学部
立花政夫	東京大学大学院人文社会系研究科	青木多寿子	岡山大学教育学部
岡本榮一	元 川村学園女子大学文学部	無藤　隆	お茶の水女子大学生活科学部
繁桝算男	東京大学大学院総合文化研究科	遠藤利彦	京都大学大学院教育学研究科
菊地　正	筑波大学心理学系	酒井春樹	札幌大学大学院経営学研究科
乾　敏郎	京都大学大学院情報学研究科	外山みどり	学習院大学文学部
柏原　崇	自動車安全運転センター 安全運転中央研修所	山口　勧	東京大学大学院人文社会系研究科
東山篤規	立命館大学文学部	安藤清志	東洋大学社会学部
苧阪直行	京都大学大学院文学研究科	山岸俊男	北海道大学大学院文学研究科
行場次朗	東北大学大学院文学研究科	杉万俊夫	京都大学総合人間学部
増井　透	椙山女学園大学人間関係学部	河合俊雄	京都大学大学院教育学研究科
箱田裕司	九州大学大学院人間環境学研究院	倉光　修	大阪大学大学院人間科学研究科
安藤満代	群馬大学医学部保健学科	坂野雄二	早稲田大学人間科学部
都築誉史	立教大学社会学部	鈴木浩二	国際心理教育研究所
伊東裕司	慶應義塾大学文学部	鈴木和子	国際心理教育研究所
川﨑恵里子	川村学園女子大学文学部	倉戸ヨシヤ	関西大学社会学部
多鹿秀継	愛知教育大学教育学部	三木善彦	大阪大学大学院人間科学研究科
吉川左紀子	京都大学大学院教育学研究科	近藤喬一	慈友クリニック
伊藤美加	京都大学大学院教育学研究科	岡田康伸	京都大学大学院教育学研究科
赤井誠生	大阪大学大学院人間科学研究科		

目　　　次

Ⅰ．心理学のメタ・グランド理論

1.　科学論的理論 —— 科学のメタファ論からみた現代心理学 ——
　　　　　　　　　　　　　　　　　　　　　　　　〔菅井勝雄，中島義明〕…2

1.1　科学論と"理論心理学" ……………………………………………3

1.2　"科学のメタファ論"への一歩 —— ヘッセを中心に —— ………5

1.3　科学論におけるクーン理論の位置 ……………………………8
　　a．「観察と理論は峻別されない」……………………………8
　　b．「科学は累積的ではない」…………………………………9
　　c．「現実に活動している科学は緊密な演繹的構造をもたない」……………9
　　d．「現実の科学の概念群はとくに精密であるというわけではない」………10
　　e．「科学の方法論的統一は誤っている．すなわち，さまざまの種類の間には
　　　　数多くの相互連絡のない道具立てが用いられる」………………10
　　f．「諸科学はそれら自体統一されない．諸科学は相互に緩やかな学問分野か
　　　　らなり，その小分野の多くは時間の流れの中で互いに包含してしまうこ
　　　　とさえない」………………………………………………10
　　g．「正当化の文脈は発見の文脈から分離しえない」………………10
　　h．「科学は時代の中にあり，本質的に歴史的なものである」……………11

1.4　パラダイム概念の検討 —— マスターマンの分析 —— ……………11
　　a．パラダイムの三つの種類と3次元構造 ……………………12
　　b．無パラダイム科学，複数パラダイム科学，二重パラダイム科学 …………13
　　c．"ものの見方"としての構成パラダイム …………………14
　　d．パラダイムの論理学的諸特徴 ………………………………14

1.5　クーンの対応 ……………………………………………………15
　　a．記号的一般化 ………………………………………………16
　　b．モデル ………………………………………………………16
　　c．価値基準 ……………………………………………………16
　　d．見本例 ………………………………………………………17

1.6　"科学のメタファ論"の構築 …………………………………18
　　a．パラダイムの3次元構造とそのダイナミズム ……………18
　　b．ルート・メタファとパラダイム論 ………………………19

vi 目　　次

　　c．“科学のメタファ論” ……………………………………22
1.7　現代心理学の構造と展望 ……………………………24
　　a．概　観 …………………………………………………24
　　b．理論間の特色，相互関係，研究方法論 …………………29
　　c．展　望 …………………………………………………31
2．システム科学的理論………………………………………〔野嶋栄一郎〕…37
2.1　システム理論とは …………………………………………38
2.2　システム理論の三つの側面 ……………………………38
2.3　一般システム理論 …………………………………………40
　　a．一般システム理論成立の背景 —— 有機体論との関係 —— …40
　　b．一般システム理論成立の背景 —— システムズ・アプローチ —— …42
　　c．一般システム理論の概要 …………………………………43
2.4　システム理論のもたらすパラダイムシフト ……………44
　　a．システム科学の出現 ………………………………………44
　　b．システム科学のパラダイム …………………………45
2.5　システム論的人間研究への流れ ………………………48
　　a．人間＝ロボット論への反駁 ……………………………48
　　b．システム論的な方向転換 ………………………………49
2.6　システム理論と行動科学，人間科学 ……………………53
　　a．行動科学にみられるシステム理論の影響 ……………………53
　　b．人間科学とシステム理論 ………………………………54
3．生物学的理論 ……………………………………………〔太田裕彦〕…59
3.1　ダーウィン進化論 …………………………………………59
　　a．『種の起原』が生まれるまで ……………………………59
　　b．ダーウィン進化論の構成および概要とその特徴 ………………60
　　c．ダーウィン進化論の受容 …………………………………61
　　d．ダーウィン以後 …………………………………………62
　　e．心理学におけるダーウィン進化論 ………………………63
3.2　比較行動学的理論 …………………………………………65
　　a．比較行動学の歴史 …………………………………………65
　　b．比較行動学の基本的立場 …………………………………66
　　c．比較行動学の理論 …………………………………………67
　　d．比較行動学と心理学との関係 ……………………………69
3.3　行動生態学的理論 …………………………………………70
　　a．行動生態学とは何か ………………………………………70
　　b．行動生態学の基本的概念 …………………………………70

	c.	行動生態学の基本的理論 ……………………………………71
	d.	行動生態学と心理学 ……………………………………73

4. 神経科学における基本的概念 ……………………………〔立花政夫〕…78
4.1 細胞を構成する物質 ……………………………………79
   a. 神経細胞と衛星細胞 ……………………………………79
   b. 細胞を構成する物質 ……………………………………79
4.2 神経細胞の活動 ……………………………………85
   a. 神経細胞の電気的活動 ……………………………………85
   b. シナプス伝達 ……………………………………90
   c. 神経回路網 ……………………………………91
4.3 脳のマクロ的活動 ……………………………………94
   a. 神経細胞の電気的活動性に基づく脳の活動の把握 ……………95
   b. 神経細胞の光学的変化に基づく脳の活動の把握 ……………96
   c. 神経細胞の生化学的変化に基づく脳の活動の把握 ……………96
   d. 脳の血管系の変化に基づく脳の活動の把握 ……………97

5. 数理科学的理論 ……………………………………103
5.1 精神物理学………………………………………〔岡本榮一〕…104
   a. 精神物理学の成立 ……………………………………104
   b. 閾・定数の測定 ……………………………………104
   c. 測定尺度 ……………………………………105
   d. 精神物理学の法則 ……………………………………105
   e. 精神物理学的測定法 ……………………………………106
5.2 公理論的測定理論………………………………〔繁桝算男〕…108
   a. 測定の外延性 ……………………………………108
   b. スティーヴンスの尺度論 ……………………………………109
   c. 公理論的展開 ……………………………………110
   d. 外延的測定 ……………………………………111
   e. コンジョイント測定 ……………………………………112
5.3 数理モデル………………………………………〔岡本榮一〕…113
   a. ハルの行動理論 ……………………………………113
   b. 線形モデル ……………………………………114
   c. 非線形モデル ……………………………………115
   d. 刺激抽出理論 ……………………………………116
   e. 計算論的学習理論 ……………………………………117
5.4 測定値の理論………………………………………〔繁桝算男〕…119
   a. 古典的テスト理論(信頼性と妥当性) ……………………………119

b. $\rho_{xx'}$ の推定 ……………………………………………120

c. 信頼性係数の推定 ………………………………………121

d. 一般化可能性係数 ………………………………………122

e. 妥当性 ……………………………………………………123

f. 項目応答理論 ……………………………………………124

5.5 意思決定モデル……………………………………〔繁桝算男〕…126

a. 意思決定問題の定式化 …………………………………126

b. 意思決定のプロセス ……………………………………127

c. ベイズ的決定理論 ………………………………………127

d. 心理学的記述理論 ………………………………………128

e. プロスペクト理論 ………………………………………129

f. 累積プロスペクト理論 …………………………………130

II. 感覚・知覚心理学

1. 感 覚 理 論 ………………………………………〔菊地　正〕…134

1.1 刺激の受容 ………………………………………………134

a. 受容器の種類 ……………………………………………134

b. 感覚の符号化 ……………………………………………135

c. 刺激受容範囲 ……………………………………………137

1.2 順応と弁別 ………………………………………………139

a. 視覚での順応 ……………………………………………139

b. 他感覚での順応 …………………………………………139

c. 弁別とウェーバーの法則 ………………………………140

1.3 加　　重 …………………………………………………142

a. 視覚における空間的加重と時間的加重 ………………142

b. 他感覚での空間的加重と時間的加重 …………………143

1.4 興奮と抑制 ………………………………………………144

a. 同時対比 …………………………………………………144

b. マッハ現象：側抑制 ……………………………………144

1.5 周波数分析 ………………………………………………146

a. 視覚の周波数選択性：選択的順応 ……………………146

b. 聴覚の周波数選択性：マスキング実験 ………………149

2. 計 算 理 論 ………………………………………〔乾　敏郎〕…154

2.1 視覚情報処理の枠組み …………………………………154

2.2 マーと彼の視覚計算理論の枠組み ……………………155

目　　　次　　　　　　　ix

　　　a．マーの功績 ……………………………………………………155
　　　b．処理過程を理解する三つの水準 …………………………155
　　　c．模擬でない真の研究 …………………………………………156
　　　d．アルゴリズムの設計原理 ……………………………………157
　　　e．視覚系を構成する三つの水準 ………………………………157
　2.3　初期視覚の研究 ……………………………………………………158
　　　a．複数モジュールによる多重表現 ……………………………158
　　　b．陰影からの形状復元の考え方 ………………………………160
　　　c．遮蔽輪郭，表面輪郭と3次元曲線 ………………………161
　2.4　マー以後の計算理論 ………………………………………………162
　　　a．標準正則化理論 ………………………………………………162
　　　b．一般化画像放射照度方程式 …………………………………162
　　　c．視覚系の構造と機能 …………………………………………164
　　　d．マルコフ確率場理論 …………………………………………165
　　　e．視覚大脳皮質の計算理論 ……………………………………166
　2.5　モジュールの統合 …………………………………………………168
　　　a．統合される情報の表現 ………………………………………168
　　　b．両眼立体視系と単眼立体視系の相互作用──ベイズ推定の立場から── …168
　2.6　3次元物体の認識 …………………………………………………169
3．　事象知覚理論 …………………………………………………〔柏原　崇〕…172
　3.1　事象知覚とは ………………………………………………………172
　3.2　生態学的理論 ………………………………………………………174
　　　a．理論の概要 ……………………………………………………174
　　　b．不変項 …………………………………………………………176
　　　c．アフォーダンス ………………………………………………180
　3.3　知覚的ベクトル分析 ………………………………………………182
　　　a．基本原理 ………………………………………………………182
　　　b．生物学的運動の知覚 …………………………………………183
　　　c．力学的事象の知覚 ……………………………………………185
　3.4　理論の将来へ向けて ………………………………………………187
4．　知覚的推理の理論 ……………………………………………〔東山篤規〕…192
　4.1　ヘルムホルツの知覚論 ……………………………………………192
　　　a．知覚と類推 ……………………………………………………193
　　　b．気づかれない感覚 ……………………………………………196
　　　c．経験の効果 ……………………………………………………197
　　　d．シンボルとしての知覚 ………………………………………198

e. 因果の法則 ……………………………………………………………199
　4.2 理論の展開 ………………………………………………………………201
　　a. 樹酌理論 ………………………………………………………………201
　　b. 経験的な枠組み ………………………………………………………205
　　c. 共変する近刺激と知覚的達成 ………………………………………210
5. 精神物理学的理論 ………………………………………………〔苧阪直行〕…215
　5.1 フェヒナーの精神物理学 ………………………………………………216
　　a. 理論的枠組み …………………………………………………………216
　　b. 外的精神物理学 ………………………………………………………217
　　c. 外的精神物理学と現代の精神物理学 ………………………………219
　　d. 内的精神物理学 ………………………………………………………219
　　e. 精神物理学的測定法 …………………………………………………220
　5.2 スティーヴンスの精神物理学 …………………………………………221
　　a. 理論的枠組み …………………………………………………………221
　　b. マグニチュード推定法 ………………………………………………222
　　c. クロスモダリティ・マッチング ……………………………………223
　5.3 信号検出理論 ……………………………………………………………224
　　a. 理論的枠組み …………………………………………………………224
　　b. 感受性 d' と判断基準 β ……………………………………………225
　　c. 利得行列 ………………………………………………………………226
　　d. ROC 曲線 ……………………………………………………………226
　　e. 測定法の例 ……………………………………………………………226
　5.4 適応的精神物理学 ………………………………………………………227
　　a. 理論的枠組み …………………………………………………………227
　　b. 測定法 …………………………………………………………………228
　5.5 フェヒナーと現代の精神物理学 ………………………………………229
6. 神経生理学的理論 ………………………………………………〔行場次朗〕…235
　6.1 受容野研究 ………………………………………………………………236
　6.2 認識細胞仮説 ……………………………………………………………238
　6.3 手ニューロンと顔ニューロン …………………………………………238
　6.4 バーローのニューロン原則 ……………………………………………239
　6.5 神経符号化に関する諸理論のまとめ …………………………………241
　　a. 認識細胞仮説・おばあさん細胞仮説 ………………………………241
　　b. 分散表現仮説 …………………………………………………………242
　　c. スパースコーディング説・集団符号化説 …………………………242
　　d. 同期的符号化説・共振的符号化説 …………………………………242

6.6 チャンネル・モジュール・下位系理論 ……………………………243

   a. チャンネル理論 ………………………………………………243

   b. モジュール・経路理論 ……………………………………244

6.7 制約条件としてのハードウェアの理解 ………………………247

III. 認 知 心 理 学

1. **ボックス理論** ……………………………………〔増井　透〕…254

  1.1 ボックスの中のボトルネック：ブロードベントの理論 ………254

  1.2 多段階・多重処理モデル：アトキンソンとシフリンの理論 …257

  1.3 アーキテクチャーの論理：スパーリングの理論 ………………261

  1.4 ボックスから脳アナロジーへ：PDP 理論 ……………………264

2. **イメージ理論** …………………………〔箱田裕司, 安藤満代〕…270

  2.1 イメージの機能に関する理論 …………………………………271

    a. リンチの理論 ………………………………………………271

    b. ナイサーの理論 ……………………………………………272

    c. ペイビオの理論 ……………………………………………274

  2.2 イメージの表象形式に関する理論 ……………………………277

    a. ピリシンの理論 ……………………………………………277

    b. コスリンの理論 ……………………………………………279

3. **ネットワーク理論** ……………………………………………286

  3.1 概念のネットワーク ……………………………〔都築誉史〕…287

    a. TLC モデル …………………………………………………287

    b. コリンズとキリアンの研究 ………………………………287

    c. 連想強度の効果 ……………………………………………288

    d. 特徴比較モデル ……………………………………………289

    e. 活性化拡散モデル …………………………………………289

    f. プライミング効果 …………………………………………291

  3.2 エピソード記憶のネットワーク ………………〔伊東裕司〕…293

    a. エピソード記憶の表象 ……………………………………293

    b. ネットワーク表象の要件 …………………………………294

    c. 記憶表象モデルに関わる論点 ……………………………295

    d. エピソード記憶の符号化と検索 …………………………296

    e. プライミング効果 …………………………………………297

    f. 意味記憶とエピソード記憶 ………………………………298

  3.3 コネクショニスト・モデル……………………〔都築誉史〕…300

	a. コネクショニスト・モデルの意義	300
	b. 局所主義的コネクショニスト・モデル	301
	c. 並列分散処理モデル	304

4. 文章理解の理論 〔川﨑惠里子〕…308

4.1 スキーマ理論 309
   a. スキーマ理論とは何か 309
   b. スクリプト理論 310
   c. 物語文法 314
4.2 キンチュのモデル 318
   a. ミクロ構造とマクロ構造 318
   b. 構成-統合モデル 320
4.3 状況モデル 322

5. 問題解決の理論 〔多鹿秀継〕…329

5.1 ウェルトハイマーの理論 330
   a. ウェルトハイマーの理論の特徴 330
   b. ウェルトハイマーの理論の適用される具体例 330
   c. 構造的関係の理解 331
5.2 情報処理モデル 332
   a. 情報処理モデルの特徴 332
   b. 情報処理モデルの適用される具体例 334
   c. 問題解決方略 336
5.3 メンタル・モデル 336
   a. メンタル・モデルの特徴 336
   b. メンタル・モデルの適用される具体例 337
5.4 アナロジー・モデル 339
   a. アナロジー・モデルの特徴 339
   b. アナロジー・モデルの適用される具体例 339
   c. アナロジー・モデルの解決過程 341
5.5 PDP モデル 342
   a. PDP モデルの特徴 342
   b. PDP モデルの適用される具体例 343

6. 感情の理論 〔吉川左紀子, 伊藤美加〕…347

6.1 認知心理学における感情 347
6.2 感情の生起に関する理論 348
   a. 認知的評価理論 349
   b. 多層評価理論 352

目　　次　　xiii

6.3　感情の認知に及ぼす影響に関する理論 ……………………355
　　a．感情ネットワーク・モデル ………………………………355
　　b．感情混入モデル …………………………………………358

7.　認知的動機づけの理論 ………………………〔赤井誠生〕…366
7.1　期待-価値理論 …………………………………………367
　　a．アトキンソンのモデル ……………………………………367
　　b．道具性の理論 ……………………………………………368
　　c．アトキンソンのモデルと道具性の理論との比較 …………370
7.2　目標設定理論 ……………………………………………371
　　a．目標設定理論 ……………………………………………371
　　b．アトキンソンのモデルと目標設定理論との比較 …………372
　　c．コントロール理論 …………………………………………373

8.　学習の理論 …………………………………〔石井　澄〕…380
8.1　行動主義の時代の理論 ………………………………381
　　a．ソーンダイクの理論 ………………………………………381
　　b．ワトソンとガスリーの理論 ………………………………381
　　c．ハルの理論 ………………………………………………382
　　d．トールマンの理論 …………………………………………382
　　e．スキナーの理論 …………………………………………383
8.2　認知論的学習理論の発展：定式化された連合学習のモデル ……384
　　a．1960年代における変化 …………………………………384
　　b．レスコーラ-ワグナー・モデル ……………………………384
　　c．レスコーラ-ワグナー・モデルの限界 ……………………386
　　d．ワグナーのSOPモデル …………………………………386
8.3　注意理論の改訂 …………………………………………388
　　a．マッキントッシュの注意モデル ……………………………388
　　b．ピアースとホールの注意モデル …………………………389
8.4　知覚的要因と文脈の役割 ………………………………391
　　a．ピアースの知覚般化モデル ………………………………391
　　b．文脈の役割 ………………………………………………392
8.5　道具的条件づけの理論 …………………………………393
8.6　生物学的観点からの批判：種をこえた普遍的学習理論は可能か ……395
8.7　学習理論の今後の発展のために：学習過程は単一の機構なのか ……396

IV. 発達心理学

1. 発達に対する社会歴史的アプローチ――ヴィゴツキー学派――
　　　　　　　　　　　　　　　　　　　　　　　　　　　〔石黒広昭〕…406
　1.1 ヴィゴツキーの時代 ………………………………………………407
　　a. はじめに ……………………………………………………………407
　　b. 内観心理学と反射学 ………………………………………………407
　　c. 意識を巡る論争 ……………………………………………………408
　1.2 高次精神機能 ………………………………………………………409
　　a. 高次精神機能の分析 ………………………………………………409
　　b. 道具による高次精神機能の発達 …………………………………410
　1.3 媒介活動 ……………………………………………………………411
　　a. 補助刺激 ……………………………………………………………411
　　b. 道具的方法 …………………………………………………………412
　　c. 二重刺激の機能的方法 ……………………………………………413
　1.4 発達の最近接領域 …………………………………………………415
　　a. 社会的分析単位 ……………………………………………………415
　　b. 内化 …………………………………………………………………417
　　c. 科学的概念と生活的概念 …………………………………………420
　　d. 社会制度 ……………………………………………………………422
2. 認知発達の理論――ピアジェ学派――　　　　　　〔子安増生〕…428
　2.1 ピアジェの発生的認識論 …………………………………………429
　　a. 認識の系統発生 ……………………………………………………429
　　b. 認識の個体発生 ……………………………………………………430
　　c. 後期ピアジェの理論 ………………………………………………433
　2.2 ピアジェ以後の認知発達理論 ……………………………………436
　　a. バウアーの理論――認識の生得性―― …………………………436
　　b. 新ピアジェ派――情報処理的発達観―― ………………………439
　　c. 最近の研究動向――"心の理論"研究―― ……………………443
3. 言語獲得の理論 ……………………………………〔岩立志津夫〕…449
　3.1 言語獲得理論 ………………………………………………………451
　　a. 古典的言語獲得理論 ………………………………………………451
　　b. 現在の言語獲得理論 I：生得的生成文法理論 …………………456
　　c. 現在の言語獲得理論 II：生得的生成文法理論に属さない言語獲得理論 ……459
4. 日常認知の発達理論 …………………………〔青木多寿子, 無藤　隆〕…468
　4.1 日常的環境, 社会・文化的側面と認知 …………………………469

a．生態学的環境と認知 ……………………………………………469
　　　b．社会・分化的側面を重視する認知 ……………………………470
　　　c．状況的認知 ……………………………………………………472
　　4.2 日常生活で用いる知識(素朴心理学) ………………………………474
　　　a．素朴生物学 ……………………………………………………474
　　　b．心の素朴理論 …………………………………………………477
　　4.3 日常の活動を分析するもの …………………………………………481
　　　a．生活の分析 ……………………………………………………481
　　　b．日常会話の分析 ………………………………………………483
5. 関係性とパーソナリティ発達の理論——愛着理論の現在—— …〔遠藤利彦〕…488
　　5.1 愛着とは何か——愛着理論の概要—— …………………………489
　　5.2 乳幼児期における愛着の個人差とそれを規定する要因 …………494
　　　a．愛着の個人差 …………………………………………………494
　　　b．愛着の個人差を規定する要因 ………………………………498
　　5.3 生涯にわたる愛着の連続性 ………………………………………504
　　　a．愛着の時間的連続性 …………………………………………504
　　　b．愛着の連続性を支えるメカニズム …………………………507
　　5.4 総括と展望 …………………………………………………………509

Ⅴ．社 会 心 理 学

1. 認知的斉合性理論 …………………………………………〔酒井春樹〕…524
　　1.1 認知的斉合性理論とは ……………………………………………524
　　1.2 ハイダーのバランス理論：自己と他者と事物のハーモニー …………525
　　1.3 ニューカムの A-B-X 理論：コミュニケーション行為と自閉的反応 ……529
　　1.4 オズグッドとタンネンバウムの適合性原理：ソースとコンセプトの認知的
　　　　相互作用 ……………………………………………………………532
　　1.5 構造的バランス理論：ハイダーのバランス理論の一般化 …………535
　　1.6 感情・認知の斉合性理論：認知構造と態度的感情 …………………537
　　1.7 象徴的心理・論理学と認知的バランス：態度の認知空間モデル …………538
　　1.8 認知的不協和の理論：行動的斉合性と認知的斉合性の統合 …………541
　　1.9 不協和理論の改訂バージョン：不協和の連合するキー認知要素は何か ……545
　　1.10 認知的斉合性の回帰ネットワーク・モデル：認知の構造的ダイナミックス
　　　　の統合的理解に向けて ……………………………………………551
2. 帰 属 理 論 …………………………………………………〔外山みどり〕…563
　　2.1 原因帰属の理論 ……………………………………………………566

a． ケリーの ANOVA モデル ……………………………566
b． ANOVA モデルに関連したその後の理論的発展 ……567
c． 因果スキーマと割引・割増原理 ……………………568
2.2　他者帰属の理論 ………………………………………570
a． 対応推論理論とその修正 ……………………………571
b． その後の理論的展開 …………………………………573
2.3　自己帰属の理論 ………………………………………577
a． 自己知覚理論 …………………………………………578
b． シャクターの情動理論 ………………………………579
2.4　達成関連の帰属の理論 ………………………………581
a． 原因の分類 ……………………………………………582
b． 原因帰属が後続の事象に及ぼす影響 ………………582
3.　社会的比較の理論 ……………………………〔山口　勧〕…586
3.1　社会的比較と情報接触 ………………………………586
a． 「自己評価」の動因(仮説 1) …………………………587
b． 社会的手段による自己評価(仮説 2) ………………587
c． 他者情報への選択的接触(系 3 A，仮説 4) ………588
d． 上位他者に関する情報の選択 ………………………589
e． 下位他者に関する情報の選択 ………………………590
f． 属性の類似性 …………………………………………591
g． 比較他者の選択に関する研究のまとめ ……………592
3.2　SEM モデル ……………………………………………593
3.3　社会的比較に関する将来の研究の方向 ……………595
4.　自己呈示理論 …………………………………〔安藤清志〕…599
4.1　自己呈示研究の流れ …………………………………599
4.2　社会心理学における自己呈示研究 …………………601
4.3　自己呈示をどのようにとらえるか …………………601
4.4　自己呈示の機能と分類 ………………………………603
4.5　主張的な自己呈示 ……………………………………604
a． 取り入り …………………………………………604
b． 自己宣伝 …………………………………………605
c． 示　範 ……………………………………………605
d． 哀　願 ……………………………………………606
e． 威　嚇 ……………………………………………606
4.6　防衛的な自己呈示 ……………………………………607
a． 釈　明 ……………………………………………607

目　　次　　　　xvii

　　b．　セルフ・ハンディキャッピング …………………………………………608
　4.7　間接的な自己呈示 …………………………………………………………610
　4.8　自己呈示の個人差 …………………………………………………………612
　　a．　自己モニタリング …………………………………………………………612
　　b．　マキャベリ主義 ……………………………………………………………613
5．社会的交換の理論 …………………………………………〔山岸俊男〕…620
　5.1　はじめに ……………………………………………………………………621
　5.2　理論の概要 …………………………………………………………………622
　　a．　基本概念 ……………………………………………………………………622
　　b．　社会的交換と経済的交換 …………………………………………………622
　　c．　資源の交換により何が起こるのか ………………………………………623
　5.3　古典的交換理論：2者関係における交換理論 …………………………624
　　a．　ティボーとケリー …………………………………………………………624
　　b．　ホマンズ ……………………………………………………………………628
　5.4　2者関係をこえた交換理論：ネットワーク交換理論 …………………629
　　a．　エマソンの権力-依存理論 ………………………………………………629
　　b．　クックと山岸によるネットワーク交換理論 ……………………………632
　5.5　新しい理論発展 ……………………………………………………………634
　　a．　合理的選択理論と交換理論 ………………………………………………634
　　b．　進化論的アプローチと交換理論 …………………………………………635
6．グループ・ダイナミックスの理論 ………………〔杉万俊夫〕…641
　6.1　グループ・ダイナミックスとは …………………………………………641
　　a．　集合体の動学 ………………………………………………………………641
　　b．　社会構成主義 ………………………………………………………………642
　6.2　グループ・ダイナミックスの概念と理論 ………………………………645
　　a．　集合的行動 …………………………………………………………………645
　　b．　コミュニケーション ………………………………………………………646
　　c．　集合性の多層的重複構造 …………………………………………………648
　6.3　グループ・ダイナミックスの方法論 ……………………………………649
　　a．　人間科学 ……………………………………………………………………649
　　b．　当事者と研究者による共同的実践 ………………………………………652

VI．臨 床 心 理 学

1．深層心理学の理論 …………………………………………〔河合俊雄〕…662
　1.1　フロイトの深層心理学 ……………………………………………………663

	a. 無意識の発見 ……………………………………………………663
	b. 不安と自我 ……………………………………………………665
1.2	ユングの理論 ………………………………………………………666
	a. 集合的無意識 …………………………………………………666
	b. 無意識の補償と統合 …………………………………………668
1.3	内的対象 ……………………………………………………………670
	a. 幻想と母なるもの ……………………………………………670
	b. 分 裂 …………………………………………………………671
1.4	ヒルマンによる深層心理学 ……………………………………………672
1.5	深層というパラダイムをこえて ………………………………………675

2. カウンセリングの理論 ………………………………〔倉光　修〕…679

2.1	ロジャースの理論 …………………………………………………680
	a. 理論の背景 ……………………………………………………680
	b. 理論の骨子 ……………………………………………………681
	c. 理論の問題点 …………………………………………………683
2.2	論理療法の理論 ……………………………………………………686
	a. 理論の背景 ……………………………………………………686
	b. 理論の骨子 ……………………………………………………686
	c. 理論の問題点 …………………………………………………689
2.3	基礎統合的心理療法の理論 ………………………………………691
	a. 理論の背景 ……………………………………………………691
	b. 理論の骨子 ……………………………………………………692
	c. 理論の問題点 …………………………………………………695

3. 行動・認知療法の理論 ………………………………〔坂野雄二〕…697

3.1	臨床心理学の行動論的理解 ………………………………………697
3.2	行動療法の理論 ……………………………………………………698
	a. 行動療法の基本的発想 ………………………………………698
	b. アイゼンク，ウォルピと行動療法 …………………………699
	c. 行動療法の特徴 ………………………………………………699
	d. 行動療法の発展 ………………………………………………700
	e. 行動療法の実際 ………………………………………………701
	f. いま行動療法は何ができるか ………………………………703
3.3	認知療法の理論 ……………………………………………………704
	a. 認知療法における行動理解のモデル ………………………704
	b. ベックと認知療法 ……………………………………………705
	c. 問題となる思考様式 …………………………………………706

d.	認知療法の実際 ……………………………………………………	708
e.	いま認知療法は何ができるか ………………………………………	709
3.4	自律訓練法の理論	710
a.	催眠研究から自律訓練法へ ………………………………………	710
b.	ルーテと自律訓練法 ………………………………………………	711
c.	自律療法の体系 ……………………………………………………	711
d.	自律訓練法標準練習の実際 ………………………………………	714
e.	いま自律訓練法は何ができるか …………………………………	716

4. 家族療法の諸理論 ………………………………〔鈴木浩二，鈴木和子〕… 719

4.1	世代論的家族療法の基礎理論	719
a.	はじめに ………………………………………………………………	719
b.	基礎理論 ………………………………………………………………	719
c.	技法論 …………………………………………………………………	722
4.2	構造派の家族療法の基礎理論	722
a.	はじめに ………………………………………………………………	722
b.	基礎理論 ………………………………………………………………	722
c.	技法論 …………………………………………………………………	724
4.3	MRI の短期集中療法と戦略的家族療法の基礎理論 ……	725
a.	はじめに ………………………………………………………………	725
b.	短期集中療法と戦略的家族療法の基礎理論 ………………………	726
c.	MRI と戦略的家族療法の技法論 ………………………………	726
4.4	ミラノ・システミック家族療法とポスト・ミラノ・システミック家族療法	
	の基礎理論 …………………………………………………………	728
a.	はじめに ………………………………………………………………	728
b.	基礎理論 ………………………………………………………………	728
c.	トム，アンデルセンらのシステミック理論 ………………………	730
4.5	ポスト・モダニズムとそれに準ずる家族療法的アプローチの基礎理論 ……	731
a.	はじめに ………………………………………………………………	731
b.	基礎理論 ………………………………………………………………	732
c.	技法論 …………………………………………………………………	733
4.6	家族行動療法の基礎理論 ………………………………………	736
a.	はじめに ………………………………………………………………	736
b.	基礎理論 ………………………………………………………………	736
c.	技法論 …………………………………………………………………	737
4.7	家族心理教育 ……………………………………………………	738
a.	はじめに ………………………………………………………………	738

b.　基礎理論 ……………………………………………………739

c.　技法論 ………………………………………………………740

5.　相互作用を重視する理論 ………………………〔倉戸ヨシヤ〕…746

5.1　ゲシュタルト療法の理論 ………………………………748

a.　ゲシュタルトとは ………………………………………748

b.　提唱者パールズ …………………………………………749

5.2　ゲシュタルト療法の概念 ………………………………750

a.　知覚から全人格の法則へ ………………………………750

b.　ゲシュタルト療法の人格論 ……………………………753

c.　関係性重視の理論 ………………………………………755

5.3　エンカウンターの理論 …………………………………756

a.　エンカウンターとは ……………………………………756

b.　提唱者ロジャース ………………………………………757

c.　心理療法に及ぼした影響 ………………………………758

6.　個人の内界を重視する理論 ……………………………………767

6.1　内観療法……………………………………〔三木善彦〕…768

a.　吉本伊信と内観療法 ……………………………………768

b.　内観療法の方法論 ………………………………………769

c.　内観療法の治癒機制 ……………………………………770

6.2　森田療法の理論…………………………………〔近藤喬一〕…773

a.　森田療法とは何か ………………………………………773

b.　歴史と発展 ………………………………………………774

c.　森田の神経症理論 ………………………………………775

6.3　箱庭療法の理論…………………………………〔岡田康伸〕…780

a.　箱庭療法の歴史 …………………………………………780

b.　箱庭療法とは ……………………………………………781

c.　箱庭療法の見方 …………………………………………783

索　　　引 …………………………………………………………789

I

心理学のメタ・グランド理論

第1章

科学論的理論
── 科学のメタファ論からみた現代心理学 ──

"科学のメタファ論"とは何かを、ひとくちで述べるのは難しい。それは本論に譲ることにして、ここでは、それがめざすところにふれるだけにとどめたい。それは次に示す二つの問いに答えることである。

(1) 心理学におけるパラダイムとは

筆者らは、ほぼ同年齢で長らく心理学の研究に携わってきた。若いころ、当時の行動主義心理学と何らかの形で関わった。いまでは、ともに認知心理学の研究に従事し、多少異なる分野で仕事をしている。つまり、科学論におけるクーン(Kuhn, T. S.)の"パラダイム論"の観点からすれば、行動主義のパラダイムから認知心理学のパラダイムへの転換に遭遇して、それに乗り換え、いわば改宗して現在研究しているということになる。このように、科学としての心理学には、パラダイムの支配があるように思われる。それを意識せずに、筆者の一人は手痛い失敗をした経験がある。それは、行動主義の末期にその影響のもとに成立した数理学習理論に取り組み、多数の関連する文献を収集していたのであるが、行動主義の没落とともに途絶え、無駄になったといえる。とりわけ若い研究者は、こうしたことのないようにパラダイムの選択に注意を払うのがよいと思われる。

(2) ルート・メタファとは

近年、メタファへの注目と研究が盛んになってきた。科学においても、モデルとかアナロジーなどと関連して、このメタファが用いられることが判明している。とくに心理学では、心(mind)というみえない対象を扱うこともあり多用される。ペパー(Pepper, S. C.)の"ルート・メタファ論"によれば、こうしたメタファをたどっていけば、機械論、有機体論、文脈主義、フォーミズム(リアリズム)というわずか四つのルート・メタファに行き着き、原理上それらが科学理論を構成するという。これは驚くべきことではなかろうか。

"科学のメタファ論"は以上の二つの問いに関わり、それらに答えようとする。それでは、本論での探求の旅に出かけることにしよう。

1.1 科学論と"理論心理学"

　近年，心理学は複雑な様相を呈してきている．かつての行動主義心理学から認知心理学へと研究が移ってからも，その認知心理学と関わって，情報処理アプローチがあり，認知発達研究があり，さらにこれらに日常認知や状況認知の研究が加わってくるという具合である．

　現代心理学としての認知心理学において，すでにこうした状況にあり，情報処理アプローチ，認知発達，日常認知，状況認知など諸分野の理論の特色，相互関係，研究方法論を巡って，それらの全体像を統一して明らかにする研究が求められている．とりわけ，かなり最近になって登場し，今日成果をあげつつある日常認知，状況認知とその発展は，目新しいこともあって，両者の理論の特色，相互関係，研究方法論の解明は，理論上の急務といえよう．

　こうした認知心理学だけでなく，より広く現代心理学の複雑な事態を反映してか，近年「国際理論心理学会：International Society for Theoretical Psychology(ISTP)」が，欧米やカナダなどの研究者によって組織され，その論文集が『理論心理学における近年の動向』という書名で刊行されている(Baker ら，1987；1989)．

　それらを眺めると，哲学，認識論，解釈学，現象学などとの関連で心理学を論じる論文もあるが，とくに科学論と関わる論文が多く見受けられる．科学論でも，かつての論理実証主義やポパー(Popper, K. R.)の批判的合理主義(反証主義)よりも，やはり近年のクーン(Kuhn, T. S.)のいわゆる"パラダイム論"を中心とする科学論を巡って，心理学との関連を論じる論文が多い．

　かつては学問の辺境に位置していた科学論を，今日のように学問の最前線へ躍り出させるのに貢献したのは，何といっても『科学革命の構造』(Kuhn, 1962，中山 訳，1971)である．それは，その後1970年代以降とくに盛んになる，いわゆる"新科学哲学"(new philosophy of science, Brown〔1977〕の命名による)の主潮流の源となり，他の学問分野や個別科学にも科学方法論上の問題などを含めて，きわめて大きな影響力を行使し始めている．このような観点からすれば，その種の科学論によって個別科学としての現代心理学の理論を論じ，"理論心理学"の確立をめざすのは，当然であるといえる．

　また，その学会の論文集『理論心理学の動向』では，メタファ論への関心も見受けられる．近年，こうしたメタファ(metaphor, 隠喩と訳される)への注目が，諸学においてなされている．心理学もその例外ではない．たとえばブルーナー(Bruner, J. S.)らは，人間の心に関わる意識と認知の過去と現在の諸理論を概観するという作業をしてみると，メタファしかなかったと述べ，心理学とメタファとの密接な関連を指摘する論文「心理学史における意識と認知のメタファ」(Bruner と Feldman, 1990)を提出している．それによれ

ば，意識の領域で用いられているメタファはとくに多様で，スポットライト，フットライト，流れる川，思考の流れ，一組の構え，再帰回路，実行，読み取り，舞台，ディスプレイなどがあり，われわれの日常生活における照明用具から，流れに関するもの，さらに〈再帰回路，実行，読み取り〉などにみられるような一連の情報処理技術に関するものまで，まさにさまざまである．これに対して，認知の領域ではもう少し落ち着いて洗練されたメタファが用いられていると述べ，心理学研究におけるメタファの重要性を強調している．

このように，近年での心理学の理論の構築には，ある種のメタファが関与しており，それが心理学の理論の特徴であるという見方が登場してきたといってよい．

ここで，ある種のメタファとは，たとえばすでにふれた〈再帰回路，実行，読み取り〉にみられる一連の情報技術に関するものなどである．このメタファは，いわゆる"人間の心はコンピュータである"，すなわち，人間の心を機械に見立てるということから網目状に派生してくるものである．このことに関しては，リクールによる『生きた隠喩』の著作でも言及されている（Ricoeur, 1975）．

それによれば，ペパー（Pepper, S. C.）によるルート・メタファ（root metaphor）は，根本性と体系性という二つの面を有し，しかもこの二面を連携するという．そしてそのルート・メタファのもとに，いくつものメタファを網状に編成する働きをする．たとえば，ゲシュタルト心理学者のレヴィン（Lewin, K.）の場合は，同じく機械論としての電磁場メタファを採用した結果，〈場，ベクトル，位相空間，力，境界，流動性〉などの語を連絡させる網目のもとに，いわば"場の理論"と呼ばれる心理学理論を構築した（Ricoeur, 1975, 久米 訳, 1984, p.319）．

ここに，ルート・メタファという方法の特徴がよく示されている．このようにペパーは，哲学，美学，価値などに関わる分野で活躍する中で，とくに哲学の歴史をたどることにより，世界の仮説としてどのような哲学的立場もそのルート・メタファを起源にしているということを見いだしたのである．そして，1940 年代という早い時期に，『世界仮説』（Pepper, 1942）という独創的で影響力のある哲学の書で詳しく論じている．

この著作でペパーはまた，ルート・メタファがどのようにして世界に生ずる事象を認識し解釈するための枠組みを提供するのかの問題を明らかにした．というのは，この世界観に関わるルート・メタファとして，のちにもっと詳しくみることになるが，すでに機械論，有機体論，フォーミズム，文脈主義を見いだしている．これにアニミズムと神秘主義が加えられているが，これらは理論構成上の資格に欠けているとされる．そして，それら4 種のメタファの中から，たとえば，機械論というルート・メタファを採用するとすれば，われわれの観察や分類，あるいは解釈や説明にあたって，哲学的または科学的モデルとしてその傘下に何らかの機械系を適用することになり，それらに影響を与え支配を及ぼすことになる．同様にして，分析の際のカテゴリーから，そこでの問いの種類や答えの仕

方まで，そのうちのいずれのルート・メタファを選択し採用するかによって制約を受けるのである．

また，われわれが既製のカテゴリーや分類がまだない新しい出来事などに出会うような場合には，カテゴリーや分類が与えられるまでは，それは例証されず，分類されず，その全体系に同化されないままである．しかし，その出来事のある次元や構成において，部分的な類似性が認められるようになれば，それはアナロジーとなり，メタファともなる．かくして，その新たな出来事は，メタファによって命名されると同時に，そのルート・メタファの全体系に同化・包摂されて位置づけられる．

まさに，ルート・メタファは，先に述べたように，多くのサブ・メタファを網目状に編成し，かつ拡張する点で，根本性と体系性を有することになる．それと同時に，ルート・メタファは，このように拡張されるので，その結果として，その"ルート・メタファ論"すなわち"世界仮説"は，その仮説が守備する範囲において制限がないことになる．この点において，個別科学にみられる限界ある世界仮説からなるという特性とは少し異なることになる．

ペパーによれば，こうしたメタ哲学や形而上学の体系における"ルート・メタファ論"は，世界とは何か，人間の創造とは何かなどに関して，われわれの問いに答えるように構成されているし，また，それらのことを示しているのだという．

さて，以上述べてきたことをふまえて，筆者らは本稿で"科学のメタファ論"の構築を図ってみることにする．そして，その構築にあたっては，クーンの"パラダイム論"とペパーの"ルート・メタファ論"を援用する．それが確立されると，本稿の表題にあるように"科学のメタファ論からみた現代心理学"が明らかにされるであろう．つまり心理学は，行動主義から認知心理学への大きなパラダイム転換を経て，認知心理学のパラダイムへと移行するが，そのパラダイムのもとでのサブ・パラダイム間の相互の関係を，各ルート・メタファ間の関連で説明することによって，それぞれの理論や方法論の特色などを含む全体像が統一的に解明されてくる．

1.2 "科学のメタファ論"への一歩 ── ヘッセを中心に──

科学論において，メタファを重視する科学論，すなわち"科学のメタファ論"を主張し，その重要な第一歩を示している科学哲学者に，イギリスのヘッセ(Hesse, M. B.)がいる．そして，それは『科学・モデル・アナロジー』で扱われている(Hesse, 1966，高田訳，1986)．

その小著においてヘッセは，20世紀初頭に活躍した2名の物理学者デュエム(Duhem, P.)とキャンベル(Campbell, N. R.)が，物理学の理論におけるモデルやアナロジーの役割について，対極的な見地をとっていることから，デュエム主義者とキャンベル主義者の架

空の対話形式を用いて，科学におけるメタファの役割について論じている．すなわち，前者が理論というのは，ユークリッド体系のように，数学的な演繹構造をもち体系性と経済性を有し，余分な想像力を刺激するようなモデルとかアナロジーを含まないことが理想であるとするのに対して，後者は，理論というのはモデルによって理解や解釈が可能となり，動的な性格を有し，拡張や修正がなされ，その領域の現象を予測しうるようになるのだとする．

そしてヘッセは，科学理論においてモデルとかアナロジーに関わるメタファが本質的なものであって，こうしたメタファの認知的・発見的機能によって，科学理論を静止した完成した構造としてではなく，拡張し発展しうる動的な構造として成立させうるのであって，従来の科学論ではこのような"科学のメタファ論"を十分に扱ってこなかったことを論じ主張しているといってよい．

そこで"メタファの説明機能"を論ずる際には，科学のメタファ論においては必ずといってよいほど引用されることの多いメタファの相互作用説（Black, 1962）を駆使している．たとえば，"人間はコンピュータである"の用法の場合，科学の理論上では"人間"は第1の体系で被説明項領域であり，観察言語で記述される．他方，"コンピュータ"は第2の体系で既知の理論言語や観察言語で記述される．そこで第2の体系"コンピュータ"は，第1の体系をみる枠組みとして働き，そこで連想されてくる概念や含意に基づいて，第1の体系"人間"に関する特徴が選び出され強調されて，"人間"に対する新しい観点が照らし出される．このように，第2の体系から第1の体系への働きかけの作用があれば，今度はその反作用として，逆に第1の体系"人間"から第2の体系"コンピュータ"への作用による影響がみられることになる．その結果，相互に類似性を作り上げることになり，"人間"は"コンピュータ"に似たものにみえると同時に，"コンピュータ"はより"人間"的であるようにみえてくる．以上が，ブラック（Black, M.）の"メタファの相互作用説"の核心である*1.

*1 最近，レイコフらは，詩におけるメタファを扱う中で，ここで採用しているメタファの相互作用説を批判している（Lakoff と Turner, 1989）．この例の場合，"人間はコンピュータである"と"コンピュータは人間である"という二つの異なるメタファが写像（マッピング，mapping）するのだという，メタファの写像説の立場からである．しかし，相互反復が繰り返されしかも長時間にわたる場合，相互作用説で一向に差し支えないと考えられる．

この例に示される"人間はコンピュータである"は，認知心理学における情報処理アプローチや，その学際的発展としての認知科学で実際に用いられた用法である．すなわち，コンピュータをモデルにして，そこから人間の情報処理機構を明らかにすることをめざすばかりでなく，コンピュータ自体に人間のような知的なふるまいをさせようとしたり，学習機能をもてるものにしていこうという，人工知能研究やわが国の「第5世代コンピュータ開発計画」の発想などは，まさに科学技術分野での"メタファの相互作用説"による，研究者のこうした見方の反復的結果であるとみることができる．

第1章　科学論的理論　　7

　もちろんこの場合，その分野での相互反復を詳しくみれば，初期のノイマン型逐次処理から並列処理のコンピュータへ，そして最近のコネクション・マシンへの注目という具合に，コンピュータの技術的な変遷がみられることになり，それに応じて人間の心(mind)の理解も常に変化してきているといってよい．

　このようなことが論じられるとすれば，"科学のメタファ論"は興味あるものと考えられる．

　かくしてヘッセは，科学のメタファやモデルとは，見方の枠組みという認知的・発見的な機能を果たす理論の構成要素であって，私的なものではなく，間主観的で共通に理解された科学の理論言語の重要な部分であるとする．しかもその言語は動的であって，相互作用を基盤として意味の変化をもたらす．このように，科学における理論的説明とは，被説明項の領域のメタファ的再記述であるとする．他方，科学的説明についての数学的な演繹図式，つまり科学の演繹構造体系の考えを批判する．さらに，科学的モデルによる理論系では，第1の体系も第2の体系も自然法則の網の目によって高度に組織されており，理論的・因果的関係により内的に固く結びつけられるという構造をなすことを示唆している．

　ヘッセのこの業績は，すでにふれたように，1966年に発刊されており，クーンのパラダイム論とも，たとえば，見方の枠組み，科学理論の動的構造，科学者に共有される理論言語などとかなり多くの共通性ないし並行性があるようにみえる．原著はわが国でも翻訳されており，「訳者あとがき」には，こうしたヘッセの業績と意義，およびモデル・アナロジー論，とくに"科学のメタファ論"の確立への期待と展望が述べられている(Hesse, 1966, 高田 訳, 1986, pp.186-187)．

　この「あとがき」で高田は，まず，科学の活動においてモデルやアナロジーはしばしば用いられ重要と考えられるのであるが，伝統的な科学哲学はそれらについて扱うことが少なく，人々の期待に応えていないと述べている．続いて，近代科学の歴史の中でも，モデルやアナロジーが果たした役割は大きいとして，科学の歴史を分析するうえでも，モデルやアナロジーの理解を深めることが必要であるとする．また，モデルやアナロジーに注目することは，科学を静止してできあがった構造としてではなく，動的な発展する活動として把握するうえで，大きな意味があるという．

　さらに，科学の歴史に基づく科学哲学という主張は，クーンのパラダイム論など新しい科学哲学の特徴でもある．そこで問題となっている，観察の理論依存性(理論負荷性)や理論の共約不可能性という議論も，モデルやアナロジーが科学理論の本質的要素であるという見方によって，一つの解釈の方向が与えられる．この見方はモデル主義あるいは大きく"科学の隠喩(メタファ)説"と呼ぶことができるが，それは論理経験主義と新科学哲学とに対して第3の道をめざしている．ヘッセの仕事は，クーンと同時代にそうした方向へ進もうとした第一歩なのであると位置づけられる．そして最後に，こうした"科学の隠喩(メタファ)説"のもつ広がりについて述べる．つまり，ヘッセはブラックの"隠喩(メタ

ファ)の相互作用説"を手がかりに論を進めているが，そこではレトリックとしての隠喩と認識を切り離すのではなく，隠喩は同時に認識の展開でもあると考えるところに要点がある．そこでは科学の概念や手続と，文学や日常のレトリックとを結びつけた理解が求められているし，"科学の隠喩(メタファ)説"は，科学と社会とのそうした相互関係を一つの側面から明らかにするであろうと述べている．

　以上であるが，きわめて適切な指摘であると思われる．ここでの第一歩を延長して，"科学のメタファ論"の構想を打ち立てていくことにしたい．それには，次にクーンのパラダイム論と科学論の潮流の概略をみておく必要がある．

1.3　科学論におけるクーン理論の位置

　それでは，クーン理論を簡単に眺めてみる試みに入るが，それには格好とも思える近年の科学論上の文献がある(Hacking, 1983)．そこでは，カルナップ(Carnap, R.)を中心とする論理実証主義(論理経験主義)とポパー(Popper, K. R.)を中心とする批判的合理主義(反証主義)が共通して反対し拒否すると考えられる，クーンらの立場(新科学哲学)の主要な特徴をいくつかの項目として提示している．それらの項目リストを援用させてもらい，筆者らなりに少し補足を含む解説を加えてみておくことにする．

a.　「観察と理論は峻別されない」

　これは，科学の研究における観察と理論の関係の問題である．論理実証主義では，観察言語と理論言語とを峻別し，観察事実を逐一積み上げることによって，帰納推論的な論理を基盤として理論を構成しようとする．これに対して，新科学哲学におけるクーンのパラダイム論にみられるのは，いうまでもないが，いわゆる理論負荷性(theory ladeness)の概念に基本的に示されているように，観察と理論を峻別せず，観察はすでに理論を負荷しているという立場をとる．すなわち，観察，知覚，事実，データなどに対する理論の先行性を主張する．新科学哲学にみられるこのような立場は，観察とは理論の文脈に依存する意味の把握であり，理論に直接影響されない純粋な観察の立場を認めない．ここから，科学の理論を倒すのは理論だけである，という，いわゆる新科学哲学のテーゼが帰結する．

　ハンソン(Hanson, N. R.)の理論負荷性の考えは，いかなる理解行為も先行的な理解，つまり先入見によるというガダマー(Gadamer, H. G.)などの解釈学などとも通じるところがあり，モデルとかメタファもこうした先入見の一種と考えられ，そうした観点を含む議論もなされている(Ricoeur, 1975)．また，この理論負荷性やクーンのパラダイムを，メタファなどとも対応する知覚法"〜としてみる(seeing as)"と関連させた議論もなされている(Brown, 1977)．

b. 「科学は累積的ではない」

これは，科学の知がどのように進むのかの問題である．すでに述べたように，論理実証主義の立場では，観察事実を蓄積することによって帰納推論的に科学の理論が構築されるとするので，科学の知はその観察事実を漸次積み上げて累積的・連続的に進歩することになる．しかし，観察そのものが理論に依存するというような理論負荷性やパラダイムのもとでは，そのようにはならないという点が重要である．クーンの科学革命論では，観察にあたっての理論構成法であり理論的枠組みでもある世界観をはじめ，問いと答えの方法，諸基準などを含むパラダイムが先行することになる．社会的な科学者集団に共有されるこのパラダイムは，はじめは一種の鋳型として機能するが，それは通常科学の時期と呼ばれる．科学者の活動が"パズル解き"として記述されるように，"はめ絵"パズルにみられるごとく部分的な発見と問題解決が次々になされ，理論が構成されていく．だが，このパラダイムによっては解決しえない変則例が見いだされ，その変則例が蓄積されたりして行き詰まりがみえてくると，その既存のパラダイムは危機に陥ることになる．そこでこの異常科学の時期に革新的なパラダイムが求められることになり，その危機はその新たなパラダイムの選択による交代とともに克服されることになる．これが，知覚におけるゲシュタルト変換(Gestalt change)と対応するような，科学革命としてのパラダイム転換(paradigm shift)であって，科学者集団のうち新しいパラダイムに移っていく者は一種の改宗や転向によって，旧パラダイムのもとでの先行者とは「異なった世界に住む」とされる．このように，クーンによれば，科学は保守的な伝統的側面と，伝統からの離脱の革新的な側面とからなり，ここに"本質的緊張"がみられるような動的な知的営みがあり，その結果，科学は累積的・連続的に進歩するのではなく，全体として転換的・不連続的に進むことになる．もちろん，その通常科学，異常科学，危機，革命，新通常科学……というサイクルにおいて，通常科学の時期だけは，累積的に進歩することを認めている．

そして，ここでもう一つ注目すべき重要な点は，旧パラダイムと革命後の新パラダイムのもとで研究する科学者は互いに「異なった世界に住む」という問題である．これはクーンとともにファイヤアーベント(Feyerabend, P. K.)によっても主張された，いわゆる共約不可能性(incommensurability)の概念と関わる．それは，競合する両パラダイムによる理論どうしは基本的にパラダイムが異なることから，パラダイム関連事項の世界観，問いと答えの方法，科学の言語や概念，評価基準(価値観を含む)などを当然共有せず，いわば互いに閉じており，そのため相互の翻訳や対話は不可能だとする考え方であるといってよい．

本稿で構想中の"科学のメタファ論"は，理論負荷性やパラダイム論，またこの共約不可能性の問題に対して，新たな視点を与えることになろう．

c. 「現実に活動している科学は緊密な演繹的構造をもたない」

これは，科学の理論の構造についての問題である．すでにふれたが，論理実証主義のカ

ルナップも，反証主義のポパーも，科学は緊密な演繹的構造をもつことを主張していると
いってよい．これに対して，クーンは論理学ではなく歴史性の重視のもとに，パラダイム
によって自然を解釈していく社会的・文化的活動に基づき，動的な構造として科学理論を
とらえている．その際，とくに"科学のメタファ論"にとって重要なのは，理論的枠組
み，経験的基礎をこえた，直接に経験に帰することができない思想的・社会的・文化的構
成が不可欠であるという視点である．

d. 「現実の科学の概念群はとくに精密であるというわけではない」

前項 c にみられるように，クーンにおける現実の科学の概念群は，とくに精密であるわ
けではないということが帰結される．

e. 「科学の方法論的統一は誤っている．すなわち，さまざまの種類の間には数 多くの相互連絡のない道具立てが用いられる」

これは科学の方法論の統一が可能かどうかの問題である．カルナップの論理実証主義
も，ポパーの批判的合理主義も，ともに科学は論理学的構造を有し，その科学言語・概念
も精密であり，科学の統一を信じている．すべての科学は，物理学を模範として，それと
同じ方法論を用いるべきであるとする．そこで，たとえば生物学は化学に，化学は物理学
に還元されるというように，いわゆる還元主義の立場がとられる．ただし，ポパーは，心
理学や社会科学は直接に物理学には還元しえないと考えるようになった．これに対して，
クーンの新科学哲学では，科学の方法はさまざまであることになり，ファイヤアーベント
などに至っては，有名ともなったが，"何でもよい(anything goes)"というような一つの
極論まで主張するのである(Feyerabend, 1970)．

f. 「諸科学はそれら自体統一されない．諸科学は相互に緩やかな学問分野からな り，その小分野の多くは時間の流れの中で互いに包含してしまうことさえない」

これは，個別学問観，個別科学観についての問題であり，前項 e との対応がある．クー
ンなどの新科学哲学では，科学の方法論的統一を否定し，物理学などへの還元主義はとら
ず，個別科学の独自的で固有な分野を認めることになる．ただし，本稿で対象としている
認知心理学などの個別科学に対して，それを含み言語学，哲学，教育学などに架橋して学
際科学である認知科学をめざす試みもみられるが，この項目はそれらを否定するものでは
ない．

g. 「正当化の文脈は発見の文脈から分離しえない」

これは，発見と正当化についての問題である．論理実証主義では，論理的問題に関心を
もつため，科学理論における発見と正当化とを区別し，発見と正当化との関係は，科学理

論が定式化されたあとになって，初めて明らかになるという立場をとる．これはポパーの反証主義でもほぼ同じであり，発見とそのテスト（検証）との間にははっきりとした線を引くことができるとする（Brown, 1977）．そして，このような論理学の立場からすれば，正当化やテストは扱いうるが，発見は心理学的問題などと関連し，必ずしも適切に扱いえないとする．これに対して，クーンのパラダイム論では，正当化の文脈は発見の文脈から区別しえないことを強調する．すなわち，発見は心理的，社会的，文化的，経済的，さらには技術的諸要因から構成される文脈に依存するし，その正当化の基準もそうした文脈に依存するのだという立場に立つのである．とりわけクーンは現代科学論の系譜で心理主義（psychologicism）に位置づけられることがあるように，心理的諸要因を重視している側面が見受けられる（村上，1980）．それは『科学革命の構造』において，ゲシュタルト心理学，ピアジェ（Piaget）理論，ブルーナー（Bruner）の認知理論を引用し，また言及していることからもうかがえる．

かくして，新科学哲学では，発見と正当化，また観察と理論において，論理実証主義や批判的合理主義に従来存在していた区分を相対化すると同時に，理論に対する道具主義的な態度と結びつき，相対主義として位置づけられ攻撃されることがある．そこで現代の科学論では，合理性と相対主義を巡る問題が論争点となり，新科学哲学の側が知識をパラダイムによる相対的なものとしてとらえ，合理性に超歴史的な普遍性を認めないのに対して，批判的合理主義の側では，そのような立場を相対主義あるいは歴史主義として批判することになる（Brown, 1997，野家 訳，1985，p.289）．

h. 「科学は時代の中にあり，本質的に歴史的なものである」

最後の項目となるが，これは科学と時間の関わりの問題である．科学は時代の中にあり，本質的に歴史的なものであるとする．これは論理実証主義や批判的合理主義が，論理学による科学哲学を構築することをめざしたのに対して，科学史による科学哲学を構築することを図ったクーンらの新科学哲学における必然的な科学像であるといえる．なお，歴史とはいわゆる文脈主義の典型といってもよく，この点で文脈主義との関係が見いだせることになる．

1.4　パラダイム概念の検討 ── マスターマンの分析 ──

それでは，科学論におけるクーン理論の位置も明らかとなったので，"科学のメタファ論"の構想について述べる番となる．だが，その構想の主要な土台の一つとなるのは，パラダイム論であり，パラダイム概念を巡るさらなる検討が必要である．そこで，次にそれを眺めることにしよう．

クーンの『科学革命の構造』（Kuhn, 1962）が出版されるや，多くの人々の注目を集める

と同時に，ポパーらの批判的合理主義の立場に立つ科学哲学者との間で激しい論争が展開されることになった．早くも 1965 年 7 月にイギリスで科学哲学国際コロキウムが開催された中で，「批判と知識の成長」というシンポジウムにおいてクーンとポパーの対決がなされた．それは後年，そのシンポジウムの名称と同名の書『批判と知識の成長』として出版された（Lakatos と Musgrave, 1970）．両者の論争もさることながら，同書には，クーン支援の立場に立ちながらもパラダイム概念の問題点を鋭く指摘して，その後のクーンの主張を変更せしめることになった，マスターマン（Masterman, M.）の「パラダイムの本質」という重要な論文が掲載されている（Masterman, 1970, 中山 訳, 1990, pp.87-129）．

この論文における，科学哲学者でコンピュータ科学の研究者でもあるマスターマンの鋭い分析を追い，その論旨を整理しながら，これからの理論の展開に関連させよう．マスターマンは次のように述べる．

a. パラダイムの三つの種類と 3 次元構造

クーンの『科学革命の構造』では，パラダイムの定義がきわめて多様であって，少なくとも 21 の異なった意味で用いられている．それらを分析して整理してみると，次の三つの主要グループに分類される．

1）形而上学的パラダイム（あるいはメタ・パラダイム）

科学的な概念や実態ではなく，世界観や認識論的見地を含む形而上学的な用法からなる．一組の信念，神話，形而上学的思弁，基準，新しい見方，知覚自体を支配する組織化原理，地図などで，広い領域にわたる経験を規定する機能を果たす．

2）社会学的パラダイム

社会学的な意味内容をもつ用法といえる．広く一般に承認された科学的業績や具体的な科学的業績で，政治の諸制度に似たもの，また一般に認められている判決や判例に似たものとしての機能を果たす．

3）人工物パラダイム（あるいは構成パラダイム）

より具体的な人工物などで，構成に関わる用法である．教科書ないし文献的著作，道具を与えるもの，実際の用具の操作法，言語学的には文法の範例，説明の文脈でのアナロジー，心理学的にはゲシュタルト図形，また一組のトランプカードなどである．

科学哲学者のマスターマンによれば，クーンのパラダイムには，上述したように世界観などに関わる形而上学的（あるいはメタ）パラダイム，科学的業績などで示される社会学的パラダイム，それに具体的な人工物などの構成に関わる人工物（あるいは構成）パラダイム，という三つのパラダイムがあることになる．そしてマスターマンは，そうしたクーンのパラダイム概念に含まれる社会学的概念の独創性を高く賞賛することになる．それは，そうすることによってクーンの科学論が，科学の興隆と没落までの全過程を射程に入れる

ことができることになり，これは他の科学論にはみられない点であり，際立った長所だとする．クーンに最も近い科学哲学者で，その仕事を最もよく研究したファイヤアーベントでさえ，"没落"にだけ関心をもっているからだという．そしてクーンは，科学研究の過程として，通常科学と科学革命の二つの位相を取り出すのであるが，とりわけ通常科学を中心に据えて，パラダイムによるパズル解き活動をその基盤として強調するのである．そうした場合，科学的業績や研究上の習慣というパラダイムの社会学的定義だけでは循環論法に陥ってしまうので十分ではなく，哲学的視点からも問題としなければならない．そうすると結局，通常科学の存在を前提とする限り，具体的な人工物（ないし構成）パラダイムが，最初の形而上学的（メタ）パラダイムと関わって，いかにして認知的特性である"ものの見方"となるかの重要な"問い"が提出されてくる．

このような"問い"と関連して，ここでのマスターマンの陳述には，世界観などに関わる形而上学的（メタ）パラダイムを上位とし，続く社会学的パラダイムを中位とし，さらに人工物（構成）パラダイムを下位とするパラダイムの3次元構造の提案が読み取れる．この論文のこの箇所から，パラダイム概念の3次元構造を読み取るのは，他の研究者にもみられる（伊藤，1988, p. 174）．このようなパラダイム概念の3次元構造に基づき，のちにルート・メタファの方法の導入が図られ，"科学のメタファ論"の構築がなされる．そのときには，ここでの"問い"がルート・メタファによって解決されると同時に，その"科学のメタファ論"は，その威力を発揮することになろう．

b. 無パラダイム科学，複数パラダイム科学，二重パラダイム科学

続いてマスターマンが指摘するのは，クーンはパラダイムを巡る科学論において，次に示す区別をしそこなっているというのである．

1） 無パラダイム科学（non-paradigm science）

パラダイムなしの研究で，多数の競合的な学派が存在し，互いに対抗相手の論破をめざし，基本事項に関してひっきりなしに哲学的議論が行われ，そして進歩がない．すなわち，パラダイムがなければ研究は進まないということである．

2） 複数パラダイム科学（multiple-paradigm science）

現代科学としての心理学，社会諸科学，情報諸科学などに全般的にみられるのが，この複数パラダイム科学である．この複数パラダイム科学では，それぞれのパラダイムのテクニックによって規定された下位分野では，技術がしばしば進歩し，また通常的研究のパズル解きが前進しうる．けれども，そのテクニックによって与えられる操作上の定義が大きく食い違うため，基本的な事項を巡る議論が続き，局部的な進歩はともかく長期的な進歩は生じがたい．とはいえ，複数パラダイム科学は，クーン自身の基準に照らすと——それぞれの下位分野を別々の分野として取り扱うというように，その基準を適用しなければならないという条件付きでだが——完全な科学といえる．

3) 二重パラダイム科学(dual-paradigm science)

科学革命直前の期間中には，支配権を求めて争う二つの競合的な新旧の両パラダイムが常に存在する．

マスターマンは，以上のように整理する．クーンがこのような整理に失敗した理由は，科学の内部の技術に不十分な地位しか与えていない点にあるとする．

ここでの二重パラダイム科学と複数パラダイム科学の基本的な考え方と整理は，少しあとで"科学のメタファ論"の構築の際に利用することになる．

c. "ものの見方"としての構成パラダイム

前項bで提起した"問い"，パラダイムが"ものの見方"でなければならないとすれば，とくに構成パラダイムは概略次のようなものでなければならないと，マスターマンはいう．クーンは，一つの科学的パラダイムから別のパラダイムへの転換を，1枚の曖昧なゲシュタルト図形を"見直す"操作に繰り返しなぞらえている．これらのそれぞれが，ある"ものの見方"であるように特別に構成された，完全に特定できる人工物である点に注意すべきである．実際，キャンベルからヘッセに至る多くの科学哲学者がそうだったのと同じように，それは類推(アナロジー)の際に用いられる実際の人工物なのである．しかし，クーンの人工物は，もしもそれが何か他のものBによる新しい"見方"を与えるために適用されるものとすれば，それ自体があるものAの"絵"，"像"，"図柄"であるような，きわめて体系的なパズル解きのゲシュタルトでなければならない．パラダイムはそれゆえ，他の類推と同じように，用心深く発展させうるものでなければならない．

このようなマスターマンの考えは，すでに述べたヘッセとほぼ同一の延長線上にあって，クーンのパラダイム転換によって生ずる"ものの見方"の変化は，ブラックのいう異なるメタファの相互作用によって生み出された，新たな"ものの見方"の選択ということができると考えられる．

d. パラダイムの論理学的諸特徴

最後に結論として，マスターマンはパラダイムの論理学的諸特徴を概略，次のように述べる．

すでにみたように，パラダイムが具体性ないしは"生々しさ"という特性を有するのであれば，パラダイムはモデルであるか，図柄であるか，自然言語における類推を引き起こすひとつながりの単語の使用例であるか，あるいはこれらのものの組み合わせであるかのいずれかである．いずれにしても，パラダイムは"生の類推(crude analogy)"を引き起こすわけで，この生の類推は，次に列挙するような論理的諸特徴をもつ類推として定義しうる．

（1）　生の類推は拡張可能性に限界がある.

（2）　それは他のいかなる生の類推とも比較することができない.

（3）　それは"複製（replication）"という推論手続によってのみ拡張可能である. この
"複製"という手続は, "厳密でないマッチング"というコンピュータ・プログラミ
ングによって検査することができるが, 推論方法の手法によっては不可能である.

以上であるが, パラダイムについて哲学的に語るという問題は, 図柄や言語で構成され
た人工物の操作の本質と方法に関して, 一般的かつ厳密に語ることになるわけで, 困難な
問題である. しかも, この問題はすでにふれたように, ブラックが原型の本質を発見しよ
うとするときの, あるいは言語において用いられるメタファの相互作用的な見方をどのよ
うに定式化するかということと同じ問題であるだけに, なおさらであるとする.

そこで, まず, （2）生の類推は他の類推とは比較することができない, というテーゼ
であるが, これはクーンが諸パラダイムどうしは互いに直接的に比較することができない
とする"共約不可能性"の問題と関わる. たとえば, "人間, 動物の規範"と"人間, あ
の狼"とをどのようにして比較できるだろうか, という問いだからである. このように,
生の類推はメタファや図柄などの構成物や人工物に依存するのである. 続いて（1）生の
類推は拡張可能性に限界がある, というテーゼが導き出される. このことをよく知ってい
るのは, メタファを多用する詩人であるとマスターマンは述べる. このテーゼは, パラダ
イムの拡張性に関わり, あまり拡張されすぎるとパラダイムの崩壊に結びつくが, 逆に発
展や興隆には拡張も必要である. クーンは, 拡張性についてはウィトゲンシュタイン
（Wittgenstein, L.）の"普遍に関する家族的類似性に関する説"にみられる, 家族的類似
性の網の目をパラダイムがそれ自体の中で発展させるという考えを示唆している. しかし
マスターマンは, クーンの生の類推を巡るパラダイムの限界と拡張に関するその説明は,
素描的で不完全であるという. そして, 結局, この問題は（3）のテーゼに帰着するのだ
とする. コンピュータ科学者らしい提案であるが, マスターマン自身, 複製づくりを論理
的にコントロールすることはすさまじいことであるが, 人間の脳は認知過程で容易にやっ
ていることなのだと述べている.

以上, ｃとｄで議論されたことは, やはりのちにルート・メタファ論の導入によって,
受け継ぐべきところは受け継ぎ, また別種の解答が与えられる.

1.5　クーンの対応

さて, それではクーンは, その後こうした批判にどのように対応したのであろうか. じ
つはマスターマンの論文は, すでに眺めた「パラダイムの本質」（1970年初版本）に先立
って哲学雑誌にも掲載されている（Masterman, 1964）. そうしたこともあってか, クーン

の応答は『科学革命の構造』の邦訳(中山 訳, 1971)にも「補章—1969年」として掲載されているし, またこれと一部内容的に重複する点も見受けられるが, 別の箇所でも論じられている(Kuhn, 1977). その邦訳も「パラダイム再論」としてなされている(伊藤, 1985). 両論文は, 少し時期が離れて執筆されているが, 両方とも併用して, クーンの解答をみていくことにしたい.

先取りしていえば, クーンはマスターマンの批判に対して, 次にみるように, かなり大きく反応し, 自説の修正を試みるのである.

クーンは, 最初になんとパラダイムの用語そのものを保留するというのである. そして, それに代わって専門母体(disciplinary matrix)ということばを用いることを提案する. ここで専門というのは, 特定の専門領域の研究者が共通してもっていることからくるもので, 母体とはいろいろな種類の秩序ある要素からなるとする. そこでは, 専門母体は全体を形成しそれを形成するすべての要素が一緒になって機能する. そして, そうした構成要素は, 初版の『科学革命の構造』でパラダイム概念を巡って論じたすべてであるという. したがって, 先に言及したマスターマンが分析した21の使い方すべてがここに入ることになる. そのため, もはや一つひとつの断片としては論じられないが, あえて主要な構成要素をあげれば, 次の四つになるという.

a. 記号的一般化

これは, 専門母体のうち形式的な記号を用いた定式化に関わる構成要素である. ニュートン物理学における, $f = ma$ などの記号形式で, 数学的操作という利点をもつ. こうした記号的一般化は, 科学の力を増すとみなされる.

b. モ デ ル

これは, 専門母体の第2の主要構成要素である. かつては形而上学的パラダイムやパラダイムの形而上学的部分(世界観)などとしたものであるが, これに代わって今度は特定のモデルに対する確信という立場をとる. モデルは, 科学者集団に, そこで好まれるアナロジーを提供するもので, 難しくいえば存在論を提供する. モデルはまた認知的・発見法的なもので, たとえば電気回路を流体力学系と見立てたり, 気体を自由に運動するビリヤードボールの集まりと見立てるなどで, 類推とメタファを提供するのに貢献する. こうすることによって, 何を説明し, また何をパズルの解答にするのかを決定するのに役立つ. さらに, モデルは未解決なパズルの表をつくり, 研究の重要度の評価をする手助けをする.

c. 価 値 基 準

専門母体の第3番目の構成要素である. ただし, クーンは「パラダイム再論」(Kuhn, 1977)では, なぜかこの価値基準を取り上げていない. 理論とは, 単純性, 首尾一貫性,

第1章　科学論的理論　　17

説得性があることが望ましいなどとする価値基準である．

d.　見本例(exampler)

　最後になったが，第4番目の構成要素である．これが"パラダイム"ということばで述べたかったことであるとクーンはいう．科学的業績としての文献や教科書，その章末の問題や具体的な実験などが，見本例である．そして科学を学ぶ学生が，こうした見本例によって"ものの見方"を身につけ，問題解決法や仕事の仕方を身につけ，科学研究に熟達していくとする．

　以上が，パラダイム概念を巡る批判への，クーンの自説修正の概要である．それらをみると，クーンはあまりに直接的かつ平板に，マスターマンの批判と主張に反応してしまっていることが読み取れる．というのは，パラダイム概念の分析的索引をつくってパラダイムに多くの使い方があることを指摘されるや，パラダイムの用語そのものを即座に取り下げ留保してしまう．そして，次にはマスターマンがその分析索引に基づいて，3種類のパラダイムとして，形而上学的(メタ)，社会学的，人工物(構成)パラダイムをあげ，そのうちの人工物パラダイムと社会学的パラダイムの考えを強調すると，すぐにこれにも反応し，形而上学的(メタ)パラダイムを背景に押しやってしまう．と同時に，それら強調された両パラダイムのみに焦点を絞り，もともと世界観までを含めていた壮大ともいえるパラダイムの考えに自ら限定をかけてしまっている．それも，きわめて平板にである．というのは，もともと，マスターマンのパラダイム概念の分析後の再構成には，すでに論じたように，形而上学的(メタ)，社会学的，人工物(構成)パラダイムが，それぞれ3次元構造をなすことが想定されているのにである．

　これに対して，クーンはパラダイム概念に代わって，専門母体(disciplinary matrix)なることばを提案する．そこではマトリックスという用語が用いられているが，確かに数学における行と列からなるマトリックスのイメージにみられるとおり，新たに諸構成要素を系統的に一覧表に示すことができる．しかし残念ながら，2次元的で平面的であって，3次元的で相互に補完し合い，上位，中位，下位などのレベルを有する構造には及びえないであろうと考えられる．

　こうした理由もあってか，クーンの修正案に対しては，賛同したり歓迎したりする科学哲学者は少ないようである(中山 訳，1971；伊藤 訳，1985)．いずれにしても，クーンの修正案では，問題は解決しないし展望も開けないと批判的な見解がとられている．クーン自身も，その後パラダイムという用語を全く用いなくなったわけではない(Kuhn, 1983, p.413)．

　さて，以上で必要な点検と検討がひととおりすんだので，いよいよ"科学のメタファ論"の構築に着手するとしよう．

1.6 "科学のメタファ論"の構築

まず，"科学のメタファ論"の構築にあたって，マスターマンにみられるような3次元的なパラダイム構造を想定することにする．そうすることによって，"科学のメタファ論"は，世界観(世界仮説)などを含む壮大な展望を開くとともに，共約不可能性の問題などにも新たな視点を提供することになると考えられる．

a. パラダイムの3次元構造とそのダイナミズム

科学哲学者の村上陽一郎は，次のように述べているが，引用させてもらうことにする(村上，1985, pp.15-17)．

　もともとクーンの「範型」という概念は，それなりに有効な概念には違いないが，またかなり大きな欠点を備えてもいた．クーンは，ある場合には「範型」をはっきりと明文化された理論体系をさすために使い，またある場合には，かなり漠然とした価値観や世界観のごときものにも適用する意志をもつかのような口振りで語りつつ，しかも，そうした「濫用」を戒めようとする．そのような混乱は，必ずしも理解できないものではないが，しかしともすれば矛盾をはらみがちになることは免れない．クーン個人が矛盾をはらむことはともかくとして，「範型」概念でははっきりと整理できない種類の様相がいくつか明らかとなってきた．とりわけ，クーンの「範型」では，科学においては，常に王者の座につくものがただ一つあると主張される．そのような「範型」の王座交代こそ普通名詞としての「科学革命」にあたるわけであるが，実際には，そう簡単にはすまない．たとえば，ある「範型」が王座についているとしたとき，その「範型」の傘の下には，多くの「下位範型」が入れ籠型に，あるいは相互に重なり合いながら存在していて，そうした「下位範型」どうしの関係自体や，あるいはその関係の変化が，全体を被う「範型」の変化や交代にも関わりをもつかに思われるという点が指摘できる．もしそうであれば，そこに存在するメカニズムと構造変化との分析が，どうしても必要な作業となるのである．爾来，私の関心の一つは，この方位に向かっているといえる(引用者注──文中の「範型」は paradigm の訳語として用いられている)．

　ここでの提案には，クーンのパラダイムの概念が有する問題点などを，先にふれたマスターマンが提起している本質的な方向に発展させ，その概念の有効性を発揮させることをめざす積極的な考えが示されている．そこで，この文中，後半の提案骨子とマスターマンにみられる，パラダイム転換期に現れるとする二重パラダイム科学(新旧二つの競合するパラダイムの存在)および通常科学の時期に多くの分野で認められる複数パラダイム科学(複数の下位サブ・パラダイムの存在)をも考慮に入れて，その模式図を一般的に描いてみれば，図のように示せるであろう(図 1.1.1 参照)．

第1章 科学論的理論　　　19

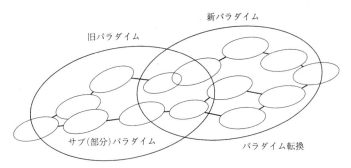

図1.1.1　パラダイムとサブ(部分)パラダイムおよびパラダイム転換との関係を示す模式図

　さて，この模式図によって，パラダイムが3次元的・立体的な構造のもとに把握されると同時に，そのパラダイム転換で複雑に変遷していくダイナミズムを追跡し分析していく基盤が構成されたことが示される．すなわち，これにより，ある科学(本稿ではもちろん心理学の分野)の縦断的(歴史的)—横断的(構造論的)分析にあたることが見通せることになる．この横断面では，ある王座にある支配的なパラダイムのもとに，その下位レベルを構成するいくつかのより小さいサブ・パラダイムがあり，さらに下位のレベルで繰り返されていくという，いわば階層的，垂直的な軸や次元をみることができる．いうまでもなく，こうした構造論的な取扱いの中で，すでに論じた形而上学的(メタ)，社会学的，人工物(構成)パラダイムの次元も一定かつ重要な関わりをもち，位置を占めることになる．これに対して，もう一つの時間経過の軸や次元に沿って，それらの関係構造がどのように変化し移行していくのかという，縦断的・歴史的な展開もみていくことができるのである．

b.　ルート・メタファとパラダイム論

　それでは，次にルート・メタファの考えを導入して，新たにパラダイム論の発展を図ることにしたい．そこに，めざす"科学のメタファ論"が誕生するのであるが，まさにその目標の真近に迫ってきた．というのは，ルート・メタファ論の創始者であるペパー自身によって，ルート・メタファとパラダイムとの関係，およびその統合の可能性までが示唆されているからである．これまでどおり文献に密着してみていくことにする．

　ペパーはその晩年，『思想史事典』(*Dictionary of the History of Ideas*, 邦訳『西洋思想大事典』)で「哲学におけるメタファ」という大項目を執筆している (Pepper, 1973, pp.196-201)．

　それによれば，まず世界仮説やルート・メタファにみられる考え方とパラダイム論との間には，かなり類似点があることがみてとれる．

　ペパーによれば，世界仮説の発生源は，パズル的な実践上の問題を解くための枠組みと

しての人間の日常生活における仮説群であり，人間は過去の経験を振り返り，その問題に応用しうるアナロジーを見いだす．哲学者も同様に，世界のパズル解きにおいて，その事物の性質について，何らかの豊かな経験を探す．これがルート・メタファであるという．そして，それを範囲に限界のない指針として一般化する．この概念の集合が，世界仮説のカテゴリー集合となる．そこで事実との相互関係でカテゴリーの構造化が進むと，それによって事実を知覚するようになり，こうしたカテゴリーの構造化により世界理論が構成される．そうなると，他の立場に立つ哲学者は，その理論の基礎の確実性について論駁することは，ほとんど不可能になる．別に構成された世界理論によってのみ対抗しうるのである．

　概略，以上のような論調である．クーンのパラダイム論における"パズル解き"の用語が用いられているし，理論を倒すのはデータでなく理論であるというクーン理論の帰結とも一致するのである．

　続いてペパーは，ルート・メタファとウィトゲンシュタインの"パラダイム・ケース"や"家族的類似性"の概念との相違点を検討し，科学のパラダイムとの関係を述べる．

　最初に"パラダイム・ケース"は，"椅子"，"葉"，"ゲーム"のような日常語にみられ，共通の属性により性格づけられないが，対象の一グループとして，つまり"家族的類似性"をもつものとして関連づけられる．児童期には，このような家族的類似性の概念の適用範囲が学ばれ，日常語を話す者すべてに理解される．このような概念には，典型的な対象に対応するものがあり，そこから家族的類似性のもとに他のメンバーを追求しうる．それが"パラダイム・ケース"と呼ばれるものである．つまり，このパラダイム・ケースでは，アナロジーを供給してその家族的類似性から他のメンバーを追求する．哲学においてメタファを用いる重要な方法であるルート・メタファと，こうした"パラダイム・ケース"との主要な相違点をあげれば，哲学の場合は，世界理解のためのより適切な構造に向けてその発展を図ることである．つまり，その適用に際して，適用概念の精密性と範囲に関連する特別の説明的優越性を認めるのである．これに対して，ウィトゲンシュタインの"家族的類似性"では，発展的プロセスを示唆してはいないし，家族的類似性のすべてのメンバーは同等であり，日常言語の使用においては特別な説明的洞察を担うようなものの仮定は必要ないとする．

　このように論じたあとで，ペパーは，"パラダイム・ケース"と同じ"パラダイム"の用語を用いるクーンのパラダイム論に言及する．そこで述べられているパラダイム論とルート・メタファ論との関係は，きわめて重要な指摘である．それは次のとおりである．

　クーンの見解による，科学的手続において指針となる概念パターンとしてのパラダイムと，世界仮説において指針となる概念パターンとしてのルート・メタファとの間には，機能的にとくに相違はない．前者のパラダイムでは，その範囲に制限があるだけである．

　そして，最後にペパーは，パラダイムとルート・メタファとの密接な関係をさらに論じ

第1章 科学論的理論　21

て，最終の締めくくりにあたって，両アプローチの統合の可能性を示唆している．クーン
にとってのパラダイムは，科学において受け入れられたモデルやパターンでもあり，その
最初の出現のときにも，パラダイムは「その範囲と精密さで大きく限界がある」といえ
る．パラダイムの地位を維持し高めるものは，その分野の専門家たちが重要だと認める問
題を解決することにある．その実現の過程とは，パラダイムによって明らかにされる事
実，知識の拡張，パラダイム自体の整備の過程である．クーンの述べる科学の歴史は，適
切性の追求において，限界ある範囲でのメタファの歴史とはほとんど等しいものである．
そして，もしも，限界のない仮説からなるルート・メタファ理論のある形式が，限界ある
仮説からなるクーンのパラダイム理論の形式と結合されるならば，それは，すべての創造
的な経験理論が原理上，メタファ的であることを示唆する．このことは，その価値を下げ
ることにはならない．理論というものが人間の創造的な生産物であるということが現実で
あることを，それは示すことだからである．

　このようにペパーは述べて，ルート・メタファ論とパラダイム論の統合の可能性を示唆
して終える．それは，もしかするとペパー自身によってなされることであったかもしれな
い．惜しいことに，この執筆そのものが，まさに最晩年の仕事のようである．本稿では，
それを試みることになる．しかし，それに入る前に，ここでのペパーの議論がこれまでみ
てきた中で提起された疑問や問題（とくにマスターマンにより提出されたもの）を，どのよ
うに解決しているのかに注意して，整理し確認しておくことにする．

　第1に，ルート・メタファには，いくつものメタファを網目状に編成し拡張していくと
いう，根本性と体系性をもつという基本的な特性がある．これは，他のメタファ論にみら
れないもので，“科学のメタファ論”のための基盤となりうるものである．もし，クーン
のパラダイム論と結び合って統合されれば，先にマスターマンが疑問として提示していた
類推（アナロジー）などのメタファ，パラダイムの拡張の問題は，これによって解決され
る．何もコンピュータ・マッチングによる難しい手続的な手法などによらなくてもよいの
だという，別の解答が与えられる．

　第2に，ルート・メタファは，上述したように，基本的な特性のもとに拡張し，世界理
解のための適切な構造に向けて発展していくのに対し，ウィトゲンシュタインが提案して
いる“パラダイム・ケース”による“家族的類似性”では，こうした発展のプロセスと，
適用概念の精密性や範囲に関わる特別の説明的優越性は認められていない．

　クーンのパラダイムも，ルート・メタファと同じように機能する．したがって，パラダ
イムの拡張の問題に関わって，クーンは“家族的類似性”による網の目を示唆している
が，マスターマンが指摘しているとおり，不十分であるといえる．

　第3に，世界仮説において指針となる概念パターンとしてのルート・メタファと，科学
的手続において指針となる概念パターンとしてのパラダイムとでは，後者に制限があるだ
けで，機能的に相違はない．ここに，マスターマンによる「なぜパラダイムには拡張可能

性に限界があるのか」という難問に対する，ルート・メタファ論からの回答がある．また，ルート・メタファによって構成される世界仮説にはいくつかあり，そのうち科学に関わるものだけでも4種類ある．このことは，マスターマンが提起する「類推（アナロジー）は他のいかなる類推とも比較することができない」というテーゼが当然であることを示す．

以上，確認してみたように，これまでみてきたすべての問題点は解決された．そして，結局のところ，科学の歴史は，適切性の追求において限界ある範囲でのルート・メタファの歴史とほとんど等しいものとなる，とペパーは述べているのである．

ここに，"科学のメタファ論"の構築のための準備は，完全に整ったことになる．

c. "科学のメタファ論"

さて，いよいよ待望の"科学のメタファ論"の確立を図ることにする．前例にならって，イメージを描くためにも，ルート・メタファとパラダイムとの関連を模式図によって示すことにしたい（図1.1.2参照）．

ここでは，王座にある支配的なパラダイムのもとには複数のサブ・パラダイムがあって，それらは大きなパラダイムに所属するという点では，変わらない．ただし，こうしたパラダイムは，今度はルート・メタファにも属するということになる．その場合，ルート・メタファは単独の大きなパラダイムから，複数のサブ・パラダイムを含む場合もあろうが，いずれにしてもパラダイムをこえる広い範囲にわたっている．図1.1.2では，ルート・メタファは，AからDまでの4種類がたまたまある一定の支配的なパラダイムに関わっていることを示している（近年，認知心理学などでは，まさにこの事態が起こってい

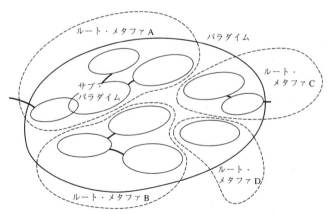

図1.1.2 ルート・メタファとパラダイム（サブ・パラダイム）との関係を示す模式図

るのを，あとでみる）．こうしたルート・メタファはサブ・パラダイムと関連して，小さなパラダイム転換から王座交代という大きなパラダイム転換に関わっていくことが一般的であるという予見もなされる．そしてこうした新たな構造の想定は，共約不可能性への別の展望を開くのである（これについてものちに議論する）．

さて，ここでルート・メタファと重なり合い，結び合ったパラダイムの部分は，すでに眺めてきたように，世界観や世界仮説に関わる形而上学的（あるいはメタ）パラダイムであることはいうまでもなく，そして同時に具体的なモデルやアナロジーに関わることから，少なくとも人工物（あるいは構成）パラダイムでもある．したがって，マスターマンで人工物（構成）パラダイムの重視が説かれ，クーンがそれを受けて形而上学的（メタ）パラダイムを背景に押しやってしまうような必要性は，この"科学のメタファ論"では全く問題にならず，解消してしまうことになる．つまり，言い換えれば，"科学のメタファ論"におけるパラダイムは，ルート・メタファと重なり合っていることから，その階層的な側面において，その上位的な形而上学（メタ）のレベルと，下位の人工物（構成）レベルと内的にも通底しており，その相互補完性を強化することになる．

それでは，ルート・メタファそのものを，より具体的に眺めることによって，このあたりを確認してみることにしよう．

もう一度ペパーに戻ることになるが，それによれば，世界仮説に関わるものとして，アニミズム，神秘主義，フォーミズム，機械論，有機体論，文脈主義があるとする．しかし，このうちの前2者，つまりアニミズムと神秘主義は，展望とコミュニケーション可能なカテゴリーが不足しているとして除外されている．ただし，もしこれまでの相対的に適切な哲学に，アニミズムや神秘主義のような人間的で魅惑的であって，だが不適切な世界仮説が加えられることになれば，人間の文化的思考と実践に対して哲学的メタファの影響は，計り知れないほど拡張されることが指摘されている．

ルート・メタファは，したがってペパーの時点で後方の4者がすでに見いだされているとする．そこで次にそれらを列挙してみることにする．

① フォーミズム（formism）：これは各種の存在間の類似性と差異性に基づく世界の構成を強調する世界観に適用した，ペパーの創始した用語である．しばしば"リアリズム（realism）"とか"プラトン的イデアリズム（Platonic idealism）"と呼ばれる．アリストテレス，プラトンなどがこのフォーミズムの思想家の典型である．フォーミズムのルート・メタファは，同一のフォームのもとに物を作り出す仕事や，外観が類似しているという基準のもとに対象を認識する場合などに見いだされる．フォームは，それ自体が現実に存在するという立場である．リアリストの立場でもある．

② 機械論（mechanism）：これはいうまでもなく，西洋近代文明で優勢な世界観である．そのルート・メタファは機械にあり，さまざまな機械がモデルやアナロジーとして用いられる．機械論者の世界観では，出来事を力の伝達などによる因果関係としてとらえる．

近代の科学は，その形而上学的な基礎としてこの世界観を数多く採用してきたとする．

③ 有機体論(organicism)：世界を有機体としてとらえ，全体の中に部分を位置づけることを試みたりする．すべての事象は有機的プロセスであって，その有機体としての構造を明らかにしようとする．理想的構造は，ステップなどが進行し，その終局で見いだされるとする．

④ 文脈主義(contextualism)：出来事の集まりとして世界をみる立場である．すべての事象は，そこに同時に働く多くの原因や要因から生ずる．その典型が歴史的事象である．だが，その歴史的出来事は，過去のものである必要はなく，現在の出来事であるダイナミックでドラマティックな事象としての活動(act)であってもよい．歴史的事象によって呼び起こされるのは，進行中の複雑に入り組んだ出来事である文脈のイメージである．そうした複雑な事象は，多くの人々の活動による努力に影響される．そのメタファには，状況の構造と活動する者との位置が不断に変化するという考えが含まれる．このように文脈や状況が問題とされる．プラグマティズムの哲学者，ミード(Mead, G. H.)，パース(Pierce, C. S.)などにみられる．

以上が，ペパーの示す4種類のルート・メタファである．ペパーは，将来，適切で新たなルート・メタファが現れることを否定していない．

そこで，すでにみた4種類のルート・メタファは，いずれも世界観に関わっていると同時に，研究にあたっての問いと答えの仕方などで，方法論にも制約を与えているということである．たとえば機械論では，一種の機械として世界を眺め，そのうえでそこでの主要な原因と結果の因果(連鎖)関係を問い，それを明らかにして答えるという具合である．もちろん，この場合，具体的な機械がモデルやアナロジーとして用いられているのはいうまでもない．その他のルート・メタファの場合も同様である．

そこで，筆者らの次の作業は，この"科学のメタファ論"を個別経験科学としての心理学に適用して，こうした問題を点検し検討してみることである．

1.7 現代心理学の構造と展望

さて，新たな科学論である"科学のメタファ論"からみた現代心理学の構造と展望を図ってみることにする．それには，まず次の図をみていただきたい(図 1.1.3 参照)．これに基づいて，その全体像を概観してみよう．

a. 概 観

ここに示す図 1.1.3 は，"科学のメタファ論"を心理学に適用して，すなわち，かつての行動主義から近年の認知心理学への変遷構造を明らかにする作業を進め，その結果を模式図として整理したものである．こうした作業には，じつは膨大ともいえる文献上の探索が

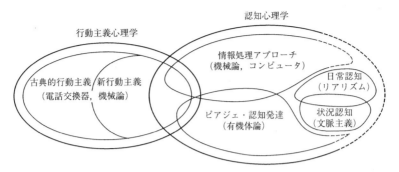

図1.1.3 科学のメタファ論からみた心理学のパラダイムとパラダイム転換を示す模式図
右端の点線部分は，今日，まだ不明であることを示す．

必要となるのはいうまでもない．ただし，近年ではそれぞれ部分的にではあるにしても，この目的に関連する研究が提出されるようになってきた．たとえば，心理学史や心理学の理論の発展をパラダイム論の観点から論ずる著作もいくつか刊行されるようになった(Leahey, 1980, 宇津木 訳, 1986；Baars, 1986)．また，さらに最近では，パラダイム論との関連までは論ずるに至っていないが，理論心理学の分野において，近年の認知心理学の動向をペパーのルート・メタファ論の導入によって整理し議論する論文も見受けられるようになってきた(Vroon, 1988)．

そこで，この作業にあたっては，そうした関連研究にもひととおり目を通して援用しているところもある．それにしても，本来ならば個々の複雑な理論およびその特徴を詳細に吟味し論じなければならない性質のものである．幸い本書において，個々の理論に関してはそれぞれ個別的に紹介され論じられているので，ここではそちらに譲らせていただくことにして，きわめて概略的に論じることにする．

さて，それでは図1.1.3に戻って概観してみることにしよう．この模式図によれば，かつての行動主義の全体のパラダイムには，古典的行動主義と新行動主義の二つのサブ・パラダイムがあったとみている．"科学のメタファ論"からみれば，全体として機械論に位置づけられる心理学であったといってよい．初期の古典的行動主義では，いわゆる"刺激-反応"の共通図式や枠組み（パラダイム）と関連して，"電話交換器"メタファ（ルート・メタファ論上の機械論）が採用されていた．やがて新行動主義に移行すると，その共通の図式や枠組みが修正され，そのメタファの制約も少しゆるむ部分がみられることになる．また，こうした行動主義心理学には，当時の実証主義の背景のもとに自然科学にならった実験的方法が用いられ，1930年代以降の新行動主義になると，論理実証主義，操作主義などの科学哲学が影響を及ぼすことになった．

次に，行動主義から認知心理学への大きなパラダイム転換期を迎える．そこでは，すでにみてきたように，クーンが述べている危機や革命期として，変則例が見いだされたりす

るなどの様相を呈する.

やがて,新パラダイムである認知心理学が旧パラダイムの行動主義にとって代わり,王座につくことになる.その認知心理学という全体のパラダイムの傘のもとに,二つの主要なサブ・パラダイムが登場し位置づけられて,これを支配することになる.それらは,たまたま模式図の上部に示されているが(図1.1.3参照),コンピュータ・メタファを採用した機械論である情報処理アプローチであり,またその下部に示されているのが,有機体論によるピアジェ理論を中心とする認知発達である.一般に異なるパラダイムどうしは,対抗したり競合し合う.ただし,これら認知心理学における二つのサブ・パラダイムは,協力して行動主義に敵対したとはいえ,両者間では必ずしも競合するだけにとどまらず,結合を図り共存する部分があったことが指摘されるべきであろう.というのは,ピアジェ自身,サイバネティックスを重視し,それを自説に取り込むことに熱心であったことがそれを端的に示しているからである.逆に,情報処理アプローチやそれと密接に関連した人工知能研究も,ピアジェ理論の影響を受けたことが指摘されている(Boden, 1980,波多野訳, 1982).

ところが,1970年代の中ごろから認知心理学に異変が生じ,しだいにそれが目立つようになってきた.行動主義に比べて認知心理学には情報処理アプローチがあり,ピアジェ中心の認知発達があり,上記のように融合する部分もあったりして,それだけでもかなり複雑・多様であった.そこへ生態学的妥当性,状況,文脈などの用語が,認知心理学の文献の中に散見されるようになる.何事かが起こっているのはわかるのであるが,その全体像や理論的性格などは不明であった.しかし,こうした事態もやがて明らかになる.

筆者らの"科学のメタファ論"では,図1.1.3に示すように,その事態をリアリズム(フォーミズム)による"日常認知(everyday cognition)"と,文脈主義による"状況認知(situated cognition)"という二つのサブ・パラダイムの混合であると位置づけている.また,図1.1.3をよくみるとわかるように,両者は重なり合っている部分があるように描かれているが,それはルート・メタファ論上,混合メタファ(mixed metaphors)をなし,折衷的な理論の側面があることを示す[*2].

[*2] ここでの位置づけはブルーンの見解に依拠しているところがある(Vroon, 1988).生態学的妥当性を契機とした心理学の革命は,ペパーのフォーミズムの中でもリアリズムの強調が顕著であり,また文脈主義との連携からなるとする.そして両者間の混合メタファとしての問題点を一部だが議論している.

ここでは,認知心理学内における新たなパラダイムの出現であり,一つの科学革命であると位置づけている.ブルーナーは,こうした動きを"静かなる革命(quiet revolution)"と名づけている(Bruner, 1990).

そこで,認知心理学の全体を眺めれば,奇しくもペパーの"世界仮説"におけるルート・メタファ,つまり機械論,有機体論,リアリズム(フォーミズム),文脈主義の四つのすべてがそろい,それぞれがサブ・パラダイムを形成していることが理解される.したが

って，今日の時点での認知心理学は，こうした四つのサブ・パラダイムが存在するという，きわめて複雑で多様な様相を示しているといってよい．

しかも，新たな"日常認知"と"状況認知"は密接に関連していて，つまりメタファ論上からみれば，"リアリズム(フォーミズム)"と"文脈主義"とは混合メタファを形成して，これまでの情報処理アプローチや，ピアジェを中心とする認知発達の両パラダイムに挑戦し，対抗し，競合している状況である．それらの顕著な具体例を二つだけあげてみよう．

まず，かつての情報処理アプローチを中心とした認知心理学の教科書を執筆し脚光を浴びたナイサー(Neisser, U.)が，ガラリと転向，改宗するのである．それは，"*Cognition and Reality*"(邦訳『認知の構図』)という著作の刊行によってである(Neisser, 1976, 古崎ほか 訳, 1978)．そこでは，生態学的妥当性の主張のもとに，情報の段階的処理モデルによるアプローチや人工的すぎるような実験的研究を批判し，能動的スキーマのみによる解釈学的ともみえる知覚循環の枠組みによって，日常的事象にアプローチしようとする．さらに近年では，ナイサーは文脈主義と結びつけて，日常的状況や文脈の中での記憶研究などへ進んできている(Neisser, 1982, 富田 訳, 1988)．

もう一つは，ピアジェの認知発達理論(発達段階説)の切り崩しの進行である．ピアジェは生物学に基礎をおき，主体と客体の対物的・自然環境的相互作用を中心に発達を規定する態度をとり，それでは人間の社会や文化との関わりが十分に扱われていないという批判が従来からなされてきた．その理論の切り崩しは，まさにこの観点からなされた．それにはピアジェの有名な"三つ山課題"がある．大小の三つの山からなる模型を子どもの正面におき，その側面に人形をおいて，その人形から山の模型がどのようにみえるかを，多くの絵(または写真)から選択させると，7歳以下の子どもは自己中心的であって，自分がみている景色を選ぶというものである．これに対して，ヒューズ(Hughes, M.)らは問題の論理的構造は全く同じだが(ピアジェの有機体論では，その段階が進んで最終的な理想的段階に論理学をおくことに注意)，それを"かくれんぼ問題"として提示してやると，4歳の子どもでもできてしまうことを実験的に明らかにしたのである(HughesとDonaldson, 1979)．これによって，ピアジェの示す発達段階説への疑問が生ずるとともに，日常生活での子どもの有能性(コンピテンス)への注目および文化や社会性の重視など文脈主義的取扱いが，発達の研究においてもみられるようになる．

このように，近年ピアジェ理論を中心とする認知発達パラダイムは，社会や文化，歴史の中における人間観を強調する，かつてのヴィゴツキー(Vygotsky, L. S.)理論のとらえ直しとその発展の試みによって転換されつつあるようにもみえる(ColeとEngeström, 1993)．

以上，図1.1.3における日常認知と状況認知を巡る具体例を二つ眺めたわけであるが，はたしてそれらは認知心理学のサブ・パラダイムが増えただけのことなのであろうか．そ

れとも，こうした複雑な状況は新たに格段に大きな革命期を迎えていることを示すもので
あろうか.

　先のブルーンは大きな革命期にあるとしながらも，予測は困難であり，将来がはっきり
と決着をつけると述べている(Vroon, 1988). この指摘は当然であって，そこで図1.1.3の
模式図の右側点線部分は，今日の時点ではまだそれが不明であることを示すことに注意し
てもらう必要がある.

　とりわけブルーンは，四つのルート・メタファが同時に存在していることは，現代の物
理学と薬学などにもみられることを指摘している. しかし，心理学がユニークなのは，ル
ート・メタファどうしの混合，つまり混合メタファがみられる点にあり，このことを含め
て認知心理学に不統一が生じているとする. すなわち，情報処理アプローチ(ピアジェの
認知発達も該当するといえよう)によって心の内部を探求し，その豊かさに注目してきた
のに，今度は環境の豊かさと複雑さに目を向け，心は再度空虚で貧弱なものになるという
のである. その結果，心理学の知識は最適に蓄積されないのではないかと指摘している.
そして，こうした理論間の関係に関わる問題には，ペパーが示しているルート・メタファ
間の関係に関する研究がなされる必要があることを示唆している(Vroon, 1988). これも，
もっともな見解である. そこで，次項ではそれを取り上げてみることにする.

　その前に，それとも関連するが，科学のメタファ論(図1.1.3)からみた共約不可能性の
問題をみておきたい.

　クーンの科学論では，異なるパラダイムどうしは枠組みやそこで用いられる概念群が相
互に異なり，しかも閉じているので，相互の共約や通約などいわばコミュニケーションが
不可能であるとする考え方があるといってよい. 他方，ペパーのルート・メタファでは，
機械論，有機体論，リアリズム(フォーミズム)，文脈主義のそれぞれが，世界観，カテゴ
リー，概念，方法に関わる固有性をもっており，原理上，相互に互換性がないとされる.

　そこで，図1.1.3に示される科学のメタファ論において，まず，王座にあるパラダイム
間ばかりではなく，それぞれのサブ・パラダイム間でも共約不可能性の問題が生ずるとい
う，新たな洞察が得られる. 続いて，因果的な世界観に立ち自然科学的な実験方法を用い
るという点では，行動主義と情報処理アプローチは，同じ機械論に属するという共通性が
認められる. しかし，たとえば記憶の研究といえば，行動主義では電話交換器メタファを
用いたこともあって，それが取り扱われる余地はなかった. これに対して，同じ機械論で
も情報処理アプローチでは，コンピュータ・メタファとの関連での記憶の取扱いであり，
また，ピアジェの認知発達では有機体論による構造(認知構造)との関連での記憶の取扱い
であり，さらにナイサーの文脈主義による記憶の取扱いとは相互にそれぞれ異なってお
り，共通性はみられず共約不可能である. このように"科学のメタファ論"は，これまで
の共約不可能性の議論に新たな観点からの光をあてると同時に，さらに木目の細かさを加
えるのではないかと思われる. このことは，理論系の異なる知見を議論するときに考慮が

必要なことを示唆するであろう．

b. 理論間の特色，相互関係，研究方法論

それでは，次に認知心理学における理論間の特色，相互関係，研究方法論などを眺めてみることにする．それに際して依拠するのは，ペパーの示している世界仮説の図式である（図 1.1.4 参照）．この図においては，リアリズム（フォーミズム），機械論，文脈主義，有機体論の四つのルート・メタファの理論的整理がなされている．そこで，先の図 1.1.3 で示した認知心理学における，リアリズム（日常認知），機械論（情報処理アプローチ），文脈主義（状況認知），有機体論（ピアジェを中心とする認知発達理論）をそれぞれ対応させて眺めてみることにしよう．

そこでまず，最初の二つ，リアリズム（日常認知）と機械論（情報処理アプローチ）は分析的に理論を形成するのに対して，後者の二つ，文脈主義（状況認知）と有機体論（ピアジェの認知発達）は合成的に理論を形成する．前者の分析的理論における基本的事実は，それぞれ要因や要素の性質の中にあり，それゆえ合成はそれから導き出されることになる．他方，後者の合成的理論における基本的事実は，それぞれ文脈や複合体の性質の中にあり，それゆえ分析はそれから導き出される．このように，こうしたペアの間には対称性が認められる．

続いて，リアリズム（日常認知）と文脈主義（状況認知）は，ともに分散的理論となる．他方，機械論（情報処理アプローチ）と有機体論（ピアジェの認知発達）は，ともに統合的理論となる．それゆえ，前者のリアリズム（日常認知）では，分析が分散的になされるし，文脈主義（状況認知）では，合成が分散的になされることになる．そして，これらはいずれも分散的理論の特色として，精密性の限界がある．というのは，リアリズム（日常認知）や文脈主義（状況認知）はリアルな事実を取り扱い，それらがどのような発生源から生じようと，一つ現れるごとに解釈されるのであるが，一貫した解釈には常に困難が伴う．そのうち文脈主義（状況認知）では，事実について知れば知るほど，より決定的に記述できるという特色を有するが，リアリズム（日常認知）では，むしろ逆に事実についての情報の付加は，情報を増加させ分散させてしまうことになる．

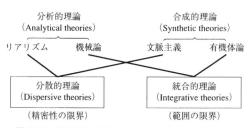

図 1.1.4　世界仮説の図式（Pepper, 1942 に基づく整理）

それに対して，後者の機械論(情報処理アプローチ)では，分析が統合的になされるし，有機体論(ピアジェの認知発達)では，合成が統合的になされることになる．そして，これらはいずれも統合的な理論の特色として，範囲(scope)の限界がある．というのは，これら二つの理論にとって，世界はまさにコスモスとして現れ，そこで事実は決定論的な秩序において生起し，それに関して十分なことが知られるならば予測できるし，精密に至る必然的な存在となりうる．予測できないものでも確率的な法則に従わせ，一定の限界のある世界分野に閉じ込めるのである．かくして，範囲の限界があることになる．それに加え，両理論は，ともに事実を非リアルなものとして取り扱いがちで，あらゆることを一つの決定論的な秩序の中に押し込める困難さの中で，多くの事物に関してリアリティを拒否することになる．そのうち有機体論は，決定論的秩序において弱い方であり，見え(appearance)に拘束され，それを最小限にしようとしても完全にはなしえない．これに対し機械論は，より決定論的な秩序の中にあるが，何といってもリアリティの欠如の難点があるとする．このように両理論は，全ユニバースが決定論的秩序のもとにあると主張する点で，先の分散的理論家の方は，それは人間的無知によると批判する．それに対して統合的理論家の方は，合理性と理想化の点で人間性に益することになると分散的理論家に返答するという．

以上が，ペパーによるルート・メタファ間の相互関係とそれぞれの特色である．ここで筆者らのこれまでの位置づけでは，認知心理学におけるリアリズム(日常認知)と文脈主義(状況認知)は，混合メタファ(mixed metaphors)であるとしている．そこでは，こうした混合メタファによる折衷的な理論に関する議論もなされている．ルート・メタファ間での折衷の例をあげながらである．

それによれば，混合メタファによる折衷理論(eclectic theory)では，二つのカテゴリー集合はうまく働かないし，それぞれの解釈の仕方に混乱をきたしがちで，豊かな理論を形成するようにならないとしている．このことが，日常認知と状況認知の場合にもあてはまるとすれば，かなり困難なパラダイム選択といえよう．

最後になるが，ペパーはまた，図 1.1.4 において中央に位置する機械論と文脈主義が重要であることを示唆している．というのは，機械論は強力な方の分析的理論であるとともに統合的理論でもあり，また文脈主義もやはり同じく強力な方の合成的理論であるとともに分散的理論であるからだという．このことは，研究方法論と関係があるように思われる．それは近年，心理学において，これまでの客観的・量的アプローチに対抗して質的・解釈的アプローチが登場してきたことにみられる．このことはすでにふれてきたが，機械論に立つ行動主義によって自然科学に範をとった実験的方法が採用され，同じく機械論の情報処理アプローチによって基本的に継承されてきた，いわば主導的な研究方法論に対する，もう一方の側に立つ強力な理論系からの異議申し立てを示すものであると，ペパーの見解からはなるであろう．

第1章　科学論的理論　　31

これからの動きにもよるであろうが，いずれにしても文脈主義による質的・解釈的な研究方法論では，実験室的な人間行動をこえて，生態学的にも妥当な広い文化や社会などが織りなす文脈や状況との関係の中での人間行動を研究の視野に入れることができる．そうだとすれば，それは今後の心理学の守備範囲を広げ発展させる一つの方向でもあろう．

c.　展　　望

これまで探索の旅を続けてきた．理論心理学の中でも，とくに科学論の観点から現代心理学を眺めてみるというのが本稿の課題である．筆者らはできるだけ原典に密着し論点のすじを追うことを心がけたことも手伝ってか，その旅はかなり長いものとなった．そして，ようやくたどり着いた"科学のメタファ論"という山頂から，現代心理学の中でも認知心理学を中心に眺望してみたわけである．そこからの風景は，いかがであろうか．おそらく，今後ともその景色の変化を追っていくことが必要であろう．

エピソード

クーンとペパーの出会い

本章での"科学のメタファ論"の構築にあたっては，科学論におけるクーン(Thomas S. Kuhn：1922-1996)の"パラダイム論"と，哲学におけるペパー(Pepper)の世界仮説としての"ルート・メタファ論"とを主要な土台としている．言い換えれば，クーンとペパーの両者に架橋して"科学のメタファ論"の展開を試みている．まず，クーンを眺めてみると，そのパラダイムと関わらせて，モデルやメタファの働きを強調する．科学者の活動を"パズル解き"というメタファを用いて記述したりもする．しかし，それ以上にそちらからは橋を架けられない．ところが，他方のペパーの側から追求していくと，両者には興味ある出会いがあったという事実までもが文献上明らかとなる．

ペパー(Stephen C. Pepper：1891-1972)は，メタ哲学，美学，価値論などの諸分野で，独創的で優れた業績を残したこともあって，近年でも雑誌の特集号が組まれたりしている(*The Journal of Mind and Behavior*, 3(3), 1982)．この特集号は，「ルート・メタファ学際会議」によるもので，その学際会議の名称が示すとおり，その掲載論文は多岐にわたっている．その中には，ペパーの提唱になる美学の分析における"パズル解き"を巡る議論もある．とくに注目すべき論文は，「ペパーと近年のメタ哲学」(Reck, 1982, pp.207-216)である．ここでクーンとペパーとの密接な接点，出会い，エピソードが紹介されている．その概略を述べれば，次のようなことになる．

クーンは，ハーバード大学の学長となるコナント(James B. Conant)のもとで働いていた1945年ごろに，当時刊行されていたペパーの著書『世界仮説』を読んだという．クーンは，はじめ物理学で訓練を受けたが，科学論に転向し，その後カリフォルニア大学バークレー校の哲学科の専任ポストを得て，そちらへ移った．そこの主任教授がなんとペパー

であって，クーンを招くのに骨を折ったという．そして本論でも引用しているが，ペパーは後年『思想史事典』の「哲学におけるメタファ」の大項目で，自説の"ルート・メタファ"を論じる中で，クーンのパラダイムとルート・メタファとの関係について，次のように述べる．

「科学の手続における主導的な概念パターンとしてのパラダイムの機能と，世界仮説における主導的な概念パターンとしてのルート・メタファの機能との間には，前者(パラダイム)には，範囲が限定されているということを除けば，実際上，いかなる違いもない．」

クーンは，このようなことが記述されているペパーのその項目を読み，その適切性を認めたが，ペパーからの直接的な影響を受けたかどうかの質問には答えなかったという．

以上についての詳細は，直接上記の雑誌(特集号)にあたっていただきたい．

表1.1.1 心理学のパラダイム

現象例

科学のメタファ論と現代心理学

本章では,「科学論的理論――科学のメタファ論からみた現代心理学――」という題目のもとに,まず"科学のメタファ論"を構築し,そこから現代心理学を論ずるという構図をとっている.つまり,ルート・メタファ論とパラダイム論とを結びつけて新たな科学論を確立し,そのパワーを増し木目の細かさを図ることをめざした.

筆者らはそうした努力の一環の中で,本論ではふれていないが関連する研究をしてきた.ここでは具体例として二つを取り上げよう.

(1) 総合科学としての"人間行動学"の構想へ

広く心理学,生物学,社会学などの学問分野を射程に入れて,人間行動の全般を扱う総

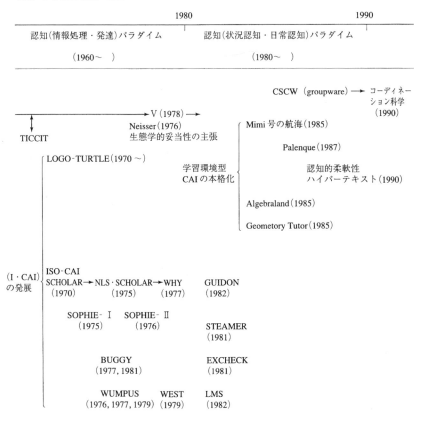

転換による CAI 研究の変遷

合科学としての"人間行動学"を構想し論ずる試みを，筆者の一人，中島は行っている（中島義明，太田裕彦：人間行動学—人間を映す万華鏡—，放送大学教育振興会，1994）．その企画構想の冒頭において，ペパー(Pepper)のルート・メタファ論を論じ，"人間行動学"を規定し位置づけ，多元的なアプローチが必要なことを説くためにそれを用いている．詳しくは上記の文献にあたっていただきたい．

（2） CAI 研究の変遷の解明へ

もう一つの具体例は，心理学とも密接に関わる教育工学の分野における研究である．その分野の中に，いわゆる CAI(computer assisted instruction, コンピュータ支援学習指導)システムを取り扱う領域がある．もともと教育工学自体が，行動主義心理学におけるスキナー(Skinner, B. F.)の学習理論およびプログラム学習やティーチング・マシン(TMと略す)から出発した経緯がある．そこで，当時少しずつ普及しつつあったコンピュータを用いて，いわば高度な TM を開発して教育に貢献することをめざして，その CAI 研究が位置づけられた．その先端的な開発では，技術の進歩も多少関わるが，それ以上に心理学における学習や発達に関する新たな知見が提出されると，即座にその設計思想に取り込まれ，システムの開発がなされる．そして，もしパラダイム転換が生じようものなら，システムのあり方がガラリと変わるのである．この意味では，心理学における理論の動きにきわめて鋭敏に反応する，いわば一種のテスト器のような側面があるともいえる．

それでは，別表に示す「心理学のパラダイム転換による CAI 研究の変遷」を眺めていただくことにする(表 1.1.1 参照)．

これをみると理解されるように，本論ではふれていないのであるが，現代心理学におけるパラダイム転換の時期，新たなサブ・パラダイムの登場の時期などが示されている．ここで特徴的なことの一つは，行動主義から認知心理学への大きな王座交代のパラダイム転換期は約 10 年間あったとみている点である．詳細は，筆者のもう一人，菅井による次の文献を参照していただきたい（菅井勝雄：CAI への招待—教育工学のパラダイム転換—，同文書院，1989）．

〔菅井勝雄，中島義明〕

文　献

1） Baars, B. J.(1986): *The Cognitive Revolution in Psychology*. Guilford.
2） Baker, Wm. J. et al.(eds.)(1987): *Recent Trends in Theoretical Psychology*, Vol. I. Springer-Verlag.
3） Baker, Wm. J. et al.(eds.)(1989): *Recent Trends in Theoretical Psychology*, Vol. II. Springer-Verlag.
4） Black, M.(1962): *Models and Metaphors*. Ithaca, New York.
5） Boden, M.A.(1978): *Piaget*. Fountana Paperbacks. 波多野完治 訳(1980): ピアジェ，岩波書店.
6） Brown, H. I.(1977): *Perception, Theory and Commitment ; The new philosophy of science*. Precedent

第1章 科学論的理論 35

Publishing. 野家啓一ほか 訳(1985): 科学論序説—新パラダイムへのアプローチ—, 培風館.
7) Bruner, J. S.(1990): *Acts of Meaning*. Harvard University Press.
8) Bruner, J. S. and Feldman, C. F.(1990): Metaphors of Consciousness and Cognition in the History of Psychology. In : Leary, D. E.(ed.): *Metaphors in the History of Psychology*. Cambridge University Press.
9) Cole, M. and Engeström, Y.(1993): A cultural-historical approach to distributed cognition. In : Salomon, G.(ed.), *Distributed Cognition*. Cambridge University Press.
10) Feyerabend, P. K.(1970): Consolations for the Specialist. In : Lakatos, I. and Musgrave, A.(eds.), *Criticism and Growth of Knowledge*. Cambridge University Press.
11) Hacking, I.(1983): *Representing and Intervening — Introductory Topics in the Philosophy of Natural Science*. Cambridge University Press.
12) Hesse, M. B.(1966): *Models and Analogies in Science*. University of Notre Dame Press. 高田紀代志 訳(1986): 科学 モデル アナロジー, 培風館.
13) Hesse, M.(1980): *Revolutions and Reconstructions in the Philosophy of Science*. The Harvester Press. 村上陽一郎ほか 訳(1986): 知の革命と再構成, サイエンス社.
14) Hughes, M. and Donaldson, M.(1979): The use of hiding games for studing the coordination of viewpoints. *Educational Review*, **31** : 133-140.
15) 伊藤邦武(1988): IV. パラダイム論の展開. 内井惣七ほか 編 : 科学と哲学, 昭和堂.
16) Kuhn, T. S.(1962): *The Structure of Scientific Revolutions*. University of Chicago Press. 中山 茂 訳(1971): 科学革命の構造, みすず書房.
17) Kuhn, T. S.(1977): Second Thoughts on Paradigms in The Structure of Scientific Theories. The Board of Trustees of The University of Illinois. 伊藤春樹 訳・解説(1985): パラダイム再論. 現代思想, **13**-8 : 60-82.
18) Kuhn, T. S.(1983): Rationality and Theory Choice. *Journal of Philosophy*, **80**.
19) Lakoff, G. and Turner, M.(1989): *More Than Cool Reason* ; *A Field Guide to Poetic Metaphor*. University of Chicago Press.
20) Lakatos, I. and Musgrave, A.(1970): *Criticism and the Growth of Knowledge*. Cambridge University Press. 森 博 監訳(1990): 批判と知識の成長, 木鐸社.
21) Leahey, T. H.(1980): *A History of Psychology* ; *Main currents in psychological thought*. Prentice-Hall. 宇津木保 訳(1986): 心理学史—心理学的思想の主要な潮流—, 誠信書房.
22) Leary, D. E.(1990): *Metaphors in the History of Psychology*. Cambridge University Press.
23) Masterman, M.(1964): The Nature of Paradigms. *Philosophical Review*, **LXXIII** : 333-394.
24) Masterman, M.(1970): The Nature of Paradigms. In : Lakatos, I. and Musgrave, A.(1970), 中山伸樹 訳(1990): パラダイムの本質—批判と知識の成長—, 木鐸社.
25) 村上陽一郎(1980): 科学のダイナミックス—理論転換の新しいモデル—, サイエンス社.
26) 村上陽一郎(1980): 近代科学を超えて, 講談社学術文庫.
27) 中山 茂 編著(1984): パラダイム再考, ミネルヴァ書房.
28) Neisser, U.(1976): *Cognition and Reality* ; *Principles and Implications of Cognitive Psychology*. W. H. Freeman & Company. 古崎 敬, 村瀬 旻 訳(1978): 認知の構図—人は現実をどのようにとらえるか—, サイエンス社.
29) Neisser, U.(1982): *Memory Observed* ; *Remembering in Natural Contexts*. W. H. Freeman & Company. 富田達彦 訳(1988): 観察された記憶—自然文脈での想起—, 誠信書房.
30) Pepper, S. C.(1942): *World Hypotheses—A study in Evidence*. University of California Press, Berkeley.
31) Pepper, S. C.(1973): Metaphor in Philosophy. *Dictionary of the History of Ideas*. Charles Scribner's Sons. 荒川幾男ほか 訳(1990): 西洋思想大事典, 平凡社.
32) Ricoeur, P.(1975): *La Metaphore Vive. Editions du seuil*. 久米 博 訳(1984): 生きた隠喩, 岩波書店.
33) 高田紀代志(1984): 科学史とパラダイム. 中山 茂 編著 : パラダイム再考, ミネルヴァ書房.

34) Vroon, P. A.(1988): Psychology between Ecological Laws and the Scientific Revolution. In: Baker, Wm. J. et al.(eds.), *Recent Trends in Theoretical Psychology*. Springer-Verlag.

35) Watson, J. B.(1925): *Behaviorism* (rev. ed.). Norton. 安田一郎 訳(1968): 行動主義の心理学, 河出書房.

第2章

システム科学的理論

システム論が生起した発端は，科学における分析的手法の限界の問題にある．古典的科学の基本原理は，基本要素への分解とそれらの再構成にある．ベルタランフィー(von Bertalanffy, 1973)によれば，分析的手法が適用できるには二つの条件があり，「一つは，部分間の相互作用が全く存在しないか，無視できるくらいの大きさであること，二つは，全体のふるまいを記述する関係と部分を記述する関係が線形であること」であるという．

一方で，「システムと呼ばれるものは，互いに交互作用している部分からなるもの」で，こうした関係の記述は一般的には非線形である．

したがって，システム理論の方法論は，従来の古典的科学の分析的なそれと比べ，より包括的な性質をもっているといえる．ところで，非線形な関係は特別な場合以外は解くことが不可能で，コンピュータによるシミュレーションが可能となって初めて，システム理論は現実場面への応用可能性が開かれた．

システムに関わる問題を処理するには多くの方法があり，後述のコンピュータ・シミュレーションのほか，コンパートメント(区画)理論，集合論，グラフ理論，サイバネティックス，情報理論，オートマトンの理論，ゲーム理論，決定理論，待ち行列理論などをあげることができる．

システム理論へのアプローチはこのように問題解決的なアプローチを指向したものと，一般システム理論のように，システム一般に対して使える原理の定式化を指向したものとがある．古典物理学がオーガナイズされていない複雑性に関する理論を扱ったのに比べ，オーガナイズされている複雑性の理論を，オーガニゼーション，全体性，目標指向性などの概念を共有する生物科学，行動科学，社会科学の分野に横断的に一般化を図る理論が一般システム理論である．

2.1 システム理論とは

　科学は従来の考え方からすれば，物理学，化学，生物学のみならず，心理学や他の社会科学においても，眼前に観察される世界の構成要素を明らかにしようと努めてきた．要素を再構成すれば，概念操作のうえでも実際的にもその全体の世界が作り上げられて理解しうるものになるという想定のもとに．システム論的立場からは，要素の集まりが全体を再構成しうるという考え方は否定される．要素間の相互関係を知ることこそが，眼前に観察される世界の理解につながると考える．このことは，われわれの眼前において展開される諸システムをそれ自身としてその特殊性の限りを尊重しながら研究することを要求する．構成要素の同一性をもって，システムの同一性，同型性を論じることはよしとされない．各種システム——システムとは関係づけられたものの集まり，あるいは，いくつかのものの間に成り立つ関係のパターンである——の共通性，同型性についての理論がシステム理論である．

　システム理論は，つい最近まで，形而上学的概念であり，科学の枠をはずれるとされていた"全体"とか，"全体性"を科学的に研究する理論である．最近における人間科学(human science)が「人間を全体としてとらえる」(春木，1995)学問であるととらえられるとするならば，人間科学はシステム理論と少なからぬ共通項をもっていると考えるべきであろう．当然のことながら，従来の分析的，機械論的と称される行動科学とはかなり明確な一線を画す考え方といえる．

　本章では，行動科学を含め，システム科学周辺の諸科学と心理学の諸科学との関連について言及することにする．

2.2 システム理論の三つの側面

　ベルタランフィー(1973)によれば，システム理論には，内容的には区別できるものではないが，目的の違いにおいて次の三つの側面があるという．

1) システム科学

　要するに，理学としてのシステム科学を担っている部分である．物質レベルから有機体のレベル，さらに社会的システムに至るまでの，各種システムの科学的探究と同型性についての理論である．

　ここで同型性というときは，ただ単に各システムの有する要素の理解だけでなく，要素間の相互関係の理解も含むことを意味する．たとえば，細胞内の酵素の間の働き合い，多くの精神過程における意識，無意識活動の働き合い，社会的システムの構造とそこにおけるダイナミックスなどである．このことは，おのおののシステムを，その特殊な文脈を前

提にして研究することを意味する.

そして，とくにこのような異なった各種システムに共通する側面——並行性，同型性——に関心を集め，特殊な文脈をこえて，各個体，各現象の"全体"とか"全体性"を研究対象としようとする理論がベルタランフィー(1973)のいう「一般システム理論」であるといえる.

2) システム工学

最近における人類の抱える解決すべき問題は，いっそうその規模の大きさと複雑さを増している．たとえば，コンピュータ・ネットワークによって接続されたネットワーク社会は，すでに現実のものとなってきているが，このようなネットワーク・システムを設計しようとすれば，通信制御のレベルの問題から，人間の操作性に関わるヒューマンインターフェースの問題，そしてそれらが実際に機能すべき，社会・経済システムの問題などすべてを総合的，分析的に検討しなければならない．単一の科学あるいは技術がすべてをまかなえるものではない.

どこまで科学的理解が可能であるか，また，どの程度まで科学的制御が可能であるかは別として，多数の変数が相互に関係する全体——システム——を作り上げる必要性が生じてきた．そして，このようなシステムの実現を支えるための技術上の要求から，制御理論，情報理論，ゲーム理論，決定理論，待ち行列理論などの新しい理論体系が導入され，かつ，それらの理論は，その誕生時における特殊性，具体性をこえて——たとえば，エントロピー，フィードバック，制御，安定性のような概念にみられるように——，はるかに学際的な性質をもつものに変化していった．このようなコンセプトと関わるものとは別に，システム工学を支える他の最も基本的な要素は，基礎数学とコンピュータである．これらの道具と理論を駆使し，"最適な"システムを開発するという工学が形成されていった．そのプロセスが計画(plan)，実行(do)，評価(see)であることはよく知られた事実であり，とくに計画に先立って行われる，頭やコンピュータの中で行う，複雑な要素を絡み合わせて，ああでもない，こうでもないとさまざまなケースを採択した場合の思考実験のようなものをシミュレーションと呼ぶ．宇宙飛行士が月着陸船を操縦して月面に軟着陸するときの訓練は，図1.2.1のようなシミュレータを用いたものであった．パイロットの養成や原子力発電所のオペレータの訓練にも模擬的環境と要員の繰り返し試行を許すシミュレータが開発されている．最近のコンピュータは，マルチメディア的機能に優れているため，このような小型模型を必要とせずに，コンピュータ・シミュレーションにどんどん置き換えられていっている.

3) システム哲学

システム哲学ということばは，ベルタランフィーによって用いられ始められたものであり，「過去の古典的科学の分析的，機械論的，一方向的因果論的なパラダイムに対する新しい科学的パラダイムとしてのシステム概念の導入から生じる思想と世界観の再編成」を

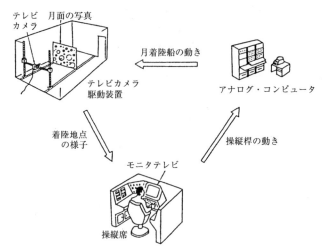

図 1.2.1　シミュレータの例（渡辺と須賀，1979）

行う役割を担っている．ただし，このようなシステム哲学を具体的に展開している研究者は，主としてアーヴィン・ラズロー（Ervin Laszlo）ただ一人であり，マルキシズム哲学，実存哲学，科学哲学など，いわゆる哲学上の学派をなすには至っていない．むしろ，システム哲学の特色は，哲学学派の一つとしての哲学としてではなく，自然科学，社会科学系のあらゆる科学および技術，政策と一体をなしてこれら諸科学や政策の基礎に働く哲学であるところにその特徴があるといえよう．

2.3　一般システム理論

ベルタランフィーが一般システム理論を発表したのは，1968年のことである．システム科学的理論と心理学の関係を明らかにすることを義務づけられた本章において，おそらく最も主柱をなすシステム科学的理論は一般システム理論であるから，まず，その成立した文脈を明確にしておくことが望ましいであろう（3.1, 3.2 節）．そしてその後に一般システム理論の概説を試みる（3.3 節）．

a.　一般システム理論成立の背景 ── 有機体論との関係 ──

一般システム理論が成立する契機は，彼の著作，"*Robots, Men and Minds*"（1967）に詳細に述べられている．それは，当時最も隆盛をきわめた行動主義心理学に対する徹底的な批判から成り立っている．さらに，その背後には，生物学者の立場からみた当時の心理学批判がある．

ベルタランフィーの一般システム理論の展開は，単独でなされたわけではなく，おそら

く彼自身と同等の生体観に立つ研究が異なった分野において続々と発表された，1920年代後半にさかのぼる．そこでは1926年に発刊されたウェルナー(Werner,H.)の『発達心理学』が重要な影響を与えたと推察される．ベルタランフィーは，その業績を「当時ばかりでなくいまだに心理学を支配している実証主義的＝機械論的＝行動主義的な哲学を克服しようとする最初の計画であった」(ベルタランフィー，1973)と評価している．さらにウェルナーをこのように評価したうえで，生物学で同等な立場に立つ見解としての「有機体論」を次のように述べている．すなわち次のような生体観である．

「分析的で加算的な見方とは対照的に，生体を全一体としてみること．静的で機械論的な概念とは対照的に，全体を全一体としてみること．静的で機械論的な概念とは対照的に動的にみること．生体で1次的なのが反応性(reactivity)であるとの概念とは対照的に，1次的なのは能動性(activity)であるとみること」．

ウェルナーは，発達の過程で各部分や機能が分化していくが，それらは決してばらばらに存在するのではなく，それぞれが独自性をもちながら，しかも全体として統一ある一個の生物体というまとまりをなしているという見解に立つことから，ベルタランフィーは自分の理論との並行性を認めたわけである．

ピアジェ(Piaget, J.)も，全くといってよいほど，期を一にして，彼の認知発達の研究——発生的認識論の研究——を発表し始めている．ピアジェの理論は次のようないくつかの基礎的な考えに基づいている(Mayer, 1977)．

①　生存が基礎になっている——われわれを環境の中で生存させ，成功させるために，現実を表象するものが累積的に改善されていく．

②　知識は直接的であるというよりもむしろ媒介的である——われわれのみる現実は受動的に記録されるのではなく，新しい情報を現実の知識に絶えず関連づけることによって能動的に構成される．

③　認知の成長のための動機づけは本来備わっているものである——生物は現実の知識よりも少しだけ複雑な情報を求めるように生まれついている．

④　弁証法的である——貯蔵されている知識を十分に体制化しようとする要求(調節)と，もっと多くの情報を求めようとする要求(同化)とが，いつも相互に作用していて，それが現存の体制化を絶えず分裂させ，少しだけ洗練されたものにしていく．

以上で述べたように，ベルタランフィーの一般システム理論はウェルナーの発達心理学，ピアジェの発生的認識論と，その前提となる生体モデルについてきわめて類似した考えをもっている．ここで詳細に踏み込むことはできないが，当時類似の考えを示す科学者はかなりの数にのぼり，文化人類学，新カント派哲学，社会学その他，別個の源から生じた発展が，生物体や人間や社会についてきわめて関係の深い概念へと収斂していった時代であったといえる．

b. 一般システム理論成立の背景 ―― システムズ・アプローチ ――

上記のような理念的，あるいは科学的パラダイムの変換と平行して，産業面，とくに工学における重点移動があった．たとえば動力工学から制御工学への発展である．蒸気機械や電気機械のような大量のエネルギーの放出から小さな動力装置によって効率的に過程を支配する自動制御の機械は，家庭用電気製品から通信衛星まで広がっている．工学は個々の機械を，単なる部品の集合体としてではなく，"システム"という見方でものを考えるようになってきた．たとえば，スペースシャトルを念頭においても，機械的，電気的，化学的あるいはまた人間科学などの異質な技術や理論に基礎をおく，複数の要素の集合体である．さらに，これらの完成までの過程は，財政的，経済的，社会的，ときには政治的思惑まで絡む．さらにそのプロセスは，計画，手配，配送などの作業を含む．この複雑なシステムがすべて円滑に機能し，完成に至るわけである．すべての過程を内包するトータルなシステムに対する"システムズ・アプローチ"というものが必要になってきた．目的の達成のためには多くの専門家集団と，問題解決のための手のこんだ技法とコンピュータが必要となった．しかもそこには最小の費用で，最高の効率をあげる最適化を保証するものが求められる．このような問題解決は，環境汚染，交通麻痺，都市計画，犯罪対策などの政治的問題などへと適用領域が拡大されていった．

システムズ・アプローチの一般化とともに生じた知的気運の変化は，モデルづくりや，新しいデータ解析の手法や最適化問題の解決などを支援する新しい数学や，コンピュータ利用技術を促した．それらを簡単に以下に列挙してみよう．

（1）　集合論，トポロジー（ネットワーク理論，グラフ理論）

（2）　ゲーム理論，統計的決定理論，待ち行列理論，OR

（3）　サイバネティックス

（4）　情報理論

（5）　コンピュータ・シミュレーション

集合論はシステムの一般的な形式的性質の公理化に用いられた．また，システムの問題の多くは定量的関係というよりも，定性的，構造的関係であることからトポロジー，とくにグラフ理論やネットワークの理論が適用された．

ゲーム理論や決定理論は，対立するシステム間の合理的な解を見いだす方法を提供する数学的あるいは統計学的理論である．また，待ち行列の理論は，混雑した条件下での並び方の最適化に関する数学的理論である．

サイバネティックスは，システムと環境間およびシステム内での情報の伝送とフィードバックに基礎をおいた自己制御行動のモデルを提起する．制御メカニズムの形式的構造をブロック図と流れ図によって記述するが，この図式は他のさまざまなシステムの機構の表現にも用いられている．

情報理論は，一つの情報源から発信されたメッセージが終着点たる受信者に伝達される

際の機能を，いかにすれば最適化できるかという問題に即して考えられたものである．ここでは，物理学における負のエントロピーと同型の表現で測定できる量として情報が定義されている．エントロピーは，秩序あるいはオーガニゼーションの尺度となる．

コンピュータ・シミュレーションはすべて数学的に定式化できるものではなく，むしろ従来の数学の枠をはるかにこえたシステムに適用される場合が多い．このようなシステムに対して，実験室での実験の代わりにコンピュータ・シミュレーションを行い，システムの予測や最適化を図ることが可能となる．

上記の事例をまとめていえば，システムを研究していくうえでのアプローチの仕方にはさまざまな方法があるが，それらは，ほぼ，数学的手法，モデル(サイバネティックス，情報理論)，コンピュータ・シミュレーションの三つに分けられるということである．定量的なものばかりでなく定性的なシステムへのアプローチも，このような一連のアプローチの採用によって可能になった．

しかし，それらが常に期待どおりの効果を生むわけではない．情報理論は結果的には，数学的には高度に発達したが，心理学や社会学にはさしたる影響を与えることはできなかった．たとえば心理学の中では，入力→出力の間の伝達情報量の定義と，学習過程における系列依存性の問題に限って論議されたにすぎない．ゲーム理論の現実のシステムへの適用も，ベトナム戦争におけるマクナマラ戦略の失敗の例のように，現実の予測にはさほど寄与していない．ミニマックスという基準が実際の行動の基準として採用されることがどんなに少ししかないかということは，このことを如実に示している．サイバネティックスのモデルも，機械論的見解と機械の理論にとって代わるのではなく，それの拡張であった(ベルタランフィー，1973)．

c. 一般システム理論の概要

「一般システム理論」とは，ベルタランフィーによるシステム理論をいい，そこでは，システム一般に対して使える原理を定式化し，導出することが目的とされている．

物理学は一般性が異なるシステムに共通した原理を数多く発掘してきた．たとえば，熱力学法則は，力学的，熱学的，化学的そのほか根本的に性質の違ういろいろのシステムに適用できる法則として代表的なものの一つである．しかし，このような法則は，物理学的事象にのみ見いだされるものではないとベルタランフィーは考える．むしろ，物理学的，生物学的，社会学的などの性質のいかんにかかわらず，システム一般にあてはまる原理であるとする．

たとえば，「簡単な例をあげれば，成長の指数法則はある種の細菌細胞にも，細菌や動物や人間の集団(個体群)にも，遺伝学にせよ一般の科学にせよ，その出版物の数で測った科学研究の進歩にもあてはまる．そこで問題とする実体は細菌，動物，人間，書物などのようにまるで違うし，関与する機構も違っている．にもかかわらず，数学的の法則は同じで

ある．また野外の自然下で動植物の競争を記述する一連の方程式がある．ところが同じ一連の方程式は，物理科学や経済学のいくつかの分野にも等しく適用できるようである．……」（ベルタランフィー，1973）．一般システム理論の主題は，このように，異なった分野におけるシステムの同型性の発見と記述にある．

しかし，一般システム理論には，もう一つの重要な側面がある．それは，古典物理学がオーガナイズされていない複雑性に関する理論であるとの認識に立ったときの対極をなすものである．「たとえば，気体のふるまいは，無数の分子のオーガナイズされない運動の結果である．しかし，全体としてはそれは熱力学の法則によって支配される．オーガナイズされていない複雑性に関する理論は結局，偶然と確率の法則や熱力学の第二法則から出発する．しかしそれと反対に，今日基本的な問題となっているのはオーガナイズされている複雑性の問題である．オーガニゼーション，全体性，目標指向性，目的論，分化などの概念は伝統的物理学とは異質のものである．けれどもこれらの概念は，生物科学，行動科学，社会科学の至るところでちょいちょい顔を出し，実際，生物体や社会的集団を扱うにはなくてはならない概念である．つまり，現代科学に課せられた根本問題の一つはオーガニゼーションに関する一般理論なのだ．一般システム理論は，そのような概念に正確な規定を与えることのできるもの，また，うまい具合に，それらを定量的な解析に持ち込むことのできるはずのものである」（ベルタランフィー，1973）．

2.4　システム理論のもたらすパラダイムシフト

a.　システム科学の出現

科学には二つの側面がある．その一面は事象の解明と支配である．われわれは“科学する”ことの結果として手に入れた技術をもってこの支配なるものを実現してきた．ところで科学にはもう一つの側面がある．それは科学のもつ世界観に関わるものである．これを“哲学”と呼ぶか，“メタ科学”と呼ぶか，あるいはまた“パラダイム”と呼ぶか，呼び方はさまざまであろうが，要するに世界観をさしている．たとえば，いわゆるコペルニクス的転回とは，ただ単に，惑星の軌道がプトレマイオスの周転円よりも多少正確に計算できたか否かの問題だけでなく，地球を宇宙の中心ととらえる考え方を改め，地球を宇宙空間の単なる一構成員という不安定で無限定な世界に置き換えるという，世界観の巨大な変化をさしている．

以下ではラズロー（Laszlo, 1980）にならい，システム科学の出現がどのような構成因によりなされたか追ってみよう．

「近代科学は検証ということに力点がおかれ，経験的に検証されなかったり検証をなおざりにするような理論はすべて切り捨ててしまった．ただ単純な相互作用についてのみ正確に検証されたから，近代科学はガリレオやニュートンの科学として発展した．近代科学

は相対的に単純な諸力間もしくは物体間の諸関係を取り扱うことができ，すべて本質的には このような関係に還元しうるとする宇宙的世界像を呈示した．ニュートンの科学は，物理的世界をエレガントで決定論的な運動法則に従う精巧にして巨大な機械であるとみなしており，複雑な出来事の集合も，基本的な諸関係に解体されるときにのみ理解できるとした．したがって，明晰に理解されるものは，すべて確実に機械のようにふるまうものとされ，それ以外のものもそのようにふるまうものと想定された．こうして世界は巨大で一様にふるまう部品からなる機械であるとみなされたのである」．

　しかし，20世紀初頭にはこのような機械論は物理学の内部においては全く支持されないものとなっていった．このころ相互作用し合っている諸関係の集合が注目の対象となっていたが，ニュートン力学では説明できず，その学問体系の信頼が危うくなってきていた．そこに登場してきたのが，場の理論では相対性理論でありミクロ物理学では量子理論であり，これらがニュートン力学にとって代わった．生物学においても検証可能な生命論の構築が盛んに試みられるようになった．原子，分子の行動を支配している物理学の法則を適用しても動物の自己保存の説明すらできなかった．

　ここに新しい科学が生まれる必然性があった．それは既存の物理学と矛盾するものではなく，それを補充するものであった．これがシステム科学である．システム科学者は原子論的な事実や出来事よりもさまざまな関係や諸状況をみようとする．あらゆるレベルの広さと複雑さの絡んだ構造に目を配り，細部から一般的な枠組みに目を向ける．われわれは相互に密接に結びついた自然の複雑性の中で生きており，かつそれの構成要因でもあるわけであるから，原子論的に単純化された詳細な知識よりも，相互に結びついた複合的知識の方がはるかに深い認識に到達するはずである．これが正しいとするならば，実在を十分にとらえるためには，事物をそれ自身の特性と構造をもったシステムとみることが好ましくなる．システム論的見方からは，システムとは構成諸要素からなる統合的全体であり，諸部分を独立した，機械論的集積物とはみなさない．システム論的見方は，世界を単一的組織とみたニュートン的見方を乗り越え，複合的組織をみるために現れてきた新しい世界観であるといえる．

b.　システム科学のパラダイム

　原子の世界から人間を含む生物の世界，人間のつくる社会をみるとき，そこに共通しているのは"生命"的構造である．部分に還元できない全体をもち，変化する環境の中で自らを保持し，創造していく．ラズローは，この生命的構造を"自然システム"と定義し，そこに独自の共通性を指摘している．対象を人間に限定しない視点であるが，人間は全く自然システムに内包されることから，人間研究にシステム科学がどのような方向を与えたかという点を考察することを目的とする本章では重要な指摘となる．

1) 自然システムは非還元的特性をもった全体である

ラズローは説明の便宜上自然システムを次のような三つの範疇に分ける．すなわち，下位有機的世界，有機的世界，上位有機的世界である．下位有機的世界は物理科学の対象であり，有機的世界は生命科学の対象であり，上位有機的世界は社会科学の対象領域である．各領域において，"非還元的特性をもった全体"であることを説明する必要がある．

a) 下位有機的世界 現代の原子論の出現までは，原子は物理的実在の基本的構成物でそれ以上分割されえないものと考えられていた．ところが現代の原子論は，原子は複雑でいくつかの基本粒子に分割可能であるということを示した．次にはこの基本粒子もいくつかの2次的粒子に対応する輻射エネルギーの量子に拡散してしまうことがわかった．物質の究極の実在としてあげられたのは"クォーク"であったが，これは孤立しては存在できず，また複合せずに存在できるかどうかもわかっていない．すなわち，物質の究極的単位のようなものがあるとすれば，それは何かについて基本的にきわめて曖昧な理解にしか達していないのが現状である．

さらにラズローは，逆に原子が離散的構造をもって存在しているということを肯定しながらも，原子の特性は，その構成部分の特性をすべて加算したものに還元できないことに言及する．その具体例を以下のようにあげ，「もし重水素原子の中性子，陽子，電子を摘出し，それらをある方法で再合成したとしても，重水素原子を得ることは決してできないであろう．この場合，重水素原子の諸特性とは，諸部分の特性に，さらに原子構造内での諸部分の正確な諸関係を加算したものなのである．これらは，通常，力のポテンシャルの場ということばで表現される．ミクロな物理学は，もし原子がごみの山あるいは降雨のような単なる集積物のようなものであったら，じつに単純な科学になっていただろうが，事実は決してそうではなかったのである」と結んでいる．

ここで冒頭の"全体"に戻るが，"全体(ホールズ)"はそれを構成する諸部分の単なる加算的総和ではない存在の状態をさすのに対して，"集積体(ヒーブス)"はそれを構成する諸部分の加算的総和である存在の状態をさす．これらの事実は下位有機的世界において「自然システムは非還元的特性をもった全体である」という見解を支持している．

b) 有機的世界 上述のような結論は，有機的世界の中心的存在である生物においては自明であろう．たとえば，われわれの知っている器官の中で最も複雑な脳において，それが単に神経細胞の集積体にすぎないという者は誰もいないであろう．天才と狂人は紙一重ということばがあるように，その相違は，物質の中にあるのではなく，物質の関係の構造化の中にある．また，個々の神経細胞が他の細胞に結びついている全体的な相関図は，その全容を知ることは不可能に近い．したがって，このような構造をもった脳は，非還元的特性をもった全体として取り扱わねばならないといえる．

c) 上位有機的世界 ここでもまた，集団を集団たらしめているのはやはり集団の構成員ではなくその集団の構成員どうしの相互作用であるといえよう．そしてこの相互作

用は言い換えればコミュニケーションということになろう．構成員どうしのコミュニケーションの様態や内容が，社会制度や社会組織が機能する重要なキーポイントとなっており，これが集団の特徴となって現れるわけである．構成員だけによって集団の特性が決定されるわけでは決してないのである．

2） 自然システムは変化する環境の中で自らを存続させる

自然システムはシステム論的に定義すると，「定常状態にある開放システム」といえる．ここで"定常状態"とは，エネルギーが絶えずそのシステムの諸部分の関係維持のために使われ，それらが衰退していくのを抑えている状態である．この状態は動的状態であり，死および不動の状態でない．またそれは，物理学のどのような原理をもおかしていない．よく知られているように，物理的世界は全体的に衰退の方向に向かっている．このことはいわゆる熱力学の第二法則で表されている．"エントロピー"という用語で表現すれば，エントロピーは増大の一途をたどるわけである．このように全体としてシステムは解体に向かうが，一方いくつかの部分システムはエントロピーを低減する方向に向かう．すなわち組織化に向かう．

生物体は開放的自然システムである．システムに物質が出入りしないときそれを"閉鎖システム"と呼び，物質の出入りがあるとき"開放システム"と呼ぶ．生物体は外に対して閉じていて常に同一の成分を含むような静的なシステムではない．それは定常状態にある開放システムであり，成分物質とエネルギーが絶えず変化する中でも質量関係が一定に保たれつつ，その中で物質が絶えず外の環境から入ったり，また出ていったりする自己維持，補修的システムなのである．最も顕著な自己維持現象は"ホメオスタシス"として知られている過程である．

原子の世界においても，物理的自然の全体傾向とは異なり，安定した原子は解体しないで自らを維持し，より組織化の進んだ原子へ変換する事実もある．が，もちろんこの場合でも熱力学の第二法則に矛盾するわけではない．

3） 自然システムは環境の挑戦に呼応して自らを創造する

もし自然システムが単に自らのまわりのことに対処するだけで現状維持にあけくれているとすれば，全く何の発展もないことになる．事実はそのままあり続けるか，崩壊するかのいずれかの道しかない．しかし，多くの事物は，自然システムが新しい構造と新しい機能を進化させ，やがて自らを創造に導く過程をさし示している．

変化には二つの形態がある．それは，"個体発生"と"系統発生"である．個体発生は母胎内の胚の進化や成長のような，あらかじめプログラム化された変化の過程をさし，ここで述べようとする過程にはあたらない．一方で系統発生は，世代から世代への種の変化を意味し，全く種の個的構成員の変化を意味するものではない．「系統発生は種全体および有機体全体の漸進的自己変態過程である」とラズローは述べ，これを自然システムの自己創造性による変化のあり方と同定している．自然システムの自己創造性とは，言い換え

れば，システムの構造と行動をコード化するための情報そのものを編み出すシステムの能力を意味するものである．

4）自然システムは自然の階層性の中で相互に触れ合いながら整序し合っている

あらゆる自然システムの発展パターンは似かよっている．すなわち，進化は下位有機的，有機的，上位有機的領域というように，各領域を縦断するように階層的に下位から上位へ進む．底辺には相対的なシステムがたくさんあり，頂点の方には数個の複雑なシステムがある．また，この底辺と頂点の間にある自然システムは中継的位置を占め，それ以下のレベルと以上のレベルを連結している．それらのシステムは構成部分にとっては全体であり，より高いレベルの全体からは部分となっている．発展が起こるところではどこでも階層的形態をとるということは，もはや驚くべきことでも何でもない．むしろ，そういう構成体になっているということが事の始まりといえる．階層性は全体の組織を破壊することなしにいろいろなレベルの下位システムに分解することができる．進化するシステムにはその歴史を通じて多様な攪乱作用が加わるので，生きのび成長してきたものはみな，不要なものを切り捨てて再構築に向かう．階層化されていないシステムはこのとき，改めて最初から出発しなければならない．もちろんこれには長い時間がかかる．このような意味から，階層的システムは非階層的システムより，はるかに速く進化することが予想される．こうして，物理的システム，生命体，社会システムのどれであるかに関係なく，われわれの周囲にみるようなものは，すべて階層的に組織化されているといえる．

2.5　システム論的人間研究への流れ

a.　人間＝ロボット論への反駁

ガリレオとニュートン以来発展してきた物理学主義的世界像は，産業革命，原子力革命，オートメーション革命，さらには宇宙空間の征服などのプロセスを経て依然として現在においても世界の主流をなしているといえる．しかし一方で，相対的に主流をなしてはいても，このような世界像が破綻をきたし始めつつあることも事実である．上記のような物理学を中心とした科学が次々と革命をもたらしていく一方で，新しい科学が起こってきた．それは生命科学，行動科学，社会科学といった諸科学である．ベルタランフィーはとくに生命科学と行動科学のもたらすであろう革命について“有機体論革命”という呼び方をしている．有機体論革命とは，2.1〜2.4節で述べてきた，システム論のもたらすパラダイムシフトが招来する革命をいう．

この新しい考え方のもつ意味は次のように要約できる．

「19世紀と20世紀前半は世界をカオス（混沌）として考えた．カオスとはよくいわれる原子たちの盲目的な運動であり，機械論哲学と実証主義哲学においてはこれこそ究極的な実在を表すと考えられ，生命は物理学的過程の偶然の所産，心は副次的現象だとされる．

当世の進化論でも機械的な突然変異と自然淘汰のひき臼の中での生き残りの結果，偶然の産物として生物の世界が現れたとなると，それはカオスにほかならなかった．同じような意味で，人間の人格も行動主義と精神分析の理論においては，生まれと育ちの偶然の産物，つまり遺伝子と幼児から成人に至る一連の偶然事象との混合物と考えられた」(ベルタランフィー，1973).

やや誇張はあるものの，行動主義とダーウィニズムに連なる精神分析の理論を槍玉にあげることからシステム理論の解説が始まることが多い．このとき，常に"S-R図式"が論議の的となる．行動は外部刺激に対する反応として生起するとするこの「反応性原理」には，「環境主義」あるいは「他者指向性原理」が入り込んでくる余地がある．このような見解からは，行動は，生得あるいは本能的なものでない限りは，その生物体が過去に出会った外部からの影響によって形づくられることになる．拡大すれば，しつけも教育も人間生活一般が本質的には外部条件への反応となる．

この反応性原理はさらに「行動の平衡理論」につながる．生物体の自然な状態は静止の状態である．これに対しすべて刺激とは平衡を乱すことであり，それゆえ行動として現れる反応は再び平衡に戻すことである．反応はホメオスタシスであり，欲求の充足であり，緊張の緩和である．しかしながら，これらの行動は本質的に生物学的衝動と1次的欲求に還元できるものであり，人間以外の動物においてこそよりあてはまるものである．

これに，あらかじめ決められた目標まで最小の費用で到達するという"効用性原理"まで含めると，餌をかき集めるネズミも，点数をかき集める学生も，最大限の給料を得ようとするサラリーマンも同一次元のものとなる．共通した課題は，「強化づけられた反応で外界からの要求に答えることにより最適の心理学的平衡に達する」ことである．ベルタランフィーはこのような見解に立つ人間観——いわば人間＝ロボット論を壊し，新しい人間モデル，人間像を創出する必要性を説いている．

b. システム論的な方向転換

システム理論自身が原因になっているか否かは別にして，『一般システム理論』が刊行された1968年以前においても，新しい人間像(少なくとも行動主義に基づくものではない)に基づく研究はすでにいくつもあった．たとえば，ウェルナー，ピアジェの発達心理学，ゲシュタルトおよびニュールック派の知覚心理学，ナイサーらによる認知心理学，オールポートのパーソナリティ理論，マズローの第三勢力の理論，ブルーナーらに代表されるカリキュラム構成の理論などである．

これらの研究に共通していえることは，それらが能動的な人間像をもっていること，そして，多くは心的事象や行動を感覚，衝動，生得反応および学習反応その他いずれにせよ理論的に仮定された究極要素の束に還元してしまうことはせず，全体論的なアプローチをとっていることである．さらに，人間の創造力や，個々人の個性を重要視し，さらに非効

用的生存とか，文化的活動に光をあてている．

　これらのいずれの傾向も，2.4節で明らかにしたラズローのシステム論的自然観と不整合のものはない．システム論は，これらの諸研究の背後にあって，ちょうど羊を追う牧童のような役割を果たしている側面がある．

　以下では，ベルタランフィー，ラズローらのシステム論的人間観あるいは能動的人間像をもった人間研究――そのほとんどは心理学者であるが，その一群の人々にスポットをあててみよう．これら一群の研究とシステム理論は同じ川の流れに漂っていることはまちがいないが，システム理論が，そのような流れに潜在する人間観，自然観，あるいはパラダイムを描ききっているか，あるいは妥当性をもって表現しているかの判断は難しい．いくつかの代表的研究例をここで概説しておこう．

1）　ウェルナー，ピアジェの発達心理学

a）　ウェルナーの有機体発達理論　　ウェルナーの有機体論は，ベルタランフィーが一般システム理論を構築するのとほぼ同じ時期に出現している．彼の説によれば，「有機体は本来目標指向的で，その目的達成のために種あるいは個体は，固有の手段や操作を用いて環境を構造化し体制化しようとする．有機体が環境に働きかける最初は，環境は単なる客体としての環境であるが，相互作用を繰り返すうちに環境は環境世界（Umwelt〈独〉）へと構造化され，手段と目的との間に有機的結合が生じ，有機体と環境との関係は統合された全体として機能するようになる．

　有機体と環境との相互作用において，発達水準の低い種や個体は感覚運動的操作を用い，それより高い水準にあるものは知覚的操作を，最も高い水準のものは言語のような複雑な概念的操作を用いる．いったん高い水準の操作を獲得すれば以前の水準の操作が消失するのではなく，高次のものに従属し，状況によってときに現れることがある．

　「有機体発達論では有機体の発達の方向を未分化で渾然一体の状態からしだいに分化し，階層的に統合された状態へと変化するとしている」（山本，1991）．

　さらに，有機体の発達を，有機体全体の機能との関係および有機体と環境の相互作用の観点から理解すべきであるとする全体性仮説，ならびに，有機体のオーガニゼーションの方向性を未分化な存在から分化し，かつ，階層化，統合化された状態へ発達するという，方向性仮説の2点から理論づけている．当時のソーンダイク（Thorndike, E. L.）らに代表される生物学的進化論の影響のもとに機械論的，量的な見方を指向したアメリカを中心とした発達心理学とは一線を画すものである．この考えは，ピアジェにおいてより明瞭になる．

b）　ピアジェの発達理論　　ピアジェはすべての生物体には次の二つの基本的な要求があることを認めている．すなわち，

　（1）　環境の中で生きていこうとする要求――順応（adaptation）

　（2）　十分に体制化され，かつ秩序ある内部構造をもとうとする要求――体制化（organization)

である．この意味を認知構造の面から考えると，生物体は，十分に体制化され，内部的に矛盾のない，秩序立った環境の表象を求めようとする絶えまない要求をもっていると同時に，内部の体制化への傾向とは相反するが，生存という目的のために，外界の現実に順応するうえで役立つ新しい情報を取り込もうとする要求ももっている．体制化を求めようとする要求と，順応を求めようとする要求との間の，葛藤のバランスをとるメカニズムが，均衡化(equilibration)であり，同化(assimilation)であり，調節(accommodation)である．同化と調節はどんな生物体のシステムの成長にも含まれ，また同じ事象が“認知”の成長にも認められる．

以上のように，ピアジェの理論には，環境の構造を内部に取り込んで，それを体制化していくというきわめて明確な能動的人間像を認めることができる．

2）　ブルーナーの教授理論

1959年，アメリカのウッズホールで，初等・中等教育のための新しい教育課程，教育方法を巡る会議が開かれ，ブルーナー(Bruner, 1961)は，この会議の成果を『教育の過程(*The Process of Education*)』としてまとめた．そこには三つの主要な教授原理が提唱されている．

① 教科構造の指摘：最初に教科の基本的，一般的概念，法則を学習しておけば，それが特殊な内容の学習に転移する可能性を示し，したがって教科の基本的構造を明らかにし，それを学習させることの重要性を指摘した．この考え方は，アメリカにおける「教育の現代化運動」の重要な理論的基盤をなした．

② 発見的学習法：子どもたちに科学の生成過程を再発見的にたどらせる学習方法で，こうした発見——探究の過程で主体的に問題を解決する思考力，創造的な知性を育成しようとするものである．

③ らせん形カリキュラム：ピアジェは子どもが情報を体制化する方法の漸進的な変化を，感覚運動期，前操作期，具体的操作期，形式的操作期からなる段階従属理論にまとめているが，ブルーナーはピアジェの理論を補うような形で，イナクティブ(enactive)，アイコニック(iconic)，シンボリック(symbolic)の3段階からなる認知発達の段階があることを指摘している．ピアジェでいえば前操作期から具体的操作期，ブルーナーでいえばアイコニック表象からシンボリック表象への飛躍が認知発達の重要なステップと認められている．ブルーナーはカリキュラム編成の理論にこの段階従属理論を用い，三つの段階をらせん形に繰り返して上昇する方法を主張した．

3）　第三勢力の心理学

1950年代までの心理学の(中でもとりわけアメリカ心理学の)主流を占めていた理論は，フロイト(Freud, S.)またはワトソン(Watson, J. B.)のどちらかにさかのぼることができるといわれる．フロイトもワトソンも，人間の行動を化学的，および物理的次元へ還元す

ることを指向している点において基盤を同じくする理論といえる．フロイトによって導かれた精神分析学派を第一勢力と呼び，ワトソンによって先導された行動主義理論と密接な関連をもつ人々を第二勢力と呼ぶことがある．マズロー(Maslow, A.)は，これにならい前2者と対比し，それらと対立的な人間観に立つ自らの学問を第三勢力の心理学(third force psychology)あるいは人間性心理学(humanistic psychology)と呼んでいる．

第三勢力の心理学の基本的な主題は，人間の能動性を主張する側の研究者たちがそれ以前から認識し，求めていた次のような論点からなる．すなわち，意識的経験の強調，人間性と行為の全体性，自由意思と自主性への信念，個人の創造力などである．そして一方で，決定論的傾向が強く，かつ意識の役割を過小視するフロイト流の心理学的考え方を否定し，また，機械論的で還元主義的で要素主義的な行動主義アプローチを否定する．

第三勢力の心理学を主導した代表的な研究者としては，マズローとロジャース(Rogers, C.R.)をあげることができる．マズローの見解では，人は誰でも自己実現に向かう生得的傾向を有していて，自己実現のためには，彼の仮定からなる欲求階層の相対的下位の4種の欲求を満足させることが必要である．これらは，①食物，空気，睡眠，異性を求める生理的欲求，②安全性，安定性，秩序，防護，恐怖・不安からの解放を求める安全欲求，③所属と愛情への欲求，④他者からの尊敬と自尊心への欲求，および，⑤自己実現の欲求である．マズローの研究の多くは，このあと自己実現の要求を充足した人間の特徴に焦点をあてたものに収束していき，"精神的健康"の追究がテーマとなっていった．第三勢力を引っ張っていったもう一人の研究者ロジャースは，非指示的療法(non directive therapy)と呼ばれる名で知られる心理療法へのアプローチの創始者として有名である．ロジャースは彼の心理療法のデータを基礎に，「人間には自己の能力と可能性を実現させようとする生得的な傾向があり，これは人間の最も重要な動機づけである」とする．この主張がマズローの動機づけ理論と酷似していることを否定する人はいないであろう．

4) ゲシュタルト心理学

ベルタランフィーの『一般システム論』の中には，機械論的な生物体のとらえ方との対比の中で，有機体論的なとらえ方，部分や過程をばらばらに研究するだけでなく，それらを統一するオーガニゼーションや秩序に焦点をあてたアプローチを説く際，しばしば，ゲシュタルト心理学を引き合いに出す．いわく「……古典的な連合心理学が心の現象を基本感覚といったような基本単位――いわば心理学的原子――に分けようとした反面，ゲシュタルト心理学は基本単位の総和でなしに動的な法則によって支配される心理学的全体の存在と重要性を示した．……」(ベルタランフィー，1973)．知覚の体制化(organiza-

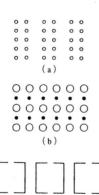

図1.2.2　知覚の体制化の例
　　　（Schultz, 1981 もり引用）
　　a) 接近, b) 類同, c) 閉合．

tion)に関するウェルトハイマーの原理は，接近，類同，閉合，プレグナンツなどの体制化要因(図1.2.2参照)のもとあまりにも有名な原理であるが，この知覚体制化は，常に自発的かつ不可避的に生じ，その背後における脳過程は，小さなばらばらの活動の集まったものではなく，すべての要素が同時に相互作用するような力動的な体系としてとらえられていた．ここには明らかに，システム論的な人間観との相似がみられる．

　ウェルトハイマーは第2次世界大戦を契機にドイツからアメリカにわたり，行動主義に対抗して意識的経験の重要性を主張していたが，マズローらの人間性心理学が精神的健康を重要視している点，および他の類似点から，人間性心理学とゲシュタルト心理学との間のきわめて強い類似性を主張している点も興味深い(Schultz, 1981)．

2.6　システム理論と行動科学，人間科学

a.　行動科学にみられるシステム理論の影響

　システム理論が心理学を中心とする周辺諸科学に与えた影響をみようとするとき，それらはおおむね次の二つのタイプに分けられる．すなわち，それらの一方は，システム理論と相前後して現れた，情報理論，サイバネティックス，ゲーム理論などの数学モデルあるいは，システム工学と接する側面である．もう一つは，能動的人間観に基づく人間モデルであり，人間研究のパラダイムシフト——システム哲学などに接する側面である．筆者は前者の側面の典型例を行動科学の中にみ，後者の側面の典型例を人間科学の中にみる．それではシステム理論の影響を行動科学の中にみてみよう．

1)　二つの行動科学

　もともと行動科学ということばは，アメリカに生まれた．第2次世界大戦が終って間もないころ，シカゴ大学の科学者たちにより，「行動の一般理論」を生物学的，社会科学的見地から展開するために，自然，社会両科学にまたがった新しい種類の科学の名称として"behavioral sciences"という新語が提案されていた．これが今日"行動科学"という名称が公に使われだした最初である（田中，1969）．

　行動科学はベレルソン(Berelson, 1964)によれば，人類学，心理学，社会学の三つの学問によって構成されるとする狭義の立場と，人間行動に関する広範な諸面において，一般的法則性を発見する研究領域とする広義の立場がある．表1.2.1は，論文誌『行動科学』に1956～1967年の間に投稿された論文について田中(1969)が，伝統的学問領域の見地と方法論的見地とから分類，集計したものである．行動科学勃興期における，学問領域と新しい方法論のクロスオーバーには目を見張るものがある．とくに方法論的次元における調査実験的方法論以外の人間行動に関わる数学的手法，数学モデルの利用が広範に広がっていることが注目される．サイバネティックスは人間の生物的・社会的諸過程の制御の諸問題を扱う数学モデルであり，情報理論はこうした制御システム内，あるいはシステム間を

表 1.2.1　行動科学の構造的特色(n=247, 単位：%)

方法論領域／伝統的専門領域	古典的調査・実験	人間行動の数学モデル						その他	合計
		サイバネティックス	情報理論	ゲーム理論	シミュレーション	電子計算機と電子計算機理論	その他		
心理学	19	1	3	4	4	1	4	11	47
社会学		1	1	1			2	4	9
経済学	1			1	2		1	2	7
政治学・法律学	2			1	1			3	7
その他の社会科学領域			1	2	1		3	6	13
自然科学	3		1				1	2	7
その他の領域	2	1			1			6	10
合計	27	3	6	9	9	1	11	34	100
		39							

連結する情報伝達の諸問題を扱う数学モデルであり，さらにゲーム理論は，人間と人間の間，あるいは集団と集団の間の制御にも関連し，情報伝達にも関連する，人間の決定行動を取り扱う数学モデルである．一方において，従来の伝統的な実験方法，調査方法に基づく行動研究と，一方において，人間を一つのシステムとみなし，さらにゲーム理論のような人間を意思決定の主体者とみなした行動研究が共存する「行動科学」が存在した時代があったということである．

b.　人間科学とシステム理論

　人間科学(human sciences)は，行動科学がアメリカで誕生したのと対照的に，ヨーロッパで誕生した．19世紀初頭人間科学を構想する試みは，サン-シモン(Saint-Simon)に始まるが，本格的なスタートは20世紀後半からである．德永(1992)は，その後の人間科学の台頭の中で，人間科学を構想する主要な考え方を以下の三つにまとめている．

　その第1は，人間を自然科学的方法で研究する学問と認識する人間科学の考え方．サン-シモンはこれに該当する．第2は，全体としての人間を認識しようとする考え方．第3は，人間科学は人間の幸福をめざすべきとするヒューマニズムとしての人間科学の考え方である．第1は従来多く使われた方法論である社会科学的方法論ではなく，自然科学的方法論に一元化すべしという考え方である．第2は有機体論をベースにしたシステム理論に代表される考え方である．第3はマズローや，ロジャースによって代表される第三勢力の心理学グループの主張を代表する見解といえよう．

　人間科学について，これが正しい定義といえるものがあるわけではない．また，前三つの考え方がどのような包含関係にあるのか，これも人間科学に対する考え方によって異なる．そういう時代である．しかし，ある種の混沌の中にあって，逆に一貫してみえる部分もある．

非常に簡単にいえば，「人間を全体としてとらえる」ということばにつきる．そして，この考え方をかみくだくと，次の四つの下位の課題に分析される．

（1） 還元主義からの脱出

（2） ヒープス（集積体）としての全体でなく，ホールズ（全体）としての全体を研究対象とする．

（3） 物質レベルから文化レベルまでのさまざまな領域における階層性相互のダイナミズムを対象とする．

（4） 主体的あるいは能動的人間モデルを有する．

（1），（2）はラズローのシステム論的自然観の「自然システムは非還元的特性をもった全体である」に等しい．さらに（3）は，研究方法として，物象レベルから文化レベルまでの各領域の交互作用および接面に対処する研究であることを意味する．また，ラズローはその『システム論的自然観 IV』の中で，あらゆる自然システムの発展パターンは，下位有機的，有機的，上位有機的というように階層的に下位から上位へと進むことを認めている．しかし，それらの入力と出力の間には相関関係があるが，それは決定論的な関係ではなく，ダイナミックな関係であるとする．全体としてのシステムは決定論的であるが，その部分の関係は，決定論的ではないのである．

（4）の部分については，あらゆる自然システムがもつとされる目的志向的，自己維持的，自己創造的特性とすべて重なるものである．

少なくとも人間科学に対するアプローチの仕方の最も代表的なアプローチの一つが，システム論的アプローチといえる．

エピソード

システム理論はさまざまな顔をもつ．ここでは，一般システム理論の部分に注目して述べよう．

もとより，一般システム理論は，ベルタランフィー（Ludwig von Bertalanffy）によって 1950 年代に提唱されたものであるが，この論が提唱される以前の 1920 年代後半，ヨーロッパにおいて，生物体や人間や社会についてきわめて関連の深いパラダイムが発生し始めていた．この部分については，『人間とロボット』（ベルタランフィー，1967）の冒頭に詳しく述べられている．すなわち，1926 年にウェルナーの『発達心理学』が出版され，その本で著者は，当時心理学を支配していた実証主義的＝機械論的＝行動主義的な人間観を克服し，有機体発達論を展開した．ピアジェの発生的認識論に関わる研究もこのころスタートしている．そして 1928 年にはベルタランフィーが生物学の分野で「有機体論」の概念を唱えている．有機体論生物学の原理はほぼ，次のようなものである．「分析的で加算的な見方とは対照的に，生体を全一体としてみること．静的で機械論的な概念とは対照的に，動的にみること．生体で 1 次的なのが反応性であるとの概念とは対照的に，1 次的

なのは能動性である」.

ウェルナーも，ピアジェも，ベルタランフィーも，この時点においてきわめて類似性の高い生体観をもつに至っていたことになる．この有機体論に即した人間観をもつ心理学者たちは，行動主義的アプローチを拒否する点で一致している．それらの人々の名は，オールポート，ビューラー夫妻，ピアジェ，マズロー，ロジャース，ブルーナー，あるいはニュールック派の心理学者たちなどである．

有機体論的生体観を基礎とする一般システム理論は，上記の心理学者たちの生体観と深い関係をもち，関連する諸分野の科学を巻き込みながら，新しい人間の科学の出現を招来する可能性もある．

一般システム理論の適用例

一般システム理論の適用例を現実の場面でみつけることは容易なことではない．しかし，1960年代後半，教育へのコンピュータ利用の一環として，コンピュータ利用の個別教授システム——CAIシステムの開発が盛んに行われた時期があり，一般システム理論の考えに則ったシステム開発の事例があるので紹介しておこう．以下はザイデルら（Seidel と Kopstein, 1968）による．

彼らのたずさわったCAIシステムはIMPACTと呼ばれるもので，教授ロジックを管理するIDM (instructional decision model)が，コースプログラムとは独立に存在する，当時としては画期的なものであった．彼らは，このシステムの開発にあたり，一般システム理論的考え方を採用したと述べている．彼らは基本的に，その当時までの積み重ねがあるとされた，行動主義に基づく実験データを信用しなかった．そのようなデータの示す規則性のほとんどは人工的な実験室的環境からもたらされたものであり，相互交渉的な環境における学習結果でないというのが一つの理由である．

また当時，個別科学の専門化傾向が進み，心理学内部においても，たとえば学習心理学，生理心理学，数理心理学などは相互に共通の理解が失われつつあった．

このような状況にあって，コンピュータ利用による最適な学習環境の構築を図ろうとするならば，それらは心理学，教育学と同時に，通信や制御の理論，ならびに数学やコンピュータサイエンスなどの学際領域の学問の総動員によって導かれるものである．このためには，システム開発時において一般システム理論を援用したアプローチが必要と説く．なぜなら開発の過程において，

① さまざまな分野の学問の概念や法則やモデルの同型性を調べ，

② 適切な理論モデルを欠いている分野にはそれらの開発を促し，

③ 異なった分野の間の重複した理論構築に費やす努力を最小にし，

④ 専門家の間のコミュニケーションを盛んにすることによって科学の統合を押し進める，

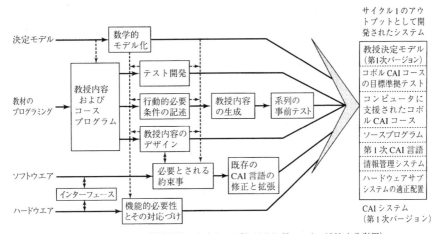

図 1.2.3 IMPACT の開発過程—サイクル 1 (Seidel と Kopstein, 1968 より引用)

というようなプロセスの必要性を重要視したからである.

図 1.2.3 には,システム開発の第 1 段階にあたるサイクル 1 の活動内容と,その結果が示されている.サイクルの内部はシステム分析,統合,現システムの診断的評価の活動からなり,この結果はサイクル 2 にフィードバックされ,同様なプロセスをたどりながら,より効果的なシステム——本質的にはより効果的な IDM の開発をめざす.

〔野嶋栄一郎〕

文　献

1) Beishon, J. and Peters, G.(1972): *Systems Behavior*. Harper & Row, New York.
2) Berelson, B. (ed.)(1963): *The behavioral science today*. Basic Press, New York. 佐々木徹郎 訳 (1964): 行動科学入門, 誠信書房.
3) von Bertalanffy, L.(1967): *Robots, Men and Minds*. George Braziller, New York. 長野　敬 訳 (1971): 人間とロボット, みすず書房.
4) von Bertalanffy, L.(1968): *General System Theory*. George Braziller, New York. 長野　敬, 太田邦昌 訳(1973): 一般システム理論, みすず書房.
5) Goble, F.G.(1970): *The Third Force : The Psychology of Abraham Maslow*. Grossman Publishers. 小口忠彦 監訳(1972): マズローの心理学, 産業能率短期大学出版部.
6) Bruner, S.(1961): *The Process of Education*. Harvard University Press, MA. 鈴木祥蔵, 佐藤三郎 訳(1986): 教育の過程, 岩波書店.
7) 春木　豊 (1989): 人間科学への態度. ヒューマンサイエンス, **1**(1): 3-10.
8) Laszlo, E.(1972): *The Systems View of the World*. George Braziller, New York. 伊藤重行 訳(1980): システム哲学入門, 紀伊國屋書店.
9) Mayer, R.E.(1977): *Thinking and Problem Solving*. Scott, Foresman and Company, Glenview, Ill.

佐古順彦 訳(1978): 新思考心理学入門，サイエンス社．

10) Schultz, D.(1981): *A History of Modern Psychology*. Academic Press, New York. 村田孝次 訳 (1986): 現代心理学の歴史，培風館．

11) Seidel, R.J. and Kopstein, F.F.(1968): *A General Systems Approach to the Development and Maintenance of Optimal Learning Conditions*. Hum PRO Professional Paper.

12) 田中靖政(1969): 行動科学，筑摩書房．

13) 徳永 恂ほか(1992): 座談会・人間科学の方法．中島義明，井上 俊，友田泰正 編：人間科学への招待，pp.183-212，有斐閣．

14) 渡辺 茂，須賀雅夫(1979)：シュミレーションの具体例，システム工学とは何か，NHK ブックス 279，pp.44-49，日本放送出版協会．

15) 山本多喜二(1991): 有機体発達論．山本多喜二 監修：発達心理学用語辞典，p.306，北大路書房．

第**3**章

生物学的理論

　本章ではまず生物学的理論の中でも現在の心理学に多大の影響を及ぼしてきたダーウィン進化論(Box-1)を取り上げ，この進化論の生まれた経緯ならびにその構成や特徴，およびダーウィン進化論が生み出されてから現代に至るまでの間に経てきた社会的受容過程，さらには心理学への直接的間接的影響などについて述べる．次いで，ダーウィン進化論を重要な基盤として発生・発展してきた比較行動学および行動生態学の各理論を概観し，それらの心理学に対する理論的影響を述べる．

3.1　ダーウィン進化論

a. 『種の起原』が生まれるまで

　イギリスのチャールズ・ダーウィン(Charles Darwin: 1809-1882)が進化論を考える契機となったのは，1831〜1836年に海軍測量船ビーグル号に博物学者として乗船し，南アメリカ，南太平洋，オーストラリアへ航海したことである．その際に行った動植物や地質の調査によって，彼は創造説に疑問を抱き生物進化を真剣に考えることになる．

　帰国後，調査の整理をしている過程でさまざまな事柄がダーウィン進化論の構想に影響を及ぼしたのであるが，その一つにダーウィンが1838年9月に読んだトーマス・マルサス(Thomas R. Malthus: 1766-1834)の『人口論』をあげることができる．『人口論』は1798年に著されたものであるが，「生存競争が有利な変異を保存し，不利な変異は淘汰される」という視点をもたらしたという点で，ダーウィンの進化理論の形成に与えた影響は大きい．また進化論を発表するまでの約20年の間には，フジツボの分類学的研究を通じてダーウィンは生物の個体群内の変異に注目するようになり，さらに当時イギリスで盛んに行われていたイヌやウマなど各種家畜の人為選択による品種改良に関して，文献的研究や飼育家からの情報収集を盛んに行っており，これらが自然選択の原理を進化論に適用する契機となったと考えられている(リーヒー，1986；マイアー，1994)．

　その後，マレーにおいて生物地理学的研究を行っていたウォーレス(Alfred　Russel

Wallace: 1823-1913)も独自に自然選択による進化論を生み出していることがわかり，自身の進化論の出版を急ぐ必要に迫られたダーウィンは，1859年に当初の予定よりも縮約版にして『自然選択による種の起原(*On the Origin of Species by Means of Natural Selection*)』を著した(Box-2参照).

b. ダーウィン進化論の構成および概要とその特徴

ダーウィンが自然選択による進化論を生み出すに至った過程とその理論的構造を，マイアー(1994)は五つの事実と三つの推論から複雑に構成された説明モデルという形でとらえている(図1.3.1参照).

まず，『種の起原』においてダーウィンが展開した進化論は，以下の五つの説から構成されたものとみることができる(マイアー，1994).

① 進化説そのもの：世界は不変で永遠循環する創造されたものではなく，着実に変化するものであり，生物も時とともに変化する．

② 共通起源説：動植物，微生物を含むすべての生物群は，地球上の唯一の生命にその起源をもつ．

③ 種の増殖説：生物の多様性は種の増殖によるものであり，それは複数の娘種への分化によるか，地理的隔離によって基礎集団が確立することで新種に進化することによる．

④ 漸進説：進化的な変化が生じるのは，集団の漸進的変化を通じてであり，新しい個体が突然生まれるような跳躍的変化によるものではない．

⑤ 自然選択説：各世代における豊かな遺伝的変異を通じて進化的改変が生じ，比較的少数の生存個体が遺伝形質の適応的組み合わせによって次の世代を生み出す．

このように，単純な一枚岩の理論ではなく五つの異なる説の複合(マイアー，1994)であることが，ダーウィンの進化論の全体的特徴として最も重要な点である．

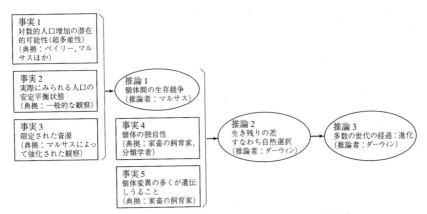

図1.3.1 自然選択による進化の説明モデル(マイアー，1994を改変)

ただし，このような複合的構成をもつダーウィン進化論であるが，「自然選択による進化」が理論の内容上比重が大きいことに変わりはない．そこで自然選択の考え方を中心としてダーウィンの進化論の内容をまとめると，以下のようになる（クレブスとデイビス，1991）．

（1）　種内の個体の間には，ある性質（形質）について違いがある（変異）．
（2）　この変異のいくつかは遺伝する．
（3）　生物は非常に大きな繁殖力をもち，次世代で繁殖に参加しうるよりもはるかに多くの子どもを産む．この個体間で限られた資源を巡って競争がなされる．
（4）　競争の結果，ある変異をもった個体は他の個体よりも多くの子孫を残す．これにより，親の特徴が次世代へと伝えられ，進化的変化が自然選択によって生じる．
（5）　自然選択の結果，生物はその環境に適応していく．

　以上のような構成と内容をもつダーウィン進化論の独自性を考えると，まずあげねばならないのが進化要因を自然選択に求めたことである．これによってダーウィン以前に打ち立てられていたラマルク（Lamarck：1744-1829）の進化論にみられるような目的論的要素を排除し，進化に機械論的説明を与えることを可能にした．さらにラマルク説の基礎にある，生物が下等から高等へ，単純から複雑へ向かって進化する"生命の階梯"という生物観ではなく，不規則に枝分かれする"系統樹"の概念を適用している点も，際立った特徴である．ただし，ダーウィン自身はラマルクの進化論を完全に否定していたわけではなく，獲得形質の遺伝も進化の要因に含めて考える多元論の立場に立っていた．

　なお，ダーウィンは当初『種の起原』の中で"適者生存"という語を使ってはいない．これはスペンサーの造語であり，ダーウィンがのちにスペンサー（Spencer, H.：1820-1903）の影響を受けて第5版からこの語を借用するに至った（ボークス，1990；太田，1991）．

c.　ダーウィン進化論の受容

　ダーウィンの進化論が発表されたのち，社会に浸透していく過程でさまざまな批判や抵抗を受けた．とりわけ彼の進化論は，「多様な生物はすべて神によって創造されたものであり，それは完全にして不変である」というキリスト教の基本的教義を結果的に根底から覆すこととなり，宗教界との大きな摩擦を生じた．また，宗教界だけでなく科学界，中でも生物学界においてさえ抵抗は大きかった．

　そのような中でダーウィン進化論が押しつぶされずに現代にまで至ったのは，少なくとも一般社会に受容され根づいたからである．その理由の一つは当時の社会的条件であった．すなわち，『種の起原』が出版された当時のイギリスではすでに資本家が成長し，行動論理としての弱肉強食の社会を実現していたという状況があった（増淵，1984）．もう一つは，ダーウィン進化論を擁護・支援する人々の存在である．その代表的人物として，ス

ペンサーとトーマス・ハクスリー(Thomas H. Huxley: 1825-1895)をあげることができる. スペンサーは, 『種の起原』以前の段階から"適者生存"の哲学によって資本家階級の立場を代弁しており, 『心理学原論』の改訂版においてダーウィンの進化論を受け入れた(リーヒー, 1986). またハクスリーは"ダーウィンのブルドッグ"と呼ばれたほどの強力な擁護者であり, ダーウィン進化論に則って人間と動物の間の連続性を主張し, ダーウィン進化論を広めるのに多大の貢献をした. またドイツのエルンスト・ヘッケル(Ernst H. Haeckel: 1834-1919)もダーウィン理論の強力な信奉者であり, ドイツにおいて進化論を根づかせた功績は大きい.

ただし, 先にも記したようにダーウィン進化論が五つの説の複合体であることは全体を理解することを絶えず困難にし, このことがひいては一部分だけを取り上げて批判されたり, あるいは逆に一部分のみ都合よく歪曲化されて用いられる原因となった. 実際に『種の起原』が発表されたのち, ダーウィン進化論を信奉した者たちも, 厳密にいえば「生物は進化する」という進化説そのものの支持という点で一致していただけで, いわば部分的な信奉にすぎず, 他の説については賛否さまざまであった. とりわけ自然選択説を支持する者は後述するワイスマンを除いてほかにいないような状態であった(マイアー, 1994).

『種の起原』を発表したダーウィンは, その後も批判に対する反論や自説の補強を意図して多くの著述を行っているが, その中でも1871年の『人間の由来と性選択(*The descent of man, and selection in relation to sex*)』および1872年の『人および動物における情動表出(*The expression of the emotions in man and animals*)』は, ともに人間と動物の連続性を説いたもので, のちにイギリスからアメリカへ移って隆盛する動物心理学やヨーロッパで開花する比較行動学に多大の影響を与える著作として重要である.

d. ダーウィン以後

ダーウィン進化論の弱点であった遺伝の問題を補ったのが, のちに進展をとげた遺伝学自身である. 中でも, ダーウィン進化論の維持, 発展に大きく貢献したのがドイツの動物学者ワイスマン(Weismann, A.: 1834-1914)である. 彼は進化は個体間の競争を中心とした自然選択によることを強く主張し, ダーウィン進化論の中に残存する獲得形質の遺伝の可能性を否定した. このような獲得形質の遺伝を否定したダーウィン進化論が「ネオ・ダーウィニズム」という名前で呼ばれるようになった. さらにワイスマンは,「生殖質の連続」という形で遺伝因子の概念を示し, のちのメンデル遺伝学の基礎を築いた(増淵, 1984; マイアー, 1994).

また, オランダの植物生理学・遺伝学者であるド・フリース(De Vries, H.: 1848-1935)は1901年にオオマツヨイグサの交雑実験を通じて「突然変異説」を発表し, 種の飛躍的な変化とその遺伝が進化の要因であると主張した. さらに後年, アメリカの発生学・遺伝学者モーガン(Morgan, T. H.: 1866-1945)がショウジョウバエの研究によって, 1926年

に遺伝の単位が染色体上の遺伝子であるという「遺伝子説」を発表し，遺伝子の概念を打ち立てた．このようなメンデル遺伝学の系譜は進化の跳躍説を採用しているが，その後跳躍説は漸進説へと修正されていく．

その後，DNAの発見と解析の進展により，イギリスの分子生物学者クリック(Crick, F.H.C.: 1916-)は1958年にセントラルドグマ(中心教義)を提唱した．すなわち，「DNAは他のDNAから複製され，RNAはDNAから転写され，蛋白質はRNAの翻訳によって合成される」という一般原理である．このセントラルドグマによれば，遺伝情報はDNAから蛋白質へと一方向に伝達されるのであって，蛋白質からDNAへの逆方向の情報伝達は存在しないことになり，これは獲得形質の遺伝を根本的に否定することとなった．

このようなメンデル遺伝学と分子生物学の進展を背景に集団遺伝学が発展し，これと生態学や分類学，古生物学などが中核となり，1920年代後半から1950年代にかけて進化の総合学説が形成された．太田(1991)によれば，総合学説は二つの意味の総合をめざしており，一つは進化に関するあらゆる生物学の諸分野の成果を総合することであり，もう一つは突然変異，組み換え，自然選択，遺伝的浮動，歴史的偶然，個体発生上の制約，隔離，交雑，移出入など，さまざまな進化の機構や要因を総合的多角的にとらえることである．さらにマイアー(1994)によれば，総合学説では獲得形質の遺伝，定向進化説，進化の跳躍説の三つを基本的に否定するものである．

現在，総合学説は正統的進化論として主流となっているが，そのほかにも進化の主要因を遺伝的に中立な変異の機会的浮動に求める分子進化の中立説や，依然として獲得形質の遺伝や定向進化を考えるネオ・ラマルキズムなどが存在する．ただし，総合学説を批判するネオ・ラマルキズムなどは理論的構造化が相対的に貧弱なために理論的構造化の進んだダーウィニズムが主流たりえている状態であるという見解(池田，1991)もあり，また総合学説には個々の遺伝子と形質や行動との対応関係が明らかになっていない(柴谷，1991)というような基本的問題も存在しており，少なくとも現段階で総合学説が理論として完璧であるというわけではない．

e. 心理学におけるダーウィン進化論

前項までは主として生物学におけるダーウィン進化論の理論的および歴史的概略を述べてきたが，ここではダーウィン進化論がどのような形で心理学のメタ・グランド・セオリーとして浸透してきているのかについて述べたい．

ダーウィン進化論は生物学界にとどまらず社会一般の基本的世界観にまで変革をもたらし，人々の中に全く新しい思考パターンを生ぜしめたといえる．ところで影響を受けた側においてダーウィン進化論をどのようにとらえていたかというと，大きく二つに分けることができる．一つは進化の科学的仮説としてのダーウィン進化論というとらえ方であり，

もう一つは啓蒙思想の伝統の中から生まれた新しい形而上学としてのダーウィン進化論というとらえ方である（リーヒー，1986）.

心理学においても当然のことながらダーウィン進化論から受けた影響は大きかったが，そのとらえ方は主として後者の形而上学的ダーウィニズムとしてのものであった．すなわち，"適者生存"を前面に立てて形而上学的ダーウィニズムの普及に力を注いだスペンサーやハクスリーなどの影響を心理学も強く受けた．その結果，人間や動物が現在有するような心や行動が進化のどのような過程で生まれるに至ったのかという本来の問題にアプローチするよりも，心や行動が環境に適応するのにどのように役立っているのかという側面を中心に取り上げ，心理学は徐々に「適応の心理学」へと変貌していったのである（リーヒー，1986）.

適応の心理学は大きく二つの流れに分かれた．一つはフランシス・ゴールトン（Francis Galton：1822-1911）によって始められた人間の個人差の研究の流れである．イギリスの遺伝学者・優生学者でかつ心理学者でもあったゴールトンは，ダーウィンのいとこでもあり，ダーウィン進化論を基盤として個人間の変異に自然選択が作用して人間が進化するとの考えに立ち，精神的機能の差を中心にさまざまな人間の個人差を研究した．その際に各種の統計的方法を考案したことにより，彼は心理学における統計的方法の確立をもたらすという大きな功績をあげたのである．しかし一方では，1869年に著した『天才の遺伝（*Hereditary Genius*）』にみられるように，自然選択よりも積極的に人為選択によって人類の進化，改善を図るべきであるという立場から，ゴールトンは「優生学」をも確立し，その後の社会階層間や人種，民族間の差別を助長する優生学の歴史を生み出してしまった.

もう一つはジョージ・ロマーニズ（George J. Romanes：1848-1894）およびロイド・モーガン（Conway Lloyd Morgan：1852-1936）によってつくられた動物心理学ないしは比較心理学の流れである.

ロマーニズは約40歳の年齢差をこえてダーウィンと親交をもったイギリスの生物学者・動物心理学者であり，1882年の著書『動物の知能（*Animal Intelligence*）』や1884年の『動物の心の進化』において，原生動物から類人猿そしてヒトに至るまで，その相対的知能や情動などの心の系統進化について論じている．彼もまたダーウィン進化論を信奉していたのであるが，実際には彼の著書に示されている基本的進化観はダーウィン的ではなくラマルク的かつスペンサー的であった．すなわち，原生動物のような単純で下等な動物からより複雑で高等な動物へとヒトを頂点とした階梯を昇るという生物観に立ち，自然選択の原則を受け入れず，獲得形質の遺伝の確証により熱心であった（ボークス，1990）. 動物心理学の基礎を築いたロマーニズではあったが，彼が立脚したデータは科学者による精緻で客観的な動物行動観察によるものではなく，広く民間人から聞き出した逸話的なデータであった．また彼自身が動物の心をきわめて擬人的にとらえる方法を用いており，広く

世間に動物心理学の存在を知らしめる功績はあったが、学問的には後世の厳しい批判を受けることになった。

ロマーニズの後継者であるモーガンは、ロマーニズの逸話的データを用いる方法論に批判的であり、トリのひなやイヌなどの観察・実験研究を報告した1894年の著書『比較心理学入門』において、事実として観察された動物の行動と観察者が行う推測や解釈とを区別する必要性を説いている。さらにこの中でモーガンは、「ある行動がより低次の心的能力の現れであると考えられるならば、その行動をより高次の能力によるものと解釈するべきではない」という有名な「ロイド・モーガンの公準(Lloyd Morgan's Canon)」を示しているが、これもダーウィン進化論にその基礎をおいていたものである(ボークス、1990)。モーガンによって動物心理学はより客観的方法論を模索する方向に進み、これがのちに、実験を中心に客観性を極度に追求するアメリカの行動主義心理学に連なっていくのである。

以上のようにダーウィン進化論は心理学にも深い影響を及ぼしてきた。ただし、生物学の中でもダーウィン進化論の全体を理解するのが困難であった点から考えれば当然かもしれないが、心理学においても本来のダーウィンの進化論の本質を誤解したり、部分的な理解にとどまったまま取り入れられた傾向がある。とりわけ比較心理学において、*scala naturae* と系統樹という二つの概念を混同したり系統関係を無視したような動物の比較研究がなされる問題(Hodos と Campbell、1969)などは代表的な例の一つといえよう。

以上のような経緯があったが、今後もダーウィン進化論は、進化の総合説という形でさまざまな概念的基礎や影響を心理学に与え続けるに違いない。さらに、次節以降で述べる比較行動学や行動生態学などを経由した形で間接的影響を心理学に与えることは、今後も十分考えられることであろう。

3.2 比較行動学的理論

エソロジー(ethology)の訳語として「比較行動学」のほかにも「動物行動学」、「行動生物学」などがあるが、ここでは「比較行動学」で統一しておく。本節では比較行動学的理論を扱うが、現在の比較行動学はその学問的境界が明確ではなく、とくに1960年代以降は次節の行動生態学(behavioral ecology)ときわめて密接な関係が生じ、両者の間に境界線を引くことが困難な状況である(ハインド、1989)。そこで両者の間で重複する部分に関しては次節で行動生態学的理論として扱い、それ以外の領域を本節で取り扱うこととする。

a. 比較行動学の歴史

比較行動学の成立の歴史については、ソープ(1982)によって詳細に記されている。ここ

ではその中から，古典的比較行動学がローレンツやティンバーゲンによって確立されるまでの概要を簡単に記すこととする．

現在の意味での比較行動学の誕生の契機となったのは，1830年ごろのパリ科学アカデミーにおいてエチェンヌ・ジョフロア・サン-チレール(Étienne Geoffroy Saint-Hilaire：1772-1844)が行ったキュヴィエ批判である．また，イギリスでダグラス・スパルディング(Douglas Spalding：1840頃-1877)がヒヨコなどで行った動物の本能に関する研究は"刷り込み"概念の発見につながるもので，彼は「比較行動学の設立者」といってもよい．同じころ，先にふれたダーウィンが1872年に出版した『人および動物における情動表出』は，行動研究に比較系統学的視点を導入した点で，その後の比較行動学の研究進展に大きな影響を与えた．スパルディングの研究は前節でもあげた19世紀末のロイド・モーガンのより詳細な実験的研究につながることとなり，またその結果，モーガンは比較心理学だけではなく比較行動学の父ともなったわけである．

20世紀に入り，比較行動学は最終的に確立されるわけであるが，それに貢献した人々としては，カモやガンなどの研究を通じて行動パターンが種間関係や進化過程の証拠となりうることを示したドイツのオスカー・ハインロート(Oskar Heinroth：1871-1945)や，同様にハトを中心に行動の系統発生的研究を行ったアメリカのチャールズ・ホイットマン(Charles O. Whitman：1842-1910)と，その弟子で欲求行動と完了行動を初めて区別したウォレス・クレイグ(Wallace Craig：1876-1954)，生物の種特異的な"環境世界"の概念を提起したドイツのヤーコブ・フォン・ユクスキュル(Jacob J. von Uexküll：1864-1944)，ミツバチの感覚生理とコミュニケーションの解析を行ったオーストリアのカール・フォン・フリッシュ(Karl von Frisch：1886-1982)，放飼状態の鳥類や魚類の観察を通じて生得的解発機構の概念を打ち立てたオーストリアのコンラート・ツァカリア・ローレンツ(Konrad Zacharias Lorenz：1903-1989)，そして昆虫類，鳥類，魚類の実験的研究を通じて生得的解発機構の階層性を示したオランダのニコ・ティンバーゲン(Niko Tinbergen：1907-1988)などをあげることができる．とくにフリッシュ，ローレンツ，ティンバーゲンの三人は比較行動学を確立した業績で1973年度のノーベル生理学医学賞を受賞している．

以上が現代の比較行動学に連なる古典的比較行動学の歴史の概略である．

b. 比較行動学の基本的立場

先にふれた1910～1950年代の"初期エソロジスト"は生物学者であり，彼らは生物学的伝統に従って動物行動を研究してきた．すなわち，"記載"に立って分析し，その動物が適応してきた環境条件に関連させて行動をみるという基本的姿勢を保ってきた．とりわけ，対象とする種の行動目録(エソグラム，ethogram)の記載は，比較行動学において具体的研究の出発点ともなっている．このような基盤に立脚し，比較行動学は「動物はなぜ

そのように行動するのか」という疑問に関し，以下のような四つの基本的問題を設定して
行動に関する考察を組織的に進めることをめざしている（ティンバーゲン，1975；ハイン
ド，1989）．

（1）　その行動の基礎となる因果関係はいかなる構造であるのか

（2）　その行動がいかなる機能を有するのか

（3）　その行動がいかなる形で発達してきたのか

（4）　その行動がいかなる形で進化してきたのか

ところで，生物学は分類学や系統学をその重要な基盤として据えているが，同様に比較
行動学においても行動の分類や系統がいわば礎石に相当する．そして上の四つの基本的設
問が行動の分類基準となっている（ハインド，1989）．すなわち，以下のような分類基準が
あげられる．

①　因果関係：行動が直接の原因を共有するか否か

②　機能：行動が同じ結果に達するか否か

③　発達：行動が同じ方法で獲得されたものであるか否か

④　進化：行動が同様の進化的起源をもつか否か

c.　比較行動学の理論

比較行動学の理論は具体的な動物行動に関するさまざまな説明概念を中心として構成さ
れており，しかも理論構成は体系的ではなく個別的であるため，きわめて広範囲にわたっ
ている．したがって，全体を網羅することは紙数の関係上不可能であり，ここでは基本的
理論の中のさらに代表的なものについてのみ概説せざるをえない．

1）　固定的活動パターン（fixed action pattern）

すべての種にはその種に特異的な比較的定型化した行動の様式があり，それを「固定的
活動パターン」と呼ぶ．固定的活動パターンはとくに動物のロコモーションやコミュニケ
ーション事態で詳細に研究されており，固定的活動パターンには一連の流れとしての行動
を分割する単位として容易に同定できるという特性がある．この特性から比較行動学にお
いては，固定的活動パターンを形態学的特徴と同様に，近縁種間の進化や系統関係を明ら
かにするための有効な指標とみなしている．

ただし固定的活動パターンはきわめて融通のきかない行動であるだけでなく，その強度
が変化したり，二つの固定的活動パターンの中間形を示すような場合もある．また，固定
的活動パターンは現在ではより多様なものと考えられ，運動パターン，活動パターン，モ
デル活動パターンなどに分類する見方もある（デュースバリィ，1981）．さらに，固定的活
動パターンの生起や維持に関しては，特異的なエネルギーの増減やあるいは神経中枢の階
層性などの古典的モデルよりも，現在では種々のフィードバックによるコントロールで説
明することが多い．

2) 刺激と行動

反応は刺激に対して選択的であり，言い換えれば，ある反応を引き起こすのに有効な刺激とそうでない刺激が存在する．刺激の中でも特別に有効な特徴をもつ刺激を"信号刺激"と呼ぶ．イトヨのオスの繁殖期における赤い腹部や，ズアオアトリのオスのピンク色の胸とメスの誘惑姿勢などは，信号刺激の一例である．ただし厳密には，信号刺激とは単一の刺激ではなく，一般に複数の刺激が特殊に組み合わさったものから構成される(ティンバーゲン，1975)．

このような信号刺激への選択的反応を説明するため，信号刺激を選択的に感受して固定的活動パターンを解発しうるような特別の神経感覚機構の存在を考え，これを生得的解発機構(innate releasing mechanism)と呼んでいる．この機構に沿って言い換えれば，信号刺激は特定の生得的行動を解発する解発因(リリーサー)といえる．ただし，解発因をより限定した意味で使用する場合もある．また原則的には，「同一種における個々の異なる反応に対応した個々の生得的解発機構が存在する」と考えられている．

また実験的研究を通じて，反応が複数の刺激に依存する場合には，その刺激の効果は単一もしくは複数の感覚経路を介して互いに相補的に働いて影響が加算される「異質的加重の法則」が提起され，また自然状況の刺激よりも行動解発の効果が高い"超正常刺激"の存在が示されている(ソープ，1982；ハインド，1989)．

3) 葛藤行動

たとえば同時に二つの動因が賦活化された場合，対立する行動AとBの間で葛藤状態が生じ，葛藤行動が発現する．葛藤行動にはさまざまなパターンがあり，二つの行動AとBが重なって発現する場合，AとBが交互に発現する場合，一方が抑制される場合，さらには第3の行動Cが発現する場合などがある．

一つの行動から他の行動に転換する際に必要な機構として，"競合"と"脱抑制"の2種類が考えられる．競合とは，抑制されていた行動Aの動因強度が高まり，進行中の行動Bを抑制することによって行動Aが発現することをいい，行動Aの発現している時間は行動Aの動因に依存する．また脱抑制とは，進行中の行動Bの動因強度が低下することにより，行動Aが発現することをいい，行動Aの動因は行動Aの発現している時間に影響しない(ハインド，1989)．

第3の行動Cが発現する場合，それはしばしば転位行動の形態をとることがあるが，この発現機構の理論的説明として抑制解放説が一般的である．すなわち，「行動Aの動因と行動Bの動因は両方とも行動Cの動因を抑制しているが，葛藤状態によってAとBの動因が互いを抑制し合うためにCの動因への抑制が弱まり，その結果行動Cが発現する」というものである(アイブル-アイベスフェルト，1978)．

ただし，転位行動の理論的説明としては抑制解放説のほかに，衝動余剰説がある．これは「本来的な衝動が何らかの形で阻止されたために，残存する余剰エネルギーが他の運動

型を解発させて非本来的な行動が生じる」という考え方である．この衝動余剰説では，転位行動が成立する前提条件として必ずしも葛藤事態を要求しない(前田，1981)．すべての転位行動を一方の説だけでは説明しきれないため，両説は並存している状態である．

4) 刷り込み

刷り込み(imprinting)とは動物が誕生後の早期の段階で初めて出会う，親や他の成員など動く対象に親近感を確立させることである．刷り込みは以前には生得的，固定的と考えられていたが，現在では基本的には経験による行動変容，すなわち学習の一種とみなす．

刷り込みには以下のような特徴がある(ソープ，1982；ハインド，1989)．

(1) 刷り込みが成立するのは誕生後のある短い期間に限られる．この期間は臨界期というような固定された不変のものではなく，特定の刺激に対する感受性が高まる敏感期(あるいは感受期)と呼ばれる．

(2) 成立後の刷り込みはきわめて安定しているが，必ずしも不可逆的ではない．

(3) 刷り込みはそれが成立すると，社会的行動や性行動などのような，かなりのちになってその動物に生じる行動を獲得する過程に対して影響を与える．

(4) 刷り込みの成立にとって報酬は必ずしも必要ではない．

(5) その動物の識別能力の個体発達に伴って，反応の対象となる特徴が一般的な幅広いものからより細かい特殊なものへと移行する．

刷り込みはおもに鳥類や哺乳類の後追い反応を中心に研究されてきたが，近年では鳥類のさえずりの習得や音声による個体認知などの研究から，知覚学習が重要な基礎をなすこと，また刷り込みが成長後の正常なつがい形成を成立させるという適応的役割を担うこと，などが指摘されている．

d. 比較行動学と心理学との関係

現在，比較行動学はその境界が曖昧になりつつあり，その傾向を積極的に肯定し，他の学問分野との重複部分にこそ比較行動学の今後の成長点が含まれている(ハインド，1989)とする見方もある．とりわけ，比較行動学と心理学は現在も相互に影響を及ぼし合っており，両者の境界を厳密に示すことは困難である．

中でも比較行動学に最も近接しているのが比較心理学であり，1953年にリーマンが行った比較行動学批判を契機として両者の対話が始まり，現在までの両者の共通了解として重要な点は，行動における生得性と学習性という単純な二分法からの決別である．

そのほか，たとえば社会心理学においては言語および非言語によるコミュニケーションの理解に比較行動学の社会的解発因の概念が利用されたり，発達心理学ではボウルビーが刷り込みなどの比較行動学の概念を用いて人間の母子関係における愛着理論(attachment theory)を構築するなど，比較行動学の心理学に対する貢献は大きいものがある(ハインド，1989)．

3.3 行動生態学的理論

a. 行動生態学とは何か

行動生態学は，前節の比較行動学でも述べた行動研究の四つの基本的問題の中の一つである行動の機能，すなわち行動の生存価を究明する学問である．すなわち，ある行動が動物の生存や繁殖にいかなる影響を与えるのかを問う（クレブスとデイビス，1991）．その際，行動生態学においては，基本的にはダーウィンの自然選択による進化理論を動物行動に適用するものであり，この点で行動生態学は進化生態学の中の一分野である（粕谷，1990；1992）．このように行動生態学はダーウィン進化論と比較行動学から大きな影響を受けており，とくに現在では比較行動学自体の境界が不明確なこともあって，行動生態学と比較行動学との差異が明瞭ではないようであるが，行動生態学の出自はあくまでも生物学の中の生態学である．

行動生態学とよく似たものとして社会生物学があり，現在では両者を同じものとして区別しない場合が一般的である．しいて違いをあげるならば，社会生物学は「生物の社会性（社会構造，社会行動）の進化を研究する（伊藤，1987）」というところに，行動生態学との多少の力点の違いを認めることもできよう．

b. 行動生態学の基本的概念

行動生態学においては自然選択による進化理論がベースになっており，しかも行動の生存価を調べる性格上，次のような生物進化に関係する概念を基本的に用いている（粕谷，1990，1992；クレブスとデイビス，1991）．

すなわち，生物は形態，生理，行動などさまざまな面で何らかの性質を有し，これを総称して"形質"と呼ぶ．この形質の違いによって個体の生存率や残す子どもの数が異なることを「選択が働いている」という．そして選択の働いた結果，ある形質を有する個体の頻度が増加あるいは減少する．このとき，〔成体1個体当たりの子の数×生存率〕を"適応度"という．この適応度が相対的に高い場合は"有利"，逆に低い場合は"不利"という．また，行動の生存価を考える際に"形質"のことを習慣的に"戦略"と呼んでいる．

さらに行動の生存価を説明するためにモデル化をよく行うが，その場合に経済学的な用語を使用することが多い．すなわち，個体がある行動を行うのに要する時間や労力あるいは捕食者などから受ける危険性や被害など，さまざまな不利益を総称して"コスト"と呼び，その行動によってもたらされる"利益"との対照的関係を構成する．そしてコストと利益の間の釣り合いを"トレードオフ(trade-off)"，さらに利益を測定する指標を"通貨"と呼ぶ．また，個体がそれを利用することによって利用しない場合に比べて適応度が高くなるものを"資源(resource)"と呼ぶ．資源の例としては，餌となる食物や，卵を産

みつける素材，身体成長のために必要なスペースなど，きわめて広範囲にわたる．そのほか，エネルギーや経済上の各種の"効率"概念が多用される点が特徴的である．

c. 行動生態学の基本的理論

行動生態学においては，採餌や繁殖，捕食回避など動物のさまざまな行動に関して，その行動の生存価を明らかにするために各種のモデルを構成する．しかしその大部分は最適戦略モデルもしくは進化的安定戦略モデルである（粕谷，1990）．さらに行動生態学には，血縁選択の理論が存在し，これが先の二つの主要戦略モデルの成立困難な領域をカバーしている．そこでこれら3種類の基本的な理論を中心に概説する．

1) 最適戦略モデル

最適戦略モデルが適用できる前提条件は，「個体群内のある個体の適応度がその個体自身の形質に依存するが，同じ個体群内の他の個体の形質には左右されない」ということである（粕谷，1990）．

単純化するために2種類の形質A, Bでこのモデルを説明する．上記の前提条件が成立しているとする．たとえば，形質Aを有する個体の方が形質Bの個体よりも適応度が大きい場合，個体群内での形質AとBの頻度の大小にかかわらず，形質A個体の頻度が世代交代を経るごとに高まっていき，最終的にはその個体群は形質A個体ですべて占められるという形で進化的安定状態(evolutionary stable state)に至る（図1.3.2参照）．

このように適応度が最大の形質，言い換えると最適な戦略が進化して個体群を占めるわけであり，このような説明の仕方を最適戦略モデルと呼んでいる．したがって，原理的には，適応度が最も高い形質が特定できればその後の形質の進化が予測できることになる

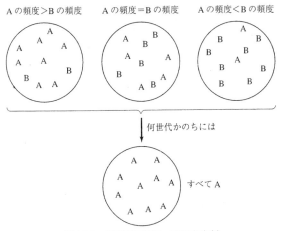

図1.3.2 最適戦略(粕谷，1990を改変)
Aが最適戦略，Bはその他の戦略．

(粕谷，1990)．

2） 進化的安定戦略モデル

進化的安定戦略は ESS(evolutionary stable strategy)とも呼ばれる．このモデル適用の前提条件は，先の最適戦略モデルとは逆に，「個体群内のある個体の適応度が，同じ個体群内の他の個体の形質に左右される」ということである．この前提が成立する場合，一般的に適応度は個体群内での形質の頻度に依存している．

ここでは単純化のために同じく 2 種類の形質 A, B でモデルを説明する．ある個体群内で形質 A の個体と B の個体の頻度が $p : 1-p$ の比であるとする．いま仮に 0.7 : 0.3 の割合で個体群内が安定状態にあったとする．これが 0.6 : 0.4 というように B の頻度が増加すると，形質 A の適応度が B の適応度よりも高まり，その結果 A の頻度が増加してもとの 0.7 : 0.3 に戻る．反対に 0.8 : 0.2 のように A の頻度が増すと，今度は B の適応度が高まることで B の頻度が増してやはりもとの 0.7 : 0.3 の割合を示す状態に戻る(Box-3 参照)．

このように，個体群内の形質の頻度が少し変化すると形質間で適応度に差が生じ，それによって再びもとの頻度割合に戻って進化的に安定な状態を保つ場合，そのような戦略を ESS と呼ぶ．条件によって単一の戦略だけが ESS である場合は，その戦略を "純粋" ESS と呼び，また複数の戦略がある割合で混じることによって ESS となる場合はそれを "混合" ESS と呼ぶ(リドゥリー，1988)．

最適戦略モデルと進化的安定戦略モデルとは，他個体の形質の影響の有無という前提条件の違いがあったが，進化的安定戦略モデルにおいて他個体の形質が及ぼす影響がゼロの場合は最適戦略モデルと全く同一の結果となるわけであり，最適戦略モデルは進化的安定戦略モデルの一つの特殊な場合であるともいえる(粕谷，1990)．

両戦略モデルの差異はこのような前提条件の違いのほかに，進化的安定の点からいえば以下のような違いがある．最適戦略モデルは個体群内の形質の頻度に大きな変化が生じてももとの状態，すなわち全個体が最適形質をもつ状態に戻る．それに対して，進化的安定戦略モデルでは小さい変化については，もとの状態すなわち複数の形質の間に一定の頻度割合を保って安定するという状態に戻るが，大きな変化についてはもとの状態に戻らない可能性もある．したがって，最適戦略モデルは大域的安定平衡，進化的安定戦略モデルは局所的安定平衡のモデルというように区別することもできる(粕谷，1992)．

3） 血縁選択

これまで述べた最適戦略モデルと ESS モデルは，基本的には個体群内のすべての個体の間でランダムな相互作用がある場合に原理的に成立するものであり，相互作用の範囲が血縁個体間に限られるような場合には，血縁個体間で同祖遺伝子をもつ確率がランダム個体間での確率よりも高くなることから，上記のような戦略モデルは使えなくなる(粕谷，1990)．このことは，たとえばある種の鳥類では子育てを助けるヘルパーがみられるが，

第3章　生物学的理論　　　73

このような血縁個体間でみられる利他的行動や，あるいは直接子孫を残す個体(女王など)と残さない個体(兵隊やワーカー)に分化している真社会性の昆虫や哺乳類などの進化を扱う際などに問題となる．

そこで血縁個体間の相互作用にも戦略モデルを適用することを可能にしたのが，ハミルトン(Hamilton, W.D.)によって提唱された血縁選択説に含まれている包括適応度(inclusive fitness)という概念である．血縁選択説とは，簡単にいえば，自然選択は自身が直接残す子孫だけでなく血縁者の残す子孫を通じても作用するという考え方である(伊藤，1987)．そして包括適応度とは，個体が残す繁殖にまで至る子の数である"適応度"に同祖遺伝子を共有する確率である"血縁度"(coefficient of relatedness)(表1.3.1)を加えて構成した概念で，ある個体Aの包括適応度は以下のような式で表現される．

$$I = W_{OA} - \Delta W_A + \sum \Delta W_i r_i$$

ここで，Iは包括適応度，W_{OA}は相互作用がない場合の適応度，ΔW_Aは相互作用を通じて適応度が受ける影響(一般的には損失)，ΔW_iはi番目の個体の適応度が個体Aの行為によって受ける影響(一般的には利益)，r_iは個体Aとi番目の個体の間の血縁度である(伊藤，1987)．これをさらに一般的に次のように表現することが多い．

$$I = W_0 - C + B \cdot r$$

この式から血縁選択によって遺伝子が広がる，つまり血縁選択に戦略モデルが成立するためには，

$$W_0 - C + B \cdot r > W_0$$

したがって，

$$B \cdot r > C$$

この条件式を「ハミルトンの法則」と呼んでいる(粕谷，1990；リドゥリー，1988)．

適応度の代わりにこの包括適応度を用いることで，血縁関係のある個体間の相互作用に関しても先述の戦略モデルを適用できるようになり，血縁度と包括適応度は形質の進化を予測するうえで適用範囲の広い理論的道具である(粕谷，1990)と考えられている．

d.　行動生態学と心理学

坂上ら(1994)によれば，スキナー(Skinner, B.F.)創始の行動分析の一分野である実験的行動分析において，行動生態学の採餌行動における最適採餌理論や不確実な状況下での採餌行動(リスク感応型採餌戦略)などに関し，1980年前後よりさまざまな実験的分析を行ってきている．このような方面から心理学と行動生態学との間に相互交流が始まっているといえよう．

さらに，たとえばウィルソン(Wilson, E.O.)の『社

表1.3.1　いくつかの異なる血縁者間の血縁度(r)(リドゥリー，1988による)

血縁関係	血縁度
親一子	1/2
兄弟姉妹	1/2
異父母兄弟	1/4
祖父母一孫	1/4
おじ/おば一おい/めい	1/4
いとこ	1/8
またいとこ	1/32

会生物学』が契機となったさまざまな論争などを通じて，社会生物学や行動生態学に対する心理学者の関心も喚起されてきており，将来的には人間や動物のさまざまな行動を理解するうえで，心理学の諸分野と行動生態学との交流が高まっていく可能性も十分考えられる．

Box-1 ‖‖

ダーウィン進化論の全体的イメージ

　ダーウィンは『自然選択による種の起原(*On the Origin of Species by Means of Natural Selection*)』によって自身の構想した進化論を世に問うたわけであるが，彼の自然選択による進化論の骨子をきわめてコンパクトにまとめると，次のようになる(粕谷，1990；1992)．

　① 変異：個体群内の個体の間には，ある形質について差異がある．
　② 選択：この形質の差異によって，個体の生存率や子の数の多少に差異が生じる．
　③ 遺伝：この形質の差異の少なくともある部分は遺伝的である．

　「これら三つの過程によって生物は進化する」というのがダーウィン進化論の基本的考え方である．

　ダーウィンの進化論は発表されてから今日に至るまで，その是非を巡ってさまざまな曲折があった．とくに自然選択という考え方そのものの受容には大きな抵抗がみられた．しかし，時間経過に伴う科学の進歩が結局は，ダーウィン進化論の相対的正しさを明らかにする結果となった．たとえば当初はダーウィン進化論の弱点とされていた遺伝の問題も，その後の遺伝学や分子生物学，生態学などの進展によって支持，補強されてきた．ダーウィン進化論は現在では進化の総合学説という形に発展し，進化論の主流として確固たる地位を占めている状況である．

‖‖‖

Box-2 ‖‖

ダーウィン進化論とウォーレスの存在

　ビーグル号での調査ののち，ケントの別荘にひきこもりつつ，約10年ほどの間にダーウィンは自然選択に基づく進化理論をほぼ完成させていた．しかし，すぐに公表したわけではなく，理論の証拠固めや細部の仕上げに時間を費やし，また一方では危険思想視されることへの不安などから進化論の公表にはきわめて慎重であった．その後さらに10余年の間，友人であった地質学者ライエル(Charles Lyell：1797-1875)および植物分類学者フッカー(Joseph Dalton Hooker：1817-1911)らから早く発表するよう勧められていた．

　ダーウィンがようやく発表の準備に着手し執筆を進めていた最中，思いがけない論文が送られてきた．差出人はイギリスの博物学者アルフレッド・ウォーレス(Alfred　Russel

Wallace：1823-1913）で，彼は当時マレー群島において生物相を研究していたが，そこで独自に進化の自然選択説を着想しそれをまとめて論文にした．この論文に発表する価値があれば博物学で権威のあるリンネ学会に転送してもらいたい，という旨の手紙が添えてあった．二人は以前にも進化の問題で手紙を交わしたことはあったが，ダーウィンの方では自分の自然選択理論にふれぬよう配慮していた（ボークス，1990）．

　ダーウィンはこの論文にショックを受けて自説発表を断念しかけたが，ライエルらに相談した結果，急いで論文を一つまとめ，1858年にダーウィンとウォーレスの種の起原に関する論文を，リンネ学会会合に両者欠席の条件で同時に提出することになった（ボークス，1990；増淵，1984）．どちらの論文もさしたる反響を呼ばなかったのは皮肉であるが，これが契機となってダーウィンの『種の起原』の出版が早まった．その後もウォーレスは自然選択説を強く主張し続け，ダーウィンの良き仲間であり強力な支持者の役割を果たした．

Box-3

タカ-ハト・ゲーム理論

　進化的安定戦略（ESS）の代表的モデルとして，メイナード-スミスらのタカ-ハト・ゲーム理論（Maynard-Smith と Price，1973；リドゥリー，1988）を紹介する．

　ある個体群の中で資源を巡って争う場合に，タカ戦略とハト戦略の2種類のみがとりうるとする．タカ戦略は攻撃に抑制が効かず負ければ傷つく危険を伴い，逆にハト戦略は臆病な闘争者で危険になると逃げるので傷つかない．ここで争いの勝者には得点 W，敗者には得点ゼロを与え，負傷すると損失 D が加わるとする．この得点の増減はそのまま適応度の増減と結びつく．

　タカおよびハトの2戦略の争いの可能な組み合わせは以下の3種類である（表1.3.2）．

　タカ vs. タカ：対戦者の一方が勝ち，他方は負けてしかも傷つく．したがって，勝敗の確率が等しい場合，タカの平均得点は $(W-D)/2$ となる．

　タカ vs. ハト：常にタカが勝ち，ハトは負けるが傷つかない．したがって，タカの得点は常に W，ハトの得点は常にゼロとなる．

　ハト vs. ハト：対戦者の一方が勝ち，他方は負けるが傷つかない．したがって，勝敗の確率が等しい場合，ハトの平均得点は $W/2$ となる．

　個体群内のタカ戦略とハト戦略の割合を p および $1-p$ とすると，

　タカ戦略の平均得点 $=p(W-D)/2+(1-$

表1.3.2　タカ-ハト・ゲームの得点行列
主体であるタカ戦略あるいはハト戦略が獲得する得点を示す．

		対戦相手	
		タカ戦略	ハト戦略
主体	タカ戦略	$(W-D)/2$	W
	ハト戦略	0	$W/2$

p) W

ハト戦略の平均得点 $= p \cdot 0 + (1-p)\,W/2$

ここで両戦略の平均得点の差をとってみると

タカ戦略の平均得点 $-$ ハト戦略の平均得点 $= (W - pD)/2$

p は 0 と 1 の間の値であるから，次の二つの場合が考えられる．

$W > D$ の場合：常にタカ戦略の方が有利であり，この場合はタカ戦略が純粋 ESS.

$W < D$ の場合：p および D の値により有利な戦略が異なる．両者が釣り合うのは $W - pD = 0$ すなわち $p = W/D$ の場合であるから，個体群全体のうちでタカ戦略が W/D，ハト戦略が $1 - W/D$ の割合のときに進化的安定状態で，これが ESS（混合 ESS）となる．タカ戦略の割合が W/D より増すとハト戦略の方が有利に，逆にハト戦略の割合が増すとタカ戦略の方が有利になり，それぞれもとの安定状態の割合へ戻る．

以上がタカ–ハト・ゲームの骨子であり，これは戦略が頻度依存的である場合には普遍的に適用できる．もちろん，ゲームにおける利得（W と D の値）が変わったり，さらに戦略の数やその内容が変わっても，やはり ESS は異なる（リドゥリー，1988）．

(脱稿：1995. 1. 6)

〔太田裕彦〕

文　献

1) アイブル＝アイベスフェルト, I., 伊谷純一郎, 美濃口 坦 訳(1978): 比較行動学 1，みすず書房.

2) ボークス, R., 宇津木 保 訳(1990): 動物心理学史―ダーウィンから行動主義まで，誠信書房.

3) ボウラー, P. J., 松永俊男 訳(1992): ダーウィン革命の神話，朝日新聞社.

4) デュースバリィ, D. A., 奥井一満 訳(1981): 比較・動物行動学，共立出版.

5) ハインド, R. A., 木村武二 監訳(1989): エソロジー――動物行動学の本質と関連領域―，紀伊國屋書店.

6) Hodos, W. and Campbell, C.B.G.(1969): Scala naturae; Why there is no theory in comparative psychology. *Psychological Review*, **76**: 337-350.

7) 池田清彦(1991): 構造主義科学論からみた進化論史. 柴谷篤弘，長野　敬，養老猛司 編：講座 進化① 進化論とは，pp.79-120，東京大学出版会.

8) 伊藤嘉明(1987): 動物の社会―社会生物学・行動生態学入門，東海大学出版会.

9) 粕谷英一(1990): 行動生態学入門，東海大学出版会.

10) 粕谷英一(1992): 行動生態学の適応論. 柴谷篤弘，長野　敬，養老猛司 編：講座 進化 ⑦ 生態学からみた進化，pp.39-78，東京大学出版会.

11) クレブス, J. R., デイビス, B. N., 山岸　哲，巌佐　庸 訳(1991): 行動生態学(原書第 2 版)，蒼樹書房.

12) リーヒー, T. H., 宇津木 保 訳(1986): 心理学史―心理学的思想の主要な潮流，誠信書房.

13) 前田嘉明(1981): 転位行動. 藤永　保，梅本堯夫，大山　正 編：心理学事典，pp.609-611，平凡社.

14) 増淵法之(1984): 進化論―その歴史と現代，たたら書房.

15) Maynard-Smith, J. and Price, G.R.(1973): The logic of animal conflicts. *Nature*, **246**: 15-18.

16) マイアー, E., 養老猛司 訳(1994): ダーウィン進化論の現在，岩波書店.

17) 太田邦昌(1991): 進化学における〈総合理論〉の立場. 柴谷篤弘，長野　敬，養老猛司 編：講座 進化

① 進化論とは，pp.3-34，東京大学出版会.

18) リドゥリー，M.，中牟田 潔 訳(1988)：新しい動物行動学，蒼樹書房.

19) 坂上貴之，山本淳一，実森正子(1994)：実験的行動分析の展開—"選択"，"認知"，"言語"をめぐって．心理学研究，**65**(5)：395-411.

20) 柴谷篤弘(1991)：現代進化生物学の波乱．柴谷篤弘，長野 敬，養老猛司 編(1991)：講座 進化 ① 進化論とは，pp.207-243，東京大学出版会.

21) ソープ，W. H.，小原嘉明，加藤義臣，柴坂寿子 訳(1982)：動物行動学をきずいた人々，培風館.

22) ティンバーゲン，N.，永野為武 訳(1975)：本能の研究，三共出版.

23) ウィルソン，E. O.，伊藤嘉明 監修，坂上昭一ほか 訳(1983-1985)：社会生物学，全5巻，思索社.

第4章

神経科学における基本的概念

　知覚，記憶，学習，情動といった精神機能は脳・神経系によって営まれている．神経科学は脳・神経系をさまざまな角度から研究する学際的領域である．脳・神経系を実体(分子機械)としてとらえ，これを構成している分子，細胞，シナプス，神経回路網などを物質科学的に研究することによって，脳の物質原理を解明しようとする立場がある．一方，脳・神経系を情報処理装置としてとらえ，その情報原理を解明しようとする立場もある．本章では，実体としての脳をボトムアップ的に解明する立場からの解説を行う．情報原理から脳をみる立場については，第Ⅱ編「感覚・知覚心理学」の第2章「計算理論」などを参考にしてほしい．

　実体としての脳・神経系を研究するといっても，対象とするレベルにはさまざまなものがある．神経系を構成している分子そのものの構造と機能を研究するレベル，個々の神経細胞やグリア細胞の働きを研究するレベル，シナプス伝達機構を研究するレベル，神経回路網がどのように機能しているかを研究するレベル，行動との関連で研究するレベルなどである．

　現在のところ，「神経科学的理論」と呼べるような確立したものはない．さまざまな研究領域においていろいろな仮説が提案されてはいるが，あくまでも作業仮説にすぎない．実験科学の常としてこのような状況はある程度やむをえない．もちろん，神経科学者は脳の機能原理や設計原理を明らかにすることをめざしてはいるが，あくまでも実験結果に則って解釈を試み，作業仮説を検証するために日々新たな実験に取り組んでいる．

　本章では，神経科学の基本的概念や方法論について解説し，本書の第Ⅱ編「感覚・知覚心理学」などを理解するための基盤を提供することに主眼をおいた．

4.1 細胞を構成する物質

a. 神経細胞と衛星細胞

脳・神経系を構築する主要な細胞は，神経細胞(neuron)と衛星細胞(satellite cell)である．神経細胞は複雑な回路網を構成して情報処理に直接たずさわっている．神経細胞の性質については次節以降で詳細に説明する．

衛星細胞は，脳の神経グリア細胞(neuroglial cell)と末梢のシュワン細胞(Schwann cell)に分けられる．神経グリア細胞は脳の体積の約半分を占め，また，その数は神経細胞の10倍以上ともいわれている(Nichollsら，1992)．神経グリア細胞は，① 神経細胞の隔離と絶縁，② 脳の構造的な支え，③ 神経細胞の修復と再生，④ 化学伝達物質などの取り込み，⑤ 細胞外イオン濃度の調節，⑥ 神経成長因子などの分泌，といった機能を果たしている．シュワン細胞は末梢にある神経細胞の軸索をとりまいて髄鞘を形成し(有髄線維)，活動電位の伝導速度を飛躍的に増大させている．

b. 細胞を構成する物質

神経細胞や衛星細胞を構成する主要な元素は水素(H)，酸素(O)，炭素(C)，窒素(N)，リン(P)，硫黄(S)であり，細胞の全重量の99％以上を占める．この構成は，地殻を構成している元素の成分比とはかけ離れており，生物が進化する過程で積極的に選択された結果であると考えられている．CやNはいずれも共有結合をする際に枝分かれをしたり二重結合をつくることが可能であり，複雑な骨格の分子を構成するのに適している．

HとOは細胞の約70％を占める水分子(H_2O)を構成する．水分子は，全体として電気的には中性であるが，電子が非対称的に偏って分布している．このため，酸としても塩基としても作用しうるし，水素結合を形成することもできる．水分子間に水素結合ができるので，水は他の物質に比べて沸点が高い，蒸発熱が大きい，融点が高いといった際立った性質を示す．蒸発熱や比熱が大きいので，生体の温度を一定に保つのに都合がよい．

細胞を構成する小分子としては，脂肪酸，アミノ酸，ヌクレオチド，単糖類などがある．これらは，それぞれリン脂質，蛋白質，核酸，多糖類の主要な構成成分である．

1) リン脂質と細胞膜

脂肪酸は長い炭化水素の尾部をもつカルボン酸であり，水に溶けにくい(図1.4.1)．リン脂質は，グリセロールのもつ3個の水酸基のうち，2個が脂肪酸と結合して"尾部"となり，残りの1個がリン酸を介して極性をもつアルコール類と結合して"頭部"となったものである．リン脂質は，親水性の頭部と疎水性の尾部から構成されているため，水性の環境ではミセルあるいは二重層を形成しやすい．

細胞膜はリン脂質の二重層であり，親水性の頭部はそれぞれ細胞外液と細胞質に接し，

また，疎水性の尾部どうしは膜の内部で接している．細胞膜の厚さはわずか 4〜5 nm (1 nm＝10^{-9} m) であり，たとえ破れても自然に閉じる傾向がある．

リン脂質のみでできた膜は，O_2, N_2, H_2O, CO_2 といった疎水性あるいは小型で電荷をもたない極性分子を，細胞膜内外の濃度差に従う単純な拡散によってよく通す．しかし，グルコースやショ糖などの大型非極性分子や Na^+, K^+, Ca^{2+} などのイオンはほとんど透過させない．したがって，細胞にとって必要な分子を取り込んだり不必要な物質を排出したりするために，細胞膜には特殊な輸送系が組み込まれている．

細胞膜を貫通している膜輸送蛋白質には，受動輸送を行うものと能動輸送を行うものとがある．受動輸送では，輸送される物質は細胞内外の電気化学ポテンシャルの勾配に従って移動する．チャンネル蛋白質やキャリアー蛋白質などがこれに分類される．

チャンネル蛋白質では，膜電位が変化したり(Na^+チャンネルなど)化学伝達物質などが結合する(ニコチン作動性アセチルコリン受容体など)と，チャンネル蛋白質のコンフォメーションが変化してチャンネルが開口し，この孔をイオンが通り抜ける(Nichollsら，1992)．一方，キャリアー蛋白質では，小分子がいったんキャリアー蛋白質に結合したのち，キャリアー蛋白質のコンフォメーションが変化して小分子を膜の反対側に放出する．グルコースの輸送などはこの機構による．

能動輸送を行う蛋白質では，細胞内外の電気化学的勾配に逆らって物質を移動するため

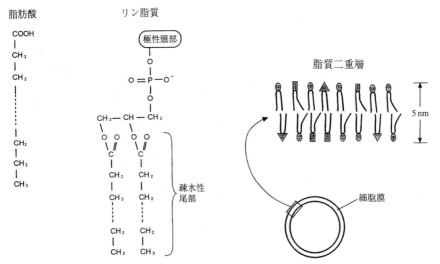

図 1.4.1　脂肪酸，リン脂質，細胞膜
脂肪酸は疎水性である．脂肪酸にグリセロールとリン酸基が結合し，さらにコリンなどの極性をもった物質が結合したものをリン脂質と呼ぶ．極性のある部位は親水性であり，脂肪酸の部位は疎水性である．疎水性の尾部どうしが内側となり，親水性の極性頭部が細胞内と細胞外に向いて，細胞膜を構成する．

に，化学エネルギーや光エネルギーなどを利用する．細胞内にたまったNa^+を排出するためのNa^+ポンプなどがその一例である．

物質の移動は他の機構によっても生じる．たとえば，化学伝達物質は多くの場合，開口分泌(exocytosis)と呼ばれる過程で細胞外に放出される(東田，1993a)．すなわち，化学伝達物質を含んだシナプス小胞が細胞の内側から細胞膜に融合することによって，シナプス小胞内の化学伝達物質がシナプス間隙に拡散する．また，細胞外の物質をこの開口分泌とちょうど逆に細胞内へ取り込む endocytosis という過程や，細胞内の物質を細胞膜に包み込んだ状態で細胞外に放出する出芽という過程もある．

アメーバのように，非常に大きな分子や細胞の一部あるいは全部を取り込む（食作用）細胞もある．たとえば，網膜の色素上皮細胞は視細胞の古くなった外節を定期的に食作用によって取り込み分解する(Young と Bok, 1979)．

このように，リン脂質からなる細胞膜は外界との隔壁として働き，直接ここを透過することができる物質の種類を制限している．一方，各細胞にとって必要な物質を輸送するために，専用の特殊な装置類がそれぞれの細胞の細胞膜に適切に組み込まれている．

2) アミノ酸と蛋白質

アミノ酸は，α炭素原子に水素(-H)，アミノ基($-NH_2$)，カルボキシル基(-COOH)，20種類のアミノ酸の個性を作り出す側鎖が共有結合している小分子である（図1.4.2）．アミノ酸は側鎖の性質から，酸性，塩基性，非荷電極性，非極性に分類される．

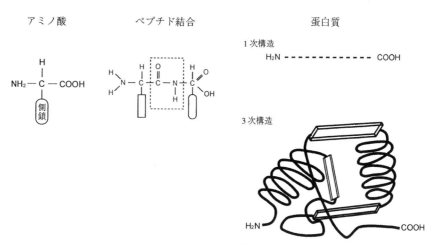

図 1.4.2 アミノ酸と蛋白質
アミノ酸はα炭素原子にアミノ基，カルボキシル基，側鎖が結合している．アミノ酸の種類によって側鎖が異なっている．アミノ酸どうしはそれぞれのカルボキシル基とアミノ基からペプチド結合することができる．数百個のアミノ酸がペプチド結合したものが蛋白質である．蛋白質は，その1次構造に規定されて，立体的な3次構造をとる．

アミノ酸どうしはそれぞれのカルボキシル基とアミノ基でペプチド結合することができる. アミノ酸が次々にペプチド結合され, 数十個がひとつながりになったものをペプチドと呼び, さらに長くなったものを蛋白質と呼ぶ. 蛋白質の両端には, ペプチド結合に使われなかったアミノ基をもつアミノ酸(N末端)とカルボキシル基をもつアミノ酸(C末端)がそれぞれ存在する.

蛋白質の1次構造とは, アミノ酸がどのような順序でペプチド結合しているかをいう. 2次構造とは, 蛋白質が水素結合などによりどの程度 α-ヘリックス構造や β-シート構造をとっているかをいう. 3次構造とは, ポリペプチド鎖が折れ曲がって形成された一定のしっかりした構造(ドメイン)をいう. 2次構造と3次構造によるポリペプチド鎖の構造をコンフォメーションといい, 蛋白質の生理活性の発現にきわめて重要である. 4次構造とは, 複数の蛋白質がそれぞれサブユニットとなって会合し, より高次な構造をとっている場合をいう.

蛋白質の高次構造は, 一連のアミノ酸の側鎖によってほぼ一意的に決定される. 異なる側鎖がどのような順序に並んでいるかで, 水素結合・イオン結合・ファンデルワールス力・疎水性相互作用といった弱い非共有性の相互作用によって立体構造ができあがる. 場合によっては, アミノ酸のシステインどうしがジスルフィド結合(S-S結合)という共有結合をつくることもある. 蛋白質はいくつかの異なるコンフォメーションをとることができ, 電位, 化学伝達物質などのリガンド, リン酸化などによって特定のコンフォメーションをとる確率が高くなる.

多くの蛋白質は約300個のアミノ酸からなる. したがって, 20種類のアミノ酸をどの順序で配列するかは $20^{300}(=10^{390})$ 通りもの可能性がある. このような中から進化の過程で選択されたものが現在の生物に認められる蛋白質である. 蛋白質は酵素としての触媒作用, 細胞骨格の形成, 機械的な力の発生, 物質の輸送, 活性の調節など生体におけるさまざまな重要な機能を担っている. 多細胞体における各種細胞の個性は多彩な蛋白質の存在によって作り出されているのである.

3) 単糖と多糖

単糖は2個以上の水酸基(-OH)をもつアルデヒド(-COH)あるいはケトン(-CO)であり, 一般式は $(CH_2O)_n$ で表すことができる(図1.4.3). Cの数が5個のものを五炭糖, 6個のものを六炭糖という. 水酸基の位置が異なると化学的な性質も異なるため, 多くの異性体が存在する.

二つの単糖類はそれぞれの水酸基が脱水反応してグリコシド結合(-O-)をつくる. 単糖類が次々にグリコシド結合して連なった短い鎖状のものをオリゴ糖と呼び, さらに長くなったものを多糖と呼ぶ. どの位置の水酸基どうしがグリコシド結合するかによって, 直鎖状にも枝分かれ状にもなりうる. 何種類もの単糖が単純な反復性を示さずに連結されることが多いので, きわめて多様なオリゴ糖や多糖類が存在する. 糖はエネルギー源として使

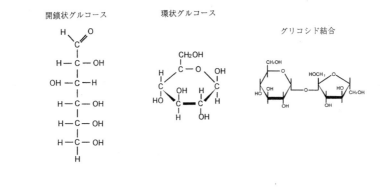

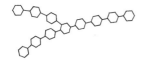

図1.4.3 単糖と多糖
単糖の例としてグルコースを示す．Cを中心とした
HとOHの位置が入れ替わるだけで，化学的性質の
異なる異性体となる．単糖はグリコシド結合によって
多糖となる．

われるのみならず，細胞膜表面の蛋白質や脂質に結合して多彩な生理作用（たとえば，細胞の自己認識など）を行っていると考えられている．

4）ヌクレオチドと核酸

ヌクレオチドは窒素を含む塩基（プリンあるいはピリミジン），五炭糖（β-D-リボースあるいはβ-D-デオキシリボース），リン酸から構成されている（図1.4.4）．この物質は，アデノシン三リン酸（ATP）のように化学エネルギーを運搬する役目を担ったり，補酵素Aのように他の物質と結合して補酵素の役割を果たしたり，環状アデノシン一リン酸（cyclic AMP：cAMP）のように細胞内でのセカンドメッセンジャーとして機能したりする．

ヌクレオチドを構成する五炭糖の3'炭素と別のヌクレオチドを構成する五炭糖の5'炭素との間でホスホジエステル結合が形成され，これが次々に繰り返されてひとつながりになったものが核酸である．したがって，核酸を構成するヌクレオチドの一端は5'末端にリン酸基が結合しており，他端は3'末端に水酸基が残っている．

リボ核酸（RNA）を構成するヌクレオチドは五炭糖がβ-D-リボースとなっており，一方，デオキシリボ核酸（DNA）ではβ-D-デオキシリボースとなっている．RNAは塩基としてアデニン，グアニン，シトシン，ウラシルをもち，それぞれA, G, C, Uと略称される．DNAは塩基としてアデニン，グアニン，シトシン，チミンをもち，それぞれA, G,

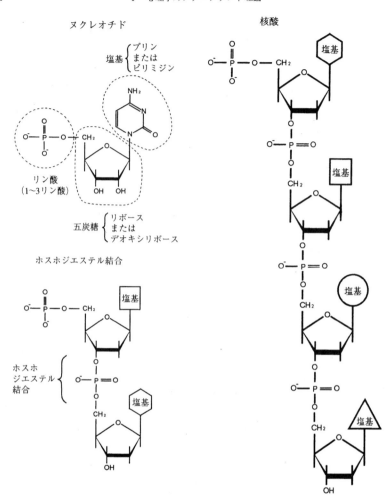

図 1.4.4　ヌクレオチドと核酸

ヌクレオチドは五炭糖，リン酸，塩基からなる．五炭糖の 2′ の OH が H になったものがデオキシリボースであり，DNA の構成要素となる．塩基には 5 種類あるが，ここでは，ピリミジンの一種であるシトシンを例にあげた．ヌクレオチドはホスホジエステル結合によって連なって核酸という巨大分子になる．この図では，上が 5′ 末端で，下が 3′ 末端である．

C, T と略称される．

　DNA は 4 種類の塩基が水素結合によって相補的に配列し（A と T，G と C）二重らせん構造をとる．DNA が遺伝の物質的基盤であり，細胞分裂の際に DNA が複製されて娘細胞へと遺伝形質が伝えられる．真核細胞では，DNA は核内に存在する．

第4章 神経科学における基本的概念　　　85

　多細胞生物も1個の細胞から次々に分裂してできたものであり，いずれの細胞も同一のDNA分子をもっている．細胞ごとに特徴があるのは，それぞれに特異的な蛋白質が発現しているからである．DNAと蛋白質との仲立ちをしているのがRNAである．すなわち，特定の時期や刺激に応じて，DNAが蓄えている大量の遺伝子の中から特定の遺伝子がRNAに転写され，このRNAの情報に基づいて蛋白質へと翻訳される．真核細胞では，DNAからRNAへの転写はRNAポリメラーゼの働きによって核内で行われる．1次転写産物RNAはエキソンとイントロンを含んでおり，イントロンがスプライシングを受けて除かれてメッセンジャーRNA(messenger RNA：mRNA)となり，核外に輸送される．

　蛋白質は，mRNAを鋳型として，細胞質にあるリボソームで合成される．mRNAを構成する一連のヌクレオチドに遺伝情報が書き込まれており，連続したヌクレオチドの三つ組(コドン)が特定のアミノ酸1個を指定している．ヌクレオチドのコドンをアミノ酸に読み替える働きをするアダプター分子がトランスファーRNA(transfer RNA：tRNA)である．リボソームはリボソームRNA(ribosome RNA：rRNA)と蛋白質の複合体であり，mRNAを鋳型としてtRNAでコドンをアミノ酸に読み替えながら蛋白質を合成する．合成された蛋白質は，細胞内の適切な部位に運搬されてその機能を発揮する．

　いったん合成された各種の蛋白質はしばらくたつと代謝される．したがって，外界の影響や発生，成長の段階に応じて，細胞内のmRNAの種類や量も時間とともに変動していることに注意する必要がある．

4.2　神経細胞の活動

　情報の受容は，感覚受容細胞ではエネルギー変換機構がある部位(視細胞の外節や嗅細胞の繊毛など)で行われ，通常の神経細胞では化学伝達物質の受容体がある部位で行われる．化学伝達物質受容体はたいてい樹状突起に存在するが，細胞体や神経終末部に存在することもある．神経細胞に入力(感覚受容細胞ではそれぞれの適刺激，神経細胞では化学伝達物質やホルモンなど)が与えられると，膜電位や細胞内セカンドメッセンジャーの濃度に変化が生じる．複数の入力が細胞内で統合され，その結果は活動電位の発射頻度に変換されたのち(ただし，活動電位を発生しない感覚受容細胞もある)，軸索を伝導して神経終末部に伝えられる．神経終末部から化学伝達物質が放出されて，次の神経細胞に情報が伝達される(図1.4.5)．

a．神経細胞の電気的活動
1）受容器電位
感覚受容器は外界からの光エネルギー，化学エネルギー，機械エネルギーなどを生体に

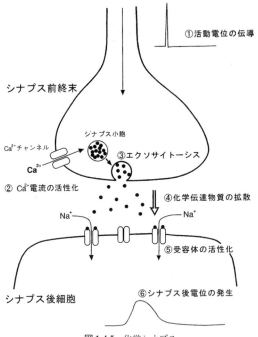

図1.4.5 化学シナプス

シナプス前終末部に①活動電位が伝導してくると、②膜電位依存性Ca^{2+}チャンネルが活性化され、終末部内にCa^{2+}が流入する。これが引き金となって、シナプス小胞が形質膜に融合し、化学伝達物質がシナプス間隙に放出される(③エクソサイトーシス)。化学伝達物質は④シナプス間隙を拡散し、シナプス後細胞の⑤受容体に結合し、⑥生理応答を引き起こす。ここでは、チャンネル型受容体が活性化されてNa^+などが流入し、興奮性シナプス後電位が発生する例を示した。

利用可能な形に変換する装置である。受容器の種類によって適刺激は異なる。

霊長類の視細胞の場合、最もよく応答する光の波長は、桿体では500 nm付近、3種類の錐体ではそれぞれ430 nm, 530 nm, 561 nm付近である(Baylorら, 1987; Schnapfら, 1987)。

内耳にある有毛細胞は振動に応答する。視細胞とは異なり、有毛細胞ごとに同調周波数が異なっているわけではない。鼓膜からの振動が蝸牛の卵円窓に伝わってくると、基底膜に進行波が生じる。その振幅が最大となる基底膜上の位置は、周波数に依存して系統的にずれている。有毛細胞は基底膜上に整然と配列されているために、特定の周波数で刺激されると最大振幅で振動する基底膜上にある有毛細胞が最も強く応答する。どの部位にある有毛細胞が応答したかを手がかりにして、中枢での周波数分析が可能となる(Nichollsら, 1992; Hudspeth, 1989)。

鼻にある嗅上皮にはさまざまな化学分子に応答する化学受容器が存在する。これまでに化学受容分子をコードする遺伝子群が多数発見されている。嗅上皮の小領域ごとに発現している遺伝子群が異なっており、化学受容器はその中枢である嗅球の特定領域に情報を送っている。したがって、匂いの弁別はどの化学受容器が応答するかに依存すると思われる。化学受容器における変換機構は、視細胞のものによく似ている。匂い物質が化学受容分子に結合すると、G蛋白質を介してセカンドメッセンジャー(cAMP, cGMP, IP_3など)の濃度を変化させる。このセカンドメッセンジャーがイオンチャンネルの開閉を制御して、化学受容器に電気的応答を引き起こす(Buckら, 1994)。

感覚受容器はいずれも適刺激が与えられると受容器電位を発生する。この電位は緩電位

応答であり，刺激の強度に応じて振幅が変化する．緩電位の応答発現機構に関しては急速に解析が進んでいる（現象例を参照）．視細胞と匂いの化学受容器はかなり類似した機構で応答が発生する．有毛細胞では機械刺激が直接チャンネルの開閉を制御しているらしい（HowardとHudspeth，1988）．

感覚受容器で発生した緩電位は受容器細胞内を伝導するうちにしだいに減衰する．したがって，情報を遠くにまで送るような受容器では，緩電位を活動電位の発火頻度に変換してから出力する．活動電位は減衰しないで軸索を伝導するからである．

2）　化学シナプスにおけるシナプス後電位

隣接する神経細胞間（あるいは，神経細胞と筋や分泌細胞との間）での情報のやりとりはシナプスと呼ばれる特殊化された部位で行われる．神経細胞間にギャップ結合と呼ばれる構造があると，ここを介して電気的活動が直接隣の神経細胞に伝達される．このようなシナプスは電気シナプスと呼ばれる．生物の発生過程や下等動物では電気シナプスがよく観察されるが，哺乳類成体の脳ではあまり多くない．ほとんどが，化学伝達物質を介して細胞から細胞へと情報が伝達される化学シナプスである（図1.4.5）．このシナプスでは，情報の送り出し側をシナプス前細胞，受け手側をシナプス後細胞といい，両者の間の隙間をシナプス間隙という．

シナプス前細胞から放出された化学伝達物質は，シナプス間隙を拡散してシナプス後細胞にある化学伝達物質の受容体に結合し，このコンフォメーションを変化させる．この受容体は膜蛋白質の一種であり，細胞膜を貫通している．

化学伝達物質の受容体は，生理応答の発現機序の違いから，大きく2種類に分類することができる（東田，1993a）．すなわち，イオンチャンネルを構成している受容体と細胞内の特定の代謝活性を変化させる受容体である．一般に，チャンネル型受容体では応答が速いが，代謝型受容体では応答がゆっくりしている．

化学伝達物質の種類によっても受容体を分類することができる．たとえば，アセチルコリン受容体，グルタミン酸受容体，γ-アミノ酪酸（GABA）受容体などである．これらの受容体はさらに何種類ものサブタイプに分類される．サブタイプは，従来はおもに受容体に作用するアゴニストやアンタゴニストに対する感受性の違いに基づいて分類されていたが，最近では，受容体蛋白質のアミノ酸配列の相同性に基づいて分類されるようになってきた．なお，たとえ同一の化学伝達物質がシナプス前細胞から放出されたとしても，シナプス後細胞の受容体のサブタイプが異なれば発生する応答も違ったものになることに注意する必要がある．

チャンネル型受容体の例としては，ニコチン作動性アセチルコリン受容体，イオノトロピック型（N-メチル-D-アスパラギン酸型〔NMDA型〕と非NMDA型）グルタミン酸受容体などがあり，これらはいずれも興奮性シナプス後電位（excitatory postsynaptic potential：EPSP）を発生させる．一方，GABA$_A$受容体やグリシン受容体は抑制性シナプス後

電位(inhibitory postsynaptic potential：IPSP)を発生させる．EPSP は脱分極性応答を引き起こして活動電位の発射頻度を増やすが，IPSP は過分極性応答を引き起こして活動電位の発射頻度を減らす．

EPSP が発生するか IPSP が発生するかを決定するのは，化学伝達物質の種類そのものではなく，活性化された受容体のイオンチャンネルがどのようなイオンを通過させるかに依存している．ニコチン作動性アセチルコリン受容体やイオノトロピック型グルタミン酸受容体では，Na^+ や K^+ などの陽イオンに対する透過性が増大するため，応答の反転電位(シナプス後電位が消失する電位であり，この電位を境にしてシナプス後電位の応答が逆転する)は 0 mV 付近となる．シナプス後細胞が静止状態にあるときには膜電位(静止膜電位)は −70 mV 程度に分極しているため，化学伝達物質の働きで受容体が活性化されてイオンチャンネルが開状態になると膜電位は反転電位の方に引き寄せられ，脱分極性応答(EPSP)が発生する．一方，GABA やグリシンがそれぞれの受容体に作用すると，Cl^- を選択的に透過させるイオンチャンネルが開く．この応答の反転電位は静止膜電位よりもさらに負の値をとることが多いので，これらの受容体が活性化されると過分極性応答(IPSP)が発生する(Nicholls ら，1992)．

代謝型受容体が化学伝達物質によって活性化された場合には，G 蛋白質の活性化を介するセカンドメッセンジャー系の濃度変化が引き起こされ，このセカンドメッセンジャーが直接的あるいは間接的にイオンチャンネルなどの活性化状態を変化させ，電位応答が発現する(視細胞における光応答の発現機序もこの一例である)．なお，代謝型受容体の活性化が G 蛋白質を介さずに直接イオンチャンネルの活性化状態を変化させ，電位応答が発現する場合もある(Nicholls ら，1992)．代謝型受容体の活性化に伴う電位応答がどのようなものになるかは，修飾を受けるイオンチャンネルの種類に依存している．たとえば，K^+ チャンネルが活性化される場合には過分極性応答になるし，Ca^{2+} チャンネルが活性化されれば脱分極性応答になる．

化学伝達物質によって発生したシナプス後電位は受容器電位と同様に緩電位応答であり，シナプス入力部位から離れるに従って応答の振幅が減衰する．神経細胞には多数のシナプス入力部位が存在する．各シナプスへの入力の極性(EPSP か IPSP)，大きさ，タイミングや入力部位の分布(軸索終末部の先端か，あるいは細胞体の近傍かなど)などに依存して，複数のシナプス入力が空間的時間的に加重される．神経細胞の活動電位発生部位(軸索初節部)では，シナプス部位から伝導してきた電位変化の総和に基づいて活動電位発生の頻度とタイミングが決定される．

神経細胞には，活動電位(Na^+ スパイク)の発生に関与するイオンチャンネル以外にもさまざまなイオンチャンネルが存在する．したがって，シナプス後電位が単純に受動的に減衰しながら活動電位の発生部位にまで伝導するとは考えにくい．シナプス入力がどのように修飾されるかは，その神経細胞自身のもつイオンチャンネルの種類と数(マクロ的には

第4章 神経科学における基本的概念 89

膜特性)に依存している.

神経細胞の中にはシナプス入力部位のごく近傍に出力部位をもつものもあり,この場合には活動電位の発生を伴わずに隣の神経細胞に出力することができる.

中枢神経系にある神経細胞の多くは非常に発達した樹状突起をもち,また,多数に枝分かれした軸索をもっている.樹状突起間や軸索間でもシナプスを形成している場合がある.したがって,情報は樹状突起から神経終末部へ一方向に流れるといった単純なものとは限らない.脳のさまざまな領域にある神経細胞がそれぞれどのようなシナプス入出力関係にあって,いかなる情報処理に関与しているのかは,各領域で個別に検討しなければならない課題である.

3) 活 動 電 位[25]

イカの巨大軸索で発生する活動電位はNa^+スパイクとも呼ばれる.活動電位を発生していない状態(静止時)では,細胞の外側の電位を基準($0\,mV$)にすると,細胞内は約$-70\,mV$程度負に分極している.これは,細胞膜のイオンチャンネルのうち,K^+に選択的透過性をもつK^+チャンネルがやや活性化された状態にあるからである.つまり,このチャンネルを介して細胞内外をK^+が移動することができる.K^+の濃度は細胞外に比べて細胞内で10倍以上も高い.したがって,この濃度勾配により細胞内のK^+は細胞外に流出しようとする.一方,K^+は正に荷電しているため,細胞外に流出すると細胞内が負となり,K^+の流出を押し止めようとする電位勾配が発生する.濃度勾配と電位勾配が釣り合ったところで平衡状態に達する.このときに発生している電位をK^+の平衡電位と呼ぶ.神経細胞が静止時に示す膜電位(静止膜電位)はこのK^+の平衡電位にほぼ一致している.

神経細胞が何らかの刺激を受けて,脱分極(分極した静止膜電位から分極していない電位——すなわち$0\,mV$——に向かって電位が変化すること)すると,細胞膜のイオンチャンネルのうち,Na^+に対する選択的透過性を示すNa^+チャンネルが活性化される.Na^+の濃度は細胞内より細胞外の方が高いので,Na^+の平衡電位は約$+40\,mV$である.Na^+チャンネルがわずかに活性化されるとNa^+が細胞内に流入し,膜電位はより脱分極する.活動電位の閾値では,Na^+の流入とK^+の流出が不安定に釣り合った状態となっている.Na^+の流入がK^+の流出よりもわずかに大きくなって膜電位がさらに脱分極すると,Na^+チャンネルの開確率が増してNa^+の流入が大きくなる.この過程が自己再生的に繰り返されて,膜電位はNa^+の平衡電位に向かって急上昇する.これが,活動電位の立ち上がり相である.

Na^+チャンネルは脱分極状態にあると,急速に不活性化されてチャンネルの開確率が逆に低下し,Na^+の流入量が減少する.また,脱分極はK^+チャンネルをしだいに(遅延性に)活性化させて,K^+を細胞外に流出させやすくする.両者の働きで膜電位は再びK^+の平衡電位に引き戻され,静止状態に戻る.これが,活動電位の回復相である.このようにして,わずか1 msec程度で活動電位は終了する.

神経細胞の軸索には，K^+チャンネルとNa^+チャンネルが存在し，いったん活動電位が発生すると脱分極が近傍のNa^+チャンネルを次々に活性化させるため，活動電位は減衰することなく軸索を伝導する．なお，いったん活動電位が発生すると，その部位のNa^+チャンネルは不活性化されK^+チャンネルは活性化されているので，しばらくの間活動電位を再発生することができない．これが，不応期である．

活動電位はNa^+スパイク以外にも，Ca^{2+}スパイクと呼ばれるものがある．これはNa^+チャンネルの代わりにCa^{2+}に選択的透過性をもつCa^{2+}チャンネルが活動電位の発生に関与するものである．また，Na^+チャンネルとCa^{2+}チャンネルの両方が関与する活動電位もある．Ca^{2+}チャンネルが関与する活動電位は持続時間の長い（数百 msec）ものが多い．

b. シナプス伝達[32]

化学シナプスのシナプス前終末部には，化学伝達物質を合成する酵素，化学伝達物質を蓄えておくシナプス小胞，化学伝達物質を放出する活動帯(active zone)，化学伝達物質を分解したり細胞内に再取り込みするためのキャリアー蛋白質といった特殊な装置が備えられている（図1.4.5）．

神経終末部に活動電位が伝導してくると，この部位のCa^{2+}チャンネルが活性化され，細胞外からCa^{2+}が終末部に流入する．これが引き金となって，シナプス小胞が活動帯の細胞膜に融合し化学伝達物質がシナプス間隙に放出される（開口放出，exocytosis）．したがって，細胞外液からCa^{2+}を除外したり，終末部のCa^{2+}チャンネルを薬物で阻害すると，シナプス伝達が阻止される．

放出された化学伝達物質はシナプス間隙を拡散し，シナプス後細胞にある化学伝達物質受容体に結合することによって，シナプス後電位などの生理応答を発生させる．シナプス前終末部に活動電位が伝わってからシナプス後細胞でシナプス後電位が発生するまでに1msec 程度の時間がかかる．これを化学シナプスにおけるシナプス遅延という．このシナプス遅延の大部分は，Ca^{2+}チャンネルの活性化から開口放出が起こるまでの複雑な過程に消費されており，シナプス間隙における化学伝達物質の拡散にはそれほど時間がかからない．

シナプス前終末部のCa^{2+}チャンネルは，活動帯のごく近傍に位置している．活性化されたCa^{2+}チャンネルを介して流入したCa^{2+}がどのような機構で開口放出を引き起こすのか，いまだ解明されていない．また，Ca^{2+}は，シナプス前終末部に特異的に存在する各種蛋白質の活性化にも重要であり，シナプス小胞の動員やendocytosis とも緊密に関係しているらしい．

化学伝達物質の放出は量子的である(Nicholls ら，1992；Fatt と Katz，1952)．この仮説を支持する証拠として，自発性微小終板電位(miniature endplate potential：MEPP)の存在が報告されている．この電位は，運動終板（運動神経と筋との間にあるシナプス部

位，神経筋接合部ともいう）で観察される振幅の小さな（約1mV）自発性の電位変化である．アセチルコリン（神経筋接合部での化学伝達物質）の拮抗剤であるクラーレなどを投与すると MEPP は消失し，一方，アセチルコリンの分解酵素であるアセチルコリンエステラーゼを阻害すると，MEPP の振幅が大きくなり減衰の時間経過も遅くなる．しかし，この薬物を投与しても MEPP の出現頻度には変化がない．また，アセチルコリンを直接筋に投与したときには，MEPP よりも小さな電位応答を引き起こすことができる．さらに，細胞外液の Ca^{2+} の濃度を下げると，終板電位（endplate potential：EPP，神経細胞におけるシナプス後電位に対応する電位）の振幅は小さくなるとともに段階的にゆらぎ，しかも，MEPP の振幅の整数倍になる．また，この条件下での EPP の振幅の出現頻度分布はポアソン分布に従う．以上のことから，アセチルコリン分子がパックされた状態で（量子的に）放出されると結論された．

電子顕微鏡で観察されるシナプス小胞が化学伝達物質放出の単位（量子）となっており，この中に含まれる化学伝達物質の分子数は一定であると考えられる．シナプス前終末部の脱分極の程度（Ca^{2+} チャンネルの活性化の程度と活性化された Ca^{2+} チャンネルの数）に応じて放出される量子数が異なるため，EPP の振幅に段階的な変動が生じるのであろう．神経筋標本では1個のシナプス小胞に含まれるアセチルコリン分子の数は数千個であることが実験的に推定された（Kuffler と Yoshikami，1975a）．

化学伝達物質を受容する受容体はシナプス前終末部直下のシナプス後膜に高密度で分布し，この部位（hot spot とも呼ばれる）からわずか数 μm 離れただけで受容体の密度は急激に減少する（Kuffler と Yoshikami，1975b）．

化学伝達物質の受容体のサブタイプや応答の発現機序について，分子生物学的な知見が急速に蓄積されている（東田，1993a；1993b）．受容体をコードする遺伝子のファミリーやサブファミリーが次々に発見されている．また，遺伝子工学の進展によって，特定の受容体を欠失させたマウスを作成することも可能となり，このような動物の生理学的・行動学的変容が調べられるようになった．各種の受容体が脳・神経系に発現する時期や空間的パターンはそれぞれ異なっている．しかし，ある特定の受容体とその生理機能とを1対1対応させることができるか否かはいまのところ不明である．それぞれの神経組織においてある特定の受容体がどのような機能を営んでいるかを個別に解析することによってデータを蓄積し，分子の機能に関する一般原理を見いだす努力をしなければならない．

c.　神経回路網

多数の神経細胞がシナプスで結合されて神経回路網を構成する．1個の神経細胞は多くの細胞からの入力を受け取るとともに多くの神経細胞に出力するため，神経回路網の解析は容易ではない．ここでは，どのような方法で解析が行われているかを概観する．

神経線維（神経細胞の軸索）を切断すると，遠位側の軸索終末部が変性する．変性した軸

索終末部のみを組織化学的に染色することができるので，この神経細胞が脳のどの部位に情報を送っているかを解剖学的に調べることができる(Hubel ら，1972)．また，軸索が切断されると近位側の細胞体が逆行性に変性することもあるので，この場合は軸索の起始部を同定することができる．

1個の神経細胞の全体像を顕微鏡で観察することができれば，どこからどこに情報を送っているかを推定することが可能である．たとえば，ゴルジ鍍銀法を使うと，ぎっしりと詰まっている神経細胞の中からランダムに少数の神経細胞を悉無的に染色することができるので，細胞の形態とその連絡部位を明らかにすることができる(Ramón y Cajal，1911)．

神経細胞，とくに軸索の長い神経細胞では，細胞体と軸索終末部間で活発な軸索輸送が行われている(Nicholls ら，1992；Vallee ら，1991)．細胞体で合成された蛋白質や膜系などの巨大分子を，軸索終末部にまで単純な拡散によって運ぼうとするとあまりにも時間がかかってしまう．神経細胞では軸索終末部で必要とされる物質をエネルギーを使って輸送(順向性輸送)している．また，軸索終末部で出た廃棄物質や細胞外から取り込まれた物質は，逆向性輸送によって細胞体に送られる．速い軸索輸送では，1日当たり数十～百数十 mm の速度で物質を輸送している．このような軸索輸送を利用することによって，神経細胞を染め出すことができる．たとえば細胞内染色法では，1個の神経細胞内に微小電極を刺入して電気的応答を記録したあと，微小電極に詰めた色素(蛍光色素のルシファーイエローなど)や酵素(ホースラディッシュペルオキシダーゼ〔HRP〕など)を細胞内に注入する．注入された物質は，拡散と軸索輸送によって細胞の末端にまで広がるので，容易に細胞の形態とその支配領域を明らかにすることができる(Gilbert と Wiesel，1979)．なお，電気シナプスを構成するギャップ結合の孔よりも注入した物質(たとえば，ルシファーイエローやバイオサイチン)の方が小さい場合には，この物質が隣の細胞にまで入り込むことができるので，電気シナプスの存在を推定することができる(Kaneko, 1971)．

脳の微小領域に色素や酵素を細胞外投与すると，その領域を支配している神経細胞群の終末部内にこれらの物質が取り込まれ，逆向性輸送によって細胞体にまで送られる．したがって，この領域を支配している神経細胞群の起始部を明らかにすることが可能である．

HRP を使った場合には光学顕微鏡のみならず電子顕微鏡でも HRP の反応産物を検出することができるので，シナプス部位の同定に威力を発揮する．神経組織の超薄切片標本を電子顕微鏡で観察することによって，HRP を含む神経細胞とその近傍の神経細胞の微細構造からシナプスの入出力関係を明らかにすることができる．

細胞に注入された物質は多くの場合その細胞内にとどまるが，物質によってはシナプスをこえて次の神経細胞にまで受け渡されることがある．たとえば，眼球内に注入されたプロリンなどのアミノ酸は網膜神経節細胞に取り込まれて蛋白質に合成されたのち，視神経(網膜神経節細胞の軸索)での順向性輸送によって外側膝状体まで伸びている軸索終末部に

送り届けられる．この物質は細胞外に放出されたのちに外側膝状体の神経細胞によって再び取り込まれ，大脳皮質視覚野にまで輸送される．この方法を利用することによって，大脳皮質第1次視覚野の眼優位性カラムの機能構築が明らかにされた（Wieselら，1974）．

脳の微小部位を電気的に刺激することによって少数の神経細胞に活動電位を発生させ，別の脳領域から単シナプス性の応答を記録することができれば，この二つの領域が1個のシナプスを介するだけで連絡していることがわかる．もちろん，1個の神経細胞のみを電気刺激してその標的となる神経細胞1個からシナプス後電位を記録することができれば明快な結論を引き出すことができるが，脳のようにきわめて多数の神経細胞が密に詰まっているところでは適用することが大変に難しい方法である．

さて，神経細胞間に結合のあることが明らかになると，次は，いかなるシナプス結合をしているかを解析する必要がある．シナプス前細胞を電気刺激などで興奮させ，シナプス後細胞での応答を記録する．応答が興奮性であるか抑制性であるかをまず調べ，次いで，いかなる化学伝達物質がこのシナプスで用いられているかを検討する．シナプス前細胞のCa^{2+}チャンネルを阻害してシナプス伝達を止めた状態で，化学伝達物質の候補物質をシナプス後細胞に投与して応答を調べることがしばしば行われる．また，シナプス伝達が起きている状態で化学伝達物質のアゴニストやアンタゴニストを投与し，シナプス伝達にどのような影響が生じるかを解析する．これらはいずれも，シナプス後細胞の受容体の薬理学的性質からシナプス伝達様式を明らかにしようとするものである（図1.4.5）．

ある受容体蛋白質に特異的な抗体を作成し，抗原-抗体反応を利用して，問題としている脳の領域にその受容体が存在しているか否かを検索することができる．また，ある受容体のアミノ酸配列をコードしている核酸の一部からcDNAを作成し，これに相補的なmRNAを含む細胞（その受容体を発現している細胞）を調べる *in situ* hybridization法も利用されている（Albertsら，1989）．

シナプス前終末部には化学伝達物質あるいはその分解産物を取り込む機構が備わっているので，標識したそれらの物質が細胞内に取り込まれるか否かを調べることもよく行われる．また，シナプス前終末部に化学伝達物質やその合成酵素が存在しているか否かをそれらに特異的な抗体を使って検索することもある（Nichollsら，1992）．

シナプス前細胞を刺激したときに実際にどのような化学伝達物質が放出されるのかを決定するのは容易ではない．脳の特定領域に微小なカニューレを挿入し，その領域に神経線維を送っている一群の神経細胞を刺激して細胞間隙にしみ出てくる化学伝達物質を集め，生化学的あるいは物理化学的にその物質を同定することも試みられている．1個の神経細胞から放出される化学伝達物質を同定することはきわめて困難である．これは，脳内で1個の神経細胞だけを刺激することが難しいうえに，微量の化学伝達物質を測定することが困難だからである．

神経回路網の解析には，脳そのものではなく，より単純化した標本を使って実験が行わ

れることが多い．たとえば，脳の特定部位から厚さ数百 μm のスライス標本を切り出し，顕微鏡で形態を観察しながら特定の神経細胞からの電気的応答を記録することもしばしば行われる．また，脳の特定領域から神経細胞を単離して培養し，このような神経細胞を使ってシナプス伝達機構を調べることも可能である．

脳にはきわめて多数の神経細胞が存在するが，特定の領域における神経回路網を構築している神経細胞は，形態学的，電気生理学的，生化学的に少数のクラスに分類することがしばしば可能である．各クラスの神経細胞の性質（入出力関係やシナプス伝達様式など）がわかれば，その領域でどのような情報処理が行われているかをある程度推定することができる．これには，実験データに基づいたコンピュータ・シミュレーションが威力を発揮する．

局所的な神経回路網の働きが推定できても，実際にシステム（たとえば，視覚系）において個々の局所回路網が行っている計算の意味や目的を明らかにすることは大変に難しい．計算論的なアプローチが必要とされるゆえんである．

生体では，神経核や特定の皮質領域に時空間的に意味のあるパターン刺激が入力され，その処理結果も時空間パターンとして出力される．したがって，時空間パターン刺激によって引き起こされた多数の神経細胞からの応答を個別に同時記録し，刺激-応答関係を解析することが神経回路網における情報処理の理解には必須である．このような試みはようやく始まったにすぎない（Meister ら，1994）．今後の発展が大いに期待される．

4.3 脳のマクロ的活動

麻酔下や覚醒状態にある動物の脳の特定領野に細胞外記録用の電極を刺入し，単一あるいは少数の神経細胞の電気的活動を直接記録することができる．知覚刺激に対する応答，学習，記憶に伴う活動の変化，運動に関連する活動などをとらえたのち，組織学的に電極の刺入跡から電気的活動の記録部位を同定する．また，微量の HRP などを局所的に注入し，神経終末部から取り込まれた HRP が神経細胞の逆向性軸索輸送によって細胞体に運ばれることを利用して，脳の領域間の連絡を調べることもできる．このような方法を用いて，大脳皮質における機能局在や各領域での線維連絡について多くの知見が得られている．

脳の各領域を構成している神経細胞の種類は比較的限られてはいるものの，神経細胞の数そのものはきわめて多い．1本の細胞外記録用電極から取り込むことのできる情報には限度がある．複数の細胞外記録用電極を刺入して同時に複数の細胞から電気的活動を記録し，これらの応答の相互相関をとることによって少数の細胞どうしの相互関係を解析することができる．しかし，とても十分とはいえない．また，脳における情報処理が分散的に行われているとしたら，はたして少数の神経細胞からの記録でどの程度のことがわかるの

かという疑問も出てくる．現在では，神経細胞の活動に伴うさまざまな変化を指標にして神経細胞群の活動を推定する方法がいろいろ考案されている．

a. 神経細胞の電気的活動性に基づく脳の活動の把握

1) 脳波と事象関連電位

ヒトや動物の頭部の表皮に複数の電極をおいて脳の電気的活動を反映した微小な電位変動を記録することができる．脳波と呼ばれるこの集合電位は，睡眠-覚醒のレベルなどによってその周波数，振幅，波形が変化する．脳波は脳のさまざまな部位での電気的活動の総和であり，その発生起源は単一ではないし，また，精神現象に直接結びつけることは容易ではない．臨床的には，てんかんなどの発生部位を特定したり，脳の全般的状態を観察するのに利用されている．

大脳誘発電位はヒトなどの被験体に特定の刺激を数百回以上も繰り返して提示し，その刺激(あるいは，その反応)に同期して発生するきわめて微小な電気的変動を平均加算した結果とらえられる応答(脳波変化)である．誘発電位は，刺激に強く依存する外因性電位と，注意や認知に関連していると考えられる内因性電位とに区別することができる．後者は潜時が約 100 msec 以上と長く，事象関連電位(event-related brain potentials：ERP)と呼ばれる(Hink ら，1978)．

音の強さや高さなどの違いを手がかりとして選択的聴取課題を行い，そのときの ERPを記録すると，注意を向けていたときと注意を向けていなかったときとで電位に差が現れる．すなわち，注意を向けていると刺激提示後 100〜200 msec の潜時で陰性電位が増大する．この成分はしばしば注意関連電位と呼ばれる．この電位は，視覚刺激や体性感覚刺激でも現れる．

また，手がかり刺激に引き続いて提示されるテスト刺激の種類を予測させる課題では，テスト刺激を提示したのち約 300 msec でピークに達する ERP が出現する．P 300 と呼ばれるこの事象関連電位は，認知的文脈の形成とその完了に関連する認知関連電位ではないかと考えられ，さまざまな実験的解析が行われている(斉藤ら，1986)．

ERP は提示刺激の性質に依存して変化するため，言語報告に頼ることなく精神現象の一端を他覚的にとらえることができる．また，精神活動を行っているときに，活発に活動している細胞群によって構成される多数の電気的双極子が脳内でどのように時空間的に変化するかを推定することも試みられている．

2) 脳 磁 図

脳の神経細胞群が同期して活動すると，その総和としてある向きに電流が流れる．この電流は微弱な磁場を発生させるので，磁場の変化を測定することによって，脳の微小部位でどの方向に電流が流れたかを推定することができる(Chiarenza ら，1994)．脳波や事象関連電位で記録できる集合電位は，脳の表面における電流密度の変化をおもに反映してい

る．一方，脳磁図では脳内に折れ込んだ皮質部分での変化もとらえることができるという特徴をもっている．多数の磁場検出器とコンピュータによる計算を駆使することによって，非観血的にヒトの脳における3次元的な電流変化を推定することができる．現在のところ，検出器の数が限られていること，同じ課題を繰り返し行わないとデータがとれないことなど，解決すべき問題が残されている．

3) 電位感受性色素による神経細胞の活動の計測

　神経細胞の膜電位変化に伴って吸光度や蛍光強度の変化する色素がいろいろ考案されている．露出させた脳の皮質やスライス標本をこの電位感受性色素で染色し，その部位における光強度（あるいは，蛍光強度）の変化をビデオカメラやフォトダイオードアレイで検出するという光学的方法により，細胞群の活動を2次元的に記録することができる（Grinvaldら，1988）．

　この方法は，スライス標本や培養した神経細胞の構成する神経回路網などに容易に適用することができる．しかし，多くの場合，時空間的なパターン刺激を標本に与えることができないため，神経細胞の電気的活動を多数同時に記録することができても，神経回路システムの解析ではなくシナプス結合の解析に終ってしまうという問題が残されている．さらに，測定部位の細胞密度が高いと，個々の神経細胞の活動ではなく細胞群の活動しか記録できないといった欠点がある．また，興奮性の活動は記録できるが，抑制性の活動は検出が難しいといった問題も指摘されている．

b. 神経細胞の光学的変化に基づく脳の活動の把握

　神経細胞が興奮すると，吸収，複屈折性，散乱といった光学的性質も変化する．そこで，露出させた大脳皮質に強力な光をあててその反射光や散乱光をビデオカメラでとらえ，微小な光学的変化をコンピュータで処理することによって，どの領域の大脳皮質部位で神経細胞群（およびグリア細胞群）の活動が時空間的に変化するかを知ることができる．たとえば，この方法を使って，サルの大脳皮質第1次視覚野におけるカラム構造の応答を記録することができた（Ts'oら，1986）．

　この方法では，皮質のように表面に露出している脳組織における神経細胞群の活動をとらえることができる．しかし，皮質の第何層までの情報が取り込まれているのか必ずしも明らかではないこと，また，皮質が内側に折れ込んでしまっている部位や脳深部の神経核での応答は記録できないといった欠点がある．

c. 神経細胞の生化学的変化に基づく脳の活動の把握

　活動電位が繰り返し発生すると細胞外から流入したNa^+によって細胞内のNa^+濃度が増加する．このNa^+は，ATPを消費するNa^+ポンプによって細胞外に排出される．したがって，活動している神経細胞ではATPの要求性が高まっているので，血液中から活発

にグルコースを取り込み，解糖系からミトコンドリアの電子伝達系に至る一連の代謝系を活性化してATPを多数産生する(Lehninger, 1975)．このような生化学的変化を指標にして脳の活動を推定することができる．

1) デオキシグルコース法

グルコース($C_6H_{12}O_6$)は血中からグルコースのキャリアー蛋白質によって細胞内に取り込まれ，最終的にはCO_2とH_2Oに代謝される(Lehninger, 1975)．したがって，^{14}Cなどの放射性物質で標識したグルコースも神経細胞内で代謝されて$^{14}CO_2$として細胞外に拡散してしまう．ところが，グルコースの2位の炭素原子に結合している水酸基を水素基に置き換えたデオキシ-2-グルコースは，グルコースと区別されることなく細胞内に輸送されるが，解糖系で酵素的に分解される過程で，2位の水酸基がないために中間産物のまま細胞内にとどまる．そこで，放射性物質で標識したデオキシ-2-グルコースを血液中に注入して適当な刺激を与えると，それに応答して活発に活動する神経細胞群にデオキシ-2-グルコースの中間産物がたまる．脳の切片を作成してオートラジオグラフィーで放射性標識の分布を調べることによって，刺激によって活動した神経細胞群を明らかにすることができる．この方法によって，たとえば，大脳皮質第1次視覚野の方位選択性カラムの機能構築が明らかにされた(Hubelら，1978)．

この方法の欠点は，個々の神経細胞の活動の程度を明らかにできるほど空間分解能がよくないこと，数十分間の繰り返し刺激の間に蓄積された放射性物質を脳の切片にして観察するため，時間的変化の一断面しかとらえることができないことである．

2) ミトコンドリアの酵素(チトクロームオキシダーゼ)活性測定法

グルコースは解糖系でピルビン酸に分解されたのち，ミトコンドリアのTCA回路と電子伝達系でさらに代謝され，最終的にATPとしてそのエネルギーが保存される(Lehninger, 1975)．活発に活動している神経細胞ではATPが消費されるため，ミトコンドリアに存在する酵素群の活性が高まっている．

チトクロームオキシダーゼは電子伝達系にある酵素で，その活性を組織化学的に容易に調べることができる．たとえば，大脳皮質第1次視覚野におけるこの酵素活性を調べると，斑点状に活性の高い小領域(ブロッブ)が存在することが判明した(Livingstoneら，1984)．この領域の神経細胞は，方位選択性を示さず色刺激によく応答することから，色情報の処理に関与していることが強く示唆された．また，大脳皮質第2次視覚野では酵素活性の高い領域と低い領域が縞状に存在しており，モダリティの異なる視覚情報がそれぞれの領域で処理されていることが明らかになった．

d. 脳の血管系の変化に基づく脳の活動の把握

神経細胞の活動は，細胞自身の代謝活性の上昇のみならず，その領域における血流量，血液量，グルコースや酸素の消費量などの増大を引き起こす．したがって，脳組織におけ

る血流量などの変化を測定することによって，脳の局所的な神経活動の様相を推定することができる．ただし，神経活動よりは遅れて血管系の変化が生じることに留意しなければならない．

1）PET 法

サイクロトロンでつくられた陽電子(ポジトロン)を放出する核種(^{15}O, ^{13}N, ^{11}C など)から$C^{15}O_2$などを合成し，被験体に導入する．ポジトロン放出核種から飛び出したポジトロンと付近の陰電子が衝突すると，両電子の質量と荷電は消滅し，2個の光子(消滅光子)が一直線上で正反対の向きに放射される．この光子を1対のγ線検出器で同時計測することによって，消滅光子の発生した脳内位置を計算することができる．

暗算，思考，言語行動などにおいて，脳のどの部位で局所脳血流量が増加しているかをPET(positron emission tomography)法によって調べ，精神機能と脳の活動との対応をつけることが試みられている(Raichle, 1994)．

ただしPET法では，ポジトロンの飛距離が5~10 mm もあるために空間分解能があまりよくないこと，意味のある信号を取り出すためには平均加算が必要であるため時間分解能にも制限があること，さらに，得られたデータを被験体の脳地図と対応させて特定の脳部位を同定するのが必ずしも容易ではないことなど，いろいろ問題点が指摘されている．しかし，ヒトを被験体にして非観血的に高次な精神機能を研究できるという点で今後の発展が期待されている．

2）fMRI(functional magnetic resonance imaging)法

原子核はその核種により固有のスピン角運動量と磁気能率をもっており，あたかも自転軸を軸とする小磁石が原子核に形成されている．この核に外から静磁場をかけると，小磁石は特定の方向をとる．この状態である振動数の電磁波をあてたときに共鳴遷移が誘起される場合，核磁気共鳴(nuclear magnetic resonance)が起きたという．核磁気共鳴の信号が減衰する割合は，生理的・物理的要因によって異なる．たとえば，酸素を含んでいない還元ヘモグロビンは酸素を含んでいる酸素ヘモグロビンに比べてこの信号の減衰する割合が速い．神経細胞の活動が高まっている脳の領域では，血流量の方が酸素消費量よりもはるかに増大する．したがって，酸素ヘモグロビンの割合が増えるため，MRI信号の変化としてとらえることができる(Cohen と Bookheimer, 1994)．

被験体を磁場の中におくという非観血的方法で，1 mm 程度の空間分解能と1秒程度の時間分解能で活動の高まっている脳の領域を画像化することが可能になった．ただし，分解能が高いだけに，測定中に頭部を固定しておかねばならず，発話ができないといったさまざまな制約が実験条件に課せられる．また，磁場を乱す可能性のある刺激提示用装置などはMRI装置の中に入れることができないという問題もある．とはいえ，現在，脳の活動性を画像化する手法として最も注目をあびている．

第4章　神経科学における基本的概念　　　*99*

現象例||||||||||||||||||||||||||||||||||||||||||||||||||||||||||||||||||||||||||||||||||||||||||||||||||||||||||||||||||||||||||||||||||||||||||||||||||||||||||||||||||||||||||||||||||||

　Hechtらはヒトを被験者として光覚閾を精神物理学的に測定した結果，完全に暗順応した状態では1個の桿体がわずか1個の光量子を吸収しさえすれば光覚が生じうることを推定した（Hechtら，1942）．それでは，桿体はいかなる機構でこのようにきわめて高い光感受性を達成しているのであろうか．この疑問を解明すべく約30年にわたる神経科学的研究が行われ，最近になってついにその全容が明らかにされた（LagnadoとBaylor，1992）．

　脊椎動物の視細胞は，光をあてると過分極性の緩電位応答を示す（Tomita, 1963）．光強度が強いほど応答の振幅は大きくなる．光刺激が過分極性応答を引き起こすに至る過程（光変換機構）を以下に要約する（図1.4.6）．

　桿体の先端部は外節と呼ばれ，円筒形の形質膜の中にディスク膜が数百枚ぎっしりと積み重ねられている．ディスク膜（図1.4.6 B）は円盤状をした中空の袋であり，袋を構成しているリン脂質二重層の膜に視物質のロドプシンが多数突き刺さっている．ロドプシンはディスク膜平面を自由に拡散することができる（Cone, 1972）．

　ロドプシンは，オプシンと呼ばれる蛋白質にビタミンAの誘導体であるレチナールが共有結合したものである（図1.4.6 A）．暗闇ではレチナールは11-シスと呼ばれる折れ曲がった形をしているが，光があたると折れ曲がりのないオールトランス型に異性体化する．これが引き金となってオプシンの高次構造が変化し，10 msec程度でメタロドプシン（活性化状態にあるロドプシン）という中間体になる（ConeとCobbs, 1969）．

　メタロドプシンはディスク膜にあるトランスデューシンと呼ばれるG蛋白質に次々と衝突し，毎秒約500個のG蛋白質を活性化させることができる（図1.4.6 B）．活性化されたG蛋白質は次にディスク膜のホスホジエステラーゼを活性化させる．この酵素は，ヌクレオチドの一種である環状グアノシン一リン酸（cyclic GMP：cGMP）をグアノシン一リン酸（GMP）に毎秒約3,000個の速度で分解する．このような代謝の連鎖によって，わずか1個の光量子がロドプシンに吸収されただけで1秒間におよそ10^6個ものcGMPが分解されるのである（Stryer, 1986）（図1.4.6 C）．

　cGMPはセカンドメッセンジャーとして外節の形質膜にあるチャンネル蛋白質（光感受性チャンネル）に作用する（Fesenkoら，1985）．チャンネルが開いている確率はcGMPが結合している状態では高く，cGMPがGMPに交換されると低くなる．暗闇では外節の細胞質におけるcGMPの濃度が高いので，光感受性チャンネルが開いて陽イオン（Na^+, Ca^{2+}, Mg^{2+}）が細胞内に流入する．そのため視細胞の膜電位は約-35 mVと浅い．光をあてるとディスク膜で一連の光化学変化が生じ，細胞質のcGMPがGMPに分解される結果，光感受性チャンネルが閉じて陽イオンが流入しなくなり，膜電位は過分極する（図1.4.6 C）．

　なお，光感受性チャンネルを通って流入したCa^{2+}はcGMP濃度を調節する代謝経路に

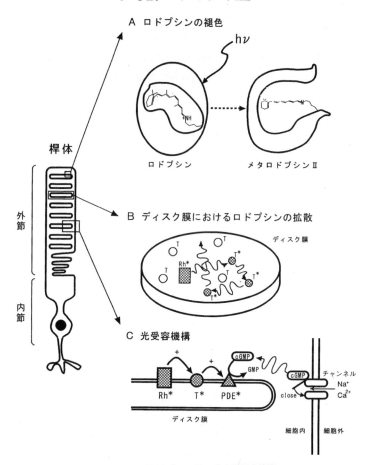

図 1.4.6 桿体視細胞における光応答発生機構
挿図：桿体視細胞の模式図．外節に光応答の発生機構が局在する．A：ロドプシンの光異性化．光($h\nu$)があたるとさまざまな中間体を経てメタロドプシンⅡとなる．この中間体はG蛋白質を活性化することができる．B：円盤膜でのメタロドプシンⅡによるG蛋白質の活性化．脂質二重層を貫通しているメタロドプシンⅡ(Rh^*)とG蛋白質(T)はそれぞれ自由に拡散しており，TがRh^*に会合すると活性化状態のG蛋白質(T^*)になる．Rh^*が次々にTを活性化していく様子を〜→で模式化した．C：光変換機構．形質膜のcGMP感受性チャンネルは，暗闇で開いており，細胞内にNa^+とCa^{2+}が流入する．光が照射されてロドプシンが活性化されると，G蛋白質，ホスホジエステラーゼ(PDE)が次々に活性化される．PDEは細胞質のcGMPをGMPに加水分解するため，形質膜にあるチャンネルが閉じる．その結果，過分極性の光応答が発生する．Rh：ロドプシン，T：トランスデューシン(G蛋白質)，PDE：ホスホジエステラーゼ．*印は活性化型．

ネガティブフィードバックをかけることによって，視細胞の速やかな明・暗順応を可能にする(Yau と Nakatani, 1985)．

〔立花政夫〕

文　献

1) Alberts, B., Bray, D., Lewis, J., Raff, M., Roberts, K. and Watson, J.D.(1989): *Molecular Biology of the Cell*, 2nd ed. Garland Publishing, New York. 中村桂子，松原謙一 監修(1990): 細胞の分子生物学，第 2 版，教育社.

2) Baylor, D.J., Nunn, B.J. and Schnapf, J.L.(1987): Spectral sensitivity of cones of the monkey *Macaca fascicularis. Journal of Physiology*, **390**: 145-160.

3) Buck, L.B., Firestein, S. and Margolskee, R.F.(1994): Olfaction and taste in vertebrates ; Molecular and organizational strategies underlying chemosensory perception. In : Siegel, G.J. et al.(eds.), *Basic Neurochemistry* ; *Molecular, Cellular, and Medical Aspects*, 5th ed., pp.157-177. Raven Press, New York.

4) Chiarenza, G.A., Hari, R.K., Karhu, J.J. and Tessore, S.(1994): Brain activity associated with skilled finger movements ; Multichannel magnetic recordings. *Brain Topography*, **3**: 433-439.

5) Cohen, M.S. and Bookheimer, S.Y.(1994): Localization of brain function using magnetic resonance imaging. *Trends in Neuroscience*, **17**: 268-277.

6) Cone, R.A.(1972): Rotational diffusion of rhodopsin in the visual receptor membrane. *Nature*, **236**: 39-43.

7) Cone, R.A. and Cobbs III, W.H.(1969): The rhodopsin cycle in the living eye of the rat. *Nature*, **221**: 820-822.

8) Fatt, P. and Katz, B.(1952): Spontaneous subthreshold potentials at motor nerve endings. *Journal of Physiology*, **117**: 109-128.

9) Fesenko, E.E., Kolesnikov, S.S. and Lyubarsky, A.L.(1985): Induction by cyclic GMP of cationic conductance in plasma membrane of retinal rod outer segment. *Nature*, **313**: 310-313.

10) Gilbert, C.D. and Wiesel, T.N.(1979): Morphology and intracortical projections of functionally characterized neurones in the cat visual cortex. *Nature*, **280**: 120-125.

11) Grinvald, A., Frostig, R.D., Lieke, E. and Hildesheim, R.(1988): Optical imaging of neuronal activity. *Physiological Reviews*, **68**: 1285-1366.

12) Hecht, S., Schlaer, S. and Pirenne, M.H.(1942): Energy, quanta, and vision. *Journal of General Physiology*, **25**: 819-840.

13) Hink, R.F., Hillyard, S.A. and Benson, P.J.(1978): Event-related brain potentials and selective attention to acoustic and phonetic cues. *Biological Psychology*, **6**: 1-16.

14) Howard, J. and Hudspeth, A.J.(1988): Compliance of the hair bundle associated with gating of mechanoelectrical transduction channels in the bullfrog's saccular hair cell. *Neuron*, **1**: 189-199.

15) Hubel, D.H. and Wiesel, T.N.(1972): Laminar and columnar distribution of geniculo-cortical fibers in the macaque monkey. *Journal of Comparative Neurology*, **146**: 421-450.

16) Hubel, D.H., Wiesel, T.N. and Stryker, M.P.(1978): Anatomical demonstration of orientation columns in macaque monkey. *Journal of Comparative Neurology*, **177**: 361-380.

17) Hudspeth, A.J.(1989): How the ear's works work. *Nature*, **341**: 397-404.

18) Kaneko, A.(1971): Electrical connexions between horizontal cells in the dogfish retina. *Journal of Physiology*, **213**: 95-105.

19) Kuffler, S. and Yoshikami, D.(1975 a): The number of transmitter molecules in a quantum ; An estimate from iontophoretic application of acetylcholine at the neuromuscular synapse. *Journal*

of Physiology, **251** : 465-482.

20) Kuffler, S. and Yoshikami, D.(1975 b): The distribution of acetylcholine sensitivity at the post-synaptic membrane of vertebrate skeletal twitch muscles ; Iontophoretic mapping in the micron range. *Journal of Physiology*, **244** : 703-730.

21) Lagnado, L. and Baylor, D.(1992): Signal flow in visual transduction. *Neuron*, **8** : 995-1002.

22) Lehninger, A.L.(1975): *Biochemistry*, 2nd ed. Worth Publishers, New York. 石神正浩 訳(1977): 生化学―細胞の分子的理解, 第2版, 共立出版.

23) Livingstone, M.S. and Hubel, D.H.(1984): Anatomy and physiology of a color system in the primate visual cortex. *The Journal of Neuroscience*, **4** : 309-356.

24) Meister, M., Pine, J. and Baylor, D.A.(1994): Multi-neuronal signals from the retina ; Acquisition and analysis. *Journal of Neuroscience Methods*, **51** : 95-106.

25) Nicholls, J.G., Martin, A.R. and Wallace, B.G.(1992): *From Neuron to Brain ; A Cellular and Molecular Approach to the Function of the Nervous System*, 3rd ed. Sinauer Associates, Sunderland, MA.

26) Ramón y Cajal, S.(1911): *Histologie du Système Nerveux*, Vol. II. C.S.I.C., Madrid.

27) Raichle, M.E.(1994): Images of the mind ; Studies with modern imaging techniques. *Annual Review of Psychology*, **45** : 333-356.

28) 斉藤 治ほか(1986): 注意と事象関連電位. 神経進歩, **30** : 827-840.

29) Schnapf, J.L., Kraft, T.W. and Baylor, D.A.(1987): Spectral sensitivity of human cone photoreceptors. *Nature*, **325** : 439-441.

30) Stryer, L.(1986): Cyclic GMP cascade of vision. *Annual Review of Neuroscience*, **9** : 87-119.

31) 東田陽博 編(1993 a): 最新医学からのアプローチ ⑥, イオンチャンネル・1, 2, メジカルビュー社.

32) 東田陽博 編(1993 b): シナプス伝達―分泌機構研究の新展開. *Mebio*, **12** : 16-118.

33) Tomita, T.(1963): Electrical activity in the vertebrate retina. *Journal of the Optical Society of America*, **53** : 49-57.

34) Vallee, R.B. and Bloom, G.S.(1991): Mechanisms of fast and slow axonal transport. *Annual Review of Neuroscience*, **14** : 59-92.

35) Wiesel, T.N., Hubel, D.H. and Lam, D.M.(1974): Autoradiographic demonstration of ocular-dominance columns in the monkey striate cortex by means of transneuronal transport. *Brain Research*, **79** : 273-279.

36) Yau, K.-W. and Nakatani, K.(1985): Light-induced reduction of cytoplasmic free calcium in retinal rod outer segment. *Nature*, **313** : 579-582.

37) Young, R.W. and Bok, D.(1979): Metabolism of the retinal pigment epithelium. In : Zinn, K.M. and Marmor, M.F.(eds.), *The Retinal Pigment Epithelium*, pp.103-123. Harvard University Press, Cambridge, MA.

38) Ts'o, D.Y., Frostig, R.D., Lieke, E.E. and Grinvald, A.(1990): Functional organization of primate visual cortex revealed by high resolution optical imaging. *Science*, **249** : 417-420.

第 5 章

数理科学的理論

　数理科学的理論とは，感覚，知覚，認知，学習など心理学の各領域における構造を数学的表現により理論化したものである．理論の構成は決定論的前提からも確率論的前提からも可能である．またデータは実験の内容，目的によって連続量の場合も，離散量の場合もあり，こうして数量化されたデータを対数関数，指数関数，微分方程式，積分変換，行列代数，確率分布，確率過程などを用いて分析して理論を構成する．また線形，非線形の分類も構造として重要である．分析対象が単一の変量か多変量かの別もあり，統計モデルにも関係する．非ユークリッド幾何学，カタストロフィ理論，ファジィ理論などの適用も行われている．認知の領域とともにサイバネティックスに基づく情報処理のメカニズムとも密接な関係がある．また意思決定理論は経済学の効用理論と関係する．

　全体の構成として現実上の事象と理論上の概念との対応空間が考えられる．事象と概念とは抽象，具象によって対応している．数多くの事象の中から実験により検討を必要とされるデータが抽出される．事象と対応している概念の中から帰納的に研究目的に合致したモデルが構成される．モデルによりデータの予測が可能となり，実際のデータとの適合を統計的に検定して棄却されればモデルの修正を行う．この修正，予測の反復により信頼性の高いモデルが確定する．データを一般化して現実の事象に応用が可能となる．モデルの構造から未知の可能性が演繹的に導出される．こうした循環の経過を図式化すれば図 1.5.1 のようになる．

　研究の成果は当初は単発的であったが，1936 年から "*Psychometrika*"，1964 年から "*Journal of Mathematical Psychology*" という機関誌が刊行されている．また 1960 年代に "*Handbook of Mathematical Psychology*" (3 vols) と "*Readings in Mathematical Psychology*" (2 vols) が出版された．

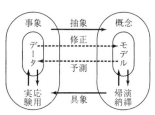

図 1.5.1　モデルとデータとの対応

5.1 精 神 物 理 学

a. 精神物理学の成立

フェヒナー(Fechner, G.T.：1801-1887)によって試みられた精神的感覚と物理的刺激との関係を示そうとする体系である。『精神物理学要論(*Elemente der Psychophysik*)』(1860)にその詳細が述べられている。そこでは物理的世界と心理的世界との関数的依存関係が精密に論じられ，この体系は物理学と同様に経験に基づく事象の数学的結合のうえにつくられねばならないという。彼はさらに外的精神物理学(aussere Psychophysik)と内的精神物理学(innere Psychophysik)とに分類する。前者は物理学に基づいて身体の外的側面と心的過程の間接的関係を，後者は神経生理学に基づいて身体の内的機能と心的過程との間の直接的関係を取り扱う。彼は後者を最終の目標としていたが，時代的制約のために実際には研究を前者の範囲にとどめざるをえなかった。しかし現在では医学，生理学，電子工学やコンピュータ技術の発達により神経生理学や神経回路網の問題として急速に研究が進められているといえる(第I編第4章および第II編第6章6.2節参照)。フェヒナーは彼の思想の実証のために種々の実験法を試みたのであるが，これがむしろ後世に大きな影響を与える業績となった。

b. 閾・定数の測定

ここで精神物理学において重要な概念として閾(threshold, limen)について述べる。閾とは敷居(しきい)の意味から境界を示す用語である。光による刺激閾を例にとれば，目に感ずることのできる最小の光の強度を視覚の刺激閾という。この場合はとくに光覚閾という。

① 刺激閾(stimulus threshold)：刺激に対する反応が生起するか否かの境界(転換点)である。そして後述の(相対的)弁別閾と区別して絶対閾(absolute threshold)と呼ぶこともある。

② 弁別閾(difference threshold：DL)：丁度可知差異(just noticeable difference：jnd)ともいわれる。jnd とは，標準刺激(s)に対して比較刺激を与えて初めて差異(Δs)を感知する限界である。$\Delta s/s$ をウェーバー比(Weber, 1846)と呼び，s の変動に対して，適当な刺激値の範囲内で比が一定である。

③ 刺激頂(terminal stimulus)：正常な感覚を与える最上限の刺激強度で，それ以上の刺激強度には感覚が飽和して対応しない閾である。こうした飽和現象は生体だけでなく機械要素から構成された自動制御系においても通常みられることである。

次に主観的判断に基づいて等価とされる測定値(定数)をあげる。

④ 主観的等価点(point of subjective equality：PSE)：標準刺激と比較刺激とを同時

的あるいは継時的に提示して両者が等しいと感じられる刺激値である．評定値ともいう．

⑤　等価刺激差異(equal-appearing intervals)：3個以上の刺激を同時的あるいは継時的に提示して，それらの感覚次元上の距離が等間隔であると判断される刺激値である．等差値ともいう．

⑥　等価刺激比率(equal-appearing ratios)：3個以上の刺激を同時的あるいは継時的に提示して，それらの感覚次元上の距離の比率が等しいと判断される刺激値である．等比値ともいう．

閾，定数の測定に際して個人において一定の条件で実験しても試行ごとに測定値が変動するという確率事象となるのがふつうである．そこで測定値を確定した数値として表示するために各種の測定法や統計的手法，確率論的考察が必要になる．また一般に，閾は種々の実験条件によって変化する．実験者側の設定する条件としては，提示する刺激の種類，時間，位置，範囲，手続などがある．観察者側の条件としては，個人差，態度，順応状態などがある．

c. 測 定 尺 度

測定に用いられる尺度は一般に次の4段階がある(Stevens, 1951)．基底からあげれば名目尺度，順序尺度，間隔尺度，比率尺度である．この順に定義に必要とされる公準の数が多くなる．

①　名目(名義)尺度(nominal scale)：集合の分類に用いられるもので，任意の対象がどの集合(カテゴリー)に属するかを示すものである．

②　順序(序数)尺度(ordinal scale)：任意の対象の順位を示すものである．また任意の対象に2次元の順位が与えられるときは順位相関が求められる．

③　間隔(距離)尺度(interval scale)：等単位尺度(equal-unit scale)とも呼ばれ，線形変換($y=ax+b$)で示される．算術平均を基礎にほとんどすべての統計的処理が可能である．任意の対象にn次元の尺度が与えられるときは，因子分析をはじめとする多変量解析を適用できる．

④　比率(比例)尺度(ratio scale)：絶対零点が与えられ，完全加算性をもち相似変換($y=ax$)で示される．幾何平均(対数算術平均)を基礎にマグニチュードが測定される(e項4)を参照)．

d. 精神物理学の法則

関連する主要な法則として用いられているのは，次の3種類である．

1) 対数関数の法則

フェヒナーによる対数関数によるものが当初から用いられている．ウェーバー比を基礎に物理的刺激強度Sと精神的感覚Jとの間に次の式を導出することができる(図1.5.2)．

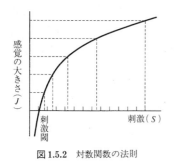

図1.5.2 対数関数の法則

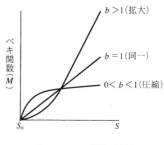

図1.5.3 ベキ関数の法則

$$J = k \log S + c$$

ここに，J は間隔尺度，k，c は定数である．

2） ベキ関数の法則

スティーヴンス(Stevens)による比率尺度を用いたマグニチュード(magnitude)推定法に基づき，ベキ法則(power law)として導出される(図1.5.3)．

$$M = A \cdot S^b$$

ここに，S は刺激強度，M は比率尺度による心理的判断，A と b は定数である．

3） 比較判断の法則

前述の2法則とは別の関係として，サーストン(Thurstone)は任意の刺激に対して判断は正規分布となることを前提として，2個の刺激の比較判断は次のような差の分布(Z_{ij})になることを示している．

$$Z_{ij} = \frac{\mu_i - \mu_j}{\sqrt{(\sigma_i^2 + \sigma_j^2 - 2R_{ij}\sigma_i\sigma_j)}}$$

ここに，μ は平均，σ は標準偏差，R_{ij} は相関係数である．

e． 精神物理学的測定法

伝統的に広く心理学で用いられる測定法の一つで，主としてフェヒナーに由来する実験法であるが，現在では尺度構成法，信号検出理論，統計的決定理論などとの関連も示されている．刺激閾，刺激頂，弁別閾など閾に関する測定および等価値，定比値，等差値など刺激値に関する測定の方法として調整法，極限法，恒常法が当初から発展してきたが，このほか評定法(rating method)およびテスト法(test method)がある(田中, 1961 ; Guilford, 1964)．

ここで従来用いられてきた精神物理学における代表的な測定法を列挙しよう．被験者に与えられる物理的刺激に対して被験者が行う判断(反応)によって両者の関係が明らかにされる．刺激提示の条件により次のように分類される．

1） 調整法（method of adjustment）

結果の処理手続から平均誤差法（method of average error），また研究者の意図するところからは刺激等価法（method of equivalent stimuli）ともいわれる．

刺激提示の手続として，標準刺激に対して変化する比較刺激を上昇・下降両系列により反復して異同の反応を求める．刺激提示は実験者・被験者のどちらの場合によっても可能である．

2） 極限法（method of limits）

極小変化法（method of minimal change）とも呼ばれ，丁度価値差異を前提として考えられた方法である．刺激提示の手続として，標準刺激に対して連続的に変化する比較刺激の提示を上昇・下降のいずれかの系列により異同の反応を求めるのがふつうである．実験者が刺激を変化し，被験者が反応する．

3） 恒常法（method of constant stimuli）

刺激提示の手続として，測定値が存在する範囲をあらかじめ定め標準刺激に対して複数の比較刺激をランダム提示して異同の反応を求める．ランダムは系列効果による誤差を除く意味である．結果の整理において刺激値の推定には直線補間法，正規補間法などが用いられるが，ミューラー-アーバン法（Mueller-Urban process）では判断が標準正規分布するという仮定（Phi-Gamma hypothesis）に基づき精神測定関数（psychometric function）を求め最小2乗法により推定がなされる．また多肢選択強制法という刺激提示では信号検出理論と接点が生ずる．

4） マグニチュード推定法（method of magnitude estimation）

基準刺激（modulus）の感覚量 $v(s)$ と比較刺激の感覚量 $v(s')$ との比率を観察者に直接に判断させて尺度化する．幾何平均による推定が適切である．

5） 1対比較法（method of paired comparisons）

複数の刺激対象間の1対比較により優劣の反応を求める．最初に単一の被験者により2次元の表をつくる（リーグ戦の星取表と同じである）．複数の被験者のデータを集計して確率化して標準正規分布の仮定により間隔尺度上に対象を定位できる．フェヒナーの創設した実験美学に関係する．

6） 品等法（method of rank order）

順位法ともいわれる．複数の刺激対象全体の順位づけにより優劣の反応を求める．複数の被験者の順位づけのデータを集計して2次元の表をつくる．パーセンタイル（percentile）を用いて各対象の優劣を順位尺度上に定位できる．また標準正規分布の仮定により間隔尺度上にも定位できる．

〔岡本榮一〕

文　献

1 ）Guilford, J.P.(1964): *Psychometric method*. Wiley.
2 ）Stevens, S.S.(1951): Mathematics, measurement and psychophisics. In : Stevens, S.S.(ed.), *Handbook of experimental psychology*, Wiley.
3 ）田中良久(1961): 心理学的測定法，東京大学出版会.
4 ）Weber, E.H.(1934, De Tactu)(1846): Der Tastsinn und das Gemeingefuel. In : Wagner, R.(ed.), *Handwoerterbuch der Physiologie*, III, ii, pp.481–588.

5.2　公理論的測定理論

a.　測定の外延性

　自然科学の発展の契機は，自然の対象の特徴を数量化することによって，客観的な表現手段を確保し，数学のもつ強力な演繹能力をもったことにあるといってよい．心理学が自然科学の発展にその模範を求めるとき，当然，心理学における測定の問題が浮上してくる．すなわち，心理学における測定は可能か，可能ならばそれはどのような性質のものであろうか.

　「万物は，数量的存在である」とはピタゴラスの言である．これに対してアリストテレスは，「元来，ものには量的存在と質的存在がある」として，数量的に表されないものも存在するとしている．アリストテレスの考え方を的確に整理したものがキャンベル (Campbell) である．キャンベルは物事の性質として，外延的性質と内包的性質とに分け，測定可能な性質は外延的性質のみとしていたようである.

　外延的性質とは次のようなことをいう．すなわち，測定の原単位ともなるべきもの(たとえばメートル原器)があり，それと測定対象とが比較できること，またさらに，その測定の原単位や測定対象を n 個併合する(メートル原器のコピーを n 個つなげるとか，n 個の完全なコピーを合わせるなど)ことが可能であり，その任意のコピーと測定対象とが比較可能であることである．比較可能とは，どちらかが優越する("より長い"か"同じ"，"より重い"か"同じ"など)ことを常に決定できることを意味する.

　以下，いくつかの記号を使う．"つなげる"や"合わせる"という操作を併合と呼び，。で示す．測定単位 u のコピーを n 個併合することを nu で示す．すなわち，$u \circ u \circ \cdots \circ u \overset{\mathrm{def}}{=} nu$ である.

　測定対象 v の併合と，u の併合との間に，$nu < mv < (n+1)u$ という関係を導くことができる．このとき，v の測度 $\mu(v)$ を，

$$\frac{n}{m} \leqq \mu(v) \leqq \frac{n+1}{m}$$

と定義すると，m や n を大きくすれば望むだけの精度で測定することができる.

第5章　数理科学的理論　　　　109

　これに対して，内包的性質においては，併合するという操作を実地に定義することはできない．たとえば，絵画Ａの美しさと絵画Ｂの美しさを併合することは考えられない．すなわち，先にあげたような意味では測定は可能ではない．乱暴な分け方をすれば，自然科学の測定対象は併合できるゆえに，加法性をもつ測定値 $\mu(v)$ が可能であるが，人間の特徴を測定することはできないことになる．

　加法性とは，測定対象 u と v を併合するとき，その測定値 μ は，個々の測定値の和になることを示す．すなわち，$\mu(u \circ v) = \mu(u) + \mu(v)$．しかし，自然科学でよく用いられる測定値でも，加法性を満たさないものもある．たとえば，併合した場合の密度はおのおのの密度の和ではない．しかし，密度は，加法性をもつ測定値（質量と体積）の関数であり，そこまでさかのぼれば実際の操作に裏打ちされた測定値に基づくことがわかる．キャンベルは，加法性をもつ測定値を基本的測定値（fundamental measurement），その関数として与えられる（必ずしも加法性を満たさない）測定値を導出的測定値（derived measurement）という．

　キャンベルの議論は非常に説得的であったがゆえに，心理学にとっては頭の痛い問題になった．なぜならば，健全な科学は数量化とその数学的展開に立脚するという信念に立てば，心理学において測定が成立しないことは心理学は健全な科学として育たないことを意味するからである．この事態を救ったのはスティーヴンスである．

b.　スティーヴンスの尺度論

　スティーヴンスは，測定とは測定対象の集合 $A = \{v, w, \cdots\}$ の実数空間 N への，一定の規則に従った写像であると定義する．この定義に従えば，キャンベルの主張にかかわらず，ともかく心理学においても測定が可能になる．

　しかし，一定の手続に従って算出される数値がすべて意味をもつわけではないであろう．このような有用性の範囲を定めたのが有名なスティーヴンスの尺度の分類である．

　スティーヴンスによれば，尺度の種類は四つある．

　①　名義尺度（nominal scale）：野球の選手の背番号のように自と他を区別するために，あるいは，所属するクラスを他のクラスと区別するために用いられるラベルである．

　②　順序尺度（ordinal scale）：ニワトリのペッキングオーダーなどのような順序を表現する測定である．

　③　間隔尺度（interval scale）：測定値間の差が意味をもつような測定である．すなわち，u と v の測定値間の差 $\mu(u) - \mu(v)$ と，s と t の測定値間の差 $\mu(s) - \mu(t)$ はどちらが大きいかなどを論ずることができる．温度の測定値は，摂氏，華氏のようにいくつかの種類があるが，たとえば摂氏の場合，30℃と29℃の差と，2℃と1℃の差は同じ意味をもち，間隔尺度である．

　④　比尺度（ratio scale）：差の比ではなく，測定値間の比そのものが意味をもつように

表現する測定をいう．たとえば，温度の測定値を絶対温度で表現する場合には，測定値の
比自体が意味をもつ．たとえば，u の温度 $\mu(u)$ は，v の温度 $\mu(v)$ の3倍であるという言
明が意味をもつ．同じ温度を測定するにしても，表現方法によって尺度の種類は異なる．

スティーヴンスの定義は，操作主義の影響を受けている．すなわち，測定とは，操作的
に定義された測定手続のことをさす．しかし同時に，スティーヴンスの定義は，表現論で
もある．すなわち，彼の尺度の理論は，実世界の関係の表現としての数値間の関係を論じ
ている．

スティーヴンスの定義の表現的な側面は，次に述べるような公理論的展開によって測定
という行為の本質を明らかにする出発点である．

c. 公理論的展開

測定とは数値による現実世界のモデル表現であるとする考え方は，スップスとジンズ
(Suppes と Zinnes, 1963)，クランツら(Krantz ら，1971)において大成された．これを公
理論的測定論と呼ぶ．これを紹介するために，測定を数学的に定義する．ここでは，測定
対象の集合を $A=\{a_1, a_2, \cdots, a_n\}$ とする．また，各要素間に成立する関係を R とする．
この関係とは，数学的には，集合の直積集合の部分集合である．たとえば，a_j が a_k より
重いか等しいという関係 $(a_j \geq a_k)$ とは $A \times A$ の要素 (a_j, a_k) の対のうち，$a_j \geq a_k$ が成立す
るもののみを集めた集合として定義できる．

この関係が，実世界でどのような性質をもっているかを吟味する．たとえば，

（1）　任意の $a_1, a_2 \in A$ について，常に $a_1 \geq a_2$ あるいは $a_1 \leq a_2$ が成立する(強連結性)．

（2）　$a_1 \geq a_2$，$a_2 \geq a_3$ ならば $a_1 \geq a_3$(推移律)．

このとき，A と，上記のような性質をもつ関係 $\geq$ との組 $\{A, \geq\}$ を，経験的関係系 $\mathcal{A}$
と呼ぶ．測定とは，関係 $\geq$ を保存するように A の要素に数値を付与すること(すなわち数
学的には A から実数集合(1次元あるいは多次元の実数空間)への写像 μ)である．すなわ
ち，測定値において $\geq$ に対して $\geqq$ を代置したときに，上記(1)，(2)の性質が満たされる
(二つの記号が似ているのでまぎらわしいが，$\geqq$ は通常の不等号と等号である)．

$a_1 \geq a_2$ ならば，$\mu(a_1) \geqq \mu(a_2)$ とするとき，

（3）　常に $\mu(a_1) \geqq \mu(a_2)$ あるいは $\mu(a_1) \leqq \mu(a_2)$ が成立する．

（4）　$\mu(a_1) \geqq \mu(a_2)$，$\mu(a_2) \geqq \mu(a_3)$ ならば $\mu(a_1) \geqq \mu(a_3)$．

このような写像 μ は，先にあげたスティーヴンスの分類では順序尺度にあたる．

このことを一般化して測定を定義する．空ではない測定対象の集合 A があり，測定し
たい関係 $R_1, R_2, \cdots, R_m$，およびそれぞれの性質が明示されるとき，経験的関係系 $\mathcal{A}=$
$(A, R_1, R_2, \cdots, R_m)$ が定義される．これに対し，実数集合 B において対応する $S_1, S_2, \cdots,$
S_m が存在し，かつ，それぞれ，実際の関係に対応する諸性質を満足するとき，関係系 $\mathcal{A}$
は，数値的関係系 $\mathcal{B}=(B, S_1, S_2, \cdots, S_m)$ によって表現された(すなわち，測定された)と

いう.

d. 外延的測定

先に問題にした外延的測定とは，経験的関係系 $\mathcal{A}=(A, \gtrsim, \circ)$ を，$\mathcal{B}=(R^1, \geqq, +)$ $(R^1$ は 1 次元実数空間$)$ によって表現することである．経験的関係系 $\mathcal{A}=(A, \gtrsim, \circ)$ が，$\mathcal{B}=(R^1, \geqq, +)$ によって表現されるための条件は，最も簡単な場合には次のように表される$($Krantz ら，1971$)$．

（1） 関係 $\gtrsim$ は，弱順序である$($弱順序性$)$．

（2） $a_1 \circ a_2 \sim a_2 \circ a_1$$($交換性$)$$($$\sim$ は同等であることを意味する．$\gtrsim$ と $\lesssim$ が同時に成立する場合である$)$．

（3） $(a_1 \circ a_2) \circ a_3 \sim a_1 \circ (a_2 \circ a_3)$$($結合性$)$．

（4） $a_1 \gtrsim a_2$ と $a_1 \circ a_3 \gtrsim a_2 \circ a_3$ とは同等である$($単調性$)$．

$(\gtrsim, \circ)$ という操作に上記のような性質を仮定する．経験的関係系 $\mathcal{A}$ が数値的関係系 $\mathcal{B}$ によって，すなわち関係 $\gtrsim$，$\circ$ のもつ性質が数学的関係$(\geqq, +)$ によって保存されるためには，さらにもう一つの仮定が必要である．

（5） 任意の要素 $a_1, a_2 \in A$ に関して，$na_1 \gtrsim a_2$ となるような整数 n が必ず存在する$($アルキメデス性$)$．

先に述べたように，na_1 は a_1 を n 回併合することであり，$(n+1)a = na \circ a$ によって帰納的に定義される．

上記の $\circ$ を数学の加法に置き換えると，これらの性質はすべて満たされていることがわかる．たとえば，

$$\mu(a_1) + \mu(a_2) = \mu(a_1 \circ a_2)$$

ただし，上記の性質を保存する数学的関係は $+$ のみではなく，たとえば，上記の μ を用いて，

$$\phi(a_j) = e^{\mu(a_j)}$$

とした場合，$\circ$ は乗算 $\times$ によっても表現できるが，加法的表現が最も簡単である．

スティーヴンスが提起した尺度の分類は，得られた測定値の許容できる変換の種類によって定義される．ここで，許容される変換とは，もとの測定値 $\mu(a_j)$ を用いた言明の真偽が，新たな変換 $\varphi(\mu(a_j))$ によって変わらないことを意味する．もちろん，真偽が変わらない言明は，もともと科学において意味のあるものでなければならない．先にあげたスティーヴンスの尺度は，許容される変換の種類からみても本質的な分類である．スティーヴンスの尺度のそれぞれにおいて，許容される変換は次のようである．

- 名義尺度＝1 対 1 対応変換
- 順序尺度＝単調変換
- 間隔尺度＝アフィン変換 $\varphi(a) = \alpha + \beta\mu(a)$

- 比尺度＝相似変換 $\varphi(a)=\beta\mu(a)$

e. コンジョイント測定

先にみたように，外延的測定の前提条件が満たされた場合，測定 $\mu(a)$ は比尺度を構成することができる．また，これらの前提条件は，測定の仕方を示唆している．しかし，これらの条件が実際に満たされるかどうかは，実証的に確かめられるものではない．この条件が成立するか否かはわれわれの信念の問題であり，そうみなすことができるかどうかの問題であると考えられる．心理学的尺度は，確かに実際に併合の操作を実現することはできないが，その意味では物理学的測定においても厳密な意味で，完全なコピーをつくること，無限個のコピーをつくることは不可能であるともいえるのである．

また，とくに重要なのは，比尺度を得るための公理系が外延的測定の公理系のみではないことである．すなわち，コンジョイント測定（結合測定）によって量的測定を得ることが可能である（他の公理系によっても可能であるかもしれない）．

コンジョイント測定が可能になるためには測定対象 a, b, c について，

(1) a は測定可能である．

(2) 任意の測定対象 b, c について，$\mu(a)=f(\mu(b), \ \mu(c))$ と表現できる．

これらの条件に加えて，コンジョイント測定が可能になるためには，次の三つの条件が必要である．

① 二重消去律

$$(a, f) \geq (b, e) \quad かつ \quad (b, g) \geq (c, f) \quad ならば, \quad (a, g) \geq (c, e)$$

この性質は，以上のように書くとわかりにくいので，具体例を示す．本の魅力度について，$a=$ 面白い，$b=$ どちらでもない，$c=$ つまらない，また，本のページの長さについて，$e=$ 長い，$f=$ どちらでもない，$g=$ 短いとするとき，面白くて中くらいの長さの本を，面白さがふつうで長い本よりも好み，また，面白さがふつうで短い本を，つまらなくて中くらいの長さの本よりも好むならば，面白くて短い本を，つまらなくて長い本より好むということが導かれる性質であり，これがあらゆる a, b, c，あらゆる e, f, g について成立するとき，面白さの変数と本の長さの変数が，独立に機能していることを示す．

② 可解性：任意の a, b, f に対して，$(a, f) \sim (b, g)$ になるような g が存在すること．

③ アルキメデス性：外延的測定の場合にみたように，アルキメデス性とは，任意の測定対象に対して，それをこえるような n 個のコピーの併合が存在するという性質であった．

実際の心理学的測定において，コンジョイント測定が使われる場合が多いとはいえない．実状は，さまざまな測定手続を開発し，測定したと称する場合が多いと思われるが，それにもかかわらず，コンジョイント測定は重要である．すなわち，これは外延的な併合の操作がなくても量的測定が可能であることを意味している．このあとの節では，数量的

表現の,いわば,事後的な検討を問題にするが,キャンブルのように,心理量は存在しないのだということを前提にするならば,検討すること自体が無駄になる.しかし,公理論的に心理学的測定が存在することが示されたのだから,この検討は大いに意味があることがわかる.

〔繁桝算男〕

文　献

1) Krantz, D.H.(1971): *Foundations of Measurement*, Vol. 1. Academic Press, New York.
2) Michell, J.(1990): *An Introduction to the Logic of Psychological Measurement*. Lawrence Erlbaum Associates, Hillsdale.
3) Suppes, P. and Zinnes, J.(1963): Basic measurement theory. In: Luce, R.D., Bush R.R. and Galanter, E.H.(eds.), *Handbook of Mathematical Psychology*, Vol. 1, pp.1-76, Wiley.
4) 髙田誠二(1987): 計測の科学的基礎,コロナ社.

5.3 数理モデル

歴史的にはフェヒナーの精神物理学における対数法則をはじめ,エビングハウス(Ebbinghaus, 1885)の忘却曲線,サーストン(Thurstone, 1930)の学習曲線などがある.

感覚,知覚,認知の数理モデルは各編に取り上げられているので,以下に主として20世紀中ごろから現在までに現れた学習過程における代表的な数理モデルを列挙しよう.

a. ハルの行動理論(Hull's behavior theory)

ハル(Hull, 1943)は生体の外部状態を表す変数として行動を中心に総合的体系を構築した.その基礎として神経インパルスの相互作用から象徴される論理的構成体(logical construct)という生体内部の変数によって行動の方程式が表現されている.習慣強度(habit strength: $_sH_R$),動因(drive: D),および反応ポテンシャル(reaction potential: $_sE_R$)により次の式が与えられる.

$$_sE_R = {_sH_R} \times D$$

変数の両側の下付記号の意味は独立変数としての刺激(S)と従属変数としての反応(R)との間にある仲介(媒介)変数を表示している.基礎変数である習慣強度は強化回数(N)を独立変数とし,学習上限(M),個人差(i)をパラメータとする指数関数による方程式が適切であることが多くのデータから帰納されている(図1.5.4).

$$_sH_R = M(1-e^{-iN})$$

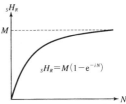

図1.5.4 指数関数による習慣強度の形成
$_sH_R$:習慣強度,M:極限,i:個人差,N:強化回数.

彼の根本とする学説は新しい刺激，反応の結合が学習であり，それは強化試行により動因が減少することに起因する．$_sE_R$ が反応として現れるのは反応閾(L)をこえた場合である．彼の体系は決定論を前提とし，仮説とする内部変数から演繹的に構成されるものであるが，不確定性を反応の表出に認め，その動揺(oscillation)は一種の確率分布であるとしている．詳細は省いて彼の体系の概略を図示する(図1.5.5)．こうした構造は神経系の内部を問題とする最近の PDP モデル(第III編 5.5 節参照)の質的表現の先駆として再認識することもできよう．

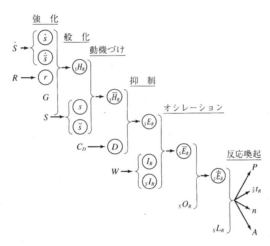

図1.5.5　ハルの体系の概要

この行動理論体系で用いられたおもな論理的構成体(○で囲んだもの)を要約した図．それとともに客観的に観察可能な条件や事実を支持する記号も表してある．この図式で S は学習に含まれる物理的刺激エネルギーを表している．R は有機体の反応，$\dot{s}$ は刺激の神経的結果，$\check{s}$ は二つ以上の刺激成分のインパルスから起こる神経相互作用，r は反応を導く遠心的インパルス，G は強化成立状態の生起，$_sH_R$ は習慣強度，S は $\dot{S}$ のような同一刺激連続上の喚起刺激，$_s\overline{H}_R$ は般化された習慣強度，C_D は客観的に観察可能な動因決定の現象，D は行為を動機づける動因の生理学的強度，$_sE_R$ は反応ポテンシャル，W は喚起された反応に含まれる作業，I_R は反応抑制，$_sI_R$ は条件抑制，$_s\overline{E}_R$ は有効反応ポテンシャル，$_sO_R$ はオシレーション，$_s\dot{\overline{E}}_R$ は瞬間有効反応ポテンシャル，$_sL_R$ は反応閾，P は反応喚起の確率，$_s\dot{t}_R$ は反応喚起の潜時，n は実験的消去を生ずるための無強化反応回数，A は反応の大きさ，記号の上にある下線をつけた単語，強化，般化，動機づけ，抑制，オシレーションおよび反応喚起はそれぞれの過程がとくに関連ある論理的構成体の連鎖の部分をおおよそ示している．

b. 線形モデル(linear model, α model)

ブッシューモステラー(Bush-Mosteller, 1955)による反応の正誤(2 状態)を指標とするモデルである．反応確率に基づいて外部状態を算定する．生体の内部でどのような情報処理がなされているかは問題としていない．

任意の試行(n)と次の試行($n+1$)との間に起こる変化は，反応を表す確率ベクトルと状態の推移行列との積として示される（マルコフ連鎖）．

$$[P(n)\ P'(n)]\begin{bmatrix}1-a & a \\ b & 1-b\end{bmatrix}=[P(n+1)\ P'(n+1)]$$

また，ベクトル，行列を転置して作用素（operator）と呼ぶ形式で単純化して表示することもある．

$$Q\,P(n)=P(n+1)$$

パラメータを $\alpha=(1-a-b)$ として線形方程式により示せば次の式となる．

$$P(n+1)=\alpha P(n)+b=\alpha^n P(1)+(1-\alpha^n)\lambda$$

ここに，$\lambda=b/(a+b)$ である．

これらの関係を図示すれば図 1.5.6 のようになる．また差分方程式の形にしてさらに微分方程式に転換すれば，ハルの習慣強度の方程式を演繹的に導出できる．

$$X=\lambda(1-e^{-(1-\alpha)n})$$

作用素としては一般に非可換（non-commutative）である．つまり 2 種の異なる実験条件を反転する（2 種の推移行列の順序を逆にする）と同じ結果は得られないことを意味する．

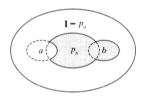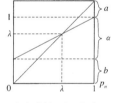

（a）集合による表示　　　　（b）座標による表示

図 1.5.6　線形モデルの構造

c.　非線形モデル（non-linear model, β model）

ルース（Luce, 1959）は選択（選好）行動に関する公理を設定して，反応強度（v スケール）に基づいて比例配分により確率を導入するモデルを提示した．学習過程だけでなく精神物理学の基底にも関わる包括的理論である．なお彼は効用関数について順序尺度を用いる公理系を示している（Luce と Raiffa, 1957）．まず選択公理としてあげられているのは，集合 (R, S, T) について $R \subset S \subset T$ という包含関係があるとき，T の中から S が選ばれる確率を $P(S\,;\,T)$ という形で表すと，次のような関係が成立する．

$$P(R\,;\,T)=P(R\,;\,S)P(S\,;\,T)$$

これを基礎として種々の定理が展開される．ことに要素が 2 種類 (X, Y) の場合は v 尺度により反応確率は次のように定義される．

$$P(X, Y) = \frac{v(X)}{v(X) + v(Y)}$$

$P(X, Y)$は(X)が選択される確率である．さらに別の要素(Z)を加えると次の関係が導出される．

$$P(X, Z) = \frac{v(X)}{v(X) + v(Z)} = \frac{V(X)/v(Y)}{v(X)/v(Y) + V(Z)/v(Y)}$$

要素(X, Y)が既知であれば，(Y)を媒介として未知の要素間(X, Z)の確率を推定できる．これはさらに多要素にも展開可能である．

学習過程としては，試行(n)と次試行$(n+1)$との間にvスケールに関するパラメータ(β)による変化が生ずるとすれば，次の式が導出される．

$$P(X, Y \,;\, n+1) = q(n+1) = \frac{q(n)}{q(n) + \beta[1 - q(n)]} = \frac{q(1)}{q(1) + \beta^n[1 - q(1)]}$$

ここで学習過程ではふつうの場合，$\beta < 1$であり，$q(1)$は初期値である．この方程式は非線形であり，ロジスティック関数(logistic function)といわれるもので，作用素としては可換(commutative)である．またベクトル変換の形式で表示することも可能である．

d. 刺激抽出理論(stimulus sampling theory：SST)

エスティズ(Estes, 1950)による内部状態を基底とするマルコフ連鎖による推移を学習過程としてとらえたモデルである．その全体系(AtkinsonとEstes, 1963)はのちに示されたが，その名の示すように環境からサンプルとしてとられた刺激要素が目標とする特定の反応とどのように連合しているかによって反応確率が定まり，強化の配分によって連合が変化する．一般にN個の要素が学習事態に関与する．最も単純な場合は1個である．またサンプルが1個の場合をパターン・モデル(pattern model)といい，複数個の場合をコンポーネント・モデル(component model)という．これを分類して示そう．

単一要素パターン・モデルとして概念学習(concept learning)の事態を例として示そう．1試行で状態の変化する形式としては線形モデルの推移行列と同型である．異なるのは内部状態のベクトル変換であること，吸収状態が含まれていること，パラメータが積となっていることである．これはマルコフ連鎖の1段階の試行を分解して表示できることを意味する．

表1.5.1 刺激抽出モデルの分類

	要　素　数	1	2	……N
サンプル数(s)	パターン・モデル $s=1$	単一要素モデル	2要素モデル	N要素モデル
	コンポーネント・モデル $s>1$		s：固定	
			s：ランダム	

$$\begin{bmatrix} 1 & 0 \\ hc & 1-hc \end{bmatrix} = \begin{bmatrix} 1 & 0 & 0 \\ 0 & g & h \end{bmatrix} \begin{bmatrix} 1 & 0 \\ 0 & 1 \\ c & 1-c \end{bmatrix}$$

g は偶然正答, c は学習能力. また推移の経過を系列ダイヤグラムとすれば図1.5.7のようになる(岡本, 1979). 内部状態(一重線のベクトル)と外部状態(二重線のベクトル)とが交互に現れ, 行列は経路として示される.

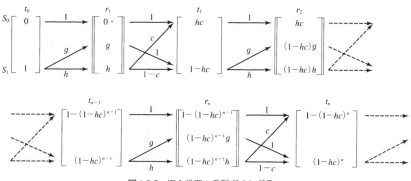

図1.5.7　概念学習の系列ダイヤグラム

実験結果とモデルとの適合について, 他のモデルでも同様であるが各種の統計量(最終誤反応の分布, 誤反応総数の分布など)を求めることができる. 単一要素パターンモデルでもさらに複雑なモデルでも適合度については大差がない.

e. 計算論的学習理論 (computational learning theory)

コンピュータ・プログラムによる機械学習を目標として人工知能の領域で研究された帰納推論(inductive inference)についての理論である. 推論過程の条件として環境に依存する情報と学習者自体の能力とがあり, 両者の用いる仮説空間とその表現, 学習結果の評価基準が問題となる.

最初に問題となったのは文法の学習である(Gold, 1965). 有限個の記号(アルファベット)の集合から構成される言語について正とされる事例を情報として与えられ真の仮説を求める問題である. ここで評価されるのは極限における同定(identification in the limit)である. つまり帰納推論による完全学習の可能性が問われたが, 一般的には否定的な結論が得られた.

これを解決しようとして, その後さまざまな研究がなされている. MAT(minimum adequate teacher)学習といわれる環境条件ではこれが解決されている(Angluin, 1987). 正則(regular)と定義される文法から生成される言語の学習において, 所属質問(membership query), 同値質問(equivalence query)を用いて正則言語が得られる. このとき真の

仮説についての状態数(n)と負の事例の最大記述長(m)との多項式により計算時間が推定できる.

PAC(probably approximately correct)学習と呼ばれる方法は正確な同定でなく誤差の生じることを許容して有限の事例から学習可能性を求めている(Valiant, 1984).すなわち高い確率$(1-\delta)$で誤差(ε)を少なくできる.学習対象はブール関数,言語,概念などに適用可能である.ただし正の事例のみからの学習にはあてはまらない.また学習対象として正則言語の有限決定オートマトン(definite finite automaton:DFA),さらに選言標準形(disjunctive normal form:DNF)という表現についてオッカムアルゴリズム(Occam algorithm)の適用の可否が学習可能性を左右している.

MDL(minimum description length)基準による確率モデルの最適化も重要な問題である(Rissanen, 1984).これは情報の符号化に関して,与えられたデータをモデル自身の記述も含めて最も短く記述できるのが最良とする原理である.この原理の適用はデータの圧縮をはじめ,分類規則の学習問題や神経回路網の最適構造決定問題などに可能性が示されている.

エピソード

サーストン(Thurstone, L.L.:1887-1955)

両親はスウェーデン系であり,シカゴに生まれたが基礎教育は各地で受けている.数理の才能があり,高等学校のとき幾何学で賞金を得て古自転車とカメラとを買ったという.コーネル大学のときも「角の3等分」についての論文が"*Scientific American*"(1912)に掲載されている.電気工学を専攻して映写機に関することから発明王エジソンとも知己であったが,心理学に興味をもちシカゴ大学で教育学の修士号を得た.1915年カーネギー工科大学に新設された応用心理学科の助手となり,客観テストの研究に参加して『知能の本質』(1924)を著している.同年シカゴ大学心理学科助教授となり,やがて教授に昇任する.そして知能の尺度化や精神物理学的測定の諸問題を研究し「比較判断の法則」(1927)を提示している.判断の問題は社会心理学の調査とも関連し,さらに単一尺度でなく多次元の尺度を必要とし「因子分析の研究」(1931)へと発展していった.これは心理学における主観的判断の数量化という問題から起こって多変量解析として他の領域にも広がった数学的手法である.

ハル(Hull, C.L.:1884-1952)

ニューヨーク州に生まれミシガン州に移住した農家の長男である.農繁期には学校を休んで手伝いもせねばならなかった.理系のカレッジを出て鉄鉱山の技師となったが小児麻痺になり,実家で静養した.このとき心理学を志したが視力が衰えていたので最初は母に『心理学原理』(James, 1890)を読んでもらった.ミシガン大学に学び論理のコースをとっていたとき三段論法を解く器械を考案している.1913年に卒業し,ウィスコンシン大学

第5章　数理科学的理論　　　119

の助手となり，学位論文「概念進化の量的側面」(1918)を提出した．実験材料に漢字を用いてヘンやツクリによる般化効果を確かめている．次いで喫煙の有害性についての実験(1924)を行った．「適性テスト」(1928)の研究のとき彼は有能な助手の協力を得て相関係数を計算する器械を作成している．さらに「催眠と被暗示性」(1933)の研究を発表しているが，これより先に1929年エール大学の教授に就任した．条件づけを原理として新しい行動理論の構築をめざし，"*Psychological Review*"を中心に研究の成果を連続的に発表して集大成されたのが『行動の原理』(1943)である．

〔岡本榮一〕

文　献

1) Angluin, D.(1987): Learning regular sets from queries and counterexamples. *Information and Computation*, **75** : 87-106.
2) Atkinson, R.C. and Estes, W.K.(1963): Stimulus sampling theory. In : Luce, R.D. et al.(eds), *Handbook of Mathematical Psychology*, Vol. II, pp.121-268. Wiley.
3) Bush, R.R. and Mosteller, F.(1955): *Stochastic models of learning*. Wiley.
4) Ebbinghaus, H.(1885): *Über das Gedachtnis*. Dunker & Humblot.
5) Estes, W.K.(1950): Towards a statistical theory of learning. *Psychological Review*, **57** : 94-107.
6) Fechner, G.T.(1860): *Elemente der Psychophysik*. Breitkopf und Härtel, Leipzig.
7) Gold, E.M.(1965): Limiting recursion. *Journal of Symbolic Logic*, **30** : 28-48.
8) Hull, C.L.(1943): *Principles of behavior*. Appleton-Century.
9) Luce, R.D.(1959): *Individual choice behavior*. Wiley.
10) Luce, R.D. and Raiffa, H.(1957): *Games and decisions*. Wiley.
11) 岡本榮一(1979): 数理モデル，新曜社.
12) Rissanen, J.(1984): Universal coding, information, prediction, and estimation. *IEEE Transactions on Information Theory*, **30** : 629-636.
13) Thurstone, L.L.(1927): A law of comparative judgment. *Psychological Review*, **34** : 273-286.
14) Thurstone, L.L.(1930): The learning function. *Journal of Genetic Psychology*, **3** : 469-493.
15) Valiant, L.G.(1984): A theory of learnable. *Communication of ACM*, **27** : 1134-1142.

5.4　測定値の理論

5.2節では測定の基礎を説明したが，測定値がスティーヴンスの定義によって現実に得られたとして，事後的に測定値の性質を調べることも多い．以下にそのための方法を説明する．

a. 古典的テスト理論(信頼性と妥当性)

測定された値をxとおく．実際の測定値は誤差eを含み，その真の値tと同じにはならない．tとeの間に加法性を仮定するとき，

$$x = t + e \tag{5.1}$$

となる．ただし，真の得点 t は抽象的な概念であるので，次のように操作的に定義する．いま，観測対象 i について，r 回の繰り返し観測（同じ条件下における対象 i の観測）が可能であるとしよう．このとき，無限に繰り返される観測値の平均を t_i とする．すなわち，

$$t_i = \lim_{n \to \infty} \frac{1}{n} \sum_{j=1}^{n} x_{ij} \tag{5.2}$$

と定義する．観測値 x_{ij} は観測する前には値を特定できず，確率変数として表す．確率変数であることを $\tilde{}$ によって示すとすると，t_i は確率変数 $\tilde{x}_{ij}$ の期待値としても定義できる．そのことを，

$$t_i = E_j(\tilde{x}_{ij}) \tag{5.3}$$

によって表す．母集団における x_{ij} や t_i の挙動を問題にするとき，測定対象（被験者）i は，母集団を代表するもの，すなわち，無作為に抽出されたものとする．被験者 i を特定した場合には，

$$\tilde{x}_{i*} = t_i + \tilde{e}_{i*} \tag{5.4}$$

が成立しているが，測定対象 i が無作為標本であるとき，

$$\tilde{x}_{**} = \tilde{t}_* + \tilde{e}_{**} \tag{5.5}$$

となり，簡単に，

$$\tilde{x} = \tilde{t} + \tilde{e} \tag{5.6}$$

と表すことにする．

さて，母集団において，観測値 x はどの程度の情報をもっているだろうか．もし，真の得点 t と e が独立であること，あるいは，少なくとも，その共分散が 0 であることを仮定すると $(\text{Cov}(\tilde{t}, \tilde{e}) = 0)$，

$$V(\tilde{x}) = V(\tilde{t}) + V(\tilde{e}) + 2\,\text{Cov}(\tilde{t}, \tilde{e})$$
$$= V(\tilde{t}) + V(\tilde{e})$$

となる．いまここに信頼性係数 $\rho_{xx'}$（なぜこのように表記するかはあとに説明する）を，全分散のうち，真の得点が占める割合として定義する．すなわち，

$$\rho_{xx'} = \frac{V(\tilde{t})}{V(\tilde{x})} \tag{5.7}$$

b. $\rho_{xx'}$ の推定

いま，同じ真値を測定するテストがもともとのテストとは別に存在するとしよう．テストの誤差は，他のあらゆるものと相関をもたない白色雑音のような誤差であること，また，その大きさ（分散）は一定であることを仮定すると，別のテスト得点 $\tilde{x}'$ は次のようにモデル化される．

$$\tilde{x}' = \tilde{t} + \tilde{e}' \tag{5.8}$$

第 5 章 数理科学的理論　　　　121

$$\mathrm{Cov}(\tilde{t}, \tilde{e}') = 0 \tag{5.9}$$

$$\mathrm{Cov}(\tilde{e}, \tilde{e}') = 0 \tag{5.10}$$

$$V(\tilde{e}) = V(\tilde{e}') \tag{5.11}$$

このようなテストを平行テストという. このとき,

$$V(\tilde{x}) = V(\tilde{t}) + V(\tilde{e}) \tag{5.12}$$

$$= V(\tilde{t}) + V(\tilde{e}')$$

$$= V(\tilde{x}') \tag{5.13}$$

である. 平行テスト間の相関係数 $\rho(x, \tilde{x}')$ を定義式に従って計算する.

$$\rho(x, x') = \frac{\mathrm{Cov}(\tilde{x}, \tilde{x}')}{\sqrt{V(\tilde{x})\,V(\tilde{x}')}} = \frac{V(\tilde{t})}{\sqrt{V(\tilde{x})\,V(\tilde{x}')}}$$

$$= \frac{V(\tilde{t})}{V(\tilde{x})} = \rho_{xx'} \tag{5.14}$$

となり, 先に定義した信頼性係数に一致することがわかる. また, $\rho_{xx'}$ の表記の意味も理解されよう.

c. 信頼性係数の推定

　信頼性係数は, 平行テストをつくり, その相関係数を計算することによって推定することができる. また, 一つのテストを二つの平行テストに分けて推定することもできる. たとえば, 均質な項目からテストが成り立っているとき, 奇数番号の項目のみからなるテストと偶数番号の項目のみからなるテストをつくる場合を考えればよい. このとき次のような仮定が成立する.

$$\tilde{x} = \tilde{u} + \tilde{u}' \tag{5.15}$$

$$\tilde{u} = \frac{\tilde{t}}{2} + \tilde{e} \tag{5.16}$$

$$\tilde{u}' = \frac{\tilde{t}'}{2} + \tilde{e}' \tag{5.17}$$

ただし, $\mathrm{Cov}(\tilde{e}, \tilde{e}') = 0$, $V(\tilde{e}) = V(\tilde{e}')$. このとき, 結局,

$$\rho_{xx'} = \frac{2\,\rho_{uu'}}{1 + \rho_{uu'}} \tag{5.18}$$

となる. これを一般化して, テストが m 個の平行テストに分割されるとき, 各部分テスト間の相関 $\rho_{uu'}$ を用いて

$$\rho_{xx'} = \frac{\rho_{uu'}}{1 + (m-1)\,\rho_{uu'}} \tag{5.19}$$

と表現できる. 実際に推定値を得るには二つの平行テスト間の標本相関係数を式(5.18)に代入すればよい. また, 3 個以上の部分テストがある場合には $m(m-1)/2$ の標本相関係数が得られるが, 式(5.19)にはその平均を代入すればよい.

テストを構成する各部分得点が必ずしも平行ではない場合に，それらがどの程度均質的であるかという指標(クロンバックの α 係数)を定義することができる．すなわち，テストが，m 個の部分テスト得点の和からなっているとき，各部分テストが十分等質的であれば必ずしも平行テストでなくても，信頼性係数の下限を推定することができる．

クロンバックの α 係数は次のように定義される．σ_j^2 を j 番目の部分テストの分散，σ_x^2 をテスト全体の得点の分散とする．

$$\alpha = \frac{m}{m-1}\left\{1 - \frac{\sum_{j=1}^{r}\sigma_j^2}{\sigma_x^2}\right\} \tag{5.20}$$

信頼性係数と α 係数の関係として，常に，$\rho_{xx'} \geqq \alpha$ が成り立つ．α の推定値は，σ_j^2 の代わりにその標本分散 s_j^2，σ_x^2 の代わりに s_x^2 を代入すればよい．

d. 一般化可能性係数

これまでの例では，真の値を同じ状況における繰り返し測定(平行テストと考えればよい)の期待値と定義した．しかし，期待値を真の得点とみなすとき，テストの実施条件によっては期待値が一つではなく，複数の期待値が定義できる．たとえば，被験者 i の論述試験の結果を j という評定者が採点するとき，その得点 x_{ij} は，分散分析モデルによって

$$x_{ij} = \mu + \alpha_i + \beta_j + (\alpha\beta)_{ij} \tag{5.21}$$

となる．このとき μ は全体平均，α_i は被験者 i の効果，β_j は評定者 j の効果であり，$(\alpha\beta)_{ij}$ は被験者と評定者の交互作用である．また，この場合は誤差も分離できず，交互作用項には誤差も含まれている．このとき，被験者 i がある母集団からの無作為標本であり，評定者 j が評定者の母集団(ユニバースと呼ばれることがある)からの無作為標本であるとき，観測値の分散は次のように分解できる．

$$\sigma^2(x_{ij}) = \sigma_\alpha^2 + \sigma_\beta^2 + \sigma_{\alpha\beta}^2 \tag{5.22}$$

いま，何人かの評定者の平均をテスト得点とするとき，このテスト結果がどの程度，一般化可能であるかを，一般化可能性係数によって示すことができる．このとき，一般化可能性係数 ξ は"真の得点"(一般化可能性理論の枠組みではユニバース得点と呼ばれる)の分散と観測得点の分散の期待値の比で表される．すなわち，

$$\xi = \frac{\sigma_\alpha^2}{\sigma_\beta^2 + \dfrac{\sigma_{\alpha\beta}^2}{n}} \tag{5.23}$$

となる．ただし，n は用いられる評定者数である．ξ の推定には，変量型分散分析において分散成分を推定する方法によって，推定値 $\sigma_\alpha^2, \sigma_\beta^2, \sigma_{\alpha\beta}^2$ を得て，上式に代入すればよい．

一般化可能性理論によれば，テストが実施される状況に応じてテスト得点を適当ないくつかの成分に分割するモデルを構成し，その状況にふさわしいユニバース得点の分散と，観測得点の分散の期待値の比(一般化可能性係数)を計算することができる．このようなテスト得点を分割するモデルとして，種々の実験計画法(高次要因配置，枝分かれ配置，混

第 5 章　数理科学的理論　　123

合計画など)のモデルを使うことができる.

e. 妥 当 性

　信頼性を問題にするときには，真の得点を繰り返し測定における期待値であると定義した．しかし，望ましい情報が期待値に一致するとは限らない．たとえば，"知能"という構成概念の測定をすると称して，頭のまわりの長さ(頭囲)を測定するとしよう．この測定値は，多くの心理学的測度とは比較にならないほど信頼性は高いが，知能の本質は全く反映していないと考えられる．望ましい情報(ξ)は，誤差の中にあるのではなく，期待値 $\tilde{t}$ にあると考えられるので，

$$\tilde{x} = \tilde{t} + \tilde{e} = \tilde{\xi} + \tilde{\eta} + \tilde{e} \tag{5.24}$$

となる．ここで η は安定した測度ではあっても，測定を意図する概念を反映していない成分である．ξ がどの程度各測定値に含まれているかを測定することは困難であり，妥当性検証の作業は，妥当性があるという仮説を検証するための科学的探求のすべてを含む総合的な作業である．

　伝統的にはこのような妥当性検証の作業を次のような三つに分けて議論することが多かった．すなわち，

　① 　内容的妥当性：テスト項目が，測定対象，あるいはそれを具体化するものの集合をよく代表しているかどうかという観点である．

　② 　基準関連妥当性：すでに，望ましい情報(ξ)をよく表現している基準が存在するとき，あるいは将来手に入るとき，それらとどの程度関連するかを問う観点である．基準がすでに存在しているとき併存的妥当性，基準が将来の達成水準であるときのように，基準との関連が予測を意味するとき予測的妥当性という．この考え方によれば，妥当性の程度を基準との相関係数という数値に示すことができる．

　③ 　構成概念的妥当性：テスト得点がどの程度測定しようとする構成概念を反映しているかを問う観点である．構成概念はある理論の一部となっており，その理論が正しければ，いろいろな実験結果を予測できる．いま，得られたテスト得点を用いて，この予測が正しいことを確認するとき，これは理論の正しさと測定用具の妥当性を示すものであるといえる．

　三つの分類は，妥当性の種類を三つに分割したものというよりも，本質的には構成概念的妥当性が本来の妥当性の意味であり，内容的妥当性，基準関連妥当性はその特別な場合であるといえる．実際，先にあげた三つの分類はアメリカ心理学会による 1954 年や 1966 年の「教育や心理テストのスタンダードマニュアル」における定義であるが，1985 年版の「スタンダード」ではもはやこのような区別をしていない．

　先に述べたように，テストの測定値が妥当性をもつかどうかは，それが測定していると考えられる概念を用いた理論の信憑性の枠内で，その理論どおりのことが実現するかどう

かを問うものであるから,常にその理論の信憑性を問題にしつつ各測定値の妥当性を問題にしなければならない.

f. 項目応答理論

信頼性と妥当性を論ずる際には,直接テスト得点 x を問題とした.いま,測定の対象,たとえば,知力や学力を θ として,x が直接に θ をよく代表しているとは限らない.この点にかんがみて,真の得点 θ とテスト得点 x との関係をモデル化し,そのモデルに基づいて θ を推定することを考える.測定の文脈では,モデル準拠測定(model based measurement)といえる.

テストが,1個の項目からなっており,それぞれの項目 j に被験者 i が正答するかどうかを $u_{ij}=1$(正答),$u_{ij}=0$(誤答)と記すことにしよう.このとき,θ_i と u_{ij}(ひいてはテスト得点 x_i)との関係は,θ を所与とする条件付き確率 $P(\tilde{u}_{ij}=1|\theta_i)$ によって表される.この確率は θ_i の関数であるが,θ_i に関して単調増加関数であることがふつうである.いま,$P(\tilde{u}_{ij}=1|\theta_i)=g(\theta_i)$ と表すとして,よく使われる関数は,

$$g(\theta_i)=\frac{1}{1+\exp(-a_j(\theta_i-b_j))} \tag{5.25}$$

である.これを2母数ロジスティック・モデルという.また,これに,多肢選択テストのときなどに偶然正答する確率 c_j を加えて,

$$g(\theta_i)=c_j+\frac{1}{1+\exp(-a_j(\theta_i-b_j))} \tag{5.26}$$

とすることもある.これを3母数ロジスティック・モデルと呼ぶ(図1.5.8参照).

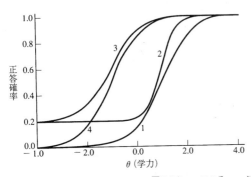

図1.5.8 ロジスティック・モデル

いま,n 人について,p 個の項目のテスト得点がデータとして与えられたとする.このとき,データ行列 $U=u_{ij}$ を所与とする尤度 $L(\underline{\theta},\underline{a},\underline{b},\underline{c}|x)$ は次のようになる.

$$L(\underline{\theta},\underline{a},\underline{b},\underline{c}|x)=\prod_i\prod_j g(\theta_i)^{x_{ij}}\{1-g(\theta_i)\}^{1-x_{ij}} \tag{5.27}$$

ただし,

$$\underline{\theta} = (\theta_1, \theta_2, \cdots, \theta_n)^t \tag{5.28}$$

$$\underline{a} = (a_1, a_2, \cdots, a_p)^t \tag{5.29}$$

$$\underline{b} = (b_1, b_2, \cdots, b_p)^t \tag{5.30}$$

$$\underline{c} = (c_1, c_2, \cdots, c_p)^t \tag{5.31}$$

この尤度に基づいて, $\underline{\theta}$ や $\underline{a}$, $\underline{b}$, $\underline{c}$ を推定する方法として次の三つがある.

① 同時最尤推定法：式(5.27)を最大化する $\underline{\theta}$, $\underline{a}$, $\underline{b}$, $\underline{c}$ を同時に求める方法であるが, しかし, 最大化すべき母数の数が多く, 数値解析の観点からは問題がある.

② 周辺最尤推定法：被験者母数 θ についての母集団分布 $p(\underline{\theta})$ を仮定し, 項目母数 $\underline{a}$, $\underline{b}$, $\underline{c}$ だけの尤度(周辺尤度, marginal likelihood)を定義する. すなわち,

$$L(\underline{a}, \underline{b}, \underline{c}|x) = \int L(\underline{\theta}, \underline{a}, \underline{b}, \underline{c}|x)p(\theta|x)d\underline{\theta} \tag{5.32}$$

上式を最大化する $\underline{a}$, $\underline{b}$, $\underline{c}$ を求め, 推定値とする. これが, 周辺最尤推定値である. この解を得るための数値解析的手法として E-M アルゴリズムがよく用いられる.

③ ベイズ推定法：母数 $\underline{\theta}$, $\underline{a}$, $\underline{b}$, $\underline{c}$ について, 事前の知識に基づき, 事前分布を設定し, 事後分布のモードをベイズ推定値とする方法である. 先にあげた周辺最尤推定法も見方によれば, すなわち, 母集団分布を事前分布とみなせば, ベイズ推定法の一種である. この解を求める数値的方法としてやはり, E-M アルゴリズムがよく用いられる.

このようにモデルを構成して真の得点 θ_i を推定することの利点は, 各被験者が異なる項目群からなるテストを受験した場合にも, 項目母数 $\underline{a}$, $\underline{b}$, $\underline{c}$ の推定値がすでに得られている場合には真の学力 θ_i が推定できることである. この性質を利用して, 各被験者について最も効率のよい項目のみを集めてテストをつくることができる. このようなテストを適応型テスト(adaptive test)という. このとき, 各項目の適切さの一つの指標は, 次に定義する項目情報量 $I(\theta_i)$ である. すなわち,

$$I(\theta_i) = \frac{\{g'(\theta_i)\}^2}{g(\theta_i)\{1-g(\theta_i)\}} \tag{5.33}$$

である.

〔繁桝算男〕

文　献

1) Lord, F.M. and Novick, M.R.(1968): *Statistical Theories of Mental Test Scores*. Academic Press, New York.

2) 芝　祐順 編(1992): 項目反応理論, 東京大学出版会.

5.5 意思決定モデル

意思決定はいうまでもなく非常に重要な人間行動であり，したがって，経済学，統計学，OR，システム科学などの研究対象になっている．いずれにしても，意思決定は人間が主体的に行うことであり，とりわけ心理学的アプローチが果たす役割は大きい．心理学の貢献は，人間の行う決定の記述や説明にあるが，意思決定を支援するシステムを構築するために役立つ知見を提供することもできる．心理学の問題を説明するために，まず意思決定問題を定式化し，概念を整理しておく．

a. 意思決定問題の定式化

意思決定問題は，とるべき行動が二つ以上の可能性があるときにのみ起こる．その行動を背反的な選択肢に整理したとき，それぞれの選択肢を代替案(alternative)と呼び，a_1，$a_2, \cdots, a_m$ とする(すなわち，m は代替案の数)．また，その集合を，$A=\{a_1, a_2, \cdots, a_m\}$ とおく．

次に，この代替案をとることによって引き起こされる結果を考える．考えられるすべての結果の集合を C とおく．集合 C は有限集合とは限らないが，説明の簡単化のために有限とし，$C=\{c_1, c_2, \cdots, c_n\}$ とする(C が連続であるとか，無限の要素を含む場合には，数学の記述，とくに積分の形式が異なるが，本質的な議論には関係しない)．

ある代替案 a_i をとると，ある結果が実現する．代替案 a_i とある結果 c_i とが1対1に対応しているとき，この決定に不確定性は存在しない．しかし，通常のわれわれの決定は，行動 a_i によってどのような結果が(将来)起こるかわからないことが多い．この不確定性は，結果空間 C 上の確からしさの測度 μ によって記述されるとしよう．確からしさの測度として最も一般的なものは確率分布(測度)P である．確率分布 P が与えられているときの決定問題を，リスクのある決定問題(decision making under risk)と呼び，確率測度 P が与えられておらず，その不確かさを主観確率 P あるいは一般的な測度 μ によって表現しなければならないときを，不確定下における決定(decision making under uncertainty)と呼んで，この二つを区別する場合もあるが，ここではこの区別は用いない．客観確率が与えられる場合はまれであり，心理学的研究が示したように，客観確率が与えられても人間はそれをそのままの形では用いないことがわかっているからである．さて，各代替案 a_i には一つの確率分布が対応する．これは，心理学的には各 a_i によってもたらされる結果の予想であり，トヴェルスキー(Tversky)にならってプロスペクトと呼んでおこう．数学的には，この見通しは行動空間 A から可能な P の集合 $\mathcal{P}$ への写像であり，φ で表す．また，おのおのの結果 c_i に対して，われわれはその望ましさの程度が測定されると考える．望ましさを数値化する関数を u とおく．

このように意思決定問題とは，$\langle A, C, \mathcal{P}, \varphi, u \rangle$の五つの要素からなっている．

b. 意思決定のプロセス

意思決定の典型的なプロセスは次のようになる．
（1） 代替案の生成
（2） 結果の予想(確率評価)
（3） 結果の望ましさの評価(効用評価)
（4） 結果の予想と望ましさの評価の統合
（5） 最適な代替案の決定

ただし，以上の五つのステップは，心理学以外の諸科学，とくに規範を扱う科学においては典型的ではあっても，心理学的現実としては典型的といえないことに留意する必要があろう．心理学的な意思決定のプロセスを説明する前に，まず規範モデルの代表として，ベイズ的決定理論を説明する．

c. ベイズ的決定理論

ベイズ的アプローチにおいてもまず，代替案がどれだけあるかを確定することが先決である．次に，それぞれの代替案をとった場合にどのような結果が起こるかを予想するが，ベイズ的には結果の予想は主観確率分布によってなされる．この主観確率は，結果自体の生起可能性を直接評価するよりも，代替案と結果を1対1対応させない外的な要因(自然の状態などといわれる)の不確実性を評価するために用いられることが多い．すなわち，自然の状態を$\theta_1, \theta_2, \cdots, \theta_n$で表すと，自然の状態が代替案に影響されない場合，結果c_jは代替案a_iと状態θ_kとの関数になる；$c_j = c(a_i, \theta_k)$．このとき，結果空間上の確率分布は，状態空間$\Theta = \{\theta_1, \theta_2, \cdots, \theta_r\}$上の分布によって想定される．しかし一般的には，代替案a_iによって自然の状態Θは変化するので，a_iを所与とした条件付き分布によってΘを評価する．このようなケースにはデシジョントリー(decision tree)によって表現する方が意思決定状況がわかりやすくなる．

たとえば，スキーへ行くとき，車で行くか(a_1)，電車で行くか(a_2)の二つの代替案があったとしよう．それぞれの代替案にまつわる不確定性は全然異なるものであり，車で行くには雪のせいで道路が閉鎖されているかもしれず，もし道路が通じていても，事故にあう危険性もないわけでもない．このような場合は図1.5.9のように示される．デシジョントリーでは，○が自然あるいは他者の選択，つまり自力では変更できないこ

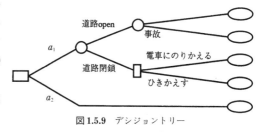

図1.5.9　デシジョントリー

とを表し，□は自分が選択することを示す．

ベイズ的には，c_j の効用を $u(c_j)$ とおく．ベイズ的な意味での最適な決定はこの効用の期待値（予想する値）を最大化することと同義である．すなわち，代替案 a_i の効用は，a_i に対する予想が分布 P_i によって表現されるとき，

$$u(a_i) = \sum_{j=1}^{n} u(c_j) P_i(c_j) \tag{5.34}$$

となる．もし，各 c_j が，$c(a_i, \theta_k)$ によって表されるならば，

$$u(a_i) = \sum_{k=i}^{r} u(c(a_i, \theta_k)) P(\theta_k) \tag{5.35}$$

となる．

期待効用最大化の原理によれば，この $u(a_i)$ を最大にする a_i が最適な決定である．

d. 心理学的記述理論

ところが，人間が上記のような規範的モデルに従っているかというと，当然そうではない．意思決定の過程のそれぞれについて，人間はベイズ的なモデルには従わないことを示している．

1) 代替案の生成

実際には，決定のプロセスにおいて不変の代替案の集合をもつことはまれであり，通常は時間につれて，代替案は増えたり減ったりするし，また代替案は，並列的に並べられるものではなく，階層構造をなすことが多い．

2) 確率分布の存在

実際の人間は起こりやすさを確率という制約の多い方法で評価することは，不可能といわないまでも，かなり困難であろう．数学的確率はコルモゴロフの公理系，たとえば，独立な事象間の加法性を満たさなければならない．すなわち，二つの事象 A, B について，

$$A \cap B = \phi \quad \text{のとき} \quad P(A \cup B) = P(A) + P(B)$$

この等式を満たさないとき，すなわち，左辺が右辺より大きいとき優加法性といい，逆に，右辺が大きいとき劣加法性という．人間の確率判断が，加法性を満たさない事例はいくらでもみつけることができる．

条件付き確率の定義を変形すると，次のような式が得られる．

$$P(B|A) = \frac{P(A|B) P(B)}{P(A)} \tag{5.36}$$

これは，文脈によってはベイズの定理と呼ばれる．このベイズの定理は，ベイズ的には，単なる定義ではなく，公理から導かれる規範であるが，実際の人間の確立判段では，このベイズの定理には従わないことが多い．たとえば，上式において $P(B)$ の項を無視することが多い．これは，A 所与の B の確率が，A と B が類似している程度によって判断されることによる．たとえば，A を田中さんであるということ，B を図書館司書であるとい

うこととしよう．このとき，田中さんが図書館司書である確率は，田中さんがどの程度司書らしいかの判断，言い換えれば，田中さんがどの程度，図書館司書を代表しているかどうかによって決まり，図書館司書の人口がどの程度であるかには注意を払わないことがふつうである．また，$P(B|A)$ は，A から B への因果関係を意味しないにもかかわらず，人間はそう判段することが多い．A から B への因果関係が考えられるときの方が逆に B から A への因果関係が考えられるとき（すなわち，B が A の結果と考えられる場合）よりも，$P(A|B)$ を大きく評価することがあるのはそのためである．先に述べたように，結果空間に確率分布を想定することは，われわれ人間がすべての確率法則を満たすことを意味する．しかし，日常的推論においてわれわれは確率推論を使うように訓練されてはいないし，もし，確率の何たるかを知り，それを使おうという意欲があってもやはり，すべての確率法則を満たすことは不可能である．

3） プロスペクト

一つ一つの代替案によってどのような結果が生じるかを予想することは，a_i に対応する分布を一つ選ぶことである．この選択は，人間の考え方の枠組みによって大きく影響される．客観的にみれば同じ状況でも，その記述の観点を変えることによって被験者の好みを変えさせることができる．これをフレーミング効果という．

e． プロスペクト理論

ベイズ的アプローチが心理学的決定の記述には向かないことはしばしば指摘されてきたが，トヴェルスキーはそれに代わる記述モデルとしてプロスペクト理論を提案した．プロスペクト理論によれば，人間の決定過程は大きく二つに分かれ，最初に決定事態の単純化を図る編集段階と，次に編集された各代替案を評価する評価の段階がある．人間の直面する複雑な局面を自分が決定しやすいように整理することは当然であろう．トヴェルスキーのプロスペクト理論では，報酬（あるいは損失）とその起こる客観確率が与えられているが，"それでも，同じと思う部分を一つの賭けにまとめてしまう"，"共通の要素を取り除く"，"確実な部分と不確実な部分に分ける"などの整理を行うとしている．この段階で重要なのは，人間の思考に特徴的なカテゴリー化の一種として，結果を損か得かに分ける分岐点をみつけることなどを行う．評価の段階では，与えられた客観確率(p) と，賞金(x) の心理的評価を行う．客観確率 0.98 と 0.99 の差 0.01 と，同じく，0.55 と 0.56 の差 0.01 は心理的に同じ意味をもたない．

決定に関与するのは，この心理的インパクトであり，これをウエイト関数 $\phi(p)$ で表す．また，報酬あるいは損失 x の価値は価値関数 $V(x)$ で表す．このとき，各代替案 a_i（賭け）の価値は次のように表される．

$$V(a_i) = \sum_j \phi(p_{ij}) V(x_{ij}) \tag{5.37}$$

130   I   心理学のメタ・グランド理論

式(5.37)は，ベイズ的期待効用仮説と非常によく似ている．価値関数 $V(x)$ は，本質的には，主観的に決定者が状況に応じて決められるものであり，ベイズ理論における効用関数 $u(x)$ にほかならない．ただし，$\pi(p)$ は通常のベイズ・アプローチでは説明できない．

f. 累積プロスペクト理論

トヴェルスキーは，プロスペクト理論を発展させたとして，累積プロスペクト理論(cumulative prospect theory)を提案している．これは，確率やウエイト関数の部分をファジィ測度によって表したもので，きわめて一般的な形になっている．事象 E_j が起こるとき報酬(あるいは損失)x_j が得られるとするとき，その生起の可能性および心理的インパクトがファジィ測度 $\pi(E_j)$ によって表されるとする．

ファジィ測度とは，確率がもつ加法性を満たさず，次の条件を満足するのみである．すなわち，

・ $\pi(\phi)=0$

・ $E_j \subset E_k$ のとき，$\pi(E_j) \leq \pi(E_k)$

そして，一般には，$E_j \cap E_K = \phi$ のとき，

$$\pi(E_j \cup E_k) \neq \pi(E_j) + \pi(E_h) \tag{5.38}$$

となる．このとき，各代替案 a_i の価値はショケ積分と呼ばれる次式の計算によって表される．すなわち，

$$V(a_i) = (c) \int \pi(E_{ij}) \, dV^*(x_{ij}) \tag{5.39}$$

ただし，$(c) \int$ はショケ積分の記号，$V^*(x_j)$ は x_j の価値 $V(x_j)$ が負になる場合もあるので，$V^*(x_j) = c + dV(x_j)$ と最低値が非負になるようにアフィン変換したものである(負の場合も扱うようにショケ積分を拡張することも可能であり，そうした場合にはトヴェルスキーの記述と一致する)．ショケ積分は，非加法的な測度のためのルベーグ積分の一般化であり，具体的には，次のことを意味する．

いま，x_j の大きさの順に，E_j を並べたものとする．このとき

$$V(a) = \sum_{j=1}^{n-1} \pi_j^* V^*(x_j) \tag{5.40}$$

ここで，

$$\pi_j^* = \pi(E_{j+1} \cup \cdots \cup E_n)$$
$$- \pi(E_j \cup \cdots \cup E_n)$$

トヴェルスキーでは，$V(x_j)$ が正の場合と負の場合とに分けて記述しているのでわかりにくいが，累積プロスペクト理論の本質は心理的確率を表すための非加法的なファジィ測度の使用と，総合手段としてのファジィ積分(ショケ積分)の利用であるといえる．

これは確かに一般化ではあるが，一般化しているゆえに，心理的リアリティが欠落する

第5章 数理科学的理論 *131*

側面もある．いずれにしても，心理的決定の記述は，これらのモデルが表現するものよりも多様であることはまちがいないであろう．意思決定理論は規範モデルと記述モデルとの緊張的な相互作用によってさらに発展するものと考えられる．

エピソード

トヴェルスキーと共同研究

　トヴェルスキー(Tversky)教授は，数理心理学者，認知心理学者などと呼ばれて当然ではあるが，むしろ，そのように固定した呼び方があまりふさわしくないような人物である．学部時代に，パスカル(Pascal)やヒューム(Hume)の著述に興味をもったようである．彼にとって帰納や類似性に関する基本的な問題が先にあり，その問題に答えるためにはどんな分野の方法論をも使ったであろう．

　トヴェルスキーの意思決定に関する業績は，その多くがカーネマン(Kahneman)との共同作業である．トヴェルスキーは，ヘブライ大学で学部教育を受けたのち，ミシガン大学でクームズ(Coombs)教授の薫陶を受けた．彼の博士論文は，加法的測度の必要十分条件と実験的検証という数理的なものであったが，ヘブライ大学へ帰ってカーネマンと会って，彼の研究に大きな変化がみられるようになる．カーネマンはフォーマルな理論が人間の現実の意思決定からはほど遠いということをトヴェルスキーに実感させたものと思われる．

　当初，二人の共同研究は性格も異なり，長続きしないと評する同僚もいたようであるが，この二人の共同研究は心理学でもまれな成果をあげている．彼らは問題にぶつかると，20時間も30時間もまず話し合い，一致するまで意見をぶつける．互いに高度に見解が一致して初めてリサーチを始めるという．二人の共同研究は，トヴェルスキーが数理的側面に強いなどの違いはあるが，互いにそれぞれの発想を大事に発展させ一人ではできないような研究を生み出しているところが意義深い．心理学者の共同研究のモデルケースともいえるであろう．残念ながらトヴェルスキーは，惜しまれながら亡くなってしまった．しかし，彼が同志社大学における心理学会で講演を行い，多くの日本人意思決定研究者に与えた影響は長く残るであろう．

〔繁桝算男〕

文　献

1) Bell, D.E., Raiffa, H. and Tversky, A.(eds.)(1988): *Decision Making.* Cambridge University Press.
2) 繁桝算男(1985): ベイズ統計入門，東京大学出版会．
3) 繁桝算男(1995): 意思決定の認知統計学，朝倉書店．

II

感覚・知覚心理学

第1章

感 覚 理 論

　感覚には，視覚，聴覚，皮膚感覚，味覚，嗅覚など，いわゆる五感が存在すると
いわれる．しかし，これ以外にも，平衡感覚，自己受容感覚，内臓感覚などの感覚
の存在を指摘できる．さらには，皮膚に関係する感覚だけでも，圧，触，振動，
温，冷，痒，痛などをあげることができ，じつに多様である．感覚の数は一定では
なく，分類の仕方に依存するようである．

　ワープロで文字を入力していると，指先にはキーのなめらかな表面が感じられ，
キーを押すとそのときの指の関節や筋の変化が感じられ，ディスプレイ上には入力
した文字が現れ，変換キーを押すと平仮名から漢字への変化をみてとることができ
る．同時に，車の音，ファンの作動音，キー入力のカチカチという音が聞こえる．
このようなちょっとした動作の中にも常に種々の感覚系が働いている．ワープロの
文字入力という作業の中で，目を閉じればもはやディスプレイ上の文字はみえず，
耳をふさげばキーのカチカチという入力音は聞こえなくなり，キーから指を離し手
を空中に浮かべると，もはやキーの感触は失われる．感覚は互いに分離でき，異な
る感覚体験をもたらすので，視覚，聴覚，触覚には何ら共通するところはないよう
に思える．しかし，われわれは感覚を通して環境の状態を知るという一つの共通点
をもつ．感覚器官は異なっていても，それぞれの感覚が行っている情報処理の基底
には，類似した原理が働いているであろう．そこで，本章ではおもに精神物理学的
な方法で調べられた複数の感覚系で共通に認められる原理を考えてみることにす
る．はじめに視覚系に認められる原理を記述したのちに，他の感覚系での事例を述
べるという方法をおもにとることにする．

1.1 刺 激 の 受 容

a. 受容器の種類

感覚受容器は外部情報の生体への入口であり，その働きは外部環境エネルギーを神経系

が理解できる電気エネルギーへと変換することである．外部環境エネルギーの受容器は，機械的受容器，光受容器，化学的受容器，温度受容器の4種類に分けられる．各感覚受容器はそれぞれ外部環境のエネルギー刺激を受け入れるための特殊な構造をもち，その構造に適した刺激をもっている．機械的受容器は生体組織を変形させる刺激に応答し，聴覚では耳の蝸牛の基底膜にある有毛細胞，触覚では皮膚のパチニー小体などがこれに相当する．光刺激の受容は目の網膜に存在する2種類の視細胞(杆体細胞，錐体細胞)によってなされる．味や匂いの化学的受容器は，腔粘膜の上皮にある味蕾や鼻粘膜上方部分にある嗅細胞で化学的エネルギーを受け取る．温度感覚については，皮膚に特異的な温受容器と冷受容器が存在している．外部環境エネルギーはこれらの受容器で電気エネルギーに変換され，数次のニューロン連結を経て脳へと伝達されていく．

b. 感覚の符号化

それぞれの感覚体験には，量(quantity)の相違と質(quality)の相違とがある．量の相違とは刺激の主観的な強度の相違であり，質の違いとは視覚での赤，黄，緑，青のような色の相違，味覚での甘味，酸味，苦味，塩から味などに対応する．これらの感覚体験は，受容器によって変換された神経インパルスがそれぞれ固有の感覚中枢に伝達されて引き起こされるので，異なる刺激によって引き起こされた感覚体験は神経インパルスの伝達過程において何らかの方法で異なった符号化がなされなければならない．

刺激の強さと主観的な感覚の大きさとの関係については，図2.1.1に示されているようにスティーヴンス(Stevens)の法則($P=kS^n$)がよくあてはまることが知られている(P：感覚の大きさ，S：刺激の強度，k, n：定数)．この図は握力の強さと異種の感覚の強さをマッチングによって測定したものであるが，多様な感覚がベキ関数で共通に表現されていることがわかる．

では，刺激の強さと神経インパルスとの関係はどのような関数関係にあるのであろうか．そこで，ウェルナーとマウントキャッスル(WernerとMountcastle, 1965)は機械的刺激の強度(皮膚のへこみの大きさ)とネコやサルの下肢の有毛部の機械的受容器(Iggo小体)からのインパルス頻度との関係を調べたところ，対数関数よりもベキ関数でより近似できることを示した．

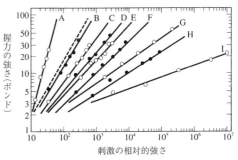

図2.1.1 種々の刺激に対する握力とのマッチングによって測定された等感覚関数(スティーヴンスの法則, $P=kS^n$)(Stevens, 1961)
縦軸と横軸は対数で表されている．図中の破線は傾きが1.0を示す．A：痛(電気ショック)，B：温，C：重さ，D：圧，E：冷，F：振動，G：白色雑音，H：純音(1,000 Hz)，I：白色光．

電気生理学的データと心理データをともに同じヒトで比較することがより好ましいことはいうまでもない．そこで，ボルグら(Borgら，1967)は中耳の手術をしている患者の舌の上にクエン酸，ショ糖，食塩の溶液を流して，鼓索神経からの神経インパルス応答を記録し，味覚の大きさのマグニチュード推定との比較を行った．その結果，神経インパルスの関数と主観的なマグニチュード推定の関数に対応関係が認められ，感覚の大きさは神経インパルスの頻度で符号化されている可能性を支持した．しかし，その後の触覚刺激に対するヒトの主観的マグニチュードと神経インパルス頻度との関係を調べた研究では，必ずしも刺激強度に対する神経インパルス関数と主観的マグニチュードの関数が同じではないことが発見された(KnibestolとVallbo，1976)．したがって，感覚体験の量的な相違は神経インパルス頻度で符号化されてはいるであろうが，その他の要因，たとえば，神経インパルスのタイミングなどの影響も受けているようである．

1842年にヨハネス・ミュラー(Johanes Müller: 1801-1858)は特殊神経エネルギー説(law of specific nerve energies)を唱え，「ある特殊な感覚はそれに対応した特殊な感覚器，神経線維により中枢に伝えられ，刺激の質的差の中枢における識別は，どの感覚神経が活動するかによって決定される」(佐藤，1968)と主張した．この説によると，視神経が光感覚をもたらし，聴神経が音感覚をもたらすことになるので，妥当であると考えられるが，常にこの法則があてはまるわけではない．たとえば，皮膚の神経線維の中には，皮膚の機械的刺激にも温冷にも応答するものが存在する．角膜には自由神経終末のみが存在しているが，触，圧，痛の感覚が生じる．

特殊神経エネルギー説はだいたいのところあてはまるとしても，同一の感覚での質に関して，神経系の信号である神経インパルスとどのような関係があるのであろうか．感覚の質の符号化には特殊説(specificity theory)とパターン説(pattern theory)がある．特殊説では，外部環境における特別な質の情報はその質にのみ反応する特殊な受容器が存在し，その情報を中枢に伝達してその感覚を生起させるとする．一方パターン説は，受容器と感覚の質には1対1の対応関係が存在せず，いくつかのニューロンにまたがった神経インパルスの活動のパターンによって感覚の質が符号化されていると考える．

特殊説は皮膚感覚の触，温，冷，痛の受容を研究したフォン・フレイ(Max von Frey: 1852-1932)の学説に基づいている．しかし，その後の研究から，感覚の質と触覚の受容器とには相関関係がないことが確認されてきている．パターン説は特殊説への反論として提唱された．ここでは，味覚についてパターン説を検討した研究を紹介する(Erickson, 1963)．

エリクソンはラットの舌に塩化アンモニウム，塩化カリウム，食塩などの味覚刺激を提示して，13個の鼓索神経から神経インパルス応答を記録した．図2.1.2は13のニューロンがこれらの味覚刺激にどのように応答したかを示している．この図はラットの鼓索神経が多くの味覚刺激に反応しているので，強い特殊性をもっていないことを示している．白

第1章 感覚理論　　　　　　　　　　　　　　　　　　　137

丸で示されている食塩の応答パターンが，互いに似ている塩化アンモニウムと塩化カリウムの応答パターンとかなり異なっていることがわかる．もし，この応答パターンによって味覚の質が符号化されているのであれば，似た応答パターンを示す物質は似た味を示すであろう．そこで，エリクソンは塩化カリウム溶液をラットが飲んだときにショックを与えて条件づけを行ったのちに，塩化アンモニウムと食塩の溶液を選択させたところ，ラットが塩化アンモニウムを飲むのを避

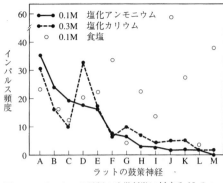

図 2.1.2　ラットの3種類の味覚刺激に対する13のニューロンのインパルス応答パターン(Erickson, 1963)

けることを発見した．味覚でのパターン説は交差順応(cross adaptation)によっても支持されている(SmithとFrank, 1972; Smith, 1974)．しかし，味覚には，サルなどにおいて，多くの場合特定の味物質にのみ応答するニューロンが存在しているという専有回線説(labeled line theory)を支持する研究も存在している(たとえば，Satoら，1975)．

c. 刺激受容範囲

それぞれの感覚受容器は適刺激をもつが，適刺激であっても受容可能限界が存在するため，感覚体験が生じない場合がある．そこで，ここでは最初に視覚系の感度曲線について述べたのちに，他の感覚系について述べることにする．

ヒトの視覚系はすべての可視範囲の波長の光に対して等しい感度をもっているわけではなく，刺激閾(光覚閾)は波長によって異なる．波長に対するヒトの視覚系の感度は比視感度曲線として表されている．国際照明委員会(CIE)は明所視と暗所視の2種類の標準比視感度曲線を定めている．標準明所視比視感度曲線は錐体細胞系の波長に対する感度を反映し，560 nm 付近にピーク感度をもつ．一方，標準暗所視比視感度曲線は杆体細胞系の分光感度を表し，500 nm 付近にピーク感度をもっている．杆体が作用している暗所視と錐体が作用している明所視の中間のレベルは薄明視と呼ばれる．薄明視のレベルでは，杆体と錐体の両者が同時に作用する．図 2.1.3 には，明所視から暗所視に至る9レベル(100～0.01 td の範囲)について，570 nm で規格化された比視感度曲線が描かれている(Sagawaと Takeichi, 1987)．明所視レベルから暗所視レベルに順応レベルが変化するにつれて，相対的に短波長側で感度が上昇し，長波長側で低下していく様子がわかる．この変化がプルキンエ現象(Purkinje phenomenon)を表している．プルキンエ(Purkinje, J.E.: 1787-1869)はチェコスロバキアのプラハ大学の生理学教授で，1825年に郵便ポストの赤と青の明るさを昼と夜とで比較した古典的な観察報告を書いているが，それに関した記述はただ

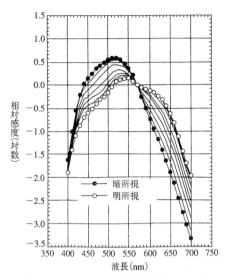

図 2.1.3 薄明視の比視感度曲線(佐川, 1991)
○：100 Td レベル(明所視)，●：0.01 Td レベル(暗所視).

の3パラグラフだけであったという (Boring, 1942).

聴覚についても，一般に音として聴くことのできる音波の周波数範囲は通常，20 Hz 程度から 20,000 Hz 程度までといわれ，聴くことのできる周波数に限界が存在している．音として聴くことのできる最小の刺激強度は最小可聴閾(threshold of audibility)と呼ばれ，いろいろな周波数の音に対して最小可聴閾を測定すると，可聴曲線(audibility curve)が得られる．最小可聴閾は，すべての可聴周波数に対して等しいわけではなく，3,000 Hz あたりで最も低く，感度が最も高い．ちなみにコウモリの場合の最大感度の周波数は 40,000 Hz 付近にある．また，1,000 Hz の純音を基準として，他のいろいろな周波数の音が基準音と等しい強さの音に聞こえるために必要とされる強さを測定すると，音の大きさの等感曲線 (equiloudness contour)が得られる (Fletcher と Munson, 1933). 可聴曲線や等感曲線から，聴覚系もまた視覚系と同様に，帯域通過(band pass)フィルターの性質をもっていることがわかる．

この帯域通過型の特性は触覚の振動刺激についてもいえる (図 2.1.4 参照). 触振動刺激に対する閾値曲線を測定すると，一般に U 字型曲線を描く (Goff, 1967；Gescheider ら, 1978). 振動に対する閾値は振動周波数が 250 Hz 付近で最低となり，それよりも周波数

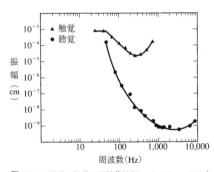

図 2.1.4 聴覚と触覚の閾値曲線(Gescheider, 1985)

が増加しても，減少しても閾値は増加する．触覚においても振動等感曲線が測定されている (Verrillo ら, 1969). 触覚での等感曲線は聴覚での音の大きさの等感曲線とよく似た曲線を描く．

これらの感覚系では，帯域通過の特性が共通に認められ，応答できる刺激範囲がかなり制約されていることがわかるであろう．

1.2 順応と弁別

a. 視覚での順応

われわれが自由に活動できるためには，視覚系が星明かりのような非常に暗い光から夏の直射日光のような非常に明るい光までの広範囲の照明環境で作用できると同時に，物を認識するために刺激強度の小さな差異をも検出できる必要がある．広範囲の照明環境をカバーすることと刺激強度の小さな差異を検出することは互いに矛盾する．視覚系はこの矛盾の解決のために暗い所で働く杆体細胞と明るい所で働く錐体細胞という2種類のタイプの光受容器を用いて，順応(adaptation)を行っている．

明るい屋外から映画館のような暗い室内に入ると，室内の様子を知るまでに時間がかかる．最初は，室内は暗く様子もわからない．しかし，しばらくすると室内が見分けられるようになる．このような視覚の感度の時間的な変化は暗順応曲線で示される．周知のように，暗順応曲線は横軸が時間で，縦軸が刺激閾値で表現される．閾値測定を開始すると，閾値は急激に低下し始めるが，2分も経過すると閾値の低下は緩やかになり5～10分でいったんほぼ一定の値に落ち着く．しかし，さらに時間が経過すると閾値は再び急速に低下し始め，そして30分ほどたつとそれ以上時間が経過してもさらに低下することのない絶対閾値レベルに達する．この暗順応曲線の二つの曲線の変換点はコールラウシュの屈曲点と呼ばれ，屈曲点の前段階では錐体細胞系が働き，あとの段階では杆体細胞系が働く．

暗い所から明るい所に出たときには，まぶしさを感じ，光に対する弁別感度が低下する．しかし，まぶしさを感じている時間が短いことは日常体験していることである．実験的にも明順応が短いことが確認されている．ある研究では，テスト光の検出閾値は順応刺激光提示の直後で最大であるが，ただちに低下し，高い輝度の明順応刺激光の場合でも10分後には一定になる(Baker, 1949)．しかし，閾値が大きく低下する時間帯は明順応刺激光の提示直後の1～2分の範囲であった．異なる手法でなされた実験でも，同様に100秒程度で明順応が終了すると結論されている(Wright, 1937)．

b. 他感覚での順応

聴覚の場合も，持続的に音にさらされると，音の大きさに対する感度は変化するのであろうか．聴覚順応は，測定法によって異なる結果が得られているようである．初期の同時両耳聴ラウドネスバランス法を用いた研究では順応は比較的早く生じ，1～2分で最大となるという結果が報告されている．しかし，この方法には両耳間の交互作用の問題が指摘されている．両耳間の交互作用を改善した方法を用いた研究では，10 dB sl程度の弱い音では音の大きさは3分程度で60～70％の低下を引き起こし順応効果が認められるが，一般には音の大きさに対する順応は生じないという(Sharf, 1978 ; Moore, 1989)．また，痛

覚でも順応は生じない(GreeneとHardy, 1962)．
　触覚では，順応が認められる．振動刺激に対する順応の時間経過についての研究(たとえば，Hahn, 1966)から，順応過程において主観的強度が指数関数的にしだいに低下していき，刺激強度が強いほど主観的な強度は急激に弱まることがわかってきた．ベルグランドとベルグランド(BerglundとBerglund, 1970)は，250 Hzの振動刺激を指先に提示して，7分間の順応過程とその後7分間の回復過程を調べたが，強い強度の場合には，7分の順応時間では完全に順応しなかった．しかし，順応からの回復は比較的早く，1～2分で回復している(図2.1.5(a))．
　匂いに対しても順応は生じる．エックマンら(Eckmanら, 1967)は一定の濃度の硫化水素を提示して，通常の速度で呼吸を行わせながら，匂いの強度を評定させた．匂い強度は最初は急激に，その後はゆっくりと低下してある水準に落ち着く指数関数で表現される．一定水準の匂い強度に達する時間は4～10分であった．匂い物質を取り除いたあとの回復は順応に必要としたと同程度の時間を必要としていた(図2.1.5(b))．味覚でも順応が生じることが知られている(Meiselman, 1968 ; Gent, 1979)．
　これら順応曲線はすべてある強度の刺激に持続的にさらされると，主観的強度が最初は急速に，そしてしだいにゆっくりとある一定レベルに達する指数関数的な時間経過を示す．

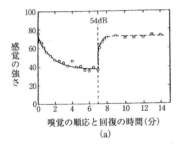 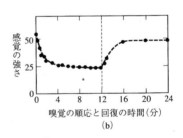

図2.1.5　触覚と嗅覚の順応と回復
(a) 振動刺激強度 54 dB(BerglundとBerglund, 1970)，(b) 硫化水素濃度 6.4×10^{-6}/容積(Eckmanら, 1967)

c. 弁別とウェーバーの法則

　夜空には，多くの星が輝いてみえるが，真昼の青空では，星はみえない．視覚系は明るい照明環境では錐体系がおもに働き，微弱な光の検出は不得意である．しかし，明るい照明環境で必要とされるのは，光刺激強度の差異の検出による物体の細部の知覚であろう．
　差異の検出は弁別の問題である．ある強度の刺激(I)と少し強度の異なる刺激($I+\Delta I$，あるいは$I-\Delta I$)が存在し，この二つの刺激の強度の差異がやっと気づかれた場合，ΔIは弁別閾と呼ばれる．弁別閾が小さいほど弁別の感度が高いことになる．
　実験的に光刺激強度の差異の検出を検討するために，大きな順応視野(adapting field, 刺激強度 I_a)を提示しておき，その上に小さなテスト光(刺激強度ΔI)を短時間提示して，

どの程度のΔIをI_aに加えるとテスト光が検出されるかを測定することがある．このようにして測定される弁別閾値(ΔI_t)は増分閾値(increment threshold value)と呼ばれる．増分閾値の測定結果は増分閾値曲線と呼ばれ，図 2.1.6 のように両対数グラフに縦軸に増分閾，横軸に順応視野強度として表現される(t.v.i.function, t.v.i. 曲線)．縦軸にコントラスト($\Delta I_t/I_a$)が用いられることもある(c.v.i.function, c.v.i. 曲線)．

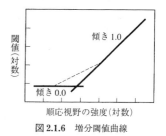

図 2.1.6　増分閾値曲線

　t.v.i. 曲線は順応視野の刺激強度によって，傾き 0.0 の部分，傾き 1.0 の部分，その中間の移行部分の三つに分かれる．順応視野の刺激強度が非常に低い場合には，テスト光の検出にはある一定の刺激強度が必要になるので，$\Delta I_t =$ 一定となり，増分閾は傾き 0.0 となる．一方，順応視野の刺激強度が高い場合には，増分閾は順応視野の刺激強度に比例して増加し，傾き 1.0 の直線になる．感度は閾値の逆数で表されるので，このことは，周囲の明るさが増加するにつれて眼の弁別の感度が低下することを意味している．

　増分閾が順応視野の刺激強度に比例して傾き 1.0 の直線になるということは，眼のコントラスト感度が一定，つまり$\Delta I_t/I_a =$ 一定という関係が，外界の照明レベルにかかわりなく成立していることである．ある物体とその背景物の反射率は不変であるので，外界の照明条件が変化しても，物体と背景物の輝度コントラストは変化しない．そこで，われわれの眼のコントラスト感度が一定であるのであれば，外界の照明のレベルに関係なく，物体の明るさの差異の検出は等しく成立することになる．

　$\Delta I_t/I_a =$ 一定という関係はウェーバーの法則(Weber's law)と呼ばれる．ウェーバーの法則は光刺激以外の刺激に対しても成立することが知られている重要な法則である．ただし，ウェーバーの法則は刺激強度が中程度の範囲でよくあてはまり，刺激強度の全範囲に対しては成立しない．

　上述の増分閾値曲線では，順応視野の刺激強度が低い場合にはウェーバーの法則は成立しなかった．順応視野が非常に暗い場合には，弁別閾の測定は刺激閾の測定同様となり，$\Delta I_t =$ 一定の関係になる．$\Delta I_t/I_a =$ 一定と$\Delta I_t =$ 一定を一つの式で，一般化されたウェーバーの法則として$\Delta I_t/(I_a + I_o) =$ 一定と表現できる．I_oは内的なノイズを表す定数である．

　視覚以外にも，聴覚，嗅覚，味覚，触振動感覚などで，一般化されたウェーバーの法則が成り立つことが知られている(Marks, 1978 ; Laming, 1985)．たとえば聴覚の場合，白色雑音のウェーバー比($\Delta I_t/I_a$)は

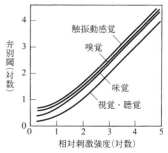

図 2.1.7　いくつかの感覚における強度弁別(Marks, 1978)

約0.06(Harris, 1950)であり, 視覚での明るさのウェーバー比と等しく小さい. 嗅覚や味覚の場合のウェーバー比はそれぞれ約0.25(嗅覚; StoneとBosley, 1965), 約0.2(味覚; McBurney, 1978)である. また触振動感覚では, 0.4である(Craig, 1972). これらウェーバー比の数値は, もちろん実験条件によっても変化するものではあるが, 図2.1.7は5種の感覚の弁別能力を比較したものである. この図から視覚と聴覚が最も感度が高いことがうかがえる.

1.3 加　　重

a. 視覚における空間的加重と時間的加重

感覚系は刺激を空間的あるいは時間的に統合する加重(summation)の特性をもっている. 視覚系には, 光の絶対閾値に関して, リコーの法則(Ricco's law, 空間的加重)やブロックの法則(Bloch's law, 時間的加重)が成立することが知られている. リコーの法則は, $I \times A = k_a$ で表される(Iは閾値の刺激光強度, Aは刺激光の面積, k_aは定数). ブロックの法則は同様に, $I \times T = k_t$ となる(Tは刺激光の持続時間, k_tは定数). これらの式をより一般的に表現すると, 空間的加重は $I \times A^x = k_a$, 時間的加重は $I \times T^x = k_t$ で表される. xが1.0の場合には完全な加重が成立し, xが1と0の間であれば部分的な加重が成り立つ. また, xが0であれば, 加重は全く行われないことになる.

この関係を図で表すと, 図2.1.8のようになる. 刺激光の面積あるいは時間が小さい領域での直線の傾きは-1.0となり, さらに面積あるいは時間が増加すると曲線は水平となる. この傾き-1.0の部分が空間的あるいは時間的な完全加重(complete summation)の領域である. 図2.1.8の破線で示されている傾きが-1.0から0.0へ移行する部分は加重が完全でなく部分的になされている部分的加重(partial summation)を表している. 完全加重から離れる点は臨界面積(critical area)あるいは臨界持続時間(critical duration)と呼ばれる.

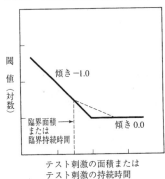

図2.1.8　空間加重または時間加重の曲線
　　　　(HoodとFinkelstein, 1986)

視覚においては, 杆体細胞系での完全な空間的加重の面積範囲は, 網膜周辺部になるほど増加する. たとえば, 網膜偏心度5°の部位の臨界面積は直径0.5°であるが, 偏心度35°では2°となるという(Hallett, 1963). 錐体細胞系の空間加重は非常に貧弱で, 最大直径7′程度である(Baumgardt, 1972). 中心窩の錐体細胞の空間分解能の働きを考えると, 小さい臨界面積は当然のことであろう.

視覚の時間的加重の臨界持続時間は多くの実験から約100 msecといわれている. 杆体細胞系では, 刺激

光の波長や面積は臨界持続時間に影響しないが，一方錐体細胞系では，刺激光の波長や面積が影響を与える．面積の増加は臨界持続時間を短くし(Karn, 1936)，短波長の刺激光は長波長よりも臨界持続時間を長くする(Sperling と Jolliffe, 1965)．

b. 他感覚での空間的加重と時間的加重

聴覚でも，空間的加重が生じるのであろうか．空間的加重が成立するためには，刺激の受容面において空間的広がりが存在することが前提となる．音の受容は基本的に時間的な性質をもつので，空間的な刺激受容の性質をもっているようには思えない．しかし，聴覚の受容器は蝸牛の基底膜にあり，基底膜は空間的な広がりをもっている．基底膜の振動の最大偏位の生じる部位は音の周波数によって異なるという特徴をもっている．最大偏位点は，音の周波数が低いと蝸牛頂に近い基底膜の先端領域になり，音の周波数が高くなるほどしだいに前庭窓の方向に近づいてくる．

この音の周波数の空間的配置という特徴が聴覚における空間的加重の検討を可能にしている．雑音を構成している周波数の帯域幅を変化させたり，純音の周波数の差異を変化させることにより，最大に刺激される基底膜の広がりが音の大きさに及ぼす影響を調べることができる．聴覚では，視覚における臨界面積に対応する概念は，臨界帯域(critical band)と呼ばれる．たとえば，ガスラーは，はじめに 1,100 Hz の純音の最小可聴閾を測定し，次に強度レベルの等しい2音(たとえば，1,095 Hz と 1,105 Hz，この2音の平均周波数は 1,100 Hz)からなる複合音で最小可聴閾を求めた．さらに，次々と複合音を構成する純音の個数を最大40個まで増加させることにより複合音の帯域幅を増加させながら，最小可聴閾を測定していった．この結果，帯域幅が約 160 Hz まで(つまり，950〜1,110 Hz の範囲)は，最小可聴閾が構成純音の全体のエネルギーに等しいことが示された(Gässler, 1954)．このことは明らかに，空間的加重が聴覚でも成立していることを示している．

皮膚は空間的に広がっているので，空間的加重が成立するかどうか検討されてきている(Craig と Sherrick, 1969 ; Verrillo, 1963)．振動刺激閾に関して，刺激素子の面積を変化させて調べている．ベリロの一連の研究結果によると，振動刺激素子の面積が小さいときには，刺激閾は振動周波数に関係なく一定の値を示し加重は生じないが，面積が大きくなるに従い刺激閾は低下し空間的加重を示す．空間的加重は 80〜640 Hz の周波数領域で生じることが知られているが，40 Hz 以下の周波数では生じない．またパチニー小体を含まない舌のような部位でも，空間的加重は生じな

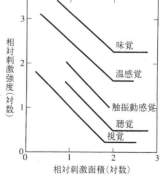

図 2.1.9　種々の感覚での空間的加重
(Marks, 1978)

い. 空間的加重は味覚でも，温度感覚でも生じる．図2.1.9はいくつかの感覚系での空間的加重を示したものである(Marks, 1978).

次に，他の感覚での時間的加重について簡単に述べる．聴覚でも時間的加重が生じる．一般に約200msec以上の刺激提示で，閾値は一定になるが，それ以下では閾値は上昇する(Garner, 1947). 触覚でも同様に生じるが，加重効果は150～200Hz近傍で顕著であるが，振動素子の小さい場合や低周波数領域では認められない(Gescheider, 1976; Verrillo, 1965; 1968).

1.4 興奮と抑制

a. 同時対比

図2.1.1にみられるように，種々の刺激に対する主観的強度はスティーヴンスの法則に従うことが知られている．光刺激の明るさの場合，スティーヴンスのベキ関数の指数は0.33である．この値はテスト光が暗黒の背景に提示された場合に得られたものである．テスト光のまわりに種々の強度の背景光を配置して，同様にテスト光の明るさを評価する場合，背景光よりもテスト光の刺激強度が高いときにのみ同じ値の指数のベキ関数が得られる．背景光よりもテスト光の強度が低い場合にも，ベキ関数が得られるが，図2.1.10に表されているように，背景光の輝度が高いほどベキ指数は大きくなる(Horeman, 1965). この図から，たとえば，テスト光80dBの単独提示の場合には70単位ほどの明るさ感が得られるが，85dBの背景光が同時に提示されると明るさ感は約10単位にまで低下してしまうことがわかる．明るい背景光がテスト光の明るさを抑制したのである．同時に提示される背景光がテスト光の明るさ感に影響を与える現象は同時対比(simultaneous contrast)と呼ばれる．このようなテスト刺激以外の刺激が同時に存在することによるベキ関数の指数の変化は聴覚においても認められている(StevensとGuirao, 1967).

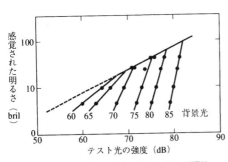

図2.1.10 背景光が存在する場合の明るさ関数 (Horeman, 1965)

b. マッハ現象：側抑制

感覚における抑制効果の最も有名な現象は視覚におけるマッハバンド(Mach band)であろう．このマッハバンドとは，光の強度の空間分布が急激に変化する部分で実際よりもコントラストが強調され，明るい部分でより明るい帯が暗い部分でより暗い帯が観察され

る現象で，この現象の発見者であるオーストリアの物理学者・哲学者マッハ (Ernst Mach : 1838-1916) にちなんで名づけられたものである．マッハバンドの現象から，ある一定の光刺激の強度に対する主観的応答がその網膜周辺への光刺激の強度に依存することがわかる (Lowrey と de Palma, 1961). このような相互作用は，カブトガニの電気生理学的研究をはじめとする「オン中心-オフ周辺」の同心円状の受容野構造をもつ神経系の興奮と抑制の拮抗作用 (側抑制, lateral inhibition) で説明されている (Ratliff と Hartline, 1959 ; Cornsweet, 1970).

抑制効果の例としてマッハバンドと同様に有名なものにヘルマン格子 (Hermann grid) がある．ヘルマン格子は 19 世紀のドイツの生理学者ヘルマン (Ludimar Hermann : 1838-1914) が発表した錯視図形である．図 2.1.11 はオリジナルの図を変形したものであるが，これに類似した図をアメリカの大学のパンフレットの表紙に印刷して配付したところ，眼科医に目の

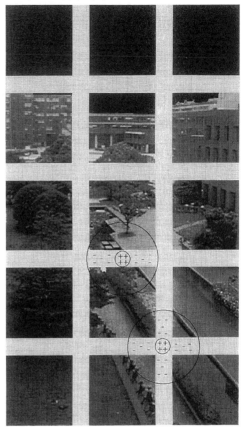

図 2.1.11 ヘルマン格子の例
図中の同心円はオン中心-オフ周辺の受容野を表す．

異常を訴える患者が殺到したという．このパンフレットの表紙をみると格子の交差点に暗いスポットが現れるが，よくみようとして直接そのスポットに目を向けると消えてしまうという訴えであった．この現象は視神経節細胞の受容野の中心/周辺の拮抗作用によるものである．注視されていない交差点に受容野をもつ神経節細胞の活動は，オン領域と比べ周辺のオフ領域が強く刺激されて大きい抑制が働くので，減少する．一方交差点の間に受容野をもつ視神経節細胞はオン領域とオフ領域からの信号が打ち消し合うため，抑制はそれほど強く生じない．そのため活動の減少した細胞が交差点に限定されるため灰色のスポットが観察される．このスポットを詳しく観察しようとして交差点を凝視すると，中心窩の受容野は小さく，注視した交差点に全受容野が含まれてしまうので，オンとオフ領域からの信号は打ち消し合ってしまい灰色のスポットは消えてしまう．

視覚におけるマッハバンドに類似した側抑制の機構が他の感覚でも生じることがベケシーによる精神物理学的実験によって例示されている（Békésy, 1967）．ベケシーは蝸牛での周波数分析は不十分であるので，聴覚神経系で周波数分析が抑制機構により先鋭化されると考えた．そして抑制が他の感覚でも共通に認められる現象であることを種々の実験で実証した．たとえば，ベケシーは一部が少し凸状に突き出た厚紙のエッジを上腕部に一様に押し当てたときに皮膚表面で感じる圧覚の大きさの分布を描かせると，厚紙のエッジの変化する部分でとくに大きな圧覚が得られると報告している．触振動刺激でも同様に感覚の大きさのオーバーシュートが振動の変化点付近で観察されている．これは，指を水銀の中に入れると水銀の表面のみで圧覚を感じ指先では感じないというマイスナーの観察と一致する．刺激強度の勾配が変化する部分で大きな感覚を引き起こし，変化部分を強調することがこの観察からもうかがえる．

二つの毛(von Frey の毛)をコンパスの両脚につけて皮膚に同時に提示する場合にも側抑制現象が観察できる．コンパスの幅を変化して二つの刺激部位間の距離をしだいに増加させていくと，圧覚の大きさの分布は最初は一つの山状の形態をなしているが，しだいに山は広がりをもち，ついには二つの山に分離していく．この圧感覚の分布がちょうど分離する所で抑制が現れ，ときには全く圧感覚をなくすこともできるという．ベケシーは同様の効果を，舌を化学物質で2か所刺激し，刺激部位の間隔を変化して得ている．

ベケシーは抑制の現象が二つの刺激を継時的に提示した場合にも得られることを示した．たとえば，二つの振動素子を 12 cm 程度離して同時に駆動すると，振動感覚は素子の中間の地点に感じられる．しかし，この振動素子の駆動に時間差を導入すると，時間差に応じて感覚位置は移動する(Gescheider, 1965；Alles, 1970)．二つの刺激の時間差によって中央から一方の側へ感覚定位の偏位が生じるが，このような感覚定位の偏位は聴覚でも，味覚でも，嗅覚でも生じる．なお，空間的・時間的要因によって引き起こされる感覚定位の偏位で最も有名な現象は仮現運動であるが，触振動感覚において，仮現運動が生じるための最適な提示時間間隔(SOA)を触振動刺激の提示時間の関数として求めると，視覚の場合と全く同じ傾向の曲線となることが知られている(Kirman, 1974；Sherrick, 1968)．

1.5 周 波 数 分 析

a. 視覚の周波数選択性：選択的順応

視覚系は物体を発見し，他と区別し認識するという役割を担っている．物体の検出には物体とその周囲とのコントラストの差異が重要であるが，物体の形態を認識するためにはコントラストの差異だけではなく，コントラストの空間配置を知ることも必要である．複合音が純音を構成要素とする組み合わせで表現されるように，どのような光景でもさまざ

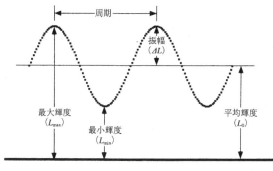

図 2.1.12 正弦波パターンの輝度分布とその例

まな正弦波状の縞模様パターンを構成要素とする組み合わせとして表現できることが知られている．正弦波状の縞模様パターンは四つの変数，つまり，コントラスト，空間周波数，方向，位相を独立に操作できるので，形態知覚の研究にとって有用な研究道具となりうる．正弦波パターンとは図 2.1.12 のような輝度の空間的分布が正弦波状に変調されたパターンである．コントラストとはこのような輝度分布の変動を示す指標で，輝度分布における最大輝度を L_{max}，最小輝度を L_{min} とすると，コントラスト $= (L_{max} - L_{min})/(L_{max} + L_{min})$ で定義される．また空間周波数とは，視覚 1°当たりの明暗バーの対の数で，cycle/degree, c/deg，または cpd で表現される．高い空間周波数とは細かい縞模様を意味し，低い空間周波数とは粗い縞模様を意味する．図の縞の明暗のバーは垂直方向に配列されているが，バーは斜めにも水平にもその方向を変化できる．同様に縞の明暗のバーは空間的な位置をずらして位相を変化することも自由にできる．

1968 年にキャンベルとロブソンは形態認知に関する新しいアプローチの実験を行った．彼らは，形態の認識は光パターンをさまざまの異なる大きさや方向のバーに分析する多くの狭い帯域通過フィルターでなされているという多重チャンネルモデルを提唱し，正弦波パターンを視覚刺激として使用したのである（Campbell と Robson, 1968）．彼らは正弦波パターンの平均輝度を一定に保ちながらコントラストを変化させて，縞模様がみえる最小のコントラスト（コントラスト閾値）を測定した．もし，被験者が縞模様の検知に低いコントラストで十分であれば，その空間周波数の正弦波パターンのコントラストに対する感度は高いことになり，もし必要とするコントラストが高ければ，その空間周波数のコントラスト感度は低いということになる．空間周波数の関数としてのコントラスト閾値を表す曲線はコントラスト感度曲線（contrast sensitivity function：CSF）と呼ばれ，眼の光学系と神経系を含めた全視覚系の伝達関数を表す．

図 2.1.13 は平均輝度の異なる三つのコントラスト感度曲線を示したものである．それぞれの曲線は明所視，薄明視，暗所視でのコントラスト感度曲線を表している．明所視では，数 cpd で最大の感度をもち，それよりも低周波数でも高周波数でも感度が低下する

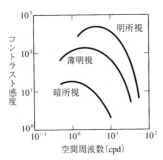

図 2.1.13 コントラスト感度曲線 (Van Nes と Bouman, 1967 を改変)

帯域通過フィルターの性質をもつことがわかる．薄明視状態では，視感度は高周波数側で大きく低下し，低周波数側ではあまり影響を受けないが，暗所視状態になると低周波数に至るまで影響を受ける．このようにコントラスト感度曲線は視認可能な周波数領域を示し，視覚系の重要な特徴を表現していることがわかるであろう．

コントラスト感度曲線がいくつかの異なる空間周波数チャンネルから成り立っているという多重チャンネルモデルは，他に影響を与えることなくコントラスト感度曲線の一部のみを変えることができるという選択的順応実験の結果から支持されている．選択的順応(selective adaptation)では，あるチャンネルが強く刺激されて順応されると，そのチャンネルの感度は低下すると仮定される．ある空間周波数に順応すると，その順応されたチャンネルに同調している周波数と近隣の周波数のコントラスト閾値は上昇し，遠く離れた周波数は何ら影響を受けないはずである．すると，順応後に測定されたコントラスト感度曲線は，順応以前と比較すると，順応周波数の近傍の周波数でのみくぼんだ曲線を描くはずである．ブレイクモアとキャンベルは上記の考えに従い選択的順応実験を行った(Blakemore と Campbell, 1969；図 2.1.14 参照)．このような順応の影響は異なる神経チャンネルが異なる空間周波数を検出するために用いられていることを示している．

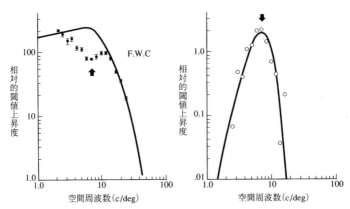

図 2.1.14 コントラスト感度曲線と選択的順応の効果 (Blakemore と Campbell, 1969)
左：実線は順応前のコントラスト感度曲線を，データは順応後のコントラスト感度を示す．

b. 聴覚の周波数選択性：マスキング実験

　複数の刺激が提示される場合，単一の刺激が提示された場合とは異なり，空間的，時間的に互いに影響し合い，抑制現象が生じたりする．電車の通過はガード下での会話を不可能にし，対向車のまぶしいヘッドライトは運転者に一時的に道路状況の把握を困難にし，悪臭は香水の香で打ち消される．一般に，抑制用の刺激が強ければそれだけ抑制効果は大きく，強い刺激と弱い刺激の差異が大きいほど，抑制効果は大きいといえる．このように，ある刺激の感覚が，同時あるいは時間的に接近して存在する他の刺激によって妨害的に影響される現象はマスキング(masking)と呼ばれている．

　マスキングは観察される刺激(テスト刺激)と妨害用の刺激(マスク刺激)とが同時に存在する場合には同時マスキング(simultaneous masking)，時間的に前後してマスク刺激→テスト刺激の順に提示される場合には順向マスキング(forward masking)，テスト刺激→マスク刺激の順の場合には逆向マスキング(backward masking)と呼ばれている．マスキングの手法は多くの感覚系の研究に利用されている．たとえば，聴覚における高次の神経系によるマッハバンド様の側抑制効果の測定には，順向マスキングの手法が使用されている(Carterette ら，1969)．

　聴覚における複合音の中の純音成分を分解するという周波数選択性が，同時マスキングの手法によって精神物理学的に検討されてきている．1940年にフレッチャーは純音をテスト刺激，帯域雑音をマスク刺激とし，帯域雑音の帯域幅を変化させて，マスクされる純音の閾値を測定するマスキング実験を行った(Fletcher, 1940)．この実験から，雑音の帯域幅が広げられるにつれてテスト刺激の閾値はしだいに上昇するが，ある一定幅以上になるとテスト刺激の閾値は変化しなくなるという結果が得られた．フレッチャーは，雑音の帯域幅をそれ以上広げてもテスト刺激の閾値が上昇しなくなる帯域幅を臨界帯域(critical band)と呼び，聴覚系がいくつかの狭い帯域通過フィルターから構成されているというモデルを提案した．

　このモデルによると，複合音の中からある純音を検出しようとする場合，その純音に近い中心周波数をもつ帯域通過フィルターが利用され，通過帯域以外の周波数成分は除外されることになる．すると，同時マスキング事態においてテスト刺激の検出に妨害を与えるのはこの帯域フィルターを通過できるマスク刺激の周波数成分だけであるので，テスト刺激の閾値に対するマスキングの影響を測定することにより帯域通過フィルターの形を推測できることになる．

　この流れのマスキング実験では，テスト刺激は限定された周波数領域を処理する神経系のみを興奮させるようにと低い強度である閾上5～10dBに設定される．そして，マスク刺激はうなりを避けるために狭帯域雑音が用いられ，その周波数が変化される．実験では，テスト刺激とマスク刺激が同時に提示され，一定強度のテスト刺激がちょうどマスクされるときのマスク刺激の強度が測定される．この手法で得られるマスキングの結果は心

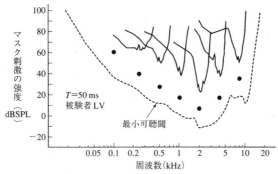

図 2.1.15 心理物理学的同調曲線(Vogten, 1974)
10 dBSL のテスト刺激を使用. 黒点はテスト刺激の周波数と強度レベルを示す.

理物理学的同調曲線(psychophysical tuning curve)と呼ばれている.

図 2.1.15 はこの手法によって得られた心理物理学的同調曲線の結果である(Vogten, 1974). 心理物理学的同調曲線の結果は単一神経で得られる同調曲線の形とよく似ていることが指摘されている. しかし, このモデルでは, 周波数分析には一つの帯域フィルターだけが使用されると仮定しているが, 他のフィルターも使用しているという離調聴取(off-frequency listening)の可能性が指摘されている.

〔菊地 正〕

文 献

1) Alles, D.S.(1970): Information by phantom sensations. *IEEE Transactions on Man-Machine Systems*, **11**, **85**, **91**.
2) Baker, H.D.(1949): The course of foveal light adaption measured by the threshold intensity increment. *Journal of the Optical Society of America*, **39**: 172-179.
3) Baumgardt, E.(1972): Threshold quantal problems. In: Jameson, D. and Hurvich, L.M.(eds.), *Handbook of sensory physiology*, Vol. VII/4, pp.29-55. Springer-Verlag, New York.
4) Békésy, G. von(1967): *Sensory inhibition*. Princeton University Press, Princeton, NJ. 勝木保次 監訳(1967): 感覚と抑制, 医学書院.
5) Berglund, U. and Berglund, B.(1970): Adaptation and recovery in vibrotactile perception. *Perceptual and Motor Skils*, **30**: 843-853.
6) Blakemore, C. and Campbell, F.W.(1969): On the existence of neurons in the human visual system selectively sensitive to the orientation and size of retinal images. *Journal of Physiology*, **203**: 237-260.
7) Borg, G., Diamant, H., Strom, C. and Zotterman, Y.(1967): The relation between neural and perceptual intensity; A comparative study of neural and psychophysical response to taste stimuli. *Journal of Physiology*, **192**: 13-20.
8) Boring, E.G.(1942): *Sensation and perception in the history of experimental psychology*. Appleton-

第1章 感 覚 理 論　　　　　　151

century-Crofts, New York.

9) Campbell, F.W. and Robson, J.G.(1968): Application of Fourier analysis to the visibility of gratings. *Journal of Physiology*, **197** : 551-566.

10) Carterette, E.C., Friedman, M.P. and Lovell, J.D.(1969): Mach bands in hearing. *Journal of the Acoustical Society of America*, **45** : 986-998.

11) Cornsweet, T.N.(1970): *Visual perception*. Academic Press, New York.

12) Craig, J.C.(1972): Difference threshold for intensity of tactile stimuli. *Perception and Psychophysics*, **15** : 123-127.

13) Craig, J.C. and Sherrick, C.E.(1969): The role of the skin coupled in the determination of vibrotactile spatial summation. *Perception and Psychophysics*, **6** : 97-101.

14) Eckman, G., Berglund, B., Berglund, U. and Lindvall, T.(1967): Perceived intensity of order as a function of time of adaptation. *Scandinavian Journal of Psychology*, **8** : 177-186.

15) Erickson, R.P.(1963): Sensory neural patterns and gustation. In : Zotterman, Y.(ed.), *Olfaction and taste*, Vol. 1, pp.205-213. Academic Press, New York.

16) Fletcher, H.(1940): Auditory patterns. *Journal of Modern Physics*, **12** : 47-65.

17) Fletcher, H. and Munson, W.A.(1933): Loundness, its definition, measurement, and calculation. *Journal of the Acoustical Society of America*, **5** : 82-108.

18) Garner, W.R.(1947): The effect of frequency spectrum on temporal integration of energy in the ear. *Journal of the Acoustical Society of America*, **19** : 808-815.

19) Gässler, G.(1954): Über die Hörschwelle für Schallereignisse mit verschieden breitem Frequenzspektrum. *Acustica*, **4** : 408-414.

20) Gent, J.F.(1979): An exponential model for adaptation in taste. *Sensory Processes*, **3** : 303-316.

21) Gescheider, G.A.(1965): Cutaneous sound localization. *Journal of Experimental Psychology*, **70** : 617-625.

22) Gescheider, G.A.(1976): Evidence in support of the duplex theory of mechanoreception. *Sensory Processes*, **1** : 68-76.

23) Gescheider, G.A.(1985): *Psychophysics ; Method, theory, and application*, 2nd ed. Lawrence Erlbaum Associates, Hillsdale, NJ.

24) Gescheider, G.A., Capraro, A.J., Frisina, R.D., Hamer, R.D. and Verillo, R.T.(1978): The effects of a surround on vibrotactile thresholds. *Sensory Processes*, **3** : 99-115.

25) Goff, G.D.(1967): Differential discrimination of frequency of cutaneous mechanical vibration. *Journal of Experimental Psychology*, **74** : 294-299.

26) Greene, L.C. and Hardy, J.D.(1962): Adaptation of thermal pain in the skin. *Journal of Applied Physiology*, **17** : 693-696.

27) Hahn, J.F.(1966): Vibrotactile adaptation and recovery measured by two methods. *Journal of Experimental Psychology*, **71** : 655-658.

28) Hallett, P.E.(1963): Spatial summation. *Vision Research*, **3** : 9-24.

29) Harris, J.D.(1950): The effect of sensation-levels on intensive discrimination of noise. *American Journal of Psychology*, **63** : 409-421.

30) Hood, D.C. and Finkelstein, M.A.(1986): Sensitivity to light. In : Boff, K.R., Kaufman, L. and Thomas, J.P.(eds.), *Handbook of Perception and Human Performance*, Vol. I. Sensory Processes and Perception, pp.5-1〜5-66. John Wiley & Sons, New York.

31) Horeman, H.W.(1965): Relation between brightness and luminance under induction. *Vision Research*, **5** : 331-340.

32) Karn, H.W.(1936): Area and the intensity-time relation in the fovea. *Journal of General Physiology*, **14** : 360-369.

33) Kirman, J.H.(1974): Tactile apparent movement ; The effects of interstimulus onset interval and stimulus duration. *Perception and Psychophysics*, **15** : 1-16.

152   II 感覚・知覚心理学

34) Knibestol, M. and Vallbo, A.B.(1976): Stimulus-response functions of primary afferents and psychophysical intensity estimation of mechanical skin stimulation in the human hand. In: Zotterman, Y.(ed.), *Sensory functions of the skin in primates, with special reference to man*, pp.201-213. Plenum, New York.

35) Laming, D.(1985): Some principles of sensory analysis. *Psychological Review*, **92**: 462-485.

36) Lowrey, E.M. and de Palma, J.J.(1961): Sine-wave response of the visual system. I. The Mach phenomenon. *Journal of the Optical Society of America*, **51**: 740-746.

37) Marks, L.E.(1978): *The unity of the senses; Interrelations among the modalities*. Academic Press, New York.

38) McBurney, D.H.(1978): Psychological dimensions and perceptual analysis of taste. In: Carterette, E.C. and Friedman, M.P.(eds.), *Handbook of perception*, pp.125-155. Academic Press, New York.

39) Meiselman, H.L.(1968): Magnitude estimations of the course of gustatory adaptation. *Perception and Psychophysics*, **4**: 193-196.

40) Moore, B.C.J.(1989): An introduction to the psychology of hearing, 3rd ed. Academic Press, London. 大串健吾 監訳(1994): 聴覚心理学概論, 誠信書房.

41) Ratliff, R. and Hartline, H.K.(1959): The response of limulus optic nerve fibers to patterns of illumination on the receptor mosaic. *Journal of General Physiology*, **42**: 1241-1255.

42) Sagawa, K. and Takeichi, K.(1987): Mesopic spectral luminous efficiency functions; Final experimental report. *Journal of Light and Visual Environment*, **11**: 22-29.

43) 佐川 賢(1991): 明るさ評価と測光システム. 照明学会誌, **75**(7): 352-355.

44) 佐藤昌康(1968): 音以外の機械受容器および温度受容. 桑原万寿太郎 編: 感覚情報 II ─化学・音・機械受容, pp.117-182, 共立出版.

45) Sato, M., Ogawa, H. and Yamashita, S.(1975): Response properties of macaque monkey chorda tympani fibers. *Journal of General Physiology*, **66**: 781-810.

46) Sharf, B.(1978): Loudness. In: Carterette, E.C. and Friedman, M.P.(eds.), *Handbook of perception*, Vol. 4: Hearing. Academic Press, New York.

47) Sherrick, C.E.(1968): Studies of apparent tactual movement. In: Kenshalo, D.R.(ed.), *The skin senses*, pp.331-344. Thomas, Springfield, IL.

48) Smith, D. and Frank, M.(1972): Cross adaptation between salts in the chorda tympaninerve of the rat. *Physiology and Behavior*, **8**: 213-220.

49) Smith, D.(1974): Electrophysiological correlates of gustatory cross adaptation. *Chemical Senses*, **1**: 29-40.

50) Sperling, H.G. and Jolliffe, C.L.(1965): Intensity-time relationship at threshold for spectral stimuli in human vision. *Journal of the Optical Society of America*, **55**: 191-199.

51) Stevens, S.S.(1961): The psychophysics of sensory function. In: Rosenblith, W.A.(ed.), *Sensory communication*, pp.1-33. MIT Press, Boston, MA.

52) Stevens, S.S. and Guirao, M.(1967): Loudness functions under inhibition. *Perception and Psychology*, **2**: 459-465.

53) Stone, H. and Bosley, J.J.(1965): Olfactory discrimination and Weber's law. *Perceptual and Motor Skills*, **20**: 657-665.

54) Van Nes, F.L. and Bouman, M.A.(1967): Spatial modulation transfer in the human eye. *Journal of the Optical Society of America*, **57**: 401-406.

55) Verrillo, R.T.(1963): Effect of contactor area on the vibrotactile threshold. *Journal of the Accoustical Society of America*, **35**: 1962-1966.

56) Verrillo, R.T.(1965): Temporal summation in vibrotactile sensitivity. *Journal of the Accoustical Society of America*, **37**: 843-846.

57) Verrillo, R.T.(1968): A duplex mechanism of mechanoreception. In: Kenshalo, D.R.(ed.), *The skin senses*, pp.139-156. Thomas, Springfield, IL.

第1章 感 覚 理 論

58) Verrillo, R.T., Fraioli, A.J. and Smith, R.L.(1969): Sensation magnitude of vibrotactile stimuli. *Perception and Psychophysics*, **6**: 366-372.

59) Vogten, L.L.M.(1974): Pure tone masking; A new result from a new method. In: Zwicker, E. and Terhardt, E.(eds.), *Facts and Models in Hearing*. Springer-Verlag, Berlin.

60) Werner, G.B. and Mountcastle, V.B.(1965): Neural activity mechanoreceptive cutaneous afferents; Stimulus-response relations, Weber functions, and information transmission. *Journal of Neurophysiology*, **28**: 369-397.

61) Wright, W.D.(1937): The foveal light adaptation process. *Proceedings of the Royal Society of London*, **B 122**: 220-245.

第2章

計 算 理 論

2.1 視覚情報処理の枠組み

　脳研究，とりわけ視覚研究に対して独創的な理論体系を残し，脳研究に対する一つの総合的アプローチを提唱したマー(Marr, D.：1945-1980)の思想を中心に視覚計算理論の概要を紹介する．

　彼の視覚情報処理に対する枠組みは次のようである．まず，視覚の主要な役割は2次元の網膜像から3次元世界の構造を推定することであると考えた．これはちょうど光学とは逆の過程なので，逆光学(inverse optics)と呼ばれることがある．2次元の情報から3次元の構造を計算するので，これは一般に解けない．数学的にいえば，不良設定問題(ill-posed problem)になっている．正確にいえば，

①　解の存在が保証されている．

②　解が唯一に定まる．

③　解がデータに対して連続的に変化する．すなわち，測定誤差に対して解が安定している．

　これらの3条件を満たさない問題を不良設定問題という．逆問題は，通常不良設定問題である．しかし，われわれはほとんどの場合正しく外界の構造を推定することができる．なぜこのような逆問題(inverse problem)の計算がわれわれには可能なのであろうか．マーは視覚系がいわゆる自然界の物理法則を知っていてそれを計算の制約条件として用いることにより，不良設定問題を解いているのだと考えた．

　もう一つの重要な彼の思想は，初期の処理段階で多くの処理モジュールが存在すると考えたことである．それぞれのモジュールは画像から2・1/2次元スケッチと呼ばれる表現に向けて計算を行っている．2・1/2次元スケッチとは，みえている面の奥行と面の向きを表現したものである．モジュールとしては，両眼視差のモジュール，オプティカルフローのモジュール，陰影(shading)のモジュール，テクスチャーのモジュール，そのほか色

のモジュールなどが存在する．これらのモジュールによって2次元の画像から面の奥行と方向という3次元構造の計算が行われていると考えられる．

これらのモジュールの計算は，彼の死後，標準正則化理論(standard regularization theory)という数学的立場から統一的に定式化された．ここで，*f* という量があって *A* という変換を受けた結果が *y* であるとする．視覚の問題は *y* から *f* を逆計算することである．標準正則化理論では，与えられたデータ *y* をよく近似し，かつ制約条件を満足する解 *f* を評価関数の最小化によって求めようとするものである．一方，ニューラルネットの中でホップフィールドネットは，ある種の評価関数あるいはエネルギー関数を最小化する解を求めることができる．いうまでもなく，その解はネットワークを構成するニューロンの発火パターンで表現されている．そこで標準正則化の計算もこのようなニューラルネットによって実現できることになる．つまり視覚の逆問題もこのようなニューラルネットで解けることが示されたわけである．

2.2 マーと彼の視覚計算理論の枠組み

a. マーの功績

マーは1945年イギリスに生まれ，ケンブリッジのトリニティカレッジで数学を専攻したのち，同カレッジで神経生理学，神経解剖学などを学び，1971年に数学で修士号を，同年生理学で博士号を取得している．マーの博士論文は「A theory of cerebellar cortex (小脳皮質の理論)」(1969)である．この理論は，小脳が運動学習を行う一種のパーセプトロンだというもので，当時知られていた解剖学や生理学のデータに基礎をおいたものであり，エックルズ(Eccles)卿をはじめ多くの生理学者の注目をあびた．1971年よりケンブリッジの MRC (Medical Research Council)の細胞生物学部門でクリック(Crick, F.H.C.)とブレナー(Brenner, S.)のもとで脳研究に従事する．その後，彼はアメリカの MIT の人工知能研究所の客員研究員になり，視覚研究を始めた．1977年，MIT 心理学科の助教授になり，1980年同教授になる．この間，優れた協力者を得，この分野でも卓抜な才能を発揮した．1979年には東京で開かれた第6回人工知能国際会議で，彼の業績に対し，Computer and Thought 賞が贈られたが，残念ながら病気のため来日できなかった．彼は病魔と闘いながら著書 "*Vision—A Computational Investigation into the Human Representation and Processing of Visual Information*" の完成に向け全精力を投入した．しかし，1980年11月17日ついに帰らぬ人となったのである．

b. 処理過程を理解する三つの水準

情報処理系の研究をするためには，まず系の目標をはっきりさせねばならない．視覚系の目的はいろいろ考えられるが，マー(1982)はまず網膜像の強度変化から実世界の3次元

構造を推測することが視覚情報処理系の目標であるととらえている．各過程はこの目標を達成するために合理的につくられているはずである．そこでまずそれぞれの過程では何がどのような目的で計算されているのかを明らかにする必要がある．これは計算理論と呼ばれるもので，系の入出力の関係の記述といってもよいであろう．ここで重要なことは計算が何らかの暗黙の仮定（制約条件）のもとでなされているということである．制約条件なしに計算すると解が一意に決まらないことが多い．しかし，われわれは常に一つの知覚を経験している．これは何らかの制約条件が働いているからである．たとえば，立体視における左右の網膜像の対応決定過程においては，対象の奥行が連続的に変化しているという連続性が仮定されている．また運動の奥行効果（kinetic depth effect）のように，動きから対象の構造を復元する過程においては対象が剛体であるという剛体性（rigidity）が仮定されている．計算理論が明らかにされれば，計算がどのような手順（アルゴリズム）で実行されているのか，入出力情報にはどのような表現形式が採用されているのかを明らかにせねばならない．両眼立体視における対応決定過程においては，入力は後述するゼロ交差であり，出力は両眼視差であるとマーは考えている．最後に，アルゴリズムがどのような神経回路で実現（implementation）されているかが問題となる．

　ところで，認知心理学の立場から重要なのは計算理論と表現の問題であろう．これまでの認知心理学においては処理過程の特性（たとえば処理速度，処理容量など）に重点がおかれていた．しかし，最も重要なことは処理過程がいかなる目標に向かってどのような計算を行っているのかという点と処理過程における入出力の表現形式である．表現の重要性は，マーだけでなく，たとえば認知心理学者であるエスティズ（Estes）なども情報構造ということばで主張していた．認知心理学の分野においていま必要なことは，この水準の研究を押し進めることであろう．

c. 模擬でない真の研究

　計算機モデルが人間の情報処理をうまく反映しているとは必ずしもいえない．たとえば，前述のいずれのレベルの研究ともいえない研究をここでは単に模擬と呼ぶことにする．単なる模擬は，基礎科学においてはほとんど意味のないものである（デモンストレーションとして楽しいものもあるが）．マー（Marr, 1982）はこのような危険性を述べ，とくに機構からのアプローチに対して鋭い批判を述べている．彼は，この点についても明確に述べているので引用しておこう．

　「機構に基づくアプローチは本当に危険です．その問題点は，このような研究の目標が真の理解ではなくむしろ模倣にあり，よってそのような研究では，人間の能力のある側面を，啓発的でないやり方で模倣しているにすぎないようなプログラムを書くだけになってしまうということなのです．ワイゼンバウム（Weizenbaum, 1976）も，今では彼のプログラム ELIZA がこの範疇に属していると考えており，それに反論する理由は私には全くあ

りません．さらにいえば，同じ理由でニューウェルとサイモン（Newell と Simon, 1972）のプロダクション・システムに関する研究や，ノーマンとラメルハート（Norman と Rumelhart, 1974）の長期記憶に関する研究のいくつかも批判の対象となるでしょう．（中略）

以上のことは，そのような課題をわれわれがどのようにして解いているのかがまだ研究されていないことを示す十二分な根拠となっていると私は考えています．われわれが暗算を行うときに何かをうまく行っているということは疑いのないことですが，それは算数ではなく，われわれはそれが何なのか，その要素の一つさえ全く理解していないというのが現状です．ですから，われわれはまず単純な問題に集中すべきであると思います．なぜならそこに，真の発展がいくらか期待されるからです．

もしこのような批判を無視すれば，われわれのできないことが単にできないということしかとりえがなく，成功の見込みもない機構が残るだけです．私にはプロダクション・システムがこの記述の典型的なものだと思われます」（Marr, 1982）．

d. アルゴリズムの設計原理

マー（Marr, 1982）は，生物が採用しているであろう二つのアルゴリズムの設計原理について述べている．

（1）　しなやかな性能低下の原理（principle of graceful degradation）

（2）　最小実行の原理（principle of least commitment）

（1）の原理は，アルゴリズムがロバストでなければならないことを述べている．たとえば，単に，方程式を立ててそれを解いても，そこからは硬いアルゴリズムしかつくれない．もし，データにノイズが入っていたり，計算の制約条件を満足しないような対象に対しては全く解が得られない．しなやかな性能低下の原理を満たすアルゴリズムでは，このような条件においても何らかの解答を与え，たとえそれが精度の低いものであっても観察回数を増やしたりすることによって精度が上がるはずである．

（2）の原理は，アルゴリズムがなめらかにふるまわねばならないことを述べている．この原理は，あとの過程で未処理のまま必要となるものはそれ以前に処理してしまわないということを要求している．これは，よどみなく遂行されるすべての状況に適応されるものだと信じられている．それはまた仮説検証の方略によってつくられたアルゴリズムは避けるべきだということを示している．

e. 視覚系を構成する三つの水準

画像の強度を決定する要因として，① 可視表面の幾何学的構造，② 可視表面の反射率，③ 光景に対する照明，④ 観察点，の四つがあげられる．画像においては，これらすべての要因が混在している．初期の視覚処理の目的は，どの強度変化がどの要因によるものか

を種分けすることであり，したがって四つの要因が分離された表現を作り出すことである．

マー(1982)は，二つの段階を経てこの目標が達成されていると考えた．すなわち，まず画像における変化と構造に関する適切な表現が得られる段階がある．ここには，強度変化の検出，局所的な幾何学的構造の表現と分析，光源や輝点および透過性といった照明効果の検出などが含まれる．この第1段階の結果得られる表現は原始スケッチ(primal sketch)と呼ばれる．第2段階では，多くの過程がこの原始スケッチに作用し，可視表面の幾何学的構造の(網膜中心的な)表現を引き出す．可視表面の表現であるこの第2の表現は2・1/2次元(2・1/2-D)スケッチと呼ばれる．原始スケッチも2・1/2次元スケッチもともに観察者中心の座標系において構築される．これらの構造がもつこの側面を強調するためにスケッチということばが用いられている．2・1/2次元スケッチは，可視表面の奥行と方向を表現したものである．原始スケッチには，多くの処理過程が並列独立に作用すると考える．それらは，後述するように両眼視差(binocular disparity)，運動視差(motion parallax)，陰影(shading)，遮蔽輪郭(occluding contour)，テクスチャー(texture)などの処理が含まれる．次の段階では，これらの処理過程によって得られた結果を統合し，2・1/2次元スケッチが構築される．マーが彼自身の研究の中で最も大きな発見であると考えているのが，この2・1/2次元スケッチである．最後の段階では，2・1/2次元スケッチから"物体中心座標系"における物体の3次元表現を作り上げる．

以上述べた視覚処理系を構成する三つの水準は，それぞれ初期視覚(early vision)，中間視覚(middle vision)，高次視覚(high-level vision)と呼ばれる．

2.3 初期視覚の研究

a. 複数モジュールによる多重表現

マー(Marr, 1982)は，視覚系の役割を，「2次元平面に投影された画像から3次元である実世界の構造を推測すること」であるととらえている．2次元情報から3次元の構造を推測するのであるから，これは一般には解けない問題である．しかし人間はこれをうまく処理し外界の構造を正しく推測している．それは，暗黙の仮定(問題の制約条件)をおいてこの問題を解いているからである．数学的には正則化(regularization)問題として扱われている(Poggio ら, 1985).

人間の視覚系はモジュール構造をしているので，異なる種類の情報が独立に分析されているらしい．これらの過程には，

（1） 両眼視差による立体視

（2） 運動からの構造復元(structure from motion)

（3） 表面輪郭からの表面方向の推定(surface orientation from surface contour)

（4） 表面テクスチャーからの構造復元(structure from texture)
（5） 陰影からの形状復元(shape from shading)
（6） 遮蔽輪郭からの構造復元(structure from occluding contour)

などがある．これらの過程に対して，それぞれ計算論的研究が進められている．

両眼の注視点より遠い点や近い点では，左右の眼の対応する位置に像を結ばず，左右の像の位置にずれが生じる．このずれを両眼視差(binocular disparity)と呼ぶ．両眼視差を検出すれば，注視点からの相対的な距離がわかる．第2の手がかりは，オプティカルフローである．対象が静止しているとき，観察者が移動すれば網膜像は流れるであろう．このとき，観察者に近い対象物ほどその網膜像は大きく移動する．したがって，網膜速度場を検出し各点の速度を求めれば，やはり相対的距離がわかる．第3の手がかりは，表面に描かれた模様である．第4の手がかりは，テクスチャーの勾配である．テクスチャーはもともと織物の状態を表すことばであり，一般的には物体の表面の状態を表す．「きめ」と呼ぶこともある．物体の表面は，織り目や糸が織物を構成するように，細かな要素が集まってできていて，それらの要素に規則性をもつことがある．もし，テクスチャーの要素の大きさや密度に勾配があれば，これを利用して奥行の情報を得ることができる．第5は陰影の情報である．影の手がかりだけでも多くの情報が得られるが，たとえば表面の輝度変化を測定すれば，表面の方向を決めることが可能である．第6は，遮蔽輪郭(occluding contour)の情報である．遮蔽輪郭とは背景を遮蔽する輪郭という意味で，物体のいちばん外の輪郭すなわち影絵の輪郭を意味する．

これらの手がかりとなる視覚情報がおそらく並列独立に別個のモジュールで処理されている可能性が高い．

初期視覚(early vision)では，多くの視覚情報に基づいて表面の幾何学的構造の推測を

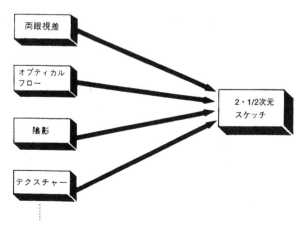

図 2.2.1　モジュールの統合と2・1/2次元スケッチ

160   II 感覚・知覚心理学

並列独立に行う．中間視覚（middle vision）では，これらのモジュールの出力を統合し，視線の方向によらない安定した表面の方向と奥行を決める必要がある．

b. 陰影からの形状復元（shape from shading）の考え方

画像の強度値は照明条件，表面の幾何学的構造，反射率，観察点によって決定される．すなわち

画像の強度＝f（照明，表面の幾何学的構造，反射率，観察点）

単位表面積に対し観察者方向の単位立体角当たりの反射光量を反射率関数といい，

$$反射率関数＝\Phi(i, e, g)\cdot\rho$$

で与えられる．ここでρは吸収係数（albedo）である．ここで，iは光源と表面の法線ベクトルがなす入射角，eは観察者の方向と表面の法線ベクトルがなす反射角，gは入射光と反射光がなす位相角である．以下，吸収係数は一定であると仮定し，この項を無視することにする．表面の性質で典型的なものとして完全拡散面，鏡面，月面がある．完全拡散面は反射の光量が観察点に依存せず入射角のみによって決定される．すなわち

- 完全拡散面：$\Phi = \cos i$

鏡面および月面は以下のとおりである．

- 鏡面：$\Phi = \delta(e-i)\delta(i+e-g)$
- 月面：$\Phi = \cos i/\cos e$

面の方向は通常法線ベクトルで表される．いま，面が$z=f(x,y)$であるとしよう．このとき法線ベクトルは$(p, q, -1)$で表される．ここに

$$p=\frac{df}{dx}(=f_x), \qquad q=\frac{df}{dy}(=f_y)$$

である．画像強度$I(x,y)$は一般に，

$$I(x, y) = R(p, q)$$

と書ける．これを画像放射照度方程式という．反射地図$R(p,q)$は画像強度と表面方向を結びつけるものである．問題は画像$I(x,y)$からこの法線ベクトル$(p(y), q(y), -1)$を計算することにあるといえる．しかし，各位置において画像強度が与えられていても，一般に面の向きは二つの自由度p,qをもっている．各点(x,y)に対して，データが1個，未知数が二つなので一般的に解くことはできない．すなわち「不良設定問題」である．しかし，われわれの知覚は一般に非常に安定していて，おそらく人によって大きな差はみられないであろう．そこでマーは，脳が視覚の問題を解くときには，外界の3次元構造が満たすべき一般的法則をこの計算の制約条件として用いて解いているに違いないと考えたのである．通常仮定される制約条件は，法線ベクトルがなめらかに変化するというものであり，次の定理に基づいている．

- 面の首尾一貫性定理（surface consistency theorem）：この定理は，no information is good information の定理と呼ばれることもあるもので，画像強度の変化が大きい位置は面の方向が急峻に変化している位置を示し，逆にそうでない位置では面の方向が緩やかに変化していることを示すものである．

c.　遮蔽輪郭，表面輪郭と３次元曲線

　３次元物体の画像に生ずる２次元輪郭のうち，３次元物体のシルエットの輪郭を遮蔽輪郭(occluding contour)もしくは境界輪郭(boundary contour)と呼ぶ．遮蔽輪郭をつくる表面上の点の集合を輪郭生成線(contour generator)もしくはへり(rim)と呼ぶ．へりには，円筒の側面のように観察者からなめらかに面の方向が変化する極値境界(extremal boundary)と，表面が切れているか交差している不連続境界(discontinuity boundary)に分かれる．極値境界における表面方向は，視線に垂直である．ケンデリンク(Koenderink, 1984)によれば，極値境界における３次元表面のガウス曲率の符号は，遮蔽輪郭の曲率の符号と一致する．すなわち，２次元投影像の輪郭から３次元構造の一部の特性が正確に推測できるのである．

　二つの主曲率(principal curvature)の積をガウス曲率と呼び K で表すことにする． $K>0$ となる点を楕円点(eliptic point)， $K<0$ となる点を双曲点(hyperbolic point)，そして $K=0$ となる点を放物点(parabolic point)と呼ぶ．表面は楕円的な領域と双曲的な領域に分かれ，その境界は放物点となる．面が放物点(すなわち $K=0$)からなるとき，面は可展(developable)であるという．可展面は，錐面，円柱面および接線曲面の３種類である．二つの主曲率の差が大きいときには，面は局所的に円筒で近似できる．二つの主曲率が等しい点をせい点(umbilic point)と呼び，せい点ばかりからなる面は球面の一部である．表面に描かれた曲線(表面輪郭，surface contour)も３次元形状をとらえる際の重要な手がかりとなる．曲面上の曲線の接線が常に主曲率方向と一致しているとき，その曲線は曲率線(line of curvature)と呼ばれているが，スティーヴンス(Stevens, 1981)は，人間が表面の曲線を曲率線であると考えて面の構造をとらえていることを示した(図 2.2.2)．

　遮蔽輪郭からもとの３次元での空間曲線を推定する場合，最もなめらかな空間曲線を選ぶ方法が考えられている(Barrow と Tenenbaum, 1981)．曲率の変化の積分を最小(なめらかさ)にすると同時に，ねじれ率の積分を最小(平面性)にするものである．なお，空間曲線はその曲率とねじれ率によって運動を除き一意に定まる．しかしブレイディとユール(Brady と Yuille, 1984)は，この方法にいくつかの欠点があることを指摘し，新しい方法を提案している．それは従来よく使われてきた図形の簡潔性の指標 M

$$M = \frac{\text{面積}}{(\text{周囲長})^2}$$

を最大にする図形をみつけるものである． M は線分に対して最小値をとり，円に対して最大値をとる． M は円形対称性(radial symmetry)を表し，図形の拡大，縮小に対して不

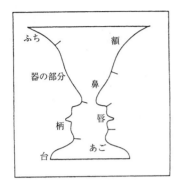 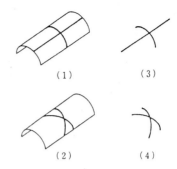

図 2.2.2
左：ホフマンとリチャードの切断規則を適用した結果．曲線のいずれの側を図形とみるかあるいは曲線の曲がりを凹とみるか凸とみるかによって結果が異なる．しかし，いずれの場合も意味のある分割が可能である．凹は 3 次元空間では双曲点 (馬の鞍のような形) である (HoffmanとRichard, 1985 より)．
右：人間が表面の曲線を曲率線であると考え，面の構造をとらえる例．(3) は円筒の曲率線であるが，(4) は曲率線ではない．したがって，(4) からは円筒表面にあるようなイメージを思い浮かべない．

変である．

2.4 マー以後の計算理論

a. 標準正則化理論

マー (Marr, 1982) は，視覚系がいわゆる自然界の物理法則を知っていて，計算の制約条件として用いることにより，不良設定問題を解いているのだと考えた．ポジオら (Poggio ら, 1985) は，マーの考えを標準正則化理論 (Tikhonov ら, 1977) の観点から統合する試みを行っている．一般に，画像復元問題は $Az=y$ において"データ y から z を求める"いわゆる逆問題 (inverse problem) になっている．これは，一般に不良設定問題 (ill-posed problem) である．標準正則化理論では，

$$\|Az-y\|^2 + \lambda \|Pz\|^2$$

を最小にする z をみつける．第 1 項目はデータフィッティングを表す．$\|Pz\|^2$ は安定化汎関数で，制約条件に相当するものである．λ は制約条件の強さを決めるパラメータである．表 2.2.1 にこれまで知られている制約条件を用いた標準正則化汎関数を示す (Poggio ら, 1985)．

b. 一般化画像放射照度方程式

網膜上に与えられる 2 次元画像データの生成過程をモデル化するとき，さまざまのレベ

第 2 章　計　算　理　論

表 2.2.1　標準正則化汎関数

問　題	正則化汎関数
エッジ検出	$\int [(Sf-i)^2 + \lambda (f_{xx})^2] dx$
オプティカルフロー（領域に基づく）	$\int [(i_x u + i_y v + i_t)^2 + \lambda (u_x^2 + u_y^2 + v_x^2 + v_y^2)] dxdy$
オプティカルフロー（輪郭線に基づく）	$\int [(V \cdot N - V^N)^2 + \lambda (\partial/\partial_s) V^2] ds$
面の復元	$\int [(S \cdot f - d)^2 + \lambda (f_{xx}^2 + 2f_{xy}^2 + f_{yy}^2)^2] dxdy$
時空間近似	$\int [(S \cdot f - i)^2 + \lambda (\nabla f \cdot V + ft)^2] dxdydt$
カラー	$\|l^v - Az\|^2 + \lambda \|Pz\|^2$
陰影からの形状復元	$\int [(E - R(f,g))^2 + \lambda (f_x^2 + f_y^2 + g_x^2 + g_y^2)] dxdy$
両眼立体視	$\int \{ [\nabla^2 G * (L(x,y) - R(x+d(x,y),y))]^2 + \lambda (\nabla d)^2 \} dxdy$

ルでの記述が可能である．低いレベルでは，可視表面の奥行や面の方向，各位置での反射率，照明光を決めればホーン（Horn）の画像放射照度方程式で表されるように画像データが決まる．より高いレベルでも視覚世界を記述できる．3 次元空間の中に，別々の物体がどのように空間的に配置され，個々の 3 次元像は何で，それぞれがどのような並進・回転速度をもつかを記述しても，画像データを決定できる．脳内では，これらのさまざまの階層での記述がすべて使われていると考えられる．それを次の一般化画像放射照度方程式で表現できる（川人と乾，1990）．

$$I(\mu, x, y, \lambda, t) = R(\Delta G * I, dI, d^2I, v^{\perp}, sd, r(\lambda), L, md, \nu, C, A, V, N, O)$$
$$= R(s_1, s_2, s_3, s_4, s_5, s_6, s_7, s_8, s_9, s_{10}, s_{11}, s_{12}, s_{13}, s_{14})$$
$$= R(S)$$

左辺は，左（$\mu=0$）か右（$\mu=1$）の網膜上の位置（x, y）での，時間 t，波長 λ の光強度を示す．右辺は視覚世界の様子 S から画像データ I が決まる画像生成過程を非線形関数 R で表したものである．R の中の引数 $s_1 \sim s_{14}$ はすべて視覚大脳皮質で別々に表現され再構成されている．$\Delta G * I$ は光強度と ΔG 関数の重畳積である．dI と d^2I はそれぞれ画像強度 I のある方向への 1 階微分と 2 階微分である．$v^{\perp}$ は画像の濃淡値の最大変化方向の局所的な速度成分である．sd はステレオ視によって得られた奥行を表している．$r(\lambda)$ は可視表面の波長 λ の光に対する反射率を表している．これはもちろん可視表面の場所に依存している．L は観察者からみた可視表面の遮蔽輪郭や異なる物体の接合部などの不連続を表す．L が結合 MRF の線過程に対応しているといえる（これについては後述する）．md は単眼視によって得られた可視表面の奥行を表している．ν は照明光の波長分布と光源位置を表す．C は，L で区別された個々の 3 次元物体の 3 次元的空間位置を示す．A は個々の物体の色やテクスチャーなどの属性を表す．V は個々の物体の並進・回転の速度ベクトルを表す．N は観察者の身体や頭部・眼球がもつ並進・回転の速度ベクトルで

ある. O は3次元物体の記憶像を表す. $sd, r(\lambda), L$ が2・1/2次元スケッチである. V, N, O を推定するのが高次視覚である. 初期視覚, 中期視覚, 高次視覚かを問わず, I から S を推定する過程が視覚といえる.

c. 視覚系の構造と機能

大脳の高次視覚野の構造と機能の研究が1980年代に急速に進められた. とくに, ゼキ(Zeki)らの仕事を中心に次のような事実が明らかにされている. V1のニューロンに信号がまず伝わる. その他, V2, V3, V3A, V4, MT, MSTなどの領野が存在する. MTはV5とも呼ばれている. 視覚情報は, 後頭葉から前方に向かって伝わる. 下側頭葉(IT)は, パターンの認識, 記憶に関与していることが知られている.

われわれは, 多くの生理学, 解剖学あるいは心理学の知見をもとにして, おのおのの領野でどのような情報が表現され, また領野間の統合でどのような視覚計算(visual computation)がなされているかを推測した(川人と乾, 1990).

われわれはV2の太い縞(thick stripe)と縞間隙(interstripe)で2・1/2次元スケッチが表現されていると考えている. 縞間隙へはV1のブロップ間領域(interblob)から輝度の不連続の情報が, 太い縞から両眼の奥行情報が, 細い縞からは色の情報が伝えられてくる. これらの情報を統合して正しくエッジが検出されるものと考えている. またMTでは正しいオプティカルフローが計算されている. このMTからの信号がV3に伝えられる. 一方V4は, 縞間隙で抽出されたエッジ情報に基づいてエッジなどの位置関係を示しているのではないだろうか. たとえば遮蔽(occlusion)などはこの位置で明示されると思われる. また, 個々の形状の色やテクスチャーなどの属性, 照明光の波長と光源の位置などが表されているのではないかと考えられる.

一方, V3が単眼立体視の中枢であると考えている. それは, 4BとV4の統合により陰影からの形状復元の計算(shape form shading)が, MTとの結合によって動きからの形

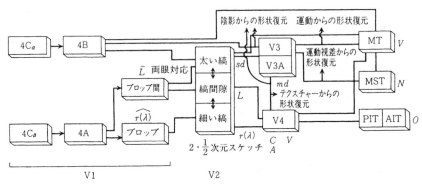

図 2.2.3　視覚野における情報の表現と視覚計算

第 2 章　計　算　理　論　　　*165*

状復元の計算(shape from motion)が，同じく V 4 の結合により，テクスチャーからの構造復元の計算(shape from texture)が計算されていると考えている．そして，この単眼立体視と両眼立体視のセンターである太い縞とが相互に連絡している．これらの相互の結合は，それぞれのモジュールの計算結果が矛盾しないように働いているはずである．このように考えると V 2, V 3, V 4 は互いに相互作用しながら，首尾一貫性保持機構(consistency maintaining mechanism)になっていることがわかる(図 2.2.3)．われわれはこのように多くの領野が相互に作用し合い，矛盾のない解に落ち着いた状態が知覚であると考えている．

d.　マルコフ確率場理論

多くの可能性の中からベイズの定理(Bayes theorem)を用いて事後確率を最大にする事象を原因(実際に生起した事象)であると推定することを最大事後確率推定(maximum a posteriori estimate, MAP 推定)という．事前確率が与えられた場合，ベイズの定理から事後確率が計算でき，これを最大にする事象を原因とみなすのである．

画像がマルコフ性を満足するとは，個々の属性値がごく近傍の属性値にのみ依存することを意味している．属性は，濃淡値，色，奥行など何でもかまわない．通常の画像はこの条件を満たしていると考えられる．物体の凝集性によってこのマルコフ性が成立するのである．さて各要素の状態がその要素の近傍の状態のみによって決定される確率システムにマルコフ確率場(Markov random field)がある．マルコフ確率場では各要素がある状態をとりうる確率がギブズ(Gibbs)分布に従うことが知られている．

視覚システムは 2 次元画像から 3 次元構造を何らかの制約条件を用いて推測している．ベイズの定理を用いると，これは次のように書くことができる．

$$P(構造 \mid 画像) \propto P(画像 \mid 構造) \cdot P(構造)$$

右辺第 1 項は光学系(広い意味で撮像系だけでなく神経の前処理も含めてもかまわない)の特性を，第 2 項は純粋に自然界の物理法則を表している．この意味で第 1 項をセンサモデルとか画像生成モデルとか一般化された光学ということがある．まず事前確率について考えよう．

MAP 推定は，事後確率を最大にする状態を求めることであり，確率分布がギブズ分布のときエネルギー最小化と同じ形になる．すなわち，

$$MAP 推定 = U(画像 \mid 構造) + U(構造) の最小化$$

となる．だから画像が与えられる，つまり画素値 $\{d_i\}$ が与えられたとき上式を最小化する構造推定量 $\{f_i\}$ を求めればよいのである．一方，画像強度や奥行が不連続な場所が画像には明示されていないので，それを検出する必要がある．そこでもう一つのマルコフ確率場を考えて，これらのマルコフ確率場を結合することを考える．ここでは不連続を示す線過程(line process)というマルコフ確率場を導入する．エッジを検出するには濃淡値

の差をみなければならないし，エッジを検出すれば濃淡値をなめらかに補間することを禁じなければならない．したがってこの二つのモジュールは相互に作用し合いながら互いに最も満足のいく答えを出すはずである．マルコフ確率場理論については，乾(1992 a；1992 b；1992 c；1992 d)を参照．

e. 視覚大脳皮質の計算理論

一般に視覚の働きは，逆問題を解くことであると述べた．もし線形の話であれば，逆行列あるいは擬似逆行列を求めればよいということになる．問題によってはそれでよい場合もある．しかし一般にはそう単純にはいかない．各モジュールが計算する逆関数は一般に求めることは難しい．従来のコンピュータビジョンの研究では，ある特殊な条件では成り立つようなアルゴリズムが多数考えられてきた．一方私たちの知覚は非常に正確であることが多く，かつそれが短時間で計算される．脳のモデルであるためには，計算時間がほんの数百 msec でなければならない．川人と乾(1990)はこれが次のようにして実現されていると考えた．

前述のように，視覚領野間には双方向性の結合が存在する．私たちの頭の中では逆光学と光学の計算が両方行われているのではないかと考えるわけである．図 2.2.4 はこのことを単純化して示したものである．ここで重要な点は逆光学は厳密に逆関数でなくてもよく，ある限られた条件で成り立つようなものでよいのである．前向き(feedforward)結合によって，まず近似的に何らかの構造が推定される．次に後向き(feedback)結合によって，それを確かめるわけである．それは構造から画像を推定するわけであるから，光学を計算していることになる．次の計算ではこの誤差が前向きの計算に入力される．このようにするとたとえ逆光学が近似的であっても，正しい解に収束することが期待される．この近似がよいほど速く正しい答えが求められる．しかし実際の視覚系では，信号が画像にまで戻っているわけではない．画像から物体の構造や位置関係をただちに計算するのは難しいため階層的に易しいものから難しいものへと順に解く必要がある．この中でこのような計算がなされていると考えている．この計算によって前述の最大事

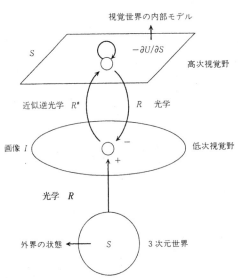

図 2.2.4　川人，乾らの順逆変換モデル

第2章　計 算 理 論　　　　167

後確率推定ができる.

　S の内部モデルの確率を $P(S)$, S が与えられたときの画像 I の条件付き確率を $P(I|S)$ で表す. あとで議論するように, これらがギブズ分布に従うと仮定して対応するエネルギーを $U(S)$, $U(I|S)$ とする. MAP 推定に従って, 次の事後エネルギーを最小化する S が推定されている.

$$U(S|I) = U(I|S) + U(S)$$
$$= 1/2 \ [R^{\#}\{I - R(S)\}]^2 + U(S) \qquad (2.1)$$

ここで $R^{\#}$ は画像生成過程 R の近似的逆モデルである. 初期視覚でよく知られているように, 画像生成過程の逆は不良設定であるから R^{-1} は存在しない. しかし, その近似 $R^{\#}$ は考えられるし, コンピュータビジョンで提案されてきた多くの一撃アルゴリズムは $R^{\#}$ の具体例とみなせる. 式(2.1)を厳密に最小化する手法としてギブズサンプラーと模擬焼きなまし法があるが, 繰り返し演算の数とニューロンの計算から考えて, 脳内でそのまま使われているとは考えにくい. しかし, 結合 MRF の平均場近似が, フィードバック結合をもっていて決定論的にふるまう巡回型神経回路モデルと等価になることが知られている.

　上位から下位への逆方向神経結合は画像生成過程 R の順方向モデルを与えている. 一方, 下位から上位への順方向神経結合は, 画像生成過程 R の逆 R^{-1} の近似逆モデル $R^{\#}$ を与えている. さらに上位中枢内の固有神経結合は S の内部モデルとして $-\partial U/\partial S$ を与えている.

　急速眼球運動などによって新しい画像データ I が入力すると, 下位から上位への順方向神経結合によって S の粗い推定値 $R^{\#}(I)$ が一撃で計算されるが, これは MAP 推定にはなっていない. 続いて, 順方向・逆方向結合をループで用いる繰り返し計算モードに入る. 上位中枢の推定 S から逆方向結合によって, 画像データの推定値 $R(S)$ が計算され, それが下位中枢で実際のデータと比較されて誤差 $I-R(S)$ が求められる. この誤差が順方向結合を通して上位中枢に戻されて, $R^{\#}\{I-R(S)\}$ が入力される. 一方, 上位中枢内の固有神経結合を通じた繰り返し演算によって, 入力画像データをよく説明し, また内部モデルに照らして確率の高い, 視覚世界の推定値が安定平衡状態として求められるのである. 本モデルでは, $R^{\#}$ を用いて粗い近似解をまず求めてしまう. この解を繰り返しによって改善していくので, 多数の繰り返しは必要でない. 逆に, 計算時間が限られていても, ある程度よい推定ができる.

　図 2.2.3 のモデルでは, すでに説明した V 2 内の相互作用や V 3, V 4, さらに MT と V 4 のような色, 形, 動きの三つの縦の流れを統合する並列の相互作用もあるが, おもな相互作用は縦の流れの中の上下の階層間の相互作用である. 図 2.2.3 には, このような多層階層構造が多数含まれている.

2.5 モジュールの統合

a. 統合される情報の表現

ある対象に手を伸ばして物を使うという行為を考えてみよう．そのときには面の奥行情報が必要である．続いてそれに対して何かつかむような動作を行うということを考えればその面の形状も重要である．おそらく人間はこの二つの情報を使い分けていると考えられる．実験的研究から被験者は単眼視で与えられた面に対して面の局所的な方向の判断は難しいが，面の曲率の判断は比較的容易であることがわかってきた．少なくとも単眼立体視においては（運動視差を除き）面の奥行のような情報を抽出することは不可能である．したがって，考えられる三つの可能性は次のようになる．

（1） 分解能の低い処理による面の向き

（2） 面の曲率

（3） 面の奥行に関する順序関係

通常，両眼の奥行は両眼視差から計算されるものであるが，これは常に固視点までの絶対距離によって正規化されなければならない．しかし一部の研究者はこのような正規化が常に行われているとは考えずに，むしろ固視点までの距離に不変な量を直接計算しているのではないかと考えている．ランダムドットステレオグラムまでの距離を変えて，形状のマッチング実験を行った結果から，視差の2次微分が知覚されていることが示唆されている．これは，両眼奥行視において形の恒常性を実現するために必要である．不変量は奥行の空間に関する2次（以上の）微分である．

一方，単眼立体視系によって，定量的に計算できうる量はおそらく面の曲率であろう．両眼と単眼の情報が統合されるとすれば，その属性の第1候補として面の曲率が考えられる．前節で，V2において両眼立体視の計算が，またV3において単眼立体視の計算が行われているという仮説を紹介した．この仮説に従えば，V3においてはさまざまな手がかりによる単眼立体視の結果が統合されて最終的な表現がつくられているはずである．しかし，同時にV2からの入力，すなわち両眼立体視の結果によりこの単眼立体視の結果も変化するはずである．この相互作用についてここで考えてみることにする．両眼立体視系が奥行であり，単眼立体視系が面の曲率であるとすれば，それらの間は2回微分と2回積分の関係で結びつけられることになる．これは首尾一貫性保持機構の役割である．

b. 両眼立体視系と単眼立体視系の相互作用 —— ベイズ推定の立場から ——

以上の実験結果から相互作用は次の2種類であると考えられる．

（1） ある系の出力が完全に無視されてもう一つの系の出力のみによって計算される．

（2） 複数個の出力があればその重みづけ平均によって最終的な知覚が決定される．

両眼立体視によって計算された面の曲率がかなり小さい場合には(1)のように両眼立体視系の出力が完全に無視されてしまう．一方，両眼立体視系の出力が採用される場合にはそれと矛盾する陰影情報は完全に無視されることがある．しかし，通常の状態では単眼立体視と両眼立体視の情報は(2)のようにその平均値に落ち着く．

一方，モジュールの出力が加算平均されるという結果は，ベイズの定理からすれば，複数の警報機を用いて泥棒が入ったという仮説を検定する問題とちょうど等価になっている．S を仮説，e をセンサーの信号とし，いま n 個のセンサーがあったとする．いくつかの異なる属性で泥棒を検出すると考える．すなわち，音の変化や温度の変化，あるいは気流のようなものである．このとき条件付き確率は，

$$p(e_1, e_2, \cdots, e_n|S) = \prod_{k=1}^{n} p(e_k|S)$$

となり，事後確率は

$$p(S|e_1, e_2, \cdots, e_n) \propto P(S) \prod_{k=1}^{n} p(e_k|S)$$

と書ける．このときギブズ分布を仮定すれば，条件付き確率の積は評価関数のデータ回帰項の加算に対応する．すなわち，評価関数のデータ回帰項は，

$$\lambda_1 \sum (f-g)^2 + \lambda_2 \sum (f-m)^2$$

ここで，f は未知関数，g と m はデータである．

したがって，両眼立体視系の結果と単眼立体視系の結果の加算平均はベイズ推定の枠組みからは検出器が並列独立に働いて外界の構造を推定していることと等価になる(乾と山下，1993)．また，彼らは上記の結果を説明するニューラルネット・モデルも提案している．

2.6 3次元物体の認識

個々の物体の形状をどのような表現で人間は記憶しているのであろうか．マーとニシハラ(Marr と Nishihara, 1978)は物体の形状を複雑さの異なる階層的なモジュールとそのモジュール間の相対的な関係に分解することによって記述することを提案した．個々のモジュールの特徴はその形状の際立った幾何学的な特性によって決定される軸を基準として3次元で表現される．その特性はたとえば長く伸びた方向や，対称軸である．そして一つのモジュールはより複雑な(解像度の高い)モジュールに分解され，それが階層的に繰り返されることによって複雑な構造を表現することができる．このような表現では，表現の構成要素間の関係は，その構成要素の幾何学的な特性で決まる物体中心座標で表されている．したがって，その物体自身が観察者に対してどの方向に向いていようとも表現は常に一定になる(視点不変表現)．

これに対して，3次元の表現を用いない理論もいくつか考案されている．これらの理論

では複数の方向からの2次元の見え(view)の集合で物体を表現する(視点依存表現). あらゆる方向の view をもてば, 完全な認識を実現できるが, それには莫大な記憶容量が必要である. そこで, これらの理論ではいくつかの方向からの view だけを記憶し, 中間の view を補間する機能を付加することによって, この問題を解決している. ポジオとエデルマン(Poggio と Edelman, 1990)はいくつかの方向からの view を与えて学習させることにより, 任意の方向からの view を特定の view に変換できるネットワークを考えた. 彼らはこの問題を多変数関数の近似問題とみなし, 一般化円型基底関数(generalized radial basis function : GRBF)を用いて実現した. また, ウルマンとバスリ(Ullman と Basri, 1990)は, ある物体のいくつかの方向からの view における各対応点の線形結合(linear combination : LC)によって, 任意の方向からの view を計算できることを示した. このとき必要とする view の数はその物体に対してどのような変換を施すかによって異なる. GRBF や LC の理論では, 明示的に3次元の表現を用いずに物体への視点の変換を可能とする. 入力された view がある物体のものであるかどうかは, 過去に獲得したその物体の他のいくつかの方向からの view を用いて判断することができる.

おわりに

フォダー(Fodor, 1983)は, 人間の情報処理を周辺系とそれらを統合する中央系の処理に分け, 中央系がモジュール構造をしていないという理由で中央系の解明は困難であると主張した. 確かに中枢についての計算理論を構築することは簡単ではなかろう. 計算理論をつくるためには, システムの多くの諸側面を正確に把握しておく必要がある. 記憶システムの場合も単に直感ではわからないさまざまな諸特性をもっている.

一方, マー(Marr, 1982)のいう計算理論の背景には生物が最適な情報処理を行っているはずだという信念がある. この最適性からみた理論構築の姿勢を示したことはとかく実験現象論に陥りがちな心理学に対する警告とも思える. しかしいわばあるべき姿だけでなく, 常にあるがままの姿(特性)を知らなければ真の計算理論は生まれないであろう. 実験と理論が計算理論の水準で融合されなければならない. 研究者の一人ひとりが常にこの両面から脳のモデルを考えるように心がけなければならないと思う. (1994. 8. 22)

〔乾　敏郎〕

文　献

1) Barrow, H.G. and Tenenbaum, J.M.(1981): Interpreting line drawings as three-dimensional surfaces. *Artificial Intelligence*, **17** : 75-116.
2) Brady, M. and Yuille, A.(1984): An extremum principle for shape form contour. *IEEE Transactions on Pattern Analysis and Machine Intelligence*, **6** : 288-301.
3) Fodor, J.A.(1983): The modularity of mind. MIT Press. 伊藤笏康, 信原　弘 訳(1985): 精神のモジ

第 2 章 計 算 理 論　　　　171

ュール形式，産業図書．

4)　Hoffman, D.D. and Richards, W.(1985): Parts of recognition. *Cognition*, **18** : 65-96.

5)　Horn, B.K.P.(1975): Obtaining shape form shading information. In : Winston, P.H.(ed.), The Psychology of Computer Vision, p.115-155. McGraw-Hill, New York.

7)　乾　敏郎(1992 a): 確率的画像処理とニューラルネット 1．画像ラボ，**3**(5): 61-63.

8)　乾　敏郎(1992 b): 確率的画像処理とニューラルネット 2．画像ラボ，**3**(6): 59-61.

9)　乾　敏郎(1992 c): 確率的画像処理とニューラルネット 3．画像ラボ，**3**(7): 71-73.

10)　乾　敏郎(1992 d): 確率的画像処理とニューラルネット 4．画像ラボ，**3**(9): 72-74.

11)　乾　敏郎，山下博志(1993): 中間視覚における情報統合のメカニズム．電子情報通信学会技術研究報告，**NC 93-13** : 9-16.

12)　川人光男，乾　敏郎(1990): 視覚大脳皮質の計算理論．電子情報通信学会論文誌，**J73-D-II** : 1111-1121.

13)　Koenderink, J.J.(1984): What does occluding contour tell us about solid shape? *Perception*, **13** : 321-330.

14)　Marr, D.(1982): *Vision*. W.H.Freeman & Company. 乾　敏郎・安藤広志 訳(1987): ビジョン，産業図書．

15)　Marr, D. and Nishihara, K.(1978): Representation and recognition of the spatial organization of three-dimensional shapes. *Proceedings of the Royal Society of London*, **B 200** : 269-294.

16)　Newell, A. and Simon, H.A.(1972): *Human Problem Solving*. Prentice-Hall, Englewood Cliffs, NJ.

17)　Poggio, T., Torre, V. and Koch, C.(1985): Computational vision and regularization theory. *Nature*, **317** : 314-319.

18)　Poggio, T. and Edelman, S.(1990): A network that learns to recognize three-dimensional objects. *Nature*, **343** : 263-266.

19)　Stevens, K.A.(1981): The visual interpretation of surface contours. *Artificial Intelligence*, **17** : 47-73.

20)　Tikhonov, A.N. and Arsenin, V.Y.(1977): *Solution of Ill-Posed Problems*. Winston and Wiley Publishers, Washington, DC.

21)　Ullman, S. and Basri, R.(1991): Recognition by linear combinations of models. *IEEE Transactions on Pattern Analysis and Machine Intelligence*, **13** : 992-1006.

22)　Weizenbaum, J.(1976): *Computer Thought and Human Reason*. W.H. Freeman & Company, San Francisco.

第3章

事象知覚理論

　従来の伝統的な視空間アプローチは，ニュートンの古典物理学の絶対空間や絶対時間の理論的影響を強く受けて，主として静的な理論構築が行われてきたことが指摘されている．一般に，知覚者と知覚対象は静止したものと仮定され，静止知覚が1次的で，運動や変化の知覚は例外的，もしくはそれから演繹される2次的なものとして扱われる傾向にあった．このような見解は，知覚者内部の推論，表象，記憶などの仲介を受けて貧弱な刺激入力が精緻化されるという，現在の主流心理学である情報処理心理学の理論構成においても根強く見受けられる．

　これに対し，私たちが行動している環境は，何の変化も生じない静的空間ではなく，さまざまな変化で満ちあふれていて，私たちはそれらを容易に知覚することができる．私たち自身もこの環境内にあって決して静止した存在ではなく，役に立つ情報を求めて行動している．私たちが環境内を能動的に探索することにより，環境はその新たな側面を私たちにあらわにする．また，私たちが環境内を動くとき，私たちの動きに伴って，網膜上では絶えず変化している光学的流動(optical flow)がある．これは，いままで刺激として考えられてきた網膜像とは異なる性質をもっている．そして，このような光学的流動の特有な変形の中に，対象の構造と生じている変化を特定する情報(不変項)が存在すると考えられる．つまり，私たちが第1に知覚するのは時-空間上で生じている変化，事象(event)という事実である．そして，このような事象こそが知覚のユニットで分析のユニットであり，静止知覚こそが特別なケースだとして，事象知覚理論を提唱してきた代表的研究者が，ギブソン(Gibson, J. J.)とヨハンソン(Johansson, G.)である．彼らの理論的影響を受けて，さまざまな事象の解明とそれらの根底をなす構造の探究が行われている．

3.1 事象知覚とは

私たちは，非常に変化に富んだ環境世界の中で適応し行動している．そこでは多様な変

第3章　事象知覚理論　　　173

化の知覚が生じる．たとえば，私たちの目の前を車が通り過ぎるとき，剛体対象の運動を知覚する．加齢や成長に伴って身体が徐々に変化するとき，形状の変化を知覚する．このような形態上の変化に加えて，明るさの変化や色の変化なども知覚する．もちろん，このような変化の知覚は視覚だけに限られるわけではなく，他の知覚次元においても生じる．このように，環境内は時-空間上のさまざまな変化，事象(event)で満ちあふれている．他方，私たちもこの環境内においては決して静止した存在ではなくて，役に立つ情報を求めて絶えず活動している．環境内を能動的に探索することによって，環境はその新たな側面を私たちに提供する．そして，私たちは自らの生存にとって有用で安定した情報をそこから得ているものと思われる．

　対象自体の変化と能動的知覚者の活動に伴う変化は，環境に関する重要な情報源だが，従来の視空間アプローチは，このような事象知覚(event perception)よりも，大部分が静的な知覚理論の構築に関心を向けてきたと思われる．そのようなアプローチでは，一般に，知覚者と知覚対象は静止したものと仮定され，近刺激は網膜上に投影された像(image)として扱われてきた．したがって，運動知覚は理論的に満足のいく仕方で取り扱うのが困難な，限られたケースとされた．これに対して，事象知覚こそが知覚のユニットで第1次的であり，反対に静止知覚が特別なケースであるとする立場がある．その代表的提唱者は，本章で述べるギブソン(Gibson, J. J.)とヨハンソン(Johansson, G.)である．

　事象は知覚のユニットで，それはまさに存在のユニットだとする見解があるが，この主張が必ずしも広く受け入れられているわけではない．その理由としては，事象と事象知覚がいったい何を意味しているのかという問題があると思われる．たとえば，ギブソンとヨハンソンの間にも，若干の見解の相違がみられる．ヨハンソンは1950年に『事象知覚の形態(*Configurations in Event Perception*)』というモノグラフを書いているが，メース(Mace, 1985)によると，ヨハンソンがもともと用いた事象に相当するスウェーデン語は，"skeende"ということばだという．このことばは，変化の進行している側面を意味し，始まりと終りを強調することによって表される有界性とは対照的に，流れや反復を強調しているという．つまり，何かが"skeende"であると述べることは，それが時間上の出来事(occurrence)，すなわち，プロセスであることを強調しているという．これに対して，時間的広がりよりも，その存在やドラマチックな特質が重要な出来事をさすことばとして，"händelse"がある．これも同じく事象と訳されるが，こちらの方が英語の通常の慣用には近いという．ヨハンソンは事象を"skeende"を意味するものとして扱っており，事象は，ある構造における時間上のさまざまな種類の関係的変化を示す包括的概念，と定義されている(Johansson, 1978)．また，事象知覚とは，外界対象の運動ないしは明るさや色の変化に起因する光学的配列(optic array)の閾上の変化より生じる，直接的で自発的所産である，と定義されている(Johansson, 1985)．これに対して，ギブソンの場合には，事象とは，外部世界における物質上の変化をさしており，あらゆる構造上の変化

や光学的配列上の変化を必ずしも意味していない．つまり，事象は面の配置の変化，面の色ときめの変化，そして面の存在の変化に大別され，観察点の位置の変化や観察者の他の行為に起因する構造の変化は除外されている．この点において，知覚者の物理的行為に伴う構造的変化も事象に含めているヨハンソンとは見解が異なる．

ギブソン(Gibson, 1979)の最後の著作において，重要な役割を果たしているのが，生態学的事象(ecological events)という概念である．これは生態学的スケールで生じる外的事象であり，しかも動物にとって重要な意味をもつ事象とされる．生態学的事象は1秒の何分の1という非常に短い時間から，果実が熟したり，人が成長するといった長期の期間に及ぶ事象とされる．これに対して，生態学的事象に対応するヨハンソンの概念，知覚可能な事象(perceptible events)はその範囲が狭い．たとえば，犬が走るというような生態学的事象は知覚可能だが，果実が熟れるといったような事象はそうではないとされる．つまり，知覚可能な事象は，変化の割合が感覚器官にとって上弁別閾と下弁別閾の間にある，近刺激変化に起因する空間上の変化と記述される．このように，ヨハンソンは事象を現象的に知覚可能な事象とそうでない事象に分類し，前者にその関心があるのに対して，ギブソンは現象的経験を基準として用いてはいない．むしろ，情報の存在とその利用可能性を基準としている．事象の情報が利用可能で，しかもそれを検出するために十分サンプルされる場合と，十分な情報やサンプリングがないために，何らかの判断がなされる場合とに分けられる．つまり，ギブソンにとっては，事象のスピードや現象学は情報が検出されるかどうかほどには重要ではないことが指摘されている(Mace, 1985)．

ギブソンやヨハンソン以外にも，事象をどのように考えるかについての提案がなされ，若干の見解の相違はある．しかし，事象こそが知覚の基本的ユニットであり，分析のユニットであるという点では一致しており，それらの根底をなす構造の解明が行われている．

3.2 生態学的理論

a. 理論の概要

生態学的理論は，アメリカが生んだ傑出した知覚心理学者で独創的な思考家でもあるギブソンによって始められた．彼の死後，ギブソニアンと称せられる彼の後継者たちによってその理論はさらに展開され，現在の主流心理学である情報処理心理学とは異なる独自の立場を形成している．

ギブソンの生態学的理論の大きな特徴の一つは，知覚とは，単純に情報の検出(抽出)であって処理される必要はない，という点にある．したがって，生態学的理論は別名を直接知覚理論(theory of direct perception)ともいわれる．この見解は，現在の主流心理学である情報処理心理学的理論，間接知覚理論と対照される．

直接知覚理論と間接知覚理論の双方において，私たちの知覚内容の豊富さについては見

解は一致している．しかし，その原因についての解釈が異なっている．基本的に間接知覚理論においては，私たちが受容する刺激入力は本来的に貧弱であると考えられる．ところが私たちの知覚内容は豊かなので，その原因は刺激ではなくて，知覚者内部に求められる．つまり，知覚者内部の推論，表象，記憶などの仲介を受けて視覚入力が精緻化され，豊かになっていくとされる．これに対して直接知覚理論では，受容される刺激自体（正確には情報）がすでに豊かで構造化されており，私たちはそれをピックアップするだけでよく，精緻化（処理）する必要はないと考える．このように，知覚内容の豊富さの基盤を刺激情報の豊かさに求めるのか，あるいは知覚者の認知プロセスに求めるのかに両者の見解の差がある．

　前にも述べたように，従来，心理学においては静的な理論構築が行われてきたことが指摘されている．確かに技術的な問題もあって，タキストスコープやスライドなどによって，空間的にも時間的にも限定された刺激が用いられてきた．このような実験的枠組みでは，理論的に静止知覚が1次的で，運動や変化の知覚は例外的，もしくはそれから演繹される2次的なものとして扱われる傾向があった．しかしながら，私たちの周囲世界は決して静止したものではなく，また私たち自身もこの環境内で常に活動している能動的存在である．私たちが動くとき，そこには絶えず変化している環境の光学的配列がある．これはいままで刺激として考えられてきた網膜像のように，像としての性質ではなくて，流動（flux）という性質をもっている．そして，このような時-空間上で変形している光学的流動パターン（optical flow pattern）の中に，ある事象を特定する情報が存在していると考えられる．たとえば，環境内をまっすぐに歩くとき，網膜上では，環境内の諸対象は注視点から外側に向かって流れていく．このような変化は，私たちが前進していることを意味する．逆に，外側から中心に向かって流れる場合には，後退が特定される．さらに，注視対象が常に視野の中心にあり，流動パターンが外に向かって流れる場合には，私たちはその対象に衝突することになる．このように，直接知覚理論では変化の知覚を1次的とみなし，変化の中に対象の同一性と生じている変化を特定する不変項（invariants）があると考えられ，それらの探索が行われている（不変項については後述する）．

　生態学的理論の別の大きな特徴は，その分析単位にある．一般に，心理学においては，動物と環境は暗黙裡におのおの別々の実体として扱われ，ほとんどが動物の側の研究に限定されてきた．また，知覚を研究する際に環境が考慮される場合でも，それは環境内の動物とは区別される独立した環境として記述されてきた，と指摘されている（Michaelsと Carello，1981）．このような動物-環境2元論に対して，生態学的理論では，直接知覚の研究は自己の環境ニッチ（niche，個体が生物社会で占める位置や果たす機能）を知っている動物の研究であるので，知覚研究に際して，動物とそれが棲息する環境は分離できないとされる．したがって，分析単位は，動物-環境生態系（animal-environment ecosystem）でなければならないと主張される．

動物に関して情報を分析しなければならない理由としては，情報を検出する知覚システムが，動物によって異なることがあげられる．つまり，ある動物にとっては情報であるものが，他の動物にとってはそうでないことがあるので，両方の側からの分析が必要となる．また，最も重要な理由としては，アフォーダンス(affordances)の概念がある．アフォーダンスとは，対象，場所および事象によって，動物に対して許される(afford)行為や行動をいう．そして，動物はその意味を直接に知覚することができるとされる．したがって，アフォーダンスが知覚されるということが意味するのは，それを特定する情報が刺激作用において利用可能であり，適切に同調された知覚系によって検出されるということである(アフォーダンスについては後述する)．

アフォーダンスの概念からもわかるように，生態学的理論は単なる知覚理論の枠組みをこえている．一般に哲学においては，行為は知覚の下位にあり，知覚ほど重要ではないこと，また，知覚と行為は別々の研究領域を構成しているとみなされている(MacKay, 1987)．心理学においても同様に，多くの場合，両者は異なる研究領域を形成し，知覚理論は行為とは関係なく，行為理論は知覚とは関係なく構築されてきたと思われる．ところが，実際に私たちの行う行為と，行為の誘導に必要な情報の抽出過程である知覚は密接な関係にあり，両者は不可分だと考えられる．また，動物の活動は，動物にとって役に立つ情報の種類を制限するので，生態学的理論においては，知覚理論と行為理論は独立には展開されないと主張される．

b. 不 変 項

1) 成長の知覚

生態学的理論の主要な研究テーマの一つは事象知覚であるが，ピッティンジャーとショー(Pittenger と Shaw, 1975)は，事象知覚には二つの側面があることを指摘している．一方は，事象のダイナミックな側面を構成するもので，変形的不変項(transformational invariants)と呼ばれる．他方は，事象が関与している構造に統一性あるいは同一性を与えるもので，構造的不変項(structural invariants)と呼ばれる．つまり，事象を「何かあるものに生じている何か(something happening to something)」とすると，「生じている何か(something happening)」は変形的不変項によって特定され，「何かあるもの(something)」は構造的不変項によって特定されると考えられる．そして，事象知覚理論は両方を明らかにしなければならない，と主張されている．

不変項の知覚に関する代表例としては，事象知覚の一例である成長の知覚に関する研究がある．私たちの体型や容貌には，成長に伴って外観上のさまざまな変化が生じる．ところが，長い間会うことのなかった友人に出会うとき，その人が歳をとった昔の友人であると認知することができる．一般に，このような同一性(同一人物)と変化(加齢)の知覚の説明は，特徴-照合というモデルの枠組みの中で行われる．しかし，この特徴-照合モデルで

は，成長(顔)の知覚のような非剛体性の事象知覚を取り扱うのは非常に難しい．また，このような二重認知(同一性と加齢)の問題では，一方を説明するためには，他方を前提とする必要が生じ，ジレンマに陥る．それでは，もし個々の特徴や照合というプロセスによって説明が十分になされないとするならば，成長(顔)の知覚の基盤はどこに求められるのであろうか．このような成長に伴う形状変化をモデル化する試みは古くから行われ，その候補の一つとして，ひずみ変換(strain transformation)が示唆されている．

ピッティンジャーとショー(Pittenger と Shaw, 1975)は，実験1において，相対年齢の判断に際し，ひずみ(strain)とずれ(shear)のどちらが用いられるかを検討している．基準となる少年のプロフィール($\theta=0$，$K=0$)を座標変換し，コンピュータを用いて35のプロフィールを作成した(図2.3.1)．それらをランダム順に提示し，基準プロフィールをもとに，年齢の相対評価を求めた．その結果，被験者の判断の91％がひずみレベルによって行われた(サル，イヌ，トリ，フォルクスワーゲンといった，ヒト以外のプロフィールを用いた実験でも同様の結果が得られている)．実験2では，ひずみ変換の効果をさらに吟味するために，レベルの異なる18組のプロフィールのペアを提示し，より歳とってみえる方を選択させた．その結果，レベルの大きい方を歳とった者として選び，正答率は1回目が83.2％，2回目が89.2％で，ひずみ変換が成長プロセスの適切なモデルであることが示された．さらに，実験3では，個人の同一性の知覚に関する実験が行われた．利用可能な特徴を減らすために，図2.3.2に示されるような部分的プロフィールを用いた．同一のひずみ係数をもつ異なる二人の人物の比較図形，A, Bのどちらがターゲット図形(係数は異なる)と同一人物かを判断させた．結果は，誤答率の平均は17％であり，33％以上まちがった被験者はいなかったことが報告されている．

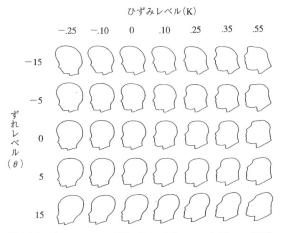

図2.3.1　プロフィールの変形パターン(Pittenger と Shaw, 1975)

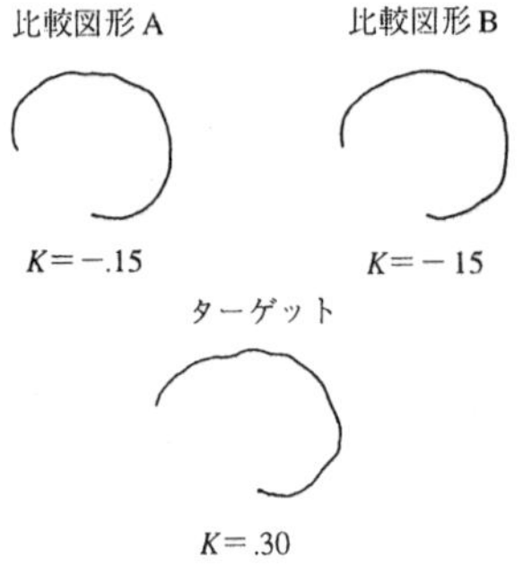

比較図形A　　　比較図形B

$K=-.15$　　　$K=-15$

ターゲット

$K=.30$

図 2.3.2 プロフィールの同一性判断
(Pittenger と Shaw, 1975)
B とターゲットが同一人物.

2) 衝 突 時 間

不変項の例でもあり，知覚と行為の間の密接な関係を示す一連の研究が，リーらによって行われている．リーとリシュマン(Lee と Lishman, 1975)は，一方向を除いて周囲が壁で囲まれた「スインギングルーム」を用いて，光学的流動パターンのもつ情報を検討している．被験者を床に立たせ，天井から吊るしたスインギングルームを動かして，被験者の前方，後方そして側方の動きに対応する光学的変化を生じさせた．たとえば，部屋を前に動かしたときは，身体を後方に揺り動かされたときと類似した光学的流動パターンが網膜面上では生じている．したがって，姿勢維持に際してこれらの視覚的情報が用いられているとすると，バランスを保つために身体を前方に倒すという動作がとられるはずである．結果は，予想どおり各運動方向を補償する動きが観察された．また，幼児(13〜16か月)による実験でも，同様の結果が得られている(Lee と Aronson, 1974).

私たちが環境内で行動するとき，対象とあとどれくらいで衝突(到達)するのか(time-to-collision)，あるいは運動対象がいつ私たちに衝突するのかに関する情報は，生態学的観点からも非常に重要である．一般的には，対象への到達時間は，対象までの距離と速度によって求められる．しかしながら，それらの計算の複雑さを考えると，日常活動においてそれらを直接に利用しているとは考えにくい状況が数多くある(たとえば，そのようなことを行っているとすれば，野球の外野手がフライを捕球するのは至難の技と思える).

リー(Lee, 1980)は，環境内を移動する際に利用可能な光学的情報の幾何学的分析を行っている．分析の便宜上，行為者は静止し，環境が投影面(網膜)に対して直角に一定速度 V で接近する場合が，図 2.3.3, 2.3.4 に示される．P と G は環境内の任意のきめ(texture, 肌理)の要素を表し，G は地面の上にある．環境内のきめの要素 P, G に対応する投影面上での光学的きめは，P', G' となる．きめの要素 P の環境内の位置は，距離座標 $Z(t)$ と R, および OZP 面と OZX 面のなす角度によって決まり，投影面上では θ となる．

$Z(t)$ および R の関係は次式で表される．

$$Z(t)/R=1/r(t) \tag{3.1}$$

上式を t で微分すると，

$$R/V=r(t)^2/v(t) \tag{3.2}$$

さらに，式(3.1), (3.2)より R を消去すると，

$$Z(t)/V=r(t)/v(t) \tag{3.3}$$

式(3.3)は，きめの要素 P が私たちに到達する時間 $Z(t)/V$ は，現在の速度が維持さ

れるならば，光学的変数 $r(t)/v(t)$ によって直接に特定されることを示す．とくに，もし前額平行面が前方にある場合には，光学的変数の値はその面に衝突する時間を特定する．リーはこのような光学的情報をタウ(τ)と呼び，これは対象面の光学像の膨張率の逆数に等しく，知覚者は直接にこの情報を利用できるという．

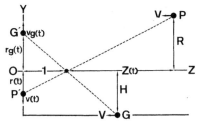

図 2.3.3 静止観察者に環境内のきめの要素が一定速度で接近する場合(Lee, 1980)

このようなタウ情報が，行為のコントロールに用いられていることを示す，興味深い観察例がある(LeeとReddish, 1981)．カツオドリは空中から急降下して魚を捕まえるが，30 m の高さから降下した場合，到達速度は時速55マイルにもなるという．そして，急降下する際には，おそらく軌道を修正できるように翼は半分だけ折りたたまれ，水面に到達する直前に完全にたたまれるという．もしタイミングが狂えば，翼は損傷を負うことになる．カツオドリはこの折りたたみのタイミングをどのようにして知るのだろうか．カツオドリのダイブのフィルム分析によると，その判断は水面からの距離よりも，むしろ時間に関する情報に基づいていることが示されている．つまり，12 m の高さからダイブする場合には約 5.5 m の高さで，4 m の高さからダイブする場合は約 2.3 m でたたまれ始めるという．ところが，それらが開始される時間は非常に接近しており，400 msec と 320 msec であった．これらの結果より，リーらはタウがカツオドリの翼の折りたたみのタイミングに用いられていることを示唆している．

人の場合にタウが行為のコントロールに利用されているケースは，女子の国際クラスのロングジャンパーの踏み切りのタイミングに報告されている(Leeら, 1982)．彼らの分析によると，助走は二つの位相からなっている．一つはアプローチ相と呼ばれる段階で，この位相ではなるべくステレオタイプ的なストライドパターンが維持され，踏み切り板の約6 m 手前まで持続する．次の位相は照準相で，踏み切り板のなるべく前方でジャンプできるように，ストライドの長さが調節される位相である．

リーらによると，ストライドの調節において制御されるのは，一つの力学的変数，ステップの垂直インパルスだけだという．つまり，アプローチ相では，垂直インパルスは常に恒常に保たれようとする．そして，踏み切り板が近づくにつれて，それとのタウ情報に基づいて垂直インパルスが調節され，それに伴ってストライドの長さが調節されるという．

これらのリーらによる一連の研究は，行為のコントロールに際して時間に基づく光学的情報タウが用いられ，

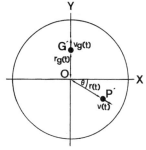

図 2.3.4 投影面(網膜)上での光学的変化(Lee, 1980)

同時に知覚系と運動系は機能的に分離不可能であり，それらは単一の知覚-運動系の構成要素であることを示している．

c. アフォーダンス

　生態学的理論の分析単位は動物-環境生態系であり，しかも，知覚と行為の間の関連を最も明確に示す概念が，アフォーダンスの概念である．ギブソン(Gibson, 1979)は，次のように述べている．「環境のアフォーダンスとは，環境が動物に提供するもの(offer)，良いものであれ悪いものであれ，用意したり備えたりする(provide or furnish)ものである」．たとえば，椅子をみるとき，私たちは単に物としての椅子を知覚するのではなくて，そこに座ることができる，という意味を知覚している．もちろん，ある対象が一つのアフォーダンスしかもっていないということではなく，いくつかのリストをもっていることもある．びんの場合であれば，そこから飲むだけではなく，それを投げること，それで打つこと，などをアフォードする．しかしながら，これらのリストが常に検出されるわけではない．投げることが可能であるためには，手をもっていなければならない．また，たとえ手をもっていても，身体(手)がびんに対して十分大きくなければ，それを投げることはできないかもしれない．つまり，アフォーダンスの検出には動物の身体スケールが関与し，どのアフォーダンスが検出されるかは，ある特定の動物が潜在的にもっている合目的行動に依存する．そのような行動は実効性(effectivities)と呼ばれる．形式的には，アフォーダンスは次のように定義されている(Shawら, 1981)．「もし，ある事態もしくは事象Xと動物Zの間に，ある関連した適合が得られるならば，Xは機会Oにおいて，行為YをZにアフォードする」．同様に，実効性は次のように定義される．「もし，事態もしくは事象Xと動物Zの間に，ある関連した相互的適合が得られるならば，ZはXに対して行為Yをもたらしうる」．

　アフォーダンスを知覚することにより，自己の行動を誘導することが可能ならば，私たちは環境属性と自己の行為系の属性との間の関係を，知覚できなければならない．一般的には，環境や刺激の特性は，知覚者にとって，任意の外在的な連続体の次元に沿って測定される．距離はメートルで，重さはキログラムで，そして時間は秒を単位として測定される．しかしながら，行為者としての知覚者にとっては，これら環境の特性の意味は連続的ではなくて，本来的にカテゴリー的である．たとえば，ある対象がある距離にあるとき，その対象は，知覚者にとっては，あまりに遠くて手が届かないとか，逆に，前かがみにならないでも十分に届く，といった意味をもつことになる．しかし伝統的には，知覚とは，知覚者が環境の連続的特性を自己の不連続な行為カテゴリーに変換しなければならないプロセスとして解釈されてきた，と指摘されている(Mark, 1987)．

　これに対して，行為と知覚の間の関係を明らかにするためには，任意に定義される外在的測定(extrinsic measurement)によってではなくて，行為者の身体スケールに基づく測

定，内在的測定(intrinsic measurement)が必要である，と主張されている(Warrenと Shaw, 1981；WarrenとKelso, 1985). 内在的測定とは，相互的システムの一方が，システムの他方の測定のための「自然のスタンダード」とみなしうるものである. したがって，動物のある特性Aは，環境のある特性Eを測定するためのスタンダードとみなしうる. 手続的には，AとEが同一単位で測定され，しかも比として表されるならば，単位は相殺され，特定の動物-環境適合(animal-environment fit)を表す無次元数となり，その比はパイ-ナンバー(π-number)と呼ばれる.

　動物におけるアフォーダンスの知覚を示す例がある. カマキリは，エサとなる動物がある距離内に入ると攻撃を開始する. この距離は，カマキリの成長とともに変化する. しかし，カマキリの成長は連続的ではない. というのは，脱皮することにより，身体が急激に変化するからである. それにもかかわらず，カマキリは85％以上の成功率で，エサを捕えることができるという. そして，カマキリがエサを捕えることのできる，最大の距離は，前足の長さによって決まり，その80％の距離だという(Michaelsら, 1985). また，カエルが，ドアのような開口部へジャンプする頻度は，その幅がカエルの頭の幅に近づくにつれて，急速に減少するという(IngleとCook, 1977). つまり，カエルはその特定の身体サイズを通過させる，開口部のアフォーダンスを検出していると思われる.

　人の場合におけるアフォーダンスの知覚に関する最初の実証的研究は，ウォーレン(Warren, 1984)により行われた. 彼は視覚的に誘導される行為として，階段を昇るという行為を取り上げた.

　階段を昇るという活動は，人の二足移動の特別なケースであり，水平な同一距離を歩く場合と比較して，約15倍のエネルギーを消費するという. また，階段を昇るときのストライドの長さやリフトワークは，階段の高さによって規定され，そのために最適な歩行を自由に選ぶことはできない. したがって，階段昇りの代謝効率は，階段の高さと昇る人の適合度によってかなりの程度決まってしまう. たとえば，階段があまり高いときには両足だけで昇ることはできず，手やひざを使わなければならない. さらに，代謝効率の面からみると，高い場合にはひざや腰の屈伸量が大きくなり，エネルギー消費量は増大する. 逆に，あまり低すぎてもステップ数が多くなることにより，エネルギー消費量が増大する. そこでウォーレンは，動物-環境適合が変化するにつれて事態のアフォーダンスも変化し，行動の質的特徴があるパイの値で生ずると考えた. 第1は臨界点(critical points)で，アフォーダンス境界上の，行動上の位相の移行に対応する. 具体的には，もはや両足だけでは昇れない高さである. 第2は，最適点(optimal points)で，エネルギー消費が最も少ない，安定した，選好される領域であり，最も適合したアフォーダンスであるといえる.

　ウォーレンは5種類の高さの階段をスライドで提示し，両足だけで昇れるかどうかの判断を求めた. その結果，平均身長約164cmと約190cmのグループの判断値は同じで，判断された高さは脚の長さの0.88であった. また，実際に階段を昇って，酸素消費量が

最も効率的な階段の高さを測定した．結果は，低身長群，高身長群とも脚の長さの1/4が最適で，この値はスライド提示による最適な階段の高さの選択とも一致した．

ウォーレンは，知覚判断値と行為可能な実際の高さが密接に対応していることから，知覚者の環境についての知覚能力と行為能力が密接に関連していることを実験的に示した．また，行為の臨界的境界を知覚者が決定する際に，身体次元(本ケースでは脚の長さ)に対して内在的にスケール化された情報が用いられることが示された．さらにウォーレンのこの研究は，それまで空疎な概念としてとらえられることが多かったアフォーダンスの概念に実体を与えた，という点でも重要な意義をもっているといえる．

3.3 知覚的ベクトル分析

a. 基本原理

ヨハンソンは，連続的に運動あるいは変形している近刺激パターンをCRT上に提示し，それらと知覚との間の数学的関係を分析し，事象知覚のためのモデル，知覚的ベクトル分析(perceptual vector analysis)を提唱している．知覚的ベクトル分析の基本原理は以下のとおりである(Johansson, 1973)．

原理1：眼球の網膜面上で運動している諸要素は，知覚上は常に相互に関連している．

原理2：一連の近刺激要素において等しくてかつ同時的な運動は，これら要素を自動的に剛体性の知覚ユニットへ結合する．

原理3：1組の近刺激要素の運動において，等しい同時的運動ベクトルが数学的に抽出可能なとき，これら成分は知覚的に分解されて一つのまとまった運動として知覚される．

知覚的ベクトル分析の最も単純な事態として，2光点が運動している場合が図2.3.5に示される．2光点が図2.3.5(a)のような軌道上を動くのを観察すると，実際の物理的運動とは異なる運動が知覚される．つまり，2光点は互いに斜めの軌道上を往復運動し，それと同時にこれら2光点が一つのユニットとして，別の斜めの軌道上を動くのが観察される(図2.3.5(b))．知覚的ベクトル分析によれば，これは次のように説明される．2光点の物理的運動は各ベクトル成分に分解される．そして，知覚系により両者に共通な運動成分が抽出され，全体運動を形成し，これは残余の運動成分の相対運動のための運動関係枠組みとなる．

ギブソンとヨハンソンはともに運動情報のもつ重要性を指摘し，変形下の不変項とい

(a) 近刺激パターン

(b) 知覚表象

(c) ベクトル分析

図2.3.5　知覚的ベクトル分析

う概念を強調している．しかしながら，上述の実験プログラムからもわかるように，ヨハンソンの研究上の主要な関心は，近刺激と知覚の間の数学的関係にあり，知覚系により用いられる解読原理(decoding principles)を明らかにすることにあった．ヨハンソンのとった方法では，近刺激を生じさせている遠刺激は存在しないので，知覚の真実性(veridicality)に関する問題は生じない．これに対して，ギブソンは知覚の真実性の問題に大きな関心があり，環境において動物が利用可能な情報を強調した点で，両者の研究上の相違がある．

b. 生物学的運動の知覚

知覚的ベクトル分析の，共通-運動パラダイムの一般性と有効性を検討するために選ばれた複雑な事象が，生物学的運動(biological motion)である．人の主要な関節部(肩，ひじ，手首，腰，ひざ，足首)に光点を取り付け，暗室内でそれが動くのをみるとき，どのような知覚が生じるのであろうか．まとまりのないランダムな光点の動きが観察されるのか，それとも異なる知覚が生じるのであろうか．パターンが静止しているときは，単なる光点の集まりとしてしか知覚されないが，いったんそれが動きだすと，即座に，しかもまちがいなく「人」がさまざまな活動(歩行，ランニング，ダンスなど)を行っているのが知覚される．この結果は，形状の知覚(人の身体)が網膜上のそれに必ずしも基づいている必要がないこと，また光点間の抽象的な関係が形状に関する十分な情報をもっており，知覚系がそれらを抽出可能なことを示している(Johansson, 1973)．

知覚的ベクトル分析を歩行パターンに適用すると，次のように解釈される．まず静止した背景が関係枠となり，肩と腰の要素(胴体)の準移動運動が抽出される．そして，この運動関係枠(胴体)がまたひざとひじの運動の関係枠となり，剛体性の振り子運動が抽出される．さらに同様に，足首はひざに対して，手首はひじに対して振り子運動をしているのが抽出される．つまり，地面→肩・腰の要素→ひじ・ひざの要素→足首の要素というように，各関係枠が一連の階層構造を形成しており，知覚系はそこから歩行パターンを抽出していると考えられる(図2.3.6)．

その後，同様の方法を用いて，光点運動パターンから友人の同定や行為者の性別を認知可能なことが示されている(Cutting と Kozl-

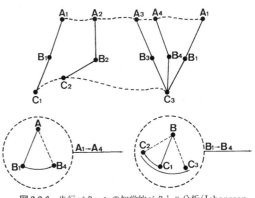

図2.3.6 歩行パターンの知覚的ベクトル分析(Johansson, 1973)

A, B, C は腰，ひざ，足首の運動を表す．

owski, 1977 ; KozlowskiとCutting, 1977)．それでは，性別認知に際して用いられる不変項は何であろうか．カッティングとプロフィット(CuttingとProffitt, 1981)は，不変項の候補としてモーメント心(center of moment)をあげている．歩行行動は，フラットスプリングの各コーナーをピボットとする，四つの複合した振り子運動（2本の腕と足）からなる，対称的でかつ周期的運動とみなすことができる．そこで，これらの運動がそのまわりに生じる点が求められ，見いだされたのがモーメント心である．図2.3.7に示されるように，両肩と両腕を四隅とする台形の対角線の交点がモーメント心である．それは，身体各部のすべての運動がそのまわりに規則的な幾何学的関係をもっている関係点(reference point)である．たとえば，回転している車輪の場合，重心とモーメント心は一致している．しかし，振り子運動の場合には，重心は左右に運動している重りの上にあるが，モーメント心はピボットである．同様に，人の場合にも重心とモーメント心は異なり，数学的には次の式で求められる．

$$C_m = \frac{S}{S+H}$$

ここで，C_mはモーメント心，Sは肩，Hは腰である．

図2.3.7にあるように，一般に男性は腰よりも肩幅が広く，モーメント心は女性よりも下にある．また，測定データによると，C_mの平均は男性が0.49，女性が0.51で，性の同定率との相関は0.86であり，モーメント心が性別認知のための不変項であることが示された．

カッティングらは，事象知覚のための情報がどのように知覚者により抽出されるかの一般原理について述べている．時間上で知覚者に利用可能な情報は視覚風景(visual scene)と呼ばれ，事象(event)と地(ground)に分けられる．たとえば，視覚風景から「歩いている人」という事象を特定する情報が抽出されると，残余の情報は地となる．また，地の内部にも事象-地関係が埋め込まれていることもある．次に，事象は図(figure)と行為(action)という二つの成分に分けられる．図とは，静的不変項とダイナミックな不変項が互いに関連している各部分よりなる「全体」である．他方，知覚者に対する全体の運動が行為である．また，図は内部ダイナミックス，モーメント心，成分構造の3成分より構成される．最初の内部ダイナミックスは，さらに二つの成分，各部分の相対的変位と相対的位置関係よりなる．図の第2の成分は，静的な関係的不変項としてのモーメント心である．これは各部分の位置や運動を記述するための関係点で，座標系の原点と類似している．そして，最後の成分は事象内部で複雑に入れ籠になった構造である．

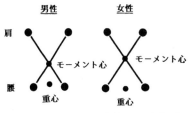

図2.3.7　モーメント心(CuttingとProffitt, 1981)

光点運動パターンから歩行事象がどのように抽出されるかは，次のように説明される．最初に抽出される情報は，モーメント心のまわりに生じている内部ダイナミックスである．胴体は肩と腰の2光点によって特定され，各光点は位相差180°で大きさの異なる楕円軌道を描く．これらの運動は胴体のモーメント心に関して生じており，この点は歩行者の図的記述のための関係点となる．いったん肩と腰の運動が抽出されると，これらの点は上半身と下半身の成分構造の分析のためのモーメント心となる．たとえば，下半身の場合，腰は振り子運動しているひざのモーメント心と知覚される．そして，ひざの内部ダイナミックスは，腰に対するひざの相対的位置および変位となる．さらに，ひざは足首の内部ダイナミックスのモーメント心となり，足首の運動はひざをピボットとする振り子運動として記述される．同様にして，上半身の運動も，振り子運動の入れ子として記述される．

上述の分析では，モーメント心は各部分の位置と運動の記述のための静的関係点として記述されている．しかし，全体としての図的運動については，最深部のモーメント心が，全体のダイナミックスを特定する点として知覚されることになる．つまり，歩行者の行為は胴体のモーメント心の運動であり，かなり均一な位置ベクトルによって記述される．

カッティングらとヨハンソンの分析方法の相違だが，用いられた関係座標系が異なることが指摘される．ヨハンソンは，歩行知覚におけるベクトルを特定するために，環境座標を用いているのに対して，カッティングらは歩行者内部の解剖学的座標を使っている．カッティングらによると，両アプローチとも最終的には同一の解決に至るであろうが，解剖学的記述の方がより倹約的なこと，統合を行うのが容易なことの2点をあげて，分析方法としては望ましいと主張している．

c. 力学的事象の知覚

物理学では，一般に力学(mechanics)は運動学(kinematics)と力学(動力学, dynamics)に分類される．運動学においては，運動それ自体が記述されるのに対して，動力学では運動の原因である力について記述される．両者の相違を質量，長さ，時間という基本的次元で表すならば，運動学は基本的には長さと時間によって構築されるのに対して，動力学は長さ，時間，質量によって構築される．

事象の記述においては，その一つの側面は運動と変化によって記述される．たとえば，変位，屈曲，伸張，移動の際の関節の動きなどといった，構造に関して明らかとされる変化のスタイルが数多く研究されてきた．ところが，私たちのまわりで生じている事象の多くは，任意の運動学的次元に沿って自由に変化はしない．むしろ，それらは特有な地表上の制約によって支配されている．それらの制約とは，重力，面と面の間の摩擦，弾性や，さらには可能な運動学的パターンを制限する変数である，生活体が消費することのできるエネルギーの率などである．このように事象には運動学的側面と力学的側面があるが，私

たちははたして事象の力学的側面を知覚することができるのであろうか．というのは，力学的事象を運動学的パターンへマッピングする際に，質量，摩擦，弾性，エネルギーといった諸変数は運動学的記述にはないからである．

　この問題に関するパイオニア的研究として，ミショット（Michotte, 1963）の因果性の知覚に関する研究がある．ある運動物体が静止物体に衝突するとき，一方の物体が他方の物体の運動を生じさせると知覚されることがある．ヒューム（Hume, D.）は，このような知覚は類似した事象による個人的経験に基づいているとした．これに対して，ミショットはこの問題を実験的に検討し，因果性の知覚は単一事象として自発的かつ直接的に得られると主張した．その後，彼の結果は実験手続や装置などの不備もあって疑問視された．しかしながら，ミショットのような現象学的解釈ではなくて，物理法則に基づいてこれらの知覚を説明可能とする見解がある．トッドとウォーレン（Todd と Warren, 1982）は，衝突する二つの物体をコンピュータにより提示し，2 物体の相対的質量，反発係数，速度を変えて，どちらの物体が重く知覚されるかの判断を求めた．その結果，被験者はすべての条件において相対質量を有意に判断し，力学的事象の判断に際して運動学的情報が利用されることが示されている．

　力学的事象の知覚に関する別の実験は，ルネソンらによって行われている．ルネソンとフリーコゥルム（Runeson と Frykholm, 1981）は，ヨハンソンと同様の方法で，持ち上げられる箱の重量は行為者の光点運動パターンから正確に判断されることを示した．これは，箱の重量変化が行為者-箱システムの運動学的パターンに特有な変化をもたらし，知覚者はこの変化を検出できるためという．ルネソンとフリーコゥルム（Runeson と Frykholm, 1983）は，この結果に基づき，「運動の時-空間上の変化が，その根底にある事象の力学を特定する」という，KSD 原理（principle of kinematic specification of dynamics）を提唱している．ルネソンら（Runeson ら, 1983）は，実際に重りの入った箱を持ち上げる場合と，演技によって空の箱をある重さに見せかける場合の，判断の差異について報告している．その結果，行為者が演じている場合には，物理的重量と行為者の意図した重量は別々に知覚され，後者は過大評価された．一般に，箱を重いと見せかける場合，それをゆっくりと持ち上げてみせる．しかしながら，ルネソンらによると，箱の重量は持ち上げる速度や加速度によってではなくて，加速度と行為者の姿勢調節の間の関係によって特定されるという．したがって，たとえ行為者が実際に重い箱を持ち上げるのにふさわしい速度で何とか箱を持ち上げてみせても，姿勢調節の微細さがだまそうとする行為者の意図を明らかにするという．さらに，性別認知においても，行為者の実際の性と意図された性は独立に知覚されることが示されている．このように，運動学的パターンから力学的属性の知覚が可能で，しかも KSD 原理は予期，性別認知，あざむきの意図といった対人認知の領域にも適用できるという．

3.4 理論の将来へ向けて

　本章では事象知覚理論について述べてきたが，一連の研究が示すように，私たちが環境内で1次的に知覚するのは時-空間上の変化，つまり事象という事実である．しかし，このような知覚的事実にもかかわらず，伝統的には静的な理論構築が行われ，事象知覚自体が関心を集めるようになったのは比較的最近のことで，事象知覚に関する最初の国際会議は，1981年にコネティカット大学で開催されている．事象が知覚のユニットで，分析のユニットでなければならないという主張が必ずしも広く容認されていない背景には，古典物理学の知覚理論に対する非常に強い影響がある．ニュートンの古典物理学では，時間と空間は分離され，両者は全く独立に存在するとされる．つまり，時間は本質的に空虚であり，空間も変化も含まない．そして，時間は変化があろうとなかろうと流れ続ける．心理学は歴史的に物理学を手本として成立してきたので，このような理論的背景に基づいて構築された知覚理論が静的にならざるをえなかったのも，ある意味では当然だったのかもしれない．しかしながら，行動している生活体にとって重要なのは，絶対時間や絶対空間ではなくて変化自体(時-空間上の事象)なので，当然，分析のユニットは事象でなければならない．ただし，事象の根底をなす構造の特定は非常に困難であり，視覚次元における事象知覚の研究例もそれほど多くはなく，他の知覚次元においてはなおさらである．しかし，いまでは刺激を提示する方法もいろいろと考案され，変化を変化として直接に扱うことが可能となっており，今後はさらにこの事象知覚に関する研究は増大するであろう．

　事象知覚理論の代表的提唱者のギブソンの生態学的理論は，その独創性と先鋭性のゆえに異論も多く，とくにギブソン没後，1980年前後には，彼の後継者であるギブソニアンと情報処理心理学者との間で多くの興味深い論争が行われた．確かに，生態学的理論の理論的枠組みをより堅固にするために哲学的洗練は徹底的に行われたが，その理論構築の精緻さとは裏腹に，その土台ともいうべき実験的証拠はあまり提出されず，同じ例が何度も引用されることもしばしばだった．また，理論の中核となるアフォーダンスの概念も，実体のない空虚なものとしてとらえられることが多かった．本論でも述べたように実験的証拠が提出されたのは比較的最近のことである．ただし，このアフォーダンスの知覚に関しては，とくに，エレノア・ギブソンを中心として発達的研究が行われており，その概念の妥当性はさらに吟味されるであろう．

　生態学的理論は知覚と行為の間の密接な関係を重視しており，両者は独立には論じられないという点に大きな特徴がある．とくに，情報処理者としての人間のみを強調する傾向にある情報処理心理学理論がその限界をみせつつある現在，生態学的理論は，今後，知覚し行動する人間を理解するための，一つの重要な理論的枠組みを与えると思う．

　生態学的理論の基本的概念は，多くの論争を経て，他の認知心理学者にも広く容認され

るようになってきた．しかし，ギブソンの理論は他の理論との対決色を強めることで発展してきた側面もあるので，このことが学派としての発展をさらに強めることになるのか，あるいは求心力を弱める結果になるのかは今後興味深いところである．

現象例

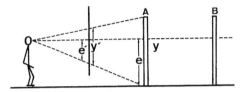

図2.3.8 眼の高さに対してスケール化される対象の高さ (WarrenとWhang, 1987)

知覚者の眼の高さに対してスケール化される，対象の高さ（大きさ，距離）に関する情報が存在するという(Gibson, 1979)．たとえば，ほぼ平坦な地面の上に立ち，同一平面上の静止対象に対して眼の高さを地面と水平に合わせると，対象の高さは知覚者自身の眼の高さに対する比，つまり，自分の眼の高さを単位として特定されることになる．しかも，この比は観察距離にかかわらず一定となる(図2.3.8参照)．

ウォーレンとワン(WarrenとWhang, 1987)は，ドアのような開口部の通り抜けのアフォーダンスの検出について実験している．実験1では，肩幅の小さい群(平均40.4 cm)と大きい群(平均48.4 cm)で，通常歩くときに肩を回転させずに通ることのできる臨界的な開口部の幅を測定した．開口部の幅の測定値は各行為者間で異なっていたが，肩幅(S)に対する開口部(A)の比，臨界値$\pi_{max}=A/S$は両群とも同一で，1.30だった．

実験2, 3では，通り抜け判断に利用可能な情報が検討された．判断に際しては，開口部の絶対的大きさの情報か，身体次元に対する内在的情報が必要となる．絶対的大きさの判断は，ターゲットの視角と知覚される絶対的距離に依存する．実験2では，絶対距離判断において利用可能な両眼輻輳，調節，運動視差といった手がかりのない静止単眼条件と，ある距離から移動しながら両眼で観察するという両眼運動条件の2条件が行われた．観察距離は5 mで，肩幅の異なる2群(平均41.4 cm, 47.4 cm)が参加した．結果は，A/Sの値は両群とも同一で，両条件間で差がなく1.16であった(これを眼の高さeの比で表すと，被験者の肩幅は$0.25\,e$であったので，A/eは0.29となる)．この値は実験1と比べると小さいが，これはインストラクションの差によるという．

実験3では，被験者に気づかれないように開口部の載っている台の高さを持ち上げて，実質上の知覚者の眼の高さe^*を低くして判断を求めた．この操作の結果の予測として，次の3点が考えられる．第1は，外在的情報に基づいて判断がなされる場合，絶対的な開口部の大きさと肩幅の関係は変化しないので，実験2と同様の結果が得られるはずである．第2は，内在的な眼の高さの情報に基づいて判断される場合，眼の高さは低くなっているので，開口部の大きさは過大視され，より狭くても通過できると判断される．第3は，眼の高さ以外の身体スケール情報が用いられている場合だが，操作されているのは眼

の高さだけなので，判断は変化しない．結果は，台の高さを 26.0 cm 持ち上げた場合，開口部の幅は過大視され，より狭い幅でも通過可能と判断された．この幅を実質上の眼の高さ e^* の比で表すと 0.296 で，実験 2 の結果と同じとなった．これらの結果より，眼の高さに対してスケール化された情報が，通り抜けのアフォーダンスの検出に利用されることが示された．

エピソード

　ギブソンの理論は，移動している知覚者によって得られる情報の重要性を強調しているが，これは今世紀における乗り物の発展とも無関係ではないであろう．ギブソンが生まれた 1904 年 1 月の 1 か月前に，かのライト兄弟がキティ・ビーチでその歴史的飛行に成功している．第 2 次世界大戦が 1939 年に勃発し，ギブソンは優秀なパイロットを選抜するための研究プロジェクトに加わったが，従来の空間知覚理論やテストはほとんどその役に立たなかった．彼は空軍で数年間を過ごしたが，そこでは通常の実験室では得られない多くのことを学んだ．しかも，もっと重要なことは，当時のギブソンには明確には意識されていなかったが，のちの彼の理論の中核となっていく，変形下での構造やパターンの不変性という概念が芽生える契機となったことである．ただし，この萌芽はさらに以前にさかのぼることができる．ギブソンの父は鉄道会社に勤めていたことから，彼に伴われて汽車で旅行を行っている．「客車の後部からみると世界はどうして内側に流れ，機関車からみるとどうして外側に流れるのか」という 8 歳の少年の洞察は，長い年月を経て，彼の理論へと結実していく．

　もう一つの重要な 20 世紀の乗り物である自動車にも，ギブソンは大きな関心をもっていた．1938 年には，ドライビングに関するおそらく最初の研究論文を書いている．彼は 25 歳のときに，彼の最初の車となるフォードの T 型モデルを購入した．1930 年の春に，のちに彼の妻となる 3 年生の心理学専攻生だったエレノア・ジャック (Eleanor Jack) と知り合った．彼の車は彼女のドレスにオイルのシミを残すことにはなったが，彼らはデートを楽しんだという．その数年後，今度はモデル A に乗って，二人でエレノアの故郷にプロポーズに行くことになる．子供のころの鉄道による経験は，移動に伴う視覚経験の端緒を開いたが，自動車による経験は，知覚のための情報と行為のための情報の区別を導くことになる．

〔柏原　崇〕

文　献

1)　Cutting, J.E. and Kozlowski, L.T.(1977): Recognizing friends by their walk ; Gait perception

190   II 感覚・知覚心理学

without familiarity cues. *Bulletin of the Psychonomic Society*, **9** : 353-356.

2) Cutting, J.E. and Proffitt, D.R.(1981): Gait perception as an example of how we may perceive events. In : Walk, R.D. and Pick, H.L. Jr.(eds.), *Intersensory perception and sensory integration*, pp. 249-273. Plenum Press.

3) Gibson, J.J.(1979): *The ecological approach to visual perception*. Houghton Mifflin. 古崎　敬, 古崎愛子, 辻　敬一郎, 村瀬　旻 訳(1985) : 生態学的視覚論, サイエンス社.

4) Ingle, D. and Cook, J.(1977): The effect of viewing distance upon size preference of frogs for prey. *Vision Research*, **17** : 1009-1013.

5) Johansson, G.(1973): Visual perception of biological motion and a model for its analysis. *Perception and Psychophysics*, **14** : 201-211.

6) Johansson, G.(1978): Visual event perception. In : Held, R., Leibowitz, H.W. and Teuber, H.L. (eds.), *Handbook of sensory physiology*, Vol. 8 Perception, pp.675-711. Springer-Verlag, Berlin, Heiderberg.

7) Johansson, G.(1985): About visual event perception. In : Warren, W.H. Jr. and Shaw, R.E.(eds.), *Persistence and change*, pp.29-54. Lawrence Erlbaum Associates, Hillsdale, NJ.

8) Kozlowski, L.T. and Cutting, J.E.(1977): Recognizing the sex of a walker from a dynamic point-light display. *Perception and Psychophysics*, **21** : 575-580.

9) Lee, D.N.(1980): Visuo-motor coordination in space-time. In : Stelmach, G.E. and Requin, J. (eds.), *Tutorials in motor behavior*, pp.281-295. North-Holland, Amsterdam.

10) Lee, D.N. and Aronson, E.(1974): Visual proprioceptive control of standing in human infants. *Perception and Psychophysics*, **15** : 529-532.

11) Lee, D.N. and Lishman, J.R.(1975): Visual proprioceptive control of stance. *Journal of Human Movement Studies*, **1** : 87-95.

12) Lee, D.N. and Reddish, P.E.(1981): Plummeting gannets ; A paradigm of ecological optics. *Nature*, **293** : 293-294.

13) Lee, D.N., Lishman, J.R. and Thomson, J.A.(1982): Regulation of gait in long jumping. *Journal of Experimental Psychology* : *Human Perception and Performance*, **8** : 448-459.

14) Mace, W.(1985): Johansson's approach to visual event perception-Gibson's perspective. In : Warren, W.H. Jr. and Shaw, R.E.(eds.), *Persistence and change*, pp.55-65. Lawrence Erlbaum Associates, Hillsdale, NJ.

15) MacKay, D.G.(1987): *The organization of perception and action*. Springer-Verlag, New York.

16) Mark, L.S.(1987): Eyeheight-scaled information about affordances ; A study of sitting and stair climbing. *Journal of Experimental Psychology* : *Human Perception and Performance*, **13** : 361-370.

17) Michaels, C.F. and Carello, C.(1981): *Direct perception*. Prentice-Hall, Englewood Cliffs, NJ.

18) Michaels, C.F., Prindle, S. and Turvey, M.T.(1985): A note on the natural basis of action categories ; The catching distance of mantids. *Journal of Motor Behavior*, **17** : 255-264.

19) Michotte, A.(1963): *The perception of causality*. Methuen, London.

20) Pittenger, J.B. and Shaw, R.E.(1975): Aging faces as visual-elastic events ; Implications for a theory of nonrigid shape perception. *Journal of Experimental Psychology* : *Human Perception and Performance*, **1** : 374-382.

21) Runeson, S. and Frykholm, G.(1981): Visual perception of lifted weight. *Journal of Experimental Psychology* : *Human Perception and Performance*, **7** : 733-740.

22) Runeson, S. and Frykholm, G.(1983): Kinematic specification of dynamics as an informational basis for person and action ; Expectation, gender recognition, and deceptive intention. *Journal of Experimental Psychology* : *General*, **112** : 580-610.

23) Shaw, R.E., Turvey, M.T. and Mace, W.(1981): Ecological psychology ; The consequence of a commitment to realism. In : Weimer, W.B. and Palermo, D.S.(eds.), *Cognition and symbolic processes II*, pp.159-239. Lawrence Erlbaum Associates, Hillsdale, NJ.

第3章　事象知覚理論　　　　　　　　　　　　191

24) Todd, J.T. and Warren, W.H. Jr.(1982): Visual perception of relative mass in dynamics events. *Perception*, **11** : 325-335.

25) Warren, W.H. Jr.(1984): Perceiving affordances ; Visual guidance of stair climbing. *Journal of Experimental Psychology* : *Human Perception and Performance*, **10** : 683-703.

26) Warren, W.H. Jr. and Shaw, R.E.(1981): Psychophysics and ecometrics. *The Behavioral and Brain Sciences*, **4** : 209-210.

27) Warren, W.H. Jr. and Kelso, J.A.S.(1985): Work group on perception and action. In : Warren, W. H. Jr. and Shaw, R.E.(eds.), *Persistence and change*, pp.269-281. Lawrence Erlbaum Associates, Hillsdale, NJ.

28) Warren, W.H.Jr. and Whang, S.(1987): Visual guidance of walking through apertures ; Body-scaled information for affordances. *Journal of Experimental Psychology* : *Human Perception and Performance*, **13** : 371-383.

第4章

知覚的推理の理論

　われわれの知覚の働きは学習（経験）を経て形成されたものであるという前提から議論を始めようと思う．二つの出来事が，時間的空間的に接近して繰り返し生じると，われわれはやがてその出来事の間に関連性を認めるようになる．たとえば，「強い風が吹く」という出来事と「木の葉が揺れる」という出来事は，ふつうはほぼ同時にしかも繰り返して観察することができる現象である．するとわれわれはやがて「強い風が吹くと木の葉が揺れる」という考えをもつようになる．これは命題の学習である．2事象がこのようにしっかりと結びついたとき，それは習慣とか知識とか呼ばれるものを形成する．

　われわれの生活のほとんどの局面はこのような習慣や知識の適用にすぎないと考えられる．たとえば，いま「台風がやってくる」というニュースを聞いたとすれば，われわれは前述の学習された命題に照らして，やがて木の葉が揺れだすだろうと推理する．この推理の流れは次のような3段論法として表される．

　大前提：強い風が吹くと木の葉が揺れる（習慣，知識）

　小前提：台風がやってくる（現在の状態）

　結論：やがて木の葉が揺れる（予想あるいは結論）

　ヘルムホルツ（Helmholtz）はこの推論と同型の過程が知覚において生じると主張した．知覚では，大前提は人々がこれまで蓄積してきた経験，小前提はいま直面している刺激条件，結論は知覚内容に相当する．この章の前半ではヘルムホルツの経験的理論を紹介する．後半では，この理論の現代的展開の跡をたどりながら三つの知覚的推理の方式（斟酌理論，経験的な枠組み，共変する近刺激に対する原因究明）について述べる．

4.1　ヘルムホルツの知覚論

ヘルムホルツの知覚論を紹介する．ここではおもに『生理光学ハンドブック（*Hand-*

buck der Physiologischen Optik)』(1910/1962) の 26 章「知覚一般について」および講演「知覚の事実」(1879/1968) によって彼の理論の骨子をたどることにする．前者の文献を Optik，後者の文献を Tat と略記する．

a. 知覚と類推

ヘルムホルツは視知覚の特徴を次のように表現している．「眼がふつうの正常な条件のもとで用いられるとき，神経機構に同じ印象を与えるために視野の中に存在しなければならないような事物は，そこに存在するものとしていつも考えられる」(Optik, p.2)．生硬な訳であるが，意をくんで解説すれば次のようになるだろう．ここでいう，眼をふつうの正常な条件のもとで用いる状況とは，外界にある事物から発した光線が瞳孔を通って網膜の視細胞を刺激する事態である．眼球は頑丈な鞏膜によって覆われているので，ふつうは瞳孔から入ってくる光線以外の刺激が視細胞を刺激することはない．この場合，感覚を生じさせる遠因は視野の中の光源であり，感覚の直接的原因は光線による視細胞およびそれにつながる視神経の興奮であるが，このような一連の物理的，生理的変化が生じたとき，事物は，興奮した視細胞-視神経の部位ではなく，視野の中に知覚されるのである．

一見すれば当然すぎると思える文であるが，眼を正常でない条件のもとで用いればどうなるのであろうか．この一例として，ヘルムホルツは，閉眼状態で一方の眼の目尻の部分から眼球を指で軽く押すと鼻の稜線の方向に閃光(phosphene)がみえるという現象を取り上げている．ふつう鼻の稜線方向に光がみえるのは観察者の鼻の前方に光源があって，そこから発した光が網膜の外側(耳側)部位を刺激したときであるが，光線の代わりに機械的な圧力によって同じ神経が刺激されても，光源をみたときと同じ方向に閃光が現れる．目尻だけでなく眼の周辺一帯を指で押して，そのつど，閃光のみえる場所を記録していくと，実際，閃光の生じる方向と距離を眼の周囲に定めることができる(図 2.4.1)．これは驚くべきことかもしれない．なぜなら，機械的に視神経を刺激しても光がみえ，しかもその光が眼球の中ではなく，視野の中に定位するからである．

このことから光線であれ機械的な圧刺激であれ，同一の視神経を興奮させる刺激が与えられると，われわれの視覚は視野の中の同じところに事物の存在を認めるように働くといってよいであろう．それでは，視神

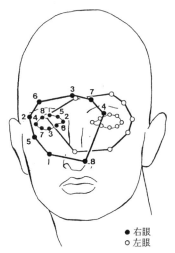

● 右眼
○ 左眼

図 2.4.1 圧刺激によって生じた閃光の位置

右眼のまわりの数字は刺激された部位，そのまわりの数字は閃光の位置を示す．たとえば，右眼の目尻の刺激は 4 番に相当する．左眼についても同様であるが，数字は省略されている (Ono ら, 1986)．

経を刺激するとなぜ視野の中に事物の知覚が生じるのであろうか．ヘルムホルツは，①視覚系は視神経の興奮から，その原因を究明して結論を出そうとする傾向があり，②知覚は過去経験に基づいた類推（analogy）から導出された結論である，と答える．上の例を再び取り上げてみよう．網膜の外側部位の視神経を興奮させるものがあれば，それは，観察者の体験から類推して，たいてい鼻の稜線の方向から入射した光によるものであるから，当然いま体験している神経の興奮も鼻の稜線の近くにある光源から与えられたものであるという結論に達する．まかりまちがっても視覚系は視神経の興奮の原因を目尻に加えられた機械的圧力に帰したりはしないはずである．というのも，機械的圧力によって視神経が興奮した経験は，光線による興奮に比べるとその生起頻度が著しく小さいからである．

　触覚による定位にも同様の経験の効果が認められる．皮膚の表面を機械的に刺激したとき，通常，皮膚の表面に触覚が生じる．では皮膚の表面から離れた神経の軸を刺激すれば，その刺激はどこに感じられるのであろうか．じつは皮膚から中枢に至る神経のどの部位を刺激しても皮膚の末梢表面に刺激が知覚される．これを劇的に示したものが幻影肢であるとヘルムホルツは考える．幻影肢とは，事故や病気のために手足を切断したのち，長期にわたってその切除された部分が存在するかのように生々しく感じられ，ときには激しい痛みを起こす現象である．切断者は失われた四肢の感覚があまりにもリアルなので，思わずその場所に触れたくなるほどであるといわれる．切断者が実際に刺激を受けるところは治癒した切断面であるが，皮膚神経の興奮を皮膚の表面に定位させる習慣的機能が残っていれば，切断面の刺激は幻影肢の表面に定位されるはずである．

　過去経験からの類推に基づいて知覚が成立するという考え方は，ヘルムホルツの独創というよりも，もとはイギリスのバークレー（Berkeley, 1709）の考えである（Pastore, 1971）．バークレーは視覚像それ自身は外界の事物の特徴を示すものでなく，触覚を含む身体の運動の媒介によってのみ事物の特徴がわかると考えていたようである．たとえば，いま眼前に光点が提示されたときわれわれはその光点までの距離を知覚する．網膜には点刺激しかないにもかかわらず，なぜ距離が知覚されるのか，これがバークレーの疑問である．彼は，網膜上の点刺激のつくる視覚が光点までの距離知覚を直接もたらすのではなく，光点を中心窩でとらえようとする眼球の回転運動に伴う眼筋の緊張と弛緩に関する感覚が距離感を示唆すると考えた．事実，左右の眼球が内転すれば眼の内側筋は収縮し外側筋は伸張するが，眼球が外転すれば内・外側筋の緊張が均衡を取り戻した状態になる．つまり，「両眼の回転によってわれわれが知覚する（筋肉の）感覚と，より遠いあるいは近い距離との間に，何らかの自然的あるいは必然的な結合があるというわけではない．むしろ，心が絶え間ない経験によって，両眼の異なる配置に対応する異なる感覚が，対象の異なる距離に随伴するということを見いだすのである」（Berkeley, 1709）．

　バークレーはまた，事物が眼に接近すると，眼の毛様体筋が収縮し同時に事物の輪郭が

ぼやけることに着目して，眼筋の緊張がつくる距離感とぼやけとの間に習慣的な関連ができるようになると考えた．対象が接近すると「よりぼやけてみえるようになる．より近くにもってこられればこられるほど，よりいっそうぼやけてみえる．そして(中略)心の中には，幾段階かのぼやけと距離との間に，習慣的な結合ができてくる．より大きなぼやけは対象のより小さな距離を意味し，より小さなぼやけはより大きな距離を意味するようになるのである」(Berkeley, 1709)．彼は距離だけでなく，事物の大きさ(52～87節)や方向(88～120節)の知覚も体の運動感覚を媒介にして形成されると考えた．

ところでヘルムホルツは，視覚が類推するとか視覚が結論を下すという表現を好んで用いたが，これは思考における推理や結論に似ているところもあれば異なるところもある．考えて結論を出すといえば，ふつうは自覚的な行為を想定する．たとえば天文学者が観測データから星の位置や距離を推定するとき，彼は光学の知識を駆使して慎重に計算し，めざす結論に到達するが，この場合，彼は自分が用いた知識やたどった論理的過程を説明することができる．これに対して，知覚ではいきなり結論が示されるが，その結論を導くのに用いた知識やそれらを結びつける論理が何であるかをはっきりと自覚できていないので，自分の知覚世界が経験的前提から結論されたとは考えにくい．そこでヘルムホルツは知覚的結論のことを無意識的結論(unconscious conclusion)と呼んでいる．

知覚の無意識的結論が思考的結論と異なる，もう一つの重要な点は，知覚的結論は，直面している事態をよく理解してもその内容が容易には変更されないことである．ふつう，思考では，新たにデータが得られたりデータを加工する論理的操作的手段が変更されると，それに伴って結論は変わってくる．たとえば，天文学では観測値が正確になれば，以前よりは正確に星の位置や距離が推定されるので，その結論は観測値の精度に伴って更新される．ところが，視知覚の場合，たとえば先ほどの閃光現象の場合，目尻の部分から眼球を押すと視神経が機械的に圧迫されると教えられても，閃光は，その知識を得る前と同じように視野の中にみえるのである．同じように，われわれは太陽が静止して水平線が動くことを知っているが，この知識は太陽の運動の知覚に全く影響しない．動いてみえるのはいつも太陽であり，静止したようにみえるのは水平線である．また，舞台で巧妙に老人を演じる若い俳優の歳を聞かされても，その老け役がそこなわれることはないし，それに，芝居であることを承知していても舞台のクライマックスでは感情の高まりを抑えることができない．これらの事例はすべて，知識がほとんどわれわれの知覚に影響しないことを示している．

過去経験に照らして無意識的に類推を行う視覚の機能は，人間の他の精神活動と本質的に異ならないとヘルムホルツは考えていたようである．たとえば，われわれは現在生きているすべての人間はやがて死ぬと確信しているが，これは過去の人々がみんな例外なく亡くなったことを見聞きしてきたからである．またわれわれは友人のとる行動をほぼ正確に予想できるが，これは友人とのつき合いを通して，その人となり——慎重であるとか野心

的であるといった性格特性——を熟知しているからである．さらに，われわれ大人は母語の音声や文字を耳にしたり読んだりすると，ほとんど努力をせずに自動的にその意味を把握するが，これができるのは，事物，事象の意味とその言語的表現との間に必然的な連結関係がないにもかかわらず，意味と表現との結びつきを繰り返し体験してきたからである．いずれの場合も，経験，訓練，習慣によってわれわれの信念や言語活動が強められ自動化されているが，知覚はこれと同じ原理で成立しているとヘルムホルツは考えていた．

b.　気づかれない感覚

　ヘルムホルツの知覚論のもう一つの特徴は，「外界の事物の再認に役立つときぐらいしか，われわれは感覚を正しく観察する習慣をもたない．それどころか，外界の事物（の知覚）にとって重要でない感覚のすべての部分を無視することを常としている」(Optik, p. 6)と考えているところである．この文からもわかるように，彼は感覚と知覚を区別していた．視覚系は視神経の興奮からその原因を究明して結論を出す機能をもったものである，と彼が考えていたことはすでに紹介したが，この場合の原因とは，外部環境に存在して視覚系に働きかける遠刺激をさし，生体の内部で生じる内部感覚をさしていない．盲点を例にとってこのことを説明する．盲点は網膜上にある視角5〜7°の楕円形のゾーンであり，そこでは光に反応する視細胞が全くない．したがって，盲点に落ちる光は視神経を興奮させないので，盲点は視野の中では真っ暗い穴として観察できるはずである．しかし注意深く観察しても日常生活において盲点を知覚することはまず不可能である．われわれの視覚系は盲点を知覚するように仕組まれていないのである．二重像と呼ばれる現象も盲点の場合と同じ文脈で理解される．両眼を用いて視野の中にある一点を凝視し，その凝視点の前後にある事物を周辺視を用いて注意深く観察するとその事物が二重にみえることに気づく．しかし，ふつうの生活ではこの二重像に気づかない．一つの事物は一つの事物としてみえる．われわれは外の世界をみているのであって網膜像をみているのではないことがよくわかる．

　ヘルムホルツは，盲点や二重像のような内的な原因によって生じた感覚に気づくには相当の集中力と訓練を必要とし，通常の生活ではおおむね気づかないし，また仮に気づいたとしても，重要でないので見落としがちになると考えた．要するに内部感覚は気づかれにくいと考えたのである．視覚系が把捉せねばならないのはこのような内部感覚ではなく，われわれの外側にある事物や出来事なのである．

　内部感覚に気づきにくいのと同様に，複合感覚を形成する個々の感覚成分を特定することも困難である．たとえば，両眼観察によって得られた3次元の立体は左右の網膜像が結合したものであるが，その立体を知覚しながら，同時に個々の網膜が与える立体の遠近的姿をみることはできない．また楽器の音を聴いて，その部分音（基音と倍音）を指摘することはほとんど不可能に近い．あるいは湿気という触覚的感覚から，湿気が面の冷たさとなめらかさから構成されていると看取する人はまずいないであろう．

このように個々の感覚的成分を見落とす，あるいは注意深く観察しても気づかないことが，複雑な日常的現象の中にも認められる．その例としてヘルムホルツは，頭を正立させたときよりも，両足あるいは脇の間に頭を入れたときの方が，風景の中の事物の色がずっと明るく明瞭にみえる現象を取り上げている．頭の位置によって生じる色合いの違いを彼は次のように説明する．われわれは同じ緑でも距離が異なると異なってみえることを知っているが，同時に通常の条件のもとでは，このような違いを見落とし，事物それ自体を正しく判断しようとする傾向がある．すなわち，近くの草地の緑も遠くの木立の緑も同じ緑と知覚しがちである（色の恒常性）．ところが頭を逆さまにすると，風景は平板にみえ奥行感は著しく喪失する．すると，色はあちこちにある事物との連合を失い，感覚的な差異がわれわれの前に現れるようになる．頭を逆さまにしたとたん，遠方の青緑色が紫色にみえたりするのは，外界の本当の姿をとらえようとする機能が停止して純粋な色の感覚が出現したと考えるのである．

c. 経験の効果

このように考えると，記憶（一般的にいえば経験）の効果がわれわれの知覚にかなり浸透していることになるが，ヘルムホルツは感覚と記憶が混じり合ったものとして知覚を考えている．彼は次のような例をあげて感覚と記憶が混じり合うさまを描出している．「太陽に明るく照らされた，なじみのある部屋では，生き生きとした感覚の横溢する統覚が得られる．同じ部屋でも夕方には，窓のような明るいものを除いては，対象を認知することができない．しかし，（認知が不十分でも）認知されたものが部屋の調度品に関する記憶と混じり合うので，薄ぐらい中でも楽に捜し物をみつけることができる．もちろん像は不鮮明なので，その事物に対する既知感がなければ，それをそれとして認めることはできない．最後に，部屋を真っ暗にすればどうなるだろうか．おそらく以前に習得していた視覚的な印象をたよりに動くことができるであろう．したがって，眼に与えられる素材を連続的に減らしていけば，知覚像は純粋な記憶像にたどりついて，徐々にそれに一体化するであろう．眼に与えられる素材が少なくなるのに伴って，人の動きは不確実になり，統覚もだんだんと不正確になる」(Optik, p.11) と．

知覚に対する記憶の影響は，薄暮のような事態だけではなく，太陽の光があふれている部屋の中でも認められるとヘルムホルツは考える．たとえば，絵画平面に描かれた平行六面体の図案から直方体を認めたり，事物の投げかける陰影から奥行が知覚できるのは，すべて経験の賜物であると考えている．また浮彫りメダルの鋳型の知覚も経験の効果の強さを示すものである(Optik, p.287)．浮彫りの手法を用いてたとえば人面を鋳造するとき，石膏などを用いてまず鋳型をつくるが，この鋳型（マトリックスという）の凹凸関係は，マトリックスをつくるためのもとになる彫像（パトリックスという）と反対につくられる．つまりマトリックスでは鼻はくぼんだように，眼窩は盛り上がったように作成される．とこ

(a)　　　　　　　　(b)

図 2.4.2　Sinsteden の風車(左)とそのみえ方((a)と(b)) (鈴木, 1990)
もし風車が(a)のようにみえしかも羽が時計の針と同方向に回っていたとすれば，(b)のようにみえたときには，羽は時計の針と反対方向に回ってみえる．

ろがこのマトリックスを少し離れた所からみると，鼻が盛り上がってみえ，眼窩がくぼんでみえる．つまりマトリックスに彫られた人物はパトリックスと何ら区別されることなく正常にみえるのである．これは鼻は高くあるべしというわれわれの信念の強さを示す絶好の教材である．

期待とか信念が事物の見え姿に影響を与えるもう一つの例としてヘルムホルツは Sinsteden の風車(図 2.4.2)に代表される反転図形を取り上げている．実際このような風車を遠くから眺めると，風車の細部がシルエットによって隠されているので(a)がみえたり(b)がみえたりする．またおもしろいことに，一方向に風車の羽が回転していると，(a)がみえたときと(b)がみえたときとでは，羽の回転方向も異なってみえる．さらに(a)あるいは(b)をみたいと思えばそのようにみえる．このことをヘルムホルツは「視覚的な印象が観念に完全に一致するや，観念が視覚像の役割を引き受ける」(Optik, p.285)と表現している．ここでいう観念とは期待，予想，解釈のようなものと理解すればよいであろう．

d. シンボルとしての知覚

ヘルムホルツはわれわれの知覚や記憶が外界の事物と完全に一致しているとか，両者は全く一致せずに記憶や知覚は錯覚にすぎないとする考え方を退け，知覚と記憶は外界の事物が神経系と意識にそれぞれ働きかけられて得られたものであると述べる．したがって，知覚や記憶は事物の性質と観察者の特性に依存して決まることになる．外界の事物と完全に一致した知覚や記憶を獲得することは不合理なことであり，われわれの体験する知覚や記憶は，観察者側の意識の状態に依拠すると考える．

ヘルムホルツは，記憶や知覚は事物のシンボルあるいはサインと考える．われわれはテーブルの形，長さ，色，重さなどを知覚するが，この知覚内容が事物の本当の姿であるかどうかとたずねたり，この知覚内容が事物の本当の姿と対応しているかどうかとたずねる

第4章　知覚的推理の理論　　　199

ことは無意味に近いと彼は論じる．それはちょうど音楽のドレミの音が赤か黄か青かとた
ずねるのに匹敵する愚問であると述べる．重要なことは，シンボルの使い方や読み方を学
習して，運動や行為を制御し，望ましい結果を招来させることであると述べる．

　さらに，ヘルムホルツはそのシンボル論を次のように続ける．われわれが知覚する色，
音，味，匂い，温度，なめらかさ，硬さといった特性は，事物自身の特性というよりは，
事物が感覚器官あるいは他の事物に働きかけて生じたものである．たとえばなめらかさ
は，面に沿って手を滑らせたときや面どうしを擦り合わせたときに得られる摩擦の程度を
示している．弾性とか重さについても同じである．これは感覚生理学に限ったことでな
く，物理学で用いる光学的，電気的，磁場的実体の特性も異なる物体の間の相互関係に関
連し，事物の間で生じる力学に依存した効果である．事物の間，あるいは事物と感覚器官
の間でいつもこのような相互作用が生じているので，われわれはこの相互作用の効果が事
物に帰せられると思いがちになるが，これは至当な考え方ではない．この種の相互作用
は，その効果を生み出す事物とそれが生み出される事物（この中に感覚器官も含められる）
の双方の特性に依存する．われわれの知覚を事物のみの特性と考えたり，感覚器官のみの
特性と考えることはできない．両者の相互作用の産物である．

　たとえば，リンゴをみてそれが本当に赤色かどうかをたずねたり，その色が感覚器官の
錯覚かどうかをたずねたりすることは妥当なことではない．リンゴから反射した光に対し
て通常の視細胞のある人は赤の感覚をもつが，赤色盲の人はリンゴを黒あるいは黒っぽい
黄色としてみるであろう．どちらが正しい見方ということはない，どちらも正しいのであ
る．リンゴをみて赤と反応する人の数が多いだけである．リンゴをみて赤だと答える人が
あまりにも多いので，リンゴには赤色の属性があり，この属性は感覚器官から独立してい
ると考えがちになるが，これが正しくないことはいうまでもないであろう．

e.　因果の法則

　知覚系は感覚神経が興奮すると，その原因を究明して帰納的に結論を出そうとするが，
この原因は視覚では視野の中に，触覚では皮膚の表面に求められる．ここでは，このよう
な原因を求める傾向が何に由来しているのかを考えてみることにする．

　この問題にじかに答える前に，ヘルムホルツは自然科学における原因探求の方法として
観察よりも実験の方が優れていることを論証することから始める．多くの人の死を見聞す
ることによってわれわれは，たとえば，人間はある年齢に至るとすべて死ぬ，と考えるよ
うになるが，この命題の真偽をたずねられたとき，この命題は物理学の命題ほどの精度を
もっていないと彼は考える．なぜなら，この命題は，われわれが純粋な観察によって得た
ものにすぎず，老化の原因をまだつきとめていないからである．老化を起こす原因を放置
すれば最終的には死が訪れ，その原因を取り除けば不死を得ることが実験的に証明されな
い限り，この命題は確実な真理からはほど遠いと彼は考えるのである．したがって何百万

人もの死を目撃したとしても，老化の原因が究明されない限りこの命題は不完全であると考える．これに対して，すべての水銀は加熱されたとき膨張する，という物理学の命題の真偽を考えてみるとき，熱そのものが水銀の膨張を招来させると考えられるし，第3の未知の要因によって高温と膨張が同時に生じるとも考えられるが，注意深い実験によって，前者が正しくて後者の説明がまちがっていることが明らかにされうる．このことから観察だけを繰り返しても原因の究明につながらないことは明らかである．

　ヘルムホルツは，科学における実験のもつ意義と類似したものが，神経興奮の原因を探究する知覚に対して成り立つと考える．観察者自身が外界に向かって働きかけることができず，外界を受動的に観察するだけでは知覚はその原因を確信して把捉することができないと彼は述べる．われわれは，たとえばテーブルを観察するとき，自分の身体の位置を自由に変えて自分の好むように知覚像を形成する．ときには適切に身体を移動させてテーブルを視界から消すことさえもできる．こうしてわれわれは自分の身体を動かすことによってテーブルの見え姿を決定し，いつでもテーブルをみたりみなかったりできるという確信をもつようになる．この確信がもてるようになるには，テーブルがわれわれの運動から独立したものであって，しかも静止していなければならないことに気づかねばならない（自分の身体の運動に同期してちょうど鏡像のようにテーブルが動けば，われわれはテーブルのすべての姿を自由にみることができないし，また，身体の運動と無関連にテーブルが動くならば，テーブルはさまざまな姿を観察者に示すが，観察者はテーブルの姿を統制しているという手応えをもたないはずである）．要するに，自己の能動的運動を通じて——これこそ実験にほかならないのであるが——われわれは同じテーブルから一連の知覚を手に入れ，その知覚の背後に共通の原因が存在することに気づかされるのである．これは自分の外側に別の世界があることに気づいたことにほかならない．子どもは事物をひっくり返したり，手や口で触れたりして同じことを何回も繰り返すが，これは事物の外界における形が心に印象づけられるまで彼らが実験を行っていると考えれば理解のできる行動である．

　これとは別の理由によって事物の外的存在に気づくときがある．上で述べたように，運動を通して意図的に事物を操作しなくても，事物が直接，われわれに働きかけてくるときがそれである．たとえば，雨風に頬を打たれ冷たい思いをしたとか，蚊にくわれて痛痒い思いをしたことは誰にでもあるが，このようにわれわれの意思とか想像力から独立したものに遭遇すると，感覚を引き起こす原因が外部にあると思わざるをえないのである．

　繰り返すが，ヘルムホルツは変化する感覚から外界の世界が自動的に明らかになるといっているのではない．変化する感覚から外界の事物がこの変化の原因であると推理し，最後には確信に至ると彼は考えるのである．そして，ひとたび事物の知覚や観念が形成されると，それに至る推理はきわめて自明に思えるので，その推理過程は忘れ去られる．感覚神経の興奮から原因を推理するこのような機能を彼は因果の法則（law of causality）と呼

び，これはすべての経験に先行して成り立つ思考の法則であると考えている．一般に，因果の法則がなければ，神経を興奮させる原因に関する経験を獲得することができないので，この法則は自然の事物との経験から演繹されないと考えられる．

4.2 理 論 の 展 開

一般論として，人間をはじめとする動物の目的は環境に適応することによって生存を図ることにあるといってよいであろう．人間に限っていえば，なぜわれわれは外界にうまく適合して生存できるのか．この質問に対するヘルムホルツの回答は，神経の興奮から，われわれは無意識的推理を経て，自己の外側に存在すると思われる原因を経験的につきとめようとする傾向があるというものであった．彼の知覚論に共鳴した人々の課題は，この知覚的結論に至る過程を生き生きと描くことにあったといっても過言でない．知覚的推理の理論のその後の進展について，紙幅の後半を費やして説明することにしよう．

a. 斟 酌 理 論
1） 知覚的恒常性

すでに述べたように，ヘルムホルツは，感覚神経の刺激によって生じた感覚がさらに合成されて意識的な知覚が生じると考え，しかも感覚はしばしば気づかれないか，気づかれても見落とされがちである，との立場をとった．そして知覚は，通常，外界の事物・事象に関して推理された内容を含むと考えた．

この考え方は方向，形，大きさ，明るさ，速さ，奥行などの知覚的恒常性を説明する斟酌(taking-into-account)理論として現在にも引き継がれている(Epstein, 1973)．まず方向の恒常性を斟酌理論がどのように説明するのかを考えてみる．いま私が真正面にある鉛筆を凝視したとき，もちろん鉛筆は真正面にみえる．ところが眼をたとえば左に向けると，鉛筆から発した光線は中心窩の左側の部位を刺激するが，それでも鉛筆はほぼ真正面にみえ続ける．これを方向の恒常性という．斟酌理論では，知覚系は光線の刺激する網膜の部位 r だけではなく，眼球の位置 e に関する感覚も考慮すると考え，この2情報の引き算 $(r-e)$ によって事物の視方向が決まると仮定する．通常の条件ではこの差はゼロになって，眼球の位置が変化しても視方向は一定に保たれる．

大きさの恒常性——対象までの観察距離が変化すると，その対象の網膜像は観察距離にほぼ反比例して減少するが，対象の見かけの大きさはそのように大きく変化せずにほぼ一定に保たれる現象——についても同じような説明が可能である．この場合，観察者が対象の網膜像の大きさだけに基づいて大きさを知覚すれば大きさの恒常性は得られないが，網膜像の大きさ r に加えて，対象までの距離 d を正しく考慮に入れて大きさを知覚するならば，大きさの恒常性が成り立つはずである $(r \times d)$．

202　　　　　　　　　　　　　　II　感覚・知覚心理学

表 2.4.1　さまざまな知覚的恒常性とそれを説明する斟酌理論

恒常性	現象の記述	焦点刺激	斟酌情報	内的過程*
方　向	事物の視方向は眼球の位置が変化してもほぼ一定に保たれる	網膜における刺激の位置 r	眼球位置の感覚 e	$r-e$
大きさ	事物の見かけの大きさはその観察距離が変化してもほぼ一定に保たれる	網膜像の大きさ r	事物までの距離の感覚 d	$r \times d$
形	事物の見かけの形はその傾きが変化してもほぼ一定に保たれる	網膜像の形 r	事物の傾きの感覚 s 事物までの距離の感覚 d	$\dfrac{(d-kr)}{s}$ （ただし k は定数）
明るさ （白さ）	面の白さは面を照らす照度が変化してもほぼ一定に保たれる	面が反射する光の輝度 l	照明光の強度の感覚 i	$\dfrac{l}{i}$
速　さ	事物の見かけの速度はその観察距離が変化してもほぼ一定に保たれる	刺激が網膜の上を移動した距離 r	事物までの距離の感覚 d 事物の運動時間の感覚 t	$\dfrac{(r \times d)}{t}$
奥　行	両眼観察した立体の奥行は観察距離が変化してもほぼ一定に保たれる	両眼網膜像差 Γ_{nf}	立体の近点までの距離の感覚 d_n 立体の遠点までの距離の感覚 d_f	$\dfrac{1}{i}\Gamma_{nf}d_n d_f$ （ただし i は定数）

＊ ここで示した内的過程は刺激の大きさ，傾き，移動距離が小さい場合にのみ成り立つ.

　上の二つの恒常性の例では網膜の刺激部位や網膜像の大きさが，それぞれ，方向と大きさの知覚に対して焦点になる刺激であり，眼球の位置の感覚や対象までの距離の感覚がこれらの知覚を成立させるために斟酌される情報となる．斟酌情報は神経系によって適切に登録（register）されるが，被験者はふつうそれに気づかないか，気づいてもそれを正しく報告できないといわれる．表 2.4.1 はさまざまな恒常性における焦点刺激，斟酌情報，内的過程を示したものである.

2）　幾何学的錯視と気づかれない奥行

　大きさの恒常性に関する斟酌理論をいくつかの幾何学的錯視に適用することができる.
図 2.4.3 の左列の上の図と中央の図はよく知られた Ponzo 錯視と Müller-Lyer 錯視である．この錯視を説明するために，Thiéry(1896)や Holst(1957)は，被験者がこれらの錯視図をみたとき，その右列に示すような風景の一部として観察者自身も気づかない間に奥行の登録が進行し，網膜像の大きさとその暗示的な距離の感覚とが結合して錯視が生じると考えた．Ponzo 錯視については，中央の 2 水平線分は同じ大きさの網膜像を形成するが上の線分の方が遠くにあるものとして登録されるので大きくみえると説明する．Müller-Lyer 錯視についても同じように，左側の矢羽の軸は右側のものよりも遠くにあるとみな

第4章 知覚的推理の理論

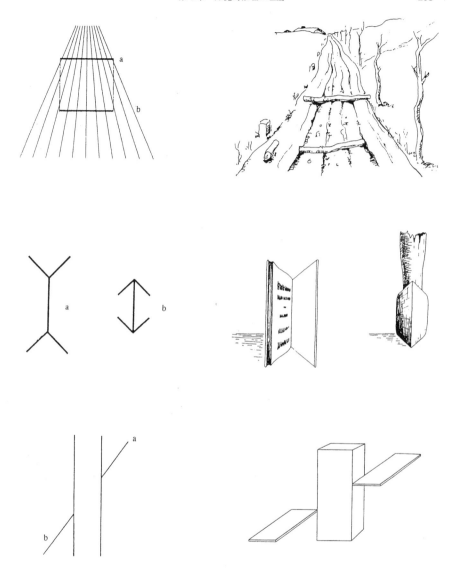

図2.4.3 Ponzo錯視(上段)，Müller-Lyer錯視(中段)，Poggendorff錯視(下段)とその奥行説に基づいた説明
Ponzo錯視では2水平線a, bが物理的に同じ長さであるがaの方がbよりも長くみえる．Müller-Lyer錯視では2垂直線a, bが物理的に同じ長さであるがaの方がbよりも長くみえる．Poggendorff錯視では2斜線a, bが同一線上に並んで描かれているが，aの延長線上にbがあるようにみえない．Ponzo錯視とMüller-Lyer錯視についてはHolst(1957)より，PoggendorffについてはRock(1975)よりそれぞれ引用．

されるので大きくみえることになる．最近では両錯視図に対してコーレンとガーガス (Coren と Girgus, 1978), グレゴリー(Gregory, 1970 a ; 1970 b)がこの考え方を強力に主張している．図 2.4.3 の下段左側に Poggendorff 図形を示す．この錯視図では，右上と左下の斜線分が客観的に同じ線上にあるが，少しずれて知覚される．この錯視は奥行感とは無関係なようにみえるが，錯視図の右に示すように柱と高さの異なる二つの水平の棚からなる立体図の一部とみなせば錯視の生じる理由が納得させられる(Gillam, 1971).

　このように斟酌理論を用いると知覚的恒常性やある種の幾何学的錯視の説明をすることができるが，ここで重要なことは，議論の細部は別として，われわれの意識にのぼってくる知覚の前段階に斟酌情報を作り出し，しかも斟酌情報と焦点刺激を結合させる内的過程が存在すると考えていることである．ところで，斟酌情報は注意して観察すれば気づくことができるとされる．たとえば，大きさの恒常性の場合，通常，われわれの関心は視野の中の事物の大きさに向けられているが，斟酌情報である距離の感覚にも気づくことができる．同じように，明るさや形の知覚の場合も，知覚するように求められるのは対象の面の反射率(白さ)や形であるが，照明光の強度や面の傾きに関しても求められればわれわれは知覚して報告することができるはずである．

3) 2相の知覚的世界

　斟酌情報と同じように焦点刺激もふつうは気づかれないが，その気になって観察すれば気づくことができるように思われる．たとえば大きさの知覚では，事物の観察距離が変化すると，その事物の見かけの大きさは網膜像の大きさの変化にもかかわらずほぼ一定に保たれるといわれるが，同時にわれわれは網膜像の大きさの変化にも気づいているように思われる．自分の肩の高さほどある乗用車が遠ざかっていくとき，その乗用車はほぼ一定の大きさにみえると同時に，豆粒のように急速に小さくみえるのも現象の真実である．これは一見すると矛盾した現象の記述のように思われるかもしれないが，奥行が関与した知覚では，このような2相の経験的世界――遠刺激に関する知覚と近刺激に関する知覚――が共在するといってよいのではないだろうか．触覚による形態の知覚においても2相の経験が認められる．たとえば，眼を閉じてコップを握りしめたとき，ふつう，われわれは即座にコップの形を知覚するが，指の皮膚に注意を向けると，われわれは指のどの部分がコップに接触し，どの部分がそれから離れているかを知覚することができるし，またコップをとりまいている自分の指の方向や位置をも知覚できる．この場合，触覚系の主要な関心は，皮膚に接触している事物の3次元的形態にあることにまちがいはないが，注意深く観察すれば，事物と皮膚とが直接的に接触している部分に関する平面的知覚を獲得することができる．

　くどいが，ヘルムホルツの理論では，この2相の知覚的経験の基礎に時間的，処理的な序列関係をもつ機構が存在すると仮定する．最初に生起して処理されるのが近刺激に関するものであり，この処理結果(すなわち感覚)に基づいて知覚系は次に外界(遠刺激)に神経

活動の原因を求めるのである．この2相の知覚的世界をロック(Rock, 1983)は literal percept と preferred percept と呼んでいるように思われる．

2相の知覚的世界はかつてギブソン(Gibson, 1950)が visual world と visual field として区別して呼んだものにもおそらく相当する．彼は visual world の特徴として，日々の生活で見慣れた通常の視覚世界であり，剛体が剛体としてみえ，方形が方形としてみえ，水平面が水平にみえ，部屋の向こうにある本が目の前の本と同じ大きさにみえる世界であると考えた．他方，visual field は visual world のような見慣れた世界ではなく，特別な努力をしなければ観察できない世界であり，視感覚の原理が基礎になっている経験であり，内観的で分析的な現象であり，画家がするように遠近法的に外観を観察したり，色をみたときに得られるとした．この visual field と visual world の間には，推理の理論が仮定するような情報処理的な主従の関係がなく，2相の知覚的世界は互いに独立して，感覚の世界と知覚の世界が別世界として取り扱われている．後年ギブソン(Gibson, 1966)は知覚研究の主要な関心から visual field の研究を排除するに至るが，視覚世界の2相性まで否定することはできないはずである．

b. 経験的な枠組み

一般論として事物が知覚されるとき，生得的に与えられるか経験的に獲得されるかは別として，何らかの枠組みに準拠して，あるいは枠組みの中に取り入れられて事物は知覚されると考えるべきであろう．柿崎(1993)は枠組みを，「知覚的達成の対象となるべき遠刺激がどのように知覚されるかを規定する前件あるいは背景となるべき要因」と定義し，視知覚に関する枠組みとして，① 視空間的なもの，② 身体・運動的なもの，③ 文脈による構え，④ 情動・欲求・期待の状態，⑤ 概念的・言語的なものを含ませている．われわれが理解した限りでは，ヘルムホルツ(1879/1962)はこのような枠組みはもちろんのこと初等幾何学の公理も経験を経て獲得されたものと考えているが，彼の議論の当否は別にしても，その後，何らかの形で彼の影響を受け経験的な枠組みの重要性を主張した一連の研究をここで紹介しておきたい．

1) トランザクショナリズムとニュールック心理学

第2次世界大戦のあと経験主義的傾向を帯びた二つの思潮——トランザクショナリズム(transactionalism)とニュールック心理学(New Look Psychology)——がアメリカでもてはやされた．この二つの考え方は，外界から与えられる刺激要因のほかに，過去経験(すなわち学習的要因)や動機的要因を重んじているところに共通点があり，両者を合わせて機能主義(functionalism)と呼ぶこともできる(大羽，1988；Pastore, 1971)．トランザクショナリズムを代表する人々はエームズ(Ames)，キャントリル(Cantril)，イッテルソン(Ittelson)，キルパトリック(Kilpatrick)などであり，彼らの研究が人々の耳目を集めたのはその供覧実験にあるといって過言ではない．とりわけ，エームズの歪んだ部屋は興

味深いものの一つである(Ittelson, 1952).歪んだ部屋は,幅3m,奥行1.8m,高さ1.5m程度の大きさをもち,小さな壁穴から単眼でのぞくと,部屋の内部がみえるようにつくられている.部屋の実際の形は図2.4.4に示すように,のぞき穴からみると,その部屋の窓やコーナーの視方向がふつうの部屋のそれと一致するように歪んで設計されている(KLMN).しかしこの部屋をのぞいた被験者は決して部屋が歪んでいることに気づかず,ふつうの矩形の部屋(KL'M'N)として知覚するといわれる.なぜか.歪んだ部屋をみた被験者の網膜像は,矩形の部屋が与える網膜像と全く同じであるから,理論的に考えれば,どちらの部屋がみえてもよいし,また別の歪み方をした部屋がみえてもよいわけであるが,被験者は過去経験——すなわち,"部屋も窓も四角い"という常識的体験——に一致するように知覚を構成すると解釈される.エームズたちは,知覚的経験が生じる前に網膜の刺激パターンの意味が観察者によって無意識的に解釈されると考え,この解釈は,観察者が過去経験に基づいて形成し,環境に対して適用される一種の仮説(assumption)に沿って行われると考えた.「知覚においてわれわれの意識に現れてくるものの起源は全面的に過去経験の中にあり,観察対象が本来的に備えているものではない」というエームズ(Ames, 1946)のことばは,彼が網膜刺激に含まれる情報よりも観察者がもつ仮説の方を重要視していたことを如実に示している.

ニュールック心理学は,知覚を決定する要因は外界の刺激だけではなく生体の内部条件も考慮に入れなければならないとして,要求,価値,情動,期待,興味,賞罰などの変数を知覚研究において積極的に取り扱うことを求めた(加藤,1964).たとえば,ブルーナーとグッドマン(BrunerとGoodman, 1947)の研究では,子どもにコインの大きさを判断させたところ,経済的に豊かな者よりも貧しい者の方に著しい過大視が認められた.またシャフィーとマーフィ(SchaferとMurphy, 1943)は,被験者に反転図形のみえ方を報告さ

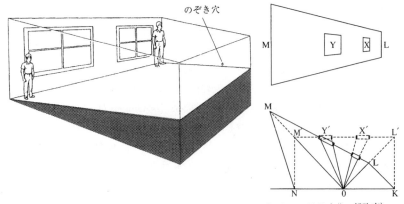

図2.4.4 エームズの歪んだ部屋(Goldstein, 1989;Graham, 1965より一部改変)
左は見取り図,右上は正面の壁と窓の客観的な形,右下は歪んだ部屋の平面図.

せると，正の強化すなわち報酬と結びついた図柄が図として現れやすくなることを指摘した．また，ポストマンら(Postman ら，1948)は単語の認知時間はその単語のもつ価値観と相関があることを示し，価値観が高い単語であれば，その単語を認知するのに必要とされる時間が短くなることを示した．これらの研究が取り扱った変数は実験室で形成した構えとか期待であり，あるいは被験者が生活の中で形成してきた価値観を反映したものであり，一言でいえば，学習期間の長短の違いはあっても過去経験の効果ということができる．

2) 知識的文脈効果

ところで，トランザクショナリズムやニュールック心理学は 1960 年代に入ると急速に研究の熱気が冷め，その中ごろにはほとんど論文が発表されなくなったが(加藤，1964)，知覚と過去経験の相互作用に関する問題が解決されたわけではない．最近の認知心理学の進展に伴って，知識とか概念が，事物の知覚というよりもむしろ識別(identification)に効果をもたらすことが知られるようになった．図 2.4.5 は文字認知における文脈効果を示す例である．図 2.4.5 の中央の文字は形態的には全く同じであるが，上段をわれわれは A, B, C と読むが，下段は 12, 13, 14 と読む．これは，具体的な教示がなくても，全体的な文脈から，上段は英文として，下

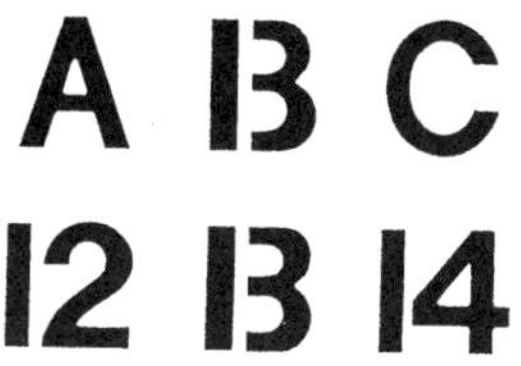

図 2.4.5 文字の識別における知識的文脈効果(Goldstein, 1989)

段は数字として読むように構え(認知心理学のことばではスキーマとか知識構造が活性化されたというべきであろう)が形成されたからといえる．

知識的枠組みの効果あるいはコンピュータ用語でいう概念駆動型過程(conceptually driven process)に対応するものが風景知覚の研究においてみられる．パルマー(Palmer, 1975)は，図 2.4.6 の左側に示すような台所の絵を 2 秒間提示し，その後，その右にあるような事物の絵(パン，郵便箱，ドラム)の一つを数十 msec の間示してその事物の名前を告げるように被験者に求めた．台所と概念的に一致するパンに対して被験者が正しく命名で

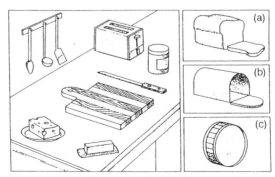

図 2.4.6 パルマー(Palmer, 1975)の実験に用いられた図形

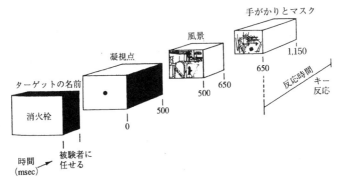

図 2.4.7 ビーダーマンら(Biedermanら, 1982)の実験に用いられた風景画(a), (b)と実験手続

きた割合は 80％であったが，台所と概念的に一致しない郵便箱やドラムに対する正答率は 40％にまで低下した．

　ビーダーマンら(Biedermanら, 1982)は，特定の事物が，与えられた風景の中の特定の場所にあったかどうかを被験者にたずねた．最初，被験者はターゲットとなる事物の名前(たとえば，消火栓)が告げられる，次に 150 msec の間図 2.4.7 に示したような，たとえば通りの風景画が示され，さらにその後，風景画が消えてランダム線分と手がかりドットが画面に提示され，手がかりドットの位置にターゲットが存在したかどうかたずねられた．風景画の中にターゲットが通常の位置を占めているとき(図 2.4.7(a))とそうでないとき(図 2.4.7(b))とを比較すると，後者の方が誤答率は高かった．

3） 反転図形と断片図形

　ヘルムホルツのころから，反転図形では期待，構え，意思によって観察者は自分のみたい図柄を選ぶことができるといわれてきた(図 2.4.3)．これは明らかに経験的枠組みが知覚に影響を与える事例と考えられる．ではどの程度までこのような枠組みが図形の反転性に影響するのであろうか．ガーガスら(Girgusら, 1977)は，図形が反転することを積極

第4章 知覚的推理の理論

的に体験させて構えをつくった場合に比べると，反転性に関して何の教示も与えないときは，最初の反転が生じるまでの時間は著しく延びて反転回数も減少するだけでなく，反転そのものに気づかない被験者が全体の1/3から半数に達すると報告している．驚くべきことであるが，これは，反転性に関する教示を受けない被験者の多くにとって多義図形は一義図形にすぎないことを示唆している．

図2.4.8には9枚の断片図形（fragmented figure）が示されている．眼を凝らしてみてもすべての絵が何を表しているのか完全にわかる人は少ないと思われるが，一度その絵の内容を知ると，その次からはきわめて容易にその絵の

図2.4.8 断片図形（Rock, 1975）
上段左から右へ人，ヨット，ウサギ，中段左よりイヌ，ストーブ，機関車，下段左よりネコ，馬に乗った人，三輪車に乗った子どもをそれぞれ表す．

中に描かれたものをみることができる（絵の内容は図2.4.8の表題文の中に示す）．ここでおもしろいのは図の内容がわかる前とわかった後とを比較したとき，網膜刺激は全く同じであるにもかかわらず，知覚内容が激変することである．絵の内容がわかる前は，謎をかけるように白い紙面を汚していた斑点が，突然まとまりをもって人間とか動物とか乗り物といった意味のある具象物として再認できるのである．さらにおもしろいことは，ひとたびこのような再認が生じると，その刺激を以前のように無意味な斑点としてみるのが難しくなることである．ロック（Rock, 1983）は断片図形のこのような効果を，先行した図形の再認が知覚の変容をもたらすという意味を込めて再認知覚（recognition perception）と呼んでいる．

これらの研究は，多義図形が多義図形として知覚されたり，断片図形が具象画として知覚されたりするためには，これらの刺激図形が表現しているものに関してあらかじめ知っておくこと，いわば期待的な認知が先行していなければならないことを示している．逆にいえば，被験者側に図形に対する準備的な認知がなかったならば，刺激図形を意味あるものとして把握する可能性が著しく低下するのである．

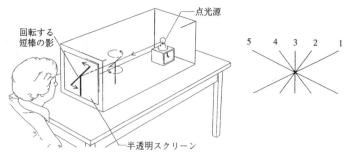

図 2.4.9 奥行運動効果の実験風景とスクリーン上に投影された短棒の影 (Rock, 1984).

c. 共変する近刺激と知覚的達成

前項で2相の知覚的世界について述べ，近刺激から遠刺激に関する知覚を達成する際の契機として斜酌理論と経験的な枠組みの効果を紹介したが，最後に，われわれがとりうるもう一つの推理方式について考察しておきたい．環境が網膜に与える刺激はランダムに消長を繰り返す光のモザイクではなく，むしろ近刺激の諸部分の間で相関し，あるいは共変性が存在する場合が相当あるように思われる．一例として，運動奥行効果 (kinetic depth effect : KDE) について考えてみる (Wallach と O'Connell, 1953)．これは，図 2.4.9 の左側に示すように，回転する針金細工に光をあてることによってその影を半透明のスクリーンに投影し，スクリーンの反対側からその投影像を観察すると，刺激が2次元平面的であるにもかかわらず，われわれは回転する針金状の立体を知覚するというものである．KDE における投影像の刺激特徴を明らかにするために，図 2.4.9 の右に，複雑な針金細工の代わりに斜め方向を向いた短棒が回転しているときに得られる投影像の時間的推移を示す．明らかに，方向の次元が変わるとそれに随伴して長さの次元も変化することがわかる．すなわち，右あるいは左に傾いた線分ほどその長さが長い．

図 2.4.10 肌面の勾配 (Gibson, 1950).

共変する刺激変数のもう一つの例は図 2.4.10 に示すように，ギブソン (Gibson, 1950) のいう肌面の勾配 (texture gradient) である．説明するまでもなく，この図は平面に描かれているにもかかわらず，図の上部は下部よりも遠くにみえる．この図形の特徴は，網膜の刺激位置が変化するのに伴って図の構成要素が変化するところである．すなわち画面の下から上へいくほど，樽の大きさは小さくなり，樽の間隔が狭くなり，また樽の蓋の縦と横の比がゼロに近づいていく．つまりこの図では2変数ではなく3変

数あるいはそれ以上の変数(樽の大きさ，樽の間隔，樽の蓋の形など)が共変しているのである．

われわれの知覚系は，このように共変する近刺激が与えられたとき，その2変数あるいは3変数を無関連なものとして把捉するのではなく，共通の原因がその背後にあって当該変数の共変性を招来させていると仮定するように思われる．強烈な稲妻に随伴して雷鳴がとどろいたとき，われわれの祖先がその背後に雷神の存在を想像し，現代人が電気の放電を想定するように，知覚系は共変する近刺激に遭遇したとき共通の原因を捜し求めるのではないだろうか．KDEの場合は，硬質の針金が回転していると仮定すれば投影像の方向と長さの共変性が無理なく説明できるし，肌面の勾配の場合は，奥行を表現した図であると仮定すれば非常に複雑な近刺激の共変関係が単純に説明できるのである．

共通原因を探求する知覚系のこのような性向には，複雑に入り組んだ事象をできるだけ少ない概念で説明しようとする科学の精神と共通するところがあるかもしれない．たとえば，われわれはときどき，グラフの横軸に独立変数 x をとり縦軸に従属変数 y をとって，多数の対になったデータをこの x-y 座標の中に表し，相関係数を求めたり，最も適合する直線をこのデータにあてはめてその直線の勾配と y 軸切片を求めたりする．なぜわれわれがそのような面倒な計算をするのかを考えてみれば，多数のデータをそのまま列挙するよりは直線によって記述した方が理解しやすいからである．あるいは，複雑な自然現象を単純に把握しようという傾向がわれわれの中に存在するからといってもよいであろう．われわれはそれからさらに進んで，科学者としての探求心が満たされるまで，何が原因でこの勾配と切片が決定されるのかと問い続けるはずである．

ここで本章の最初に述べた事象の連合について思い出してほしい．われわれは"風が吹く"という事象と"木の葉が揺れる"という事象が接近して繰り返し生じると，やがて"強い風が吹くと木の葉が揺れる"という命題を学習するようになると述べたが，事象の観察から知識体系を構築するとき，われわれはもう一歩踏み込んでこの観察された2事象の向こうに存在する"空気"に思いをはせるのではないだろうか．知覚された2事象の向こうに知覚されない原因を仮定するのである．空気が動くことによって風が生じ，同時に木の葉が動揺すると仮定すれば，個別的事象の偶然的な連合として風と木の葉の動きが，共通の原因によって生じる必然的な連合にまで高められるのである．

本章を書くにあたって多屋頼典(岡山大学)，下野孝一(東京商船大学)，岡本真彦(大阪府立大学)の諸氏から多くの示唆をいただいた．ここに衷心よりお礼申しあげる．

エピソード

1) 閃光(phosphene)を用いた人工映像：網膜を刺激する光がなくても，神経を刺激するだけで光覚が生じるのであれば，盲人の大脳視覚野を刺激することによって視覚の機

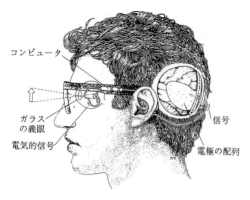

図 2.4.11 閃光現象を用いた人工映像 (Goldstein, 1989)

能が回復させられるはずであると考えて，ドーベルら(Dobelleら，1974)は図 2.4.11 に示すような器具を提案した．義眼の中に小型 TV カメラが内蔵され，それから送られた外界の映像がコンピュータで電気信号に変換されて，電気的に大脳皮質を刺激するというアイデアである．この装置はまだ実用化されていないが，その前段階として彼らは 64 電極を盲人の視覚野に埋め込み，いくつかの電極に通電する実験を行った．その結果によれば，閃光のほかにも，単純な幾何学模様や文字がみえたといわれている．

2) **幻影肢**：橘(1976)は腕の幻影肢の現れ方を次のようにまとめている．① 切断部分が肩の方に近いほど幻影肢は現れにくく，明瞭に経験されるのは手のひらや指先である．② 幻影肢は健全肢に比べて小さい．とくに指は萎縮し湾曲して，拳のように感じられる．③ 幻影肢と残存肢は接続して感じられる場合と分離して感じられる場合がある．残存肢を振り回すと，幻影肢の印象はしだいに薄くなり，ついには消失する．④ 幻影肢は対象物に透入して現れたり，残存肢の内部にめりこんで重なり合って感じられたりする．⑤ 幻影肢の指の一部あるいは全部を動かせる人が多い．ヘルムホルツの説は感覚神経のいずれかの部分を刺激すると，それに対応した感覚が神経系の末梢方向に定位するという現象の根拠を経験に求めた，いわば中枢説ということもできるが，幻影肢の現象的記述のすべてを経験によって説明することは難しい．最近の研究では，健全肢でも局所麻酔などで求心神経インパルスの発生を大きく低減させると幻影肢と類似の錯覚が出現するといわれる(東山ら，2000; Melzack と Wall, 1982)．

3) **統覚と認知**：ヘルムホルツの時代の心理学者は統覚(apperception, Anschauung)ということばをよく用いている．ヘルムホルツは，現前の感覚印象の影響を全く受けない，記憶の中に保持されている視覚対象の像を観念(idea, Vorstellung)と呼び，感覚的印象によって修飾されたときの知覚(perception, Wahrnehmung)を統覚と呼び，直接的な感覚のみから成り立ち，先行経験の想起を伴わない統覚を直接的知覚(immediate perception, Perzeption)と呼んでいる．ところで，Vorstellungを観念(idea)と訳出することには疑問があり，むしろ概念(concept)とした方がよい場合もある．そこで，本章では観念か概念かがはっきりとしないところは記憶(memory)と解釈することにした．

ふつう統覚には感覚的成分と記憶的成分とがさまざまな割合で含まれる．観念と直接的知覚はどちらも統覚の一つであるが，前者は全く感覚的印象を含まないのに対して，後者

は感覚的印象のみからなる統覚ということができる．ほぼ同時代のジェームズ（James, 1892）も知覚をはじめ，認識，分類，命名，思考，心的反応，解釈，概念などが統覚に含まれると述べている．統覚ということばは，このようにさまざまな意味を含みすぎ，やがて使われなくなったが，これと同じように現在きわめて広く用いられていることばが"認知"ではなかろうか．当時の著作の中には統覚を認知と読み換えるだけで，きわめて現代的な論旨に変貌するものがある．

〔東山篤規〕

文　献

1) Ames, A., Jr.(1946): *Some demonstrations concerned with the origin and nature of our sensations (what we experience)*. Hanover.

2) Berkeley, G.(1709): *An essay towards a new theory of vision*. 下條信輔，植村恒一郎，一ノ瀬正樹 訳(1990): 視覚新論，勁草書房．

3) Biederman, I., Mezzanotte, R.J. and Rabinowitz, J.C.(1982): Scene perception; Detecting and judging objects undergoing relational violations. *Cognitive Psychology*, **14**: 143-177.

4) Bruner, J.S. and Goodman, C.C.(1947): Value and need as organizing factors in perception. *Journal of Abnormal and Social Psychology*, **42**: 33-44.

5) Coren, S. and Girgus, J.S.(1978): *Seeing is deceiving; The psychology of visual illusion*. Lawrence Erlbaum Association, Hillsdale, NJ.

6) Dobelle, W.H., Mladejovsky, M.J. and Girvin, J.P.(1974): Artificial vision for the blind; Electrical stimulation of visual cortex offers hope for functional prosthesis. *Science*, **183**: 440-444.

7) Epstein, W.(1973): The process of 'taking-into-account' in visual perception. *Perception*, **2**: 267-285.

8) Gibson, J.J.(1950): *The perception of the visual world*. Houghton Mifflin, Boston.

9) Gibson, J.J.(1966): *The senses considered as perceptual systems*. Houghton Mifflin, Boston.

10) Gillam, B.(1971): A depth processing theory of the Poggendorff illusion. *Perception and Psychophysics*, **10**: 211-216.

11) Goldstein, E.B.(1989): *Sensation and perception*. Wadsworth Publishing, Belmont, CA.

12) Graham, C.H.(1965): *Vision and visual perception*. John Wiley & Sons, New York.

13) Gregory, R.L.(1970 a): *The intelligent eye*. Weidenfield & Nicolson, London. 金子隆芳 訳(1972): インテリジェント・アイ，みすず書房．

14) Gregory, R.L.(1970 b): *Eye and brain: the psychology of seeing*. Weidenfield & Nicolson, London. 金子隆芳 訳(1970): 見るしくみ，平凡社．

15) Helmholtz, H. von(1910/1962): *Handbuch der Physiologischen Optik*. Verlag von Leopold Voss, Dritter Band, Hamburg. In: Southall, J.P.C.(trans. and ed.), *Helmholtz's treatise on physiological optics*, Vol. 3. Dover Publications, New York.

16) Helmholtz, H. von(1879/1968): Die Tatsachen in der Wahrnehmung. In: Helmholtz, H. von(ed.), *Vortrage und Reden*. August Hirschward. The facts of perception. In: Warren, R.M. and Warren, R.P.(tr. and ed.), *Helmholtz on perception: its physiology and development*. Wiley, New York.

17) 東山篤規，宮岡　徹，谷口俊治，佐藤愛子(2000): 触覚と痛み，ブレーン出版．

18) Holst, E. von(1957): Aktive Leistungen der menschlichen Gesichtwahrnehmung. *Studium Generale*, **10**: 231-243.

19) Ittelson, W.H.(1952): *The Ames demonstrations in perception*. Princeton University Press, Prin-

ceton.

20) James, W.(1892): *Psychology*. Briefer course. 今田　寛 訳(1992): 心理学，岩波書店.
21) 柿崎祐一(1993): 心理学的知覚論序説，培風館.
22) 加藤義明(1965): New Look 心理学の展望. 心理学研究，**36** : 140-154.
23) Melzack, R. and Wall, P.D.(1982): *The challenge of pain*. Penguin Book. 中村嘉男 監訳(1986): 痛みへの挑戦，誠信書房.
24) 大羽　蓁(1988): 現代機能主義知覚論，ナカニシヤ出版.
25) Ono, H., Fay, A. and Tarbell, S.E.(1986): A "visual" explanation of facial vision. *Psychological Research*, **48** : 57-62.
26) Pastore, N.(1971): *Selective history of theories of visual perception : 1650-1950*. Oxford University Press, New York.
27) Palmer, S.E.(1975): The effects of contextual scenes on the identification of objects. *Memory and Cognition*, **3** : 519-526.
28) Postman, L., Bruner, J.S. and McGinnies, E.(1948): Personal values as selective factors in perception. *Journal of Abnormal and Social Psychology*, **43** : 142-154.
29) Schafer, E. and Murphy, G.(1943): The role of autism in a visual figure-ground relationships. *Journal of Experimental Psychology*, **32** : 335-343.
30) 橘　覚勝(1976): 手―その知恵と性格，誠信書房.
31) Rock, I.(1975): *An introduction to perception*. Macmillan, New York.
32) Rock, I.(1983): *The logic of perception*. MIT Press, Cambridge.
33) Rock, I.(1984): *Perception*. Scientific American Library.
34) Schultz, D.(1981): *A history of modern psychology*. Academic Press, New York. 村田孝治 訳(1986): 現代心理学の歴史，培風館.
35) 鈴木光太郎(1990): 錯視のワンダーランド，関東出版社.
36) Thiéry, A.(1896): Über Geometrisch-optische Täuschungen. *Philosophische Studieren*. **12** : 67-126. [Boring, E.G.(1942): *Sensation and perception in the history of experimental psychology*, p.245. Appleton-Century-Crofts, New York. に引用]
37) Wallach, H., and O'Connell, D.N.(1953): The kinetic depth effect. *Journal of Experimental Psychology*, **45** : 205-217.

第 5 章

精神物理学的理論

　精神物理学(psychophysics)は心理物理学とも訳され，刺激の物理的特性とそれによって生じる感覚などの心理量との関係を研究する実験心理学の基礎分野をいう．刺激閾(stimulus threshold)，弁別閾(difference threshold)，主観的等価点(point of subjective equality : PSE)などは精神物理学的測定法によって測定され，感覚の大きさ(magnitude of sensation)などは感覚尺度(刺激量と感覚量の関数関係の表現)などを用いて表現される．フェヒナーの精神物理学では感覚の大きさはjnd(後述)を媒介として間接的に表現されるが，スティーヴンスの精神物理学ではマグニチュード推定法を用いた感覚尺度によって直接的に表現される．精神物理学は感覚や知覚の基礎メカニズムの研究には不可欠の学問である．また，動物や乳幼児の弁別反応を心理量に準ずるものと考えて，これに精神物理学的測定法を適用して定数測定を行ったり(動物精神物理学〔animal psychophysics〕，乳幼児精神物理学〔infant psychophysics〕)，心的表象や社会事象を心理量に準ずるものと考えて尺度構成法を適用することがある(心的精神物理学〔mental psychophysics〕など)．

　精神物理学は今日約130年ほどの歴史をもつにすぎないが，感覚という主観量を扱うだけにさまざまな問題に出会ってきた．マレイ(Murray, 1993)は精神物理学を過去と未来にわたって展望する論文の中で，最近のフェヒナーの精神物理学の再評価を試みている．彼の立場は現代の精神物理学的諸理論の核となる概念の源流をたどっていくと図2.5.1のような関連がみえてくるというものである．この図は大まかなスケッチといった側面があることは否めないが(とくに内的精神物理学について)，ここでは精神物理学の概念の変遷を整理してみるという視点から，彼の図式を参考にしながらいくつかの主要な精神物理学的理論について簡潔にみてみる．

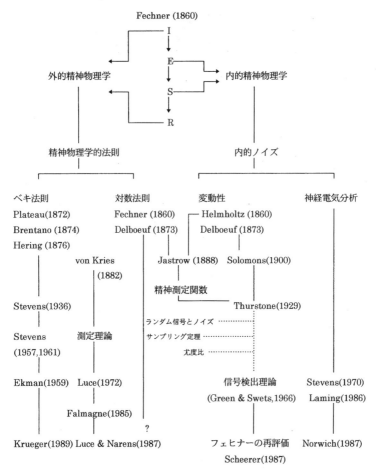

図 2.5.1 精神物理学の歴史を表す図式(Murray, 1993を改変)
I, E, S と R はそれぞれ物理刺激強度, 神経電気的応答, 感覚と反応を示す.

5.1 フェヒナーの精神物理学

a. 理論的枠組み

精神物理学はフェヒナー(Fechner, G.T.: 1801-1887)によりその基礎が築かれた. フェヒナーは実在は心的な側面と物理的な側面を同時にもっていると考え, 両者を関係づける学問, すなわち「心と身体との間の関数的関係についての精密理論」として精神物理学の構想をもった. 彼はこの構想をもとにして1860年, 『精神物理学要論(*Elemente der*

Psychophysik)』全2巻を出版した（第2巻，全562ページのうち前半に外的精神物理学が，後半に内的精神物理学の構想が述べられているが，最も重要なフェヒナーの法則が記述されているのは測定公式〔Maßformel〕の導出について述べられている33ページ〔第3版による〕である）．フェヒナーはすでに宗教色の濃い前著 *"Zend-Avesta"* (1851)の中で精神物理学の基本構想を示してはいるが，歴史的には1860年の要論の出版の年が精神物理学の誕生の年とされている．フェヒナーは2元論的立場をとりながら，心身は同じ実在を違う側面からみたにすぎないと考え，感覚量と物理量との間に数学的な関数関係を考えた．精神物理学はフェヒナーにとって心身問題についての彼なりの解決でもあった．またその研究法を扱う部門である精神物理学的測定法は感覚量と物理量の世界に数学的かけ橋をかけるための実際的方法を提案したものであった．フェヒナーの精神物理学が心身2元論という哲学的問題との苦闘の過程で生まれたことは，心理学が哲学から独立しつつあった当時の歴史からみても興味深いものがある．しかし，実際上の問題としてはフェヒナーの功績は，心身問題についての哲学的論議よりもむしろ感覚の計量化に科学的な基礎を与えたことにあるとされる．フェヒナー以前にもライプニッツ(Leibniz, G.W.)やヘルバルト(Herbart, J.F.)は感覚を量的に変化した意識状態と考え，とくにヘルバルトはその意識状態を測定可能なものと考えていたが，それは概念的なものにとどまり実際にその科学的意義や測定法を提案したわけではなかった(苧阪, 1994 a)．フェヒナーは彼の精神物理学を，対象とする過程の違いにより外的精神物理学と内的精神物理学に分けた．以下ではマレイ(Murray, 1993)の図式を参照しながら，フェヒナーの外的精神物理学と内的精神物理学の構想についてみてみたい．

b. 外的精神物理学

フェヒナーは精神物理学を，刺激強度(I)と反応(R)の関係を扱う外的精神物理学(äußeren Psychophysik : outer psychophysics)と，脳内の生理興奮過程(E)と感覚強度(S)の関係を扱う内的精神物理学とに分けた(図2.5.1参照)．

外的精神物理学は I-R 関係を表現しうる関数を探り，それにより精神物理学的法則を記述することを主たる目的とする．つまり，刺激強度 I に対応する感覚尺度上の反応値 R が，

$$R = f(I) \tag{5.1}$$

となるような精神物理学的関数（あるいは感覚尺度）f を求めることが外的精神物理学の目的である．外的精神物理学においてフェヒナーは今日フェヒナーの法則と呼ばれる対数法則(logarithmic law)を提案した．対数法則では主観感覚量 R は物理刺激量 I と次の対数関数，

$$R = k \log I \tag{5.2}$$

で表現される．ここで k はスケーリング定数を示す．この対数関数は感覚量 R は刺激量

I の対数に比例すること，すなわち「刺激 I の幾何級数的増加は感覚 R の算術級数的増加をもたらす」ことを表している．フェヒナーの法則に近い構想はすでにベルヌーイやラプラスなどの数学者によって精神的幸運と物質的利得との関係を記述するものとして述べられているが，感覚の問題に対数関数を考えたのはフェヒナーが初めてであった．

フェヒナーは，生理学者ウェーバー(Weber, 1834)の重さの弁別閾の実験に示唆を得てフェヒナーの法則を思いついたといわれる．ウェーバーは重さの弁別閾(重さの違いが弁別可能な最小の重さの増加量 ΔI のことで絶対弁別閾ともいう)を求める実験から，ΔI の標準刺激 I に対する比がいろいろな I について一定になること，すなわち，比 $\Delta I/I$ が一定の値をとることを見いだした．これはウェーバーの法則と呼ばれ，次の式で表される．

$$\Delta I/I = c \text{（定数）} \tag{5.3}$$

たとえば，彼が実験した範囲の重さについては，c の値は約 $1/30$ となった(ただし，現在ではウェーバーの法則は特定の刺激強度の範囲でのみ近似的に成立する法則であるとされている)．この $\Delta I/I$ は相対弁別閾(あるいはウェーバー比)と呼ばれ，ウェーバーは相対弁別閾が感覚モダリティごとに一定の値をとることを見いだし，フェヒナーの精神物理学に基礎を与えたとされる．フェヒナーはウェーバーの弁別閾の実験が，R とその増加量 ΔR が I とその増加量 ΔI の比に対応すると考えて，ウェーバーの法則を微分式

$$\Delta R = K\,(\Delta I/I) \tag{5.4}$$

で表せると考えた(基礎公式〔Fundamentalformel〕)．この式の両辺を積分すると，

$$R = K \log I + C \tag{5.5}$$

が得られフェヒナーの対数法則が導かれる(K は定数，C は積分定数)．このようにフェヒナーはウェーバーの弁別閾の実験に着想を得て精神物理学の基礎を築いたのである．

さらに，刺激閾を b とし，これに対応する感覚量を 0 とおくと，

$$0 = K \log b + C$$
$$C = -K \log b \tag{5.6}$$

これを式(5.5)に代入し常用対数に直して

$$R = k\,(\log I - \log b) \tag{5.7}$$
$$R = k \log(I/b) \tag{5.8}$$

ここで刺激閾 b を単位として $b=1$ とすればやはり

$$R = k \log I \tag{5.9}$$

なる対数法則が導かれる．『要論』第 2 巻の測定公式の導出部分(p.33)では以上のことが簡潔に記述されている．フェヒナーは感覚の絶対的大きさを直接測定することはできないが，二つの感覚量が等しいか，一方が他より大きいか小さいか(感覚における丁度可知差異，just noticeable difference：jnd)などは検出でき，またそれに対応する刺激量の差は測定可能であると考えた．そして，jnd が感覚尺度上で一定の幅をもつと想定することに

より，累積した jnd から間接的に感覚の大きさを推定することができると考えた．

I-R 関係を実験的に研究するために，フェヒナーは精神物理学的測定法を考案したが，この方法は知覚研究の基本的測定法として現在まで受け継がれている（後述，および第Ⅰ編第5章参照）．今日一般にいわれる精神物理学はこのフェヒナーの外的精神物理学を，精神物理学的測定法は外的精神物理学の測定法をさすことが多い．しかし，精神物理学的測定法に基づいて測定されるのはたとえば感覚ではなく反応（弁別力）であり，これを記述する立場と本来のフェヒナー的な意味での精神物理学の立場は区別すべきであるとする見解がある（柿崎，1993）．この問題は内的精神物理学の目的にも関わってくる．

c. 外的精神物理学と現代の精神物理学

当時フェヒナーに少し遅れて，対数法則と近いものをデルブフ（Delboeuf, 1873）が，またベキ法則に近いものをプラトー（Plateau, 1872），ブレンターノ（Brentano, 1874）やヘリング（Hering, 1876）らが提案している．マレイ（Murray, 1993）によれば，観察しうる I と R の関係を扱う外的精神物理学は対数法則を支持する流れとベキ法則を支持する流れに分類できるという．彼によれば，後者はスティーヴンスやエクマン（Ekman, 1959）のベキ法則に基づく精神物理学の提唱につながるものとされている（後述のスティーヴンスの精神物理学の項参照）．他方，前者は内的精神物理学の流れに合流し，弁別閾の変動性などを問題にしながら，サーストンなどの精神測定関数の研究を通して信号検出理論（後述の信号検出理論の項参照）などの成立にも間接的な影響を与えたとされる．この間，フォン・クリース（von Kries, 1882）は感覚は測定できないとする立場からフェヒナーを批判し現代の感覚の測定理論（measurement theory）（Luce と Green, 1972；Falmagne, 1985）の研究の源流の一つとなったとされる（Murray, 1993）．

d. 内的精神物理学

一方，脳の生理興奮過程（E）と感覚強度（S）の関係を扱う内的精神物理学（innere Psychophysik：inner psychophysics）は，心身問題とも密接に関わるためフェヒナーが最も興味をもち重視した部門であったが，感覚生理学や脳の神経科学が未発達であった当時にあっては困難な研究分野であった．つまり，I-R 関係が両方とも観察しうるものと想定されたのに対し，E-S 関係は両者ともにその観察が困難であったことにもその原因がある．内的精神物理学はフェヒナーが最も重視した部門であったにもかかわらず，比較的最近まで研究に進展がみられなかった．

内的精神物理学はマレイ（Murray, 1993）によれば，変動性の概念を中心にして精神物理学を展開させていこうとする流れと，生理興奮過程そのものを直接的に研究対象として扱おうとする神経電気分析（neurelectric analysis）の研究の流れに分けられるという．

たとえば，E-S 間にはさまざまな観察者の内部過程（内的ノイズなど変動性をもつ要因

が含まれる)が関わっている．フェヒナーが内的精神物理学で考えたのは，刺激により誘発された神経系におけるゆらぎ(変動)が定常レベルでの変動に重なる結果として感覚が生じるのではないかということであった．この考えには変動やノイズの概念が含まれており，これがのちの精神測定関数(psychometric function)の考えにつながっていくと考えるのである．確率的な変動性の概念を E-S 関係に想定していく流れでは，その内部過程を表現するために精神測定関数のモデルが導入されることになる．たとえば，サーストンは累積正規分布関数をファイ・ガンマ関数(反応確率 ϕ〔たとえば光がみえたとか二つの光の弁別ができたなど〕は刺激強度 γ に対しオージブ型の累積正規分布をもつとする)と呼び，これを刺激閾や弁別閾を求めるための精神測定関数としたし(Thurstone, 1927)，現代の重要な精神物理学的測定法である恒常法でも精神測定関数は重要な役割を演じている．たとえば弁別閾は刺激連続体に対して yes の反応確率(たとえば50%)を求めこれと対応する刺激値とするが，これは精神測定関数を推定したうえで決まるものである．オージブ型の精神測定関数は多くの精神物理学の実験で観察でき，閾値の時間変動的な特性が正規分布をもつことを示している(もっとも，オージブ型ではない精神測定関数で近似できるとする神経量子仮説〔neural quantum theory；Stevens ら，1941〕などもある)．

デルブフ(Delboeuf, 1873)，ソロモン(Solomons, 1900)やジャストロー(Jastrow, 1888)の研究は精神測定関数の研究を通してやがてサーストン(Thurstone, 1927)の心理学的尺度構成法(比較判断の法則)の研究に影響を与えながら，その後の信号検出理論(後述)の発展につながっていく(Murray, 1993)．一方，神経電気分析の研究は最近の感覚の神経科学的研究の長足の進歩により新しい展開をみせようとしている．この分野ではすでにスティーヴンスが神経興奮に対してもその一部にベキ法則が適用できるなどと提案している．今日の感覚の生理心理学的研究やポジトロン断層法(PET)，機能的磁気共鳴画像法(fMRI)や脳磁場計測法(MEG)などの先端技術を用いた脳の働きの画像化は"脳と心"というデカルト以来の(そしてフェヒナーの問題でもあった)問題に新しい光を与えようとしており，これからの進展が期待されている．

e. 精神物理学的測定法

精神物理学的測定法としてフェヒナーが考案した極小変化法(method of minimal changes)，平均誤差法(method of average error)や当否法(method of right and wrong cases)は現在でもその基本的精神を受け継いで極限法(method of limits)，調整法(method of adjustment)や恒常法(method of constant stimuli)などとして利用されている(詳しくは苧阪，1994 a 参照)．

第5章 精神物理学的理論 *221*

5.2 スティーヴンスの精神物理学

a. 理論的枠組み

フェヒナーの対数法則が感覚量の最小単位として jnd を想定し，これを累積していくことにより感覚量が表現できるとした考えに対して，スティーヴンス(Stevens：1906-1973)は直接に観察者に感覚の大きさを数量的に推定させることを通して感覚量の直接尺度構成を試みた．フェヒナー流のいわば間接的物差し(jnd)の累積による方法に対してより直接的な方法を提案したといえる．スティーヴンスの場合，直接尺度構成法の代表的方法はマグニチュード推定法(method of magnitude estimation)と呼ばれている．

スティーヴンスの精神物理学は 1938 年の音の大きさについてのソン尺度以来，一貫して直接的な手続による感覚量の表現を志向している．スティーヴンスは測定の基礎理論を同一性や順序性の公準を満たす名義尺度や順序尺度，間隔，比率尺度に基づいて分類し，直接的方法として彼は比例尺度や距離尺度のための方法を提案している．

スティーヴンスはフェヒナーの対数法則に代わるものとしてベキ法則(power law)を提案した．ベキ法則は次のベキ関数(power function)，

$$R = k \cdot I^n \tag{5.10}$$

で表現される．両辺の対数をとって，

$$\log R = n \cdot \log I + \log k \tag{5.11}$$

とすると，両対数軸のグラフで勾配 n をもつ線形関数が得られる．これはベキ関数と数学的に等価である．ここで，n, R, I, k はそれぞれベキ指数，主観感覚量，物理刺激量，スケーリング定数を示す．n は感覚モダリティによって異なる値をとることが経験的に知られている．たとえば，暗順応下で視角 5° の白色光の明るさのベキ指数は 0.33 となる．一方，指先に与えられた 60 Hz の電流刺激の電気ショックのベキ指数は 3.5 となる．また，線分のみかけの長さではベキ指数は 1.0 となり長さの知覚 R と物理的長さ I は 1 対1で対応することになる．明るさの場合，輝度 I は主観感覚量 R に対していわば圧縮されることになるが，電気ショックの場合は痛みの主観量 R が電流刺激 I に対し増幅されることになる．明るさの場合は I が増加してもなかなか明るく感じられないのに対して，痛みの場合は少し I が増加すると飛び上がるほどの痛みとなることを示している．別の面からみると，明るさでは夜空の 6 等星から太陽の明るさまで非常に広い I の範囲をみることができ，いわゆる大きなダイナミックレンジが得られるのに対し，痛みではほんの狭い範囲の I にしか適応できず，ダイナミックレンジも小さくなることになる(Stevens, 1962)．これは，痛みに対しては変化率への感受性を高め，明るさに対しては変化率への感受性を低めているといえるわけで，ベキ指数は人間の生態環境への適応の様子を表しているともいえる．

II 感覚・知覚心理学

表 2.5.1 ベキ指数一覧

感覚モダリティ	ベキ指数	刺激条件
音の大きさ	0.6	両耳
明るさ	0.33	暗順応下(視角 5°)
明るさ	0.5	暗順応下(点光源)
白さ	1.2	灰色紙
匂い	0.55	コーヒーの香り
味	0.8	サッカリン
味	1.3	砂糖
味	1.3	塩
温度	1.0	冷たさ(腕)
温度	1.6	温かさ(腕)
振動	0.95	60 Hz(指先)
持続時間	1.1	白色ノイズ
指間の長さ	1.3	木のブロックの厚さ
手のひらへの圧覚	1.1	皮膚への圧力
重さ	1.45	持ち上げた重さ
ハンドグリップの力	1.7	握力計
電気ショック	3.5	60 Hz(指先)

現在さまざまな感覚モダリティ(さらには社会的現象についてさえ)についてベキ指数が求められているが,その一例を表 2.5.1 に示す(現象例の項も参照).スティーヴンスの精神物理学は新精神物理学と呼ばれることもある(相場,1970).

b. マグニチュード推定法

マグニチュード推定法(method of magnitude estimation)は尺度構成に用いられる方法で,標準刺激に対して当該刺激を求められた比率に調整する比率産出法,当該刺激との比率を報告させる比率推定法,さらに与えられた数値にマッチするように刺激を調節するマグニチュード産出法などとともに感覚の大きさの比率判断を求める場合に使われる.マグニチュード推定法ではマグニチュード産出法と逆に与えられた刺激にマッチする感覚量を数値(正確には数詞)で推定するよう求める方法で,ベキ法則の検討の際には必ずといってよいほど用いられる.ベキ法則は経験的にはマグニチュード推定法の手続で得られたデータでよく説明できるので,その経験的妥当性は高いのであるが,一方,提示された刺激のもたらす感覚量を観察者が直接"数詞"で報告することの意味について当初から疑問が呈されていた.観察者が比率を検出できその判断が信頼できるとしても,このような言語による感覚量の表現とその数量的処理にはたして妥当性が認められるのかが一部の研究者の間で問題にされた.たとえば,マグニチュード推定法では標準刺激(モデュラスという)のもたらす明るさに"10"という数詞を与えたとき,ある輝度をもつ変化刺激がもたらす明るさをたとえばそれが 2 倍の明るさにみえればこれを"20"と報告する.これらの"数詞"は数値として扱われ,各変化刺激 I についてその幾何平均値

$$GM = \text{anti log}[(\Sigma \log I)/n]$$

がとられ，ベキ関数でフィッティングされる．"数詞"問題についてはスティーヴンスは言語報告を用いないクロスモダリティ・マッチングの手続を用いてもベキ法則の一般的妥当性が確認されるとして反論している．

c. クロスモダリティ・マッチング

クロスモダリティ・マッチング(cross-modality matching：CMM)では観察者は二つの感覚モダリティがもたらす感覚の大きさが互いに等価になるように求められる．たとえば，指先に与えられた機械的振動の強度を"数詞"などの言語報告を用いないで自ら調整し，音の大きさにマッチするように調整することが求められる．いろいろな刺激強度で求めた値を両対数グラフ(縦横軸に各感覚モダリティの刺激強度をとる)にプロットすると等感覚関数が得られそれが直線でフィットでき，さらにその勾配が二つの感覚モダリティで得られるベキ指数の比に等しくなれば，クロスモダリティ・マッチングによってベキ法則の妥当性が確認されたことになる．二つのベキ関数を

$$R_1 = I_1^n \tag{5.12}$$

$$R_2 = I_2^m \tag{5.13}$$

とし，いろいろな刺激強度で観察者がクロスモダリティ・マッチングによって R_1 を R_2 と等価にマッチできると仮定すると，次式のベキ関数(等感覚関数)，

$$I_1^n = I_2^m \tag{5.14}$$

が得られ，一つの感覚モダリティで R_1 が I_1 の n 乗に比例して定まるときその量は，もう一つの感覚モダリティで R_2 が I_2 の m 乗に比例して定まる量に等しい．式(5.14)の両辺の対数をとると，

$$n \log I_1 = m \log I_2 \tag{5.15}$$

$$\log I_1 = m/n \log I_2 \tag{5.16}$$

つまり，両対数グラフにプロットしたとき，等感覚関数の直線の勾配は二つの感覚モダリティのベキ指数の比 (m/n) にならねばならない．

いろいろな感覚モダリティについてスティーヴンスとその共同研究者が実験的に検討したところ，実際に得られた等感覚関数の直線の勾配は所与の二つの感覚モダリティのベキ指数の比 (m/n) に近い値となることが確かめられた．これはベキ法則が"数詞"を用いない場合にも成立することを示しており，ベキ法則の妥当性を別の側面から確認したことになる．

5.3 信号検出理論

a. 理論的枠組み

確率分布の理論と統計的な決定理論を，信号を検出しなければならない状況におかれた人間の行動決定モデルに適用しようとする試みの中から生まれたのが信号検出理論(theory of signal detection：TSD または signal detectability theory：SDT)である．信号検出理論は，精神物理学の分野でも伝統的な閾値の概念に対して新しいとらえ方を示した(Tanner と Swets, 1954；Green と Swets, 1966)．信号検出理論では信号刺激 sn とノイズ刺激 n の二つの刺激事態を考える．ノイズ刺激 n は背景刺激であり，信号刺激 sn はノイズ刺激 n に当該信号刺激を加えた刺激である．信号検出理論ではこの二つの刺激事態と二つの判断(あり，なし)の組み合わせからなる四つの状態を想定する(図2.5.2参照)．観察者がノイズ刺激 n から信号刺激 sn を検出する弁別力(感受性)を，検出時の判断基準の変動(たとえば態度や動機など)から分離して評価することができるのが信号検出理論の特色である．sn と n の両分布が等しい分散をもち標準正規分布型の確率密度関数をもつとき，観察者の信号検出の判断は両分布の平均値 X_{sn} と X_n の距離 d' (ディー・プライ

		判断	
		あり(SN)	なし(N)
刺激	あり(sn)	ヒット $p(SN\|sn)$	ミス $p(N\|sn)$
	なし(n)	フォールス・アラーム $p(SN\|n)$	コレクト・リジェクション $p(N\|n)$

		判断	
		あり(SN)	なし(N)
	あり(sn)	R($SN\|sn$)	C($N\|sn$)
	なし(n)	C($SN\|n$)	R($N\|n$)

図2.5.2 信号検出理論における刺激と判断の行列(左)と利得行列(右)
(苧阪，1994a を改変)
R は報酬，C は損失を表す．

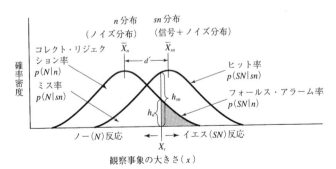

図2.5.3 信号検出理論モデル(苧阪，1994a を改変)
sn と n 分布 [$\sigma_{sn} = \sigma_n$ かつ $N(0,1)$ を仮定] と X_c, d' および β との関係．

ム)と検出の判断基準点 X_c により決まる．d' を一定にした場合，観察者は観察した事象が採用した判断基準点 X_c より大きければ信号ありの判断(SN)を，小さければ信号なしの判断(N，つまりノイズありの判断)をする．これは観察した刺激が sn 分布に由来するのか n 分布に由来するのかを決定することに対応している．一般に d' が大きいほど(両分布が重なる部分が小さいほど)検出は容易に，小さいほど(両分布が重なる部分が大きいほど)検出は難しくなる(図 2.5.3 を参照)．観察者に SN か N の判断を求めるとき，観察者の判断は二つの要因により決まる．一つは感受性 d'，つまり刺激の効果の大きさであり，もう一つは観察者の判断基準 β である．β は観察者が観察している事象がどの程度以上になったとき SN の判断を行うかという判断基準である．

刺激事態には信号刺激あり sn となし n か，判断にはあり SN となし N があるから，両者を組み合わせると四つの事態が想定される．図のように sn が提示され，ありの判断 SN の場合をヒット (hit) ($SN|sn$)，なしの判断 N の場合をミス (miss) ($N|sn$)，n が提示されて，ありの判断 SN の場合をフォールス・アラーム (false alarm) ($SN|n$)，なしの判断の場合をコレクト・リジェクション (correct rejection) ($N|n$) と呼ぶ．ヒット率を $[p(SN|sn)]$，ミス率を $[p(N|sn)]$，フォールス・アラーム率を $[p(SN|n)]$，さらにコレクト・リジェクション率を $[p(N|n)]$ で表すと，

$$[p(SN|sn)] + [p(N|sn)] = 1.0$$

かつ

$$[p(SN|n)] + [p(N|n)] = 1.0$$

となるので，計算にはヒット率とフォールス・アラーム率がわかればミス率とコレクト・リジェクション率はただちに計算できる．信号検出理論では d' や β をヒット率とフォールス・アラーム率から推定し統計的決定の枠組みの中で刺激の弁別モデルを提供している．信号検出理論の大きな特徴は，古典的な精神物理学では扱うことが困難であった観察者の判断基準 β を感受性 d' と独立に推定したり，操作することを可能にした点にある．

b. 感受性 d' と判断基準 β

d' は，観察者の検出の感受性という感覚的側面を表し，sn と n 分布の平均値の差 $(X_{sn} - X_n)$ を n 分布の標準偏差 (σ_n) で除した値である．すなわち，

$$d' = (X_{sn} - X_n) / \sigma_n \tag{5.17}$$

ただし，$\sigma_{sn} = \sigma_n$ かつ $N(0, 1)$ の場合は $d' = X_{sn} - X_n$ となる．

d' は sn と n の分布を離すことにより操作できる．一方，β は観察者の態度，動機や主観的確率などの非感覚的側面を表し，β の値が大きいほど判断基準が厳しいことを示す．d' が一定の場合，β は基準点 X_c の移動に伴って変化し，X_c からの垂線が sn と n 分布とそれぞれ交わる点までの縦軸の高さの比を示す．つまり，

$$\beta = h_{sn} / h_n \tag{5.18}$$

ただし，ここでは簡単化のため $\sigma_{sn}=\sigma_n$ かつ $N(0,1)$ を仮定している．

これは尤度比(likelihood ratio)と呼ばれ，判断の基準のインデックスとなる．X_c が右へ移動するほど($\beta>1.0$)基準は厳しく，信号ありの判断は慎重になり，左へ移動するほど($\beta<1.0$)基準は甘くなり信号ありの判断は出やすくなる．β は sn や n の提示確率を操作したり，利得行列を導入することにより操作できる．

c. 利得行列(payoff matrix)

ヒットやコレクト・リジェクション判断には報酬(R)を与え，ミスやフォールス・アラーム判断には罰(C)を与えるなど利得行列を導入して，判断に適当な重みを与えることができる．利得行列により報酬と罰の重みをかける事態では観察者は X_c の位置が最適の報酬(最小の罰)をもたらすように選択するものと期待されるので，これにより β を操作することができる(図 2.5.2 参照)．

d. ROC 曲線

ROC 曲線(receiver operating characteristics curve)はフォールス・アラーム率に対してヒット率をプロットした曲線であり，座標$(0,0)$から$(1,1)$に引いた等感受性曲線である．複数の基準点 X_c におけるフォールス・アラーム率とヒット率がわかれば ROC 曲線を描くことができる．d' 一定の ROC 曲線上の点は所与の β と対応している．また ROC 曲線上の所与の点の勾配はその点を与える尤度比に等しい．d' が大きくなると ROC 曲線は座標$(0,1)$に向かって膨らみを増していくが，n と sn が等分散でない場合は負の対角線に対する対称性は崩れる(図 2.5.4 参照)．

e. 測定法の例

ノイズ n と信号 sn の分布が標準正規分布 $N(0,1)$ かつ等分散($\sigma_{sn}=\sigma_n$)の場合を例にとって，代表的な測定法である yes-no 実験と評定法についてごく簡単にみてみる．

yes-no 実験法では観察者はランダム順に提示される n と sn 刺激(d'は一定)に対して SN か N の判断を行う．数百試行からなるブロックが変わるごとに β を変化させる．各基準点 X_c 上で得た $[p(SN|sn)]$ と $[p(SN|n)]$ の座標データから複数の点を求め，これをつないで ROC 曲線を得る．

一方，評定実験では観察者は複数の判断カ

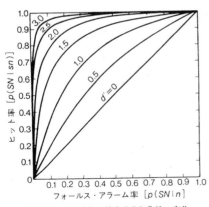

図 2.5.4 d'の変化に伴う ROC 曲線の変化
(Gescheider, 1985)

テゴリーを用いて刺激を評定する．たとえば判断カテゴリーが 5 ポイント尺度の場合は，"確実に sn である"，"たぶん sn である"，"sn か n か不明"，"たぶん n である"，"確実に n である"などの確信度(confidence scale)を報告することになる．評定が両極端になるほど厳しい(または甘い)基準となる．判断カテゴリー数が yes-no 実験法より多いため 1 ブロックの試行で複数の $[p(SN|sn)]$ と $[p(SN|n)]$ の対データが得られすぐに ROC 曲線が得られる長所があるが，判断の独立性に問題を残す．

5.4 適応的精神物理学

a. 理論的枠組み

適応的精神物理学(adaptive psychophysics)は測定法の側からみたときに新しい視点を与えてくれる精神物理学である．適応的精神物理学は精神物理学的測定法にいわば動的で循環的な特性を導入したもので，刺激特性が観察者の一連の反応パターンにより循環的，適応的に決定されるという点で従来の精神物理学と手続的に異なる．この方法は，コンピュータによる刺激のコントロールを介在させた会話型事態で閾値や等価刺激などを測定する場合に最適であり，情報化社会の現代にもマッチした効率的方法である．

適応的な方法とは，所与の試行の刺激値のレベルや試行数が先行反応の履歴などによって動的あるいは循環的に決定されるような手続あるいは方法であり，上下法(up-and-down method)とその発展型，PEST 法(parameter estimation by sequential testing method)や最尤法(maximum likelihood estimation method)などがある．適応的精神物理学では，精神測定関数 $P(s)$ の推定過程に確率過程を織り込んだ測定手続と観察者の先行反応を考慮したインタラクティブな連続計算処理を導入している．適応的精神物理学の測定の基本的手続は次のようなものであり，上下法にその源をもっている．

$$I_n+1=I_n+\delta(1-2 Z_n) \tag{5.18}$$

ここで I, Z, n と δ は，それぞれ刺激強度，反応，試行と刺激強度の変化ステップの幅を示す．ただし，Z_n は 0 か 1 のいずれかの値をとるものとする．$Z_n=0$(観察者のマイナス反応：たとえば刺激がみえない，といった反応)では，次の試行(I_n+1)での刺激強度は 1δ 増加し，$Z_n=1$(観察者のプラス反応：たとえば刺激がみえた，といった反応)では次の試行(I_n+1)での刺激強度は 1δ 減少する．試行回数は初期刺激強度 I_0，δ 値や反応の転換点の出現頻度に依存して決まるが，I_0 と δ が最適化された場合，最も少ない試行回数でよい推定値が得られる．I_n+1 の決定が Z_n により制御される点が適応的とされる理由である．

この方法はコンピュータ援助型精神物理学(computer-aided psychophysics)の基礎となっており，いろいろな種類の閾値や等価刺激の推定の最適化に役立っている．パーソナルコンピュータが広く利用されるようになった現代では最も基本的な精神物理学的測定法

になりつつあるといえる．いわば"会話型"の精神物理学的測定であり，迅速な測定に効果的であると考えられている(苧阪, 1994 a)．

b. 測 定 法

まず適応的精神物理学の基本的測定法である上下法についてみてみる．上下法は段階法(staircase method)とも呼ばれる．上下法やその展開法である変形上下法(transformed up-and-down method)，併用型上下法は極限法から発展した測定法であるが，極限法をより柔軟で動的な環境で実現しているため，精度の高い測定値が効率的に求められる．類似した方法は聴力測定において閾値トラッキング法としてすでにベケシー(Békésy, 1947)によって用いられており，また反応 Z_n は言語反応でなくたとえばスイッチを押すような反応でも測定を進めることが可能なので，動物精神物理学の分野，たとえばハトの暗順応曲線の測定などでも用いられている(Blough, 1958)．いずれの上下法でも刺激強度の変化とその幅 δ をあらかじめ決めたうえで観察者に刺激が検出(弁別)できたかできなかったかの2件法による判断を求めながら，式(5.18)に従って実施していく．上下法は反応の転換点を境として上昇および下降系列を交互に繰り返していく方法を採用し収束基準もあらかじめ決めておくので，閾値や等価刺激の測定を最適化することができる．このほか，予想される閾値などの明らかな上と下の二つの I_0 から二つの単純上下法を交互に実施していく二重上下法がある．

変形上下法は UDTR(up-down transformed response method) などとも呼ばれ，I_n+1 の決定が Z_n の反応の並びにより制御される点が上下法と異なる．Z_n の並びを変えることにより，上下法では固定されていた収束点(0.5)は変形上下法では反応の履歴を数試行前までさかのぼって考慮し反応の並びにより δ 値を動的に上下させるため適当な収束点を選択することができるようになっている．たとえば，0.707 の収束点を選択する場合，刺激強度 I_n+1 の決定は次の式による．

$$I_n+1=I_n+\delta(1-2 Z_n) \tag{5.19}$$

ただし $\{Z_n-1 \ Z_n-2\}=\{1 \ \ 1\}$ のとき $Z_n=1$, $Z_n-1=\{0\}$ のとき $Z_n=0$, $\{Z_n-1 \ Z_n-2\}=\{1 \ \ 0\}$ のとき $Z_n=0$

I_n+1 は上下法と同じであるが，反応の並び方により δ を決める点が異なる．

また，この方法の変化型として最初の試行では δ の値を大きめにとり，試行が進行するにつれ δ の幅を小さくしていき，その後上下法に移行する併用型上下法なども提案されている．このほか，反応の出現確率を考慮した PEST 法や精神測定関数 $P(s)$ の評価関数パラメータの最尤推定を行う最尤法など，効率的な適応的精神物理学の方法が提案されている．

5.5 フェヒナーと現代の精神物理学

現代の精神物理学が抱える諸問題からフェヒナーを眺めると，彼自身の精神物理学についてのオリジナルな考えの多くが過小評価されすぎていたのではないかと思われる．最近のフェヒナー再評価の流れ(Scheerer, 1987)はそのことを強く示唆しているように思われる．現代の精神物理学は歴史的には19世紀中葉のフェヒナーの外的および内的精神物理学のアイデアに何らかの形でその源流をもつといえるだろう(苧阪, 2000)．

マレイ(Murray, 1993)によると，現代の精神物理学的理論はスティーヴンス流のベキ法則を発展させ，さらにフェヒナーの法則との統合を構想する流れ(Krueger, 1989)と，測定理論(measurement theory)の中で精神物理学的法則や感覚強度の問題を考えようとする流れ(Luce, 1972; Falmagne, 1985)，また信号検出理論の中で新しい内的精神物理学を構想する流れ，さらに精神物理学のデータと理論を感覚生理学で得られた知見によって結びつけようとする流れ(Stevens, 1970; Laming, 1986)などに分けることができるという．これらの現代の精神物理学の研究の流れはマレイの指摘にもあるように，その"精神"においてフェヒナーの外的精神物理学と内的精神物理学の構想にその淵源を求めることができるのではないだろうか．感覚という難しい対象を統一的な精神物理学的理論でとらえるには，フェヒナーのいう内的精神物理学の構想のさらなる科学的検証が待たれる．そして"脳と心"の問題を視野に入れたアプローチが必要とされる時代になるように思われる．

現象例

フェヒナーの法則とスティーヴンスのベキ法則

フェヒナーの法則では感覚の大きさ R は刺激強度 I の対数に比例する(ここでは累積

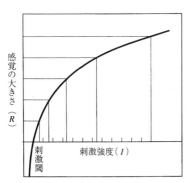
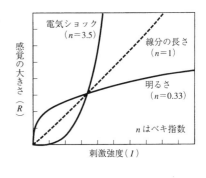

図2.5.5 フェヒナーの法則(左)とスティーヴンスのベキ法則(右)

jnd を縦軸に考える）．一方，スティーヴンスのベキ法則では感覚の大きさ R は刺激強度 I のベキ乗に比例する（ここではマグニチュード推定値を縦軸に考える）（図 2.5.5）．ベキ指数が 1.0 より小さくなると I は R に対して圧縮され，また 1.0 より大きくなると増幅されることになる．たとえば明るさのベキ指数は 0.33 であり，明るさ感はほぼ輝度 I の立方根に比例して増加することになる．これは平たくいえば，2 倍の明るさに達するには輝度を 8 倍まで増加させねばならないということを示している．一方，電気ショックによる痛みのベキ指数は 3.5 であり，痛みは電気ショック（電流）の 3.5 乗に比例して増加することになる．2 倍の痛みを起こさせるには電流を約 1.2 倍に増加させればよいことになる．

エピソード

フェヒナーとスティーヴンス

　19 世紀のドイツにはいわゆる万能学者が輩出したが，フェヒナー（Fechner,G.T.：1801-1887）もその一人といえるだろう．一方，彼の生涯ほど多彩な学問的経歴で彩られている学者も少ないであろう．彼は青年期の最初の 7 年は生理学者であったし，続く 15 年間は物理学者として活躍した．このころ色彩や残像の心理学的研究にも興味をもち始めたが，研究活動による過労から神経症を病みさらに太陽を凝視する残像観察を行ったりしたため目を病み，そのため 1840 年にはライプチッヒ大学の物理学教授の職を辞している．数年間の孤独な生活ののち，病から奇跡的に回復しこの生涯の危機から脱し，これを契機としてフェヒナーは宗教や哲学に興味を抱くようになり心身問題に深入りすることになる．やがて彼は実在は心的な側面と物質的な側面を同時にもっていると考え，実在は心的側面からみる昼の見方（day view）でも，物質的側面からみる夜の見方（night view）でもとらえることができると考えた．このような立場からフェヒナーは心的側面と物質的側面を関係づける学問，すなわち“心と身体との間の関数的関係についての精密理論”としての精神物理学の構想を得，これが 1860 年の『精神物理学要論（*Elemente der Psychophysik*）』（図 2.5.6 は第 3 版）の出版につながる．彼がこの着想を得たのは 1850 年 10 月 22 日早朝のベッドの中でであった（苧阪，1999）．この日はフェヒナーデーと呼ばれ，現在でもこれを讃えて 10 月 22 日前後にフェヒナーの伝統を伝える国際精神物理学会が開催されている．この著書の出版された 1860 年は精神物理学の基礎が築かれた年でもあり，精神物理学がその後の心理学の発展に大きな影響を及ぼしたという点で歴史的に重要な年として記憶されてきた．フェヒナー自身はその後，美学に関心を向けこの分野でも実験美学と呼ばれる新分野を開くことになる．結局彼は病気からの回復後，晩年まで哲学に興味をもち続けながら回復後の 14 年間を精神物理学に，その後の 11 年間を実験美学の研究にささげたといえる（Boring，1966）．今日でこそフェヒナーは精神物理学，ひいては実験心理学の基礎を

図 2.5.6 『精神物理学要論』の第 2 巻の巻頭ページ

築いた人物とされているが，彼自身の意図は別のところにあったというのは歴史の皮肉でもあったといえよう．

話は変わるが，哲学者西田幾多郎は意識についての書『善の研究』(1911)の序文の中でフェヒナーについて次のように記述している．「フェヒネルは或朝ライプチッヒのローゼンタールの腰掛に休らいながら，日麗らかに花薫り鳥歌い蝶舞う春の牧場を眺め，色もなく音もなき自然科学的な夜の見方に反して，ありの儘が真である昼の見方に耽ったと自らいっている．私は何の影響によったかは知らないが，早くから実在は現実そのままのものでなければならない，いわゆる物質の世界という如きものはこれから考えられたものにすぎないという考えをもっていた」．この記述をみると，西田がフェヒナーの“昼の見方”に共感をもっていたことがうかがわれて興味深い．

さて，フェヒナーの『精神物理学要論』が出版されてからほぼ100年を経た1960年，アメリカの実験心理学者スティーヴンスは，「フェヒナーを讃え彼の法則(対数法則)を廃する」という題の論文を“Science”誌に寄せ，もっと一般性のある精神物理学的法則は対数法則ではなくベキ法則であることを高らかに宣言した．スティーヴンス自身が考案した直接尺度構成法の一つであるマグニチュード推定法を用いた実験の結果，得られるのは対数法則ではなくベキ法則であるとした．彼はフェヒナーによって基礎を与えられ以後100年にわたり洗練されてきた精神物理学を再検討し，感覚尺度からフェヒナーの対数法則を経験的事実にも合うように現代化した．フェヒナーが心身問題を契機としてその時代の精神の影響を受けながら精神物理学の構想に至ったのと同様に，スティーヴンスの考えは物理学者ブリッジマンの操作主義の影響を受けたもので，相対性理論の出現により実在は絶対的ではなく相対的な存在であるというやはり時代の精神の影響を受けている．スティーヴンスはこの立場から相対化した科学的概念はそれを規定する具体的操作によってのみ客観的に定義されるという立場をとった．彼はその経歴においてはフェヒナーほど多彩ではないが，その人生を精力的に新精神物理学の建設にささげたといえる．心理学で扱うさまざまな数量的処理の尺度を整理し，名義尺度，順序尺度，間隔尺度や比率尺度に分けて考えることを提案し，心理学における数量化の基礎を築くことで新行動主義の心理学に寄与した．スティーヴンスはフェヒナーとは違ったやり方で，心理学ひいては精神物理学に厳密な数学的基礎を与えたといえよう．彼は長くハーバード大学で教鞭をとったが，マグニチュード推定法のアイデアは，ある日友人が“音の大きさは数字で表せるよ．誰かが音を出したら僕はすぐにその大きさを数字でいえるよ”といったことに始まるという．この会話のあとでスティーヴンスは“それはおもしろそうだ，すぐにやってみよう”と答えたという．そして音の大きさを言語的数詞で直接表現させるため，教室にスピーカーを持ち込んでいろいろな大きさの音を学生に聞かせ数値で表現させたという．学生も驚いたことだろうが，この方法はのちにマグニチュード推定法と呼ばれる方法となり，音のみならず，さまざまな感覚について適用され，彼のベキ法則の妥当性を高める有名な方法となっ

た．このマグニチュード推定法は，人間がすばらしい感覚測定器であり自ら主観的感覚量を数詞で報告可能であるとする人間への楽天的信頼感に基づいている．累積 jnd によって間接的に感覚尺度をつくるフェヒナーの方法と異なり，マグニチュード推定法は手軽に用いることができ，しかも経験的妥当性も高いということがわかり，代表的な直接的尺度構成の方法となった．

〔苧阪直行〕

文　献

Murray(1993)に記載の文献は省略したので，興味ある方は Murray 論文を参照されたい．

1 ）相場　均(1970): Stevens の新精神物理学. 八木　冕監修, 大山　正編：講座心理学第 4 巻 知覚, pp.261-287, 東京大学出版会.

2 ）Békésy, G.(1947): A new audiometer. *Acta Oto-laryngology*, **35**: 411-422.

3 ）Blough, D.S.(1958): A method for obtaining psychophysical thresholds from the pigeon. *Journal of the Experimental Analysis of Behavior*, **1**: 31-43.

4 ）Boring, E.G.(1950): *A history of experimental psychology*. Appleton, New York.

5 ）Boring, E.G.(1966): Editor's introduction: Gustav Theodor Fechner 1801-1887. In: Holwes, D.H. and Boring, E.G.(eds.), Adler, H.E.(trans.), *Elements of psychophysics*. Vol. 1 & 2. Holt. Reinehart & Winston, New York.

6 ）Falmagne, J.-C.(1985): *Elements of psychophysical theory*. Oxford University Press, New York.

7 ）Fechner, G.T.(1907): *Elemente der Psychophysik* Bd. I & II. 3 Aufl. Breitkopf & Haertel, Leipzig.

8 ）Green, D.M. and Swets, J.A.(1966): *Signal detection theory and psychophysics*. Wiley, New York.

9 ）Hernstein, R.J. and Boring, E.G.(1965): *A source book in the history of psychology*. Harvard University Press.

10）柿崎祐一(1993): 心理学的知覚論序説, 培風館.

11）Krueger, L.E.(1989): Reconciling Fechner and Stevens; Toward a unified psychophysical law. *Behavioral and Brain Sciences*, **12**: 251-320.

12）Laming, D.(1986): *Sensory analysis*. Academic Press, London.

13）Luce, R.D. and Green, D.M.(1972): A neural timing theory for response times and the psychophysics of intensity. *Psychological Review*, **79**: 14-57.

14）Murray, D.J.(1993): A perspective for viewing the history of psychophysics. *Behavioral and Brain Sciences*, **16**: 115-186.

15）苧阪直行(1994 a): 精神物理学的測定法. 大山　正, 今井省吾, 和気典二 編：新編感覚知覚心理学ハンドブック, pp.19-41, 誠信書房.

16）苧阪直行(1994 b): 注意と意識の心理学. 安西裕一郎 編：講座認知科学 第 9 巻 注意と意識, pp.1-52, 岩波書店.

17）苧阪直行(1999): Wundt-Walk. 心理学評論, **42**: 413-418.

18）苧阪直行 編(2000): 実験心理学の誕生と展開, 京都大学学術出版会.

19）Stevens, S.S., Morgan, C.E. and Folkmann, J.(1941): Theory of neural quantum in the discrimination of loudness and pitch. *American Journal of Psychology*, **54**: 315-355.

20）Stevens, S.S.(1961): To honor of Fechner and repeal his law. *Science*, **133**: 80-86.

21）Stevens, S.S.(1962): The surprising simplification of sensory metrics. *American Psychologist*, **17**: 29-39.

22）Stevens, S.S.(1970): Neural events and the psychophysical law. *Science*, **170**: 1043-1050.

23）Tanner, W.P. Jr. and Swets, J.A.(1954): A decision-making theory of visual detection. *Psychologi-*

cal Review, **61** : 401-409.

24) Taylor, M.M.(1967): PEST ; Efficient estimates on probability functions. *Journal of Acoustical Society of America*, **41** : 782-787.

25) Thurstone, L.L.(1927): A law of comparative judgment. *Psychological Review*, **34** : 273-286.

26) Thurstone, L.L.(1928): The phi-gamma hypothesis. *Journal of Experimental Psychology*, **9** : 293-305.

第 6 章

神経生理学的理論

認識細胞に還元する試みからモジュール構造・経路との対応へ

感覚・知覚現象を神経系の働きに還元する試みは，神経還元主義(neuro-reductionism)と呼ばれる．その根源は，ミュラー(Müller, J.P.)の特殊神経エネルギー説にまでさかのぼることができる．感覚は刺激の種類によって決定されるのではなく，いかなる感覚神経が興奮したかによって決定されるという説であるが，心が受け取るのは外界の刺激ではなくて，刺激により引き起こされた神経興奮であるとしたことで，心理過程の基盤には神経過程があることを明確に表明した．

心理過程と神経過程の結びつきを表す仮定は結合命題(linking proposition)と呼ばれる．テラー(Teller, 1990)によれば，心理過程の基盤に神経過程があるというミュラーのような主張は一般結合命題と呼ばれ，研究者が具体的な研究を始めるにあたってすでに前提にされており，実験によって確かめられたりするような性質のものではないとされる．それに対し，たとえば，「明順応と暗順応における視覚機能の変化は，網膜上の神経細胞群の活動変化によってもたらされる」といった考え方は，特殊結合命題と呼ばれる．特殊結合命題は実験による検証が可能である(Teller, 1990)．

感覚ニューロンが刺激を受け取る受容野の特性が明らかにされてから，感覚・知覚現象をその特性に還元しようとする試みが盛んになされ，種々の特殊結合命題が提出されてきた．当初は，個々のニューロンの特性と感覚・知覚現象の対応が問題にされることが多かった．この考え方は，「おばあさん細胞」仮説にみられるように，単一のニューロンの活動が一つの認識に対応すると考えるところまで進んだ．しかし，そのような認識細胞の存在を示す確証は得られず，また単一ニューロンによる情報表現の非経済性も指摘され，分散表現や集団符号化という考え方も提出されてきた．現在では，神経系をいくつかのモジュールや経路に分け，それらの神経集団と感覚・知覚内容との対応がとられるようになってきている．

6.1 受容野研究

刺激のもつエネルギーは感覚受容器で変換され,感覚神経によってインパルスが中枢に送られる. 1本の感覚神経が情報を伝える感覚受容面上の範囲は受容野(receptive field)と呼ばれる.受容野(あるいは受容域)という考え方は,触覚刺激に応答するカエルの求心

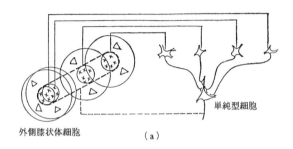

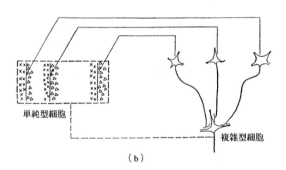

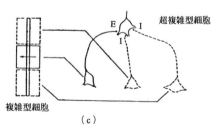

図 2.6.1 (a) 単純型細胞の受容野の構成, (b) 複雑型細胞の受容野の構成, (c) 超複雑型細胞の受容野の構成(Hubel と Wiesel, 1962;1965 を一部改変)
Eは興奮性の結合を, Iは抑制性の結合を表す.

神経に活動を引き起こす皮膚上の限定された範囲をさすものとして最初に用いられたが，視覚系では，カエルの視神経やネコの網膜神経節細胞にインパルスを発生させる網膜上の範囲と定義され，その性質が詳しく検討された(Hartline, 1938；Kuffler, 1953)．受容野は，そのニューロンが情報を処理する受け持ち範囲であり，出力であるインパルスは中枢で処理される情報の単位ということができる．したがって，受容野という考え方は，解剖学的構成には必ずしも依存しない機能的概念の意味合いが強い．

網膜神経節細胞や外側膝状体で見いだされた受容野は大きさが視角 0.1〜3°の同心円的領域をもち，刺激のオンに応答する中心部と，刺激のオフに対して応答を示す周辺部からなるものと，その関係が中心部と周辺部で逆になるものがある．

ヒューベルとウィーゼル(Hubel と Wiesel, 1959；1962；1965)は，大脳皮質視覚領で同心円形状とは異なる構成をもつ受容野を次々と発見した．17野では，ある方位に傾いた細長い刺激(スリット光)に選択的に反応し，オン・オフ領域が分離している単純型細胞(simple cell)が多くみられる．単純型細胞がもつ方位選択性(orientation selectivity)は，図 2.6.1(a)に示すように，直線上に並ぶ同心円形状の受容野をもつニューロンからの出力が集まって構成されたものと考えれば説明できる．複雑型細胞(complex cell)は 18 野に多くみられ，方位さえ合っていれば受容野内のどの場所に加えたスリット光のオン・オフにも応答する．複雑型細胞の受容野の特性は，同じ方位選択性をもつ単純型細胞の応答を結合すれば説明できる(図 2.6.1(b))．さらにヒューベルとウィーゼルは，方位選択性をもち，しかも刺激の長さが片側あるいは両側に限定されたときのみ応答をする超複雑型細胞(hyper compley cell, 現在では，エンドストップ型ニューロンと呼ばれている)を 18 野や19 野において見いだしている．超複雑型細胞の応答も隣接する受容野をもつ複雑型細胞が抑制結合されることによって説明される(図 2.6.1(c))．

このような受容野研究の進展により，大脳皮質における視覚情報処理では，単純なものからより複雑なものが構成され，徐々に高度化が進んでいくという原理が浮き彫りにされた．この意味で，ヒューベルとウィーゼルは，複雑型細胞や超複雑型細胞を「知覚の建築ブロック」であると述べている．

その後ヒューベルらは，方位選択細胞は V1(視覚第 1 野)ででたらめに分布しているのではなく，同じ方位に応答するニューロンは皮質の表面から底に至る方向にコラム状に並び，皮質の表面に平行な方向で調べるとニューロンの偏好方位が徐々に変化し，皮質上の長さ 1 mm の中に全方位(180°)が含まれていることを見いだした(Hubel と Wiesel, 1979)．また，V1 のニューロンは右眼と左眼のどちらかの入力を優位に受けているが，皮質上で約 0.5 mm おきにこの眼優位性が変化することもわかった．そこでヒューベルらは V1 が図 2.6.2 に示すような構造で整然と区画化されていることを想定し，その構造をハイパーコラムと呼んだ．そして，V1 上の 1 mm×1 mm×厚さ 2 mm の 1 個のハイパーコラムが基本的な単位となり，視野内の特定の位置にある刺激の特性が分析されるとし

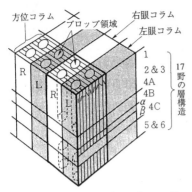

図 2.6.2 Ｖ１(視覚第１野)のハイパーコラム構造
太線で囲んだ部分が一つのハイパーコラムにあたる．

た．さらに，Ｖ１には方位選択性をもたず色の違いに敏感に応答するニューロンがブロッブ(小塊)状に集まっていることも確認され，ハイパーコラムに付け加えられた．最近では，このような考え方に対して，一部修正を必要とする知見も提出されているが，基本的には妥当なものであることが確認されている．コラム構造は脳の他の領野(たとえば運動野)でも見いだされている．

6.2 認識細胞仮説

ヒューベルとウィーゼルの研究成果は，脳の奥へ徐々に研究の手を伸ばしていけば，われわれの知覚内容に対応するような脳内情報処理の産物をみつけることができるという期待を与えた．このような考え方を先取りして，コノスキー (Konorski, 1967)は，感覚系の最も高次のレベルでは，ある一つのまとまった認識を担う単一細胞があると予想し，そのような仮説的な細胞を認識細胞(gnostic cell)と名づけた．そのころはまだ高次の視覚野の研究は進んでいなかったので，コノスキーは心理学や失認症の症例に認識細胞仮説の証拠を求めた．大脳皮質の連合野の病変部位によって，物体失認，相貌失認，空間失認など特定のカテゴリーの知覚だけが選択的におかされるのは，それぞれのカテゴリーを担当する認識細胞があること示しているとされた．

認識細胞仮説の考え方を極端に進めると，たとえば，自分のおばあさんの顔を認識するときにだけ活動する細胞があるはずということになるので，「おばあさん細胞(grandmother cell)仮説」ともいわれる．

6.3 手ニューロンと顔ニューロン

認識細胞仮説の考え方は，ヒューベルらが行ったように感覚情報処理の積み重ねを地道にたどっていくやり方とは違って，認識に直接関係するニューロンを高次領野(とくに下側頭連合野)からみつけ出そうとする試みを促した．下側頭連合野周辺を切除されたサルでは，図形弁別学習に重い障害が現れるので，形態認識に深く関わる部位であることが示唆されていた．

グロスら(Gross ら, 1972)は，サルの下側頭皮質で，ヒトの手の形に特異的に応答する神経細胞を偶然にみつけた(エピソード参照)．この種の細胞の応答は，たとえば，指をなくすなど，手の特徴が失われるに従って弱くなるという(図 2.6.3 (a))．

その後，長い間，特定の形状に特異的に応答する細胞の報告は得られなかったが，ペレットやロールズら（Perretら，1982）は，顔パターンに応答するニューロンをやはりサルの下側頭皮質から見いだした．グロスもデシモンらと一緒に同様な顔ニューロンを見いだしている（Desimoneら，1984）．その中には，横向きの顔にだけ反応するものや，正面の顔にだけ反応するものがあった．しかし，サルの顔にだけではなく，ヒトの顔にも反応するので，おばあさん細胞仮説で想定されたほど応答が特定化されているわけではない（図2.6.3(b)）．その後，ベイリスら（Baylisら，1985）は，複数の顔ニューロンの応答の強度をいろいろな顔パターンを提示して比較し，細胞によりいちばんよく反応する顔パターンは異なっていることを見いだした．このことから，彼らは，多くの顔細胞の反応の横断的プロフィールの違いが特定の顔の認識につながるのだろうと考察している．後述するように，認識細胞仮説とは異なって，応答パターンが少しずつ異なる多くの細胞の活動の横断的プロフィールに基づき対象の認識がなされるとする考え方（集団符号化説）があるが，上述した知見はこのような考え方を支持するものといえる．しかし，さらに一段上からそれらの細胞の活動の横断的プロフィールをみている細胞が存在する可能性まで否定されたわけではない（斎藤，1986）．最近，中村ら（Nakamuraら，1992）は，特定のヒトの顔や特定のサルの顔に特異的に応答するニューロンを大脳辺縁系の扁桃核で報告している．また，違う個体であっても特定の表情をしていれば応答する表情特異性を示す細胞も見いだされている．

　ただし，このような手ニューロンや顔ニューロンの応答特性と，ヒューベルやウィーゼルが低次の視覚野で見いだした線分などに応答するニューロンの特性のギャップは大きく，その間でどのような情報処理が進行しているかについてはまだよくわかっていない．サルの下側頭葉皮質において，ある物体を特定できるほど特殊化されてはいないが，ある組み合わせをもつ中間的な図形特徴に応答するニューロンが実際にみつかっており（Fujitaら，1992），今後の展開が期待される．

6.4　バーローのニューロン原則

　視覚生理学の進展を背景として，バーロー（Barlow，1972）は知覚内容と脳内の神経活動の関係をまとめ，以下のように表明した．これらはバーローのニューロン原則（neuron doctorine）と呼ばれる．

　第1原則：神経系の機能を理解するためには，細胞レベルの相互作用に注目するとよい．それよりもマクロな，あるいはミクロな分析よりも有効である．

　第2原則：感覚系は，刺激をできるだけ少ない数の神経細胞の活動で表現するように組織化されている．

　第3原則：ニューロン活動を解発する刺激は，より完全な表現を効率よく達成できるよ

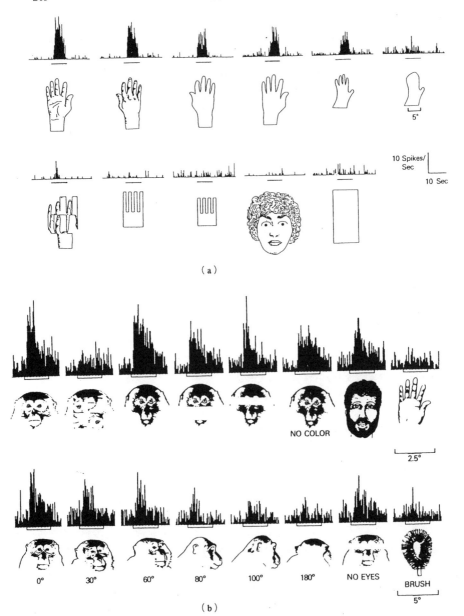

図 2.6.3 手ニューロン(a)と顔ニューロン(b)の応答特性(Desimone ら, 1984)

うに，経験や発達過程によって，刺激中の冗長なパターンに対応するようになる．

第4原則：知覚は，非常に多数の高次ニューロンのうち，ある少数のニューロンの活動に対応する．その活動は，一つのことばが事象を表すのと同等なオーダーの複雑さで外界事象のある一つのパターンに対応している．

第5原則：そのようなニューロン群が高い頻度で発火することは，その解発特徴が高い確かさで存在することを示している．

バーローの主張を強調して考えれば，先にあげた認識細胞仮説に近づくが，ユトール（Uttall，1981）は，今世紀初めにすでにシェリントン（Sherrington, C.S.）が警告していたように，脳内にそのような権威的な法王細胞（pontifical neuron）を仮定するのは危険であるとして批判を加えている．バーローのような神経還元主義では，特定の神経細胞の興奮を解発する局所的刺激特性が存在しても，大域的な刺激布置が違うと知覚内容は異なること，逆に異なった刺激が同一の知覚反応を引き起こすこと（刺激等価性，stimulus equivalence）などを説明できないという．

しかしバーローの主張を注意深くみると，あとで紹介するように（6.5節c項参照），神経信号の符号化の効率性に関するスパースコーディング説にも共通する考え方が含まれており，興味深い．また，最初に述べたテラーのいう一般結合仮説と特殊結合仮説の間を埋める意義もあると考えられる．

バーローのドグマに対する最大の批判となるのは，マー（Marr，1982）が指摘した「説明水準の違いを考慮すべき」という警告であろう．近年の視覚研究に大きな影響を与えたマーは，複雑な情報処理を理解するにはハードウェア，アルゴリズム，そして計算理論の三つのレベルがあることを説いた．マーは，神経細胞自体の活動が知覚の最終的な相関物であることは認めているが，それはハードウェアレベルの問題であり，どのような計算原理が実現されているのかを明確にしなければ，ハードウェアの動作のみを調べても処理系全体の理解にはつながらないと主張した（6.7節参照）．

6.5 神経符号化に関する諸理論のまとめ

これまでみてきたように，神経細胞の活動が認識とどのような関連があるかについては，いろいろな考え方があるが，ここでは大きく次のようにまとめてみよう．

a. 認識細胞仮説・おばあさん細胞仮説

脳の最も高次の領野では，1個の対象物の表現を1個のニューロンが担っているとする考え方である．したがって，N個のニューロンがあればN個の対象物が表現される．大脳皮質のある一つの領野には約100万個のニューロンがあるとされているので，十分な数にも思えるが，この説からすると1個のニューロンが機能しなくなると，ある1個の対象

物の認知が障害を受けることになってしまう．また，ある対象物の学習がなされるまで，何の認識にも用いられないニューロンを数多く温存しておかなければならず，信頼性と経済性の点で問題がある．

b. 分散表現仮説

個々の対象物をニューロン群全体で，ホログラムのように多重に分散表現しているとする考え方である．この考え方だと，一部のニューロンに障害が起こっても情報の復元には大きな影響がなく，頑健である．しかし，N 個のニューロン群では，$N/\log N$ から最大でも $N/2$ 個までしか表現できないとされ，記憶容量が小さい点に問題がある（森，1993参照）．また，複数の対象物に関する情報が同時に入ってくると，表現の混乱や干渉が生じるおそれもある．

c. スパースコーディング説・集団符号化説

N 個のニューロン群のうち，比較的少数（$\log N$ 個）の複数ニューロンの活動で個々の対象物が表現・記憶されているとする考え方がスパースコーディング説である．このような方式にすると，$N^2/\log N$ 個という膨大な数の対象物を表すことができるという（森，1993参照）．

人工ニューラルネットにおける学習においても，認識細胞仮説のような局在表現を生じる競合学習法と，分散表現を生じる主成分学習法が考案されているが，最近，ヒントン（Hinton, 1992）は，符号化のコストと安定性から考えると，脳内表現は完全な局在表現と完全な分散表現の中間にあるのではないかと考え，集団符号化という方式を提出している．これによれば，特定の複数ニューロンが集団として示す活動の代表値によって情報が表現される．したがって，一部のニューロンが信号を送り出せない状態になっても，集団全体の活動の代表値は大きな影響を受けず，安定していることになる．

d. 同期的符号化説・共振的符号化説

複数の対象物が同時にいくつもの受容野に情報をもたらすことは実際よくあることであろう．その際，どの情報がどの対象物から由来したのかマークしておく必要があり，タグづけ問題あるいは結びつけ問題（binding problem）と呼ばれている．マルスバーグとシュナイダー（Malsburg と Schneider, 1986）は，この課題を神経におけるカクテルパーティー処理と名づけた．複数の対象物に関する情報が同時に入ってくると表現の混乱や干渉が生じる問題は，とくにニューロン群に分散した対象物表現を想定している場合には，より深刻となる．

ミルナー（Milner, 1974）やマルスバーグらは，結びつけ問題の解決法として，複数の細胞の発火が同期して起こるかどうかが手がかりになるという考え方を示した．グレイら

(Gray ら，1989)やジンガー(Singer, 1990)により，共振的神経応答(synchronization of oscillatory neuronal responses)という興味深い報告がなされている．麻酔下のネコの17野において，距離は離れているが，連続線上に並ぶ受容野をもつニューロン活動の相互相関を求めたところ，2本のバーが別方向に動くときにはそれが低く，2本のバーが同じ方向に動くときには中低度の値を示した．ところが，1本のバーを提示したときには，約40 Hz程度で強い共振応答が現れ，相互相関は非常に高い値を示したという．このことは，個々のニューロンが抽出する情報の結合に関する情報が，それらのニューロン間の共振で表現される可能性を示している．

　その後，共振的神経応答は周期がさまざまで不安定であること，覚醒状態では共振現象が明瞭ではないことなどの批判があげられている．しかし，細胞集団の活動の空間的分布ばかりでなく，それらの応答の時間軸にわたる神経符号化を考えることは，神経系が担う情報処理を格段に融通性に富むものにすることはまちがいない．

6.6　チャンネル・モジュール・下位系理論

　精密な機械では，その構成部品の数が膨大になるので，比較的少数の独立な機能をもつユニットに分けて設計・管理することが有効である．このような機能別単位はチャンネルやモジュールと呼ばれている．神経系もチャンネル化やモジュール化が進んだ処理系である．感覚・知覚現象と神経生理学的知見との対応をとる場合でも，個々の細胞の特性と関連づけるよりも，このような神経チャンネルやモジュールとの対応がとられることが多い．

a.　チャンネル理論

　感覚神経の応答を調べると，刺激の変化次元においてある限定された範囲に応答することが一般的であり，ある値にインパルス応答のピークを示す同調曲線(tuning function)が得られる．このことは，その次元における差異が独立したチャンネルで処理されている可能性を示している．

　たとえば，視覚系では，色や空間周波数，方位，運動方向の差異において独立した処理チャンネルがあることが知られている(Braddick ら，1978)．一例として空間周波数チャンネルをあげる．ある特定の空間周波数をもつ縞模様を1〜2分みつめ続けると，その縞模様は明瞭に知覚されなくなるが，その効果が及ぶのはある一定の範囲の空間周波数の縞模様に限られ，その状態でコントラスト感度を測定すると，長時間注視を行った空間周波数をピークとして，その付近で約1オクターブの幅(周波数が倍になる範囲)でのみ感度が谷型に落ち込む曲線が得られる．このことは，異なった空間周波数選択性をもつ複数のチャンネルが存在することを示している．

244　　　　　　　　　　　Ⅱ　感覚・知覚心理学

　上述したような現象は選択的順応(selective adaptation)と呼ばれている．このほか
にも，刺激の変化次元のある限定された範囲で生じる現象として，選択的残効(selective
aftereffect)や選択的マスキング(selective masking)があげられている．これら三つの現
象を利用して，心理学的にチャンネルの存在を示す手法は，「心理学者の微小電極」
(Frisby, 1979)と呼ばれている．
　ユトール(Uttall, 1981)は，解剖学的に実在の明らかなチャンネルと，機能的に実在を
示唆されたチャンネルを区別しているが，「心理学者の微小電極」といわれる手法は，も
っぱら後者の意味でチャンネルの特性を明らかにするものである．両者の間には，大まか
な対応は得られるものの，細かな点では不一致となり，問題を残す場合も多い．

b.　モジュール・経路理論

　脳にはさまざまな領野があることが知られている．視覚系だけでも，現在のところ30
以上の領野の存在が報告されている．脳障害の症例から，特定の領野が損傷を受けると，
特定の機能が障害を受けることが知られている．たとえば視覚野のうち，MT野および
MST野付近が損傷を受けると，運動だけが知覚できない障害(運動盲，motion blind)が
現れる．後側頭葉に両半球ともに損傷を受けた女性のケースであるが，彼女は，視力は正
常で，色や形も問題なくみえているのに，カップにコーヒーを注ぐことがなかなかできな
い．ポットから流れ出る液体は，氷のような固体に感じられると報告し，しばしばつぎす
ぎてしまう．道路を横断するときは，車が突然，目の前にみえ，非常に怖いという．自分
の身体を動かすときにもとまどいが生じるという(Zihlら，1983)．
　このような症例は，脳が機能別に高度にモジュール化されていることを物語る．複数の
モジュールが多重に独立した処理を行っていることは，情報処理に信頼性や安定性をもた
らすといえるが，その代わり，処理結果の統合には負担がかかることは十分に予想され
る．ある目標刺激をみつけ出す視覚的探索課題では，目標刺激が複数の特徴の結合関係で
定義されていると，困難であることが知られている．トリーズマン(Treisman, 1986)は，
初期視覚段階では個々の特徴は並列的に処理されるが，特徴間の結合関係については注意
過程による逐次処理が必要であるとした(特徴統合理論)．特徴統合の問題は，先に紹介し
た結びつけ問題と同じものである．
　一方，複数のモジュールが集まってさらに大きな処理の経路(stream)がつくられてい
ることを示す神経生理学的知見が数多く得られてきている．これは，小さな機能単子が集
まって，しだいに高次の心的機能が実現されるとする認知科学における心の多重構造理論
(Foder, 1983；Minsky, 1990)と親和する見解ともいえる．視覚研究において明らかに
された経路を紹介してみよう．

1)　大細胞系と小細胞系

　リビングストーンとヒューベル(Livingstone と Hubel, 1987)は，霊長類を被験体とし

た解剖学的，神経生理学的知見を総合して，外側膝状体を経由する視覚神経系を大きく以下の二つの経路に分けた(図 2.6.4 参照).

一つは大細胞系(magno system)と呼ばれるが，網膜神経節細胞のうちタイプ A に属する細胞(現在では，パラソル細胞と呼ばれる)から出発して，外側膝状体の大細胞層で中継され，大脳皮質 V 1 野の 4 Cα 層や 4 B 層を経て V 2 の太縞(thick stripes)へ，さらに MT 野へという連結性をもつ経路である．この系のニューロンの応答は，一般に，高い時間分解能や高いコントラスト感度，そして比較的低い空間分解能を示す．明るさの違いがあればどのような色にも応答する特性をもっている．運動や両眼視差に選択性を示すので，運動や奥行の知覚に密接な関連があると考えられる．

もう一方は小細胞系(parvo system)と呼ばれる経路で，タイプ B の網膜神経節細胞(ミジェット細胞)から外側膝状体の小細胞層という経路をたどり，V 1 野でさらに二つの下位系に分かれる．その一つは，4 Cβ 層→ブロブ→ V 2 野の細縞(thin stripes)，さらに V 4 野に連結性をもち，ブロブ系と呼ばれる．他方は，4 Cβ 層→ブロブ間領域→ V 2 野の縞間領域→ V 3 野および V 4 野という経路で，インターブロブ系と名づけられている．一般に小細胞系の受容野は小さく，解像度が高い．コントラストの増加に対して応答強度は緩やかに増加し，なかなか飽和しない．ブロブ系のニューロンは波長選択性を示し，明らかに色知覚に関与している．一方，方位選択性はみられず，空間分解能も低い．インターブロブ系のニューロンは色度差をもてばどんな色のエッジにも応答し，刺激の末端に弁別的応答を示すエンドストップ特性をもつものが多いことがわかっている．

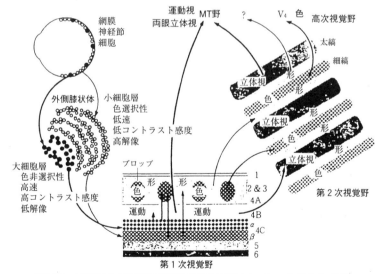

図 2.6.4　大細胞系と小細胞系の区分を示す概念図(Livingstone と Hubel, 1988)
それぞれの経路は太線と細線で示されている．

エンドストップ特性は曲率の抽出にも有効と考えられるので,インターブロブ系は形状の詳細な分析を担う役割をもっていると考えられる.

大細胞系と小細胞系の機能を心理物理実験的に分離する手法として,リビングストーンとヒューベルは明るさが同じで色度のみが違う等輝度刺激(equiluminance stimuli)を使う手法をあげている.これは,大細胞系のニューロンが一般に色には弁別的な応答を示さず,等輝度刺激には反応しないとした当時の知見に基づいている.そして,等輝度条件では運動速度や仮現運動の知覚が弱くなること,両眼立体視が不正確になること,古典的錯視のうち,角度や大きさの錯視に関わるほとんどのものは錯視量は減少することなどを報告している.これらは運動や奥行の知覚に密接な関連がある大細胞系の働きが低下したためと考えられている.

最近の知見では,大細胞系のニューロンでも等輝度条件でも反応が消失しないケースや,V1野の2層と3層で大細胞系と小細胞系のニューロンの収斂が起こっている事実など,リビングストーンとヒューベルの考え方の問題点が指摘されている.系統発生的にみれば,もともと大細胞系だけでつくられていたシステムに小細胞系が付加してきた経緯があり,発達した視覚系をもつほど両者は強いインタラクションをもって視覚機能を支えていることが考えられる.

2） 背側ストリームと腹側ストリーム

サルの脳の局所破壊実験や人間の臨床例から,視覚情報処理には大きく二つの経路があることが認められてきている(図2.6.5).一つは後頭葉にある視覚野から頭頂連合野に向かう経路で,背側ストリーム(dorsal stream)と呼ばれ,対象の空間位置関係や運動知覚に関わることが指摘されている(空間視系ともいう).もう一つは,視覚野から側頭連合野に向かう経路で,腹側ストリーム(ventral stream)と呼ばれ,対象の形や色の認知に関与するとみなされている(物体視系ともいう).グッデイルとミルナー(GoodaleとMilner, 1992)によると,頭頂葉後部(背側ストリーム)に損傷を受けた患者は,目の前の物体が何であれ,どんな形,大きさ,向きをしているかを述べることができるのにもかかわらず,自分の手や指をその物体を握るのに適したような形や向きにできないという.逆に側頭葉後部(腹側ストリーム)に損傷のある患者は,その物体が何であるかわからないのに,正確に握ったり,型にはめ込んだりできることが報告されている.

これらの知見から,グッデイルとミルナーは背側ストリームは行動を誘導するための経路であり,観察者中心座標系による物体表現がなされ,

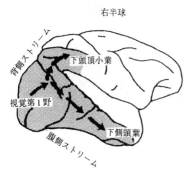

図 2.6.5 二つの視覚経路——背側ストリームと腹側ストリーム(GoodaleとMilner, 1992を一部改変)

一方，腹側ストリームは認識のための経路であり，物体中心座標系による記述がなされている可能性を指摘した．従来，"どこに"と"何が"に関する視覚処理系(where visionと what vision)に分ける考え方があったが，背側ストリームでは，単に位置情報だけではなく物体の操作に必要な視覚情報が抽出されているので，"いかに"と"何が"に関する視覚処理系(how vision と what vision)という表現の方が適切であると彼らは主張している．

背側ストリームと腹側ストリームによる区分と，前にあげた大細胞系と小細胞系という分け方による経路は，低次視覚野で部分的に対応するものの，背側ストリーム，腹側ストリームとも，比重は異なるが，大細胞系と小細胞系の両方から入力を受けていることがわかっている(藤田，1994 参照)．

6.7　制約条件としてのハードウェアの理解

心理学者には神経還元主義を安易にとりすぎる傾向があるとよく指摘されてきた．確かにマー(Marr, 1982)が指摘したように，複雑な情報処理系を理解するにはハードウェア，アルゴリズム，計算理論の三つのレベルがあり，それらの独自性は尊重されなければならない．したがって，たとえば，鳥が空を飛ぶことができる事実を１本の羽毛の特性から説明するような極端なハードウェア還元主義は排除されなければならない．

一方，コンピュータのソフトウェアを習得しようとする場合を考えてみると，ハードウェアの知識があった方が有利である場合があるのは確かである．ハードウェアがソフトウェアの動作に基本的な制約を与えているからである．このように，ハードウェアのレベルに関する知識が，その他のレベルでの理解のヒントになるケースは多いであろう．

おそらく現代の多くの感覚・知覚心理学研究では，神経還元主義は脳内基盤に関する知識をハードウェア的制約条件として作業仮説的に利用しようとする姿勢の中でなされていると思われる．もし，ある現象の担い手として特定の神経機構が想定できるのならば，その神経機構の制約からして，ある特別な性質が現象に現れるはずだという予想を立て，新たな切り口から現象解析を行い，さらにその計算理論的意義を考察していく試みである．

エピソード||||||||||||||||||||||||||||||||||||||||||||||||||||||||||||||||||||||||||||||||||||||||||||

グロスの幸運，手ニューロン発見のきっかけ

アメリカの生理学者のグロス(Gross, C.F.)らの研究グループが，手の形に応答する視覚ニューロンを偶然にみつけたエピソードは次のとおりである．

彼らは図形認識に関係の深いといわれていたサルの下側頭皮質に電極を差し込み，ニューロンの活動を記録しようとチャレンジしていた．ヒューベルらがネコの第１次視覚野の働きを調べるときによく用いていた長方形の光刺激を用いてニューロンの応答テストをし

ていたのだが，下側頭皮質のニューロンでははっきりした応答はみられなかった．光刺激の長さや傾き，運動方向などを変えてさんざんテストしたのち，あきらめて実験を中止しようとしたとき，実験者の一人がニューロンに別れを告げる意味でスクリーンの前で手を振ったとたん，そのニューロンが激しく応答したという．そのあと12時間，グロスらは夢中になって紙を切り抜き，いろいろな形をスクリーンに映し出し，テストした結果，サルや人間の手の形に最もよく反応することを確かめたという．彼らは，この報告を"*Journal of Neurophysiology*"誌に発表したが，学会誌では珍しくこのようなエピソードもそのまま掲載されている(Gross ら，1972)．しかし，ある形状に特異的に応答するニューロンに関する報告は当時はこの1例のみで，しばらく沈黙が続いた．

　その後，顔パターンに応答するニューロンをみつけ出したペレットやロールズの研究(Perret ら，1982)でも，発見には偶然が関与したらしい．サルにいろいろな形をみせて，下側頭皮質の細胞の反応を調べているときに，のぞき穴の前に実験者が顔を出したら，細胞が急に活動し始めたのがきっかけだったというのである．

　このような特異的ニューロンの発見は，脳内に対象物がどのように表現されているのかに関する理論に大きな影響を与えた．詳しくは本文6.5節を参照してほしい．

現象例

一過型・持続型チャンネル理論による視覚マスキング現象の説明

　視覚神経系には，ある特定の空間周波数に選択的に応答する特性を示すチャンネルがあることがわかっているが(本文6.7節参照)，時間特性との交互作用を考えた場合，さらに次のような二つの対照的なチャンネルの存在が見いだされている．

　ネコの網膜では，刺激の立ち上がりと立ち下がりにのみ応答をする一過型細胞(transient cell，Y細胞ともいう)と，刺激の提示されている期間中，応答を続ける持続型細胞(sustained cell，X細胞ともいう)の二つのタイプの神経節細胞があることが見いだされている(Enroth-Cugell と Robson，1966)．これら一過型細胞と持続型細胞の特性は，外側膝状体を経て大脳皮質視覚野に至るまでそのまま引き継がれている．一過型チャンネルの細胞は広い受容野をもち，応答が速く，周辺視に対する刺激にもよく応答する．一方，持続型チャンネルの細胞の受容野は小さく，空間解像度は高いが，応答は遅く，中心視領域の刺激に対して応答する．

　そこで，トルハースト(Tolhurst，1975)は，空間周波数が1 cpd 以下の粗い縞模様をかろうじてみえるくらいの低いコントラストで提示し，みえたらキーを押してもらう実験を行った．反応は迅速であるが，被験者が縞を検出できるのは刺激のオン・オフのときしかなく，その結果，提示時間を長くしても，検出頻度は変わらなかった．ところが，空間周波数を3 cpd 以上の細かな縞にすると，反応時間は遅くなるが，刺激の提示中にも検出可

能になり,検出頻度は提示時間が長くなるにつれて増えたという.ここで得られた心理物理的測定データは,一過型チャンネルと持続型チャンネルの特性に関する神経生理学的知見とよく対応する.

さらに,ブライトメイヤーとガンツ(BreitmeyerとGanz, 1976)は,視覚的マスキングや眼球運動に伴う視覚像の抑制現象(サカディック抑制)を一過型チャンネルと持続型チャンネルの相互作用により次のように説明している.

マスク刺激がターゲット刺激のあとに提示され,しかもマスクの輪郭がターゲットと重ならないのにターゲット刺激がみえなくなる現象はメタコントラストと呼ばれる(図2.6.6(a)参照).この場合,両刺激の立ち上がりを隔てる時間間隔(stimulus onset asymchrony:SOA)の関数としてマスキングの強度を描いてみると,100 msec付近で最も強い抑制効果が得られる逆U字型関数が得られる(図2.6.6(b)).

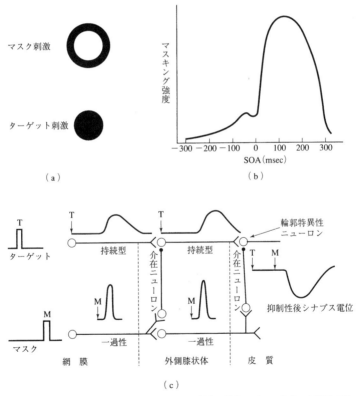

図2.6.6 (a)メタコントラストで用いられる刺激,(b)メタコントラスト現象で得られるマスキング関数,(c)持続型チャンネルと一過型チャンネルの相互作用により,メタコントラストを説明するモデル(BreitmeyerとGanz, 1976を一部改変)

刺激に対する一過型細胞の活動は，持続型のものよりも，50～100 msec ほど先行することが知られている．したがって，図 2.6.6(c)に示すように，ターゲット刺激に対する比較的ゆっくり生起した持続型細胞の応答を，マスク刺激に対してすばやく生起した一過型細胞の活動が外側膝状体や大脳皮質上において抑制してしまう可能性がある．一過型細胞が持続型細胞の活動を抑制する事実は神経生理学的にも確認されているが，このようなチャンネル間抑制は，一過型と持続型細胞の直接結合よりも，介在ニューロンによりもたらされると考えた方が時間的に広い範囲にわたる抑制効果を示すデータとのあてはまりがよい．また，ターゲットの有無のみを答える課題で，逆 U 字型のマスキング関数が得られないのは，ターゲットに対する一過的応答がすばやく伝達され，マスク刺激の影響を受けないためと考えられる．

　眼球が動いた前後 50 msec 程度にわたって視覚系の感度に低下が起こることが知られており，サカディック抑制と呼ばれている．サカディック抑制の要因には，遠心性のものと求心性のものがあげられているが，ブライトメイヤーとガンツは，後者に属するものとして，眼球運動によってもたらされる一過的刺激が，一過型チャンネルを活性化させることにより生じるメタコントラストと同様の機構を考えている．

　現在では，一過型チャンネルと持続型チャンネルの生理学的基盤は，霊長類の視覚系の経路として解明の進んだ大細胞系と小細胞系(本文 6.6 節参照)に求められてきている (Breitmeyer と Williams, 1990)．持続型・一過型チャンネルモデルの実際のシミュレーション結果やその生理学的，心理学的意義の解説は，飼原(1981)や佐藤(1987)に詳しい．

〔行場次朗〕

文　献

1) Barlow, H.B.(1972): Single units and sensation ; A neuron doctorine for perceptual psychology ? *Perception*, **1** : 371-394.
2) Baylis, G.C., Rolls, E.T. and Leonard, C.M.(1985): Selectivity between faces in the responses of a population of neurons in the cortex in the superior temporal sulcus of the monkey. *Brain Research*, **342** : 91-102.
3) Braddick, O., Campbell, F.W. and Atkinson, J.(1978): Channels in Vision ; Basic aspetcs. In : Held, R, Leibowits, H. and Teuber, H.L.(eds.), *Handbook of sensory physiology*, VIII. *Perception*. Springer-Verlag.
4) Breitmeyer, B.G. and Ganz, L.(1976): Implications of sustained and transient channels for theories of visual pattern masking, saccadic suppression and information processing. *Psychological Review*, **83** : 1-36.
5) Breitmeyer, B.G. and Williams, M.C.(1990): Effects of isoluminant-background color on metacontrast and stroboscopic motion ; Interrations between sustained (P) and transient (M) channels. *Vision Research*, **30** : 1069-1075.
6) Desimone, R., Albright, T.D., Gross, C.G. and Bruce, C.(1984): Stimulus-selective properties of inferior temporal neurons in the macaque. *The Journal of Neuroscience*, **4** : 2051-2062.

第6章　神経生理学的理論　　　251

7) Enroth-Cugell, C. and Robson, J.G.(1966): The contrast sensitivity of retinal ganglion cells of the cat. *Journal of Physiology*, **187** : 517-552.

8) Foder, J.A.(1983): *Modularity of mind*. MIT Press, Cambridge, MA.

9) Frisby, J.P.(1979): *Seeing*. Roxyby Press. 村山久美子 訳(1982): シーイング, 誠信書房.

10) Fujita, I., Tanaka, K., Ito, M. and Cheng, K.(1992): Columns for visual features of objects in monkey inferotemporal cortex. *Nature*, **360** : 343-346.

11) 藤田一郎(1993): 大脳視覚野の生理学. 視覚と聴覚, pp.41-88, 岩波書店.

12) Goodale, M.A. and Milner, A.D.(1992): Separate visual pathways for perception and action. *Trends in Neuroscience*, **15** : 20-25.

13) Gray, C.M., Koenig, P., Engel, A.K. and Singer, W.(1989): Oscillatory responses in cat visual cortex exhibit inter-columnar synchronization which reflects global stimulus properties. *Nature*, **338** : 334-337.

14) Gross, C.G., Rocha-Miranda, C.E. and Bender, D.B.(1972): Visual properties of neurons in inferotemporal cortex of the macaque. *Journal of Neurophysiology*, **35** : 96-111.

15) Hartline, H.K.(1938): The response of single optic nerve fibers of the vertebrate eye to illumination of the retina. *American Journal of Physiology*, **121** : 400-415.

16) Hinton, G.F.(1992): How neural networks learn from experiences. 山下博志, 乾　敏郎 訳：内部表現を獲得する人工ニューラルネット. 日経サイエンス：146-156.

17) Hubel, D.H. and Wiesel, T.N.(1959): Receptive fields of single neurons in the cat's striate cortex. *Journal of Physiology*, **148** : 574-591.

18) Hubel, D.H. and Wiesel, T.N.(1962): Receptive fields, binocular interaction and functional architecture in the cat's visual cortex. *Journal of Physiology*, **160** : 106-154.

19) Hubel, D.H. and Wiesel, T.N.(1965): Receptive fields and functional architecture in two nonstriate visual areas (18 and 19) of the cat. *Journal of Neurophysiology*, **28** : 229-289.

20) Hubel, D.H. and Wiesel, T.N.(1979): *Brain mechanism of vision*. 河内十郎 訳：視覚の脳内機構. サイエンス, **9** : 98-113.

21) 飼原壽夫(1981): 視覚マスキングのモデル. 心理学評論, **24** : 155-173.

22) Konorski, J.(1967): *Integrative activity of the brain*. University of Chicago Press.

23) Kuffler, S.W.(1953): Discharge patterns and functional organization of mammalian retina. *Journal of Neurophysiology*, **16** : 37-68.

24) Livingstone, M.S. and Hubel, D.H.(1987): Psychological evidence for separate channels for the perception of form, color, movement and depth. *The Journal of Neuroscience*, **7** : 3416-3468.

25) Livingstone, M.S. and Hubel, D.H.(1988): Segregation of form, color, movement, and depth ; Anatomy, physiology, and perception. *Science*, **240** : 740-749.

26) Marr, D.(1982): *Vision*. W.H. Freeman & Company, New York. 乾　敏郎, 安藤広志 訳(1987): ビジョン, 産業図書.

27) Milner, P.M.(1974): A model for visual shape recognition. *Psychological Review*, **81** : 512-535.

28) Minsky, M.(1990): *Society of mind*. 安西祐一郎 訳：心の社会, 産業図書.

29) 森　晃徳(1993): 脳の情報表現・処理・記憶のモデル. 永野　俊, 梶　真寿, 森　晃徳 編：視覚系の情報処理, 啓学出版.

30) Nakamura, K., Mikami, A. and Kubota, K.(1992): Activity of single neurons in the monkey amygdala during performance of a visual discrimination task. *Journal of Neurophysiology*, **67** : 1447-1463.

31) Perret, D.I., Rolls, E.T. and Caan, W.(1982): Visual neurons responsive to faces in the monkey temporal cortex. *Experimental Brain Research*, **47** : 329-342.

32) 斎藤秀昭(1986): 神経情報処理と認識. テレビジョン学会誌, **40** : 256-265.

33) 佐藤隆夫(1987): 時・空間視のパラレルモデルと X, Y 細胞. 心理学評論, **29** : 312-322.

34) Singer, W.(1990): Search for coherence ; A basic principle of cortical self-organization. *Concepts*

in Neuroscience, **1** : 1-26.

35) Teller, D.Y.(1990): The domain of visual science. In : Spillmann, L. and Werner, J.S.(eds.), *Visual perception : The neurophysiological foundations*. Academic Press, San Diego, CA.

36) Tolhurst, D.J.(1975): Reaction times in the detection of gratings by human observers ; A probabilistic mechanism. *Vision Research*, **15** : 1143-1149.

37) Treisman, A.(1986): *Features and objects in visual processing*. 高野陽太郎 訳 : 特徴と対象の視覚情報処理. 日経サイエンス, 1987 年 1 月号 : 86-98.

38) Uttall, W.R.(1981): *A taxonomy of visual processes*. Lawrence Erlbaum Associates, Hillsdale, NJ.

39) von der Malsburg, C. and Schneider, W.(1986): The neural cocktail-party processor. *Biological Cybernetics*, 54 : 29-40.

40) Zihl, J., von Cramon, D. and Mai, N.(1983): Selective disturbance of movement vision after bilateral brain damage. *Brain*, **106** : 313-340.

III

認 知 心 理 学

第1章

ボックス理論

1.1 ボックスの中のボトルネック：ブロードベントの理論

われわれは同時に複数の作業をすることは困難である．また何かに集中すると，それ以外の出来事には対応できにくくなる．こうした問題は，注意という心的機能として，かつて心理学の基幹的テーマであった．ヴント（Wundt, 1899）は意識の凝視点といい，ウィリアム・ジェームス（James, 1890）は意識の選択的集中といった．対象を認識し記憶する心的作業，あるいは思考という心的過程に，注意は重要な役割を果たすことが指摘されていた．しかし当時は内観法による分析が中心であったために，意識の問題をブラックボックスとして排除する行動主義の隆盛の中で，注意研究は片隅に追いやられてしまった．しかし，二つの新しい流れが再び注意を甦らせることになる．情報理論と，コンピュータ科学である．

シャノン（Shannon, 1948）は通信システムの基本モデルを考案して，メッセージが雑音の中で，通信チャンネルを通じてどのように伝達されるかを示した．通信システムには，容量に限界のあるチャンネルが存在するというこの考え方は，人間を一つの通信システムとみなす場合に強力な説明力を提供した．さらに通信システムを流れ図として表現することにより，情報の内部処理のプロセスを記述する方法を提供したのである．本来の情報理論では，情報という概念規定と伝達情報量の問題が中心テーマであったが，それが心理学に取り込まれたときには，情報の量的側面の研究から，しだいに情報をメッセージの意味や知識とほとんど同義にとらえる質的な考え方を指向するようになるが，実際には刺激という用語とせいぜい同義に扱われたにすぎない．しかし，情報交換の流れを図式化して認知のプログラムを多段階構成のモジュールとして表現するという方法は，その後の認知研究に大きな方向性を与えることになった．

人間を情報の伝達システムと考え，流れ図の形式で心的構造を表現する方法を最初に提案した一人がブロードベント（Broadbent, 1958）である．彼は認知過程のどこかに処理能

力がきわめて制限された部分，すなわちボトルネックがあると考え，その前におかれたフィルターが多量の情報から一部を選択する役割を果たす機能を注意とみなした．このフィルター・モデルでは，複数の刺激が同時に提示されると，フィルターが"全てか無か"で一方のみを選択して次の処理段階Ｐシステムへ転送するが，他方は未分析のまま感覚記憶としてＳシステムに短時間だけ保持される．保持期間中に，選択された刺激の意味分析が終了した場合に限ってＳシステムから読み出されて改めて処理を受けるが，そうでなければただちに消失する．したがって，注意は知覚をコントロールすることになる．Ｐシステムは一度に一つの情報しか処理できないというボトルネック状の限界容量をもつので，注意はフィルターをセットすることで入力チャンネルの切り換えを行う．こうして特定の認知機能がボックスの中に実現された．

ところで，カクテルパーティー現象と呼ばれる選択的注意の現象が知られている．大勢がガヤガヤ話している場面で，特定の相手の話をじっくり聞き取ろうと思うと，相手に注意を集中しなければならない．注意を向ければ聞き取れるが，今度は他の話声は耳に入らなくなる．これは注意が選択的側面をもつことを示す．これを実験的に調べるために，両耳分離聴という方法が開発された．左右の耳を別のチャンネルとみなして，別々のメッセージを聞かせ，一方を選択聴取させるという方法である．とくに注意しているメッセージを追唱させるシャドウイングという方法をとると，注意の集中はより深まるとされる．そこで選択されなかったチャンネルの情報がどのように処理されているのかを調べることができる．チェリー(1966)は追唱法を用いて，拒絶チャンネルの情報はほとんど再生不可能であり，英語からフランス語に変わってもわからなかったが，何かメッセージが届いていることには気づいており，メッセージを伝える声の性別には気づいた，などの結果を示した．これらの結果はフィルターが拒絶チャンネルの情報を完全に遮断してしまうわけではないことを意味する．

ブロードベントのモデルでは，注意は全無律で情報を取捨選択すると仮定している．しかしチェリーの実験結果以外にも，注意していなかったにもかかわらず特定の情報は処理されていると考えざるをえない現象を，日常場面で経験することがある．カクテルパーティーで会話に熱中しているのに，ふとどこかで呼ばれた自分の名前を聞き取っているといった場合である．そこでトレイスマン(Treisman, 1964)は，フィルターは情報を拒絶するのではなく弱める機能をもつという修正モデルを提示した．フィルターに到達した情報はそこで物理的属性を分析され，選択された情報以外はすべて弱められるだけで，それぞれ中枢的なパターン認識処理を受ける．つまり，選択されなかった情報も，部分的あるいは階層的に初期段階の意味処理は受けているとするのである．ドイッチュら(Deutschら，1963)も，すべての情報は並列的に処理されたうえで，過去経験の関数として重みづけられた重要度に応じて，その時点で最も重要度の高い情報だけが後続の処理段階へ送られると考えた．つまり情報は注意が向けられていようがいまいが，共通の中枢的分析段階には

達することになる．これらのモデルは拒絶チャンネルにおける複雑な処理を説明するのに適しているが，逆に本来フィルターに備わっていたはずの，中枢処理の負担を減ずるという役割をそこなうという問題が生じてくる．これらの理論ではボトルネックの存在は認めているが，その位置に関してブロードベントと違いがある．図式的に考えると，意味処理の前にフィルターをおく"前方選択"と，あとにおく"後方選択"の違いである．並列処理から直列処理に移行する段階の違いともいえる．

　注意にはもう一つのタイプの理論がある．これは容量モデルと呼ばれる．ボトルネック型のモデルが，処理段階における構造的限界を問題にしたのに対して，処理の容量あるいは注意の容量という概念を考え，限界容量をいかに課題間あるいは各処理段階間に配分するかを注意の機能と考えるのである．カーネマン（Kahneman, 1973）によれば，注意の容量は覚醒水準によって異なるが一定の限界があり，その限界をこえない範囲でならば自由に配分ができる．したがって，複数の課題の同時遂行も可能になるのである．カーネマンによる注意の特性は以下のようにまとめられる．

（1）　注意には限界があるが，それは固定的なものではない．
（2）　注意の量はその時点での心的活動の需要に対応するが，需要の増加を常に補えるほど十分ではない．
（3）　配分が可能であるが，課題が高次になるほど単一的配分になる．
（4）　注意は選択的で，ある程度制御可能なものである．

　こうした仮定に従えば，注意は複数の課題間で配分可能であるだけでなく，一つの課題遂行時においても，各処理段階への配分がいかに反応特性と関連するかという問題が出てくる．ここでは，注意は処理容量の需要に対する供給の関係に置き換えられる．

　処理段階に対しては2種類の入力がある．段階に特有の入力と非特有の入力である．前者が刺激情報であり，後者が処理容量としての注意である．そこで適切な処理に必要な容量はどのくらいかという問題が生じてくる．慣れない課題には多量の注意が必要であるのに対して，学習を積んで自動化された課題には注意は不要になることが考えられる．また容量を必要以上に消費する課題は，限界容量を奪い合うために他の課題の遂行を妨害することになるだろう．これらは二重課題を課すことで実験的に検討される．ポズナーとボイーズ（PosnerとBoies, 1971）では，2文字を継時的に提示する照合課題の間のさまざまな時点に音刺激を提示して，その音刺激に対する反応時間を測定し，照合反応に近い時点ほど反応時間が遅れることを見いだした．つまり一つの心的操作に注意が必要になるほど，それは他の心的操作に供給される注意を減らす傾向があると解釈されるのである．実際，こうした配分方略はランダムに規定されるのではなく，カーネマン（Kahneman, 1973）は注意の配分を決定する機構を想定している．古典的なボックス型処理モデルにおいて，こうした機構は処理段階のような構造的プロセスに対して，機能的プロセスとして区別され，モデル自体を柔軟なものにしている．

このような容量モデルの一つの到達点としてノーマンとボブロウ（Norman と Bobrow, 1975）のモデルがある．彼らは処理資源（処理容量よりも一般化された用語として用いられる）と行動との関係を概念化した．彼らはデータ依存型の処理と資源依存型の処理とを区別した．前者はデータ入力とともに自動的に進行するもの，後者は資源の供給によって処理の効率が向上するようなものである．資源・行動関数によって両者の対応関係が表現され，課題遂行は供給された資源の量に対する増加関数となるが，単調な関数ではなく，どれだけの資源が供給可能か，どのようなプロセスであるかなどの条件により束縛される．このモデルから直接的に実験変数と心的操作のパラメータとを対応させることはできないが，性質の異なる二つのプロセスが資源配分によってどのような課題遂行を実現するか，また心的操作の内容と資源配分の相互作用によって二つの間の推移的性質をもつプロセスがどのように課題遂行の変動パターンを示すかという，一種のシミュレーションを実行することが可能である．モデル構成としてはボックス・モデルの形式をとらないが，従来の用語でいう処理構造と処理容量の相互作用を表現する理論といえよう．

　この理論の重要性は，ボックス型の段階系列を通しての情報変換のあり方をコントロールする資源の性質を明らかにしたことにある．ノーマンとボブロウ（Norman と Bobrow, 1975）によれば，ほとんどの処理過程にはデータ依存と資源依存の段階があるという．さらに複数の課題が同時に遂行される場合だけでなく，同一過程における段階間で資源が奪い合われるとき，資源・行動関数は遂行状態の主要決定要因となる．処理資源の限界を仮定すると，同時的課題に必要な資源の総量が限界をこえない限り，処理どうしが互いに干渉し合うことはない．しかし資源配分のある範囲内では課題間に干渉効果が生じる．その干渉の方向性や大きさは，データ依存か資源依存か，あるいは両者の過渡状態なのかという処理の様式と，資源・行動関数によって規定される．

　彼らはこれを両耳分離聴における追唱法事態に適用している．追唱する耳を1次チャンネル，もう一方を2次チャンネルとして，特定の単語がどちらのチャンネルに提示されたかを検出する課題である．資源は二つのチャンネルに配分されるが，追唱の精度によってそこに供給された資源量を推測でき，2次チャンネルへの供給量の最大値が決まる．関数の形状から単語認知という処理の水準が予測できるだけでなく，検出すべき刺激が信号音のような資源を必要としないデータ依存処理である場合の検出成績を予測できる．そして，注意されない刺激は，拒絶されるのではなく弱められるのだという"減衰仮説"の説明を採用している．

1.2　多段階・多重処理モデル：アトキンソンとシフリンの理論

　伝統的に認知過程の研究では，一般に何らかの課題遂行時の被験者の行動が観察され，その反応が分析される．被験者は実験変数に対応するだけでなく，教示に応じて，あるい

は自分自身の期待に応じて，特定の文脈の中で刺激を処理する．つまり結果としての反応は，刺激自体だけでなく文脈によっても規定される．しかし通常は実験操作によって文脈を固定したり，組織的に変化させることで，反応を測定するという方法をとる．

反応として測定可能な指標は意外に限られており，精度（正答率），速度，確信度などのほかに，反応プロトコル，生理学的指標程度しかない．これらを用いて，刺激がどのように処理され反応に至ったかをモデル化し，モデルの妥当性を検討する．前節で示した注意のモデルはこうした試みの初期の例であるが，かなり限定された認知機能のモデルである．しかしこの方向にモデル構成を延長していくと，より一般化した認知過程，あるいはより洗練された処理形態のモデルを扱うことができる．代表的な例がスタンバーグ（Sternberg, 1966）の記憶走査モデルであり，またアトキンソンとシフリン（Atkinson と Shiffrin, 1968）の記憶の構造モデルである．

1960年代以降，認知過程は多くの場合にコンピュータのアナロジーで考えられた．コンピュータのもついくつかの機能を人間に置き換え，コンピュータ用語を使って情報の変換過程を流れ図の形式でモデル化した．情報処理の立場で考えると，入力としての刺激は心的プログラムの実行により特定の出力へと変換されることになり，認知過程を一種のプログラムとみなすわけである．

ここで検討すべき問題の第1は，まずプログラムがいかなる機能を実現するかという入出力間の関係の記述である．行動主義によって排除されたブラックボックス内の積極的表現である．第2に，このような機能を実現するアルゴリズムの規定である．出力に向けての情報変換をロジカルかつ合理的に表現する必要がある．そして最後に，情報がどのような形式で表現されているかという表象の問題である．こうした問題を解決するために，流れ図の形式が積極的に採用された．ボックスで表された処理段階の中でいかなる操作が実現され，段階を通してどんな情報が流通するかを通して認知機能を説明し，あるいは実験的検討の枠組みを提供することが目的とされた．

記憶システムに関する最も有名なモデルの一つがアトキンソンとシフリン（Atkinson と Shiffrin, 1968）によって提案された．このモデルでは，記憶は多段階の処理で考えられていて，入力刺激はまず未分析のまま感覚記憶に短時間保存される．感覚記憶には厳しい時間的制約があるが，容量は膨大とみなされる．この中の一部の情報が選択抽出されて短期記憶に転送される．短期記憶の容量は少ないが，意識される情報を表現し，この段階で復唱される限り，そしてその繰り返しが多いほど，次の段階である長期記憶へ転送され続け，そこでの痕跡も強くなるとされる．そして長期記憶はより永続的な貯蔵庫である．

これは認知心理学における記憶研究の代表的な基本モデルであるといってよい．すなわち，認知過程は一つの連続体であり，情報が長期記憶にまで達するには，必ず感覚記憶と短期記憶という二つの段階を経由する必要があり，さらに段階間にある種のフィードバック経路を設けて，情報の統合，編集，再利用といったダイナミックスの説明を可能にした．

第1章 ボックス理論

人間の情報処理は多段階であり，各段階の出力は次の段階の入力となり，そのための変換操作が実現されるという図式である．こうした図式は全体としてのラフなスケッチの様相を呈するがゆえに，実際にさまざまな現象に適用しようとするとき，あるいは実験変数を実際にあてはめようとするとき，当然ながら細かな修正を必要とする．実際，見取り図がしだいに具体化していくように，各段階をより機能的に構成した多段階処理を前提にした修正モデルがぞくぞくと提案されることになる．

さて，記憶にはコード化，貯蔵，検索という三つの段階がある．上記のモデルはおもに貯蔵の側面を表現したものだが，短期記憶における検索のメカニズムを扱った研究はスタンバーグ(Sternberg, 1966)に始まる．彼の理論の重要な点は，反応指標に反応時間を用いたこと，心的過程を推測する手段としてドンダース(Donders, 1869)以来の減算法を発展させた要因加算法を導入したことにある．

ドンダースは三つの課題を設定した．A条件は刺激，反応ともに1種類ずつの単純反応時間課題，B条件は刺激，反応がそれぞれ2種類ずつの選択反応時間課題，そしてC条件は刺激は2種類だが反応は一方にのみ要求される．これらの課題遂行に必要な心的過程を想定すると，刺激が提示されたかを検出する検出段階，その刺激を同定する認識段階，そして反応を決定する反応選択段階となる．各条件に必要な段階を考えると，各条件間の差，すなわちC-Aが認識段階の，B-Cが反応選択段階の処理時間となる．反応時間を用いて，心的過程の時間特性を測定するという方法は画期的といえたが，しかし明快であるがゆえにすぐにいくつかの批判をあびることになった．

たとえばB条件とC条件の違いは反応選択段階の有無と規定されているが，じつはC条件でも特定の反応と無反応という2種類の反応があるとみなすことはできる．また全体の処理時間は各段階の単純加算にはならないという可能性も十分にある．課題の複雑さが変わると被験者の方略も変化する可能性があり，他の段階への影響なしに特定の段階を挿入することはできないとの指摘もある．つまり独立した段階の単純な挿入は困難であり，仮に挿入できたとしてもドンダースの方法では処理時間の手がかりが得られるだけで，それらがいかに機能するかについては不明なままである．

そこでスタンバーグは，他の段階への影響なしに，一つの段階での処理の難易度を操作しうる変数の導入が可能であると考えた．これを要因加算法という．要因加算法では，減算法同様，まず課題に含まれる処理段階の数を規定する．次に特定の段階にのみ効果をもつ独立変数を設定する．この変数のレベルを，別の段階にだけ影響する変数のレベルと組み合わせることで，二つの変数が異なる段階に選択的に効果をもたらすことを検証できるとする．

彼の課題はもはや古典といわれるもので，直接記憶範囲内の数個の文字刺激を提示し，直後に提示する検査項目の有無を再認させる．前提としては，この課題には四つの独立した処理段階が含まれること，各段階の処理にはそれぞれ一定の時間が必要で，反応時間は

これらの総和になるということである．四つの段階とは，検査項目のコード化，記憶項目との比較照合，反応選択，そして反応遂行であるが，このうち記憶項目数に応じて変化するのは比較照合段階の時間だけである．横軸に記憶項目数，縦軸に反応時間をとると，反応時間関数は，検査項目が記憶項目中にある場合(old)もない場合(new)も，同じ1次関数になった．これは比較照合が直列的に行われたことを意味する．さらに，old判定とnew判定が同じ関数であることは，照合プロセスの性質を示唆する．すなわちnew判定するためには記憶項目すべての照合を終了させなければならない．これを悉皆型走査といい，照合回数は記憶項目数に相当する．これに対して，記憶項目中に検査項目が存在するならば，直列的な照合の過程で必ず発見されるはずであり，検査項目が記憶項目リスト内のランダムな位置におかれているならば，確率的には照合は記憶項目数の半分になる．この場合を中途打切り型走査という．実際のデータは，検査項目が照合されればただちに走査は打ち切るだろうという予測に反して意外にも悉皆型を示したのである．記憶走査の特性を示す理論としては秀逸である．

　要因加算法では，ある変数が選択的に特定の段階に影響することを示すことができる．彼は刺激をぼかして，認知しにくい条件を設けた．四つの段階がこの順で遂行されるならば，このぼけた刺激条件は最初のコード化段階に影響することが考えられる．コード化段階の処理結果については，処理時間と出力に関していくつかの可能性がある．一つは，通常の刺激よりも時間はかかるが，この段階からの出力は通常と変わらない，すなわち出力コードの質に差がないという場合，もう一つは，時間に差はないが出力の質が低下している場合である．前者では，後続の段階への影響はないから，反応時間関数は切片が増えるだけで傾きに差はないと予測される．後者の場合には，コード自体の質が低下しているので，照合段階が困難になる可能性が予測され，したがって，傾きに差が生じることが予測される．実際の結果は，まさに前者の予測どおり，この変数はコード化段階にのみ作用したのである．このようにボックス・モデルにおける実験的操作の有効性を示したのが，この研究であった．

　しかし，指標としての反応時間には，大きな問題が含まれている．スタンバーグの例でいえば，処理段階の機能を推測するには，まさに実験の教示のとおり，できるだけ速くしかもできるだけ正確に反応していることが前提になる．ドンダース以来の反応時間研究にあてはまる問題であるが，反応時間には速度・精度のトレードオフが存在するのである．

　反応時間は通常，みかけ上単純な判断を求める課題に用いられる．実際にはかなり複雑な心的過程が介在していても，速さを測る以上，その課題遂行のための理論的な必要時間を，あるいは観点を変えれば，課題を遂行する主体の能力を測定することになる．しかし課題は単に速さだけを要求されているのではなく，正確さも求められる．そこでわれわれはこの両者の間でバランスをとっているのである．フィッツ(Fitts, 1966)やパチェラ(Pachella, 1974)が指摘するように，速度と精度の間には代償関係が生じており，こうしたト

第1章　ボックス理論　　　*261*

レードオフは動機づけや信念，状況判断などの認知的構えによってしばしば変動する．パチェラのモデルによれば，理論的な理想点は通常の教示点よりもずれており，誤りなく最短速度が可能になる点である．そして精度の理想点である完全な正答へのわずかな指向が比較的大きな反応時間の増大をもたらす．つまり，通常の教示事態では，速度に関する調整能力を過大評価しすぎているのではないかと考えられるのである．実際には，誤答率を勘案してトレードオフの効果を調整しないと，処理機構の正確な時間的特性を問題にすることはできない．

1.3　アーキテクチャーの論理：スパーリングの理論

　われわれは意識的に記憶したり記憶内容を操作することができる．こうした記憶内容は言語化され，あるいはイメージ化されたものであるが，いずれも認知機構の意味処理を受けたコードであると考えられる．しかし実際に意識にのぼる情報は限られているが，感覚器官にはもっと膨大な情報が到達していることは疑いようがない．われわれは，確かに一瞬ごとに多くの情報をみたり聞いたりしているはずである．こうした外界との最初のインターフェースはどのようになっているのか．ブロードベントやアトキンソンらのモデルでも最初に感覚記憶という段階におかれている．この段階のメカニズムについて最初に理論化を試みた一人がスパーリング(Sperling, 1960)である．

　感覚器官には刻々に膨大な情報が入ってくると考えられるが，われわれが意識的に処理するのは，その中のごく一部の注意を向けた情報に限られる．膨大な情報の中から何を選択するかは注意の機能だとしても，注意を集中したり移動させたりするのにも時間がかかるから，その間ごく短時間でも情報は保存されていなければならない．つまり，ほとんど意識されることはないが，系列的な処理段階を想定する以上，視覚的情報貯蔵とかアイコンと呼ばれる短時間の情報保持が論理的に必要になるのである．

　スパーリングは3ないし4個の文字列を3行並べた文字配列を50 msec 提示して，直後に再生させた．この手続を全体報告法という．その結果は，文字配列の文字数がいくら増えても，再生数が4〜5個をこえることはなかった．しかし，被験者はしばしばもっとたくさんの文字をみてとったのに報告の最中に忘れてしまったと答えている．つまり，再生数は刺激を受容した直後の保持機構である感覚記憶の容量を示すものではなく，後続の保持段階への情報転送に時間がかかるためであり，さらに反応自体が後続の反応を抑制するというように，反応どうしが干渉し合う現象，すなわち出力干渉の介在が考えられた．そこで彼は，受容直後の保存機構の性質を調べるために，部分報告法という手続を採用する．これは，刺激提示後に，高，中，低のいずれかの高さの音を手がかりとして提示して，それぞれの高さに対応した行の文字だけを選択的に報告させるというものである．どの高さの音が提示されるかは予測できないので，ある行についての正答率は他の行にもあ

てはまると考えられる．こうして推定された報告可能な文字数は，提示文字数にほぼ比例して増加傾向を示した．つまり提示文字配列の大部分は利用可能な情報であったことになる．

ところが，文字配列の提示終了から手がかり音の提示までの時間を延ばしていくと，利用可能文字数は遅延が 250～300 msec くらいまで急激に減少し，1 秒後には全体報告の再生数と差はなくなってくる．このことから，感覚記憶は提示された刺激配列をほとんどすべて保持しているが，せいぜい1秒程度の短時間しか維持できないという性質が提案された．

こうした時間特性をもつ感覚記憶は，モデル上では意味的処理を受けていない感覚に近いものと規定されている．その特性はエイバーバックとコリル（Averbach と Coriell, 1961）の以下の実験で確認された．単独では十分に認知可能な視覚刺激（検査刺激）に重ねるかあるいは空間的に接近した位置に，時間的に前後して他の視覚刺激（マスク）を提示すると，検査刺激が認知されないことがある．マスクの処理が検査刺激の処理を妨害することで生じる現象で，視覚的マスキングと呼ばれるが，この方法を用いてさらにアイコンの属性を特定することができる．彼らの課題では，8文字2列の配列を提示し，特定の文字の近くに短いバーを手がかりとして提示することで再生すべき刺激を指示した．結果はスパーリングとほぼ同様の傾向になったが，手がかりを文字を囲む円形に変えると，手がかりまでの遅延が 100 msec 前後のときに正答率が著しく低下するという特異なパターンを示した．これをマスキング効果で解釈するならば，まさしくアイコンは感覚性の情報ということになる．

ボックス・モデルの利点は，まず第1に情報の流れを系列的に追跡して，情報が変換される過程を説明できることであり，第2に各処理段階における情報の性質とそこでの操作を規定することで，認知過程のモデルを提示できるということである．したがって，この方法を押し進めていくと二つの方向性が現れてくる．一つは段階の数を増やして，きめ細かくさまざまな認知行動に対応できるようにフローチャートを構成すること，さらに各段階間の情報の流れを1次元的に想定するだけでなく，フィードバック・ループを多用して多重処理を前提とした多次元的な認知モデルに発展させることである．もう一つは各段階に関する実験操作を組織的に行うことにより，それぞれの心的機能を明確にさせていくことである．当然，両者は関連しており，詳細な段階ごとに入出力の形式やそこで実現される情報操作が具体化されるほど，各段階がモジュールとして確立し，いわゆる認知のアーキテクチャーが成立することになる．アーキテクチャーとは，アンダーソン（Anderson, 1983）によれば，認知というシステムの基本構造・機構としての包括的なモデルという意味で用いられており，ニューウェル（Newell, 1990）によれば，アーキテクチャーが満たすべき条件とは，環境に応じて柔軟に機能すること，合理的で合目的的な適応行動を示すこと，実時間で動作すること，大量の変化する細部に対応することなどで，これらは確かに

第1章　ボックス理論　　263

構造的に洗練され確立したボックス・モデルにもあてはまるものである.

　しかしこうした方向性を指向するにしても，まずは比較的単純な課題における個々の段階から精査していくことが求められる.たとえば刺激がどのように心的機構の中で表示されるかという情報形式の問題である.そうした試みの中から初期の重要な理論としてポズナーの実験を取り上げる.ポズナーとミッチェル(Posner と Mitchell, 1967)やポズナーら(Posner ら，1969)は，二つの刺激の同一性判断に要する反応時間を測定するという方法で，同一性のレベルを変数として内的コード，すなわち表象の性質を明らかにした.

　彼らの課題は，同時的あるいは連続提示される2刺激の物理的形態が等しいかどうかを判断する形態識別条件(たとえば AA は同一だが，Aa は異なると判断しなければならない)と，2刺激の名称が等しいかどうかを判断する名称識別条件(たとえば AA や Aa は同一だが，AB や Ab は異なると判断しなければならない)である.その結果，形態識別より名称識別の方がおよそ 100 msec ほど反応時間が遅くなったのである.ただし，2文字を継時的に提示すると，提示間隔が長くなるにつれて反応時間差が減少し，2秒の遅延で形態識別の優位性が失われた.つまり，入力刺激はまず物理的属性を保持した視覚コードに変換され，これを用いて第2刺激との照合が効率的になされる.もし名称コードへの変換が視覚コード成立のあとで可能になるのであれば，視覚コードを使用するプロセスに影響はないと考えられる.こうした独立性は，形態は異なるが名称は等しい刺激対(Aa)と名称も異なる刺激対(Ab)との反応時間差を検討することで確認される.

　ボックスを多数並べて，複雑なモデルを構成するための前提として，このような各処理段階における情報の性質を特定する作業はきわめて重要である.ここまでの研究を表象のレベルでまとめると以下のようになる.入力刺激はまずパターン認識機構でコード化される.コード化は物理的属性を保存する視覚コードの成立が先行し，遅れて音響的コードにも，さらには意味コードにも変換される.これらのコードはそれぞれ時間的特性をもち，時間とともに減衰する.いずれのコードも注意の働きによって，より永続的な記憶へと転送されて高次の意味処理を受けることになり，さまざまなレベルで検索されて再利用される可能性をもつのである.ただこれは表象という側面からのモデルであり，貯蔵という側面からのモデルとどのように整合性をもたせるかという問題になると，必ずしも提案されたモデルに共通項が確立しているわけではない.ボックス・モデルの問題点の一つは，それぞれの合理的なモデルが必ずしも収束しないということである.ボックス・モデルはアーキテクチャー実現のための設計図のあり方の一つで，ボックス内部のプログラム化をめざしていた.この意味でまさに記号処理を前提にしている.しかし計算論という立場が前面に出るようになって，みかけ上のボックス・モデルはほとんど姿を消す.明示的なボックスで表現するのではなく，具体的なプログラム設計をめざすようになる.

1.4 ボックスから脳アナロジーへ：PDP 理論

　古典的な認知心理学におけるボックス・モデルでは，認知とは目的指向的に記号を処理する一般システムとして表現されていた．いかなる記号がいかなる形式で変換されるかが問題なのである．こうした考え方は，最近の認知科学における心のアーキテクチャーの設計に至るまで変わっていない．すでにいくつかの理論を取り上げてきたことでも明らかなように，当初はコンピュータの概念と，フローチャート形式の情報処理表現を採用し，限定された認知行動，換言すれば実験課題の説明のために用いていた．そこでの一般的な特徴として，処理システムには限界容量があり，系列的な処理段階として構成され，そして各段階での心的操作には時間がかかるということが示された．したがって，課題遂行に必要な時間を測定することで，各段階の内部操作が分析できると考えられたわけである．こうした記号処理のプロセスのベースには中枢神経システムがあることはまちがいないが，認知心理学においてはそれぞれの記号レベルに固有の表現方法と分析方法とがあると考えられ，実際にも工夫されてきた．こうしたボックス・モデルにおいては，まず入出力に対応した処理段階を含む全体構成が考えられ，同時に各段階において情報がどのように表現され操作されるかを考える．それは認知過程の説明のためであり，実験変数と対応づけるためのパラメータ設定であり，またいわゆる記号操作としての計算の実現である．ここではシステム全体の構成と，そこでの表現や計算の性質とは切り離せないものであるとみなされてきた．

　ところが，固定的なボックス・モデルにもやや柔軟な，あるいはより複雑な見解が導入され始める．たとえば，各段階の処理が終了したあとで次の段階へと情報は転送されるのであろうか．確かにスタンバーグの例などは特定の段階への負荷はその段階だけに対しての負荷として現れ，後続の処理には影響しないことを示している．しかし，これはむしろ特異な例であるかもしれない．なぜなら速度・精度のトレードオフが存在することや，情報を統合する必要がある場合には，パケット式にまとまった情報を待つのはかえって非効率であること，直列処理を想定する以上は時分割方式に各段階で同時的処理を行った方が自然で合理的と思われるからである．こうした考えを取り入れた理論がマクレランド(McClelland, 1979)により提案されたカスケード・モデルである．これは各段階からの出力は常に生じており，段階ごとの逐次処理ではなく，プロセスとしては各段階の部分的同時的活性化，すなわち直列モデルの枠組みにおける並列的処理の可能性を論じたものであった．確かにそれまでの直列型モデルでは情報の流れをたどることは容易だが，複雑なフィードバック系が導入されると，そしてそれは通常の認知過程には当然のことなのだが，ほとんど並列処理に近い状況になってしまう．ボックス・モデルが否定されたわけではないが，直列処理を前提にしたノイマン型コンピュータのアナロジーの限界がみえてきた以

第1章 ボックス理論 265

上，並列処理に応じた新しい理論が求められるのは当然のなりゆきである．

　ボックス・モデルがコンピュータのアナロジーで発生したように，神経系の回路網をアナロジーとする神経回路網モデルが，いわゆるコネクショニズムである．前節まですでにみてきたように，もともとボックス・モデルはノイマン型と呼ばれるコンピュータを前提にした，直列型の処理段階を想定することから始まった．どんなに複雑で精巧なモデルに進化しても，この前提は変わらなかったといえる．しかしコンピュータ自体が本質的な並列処理を指向し始めた現在，もはや旧型のマシンを鏡にして心的過程を理解しようとする方向性は通用しずらくなっていることは事実である．そこで登場したのがコネクショニズムであり，代表的な PDP（並列分散処理）モデルでは，認知機能を独立したボックスに閉じ込めず，並列的に作動する神経回路に似せた多数の処理ユニットの結合を想定する．ニューロンの機能を抽象化し単純化した形式ユニットと呼ばれる構成要素が互いに結合し合い，他のユニットからの入力を加算して，特定の閾値をこえるとある出力関数に従った出力を出す．こうした基本ユニットを組み合わせることで，多様な形式のモデルを考えることができる．

　こうした考え方は，ヘッブ（Hebb, 1949）の細胞集成体に始まり，ローゼンブラット（Rosenblatt, 1958）のパーセプトロンに実現していた．パーセプトロンはパターン分類を学習する神経回路網モデルである．しかしこのモデルは入力層と出力層の2層間での結合だけを利用するために，学習効果については応用範囲が狭いという問題を抱えていた．そこで2層の間に中間層を入れ，多層にしてより一般的な認知モデルをめざしたのがラメルハートとマクレランド（Rumelhart と McClelland, 1986）のグループである．彼らは誤差逆伝播という学習規則を導入して，各層間での入出力関係の重みづけの自由度を操作することで多くの認知現象に適用している．神経回路網モデルでは，入力層に与えられた1か0にコード化したパターンを弁別して，それに対応したコードの出力を出すことを学習させるが，この場合，教師信号と呼ばれる正解と出力とを比較してその誤りを十分小さくすることが目的となる．そこでパターンの反復ごとに数学的手法で誤差を極小にするようにユニット間の結合に重みをかけていくという調整を行うのである．このプロセスによってみかけ上は，ユニット間の結合に興奮性と抑制性とがあり，入力の重み付き総和が閾値をこえると活性化するというオートマトンの挙動を示す．誤差逆伝播法とは，結合関係と重みを変更するアルゴリズムの一つであり，入力の伝播方向とは逆向きに出力の誤差を中間層に伝播させることで解を求めるユニークな方法で，反復計算によりすべてのユニット結合の強さと，各層間の出力を決定する．

　サイデンバーグとマクレランド（Seidenberg と McClelland, 1989）は，英単語の綴りとその発音をコード化して学習させ，綴りに対応した音声コードを出力させる試みを行い，実際の学習プロセスにきわめて類似した挙動を示している．たとえば音声コードの出力の誤差量を変換して発音までの反応時間を産出すると，一般的な規則どおりに発音できる規

則語と規則に合わない不規則語とでは明らかに差があり，人間の結果にみごとに対応した．この場合，入出力はボックス・モデルと等価だが，記憶構造が存在するわけではないし，綴りに対応した具体的な表象がどこかにあるわけでもない．それ以上に，学習過程を通してユニット数も結合数も変わっていない．結合の重みが変化しただけであり，回路全体としての興奮パターンが刺激ごとに異なるだけである．つまり発音規則が学習されたとすると，規則が特定の段階に記録され刺激に応じて適用されるというシステムではなく，ユニット結合の重みのパターンとして記憶されたことになる．古典的なネットワークは形状は似ていてもユニット自体が表象に対応するという点が全く異なる．表象の貯蔵を考えるボックス・モデルに対して，こうした記憶表現を分散表現という．前者を認知過程を独立したモジュールとして時系列的に情報変換を表現したものとみなすと，後者は空間的にモジュール自体を表現しようと試みたものと対比させることができるだろう．

もう一つの興味深い適用として，パターソンら（Patterson ら，1989）は学習が完成した回路網にさまざまな損傷を与えて，いわゆる認知障害のシミュレーションを行ったことがある．たとえば難読症の場合，規則的な読みの障害がどこかの処理段階に局在する損傷に基づくと説明することは容易だが，読字に際して情報がどのように表現され操作されたのかが一般的なレベルで提示されない限り，障害の現象を言い換えたにすぎないという主張である．この方法は確かに新しいパラダイムとして活発な論議の対象となっている．

神経回路網モデルでは，神経細胞にあたるユニットの興奮パターンに応じて出力ユニットが活性化する規則を設定する．ユニットには閾値があり，結合している入力ユニットの興奮状態の計算によってさまざまな伝達パターンを生成することができる．興奮のパターンは記号レベルで規定されるが，そうした記号自体が回路のどこにも存在しないことが特徴である．表象は回路全体の中に実現される．つまりボックス・モデルと違って，明示的な表象を想定しないモデルということになる．

もう一つの特徴は，システムの拡張性とでもいうべきことで，ユニット数を増やして結合を複雑にすれば，それだけ多様な処理過程を表現することができる．しかも特定の処理に対してどんな閾値や結合状態が適切であるかは，回路自身が学習する．きわめて単純化していえば，ユニット間で伝達される興奮量はユニットの活性度と結合の強度の積で規定され，さらに閾値とは抑制性の結合に置き換えられるので，回路自体の学習とはユニット間結合の強度の変化と考えることができる．そして，こうした自己学習機能は，部分的な情報から全体構造を引き出す機能や，個別事例をカテゴリーとして一般化する機能など高次の認知機能実現の可能性を示している．実際，従来のボックス・モデルに代表される記号処理モデルでは，システム自体の学習という観点が抜け落ちていたといえる．こうした点では，従来のボックス型モデルの思考法を否定するというよりは，むしろ再考させ，あるいは補完するという意義をもつ．

しかし広範囲の認知現象に適用可能な理論としてはまだ問題が残る．シミュレーション

が成功した理由が必ずしも明確でないという点である．つまり回路網の構成は試行錯誤の場合が多く，中間層のユニット数や，学習前や途中の重みを修正することが何を意味するのか，心理学的な意味が不明な場合が多いのである．

マー(Marr, 1982)はシステムの情報処理に関する理論には三つの分析レベルがあると指摘している．最も低次のレベルがハードウェア・レベルで，脳の物理的構造の記述で実現される．中間がアルゴリズム・レベル，情報の表現と操作規則と手順が記述される．そして最も高次のレベルが機能レベルあるいは計算論レベルで，システムの可能な入出力の写像関係を抽象的に記述するものである．ラメルハートらはPDP理論をアルゴリズムのレベルであると主張するが，この理論構成が神経回路のアナロジーであること，すなわちウェットウェアとでもいうべき様相を呈するがゆえに，異なる解釈が可能になる．すなわち，従来からの計算理論における規則検証のために利用することができるし，実際の脳の挙動を模倣するために利用することもできる．前者はシステムの機能を実現するための処理段階を具体化したときの下部構造として，後者は単純な回路網を複雑化していくことで，どこまで認知のモジュールを実現できるかが目的となるだろう．こうした意味では，これはまさしく理論ではあるが，コンピュータがそうであったように，手段としての役割も大きいように思われる．

なお，本稿執筆からかなり時間が経過し，認知研究を巡る状況も大きく変化しているので，若干の補足をしておきたい．

最も大きな点は，認知神経心理学の隆盛である．90年代以降，fMRIなどの利用で，脳の局所活動のリアルタイムな観察が可能になり，認知という脳内のプログラムをより具体的に吟味できるようになったということである．同時に，脳損傷に伴う認知障害の現象が，プログラム構成上の重要なデータとなることが認識されたことである．

特定の認知機能の解離は，本来その機能が果たすべき健常な法則や，その機能が実現されている処理構造と無関係ではない．こうした仮説を認めるならば，脳損傷に伴う認知障害は自然的なプログラム損傷のシミュレーションということができ，病的事態にも適用可能なプログラムを構成することで，課題や状況に依存して拡散しがちなモデルを収斂させる可能性をもつと考えられる．

こうした中で，近年の認知モデル構成に最も影響を与えているものはモジュールの概念であろう．モジュールとは機能的に特殊化され相互に自立した情報処理単位であり，これらが階層的に組み合わさって処理系を構成する．こうした仮説は，特殊な機能のみが独立して損傷されるというケース，とりわけ関連する2種の認知機能間に非対称な損傷関係が認められる二重解離の現象から強く示唆される．モジュール構造の重要性はすでにマー(Marr, 1982)によって指摘されているが，情報処理系は系統発生の長い過程を経てこうした構造を作り上げてきたと想定され，それは複雑で緻密な情報処理プロセスの運用にとって，たとえば先述の認知障害の発生などに対してきわめて都合がよいことがわかる．

モジュールは階層構造をなすがゆえに，検討すべき処理の水準が大まかな場合には上位モジュール(マクロ・モジュール構成)が焦点になり，さらに具体的，特殊的な処理プロセスが問題になる場合にはそれぞれ自立した下位モジュール(マイクロ・モジュール構成)が問題になる．もっとも，こうした枠組みは，以前のボックス・モデルを言い換えただけのようにみえるが，ボックス・モデルがおもに処理段階における機能の論理的要請から構成されていたのに対して，モジュールはある種の神経構造と対応した心的器官(フォーダー，1986)であり，ボックス以上の柔軟性と拡張性をもつとされるのである．

〔増井　透〕

文　献

1) Anderson, J.R.(1983): *The Architecture of Cognition.* Harvard University Press.
2) Atkinson, R.C. and Shiffrin, R.M.(1968): Human memory ; A proposed system and its control processes. In : Spence, K.W. and Spence, J.T.(eds.), *The psychology of Learning and motivation*, Vol. 2. Academic Press, New York.
3) Averbach, I. and Coriell, A.S.(1961): Short-term memory in vision. *The Bell System Technical Journal*, **40** : 309-328.
4) Broadbent, D.E.(1958): *Perception and communication.* Pergamon Press.
5) Cherry, E.C.(1966): *On human communication.* MIT Press, Cambridge.
6) Deutsch, J.A. and Deutsch, D.(1963): Attention ; Some theoretical considerations. *Psychological Review*, **70** : 89-90.
7) Donders, F.C.(1869): Over de snelheid van psychische processen. Onderzoekingen gedaan in het Psyiologish Laboratorium der Utrechtsche Hoogeschool In : Koster, W.G.(ed.), Koster, W.G. (trans.), Attention and Performance 11. *Acta Psychologica*, **30** : 412-431.
8) Fitts, P.M.(1966): Cognitive aspects of information processing ; 111. Set for speed versus accuracy. *Journal of Experimental Psychology*, **71** : 849-857.
9) Hebb, D.O.(1949): *The organization of behavior.* Wiley & Sons.
10) Kahneman, D.(1973): *Attention and effort.* Prentice-Hall, Englewood Cliffs, NJ.
11) James, W.(1890): *The principles of psychology.* Holt, New York.
12) Marr, D.(1982): *Vison ; A computational investigation into the human representation and processing of visual information.* W.H. Freeman and Company.
13) McClelland, J.L.(1979): On the time-relations of mental processes ; An examination of systems of processes in cascade. *Psychological Review*, **86** : 287-330.
14) Newell, A.(1990): *Unified theories of cognition.* Harvard University Press.
15) Norman, D.A. and Bobrow, D.G.(1975): On data-limited and resource-limited processes. *Cognitive Psychology*, **7** : 44-64.
16) Pachella, R.G.(1974): The interpretation of reaction time in information processing research. In : Kantowitz, B.(ed.), *Human information processing ; Tutorials in performance and cognition.* Lawrence Erlbaum Associates, Hillsdale, NJ.
17) Patterson, K.K., Seidenberg, M.S. and McClelland, J.L.(1989): Connections and disconnections ; aquired dyslexia in a computational model of reading processes. In : Morris, R.G.M.(ed.), *Parallel Distributed Processing ; Implications for Psychology and Neurobiology.* Clarendon Press.
18) Posner, M.I. and Mitchell, R.F.(1967): Chronometric analysis of classification. *Psychological Review*, **74** : 392-409.
19) Posner, M.I. and Boies, S.J.(1971): Components of attention. *Psychological Review*, **78** : 391-408.

第 1 章 ボックス理論

20) Posner, M.I., Boies, S.J., Eichelman, W.H. and Taylor, R.L.(1969): Retention of visual and name codes of single letters. *Journal of Experimental Psychology*, **79** : 1-16.

21) Rosenblatt, F.(1958): The perceptron ; A probabilistic model for information storage and organization in the brain. *Psychological Review*, **65** : 386-408.

22) Rumelhart, D.E., McClelland, J.L. and the PDP Research Group(1989): *Parallel Distributed Processing ; Explorations in the Microstructure of Cognition.* MIT Press.

23) Seidenberg, M.S. and McClleland, J.L.(1989): A distributed, developmental model of word recognition and naming. *Psychological Review*, **96** : 523-568.

24) Shannon, C.E.(1948): A mathematical theory of communication. *The Bell System Technical Journal*, **27** : 379-423.

25) Sperling, G.(1960): The information available in brief visual presentations. *Psychological Monographs* : **74**.

26) Sternberg, S.(1966): High-speed scanning in human memory. *Science,* **153** : 652-654.

27) Sternberg, S.(1969): The discovery of processing stages ; Extentions of Donders' method. *Acta Psychologica,* **30** : 276-315.

28) Treisman, A.M.(1964): Strategies and models of selective attention. *Psychological Review*, **76** : 282-292.

29) Wundt, W.(1899): Zur Kritik tachistosckopischer Versuche. *Philosophische Studien,* **15** : 287-317.

30) フォーダー, J.A., 伊藤笏康, 信原幸弘 訳(1985): 精神のモジュール形成——人工知能と心の哲学, 産業図書.

第2章

イメージ理論

　心理学の誕生から今世紀の初頭まで，イメージは心理学の中心テーマの一つであった．だが，行動主義の台頭とともにイメージは「感覚の単なる亡霊以上のものでもないし，機能的意味は全くない」(Watson, 1913)とされ，研究者の主たる関心事ではなくなった．しかし，意識や内的表象を無視するこのような傾向を反省する運動が起こり，タブーの解禁(Denis, 1979)が行われ，イメージは再び心理学者の主要な研究テーマとなった．ここで取り上げた理論は二つに分けられる．一つは，リンチ(Lynch, K.)，ナイサー(Neisser, U.)，ペイビオ(Paivio, A.)などの，イメージが果たす認知的機能に関する理論であり，もう一つは，イメージが人間の情報処理系の中でどのように表現されているかという問題に関わる理論である．まず，リンチは街について形成されたイメージが日常生活において果たす機能，イメージの形成プロセスなどを明らかにした．彼の理論は都市工学の範囲にとどまらず，認知地図の理論として心理学に大きな影響を与えた．また，ナイサーは，人間が環境を知覚する働きの中で，対象の存在を予期する機能としてイメージを位置づけた．また，ペイビオの理論は，イメージが記憶において果たす役割に焦点を向けた．その理論はときおり修正が加えられながら記憶の包括的なモデルに発展していき，イメージの表象形式に関する大論争を巻き起こした．とくに，ピリシン(Pylyshyn, Z.W.)はペイビオの理論に真っ向から挑み，イメージは抽象的な性質をもった表象，すなわち命題としてコード化されていると主張する．コスリン(Kosslyn, S. M.)はこれら二つの理論は対立するものではなく和解可能なものと考え，折衷的なモデルを提案した．視覚イメージはコンピュータのCRT上の映像のようなものであり，その映像がコンピュータ・プログラムによって支えられているように，視覚イメージも深層において命題表象によって裏打ちされていると考えた．

第2章 イメージ理論

2.1 イメージの機能に関する理論

a. リンチの理論

リンチは都市計画学を長年研究してきた．しかし，彼が1960年に著した『都市のイメージ（*The Image of the City*)』は都市計画学だけでなく，心理学や地理学といった関連諸科学にまできわめて大きな影響を及ぼした．

1) イメージの明瞭さの重要性

物理環境に対するイメージは，その物理的特性のみで決まるものではなく，みるもの（人間）とみられるもの（物理的環境）との相互作用の結果である．都市は人々にイメージされるものであり，イメージされる可能性（イメージアビリティ）あるいはイメージの明瞭さが都市環境にとって最も重要な要因であると彼は考えた．わかりやすい都市は，地域や道路，それに目印などが容易にみきわめられるものであり，しかも苦労せずに一つのまとまった全体に統合できるものだと考えた．このような鮮明なイメージをもつことができれば，人間の都市における行動はスムーズになり，イメージは行動の座標系として，行動，信念，知識などをまとめるオーガナイザーとして機能し，その持ち主に情緒の安定という大切な感覚をもたらすと述べている．

2) パブリックイメージという概念

リンチは「どんな都市にもたくさんの個人のイメージが重なり合った結果として一つのパブリックイメージが存在する」と考える．イメージは個人個人が心に描いているものであるが，同じ都市環境で暮らす住民間にかなりの一致がみられる．個人が環境の中でスムーズに行動し，社会的にうまくやっていくためには，集団的なイメージが必要である．個人のイメージは個人独特のものであっても，おおよそパブリックイメージに近いものだと考えられている．さらに，パブリックイメージは，物理的現実，共通の文化，基本的な生理学的特質という3要素の相互作用の結果として現れてくる．しかし，イメージの個人差が全くみられないというわけではない．次に示すように都市イメージを構成するある成分には個人をこえた共通性が認められるが，他の成分には個人差が色濃く反映される．

3) 都市イメージの成分と性質

都市のイメージはアイデンティティ（特定性），構造，意味の三つの成分として分析されるとする．まずイメージが有効なためには，それが何なのかが特定され，他とはどのように区別されるのかが明確である必要がある．これはアイデンティティと呼ばれる．また，都市のイメージには，イメージを構成する部分間の関係，イメージと人間との関係が含まれる．これが構造である．最後に，イメージは人間にとっての意味を有する．たとえば，ドアに対してわれわれがもつイメージには，"ドアをはっきりした実体として認める"こと（アイデンティティ），"観察者との空間関係を認める"こと（構造），"それが出るための

穴であることを認める"こと（意味）が含まれる．もちろん，アイデンティティ，構造，意味は互いに結びついており，切り離すことはできない．ドアの形態を視覚的に認識することは，ドアのもつ意味をぬきにしては行えない．しかし，「意味に先立つものとしての形態のアイデンティティと位置の明瞭さの見地から，ドアを分析することが可能である」とリンチは考える．イメージの個人差は，イメージの意味には広く認められるが，アイデンティティや構造にはそれほど認められず，むしろ個人差をこえた一貫性がある．リンチはアイデンティティと構造における明瞭さこそが都市の"良き"イメージにつながると考え，この二つを重点的に研究した．

4) イメージのエレメント

彼はアメリカの3都市，ボストン，ジャージーシティ，ロサンゼルスの中心部について，組織的な現地踏査，住民への面接を行った．調査データの分析から，都市のイメージは，パス，エッジ，ディストリクト，ノード，ランドマークの5要素から構成されていることを見いだした．

パスとは，観察者が日ごろあるいはときどき通る，もしくは通る可能性のある，イメージの中の道筋のことである．パスに沿って他のエレメントが配置され，関連づけられている．エッジとは，二つの局面の間にある境界であり，連続状態を中断する線状のエレメントのことである．ディストリクトとは，2次元的広がりをもったエレメントであり，人がそこに入ったりそこから出たりするものである．特徴に共通性があるために一つのまとまりをもったものとしてとらえられている．ノードとは，イメージにおける焦点である．パスが集中する主要な地点であり，ディストリクト全体の縮図となり，全体の象徴の役割を果たしている場合もある．ランドマークとは，人がどこにいるのかを知るうえでの手がかり，すなわちアイデンティティの手がかりとして機能するものである．通常，人はその中に入らず，外部から眺めることが多い．このように都市イメージを五つの要素に分類するという方法は，基本的にはどの都市のイメージにも適用可能であり，都市イメージはこれら五つの要素によって表現可能である．こうして，リンチは，都市イメージの分析と研究にとって有効な手段を提供したのである．

このリンチの独創的な研究は，その後多くの認知地図の研究が生まれるきっかけとなり，ダウンズとステア（DownsとStea, 1973），グールドとホワイト（GouldとWhite, 1974），モーアとゴリッジ（MooreとGolledge, 1976）らの研究へとつながった．中でもゴリッジ（Golledge, 1978）は，リンチの基本的な枠組みをもとに，人間がその都市環境で生活していく時間的経過とともに，ノード，パスなどのイメージ要素の関係づけがどのように変化していくかということについての理論を提出している．

b. ナイサーの理論

ナイサーの理論は，イメージの理論というより認知全般に関わる理論であり，1976年

の著書, "*Cognition and Reality*" において展開
された．彼が1967年に著した，認知心理学の記
念碑的著書ともいうべき "*Cognitive Psychology*"
の出版以降，ギブソン(Gibson, J.J.)との議論の
中から，そして，当時の認知心理学のあまりに狭
い実験室研究テーマに偏った風潮に対する批判の
中から生まれてきたものである．彼は，心理学の
理論が発展性のあるものであるためには，「その
理論が現実の，文化的に意味のある状況において
人々がなす行為について」語るものでなくてはな
らないし，その内容は，これらの状況におかれて

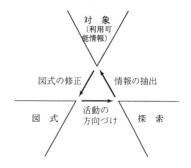

図 3.2.1 ナイサーの知覚循環モデル
(Neisser, 1976)

いる人々にとって何らかの意味をもっていなくてはならない．もし，このような性質をも
たない理論があるとしたら，それは "生態学的妥当性" が欠けているものであり，早晩，
その理論は誰からも支持されなくなるという．さらに，ギブソンの知覚理論には敬意を
払いつつも，心的事象の役割を認めない点は痛烈に批判し，知覚循環という考え方を提
案した．ナイサーのイメージ観の特徴もまた，イメージを知覚循環の中でとらえる点にあ
る．

1) 知覚循環

成人であれ子どもであれ，人はある情報だけを積極的に取り入れ，知覚活動を導いてい
くプランすなわち予期図式をもっている．この図式によって方向づけられつつ外界を探索
し，情報を集め，集められた情報をもとに当初の図式を必要に応じて修正する．さらに修
正された図式が知覚活動をコントロールしていく．このような循環によって人間は外界か
ら情報を獲得し，そして自ら変化していく（図3.2.1）．ここでいう図式とは，「高度に構造
化されたものである……本来，環境と相互交渉をもつ埋め込まれた図式と考えた方がよい
……図式はまさに知覚者と環境とを関係づける常に進行している活動の一位相……であ
る」(Neisser, 1976)と考えられている．そして，知覚は「この循環全体に対して用いられ
るのであって，循環から切り離されたどのような部分に対してもあてはめられない」とさ
れる．

2) 図式としてのイメージ

ナイサーはイメージを単に "頭の中に描かれる像" としてとらえるのではなく，知覚循
環の中にイメージを位置づけ，"知覚活動の予期的位相である" とみなす．そして「イメ
ージをもっているという経験は，そのイメージとして描かれた対象を知覚しようとする内
的な準備状態にまさにあたるものであり，そして人によりそのイメージの種類と質とが異
なるのは，抽出しようと準備している情報の種類の違いを反映している」と考える(Neisser, 1976)．したがって，ある事柄について正確なイメージがもてれば，そのとき現れて

くる対象を容易に認知できるはずである。この例として，ナイサーはポズナーら(Posner
ら, 1969)の文字照合課題をあげる。文字刺激提示の間の時間間隔が短い場合，ＡとＡと
の照合はＡとａとの照合よりも速くできる。これは視覚的コードを用いた照合が名称コ
ードを用いた照合よりも速いためである。刺激を視覚的に提示しないでも提示される文字
を被験者に音声で告げる場合でもこのような結果は得られる。このことをナイサーは文字
の視覚イメージが形成され，視覚コードが準備状態におかれるからであると解釈する。
　また，イメージが予期図式ならば，「それには先を見越した行動が伴うはずである。
……たとえば，卓球の試合での動きのようなものを想像している人は，期待されるパター
ンに従って目を動かす傾向がある」とし，このことから知覚とイメージとの間に起こる競
合を説明する。さらに，ある視覚パターンのイメージを浮かべ，そのイメージを走査する
課題では，反応を言語的に行う場合よりも，視覚に依存した反応を行う場合の方が時間が
かかることを明らかにしたブルックス(Brooks, 1968)の研究を例にあげ，ナイサーは，イ
メージを走査する課題では期待されるパターンに従って眼球は動き，この動きと実際の視
覚パターンをみた場合の眼球運動が競合した結果，反応が遅れると解釈した。

3）　認知地図という図式

　ナイサーは認知地図を図式としてとらえ，知覚循環の中に位置づける。認知地図は"心
に描いた絵のようなもの"ではなく，環境の中を探索し，情報を獲得しようとする人間を
導き，方向づける定位図式であると考える。われわれが自分自身を含む個々の事物につい
てもっている対象図式は定位図式の中に組み込まれている。この図式を用いて環境内を探
索する中から情報を引き出し，必要に応じて図式を修正する。このように認知地図も対象
図式と同様，探索を導く図式である以上，両図式の間には類似点がある。リンチが『都市
のイメージ』の中で述べたイメージの重要な構成要素であるランドマークは，対象の目立
った特徴と対応するという。「そのような目立った特徴はずっと離れた所からとらえられ，
そして眼はその特徴のある箇所へ何度も戻っていく」という。ランドマークもまた，そこ
がどこであるかをさし示す重要な要素であり，道に迷ったとき，どこにいるかを知るため
に，そこに戻り確かめる対象であると考えた。

c.　ペイビオの理論

　ペイビオのイメージに関する理論である二重コード化理論は，1971年に『イメージと
言語的過程(*Imagery and Verbal Processes*)』という著書の中で包括的に述べられて以
来，たびたび修正が加えられてきた。その最も新しい形は，1986年の『心的表象：二重
コード化アプローチ(*Mental Representations : A Dual Coding Approach*)』の中で述べら
れている。本節でも，この新しいタイプの二重コード化理論を紹介する。

1）　二重コード化理論の概要

　二重コード化理論では，人間の認知活動は2種のシンボルシステムによって支えられて

いるとする．一つはイメージシステム(image system)であり，視覚刺激の分析，イメージの生成など非言語的な事物に関わる知覚情報の処理をもっぱら行う．もう一つは言語システム(verbal system)であり，言語的な情報の処理をもっぱら行う．この二つのシステムは機能的，構造的に区別される．機能的には，一方のシステムは他方のシステムとは関係なく独立に，あるいは並行して働くことができる．構造的には，両者は表象の性質が異なり，各システム内における表象の構造化のなされ方が異なる．まず，機能的独立性からみていくことにする．

2) 二つのシステムの独立性と相互連絡性

イメージシステムと言語システムはそれぞれが独立に，あるいは並行して働きうる．たとえば，言語を介することなく，われわれが視覚イメージを想起したり，イメージを用いてものを考えたりできる．しかし，両システムの間の連絡が全く断たれているわけではない．両システム間には連絡があり，一方のシステムによって他方のシステムが活性化されるという点で，両システムには相互連絡性がある．たとえば，"木犀(もくせい)"ということばを耳にしたら，木犀の視覚的イメージや独特の香りが喚起される．あるいは，庭先から木犀の香りが漂ってくれば，"木犀"の木の名が想起されるであろう．しかし，この連絡性は完全ではない．まさに名状しがたい光景もあるし，イメージが浮かびにくい抽象的なことばもある．

3) 処理水準

上記の独立性，相互連絡性から必然的に生じてくるのが，処理水準に関する仮説である．図 3.2.2 に示されているように，ある刺激が提示されると，それに対応して記憶内の表象が活性化される．たとえば，リンゴそのものを目にしたとき，非言語システム内のさまざまな情報が直接的に活性化され，刺激情報と活性化された情報との照合を通じてリン

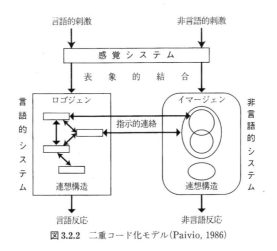

図 3.2.2　二重コード化モデル(Paivio, 1986)

ゴが認知される．これが表象的処理(representational processing)と呼ばれるものである．第2は言語システム間とイメージシステム間の相互連絡性による指示的水準(referential level)と呼ばれるものである．一方のシステム内における表象の活性化によって他方のシステム内の表象が活性化される．前述の，"木犀"の名を耳にすることによって，木犀の花の様子や香りが喚起されたり(言語システム→イメージシステム)，ある景色を写した写真を目にしたときにそれがどこであるかがわかる(イメージシステム→言語システム)ことなどはその例である．第3は連想水準であり，各システム内の表象間の連想的結合関係をさす．ことばの間に広範にみられる複雑な連想関係，イメージ表象間の関係がそれにあたる．

4) 表象の構造化

表象はどのように構造化されているのであろうか．言語音の知覚や発語が時間的には系列的になされるという特性を反映して，言語表象は連続的に構造化されている．たとえば，文字は語を形成し，語は節を形成し，節は文を形成するといったように，連続的に体制化されている．一方，イメージ表象は階層構造を形成しつつ，より大きなユニットに体制化されている．たとえば，人間の体は，顔や首，胴体，手や足から構成されており，さらに顔は目や鼻や口などからなっており，さらに目はまぶた，瞳，目尻，まつげ，眉毛などからなっている．イメージ表象もこのように階層的に構造化されており，それらの部分は必要に応じて，同時にしかも並行して利用することができる．もちろんこのことは，イメージ表象の利用が何の制限もなくできるということを意味しない．一時にイメージを活性化できる範囲には限界があるであろうし，イメージは連続的にスキャンされる必要がある．この連続的/同時的という特徴の違いの理解を促すために，ペイビオ(Paivio, 1986)は迷路学習に関するハル(Hull, C.L.)とトールマン(Tolman, E.C.)との間で交わされた議論を紹介している．「ハルによれば動物は反応の系列を学習するという．トールマンによれば動物は空間的構造すなわち認知地図を学習するのであってそれを用いて迷路学習において近道をしてゴールに向かうことができるという．ハルの理論は連続的表象構造を意味し，トールマンの理論は同時的表象構造を意味している」．

5) シンボルシステムと感覚運動システムの区別

二重コード化理論の主要な部分はシンボルシステムに関するものである．それは刺激の感覚モダリティとどのように関係し合っているであろうか．ペイビオ(Paivio, 1986)は両者の関係を表3.2.1のようにまとめている．ほとんどの感覚モダリティが言語的情報も非言語的情報も伝えることができる．視覚的に情報が提示されるからといっても，その情報がイメージシステムでのみ表象されるわけではない．たとえば，視覚刺激であっても視覚的に提示される語は言語システムで，視覚的に提示される事物(たとえば実物のリンゴ)はイメージシステムで表象される．同じ聴覚的刺激であっても聴覚的に提示されることばは言語システムに，環境音はイメージシステムで表象される．しかし，味覚や嗅覚で言語シ

第2章　イメージ理論　　277

表 3.2.1　シンボルシステムと感覚システムとの関係(Paivio, 1986)

感覚システム	シンボルシステム	
	言語システム	イメージシステム
視覚システム	視覚的に提示された語	視覚的に提示された物
聴覚システム	聴覚的に提示された語	環境音
触覚システム	筆順	物の手触り
味覚システム	—	味の記憶
嗅覚システム	—	匂いの記憶

ステムに表象される刺激は考えられないということから，刺激の感覚モダリティとシンボルシステム間の直交関係は不完全であるとされている.

2.2　イメージの表象形式に関する理論

a.　ピリシンの理論

ピリシンは人間の認知過程は記号の計算過程として理解されると考え，記号主義的計算主義をとる. そして，心的イメージについても，対象や課題についての命題的な知識に基づく推論，つまり，記号の計算が決定的な役割を果たすということを主張する.

1)　命題理論

ピリシン(Pylyshyn, 1973)によると，命題とは言語構造の深層部分でみられるもので表層部分に存在するものではない. 命題とはことばそのものではなく，心的概念である. われわれは，現在もっていることばの蓄えでは表現できない，いわくいいがたい感覚データをも抽象化することができる. あえて人に伝える必要があれば，われわれは命題からことばを引き出すことができるという. 文章にはタイプとトークンによって表されるような命題があるように，絵や感覚的データにも何かそのようなものが存在し，それは命題で表されるという. タイプとはある一つの概念の範例あるいは抽象化された意味のようなもので，トークンとはその変形されたさまざまな例である. たとえば，「ジョンは学校に行った」の意味(タイプ)に対して，それを表すにはさまざまないい方(トークン)があるというようなものである.

その命題表象の特性は，①生の感覚パターンに対するよりも，むしろすでに高度に抽象化され解釈されている，②原理的にはある文によって表現されたものと違わない，③それは感覚的出来事を有限の概念と関係に分類することによる，などである. ここで命題理論を支持する例をみることにする.

特定の語に対し，それに適応できる無数の絵がある. たとえば四角形には，さまざまな色，形，大きさのものがある. 心的ことば"四角形"が四角形の心的絵によって引き出されるとき，それはことばと絵の二つの間の連合によってできるのではない. なぜなら連合

であるなら無数のそのようなつながりを必要とする．そうではなく，心的ことば"四角形"はすべての四角形が共通にもつもの，それらの四角形性への対応なのである．認知はタイプとトークンを扱わねばならないが，この場合のように各タイプに対応するトークンには限りがない．したがって，イメージは絵と語の有限なつながりによっては説明できず，絵画に類同的というよりむしろ命題によって表象されている(Pylyshyn, 1973)．

2) イメージに対する考え

ピリシンは，イメージは外界をそのままコピーしたものではなく，すでに解釈されたものだという．心的な表象は，知覚過程の解釈前の入力というより，出力された結果なのである．イメージが知覚過程の入力段階にあたり，外界の絵と類同的なものという主張があるのに対し，ピリシンは心的イメージの記述が実際のシーンと多くの点で異なると主張する．人が記憶からある部分を失っているとき，それらは視覚的シーンの任意の部分ではない．たとえば，破れた写真のように任意の部分が失われるのではなく，常にいくらかのまとまりのある知覚的属性や関係，たとえば色，パターン，空間の関係などである．またパーティーで誰が出席していたかを思い出しても，どこに立っていたかははっきりしない．ピリシンはわれわれの記憶が曖昧であったり，ある知覚的性質，属性が消えたりすることは，表象がシーンそのものではなく，いわゆる知覚的に解釈されたあとの出力であることを示すという．したがってイメージは命題による記述でコーディングされ，絵的特性は付帯現象(epi-phenomenon)であるという(Pylyshyn, 1973)．

3) 暗　黙　知

ピリシンは命題理論を説明するために，"暗黙知(tacit knowledge)"ということばを使う(Pylyshyn, 1981)．イメージ一般に関係する側面は暗黙知によって説明されるという．暗黙知はわれわれの日常生活の経験などから得られた知識であり，それが認知判断などに影響するという．たとえば，両手で大きさの異なる二つの物体を同時に離したり，形は同じだが重さが異なる二つの物体を離したとき，どちらが先に落ちるかを人に想像させたとき，すでに知っている知識によってわれわれは判断するという．また，とくに物理的知識がなくても適当な原理を与えると，被験者の答えはかなり自由に変わる．これらは，イメージ・スキャニングやイメージの回転といった心的操作は被験者の信念や目標がどのようなものかによって変わりうること，すなわち，それらの心的操作は，被験者の信念や目標による認知的介入を受ける可能性があることを示す．そして，認知的介入を受けるような心的操作とはいかなるものかこそが説明されなければならず，しかもその一部はアナログ的特性によってより，むしろ信念，目標，暗黙知によって支配されるような計算論的認知過程に言及することによって説明されなければならない，と主張する．

4) ピリシンの実験的研究

ピリシンは，行動的指標によって命題理論を根拠づけようとした(Pylyshyn, 1979)．ある視覚的刺激を複雑にした場合，もし被験者がイメージをアナログ的に扱っているのなら

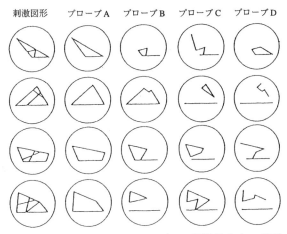

図 3.2.3 実験で使用された刺激図形とプローブ図形(Pylyshyn, 1979)

ば，図形全体を回転させるため，複雑さ(刺激そのものと課題による)によって回転速度は変化しないと予測される．しかし，命題によって表象するのであれば，複雑さによって命題の演算に要する時間が異なり速度は変化すると予想される．ピリシンは刺激の複雑さを刺激図形の頂点の数を変えること(三角形の図形あるいは四角形の図形を使用する)と，プローブ(probe)図形の構造を変えること(刺激の一部をとり，さまざまな部分図形をつくる)(図 3.2.3)によって変化させた．また，課題の複雑さは以下のように操作した．従来の実験課題は，刺激と，その刺激を一定角度回転させた図形または鏡映図形を同時に提示し，同じかどうか(回転によって重なるかどうか)を判断するものだった(Shepard と Metzler, 1971)．しかしピリシンは，刺激図形とその図形の一部からなる部分図形(プローブ図形)を回転させる．刺激図形と，それらを回転させた図形やプローブ図形(あるいはその鏡映図形)を並べて同時提示し，刺激図形と同じもの，あるいはそれが刺激図形の部分図形になっているか(あるいはその鏡映であるか)どうかを判断させた．その結果，プローブ図形の複雑さや課題の複雑さに応じて回転速度は変化した．このことはイメージがアナログというより，命題で表象されることを示すものである，と主張した．

b. コスリンの理論

コスリンの理論は，ペイビオの理論とピリシンの理論をうまく和解させるものである．視覚イメージはコンピュータの CRT 上の画像のようなもの，準絵画的(quasi-pictorial)なもの，アナログ的なものと考える．さらに心の眼(mind's eye)によってみられるものと考える(Kosslyn と Shwartz, 1977)．しかし，CRT の画像がコンピュータ・プログラムによって支えられているように，視覚イメージも深層において命題表象によって裏打ちさ

図 3.2.4　実験で使用された架空の地図
(Kosslyn ら, 1978)

れていると考えた．

1) イメージについてのオリジナルな実験的研究

イメージが準絵画的であるという主張は，その後の論争でも争点となっている．コスリンのこのような主張は以下の実験的証拠から導かれた．

a) イメージスキャニング(image scanning)　われわれが事物を実際にみるとき，より遠くまで走査(scan)するときには近くを走査するよりも走査に時間を要する．もしイメージが準絵画的であれば，同じような結果が得られると考えられる．実験において(Kosslyn ら，1978)，被験者は学習に，小屋，木，岩，井戸，砂浜，草原を含む架空の島の地図(図 3.2.4)をみせられ，完全に再生できるまで地図を描く練習を繰り返す．テストでは，地図が取り除かれ，被験者は地図をイメージし，指示された地点に焦点を合わせるようにいわれる．5秒後，第2項目が指示されたら，その項目をイメージされた地図上で探し，できるだけ速く動いていく小さな黒い点を思い描き，二つの点を結び，できたらボタンを押すように教示される．その結果，地図上の二つの位置の距離と二つの地点を走査するまでの時間は比例することを明らかにした．被験者は，ちょうど実際の地図を走査するように心像を走査していた．これにより，イメージは知覚に類同な準絵画的であることを証明した．

b) イメージサイズ　われわれが実際に事物をみるとき，小さな事物に属する特徴を検索するときは，大きな事物に属する特徴を検索するよりも，より時間を要する．知覚にはこのような制約がある．もしイメージが準絵画的であれば，イメージにも同じような

制約があると考えられる。実験(Kosslyn, 1975 ; 1976)では，被験者はたとえばネコとゾウを並べてネコの小さなイメージをつくったときは，ネコとハエを並べてネコの大きなイメージをつくったときより，ネコの爪の検索にはより多くの時間を要するという，仮説を支持する結果が得られた。

c） 心の眼の視角　われわれの実際の視角には制限がある。もし，イメージが準絵画的であれば，イメージの視角も実際の視角と同様な結果になると考えられる。実験(Kosslyn, 1978)では，被験者はある事物をイメージし，それに向かって徐々に歩く(mental walk)。その事物の全体像がみえなくなったら止まり，そこから事物までの距離を測定する。最初のイメージした大きさと測定された距離から視角を測る。その結果，イメージにおいてもほぼ知覚の場合と同様な視角を示した。これより，イメージは準絵画的で空間的"境界"をもち，そのためイメージ全体を必ずしも即時に調べられるわけではない，と考えられた。

2） イメージの構造と機能

コスリンのイメージの構造と機能に対する考えは，次のようにまとめられる。

（1）　イメージは物をみるときの基礎となるような空間的表象(spatial representation)である。これらのイメージは抽象的表象に存在するものから生成されるが，その表象の内容は，表象イメージの生成によってのみ浮かび上がるようなものである。

（2）　イメージを構成したり表象するための処理能力には限度がある。すなわちイメージはつくられたり，減衰する速さに限りがある。よって，一度で活性化される量に制限があり，シーンの事物すべてが一度にイメージされることはない。

（3）　イメージは，それ自身独自の認知的機能をもつ(Kosslyn と Shwartz, 1977)。演繹や推論は場合によっては，事物の実際の見え(appearance)の記憶を使うことによって最も効果的になる。たとえば，ボストンとワシントンの間にいくつ州があるかを調べるときには，絵的なイメージをもつことは有効である。

（4）　心の眼(mind's eye)を仮定することは，またその心の眼をみる次の心の眼を想定し，頭の中の小人(homunculus)を仮定する。しかし，頭の中の小人は確認できない。コスリンはこの心の眼を次のように考えた。「感覚情報の処理には段階があり，それぞれの操作に対する手続がある。心の眼は概念的カテゴリーによって感覚的表象を解釈する手続である」(Kosslyn と Pomerants, 1977)。

3） コンピュータ・シミュレーション・モデル

コスリンは，心像を解読するには，心の眼的(mind's eye)な，何らかの解釈装置が必要と考えた。そして，これらの心像を生み出す機構をコンピュータにたとえ，コンピュータ・シミュレーション・モデルを提唱した(Kosslyn と Shwartz, 1977)。

視覚的イメージは，ブラウン管に出される絵画的表出であり，表層的表象(surface representation)である．それに対し，深い表象(deep representation)の基礎にあるものは抽象的で，直接知覚できない．深い表象の基礎にあるものとして2種類の表象を仮定する．一つは知覚的表象(何かがいかにみえるかという意味で)，もう一つは概念的表象(抽象的で，広範であるという意味で)である．イメージ表象の基礎となる構成要素は事物のリストで，事物の部分，イメージされる物の配置，ドットの濃度で示される解像度の情報がある．イメージは深層表象をもとに，表層でつくられる．表層表象はマトリックスで表され，表出する表象はセルのどこを埋めるかによる．イメージの位置決定は，座標によって決められる．必要に応じてイメージは深層の情報からつくられる．ここで，コスリンは深層の情報が命題によって記述されているといい，イメージ生成には命題的要素と準絵画的要素の両方が必要だという．

現象例

バイリンガルの認知メカニズム

　バイリンガルは2種の言語情報を処理し，しかも言語間の変換すなわち翻訳を容易に行うことができる．これはどのようなメカニズムによってなされているのだろうか．2種の言語を理解し，話すことができるということは，2種の記憶メカニズム，2種の思考メカニズムをもっているということを意味するのか，それとも何らかの共通した記憶，思考メカニズムに基づいているのだろうか．ペイビオとデスローチャース(Paivio と Desrochers, 1980)は図3.2.5に示すような二重コード化理論の修正版を用いてバイリンガルの認知能力を説明しようとする．このモデルでは，次のことが仮定されている．

（1）　修得した二つの言語に対応して二つの言語システム(V1, V2)が存在すること．

（2）　二つの言語システムは独立に働くが部分的に相互連絡が保たれている．

（3）　それらは，一つのイメージシステム(知識の表象システム)にそれぞれ対応物をもつ．

（4）　二つの言語システムの間の連絡は必ずしも正確な1対1対応ではないことから，二つの言語における翻訳対応語が同じイメージ表象を活性化するとは限らない．たとえば，日本語の"パン"とフランス語の"pain"は異なるイメージを，前者は食パンを，後者はクロワッサンを活性化するであろう．

　ペイビオとランバート(Paivio と Lambert, 1981)は，このモデルを支持する次のような二つの実験を行っている．実験1では，フランス語と英語のバイリンガルに，さまざまな物について，①絵に描いたもの，②フランス語の単語，③英語の単語，の混じったリストが提示された．被験者はそれぞれを英語に変えなければならなかった(③の場合はそれを書き写すだけ)．その後，突然，語を再生するよう求められた．また実験2では，一連の英単語のみを提示し，①それらの1/3では対応する事物をイメージしてスケッチすること，また②他の1/3では対応するフランス語の単語を書くこと，③残りの1/3では英

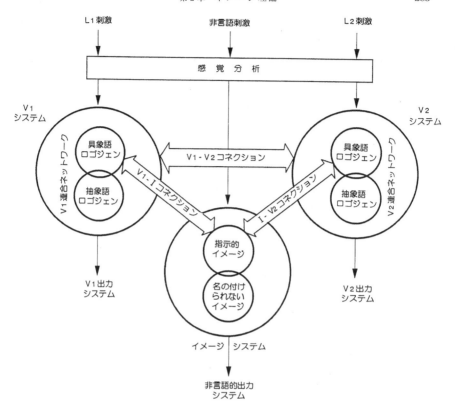

図 3.2.5　バイリンガルに関する二重コード化モデル(Paivio と Desrochers, 1980)

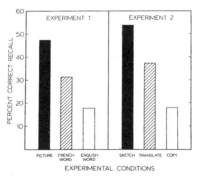

図 3.2.6　三つの課題条件下におけるバイリンガルの英単語再生記憶(Paivio と Lambert, 1981)

単語を書き写すということが求められた．その後，突然，最初に提示された英単語を再生することが求められた．実験1と2ともほとんど同じ結果が得られた．二重コード化理論によれば，②の翻訳によってもう一方の言語にもコード化される場合は二重のコード化がなされることから，③のそれを書き写す場合（このときは一つの言語システムにのみコード化される）より再生の成績は良いことが期待される．また，①の場合は言語コードに加えてイメージコードが生成され，優れた再生の成績が得られると期待された．結果は図3.2.6のとおりであり，二重コード化理論を支持するものであった．

エピソード

ペイビオがイメージ研究を始めたきっかけ

　ペイビオがまだ20代半ばであったころ，"話し方"教室に参加した．講師が1人の女性を紹介し，参加者に20の事物の名前をあげるようにいった．参加者は交代で1から20までの数を無作為な順番でいった．その女性は即座にそれらの数に対応する事物の名前を正確にあげただけでなく，最初にその事物を誰があげたのか指摘することができたのである．参加者はことごとく彼女の記憶力に圧倒されてしまった．その後の説明によれば，彼女は本来無関係であるが韻を踏んだ数と語（ペグ語）とのペアをすでに十分覚えていた．たとえば，one-run, two-zoo, three-tree, four-door というように．これを利用して，最初に参加者があげた最初の事物を何か走っている（running）ものと関係づけ，次の人があげた事物と動物園（zoo）の動物とを関係づけるというように，すべての事物とペグ語を奇妙なイメージを用いて結びつけた．あとで数が読み上げられるとき，数に対応するペグ語と，それに結びついた事物が思い出されるのである．ペイビオ自身もこの教室でこの方法を学習し，新しい20の事物をうまく覚えることができるようになったという．じつはこの方法は，とりたてて新しいものではなく，すでに古代ローマの時代から知られた記憶術"場所法"であった．紀元前55年，キケロは『弁論家について』という著書の中で，記憶術を「記憶にとどめおきたいことをイメージの助けによって，心の中の一定の場所に，ちょうど石盤に文字を刻み込むように書きとめること」であると述べており，当時の弁論家の間で広く用いられた方法であった．ともかくも，これはペイビオがイメージと記憶との関係について学んだ最初の体験であった．

〔箱田裕司，安藤満代〕

文　献

1) Brooks, L.R.(1968): Spatial and verbal components of the act of recall. *Canadian Journal of Psychology*, **22**: 349-368.
2) Denis, M.(1979): *Les images mentales*. Presses Universitaires des France. 寺内　礼 監訳(1989): イ

メージの心理学，勁草書房.

3) Downs, R.M. and Stea, D.(1973): *Images and Environment*. Aldine Publishing Company.

4) Golledge, R.G.(1978): Learning about an Urban Environment. In: Thrift, N., Parkes, D. and Carlstein, T.(eds.), *Timing Space and Spacing Time*. Edward Arnold, London.

5) Gould, P.R. and White, R.(1974): *Mental Maps*. Penguin Books, Harmondsworth.

6) Kosslyn, S.M.(1973): Scanning visual images; Some structural implications. *Perception and Psychophysics*, **14**: 90-94.

7) Kosslyn, S.M.(1975): Information representation in visual images. *Cognitive Psychology*, **7**: 341-370.

8) Kosslyn, S.M.(1976): Can imagery be distinguished from other forms of internal representation? ; Evidence from studies of information retrieval time. *Memory and Cognition*, **4**(4): 291-297.

9) Kosslyn, S.M.(1978): Measuring the visual angle of the mind's eye. *Cognitive Psychology*, **10**: 356-389.

10) Kosslyn, S.M., Ball, T.M. and Reiser, B.J.(1978): Visual image preserve metric spatial information; Evidence from Studies of image scanning. *Journal of Experimental Psychology*: *Human Perception and Psychology*, **4**: 46-60.

11) Kosslyn, S.M. and Pomerants, J.R.(1977): Imagery, propositions, and the form of interval representations. *Cognitive Psychology*, **9**: 52-76.

12) Kosslyn, S.M. and Shwartz, S.P.(1977): *Cognitive Science*, **1**: 265-295.

13) Lynch, K.(1960): *Image of the City*. MIT Press. 丹下健三，富田玲子 訳(1968): 都市のイメージ，岩波書店.

14) Moore, G.T. and Golledge, R.G.(1976): *Environmental Knowing*. Hutchinson & Ross, Dowden.

15) Neisser, U.(1967): *Cognitive Psychology*. Appleton-Century-Crofts, New York.

16) Neisser, U.(1976): *Cognition and Reality*. W.H. Freeman & Company. 古崎 敬，村瀬 旻 訳(1978): 認知の構図，サイエンス社.

17) Paivio, A.(1971): *Imagery and Verbal Processes*. Holt, Rinehart and Winston, New York.

18) Paivio, A.(1986): *Mental Representations*; *A Dual Coding Approach*. Oxford University Press, New York.

19) Paivio, A. and Desrochers, A.(1980): A dual-coding approach to bilingual memory. *Canadian Journal of Psychology*, **34**: 390-401.

20) Paivio, A. and Lambert, W.(1981): Dual coding and bilingual memory. *Journal of Verbal Learning and Verbal Behavior*, **20**: 532-539.

21) Posner, M.I., Boies, S.J., Eichelman, W.H. and Taylor, R.L.(1969): Retention of visual and name codes of single letters. *Journal of Experimental Psychology, Monographs*, **79**(3) Part 2: 1-16.

22) Pylyshyn, Z.W.(1973): What the mind's eye tells the mind's brain; A critique of mental imagery. *Psychological Bulletin*, **80**(1): 1-24.

23) Pylyshyn, Z.W.(1979): The rate of "mental rotation" of images; A test of a holistic analogue hypothesis. *Memory and Cognition*, **7**(1): 19-28.

24) Pylyshyn, Z.W.(1981): The imagery debate; Analogue media versus tacit knowlegde. *Psychological Review*, **88**: 16-45.

25) Shepard, R.N. and Metzler, J.(1971): Mental rotation of three-dimensional objects. *Science*, **171**: 701-703.

26) Watson, J.B.(1913): Psychology as the behaviourist views it. *Psychological Review*, **20**: 158-177.

第3章

ネットワーク理論

　人間の日常的な精神活動は，外界からの情報と既存の認知構造との相互作用を通して行われる．とくに言語処理の場合，入力情報を理解したり保持するためには，構造化された記憶表象の利用が不可欠である．この点について詳細に研究するためには，記憶表象とその利用方法を明確に仮定したモデルを設定したうえで，実験的検討を行うことが必要である．記憶表象の内容を仮定しない，従来の系列的な情報処理アプローチに対して，ネットワーク理論は，入力情報と内的表象との相互作用を検討するための枠組みを提供している．

　認知心理学における初期のネットワーク・モデルを構成する基本単位は，個々の概念や単語などに対応するノード(node)と，それらを連結するリンク(link)である．おのおののリンクは方向性をもち，ノード間の結合関係を示すラベル(label)が付与されている．この理論の原型は，キリアン(Quillian, 1968)によって人間の長期記憶のコンピュータ・シミュレーション・モデルとして提起され，実験的研究と結びつきながら，記憶研究や言語研究の新しいパラダイムを形成していった．ネットワーク理論は，記憶表象の内容を直接的に扱ったものである点と，活性化の拡散という概念を媒介として並列的情報処理の枠組みを与えた点において，記憶・言語研究にパラダイム・シフトをもたらしたと考えられる．

　タルビング(Tulving, 1972)は長期記憶を，一般的な知識に関する意味記憶と，時間・空間的に特定化されたエピソード記憶とに区分することを提唱した．この分類に関しては，内容的区分は認めても，機能的・表象的区分を認めない研究者も少なくない．ただし，ネットワーク・モデルは，以下で述べるように，過去の研究の流れとして，① 意味記憶からの検索の問題から，② エピソード記憶や言語理解の問題へと拡張され，さらに，③ 1980年代後半以降，学際的に研究が進められているコネクショニスト・モデル(または，並列分散処理モデル)とも密接に関連している．

3.1 概念のネットワーク

a. TLC モデル

TLC(teachable language comprehender)と名づけられたキリアン(Quillian, 1968)のシミュレーション・モデルは，人間の長期記憶における概念のモデルとして提案され，今日では一般に，意味ネットワーク・モデル(semantic network model)と呼ばれている．キリアンのモデルでは，人間の知識構造を，ノードがリンクによって相互に連結された膨大なネットワークとみなしている．通常，ノードで表現される個々の概念は上位概念や下位概念と，いくつかの性質もつ．概念の意味は，そのノードと連結したすべてのリンクとノードによって構成される．情報の処理は，ネットワークに沿った意味交差(semantic intersection)によって行われる．つまり，特定の文の意味理解は，文を構成するおのおのの単語から出発したネットワーク内の走査が，共通の概念を発見することによってなされる．TLC モデルは，① 人間の言語処理に対して，構造化された記憶表象という観点からアプローチしたこと，また，② 意味の処理をネットワーク上での関係の走査によってモデル化したこと，などの点において大きな意義をもち，それ以降の研究の基礎となった．

b. コリンズとキリアンの研究

コリンズとキリアン(Collins と Quillian, 1969)は，図 3.3.1 に示した概念の階層的な記憶構造を仮定し，その実験的検討を行った．図 3.3.1 のネットワークでは，キリアンのモデルに基づいて認知的経済性(cognitive economy)が仮定されている．つまり，上位概念(例：鳥)の特性でもある，下位概念(例：カナリア)の特性(例：翼がある)は，上位概念を定義するノードだけに貯蔵され，上位概念の特性はリンクを介して下位概念に継承される．この特性の継承によって，意味ネットワークは非常に多くの事実を表現することができる．

コリンズとキリアンは，特定の概念を主語とし，その概念の特性を述語とする文を用いて，被験者に文の意味の真偽判断課題を行うように求めた．たとえば，図 3.3.1 のように知識が貯蔵されていると仮定すると，① カナリア独自の特性に関わる文(例：カナリアは黄色い)，② カナリアの上位概念である鳥の特性に関わる文(例：カナリアは翼がある)，③ 鳥の上位概念である動物の特性に関わる文(例：カナリアは皮膚がある)の順で，文の真偽判断のためにたどらなければならないリンクの数が多くなる．実験の結果，仮説的な記憶構造において，文の真偽判断のために検索されるリンクの数が多いほど，被験者の反応時間が長いことが見いだされ，モデルから導出された仮説と実験結果とが一致することが示された．

ただし，キリアンらは，ある特性が階層構造の中のただ一つのレベルにのみ貯蔵される

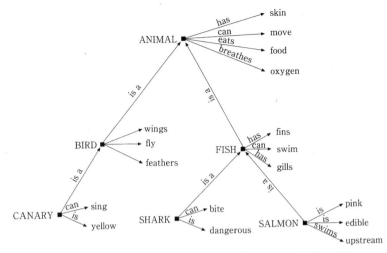

図3.3.1 階層的ネットワークによる概念の記憶表象(CollinsとQuillian, 1969)

という,強い認知的経済性を仮定していたわけではない.この点は多くの研究者によって誤解され,議論が混乱する一因となった.

c. 連想強度の効果

記憶表象における仮説的な階層構造を重視したコリンズとキリアンの研究に対して,数多くの実験的検討が加えられた.その結果,被験者による文の真偽判断の反応時間が,コリンズとキリアンが示した階層的な記憶構造だけではなく,事前の調査によって測定された連想データによって予測できることが示された.

まず,コンラッド(Conrad, 1972)は,コリンズとキリアンが仮定したネットワーク表象では同一レベルにある概念の特性に関して連想頻度の効果を見いだした.たとえば,"動物"に対する連想頻度は,"動くことができる"という特性の方が,"耳がある"という特性よりもかなり高い.実験の結果,連想頻度の高い特性に関する文(例:動物は動くことができる)の方が,連想頻度の低い特性に関する文(例:動物には耳がある)よりも,真偽判断の反応時間が短いことが示された.

さらに,リップスら(Ripsら, 1973)は,仮説的なネットワーク表象では上位概念にあたるカテゴリー名に対する事例の連想頻度の効果を見いだした.たとえば,"鳥"というカテゴリー名に対して連想される頻度は,"コマドリ"の方が"ニワトリ"よりも高い.実験の結果,連想頻度の高いカテゴリー成員に関する文(例:コマドリは鳥である)の方が,連想頻度の低い事例に関する文(例:ニワトリは鳥である)よりも真偽判断の反応時間が短いことが示された.この効果は,ロッシュ(Rosch, 1973)が提起したカテゴリーにおける

典型性(typicality)の概念と密接に関連している.

d. 特徴比較モデル

スミスら(Smithら, 1974)は, 連想強度の効果などをネットワーク・モデルでは説明できないため, 特徴比較モデル(features-comparison model)を提案した. スミスらによれば, 概念は特徴の集合として記憶される. こうした特徴は, その概念にとって中心的であるような定義的特徴(defining feature)と, 相対的に比重の小さい性質的特徴(characteristic feature)の二つからなると主張される. たとえば, "コマドリ"という概念の定義的特徴は, "鳥である", "翼がある", "胸が赤い", "よくいる"などであり, それ以外に, "飼い馴らせない", "食べられる", "パンを食べる"といった比較的重要ではない性質的特徴をもつと仮定される.

特徴比較モデルでは, 文の真偽判断に関して, 2水準の決定段階がある. 第1段階では, 主語と述語のすべての特徴が短時間で比較され, 両者の類似度が判定される. この段階で類似度が基準値よりも高ければ, "真"の反応がなされ, 基準値よりも低ければ"偽"の反応がなされる. 類似度が中程度の場合には第2段階で進み, 定義的特徴のみに従って判定が下される. 特徴比較モデルは, 連想強度や, カテゴリーにおける頻度などの効果をうまく説明することができる.

上述のネットワーク・モデルに対して, 特徴比較モデルはいくつかの重要な特質を備えている. その第1点は記憶表象のレベルにある. キリアンらによるネットワーク・モデルでは, 概念は局所的に表現され, それ以上は分解されない. こうした表象の形式は, 局所的表象(local representation)と呼ばれる. これに対して, 特徴比較モデルのように, 概念を特徴の集合として扱う立場は, 分散的表象(distributed representation)と呼ばれる. 第2の特質は, ネットワーク・モデルが構造を重視しているのに対して, 特徴比較モデルが処理過程を重視している点にある.

e. 活性化拡散モデル

コリンズとロフタス(CollinsとLoftus, 1975)は, 前述の批判的な知見をふまえて, キリアンのモデルにリンクの意味的関連度と処理過程の概念を付け加えた, 活性化拡散モデル(spreading activation theory)を提起した. 活性化拡散モデルは, 構造に焦点をあてたキリアンによるネットワーク・モデルと, 処理過程に焦点をあてたスミスらの特徴比較モデルとの混合モデルとして位置づけることができる. コリンズとロフタスは, おのおののリンクが, 意味的走査の過程でどれだけ速くたどられるかを示す強度値を有していると仮定し, この意味的関連度(リンク強度)を二つのノード間の距離にたとえた(図3.3.2参照).

コリンズとロフタスによる修正モデルでは, 意味的走査を, 固有の関連度をもつリンクを介して実行される連続的な活性化の拡散とみなしている. "活性化する"とは, 既存の

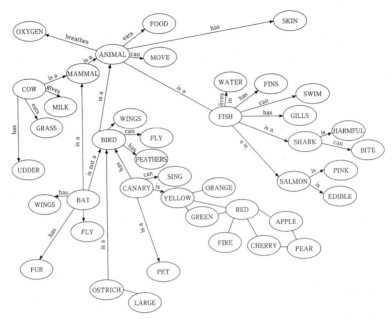

図 3.3.2 活性化拡散モデルに基づいた概念のネットワーク表象 (Collins と Loftus, 1975)

知識構造において，特定の記憶表象がただちに利用可能な状態に変換されたことを意味する．そして，ある概念を処理すると，当該のノードからリンクに沿った連続的なエネルギーの流れが引き起こされ，おのおののリンクの意味的関連度に応じて，近接した概念も活性化されるとし，ネットワークにおける情報の走査を活性化の拡散としてモデル化した．このモデルでは，複数のリンクに沿った活性化拡散の結果として，複数のノードが同時に活性化されるという，並列処理の枠組みが明確に示されている．

活性化の減衰は時間経過に比例し，リンク強度に反比例する．また，複数の概念ノードからの活性化は加算される．さらに，文の真偽判断課題などでは，処理が評価段階に進むためには，当該の概念ノードの活性化が閾値をこえなければならないと仮定されている．そして，評価段階では，入力文に対して肯定的証拠と否定的証拠とが吟味され，設定された判断基準に従って真か偽かの反応がなされる．

フォーダー (Foder, 1983) は，あらゆる関連情報を参照した処理を必要とする中央系と，知識の呼び出しを必要としない入力系 (機能単子系) とを明確に区別し，後者の性質をモジュール性 (modularity) と名づけた．つまり，知覚系や中央系に至る前の段階の言語系といった各モジュールは，処理が非常に高速，強制的，無意識的であり，個々のモジュールは1種類の情報タイプのみを扱い (領域固有性)，モジュール内部の働きは外部から干渉できない (情報遮蔽性, informational encapsulation) と主張される．マー (Marr, 1982) の視

覚モジュールに関する研究などをふまえて，フォーダーは，中央系に至る前にかなりの処理が，さまざまな制約条件を活用してボトムアップ的になされると仮定している．さらに，モジュール性の観点から，言語理解過程において，関連した語彙情報の自動的な処理をうまく説明できる活性化拡散モデルの意義を高く評価している．

なお，活性化拡散モデルという名称は，狭義にはコリンズとロフタスのモデルをさすが，広義には，ネットワーク形式の記憶表象と，活性化の伝播を仮定するタイプのモデルの総称である．アンダーソン（Anderson, 1983）は，長期記憶からの検索において活性化の拡散が生じていることの証拠として，プライミング効果（priming effect）とファン効果（fan effect）の二つをあげている．プライミング効果については以下で説明するが，ファン効果については 3.2 節 d 項で言及される．

f. プライミング効果

プライミング効果とは，先行刺激が連続刺激の処理に影響を及ぼすことをさす．促進的効果だけでなく抑制的効果も見いだされているが，促進的な影響のみをさしてプライミング効果と呼ぶ場合もある．言語処理の間にこうしたプライミング効果が生ずることは，非常に多くの実験によって確認されている．

メイヤーとシュヴァネヴェルト（Meyer と Shvaneveldt, 1971）は二つの文字列を継時的に提示し，おのおのが単語であるか否かを被験者に判断させた．この場合，第 1 刺激をプライム（prime），第 2 刺激をターゲット（target）と呼び，単語か否かの判断をする課題は語彙決定課題（lexical decision task）と呼ばれる．実験の結果，二つの単語が意味的連想関係にある条件（例：パン-バター）の方が連想関係がない条件（例：看護婦-バター）よりもターゲットの語彙決定に要する反応時間が短く，誤答率も少ないことが示された．こうした結果は，長期記憶内で特定の概念が活性化されると，関連した概念も一時的にアクセスのしやすさ（accessibility）が高くなることを示しており，活性化拡散モデルの仮定を明確に支持していると考えられる．また，プライミング効果においても，本節の c 項でふれた連想強度の要因が，重要な役割を果たすことが明らかにされている（都築, 1993）．

なお，プライミング効果ということばは，現在，全く異なる 2 種類の実験パラダイムに基づいた知見に対して用いられている．上記のタイプの現象は，先行刺激と後続刺激が同一でないため，間接プライミング，または，意味プライミング（連想プライミング）と呼ばれる．これに対して，学習時に提示した単語と同じ単語の一部を，空白で置き換えた刺激を用いた保持テスト（単語完成課題，word fragment completion task）によって見いだされる効果を，直接プライミング（反復プライミング）と呼んで区別している．直接プライミング効果の研究は，潜在記憶（implicit memory）に関するものとして位置づけられ，1980 年代以降，記憶研究における重要なテーマの一つである．

エピソード||||||||||||||||||||||||||||||||||||||||||||||||||||||||||||||||||||||||||||||||||||||||||||||||||||||||||||||||||||||||||||||

　ネットワーク理論と関連して，おもに記憶や言語理解の領域で，実験的研究とモデル構成を行ってきた二人の研究者を取り上げる．まず，アンダーソン(Anderson : 1947-)は，1973年にバウアー(Bower)とともに，命題的ネットワーク表象に基づく文記憶のシミュレーション・モデルであるHAM(human associative memory)を発表した．さらに，1976～1983年にはHAMモデルを発展させたACT(adaptive control of thought)モデルを発表している．ACTは記憶にとどまらず，言語の理解，生成，推論，知識獲得などを扱うことを目的としており，制御された推論を実行するプロダクション・システムが導入され，ネットワークにおける活性化拡散の機能が強化されている．アンダーソンの研究は，記号的表象の情報処理によって，人間の認知に関する一般モデルを構成しようとする試みであった．

　ラメルハート(Rumelhart : 1942-)は，1975年にノーマン(Norman)とともに，LNRモデルと呼ばれる言語処理モデルを発表している．ACTモデルと比較すると，文を構成する単語の意味を，基本的な意味素に分解して表現する点が異なっており，行為を示す動詞を中心に，格関係によって構造化されたネットワーク表象が仮定されている．その後，知識構造の一つであるスキーマ理論について研究を行い，さらに柔軟性のある新たな枠組みを探求した．1981年には，多くの処理単位が並列的に相互作用しながら処理を行う，相互活性化モデル(3.3節b項1)参照)をマクレランド(McClelland)とともに発表している．さらに，1986年には，マクレランドらとともに並列分散処理モデル(3.3節c項参照)を発表(同時に，誤差逆伝播〔back propagation〕則を提案)し，記号の形式的操作に代わる認知研究の新たな方向性を明確に打ち出したものとして，認知心理学以外の分野にも非常に大きな影響を与えた．

||||||||||||||||||||||||||||||||||||||||||||||||||||||||||||||||||||||||||||||||||||||||||||||||||||||||||||||||||||||||||||||||||||||||||||

〔都築誉史〕

文　献

1) Anderson, J.R.(1983): *The architecture of cognition*. Harvard University Press, Cambridge, MA.

2) Collins, A.M. and Loftus, E.L.(1975): A spreading activation theory of semantic processing. *Psychological Review*, **82**: 407-428.

3) Collins, A.M. and Quillian, M.R.(1969): Retrieval time from semantic memory. *Journal of Verbal Learning and Verbal Behavior*, **8**: 240-247.

4) Conrad, C.(1972): Cognitive economy in semantic memory. *Journal of Experimental Psychology*, **92**: 149-154.

5) Foder, J.A.(1983): The modularity of mind. MIT Press, Cambridge, MA. 伊藤笏康, 信原幸弘 訳 (1985): 精神のモジュール形式, 産業図書.

6) Marr, D.(1982): *Vision ; A computational investigation into the human representation and processing of visual information*. W.H. Freeman, San Francisco, CA. 乾　敏郎・安藤広志 訳(1987)：ビジョン―視覚の計算理論と脳内表現, 産業図書.

7) Meyer, D.E. and Schvaneveldt, R.W.(1971): Facilitation in recognizing pairs of words : Evidence

of a dependence between retrieval operations. *Journal of Experimental Psychology*, **90** : 227-234.

8) Quillian, M.R.(1968): Semantic memory. In : Minsky, M.(ed.), *Semantic information processing*. MIT Press, Cambridge, MA.

9) Rips, L.J., Shoben, E.J. and Smith, E.E.(1973): Semantic distance and the verification of semantic relations. *Journal of Verbal and Verbal Behavior*, **12** : 1-20.

10) Rosh, E.(1973): On the internal structure of perceptual and semantic categories. In : Moore, T.M. (ed.), *Cognitive development and the acquisition of language*. Academic Press, New York.

11) Smith, E.E., Shoben, E.J. and Rips, L.J.(1974): Structure and process in semantic memory ; A featural model for semantic decision. *Psychological Review*, **81** : 214-241.

12) 都築誉史(1993):プライムとターゲットの文脈依存的関連性と文脈独立的関連性が語彙的多義性の解消過程に及ぼす効果. 心理学研究, **64** : 191-198.

13) Tulving, E.(1972): Episodic and semantic memory. In : Tulving, E. and Donaldson, W.(eds.), *Organization of memory*. Academic Press, New York.

3.2　エピソード記憶のネットワーク

a.　エピソード記憶の表象

　前節で論じてきたネットワークは，タルビングのいう意味記憶(semantic memory)，すなわち特定の時間や場所などの文脈に縛られない一般的な知識の表象としてのものが中心であった．これに対し，特定の文脈における出来事の記憶であるエピソード記憶の表象を中心としたネットワークによる記憶表象モデルが1970年代から1980年代前半にかけて提案されている(たとえばAndersonとBower, 1973 ; Anderson, 1976, 1983 a ; Kintsch, 1974 ; Normanら, 1975)．これらのモデルでは，一般的な概念と同様に特定の文脈における事実も，概念が特定の関係を示すリンクによって連合することによって表象されると考えている．

　ただし，のちにもふれるように，理論家たちは必ずしも意味記憶，あるいはエピソード記憶のモデルとしてそれぞれの記憶表象モデルを構築したわけではない．むしろ，初期には包括的な記憶モデルをめざしながらも，モデルが説明する，あるいはモデルを検証するための心理実験として取り上げられてきたのは，主として文の真偽判断課題や語彙決定課題などの意味記憶が関連すると考えられる課題に限られていた．これに対し，のちには記憶のさまざまな側面が実際に明示的にモデル化され，それとともに再認課題やエピソード記憶に基づく推論課題などが実験に用いられるようになったというのが現実であろう．

　図3.3.3は，アンダーソン(Anderson, 1983 a)による包括的な認知機構のモデルであるACT*における "The tall lawyer believed the men were from Mars." という文に対するネットワークを示している．図中の楕円は，真または偽の値をとりうる意味のまとまりである命題のノードを表し，行為者(agent)，関係(relation)，対象(object)といった概念間の結合関係を表すリンクによりさまざまな概念と結びついている．また，x, zと名づけられたノードは法律家や人の事例のうち，このエピソードに登場する特定の事例を表してい

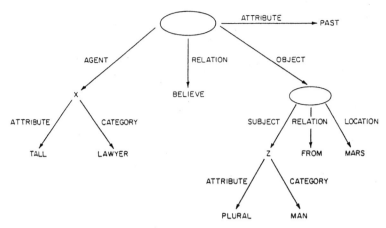

図 3.3.3　ACT*におけるエピソード記憶の表象(Anderson, 1983 a)

る．このようなノードはトークンノードと呼ばれ，"法律家という概念"，"人という概念"を表すタイプノード（図中では lawyer, man と英単語で表示されている）と明確に区別されている．タイプとトークンの区別は，ネットワーク内で概念の個々の事例に関する情報を表象するために必然的に導入されたものであり，いずれのモデルにおいても明白に，あるいは暗黙のうちに取り入れられている．

　図 3.3.3 は，架空の個人のエピソード記憶のごく一部を取り出したもので，the tall lawyer についてほかに知識をもっていればノード X と結合する他の命題ノードが存在する．また，他の法律家についての知識は，タイプノード lawyer とリンク結合する他のトークンノードを含む命題により表象される．このようにわれわれのもつあらゆる概念はさまざまなリンクにより相互に関連づけられ，記憶表象全体は概念間に張られた巨大な一つのネットワークであると考えられるのである．

b. ネットワーク表象の要件

　ネットワークによる記憶表象モデルを提案した研究者たちは，記憶表象モデルは以下の二つの基準を満たす必要があると指摘している．まず第１の点は，われわれが考えたり理解することができる内容や言語で表現できる事柄はすべてネットワーク表象上に表すことができなければならない，という基準である(Anderson, 1976; Norman ら, 1975)．各モデルでは，この基準を満たすためにさまざまな工夫がなされているが，必ずしもこの基準が完全に満たされているわけではない．とくに，"すべての"，"いくつかの"といった限量子を含む文に対する表象は問題を含む．たとえば日常言語では，「すべての哲学者は何冊かの本を読んだ」という文と，「何冊かの本はすべての哲学者によって読まれた」という文では，"何冊かの本"が表すものは異なった意味に解される．すなわち，後者では

"すべての哲学者に共通する特定の何冊かの本"を意味するが，前者では特定の本を意味しない．アンダーソン(Anderson, 1976)によると，この相違を命題のネットワークにより表すことは困難である．また，位置関係や大きさの関係なども命題ネットワークによって表すことは困難，もしくは不自然に思われる．より今日的な考え方では，すべての情報がネットワーク表象によって表されていると考えずに，イメージ表象やメンタル・モデル(Johnson-Laird, 1983)などの他の表象との併存によって表象の完全性は達成されるとする考え方が受け入れられるようになっている．

第2の基準は，ノーマンら(Norman ら, 1975)が拡張可能性と呼んだものである．われわれは，これまでもっている知識に新たな情報を付け加えたり変更を加えるなどして知識の更新を行っている．ネットワーク表象のモデルはこのような知識の更新を表現しうるものでなければならない，というのである．既存のネットワークに新たな情報を付け加えることは容易である．たとえば図 3.3.3 の表象に "The men were really from Jupiter." という情報を付け加えるには，ノード z と subject リンクで結合する新たな命題を付け加えればよい．ノーマンらは，より細かいレベルでの拡張可能性について論じているが，それについてはのちにふれる．知識が訂正される場合には，ネットワークのリンクを削除するのではなく，その関係が偽であることを示すタグをつけるとする考え方が一般的である．

c.　記憶表象モデルに関わる論点

命題ネットワークによる記憶表象の構造を考えるうえで問題となる点を二つ指摘する．第1は，命題の抽象度をどの程度のものと考えるべきか，という問題である．ここでの抽象度とは，たとえば，文型や単語など特定の言語表現から独立である程度をいう．一般に，能動文と受動文といった文型の相違はネットワーク表象には符号化されず，同一のネットワークで表象されると考えられている．しかし，どのような文型の相違に対しても同一の表象が考えられるのか，「太郎は次郎に車を売った」と「次郎は太郎から自動車を買った」の場合のように，情報としては同じであるが異なった内容語(名詞，動詞など)が用いられている場合にも同一の表象があてられるのか，など問題も多い．

多くの言語的表現に対して同一の表象をあてるモデルにおいては，記憶の内容の利用を推論などの認知処理に利用することは容易であるが，符号化を行う際の認知的負荷は大きくなる．逆に，個々の言語的表現に異なった表象をあてるモデルにおいては，符号化の際の負荷は小さくてすむが，記憶表象を利用する際には何らかの変換が必要とされることになる．

第2の問題点は，先の拡張可能性の問題とも関連するが，入力情報を符号化しネットワーク表象を作り上げる際に単語の意味の分解が行われるか，という問題である．ノーマンらは，記憶ネットワークに形式的構造(formal structure)と，原始的構造(primitive structure)の二重の構造を考えた．形式的構造は，単語に対応するノードから構成される

もので，リンクの種類や結合の形などは異なるが，図 3.3.3 に示したものと類似のものである．これに対し原始的構造は，単語の意味をより細かく分解してできた構造である．図 3.3.4 は，ノーマンらによる "A cowboy woke up Ambrose by putting water on him." という文に対応する原始的構造である．このネットワークは，「水の位置がある場所(特定されていない)から Ambrose の上へ変化することの原因となる行為をカウボーイが行い，そのことが Ambrose の状態を眠っている状態から起きている状態へ変化させる原因となった」ことを表している．

ノーマンらがこのような意味の分解を考えた背景には，同じ情報に対しては常に同一の表象が与えられ，概念，あるいは単語の意味の重なりや細かい相違は記憶表象上の重なりや細かな相違に対応すべきであると考えたからである．もし，このような形で情報が記憶されているのであれば，一度符号化された情報がさまざまな文脈でさまざまな認知処理に柔軟に利用されることが可能となり，記憶表象の利用の際の負荷は小さくてすむ．しかし逆に，意味の分解が行われているのであれば符号化時に大きな負荷がかかることになる．

d. エピソード記憶の符号化と検索

エピソード記憶の符号化は，ネットワークに新たなノードやリンクが付加されることによってなされると考えられる．アンダーソン(Anderson, 1983 a)はこのような符号化のメカニズムの具体的なモデルを提案している．

一方，エピソード記憶の検索は，あるノードから出発してネットワーク内をリンクに沿ってたどることによってなされると考えられる．たとえば，図 3.3.3 の記憶に基づき，"Did the tall lawyer believe the men were from Mars?" という文に答えるためには，質問文

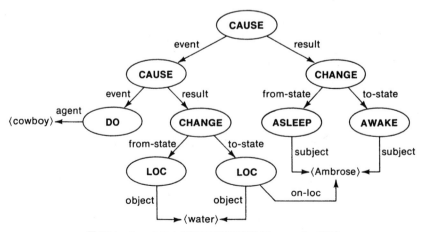

図 3.3.4　ノーマンによる記憶の原始的構造(Norman ら，1975)

中に与えられた概念を表す各ノードから拡散した活性化が交差し，図3.3.3のネットワーク全体が活性化したうえで，概念間のリンクの関係が質問文のものと一致することが確認される必要がある．また，"What did the tall lawyer believe？"という質問に答えるためには，tall，lawyer，believeの各ノードから拡散した活性化が交差し，かつ活性化が"the men were from Mars"に対応するネットワークの部分に及ぶことが必要である．

どのように活性化がリンクを伝わるかに関しては，初期のモデルでは直列的に1本1本リンクをたどるメカニズムが提唱されたこともあった（AndersonとBower，1973）．しかし，のちのモデルでは，複数のリンクを介して同時に活性化が伝播していくというコリンズとロフタスの活性化拡散モデルと同様のメカニズムが仮定される場合が多い（たとえばAnderson，1976；1983 a）．とくにアンダーソンは，以下に述べるファン効果（fan effect）と呼ばれる現象に基づき，活性化拡散過程の限界容量特性を主張している．アンダーソン（Anderson，1976）は，"一つのノードからある瞬間に拡散する活性化の量は一定であり，そのノードから出ているリンクの数が多いほど，個々のリンクを伝わる活性化の量は分散され少なくなり，隣接するノードの活性水準の上昇速度は遅くなる"と主張している．のちにアンダーソン（Anderson，1983 b）は，"活性化が拡散するのに要する時間は無視できるほどわずかなものであるが，ノードから出ているリンク数が多いと隣接ノードの活性水準が低くなり，この活性水準により想起の率と速さが異なる"と理論を変更している．これは，プライミング効果がプライム刺激とターゲット刺激の提示の時間差がごくわずかの場合にも生じる，といった実験結果を説明するためである．

ファン効果とは，ある事柄について知っている知識が多いほど，それらの中の特定の知識を検索するために時間がかかる，という現象をさす．アンダーソン（Anderson，1974）は，"A hippie is in the park."のように人物と場所の組み合わせを表す複数の文を被験者に学習させた．このとき，特定の名詞が出現する文の数を統制したが，この文の数をその名詞の概念についてのファンと呼ぶ．学習させた文と人物と場所の組み合わせを変えてつくった妨害刺激を提示して文の再認テストを行った結果，人物，場所のいずれについてもファンが大きいほど，すなわちその人物や場所についての知識が多いほど，再認に要した反応時間は長くなることが示された．

e．プライミング効果

3.1節では，意味ネットワークの中を活性化が拡散していくことを示す根拠として語彙決定課題におけるプライミング効果があげられている．もしエピソード記憶のネットワークにおいても同様に活性化が拡散するのであれば，実験室において新たに記憶されたエピソードのリンクを介してもプライム刺激によるターゲット刺激の処理の促進がみられるはずである．ラットクリフとマックーン（RatcliffとMcKoon，1981）は，いくつかの文を被験者に提示したのち，それらの文に含まれる単語か妨害刺激の単語のどちらか一方を一つ

ずつ次々と提示し，単語が記憶した文中にあったかどうかの判断を求めた．その結果，プライム語がターゲット語と同じ文に含まれている場合には別の文に含まれる単語の場合に比べ反応時間が短いことを見いだした．このことはプライム語から記憶した文のネットワークを介して活性化が拡散していることを示すものと考えられる．

f. 意味記憶とエピソード記憶

記憶の分類に関する議論の中では，意味記憶とエピソード記憶の区別は古くから議論されていた．この問題は，記憶のネットワークの観点からは，意味ネットワークとエピソード記憶のネットワークは別個のネットワークであるのか，境界のない一つのネットワークであるのかという問題，あるいは両者に対して，同じ処理メカニズムが考えられるのかという問題としてみることができる．

アンダーソンのモデルにおいては，意味記憶とエピソード記憶は単一の，宣言的知識を表象する膨大なネットワークの部分と考えられ，とくに区別はされていない．活性化拡散過程をはじめ，適用される認知処理のメカニズムも同一である．ただし，意味ネットワークにおいては活性化の容量に限界がないことを示すデータが得られているのに対し，エピソード記憶においては容量限界を示すデータが得られており，このことを意味記憶，エピソード記憶の区別の根拠とする考え方もある(Shoben ら, 1978)．

現象例||||||||||||||||||||||||||||||||||||||||||||||||||||||||||||||||||||||||||||||||||||||||||||||||||||||||||||||||||||||||||

相互活性化モデルによる人名想起の困難さの説明

人に話しかけられて，知っている人であることや，どこのどういう人物であるかはわかるのだが，どうしても名前を思い出すことができずに困った，といった経験をよくする．ところが逆に，名前はわかるがどういう人であるかを思い出せないということは，あまりないようである．人の名前は，他の個人情報に比べて思い出しにくく，忘れやすいものなのだろうか．いくつもの実験が，上記のわれわれの経験的印象を裏づけている．人名は，職業や出身地などの名前以外の個人情報よりも学習，想起ともに困難で，これは同一の単語(baker など)が人名と職業名の両方に用いられる場合にも成り立つのである．

ブルースとヤング(Bruce と Young, 1986)は段階モデルによってこの現象を説明している．このモデルでは，個々人の顔の特徴を蓄える顔認識ユニット(face recognition unit)は名前以外の個人情報を蓄える個人情報ノード(person identity node : PIN)を介して人名コードと連合しており，顔をみてその人の名前を思い出すには，① 顔認識ユニットの活性化(顔が既知であることの認識)，② PIN の活性化(名前以外の個人情報の想起)，③ 人名コードの活性化(名前の想起)，という段階を踏むとしている．

これに対しバートンとブルース(Burton と Bruce, 1992)は，人名とそれ以外の個人情報が区別されずに蓄えられていると考えても人名想起の困難さを説明できることを，相互活

性化モデル(3.3節b項1)参照)を用いて示した．図3.3.5は彼らのモデルにおける人名やその他の個人情報とPINとの結合関係を示す．彼らのモデルにおいては，PINは直接情報を蓄えるのではなく，特定の個人に関する情報をまとめ，それらへのアクセスを可能にするものである．顔認識ユニットなどの活性化によりPIN(たとえばdiana)の活性レベルが上昇し始めると，そのレベルに比例してそのPINと結合した個人情報(name：Princess DianaやBritishなど)の活性レベルが上昇する．すると，それらの活性化はそれらを入力としてもつPINの活性レベルをさらに上昇させる．このとき人名は当該人物のPINを活性化するだけであるが，それ以外の個人情報(たとえばBritish)は複数のPIN(_diana, _charles, _thatcherなど)の活性レベルを上昇させる．これらの活性化は再び個人情報の活性レベルを上昇させるので，この段階で人名に比べそれ以外の個人情報の活性レベルの上昇は大きくなる．このようにPINと人物情報の間で相互活性化のプロセスが進むと，多くのPINと結合する個人情報は一人の人物のPINとのみ結合する人名に比べより早くより高い活性レベルに達するため，より容易により高い確率で想起されるのである．

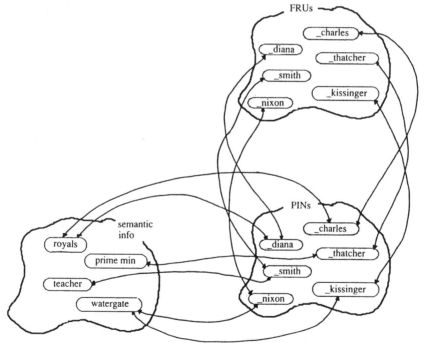

図3.3.5 相互活性化モデルにおける個人情報の記憶表象(BurtonとBruce, 1992)

〔伊東裕司〕

文　献

1) Anderson, J.R.(1974): Retrieval of propositional information from long-term memory. *Cognitive Psychology*, **5**: 451-474.
2) Anderson, J.R.(1976): *Language, memory and thought*. Lawrence Erlbaum Associates, Hillsdale, NJ.
3) Anderson, J.R.(1983 a): *The architecture of cognition*. Harvard University Press, Cambridge, MA.
4) Anderson, J.R.(1983 b): A spreading activation theory of memory. *Journal of Verbal Learning and Verbal Behavior*, **22**: 261-295.
5) Anderson, J.R. and Bower, G.H.(1973): *Human associative memory*. Winston, Washington, DC.
6) Bruce, V. and Valentine, T.(1986): Semantic priming of familiar faces. *Quarterly Journal of Experimental Psychology : Human Experimental Psychology*, **38**(1 A): 125-150.
7) Burton, A.M. and Bruce, V.(1992): I recognize your face but I can't remember your name ; A simple explanation? *British Journal of Psychology*, **83**(1): 45-60.
8) Johnson-Laird, P.N.(1983): *Mental models*. Harvard University Press, Cambridge, MA. 海保博之監訳(1988): メンタルモデル, 産業図書.
9) Kintsch, W.(1974): *The representation of meaning in memory*. Lawrence Erlbaum Associates, Hillsdale, NJ.
10) Norman, D.A., Rumelhart, D. and Group, T. L.R.(1975): *Explorations in cognition*. Freeman, San Francisco.
11) Ratcliff, R. and McKoon, G.(1981): Automatic and strategic priming in recognition. *Journal of Verbal Learning and Verbal Behavior*, **20**: 204-215.
12) Shoben, E.J., Wescourt, K.T. and Smith, E.E.(1978): Sentence verification, sentence recognition, and the semantic-episodic distinction. *Journal of Experimental Psychology : Human Learning and Memory*, **4**: 304-317.

3.3　コネクショニスト・モデル

a.　コネクショニスト・モデルの意義

　従来の認知研究が, 系列処理型のコンピュータによって人間の知能をシミュレートして一定の成果をあげた結果, 脳における神経細胞の並列的な活動を無視し, 人間の知能も常に直列的に働き, 簡単な下位系列の積み重ねであると主張されるようになった点に対して, 近年, 積極的に批判が加えられるようになった. 従来の系列型情報処理アプローチに代わって, 脳神経系から抽象化された神経回路網に基礎をおく, コネクショニズム(connectionism)や並列分散処理(parallel distributed processing: PDP; McClellandとRumelhart, 1988 ; Rumelhart ら, 1986)と呼ばれるアプローチが, 1980 年代後半以降, 認知心理学, コンピュータ科学, 神経科学の領域において, 一つの大きな流れを構成しつつある(理工系では, ニューラルネットワーク・モデルと呼ばれることが多い).

　コネクショニスト・モデルでは, 相互に結合した多数の単純な処理ユニットのネットワ

ークが並列的に作動し，全体としてまとまった情報処理を実行する．各ユニットは活性値（activation value）をもち，可変的な結合強度（weight）を有する興奮性・抑制性結合を通して，ユニット間で活性化を伝播することにより相互作用する．特定の情報処理は，興奮性・抑制性結合を介して，ネットワークに活性化パターンが形成される過程として把握される．そして，知識は局所的な学習規則によって更新される結合強度の集合として表現できると主張される．ラメルハートらは，コネクショニスト・モデルが，神経回路網そのもののモデルではなく，"神経系からヒントを得た認知過程のモデル"であるという点を繰り返し強調している．

　コネクショニスト・モデルは，ネットワークの構造と知識の表現形式とによって分類することができる．まずネットワーク構造に関しては，入力ユニットから出力ユニットまですべて順方向のみに結合されている多層ネットワーク（multi-layered network）と，ユニット間にフィードバック結合を有する相互結合ネットワーク（interconnected network）とが代表的であるが，最近では，多層ネットワークにおいてフィードバックをもつ単純再帰ネットワーク（simple recurrent network）もしばしば用いられる．また，知識の表現形式は，一つのユニットが文字，単語，文などに対応する局所表現と，一つの概念を多数のユニットの集合で表す分散表現に分類できる．

b.　局所主義的コネクショニスト・モデル

　コネクショニスト・モデルという名称は，意味ネットワークから発展した局所表現に基づくモデルに限定すべきであるという立場もある．これに従えば，コネクショニスト・モデルと並列分散処理モデルは異なることになるが，通常，両者は明確には区別されていない．しかし，局所表現によるネットワークと，活性化拡散を仮定するタイプのモデルは，とくに局所主義的コネクショニスト・モデル（localist connectionist model）と呼ばれる．活性化拡散モデルと局所主義的コネクショニスト・モデルは多くの基本的な部分が共通しているが，使われている用語がやや異なっている．おもなものをあげると，活性化拡散モデルにおける"ノード"，"リンク"，"リンク強度"はそれぞれ，コネクショニスト・モデルの"処理ユニット"，"結合"，"結合強度"に対応する．

　一方，人間の心理と脳との間には，① 記号に基づく構造的知識表現，② 局所主義的コネクショニスト・モデル，③ 並列分散処理モデル，④ 神経モデルの4レベルを設定することができ（Dyer, 1988），認知研究はこうしたさまざまな側面から多層的に進めることが必要であると考えられる．以下ではまず，局所主義的コネクショニスト・モデルに属する二つのモデルについて説明し，続くc項で並列分散処理モデルについて述べる．

1）　相互活性化モデル

　マクレランドとラメルハート（McClelland と Rumelhart, 1981）による相互活性化モデル（interactive activation model）は，当初，視覚的な単語認知のモデルとして提起された

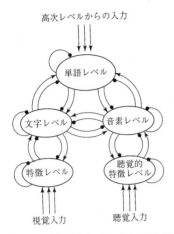

図 3.3.6 相互活性化モデルの全体的枠組み(McClelland と Rumelhart, 1981)

が，TRACE モデル(McClelland と Elman, 1986)と呼ばれる音声言語の認知モデルや，言語処理のモデルへと拡張されていった．

相互活性化モデルの全体的な枠組みを，図 3.3.6 に示す．図に示したように，このモデルは大局的には，特徴レベル，文字レベル，単語レベルという 3 層からなるネットワークである．各レベルは，相互に結合された多数の処理ユニットの集合から構成されている．図 3.3.7 に，六つの単語(able, trap, trip, take, time, cart)に関する，さらに具体的なネットワーク表象の一部を示す．相互活性化モデルの特徴の一つは，活性化拡散モデルやアンダーソンによる ACT* モデルのように興奮性結合だけではなく，抑制性結合が明確に仮定されている点にある．図 3.3.6 では，興奮性結合は矢印で，抑制性結合は黒丸で表現されている．また，どのレベルにおいても，低次から高次のレベルへのボトムアップ情報と，高次から低次のレベルへのトップダウン情報との交互作用のもとに処理が進行すると主張される．相互活性化モデルでは，各ユニットの最大・最小活性値，活性化の減衰率などが厳密に定義されており，これらのパラメータを用いた非線形的な方程式によって，

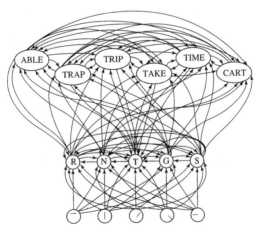

図 3.3.7 特徴レベル，文字レベル，単語レベル間の相互結合(McClelland と Rumelhart, 1981)

離散的な時間経過に伴う活性化パターンの変化が算出される(都築, 1996 を参照).

従来の言語処理モデルと比較すると，相互活性化モデルは非常に重要な特徴を有している．従来の系列的なモデルでは，言語理解過程において単語の同定，統語分析，意味分析，語用論的分析といった処理が順番に実行されると仮定されており，基本的には処理が一方向的である点に限界がある．つまり，情報の流れが処理の系列に沿って固定されてしまうため，情報が相互にさまざまな影響を及ぼしながら処理が進行する様相を扱うことはできない．これに対して，相互活性化モデルの枠組みは，異なるレベル間の情報の流れを限定せず，多様な言語処理過程を一様な構造のもとで把握できる．

2) 超並列統語解析モデル

ウォルツとポラック(Waltz と Pollack, 1985)は，言語理解に関する超並列統語解析モデル(massively parallel parsing model)を提案した．このモデルは，文の多義性，文理解の誤り，文法的に誤った文の解釈といった問題を扱うことを目的としている．そのため，いくつかの処理要素が系列的に処理を行うのではなく，複数の処理要素が相互に強く影響を及ぼしながら，並列的に処理を進めるシステムが提案されている．ウォルツとポラックは，ネットワークにおける活性化が上限近くにおいて均質化することを避けるため，活性化拡散に加えて側抑制(lateral inhibition)という処理過程を明確に仮定した．側抑制

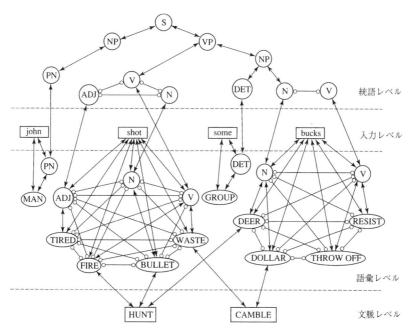

図 3.3.8 超並列統語解析モデルにおける文のネットワーク表象(Waltz と Pollack, 1985)

は生体の比較的下位のレベルに遍在する処理メカニズムであり，対立するユニットが同時に実行される事態を回避する仕組みである．これは具体的には，ネットワーク表象の同じレベルにおいて負の結合を仮定すればよい．超並列統語解析モデルでは，時間経過に伴う活性化の推移を制御し，活性値の上限と下限を操作するため，前述の相互活性化モデルで用いられたものと同じ非線形的な方程式を採用している．

図 3.3.8 は超並列統語解析モデルにおけるネットワーク表象の例であり，文の理解において，統語レベル，入力レベル，語彙レベル，文脈レベルの四つが相互に連結された様子が示されている．図 3.3.7 と同様に，図 3.3.8 における矢印は興奮性結合を，白丸は抑制性結合を表している．"John shot some bucks." という多義文の場合，"狩" の文脈が活性化されると，"ジョンは鹿を撃った．" という意味を構成するユニット群に活性化が伝播し，"ギャンブル" の文脈が活性化されると，"ジョンは何ドルかすった．" という意味に関連したユニット群に活性化が伝播することが示され，多義文の理解における文脈効果を適切にシミュレートできた．

c. 並列分散処理モデル

基本的には，一つの情報単位が一つの処理ユニットに対応する上記の局所主義的コネクショニスト・モデルに対して，並列分散処理モデルでは，一つの情報単位が多数の処理ユニットの集合によって表現される．そして，同一の処理ユニットの集合によって，多数の情報を表現することが可能である．並列分散処理モデルでは，局所主義的コネクショニスト・モデルのように前もってネットワーク構造や結合強度の値を設定することなしに，特定の学習規則を用いて，ネットワーク全体における自己組織化過程を扱うことができる．

1） 多層ネットワーク

多層ネットワークとしては，入力層，中間層（内部表現），出力層の 3 層からなるネットワーク構造が基本型である（図 3.3.9 参照）．学習規則としては，誤差逆伝播則（Rumelhart ら，1986）が用いられることが多い．この学習則は，入力パターンに対する出力パターンの実際値と理想値の誤差が減少するように，入力層から出力層に向かう情報の流れとは逆方向の手順で，個々の結合強度を修正していく．マクレランドとラメ

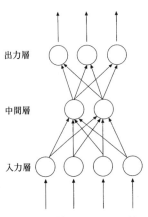

図 3.3.9　多層ネットワークの例
（都築，1999）

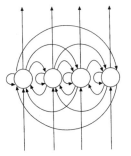

図 3.3.10　相互結合ネットワークの例（都築，1999）

ルハートらは，誤差逆伝播則を用いて，人間のパターン認知，記憶，言語処理などに関するさまざまな知見を説明できることを示した．多層ネットワークによる代表的な研究例としては，サイデンバーグとマクレランド(Seidenberg と McClelland, 1989)による，単語の再認・命名(naming)のシミュレーションをあげることができる．

2) **相互結合ネットワーク**

ホップフィールド(Hopfield, 1982)は，多数の相互に関連し合った拘束条件を満たすような解を求める制約充足問題を，結合強度が対称的な相互結合ネットワーク(図3.3.10 参照)によって解くことが可能であることを示した．とくに，解を探索するためのネットワークの状態変化が，結合された二つのユニット間の活性値と結合強度との一貫性の有無に基づいてネットワーク全体から計算される，評価尺度(ネットワークのエネルギー)を極小化する過程として解釈できることを示し，のちの研究に大きな影響を与えた．

相互結合ネットワークによる反復学習の過程は，個々の記憶パターンに対するエネルギー関数の値を小さくする処理として把握できる．また，学習後のネットワークが解を探索する過程は，ボールがエネルギー関数の吸引域(basin of attraction)の底にあるアトラクタに向かって，転げ落ちていく様相にたとえることができる．これを応用すると，連想記憶モジュールにおけるエネルギーの最小化として，言語理解の一側面を定式化することも可能である(都築ら，1999)．

3) **単純再帰ネットワーク**

1990年以降，単純再帰ネットワーク(simple recurrent network : SRN)を用いて，統語的情報の自己組織化過程を扱った研究が報告されている．SRNは，入力層，中間層，出力層からなる多層ネットワークにおいて，入力層と同じレベルに関連層が設定されてお

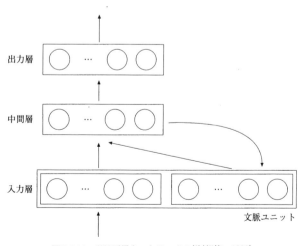

図 3.3.11 単純再帰ネットワークの例(都築, 1999)

り，中間層から関連層への再帰的なフィードバック・ループを有する（図3.3.11参照）．こうしたネットワーク構造を用いることにより，時間的な系列を学習できることが知られている．

エルマン（Elman, 1990）は，SRNを用いて，文を構成する単語が次の単語を予測できるようにネットワークを訓練した．その結果，SRNはかなり複雑な文法構造を抽出できたと報告している．さらに，エルマン（Elman, 1993）は，フィードバック・ループによってSRNに組み込まれた作業記憶（working memory）の容量を徐々に大きくすることにより，単純な文のみではなく，複雑な文の文法構造も学習が可能になること（小さく始めることの重要性，the importance of starting small）を明らかにし，人間の言語発達に興味深い示唆を与えた．

このようにコネクショニスト・モデルは，1980年代後半以降，積極的に研究が進められており（都築ら，2002を参照），記憶，言語，思考といった伝統的な認知心理学の諸問題（たとえば，EllisとHumphreys，1999を参照）にとどまらず，発達心理学（たとえば，Elmanら，1996を参照），社会心理学（たとえば，ReadとMiller, 1998を参照），臨床心理学などの分野においてもコンピュータ・シミュレーション研究が多数報告されている．

〔都築誉史〕

文　献

1) Dyer, M.G.(1988): Symbolic neuroengineering for natural language processing; A multilevel research approach, Technical Report UCLA-AI-88-14. Artificial Intelligence Laboratory, UCLA.
2) Ellis, R. and Humphreys, G.(1999): *Connectionist psychology; A text with reading*. Psychology Press, Hove, UK.
3) Elman, J.L.(1990): Finding structure in time. *Cognitive Science*, **14**: 179-211.
4) Elman, J.L.(1993): Learning and development in neural network; The importance of starting small. *Cognition*, **48**: 71-99.
5) Elman, J.L., Bates, E.A., Johnson, M.H. and Karmiloff-Smith, A.(1996): *Rethinking innateness; A connectionist perspective on development*. MIT Press, Cambridge, MA. 乾　敏郎，今井むつみ，山下博志 訳(1998)：認知発達と生得性―心はどこから来るのか，共立出版.
6) Hopfield, J.J.(1982): Neural networks and physical systems with emergent collective computational abilities. *Proceedings of the National Academy of Sciences USA*, **79**: 2554-2558.
7) McClelland, J.L.(1987): The case for interactionism in language processing. In: Coltheart, M. (ed.), *Attention and performance XV*. Lawrence Erlbaum Associates, Hillsdale, NJ.
8) McClelland, J.L. and Elman, J.L.(1986): The TRACE model of speech perception. *Cognitive Psychology*, **18**: 1-16.
9) McClelland, J.L. and Rumelhart, D.E.(1981): An interactive activation model of context effects in letter perception; Part 1. An account of basic findings. *Psychological Review*, **88**: 375-407.
10) McClelland, J.L. and Rumelhart, D.E.(1988): *Explorations in parallel distributed processing; A handbook of models, programs, and exercises*. MIT Press, Cambridge, MA.
11) Read, S.J. and Miller, L.C.(eds.)(1998): *Connectionist models of social reasoning and social behavior*. Lawrence Erlbaum Associates, Mahwah, NJ.

第3章　ネットワーク理論　　　　307

12)　Rumelhart, D.E., McClelland, J.L. and the PDP research group(eds.)(1986): *Parallel distributed processing*; *Explorations in the microstructure of cognition*, Vol.1. MIT Press, Cambridge, MA. 甘利俊一 監訳(1989): PDP モデル―認知科学とニューロン回路網の探索，産業図書.

13)　Seidenberg, M.S. and McClelland, J.L.(1989): A distributed, developmental model of word recognition and naming. *Psychological Review*, **96**: 523-568.

14)　都築誉史(1996): 文の理解における語彙的多義性の解消過程に関するコネクショニスト・モデル．心理学評論，**39**: 273-294.

15)　都築誉史(1999): ニューラルネットワーク(PDP)法．海保博之，加藤　隆 編著：認知研究の技法，福村出版.

16)　都築誉史，Kawamoto, A.H., 行廣隆次(1999)：語彙的多義性の処理に関する並列分散処理モデル―文脈と共に提示された多義語の認知に関する実験データの理論的統合．認知科学，**6**: 91-104.

17)　都築誉史，河原哲雄，楠見　孝(2002)：高次認知過程に関するコネクショニストモデルの動向．心理学研究，**72**: 541-555.

18)　Waltz, D.L. and Pollack, J.B.(1985): Massively parallel parsing; A strongly interactive model of natural language interpretation. *Cognitive Science*, **9**: 51-74.

第4章

文章理解の理論

　文章理解の過程は，文章自体によって提供される新しい情報とすでに読み手がもっている知識の相互作用として進行する．4.1節では，スキーマ理論と呼ばれるいくつかの考え方を紹介する．この理論は文章理解の過程において，読み手がもっている知識の役割を重視する．a項ではバートレット(Bartlett, F.C.)による古典的なスキーマの概念を紹介したのち，現代スキーマ理論に共通してみられる特性を明らかにする．章末の「エピソード」には，バートレットの研究事例を取り上げる．

　理解の過程で用いられる知識は，文章構造に関する知識と文章内容に関する知識とに分けることができる．b項では文章内容に関する知識としてスクリプト理論を紹介する．スクリプトは通常経験する社会的事象に関する知識を表現する．行動の系列に関する知識が文章の記憶理解の際にどのように利用されるかを，実験例とともに示す．

　c項では文章構造についての知識として物語文法を紹介する．われわれは民話など単純な物語の構造をある程度予測することができるが，物語文法はこうした知識をルールとして表現する．さらにルールの適用により分析された物語の階層構造から，理解と記憶の結果が予測可能である．章末の「現象例」では，物語文法よりも意味内容を重視し，出来事間の因果連鎖の分析から理解過程の予測を試みる，因果分析の理論を取り上げる．

　4.2節では，一般的な文章理解のモデルとして，キンチュ(Kintsch, W.)の考え方を紹介する．キンチュのモデルは文章中の個々の単語に対する解析から出発し，文章全体としての高次の意味がどのようにまとめられ，記憶表現が形成されるのかを記述する．a項では，個々の文の意味をこえ，文章全体の意味を表現するマクロ構造の概念が導入される．b項では，命題表現が形成される過程を記述した構成-統合モデルを取り上げる．

　4.3節では，文章自体ではなく，文章によって記述された状況を表現した状況モデルの理論を紹介する．読み手は空間，時間，因果関係，目標，主人公の五つの次

元上で，事象間の結合を心的に表現することを提唱したツワーン(Zwaan, R. A.)らの事象索引化モデルを中心に，現在の研究動向を概観する.

4.1 スキーマ理論

a. スキーマ理論とは何か

1) バートレットの研究

バートレット(Bartlett, 1932)は，それまでの無意味綴りを暗記するような実験室的記憶研究ではなく，意味のある文章を用いて，自然文脈における言語処理と記憶の心理過程を研究した. 手続としては，短い物語が提示され，同じ被験者が一定の時間間隔をおいて何回か再生を繰り返すという反復再生法や，被験者から被験者へと聞いた物語を次々に伝えていく系列再生法が用いられた(原文は「エピソード」参照).

再生を繰り返すことによって再生文は原文から変化したが，バートレットは変容の規則性に着目してスキーマ(schema)という概念を提唱した. バートレットによれば，スキーマとは過去経験や外部環境についての構造化された知識である. 記憶は入力情報の単なるコピーではなく，スキーマを心的枠組みとして新しい情報を取り込み，再構成するプロセスを含む. したがって，読み手が文化的背景の異なる物語を読めば，読み手のスキーマに一致するよう再生文を変容させるとした.

その後，スキーマの概念は1970年代になって，認知心理学が心的表現(mental representation)への関心を増すことにより，再び脚光をあびることになった.

2) 現代スキーマ理論の特徴

それまでの研究の焦点は，個々の概念やカテゴリーなど比較的限定された単位の知識にあったが，1975年以降，さらに大きく統合された知識構造の可能性が考慮されるようになった. このような知識構造を，複数の研究者らが別々の用語で表している. ラメルハートとオートニー(RumelhartとOrtony, 1977)はスキーマ，人工知能研究者のミンスキー(Minsky, 1975)はフレーム(frame)，社会的行動を対象としたシャンクとエイベルソン(SchankとAbelson, 1977)はスクリプト(script)をそれぞれ提案した. これらの用語は厳密には異なるが，本質的な共通点が多くみられる.

ラメルハートとオートニー(1977)はスキーマを記憶内に貯蔵された一般的概念を表現するためのデータ構造であると定義する. 彼らはスキーマのもつ四つの共通特性を以下のようにあげている.

① 変数をもつ：スキーマは情報の束であり，固定的要素と可変的要素をもつ. たとえば，"与える"という動詞の概念に関するスキーマでは，"与え手"，"受け手"，"品物"の三つの情報は不可欠であり，それら相互の関係も変わらない. しかし，"与え手"が誰であるかや，"品物"が何であるかは固定されておらず，変数である. 変数には制限があり，

どんな値でも入れられるわけではない。スキーマによる文章理解のプロセスでは，変数制限に従って，まず入力文中の情報をいずれかの変数に割り当てる。これを例示化(instantiation)という。次に，入力文中に適切な値がなかった場合，デフォールト値を割り当てる。デフォールト値とは，推定される最も典型的な値である。入力情報またはデフォールト値による変数への割り当てによって，理解の第1段階が完了する。

② 埋め込み構造をもつ：スキーマの構造は他のスキーマ間との関係によって決まる。他の上位スキーマの中に埋め込まれたスキーマを，サブ・スキーマと呼ぶが，これは上位スキーマの中では名称やラベルだけによって示され，その全体構造は含まれない。たとえば，"顔"スキーマは，鼻，目，口，耳などの要素で構成されるが，瞳孔，虹彩，まぶたなどからなる"目"スキーマの全体構造は含まれない。このような埋め込み構造の利点は，サブ・スキーマの詳しい構造を参照することなく，上位スキーマの構成要素の布置のみによって大まかに対象を理解できることにある。必要に応じて，サブ・スキーマの構成要素を参照すれば，より深い処理が可能になる。

③ あらゆる抽象度をもつ：意味記憶の研究が語彙の内的構造の表現をもっぱら目的としてきたのに対し，スキーマはあらゆる抽象度の情報を網羅する。たとえば，正三角形を構成する線分の布置のように具体的な知覚的要素から，行動系列，プラン，物語の筋書きのような抽象的レベルに至るまでの知識が表現される。

④ 定義ではなく知識を表現する：スキーマが表現する知識は辞書の記載事項のように定義的ではなく，むしろ百科事典的である。変数制限は柔軟で，通常もしくは典型的に存在する特性が表現されるにすぎない。また，辞書が単語の意味を記録しようとするのに対し，スキーマは概念に結びついた知識を表現する。スキーマは知識の抽象的，記号的な表現であって，言語理解のために使用されるが，それ自体は言語的でない。

b. スクリプト理論

1) スクリプトとは何か

シャンクとエイベルソン(Schank と Abelson, 1977)は，われわれの知識の一部はステレオタイプな状況とそれに伴うルーチン化された行動を中心として構造化されていると主張した。たとえば，レストランに行く，医者に行く，列車に乗る，など，その文化に通常みられる一連の行動系列がそれである。ある特定の状況と行動に関する一般的な知識の構造をスクリプトと呼ぶ。シャンクらはスクリプトを使って，文章理解のためのコンピュータ・プログラムを作成し，文章に対する質問応答や文章には明示されていない情報の推論が可能であることを示した。

シャンクらの仮定したレストラン・スクリプトを表3.4.1に示す。ここには，演じられる役割，標準的な小道具や対象，行動を開始する条件，次の行動を可能にする行動や場面の系列，行動が成功した場合の結果などが含まれる。

表 3.4.1 レストラン・スクリプト (Bower ら, 1979)

名　　前：レストラン	登場人物：客
道　　具：テーブル	ウエイター
メニュー	コック
料理	勘定係
勘定書	経営者
金	
チップ	
登場条件：客は空腹である	結　　果：客の所持金が減る
客は金をもっている	経営者はもうかる
	客は満腹になる

場面1：入　　場	場面3：食　　事
客はレストランに入る	コックは料理をウエイターに渡す
客はテーブルを探す	ウエイターは客に料理を運ぶ
客はどこに座るかを決める	客は料理を食べる
客はテーブルへ行く	
客は座る	場面4：退　　場
	ウエイターは勘定書を書く
場面2：注　　文	ウエイターは客の所へ行く
客はメニューを取り上げる	ウエイターは客に勘定書を渡す
客はメニューを見る	客はウエイターにチップを渡す
客は料理を決める	客は勘定係の所へ行く
客はウエイターに合図する	客は勘定係に金を払う
ウエイターがテーブルに来る	客はレストランを出る
客は料理を注文する	
ウエイターはコックの所へ行く	
ウエイターはコックに注文を伝える	
コックは料理を用意する	

　文章理解においてスクリプトはどのように機能するのであろうか．一連の典型的行動の実行に関する文章を読む際，スクリプト・ヘッダー (header)（「レストラン」のようなスクリプトの名称）やスクリプトの一部に一致するような複数の行動を見いだすと，特定のスクリプトが活性化される．読み手は文章に記述された細部に従って，変数（スロット）を埋め，一般的スクリプトを例示化すると考えられる．たとえば，次の文章を読んでみよう．

　　「向井飛行士はレストランに入った．彼女は和風ステーキを注文した．2週間ぶりの地球の味を堪能して，店を出た．」

　この文章では，実際に書かれていなくとも，主人公が運ばれてきたステーキを食べ，レジで代金を払ってからレストランを出たことが，理解できる．これは第1行目の文により「レストラン」スクリプトが活性化され，その知識を利用して，記述されていない行動を補完し，次に起こる状況や行われるべき行動を予測できるからである．

表 3.4.2 自由連想法によって得られたスクリプト基準表(Bower ら, 1979)

レストランに行く	講義を聴く	スーパーマーケットで買い物をする
ドアを開ける	教室に入る**	店に入る**
入る*	友人を見つける*	カートを取る**
予約名を告げる*	席をさがす**	リストを出す
案内されるのを待つ	着席する**	リストを見る
テーブルに行く	所持品をおく	最初の通路に行く
座る**	ノートを出す**	通路を行ったり来たりする*
飲み物を注文する*	他の友人を見る*	品物を手に取る**
ナプキンをひざにおく	会話する*	値段を比べる
メニューを見る**	教授を見る	品物をカートに入れる
何を頼むか相談する*	教授の話を聴く**	肉を受け取る
食事を注文する**	ノートをとる**	忘れた品物を探す
会話する*	時刻を見る**	他の客と話す
水を飲む	質問する	精算所に行く
サラダやスープを食べる*	座り直す	最も早そうな列を探す*
主菜が来る	空想にふける	並んで待つ**
食べる**	他の学生を見る	ベルトに食品をおく*
食べ終る	さらにノートをとる	雑誌を読む
デザートを注文する*	ノートを閉じる*	レジ係がレジを打つのを見る**
デザートを食べる*	所持品を集める*	代金を払う**
勘定書を頼む	立つ	袋詰め係を見る*
勘定書が来る	会話する	袋をカートで運ぶ
支払いをする**	教室を出る**	袋を車に積み込む
チップをおく*		店を出る**
コートを受け取る		
店を出る**		

被験者による記述の頻度が,**は多数,*は中間,その他は少数であることを示す.

2) スクリプトの実験的検証

人工知能の分野でシャンクらが提案したスクリプトのような知識構造を,われわれは実際にもっているのであろうか.スクリプトはモデルが明確に記述されているため,実験的に操作可能であり,心理学の分野でも多くの検証実験が行われている.これらの実験の中で,基礎的なデータを数多く提供し,のちのシャンクらの研究に大きな影響を与えたバウアーらの研究(Bower ら, 1979)を紹介する.

バウアーらは第1に,一般的スクリプトについて自由連想法による基準表を収集することから始めた.たとえば,「講義に出席するとき一般的に行う行動のリストを書いてください」という教示を被験者に与え,各行動の出現頻度を調べた.その結果を表3.4.2に示す.複数の被験者によって記述された行動の出現頻度には高い一致度がみられ,知識の文化的共通性が確認された.

第2に,スクリプト内の行動に基づいた文章をいくつかのグループにまとめるよう求め

第4章　文章理解の理論　　313

表 3.4.3　類似スクリプトを含む文章例(Bower ら, 1979)

文章 1：「内科医」	文章 2：「歯科医」
条件：ジョンは今日気分が悪かった.	条件：ビルは歯が痛かった.
1.ジョンは医者に診てもらうことにした.	1.(ビルは歯科医に診てもらうことにした.)
2.(ジョンは医院に着いた.)	2.(ビルは歯科医院に着いた.)
3.(ジョンは医院の中に入った.)	3.(ビルは歯科医院の中に入った.)
4.ジョンは受付で手続をした.	4.(ビルは受付で手続をした.)
⋮	⋮
7.ジョンは医学雑誌を見た.	7.(ビルは医学雑誌を読んだ.)
⋮	⋮
12.(看護婦がジョンの血圧と体重を測った.)	12.衛生士がビルの歯のレントゲン写真を撮った.
⋮	⋮

(　)内の文は再認テストにおいてのみ提示された.

ると, 被験者は場面に対応するように分割し, その境界の位置も被験者間で一致した. これはスクリプトが分離できない形で直線的につながっているのではなく, 主要な場面ごとに構造化されていることを示すものと考えられた.

　第3に行動の一部が順不同に並べられた文章を再生するよう求めると, 被験者はスクリプト内の通常の順序通りになるよう行動を並べ替えて再生した. これにより, スクリプトは行動の順序も記録した構造であるとされた.

　第4に, 類似の行動を含んだ複数のスクリプトに関連した文章を材料とし, その記憶に関する興味ある事実を報告した. バウアーらが用いた材料の一部を表 3.4.3 に示す. "内科医に行く" と "歯科医に行く" はより高次の抽象的な "医者に行く" というスクリプトの異なった例である. カッコ内の行動は "医者に行く" というスクリプト上にあるが, 被験者に提示される文章には含まれない. 課題としては, 提示された文章をそのまま想起させる再生課題と, テスト文が提示文に "あった" か "なかった" かを判断させる再認課題を行った. その結果, スクリプト上にはあるが意図的に提示されなかった行動が, 誤って再生されたり, "あった" と判断される確信度が高いことが明らかになった. これは, 被験者が自分のもつスクリプト的知識を利用し, 行動間のギャップに明記されていない行動を補充したものと考えられる.

　また, 同一スクリプトの異なった例に関する文章を多く学習するほど, 先の誤再生の確率や誤再認の確信度は高まり, 文章間の混同がみられた. もし被験者が, "内科医に行く" と "歯科医に行く" という全く別のデータ構造を利用したとしたら, このような混同は起こらないはずである. そこで, シャンクらは状況別に固定した事象系列であるとするスクリプトの概念を修正することになった.

3)　MOP

　シャンク(Schank, 1982)は, "医者に行く" ことについてのあらゆる知識を含む構造が単一の要素として記憶中に存在するのではなく, より小さな基本的な要素から必要に応じ

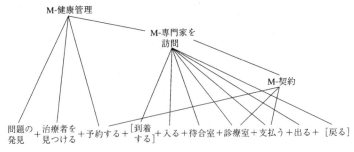

図3.4.1 "医者に行く"における三つのMOPの関係(Schank, 1982)

て構造化されるものであると,これまでの主張を改めた.これらの基本的要素はMOP (memory organization packet)と呼ばれる.たとえば,"医者に行く"に関する知識には,"健康管理","専門家の訪問","契約"という三つのMOPが含まれるが,これらがどのように構造化されるかを図3.4.1に示した.

c. 物語文法

1) 物語文法とは何か

われわれが日常接する文章には,小説,随筆,手紙,新聞記事など,さまざまな種類があるが,それらがどんな要素をもち,どのような順序で配列されるかは,慣習的に定型化されている.とりわけ,民話,伝説,神話など単純な物語には,その構造的特性に多くの共通性と明確な規則性を見いだすことができる.

物語スキーマとは,典型的な物語の構成要素とそれらの間の関係についての内的表現を意味する.読み手は,物語の理解の際にこれを利用して符号化を促進し,再生の際には検索メカニズムとして用いる.物語構造のもつ規則性を記述するルール体系として,物語文法(story grammar)が複数の研究者らによって提唱された(Rumelhart, 1975 ; Mandler と Johnson, 1977 ; Thorndyke, 1977 ; Stein と Glenn, 1979).物語の規則性の記述である物語文法は,物語スキーマとは異なるが,その規則性を検討することによって,スキーマの特性や処理メカニズムの機能が明らかになると考えられている(Mandler, 1982).物語文法の形式は研究者によって異なるが,代表例として物語の階層構造を重視するソーンダイクの研究を次に取り上げる.

2) 物語文法による予測

物語文法は物語が概念的に分離可能いくつかの要素をもつと仮定し,物語に共通の構成要素とそれらの結合規則を表す.物語文法は物語構成を規定する生成ルールからなる.すなわち,書き替え規則を適用することによって,高次の要素はより低次の単純な要素に分解される.その結果,物語の記憶表現は抽象度の異なるいくつかの節点(node)をもっ

第4章　文章理解の理論　　　*315*

表 3.4.4　物語文法(Thorndyke, 1977)

規則番号	規　則
（1）	物　語　→　設定＋テーマ＋プロット＋解決
（2）	設　定　→　登場人物＋場所＋時間
（3）	テーマ　→　(事件)＊＋目標
（4）	プロット　→　エピソード＊
（5）	エピソード　→　下位目標＋試み＊＋結果
（6）	試　み　→　$\left\{ \begin{array}{l} 事\ \ 件＊ \\ エピソード \end{array} \right.$
（7）	結　果　→　$\left\{ \begin{array}{l} 事\ \ 件＊ \\ 状\ \ 態 \end{array} \right.$
（8）	解　決　→　$\left\{ \begin{array}{l} 事\ \ 件 \\ 状\ \ 態 \end{array} \right.$
（9）	$\left. \begin{array}{l} 下位目標 \\ 目\ \ 標 \end{array} \right\}$　→　理想状態
（10）	$\left. \begin{array}{l} 登場人物 \\ 場\ \ 所 \\ 時\ \ 間 \end{array} \right\}$　→　状　態

（　）：任意の要素，＊：繰り返しを許す要素.

た階層構造として形成される．高次のレベルの節点は抽象的な構成要素を示し，直接物語中に表現されることはない．物語を実際に表現する文は末端の節点に命題として挿入される．ここでの命題とは行動または状態動詞を含む節または文を意味する．

　書き替え規則を表3.4.4に示す．規則(1)はすべての物語が"設定"，"テーマ"，"プロット"，"解決"という四つの不可欠な要素を含むことを意味する．設定は，時間，場所，主要登場人物を示す命題からなる．テーマは後続のプロットの焦点となり，主人公が達成すべき目標であることが多い．プロットは無数のエピソードからなり，エピソードは下位目標，試み，結果からなる．また試みがさらにエピソードを形成する場合もあり，こうしてエピソードがプロット構造の中に再帰的に埋め込まれると，さまざまな出来事の階層が生まれる．解決はテーマに対応した最終的な結末である．図3.4.2は表3.4.5に示した「サークル島」物語に書き替え規則を適用して得られた階層構造である．

　物語文法によるアプローチでは，特定の物語を過去に学習した一般的枠組みの一例として位置づけることによって，それを理解し，記憶すると仮定する．抽象的な物語の要素すなわちスロットは，文法に従って特定の物語の細部や内容によって例示化される．物語中に必要な内容が明示されていない場合には，デフォルト値すなわち典型的な値が挿入される．このように，物語の理解の際には物語文法に従って特定の物語の記憶表現が生み出され，これがのちの物語の検索に用いられる．そこで，物語文法によって決定される階層構造によって，理解や記憶など文章処理の結果を一義的に予想できると考えられる．

　ソーンダイクは物語構造がその処理に与える効果について，次の二つの仮説を検討した．第1は，読み手が物語文法に従って記憶表現を形成しているとすれば，物語が物語文

表 3.4.5　物語の例：「サークル島」(Thorndyke, 1977)

(1)サークル島は大西洋の中央にあり, (2)ロナルド島の北に位置する. (3)島のおもな産業は農業と牧畜である. (4)島の土壌は肥沃だが, (5)川が少ないので, (6)水が不足している. (7)島は民主的に治められている. (8)すべては島民の多数決で決定される. (9)統治体は議会であるが, (10)議会の役割は多数の意志を実行することにある. (11)最近, 島の科学者は安上がりな方法を発見した. (12)その方法では海水を真水に変えられる. (13)そのため島を横切る運河を建設することを, (14)農民たちは切望した. (15)そうすれば, 運河から水を引いて, (16)島の中央部を耕すことができる. (17)農民たちは運河建設同盟を結成し, (18)同盟に加わるように, (19)何人かの議員を説きふせた. (20)同盟は運河建設案を投票にもち込んだ. (21)全島民は投票した. (22)多数の意見は建設に賛成であった. (23)しかし, 農民案の運河は生態学的に好ましいものではないと, (24)議会は決めつけた. (27)その代わり, 幅2フィート, 深さ1フィートの, (26)小さな運河の建設を, (25)議会は認めた. (28)しかし小さな運河の建設が始まると, (29)水が全く流れないことに, (30)島民は気づいた. (31)こうしてプロジェクトは放棄された. (32)運河建設計画が失敗したことで, (33)農民たちは怒った. (34)内戦は避けられそうになかった.

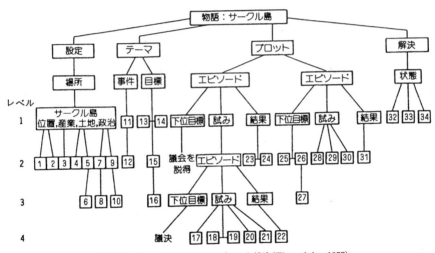

図 3.4.2　「サークル島」物語のプロット構造(Thorndyke, 1977)
数字は表 3.4.5 中の命題に対応する.

法に近い構造をもっているほど, 理解しやすく, また記憶されやすいと予想される. 第2に図3.4.2から「サークル島」物語の各命題は四つの階層レベルに区分されたことがわかるが, 高いレベルに割り当てられた命題ほど重要と判断され, よく記憶されるであろう.

第1の仮説を検討するための実験は次のように行われた. もとの物語を, 内容は等しいが物語文法とは一致しないように変形させた4通りの物語を作成した.

(a) もとの物語：物語文法に一致した構造をもち, プロット構造に目標指向性を与えるテーマは比較的はじめの位置に提示される.

(b) テーマ後置条件：テーマが物語の冒頭近くの通常の位置から除かれ, 最後におか

れる．
(c) 無テーマ条件：テーマから最上位の目標を与える文を除く．
(d) 記述条件：時間的因果的連続性のない記述的な文からなる．

以上4種類の物語について，理解度の評定と再生を求めた．その結果，理解度，再生率のいずれも，もとの物語が最も高く，続いてテーマ後置条件，無テーマ条件，記述条件の順となり，物語文法に適合した物語ほど理解しやすく，記憶しやすいことが示された．

第2の仮説を検証するために，先の再生率を階層レベルの関数として表したのが図3.4.3 である．各命題の占める階層レベル

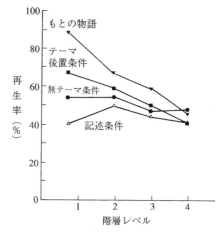

図 3.4.3 階層レベルと再生率の関係 (Thorndyke, 1977)

が明確なもとの物語では，レベルが高いほど再生率が高いが，プロット構造が不完全な記述条件や無テーマ条件では，レベルによる差がみられない．また，再生ののちに短い要約を書かせると，高次の命題ほど要約に含まれる割合が高かった．つまり，高次の命題ほどより重要と判断され，再生率も高いことが明らかになった．

3) 物語文法の妥当性

マンドラーとジョンソン(Mandler と Johnson, 1977)は，物語スキーマに次の二つの知識が含まれていると指摘する．第1は，読み手が多くの物語を聴くことによって得た，物語がどのように始まり，どのように終るかという出来事の系列に関する知識である．第2は，因果関係や行動系列に関する知識である．ソーンダイクが物語の内容と構造とを区別し，むしろ構造を重視するのとは対照的である．

ソーンダイクが物語構造の階層レベルを強調するのに対し，マンドラーらの書き替え規則では，物語の構成要素であるカテゴリーを重視する．彼らの書き替え規則によると，物語は"設定"と"エピソード"からなり，エピソードは"発端"，"反応"，"試み"，"結果"，"結末"の五つのカテゴリーに分解される．

物語構造が文章の処理に与える影響の効果は，マンドラーらの発達的研究によって次のように報告された．成人と子どもの被験者についてカテゴリー別に再生率を比較すると，共通の傾向として，設定，発端，試み，結果の再生率は高く，反応や結末は低かった．これは物語カテゴリーの妥当性を支持するデータの一つである．

物語文法によって導かれる理論的構造の心理学的妥当性は，クラスター分析を用いる方法や，読み時間を測定する方法などによっても検証されている．ポウラード-ゴットら

(Pollard-Gottら，1979)は，被験者に物語中の各文を関連のある物事に分類させた．得られた類似度行列にクラスター分析を適用すると，求められた階層構造は物語文法による構造とほぼ一致した．また物語中の各文の読み時間の測定も行われた．各エピソード内での読み時間を測定したヘイバーランド(Haberlandt, 1980)の実験では，読み時間がエピソードのはじめと終りで長く，中間で短いというU字型を描くことが明らかになった．これはエピソードの境界でコード化のための負荷が大きくなっていることを示す．次に，各物語カテゴリーが2文からなる物語を用いたマンドラーら(Mandler と Goodman, 1982)の実験では，第1文の読み時間が第2文よりも長かった．もしこの差が隣接する文間のミクロな意味的関連性によるものであれば，カテゴリーの境界をはさむ2文においても生じるはずである．しかし結果はそうならず，読み時間の差は文章全体の構造的要因によることが示された．

4.2 キンチュのモデル

前節で述べたスキーマ理論によれば，文章理解が読み手の既存の知識によって影響を受けることが示された．しかしながら，形成された記憶表現は単なる既存のスキーマの例示化であるのみならず，文章の詳細な逐語的情報もまた貯蔵されていることは明らかである．

キンチュ(Kintsch, W.)のモデルは文章中の個々の単語に対する解析から出発し，文章全体としての高次の意味がどのようにまとめられ，一貫性のある(coherent)記憶表現が形成されるのかを記述する．

a. ミクロ構造とマクロ構造

われわれは長い文章を読むと，重要な点のみを抽出して全体を要約することができる．読み手はどのようにして重要な部分とそうでない部分を区別するのであろうか．キンチュのモデル(Kintsch と van Dijk, 1978；van Dijk と Kitsch, 1983)は，この処理過程を解明した．

このモデルで重要なのは，ミクロ構造(microstructure)とマクロ構造(macrostructure)という二つのレベルの構造を形成するように文章が処理されることである．ミクロ構造のレベルでは，文章から抽出された命題(proposition)と呼ばれる要素が互いに関連づけられる．ミクロ構造が文章の表層的表現であるのに対し，マクロ構造とは文章の深層的表現である．このレベルでは，ミクロ構造がいわゆる要旨に類似した形式に編集されている．

命題とは文章を構成する各文から抽出され，抽象的な意味を表す最小の単位である．キンチュのモデルでは命題は述部(predicate)と単一または複数のアーギュメント(argument)を含む．述部は動詞，形容詞，副詞，接続語などに対応する．アーギュメントは概

念を示し，文中の名詞，名詞句，名詞節に対応する．命題では述部が文の中心的な意味を表すものとして冒頭に記載され，機能語などは表現されない．たとえば，次の文は四つの命題に書き換えられる．

「ローマの伝説上の建国者，ロムルスは力ずくでザビーネ人の女たちを捕えた．」

1.（捕えた，ロムルス，女たち，力ずくで）

2.（建国した，ロムルス，ローマ）

3.（伝説上の，ロムルス）

4.（ザビーネ人の，女たち）

こうして形成された個々の命題は，一貫性のある記憶表現へとどのように関連づけられるのであろうか．キンチュのモデルでは，文章の一貫性は命題間におけるアーギュメントの重複によって達成される．すなわち，読み手は共通のアーギュメントを含む命題を次々と結合していく．このような命題の結合によってミクロ構造が形成され，それは統合図式（coherence graph）と呼ばれるネットワークによって記述される．しかしながら，アーギュメントを共有するすべての命題が必ずしも結合されるわけではない．モデルによれば，結合過程は作業記憶の容量によって制限され，同時に作業記憶内に存在することができた命題のみが結合される．

また，統合図式が形成される過程には，処理周期（processing cycle）がある．処理周期とは，1組の命題が結合される短い期間をさす．各周期が終るごとに，次の命題セットと結合するために選択された一部の命題を残して，作業記憶バッファは空にされる．もし新しく入力された命題セットとバッファ内に残された命題との間に関係が見いだせない場合には，すでに処理した命題を長期記憶中で探索するか（これを復元探索，reinstatement search と呼ぶ），推論の結果を加える．このような復元探索や推論は読み手の処理に負荷を大きくすると仮定され，処理過程で回数が増すほど理解を困難にする．

統合図式は単に命題間の束を表現するのではなく，一部は他の命題よりも高次の位置に割り当てられる階層構造を形成し，文章の再生はこの階層構造上のレベルによって規定される．すなわち，高次の命題ほど重要で，作業記憶バッファに長く保持されるため，再生される確率が高い．

ミクロ構造が上記のように単一の構造として形成されると同時に，文章全体の意味構造を表現するマクロ構造が形成される．マクロ・ルールと呼ばれる要約規則は，個々の命題とそれらの間の関係からなる局所的な構造（ミクロ構造）を抽象化したり，要約するための規則である．これは詳細な情報を縮減し，あるいは再構成することによってマクロ構造を形成する．マクロ・ルールは次のように定義される（Kintsch と van Dijk, 1978）．

（a） 削除：一連の命題の中から他の命題を解釈する条件とならない命題は除く．

（b） 一般化：一連の命題を直接の上位概念を意味する一つの一般的命題に置き換える．

(c) 構成：一連の命題をそれらを一部として含むような包括的事実を表す命題に置き換える．

マクロ・ルールはスキーマのコントロールのもとに適用され，マクロ構造が無意味な抽象化や一般化に陥らないようにするため，その操作は制限を受ける．

b. 構成-統合モデル

これまで述べたキンチュらのモデル(Kintsch と van Dijk, 1978)は，ミクロ構造とマクロ構造の区別に関する実験的証明を提供し，命題表現が文章理解と記憶に重要な効果をもたらすことを示した．しかしながら，命題がどのように形成されるかについては詳細に説明されておらず，推論がどのように起こり，一般的知識あるいはスキーマが文章中の情報とどのように交互作用するのかについても述べられてはいない．

そこで，キンチュ(Kintsch, 1988)は構成-統合モデル(construction-integration model)を提唱し，先のモデルを発展させた．構成-統合モデルの概要を図 3.4.4 に示す．

このモデルが焦点をあてているのは，テキスト中の命題が一般的知識を活性化し，テキストと知識の統合的表現が完成する処理過程である．知識は局所的，連合的に活性化され

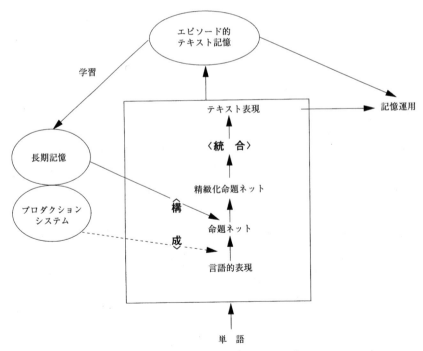

図 3.4.4 構成-統合モデル(Kintsch, 1992)

るのであって，フレームやスキーマのような制御構造によって誘導されないことが，ここでの基本仮定である．したがって，文脈に無関係な，あるいは矛盾するような知識も活性化される可能性があるが，これらを排除するために文脈的統合過程を必要とする．統合処理の結果として形成されるのがテキスト表現であり，これはエピソード的テキスト記憶として貯蔵され，再生や要約などの実験室課題で利用される．さらに，構成-統合モデルは文章理解が読み手の知識基盤や長期記憶をどのように変化させるかという，一般的学習にも言及する．

テキスト表現は常に二つの要素を含む．一方は読み手がテキスト自体から構成する成分であり，もう一方は，読み手がテキストに付与する成分である．理解過程の第1段階は，テキスト内の各文の意味を表現する命題に変換することである．これらの命題は作業記憶バッファに入力され，命題ネット(propositional net)を構成する．この際，テキストから構成された各命題は長期記憶から関連のある複数の命題を呼び出す．その結果，テキスト自体から構成された命題と長期記憶から呼び出された命題とが複合して，精緻化命題ネット(elaborated propositional net)が形成される．ここまでの処理を構成過程と呼ぶ．

精緻化ネットには多くの無関係な，あるいは矛盾するような命題も含まれている．そこで，テキスト表現に加える命題を選択するためには，活性化拡散処理(spreading activation process)が用いられる．強力に関連づけられた命題群はネットワーク中で多数の活性化を誘発し，テキスト表現に含まれる確率を高められるが，無関連な命題は不活性化され，排除される．すなわち，文脈上同じ部類に入る命題は強化され，そうでない命題は減衰するのである．以上の処理を統合過程と呼ぶ．テキスト表現はエピソード的テキスト記憶として貯蔵される．その過程はキンチュの先のモデル(Kintsch と van Dijk, 1978)と同様に，処理周期をもって継時的に進行する．

これらの処理の結果，三つのレベルの記憶表現が構成される．第1は表層(surface)表現で，用いられた正確な単語や句を保存する．第2は命題表現で，正確な言い回しではなく，文章の意味を保存する．ミクロ構造とマクロ構造の両者がこれに対応する．第3は状況モデル(situation model)である．このレベルで表現されるのは文章自体ではなく，文章によって記述された状況である．キンチュら(Kintsch ら，1990)は文の再認課題を用いて，表層，命題，状況的記憶の直後から4日後にわたる忘却曲線を表した．この結果によると，表層情報には急速に完全な忘却が起こったが，状況的表現の情報には4日間を経過しても忘却が生じなかった．命題情報には，状況的情報と異なって時間経過とともに忘却がみられたが，その割合は表層情報ほど高くなかった．キンチュらが予測したとおり，最もよく想起されたのは状況に関する心的表現，すなわち，状況モデルであった．以後の研究において，命題表現に加えて状況モデルへの関心が高まることになった．

4.3 状況モデル

　もし理解過程が文章に基づいた命題表現を構成して終了するならば，説明不可能な事実が多く存在することになる．たとえば，同一文章に対する個人による解釈の相違，文化的背景の異なる言語間の翻訳，言語的情報と非言語的情報の統合，文章から学習することと文章を学習することとの不一致，などである．

　多くの文章は命題ネットワークとして表現可能な状況を記述しているため，命題表現と状況モデルとを区別することは一般的に困難である．しかし，空間の記述は例外の一つといえる．モローら（Morrow ら，1987）は，状況モデルから場所や距離などの空間的情報を検索する際の呼び出し可能性を検討した．読み手は仮想建物のレイアウトを記銘したのち，人物が目標達成のために建物内を移動する様子を記述した文章を読んだ．呼び出し可能性を調べるために，文章は二つの対象の名前によって周期的に中断され，被験者はそれらの対象が同じ部屋にあるかどうかを判断するよう求められた．反応時間は主人公の現在位置と対象との間の距離に比例して増加した．この結果は，読み手が文章を読みながら，空間的情報を保存する状況モデルを形成したことを示している．また，トラバッソ（Trabasso）らの因果分析の理論（「現象例」参照）は因果関係が記憶表現を形成するうえで重要な役割を果たすことを明らかにした．すなわち，読み手は状況モデルを利用して，因果的情報をたどることも可能なのである．

　多くの文章理解研究は，読み手が空間（space），因果関係（causation）以外にも，時間（time），目標（goal），主人公（protagonist）の五つの次元上で，事象間の結合を心的に表現することを実証している．これらの5次元は通常単独に研究されてきたが，ツワーン（Zwaan）らはこれらが一体となってどのように作用するかを検討するため，事象索引化モデル（event-indexing model）を提唱した．

　事象索引化モデル（Zwaan ら，1995）によれば，事象（event）が状況モデルの核となる単位である．読み手は文章中の節を事象へと解析し，五つの異なった次元上で結合する．5次元とは，事象が生起した時間枠，空間的領域，それに関わる主人公，過去の事象との因果関係，主人公の目標との関係である．もし現在処理されている事象に特定の次元上で作業記憶内の他の事象との共通部分があれば，これらの事象間にはリンクが形成され，長期記憶内に貯蔵される．共通部分とは，二つの事象が5次元上のある索引（index）を共有するかどうかによって決定される．

　ツワーンらの最近のモデル（Zwaan ら，1998）では，状況モデルを三つに区別する．すなわち現時点で形成中の最新（current）モデル，処理途中に逐次形成される統合（integrated）モデル，すべての文章入力が処理されたのちに長期記憶に保存される完成（complete）モデルの三つである．ある事象を形成中の状況モデルへと統合する過程は，事象が状況の

上で最新モデルと重複するほど促進される．状況的な重複とは程度の問題で，0から5次元までの値をとりうる．この仮説の検証には，広く全変数にわたって重回帰(multiple-regression)分析を用いる方法と，一部の変数に限定して要因計画を用いる方法とが採用されている．

ツワーンとマグリアノら(ZwaanとMaglianoら，1995)に始まる一連の研究では，短い物語を，コンピュータの画面上に1文ずつ提示して読み時間を測定し，重回帰分析を用いて解析した．その結果，読み時間は，因果関係，時間，目標，主人公に関連する次元上の非連続性によって増加したことから，読み手はこれらの次元的連続性をモニターすることが明らかになった．空間的次元については，モローらの実験のように，読み手が文章を読む前に建物のレイアウトを記銘した場合に，他の次元と同じ効果をもつことが示された．

ツワーンら(Zwaanら，1995)は，読み手の状況モデルにおいて各次元の強度を評価する方法として，動詞クラスター課題(verb-clustering task)を開発した．読み手は文章を読んだのち，文章中の動詞を提示され，それらを文章の記憶に従って分類するよう求められた．次に，得られたすべての動詞対の分類得点を基準変数とし，五つの状況的次元を含む要因を説明変数とする重回帰分析を行った．その結果，五つの次元は動詞の関連性についての有意な説明変数であることがわかった．

今後の問題として，五つの状況に関する次元間の交互作用があるのか，あるとすれば，それはどのような効果をもつのかについては，いまのところ明らかではない．この解明には，自然文を用いた重回帰分析型の研究法では統制が不可能なため，要因計画型の実験が有効である．また，状況モデルの形成にあたっては，従来用いられてきた短期作業記憶よりも，長期作業記憶の役割についてさらに追究することが求められている．

現象例

物語文法は物語の標準的な形式に関する知識を用いたスキーマ駆動型の処理を仮定するのに対して，新たに提起された因果分析(causal analysis)の理論は，意味内容に依存したデータ駆動型の処理を仮定する．この理論では，物語理解とはそれを構成するおのおのの出来事(event)の原因とその出来事がもたらした効果とを発見するプロセスであると仮定する(Trabassoら，1984)．

トラバッソらの因果分析は二つの出来事間に存在する因果関係および因果連鎖(causal chain)の始点と終点を決定するためには，明確な論理的基準が必要であることを強調した．二つの出来事間に因果関係があるかないかの判断には必然性の基準が用いられる．すなわち，もし出来事Aが生起しなければ，その環境において出来事Bは生起しなかったという場合，AはBにとって必然的であるという．因果連鎖は主人公を導入し，時間と場所を設定する出来事から開始され，他の出来事と因果的に連結される．主人公の目的が達成

表 3.4.6 「エパミノンダス」物語(Stein と Glenn, 1979)

文番号	文
1.	昔々，1人の少年がいた.
2.	彼は暑い国に住んでいた.
3.	ある日，彼はおばあさんの所へケーキをもって行くよう，お母さんから言いつけられた.
4.	お母さんは大事にもって行くよう注意した.
5.	そうすればケーキが粉々にならない.
6.	少年はケーキを木の葉に包んで，小脇に抱え，
7.	おばあさんの所まで運んだ.
8.	彼が着いたとき，
9.	ケーキは粉々に壊れていた.
10.	おばあさんはおばかさんだねと言った.
11.	ケーキは頭の上に載せて運べば，
12.	壊れなかったのにと言った.
13.	それから，おばあさんはお母さんの所にもって行くようにとバターをくれた.
14.	少年はバターを大事にもって行きたいと思った.
15.	そこで，それを頭の上に載せ，
16.	家まで運んだ.
17.	太陽が激しく照りつけ，
18.	少年が家に着いたとき，
19.	バターはすっかり溶けてしまっていた.
20.	お母さんは少年におばかさんねと言った.
21.	バターは木の葉に包めば，
22.	まちがいなく運んでこられたのにと言った.

文番号は図 3.4.5 に対応する.

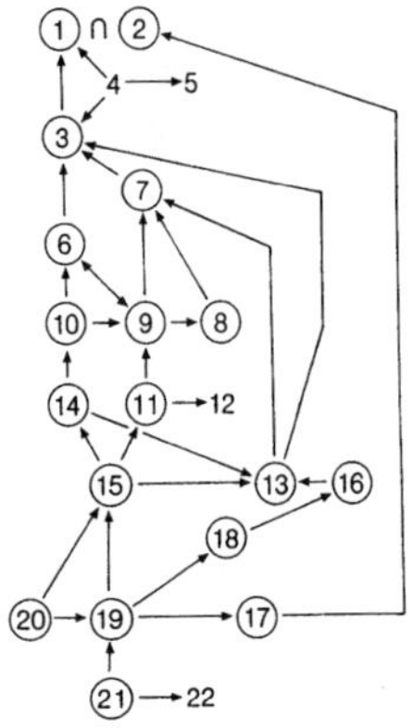

図 3.4.5 「エパミノンダス」物語の因果ネットワーク表現(Trabassoら, 1984)

されたとき，因果連鎖は終結する．こうしてできあがったネットワークの中には，他の出来事に連結しないものや目標の達成に導かないものがあり，これを「袋小路(dead-end)」の出来事という．

図 3.4.5 は「エパミノンダス」物語(表 3.4.6)の因果ネットワークを示す．各出来事間に因果関係があった場合，因果的に先行する出来事に向かって矢印が引かれる．他の出来事の同語反復や同時進行を示す場合には，因果関係とは区別して「∩」の記号が用いられる．因果連鎖上の出来事は丸で囲まれるが，袋小路上の出来事は囲まれていない．

読み手は，① 物語を出来事の因果ネットワークとして記憶表現を形成し，② 出来事を因果連鎖上のものと袋小路上のものに分離可能であると仮定すると，次の二つの要因によって物語の記憶が予測できる．① 検索時には，特定の出来事が見いだされる可能性はそれに通じる道筋が多いほど高く

なるため，より多くの因果的関係をもつ出来事ほどよく再生される．②物語の符号化に際して，読み手は因果連鎖上の出来事のみを記憶表現に含め，袋小路上の出来事は削除する．したがって，因果連鎖上にある出来事の再生率は袋小路上の再生率に比べて高くなる．

図 3.4.6 はスタインとグレン(Stein と Glenn, 1979)の児童を被験者として聴覚提示した物語の再生率を因果分析の方法を用いて再分析した結果である．被験者は物語の提示直後と1週間後との2回再生してい

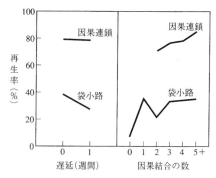

図 3.4.6 因果連鎖上および袋小路上の出来事の再生率(Stein ら, 1979)

る．ここで明らかなように，因果連鎖上の出来事は袋小路上のそれに比べてはるかに再生率が高い．さらに1週間後も因果連鎖上の出来事はそのまま保持されるが，袋小路上の出来事は減少する．これに比べると，因果関係の数による再生率の増加はわずかである．

また，先の2要因は重要度評定についても予測可能であり，重要度は因果関係の数が増加するほど高くなり，因果連鎖上の出来事の平均重要度は袋小路上のそれに比べて高いことが示された(Trabasso と Sperry, 1985)．

エピソード

イギリスの心理学者バートレット(Bartlett, F.C.：1886-1969)は記憶研究に従事し，1932年に，『想起(*Remembering*)』を出版した．当時の記憶研究は，エビングハウス(Ebbinghaus, H.)流の無意味綴りを用いた厳密な実験室的研究が中心であった．これに対して，バートレットは日常場面における記憶を解析し，過去経験の正確な記録よりも，むしろ変容の過程を重視した．著書『想起』に報告された研究で用いられた文章材料の例を以下に示す．

この物語は北米インディアンの民話であるが，その特徴として，第1に，内容が被験者であるケンブリッジ大学の学生にとって，文化水準や社会的環境が著しく異なるものであること，第2に，物語にはっきりとした筋がなく，非合理的であること，があげられる．

[幽霊の戦い(原文)]

ある晩，二人の若者がアザラシ狩りのためにエギュラックから河を下って来た．彼がそこにいると，あたりに霧が立ちこめ，静かになった．それから，鬨の声が聞こえ，「これはたぶん軍団だろう」と彼らは考えた．彼らは岸辺に逃げ，丸太のかげに隠れた．その

時，何艘かのカヌーがやって来て，櫂の音が聞こえ，一艘のカヌーが彼らに近づいてくるのが見えた．カヌーには五人の男がおり，「どうだい，おまえたちも一緒に行ってくれないか．俺たちはやつらと戦うために河をさかのぼるところなんだ」と言った．

「俺は矢をもっていない」と若者の一人が言った．

「矢なら，カヌーにある」と彼らは言った．

「俺は一緒に行くつもりはない．殺されるかもしれない．俺の身内には俺がどこへ行ったかわからない」と言い，もう一人に向かって「だが，おまえは彼らと一緒に行けるだろう」と言った．

そこで若者の一人は出かけたが，もう一人は家へ帰った．

そして，戦士たちは河をさかのぼってカラマの対岸の街まで行った．人々は水際まで降りてきて戦い始め，多くの者が殺された．しかしまもなく，「急いで引き返そう，あのインディアンが撃たれた」と戦士の一人が言うのをその若者は聞いた．そこで「彼らは幽霊なのだ」と彼は思った．彼は気分は悪くなかったが，撃たれてしまったと彼らは言った．

それからカヌーはエギュラックに戻り，若者は上陸して家へ行き，火を起こした．彼は皆に言った．「聴いてくれ，俺は幽霊について戦いに行った．味方がたくさん殺され，敵もたくさん死んだ．彼らは俺が撃たれたと言ったが，自分はなんともない」．

彼はすべてを話すと，静かになった．日が昇ると，彼は倒れた．何か黒いものが彼の口から出てきた．彼の顔がゆがんできた．人々は飛び上がって叫んだ．

彼は死んでいた．

この物語が被験者によってどのように理解され，再生のたびごとにどのように変容していったかを調べると，次のような規則性がみられた．

① 省略：固有名詞（エギュラック，カラマ），特有の文体などの細部が欠落し，文章は短く，簡潔になる．特殊な情報，被験者にとって非論理的な，あるいは期待に反する情報は再生されにくい．

② 情報の変換：なじみのないことばは，よく知ったことばに置き換えられる．たとえば，「カヌー」は「ボート」に，「アザラシ狩り」は「釣り」に変化した．

③ 合理化：文章は，筋が通り，読み手の期待に一致するようになっていく．つじつまの合わない部分を説明するのに役立つ情報が付加されることもある．たとえば，一人のインディアンの口から何か黒いものが出てきたというエピソードでは，古代エジプトの信仰によれば「何か黒いもの」とは霊魂を表すが，男が口から泡を吹いたというような，彼らの文化により一致する表現で，想起された．

バートレットの被験者は多くの記憶の誤りをおかしたようにみえるが，インディアンの異質な文化を背景とした非論理的な話を，彼らに共通なスキーマによって現代イギリス風に解釈した．そして被験者が物語を再生するとき，彼らのスキーマに一致しない特徴を省

略し，典型的な形に変形したのである.

〔川﨑惠里子〕

文　献

1) Bartlett, F.C.(1932): *Remembering*; *A study in experimental and social psychology*. Cambridge University Press, Cambridge.

2) Bower, G.H., Black, J.B. and Turner, T.J.(1979): Scripts in memory for text. *Cognitive Psychology*, **11**: 177-220.

3) Haberlandt, K.(1980): Story grammar and reading time of story constituents. *Poetics*, **9**: 99-116.

4) Kintsch, W.(1988): The role of knowledge in discourse comprehension; A construction-integration model. *Psychological Review*, **95**: 163-182.

5) Kintsch, W.(1992): A cognitive architecture for comprehension. In: Pick, H.L. Jr., van Den Broek, P. and Knill, D.C.(eds.), *Cognition*; *Conceptual and methodological issues*, pp.143-163. American Psychological Association, Washington, DC.

6) Kintsch, W. and van Dijk, T.A.(1978): Toward a model of text comprehension and production. *Psychological Review*, **85**: 363-394.

7) Kintsch, W., Welsch, D., Schmalhofer, F. and Zimny, S.(1990): Sentence memory; A theoretical analysis. *Journal of Memory and Language*, **29**: 133-159.

8) Mandler, J.M.(1982): Recent research on story grammars. In: Le Ny, J.-F. and Kintsch, W.(eds.), *Language and comprehension*, pp.207-218. North-Holland, Amsterdam.

9) Mandler, J.M. and Goodman, M.S.(1982): On the psychological validity of story structure. *Journal of Verbal and Verbal Behavior*, **21**: 507-523.

10) Mandler, J.M. and Johnson, N.S.(1977): Remembrance of things parsed; Story structure and recall. *Cognitive Psychology*, **9**: 111-151.

11) Minsky, M.(1975): A framework for representing knowlwdge. In: Winston, P.H.(ed.), *The psychology of computer vision*, pp.211-277. McGraw-Hill, New York. 白井良明，杉原厚吉 訳(1979): コンピュータービジョンの心理, pp.238-332, 産業図書.

12) Morrow, D.G., Greenspan, S.L. and Bower, G.H.(1987): Accessibility and situation models in narrative comprehension. *Journal of Memory and Language*, **26**: 165-187.

13) Pollard-Gott, L., McCloskey, M. and Todres, A.M.(1979): Subjective story structure. *Discourse Processes*, **2**: 251-281.

14) Rumelhart, D.E.(1975): Notes on schema for stories. In: Bobrow, D.G. and Collins, A.(eds.), *Representation and understanding*; *Studies in cognitive science*. Academic Press, New York. 淵一博 監訳：人工知能の基礎, pp.195-218, 近代科学社.

15) Rumelhart, D.E. and Ortony, A.(1977): The representation of knowledge in memory. In: Anderson, R.C., Spiro, R.J. and Montague, W.E.(eds.), *Schooling and the acquisition of knowledge*, pp.99-136, Lawrence Erlbaum Associates, Hillsdale, NJ.

16) Schank, R.C. and Abelson, R.P.(1977): *Script, plans, goals and understanding*; *An inquiry into human knowledge structures*. Lawrence Erlbaum Associates, Hillsdale, NJ.

17) Schank, R.C.(1982): *Dynamic memory*; *A theory of reminding and learning in computers and people*. Cambridge University Press, New York. 黒川利明，黒川容子 共訳(1988): ダイナミック・メモリ, 近代科学社.

18) Stein, N.L. and Glenn, C.G.(1979): An analysis of story comprehension in elementary school children. In: Freedle, R.O.(ed.), *New directions in discourse processing*. pp.53-120. Ablex, Norwood, NJ.

19) Thorndyke, P.W.(1977): Cognitive structures in comprehension and memory of narrative.

Cognitive Psychology, **9** : 77-110.

20) Trabasso, T., Secco, T. and van den Broek, P.W. (1984) : Causal cohesion and story coherence. In : Mandl, H., Stein, N.L. and Trabasso, T. (eds.), *Learning and comprehension of text*, pp.83-111. Lawrence Erlbaum Associates, Hillsdale, NJ.

21) Trabasso, T. and Sperry, L.L. (1985) : Causal relatedness and importance of story events. *Journal of Memory and Language*, **24** : 595-611.

22) van Dijk, T. A. and Kintsch, W. (1983) : *Strategies of discourse comprehension*. Academic Press, New York.

23) Zwaan, R.A., Langston, M. C. and Graesser, A. C. (1995) : The construction of situation models in narrative comprehension ; An event-indexing model. *Psychological Science*, **6** : 292-297.

24) Zwaan, R. A., Maglino, J. P. and Graesser, A. C. (1995) : Dimensions of situation model construction in narrative comprehension. *Journal of Experimental Psychology* ; *Learning, Memory, and Cognition*, **21** : 386-397.

25) Zwaan, R. A. and Radvansky, G. A. (1998) : Situation models in language comprehension and memory. *Psychological Bulletin*, **123** : 162-185.

第5章

問題解決の理論

　問題解決の理論といえば，旧来の心理学のテキストでは，「連合説」と「認知説」を取り上げることが一般的であった．「連合説」とは行動主義心理学による試行錯誤を意味し，刺激と反応の結びつきによって問題解決を説明するものであった．また，「認知説」とはゲシュタルト心理学による見通し学習や生産的思考を意味し，問題の再構造化によって問題解決を説明するものであった．

　ところが，情報処理モデルの出現によって，問題解決理論のおかれている状況が一変した．情報処理モデルは，基本的には先行理論である「連合説」と「認知説」を発展させたものである．しかしながら，コンピュータの開発をはじめとする時代精神を反映して，情報処理モデルは問題解決の中身をより具体的にかつより深いレベルで扱うようになってきた．すなわち，第1に，問題解決過程をより深く理解するために，条件と行為の系列からなるプロダクション・ルールを用い，問題解決に至るまでの過程を明確にしたのである．第2に，問題の解決をより深く理解するために，問題空間の考えを導入して問題の状態を詳細に分析したのである．

　このような考えに従って，初期の情報処理モデルはパズルに代表される非日常的で単純な問題の解決過程を吟味した．それらはDONALD＋GERALD＝ROBERTの問題で知られる覆面算の解決過程やチェスゲームの分析などであった．これらの問題解決過程のプロトコル(観察記録)を詳細に記述してGSPのようなコンピュータ・プログラムを構成し，コンピュータ・シミュレーションを実行したのである．最近の問題解決の研究では，学校で使用する教材を問題として用いたり，さまざまな領域の熟達者と初心者を比較することにより，より豊かな問題解決過程の分析を行っている．

5.1 ウェルトハイマーの理論

a. ウェルトハイマーの理論の特徴

1910年代にドイツで生まれたゲシュタルト心理学(Gestalt psychology)は，知覚の分野だけでなく問題解決の分野においても大きな貢献をなした．ゲシュタルト心理学が生まれたころの問題解決の説明理論として，刺激と反応の連合によって問題が解決されるとする行動主義心理学の試行錯誤をあげることができる．試行錯誤の考え方によれば，刺激である問題に対して正反応である正答を強化し誤反応である誤答を消減させるようにすることにより，問題が解決されるとする．問題と正答の連合は，問題解決者の獲得した連合の数，それらを学習し再現するときの容易さ，あるいは正確さによるのである．これに対して，ゲシュタルト心理学は，問題に含まれる新しい関係に気づくことが問題解決の中心的役割を果しているととらえたのである．

ゲシュタルト心理学の創始者とされるウェルトハイマー(Wertheimer, M.)は，独自の問題解決の理論を構成することによって，上記の試行錯誤による問題解決の説明を退けた．彼は，思考を二つのタイプに区分した．一つは，新しい解を自ら創造することによって提示された問題を解決するタイプの思考であり，生産的思考(productive thinking)と呼ばれているものである．もう一つは，過去の経験に基づいて記憶している解を自動的に再現して問題を解くタイプの思考であり，再生的思考(reproductive thinking)と呼ばれているものである．生産的思考と再生的思考で言及している思考とは，問題解決を意味するものである．ウェルトハイマーの没後に公刊された『生産的思考』(1945)によれば，生産的思考とは，問題のすべての要素を新しい方法によって相互に意味のある関連事象にまとめ，構造的に理解することである．他方，再生的思考とは，過去に経験した解決方法を新しい問題に適用するだけで，古い習慣や行動が再現されるだけの問題解決である．問題解決の本質は生産的思考にある．

b. ウェルトハイマーの理論の適用される具体例

ウェルトハイマー(Wertheimer, 1945)は，平行四辺形の面積の発見方法，数学者のガウスが1から10までの数の加法をいとも簡単にやってのけた話，あるいは多角形の角の和の発見方法など，さまざまな例を紹介することにより，生産的思考による問題解決が新しい課題の解決に有効であることを見いだした．ここでは，平行四辺形の面積の発見方法の例を取り上げることにより，生産的思考による問題解決の過程を明確にしよう．

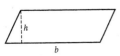

図3.5.1 平行四辺形の面積（既習問題）

図3.5.1のような平行四辺形の面積（既習問題）をどのようにして求めたらよいのかをたずねたとき，生徒の一人はその

平行四辺形の面積が既習の内容であるため，[底辺(b)×高さ(h)]で求められると容易に答えることができた．そこで，生徒になじみの薄い図3.5.2にみられるような平行四辺形を提示して面積を求めたところ(発展問題の提示)，生徒の一人は習っていないと答えたのである．しかしながら，別の生徒は，図形に線を引いたり，図形の書いてある紙を45°回転させてから線を引いたりして，発展問題を解決したのである．

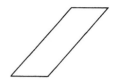

図3.5.2 ウェルトハイマーの平行四辺形（発展問題）

では，発展問題が解けた生徒と解けなかった生徒の違いはどこにあるのだろうか．ウェルトハイマー(Wertheimer, 1945)によれば，発展問題が解けるか否かは，以前の問題状況において生徒が何を学習したかによるのである．すなわち，発展問題が解けなかった生徒は，以前に平行四辺形の面積を求める問題で，平行四辺形の面積を求める公式を単に暗記学習していただけのことであった．そのために，公式を直接に適用しても解けないような発展問題に対しても，単に公式を適用して問題を解こうとしたのである．他方，発展問題を解いた生徒の場合には，以前に平行四辺形の面積を得たときの解決方法とは異なった過去経験の種類を働かせたのである．すなわち，以前に学習した平行四辺形の面積を求める問題において，問題を解くのに適切な構造的関係を理解していたのである．平行四辺形の構造的関係を理解していれば，平行四辺形の面積を求める公式は暗記しなくとも理解できたのである．それゆえ，以前に学習した平行四辺形を大幅に変形した発展問題(図3.5.2)に対しても，問題の構造的関係をスムーズに転移することが可能となり，問題を解くことができたのである．

c. 構造的関係の理解

ウェルトハイマー(Wertheimer, 1945)によれば，構造的関係の理解とは，平行四辺形の面積がどのような仕方で構造的に同じ小単位で構成されているかを理解することである．このような構造的関係を理解することが有意味な理解であり，生産的思考と呼ばれているものである．ただし，平行四辺形に含まれる構造的な関係を認知するだけでは，問題解決は不十分である．関係そのものが全体に照らして構造的に必要不可欠のものであり，その構造の中で相互に機能をもった諸部分として現れ，把握され，かつ用いられるものでなければならない．生産的思考による問題解決がなされれば，たとえ以前にみかけ上異なる問題を解いていたとしても，新奇の問題に対して大きな転移効果を得ることができる．

生産的思考と再生的思考の区分は，問題解決をどのようにとらえるかに関するゲシュタルト心理学と試行錯誤にみられる行動主義心理学の差異を反映しているといえる．すなわち，ゲシュタルト心理学のウェルトハイマー(Wertheimer, 1945)は問題解決を生産的思考ととらえるのに対して，行動主義心理学では問題解決を再生的思考によるものととらえるのである．ウェルトハイマーは与えられた問題のその時点における構造化の程度をみよ

うとする．これに対して，行動主義心理学に基づく問題解決では，解決の起源としての学習者の過去経験が問題解決のキーワードである．

5.2 情報処理モデル

a. 情報処理モデルの特徴

問題解決の理論としての情報処理モデル(information-processing model)は，問題解決者が与えられた問題を解くために利用する心的操作と解決に向かって構成する心的状態とを厳密に定義し，人間の問題解決過程を明らかにするものである．問題解決者は情報の主体的な処理者であり，自己の既有知識と問題構造の分析を通してさまざまな問題を解決するのである．情報処理モデルでは，しばしば問題解決者の利用した一連の操作の系列を，コンピュータ・シミュレーションのような形式で作成することがある．最近のコンピュータの開発技術の進歩により，人間が解くさまざまな問題をコンピュータに解かせることが可能となってきた．問題を解く道筋を正確にかつ厳密にコンピュータ・プログラム化することにより，人間がどのようにして問題を解いているのかのふるまいを明らかにすることができるのである．

図 3.5.3 は，問題解決者の情報処理過程の枠組みを示す(Newell と Simon, 1972)．図

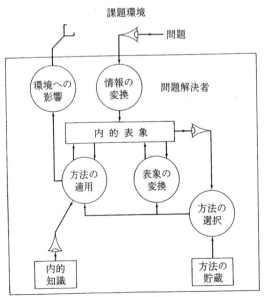

図 3.5.3　問題解決者の情報処理過程の枠組み(Newell と Simon, 1972)

第5章 問題解決の理論 *333*

3.5.3 の右側の上から問題解決の処理をスタートし，さまざまな処理を経て問題を解き，所与の問題環境に影響を与える過程である．まず与えられた問題を変換して内的表象を形成する．次いで，どのように解けばよいのかに関する方法（方略）を選択する．それが解決にとってよい方法であれば，それを問題解決のために構成した内的表象に適用して実行するだろう．問題解決がうまくいかない場合，別の方法を選択したり，別の内的表象を選択したり，あるいは問題解決を放棄したりするであろう．問題解決を行っている間，ある方法を適用することによって，その問題の下位目標が新たに生成されることもある．そのために，問題解決者はその下位目標を達成しようとして，別の方法を選択するかもしれない．

　問題解決に関する最も古くかつよく知られているコンピュータ・プログラムの一つは「一般問題解決プログラム（general problem solver：GPS）」である（Ernst と Newell, 1969；Newell と Simon, 1972）．そこでは，人間にいくつかの問題を解かせ，解いているときの心の状態を声に出していわせる方法を採用したのである．それらの内容に基づいて，人間が使用していると思われる一般的な問題解決方略を抽出した．

　情報処理モデルによる問題解決の分析において，考慮すべき二つの仮説が存在する（Greeno と Simon, 1988）．一つは行動主義心理学の行動の分析理論を発展させた認知行為（cognitive action）の仮説であり，ほかはゲシュタルト心理学の構造化の理論を発展させた認知表象（cognitive representation）の仮説である．認知行為と認知表象の両仮説は，相互に作用しながら問題解決の分析に必要な仮説として位置づけられている．

　認知行為の仮説とは問題解決方略に関するものであり，人間の知識がプロダクション・ルール（production rule）によって表現されるという行為の知識と目標や解決のプランを決定する方略的知識である．ここで述べるプロダクション・ルールとは，認知行為の基礎となる知識であり，条件と行為からなる．条件とは，ある状況において存在したりしなかったりする情報であり，行為とはその状況において遂行されるものである．プロダクション・ルールは基本的に「もしその条件が正しければ，その行為を遂行せよ」で表現される．たとえば，「明かりをつける」という問題があれば，条件は「もしそれが明かりのスイッチであるなら」であり，行為は「そのスイッチをつけよ」である．

　他方，認知表象についての仮説とは問題状況に関するものであり，問題空間（problem space）の考え方に従って理解することができる．問題空間とは，問題の前提条件，目標状態，問題のすべての中間状態，および別の状態に変換するために適用されるすべての可能な操作として表現されるのである．また，問題空間は問題状況において生じるさまざまな制約の知識をも含んでいる．

　さて，問題解決とは，現在の問題状態 A と解決のできた最終目標の状態 G との差異をなくすためにさまざまなオペレータ（演算子）の適用を試み，現在の問題状態 A を最終の目標状態 G にすることである．そのときに形成される問題の表象は，あくまで問題解決

に必要とされる情報を提供することに制限されている。現在の問題状態Aを変換して最終の目標状態Gに到達しようとするとき、通常は1回のオペレータの適用で目標状態Gに到達できることはまれである。このようなとき、下位目標を設定することにより、現在の問題状態Aをまず身近な下位目標が達成できるように方向転換するのである。さらに、その下位目標を達成するためには新たな下位目標を設定することが必要になるかもしれない。このようにみると、最終の目標状態に到達するために問題解決は「下位目標の設定—その達成」の手順を繰り返す再帰的な過程であるといえる。

一般的に、手段-目的分析(means-ends analysis)と呼ばれる問題解決のこのような方法では、現在の問題状態Aを一歩前進させた問題状態Bにするために、一度に一つしか使用できない三つの下位目標を設定する。それらは、① 現在の問題状態Aを最終の目標状態Gに近い別の問題状態Bに変換すること、② 現在の問題状態Aと別の問題状態Bとの差異を小さくすること、および、③ 現在の問題状態Aにオペレータを適用すること、である(NewellとSimon, 1972)。

まず、現在の問題状態Aを問題状態Bに変換するためには、問題状態Aと問題状態Bとを比較し、その差を明確にしなければならない。次に、現在の問題状態Aと問題状態Bとの差異を小さくするために、私たちはさまざまな計画を立ててオペレータを適用しなければならない。三つ目の下位目標である適切なオペレータがみつからなければ、現在の問題状態Aと類似の問題状態A′に変換するオペレータを適用し、問題状態Aと問題状態A′の差を明確にする。そして、この差を小さくするために演算を実施するのである。このような三つの下位目標を繰り返し適用することにより、現在の問題状態Aを最終の目標状態Gにすることが可能となる。

しかしながら、場合によっては問題解決が上記のように直線的には進まないときもある。その場合には、回り道をすることによって問題を解くことになり、手段-目的分析を適用することが必ずしも適切でない事態も生じる。

b. 情報処理モデルの適用される具体例

ここで、情報処理モデルに従って解決できる問題を取り上げよう。一般に「小人と人食い鬼問題(hobbits and orcs problem)」として知られる問題がある(ErnstとNewell, 1969)。これは三人の小人と3匹の人食い鬼ができるだけ少ない回数でボートを使って左岸から右岸へ渡る問題である。この問題にはいくつかの制約が設けられている。一つはボートには一度に二人(匹)しか乗れないことである。また、どちらの川岸でも人食い鬼の数が小人の数を上回ると、小人は食べられてしまうことである。問題解決者は、このような制約のもとで、三人の小人と3匹の人食い鬼がすべて無事に川を渡りきるのに要する最少の回数を求めなければならない。

図3.5.4に「小人と人食い鬼問題」の解答を得る系列を示す。図の(1)は初期の問題状態

第5章 問題解決の理論

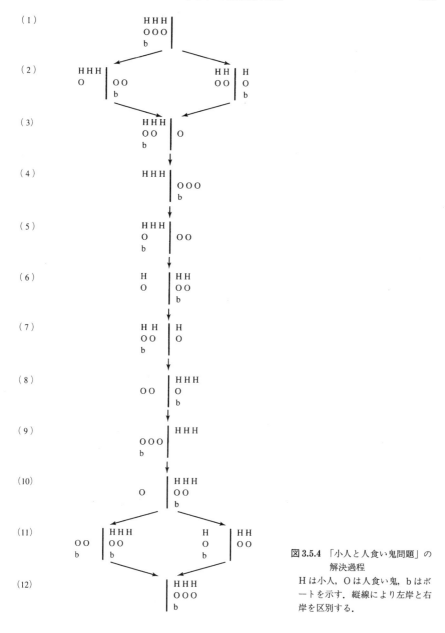

図3.5.4 「小人と人食い鬼問題」の解決過程
　Hは小人，Oは人食い鬼，bはボートを示す．縦線により左岸と右岸を区別する．

を表現しており，左岸に三人の小人(三つのHで示す)，3匹の人食い鬼(三つのOで示す)，ボート(bで示す)，および何もない状態の右岸，である．左岸と右岸は，中央の縦の線(川を表示)で区分されている．目標状態は，図の(12)であり，右岸に三人の小人(H)，3匹の人食い鬼(O)，およびボート(b)，および何もない状態の左岸，である．オペレータは一人の小人，二人の小人，あるいは一人の小人と1匹の人食い鬼を，人食い鬼の数が小人の数よりも多くならないように，一方の岸から他方の岸へ動かすことである．この問題を解いてみると，ある問題状態から次の問題状態へ移行する場合に，それほど多くの選択肢をもっていないことに気づくであろう．図3.5.4からも理解できるように，(2)と(11)の箇所で二つの選択肢を認めることができるにすぎない．

c. 問題解決方略

ところで，私たちが問題を解く場合，二つの規則に基づいて問題解決のための計画を立てる．一つはアルゴリズムと呼ばれる計画立案の規則であり，現在の問題状態Aと目標状態Gとの差異を減らすために，その方法に従っていれば自動的に正確に達する一連の規則である．小学校で学習する掛算や割算の計算手続の規則はアルゴリズムである．アルゴリズムに従って問題を解く場合には，最終の目標さえ明確にしておけば，規則を適用することにより自動的に正解を得ることができる．他方はヒューリスティックスと呼ばれる計画立案の規則である．ヒューリスティックスは必ずしも正解に達する保証はないが，うまくいった場合には少ない労力と時間で正解を得ることのできる規則である．私たちはヒューリスティックスに従って日常生活で直面する多数の問題に対処している．私たちの問題解決のための規則がおもにヒューリスティックスによるのは二つの理由による．一つは，私たちの作業記憶(working memory)の容量に限界があり，アルゴリズムのようにすべての解決手順を記銘しておくことができないことによる．ほかは，日常生活で直面する問題には一つの正解を求めるタイプの問題が少なく，アルゴリズムを適用することが難しい問題が多いことによる．

5.3　メンタル・モデル

a. メンタル・モデルの特徴

メンタル・モデル(mental model)とは，ジョンソン-レアード(Johnson-Laird, 1983；1989)によって提唱された概念であるが，必ずしも問題解決の説明のためだけに構成された概念ではない．むしろ情報の知覚，談話，知識の熟達，あるいは推理など，さまざまな認知現象における理解を説明する概念としてメンタル・モデルは使用されることが多い．

ジョンソン-レアード(Johnson-Laird, 1983)によれば，メンタル・モデルとは外的な事象を内的なモデルに翻訳し，シンボルによる表象を構成することである．私たちは構成し

たこれらのシンボルによる表象を操作することによって，談話の内容を理解し推理を行うのである．すなわち，私たちは談話の中で記述されている状況についてのメンタル・モデルを構成することによって談話を理解し，論理計算のような形式的な推論ルールよりも別のルール（メンタル・モデル）を使って推論するのである．問題解決において使用されるメンタル・モデルは，推論を行う場合に使用するルールである．もちろん，シンボルによる表象を構成する方法はメンタル・モデルに限られない．これまでみてきたように，たとえば情報処理モデルでは，問題空間の表象としてネットワーク表象やスキーマによる表象として知られている知識の表象を構成する．

b. メンタル・モデルの適用される具体例

ここで，メンタル・モデルによって説明される問題解決の例を取り上げよう．解決すべき問題は，演繹推理の中でよく知られている三段論法の問題である．通常，三段論法は二つの前提と結論からなる．前提や結論を構成する命題は一般に「すべてのXはYである」（全称肯定），「あるXはYである」（特称肯定），「どのXもYでない」（全称否定），および「あるXはYでない」（特称否定），の4種類で構成される．三段論法はこれらの命題を組み合わせて構成される．構成の仕方は，具体的には，二つの前提の組み合わせおよび二つの前提に共通して現れる名辞（XやY）の位置の組み合わせ（4×4×4）の合計による64通りである．なお，この種の三段論法は正確に表現すれば，定言三段論法と呼ばれるものである．

さて，三段論法の問題では，二つの前提条件から導かれる結論が正しいかどうかの判断を求められる．正しいかどうかを判断するときに，やさしい問題もあれば難しい問題もある．たとえば，

「どの運動選手（X）も浮浪者（Y）ではない」（前提1）
「すべての事務員（Z）は浮浪者（Y）である」（前提2）

から，

「どの運動選手（X）も事務員（Z）でない」（結論1）

の結論が正しいことを容易に導くことができる．しかしながら，

「どの運動選手（X）も浮浪者（Y）ではない」（前提3）
「ある事務員（Z）は浮浪者（Y）である」（前提4）

から，

「ある事務員（Z）は運動選手（X）でない」（結論2）

をすぐに引き出すことは困難である．

メンタル・モデルに従えば，上記の問題に対して，まず最初に二つの前提条件を理解するために，それらのモデルを構成しなければならない．構成されるモデルにはさまざまな形式が用いられてきているが，ジョンソン-レアード（Johnson-Laird, 1983；1989）によれ

ば，数学で利用されているオイラー円でもベン図でもなく，トークンを含む心的なモデルである．トークンとは互いに共通要素をもたない運動選手(X)や浮浪者(Y)を意味する．まず，最初の処理として，前提1をトークンを使って以下のように表現する．

運動選手

運動選手

―――――――――――――

浮浪者

浮浪者

浮浪者

次に，前提2を上記で構成したモデルに加えるのである．

運動選手

運動選手

―――――――――――――

浮浪者＝事務員

浮浪者＝事務員

（浮浪者）

カッコで表現された浮浪者は，事務員でない浮浪者も存在していることを示す．

　第2の処理として，結論1を定式化することである．そのために，二つの前提で明確に表現されていない関係があるなら，それを明らかにするためにモデルを吟味しなければならない．結論1の場合は簡単であるため，容易に結論1を導くことができる．

　他方，結論を導くことが困難であるとされる前提3と前提4からなる問題では，二つの前提から容易に以下のメンタル・モデルを構成することが可能である．

運動選手

運動選手

―――――――――――――

浮浪者　＝　事務員

浮浪者　＝　事務員

（浮浪者）　（事務員）

このメンタル・モデルを構成しても，必ずしも妥当な結論を導くことができない場合がある．それは，事務員(Z)を運動選手の位置に配置していないからである．事務員を配置した場合には，

運動選手　　＝　（事務員）

運動選手　　＝　（事務員）

―――――――――――――

浮浪者　＝　事務員

浮浪者　＝　事務員

（浮浪者）　（事務員）

となり，上記のモデルを構成した場合よりも妥当な結論を導くことが容易となる．

このようにして，メンタル・モデルによって演繹推理の問題を解くことができる．メンタル・モデルを上記のようにとらえるとき，情報処理モデルにおける問題空間を示す認知表象の一つの形態と考えることが可能である．

5.4 アナロジー・モデル

a. アナロジー・モデルの特徴

メンタル・モデルがおもに演繹推理を必要とする問題解決過程を説明するモデルとすれば，アナロジー・モデル(analogical model)は帰納推理の問題事態において解決される結果を説明するモデルである．アナロジーとは類似物であり，類似の問題を意味する．アナロジー・モデルによれば，問題を解くとき，与えられた問題(target problem，ターゲット問題)に類似する問題(base problem，ベース問題)を解くことによって，ターゲット問題をうまく解くことができるようになるのである．

アナロジーが形成されるには，問題解決の過程において，すでによく知っているベース問題から当該のターゲット問題に知識を移すことにより，ターゲット問題に適用可能な新しい対応関係をつくらなければならない．アナロジーが問題解決に役立つかどうかは，既存のよく知っているベース問題と当該のターゲット問題との間にアナロジーを見いだし，それを利用できるかどうかに関係している．二つの問題間の本質的な類似性が見いだせるときには，ターゲット問題を解くことが可能であるが，類似性が見いだせないときにはターゲット問題を解くことが困難である．

b. アナロジー・モデルの適用される具体例

ジックとホリオーク(Gick と Holyoak, 1980；1983)は，問題の初期状態，目標状態，あるいはある問題状態を別の問題状態に変換するオペレータなどが明確に定義されていない問題を解く場合に，問題解決者がアナロジーを利用して問題を解くことを見いだしている．彼らはゲシュタルト心理学者のドゥンカーが使用した「放射線問題」(Duncker, 1945)を大学生に与えて，どのような治療方法があるかを答えさせた．ドゥンカーの「放射線問題」を要約すれば，以下のようであった．

「手術ができない胃の悪性腫瘍のある人がおり，腫瘍や健康な生体組織を破壊できる放射線があるとしよう．そのとき，正常な生体組織を傷つけずに胃の腫瘍を取り除きたい．どうすればよいか」．

この問題は，初期状態，目標状態，さらにオペレータの使用に関する制約は明確に定義されている．初期状態と目標状態は上記の問題からすぐに理解することができる．また，オペレータの制約とは，手術や健康な組織を破壊する行為を禁じていることである．しか

しながら，腫瘍を破壊するために放射線を使うというオペレータは一般的であり，漠然としすぎている．それゆえ，オペレータが多く，どのオペレータも実行可能な行為を明確にしているわけではない．結果として，問題解決者である大学生にとって，この問題を解くのは難しいことになる．このような問題を解く場合には，具体的なオペレータを特定するためにアナロジーを使用する可能性が高い．ジックとホリオーク（Gick と Holyoak，1980）の実験1は，この問題を解かせる前に，放射線問題（ターゲット問題）と類似する問題（要塞問題と呼ばれる問題であり，ベース問題である）を読ませて解かせた．

　大学生に示した要塞問題にはさまざまな解が与えられた．ジックとホリオーク（1980）が用いた要塞問題の要約は以下のようであった．

　「独裁者に支配されている国の中心には頑丈な要塞が位置していた．その要塞から多くの道路が放射状に延びていた．一人の将軍が国を独裁者から解放するために立ち上がり，その要塞を攻略しようと考えた．将軍は彼の軍隊が一度に全軍でその要塞を攻めれば攻略できることを知った．しかしながら，要塞に通じる道には，少人数の人が通れば爆発しないが多人数で通ると爆発する地雷が設置されていた．道路が爆破されると，その道路を通行することは不可能となる．その報復に，独裁者は多くの村を破壊するだろう．要塞を攻撃するために，将軍の大軍を通すことは不可能であった」．

　このベース問題の目標状態は，村を破壊されずに，将軍の全軍で中央の要塞を破壊することであった．実験ではベース問題としてこのような要塞問題を構成し，さまざまな条件の文章を上記の要塞問題に追加して被験者に与えた．

　一つ目の条件（少数分けの文章）では，軍隊を少数に分ける追加文を与えた．すなわち，将軍が自分の軍隊を少数のグループに分けて，各グループを別々の道路に配置したことを記述した文章であった．こうすることにより，それぞれのグループが要塞に向かって安全に進行でき，全軍がいっせいに要塞を攻撃して制覇することができたのである．

　二つ目の条件（食糧調達の文章）では，将軍が要塞に通じる食糧調達のための道路として通行できる主要な大道路を知っており，全軍をこの道路に集めて地雷を避けながら要塞まで進行し，全軍がいっせいに要塞を攻撃して制覇した内容を含む文章が与えられた．

　三つ目の条件（トンネルの文章）では，将軍と彼の部下が地雷よりも下を通る要塞までの地下トンネルを掘り，完成後に全軍がこのトンネルを通って要塞まで行き，全軍がいっせいに要塞を攻撃して制覇した内容を記述した文章が与えられた．

　追加されたこれら3種類の条件の文章は，のちに与えられる"放射線問題"を解くときに役立つヒントであった．もし，問題解決者が"要塞問題"のアナロジーを使って"放射線問題"を解くとすれば，"要塞問題"に追加された文章のヒントを学習することにより，"放射線問題"を解くときに何らかの影響を受けることが予想できる．また，統制群として，単に"放射線問題"を解くように教示を受ける条件群も使用した．

　表3.5.1に実験の結果を示す．学習時に全軍を少数のグループに分けて要塞を攻める文

第5章　問題解決の理論　　　　　*341*

表 **3.5.1**　各条件における被験者の割合(Gick と Holyoak, 1980)

条件	問題解決		
	少数分け	食糧調達	手術
少数分けの文章	100	10	30
食糧調達の文章	10	70	50
トンネルの文章	20	30	80
統制群	0	20	50

章を読んだ条件群の被験者は，全員が"放射線問題"に対しても異なる方向から腫瘍にいくつもの弱い放射線をあてると解答した．他の条件群の7割から8割の被験者も，ベース問題の解決と同じ仕方で"放射線問題"を解いた．この結果は，人が既知の問題についての知識を使って新しい問題を解くことを示すものである．

c.　アナロジー・モデルの解決過程

アナロジーを使って問題を解くとき，一般に次の三つの基本的な過程を経て問題を解くことが知られている．

第1は問題解決者の認知過程(recognition process)である．問題のアナロジーを認知するためにはベース問題と当該のターゲット問題との関連に気づかなければならない．ベース問題とターゲット問題との類似性に気づくには，ターゲット問題をみたときにどのようなベース問題があったのかを検索しなければならない．検索が容易にできるためには，ベース問題を適切に符号化し選択しておくことが必要である．ジックとホリオーク(Gick と Holyoak, 1983)では，解かなければならないターゲット問題にベース問題の解決方法が利用できるというヒントを与えられた条件群のみ，92% の被験者がベース問題を利用してターゲット問題を解いた．しかしながら，ヒントの与えられなかった条件群の被験者は，わずかに 20% がベース問題を利用してターゲット問題を解いたにすぎなかった．これは，ベース問題の符号化と検索の重要性を示唆する結果である．

第2は抽出の過程(abstraction process)である．アナロジーが使えると認知されると，ターゲット問題の基礎を構成する一般的な原理を抽出しなければならない．ジックとホリオーク(Gick と Holyoak, 1983)では，ターゲット問題と問題解決方法を記述した文章を与えるだけの統制群に対して，問題の最後に解決の一般原理や線分図を与えた条件群を構成してアナロジー利用の程度を統制群と比較したが，それほど顕著な差はみられなかった．このことから，記述されている二つの問題に共通する一般原理を抽出することは大変難しい作業であることがわかる．これを解決する方法は，ターゲット問題を解くのに先立って，記述されている領域は異なるが2種類のベース問題を学習させることである．そうすることによって，両ベース問題に共通する一般原理を抽出することが容易となるだろ

う．最近の研究から，二つの問題状況に直面したとき，問題解決者は相互に対応する要素を同定することによってターゲット問題に適用できるルールを構成し，解を得ることが確かめられている（たとえば，Holyoak と Spellman, 1993）．それゆえ，問題解決におけるアナロジーは，ベース問題からターゲット問題に適用できるルールの転移過程ととらえることができる．

第3は写像過程（mapping process）である．写像とはターゲット問題を解決するためにベース問題とターゲット問題の適切な関係を見いだすことである．ベース問題とターゲット問題の解決のための適切な関係を見いだすために，問題解決者は両問題の表面的で構造的な類似性を探そうとするだろう．こうして，特徴を共有する問題間ほど，アナロジーは利用されるのである．ただし，ベース問題からターゲット問題に写像されるのは，部分的な特徴の要素であることが多い．

アナロジー・モデルによる問題解決過程は，以上の三つの過程を基本としている．しかしながら，問題解決者が与えられた問題を解決するためには，三つの基本過程に付随するさまざまな要因をも考慮しなければならない．たとえば，与えられた問題の目標を明確に理解することは，問題解決における有効な手がかりとなる（Holyoak と Thagard, 1995）．

5.5 PDP モ デ ル

a. PDP モデルの特徴

PDP モデル（PDP model）とは並列分散処理（parallel distributed processing）の頭文字を並べたものであり，コネクショニスト・モデル（connectionist model）と呼ばれることが多くなってきた（本書の第III編第3章を参照）．

PDP モデルは情報処理に関わるモデルであることから，広義には情報処理モデルの一つとみなすことができる．しかしながら，情報処理モデルとは根本的に異なる発想にその特徴がある．

PDP モデルは，抽象化された脳の神経回路網のメカニズムにヒントを得て人間の認知を情報処理モデル化したものである．すなわち，脳の神経回路網モデルに適した情報処理のアルゴリズムを開発し，コンピュータによるシミュレーションを実行することにより，人間の情報処理システムを解明しようとするものである．コネクショニスト・モデルに言及した章でも説明がなされているように，PDP モデルは，① 情報の並列的処理による分散的知識表象，② リンクによって結合される単純な情報処理の単位（ユニット）のネットワーク，および，③ 結合するユニットの活性化および興奮と抑制からなるリンクの強度の漸進的変化，を基本的な原理としている（Rumelhart ら，1986 a）．すなわち，PDP モデルとは，情報処理モデルにみられる系列的処理とは異なり，脳のニューロンのような多数の単純なユニットが相互に結合して，同時的かつ並列的に情報のやりとりによって形成さ

れた知識表現であると考えてよい．

PDP モデルは脳の神経回路網のメカニズムに触発されて構成されたモデルであり，もともとは知覚や運動制御の研究分野で発達したものである(Rumelhart ら, 1986 a)．それゆえ，高次の情報処理である人間の問題解決のさまざまな結果を説明するモデルとしては，現在のところ必ずしも十分に適用可能であるとはいえない．しかしながら，問題解決や推理のような高次の思考過程も，知覚の体制によって説明できるとするゲシュタルト心理学(5.1 節を参照)の理論からも理解できるように，PDP モデルによって複雑な問題解決過程を説明することも可能となるであろう．

b. PDP モデルの適用される具体例

ラメルハートら(Rumelhart ら, 1986 b)によれば，人間が形式論理のような論理的思考をしなくとも，ひととおりの論理的な結論に到達することができるのは，パターン照合が得意であること，新しい出来事を予測できるような世界のモデルを構成できること，および環境を操作できること，による．それゆえ，問題解決も類似したパターンをもった問題であれば，並列処理に従って容易に説明することができる．たとえば，図 3.5.5 にみられる三目並べ(tic-tac-toe)の問題をみよう．三目並べを行う場合の基本的なネットワークの構造からも理解できるように，ネットワークは全部で 67 個のユニットからなる．すなわち，9 個の可能な応手を表現する 9 個の反応ユニット，相手と味方のボード上にある石の位置を表す各 9 個の入力ユニット，およびボードユニット内のパターンを検出し種々の反応選択肢を活性化する 40 個の線分検出ユニットがある．図 3.5.5 の線分検出ユニットで

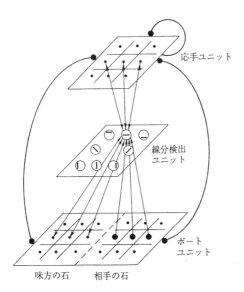

図 3.5.5 三目並べのネットワーク構造
(Rumelhart ら, 1986 b)

は，三つの○と×を1列に並べる八つの方法の一つを示したものである．なお，三目並べを解く場合，単にパターンの照合だけでなく，相手のすべての行動に対して予測できる世界のモデルを構成することが必要である．

また，3桁の数字どうしの乗法問題（たとえば，343×822）も，単に解き方のパターンを照合するだけでは解くことができない．問題を筆算の形式に変換し，自分の解きやすい形式に環境を変換する必要がある．しかしながら，この場合の環境の操作は問題を操作可能な系列に変換して処理する過程であり，本来並列的に分散処理するPDPシステムに多少とも直列的要素を導入しなければ実行できないものといえる．

最近では，PDPモデルによる文の推理過程の研究も認められるようになってきており（たとえば，ShastriとAjjanagadde, 1993），複雑な関係推理の問題解決過程もPDPモデルで徐々に明らかにされつつある．

現象例

小学校低学年の児童による加減の算数文章題の解決結果を，情報処理モデルがどのように説明するのかをみよう．

ライリーら（Rileyら, 1983）は，小学校低学年の子どもたちが，加減の算数文章題をどのように解くのかを分析した．その研究は問題解決において使用する知識を分析し，子どもが解いた問題と解けなかった問題との差異を明確にすることであった．情報処理モデルに従って，ライリーらは，文章題の難易に影響を与えている要因として，問題の意味構造（semantic structure）の分析を取り上げた．もちろん，意味構造だけでなく，たとえば量関係を見いだす文の位置がどこであるかという未知数の位置をはじめとして，ほかにも文章題を解くうえで重要な要因がある．

情報処理モデルに従えば，問題は問題状況を記述するために使用される意味関係において異なる．加減の文章題における意味関係とは，問題文中の対象間に含まれる"変化"，"結合"，および"比較"の三つの関係についての概念的な知識である．たとえば，"変化"の問題は，「まさお君はみかんを3個もっています．やす子さんはまさお君にみかんを5個あげました．まさお君はいま，みかんを何個もっていますか」のようである．また，"結合"の問題は，「まさお君はみかんを3個もっています．やす子さんはみかんを5個もっています．二人のもっているみかんを合わせると何個になりますか」のようである．最後に，"比較"の問題は，「まさお君はみかんを3個もっています．やす子さんはまさお君よりもみかんを5個多くもっています．やす子さんはみかんを何個もっていますか」のようである．ライリーらは，意味構造の分析に未知数の位置を加えて，さまざまなタイプの文章題を構成した．

上記の問題は，問題の表現が異なるにもかかわらず，[3+5=8]の式によって答えを得ることができる．小学校1年生の正答率をみると，"変化"，"結合"，および"比較"の順

図 3.5.6 算数文章題の解決過程の枠組み
(Riley ら, 1983)

番に，1.00, 1.00, および 0.17 であった．立式としては同じ形式になるが，その意味する内容によって正答率に差異が生じるのである．

この結果を説明するために，ライリーらは文章題を解くときに必要とする知識の情報処理モデルを発展させたのである．すなわち，文章題を解く場合には，問題を理解してから問題を解かなければならない（図 3.5.6 参照）．問題を理解して問題構造を表象するときに，"比較"問題では"比較"に関する問題構造の表象（問題スキーマと呼ばれている）を適切に形成できなかったのである．与えられた問題のスキーマを適切に形成することによって，問題を解くことが可能となる．

エピソード

ニューウェル (Newell, A. : 1927-1992)

アメリカ心理学会の学会誌である "*American Psychologist*" (1986, 1993) に掲載されたニューウェルの記事（一つは APA での受賞記事で，ほかは死亡記事）に基づいて，情報処理モデルの立場から問題解決の研究に取り組んだニューウェルを紹介しよう．

アレン・ニューウェルはスタンフォード大学で放射線医学を専攻する医学部教授の次男として，1927 年 3 月にサンフランシスコで生まれた．幼いころは知的にも性格的にもふつうの少年として育ち，高校ではフットボールを得意としていた．彼は 20 歳のときに 16 歳のときからつき合っていた同級生と結婚した．第 2 次世界大戦後に，彼はスタンフォード大学に入学し，物理学を専攻した．大学院はプリンストン大学に進み，そこでは数学を専攻した．しかしながら，大学院に在学中，純粋数学の研究よりも経験科学に興味をもつようになり，アメリカ空軍から資金援助されているランド研究所 (Rand Corporation) に就職した．彼はそこで人間の行動に関するさまざまな研究を行い，人間がどのように情報を処理するのかに研究の焦点をあてるようになった．1952 年にはランド研究所にきていたサイモンと出会い，両者が人間の情報処理の問題に関心のあることを確認したようである．彼はカーネギーメロン大学で Ph. D.（博士）を取得するために大学院に進み，1957 年

に博士課程を修了した．その後も，大学のあるピッツバーグに残り，サイモンらとの共同研究を進めながら，一方でランド研究所に雇われていた．1961年に大学に職を得，その後，1992年7月に癌で死亡するまで，ピッツバーグを離れなかった．ニューウェルの活躍し始めた1950年代の後半は，いわゆる認知革命の興隆した時代であり，人間の情報処理過程を説明するさまざまなモデルを，サイモンらと共同で積極的に提唱したのである．

〔多鹿秀継〕

文　献

1）Duncker, K.(1945): On problem solving. *Psychological Monographs,* **58**: Whole No. 270.

2）Ernst, G.W. and Newell, A.(1969): *GPS*; *A case study in generality and problem solving.* Academic Press, New York.

3）Gick, M.L. and Holyoak, K.J.(1980): Analogical problem solving. *Cognitive Psychology,* **12**: 306-355.

4）Gick, M.L. and Holyoak, K.J.(1983): Schema induction and analogical transfer. *Cognitive Psychology,* **15**: 1-38.

5）Greeno, J.G. and Simon, H.A.(1988): Problem solving and reasoning. In: Atkinson, R.C., Herrnstein, R.J., Lindzey, G. and Luce, R.D.(eds.), *Stevens' handbook of experimental psychology,* 2nd ed, Vol. 2 Learning and cognition, pp.589-672. John Wiley, New York.

6）Holyoak, K.J. and Spellman, B.A.(1993): Thinking. *Annual Review of Psychology,* **44**: 265-315.

7）Holyoak, K.J. and Thagard, P.(1995): *Mental leaps*; *Analogy in creative thought.* MIT Press, Cambridge. 鈴木宏昭，河原哲雄 監訳(1998): アナロジーの力，新曜社.

8）Johnson-Laird, P.N.(1983): *Mental models.* Cambridge University Press, Cambridge. 海保博之 監修，AIUEO 訳(1988): メンタルモデル，産業図書.

9）Johnson-Laird, P.N.(1989): Mental models. In: Posner, M.I.(ed), *Foundations of cognitive science.* MIT Press, Cambridge. 佐伯　胖，土屋　俊 監訳，山　祐嗣 訳(1991): 認知科学の基礎第3巻　記憶と思考，pp.91-136，産業図書.

10）Newell, A. and Simon, H.A.(1972): *Human problem solving.* Prentice-Hall, Englewood Cliffs, NJ.

11）Riley, M.S., Greeno, J.G. and Heller, J.I.(1983): Development of children's problem-solving ability in arithmetic. In: Ginsburg, H.P.(ed.), *The development of mathematical thinking,* pp.153-196. Academic Press, New York.

12）Rumelhart, D.E., McClelland, J.L. and the PDP Research Group (1986 a): *Parallel distributed processing,* Vol. 1; Foundations. MIT Press, Cambridge. 甘利俊一 監訳(1989): PDP モデル，産業図書.

13）Rumelhart, D.E., Smolensky, P., McClelland, J.L. and Hinton, G.E.(1986 b): Schemata and sequential thought processes in PDP models. In: Rumelhart, D.E., McClelland, J.L. and the PDP Research Group(eds.), *Parallel distributed processing,* Vol. 2; Psychological and biological models, pp.7-57. MIT Press, Cambridge. 甘利俊一 監訳，平井有三 訳(1989): PDP モデル，pp.367-419，産業図書.

14）Shastri, L. and Ajjanagadde, V.(1993): From simple associations to systematic reasoning; A connectionist representation of rules, variables and dynamic bindings using temporal synchrony. *Behavioral and Brain Sciences,* **16**: 417-494.

15）Wertheimer, M.(1945): *Productive thinking.* Harper & Row, New York. 矢田部達郎 訳(1952): 生産的思考，岩波書店.

第6章

感 情 の 理 論

　心理学における感情研究の歴史は古い．ダーウィン（Darwin, C.）を祖とする進化論的アプローチ，ジェームズ（James, W.）やキャノン（Cannon, W.）を祖とする生理心理学・神経学的アプローチなど，19世紀以降の感情理論では，人間の感情の進化的起源や，喚起される感情と生理的反応との関係を明らかにしてきた．これに対して，本章で取り上げる認知心理学的な立場からの感情研究の歴史は浅く，少数の先駆的な研究を除くと，認知心理学的な立場からの本格的な感情研究が盛んになったのは1980年代からである．本章では，こうした"認知心理学的感情研究"の主要な理論や成果を解説する．まず6.1節で認知心理学における感情の位置づけについて簡単に論じたのち，6.2節では感情の生起過程を，続く6.3節では感情が認知に及ぼす影響過程を取り上げる．

　6.2節では，まず，感情の生起に認知的評価が介在するとする認知的評価理論について述べる．この認知的評価の内容に焦点をあてた代表的なモデルとして，ラザルス（Lazarus, R. S.），シェアー（Sherer, K. R.），オートリー（Oatley, K.）とジョンソン-レアード（Johnson-Laird, P. N.）のモデルについて詳述する．次に，認知的評価がなされる過程に焦点をあてた多層評価理論を取り上げ，その特徴について紹介する．

　6.3節では，まず，気分一致効果が記憶や社会的判断において認められることを説明する，バウアー（Bower, G. H.）の感情ネットワーク・モデルについて述べる．また，感情は処理する情報の内容だけではなく，どのように情報を処理するのかにも影響する．このような感情と処理方略との関係について包括的に理論化した，フォーガス（Forgas, J. P.）の感情混入モデルについて詳述する．

6.1　認知心理学における感情

人間の心の働きを"知・情・意"と分ける伝統的な区分に従えば，認知心理学がおもに

探求してきたのは"知"の部分, すなわち記憶, 判断, 思考, 推論などである. そのため認知心理学のテキストで感情について言及されることは, 最近まできわめてまれであった. 定評のあるテキストでも, その多くは感情や情動に関わる研究について詳しい記述がなく, 感情や情動という用語すらほとんど登場しない場合も多い(Anderson, 2000 ; Sternberg, 1999). 感情の問題が認知心理学で取り上げられにくい理由としては, 感情は一般に"合理的な"認知過程とは対立する心的要素とみなされ, それを積極的に取り入れるというよりもむしろ区別しようとする志向性が強かったこと, 初期の認知心理学の主要な理論的枠組みが, 記号計算を実行する(感情をもたない)計算機の情報処理モデルであったため, この枠組みの中に感情の機能を組み込むことが困難であったことなどがあげられる.

しかしながら, 1980年代になって, 代表的な認知モデルであるネットワーク・モデルの枠組みの中に感情の要素を取り入れ, 認知と感情の相互作用を積極的に理論化する試みが開始されると(Bower, 1981), 認知心理学の研究手法や理論的枠組みを用いた感情研究が急速に増加することとなった. 快, 不快といった感情をネットワーク・モデルのノードとして組み込むことで, 感情が認知過程のいろいろな段階に及ぼす影響が, シミュレーションや認知実験の行動データによって検証できるようになったのである. 本章の後半では, こうした"感情の認知に及ぼす影響に関する理論"について解説する.

一方, 認知心理学が隆盛になる以前から, 感情の生起過程に関心をもつ研究の中には, ある状況で喚起される感情の種類や強さを理解するうえで, それに先立つ認知過程の重要性に注目した独自の理論が提案されていた(Arnold, 1960 ; Schacter と Singer, 1962). これらの理論は, 認知的評価理論(cognitive appraisal theory)と総称されている. 人が事象や事物をいくつかの評価次元に基づいて認知的に評価した結果, さまざまな感情が生じると仮定する理論的枠組みは, 多くの感情心理学者によって取り入れられてきた. 本章の前半では, こうした"感情の生起に関する理論"について解説する.

はじめに, 感情に関する用語を整理しておこう. 心の働きのうち, 情的側面に関わる最も包括的な用語として"感情(affect, feelings)"という語が用いられる. "情動(emotion)"は, 怒り, 恐れ, 喜びといったように, 比較的強い生理的喚起を伴った, 明確な対象によって喚起される一時的感情状態を表す. これに対して, "気分(mood)"は, 良い気分とか悪い気分といったように漠然としたものであり, 喚起した対象が不明確で, 一定時間持続する比較的穏やかな感情状態をさす.

6.2 感情の生起に関する理論

人間が主観的に体験する感情はきわめて多様である. また同じ状況であっても, 体験される感情は人によって異なることがある. こうした感情の多様性や個人差を, 出来事や状況に対して個人の中で生起する"認知的評価"の違いによって説明する立場が, 認知的評

価理論である．本節では，このような認知的評価理論の中の代表的なものを紹介する．な
お，認知的評価理論でいう感情は，ある状況を経験することによって生じる一時的な感情
状態であるので，以下では情動という語を用いることにする．

a. 認知的評価理論

多様な情動経験はある状況に対する認知的評価に依存するという，アーノルド（Arnold,
1960）やシャクターとシンガー（Schacter と Singer, 1962）の考えを継承・発展させた後続
の研究者の多くは，認知は情動に先行するとし，情動の生起を理解するためにはその情動
を経験している人にとってどのような意味をもつかという特定の認知的な評価次元を明ら
かにすることが必要不可欠であると考えていた（Cornelius, 1996）．それゆえ，さまざまな
情動の生起に重要な評価次元を特定しようとする実証的研究が行われてきた．そこでの関
心は，特定の情動経験はどのような評価次元と関連しているのか（Smith と Ellsworth,
1985 ; 1987），評価次元から多様な情動経験は予測されうるのか（Smith と Lazarus, 1993 ;
Roseman ら，1990）ということであった．さらに 1990 年代以降になると，情動の生起過
程に関して，自動処理 vs. 統制処理，あるいは潜在処理 vs. 顕在処理といった，認知心理
学の主要な概念を取り入れた，質の異なる複数の処理層を仮定した多層評価理論（multi-
level theories）が提案され，より精緻な評価理論の構築が試みられている（たとえば，
Teasdale, 1999）．

以下では，これまでに提案されている認知的評価理論の中から，ラザルスの評価理論
（appraisal theory），シェアーのコンポーネント・プロセス・モデル（component process
model），オートリーとジョンソン-レアードの情動伝達理論（communicative theory of emo-
tions）を取り上げ，その特徴を紹介する．

1) ラザルスの評価理論

1966 年に発表されたラザルスの理論は（Lazarus, 1966），初期の認知的評価理論の代表
的なものである．もともとストレスという特定の情動を中心として構築されたものだが，
その後何回か補足修正が行われ，一般的な情動の理論に組み換えられた．1991 年の修正
モデルは，"認知-動機-関連理論（cognitive-motivational-relational theory）"と名づけ
られている．しかし骨格となる枠組みは初期の理論から変わっていない（Lazarus, 1991）．

この理論では，人が環境内の事象と関わる，関わり方に対する認知的評価の違いによっ
て，さまざまな情動（ストレス）が生じると仮定されている．特定の情動を喚起する認知的
評価には二つの段階がある．"1 次評価"では，環境内で生じた事象が自己の目標の達成
に関連するかどうかという"動機関連性"，目標の達成にとってプラスに働くかマイナス
に働くかという"動機適合性"および"自我関与の程度"に関する評価が行われる．"1
次評価"が，事象のもつ肯定性・否定性に関する評価であるのに対して，"2 次評価"に
は"責任の所在"，"状況に対処する能力"や"未来に対する期待の程度"などの評価が含

まれている．さらに“2次評価”における対処能力の評価は，“情動に焦点化した対処”と“問題に焦点化した対処”との二つに分かれる（Folkman と Lazarus, 1988）．“情動に焦点化した対処”は防衛機制などを用いて情動を調整する試みであり，“問題に焦点化した対処”は不快な情動を生み出した問題を変更しようとする試みである．これらの対処方略はストレスへの適応を考えるうえで重要な要因と考えられている．また，“1次評価”と“2次評価”は相互に協調して機能しており，“2次評価”の結果によって状況が変化すると，その変化した状況に対して再評価が行われるといったように，この理論では認知的評価と情動の生起は一連の連続的な過程としてとらえられている．このラザルスの理論は，その後提案されたさまざまな評価理論に共通する，基礎的な枠組みを示したものとして重要である．

2）　シェアーのコンポーネント・プロセス・モデル

シェアーは，情動は複数の要素（コンポーネント）からなる心理的構成体であるとし，①刺激の認知的処理，②神経生理的過程，③動機づけと行動傾向，④運動系による表出，⑤主観的感情状態，という5種の要素（コンポーネント）を仮定した（Scherer, 1984）．さらに，これらの各要素はそれぞれ，環境の評価，身体の生理的状態の調整，行為の準備，意図の伝達，自己状態のモニターという機能を果たしていると仮定されている．シェアーは，こうした機能的な観点をふまえた情動研究の必要性を強調した．

このモデルでは，刺激（状況や事象）に対する5段階の評価次元（“刺激評価チェック”）に基づく認知的評価が，継時的に順を追って進行すると仮定しており，認知的評価は“評価プロセス”と位置づけられている．

第1の“新奇性”チェックでは，環境内の刺激が予期したものか否かがすばやく判断される．この評価は刺激に対して最初に行われる評価であり，驚愕や退屈といった情動の喚起と関連する．この評価によって予期しない事態に対するすばやい対処行動が可能となり，緊急性の高い状況と判断されると，続く評価の速度が速められる．

第2の評価は“快-不快”度に関するものである．“快-不快”チェックでは，刺激や状況それ自体のもつ内在的な，本来の価値に基づいて評価される．

第3の“目標との関連での重要性”チェックでは，刺激が，その時々の個人の目標や要求の達成に対して，貢献する程度について判断される．この第3のチェックは第2のチェックとは独立であり，刺激自体は本来，“快”と評価されるものであっても，当面の目標の達成とは相容れない場合には，否定的に評価される．第3のチェックには，刺激が当面の関心に関わるかどうかのチェック，結果がどの程度の確率で生じるかに関する確率チェック，刺激が期待と一致するかどうかの期待一致度チェック，目標達成に対する貢献度チェック，緊急度チェックという下位チェックが含まれている．

第4の“対処可能性”チェックは，過去や未来の事象から生じる結末や，その事象が個人へもたらす影響に対処できるか否かが関わる．この評価には下位チェックとして，事象

の原因となった行為者に関する原因チェック，個人の行為が状況にどの程度影響を及ぼすことができるかに関する制御チェック，障害物や敵との相対的な力関係に関するパワーチェック，状況によって変化した状態を調整できるか否かを評価する調整チェックが含まれている．

第5の"規範や自己との整合性"チェックは，状況，特に自己や他者の行為が社会的規範や理想的自己概念などに照らして食い違いが生じていないか，その整合性が評価される．

シェアーの第1，第2のチェックはラザルスの理論における"1次評価"と，第3，第4，第5のチェックは"2次評価"とそれぞれ共通する要素を含んでいる．シェアーのモデルの特徴は，継時的に進行する認知的評価によって情動が喚起されると仮定し，評価のプロセスを重視したことにある．また，情動は生理，行動，表出，主観的意識といった複数の要素からなる複合的な心的状態であり，さらに各要素が，環境への生体の適応を促す機能的価値と結びついていることを明示した点も重要である(Scherer, 1984)．

3) オートリーとジョンソン-レアードの情動伝達理論

オートリーとジョンソン-レアードの理論がラザルスやシェアーらの理論と異なるのは，喜び，悲しみ，怒り，恐怖，嫌悪という5種の情動を基本情動とし，これらの各情動には固有の目標やプランが結びついていると仮定している点にある(OatleyとJohnson-Laird, 1987; 1990)．たとえば，喜びは"目標に向かう進歩"，悲しみは"目標達成の失敗や目標の喪失"，怒りは"目標やプランに対する妨害"，恐怖は"目標の葛藤，自己保存に対する脅威"，嫌悪は"拒否すべき対象の知覚"と結びついている．基本情動の特徴として，文化をこえて普遍的な情動であること，特有の表情といった付随現象を伴うこと，基本情動以外の情動は，すべて基本情動から派生した性質をもつこと，各言語に存在する情動に関する膨大な語彙は，これらの基本情動を基準にして分類や説明が可能なこと，などをあげている．また基本情動以外の情動は，基本情動の喚起に続いて，より高次の認知処理の結果生じると仮定されている．

この理論では，たとえば"怒り"の情動は以下のような過程で経験される．

・ 目標の達成が，他者によって困難となる．
・ 障害が知覚される．
・ 基本情動である"怒り"信号が認知システムを伝搬して怒りの知覚を生じる．
・ 生理的覚醒によって攻撃の準備がなされ，怒りの表情が表出される．
・ 障害を除去するプランが形成される．

オートリーらが，数多くの認知的評価理論の中では例外的に，少数の基本情動の存在を仮定する理論を提案したのは，情動の表出が社会集団の中で伝達機能をもっていることを重視したことによる．オートリーらによると，言葉を共有しない文化の間でも，人の情動表出パターンに類似した特徴がみられるのは，生存にとって重要な少数の情動が，的確に

伝達されることに適応的な意味があったからである．認知的評価理論は，もともと情動の生起やその多様性を，それに先立つ認知過程によって説明するという考え方に基づいている．そのため，基本情動の存在には否定的な見解が多い（Ortony と Clore, 1989；Ortony と Turner, 1990 など）．そうした中で，"基本情動"の概念を中核とするオートリーらの理論は，ユニークな認知的評価理論といえる．

4) 異なる認知的評価理論の比較

本節で取り上げた三つの認知的評価理論のほかにも，数多くの理論やモデルがあり，それぞれの中で多様な評価次元が提案されている．それらの評価次元の中には，多くの理論に共通するものと，そうではないものがある．たとえば，状況の望ましさを区別する次元や，状況を生み出した原因や責任の所在に関する次元，期待との差異の程度を判断する次元，状況に対する対処可能性の次元などは，多くの理論に共通する評価次元である（唐沢，1996）．

異なる認知的評価理論で想定する評価次元の内容や数の違いは，それぞれの理論で取り上げている情動の種類や，理論の目的（多くの情動に関わる評価次元の特定をめざすか，特定の情動に関わる評価次元の特定をめざすかなど）の違いを反映している．

評価次元の数が増えると，当然ながら区別できる情動の数も増えるが，多くの評価次元に基づく認知的評価は，そのままでは情動生起の迅速性や自動性，直接性とは相容れず，実際の情動生起過程の説明理論としての妥当性は低くなる．一つひとつの理論について，実際の情動生起過程の理論としての妥当性を判断するには，認知的評価のプロセスに関する仮定を理論の中に組み込む必要がある．

以下に紹介する多層評価理論は，従来の認知的評価理論のもつ限界をこえる，新しい理論化の試みとして注目される（Teasdale, 1999）．

b．多層評価理論

多層評価理論では，質的に異なる複数の水準で状況や事象が表象され，それぞれの水準で認知的評価が行われると仮定することで多様な情動生起のパターンを説明することをめざしている．以下では MEM（multiple-entry, modular memory system）と，SPAARS（schematic propositional analogical associative representation systems）という二つの多層評価理論を紹介する．

1) MEM

MEM は，記憶や認知過程に関する一般的モデルとして提案されたが，情動生起過程の説明にも適用されている（Johnson と Multhaup, 1992）．

MEM では，認知過程は性質の異なる（ただし相互に関連した）複数の下位システムからなっているとして，感覚情報の処理に関わる二つの"知覚下位システム"と，多様な自己生成活動に関わる二つの"思考下位システム"とを想定している．"知覚下位システム（P-

図 3.6.1 ジョンソンの MEM の概要（Power と Dalgleish, 1997 を改変）

1，P-2)"は，外的刺激を処理し，その結果を貯蔵する．P-1 は比較的基礎的な側面を扱い，通常は意識化されない．P-2 は有意味な事物の意識的な知覚経験を生じさせる（例：私がみているのはりんごだ）．"思考下位システム（R-1，R-2)"は，想像やファンタジーで生成された内的な情報を貯蔵する．これらの下位システムでは，情報を維持し，変形し，体制化することができる．R-1 は情報の再活性化のような管理的な性質をもち，R-2 は経験に含まれる複数の要素間の関係を見いだすような，高次の処理を行うと考えられている．

さらに，図 3.6.1 に示すように，特定の情動（たとえば"恐怖"）はこのいずれの下位システムでも生起しうる．たとえば，周辺視野で自分に向かって急速に近づいてくる物体を検出した場合には，初期の知覚処理の結果から"恐怖"が喚起される．また，就職面接であがってしまい口がこわばって話せなくなる場面を想像したときのように，高次の思考システムで"恐怖"が喚起されることもある．これらの情動の性質は，喚起される個々のプロセスに依存しており，この二つの"恐怖"の性質は異なっていると考えられている．また"嫉妬"や"後悔"のように，高次の下位システムでのみ喚起される情動もある．情動の種類は，高次の段階になるほどしだいに多くなる．ジョンソンらによれば，P-1 や P-2 で生じる情動は生物学的な基盤をもつ基本情動に対応しており，R-1 や R-2 の処理により生じる情動は，2 次的な派生的な情動とされる．

このモデルのように，複数の水準での情動生起を仮定するモデルでは，異なる水準で矛盾した情動が喚起されるような事例も説明することができる．たとえば，大きな犬が近づいてくるのをみて"知覚下位システム"の水準では"恐怖"が喚起されるが，"思考下位システム"では犬の行動に"興味"をもつといった場合には，二つの処理水準で異なる情動が喚起されているのである．前節で紹介した認知的評価理論とは異なり，このモデルでは現在のところ，個別の情動が喚起される仕組みについて認知的評価という視点からは詳細な説明を試みていない．しかしながら，情動が多層の認知的な処理の結果生じるというMEM の基本的な枠組みは，単層の認知的評価理論では説明の困難な情動生起の現象を取り入れられるという点で，重要である．

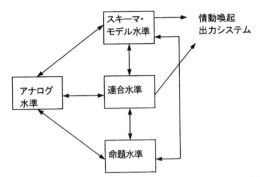

図3.6.2 SPAARSの概念図(PowerとDalgleish, 1997を改変)

2) SPAARS

SPAARSは,従来の認知的評価理論と同様の情動生起過程に加え,認知的評価の過程をバイパスして状況と結びついた情動が自動的に生起する,第2の情動生起の経路を組み込んでいる(PowerとDalgleish, 1997).

このモデルでは,図3.6.2に示すように,"アナログ水準","命題水準","スキーマ・モデル水準","連合水準"の4表象システムからなる認知機構を想定している."アナログ水準"では状況や事象の知覚イメージが表象され,"命題水準"では,状況や事象に関する命題的知識が活性化される."スキーマ・モデル水準"は言語と直接結びつかない,自己,他者,外界に関する高次の抽象化された情報を含むと仮定されており,"アナログ水準"や"命題水準"から入力された情報は,この水準で認知的評価が行われ,情動が喚起される.

たとえば,森の中で熊に出会う,という状況を例にとると,"アナログ水準"で熊の知覚表象が形成され,"命題水準"で熊に関する知識が活性化される一方,"スキーマ・モデル水準"で情動生起に関連する評価(例:生存目標が脅かされる)がなされ,特定の情動(恐れ)が喚起される.さらに,それによって生理的覚醒が誘発される.SPAARSでは,"アナログ水準"から"スキーマ・モデル水準"への経路,あるいは"アナログ水準"から"命題水準"を介して"スキーマ・モデル水準"へ進む経路によって,従来の認知的評価理論でとらえられてきた情動生起を説明する.

さらに,"スキーマ・モデル水準"での処理を介さずに情動が生起する経路として,"アナログ水準"から"連合水準"を経て情動の生起に至る経路も設けている.たとえばある状況に遭遇することと(例:父親に叱責される),その状況の認知的評価に基づく情動の生起(例:恐怖)とを反復して経験すると,しだいに状況の知覚と情動の生起との結びつきが自動化され,"スキーマ・モデル水準"での認知的評価を経ずに情動が喚起されるという.SPAARSでは,こうした自動的な情動生起の経路に"連合水準"という独立した表象を

仮定した．この自動的な情動生起の経路は，発達初期には生得的な情動プログラム(喜び，嫌悪，恐れ，悲しみ，怒りの5基本情動を含む)によって機能し，のちには反復経験によって自動化された情動生起をもたらす経路として機能すると仮定されている．

3) 多層評価理論の特徴と課題

多層評価理論では，複数の水準の表象や情動生起の経路を仮定することで，一つの状況において喚起される情動の多様性や，認知的評価と生起する情動間の解離といった現象を説明することができる．また，ある状況に対する情動喚起の経験を繰り返すことで，特定の状況と情動喚起の結びつきが自動化されるといったような，状況-情動連合のダイナミックな変容過程も組み込むことができる．多層評価理論に関する緻密な実証的検討はこれからの課題であるが，今後，健常者の情動生起過程だけでなく，脳損傷患者や情動障害患者の情動生起過程も視野に入れた理論化という方向への精緻化も期待される．そのためには，行動実験や評定課題などの実証データに加えて，情動の脳神経機構に関する知見との関連づけも考慮しなければならないだろう．多層評価理論は，そうした方向へ発展する可能性をもっている(Power と Dalgleish, 1997 ; Teasdale, 1999).

6.3　感情の認知に及ぼす影響に関する理論

どのような認知的評価を経て感情経験が生じるのかという，感情生起の原因に関する研究に対して，逆に特定の感情が認知にどのような影響を及ぼすのかという，感情生起の結果に関する研究がある．認知心理学的観点が本格的に導入された1980年代以降，感情がどのような内容をもつ情報の認知に影響を及ぼすのかという，感情が認知内容に及ぼす影響に関心が集まり，膨大な知見が蓄積されてきた．その中で，バウアー(Bower, 1981 ; 1991)によって提唱された感情ネットワーク・モデル(network model of affect)は，感情が認知に及ぼす影響を説明する最も一般的な理論とされている(Forgas, 1995).

a.　感情ネットワーク・モデル

バウアー(Bower, 1981)は，感情が記憶に影響を及ぼすいくつかの現象を説明するために意味ネットワーク・モデルを適用し，このネットワークの中に悲しみ，喜び，怒りといった情動を表すノードを新たに仮定した．図3.6.3は，ある情動ノードとそれに結合している周辺のノードとのネットワークの一部を表す．ある特定の情動は，それに対応する"情動3(悲しみ)"ノードを活性化する．その情動ノードからの活性化の拡散によって，それに結合している"出来事19(友人の葬式)"や，その情動生起に伴う"自律神経反応"や"表出行動"といったノードが自動的に活性化される．そして活性化はノードからノードへ拡散するため，"出来事19"に結合する他の"行為者"や"時間"へもその活性化が伝わっていく．一方，反対の質をもつ情動ノード"情動6(喜び)"は抑制される．

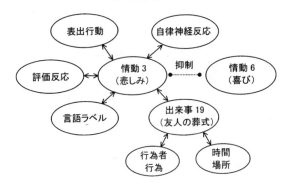

図 3.6.3 感情ネットワーク・モデルの概念図(Bower, 1981 を改変)

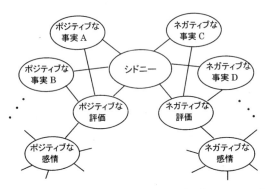

図 3.6.4 修正感情ネットワーク・モデルの概念図(Bower, 1991 を改変)

さらにバウアー(Bower, 1991)は,社会的な判断に及ぼす感情の影響を説明するためにも,この意味ネットワーク・モデルを適用した.図 3.6.4 は,ある人がもつオーストラリアのシドニーについての事実や評価を表す."ポジティブな評価"ノードと"ネガティブな評価"ノードとは,各ノードを統括する上位のノードとして表される.たとえば,シドニーに対する印象を聞かれると,ネットワーク内の"シドニー"ノードが活性化する.シドニーについて知っていることは,多くはニュートラルだが,ポジティブなものもネガティブなものもある.このとき"ポジティブな感情"の生起によって"ポジティブな評価"ノードへ活性化が拡散されると,これらのノードと結合している"ポジティブな事実"ノードに活性化が拡散するため,シドニーに関するポジティブな記憶が想起されやすくなる.同時に"ポジティブな評価"ノードと結合する他の関連するノードも全体的に活性化が高まるため,シドニーに対する印象はポジティブになる.

1) 感情ネットワーク・モデルによる気分一致効果の説明

このモデルでは，感情と他の一般的な概念とを一元的にとらえることで，感情が認知に及ぼす影響についての実証的な検討が可能になった．そして実際に，気分一致効果をはじめさまざまな現象が，気分誘導を用いた実験によって確認された(Blaney, 1986)．気分一致効果とは，特定の(例：楽しい)気分のときにその気分と一致する感情価をもつ(例：好ましい)情報の認知が促進されやすいという現象をさす．たとえば，気分が良いときは気分が悪いときよりもポジティブな内容をよく憶えていることや，ポジティブな方向に評価や判断が偏ることが観察される(たとえば，ForgasとBower, 1987)．この結果を感情ネットワーク・モデルでは，次のように説明できる．ポジティブな気分に誘導された被験者は，"ポジティブな感情"ノードが活性化される．そして，このノードに結合している"ポジティブな評価"ノードへ活性化が拡散するため，それに関連する他のノードの活性化も高まる．このとき，ポジティブな内容の刺激材料が与えられると，それに対応するノードと活性化の高まったノードとの結合が形成される．このようにして，ポジティブな気分に一致する刺激材料は結合が多くなり精緻化されることによって，のちの記憶成績が向上すると考えられる．また，活性化の高まった"ポジティブな評価"ノードが利用されやすいため，ポジティブな方向へ偏った評価や判断をすると考えられる．

一方，感情ネットワーク・モデルではうまく説明できない現象もしだいに報告されるようになった．たとえば，条件によっては気分一致効果が生じないこと，ネガティブな気分よりもポジティブな気分の効果が認められやすいという気分の効果の非対称性がある(Blaney, 1986)．これらの現象は，感情ネットワーク・モデルの基本的仮定である活性化拡散の自動性に疑問を投げかけ，認知の役割を過小評価しすぎている可能性に気づかせるきっかけとなった．そしてこれらの現象を説明するために，自発的・統制的な認知の働きを強調するような，より精緻化されたモデルが考案されるようになった．その中に，感情が認知に及ぼす影響において，感情の情報的価値に焦点をあてた感情情報(feelings-as-information)説と，意識的な調整過程を強調する気分調整(mood-regulation)説とがある．

2) 感情情報説

感情の影響は，感情ネットワーク・モデルで仮定されるような選択的な概念の活性化に媒介されて間接的に起こるのではなく，認知者が感情状態の原因を誤って判断対象に帰属させるために起こるという考え方がある(SchwarzとClore, 1990)．この説によると，一般に，人は利用可能なすべての情報に基づいて判断を行うよりも，認知容量を節約するために，むしろ一部の情報のみに注目し直感的な判断をする．その際，自分の感情も判断の情報源の一つとして利用する．たとえば，ポジティブな気分状態では，快適な状態は判断対象に対して好ましい態度をもっていると誤帰属されるため，対象に肯定的な判断をするようになる．同様に，ネガティブな気分状態では，不快な状態は判断対象に対して好ましくないとする態度をもっていると誤帰属されるため，否定的な判断を行ってしまう．この

説では，感情が有効な情報源として機能しない状況では，気分一致効果が生じないと予想するが，この予想は実証されている．

3）気分調整説

感情の影響は感情ネットワーク・モデルで仮定されるような自動的な活性化拡散のみに依存して起こるのではなく，それを意識的に調整する過程を想定するという考え方もある（たとえば，Isen, 1984）．一般に，人は快適な状態を好み維持しようと動機づけられるのに対して，不快な状態のときはそれを回避しようと動機づけられる．そのため，気分が異なると，動機づけや処理傾向も異なるとされる．たとえば，ポジティブな気分状態では，感情ネットワーク・モデルに従い，ポジティブな考えが浮かびやすくなる．そのため気分と一致する方向に判断が偏ることになる．そうすることで，ポジティブな気分が維持される．一方，ネガティブな気分状態では，自動的にネガティブな思考が促されるが，同時にそのネガティブな気分を修復する動機が働き，ポジティブな判断をすることで気分を調整するようになる(ErberとErber, 2001)．この説では，ネガティブな気分よりもポジティブな気分の影響の方が顕著であるという，気分の効果の非対称性をうまく説明できる．

このように，気分一致効果が生じる仕組みについて，いくつかの説が提案された．次に述べる感情混入モデル(affect infusion model：AIM)は，感情が認知内容に及ぼすこうしたさまざまな影響を説明するだけでなく，感情が処理方略に及ぼす影響に関しても多くの示唆を含んでいる．

b. 感情混入モデル

フォーガス(Forgas, 1995)は，感情が社会的判断に及ぼす影響に関するさまざまな知見を包括的に理解するための枠組みとして，感情混入モデルを提示した(図3.6.5)．

感情混入とは，感情価をもつ情報の処理に感情が影響を及ぼす過程である．このモデルでは，社会的判断には4種類の情報処理方略があり，そのうちどの処理方略が採用されるかによって感情の影響は異なるとする．図3.6.5に示すように，4種類の処理方略の選択は，判断対象の特性，判断者の内的状態，状況要因の組み合わせによって決定される．

① 直接アクセス型：既存の評価結果を直接検索し利用する最も簡略な方略である．この方略は，対象についてよく知っていて，判断者の関心が低く，かつ慎重に考える必要がないような状況で選択されやすい．このような条件では，以前に行ったことがある反応を単に繰り返すことが多いので，感情混入が生じる可能性は低い．

② 動機充足型：特定の判断結果に対する目標指向的な方略である．この方略は，判断者に特殊な強い動機がある状況で選択されやすい．このような条件では，その動機を満足させるような決められた情報探索を行いやすいので，感情混入が生じる可能性は低い．

③ ヒューリスティックス型：利用できる情報の一部に注目して直感的に判断する方略である．この方略は，対象が単純か非常に典型的で，判断者の自我関与度が低く，判断の

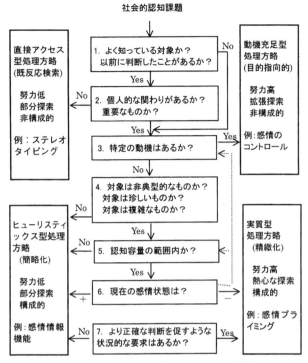

図 3.6.5 AIM の概念図(Forgas, 1995 を改変)

正確さが要求されない状況で選択されやすい．このような条件では，認知容量を最小限に抑えようと判断手がかりとして感情を利用するため，感情混入が生じる可能性は高い．

④ 実質型：新奇な情報を既存の知識構造に関連づけながら判断する精緻な方略である．この方略は，対象が複雑か非典型的で，判断者に特殊な動機がなく，かつ十分な認知容量があるような状況で選択されやすい．このような条件では，感情によって活性化された概念を選択的に利用するため，感情混入が生じる可能性は高い．

すなわち，四つの処理方略のうち直接アクセス型と動機充足型は感情の影響をあまり受けないのに対して，ヒューリスティックス型と実質型は判断過程に感情が混入しうるとされている．ただしそのメカニズムは双方で異なり，ヒューリスティックス型処理方略では感情情報説が，実質型処理方略では感情ネットワーク・モデルが，それぞれ仮定するプロセスに従って感情の影響が現れるとされる．たとえば，ヒューリスティックス型処理方略が採用される状況では，ポジティブな気分の被験者は，自分のポジティブな気分を判断手がかりにしてポジティブな評価を与えてしまうというように，気分一致効果が認められると考えられる．一方，実質型処理方略が採用される状況では，ポジティブな気分の被験者

は，ポジティブな概念表象が活性化されるため，ポジティブな過去経験を想起し，ポジティブな情報を判断に利用するというように，気分一致効果が認められると考えられる．

1) 感情の違いと情報処理方略

ポジティブな感情とネガティブな感情とでは選択される処理方略が異なることも，感情混入モデルには組み込まれている．これは，ポジティブな感情では直感的なヒューリスティックス型処理方略が，ネガティブな感情では精緻的な実質型処理方略がそれぞれ選択されるという，従来の知見と一致する．

90年代後半以降，感情の多様な影響過程に注目した研究が次々と報告されるに伴い，感情のもたらす影響は気分一致効果だけではなく，感情と情報処理方略との関係にも関心が向けられるようになった(Forgas, 2000)．感情は処理する情報の内容を規定するだけでなく，情報の処理の仕方そのものを変えることで影響を及ぼすのである．そして，ポジティブな感情とネガティブな感情とは異なる処理結果が生じることから，両感情が異なる情報処理方略を促すと考えられている．このような主張と符合する研究報告はいくつかある．そのほとんどが，思考や判断，さまざまな対人認知場面における評価や解釈に及ぼす感情の影響を扱っており，特定の処理を要求する課題条件を設定し，ポジティブな感情とネガティブな感情のいずれの影響が明確に認められるかを比較検討している(たとえば，Bless ら，1990 ; 1992)．

現在のところポジティブな感情はヒューリスティックス型の処理を促進するのに対し，ネガティブな感情は実質型の精緻的な処理方略を増大させるというコンセンサスはあるものの(Schwarz と Clore, 1996)，処理方略の具体的な特性，あるいは生起メカニズムといった点については，いまだ断片的な結果しか得られていない．それゆえ，今後さらに実証的研究を蓄積し，体系立った知見を引き出す必要がある．

では，なぜポジティブな感情とネガティブな感情とが処理方略に及ぼす影響は異なるのだろうか．この問いを巡り，課題へ割り当てられる処理容量が両感情では異なるという考え方や，認知負荷の高い処理を避けようとする動機づけが異なるという考え方などについて論じられてきたが，近年では，適応という観点から感情に対する機能的な役割を強調する機能(functional)説が主流である．

2) 機 能 説

Schwarz と Clore(1990)によれば，ポジティブな感情は個体をとりまく環境が良好であることを，ネガティブな感情は状況に問題の多いことを意味するというように，感情は現在の心理的状態を知らせるという機能的な意味をもつという．この機能説に従うと，ポジティブな感情状態にある人では，現状が快適であるため努力のいる処理に従事する必要性はなく，ヒューリスティックス型処理方略に依存するだけで十分である．それゆえ個々の情報に割り当てる認知容量は少なくてすみ，さらに現在の状況で最も有益だと思われる情報へ適切に注意が向けられる．それらは拡散的思考，さまざまな積極的行動と結びつくであ

ろう．それに対して，ネガティブな感情状態にある人では，問題状況をうまく取り扱おうと現在の状況の特異性に焦点をあてることによって，精緻的処理方略が促される．それゆえヒューリスティックス型処理方略は控えられ，個別の情報一つひとつに注意を向けなければならなくなる．それらは慎重な行動と結びつくであろう．このように個人の現在の感情は，現在の状況の解釈を介して，どのような処理方略にどの程度依存するかに影響を及ぼすのである．

6.4 お わ り に

本章のはじめに記したように，認知心理学では，"感情"という要素を取り入れずに人間の認知的機能について研究するという方向が主流であった．しかし，感情のメカニズムなくしては，人間の認識機構がどのようにして自己の行動を調整し，適応的な自律性を獲得するのかを理解することは困難である．本章では，感情の理論を巡って，二つの視点から研究の流れをたどってきた．一つは，さまざまな感情がどのように生じるのかという，"感情の生起に関する理論"である．もう一つは，感情が記憶や判断といった認知にどのような影響を及ぼすのかという，"感情の認知に及ぼす影響に関する理論"である．これらは従来，別々の研究の流れの中で理論やモデルが提出されてきたが，感情と認知の相互作用という視点に立てば，"心"という一つのシステムに含まれる二つの機能のダイナミックな関係を，それぞれ別の角度から眺めていることになる．これらを統合する理論的枠組みの構築が今後の課題として残されている．

現象例||||||||||||||||||||||||||||||||||||||||||||||||||||||||||||||||||||||||||||||||||||||||||||||||||||||||||||||||||||||||||||||||

日常，何かに失敗して気分が落ち込んでいるときには，ふだん忘れているような過去の失敗経験が次々と思い出され，さらに気持が沈んでしまうといったことはないだろうか．このような体験は，バウアーらの感情ネットワーク・モデルでうまく説明することができる．ある出来事の認知によって"悲しみ"ノードが活性化されると，記憶内でそれと結合している"悲しかった出来事"ノードへと活性化が拡散するため，"嫌なことばかりが頭に浮かぶ"といったことが起こるのである．

バウアーらは，感情ネットワーク・モデルから予測できる感情と認知の相互関係を利用して，逆にさまざまな事柄についての認知を変えることによって，感情をコントロールすることも可能であると述べている．たとえば，みんなの前で「あなたの髪型，あまり似合ってないですね」といわれたとしよう．これを"自分を侮辱する発言"と認知すると怒りの情動が，"自分の(身体的・精神的)特性に価値がないことを指摘する発言"と認知すると悲しみの感情が生まれる．しかし同じ発言に対して"相手の自分に対する関心の現れ"，"特に意味のないコメント"といった別の解釈をした場合には，不快な感情の活性化は弱

表 3.6.1 認知療法で用いられる"自律思考の発見と別の見方の導入"の例(Schuyler, 1991 の図 4.5.6 を改変)

状 況	感 情	自 律 思 考	別 の 見 方
夫との離婚	悲しみ 抑うつ	1. 夫の不幸は自分の責任だ 2. 夫はこれからの人生を一人で生きね ばならない 3. 妻というものは愛する夫と暮らすべ きである	1. 夫も自分に責任をとるべきだ 2. 夫の将来を自分が予測することはで きない 3. 愛だけではともに暮らす十分な理由 にならない

まるであろう.また,"ゆっくり 10 まで数えよう"といった簡単なセルフコントロールの
方法でも,意識内に怒りとは無関係な情報が一時的に保持されることによって,かっとな
った気持を静めることができる(Gilligan と Bower, 1984, p.582).

認知の仕方を変えることによって不快な感情をコントロールするという方法を定式化
し,うつや不安神経症,ストレス障害などの治療に応用しているのが,認知療法である.
うつや不安,ストレスなどの感情障害を主訴とする患者は,否定的な感情とそれに伴う固
定的な思考形態が際立っており,① 物事の否定的な側面に選択的に関心を示し,② 自分
や自分の将来について否定的な一般化を行い,③ 関心の範囲が狭まって,④ ○○でなけ
ればならないという思いにとらわれる,といった特有の思考パターンを示す.認知療法
は,こうした患者に特徴的な思考パターンを患者自身に気づかせ,固定した思考パターン
を少しずつ変化させることを試みる.それによって否定的な感情と認知の悪循環を断ち切
り,うつや不安といった不快な感情の活性化を抑制させるのである.

認知療法家のシューラー(Schuyler, 1991)は,治療のステップとして,まずそれらを列
挙し,次に一つひとつの自律思考について"別の見方"を探していくという方法を紹介し
ている.否定的な感情を生じさせる原因となる状況に対して,別の解釈を与えることによ
って自律思考と否定的感情との結びつきの強度を弱めるのである.表 3.6.1 は,離婚によ
ってうつ状態になった人の自律思考と,それに対する"別の見方"の例を示したものであ
る.

エピソード

理論構築に関わった人

情動の生起過程における認知の重要性を印象的に提示した初期の研究に,シャクターと
シンガーの実験がある(Schacter と Singer, 1962).この実験で,被験者は自律神経系を
興奮させるエピネフリンか,とくに生理的な変化を起こさない液剤を注射された(偽薬
群).エピネフリンを注射された被験者のうち何人かは,「注射によって心拍数が上がった
り顔が赤くなったりする」とあらかじめ伝えられていたが(正情報群),他の被験者には何
も説明されなかった(情報なし群).その後被験者は,陽気でふざけた行動をする別の被験

第6章 感情の理論 363

者，あるいはいらいらし癇癪を起こして攻撃的な行動をする別の被験者(いずれもサクラ)
とともに待合室でしばらく待たされた．

　実験の真の目的は，じつはこのときの被験者の行動を別の部屋から観察し，また被験者
自身による情動評定の結果を分析することだった．生理的興奮を経験しない偽薬群と，エ
ピネフリンによる効果についてあらかじめ情報を与えられていた正情報群は，サクラの行
動にほとんど影響を受けなかった．ところが情報なし群では，陽気なサクラとともにいた
被験者は幸福感を，いらいらしたサクラとともにいた被験者は怒りを報告し，それぞれの
情動に合った行動をとったのである．つまり，被験者は自分の生理的興奮の原因がわから
ないときには，サクラの行動を認知的な手がかりとして自分の生理的状態を解釈し，原因
がわかっているときにはそうした認知的解釈を行わなかった．この結果から，シャクター
らは，情動が生起するには生理的興奮と認知的解釈の両方が必要であるという認知の二要
因説を提案した．シャクターは，個別の情動を引き起こす認知過程の詳細については言及
しなかったが，状況についての認知的評価によって経験される情動の質が決定されるとし
た点で，あとに続く多くの認知的評価理論の先駆けとなった．

〔吉川左紀子，伊藤美加〕

文　献

1) Anderson, J. R.(2000): *Cognitive psychology and its implications*, 5th ed. Worth Publishers, New York.
2) Arnold, M. B.(1960): *Emotion and personality*, Columbia University Press, New York.
3) Blaney, P. H.(1986): Affect and memory. *Psychological Bulletin*, **99** : 229-246.
4) Bless, H., Bohner, G., Schwarz, N. and Strack, F.(1990): Mood and persuasion ; A cognitive response analysis. *Personality and Social Psychology Bulletin*, **16** : 331-345.
5) Bless, H., Mackie, D. M. and Schwarz, N.(1992): Mood effects on attitude judgments ; Independent effects of mood before and after message elaboration. *Journal of Personality and Social Psychology*, **63** : 585-595.
6) Bower, G. H.(1981): Mood and memory. *American Psychologist*, **36** : 129-148.
7) Bower, G. H.(1991): Mood congruity of social judgements. In : Forgas, J. P.(ed.), *Emotion and social judgments*, pp.31-54. Pergamon Press, Oxford.
8) Cornelius, R. R.(1996): *The science of emotion ; Research and tradition in the psychology of emotions*. Prentice-Hall, Simon and Achster. 齊藤　勇 監訳(1999): 感情の科学―心理学は感情をど こまで理解できたか. 誠信書房.
9) Erber, R. and Erber, M. W.(2001): Mood and processing ; A review from a self-regulation perspective. In : Martin, L. L. and Clore, G. L.(eds.), *Theories of mood and cognition ; A user's handbook*, pp.63-84. Lawrence Erlbaum, Mahwah, NJ.
10) Forgas, J. P.(1995): Mood and judgement ; The affect infusion model (AIM). *Psychological Bulletin*, **117** : 39-66.
11) Forgas, J. P.(2000): Affect and information processing strategies ; An interactive relationship. In : Forgas, J. P.(ed.), *Feeling and thinking ; The role of affect in social cognition*, pp.253-280. Cambridge University Press, New York.
12) Forgas, J. P. and Bower, G. H.(1987): Mood effects on person-perception judgments. *Journal of*

Personality and Social Psychology, **53** : 53-60.

13) Folkman, S. and Lazarus, R. S. (1988): Coping as a mediator of emotion. *Journal of Personality and Social Psychology,* **54** : 466-475.

14) Gilligan, S. G. and Bower, G. H. (1984): Cognitive consequences of emotional arousal. In : Izard, C. E., Kagen, J. and Zajonc, R. B. (eds.), *Emotions, cognition, and behavior*, pp.547-588. Cambridge University Press, New York.

15) Isen, A. M. (1984): Toward understanding the role of affect in cognition. In : Wyer, R. S. Jr. and Srull, T. K. (eds.), *Handbook of social cognition*, Vol. 3, 2nd ed., pp.179-236. Lawrence Erlbaum, Hillsdale, NJ.

16) Johnson M. K. and Multhaup, K. S. (1992): Emotion and MEM. In : Christiansen, S. -A. (ed.), *The handbook of emotion and memory* ; *Current research and theory*, pp.33-66. Lawrence Erlbaum, Hillsdale, NJ.

17) 唐沢かおり (1996)：認知的感情理論―感情生起に関わる認知評価次元について．土田昭司，竹村和久 編：感情と行動・認知・生理，pp.55-78．誠信書房．

18) Lazarus, R. S. (1966): *Psychological stress and the coping process*. McGraw-Hill, New York.

19) Lazarus, R. S. (1991): *Emotion and Adaptation*. Oxford University Press, New York.

20) Oatley, K. and Johnson-Laird, P. N. (1987): Towards a cognitive theory of emotions. *Cognition and Emotion,* **1** : 29-50.

21) Oatley, K. and Johnson-Laird, P. N. (1990): Semantic primitives for emotions ; A reply to Ortony and Clore. *Cognition and Emotion,* **4** : 129-143.

22) Ortony, A. and Clore, G. L. (1989): Emotions, moods, and conscious awareness ; Comment on Johnson-Laird and Oatley's "The language of emotions : An analysis of a semantic field." *Cognition and Emotion,* **3** : 125-169.

23) Ortony, A. and Turner, T. J. (1990): What's basic about basic emotions ? *Psychological Review,* **97** : 315-331.

24) Power, M. and Dalgleish, T. (1997): *Cognition and emotion* ; *From order to disorder*. Psychology Press, Hove.

25) Roseman, I. J., Spindel, M. S. and Jose, P. E. (1990): Appraisals of emotion-eliciting events ; Testing a theory of discrete emotions. *Journal of Personality and Social Psychology,* **59** : 899-915.

26) Schacter, S. and Singer, J. (1962): Cognitive, social, and physiological determinants of emotional stage. *Psychological Review,* **69** : 379-399.

27) Scherer, K. R. (1984): On the nature and function of emotion ; A component process approach. In : Scherer, K. R. and Ekman, P. (eds.), *Approaches to emotion*, pp.293-318. Lawrence Erlbaum, Hillsdale, NJ.

28) Scherer, K. R. (1999): Appraisal theory. In : Dalgleish, T. and Power, M. (eds.), *Handbook of cognition and emotion*, pp.637-663. John Willey & Sons, New York.

29) Schuyler, D. (1991): *A practical guide to cognitive therapy*. Norton, New York. 高橋祥友 訳(1991)：シューラーの認知療法入門，金剛出版．

30) Schwarz, N. (1990): Feelings as information : Informational and motivational functions of affective states. In : Higgins, E.T. and Sorrentino, R. (eds.), *Handbook of motivation and cognition* ; *Foundations of social behavior*, Vol.2, pp.527-561. Guilford Press, New York.

31) Schwarz, N. and Clore, G. L. (1996): Feelings and phenomenal experiences. In : Higgins, E. T. and Kruglanski, A. (eds.), *Social psychology* ; *A handbook of basic principles*, pp.433-465. Guilford Press, New York.

32) Smith, C. A. and Ellsworth, P. C. (1985): Patterns of cognitive appraisal in emotion. *Journal of Personality and Social Psychology,* **48** : 813-838.

33) Smith, C. A. and Ellsworth, P. C. (1987): Patterns of appraisal and emotions related to taking an exam. *Journal of Personality and Social Psychology,* **52** : 475-488.

第 6 章 感 情 の 理 論 365

34) Smith, C. A. and Lazarus, R. S.(1993): Appraisal components, core relational themes, and the emotions. *Cognition and Emotion*, **7** : 233-269.

35) Sternberg, R. J.(1999): *Cognitive psychology*, 2nd ed. Harcourt Brace, College Publishers, Fort Worth, TX.

36) Teasdale, J. D.(1999): Multi-level theories of cognition-emotion relations. In : Dalgleish, T. and Power, M.(eds.), *Handbook of cognition and emotion*, pp.665-681. John Willey & Sons, New York.

第7章

認知的動機づけの理論

　動機づけは，行動の原因を理解するための概念であり，行動に方向とエネルギーを与える内的な過程の総称であると定義されている.

　日常的な概念を用いれば，衝動，要求，努力，関心，情緒，意欲，意志など，行動の原因を示す諸概念を包括したものであり，あらゆる行動を説明する諸概念の上位概念として把握できる. このように考えれば，人の内部に生じる過程の中で，動機づけに無関係なものは存在しないともいえる(前田, 1969). それゆえ，動機づけ研究の対象は感覚，知覚，認知，思考，言語，学習などのさまざまな行動のすべてに関わる. 換言すれば，心理学におけるさまざまな研究領域において提出された理論や現象は，角度を変えてみることによって動機づけの理論や現象として理解することができる.

　たとえば，人格の構造について述べた精神分析学や行動主義心理学者たちによって唱えられた学習理論は，生得的な要求が行動を支配しているという意味で，動因低減理論という動機づけの理論として分類され，認知的な過程が行動に大きく影響を与えると考えるアトキンソン(Atkinson, J.W.)のモデルやヴルーム(Vroom, V.H.)の道具性の理論は，認知的な動機づけ理論と呼称される. また，自己実現などの人間に特有の高次な要求を行動の最も重要な原因であると考えるマズロー(Maslow, A.)やロジャース(Rogers, C.R.)の人格理論は，人間主義の動機づけ理論と呼ばれている.

　ここでは，さまざまな動機づけ理論のうちでも実証的な研究が最も数多く行われている認知的な動機づけ諸理論について概説し，それぞれの理論について比較検討する. また，最後にこれら諸理論を統合できる可能性を有すると考えられる理論についても考察したい.

7.1 期待-価値理論

　期待-価値理論(expectancy-value theory)では，行動の生起は目標達成への期待と目標の価値(誘因価)との関数であると仮定される．ここでは，人はその時点で選択可能な複数の行動のうち，目標達成の可能性の高低を考慮しつつ，最も高い価値をもった目標状態を有する行動を選択するという立場が採用されている．本節では，その代表的な理論であるアトキンソンのモデルとヴルームによる道具性の理論を紹介し，両者の相違について比較検討する．

a. アトキンソンのモデル

　アトキンソン(Atkinson, 1957)により提出された達成行動の動機づけに関する理論であり，個人のもつパーソナリティ要因と課題達成に関する成功の期待が達成行動の生起を決定すると考えられている．

　この理論に従えば，人が課題に直面したとき，当該課題を遂行し成功したいとする傾向(T_s)は，パーソナリティ要因である課題達成への動機(達成動機：M_s)と個人により評価された課題遂行の成功の確率(P_s)および課題成功の魅力(成功の誘因価：I_s)との積によって数学的に公式化される$(T_s = M_s \times P_s \times I_s)$．成功の確率は $0\sim1$ の間の値をとり，確率が高いほど 1 に近い数となる．誘因価もまた $0\sim1$ の数値をとるが，この値は成功確率が低くなればなるほど大きくなると仮定されており，$1-P_s$ の式によって定義される．すなわち，課題が困難であればあるほど課題の魅力が大になると考えられている．この式に従えば，達成動機(M_s)が一定であれば，成功確率が 0.5 のとき，成功への傾向(T_s)の値は最も大きくなり，行動は生起しやすくなる．

　また，達成動機の高い人は成功をより高く評価することになるため，達成状況での総誘因価は $M_s \times I_s$ となると考えられる．したがって，成功の確率(P_s)を"期待"とし，達成動機(M_s)と成功の誘因価(I_s)の積からなる値(総誘因価)を"価値"とするなら，T_sの公式は典型的な期待-価値理論を示すことになる(松山, 1981)．

　人は遂行を成功させようとする動機をもつと同時に失敗を避けたいという動機も有している．うまくやりたいと思う一方で，失敗することは怖いと思う傾向をもっているのである．アトキンソン(1957)は，この失敗回避の傾向(T_{af})についても，上と同様の変数である失敗回避動機(M_{af})，評価された失敗の確率(P_f)，失敗の誘因価(I_f)の 3 変数を仮定し，$T_{af} = M_{af} \times P_f \times I_f$ という式を与えている．失敗の確率(P_f)は $0\sim1$ の間の値をとり，確率が高いほど 1 に近い数となる．失敗の確率が低ければ低いほどその誘因価は大きくなり，I_fは $1-P_f$ によって決定される．換言すれば，容易な課題であればあるほど失敗したときには恥や不快を感じることになる．このように，失敗は不快をもたらすと考えられ

るため，失敗の誘因価(I_f)は負の値をとり$(I_f=-(1-P_f))$，この式全体も負の値を帯びることになる．

　現実の達成行動への傾向(T_a)は成功への傾向と失敗回避傾向とを合成（加算）することによって推定される$(T_a=T_s+T_{af})$．もし，成功への傾向が失敗回避傾向よりも大きければ人はその課題や事態に接近し，逆であれば回避しようとするだろう．

　この式は代数的操作をすれば，
$$T_a=(M_s-M_{af})\times\{P_s\times(1-P_s)\}$$
と変換することができる．$P_s\times(1-P_s)$はP_sの値が0.5のとき最大になる．したがって，人のもつ達成動機が失敗回避動機より大きいときには，成功の確率が0ないし1に近ければ近いほど達成行動への傾向は低くなり，0.5に近ければ近いほど高く，0.5がそのピークとなる．逆に，失敗回避動機が達成動機より大きいときには成功の確率が0ないし1に近ければ近いほど達成行動への回避傾向が低くなり，0.5に近ければ近いほどその傾向は高くなる．達成動機の強い人は，成功確率0.5という中間的な困難度の課題，あるいは，成功するかしないかが曖昧である課題を好み，一方，失敗回避動機の強い人はそのような課題を嫌うということが予測される．

　合成された達成行動への傾向（動機づけ）は上の式によって予測されるが，この式の値が負になったとき，すなわち$T_{af}>T_s$のとき，人は達成行動を起こさないのだろうか．答えは否であろう．強いられた勉強や仕事など，したくない行動をわれわれは頻繁に行っている．このような行動は，人にほめられることや金銭的報酬など，当該の課題を達成することによって得られる満足感以外の誘因によって引き起こされるとも考えられる．フェザー（Feather, 1961）は，このような外在的(extrinsic)な要因によって導かれる傾向をT_{ext}と呼び，これをアトキンソンの式に付加することによってより現実的な式を提出している$(T_a=T_s+T_{af}+T_{ext})$．

　このように，アトキンソン(Atkinson, 1957)の期待-価値理論では，達成行動への傾向（動機づけ）が，達成動機(M_s)と失敗回避動機(M_{af})という二つのパーソナリティ要因と，成功の確率(P_s)という認知的な要因（期待）によって決定されることになる．

　具体的な実験的研究において，達成動機はTAT(thematic apperception test)によって，失敗回避動機は自己評定によるテスト不安尺度であるTAQ(Mandler-Sarason test anxiety questionaire)などによって測定されている．一方，成功の主観的確率は教示によって被験者に知らされる例が典型的である．このモデルは，輪投げ課題などを用いた数多くの実験によって検討された．しかし，モデルを支持しない実験結果も数多く報告されており，より精緻な変数を用いた検討が必要とされている．

b.　道具性の理論

　おもに産業場面での研究によって提唱され，道具性の理論(instrumentality theory)と

呼ばれるヴルーム(Vroom, 1964)の期待-価値理論は，価値のとらえ方にその特徴をもつ．

ある一つの行為は，それ自身の結果をもたらすだけではなく，複数の派生的な結果を伴うことが多い．たとえば，あるテストを受け，その結果が満点であったとき，両親や先生にほめられる，クラスメイトから尊敬される，希望する学校への入学の可能性が高まる，留年から逃れられるなど，その行為の結果以外のさまざまな結果を生み出すことになる．ヴルーム(Vroom, 1964)は，このような傾向に注目し，一つの行為の産出(outcome)はそれに伴う多様な産出(outcomes)をもたらすという前提のもとに，価値についての数学的公式を提出した．

彼によれば，行為の結果(第1次の産出)がもたらすであろうその他の結果(第2次の産出)それぞれのもつ誘意価(valence)と，第2次の産出を得るための第1次の産出の道具性(instrumentality)の二つが当該行為の誘意価を決定する．道具性は，第1次の産出が第2次の産出を導くための手段(道具)としてどの程度有効であるかについての期待(信念)の指標であり，$-1 \sim +1$の間の値をとる．第1次の産出によって第2次の産出が導かれる可能性が高ければ高いほど$+1$に近く，逆に，第2次の産出が導かれる可能性が低ければ低いほど-1に近くなる．道具性の概念は期待の概念の一種であり，アトキンソンのモデルにおいてみられた成功の主観的確率の概念を，行為の第1次的結果と第2次的結果との間に仮定したものであると考えられる．また，$0 \sim 1$範囲が用いられる通常の主観的確率とは異なり，負の値を仮定することによって負の誘因価を有する第2次の産出に対応できる式となっている．すなわち，もし行為の第1次の産出が負の第2次の産出を招くことが予期されるなら，負の第2次の産出に対する第1次の産出の道具性は正の値をとり，この値と負の第2次の産出の誘意価との積は負となり，行動は生起しにくくなる．一方，もし第1次の産出が負の第2次の産出を避けさせるとが予期されるなら，負の第2次の産出に対する第1次の産出の道具性は負の値をとり，この値と負の第2次の産出の誘意価との積は正となることから，行動は生起しやすくなると予測される．この行動は回避行動と考えられる．アトキンソンのモデルに代表される，主観的確率に負の値を含まない一般的な期待-価値理論では，負の誘因は常に行動を抑制させる方向に働く結果しか予測することができない．そのため，ここでみたような積極的な回避行動への動機づけの予測は，ヴルーム(Vroom, 1964)の理論の特徴の一つであると考えられる(Heckhausen, 1991)．

さらに，上でみたように，第2次の産出は通常，複数個存在するため，当該行為によってもたらされる価値は第2次の産出それぞれの誘意価の総和と考えられている．すなわち，行為iの結果である第1次の産出jの価値(誘意価：V_j)は，以下のような第2次の産出kの誘意価(V_k)と産出jの道具性の値(I_{jk})との積の和によって表現される．

$$V_j = f\left[\sum_{k=1}^{n} (V_k \times I_{jk}) \right]$$

この誘意価の公式は個人の環境に対する評価を記述するものでもある．そのため，この

式は，職務満足の研究においてよく用いられている(Mitchell と Biglan, 1971)．しかしながら，この式のみでは現実の行為の生起を予測するには不足がある．ヴルーム(Vroom, 1964)はさらに，この公式を内包し，期待の概念を導入した行為への動機づけモデルを提出している．行為への動機づけは，レヴィン(Lewin, K.)の場理論にならい心理学的力(psychological force: F)と呼ばれる．この心理学的力は，先ほどの公式によって与えられる誘意価 V_j と，ある行為 i が第1次の産出 j を導く主観的な成功確率(E_{ij})とを乗じ，加算したものである．

$$F_i = f\left[\sum_{j=1}^{n}(E_{ij} \times V_k)\right]$$

成功の主観的確率は0~1の値をとり，アトキンソンのモデルに用いられたものと同様の期待を表現するものである．誘意価は価値を表すと考えられるため，この式もまた期待-価値理論の典型と考えることができる．

c. アトキンソンのモデルと道具性の理論との比較

期待-価値理論によると，動機づけの強さは，ある行為が導く結果の生起する主観的確率(期待)と導かれる結果の価値によって決定される．換言すれば，人の予期の能力によって行動が決定されることを強調しており，これらの理論は，認知的な動機づけ理論の典型であると考えられる．

各理論は，この期待-価値の関係にどのような付加的な決定因を加えるかによって異なる．たとえば，アトキンソン(Atkinson, 1957)は態度要因である達成動機を加え，ヴルーム(Vroom, 1964)は価値の公式の中に道具性の要因を付加している．このほか，行為に対する社会的圧力(Ajzen と Fishbein, 1980)や，行為が産出を統制する一般的な期待(Rotter, 1982)などの付加物が導入され，さまざまな理論が提唱されてきている．それぞれの付加物によって，理論が予測する結果も異なる．

以下，上であげた二つの理論の比較をしてみよう．

アトキンソンのモデルに従えば，個人の態度変数である動機が一定であるなら，成功の主観的確率はその値が0.5のときに最大の動機づけをもたらす．すなわち，課題に成功するかしないかが最も曖昧な状況のときに動機づけが高まると考えられている．成功の主観的確率を課題の困難度を表現するものと仮定するなら，困難度と動機づけとの間には逆U字型の関数関係が予想されていることになる．一方，道具性の理論では，成功の主観的確率の高いほど，すなわち，課題の困難度が低いほど動機づけは高くなると予想される．ここでは困難度と動機づけとの間に負の直線的関係が予想されている．

この二つの理論間の差異は，両理論の行動観の差異であるともいえる．アトキンソンのモデルでは価値(I)は期待(成功の主観的確率)の関数である．すなわち，成功の主観的確率(P)の低いものほど価値が高いと考えられている($I = 1 - P$)．これは，困難な行動こそ

がやりとげたときに最も行為者に評価されるということを示している．これにより，アトキンソンのモデルでは行動を達成することに大きな意味が付与されていると考えられる（この理論が達成動機づけの理論と称されるゆえんでもある）．ここでは，行動は，その結果何を得られるかという手段としてではなく，目的として存在する．

　一方，ヴルームの道具性の理論では，行動を手段的な存在としてとらえている．ここで行動によってもたらされる価値は行動の1次的な産出（アウトカム）ではなく，行動の結果得られる金銭的報酬や罰などの2次的な産出に重きがおかれている．価値は2次的な産出の（正，負の）魅力とその手に入れやすさとの積によって定義されている．それゆえ，ここでの行動はあくまでも正の報酬を手に入れたり，負の報酬を避けたりするための手段として認識されている．

　この意味で，アトキンソンのモデルは2次的な報酬とは無関係に成立する動機づけ，すなわち，広義の内発的動機づけに近いもの，道具性の理論は2次的な報酬を得るための外発的動機づけに関する理論であると考えられる（Deci, 1975）．

　今日の動機づけ研究は，期待-価値理論をぬきには語れないとさえいわれている（Heckhausen, 1991）．しかしながら，以下のような批判的見解が存することもまた事実である．ヘックハウゼン（Heckhausen, 1982）によれば，

（1）　あまりに客観的（objectivistic）すぎる．ここでは，行為者が，期待および価値に関連する情報のすべてを完全にかつ誤りなしに用いると仮定されている．

（2）　期待と価値の間の負の相関関係があまりに普遍化されすぎている．負の相関関係は，多くの社会的活動の中ではむしろまれなものである．

（3）　あまりに合理主義的すぎる．期待と価値は常に完全に洗練され，また統合されたものと考えられすぎている．

（4）　不適切に公式化されている．検証できない段階まで代数的な仮定が与えられている．

（5）　あまりに普遍化されすぎている．個人差は誤差変動としてのみ扱われている場合が多い．

バンデュラ（Bandura, 1990）もまた，ヘックハウゼン（Heckhausen, 1982）と同様の批判を与えている．彼は，人間が期待-価値理論の仮定するほど組織的，合理的な考察をしているのではなく，さまざまなバイアスの影響を受けつつ，適切な（optimal な）行動ではなく，満足のいく（satisfactory な）行動を選択する傾向のあることを指摘している．

7.2　目標設定理論

a.　目標設定理論

　目標設定理論（goal setting theory）は，1960 年代後半，ロック（Locke, 1968）により提

唱された認知的な動機づけ理論であり，とくに産業界においては上述の道具性の理論とともによく用いられている．

ロック(Locke, 1968)は，人間の認知活動に関係の深い目標を行為の直接的な規定因(regulator)とみなし，目標が人間の動機づけに大きな影響を与えると考えている．目標設定理論に従えば，課題の遂行(動機づけ)は，個人が達成しようとしている目標の困難度と明瞭度(specificity)によって次のように規定される．

(1) もし，その目標が被験者に受容されるなら，困難な目標は容易な目標よりも高い動機づけを生起させる．

(2) 「何個完成しなさい」というように明瞭な目標は，「最善を尽くしなさい(“Do your best”)」というような曖昧な目標のあるときや目標の存在しないときよりも高い動機づけを導く．

すなわち，課題への動機づけは，目標が明確であり，その目標を行為者が受容しているという条件のもとでは，困難度が高くなればなるほど高くなると考えられているのである．

目標が動機づけに大きな影響を与えるという考え方自体は，とくに新しいものではない．たとえば，今世紀の初頭には，"動機づけに関する困難性の法則"がアッハ(Ach, N.)によって提出されている．ここでは，行為に用いられる努力の大きさは，当該行為の困難度(目標)に対応した大きさになると考えられている．また，産業場面では，第2次世界大戦以降，目標設定をその中心とする実践的な管理法であるMBO(management by objectives)が用いられており，目標の重要性はすでによく知られていた．

しかしながら，目標設定理論は，それを支持する実証的データの多さに特徴を有する．たとえば，ロックら(Lockeら，1981)は，課題の困難度と遂行との関係をテーマにした従来の諸研究を再検討し，検討した110の研究のうち99の研究において，明確かつ困難な目標が高い遂行を導くという結果が示されていることを確認している．また，この結果は，行動領域，その状況，時間的条件，被験者の社会経済的条件などが異なっても，ほぼ一致した傾向を示している．これらより，目標の動機づけ効果は頑健なものであるといえる(Bandura, 1990)．

b. アトキンソンのモデルと目標設定理論との比較

アトキンソンのモデルは，2次的な報酬とは独立に成立する動機づけを扱ったものであったが，目標設定理論もこのカテゴリーに近いものと考えられる．なぜならば，目標設定理論では，課題そのものに関する目標を受容することを重視し，課題達成後に与えられる2次的な報酬については当面考慮の外にあるからである．

しかしながら，主観的な成功の確率を独立変数とした場合，両者の間には顕著な差がみられる．アトキンソンのモデルでは，主観的な成功確率と動機づけとの間に逆U字の関

係が仮定されている一方で，目標設定理論では，主観的な成功確率が低く，困難な課題であればあるほど動機づけが高まると考えられているのである．

これには目標設定理論においてその前提条件とされた目標の受容が深く関与していると考えられる．すなわち，目標設定理論は，いったん目標を受容したあとは，主観的確率の低い困難な課題の方がより大きな努力を注ぎ込むという事実を提起している．換言すれば，動機のレベルでは，受容したときには主観的確率とは関係なく動機は高い，しかし，現実に行う努力は主観的確率に伴って変化するということであろう．これを，ヘックハウゼン(Heckhausen, 1991)は，動機(motive)と，意志(volition)との差であるという．アトキンソンは動機を扱い，目標設定理論は意志を扱うためこのような差が出るのではないかと論じている．

少なくとも，目標設定理論では，どのような目標が受け入れられ，どのような目標が受け入れられないかについての考察が決定的に不足している．成功の主観的確率や課題の困難度をはじめとする目標を受け入れるための条件の再吟味が必要であろう．

c. コントロール理論

上にあげた相互に矛盾する結果を予測する三つの認知的動機づけ理論は，何らかの認知的基準と予測される遂行結果とのズレという観点を導入することにより，統合的に考察できるであろう．アトキンソンのモデルでは，一般に，主観的な成功の確率が0.5のときに動機づけが最も高まると考えられている．目標と予測される自己の遂行結果の間のズレが小さく，目標が達成されるかどうかが五分五分の確率のときに動機づけは高くなる．一方，道具性の理論では，予想される自己の遂行能力(結果)が当該課題達成という目標より大きければ大きいほど，すなわち，正のズレをもてばもつほど動機づけが高くなる．また，目標設定理論は道具性の理論と全く反対の傾向をもつ．これらより，自己のもつ何らかの認知的基準と遂行との間のズレが動機づけの高低に影響を与えると考えることは妥当であろう．

最後に，このような基準と遂行との間のズレに直接的に注目した理論を紹介したい．

近年，動機づけ研究において注目されている理論の中にコントロール(control)理論がある．この理論は，(動機づけ理論ではないが)動機づけ的な現象の基礎となる認知的メカニズム，さらにその中の基準とのズレに言及していると考えられており(PittmanとHeller, 1987)，これまで述べた諸理論を統合できる可能性を有している．

コントロール理論の提唱者であるパワーズ(Powers, 1973)やカーヴァーとシャイアー(CarverとScheier, 1981；1982)は，従来より動機づけ研究の中で述べられてきたホメオスタティックな性質と，これを維持するためのフィードバックという二つの様相に注目している．

コントロール理論はミラーら(Millerら, 1960)が行動記述の最小単位として提唱した

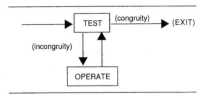

図 3.7.1　TOTE ユニット (Miller ら, 1960; Carver と Scheier, 1981)

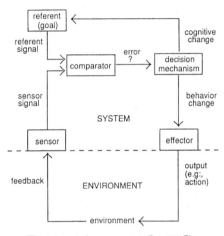

図 3.7.2　コントロール・システムのモデル
(Campion と Lord, 1982)

TOTE(test-operation-test-exit)ユニットをその基本構造としている．TOTEの単位では負のフィードバック機能が重要な役割を果たしている．すなわち，入力された刺激は，吟味(test)され，吟味の結果何らかの不一致が検出されたときには，これを減ずるための実行(operate)がなされ，その結果は再び吟味(test)されるというフィードバック・ループが存在し，不一致が一致へと変わったとき，そのループからの退出(exit)が起こり，行動は終結する(図 3.7.1 参照)．

コントロール理論では，このTOTEの単位をさらに精緻化し，吟味過程に基準の概念を導入している(図 3.7.2 参照)．環境からのフィードバック情報はセンサーを通じて取り入れられ，比較器(comparator)において，準拠枠(referent)と比較される．この準拠枠は，個人の望む状態や目標あるいは認知的な基準を意味する．両者の比較の結果，もし，ズレ(error, mismatch, discrepancy)が検出されないなら，このメカニズムは働きをやめる．一方，十分大きなズレが検出されるなら，自己修正的動機づけ(self-correcting motivation)が生み出され，決定機構(decision mechanism)においてこのズレを少なくするた

めの方略が決定される．この方略の一つは効果器(effector)を用いて行動を起こし，環境を変化させることによって目標を達成することであり，一つは目標値を低くするなど，準拠枠そのものの内容を変化させることである．すなわち，環境を変化させるか，自己の認知内容を変化させるかして環境と基準とのズレを最小にしようとする方向をめざすことがこのメカニズムの機能である．また，フィードバック情報と目標との間のズレが行動の決定に寄与するという仮説は，両者のうちの一方のみでは遂行に影響を与えないという，上にあげた目標設定理論における実験データ(Erez, 1977 ; Locke ら, 1981)によって消極的には支持されている(Campion と Lord, 1982)．

　この理論は，目標設定理論と同様に動機づけ過程における目標の重要性に着目しているが，以下の点において目標設定理論をこえるものであると考えられる．それは，動機づけのメカニズムを，モデル内部の要因が交互作用をしているという意味でのシステムとしてとらえているという点に顕著にみられる．とくに，目標設定理論における研究の多くは固定された目標を実験的に用いているが，上でみたようにコントロール理論では目標が可変的なものとしてとらえられている．また，目標設定理論では目標は与えられるものであり，目標がどのように選択されるかについての考慮はされていない．これに対し，コントロール理論では，目標は階層的に構成されているより高いレベルの目標から派生したものであること(Carver と Scheier, 1981 ; 1982)，あるいはこの目標選択は社会的比較やモデリングなどの社会的な過程から影響を受けること(Rakestraw と Weiss, 1981)が示唆されており，その適用可能性の大きさとともに他の理論を包括的に再解釈する可能性を有すると考えられる．

7.3　お わ り に

　本章であげたさまざまな認知的動機づけ理論に共通にみられる傾向は，認知的なズレの中に動機づけの源泉を求めようとすることである．すなわち，目標をはじめとする何らかの認知的な準拠枠とフィードバック情報との間に生じたズレが，そのズレを減少させる行動へと人を動機づけるという仮定であろう．

　しかしながら，人は認知的なズレを減少させるために行動するのみではなく，自らズレを生み出し，増大させるための行動をすることがある．感覚遮断の実験において明らかなように，人は新たな刺激を求める存在でもある．このとき，人は認知的な基準と入力された情報を一致させるように行動するのではなく，逆に自らズレを求める存在となる．ルーティンの生活に退屈した人が，新しい刺激を求めて旅に出るように，われわれは新しい刺激を求めることもある．このような人間のもつ拡散的傾向は，バーライン(Berlyne, 1965)の特殊的探索の対件としての拡散的探索の概念や，ギルフォード(Guilford, 1967)の拡散的思考や創造性の概念によりすでに周知の概念である．しかし，効率や生産とは対極

にある行動を強調するという意味では，心理学における新しい人間観を示唆し続けているものでもある．しかしながら，この傾向を実証的かつ組織的に研究した知見は希少であり，動機づけの概論書の中にも取り上げられることは少ない．実験心理学的な手法を用いて拡散的傾向の存在を再確認し，新たな認知的動機づけ理論を展開することもまた今後の重要な課題の一つであると考えられる．

現象例 ||||||||||||||||||||||||||||||||||||||||||||||||||||||||||||||||||||||||||||||||||||||||||||||||||||||||

もしもコンピュータ・ゲームに得点が表示されなかったら？

われわれの行動には結果が伴う．そして，われわれはこのような行動の結果に強い関心をもち，それを知りたがる．人工物はこのような傾向をとくに配慮してつくられている．たとえば，速度メータのない自動車，投入金額の表示されない自動販売機，得点表示のされないコンピュータ・ゲームは存在しないといってもよい．

われわれが行動の結果を知りたがるという傾向は，おそらく動機づけの過程と深く結びついているためであるとも考えられる．

本章であげたコントロール理論をはじめとする動機づけ理論では，目標など，自己のもつ何らかの基準と遂行の結果とのズレの認知が，動機づけに対して重要な役割を果たすと考えられている．行動の結果は，現在の自己の能力や状態を示し，われわれの基準とするものとの比較を通じてズレを認知させ，動機づけの高さを決定する重要な要因となる．

もしも行動の結果が把握できなければ動機づけはどのようになるだろうか．ズレを認知することができないため，動機づけは低下するはずである．

内発的動機づけ（金銭などの報酬がほかから与えられず，自発的かつ楽しい感情を伴う行動を導く動機づけを，内発的動機づけと呼ぶ）の研究者マローン（Malone, 1981）は，コンピュータ・ゲームを用いて，行動の結果についてのフィードバックの与えられない事態が動機づけを低下させることを実証している．彼の実験では，"ブロックくずしゲーム（breakout）"（図 3.7.3 参照）を用いて，①ボールがあたったときブロックが壊れるか否か，②ボールが実験者の操作するラケット（paddle）に跳ね返るか否か，③得点が表示されるか否か，という三つの独立変数が操作された．すべての要因を含んだもの，すなわちブロックが壊れ，ラケットに跳ね返り，得点が表示されるバージョンから，すべての要因を含まないものまでの六つのバージョンを被験者に与え，ゲーム後各バージョンに対する好悪について5段階の評定を求めた．その結果，三つの要因すべてを含むバージョンはほ

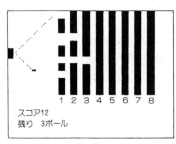

図 3.7.3 実験に用いられたコンピュータ・ゲームの1バージョン（Malone, 1981；中島と赤井, 1993）

かのどれよりも高い評価を得，1個ないし0個の要因を含むものは，ほかのどのバージョンよりも有意に低い評価を得た．ここで操作された三つの要因はすべてプレーヤーが自己の行動の結果を知るための手がかりを与えるものである．彼の実験によって，行動の結果に関する手がかりの多いものが動機づけを高め，逆に手がかりの少ないものが動機づけを低めることが確認されたと考えられる．

われわれが，行動の結果を知りたがるのは，自身の動機づけをコントロールするための情報を求めているからだともいえよう．

エピソード

認知的動機づけ理論の背景

人間の動機づけの最も基礎的なものは，身体的な要求にその源をもつだろう．たとえば，食物，水，睡眠，排泄などを求める身体的な要求は，われわれが生存するために必要不可欠なものであり，われわれの動機づけや行動のある部分を規定していることは明らかである．今世紀前半の動機づけ研究の流れを支配した，パブロフ(Pavlov)の条件づけの概念や行動主義心理学者による強化の概念は，すべてこのような身体的要求を前提として展開されてきた．

1950年代に入り，動機づけ研究者たちの中には身体的要求を基礎としない動機づけを重視しようとする動きがみられるようになった．この動きのきっかけとなったデータは，身体的な要求が満足させられているときでも生活体は行動をやめないという傾向を示すものであった．ハーロウら(Harlow ら，1950)は，赤毛ザルが何ら報酬を期待できないときでも掛け金様のパズルを熱心に解こうとする現象を報告し，バーライン(Berlyne, 1960)やハント(Hunt, 1965)は，報酬が与えられない場面での人間の好奇行動の生起因について精力的な実験的研究を行っている．また，ホワイト(White, 1959)は環境を支配しようとする動機づけであるエフェクタンス(effectance)動機づけを提唱している．たとえば，彼は，身体的に満足した人間がクロスワードパズルを完成するために熱中するときには，このような動機づけが働くと考えている．これらの研究は，人間の動機づけが，自己の認知的な過程によって影響を受けることを強調したという意味で動機づけ研究に大きなインパクトを与えた．

本章であげたアトキンソン(Atkinson)のモデルをはじめとする認知的動機づけ理論は，このようなパラダイムを継承しつつ，動機づけに大きな影響を与える内的過程をより組織的に追求しようとしたものである．

〔赤井誠生〕

文　献

1) Ajzen, I. and Fishbein, M.(1980): *Understanding attitudes and predicting social behavior*. Prentice-Hall.

2) Atkinson, J.W.(1957): Motivational determinants of risk-taking behavior. *Psychological Review*, **64**: 359-372.

3) Bandura, A.(1990): Self-regulation of motivation through anticipatory and self-reactive mechanisms. *Nebraska Symposium on Motivation*, **38**: 69-164.

4) Berlyne, D.E.(1965): *Structure and direction in thinking*. John Wiley & Sons.

5) Campion, M.A. and Lord, R.G.(1982): A control systems conceptualization of the goal-setting and changing process. *Organizational Behavior and Human Performance*, **30**: 265-287.

6) Carver, C.S. and Scheier, M.F.(1981): A control-systems approach to behavioral self-regulation. *Review of Personality and Social Psychology*, **2**: 107-140.

7) Carver, C.S. and Scheier, M.F.(1982): Control theory; A useful conceptual framework for personality-social, clinical, and health psychology. *Psychological Bulletin*, **92**: 111-135.

8) Deci, E.L.(1975): *Intrinsic motivation*. Plenum Press. 安藤延男, 石田梅男 訳(1980): 内発的動機づけ, 誠信書房.

9) Erez, M.(1977): Feedback; A necessary condition for the goal setting-performance relationship. *Journal of Applied Psychology*, **62**: 624-627.

10) Feather, N.T.(1961): The relationship of persistance at a task to expectation of success and achievement-related motives. *Journal of Abnormal and Social Psychology*, **63**: 552-561.

11) Guilford, J.P.(1967): *The nature of human intelligence*. McGraw-Hill.

12) Harlow, H.F., Harlow, M.K. and Meyer, D.R.(1950): Learning motivated by a manipulation drive. *Journal of Experimental Psychology*, **40**: 228-234.

13) Heckhausen, H.(1982): Models of motivation; Progressive unfolding and unremedied deficiencies. In: Hacker, W., Volpert, W. and Cranach M.V.(eds.), *Cognitive and motivational aspects of action*. VEB Deutscher Verlag der Wissenschaften.

14) Heckhausen, H.(1991): *Motivation and Action*. Springer-Verlag.

15) Hunt, J. McV.(1965): Intrinsic motivation and its role in psychological development. *Nebraska Symposium on Motivation*, **13**: 189-282.

16) Locke, E.A.(1968): Toward a theory of task motivation. *Organizational Behavior and Human Performance*, **3**: 157-189.

17) Locke, E.A., Shaw, K.N., Saari, L.M. and Latham, G.P.(1981): Goal setting and task performance, 1969-1980. *Psychological Bulletin*, **90**(1): 125-152.

18) 前田嘉明 編, 八木　冕 監修(1969): 動機と情緒, 東京大学出版会.

19) Malone, T.W.(1981): Toward a theory of intrinsically motivating instruction. *Cognitive Science*, **4**: 333-369.

20) 松山義則(1981): 人間のモチベーション. 八木　冕 監修: 現代の心理学7, 培風館.

21) Miller, G.A., Galanter, E. and Pribram, K.H.(1960): *Plans and the structure of behavior*. Holt.

22) Mitchell, T.R. and Biglan, A.(1971): Instrumentary theories; Current uses in psychology. *Psychological Bulletin*, **76**: 432-454.

23) 中島義明, 赤井誠生(1993): 動機づけ. 大山　正, 中島義明 編: 実験心理学への招待, サイエンス社.

24) Pittman, T.S. and Heller, J.F.(1987): Social motivation. *Annual Review of Psychology*, **38**: 461-489.

25) Powers, W.T.(1973): Feedback; Beyond behaviorism. *Science*, **179**: 351-356.

26) Rakestraw, T.L. and Weiss, H.M.(1981): The interaction of social influences and task experience on goals, performance, and performance satisfaction. *Organizational Behavior and Human Performance*, **27**: 326-344.

第 7 章　認知的動機づけの理論　　　*379*

27) Rotter, J.B.(1982): Social learning theory. In: Feather, N.T.(ed.), *Expectations and actions*; *Expectancy-value models in psychology*, Erlbaum.

28) Vroom, V.H.(1964): *Work and motivation.* John Wiley & Sons.

29) White, R.W.(1959): Motivation reconsidered; The concept of competence. *Psychological Review,* **66**: 297-333.

第8章

学 習 の 理 論

　学習の理論は，その対象や形態などにおいて非常に広範囲にわたっている．たとえば，大脳の細胞単位の知見を基礎とした神経ネットワーク・モデルがある．またコンピュータ・アナロジーに基づく情報処理過程の研究では，知識習得のための優れたプログラム自体を有機体の学習モデルだと考える．他方では，行動を規定する環境要因の記述こそが理論であるという主張もある．さらに，概念形成や言語の習得といった特定の高次過程のみを扱う理論も存在する．したがって，このように多様な学習理論の全体像を限られた字数で述べることは不可能に近い．そこで本章では，心理学固有の理論史を重視する立場から，心理学的概念に基づく基礎的な連合学習の機構(メカニズム)論，すなわち経験によって有機体の内部で何がどのように変化するのかを問うモデルに焦点を絞って記述する．

　心理学史において一つの時代を形成した行動主義心理学は，極端な経験主義をその基盤としたために，経験による行動の形成過程を問う学習理論は，心理学の全領域についてのグローバル・セオリー(global theory)でもあった．しかし，有機体のすべての行動を機械的な刺激-反応の結合によって説明・予測することの限界が露呈し始めた1950年代になると，思考や記憶といった認知過程を情報処理の観点から客観的に分析しようとする認知心理学が台頭した．

　学習機構に関する理論もこの影響を受けて，学習を行動の変容ではなく，知識の獲得の過程としてとらえる認知論的モデルへと変化していったが，グローバル・セオリーの失敗の教訓から，限定された領域，とくに条件づけの手続によって獲得される連合学習の過程を，1試行ごとの実験的操作に対応する定式によって表そうとする，予測性を重視したモデルが隆盛となった．以下ではこれらのモデルの，とくに最近の進展を中心に解説する．

8.1 行動主義の時代の理論

　学習行動の機構についての研究は，哲学者の思弁的な分析の時代を除けば，進化論的観点からの動物の知能の比較という目的で19世紀のイギリスで始まった．しかし，それらはいずれも少数の観察や逸話的な事例に基づく信頼性の乏しいものであった．学習行動の組織的な研究は，19世紀末のロシアの生理学者パブロフ(Pavlov)による条件反射の分析と，同時期のアメリカの心理学者ソーンダイク(Thorndike)による試行錯誤学習の検討によって始まったとされる．

a. ソーンダイクの理論

　ネコを狭い檻に閉じ込めると中で暴れ始めるが，そのうち偶然に檻の蓋を開けるための把手に脚が触れると，外に出ることができる．この事態を繰り返し経験すると，しだいにネコは無駄な動きをせずに，すぐに脚で把手を押すようになる．直感的かつ常識的には，この"試行錯誤"による行動の変化はネコが自分の行動とその結果との関係を学習したためだと考えられる．しかし，この行動を最初に分析したソーンダイク(Thorndike, 1898)の考えはこれとは全く異なるものであった．すなわち彼は，脱出という効果によって刺激(箱)と反応(把手を押す)との間の連合が強まることが，行動の変化の原因だと考えた．この「効果の法則」に基づく刺激と反応との間の機械的結合という観点は，その後の行動主義における強化説と刺激-反応(S-R)理論として受け継がれた．

b. ワトソンとガスリーの理論

　行動主義の最初の提唱者とされるワトソン(Watson)は，パブロフ(Pavlov, 1927)によって示された条件反射を，言語活動までをも含む複雑な広範な学習行動のための普遍的な原理とみなした．ワトソン(Watson, 1924)は条件反射を，本来中性的な条件刺激(CS)が，経験により無条件刺激(US)と置換し，無条件反応(UR)と連合することだと考えたが，これはソーンダイクと同様のS-R理論である．しかし彼は，連合の形成の必要条件は刺激と反応との間の時間的接近であり，強化は反応の結果としての刺激変化という以上の機能はもたないとされた(接近説)．ワトソンの理論は経験主義，機械論，要素主義という彼の行動主義の教義そのものの域を脱しておらず，学習行動の説明あるいは予測としては粗雑なものであり，具体的な理論としての評価は低い．

　ガスリー(Guthrie, 1935)もソーンダイクの効果の法則を否定し，接近説を主張した．しかも彼は，S-R結合は刺激と反応との1回の対提示によって完全に成立するすべてか無か的なものであって，行動のみかけ上の漸進的な強まりは，特定の反応と連合する刺激の数の増加や，有機体の注意の変化によるものであると主張した．

c. ハルの理論

ワトソンやガスリーの接近説に対して，ソーンダイクの強化説を受け継いだのがハル (Hull, 1943 ; 1952)の理論である．彼は化学的平衡(ホメオスタシス)の概念を行動に適用し，有機体の生物学的な緊張(平衡状態からの逸脱)によって生じる動機づけ(動因)を行動の内的な喚起力として考えた．しかし動因は，無方向的に活動性を高めるという機能をもつのみであり，その解消(動因低減)をもたらす手段としての道具的行動は学習によって獲得される．つまり，試行錯誤的な反応の結果として動因の低減が生じると(たとえば，空腹な動物が偶然にある方向へ走ると，餌を得ることができた)，その直前の環境内の刺激が反応と連合し，その刺激に対して同一の反応が生じる確率が増大する．この考えは典型的なS-R理論であり，また連合を強めるための必要条件は動因の低減であるとする点で強化説である．このようにして獲得される連合の強さをハルは習慣強度($_sH_R$)と呼び，彼の理論における中心的な仲介変数とした．

しかし，行動は習慣強度によってのみ決定されるのではない．刺激般化や反応の繰り返しによる疲労(反応性禁止)，あるいは反応閾の動揺(オシレーション)といったような他の要因も影響する．行動主義では，学習とは経験による行動の永続的変容であると定義され，遂行行動の経験による変化を説明・予測することが必要とされる．そこでハル(Hull, 1943)は，刺激と反応との間に介在するこれらの媒介過程(仲介変数)に関する16の公準から成り立つ体系的な理論を提出した．彼の理論はいくつかの点においてその後幾度か改変されたが，学習の機構としてのS-R連合と動因低減という基本的な観点は不変であった．

しかし彼のこの観点は，以下に述べるトールマン(Tolman)の認知論的な立場からなされたいくつかの実験結果，たとえばトールマンとホンジクが示した，動物が迷路内で学習しているのは刺激と運動反応との結合ではなく，むしろ報酬がおかれた場所であるという事実(TolmanとHonzik, 1930 a)，あるいは強化なしで迷路を探索するという経験のみによっても，迷路の構造についての学習がなされるという潜在学習の知見(TolmanとHonzik, 1930 b)などによって，絶えず批判を受け続けた．これに対してハルは，種々の付加的な仲介変数を導入することによって，これらの事実をS-R理論の枠組みの中で処理することに努力した．たとえば，微小な目標反応とそれによって生じる自己受容刺激の結合($_rG$-$_sG$結合)の連鎖を仮定することで，2次強化に関する多くの現象や，目標箱内の報酬がなぜ遠く離れた出発箱内からの走行を強化するのかなどを説明しようとした．またスペンス(Spence, 1936)は刺激般化の原理を駆使して，移行学習や逆転学習における種々の逆説的現象がS-R図式によって説明されうる可能性を示した．

d. トールマンの理論

トールマンは，方法論としての行動主義を明確に擁護したが，有機体の行動は他の理論

家が主張するようなS-R結合によって獲得・開発されるものではなく，むしろ学習は情報処理に基づく"手段-目標関係"や"認知地図"といった知識の獲得過程であり，さらに他の行動主義者は科学の客観性と機械論的哲学とを混同していると主張した．彼はさらに，心理学が結局は知覚や表象そして感情といった"伝統的な"問題と無関係ではいられないことを示唆し，また行動は有機体内部のこれらの複雑な適応活動の組み合わせに基づく目的性を有するものであると主張している(Tolman, 1928 ; 1932)．したがって，これらの点において彼はのちの認知論的学習理論の先駆者とみなすこともできる(Amundson, 1986)．上述のように彼は，迷路における場所学習や潜在学習の事実から，学習はS-R結合の進展ではないこと，また強化は行動にとっては重要であるが学習の成立の要件ではないと結論づけ，前述のハルらの動因低減理論と対立した．また心理学はワトソンの主張するような分子的(molecular)な反射活動ではなく，むしろ巨視的(molar)な行動を対象とすべきであると考えた．しかし，彼の解釈的理論や中枢過程の重視の姿勢は，実際的な学問を重視するアメリカの知的風土と合わず，また彼がハルのような体系的な理論を示さなかったことなどから，彼の理論は当時においては中心的な位置を占めることができなかった．

e. スキナーの理論

スキナー(Skinner)の理論は，心理学におけるプラグマティズムを最も端的に表したものといえる．彼は物理学におけるマッハ(Mach, E.)の理論観を支持し，行動理論における構成概念の必要性を否定した(Skinner, 1950)．彼によれば，心理学の目標は行動を制御する環境事象を特定することであった．また古くはベイン(Bain, 1859)などの観察によりすでに示唆されていた，刺激に対する反射的な活動と自発的な行動の区別を，それぞれ"レスポンデント"，"オペラント"と名づけて明確化した．そして，とくに有機体の行動はその結果としての強化の随伴性，すなわち強化スケジュールにより大きく変動することを，さまざまなスケジュール下での行動の実験的分析によって示し(Ferster と Skinner, 1957)，すべての行動が強化スケジュールによって統制されうると主張した．

これらの点においてスキナーは，心理学は純粋科学ではなくむしろ"行動工学"になるべきだと主張したともみなせる(Skinner, 1974)．そしてそのような方向性から，たとえば臨床場面における行動療法やティーチング・マシンといった，応用的な発展ももたらされた．しかし，彼および彼の後継者たちによる"実験的行動分析"の立場は，本章が対象とする内的な機構を仮定する理論の必要性を否定している．

8.2 認知論的学習理論の発展：定式化された連合学習のモデル

a. 1960年代における変化

行動主義の諸理論の中でもハルの理論は，有機体のすべての行動を機械論的なS-R図式に基づいて体系的に説明しようとする簡明さによって，1950年代まではグローバル・セオリー(global theory)としての主流的な立場を維持し続けた．

しかし，伝統的な条件づけ以外の，概念形成，課題解決，言語活動といった高次の学習形態に関する研究が進展し，また条件づけのような基本的事態においても詳細な実験的事実が集積されるにつれて，単純なS-R理論の限界がしだいに明白になり，それに代わる新たな観点からの理論的な枠組みが必要であるという認識がしだいに定着していった．

その結果として1960年代から明確となった学習理論の改変には，二つの方向性が認められる．一つはそれまでのグローバル・セオリーの，学習行動全体の単一の図式による説明に対する懐疑主義から，個々の研究者が学習行動の特定の側面のみに限定された理論化をめざすようになったことである．もう一つは，1950年代から隆盛となったヒトの認知過程に関する情報処理的観点の影響から，動物の学習も単純なS-R結合以上の複雑な機構に基づいているという視点が台頭したことである．つまり，動物はそれまで考えられていたよりも"頭がよい"存在だとみなされ始めたのである．このような観点の延長線上には，たとえば類人猿の言語活動や道具の使用，あるいは下等哺乳類における計数や測時といった高次行動に関する研究(Gallistel, 1989 ; 1990)などがある．

しかし学習機構に関する理論に関しては，以下に述べるような，認知的な着想に基づく連合学習のモデルの提出が，最も特筆されるべき発展であったと考えられる．

b. レスコーラ-ワグナー・モデル

ハルの理論に対しては，学習には単なるS-R結合以外に，関連刺激に対して情報処理容量を集中させる"選択的注意"といった過程が存在するという批判的な主張がなされてきた(SutherlandとMackintosh, 1971)．複合条件づけの手続に伴う刺激選択の諸現象は，弁別移行学習や弁別逆転学習における単純なS-R結合では説明できないいくつかの"逆説的な"現象とともに，このような過程の存在を示唆する事実とみなされてきた．これに対してハルの学派では，"神経エネルギー間相互作用"(Hull, 1943)などの付加的な仮定により，それらの現象を自説の枠組の中で説明しようという努力がなされていた．

このような状況の中で，ケーミン(Kamin, 1969)が示した"阻止(blocking)"の現象とそれについての彼の解釈は，連合学習に関する理論の大きな変化の端緒となった．阻止とは，たとえば光をCSとしてあらかじめ電撃のようなUSと条件づけてから，光とたとえば純音との複合刺激をCSとして条件づけを続けると，単に複合条件づけのみを経験し

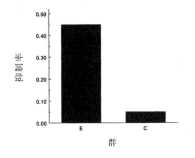

図3.8.1 阻止の現象
第1段階でノイズと電撃との対提示を16試行受けたE群のラットは，第2段階でノイズと光との複合条件づけに対する8試行の条件づけを受けたのちに光に対するテストを行うと，第1段階を経験していないC群と比較して弱い抑制（大きな抑制率）しか示さない（Kamin, 1969のデータの一部を図示したもの）．

た場合には，十分に生じる純音への条件反応の学習が妨害されるという現象である（図3.8.1）．この事実は，ある刺激に対する反応の学習の進展は，S-R理論が予測するような，その刺激の提示下での反応に対する強化の回数によってのみ規定されるのではなく，他の刺激の存在とそれについての経験による影響を受けることを示しており，選択的注意説の立場からは，先行訓練により注意が特定の刺激に集中することを示す現象の一例とみなされた．

しかしケーミンは阻止の現象を，選択的注意のような概念を全く用いずに，「強化子は，その出現が有機体に予期されない（意外である）程度に応じて学習を促進する力をもつ」という仮説によって説明しようとした．つまり，実験群の被験体にとっては先行条件づけの結果，USはその生起が光によって十分に予期されるようになり，意外性を失うために，付加された純音が連合強度を獲得できる余地がなくなることが阻止の原因だという解釈である．レスコーラとワグナー（RescorlaとWagner, 1972）は，パブロフ型条件づけの進展の過程は基本的にこの"強化の意外性"に依存していると考え，その認知的着想をCS-US(S-S)間の連合強度の変化の過程に関する以下の定式によって表現した．すなわち，

$$\Delta V_A = \alpha_A \beta (\lambda - \Sigma V) \tag{8.1}$$

ここで ΔV_A は1回の条件づけ試行の結果として，刺激Aが獲得する連合強度の増分を表す．また α_A はAの明瞭度によって，β はUS強度によって，それぞれ決定される速度のパラメータである．一方 λ は強化の大きさによって決まる，獲得しうる連合強度の漸限値を示し，ΣV はその試行において存在するすべての刺激の連合強度の総和である．

阻止の現象は以下のように説明される．刺激Bに対する先行条件づけによって V_B は λ とほぼ等しくなるので，複合条件づけの開始時に式(8.1)の $\lambda - \Sigma V$ の値はほぼゼロとなり，それ以降は条件づけを続行してもAは連合強度を獲得できない．ここでは強化の意外性という着想が $(\lambda - \Sigma V)$ によって表されている．つまり，その事態に存在する刺激のおのおのがもつ連合強度の総和によって，生起するUSについての予期の程度が決定され，実際に生じたUS強度との落差が意外性の程度を表す．

レスコーラ-ワグナー・モデルの最大の功績は，"強化の意外性"という認知的な着想を，

上述のような1試行の条件づけ手続に対応する連合強度の変化に関する定式のみによって表した点にある．式(8.1)には連合強度の変化以外にはいかなる仮説的な過程も含まれていない．このことによって，このモデルはパブロフ型条件づけの手続によって生じる実験結果についての検証可能性を格段に増大させ（その具体的な例は，章末の「現象例」を参照のこと），その後の連合学習における多くのモデルが，同様の定式によって表されることとなった．

c. レスコーラ-ワグナー・モデルの限界

　認知的着想の定式化という作業によって，レスコーラ-ワグナー・モデルは画期的な評価を受けたが，具体的な事実の予測あるいは説明という点においてはいくつかの問題点を有していた．その一例としてルボー(Lubow, 1973)によって示された潜在制止(latent inhibition)の現象があげられる．潜在制止とは，被験体に対してのちの条件づけでCSとして用いる刺激をあらかじめ単独で繰り返し提示すると，そのCSについての学習が遅延するという現象である．この現象はきわめて容易に生じるが，式(8.1)から明らかなように，彼らのモデルではUSの提示前にCSの提示を繰り返しても連合強度はゼロのまま変化しない．つまり，彼らのモデルは潜在制止を説明できない．これは，彼ら自身(Wagnerと Rescorla, 1972)が「刺激の明瞭度の変化といった，他の過程が存在するのかもしれない」と認めているように，彼らのモデルがもっぱらUSの処理に対する経験の影響，つまり連合強度の変化過程のみを学習の機構と考え，CSの処理過程を無視したことに起因している．

　さらに，このほかにも，彼らのモデルでは予測が困難な現象が指摘されるようになり（図3.8.3を参照のこと），それらを巡っていくつかの改良モデルが提出されるようになった．

d. ワグナーのSOPモデル

　ワグナー(Wagner, 1978；1979)は，連合はCSとUSの間のみでなく，同時に存在するあらゆる2刺激間に形成され，一方の提示が他方の生起を予期させるというプライミングの仮定を採用することにより，CSの処理過程を無視したレスコーラ-ワグナー・モデルの問題点の克服をめざしたモデルを提出した．ワグナー(Wagner, 1981)はこの着想をさらに発展させ，アトキンソンとシフリン(AtkinsonとShiffrin, 1968)による"短期記憶(STM)内の表象の活性化"という認知的着想に基づいたモデル(standard operating procedures：SOP)を提出した．

　このモデルは，STM内における表象には異なる活性化の段階があり，二つの刺激の表象がSTM内において同時に特別な活性化(A1)状態（リハーサルされた状態）にある場合にのみ，両者の間に新たな興奮性連合が形成されると考える．したがってこのモデルで

第8章 学習の理論

は，表象がA1状態になることを妨げる条件を特定することが重要な課題となる．なぜなら，それが阻止や潜在制止など，連合学習の理論の主要テーマとなってきた学習における妨害的な現象の基底にあると考えられるからである．この点に関してワグナーは，以下の二つの条件を基本的に仮定している．第1に，ある刺激の提示は，STM内にその表象をA1状態として喚起するが，表象は時間経過とともに急速にA2状態（リハーサルされない状態）に移行する（自己生成的プライミング）．刺激の持続あるいは反復に伴う単純な馴化

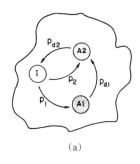

(a) 刺激が提示されると，最初にそのA1状態の表象がSTM内で活性化されるが，時間経過とともに急速にA2状態に（自己生成的プライミング），さらに緩慢にI（不活性）状態へと活性化の程度が衰退する．P_{d1}などは衰退の速度を表す．I状態の表象は刺激提示によって再度A1状態に移行するが，その刺激と連合した文脈のような手がかりが存在すると，それによって直接にA2状態に移行する（検索生成的プライミング）ので，刺激が提示されてもA1状態に移行できなくなる．A2からA1へ直接に移行できないとする点がこのモデルのポイントである．反応の強度は表象の活性化の程度（各状態の要素の比率）に対応すると仮定されている．

(b) 条件づけでは，CSとUSの表象が同時にA1状態となる程度に応じて興奮性の連合強度が獲得され，CSがA1状態のときにUSがA2状態になる程度に応じて制止性の連合強度が生じる．右側のパネルは上から，CSとUSの活性化状態，それらによって生じる興奮性，制止性の連合強度，そして二つの連合強度の差によって決まる最終的な連合強度の時間的変化を表す．

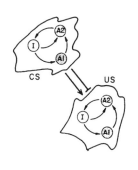
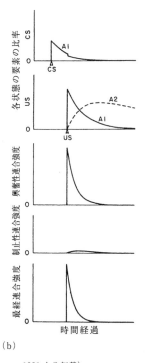

図3.8.2 ワグナーのSOPモデル(Wagner, 1981より転載)

は，おもにこの機制に基づくものと説明される．第2に，当該刺激と連合した他の刺激を提示すると，長期記憶内の検索によって当該刺激のA2状態の表象をSTM内に生起させるので，その後にその刺激が実際に提示されても，表象がA1状態になることが妨げられる（検索生成的プライミング）．潜在制止は，前提示された刺激が文脈刺激と連合する結果，刺激の表象が文脈によって（A2状態で）STM内に喚起されるため，実際に刺激が提示されてもA1状態の表象が喚起されず，条件づけにおけるUSとの連合が阻害されるためと考えられる．さらに，当該刺激の提示直後の他の刺激の提示による脱馴化についても，限定された容量のSTMへの進入を巡る競合によって説明できる．

SOPでは，表象の活性化状態が上述の2種類のネガティブ・プライミングによって時間的に変化する仮定をしているため，もちろん定式による記述もなされてはいるが，むしろ活性化の程度の時間的変化の図示によって理解がより容易になる（図3.8.2）．しかしこのモデルも，プライミングの生起の規定条件を操作に対応する形で特定できるために，少なくとも比較的単純な事態についてはある程度明確な予測を行うことができる．

SOPは，連合の形成を阻害するメカニズムによって連合学習における広範な現象を説明しようとしており，"短期記憶"という情報処理段階を問題としているが，記憶過程についてのモデルというより，むしろレスコーラ-ワグナーモデル以来のS-S連合理論の発展と考えることができる（ただしピアース（Pearce, 1987 a）は，A1状態を"刺激が注意を受けた状態"と理解することで，SOPを注意過程に関するモデルとみなしている）．

8.3 注意理論の改訂

a. マッキントッシュの注意モデル

定式化によるレスコーラ-ワグナー・モデルの成功は，従来から主張されてきた前述の注意理論にも大きな影響を与えた．マッキントッシュ（Mackintosh, 1975）はワグナー（Wagner, 1969）の「選択的注意という概念は，試行ごとあるいは瞬間ごとの経験によって動物の注意がどのように変化するのかを特定しない限り，結果の言い換えにすぎない」という批判を受け入れる形で，以下のように定式化された新たなモデルを提出した．すなわち，

$$\Delta V_A = \alpha_A \beta (\lambda - V_A) \tag{8.2}$$

ただし，

$$\begin{array}{l} |\lambda - V_A| < |\lambda - V_X| \text{なら，} \alpha_A \text{は増大} \\ |\lambda - V_A| \geqq |\lambda - V_X| \text{なら，} \alpha_A \text{は減少} \end{array} \right] \tag{8.3}$$

ここでV_Xは，A以外のあらゆる刺激のもつ連合強度の中で最大のものをさす．

このモデルでは学習速度の係数αが当該刺激への注意の大きさを表し，しかもその変化が直接的・間接的に行動を規定することを連合学習の基本的過程と考えている点で，注

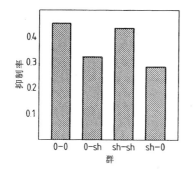

図 3.8.3　強化回数の減少に伴う阻止の消失
第1段階で純音の提示直後に8秒間の間隔をおいて2回の電撃を受け、第2段階では光と純音の複合刺激の提示直後に1回のみの電撃を受けた sh-0 群のラットは、二つの段階を通じて1回の電撃のみを受けた群(0-0群)、あるいは両段階とも2回の電撃を受けた群(sh-sh群)よりも、テストにおいて光に対して強い抑制(阻止の減弱)を示した。縦軸は0.5が無抑制を、0が完全な抑制を表す(Dickinson ら、1976 の実験結果についての Dickinson, 1980 の図より転載)。

意の役割を重要視している。すなわち、連合強度の変化を規定する式(8.2)(この式には当該刺激A以外の刺激を表す記号が全く含まれていないので、Aについての連合強度の変化の過程には他の刺激の存在が影響しないことを意味する)ではなく、むしろ試行ごとの注意の増減を表す式(8.3)によって、連合学習における多くの現象を説明しようとしている。式(8.3)は強化について最も良い予告をする刺激に対する注意のみが増大し、それ以外の冗長な刺激への注意は減少する(学習された無関連)という着想(Mackintosh, 1973)を定式化したものであるが、ここでは従来の選択的注意理論における"反比例仮説"、すなわち一定の容量の注意を巡る刺激間の競合という仮定は放棄されている。

前述の潜在制止の現象を例にとれば、マッキントッシュのモデルは式(8.3)の下段の式に $\lambda = V_A = V_X = 0$ を代入することでその説明が可能となる。つまり潜在制止は、強化についての変化を予告しない刺激への注意の減少であると解釈される。このように彼のモデルは、連合学習における広範な現象を式(8.3)で表される注意の増減、つまり US の処理ではなく CS の処理の変化によって説明しようとした。ディッキンソンら(Dickinson ら, 1976)(図 3.8.3)による強化回数の減少に伴う阻止の減弱という事実は、強化量の減少は制止性の連合を生じると予測するレスコーラ-ワグナー・モデルと対立し、むしろいかなる強化の変化もそれを予告する刺激への注意を増大させるという、式(8.3)からの予測に合致する現象の一例である。

b. ピアースとホールの注意モデル

マッキントッシュの注意モデルは、冗長な刺激への注意の減少という着想に基づいていた。しかし常識的には、むしろ予告能力が定かでない刺激にこそ十分な注意が向けられる必要があるとも考えられる。ピアースとホール(Pearce と Hall, 1980)は、US ではなく CS の処理の経験による変化を重要視する注意説の立場に立ちながらも、マッキントッシュのモデルとは逆に、学習事態ではむしろ予告能力の小さい刺激ほど大きな注意を受けるという着想を、以下のような定式によって表した。すなわち、

$$\varDelta V_A = S_A \alpha_A \lambda \qquad (8.4)$$

ただし,

$$\alpha_A{}^n = |\lambda^{n-1} - \Sigma V^{n-1}| \qquad (8.5)$$

ここで S_A は刺激 A の物理的強度に規定される注意の大きさを,また α_A は経験により変化する注意の大きさを表す.式(8.5)の添字 n, $n-1$ は,それぞれ第 n 試行および第 $n-1$ 試行を表し,他の記号の意味はレスコーラ-ワグナー・モデルにおけるものと同様である.

彼らのモデルは,ヒトの情報処理過程に関するシフリンとシュナイダー(Shiffrin と Schneider, 1977)の,統制された処理と自動化された処理という二つの処理モードの着想を基本としている.すなわち,ある刺激がもたらす結果(consequence)が不確定な事態では,その刺激は十分な注意を受ける統制処理モードで処理され学習を進展させるが,学習によって結果が十分予期されるようになるとしだいに注意の配分を受けない,つまり新たな情報処理を行わない自動処理モードを経由して習得された行動を引き起こすようになる.この着想が式(8.5)によって表されている.すなわち,条件づけの第 n 試行における刺激 A に対する注意の量 α_A は,直前の第 $n-1$ 試行における強化について予期の程度によって規定される.予期が十分になされる($|\lambda^{n-1}-\Sigma V^{n-1}|$ が小さい)ほど,次の試行における注意は小さくなる.

彼らのモデルは,たとえばホールとピアース(Hall と Pearce, 1979)が示唆した(図 3.8.4),最初に弱い強化子に条件づけられた刺激をその後により強い強化子に条件づけると潜在制止が生じるという,マッキントッシュの注意説とは対立する事実を説明できるなどの利点をもつ.しかし他方では,このモデルは条件づけの第 1 試行には適用できないといった難点も抱えている.

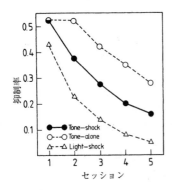

図 3.8.4 弱い電撃との対提示による潜在制止
第 1 段階で純音と弱い電撃との対提示を経験した Tone-shock 群は,光と弱い電撃の対提示を経験した Light-shock 群よりも,第 2 段階で強い電撃を予告する純音に対する抑制の遅延(潜在制止)を示した.縦軸は 0.5 が無抑制を,0 が完全な抑制を表す(Hall と Pearce, 1979 の実験結果についての Dickinson, 1980 の図より転載).

第8章 学習の理論

8.4 知覚的要因と文脈の役割

a. ピアースの知覚般化モデル

これまでに述べてきたすべてのモデルは，条件づけで用いられる刺激はそれらが複合提示された場合にも個別に処理されることを前提としてきた．しかしレスコーラ(Rescorla, 1973)の"複合刺激の形態化(configuration)"や，古くはハル(Hull, 1943)の"求心性神経エネルギー間相互作用"の着想が示すように，複合刺激はそのいずれの要素とも異なる刺激として知覚される可能性がある．ピアース(Pearce, 1987 b)は，実験の各段階における刺激の付加あるいは削除などが当該刺激の知覚特性を変容させ，その連合強度が般化減少することが連合学習に関する多くの現象の原因であるという着想をモデル化した．

彼のモデルは刺激の獲得する連合強度の変化と，異なる刺激の間での連合強度の般化減少に関するいくつかの定式の形をとるが，中でも中心的な定式は，刺激の変化に伴う連合強度の般化減少の程度を表すものである．すなわち，

$$e_B = {}_AS_B \cdot E_A \tag{8.6}$$

式(8.6)は，A という刺激のもつ連合強度(E_A，この獲得過程は別の定式により表される)が，別の刺激 B に般化した強度(e_B)を規定したものであり，${}_AS_B$ が A と B の間に生じた般化減少の程度を表す．もちろんこのモデルは，A に B が付加された複合刺激 AB も A とは別個の一つの刺激であり，前者から後者には ${}_AS_{AB}$ という大きさの般化減少が生じると考える．しかし，刺激間の般化の程度は単にそれらの類似度によってのみ決定されるのではなく，文脈刺激などをも含めた刺激事態全体の類似度がこの値を規定すると考えられている．したがって，般化減少の程度は以下の定式により決定される．

$$_AS_B = P_{com}/P\Sigma_A \cdot P_{com}/P\Sigma_B \tag{8.7}$$

ここで $P\Sigma_A$ と $P\Sigma_B$ は，それぞれ A および B が提示された時点において存在するすべての刺激の知覚された強度の総和を表し，また P_{com} は，両者の事態で共通に存在する刺激(たとえば，文脈刺激あるいは A と B とに共通する刺激要素)の知覚された強度の総和を表す．すなわちこのモデルでは，いかなる性質の刺激もある共通の尺度上で表現される強度に変換され，当該の刺激が提示される事態間での，そこに存在する刺激強度の総和の変化の程度によって般化減少の大きさが決定されると仮定している．

このようにピアースは，連合強度の般化減少という知覚的な要因の定式化によって，これまでの多くのモデルが連合強度や注意の変化の過程が原因であると仮定してきた，隠蔽や外制止あるいは過剰期待(章末「現象例」を参照)などの現象を包括的に説明しようとしている．彼のモデルは，他の多くのモデルからの予測と矛盾する，1試行の複合条件づけ後における隠蔽の事実(図3.8.5；James と Wagner, 1980)を説明できるなどの利点をもつ．

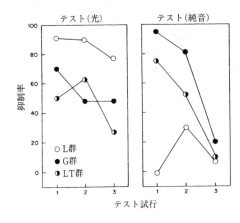

図3.8.5 1試行の複合条件づけ後の隠蔽 光と純音との複合CSと電撃とを1回のみ対提示されたLT群は，その後の光(左図)あるいは純音(右図)に対するテストにおいて，それぞれ光のみをCSとしたL群，純音のみをCSとしたT群よりも抑制が弱く，1試行のみの複合条件づけ後に隠蔽が生じたことを示している．縦軸は値が大きいほど抑制が強い(JamesとWagner, 1980の実験1より転載)．

b. 文脈の役割

　実験期間においては，実験者が操作する刺激のほかに，実験装置や有機体の生理的状態などから生じるさまざまな文脈(背景刺激)が存在する．この文脈の存在という着想は，これまで検討してきたモデルのいくつかにとっても重要な意味をもっていた．たとえばレスコーラ-ワグナー・モデルは，文脈が条件刺激と連合強度の獲得を巡って競合すると仮定することで，CSと強化の対提示の回数ではなく両者の随伴確率が反応の強度を決定するという実験結果(Rescorla, 1968)を説明しえた．またワグナーのSOPも，CSと連合あるいは競合する要素としての文脈の存在という仮定なしではその説明力は大きく低下する．

　しかし最近になって，学習事態における文脈は単に連合のための一つの刺激要素としてのみでなく，その他の種々の機能をもつ可能性が示唆されるようになった(Balsam, 1985)．たとえばミラーとシャクトマン(MillerとSchactman, 1985)は，文脈が既存のCS-US連合の検索手がかりとして機能すると主張し，さらにミラーら(MillerとGrahame, 1991)は，条件反応の強度はCSとUSとの連合強度の絶対値によって規定されるのではなく，文脈などの他の刺激とUSとの連合強度との相対的強度によって決定されるとしている．ここでは文脈に，CSとUSとの間の連合強度が行動を喚起するか否かについての比較基準としての意味が仮定されている(図3.8.6)．

　一方バウトン(Bouton, 1993)は，消去や潜在制止におけるCSの単独提示という手続は，それ以前(消去)やその後(潜在制止)における条件づけでの連合強度を弱めるのではなく，二つの段階での経験は互いに独立に獲得されるが，検索手がかりとしての文脈が同一であるために，両者の表象間で干渉が生じることが，みかけ上の反応の減少の原因であると主張した．バウトン(Bouton, 1994)はこの論をさらに展開し，条件づけの過程における記憶の役割，あるいは逆に記憶過程に含まれる連合学習の過程を分析することにより，従

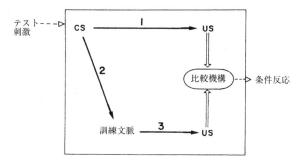

図3.8.6 連合強度の比較基準としての文脈の役割
ミラーとグラハム(MillerとGrahame, 1991より転載)による，条件反応の強度の決定過程についての図．CS-US間の連合強度(矢印1)と文脈-US間の連合強度(矢印2)とが比較され，その差の大きさによって条件づけ反応の強さが決定される．

来は別個の枠組みで考えられてきた学習の理論と記憶の理論との統合を主張している．またホランド(Holland, 1983; 1992)も，強化試行と非強化試行との弁別刺激が，後続する同一のCSに対する反応を分化させる"事態設定因子(occasion setter)"として機能することを示し，これをCS-US連合自体の活性化を階層的に制御する文脈としての効果であるとみなしている．

これらの文脈の機能に関する研究は比較的最近になって進展をみせた領域であるが，そこから生じた上述のような観点は，学習行動を単に連合強度の獲得過程のみによって規定されるものではなく，獲得された情報の記憶の検索過程といったより多くの情報処理過程の反映とみなす点において，従来の連合強度の増減のみに基づく理論をこえた，より"認知論的な"学習理論へと発展していく一つの契機となる可能性をもっている．

8.5 道具的条件づけの理論

パブロフ型条件づけとともに連合学習のための基本的な手続である道具的条件づけに関しても，広義の意味での理論は従来から提出されてきた．行動主義の時代には，学習の成立条件に関する接近説と強化説，連続説と非連続説，あるいはS-R理論とS-S理論の対立などがあった．とくに強化の本質の問題に関しては，動因低減説や完了行動説といった古典的な機構論，あるいは何が実際に強化として有効かという予測に関する，たとえばプレマック(Premack, 1965)らの反応確率差分説やティンバーレークとアリスン(TimberlakeとAllison, 1974; Allison, 1988)などの反応制限説といった形式的理論が提出されてきた．また比較的最近では，報酬を得るための走路走行といった行動を，行動経済学(behavior economics)の観点から，獲得できる(餌などの)エネルギー量と，それを得るための(移動などの)行動コストとの関係によって記述・予測しようとする"最適採餌理論"(KamilとRoitblat, 1985)が，心理学，生態学そして比較行動学などとの学際的領域における形式的理論の進展として関心を呼んだ(ただしこの点に関しては，たとえばカミルとモールディン(KamilとMauldin, 1988)らの批判もある)．さらに，道具的条件づけ

を基礎とする時間計測や計数(Church, 1989；MeckとChurch, 1983)などの，個別の高次行動に限定されたモデルも提出されている．

しかし，これまでみてきたパブロフ型条件づけのモデルに対応する形の道具的条件づけの機構に関するモデル化は進展が遅れてきた．その最大の理由は，反応に随伴する強化の提示という操作により生じる道具的学習行動がどのような内的過程に基づくのかという基本的な問題について，一致した見解がなかったことにある(Mackintosh, 1983)．行動主義の理論の多くは常識的に不自然な S-R 結合を主張したが，実験結果の多くは，学習されるのは反応とその結果との関係であるとする "期待理論" を支持している(Konorski, 1967)(期待理論の最新の研究についてはディッキンソン(Dickinson, 1989)などを参照のこと)．だが，この問題の分析のための条件統制は非常に困難であり，とくに条件間で強化回数が異なる可能性や，学習の進展につれて弁別刺激と強化との間に随伴性が生じることは不可避である．そこで，道具的学習行動は反応-強化連合と刺激-強化連合の二つの過程によって形成・維持されるという，いわゆる2過程説(RescorlaとSolomon, 1967；TrapoldとOvermier, 1972)も提出されたが，それらを検証する決定的な方法はなく，上述のような基本的な観点の対立が続いてきた．そして，道具的条件づけに特有なこの方法論的な問題は，これまでに検討してきた多くの認知論的モデルの視野を，動物の行動に無関係に刺激を統制でき，学習の進展を規定する操作的条件を特定することが相対的に容易なパブロフ型条件づけに(少なくとも実質的には)限定させた一つの大きな原因でもあった．

しかし近年になって，パブロフ型条件づけにおける分析の手法と，そこで得られた証拠を基礎として，道具的条件づけに関してもその連合構造を分析しようとする試みがなされるようになってきた．たとえば，コールヴィルとレスコーラ(ColwillとRescorla, 1986)は，"価値低減法(devaluation method)" とでも呼ぶべき複雑な群構成と多段階にわたる訓練手続による広範な実験的分析の結果から，道具的条件づけの事態では弁別刺激(S)，反応(R)，そして反応の結果として生じる強化(O)という三つの事象のいずれの2者間にも連合が形成される可能性があると主張した．彼らは，中でも R-O 連合が最も基本的なものであり，SはRやOのいずれとも直接の2者間連合を形成するのではなく，むしろパブロフ型条件づけの原理によって，R-O 連合そのものを制御するようになると主張した．この観点においては，道具的条件づけでは二つの事象間の連合のみならず，ある事象の他の二つの間の連合関係全体への作用という，学習の階層構造の形成が仮定されている

図 3.8.7 道具的条件づけにおける連合の階層構造
レスコーラ(Rescorla, 1991)は，道具的条件づけにおいて弁別刺激(S)は，反応(R)あるいは強化(O)と直接に連合するのではなく，RとOとの間に形成される連合全体を階層的に制御すると主張している．

(図3.8.7；Rescorla, 1991).

　このような分析は訓練手続が非常に複雑なために，現段階では他の解釈の余地が残されている．たとえば，SのR-O関係への影響は，S-OとR-O関係を並行して学習するために，前者が後者へ一般化した結果である可能性が残る．あるいは，SとRが訓練の結果としていつも同時に生じるようになれば，その間に一種の形態化(configuration；Rescorla, 1973)が生じ，最終的な連合はSR-Oという形になることも考えられる．さらに，道具的条件づけの理解には従来のような2者間の連合ではなく，これら三つの事象の間の関係を動物が直接に把握する能力を仮定することも可能である．しかし，道具的条件づけにおける連合構造についてはまだ決定的な証拠が乏しく，したがってこれらの問題のより詳細な解明は，今後の研究の進展に待たざるをえない状態である．

8.6　生物学的観点からの批判：種をこえた普遍的学習理論は可能か

　これまでに検討してきたすべての理論は，基本的に特定の種(齧歯目動物やハト)を被験体とし，かつ任意に選択された刺激(光，純音，ペレットなど)と行動(飲水，走行，バー押し，キーつつきなど)を用いた実験室的研究の結果を基盤としていた．この背後には，①有機体の学習行動には種の差異をこえた普遍的な基本的過程が存在し，また，②任意の刺激間，あるいは刺激と反応の間の関係を動物は学習できるので，モデルとしての動物種，あるいは学習されるべき刺激や反応の任意性は根本的問題とはならない，という行動主義以来の観点が存在する．しかしながら1960年代の後半から，このような前提に疑問を投げかける研究結果がいくつか報告されるようになった．

　それらの提起した問題は，大別すると上記の二つの基本的な観点のおのおのに対応している．すなわち一つは，従来の学習理論では予測できないような経験効果がしだいに明らかになってきたことである．たとえばガルシアら(Garciaら, 1966)は，新奇な味覚(CS)をラットが摂取したあとに中毒症状を生じさせる刺激(US)を与えられると，CSとUSの提示間隔が数時間あっても，1回のみの対提示のあとでその味覚を忌避するようになること("味覚嫌悪条件づけ")を示し，ブラウンとジェンキンス(BrownとJenkins, 1968)は，当初は道具的条件づけの原理に従って学習されると考えられていたハトのキーつつき反応が，キーの照明(CS)と餌(US)の対提示というパブロフ型条件づけの手続のみによって形成されること("反応自動形成")を見いだした．これらの事実は，従来の理論では連合学習の基本原理とされた，刺激間の時間的な接近や行動に対する強化の随伴性が，必ずしも学習の成立にとっての必要条件でないことを示唆するものであった．

　もう一つの問題は，ある事態に対処するために特定の種が学習できる行動は，その種の遺伝的特性によって制約されるという事実である．たとえばブレランド夫妻(Brelandら, 1961)は，アライグマは餌を得るためにコインを手放すことが必要な事態でもそれが不可

能であることを報告し，またボールズ(Bolles, 1970)は，嫌悪的な事象の防御のために動物が獲得しうる行動様式が種によって限定されていること("種特異的防御反応")を示した．さらにガルシアとケリング(GarciaとKoelling, 1966)は，ラットは味覚を具合の悪さというUSの信号(CS)として学習できるが，視覚あるいは聴覚刺激は決してCSとして学習できないという，衝撃的な事実を発見した．一方比較行動学の立場からも，たとえばインメルマン(Immelman, 1984)らが，ある種の鳥の雄の成長後のさえずりには，幼少期に同種の成鳥の鳴き声を聞く経験が不可欠であるが，他の種の鳥の声を聞かせてもさえずりの学習には効果がないといった，種に特有な経験効果の存在を指摘した．

このような事実をもとに，とくに生物学的観点を重視する立場からは，種をこえた学習のための普遍的な過程はなく，種に特殊な学習過程のみが存在するという主張(Hinde, 1973 ; RozinとKalat, 1971)，あるいは，従来の実験室的な研究から自然環境における観察へと方法論を転換する必要性の指摘(Johnston, 1981)がなされるようになった．しかし少なくとも現在まで，心理学における学習理論の主流はこのような批判の影響を大きくは受けてこなかった．

確かに，行動には種の生態環境やその系統発生的位置に基づく生得的な制約が存在することは動かしがたい事実であるにもかかわらず，行動主義の経験論的立場を引き継いだ従来の理論がその役割を軽視してきたことは否定できない．しかし他方では，原因が結果に時間的に先行し，あるいは偶然と因果とが事象間の相関確率によって区別されるといった，物理的環境からの情報の普遍的特質を処理する学習能力は，種をこえて存在する必要があるとも考えられる(Dickinson, 1980 ; Staddon, 1988)．したがって，種に特殊な学習行動がたとえ存在したとしても，そのことが普遍的な学習過程の存在を否定することにはならない．さらに，普遍的学習過程の存在を否定する主張の多くが単なる2次批判にとどまり，従来の理論に代わる理論あるいは方法論を提出できてこなかったことも，これらの主張が従来の理論の根本的な変革の契機となりえない原因だと考えられる(DomjanとGalef, 1983)．制約についての個別の事実をこえた新たな理論的な枠組みが提示されない限り，これまでの膨大な実験的事実や理論化の努力の蓄積を放棄するまでの積極的な転換を起こさせることは困難である．むしろ従来の理論的立場からは，これらの反証的事実の詳細な分析などに基づいて，少なくとも現在までのところ，それらは決して従来からの一般的な学習過程の存在という前提を否定するものではなく，むしろ理論の改良(新たな着想の導入や変数の範囲の改変)によってそれらを含めた包括的な説明が可能であるとの主張が維持されている(Dickinson, 1980 ; Revusky, 1985)．

8.7 学習理論の今後の発展のために：学習過程は単一の機構なのか

本章では連合学習に関するいくつかの主要なモデルを概観してきたが，今後の理論の発

展という観点から最後に指摘しておかなければならない点がある。それはこれまでのモデルが、強化の意外性、刺激に対する注意の増減、短期記憶内での表象の活性化を巡る競合など、学習を規定する認知過程についての出発点における着想がさまざまに異なっていたにもかかわらず、最終的には多様な事実のすべてを、連合強度という単一の概念を中心とした定式により説明しようとしていることである。

　このような特徴は、ヒトの認知過程に関する心理学がそれを注意・パターン認識・記憶といった一連の過程の連続体とみなし、分析的に理解しようとする方向(第1章参照)とは対照的であるが、その最大の理由は、操作との対応関係が明確な連合強度という単一の仮説的機構をすべてのモデルが共通して仮定することで、実験に基づくモデル間の妥当性の検証が容易になるからだと考えられる。換言すれば、情報処理的な立場に立つ認知論的心理学は、行動主義心理学の機械論的観点に基づく行動の予測と統制という目的観を結局は変化させなかったという指摘(Leahey, 1980)は、とくにこの領域に対しては的を射ている。

　しかし、近年の実験的あるいは理論的分析は、連合学習に関する広範な事実を、このような単一の仮説的機構における変化によって説明することが、しだいに困難になりつつあることを示唆している。たとえばホール(Hall, 1991)は、馴化と潜在制止についての従来の実験的証拠を詳細に分析し、刺激を繰り返し単独で提示するという単純な操作でさえ、そのことの効果として少なくとも、① 刺激表象の精緻化、② 刺激の連合力(注意)の減少、③ 刺激が何の重要な事象も伴わないという経験的知識の獲得、の3点の変化が並列的に生じる可能性を考える必要があると結論している。この例のように、操作とそれによって影響を受ける内的機構との間に、1対1の対応が必ずしも成立しない可能性を考慮すると、これからの理論には、連合強度の変化とともに、それと独立の複数の仮説的機構の存在を考慮し、それらの総合として学習行動を理解するという観点が必要になってくることが考えられる。たとえば、上述のホールの指摘した3点の効果は、それぞれ知覚、注意、そして狭義の意味の連合(記憶)の各過程に対応するとみなすことも可能である。さらに、これまでのモデルは(連合強度という概念のみに基づいた)少数の定式の中にあまりに多くの過程を詰め込んでしまった、という批判(Grossberg, 1982)が妥当であるなら、逆に連合強度という概念を異なる複数の過程に置き換えるという発想に基づく理論化の方向も考えるべきであろう(Bolles, 1985)。

現象例

強化の持続による学習の消去？：レスコーラ-ワグナー・モデルからのユニークな予測

　定式化されたモデルは、常識的にはありえないと思われる現象を直截に予測する場合がある。そしてその予測を支持するような実験結果が実際に得られれば、モデルはより高い評価を受けることになる。以下に解説するレスコーラ-ワグナー・モデルによる過剰期待

(over-expectation)現象の予測は，強化を続けても学習が弱まるという，モデルからのユニークな予測が実際に支持された一つの例である．

刺激A(たとえば光)と刺激B(たとえばノイズ)をそれぞれCSとし，互いに独立の試行において共通のUS(たとえば電撃)に条件づける．両者とも十分に学習がなされたのちに，AとBとを複合刺激として提示し，USとの対提示を続けるとどうなるだろうか．常識的には，あるいは単純な強化理論からは，二つの刺激は強化を受け続けるので，おのおのの刺激についての学習は増大もしくは維持されると考えられる．

しかしレスコーラ-ワグナー・モデルは，このような手続を受けた複合刺激の連合強度は単独で条件づけられた時点よりも減少することを明確に予測する．すなわち式(8.7)によれば，単独での条件づけの結果，CSであるAおよびBの連合強度(V_A, V_B)はいずれも漸限値λにほぼ等しくなる．すると，それに続く両者を複合刺激とした条件づけの第1試行で，各CSが新たに獲得する連合強度は，同様に式(8.1)に従って，

$$\Delta V_A = \alpha_A \beta (\lambda - \Sigma V) = \alpha_A \beta [\lambda - (V_A + V_B)]$$
$$= \alpha_A \beta (\lambda - 2\lambda)$$
$$= -\alpha_A \beta \lambda$$

同様に
$$\Delta V_B = -\alpha_B \beta \lambda$$

となる．ここでαとβは正の値(学習速度の係数)であるので，おのおのの刺激の連合強度の増分(ΔV_A, ΔV_B)は負の値となる，つまり学習は弱まる．そしてその後の条件づけ試行ごとに生じるこの連合強度の減少は，$V_A + V_B = \lambda$となるまで続くと予測される．

そのようなことが本当に起こるのであろうか．クレマー(Kremer, 1978)は，条件性抑制の事態を用いてこの予測の検証実験を行った．その結果，光とノイズをCSとして上述の手続を受けたL⁺N⁺/LN⁺群は，複合条件づけを受けなかったL⁺N⁺/O群，あるいは個別の条件づけを受け続けたL⁺N⁺/L⁺N⁺群よりも，明らかに条件づけ後のテストで各要素刺激に対する抑制が弱かった(図3.8.8)．つまり，第1段階の個別の条件づけによって

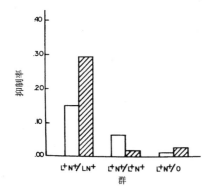

図3.8.8 複合条件づけ後のテストにおける光(白)およびノイズ(斜線)に対する抑制率
各刺激に個別に条件づけられたあとに複合条件づけを受けたL⁺N⁺/LN⁺群は，第2段階で個別の条件づけを受け続けたL⁺N⁺/L⁺N⁺群，あるいは第2段階での条件づけを受けなかったL⁺N⁺/O群よりも，各刺激に対する抑制が弱い．縦軸は値が大きいほど抑制が弱い(Kremer, 1978の実験1より転載)．

各刺激が獲得した抑制が，第2段階の複合条件づけによって弱まることが，実験的に確かめられた．

―――

エピソード――

トールマンとハル：対立した二つの理論の背景

　ハル(Hull, C.L.)の理論が，同じ行動主義の枠内で先行したトールマン(Tolman, E.C.)の理論を抑えて，20世紀前半の学習理論の代表として取り上げられることが多いおもな理由は，彼の理論の方がより体系的であり，またS-R連合という一貫した基本的な原理による行動の予測をめざしていたためだとされている．しかし，より広い歴史的見地から眺めると，両者の評価の差には理論の内容とは別のところにも原因があった．それは両者の学問観の違いに起因している．

　トールマンはアメリカ・ニューイングランドの上流階級の出身であり，学問で立身出世を図る必要はなかったので，"楽しいかどうか"を最大の基準として自身の研究を行った．つまり，彼にとって学問は自身の知的好奇心を満たすためのものであった．彼の理論が中枢的な過程を重視した非体系的なものとなったこと，あるいは有能な後継者が育たなかったことは，おそらく彼のこの研究姿勢と無関係ではない．そして，そこから生じた学習を環境の認知の仕方の変化だと考える理論は，なぜそれが行動の変容を生じさせるのかを示さないため，"現実問題に役に立つ"ことを学問評価の第一基準とするアメリカの風土とは合わなかった．

　他方，ハルは典型的なプラグマティストであった．彼のS-R理論は，"学問の目的は社会に役立つ知識を提供することである"という彼の信念の反映だともいえる．彼の研究グループは(そしてその他の研究者も)，心理学の進展が当時のアメリカのとくに社会問題の解決に寄与することを力説した．その結果，心理学に対する期待が高まり，ロックフェラー財団とイエール大学との特別な関係もあって，同大学には「人間関係研究所」が設立され，彼は例外的に恵まれた研究環境を手に入れ，それがハルの理論の発展・評価に寄与した．ハルの理論はトールマンのそれよりもアメリカの価値観に合致していたのである(Boaks, 1984)．

―――

〔石井　澄〕

文　献

1) Allison, J.(1988): The nature of reinforcement. In: Klein, S.B. and Mowrer, R.R.(eds.), *Contemporary Learning Theories*. Lawrence Erlbaum Associates, Hillsdale, NJ.

2) Amundson, R.(1986): The unknown epistemology of E.C. Tolman. *British Journal of Psychological Review*, **77**: 525-531.

3) Atkinson, R.C. and Shiffrin, R.M.(1968): Human memory; A proposed system and its control processes. In: Spence, K.W.(ed.), *The Psychology of Learning and Motivation*, Vol. 2. Academic Press, New York.

4) Bain, A.(1859): *The Emotions and the Will*. Parker, London.

5) Balsam, P.D.(1985): The functions of context in learning and performance. In: Balsam, P.D.(ed.), *Context and Learning*. Lawrence Erlbaum Associates, Hillsdale, NJ.

6) Boaks, R.A.(1984): *From Darwin to Behaviourism; Psychology and the Minds of Animals*. Cambridge University Press, Cambridge.

7) Bolles, R.C.(1970): Species-specific defense reactions and avoidance learning. *Psychological Review*, **77**: 32-48.

8) Bolles, R.C.(1985): Short-term memory and attention. In: Nilsson, L. and Archer, T.(eds.), *Perspectives on Learning and Memory*. Lawrence Erlbaum Associates, Hillsdale, NJ.

9) Breland, K. and Breland, M.(1961): The misbehavior of organisms. *American Psychologist*, **16**: 681-684.

10) Brown, P.L. and Jenkins, H.M.(1968): Auto-shaping of the pigeon's key peck. *Journal of Experimental Analysis of Behavior*, **11**: 1-8.

11) Bouton, M.E.(1993): Context, time, and memory retrieval in the interference paradigms of Pavlovian learning. *Psychological Bulletin*, **114**: 80-99.

12) Bouton, M.E.(1994): Conditioning, remembering, and forgetting. *Journal of Experimental Psychology; Animal Behavior Processes*, **20**: 219-231.

13) Colwill, R.M. and Rescorla, R.A.(1986): Associative structures in instrumental learning. In: Bower, G.H.(ed.), *The psychology of learning and motivation*, Vol. 20. Academic Press, New York.

14) Church, R.M.(1989): Theories of timing behavior. In: Klein, S.B. and Mowrer, R.R.(eds.), *Contemporary Learning Theories*. Lawrence Erlbaum Associates, Hillsdale, NJ.

15) Dickinson, A., Hall, G. and Mackintosh, N.J.(1976): Surprise and the attenuation of blocking. *Journal of Experimental Psychology; Animal Behavior Processes*, **2**: 313-322.

16) Dickinson, A.(1980): *Contemporary Animal Learning Theory*. Cambridge University Press, Cambridge.

17) Dickinson, A.(1989): Expectancy theory in animal conditioning. In: Klein, S.B. and Mowrer, R. R.(eds.), *Contemporary Learning Theories*. Lawrence Erlbaum Associates, Hillsdale, NJ.

18) Domjan, M. and Galef, B.G. Jr.(1983): Biological constraints on instrumental and classical conditioning; Retrospect and prospect. *Animal Learning and Behavior*, **11**: 151-161.

19) Ferster, C.S. and Skinner, B.F.(1957): *Schedules of Reinforcement*. Appleton-Century-Crofts, New York.

20) Gallistel, C.R.(1989): Animal cognition; The representation of space, time, and number. *Annual Review of Psychology*, **40**: 155-190.

21) Gallistel, C.R.(1990): *Animal Cognition*. MIT Press, Cambridge, MA.

22) Garcia, J., Ervin, F.R. and Koelling, G.(1966): Learning with prolonged delay of reinforcement. *Psychonomic Science*, **5**: 121-122.

23) Garcia, J. and Koelling, R.(1966): Relation of cue to consequence in avoidance learning. *Psychonomic Science*, **4**: 123-124.

24) Grossberg, S.(1982): Proccesing of expected and unexpected events during conditioning and attention; A psychophysiological theory. *Psychological Review*, **89**: 529-572.

25) Guthrie, E.R.(1935): *The Psychology of Learning*. Harper & Row, New York.

26) Hall, G. and Pearce, J.M.(1979): Latent inhibition of a CS during CS-US pairings. *Journal of Experimental Psychology; Animal Behavior Processes*, **5**: 31-42.

27) Hall, G.(1991): *Perceptual and Associative Learning*. Clarendon, Oxford.

第8章 学習の理論 *401*

28) Hinde, R.A.(1973): Constraints on learning ; An introduction to the problems. In : Hinde, R.A. and Stevenson-Hinde, J.(eds.), *Constraints on Learning*. Academic Press, London.

29) Holland, P.C.(1983): "Occasion-setting" in conditional discriminations. In : Commons, M.L., Herrstein, R.J. and Wagner, A.R.(eds.), *Quantitative analysis of behavior* ; *Discrimination processes*, Vol. 4. Ballinger, New York.

30) Holland, P.C.(1992): Occasion-setting in Pavlovian conditioning. In : Medin, D.L.(ed.), *The Psychology of Learning and Motivation*, Vol. 28. Academic Press, San Diego, CA.

31) Hull, C.L.(1943): *Principles of Behavior*. Appleton-Century-Crofts, New York.

32) Hull, C.L.(1952): *A Behavior System* ; *An Introduction to Behavior Theory Concerning the Individual Organism*. Yale University Press, New York.

33) Immelman, K.(1984): The natural history of bird learning. In : Marler, P. and Terrace, H.S.(eds.), *The Biology of Learning*. Springer-Verlag, Berlin.

34) James, J.H. and Wagner, A.R.(1980): One-trial overshadowing ; Evidence of distributive processing. *Journal of Experimental Psychology* ; *Animal Behavior Processes*, **6** : 188-205.

35) Johnston, T.D.(1981): Contrasting approaches to a theory of learning. *Behavioral and Brain Sciences*, **4** : 125-173.

36) Kamil, A.C. and Roitblat, H.L.(1985): The ecology of foraging behavior ; Implications for animal learning and memory. *Annual Review of Psychology*, **36** : 141-169.

37) Kamil, A.C. and Mauldin, J.E.(1988): A comparative-ecological approach to the study of learning. In : Bolles, R.C.(ed.), *Evolution and Learning*. Lawrence Erlbaum Associates, Hillsdale, NJ.

38) Kamin, L.J.(1969): Predictability, surprise, attention, and conditioning. In : Campbell, B.A. and Church, R.M.(eds.), *Punishment and Aversive Behavior*. Appleton-Century-Crofts, New York.

39) Konorski, J.(1967): *Integrative Activity of the Brain*. Chicago University Press, Chicago.

40) Kremer, E.F.(1978): The Rescorla-Wagner model ; Losses in associative strength in compound conditioning stimuli. *Journal of Experimental Psychology* ; *Animal Behavior Processes*, **4** : 22-36.

41) Leahey, T.H.(1980): *A History of Psychology* ; *Main Currents in Psychological Thought*. Prentice-Hall, Englewood Cliffs, NJ.

42) Lubow, R.E.(1973): Latent inhibition. *Psychological Bulletin*, **79** : 398-407.

43) Mackintosh, N.J.(1973): Stimulus selection ; Learning to ignore stimuli that predict no change in reinforcement. In : Hinde, R.A. and Stevenson-Hinde, J.(eds.), *Constraints on Learning*. Academic Press, London.

44) Mackintosh, N.J.(1975): A theory of attention ; Variations in the associability of stimuli with reinforcement. *Psychological Review*, **82** : 276-298.

45) Mackintosh, N.J.(1983): *Conditioning and Associative Learning*. Clarendon, Oxford.

46) Meck, W.H. and Church, R.M.(1983): A mode control model of counting and timing processes. *Journal of Experimental Psychology* ; *Animal Behavior Processes*, **9** : 320-334.

47) Miller, R.R. and Grahame, N.J.(1991): Expression of learning. In : Dachowski, L. and Flaherty, C. F.(eds.), *Current Topics in Animal Learning* ; *Brain, Emotion, and Cognition*. Lawrence Erlbaum Associates, Hillsdale, NJ.

48) Miller, R.R. and Schactman, T.R.(1985): The several roles of context at the time of retrieval. In : Balsam, P.D.(ed.), *Context and Learning*. Lawrence Erlbaum Associates, Hillsdale, NJ.

49) Pavlov, I.(1927): *Conditioned Reflex*. Oxford University Press, Oxford.

50) Pearce, J.M.(1987 a): *An Introduction to Animal Cognition*. Lawrence Erlbaum Associates, Hillsdale, NJ.

51) Pearce, J.M.(1987 b): A model of stimulus generalization in Pavlovian conditioning. *Psychological Review*, **94** : 61-73.

52) Pearce, J.M. and Hall, G.(1980): A model for Pavlovian learning ; Variations in the effectiveness of conditioned but not of unconditioned stimuli. *Psychological Review*, **87** : 532-552.

402   III 認 知 心 理 学

53) Premack, D.(1965): Reinforcement theory. In: Levine, D.(ed.), *Nebraska Symposium on Motivation*, University of Nebraska Press, Lincoln.

54) Rescorla, R.A.(1968): Probability of shock in the presence and absence of CS in fear conditioning. *Journal of Comparative and Physiological Psychology*, **66**: 1-5.

55) Rescorla, R.A.(1973): Evidence for "unique stimulus" account of configural conditioning. *Journal of Comparative and Physiological Psychology*, **85**: 331-338.

56) Rescorla, R.A.(1991): Associative relations in instrumental learning; The eighteenth Bartlett memorial lecture. *The Quarterly Journal of Experimental Psychology*, **43**(B): 1-23.

57) Rescorla, R.A. and Solomon, R.L.(1967): Two-process learning theory; Relationship between Pavlovian conditioning and instrumental learning. *Psychological Review*, **74**: 151-182.

58) Rescorla, R.A. and Wagner, A.R.(1972): A theory of Pavlovian conditioning; Variations in the effectiveness of reinforcement and nonreinforcement. In: Black, A.H. and Prokasy, W.F.(eds.), *Classical Conditioning II*; *Current Research and Theory*. Appleton-Century-Crofts, New York.

59) Revusky, S.(1985): The general process approach to animal learning. In: Johnston, T.D. and Pietrewcz, A.T.(eds.), *Issues in the Ecological Study of Learning*. Lawrence Erlbaum Associates, Hillsdale, NJ.

60) Rozin, P. and Kalat, J.W.(1971): Specific hungers and poison avoidance as adaptive specializations of learning. *Psychological Review*, **78**: 459-486.

61) Shiffrin, R.M. and Schneider, W.(1977): Controlled and automatic human information processing; II. Perceptual learning, automatic attending and a general theory. *Psychological Review*, **84**: 127-190.

62) Skinner, B.F.(1950): Are theories of learning necessary? *Psychological Review*, **57**: 193-216.

63) Skinner, B.F.(1974): *About Behaviorism*. Knopf, New York.

64) Spence, K.W.(1936): The nature of discrimination learning in animals. *Psychological Review*, **43**: 427-429.

65) Staddon, J.E.R.(1988): Learning as inference. In: Bolles, R.C.(ed.), *Evolution and Learning*. Lawrence Erlbaum Associates, Hillsdale, NJ.

66) Sutherland, N.S. and Mackintosh, N.J.(1971): *Mechanisms of Animal Discrimination Learning*. Academic Press, London.

67) Thorndike, E.L.(1898): Animal intelligence; An experimental study of associative processes in animals. *Psychological Review*, Monograph Supplement, 2.

68) Timberlake, W. and Allison, J.(1974): Response deprivation; An empirical approach to instrumental performance. *Psychological Review*, **81**: 146-164.

69) Tolman, E.C.(1928): Purposive behavior. *Psychological Review*, **35**: 524-530.

70) Tolman E.C. and Honzik, C.H.(1930 a): "Insight" in rats. *University of California*; *Publishment for Psychology*, **4**: 215-232.

71) Tolman E.C. and Honzik, C.H.(1930 b): Introductiton and removal of reward, and maze performance in rats. *University of California*; *Publishment for Psychology*, **4**: 257-275.

72) Tolman, E.C.(1932): *Purposive Behavior in Animals and Men*. Century, New York.

73) Trapold, M.A. and Overmier, J.B.(1972): The second learning process in instrumental learning. In: Black, A.H. and Prokasy, W.F.(eds.), *Classical Conditioning II*; *Current Research and Theory*. Appleton-Century-Crofts, New York.

74) Wagner, A.R.(1969): Stimulus selection and a "modified continuity theory". In: Bower, G.H. and Spence, J.T.(eds.), *The Psychology of Learning and Motivation*, Vol. 3. Academic Press, New York.

75) Wagner, A.R. and Rescorla, R.A.(1972): Inhibition in Pavlovian conditioning; Application of a theory. In: Boaks, R.A. and Halliday, M.S.(eds.), *Inhibition and Learning*. Academic Press, London.

第 8 章　学習の理論　　　403

76) Wagner, A.R. (1978): Expectancies and the priming in STM. In: Hulse, S.H., Fowler, H. and Honig, W.K. (eds.), *Cognitive Processes in Animal Behavior*. Lawrence Erlbaum Associates, Hillsdale, NJ.

77) Wagner, A.R. (1979): Habituation and memory. In: Dickinson, A. and Boaks, R.A. (eds.), *Mechanisms of Learning and Motivation*; *A Memorial to Jerzy Konorski*. Lawrence Erlbaum Associates, Hillsdale, NJ.

78) Wagner, A.R. (1981): SOP; A model of automatic memory processing in animal behavior. In: Spear, N.E. and Miller, R.R. (eds.), *Information Processing in Animals*; *Memory Mechanisms*. Lawrence Erlbaum Associates, Hillsdale, NJ.

79) Watson, J.B. (1924): *Behaviorism*. Norton, New York.

IV

発 達 心 理 学

第1章

発達に対する社会歴史的アプローチ
──ヴィゴツキー学派──

　本章では精神に対する社会歴史的アプローチを紹介する．意識や精神発達を社会歴史的な観点から検討を加えようとするこの学派は，ヴィゴツキーの創造した理論に依拠して発展している．ヴィゴツキーは1960年代から日本語や英語の翻訳が出るようになり，その名を知られるようになったが，最近では状況論の礎として新たな観点から関心がもたれている．

　本章ではまず，ヴィゴツキーがどのような心理学的状況の中に生きていたのかを素描し，社会歴史的アプローチが生まれた必然性を述べる．次に，彼の主要な関心事であった意識や精神発達に彼がどのように迫っていったのかを説明する．彼は，人間の個体発生では生物学的発達と文化的発達が合流するという．それによって高次精神機能が成立する．彼の提唱した社会歴史的理論は道具的理論と呼ばれることがある．それは，道具による媒介活動を重視するからである．彼は人間の行動を説明するのには行動主義の刺激-反応の二項図式は不適切であり，人間は人為的な刺激をその活動システムの中に持ち込むという．その補助的な刺激が道具であり，記号である．この道具的方法を実際の研究に用いたのが二重刺激による機能的方法である．

　人間の社会歴史性は道具を媒介とした活動によって培われているが，それにつきるわけではない．人間は他者に囲まれて生きているという意味でも社会的である．発達の最近接領域とはそうした社会的な分析単位である．ヴィゴツキーの理論は内化の理論だとこれまで理解されることが多く，道具も他者もはじめは外に存在するが，発達につれて内に入ると考えられてきた．しかし，この見解は近年議論の対象となっている．また，彼の提起した科学的概念の検討は社会を一対の親子のような狭い精神間次元に限定することなく社会制度まで含んだ大状況の理論を必要とする．その点で近年はヴィゴツキーと思想風土を共有するバフチンの言語理論や実践のコミュニティ論が注目されている．

第1章　発達に対する社会歴史的アプローチ　　　*407*

1.1　ヴィゴツキーの時代

a.　はじめに

ヴィゴツキー(Vygotsky, L.S.)とは何者であるのか．そしてヴィゴツキー学派と呼ばれる研究者がとる社会歴史的アプローチとはどのようなものであろうか．ヴィゴツキーはその生涯の短さに比較してじつに多くの心理学的業績を残した．その質の高さ，領域の広さには驚かされる．本節では，ヴィゴツキーのオリジナルな主張をベースに，それを引き継いだヴィゴツキー学派あるいは社会歴史学派と呼ばれる研究者たちの解釈をも加えながら，社会歴史的アプローチを説明していく．

　ヴィゴツキーの心理学へのデビュー，それは意識を巡る闘いから始まる．彼がまずどのような時代を生きたのかを素描しなければならない．なぜならば，彼は確かに天才的な才能をもった人物であったが，社会歴史的な存在として彼の時代を生き，その中でさまざまな人々との対話を行い，自己の理論を形成していったからである．

b.　内観心理学と反射学

　1966年にモスクワで国際心理学会議が開催されたとき，スミルノフ(Smirnov)による特別講演が行われた(Smirnov, 1966)．彼は，1920年代の最も偉大な業績の一つはヴィゴツキーによる「心理の発達についての文化-歴史理論」であると述べている．ヴィゴツキーの登場の前後をスミルノフによって述べれば，次のようになる．ロシアに心理学実験室ができたのは，ヴントによるライプチッヒのそれに遅れることわずか6年の1885年であった．こののち，ロシアに多くの実験室ができたが，1912年にはモスクワ大学心理学研究所が設立された．その所長チェルパノフはヴント心理学の流れをくむ人で，モスクワ大学にその研究所ができるということは，当時ロシア心理学がヴント的ヨーロッパ心理学の一翼を担っていたことを意味している．

　ロシア心理学においてもう一つの伝統をつくっていったのはパブロフ(Pavlov)である．スミルノフによれば，パブロフが条件反射に関する研究を最初に発表したのは，1903年のマドリッドにおける国際医学会議であった．しかし，彼がロシアにおいてその地位を確立するのは1917年の11月革命以降であり，世界的な生理学者として再認されるのは1935年の第15回国際生理学会議においてであった．つまり，11月革命後の時期が内観法をよりどころとする内観主義的心理学から反射を心理の基礎におく「客観的心理学」へと移行していく重要なポイントであった．とくに，ロシア心理学にとって重要な転換点となるのは1923年と1924年の精神神経学会であった．そこではヴント的内観心理学と「客観的な」研究方法を主張する人たちとの間に対立があり，ここで内観心理学者チェルパノフは多くの支持を得ることができなかった．ヴィゴツキーがデビューしたのはこの第2回精

神神経学会のときであった.

c. 意識を巡る論争

ヴィゴツキーが内観心理学から反射に基づく心理学への移行期に心理学者として生きていたことは,彼の思想を形成するうえで欠かせない条件となっており,彼の独自性はそうした流れの中で顕在化することになる.ヴィゴツキーはどちらの流れにもそのまま追随するのではなく,独自の立場から"意識を弁護する闘い"を行った.つまり,どちらの立場も心理学本来の研究対象である意識を研究していないとして,意識を研究する心理学を確立することを提唱したのであった.心理学にとって,意識を扱うというのは自明の前提のようにみられることが多いが,どのように意識を研究すべきなのか,あるいはできるのかという,その研究方法を具体的に考えたときに,意識や心はやっかいな存在になる.ヴィゴツキーは「心理学は自らを意識の科学と名づけていたが,それがそうであったことは一度もなかった」という.彼の理論には社会,文化,歴史という語がよく用いられるが,それは人間が動物一般にみられる生物学的進化と人類としての歴史的発展という両者の相互作用の産物であることを強調しているからである.彼の理論は,研究対象として意識を排除する行動主義や心の生理学還元主義だけでなく,内観心理学や精神分析,さらに心の社会還元主義に対するアンチテーゼとして立てられたものである.

たとえば,ヴントなどの内観心理学では,意識はさまざまな精神生活の諸事件がくりひろげられる舞台のようなもので,それは心理学の一条件にすぎないのであって,対象ではない.つまり,意識を説明すべき対象ではなく,心理現象の説明の前提にしてしまう立場である.この立場では,意識は注意として減ったり増えたり,ときには全くなくなったりするものである.ゲシュタルト心理学なども意識現象に関する法則を示すだけで,意識そのものをとらえていない.フロイトの精神分析も意識を"心理諸過程をつなぐ機構"と考え,それを心理をこえたいわば"法廷"であるとして,説明の対象から除外しているという点で批判される.

集合表象で有名なデュルケムらフランス社会学はどうであろうか.ここでは「個人の意識は人間に対する社会の意識の作用の結果生じるものであって,その影響のもとで個人の心理は社会化され,知性化される.この社会化され,知性化された人間の心理が,すなわち彼の意識なのだ」(Leont'ev, 1967)とされる.つまり,社会あるいは共同意識が現前し,個人の意識はそれを内化したものとしてとらえられており,個々人の意識を社会によって説明しようとする社会還元主義がここにはみられる.社会歴史的アプローチというとき,それは先の社会学者たちのようにあたかも社会的知識の個体内への内在化が研究テーマであると誤解されることがある.しかし,ヴィゴツキーの見解は社会と個人を対立させ,社会が個人に先立つのだと述べているのではない."外から内へ"は"内から外へ"の裏返しにすぎない.両者は内と外を切り離し,その関係を問題にしている点で同一の見解であ

る．このよくとられる二項対立図式は"個体"と"環境"の対立として記述される．その点で個体能力主義と環境重視主義は同一の前提から生じる一対の見解である．ヴィゴツキーにとってそれも批判の対象にほかならない．

1.2 高次精神機能

a. 高次精神機能の分析

ヴィゴツキーは行動主義心理学のように意識を説明の対象として排除するのでも，シュプランガーらの了解心理学やフロイトの精神分析などのように，意識を特別視し，さまざまな心理現象の説明原理として利用するのでもなく，意識それ自体を説明しようとする．それは，意識の成り立ちの説明であり，彼のことばでいえば高次精神機能の分析方法を明らかにすることであった．

ヴィゴツキーは高次精神機能の問題に関して，内観心理学など"古い主観的・経験的心理学"にも，アメリカの行動主義やロシアの反射学など"新しい客観的心理学"のどちらにも同じようにみられる特徴として，次の3点をあげている（Vygotsky, 1930-1931，柴田訳，p.14）．

（1） 高次精神機能をそれを構成する自然的過程の側から研究する．

（2） 高次の複雑な過程を要素的過程に還元する．

（3） 行動の文化的発達に固有の特質や法則性を無視する．

彼は，ロシアにおける革命以前に主流であった"古い心理学"もそれ以後主流となった"新しい心理学"も，そのどちらもが"科学的研究の課題を基本的要素へ分解"し，"高次の形態や組成を低次のものに還元"してしまい，そして"量的な相違に還元することのできない質の問題の無視"をしていると批判する．たとえば，"古い心理学"は抽象の方法によって得られた感覚，快・不快の感情，意思的努力のような要素的心理現象や，注意，連合のような要素的心理過程や機能をそれ以上分解できない基本的構成要素であるととらえ，高次の複雑な過程はすべてそこに還元されたのである（Vygotsky, 1930-1931）．このようにして，個々の要素から構成された精神生活の巨大なモザイク，分解された人間精神の広大な原始論的絵図が生まれたという．また"反射学"は，高次の形態の行動の質的独自性に目をつぶっている．反射学にとって，それらは低次の要素的過程と原則的に何ら異なるところがないのである．一般に行動のあらゆる過程は，長さや環の数において異なる結合反射の連鎖に分解されるか，外部に現れない制止反射とされるという（Vygotsky, 1930-1931）．このような心理学における"自然主義"は，当然"反歴史主義"の立場に立ち，文化的発達を個体の発達から切り離し，それを個体の中にひそむ内面的な力によって方向づけられ，その内在的論理に従う独立の，しかも単独で存在する過程のようにみなす（Vygotsky, 1930-1931）．その結果，社会歴史的資源を必要とする"文化的発達が，胚か

ら芽が出るかのような自力発達にみられる"のである．これは何歳になると何々ができるようになるというような年齢に依拠した精神発達理論の批判でもある．

ヴィゴツキーは論理的記憶，随意的注意などを高次精神機能と呼んで，低次精神機能と分離するが，その意図は両者を実体的に分離し，低次精神機能の研究と高次精神機能の研究がそれぞれ別々になされるべきであると主張することではなかった．彼が批判する心理学のあり方が，両者の機能的差異を区別しないために人間の意識を正当に研究できていないことを強調したかったのである．実際に彼(Vygotsky, 1930-1931)は，"低次のものと高次のものというこの極度の表現"は"生理学的，自然科学的，説明的もしくは因果関係的心理学"と"精神の了解的，記述的あるいは目的論的心理学"とに2分割する思想にいきつくと述べている．こうした2分法を認めるということは，生物学的進化と歴史的発達がおのおの独立した心理学の対象であると認めることであり，彼にとっては当然容認できないものであった．ヴィゴツキーは子どもの高次精神機能の発達の独自性およびすべての困難は，行動の生物学的発達と文化的発達という二つの路線が個体発生では合流し，複雑な単一の過程を形成することにあるという(Vygotsky, 1930-1931)．

b. 道具による高次精神機能の発達

では，生物学的発達と文化的発達が合流する個体発生をどのようにとらえたらよいのだろうか．それは"行動の文化的発達"(Vygotsky, 1930-1931)の研究をすることである．彼にとって文化は特別な行動形態を作り出し，それは精神機能の活動を変化させ，人間の行動システム内に新しい層を生み出すものである．文化を語るうえで欠かせないのは道具である．道具は誰か個人が独占的に価値づけられるものではない．その形態，機能，意味は社会・歴史的に使用過程の中で交渉され，変容されていく．彼(Vygotsky, 1930)は道具を言語を代表とする"心理的道具"と，いわゆる道具として語られる"技術的道具"に分けるが，それらの形態や機能を誰か個人が勝手に決定することはできない．ヴィゴツキーはこの点に関して，高次精神機能の発達は身体の器官や構造の変化という生物学的タイプの変化を必要とするものではなく，道具という人工的器官の発達に影響を受けるという．つまり，ヴィゴツキーにとって低次精神機能とは道具と関わりのないものであり，高次精神機能とは道具と関係するものである(Smirnov, 1966)．ヴントは低次精神機能を実験によって，高次精神機能を民族心理学によって研究しようとした．つまり，両者の差異を認識しながら，両者を個々独立な心理機能として研究したことにその誤謬があった(Vygotsky, 1930-1931)．

第1章　発達に対する社会歴史的アプローチ

1.3　媒　介　活　動

a.　補　助　刺　激

　ヴィゴツキーは意識の分析単位として「語の意義」を提唱しているが(Vygotsky, 1934)，彼の理論にとってふさわしいのは媒介活動であるとされる(Wertsch, 1985)．意味と意義の分析につながる彼の理論の核心である媒介活動についてみてみよう．

　ヴィゴツキーは行動主義心理学を客観主義心理学として批判したように，その分析単位である刺激-反応図式も“自然主義”であるとして批判する(Vygotsky, 1930-1931)．人間に特有な活動を説明するために，ヴィゴツキーは“ブリダンのろば”の逸話を例にあげる(Vygotsky, 1930-1931)．それは「飢えたろばが，二つのまったくよく似た干し草の束が右と左に同じほど離れたところにあるのを見つけたときは，飢えて死んでしまう．なぜなら，ろばにはたらきかける動機がまったく均衡しており，しかも反対方向にあるからだ(Vygotsky, 1930-1931, 柴田 訳, p.95)」というものである．これは仮定された状況であるが，パブロフによれば実際に類似の状況では，犬は「ただちに狂乱におちいった．たえず，四肢をばたつかせ，きゃんきゃんと耐えがたいような声をたて，唾液をたえまなくたらした」(Vygotsky, 1930-1931, 柴田 訳, p.97)．そこで彼は，二つの刺激が反対方向から同一の強さで働きかけ，同時に二つの両立しがたい反応を呼び起こすようなとき，人間ならどのようにするのだろうかと問う．そしてトルストイの『戦争と平和』の中で兵役につくかどうかに悩む主人公ピエールが，カルタ占いによって意思決定をしようとしていたことを例にあげ，「ブリダンの状況におかれた人間は，人為的にその状況の中にもちこまれる補助的動機とか刺激の助けを借りようとする」(Vygotsky, 1930-1931, 柴田 訳, p.98)という．彼による説明は次のようなものだ．反対方向の反応を呼び起こす刺激 A と B があるとき，「人間は，人為的に状況のなかに，状況を変えながら，それとは何の関係もない新しい補助刺激 a-A と b-B をもちこむ．もし a が当たったら，人間は A 刺激に従う．b が当たったら B 刺激に従う．人間はみずから人為的状況を作り出し，対の補助刺激を導入するのである．かれはあらかじめ自分の導入した手段刺激のもとで自分の行動，自分の選択を決めておく．くじを引いて a が当たったとする．そうしたら A 刺激が勝つ．この刺激 A は，それに相当する反応 X をよび起こす．刺激 B は無効におわる．それに相当する反応 Y は，あらわれることができない」(Vygotsky, 1930-1931, 柴田 訳, p.101)．

　ここで重要なことは，刺激が与えられるものではなく，自分で作り出している点である．つまり，自分の反応を決定するために，人為的刺激をつくり，それを補助刺激として用いることによって，状況を変化させているのである．行動主義による刺激-反応図式によってもこの状況は説明可能であるが，そこでは，人間にとって状況が変化していることや補助刺激の発生，手段刺激の機能的説明，操作全体の構造などについての説明が欠ける

ことになる(Vygotsky, 1930-1931). 彼は行動主義者に対していう.「歴史を通じ, 行動が完全にすみからすみまで, 刺激の群によって決定されているというのは正しい. しかし, この群そのもの, 刺激そのものは, 人間によって作り出されたのである. ……(引用者省略)……あなたたちは, 刺激-反応の遊戯のむこうで現実に生起していること——すなわち, 状況への人間の積極的介入, 新しい刺激の導入に果たした人間の積極的役割, 人間の行動——を見逃している. だが, そこにわれわれが語ってきた新しい原理, 行動と刺激とのあいだの新しい独自な関係が存在するのである. 操作を部分に分解することによって, あなたたちはもっとも主要な部分——自分自身の行動の支配に向けられた人間の独自な活動——を失ったのである. ……(引用者省略)……新しい刺激の出現そのものが, 人間の積極的活動の結果であった」(Vygotsky, 1930-1931, 柴田 訳, p.104).

媒介活動には文字どおりの道具使用と記号使用が含まれる(Vygotsky, 1979). ヴィゴツキーは言語記号のような心理学的道具による媒介活動を理論化するためにそれを道具(instrument)になぞらえて説明したが,「道具は, 自然の征服に向けられた人間の外的活動の手段である. 記号は, 心理的操作の対象に何の変化も起こさない. 記号は, 他人あるいは自分の行動に対する心理的作用の手段であり, 人間自身の支配に向けられた内面的活動の手段である」(Vygotsky, 1930-1931)と, 二つの活動の相違を強調している.

b. 道具的方法

人間の文化的発達をとらえる調査方法を, ヴィゴツキーは"道具的(instrumental)方法"(Vygotsky, 1928)と呼ぶことがある. それは, 行動とその発達の中に文化的記号の道具的機能を発見することをめざすからである. 大脳中枢の高次神経活動の最も一般的な原理が高等動物と人間とで同じであることを強調する生理学的アプローチは, 人間と動物に共有されている行動の基礎になるのは信号化(signalization)であるという(Vygotsky, 1977). しかし, 人間は人工的な信号である記号を創造し, 使用するという意義化(signification)活動を行う点で他の動物と異なる(Vygotsky, 1977). この意義化のレベルの分析, つまり, 媒介活動の分析を可能にする方法が道具的方法である.

道具的方法は図 4.1.1 によって説明される. 自然な(natural)記憶では, 直接的(条件反射的)結合 A-B が刺激 A と B との間にできる. 人工的, 記憶術的記憶では, その代わりに二つの新しい結合 A-X と B-X が心理的道具 X の補助によってできる. この新しい結合 A-X, B-X も A-B と同じく自然な条件反応過程に基づいており, 脳の諸特性によって裏づけられたものであるが, 一つの結合 A-B の代わりに二つの結合 A-X, B-X が置き換えられる点が異なっている.

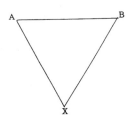

図 4.1.1 自然な記憶と文化的記憶の比較図 (Vygotsky, 1979)

ヴィゴツキーによれば, 行動体系に道具が含まれるように

なると，道具の使用とその制御に結びついた新しい機能が持ち込まれ，それによって自然過程のうち，道具でできるものは破棄され，不必要なものとなり，道具的行為の構成要素に含まれるすべての精神過程の流れと特性(強さ，持続性，順序性など)が変わり，ある機能が他の機能に置き換えられるという(Vygotsky, 1979)．

確かに，補助手段の使用によって精神と環境は複雑な一つの機能システムを構築する．われわれは何かを覚えておこうとするときにしばしば外的補助手段を使う．たとえば，忘れずにもっていくつもりの本に目印をつけたり，頼まれごとを忘れないようにハンカチを手に巻いておくなどということをする．あるいは墓をつくったり，記念碑を建てたりするのも同じことである．このように，われわれは目印やモニュメントを補助手段として記憶をつくっているのである．ヴィゴツキーは，刺激はその物理的特質によって心理的道具となるわけではなく，それが精神や行動に影響を与える手段として使用されることによって心理的道具となることを強調する(Vygotsky, 1979)．

c. 二重刺激の機能的方法

人間の精神を研究するために人間の活動に注目し，その特質を媒介性であると考えたヴィゴツキーは，道具的方法を提案した．実際には，道具的方法はヴィゴツキーとルリアによって"二重刺激の機能的方法(functional methods of double stimulation)"として理論化され，実際の心理学実験において使われた．この枠組みでは，子どもの行動は二つの異なる"機能的重要性"をもった対象(object)と手段(means)という刺激系列によって組織化されていると考える(図 4.1.2 ; Vygotsky, 1928)．この方法では，被験者に提示する実験課題の中に，基本的刺激としての対象刺激だけでなく，被験者が課題を解決する際に助けとなる心理学的道具として第2の補足的な刺激である手段刺激が導入される(Leont'ev, 1965)．

レオンチェフは，記憶に対する補助手段の影響を発達的に調べた(Leont'ev, 1965)．実験は4シリーズからなっているが，媒介記憶と無媒介記憶の違いをみるには，第2シリーズと第3シリーズを比較してみることがわかりやすい．第2シリーズでは「手」や「本」のような有意味な単語が被験者に口頭提示され，数秒の間隔ののち，それを再生することが求められた．これに対して，第3シリーズでは，覚えるべき有意味単語の提示に従って，記銘の補助手段として絵カードを使うことが要求された．

その際の教示は，「私が単語をいったら，カードを見なさい．そして君がその単語を思い出すのに役に立つようなカードを選び，わきにとりのけ

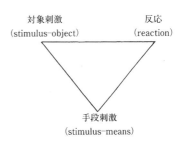

図 4.1.2 二重刺激の機能的方法(Vygotsky, 1928)

IV 発達心理学

表 4.1.1 外的補助手段(絵カード)の有無による記憶再生成績(平均正答数)

	就学前児		初等科生徒		中等科生徒	大人
	4~5歳	6~7歳	7~12歳	10~14歳	12~16歳	22~28歳
第2シリーズ	2.2	4.70	6.26	7.25	7.88	10.09
第3シリーズ	2.92	8.1	11.41	12.4	13.1	14.28

注) レオンチェフ(Leont'ev, 1965)の表を筆者が抜粋して整理したもの.第2シリーズ,第3シリーズとも記銘した単語は15個である.数字の表記はそのままである.

ておきなさい」というものであった.第3シリーズの再生場面では,被験者がわきにとりのけたカードを集め,それを提示順に被験者に示して,それぞれの手がかりカードに対応する単語をいわせた.表4.1.1 がその結果の抜粋である.これによれば,絵カードを使った第3シリーズの方が,それがない第2シリーズよりも再生成績が概して良いことがわかる.このことは絵カードが手段刺激として機能し,再生を容易にしていたことを示すという.ただし,4~5歳の就学前児では,他の群に比べ,絵カードの効果(第2シリーズと第3シリーズの差)が小さい.この場合,絵カードは被験者の課題システムの中に入らず,子どもたちが相変わらず無媒介記憶をしていたからであると説明される.

　この実験結果では,大人の両シリーズの再生成績には十分な差があるようにみえるが,レオンチェフは,それは課題の困難度に依存し,10個程度の記銘が求められる課題であれば,大人の場合,絵カードの補助は不必要なものとなり,両シリーズに差がなくなるであろうと述べている.したがって,一般的な図式によって示せば,4~5歳児と大人では絵カードの効果は少なく,その途中の年齢ではその効果が大きいという,いわば"発達の平行四辺形"を示すというのが彼の主張である.

　この実験によって示されたのは,絵カードという外的補助手段がある年齢の被験者たちにとっては手段刺激として機能し,それがない状態の対象刺激と反応というシステムを対象刺激,手段刺激,反応という三項システムに変更することが可能であるということだ.しかし彼は,"絵カードの効果"が大人になって少なくなることを媒介されなくなることによるのではなく,外的記号の支援から内的記号の支援に移行することによると説明し,「記銘の発達の"平行四辺形"の原理は,記憶の高次の記号的形態の発達が,外的に媒介された記銘から内的に媒介された記銘への転化という路線にそってなされるという一般法則の表現以外のなにものでもない」(Leont'ev, 1965,松田と西牟田訳,p.161)とまとめる.これは外的なものから内的なものへという内化の一般図式にあてはめた説明であるが,この実験では直接それは証明されておらず,その点で,この実験で示された大人の結果を内的に媒介された記銘によるということはできない.

　あまり注目されていないが,レオンチェフの実験には次の二つの興味深い指摘がある.一つは,絵カードが課題遂行を容易にするどころか,逆に課題を複雑にし,成績を下げることがあるという指摘である.この場合,絵カードは単語という対象刺激に対する手段刺

激にはならず，別の新しい対象刺激になってしまっている．絵カードが課題遂行にとって
"心理学的道具"として役に立っているとすれば，それは対象刺激と同じ一つの課題シス
テムに入り，道具的機能を果たすことができるのであるが，絵カードが妨害になってしま
う場合には単語の記銘と絵の記銘という二つの課題システムができてしまい，被験者はよ
り複雑な課題を解くことが求められることとなる．このことはコンピュータなどの"思考
や行為を支援する道具"が既存の課題の遂行を容易にさせることばかりでなく，むしろそ
の使用自体が達成すべき課題になってしまい，本来の課題遂行をより困難にさせる場合が
よくあることを連想させる(石黒，1995)．

　もう一点重要な指摘は，"高度に発達した記銘をもつ被験者(成人)"にとって，基本的
にすべての記銘が媒介されたものであるという主張である．このことは彼の実験によって
直接確証されたものではないが，フーコー(Foucault)の実験結果を引用して説明を加え
ている．たとえば，フーコーの実験で，海岸と霧と着物が覚えなくてはならない単語であ
ったとき，被験者は「私は婦人が海岸を散歩し，霧にあい彼女の着物を濡らしたと考え
た」(Leont'ev, 1965，松田と西牟田訳，p.144)と述べたそうだ．無意味綴りを覚える場
合にも同じようなことがみられ，f, c, vを記銘しようとしたある被験者は，「私はfosse
(穴)を考える．そしてそれをcによってfoceと書く．だが，ここには正字法の一つの欠
点(un vice)があるといいながらするのである」(前掲書)と答えた．こうした例は媒介す
るということがまさにヴィゴツキーのいう意義化の過程であり，被験者にとって記銘すべ
き内容が自然に含まれているような物語生成過程であることを示している．

　つまりヴィゴツキーがいうように，道具はそのもの自体の物理的属性によって道具とし
ての機能を果たすのではなく，使用によって道具としての意味が与えられるという指摘
も，以上のレオンチェフの説明に合致する．情報処理アプローチのパラダイムでなされた
ブランスフォードら(Bransfordら, 1982)の学習における精緻化(elaboration)の研究は，
読解力のある子とは有意味化(物語化)が得意な子であり，読解力の低いとされる子でも有
意味化の支援をすれば，その学習が促進されることを明らかにしたものだ．ブランスフォ
ードらは二重刺激の機能的方法を引用してはいないが，それはフーコーの実験が示した人
間の思考の本来的な媒介性を前提として，より効率的な媒介手段として物語化が存在する
ことを示したものであると解釈することができよう．

1.4　発達の最近接領域

a. 社会的分析単位

　道具は他者のいる世界で使うのであり，人と人との交通の中で存在可能となる．ヴィゴ
ツキーのこうした社会的な分析単位は発達の最近接領域(zone of proximal development)
としてとらえることができる．これは媒介活動の単位である．モル(Moll, 1990)は，二重

刺激の機能的方法を発達の最近接領域へと拡張して考えることは，記号-媒介活動から社会媒介活動(socially mediated activity)へと視点を変化させるという．

発達の最近接領域とは，「知能年齢，あるいは自主的に解答する問題によって決定される現下の発達水準と，子どもが非自主的に共同のなかで問題を解く場合に到達する水準とのあいだの相違」(Vygotsky, 1934)のことである．ふつう一人で問題を解くよりも複数で解く方が容易で，単独解決と共同解決のパフォーマンスに差があるのは当り前であり，それをとくに問題にするのはおかしいと思うかもしれない．とくに，大人が援助した場合の子どものパフォーマンスが高くなるのは当り前であるという反論もあろう．こうしたいわば常識的な疑念に対しては，発達の最近接領域という術語でヴィゴツキーが何を主張しようとしていたのか，その背後にあるものを明らかにすることによって答えることができる．

ヴィゴツキーがこの考えを発達状態の新しい評価方法であると述べていることは重要である．「心理学者も，発達状態を評価するときには，成熟した機能だけでなく，成熟しつつある機能を，現下の水準だけでなく，発達の近接領域を考慮しなければならない」(Vygotsky, 1934，柴田 訳，下 p.88)という．つまり，一般によく用いられる知能検査のような測定手段は，個体の"成熟した機能"だけを評価するものである．これによって，子どもが一人で何をできるようになったのかを明らかにすることはできるが，「教示，誘導質問，解答のヒントなどを与えながら行わせたとき」にみられる異なるパフォーマンスを評価することはできない．ここで二つの疑問が生じるだろう．一つは，教示，誘導質問，解答のヒントなどを与えて解かせることがなぜ"成熟しつつある機能"を測ることになるのか，二つ目は，なぜ個体の"成熟した機能"だけを測るのではいけないのかという点である．

一つ目の問いに対して，ヴィゴツキーは人間の模倣能力を理由としてあげる．つまり，「子どもは，自分自身の知能の可能な領域によこたわっているもののみを模倣することができる(前掲書，柴田 訳，p.90)」ことから，たとえ共同であってもできないことはできないのであり，本来できる可能性のあったものを顕在化させる手段が共同であると考えるのである．そして学校教育の中心は模倣であると述べ，「まさに学校において子どもは，自分一人でできることではなく，自分がまだできないこと，しかし教師の協力や教師の指導のもとでは可能なことを学ぶのである」(前掲書，柴田 訳，下 p.92)と学校教育を"成熟しつつある機能"を成熟させる場としてとらえている．しかし，ここに「子ども時代の教育は，発達を先回りし，自分の後に発達を従える教育のみが正しい」(前掲書，柴田 訳，下 p.93)という発言が続くために，発達よりも教育を重視しており，早期教育をも奨励しているというような理解がなされる余地を残しているのも事実である．だがそれは子どもの学習可能性と一対になった発言であり，さらにそれに続く「教育は，模倣が可能なところでのみ可能である」(前掲書同ページ)という発言の心理学的検討が十分なされる必

要がある.

どうして個体の"成熟した機能"だけを測定するのではいけないのかという二つ目の問いに対して，ヴィゴツキーは明示的に答えてはいないが，彼の理論全体に参照させればその意図するところは明らかである．つまり，個々人の心理をその個体の中にみようという個体主義的能力論(石黒, 1994)を批判したそもそもの人がヴィゴツキーだったことを思い起こしてほしい．人間が社会歴史的存在であるということは，人間の人格や能力といったものが社会歴史的なものであるということを意味している．つまり，人は物と人に囲まれ，互いに影響を与えながら，複雑なシステムを構成している．仮に，一人の人に焦点をあてて述べれば，彼のまわりにあるさまざまな物や人が彼の活動のリソースになっており，彼という個体の頭の中のものだけが活動を可能にさせているわけでない．こうした見解はソビエト心理学に精通していたアメリカの心理学者コール(Cole)を中心とした日常的認知(everyday cognition)研究グループ(Rogoff と Lave, 1984)によってのちに発展させられた．ミラーら(Miller ら, 1960)以降の情報処理アプローチをとる認知心理学者が当然の前提としていた「行為は行為者のプランの実行にすぎない」という見解は，エスノメソドロジーの立場からサッチマン(Suchman, 1987)によって批判されている．文化人類学的観点から道具に媒介された共同活動を分析するハッチンズ(Hutchins, 1991)も，従来個人の所有物であると考えられてきた認知がさまざまな物や人に分散されていることを指摘した．これらの研究は相互に影響を与え合いながら認知科学において状況論と呼ばれる理論的方向性を作り出していった．絶対に一人で問題を解かなくてはならない状況というのはせいぜい学校的な場としてのテスト場面ぐらいであり，共同で問題解決にあたるのが日常的なのである．「成熟」は個体の完成を示すメタファである．"成熟しつつある機能"を"成熟した機能"に対置させたとき，それは成熟に向かう先行状態としてではなく，個が成熟し完成するという状態が存在するという語りへの否定だと理解することもできるだろう．むしろ，知性や能力，そして遂行の，そのどれもが社会的に分かちもたれているものであるとするならば，それらは共同活動の中にしか発見することはできない．このように考えると，"成熟しつつある機能"を評価の対象として取り上げたのは，ある子どもの能力や遂行として語られるものが，じつはある特定の相互行為や共同体に埋め込まれた状況的な達成であるとの主張だと読み取ることができるのではないだろうか．

b. 内　　　化

内化は通常"自動化"，"短縮化"，"無自覚化"を行動上の特徴とし，そこから推定される心的過程だと考えてよいであろう．たとえば，車の運転を習い始めたばかりのときには，右に曲がるときにハンドルを2回まわすと教えられれば，"いっかい　にかい"などと言語的につぶやきながら，両手で大きな円を描きながらゆっくりとまわす．しかし，何年も運転している人に"どうやって右にまわったのか"とたずねてもその行為を明確に記

述することはできないだろう．さらに，たとえ同乗者と雑談していても何の問題もなく右に曲がることができるのである．指を使って加法の計算をしている子どもを考えてみよう．この子ははじめは，"五つだから"といいながら，指を5本立ててそれをまじまじと眺め，そこにもう一方の手の2本指を加え，端から数えていき，"いち　にい　さん…なな"というだろう．しかし，やがて指を使うことはなくなり，"5＋2＝"と与えられれば即座に"なな"と答えるようになる．そのとき，どのように計算したのかとたずねられてもその思考過程を答えることなどできないのがふつうだろう．どちらの事例でも，行為は自動的に行われ，必要な作業は短縮され，その過程は自覚されていない．

ガリペリンに代表される"多段階形成理論"（Gal'perin, 1965）は，このような意味での内化を実験的に形成する企てである．これは，ヴィゴツキーの手段刺激＝道具を用いた行為の内化過程を作り出すことをめざしている．従来，このような外的に必要とされた道具（人工物，身体，記号など）が表面的に消失し，その遂行が迅速に行われるようになったときに，"内化"したといわれてきた．しかし，このような内化論はヴィゴツキーの主張である"すべての文化的なものが社会的なもの"（Vygotsky, 1930-1931, 柴田 訳, p.213）であるととらえ，行動の生物学的発達ではなく，"文化的発達"をとらえようとした点を見逃している．そこでは「社会」がとらえられていないのである．この内化モデルには，他者が介在していないのだ．しかし，実際の実験には教示を与える他者がいる．学校には教授者がおり，その人が手段刺激の生成を援助する．このような他者との共同過程の中において内化はとらえ直される必要がある．

このことを考えるとき，ヴィゴツキーの"精神間機能から精神内機能へ"という主張の意味するところが何かが問題となる．ワーチ（Wertsch, 1991）は，このテーゼはジャネ（Janet, P.）から借り受けた文化的発達の一般的発生法則とマルクス（Marx, K.）のフォイエルバッハに関する第6テーゼとをルーツとしているという．ヴィゴツキーはこのことを高次精神機能の社会性を説明する部分で取り上げている．文化発達の一般的発生法則とは，「子どもの文化的発達におけるすべての機能は，二度，二つの局面に登場する．最初は，社会的局面であり，後に心理学的局面に，すなわち，最初は，精神間カテゴリーとして人々のあいだに，後に精神内的カテゴリーとして子どもの内部に，登場する」（前掲書，柴田 訳, p.212）というものである．また，ヴィゴツキーは「マルクスの有名な命題を変えてわれわれは，人間の心理学的本性は，社会的諸関係の総体であり，内面に移され，人格の機能とかその構造の形式となった社会的諸関係の総体である」（前掲書，柴田 訳, p.213）という．ヴィゴツキーは高次精神機能が表面的にどのようにみえるものであれ，常にコミュニケーションの機能を保持していることを主張する．それゆえ，人格も発生的にそうであるだけでなく，常に社会的であり続けるという．彼は，「人格の成分，発生的構造，行動様式，要するに，人格のあらゆる本性は，社会的なものである．精神過程に転化してもなお，それは擬社会的である．人間は自分自身と差し向かいで，コミュニケーションの機

第1章　発達に対する社会歴史的アプローチ　　　　419

能を保持する」（前掲書同ページ）というのである．ヴィゴツキーにとって意識とは共同的認識 (co-knowledge) なのである (Leont'ev, 1972)．ヴィゴツキーはこのことを具体的な研究事例として示すことはなかったが，のちのワーチの研究 (Wertsch, 1979) がその具体的な例としてよく引用される．

　ワーチの用意した課題はパズル作成課題であり，モデルとなる絵をみながら母親と子どもが共同でモデルと同じものをつくるというものだ．その際，母親は必要があると思われるときにはいつでも子どもを援助することができた．実際に示された母子の相互行為 (interaction) パターンをワーチは四つに分けた．第1段階は，母親は一貫した言語ゲームを行おうとするが，子どもの課題状況に対する理解が制限されているので伝達が困難であるような段階である．第2段階では，子どもは「他のトラックをみなさい」のような明示的指示に従うことができ，ときには「その黒いのをこのパズルのどこに入れたいの？」というような非明示的指示も理解することがあるので，母子のやりとりが第1段階よりはスムーズになる．第3段階の子どもは非明示的指示に適切に従うことができるようになる．つまり，状況の定義の推論が完全にでき，母親による他者制御言語ゲームに十分参加することができるようになる．ときには，自分から「この黒いのはどこだろう？」のように，それまで母親という他者からのみ与えられていた指示を自分で出し，自分でそれに応えるという行動がみられるようになる．第4段階では，子どもが自分で問いを発し，自分で応えるという相互行為が主となるので，母親の発話分担は少なくなる．すなわち，自己制御が可能になった段階である．このようにワーチの研究は，はじめは母子の間で行われていた相互行為，とくにそのときに用いられる他者である大人による指示的発話行為がしだいに子ども自身によってなされるようになること，すなわちヴィゴツキーが述べたようにはじめは共同でしかできなかったことが，のちには（この場合は年長になると）一人でできるようになるという現象を提供した．

　"共同"で問題解決していた段階の子どもがしだいに子ども一人で解決できるようになる．このことは，子どもに対する他者の消去を意味するのであろうか．これに対して，先の"社会性"の意味を十分くみとるならば，その答えは否となる．実際に，ワーチの実験の最終段階でみられる子どもの発話は，自分で問いを出し，自分で応答するというものであった．この問いかけは先行する段階の子どもでは母親がやっていたことである．つまり，最終段階の子どもはいわば一人で二人分の会話を行っていた．ワーチ (Wertsch, 1991) はこの現象をバフチンの"コトバの原初的対話性" (Bakhtin, 1981) を示すものであるという．つまり，最終段階の子どものやりとりにおいて，母親は実際には問いを発していないが，子どもの問いはまさにそれであり，子どもの応答はその語らぬ母親の発話に対する応答として理解することができるという．精神内平面，すなわち，子どもという舞台においても，依然として，二つの声の交差がそこにはみられるというのである．そこでは依然として"コミュニケーション機能"が保持されている．ヴィゴツキーにとって高次精

神機能はこのように常に社会的な本性を失わない．内化でとらえられてきた表面的な行動特徴の変化は，内化によって共同性が消失したり，不必要なものとなるかのような印象を与えるが，ヴィゴツキーにとって重要なことは，その行動上の変化に関わりなく，精神内平面においても，その社会性，すなわちバフチンがいうところの対話性が保持されるという点なのである．

c. 科学的概念と生活的概念

ヴィゴツキーは『思考と言語』第5章で人工概念形成実験によって，概念の発達段階を提唱したことで知られているが，同じ本の第6章では，生活的概念と科学的概念を取り上げ，両者の関係について議論している．ワーチ（Wertsch, 1990）はこの同じ概念発達を扱った二つの章の断絶がヴィゴツキーの理論展開を知るうえで重要であるという．生活的概念とは"兄弟"のように"子ども自身の生活経験の中から発生する"概念であり，主として学校において与えられる"科学的概念"とはその発生と発達の方向において区別される（Vygotsky, 1934）．ヴィゴツキーは，これまでの概念研究がピアジェに代表されるような自然発生的概念，すなわち生活的概念しか研究対象として扱ってこなかったと述べ，科学的概念をも視野に入れることの重要性を述べた．彼が，生活的概念と科学的概念とを分ける根拠とした研究は，ジェ・イ・シフによって小学生に対して行われた順接と逆接の接続詞（翻訳では"ので"と"のに"）を使って短い文を完成するという課題である．その際に，生活的概念を用いる場合と科学的概念を用いる場合があり，両者の解答率が比較された．子どもにとって日常的であるという点で生活的概念で答える方が科学的概念で答えるよりも容易であると予想できるが，結果はそれに全く反し，2年生の順接課題と4年生の逆接課題では科学的概念による文完成の方が生活的概念によるそれよりも高い解答率を示した．

なぜなのであろうか．ヴィゴツキーはそれを「この年齢において形成されるべきすべての高次精神機能の基本的特徴をなす自覚性と随意性」（Vygotsky, 1934）に求めた．つまり，子どもは日常生活経験の中でさまざまな因果関係を知っている．たとえば，「彼が自転車から落ちて足を折った」ことと「彼が病院に行った」ことを「彼は自転車から落ちて足を折った ので 病院へ行った」と認識するのは容易なことである．接続詞"ので"の前後の節を逆転することはない．しかし，そうした認識を自然に口にすることはできても，さあ答えなさいといわれて"随意的に"使用することはできない．つまり，"自覚性と随意性"が欠けているのだと彼は説明する．これに対して，学校で教えられるような内容に関しては，「ソ連では計画経済が可能である．ソ連では私有財産がなく，すべての土地・工場・発電所が労働者と農民のものとなっているので」と正しく答えることができる（Vygotsky, 1934）．これはヴィゴツキーによれば"学習がなされたときに形成された"のであり，その場で急に答えているわけではない．課題が要求するのは，「解答の瞬間には

第1章 発達に対する社会歴史的アプローチ 421

実際の状況や共同は存在しなくても，教師の援助によってこの問題を解く模倣の能力」である．「子どもは独力で，自分の以前の共同の結果を利用」しているのである．

ヴィゴツキーによれば，科学的概念は自覚性と随意性から始まり，個人的経験や具体性の領域へと進むのに対して，生活的概念は具体性と経験の領域において始まり，概念の高次の特性である自覚性と随意性に向かって運動する．しかし，両者は相互に結びついており，「科学的概念は自然発生的概念を改造し，高い水準にひきあげ，それらの発達の最近接領域を実現させる」．他方，それは教授万能を唱えているのではなく，「科学的概念の発達は自然発生的概念の一定の高さの水準を前提とする」，つまり，そこでの発達の最近接領域に自覚性と随意性が現れていることが必要とされる．そうでない場合，科学的概念はわかっていなくてもことばだけで答えはいえるという"コトバ主義"の危険に陥るという (Vygotsky, 1934)．

レイヴとウェンガー(Lave と Wenger, 1991)は発達の最近接領域の解釈には三つあるという．一つは，ウッドら(Wood ら, 1976)によって"足場(scaffolding)"と呼ばれた考え方で，単独で課題を遂行するときに示す学習者の問題解決能力と，共同でのそれとの距離を発達の最近接領域と解釈するものである．二つ目は，科学的概念が生活的概念を押し上げるというヴィゴツキーの主張を重視したもので，教授によってアクセス可能になる社会歴史的な文脈によってもたらされる文化的知識と個々人の日常的経験との間の距離を発達の最近接領域と呼ぶものである．この二つの解釈はヴィゴツキーの発達の最近接領域の意味するものとして通常理解されてきたものである．しかし，両者に共通しているのはその個体中心主義である．援助あるいは教授の内化が学習，発達であるという理解につながる可能性が高い．これに対し，媒介活動を軸に人間の社会歴史性を主張したヴィゴツキーの理論を発展的に継承することをめざして，エンゲストローム(Engeström, 1987)は第3の解釈を提供した．つまり，「個々人の現下の日常的行為と，日常的行為に潜在的に埋め込まれているダブルバインドの解決に向けて集合的に生成されうる，歴史的に新しい形態の社会的活動(societal activity)との距離である」と発達の最近接領域を定義した(Lave と Wenger, 1991)．この解釈のもとでは，社会的変容(societal transformation)が焦点化され，個々人の学習だけでなく，個人を含んだ学習環境システム全体が研究の対象となる．

エンゲストロームは，ヴィゴツキーの共同研究者であったレオンチェフの活動理論 (activity theory)を実際の事象の分析枠となるモデルへと発展させた(Engeström, 1987)．その活動理論の基本的な図式は，先に示したヴィゴツキーの二重刺激法の機能的な方法である．すなわち，主体は対象に直接働きかけるのではなく，道具を介して間接的な関わりをもつという三項図式である．しかし，この三項図式では，個体が単独で対象に対し，一定不変な道具を用いて働きかけるといった，それぞれの頂点が何ら歴史的変化を被らない静的なモデルとして理解される恐れがある．これに対して，エンゲストロームはこの三項図式を拡大し，規則，共同体，分業という結節点を導入し，より大きな複雑な三角形を分析

枠組みとして作り上げた．たとえば，野球をしている子ども集団にそれよりも小さな子ども
が加わることになれば，その子に合わせて，何回空振りしても三振はなしとか，その子
がピッチャーになったら，ホームベースから5mの場所から投げてよいなどの特別規則
をつくることがあるだろう．これによって，野球ゲーム全体の形態や意味が変わり，それ
ぞれの子どもがやるべき仕事や意味も変わることになる．ときには，その子用の特別な柔
らかいボールが必要になることもあるだろう．このように，それぞれの頂点項目が相互に
関わりながら，複雑なシステム全体が発展していくという見方は，さまざまな活動(work)
の分析，そこに生じる矛盾の検知，システムの更新に有用なものであり，いまでは認知科
学だけでなく，経済学など他の社会科学からも注目されている．

d. 社 会 制 度

ヴィゴツキーの理論は彼が生存中にはまだ十分展開されておらず，残念なことに発展途
上で亡くなってしまった．このために，彼の理論は人間の社会歴史性を主張しながら，そ
の社会というのは教師や親という有能な大人と子どもという一対の社会的相互行為，言い
換えれば彼がいうところの精神間(interpersonal)レベルの小社会しか取り上げていない
という批判がある．これは，彼の著作をみれば否定することのできない事実である．しか
し，発達の最近接領域の解釈においてエンゲストロムの発展的解釈が可能であったよう
に，ヴィゴツキーの著作の中には彼が明示的に述べている言明をこえた主張が読み取れ
る．とくに社会について彼は，それを対人的なレベルにとどめる意図はなく，むしろ社会
制度を含んだ大状況まで視野に入れていたようである(Wertsch, 1984)．このことはとく
に学校制度が精神発達にどのような影響を与えるのかという問いとして現れる．

ワーチはヴィゴツキーの科学的概念の科学的ということばはロシア語ではnauchnyi
で，英語のscholarlyあるいはacademicに相当する語であると指摘している(Wertsch,
1990)．つまり，とくに制度化された教育システムの中で培われる概念をそのことばによ
ってとらえようとしていたと考えられる．実際，彼の『思考と言語』の中に「将来の研究
は，たぶん，子どもの自然発生的概念は，科学的概念が学校教育の産物であるのと同じよ
うに，就学前教育の産物であるということを示すだろう」(Vygotsky, 1934)，あるいは
「子どもの自然発生的概念は，それを徹底的に分析するならば，ある程度までは科学的概
念に類似したものとなり，将来においては，両者の統一的研究方針の可能性が開けよう」
(Vygotsky, 1934)という記述がある．これは概念の発達がある社会制度の中に生きる人々
の間で共同的になされることを前提としており，そのためには社会歴史的な文脈で人々の
活動システムを研究することが必要であることを示唆している．ヴィゴツキーが中央アジ
アでの大規模な社会調査を企画したのも，学校制度や読み書きを中心に認識の社会歴史性
に迫ろうとしたためであった(Luria, 1974)．

ヴィゴツキーは意識の個体還元主義を否定し，社会歴史的アプローチを高らかに主張し

第1章　発達に対する社会歴史的アプローチ　　　423

ながら，精神間レベルの小社会しか理論的に整備することができなかったが，近年彼と同時代に生きた思想家バフチン（Bakhtin）の理論がヴィゴツキー理論を補完するものとして注目されている（Wertsch, 1981）．彼は分析単位としてコミュニケーションの実際の単位である"発話"を採用する（Bakhtin, 1980）．"発話"は言語学の分析単位である具体的な場面から抽象された"文"や"語"とは異なる．発話は声によって生まれる．発話は語る声と他者に結びついており，自己充足的なものではない．バフチンは"ある時点での社会システム内"での"ある社会階層に特殊な談話"である"社会的な言語"に結びついて現れる対話性の形式に関心があった．一つの国語の中にも多くの社会的言語が存在する．言語使用者はいつでも社会的言語を用いて自分の発話を生成しなくてはならない．"私"が語ることは"私"を獲得することであるが，同時に"私"を失うことである．話者の意識自体，話者がいえることの中で形づくられる．このように，バフチンの理論は"発話"を通した"意識"の社会歴史的生成の理論を提供しており，ヴィゴツキーの"意識を弁護する闘い"に強力なサポートを与えるのである．

1.5　最後に──"出会い"の理論──

ヴィゴツキーは「新しい段階が，先行する段階にひそむ潜勢力の展開から発生するのではなく，有機体と環境との現実的出会いと環境へと生き生きとした適応から発生する」（Vygotsky, 1930-1931, 柴田 訳, p.200）という．ここから彼の発達理論を"出会い"の理論と呼ぶことができる．彼は発達のメタファとして胚メタファと動物メタファを比較する（Vygotsky, 1930-1931）．胚メタファは個体の中にその後の発達の可能性をみる．これに対して，動物メタファは個体が環境と出会い，自分の世界を創り上げていくさまを示唆する．彼は発達に胚メタファの側面があることを認めるが，子どもの精神発達において重要なのは"出会い"であるという．

人間の発達を文化的発達ととらえ，文化的なものは社会的なものであるといいきるとき，ヴィゴツキーは"出会い"によって，新たなもの，すなわち"同一化ではない統一"（Vygotsky, 1934）の出現を予測する．彼の主著『思考と言語』（Vygotsky, 1934）において展開された思考と言語の出会いとその後の展開の過程に関する歴史記述は，彼の理論構成の方法を要約している．彼の理論は確かに十分具体化なされていない部分がある．しかし，彼の理論は当時の心理学理論，社会学理論，哲学理論，言語学理論，生理学理論などの出会いの上に創り出されたものであり，それらのテクストを重ね合わせることによって，彼のアプローチの拡張と深化が可能になる．日本においても茂呂（1999）がそのようなテクスト批評を始めている．他方，文化歴史的アプローチ，社会歴史的アプローチ，社会文化的アプローチなどと総称される研究グループの研究者は，それぞれの課題にヴィゴツキーの理論を出会わせ，さらなる理論展開をめざしている．それゆえ，経験主義に基づい

た多くの心理学理論がそのデータの実証的な事実性のみにおいて淘汰されてきたのとは異なり，ヴィゴツキーの理論は，本来，物のようにはみえない意識，そして精神の歴史をたどるための基本設計図を与え続けることになるだろう．

現象例//

　現在のヴィゴツキーブームを考えるとき，アメリカの心理学者コール(Cole)を中心メンバーとするカリフォルニア大学サンディエゴ校，比較人間認知研究所(LCHC)を無視することはできない．スクリブナー(Scribner)は1991年の夏に亡くなるまで，コールの共同研究者としてLCHCの主要なメンバーであった．彼女の労働(work)研究はヴィゴツキーの社会歴史的アプローチと状況論(Derry, 1992)をつなぐ重要な仕事である．
　スクリブナー(Scribner, 1984)によれば，牛乳工場の牛乳瓶の荷造り作業員は，言語シンボルも物シンボルもどちらも自己の活動にとって適切な形に変えてしまう．図4.1.3のような場合を考えてみよう．ここでは，三つのケースがあり，それぞれ6本，0本，7本の牛乳が入っている．この状況で，作業経験の少ない人が1-6のような伝票(16本入りのケース1箱から6本少ない数，すなわち10本を意味する)を受け取ると，図示されているような貧しい解決方法をとることが多い．まず6本入りのケースから2本ずつ6本抜き出し，それを隣の空のケースに入れる．次に7本入りのケースから2本ずつ4本取り出してそれをすでに6本入れたケースへと追加するというものである．このやり方は無駄が多く，作業負担が重い．これに対して，経験を積んだ作業員は1-6をすぐに0＋10と読み替え，さらにその場の中でそれに一番近いケースである7本入りのケースを詰めるべきケースと定め，そこに6本入りのケースから3本移して10本とするのである．移動は3本だけで，使うケースは二つだけである．
　このように経験を積んだ作業員は環境を利用し，物それ自体を行為遂行の資源としていた．スクリブナーの研究は環境も問題解決システムの一部であり，熟練とは個人の能力の

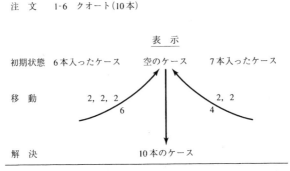

図 4.1.3　牛乳瓶の箱詰めの貧しい解決の例(Scribner, 1984を改変)

第1章　発達に対する社会歴史的アプローチ　　　*425*

向上という皮膚の内側の狭いシステムの変化ではなく，環境を含んだ生態システムの変化であることをみごとに示している．

エピソード

ヴィゴツキーとは何者か

　心理学における社会歴史的アプローチは，いうまでもなくヴィゴツキー(Vygotsky, L. S.)に始まる．ダビドフとジンチェンコ(DavydovとZinchenko, 1989)らによれば，彼の略歴は次のようなものである．ヴィゴツキーは1896年11月5日にオルシャ(Orsha)市で生まれた．彼は1917年にモスクワ大学の法律学部とシャニャフスキー(Shanyavskii)大学の歴史・哲学部を同時に卒業し，ゴメリ(Gomel')市で学校の教師として働いた．1924年にヴィゴツキーはモスクワに移り，そこにある心理学研究所で働き始め，その後，彼が創設した欠陥学(defectology)研究所で働くことになった．彼はモスクワ，レニングラード，ハリコフ(Khar'kov)にある多くの高等教育施設で一連の講義をした．彼は37歳という若さで1934年の6月11日にモスクワで亡くなった．彼の主たる研究活動が27歳から亡くなる37歳までのわずか10年の間になされたものであることを考えると，その質と量(約270の論文)には驚かされる．彼の代表作は『精神発達の理論』(Vygotsky, 1930-1931)と『思考と言語』(Vygotsky, 1934)であるが，それ以外にものちの心理学を方向づけた多くの重要な著作・論文がある．

　ヴィゴツキーのもとには，のちにソビエト心理学の重鎮となるルリア(Luria)，レオンチェフ(Leont'ev)，ガリペリン(Gal'perin)，ザポロジェッツ(Zaporozhets)，ジンチェンコ(Zinchenko)，エリコーニン(El'konin)などが集い，彼の死後もヴィゴツキーが創設した社会歴史的アプローチを継承，発展させた．ソビエト以外でも，とくにコール(Cole)とワーチ(Wertsch)，エンゲストロム(Engeström)のグループがヴィゴツキー理論を積極的に紹介，発展させている．最近ではヴィゴツキーと同時代に生きた思想家バフチンがヴィゴツキーの影響を受けていたという説も出され(ClarkとHolquist, 1984)，その理論がヴィゴツキー理論を発展させるうえで有用であることが指摘されている．

〔石黒広昭〕

文　献

1)　Bakhtin, M.M.(1929): *Марксизм и философияязыка*. 北岡誠司 訳(1980): 言語と文化の記号論，新時代社.

2)　Bransford, J.D., Stein, B.S., Vye, N.V., Franks J.J. and Auble, P.M.(1982): Differences in approaches to learning ; an overview. *Journal of Experimental Psychology ; General*, **111** : 390-398.

3)　Clark, K. and Holquist, M.(1984): *Mikhail Bahktin*. Harvard University Press. 川端香男里，鈴木晶 訳(1990): ミハイール・バフチーンの世界，せりか書房.

4) Davydov, V.D. and Zinchenko, V.P.(1989): Vygotsky's contribution to the development of psychology. *Soviet Psychology,* **27** : 22-36.

5) Derry, S.J.(1992): Beyond symbolic processing, expanding horizons for educational psychology. *Journal of Educational Psychology*, **84**(4): 413-418.

6) Diaz, R.M. and Berk, L.E.(eds.)(1992): *Private Speech.* Lawrence Erlbaum Associates, Hilldslade, NJ.

7) Engeström, Y.(1987): *Learning by Expanding* ; *An Activity-Theoretical Approach to Developmental Research.* Orienta-Konsultitoy, Helsinki.

8) Gal'perin, P.Y., 天野幸子 訳(1965): 学習過程の制御. ソビエト心理学研究, **5** : 50-56.

9) 石黒広昭(1994): 学校という場, 授業という場. 授業研究21, **32**(413): 83-87.

10) 石黒広昭(1995): コンピュータは思考を変えるか? 里深文彦 監修: AI と社会, pp.117-133, 同文館.

11) Hutchins, E.(1991): Organizing work by adaptation. *Organization Science,* **2**(1): 14-39.

12) Lave, J. and Wenger, E.(1991): *Situated Learning* ; *Legitimate Peripheral Participation.* Cambridge University Press. 佐伯 胖 訳(1993): 状況に埋め込まれた学習, 産業図書.

13) Leont'ev, A.N.(1965): *Проблемы, развития Психикн.* 松野 豊, 西牟田久雄 抄訳(1979): 子どもの精神発達, 明治図書.

14) Leont'ev, A.N.(1967), 岡林くみ 訳(1969): ソビエト心理学の形成における意識の問題のための闘争. ソビエト心理学研究, **8** : 43-55.

15) Leont'ev, A.N.(1972): The Problem of Activity in Psychology. In : Wertsch, J.V.(trans. and ed.), (1979, 1981). pp.37-71, M.E. Sharpe, Armonk, New York.

16) Luria, A.N.(1957), 松野 豊, 関口 昇 編訳(1969): 随意運動の発生. 言語と精神発達, 明治図書.

17) Luria, A.N.(1974), 森岡修一 訳(1976): 認識の史的発達, 明治図書.

18) Miller, G., Galanter, E. and Pribram, K.(1960): *Plans and the Structure of Behavior.* Holt, Rinehart and Winston, New York.

19) Moll, L.C.(1990): Introduction. In : Moll, L.C.(ed.), *Vygotsky and Education*, pp. 1-27. Cambridge University Press.

20) 茂呂雄二(1999): 具体性のヴィゴツキー, 金子書房.

21) Ochs, E.(1983): Cultural dimensions of language acquisition. In : Ochs, E. and Schieffelin, B.B. (eds.), *Acquiring Conversational Competence*, pp.185-191. Routledge and Kegan.

22) Rogoff, B. and Lave, J.(eds.)(1984): *Everyday Cognition* ; *Its Development in Social Context.* Harvard University Press.

23) Scribner, S.(1984): Studying Working Intelligence. In : Rogoff, B. and Lave, J.(eds.), *Everyday Cognition* ; *Its Development in Social Context*, pp.9-40. Harvard University Press.

24) Smirnov, A.A.(1966), 天野 清 訳(1967): ソビエト心理学の発展の道. ソビエト心理学研究, **3** : 1-29.

25) Stein, B.S., Bransford, J.D., Franks, J.J., Owings, R.A., Vye, N.V. and McGraw, W.(1982): Differences in precision of self-generated elaborations. *Journal of Experimental Psychology* ; *General*, **111** : 399-405.

26) Suchman, L.A.(1987): *Plans and Situated Actions* ; *The problem of human machine communication.* Cambridge University Press.

27) Vygotsky, L.S.(1930-1931): *История Развития Выешиx Психическнх Функций.* 柴田義松 訳(1970): 精神発達の理論, 明治図書.

28) Vygotsky, L.S.(1934): *Мышление и Речв.* 柴田義松 訳(1962): 思考と言語, 明治図書.

29) Vygotsky, L.S.(1977): The Development of Higher Psychological Functions. *Soviet Psychology,* **15** (3): 60-73.

30) Vygotsky, L.S.(1929): The problem of the cultural development of the child. *Journal of Genetic Psychology*, **36** : 415-432.

31) Vygotsky, L.S.(1930): The Instrumental Method in Psychology. In : Wertsch, J.V.(trans. and ed.),

第1章 発達に対する社会歴史的アプローチ   *427*

The Concept of Activity in Soviet Psychology, pp.134-143. M.E. Sharpe, Armonk, New York.

32) Wertsch, J.V.(1979): From social interaction to higher psychological processes. *Human Development,* **22** : 1-22.

33) Wertsch, J.V.(1984): The Zone of Proximal Development ; Some Conceptual Issues. In : Rogoff, B. and Wertsch, J.V.(eds.), *Children's Learning in the "Zone of Proximal Development"*, pp.7-18, Jossey-Bass Publishers.

34) Wertsch, J.V.(1985): *Vygotsky and Social Formation of mind*. Harvard University Press.

35) Wertsch, J.V.(1990): The voice of rationality in a sociocultural approach to mind. In : Moll, L.C. (ed.), *Vygotsky and Education*, pp.111-126. Cambridge University Press.

36) Wertsch, J.V.(1991): A Sociocultural Approach to Socially Shared Cognition. In : Resnick, L.B., Levine, J.M. and Teasley, S.D.(eds.), *Perspectives on Socially Shared Cognition*. American Psychological Association, Washington, DC.

37) Wertsch, J.V.(1991): *Voices of the Mind ; A Sociocultural Approach to Mediated Action*. Harvard University Press, Cambridge, MA. 田島信元, 佐藤公治, 茂呂雄二, 上村佳世子 訳(1995): 心の声 ; 媒介された行為への社会文化的アプローチ, 福村出版.

38) Wertsch, J.V.(1993): Commentary. *Human Development,* **36** : 168-171.

39) Wood, D., Bruner, J. and Ross, G.(1976): The role of tutoring in problem solving. *Journal of Child Psychology and Psychiatry*, **17** : 89-100.

第2章

認知発達の理論 ——ピアジェ学派——

　ジャン・ピアジェの理論は，ピアジェ自身が発生的認識論(épistémologie génétique)と名づけている．認識論(epistemology)は，もともと存在論(ontology)とならぶ哲学の重要な研究分野の一つである．しかし，思弁的な哲学の認識論を実証的に検証可能な科学的認識論に発展させたのがピアジェであった．

　ピアジェは，生物学者として研究者のキャリアをスタートし，生物の進化と発生の問題から，人間の思想の進化と，子どもの認知の発達を研究テーマとするようになった．ピアジェは，最初哲学に大きな期待をかけていたが，その思弁的な方法に大きな限界を感じ，『哲学の知恵と幻想』(1965)を書くに至って哲学と訣別した．「哲学者は一度にすべてのことを語ろうとする．しかし，科学者は一度に一つのことを語るように努めるべきだ」というのが，ピアジェの残した重要な箴言である．心理学の一つひとつの実験は，一見些細な問題を取り上げているようだが，方法論が確立されていれば，そのようなデータの積み重ねによって理論が検証されていくとするものである．

　上述のように，ピアジェの発生的認識論は，認識の系統発生(人間の思想の進化の科学史的研究)と認識の個体発生(子どもの認知発達の心理学的研究)という二つの大きな柱から成り立っている．しかし，これは"個体発生は系統発生を繰り返す"という，生物学者ヘッケル(Haeckel, E.H.)の反復説(recapitulation theory)の単純な焼き直しではない．子どもの認知の発達順序が科学史上の原理や法則の発見順序と必ずしも一致しないことは，たとえばユークリッド幾何学とトポロジー幾何学の順序性によって示されている．すなわち，数学の歴史とは逆に，子どもは距離や角度を絶対視するユークリッド幾何学よりも，空間の包含関係を重視するトポロジー幾何学的な概念を先に理解することを明らかにしたのはピアジェにほかならない．

第2章　認知発達の理論　　　429

2.1　ピアジェの発生的認識論

　認知(cognition)とは，簡単にいうと"知ること(knowing)"である．スイスのジャン・ピアジェ(Piaget, J. : 1896-1980)の発生的認識論は，認知をその発生から説き起こし，しかもその発生過程を系統発生(人類史からみた諸科学の発展過程)と個体発生(個人史からみた認知の発達過程)の両面からとらえようとしたところに，そのユニークさと重要性があるといえよう．本章では，ピアジェの理論と，その影響下に現れた最近の認知発達理論の主要なものを概観する．

　ピアジェは早熟な生物学者として，10代から研究のキャリアを出発させたが，20代から心理学の研究を始め，自分の3人の子どもを含む大勢の子どもたちの認知発達過程を調べた．しかし，ピアジェは自身を心理学者ではなく発生的認識論学者と任じ，ジュネーブに国際発生的認識論研究センター(International Center for Genetic Epistemology)を創設した．

　ピアジェは生涯に多くの著書・論文を書いたが，それは大別すると認識の系統発生の研究と認識の個体発生の研究とに分けることができる．以下，順次説明することにしよう．

a.　認識の系統発生

　ピアジェは，『発生的認識論序説』(1950)，『構造主義』(1968)，『人間科学序説』(1970)などの著作の中で，数学・物理学・化学・生物学などの自然科学，法学・経済学・社会学・心理学・言語学などの人間科学について，その発展過程を論じている(Piaget, 1970)．しかし，科学史全体の問題は本書の趣旨からはずれるので，ここではピアジェが学問の発展過程の中で心理学をどう位置づけたかのみを論ずることにしたい．

1)　学問の発展過程 —— 心理学の位置

　心理学を支える大きな柱の一つは，1879年にドイツのヴント(Wundt, W.M.)がライプチッヒ大学に心理学実験室を創設して以来の実験科学としての伝統である．ピアジェは，科学における実験の意味について次のように論じている．

　科学というと実験がつきものと考えがちだが，必ずしもそうではない．たとえば，天文学や地質学という分野では，基本的に実験ということはできない．しかし，天体の観測や地層の観測によって仮説を立て，その仮説が予測する現象を発見することによって，理論の正しさを検証することができる．一般に人間科学では，実験の困難な領域が多い．しかし，一切実験というものを行わなくても，確実なデータを提供することは可能である．その代表例は人口学であり，出生や死亡の統計を正確にとることによってある地域の人口動態を把握することができ，そのデータが他の多くの人間科学の議論の論拠を提供している．つまり，実験よりも測定の方が重要であるという領域が科学の中では少なくないので

ある.

　心理学は，人間科学の中では，洗練された実験方法を開発し，それによって多くの研究を行ってきた．これは，実験ということが困難な経済学や社会学などと比べて心理学の有利な点である．しかし，問題は測定の確かさにある．心理学の測定は，自然科学の測定に比べると，必ずしも高い客観性や精度を有しているとはいえない．心理学の実験結果がどの程度有用であるかは，この測定の問題をどう解決するかにかかっている．

　心理学では，実験の方法よりもむしろ測定の精度や客観性に問題があるという以上のようなピアジェの指摘は，心理学の今後の発展を考えるうえで大変重要なものと思われる．

2）哲学と科学の差異

　哲学は，あるゆる学問の基礎である．しかし，ある特定の分野において独自の方法論が開発されたとき，その分野は哲学から分科し，独立した学問体系となる．もともと"科学"ということばは，哲学から"分科した学問"という意味である．だから，"科学"を意味する英語の "science" は，複数形の "sciences" で表す方がよいといわれる．ところで，このように諸科学が次々と独立し，独自の発展をとげていっても，哲学の役割がなくなるわけでは決してない．哲学のもつ体系性や総合性は，学問全体にとって重要である．ピアジェは，この哲学と科学の違いについて次のように述べている．

　哲学者は物事を全体的，包括的にとらえようとする．したがって，哲学者が何かを語ろうとするときには，一度にすべてのことを語ろうとする．これに対して，科学者は自制し，自己限定して対象に取り組もうとする．そこで，科学者は一度に一つのことだけを語ろうとする．したがって，「科学者は，1か月のうち1日だけを理論的考察にあて，あとの時間はひたすら実験をするのが望ましい」という考え方にピアジェは賛同する．

　ピアジェの認知発達理論に対して，たとえば「感情の問題や社会性の問題を過小評価した発達理論には限界がある」という批判がなされてきた．確かに，ピアジェの理論は，発達について何もかもを語っているわけではない．あるいは，ピアジェは生物学的な人間観から終生ぬけ出られなかったのかもしれない．しかし，ピアジェは，科学者が研究対象や研究テーマを自己限定するのをむしろ当然のことと思っていたことであろう．

b.　認識の個体発生

　次に，認識の個体発生に関するピアジェの考え方をまとめてみよう（Piaget と Inhelder, 1966）．ピアジェの認知発達理論における二つの重要なキーワードは，"シェマ"と"操作"である．はじめに，このことについて簡単に説明する．

1）シェマと操作

　シェマまたはスキーマ(schema)ということばは，はじめ神経学の分野で用いられ，イギリスの心理学者のバートレット(Bartlett, F.C.)が心理学に導入したとされる．現在ではこの用語は，心理学のさまざまな分野で，さまざまな意味に用いられているが，ピアジ

ェのいうシェマは、"認識の枠組み"という意味に理解することができる。すなわち、われわれが外界を認識するためには、認識のための何らかの装置が必要である。いまこれをシェマということばで呼ぶとする。シェマが適切であれば、われわれは外界からさまざまな情報を取り入れることができる。ピアジェは、この過程を同化(assimilation)と呼ぶ。なお同化は、異化(dissimilation)と対応する生物学用語で、食物の消化のように"取り入れ"という基本的な意味をもつものである。ところが、シェマが情報を取り入れるのに適さない場合には、シェマそのものを変更しなくてはならない。ピアジェは、これを調節(accommodation)と呼ぶ。われわれの物事の理解は、このような"シェマの同化と調節"というダイナミックな過程を通じて行われているのである。

もう一つの重要なキーワードは、操作(operation)である。"操作"ということばは、たとえば、"自動車の運転操作を誤ってガードレールにぶつかった"というような場合には、実際に手で物や機械を動かすことを意味する。しかし、ピアジェのいう操作は、実際の動きではなく、それを頭の中で行うことをさしている。たとえば、足し算をする場合、対象物を指で数えることに対し、暗算で計算することが操作にあたる。ピアジェと同時代に活躍したフランスの心理学者ワロン(Wallon, H.)は『行為から思考へ』という著作を残しているが、操作は"行為が思考に内化されたもの"ということができる。ピアジェによれば、認識の発達とは操作的思考の発達にほかならない。ピアジェは、この操作的思考の発達を次に示すような四つの時期に大別した。

2) 操作的思考の四つの発達期

ピアジェは、操作的思考の発達という観点から、誕生から15歳ごろまでの子どもの認知発達を感覚-運動期(0~2歳)、前操作期(2~7歳)、具体的操作期(7, 8~11歳)、形式的操作期(11, 12~15歳)という四つの大きな時期に分けた。以下に、それぞれの発達時期の特徴の概略を説明する。

a) 感覚-運動期　ピアジェは、誕生から2歳ごろまでの時期を感覚-運動期(sensory-motor period)と呼んだ。この時期の認知の一つの大きな特徴は、感覚と運動反応が、さまざまな表象を介さずに直接に結びついている点にある。誕生から生後6か月ごろまでにみられるさまざまな新生児反射は、その代表例である。

ここで表象(representation)とは、目の前にないものを頭の中で再現したものをいう。表象の出現は、感覚-運動期からの脱却を意味する。この点で重要な現象は、"物の永続性"の理解である。たとえば、乳児にオモチャをみせたのち、急にそれをかくしたとする。発達の初期の乳児は、何が起こったのかわからない様子で平気な顔をしている。しかし、発達とともに、乳児はかくされたオモチャをさがしたり、ほしがって泣いたりするようになる。このような物の永続性の出現は、表象の発達を示唆するものである。

また、平均的にいえば2歳ごろから出現する言語(話しことば)の発達は、高次の表象機能の発達にとってきわめて重要な条件である。しかし、言語は2歳になって突然出現する

のでなく，長い準備期間がある．この感覚運動期はその準備期間であるといえよう．

b) 前操作期　2歳ごろから7歳ごろまでの時期は前操作期(preoperational period)と呼ばれる．なお，この時期以降の三つの時期では，その名称に"操作"ということばが含まれる点に注意したい．前述のように，操作とは"行為が表象として内化されたもの"という意味である．そして，ピアジェは，行為の内化がいろいろな点でまだ十分に行われない発達の時期を前操作期と呼んだのである．

前操作期の表象のあり方として，象徴機能の出現が特徴的である．象徴(シンボル)とは，ある事物を何か関連のある別の事物で表すことをいう．ままごとのような"ごっこ遊び"は，子どもの象徴機能が明確にみられる典型的な場面である．

また，この時期の子どもは絵をせっせと描き始め，描画が重要な表現の手段となる．しかし，前操作期の子どもの絵は，たとえば押し車の絵を書くとき，人が横から押しているところと上からみた様子が同時に一つの絵として描かれるなど"多視点的"であり，遠近画法からはほど遠い．すなわち，子どもたちはみたものをそのまま描くのでなく，自分の描ける図形に対象物を引き寄せて描くのである(Cox, 1992)．

ピアジェは，幼児の話すことばは，自分にはわかっているが他人には伝わりにくい(Piaget, 1924)とか，幼児は他人がみているものを想像することが困難である(Piagetと Inhelder, 1956)という研究データから，前操作期の思考の特徴を自己中心性(egocentrism)ということばで表した．これに対しては，自己中心性が"利己主義(egoism)"と紛らわしい用語であるということを含め，多くの心理学者からの反論があり，結局ピアジェは"自己中心性"ということばを使うのをやめ"中心化"ということばを使うようにした(Piaget, 1966)．

c) 具体的操作期　ピアジェは，7～8歳ごろから11歳ごろまでの時期を具体的操作期(concrete operational period)と呼んだ．具体的操作期の子どもは，前操作期に比べるとより多様な論理操作が使えるようになるが，その適用範囲はまだまだ限定されている．たとえば，同じ論理操作であっても，その内容が具体的であればうまく論理操作が使えるが，内容の抽象度が高くなると失敗しやすいのである．

保存性と分類は，具体的操作期に成立する二つの代表的な論理操作といってよい．保存性(conservation)とは，物質がそのみかけの特徴を変化させても，数・重さ・長さ・面積・物質量・液体量などの本質的特徴は変化しないことをいう．たとえば，液体量の保存性は，二つの同形のコップに水を同量入れ，片方のコップの水を別の容器に移してもなお同量と判断できるかどうかというテストで調べられた．しかし，同じ保存性といっても，数の保存性は比較的早い時期にわかるが，液量の保存性は遅くに理解される．ピアジェはこの現象をズレ(décalage)と呼んだ．

分類(classification)の操作は，事物の認識の基礎として重要なものであるが，この時期には加法的分類と乗法的分類の両方が理解できるようになる．加法的分類とは，「赤帽

の子と白帽の子が運動場にいる$(A+B=C)$」とか,「生物は動物と植物に分かれる$(Z=X+Y)$」という形式の分類をいう.他方,乗法的分類とは,たとえば色(黒,白)と形(四角,星)を組み合わせて,図4.2.1に示すような"黒い四角"などの関係を構成することである.

	黒	白
四角	■	□
星	★	☆

図4.2.1 乗法的分類の例

d) 形式的操作期　　最後に,11〜12歳から14〜15歳にかけての時期は形式的操作期(formal operational period)と呼ばれる.形式的操作とは,思考の内容と形式を分離し,内容が具体的な事柄だけでなく,抽象的な関係や,単なる可能性の問題や,事実に反する仮定についても,同一の論理形式を用いて推論することができることをさす(InhelderとPiaget, 1958).

たとえば,距離や時間という概念はまだしも具体的に理解しやすいが,速度はきわめて抽象的な概念である.そこで,"速度＝距離÷時間"の公式は理解できても,"距離＝速度×時間"や"時間＝距離÷速度"はわかりにくい.しかし,形式的操作の思考では,この三つの関係式を同等に使って考えることができるはずである.

最初ピアジェは,この形式的操作の思考が15歳ごろまでに完成するとしたが,その後の追試研究では,むしろその説に否定的なデータが多く示された.また,ピアジェが形式的操作の発達を理科や数学の分野に限定したことに対してもさまざまな批判が行われた.そこで,1972年にピアジェは理論の修正を行い,形式的操作の完成時期に個人による差や文化による差があること,また個人の適性によって獲得される論理的思考の種類が異なることを認めた(Piaget, 1972).

c. 後期ピアジェの理論

ピアジェ理論は,だいたい1950年代までにその大枠ができ上がったとみることができる.もちろん,すでに述べたように,ピアジェは1972年に理論の一部修正を行ったわけだが,ピアジェの理論に則って行われた追試研究の多くは,主として1950年代までのピアジェの文献に依拠している.

しかし,ピアジェは,自身の理論の絶えざる洗練を試み,晩年になっても多くの著作を書き続けた.ところが,このような晩年のピアジェの著作は難解であり,しかも一時ピアジェがもてはやされた時代の反動のように生じてきた"ピアジェ離れ"のために,後期ピアジェの理論についてはわが国ではほとんど紹介されていない.筆者もまた,それを語る資格を十分に有するものではないが,知りえたその一端を以下に述べることにしたい.

1) 意味の論理学

ピアジェとガルシア(Garcia, R.)の共著『意味の論理』は,「ピアジェ最後の著作」といううたい文句の本である(PiagetとGarcia, 1991).これは,ピアジェの没後に出版されたものであり,厳密にはピアジェ自身の著作とはいえないが,ピアジェの最晩年の1978〜1979年の仕事と手稿に基づくものである.ピアジェらは,この本を通じて認識論

的分析のための方法の開発を試み,"意味の論理学"の構成をめざした.
　では,この"意味の論理学"とはいったいどういうものであろうか.数学や論理学では,外延(extension)と内包(intension)の区別が重要である.数学では,ある集合の要素を列挙したものをその集合の外延的定義,集合の要素を概括する規定をその集合の内包的定義という.たとえば,

$$A = \{x \mid x = 1, 2, 3, 4\}$$
$$B = \{x \mid x \leq 4 \text{ の自然数}\}$$

は,じつは同じ集合を表すが,A は外延的定義,B は内包的定義となっている.他方,論理学では,外延とはある概念が指示するものを,内包とはその概念が意味するもの,または喚起するイメージをいう.たとえば,"明けの明星"と"宵の明星"は,われわれに対して少しずつ違った意味やイメージを与える(内包).しかし,実際にはどちらも"金星"のことをさしている(外延).ピアジェのいう"意味の論理学"は,この内包的意味を記述するための論理学ということになる.

　ピアジェは,子どもの認知発達の背後にある論理の発達として,命題論理の 16 の二進操作(16 binary operations of propositional logic),群性体(groupment),INRC 群(INRC group)などの論理構造の発達過程として記述しようとした.この構想は,『意味の論理』においても基本的に維持されている.ここでは,この本の中の 16 の二進操作の発達に関わる実験を紹介しよう.

　実験装置は,図 4.2.2 の略図に示されるような縦 110 cm×横 50 cm×高さ 5 cm の複雑なトンネルである.左側の道 T からオモチャの自動車が入り,右側のガレージ G_1〜G_8 のどこかに駐車する.この自動車にはリボンが結びつけてあり,通った道にはリボンが残る.道 T は,道 A_1 と A_2 に分かれる.さらに,A_1 は B_1 と B_2 に,A_2 は B_3 と B_4 に分

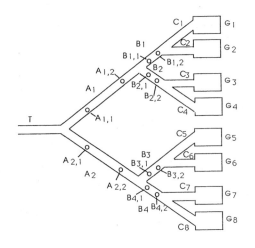

図 4.2.2　木構造の理解課題(Piaget と Garcia, 1991)
T から入ったオモチャの自動車が G_1〜G_8 のどのガレージに入っているかを,結びつけられたリボンの位置をたよりに発見する課題.

かれる．同様にして，それぞれの道は C_1 から C_8 までのいずれかの道を経て，ガレージ G_1 から G_8 までのどれかにつながる．AとBの道には，小さな丸窓（$A_{1,1}$ など）がついていて，そこを開けてリボンがあるかどうかを調べることができる．課題は，子どもたちがどうやってどのガレージに自動車があるかを発見するかである．

この課題に対する子どもたちの言語反応が記録され，レベルＩA，ＩB，Ⅱ，Ⅲの4段階に分類された．

レベルＩAは，4～5歳の子どもに多くみられる反応で，たとえばGのガレージを手あたりしだいに開けていこうとするような反応である．

レベルＩBは，上のような純粋に経験主義的なやり方から，半分演繹主義的なやり方をとるようになった段階であり，"A_1 にリボンがあれば，B_1 か B_2 のどちらかを通る"という部分的な理解が生じ始める．

レベルⅡは，7～8歳ごろであり，Aから調べるのがよいことがわかり始めるが，窓を開ける最少必要回数が何回かはまだわからない．

レベルⅢになると，必ずAから調べ始め，3回窓を開ければ正解に達することがわかるようになる．要するに，7～8歳の具体的操作期から，この木構造（tree structure）における操作的分類が可能になるというのである．

2）ピアジェが遺したもの，し残したこと

ピアジェの発達理論は，論理構造の発達を中心に展開されたものである．ピアジェは，子どもの知覚・思考・言語・道徳性など幅広いテーマを研究対象としたが，それらの発達の背後にある共通した論理構造を明らかにしようと試みた．子どもの発達の背後にある論理として，上述のようにピアジェは16の二進操作のほか，具体的操作期の思考の背後にある群性体の発達や，形式的操作期の思考の背後にあるクラインの4元群（INRC群）の獲得という考え方を導入し，論理学者と論争を巻き起こした．

こうした試みは大変意欲的であり，また最晩年の『意味の論理』まで続けられたという意味で首尾一貫したものであるが，群性体にしても，INRC群にしても，認知発達の説明原理として十分なものというにはほど遠いといわざるをえないし，豊かな発展性があるかどうかもいささか疑問である．

ピアジェが発達を主として認知の問題に限定して，感情発達や，母子関係などの社会的発達の問題をあまり取り上げていないことについては，先述のようにピアジェなりの自己限定の結果として理解することができるが，そういう発達の側面を重視する立場からは物足りないと思われても仕方がないであろう．しかし，他方において，ピアジェほど巨視的に子どもの発達を考察した学者は他に類をみないということもまた事実である．

ピアジェはまた，子どもの認知発達を研究するためにずいぶん多くの方法を開発した．たとえば，物の永続性の課題，視点の"自己中心性"を調べるための課題，分類課題，保存性の課題，道徳判断の課題，比例概念の課題などであり，このピアジェの方法に則って

数多くの追試研究がなされてきた(天岩, 1982).

ピアジェの研究は, 子どもとの1対1の対話の内容を逐語的に記録し, それを質的に段階Ⅰ, 段階ⅡA, 段階ⅡB, 段階ⅢA, 段階ⅢB のように分類する方法をとってきた. これを"臨床法"という. しかし, ピアジェらは, 結果の数量的分析はほとんど行っていない. だから, 一部には科学的議論に耐えうるデータではないと考えられ, 当初アメリカの心理学界に受け入れられなかったのもこのことが一因であっただろうし, 最近のアメリカの心理学者たち(とくに後述する"新ピアジェ派"と呼ばれる研究者たち)のピアジェに対する批判には, いつもこの論点が含まれている.

2.2 ピアジェ以後の認知発達理論

ピアジェの認知発達理論は, その追試研究もたくさん行われたが, 同時に幾多の批判もあびてきた. 毀誉褒貶はグランド・セオリーにつきものではあるが, 別の側面として, いくら偉大な理論であっても時代の変化には抗することができないということがある.

本節では, ピアジェ以後に出てきた新しい研究の流れについて, 乳児期の認知発達研究を進めたイギリスのバウアーの理論と, 主として幼児期以降の認知発達の問題を取り扱ってきた, いわゆる新ピアジェ派の理論の二つを中心に紹介する.

a. バウアーの理論 —— 認識の生得性 ——

バウアー(Bower, T.G.R.)は, 主としてイギリスのエディンバラ大学で研究活動にたずさわり, のちにアメリカのテキサス大学に移った発達心理学者である. バウアーは, さまざまな点でピアジェ理論の影響を受けていると思われるが, その研究方法はピアジェの亜流ではなく, バウアーらが独自に開発したものであり, とくに新生児期や乳児期の赤ちゃんの視知覚の特徴を実験的に次々と明らかにし(Bower, 1974), ピアジェ理論がカバーできなかった問題に新たな光をあてた功績は大きい.

1) 視知覚機構の生得性

バウアーがさまざまな種類の実験を通じていいたかったことの一つは, 乳児の視知覚機構の生得性ということである. たとえば, 人間の眼には知覚の恒常性(constancy)という現象がある. すなわち, 物の大きさや形などは, 眼と物の相対的位置関係が変化すると違ってみえるはずだが, 眼はなるべくもとの大きさやもとの形が維持されるように知覚しようとする傾向がある. だから, 紙に書いた円図形を傾けていくと楕円にみえるはずだが, 相変わらず円のままと知覚されやすいのである. バウアー(Bower, 1966)は, 巧妙な実験方法を用いて, 乳児の眼が大人と同じように大きさや形の恒常性をもっていることを示した.

この実験は, 簡単にいうと次のようなものである. 赤ちゃんにある図形をみせ, 赤ちゃ

んが首を回す反応をすると——枕にスイッチが仕掛けてあり，いつ首を回したかがわかるようになっている——，そのたびに実験者が"イナイイナイバー"をしてやる．すると，いわゆるオペラント条件づけが生じ，赤ちゃんが図形に対して首を回す頻度が高くなる．その後，別の図形をみせたとき，首を回す反応が生ずれば先ほどの同じ図形と判断していることになり，首を回す反応がみられなければ別の図形と判断していることになる．

　大きさの恒常性の実験では，最初1辺が30 cmの立方体をみせてオペラント条件づけを成立させ，その後，① 大きさが同じ立方体を3倍遠くの距離におく，② 1辺が90 cmの立方体を同じ距離におく，③ 1辺が90 cmの立方体を3倍遠くの距離におく，という三つの条件で提示してみた．赤ちゃんの網膜には，③の立方体がもとの立方体と同じ大きさに写るはずだが，実際に首を回す反応の頻度が最も高かったのは，①の大きさが同一の立方体であり，赤ちゃんにも大きさの恒常性があると解釈できる結果が得られた．同様にしてバウアーは，形の恒常性が赤ちゃんにみられることについても示したのである．

　また，ピアジェの理論と密接に関連するバウアーの研究として，新生児や初期の乳児にも物の永続性の概念があることを示そうとした実験がある．図4.2.3に経過を示すように，最初赤ちゃんにある物を示し，次にスクリーンで徐々にそれを覆いかくすようにする．しばらくしてからそのスクリーンを取り除くが，一つの条件では物が再び現れるのに対し，もう一つの条件では物が消えてなくなってしまっている．新生児にこの実験を行い，心拍数を指標に赤ちゃんが驚くかどうかをみたところ，物が消える条件で心拍数の変化が観察されたのである．

　以上のようなバウアーの一連の研究は，乳児の視知覚の機構が生得的に備わったものであること，ピアジェが規定した以上に乳児の能力が高いことを示唆しており，この点でピアジェ理論に大きな修正を迫るものであるといえよう．

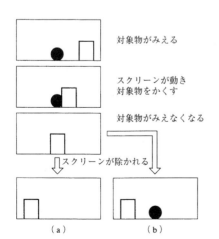

図4.2.3 物の永続性に関するバウアーの実験(Bower, 1982)
対象物が消える(a)では，対象物が再び現れる(b)に比べて，赤ちゃんの心拍数の変化が大きい．

2） 乳児の論理性

バウアーは，その近著『賢い赤ちゃん』において，乳児の思考の論理性について論じている(Bower, 1989)．バウアーによれば，乳児はもともと理性的(rational)な存在である．たとえば，ピアジェが形式的操作期以降に達成される課題とした $p \subset q$ (p ならば q であるの意味)という含意(implication)の理解は，じつは赤ちゃんにも可能であることを，バウアーらは次のような実験で示した．

図4.2.4は，その実験場面を示している．スクリーンの前に座っている赤ちゃんの足元に，光電管からの目にみえない光が走っている．赤ちゃんが足をあげ，それが光の進路を妨害すると，光が受光器に達しないことがスイッチとなって，スクリーンに赤ちゃんが好むスライドが提示される．こういう条件に赤ちゃんをおくと，赤ちゃんは何度も足をあげて，スライドの出現を楽しむかのような行動をする頻度が高くなる．ここでは，

$$（足をあげる）\subset （スライドが映る）$$

という含意関係の理解が成立しているとバウアーは解釈するのである．

バウアーは，赤ちゃんは理性的な存在として生まれてくるが，その理性的な心の働きを

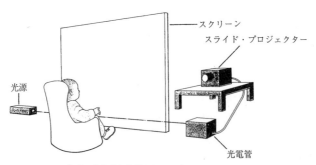

（a） 光線はさえぎられていない

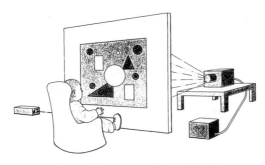

（b） 光線が赤ちゃんの足でさえぎられる

図4.2.4 バウアーの実験(Bower, 1989)

第2章 認知発達の理論　　　　　　　　　　　　　439

妨害するのはほかならぬ大人であるとする．たとえば，赤ちゃんが生まれたばかりのこ
ろ，多くの親は赤ちゃんが泣くたびにあやしてやる．すなわち，赤ちゃんは，

　　　　　　　　　　　（泣く）⊂（あやしてもらえる）

という含意関係を経験する．しかし，赤ちゃんが大きくなると，少々泣いても親はいちい
ちあやさないようになる．また他方において，親は赤ちゃんがとくに泣いているわけでも
ないのに可愛いと思ってあやすことがある．"泣いてもあやしてもらえない"ことや，"泣
かなくてもあやしてもらえる"という経験は，"泣いたらあやしてもらえる"という含意
関係の理解にとって妨害的に作用する事象であることはいうまでもない．だから，理性的
な赤ちゃんの思考を妨害するのは大人の行動なのだ，とバウアーはいうのである．

b.　新ピアジェ派 —— 情報処理的発達観 ——

　1970年代からアメリカやカナダを中心として"新ピアジェ派（neo-Piagetian）"の研究
が登場してきた．"新ピアジェ派"といってもある特定の研究者集団の名称ではないし，
一つのまとまった理論的見解があるわけでもない．そのことは，たとえばデメトゥリオウ
編の『新ピアジェ派の認知発達理論』（Demetriou, 1988）を通覧するとよくわかる．しか
し，新ピアジェ派と呼ばれる研究者に共通するのは，ピアジェの認知発達理論に基礎をお
くと同時に，ピアジェの研究法の問題点を改良または洗練し，とくに子どもの情報処理過
程を緻密に分析しようとする点にある．この新ピアジェ派の代表的研究者と考えられてい
るのは，ケイス（Case, R.），スィーグラー（Siegler, R.S.），そしてパスカル-レオーネ
（Pascual-Leone, J.）らである．彼らの研究は，1970年代に始まり（Pascual-Leone,
1970；Case, 1972；Siegler, 1976），現在も続けられている．ここでは，新ピアジェ派の研
究の代表例として，まずスィーグラーの研究を簡単に紹介し，次に新ピアジェ派の理論の
特徴をケイスによるまとめから眺めることにしたい．

1）　スィーグラーの理論

　前述のように，ピアジェは子どもにある課題を与え，子どもと実験者との言語的応答を
もとに発達過程を分析した．このような言語的応答を重視する方法は，話しことばがまだ
発達途上にある幼児の認知能力を過少に評価することとなった．これに対して，スィーグ
ラーは，次のような二つの重要な提案を示した．

（1）　子どもの問題解決は，一見でたらめに答えているようにみえても，何らかのルー
　　　ルに従っている．そのルールは，年齢とともに洗練されたものになっていく．

（2）　子どもが用いているルールを明らかにするためには，使っているルールに応じて
　　　正答と誤答のパターンが明確に分かれるような問題を用意する必要がある．

　この前提のもとに，スィーグラーは子どもが問題解決場面で用いるルールを推定するた
めのルール評価アプローチ（rule-assessment approach）を提唱した（Siegler, 1976）．最初
スィーグラーは，ピアジェが形式的操作期の思考を調べるために用いた"天秤課題"を取

り上げ，ルール評価アプローチによる分析を試みた．まずスィーグラーは，子どもが用いるルールとして次の四つを仮定した．

ルールⅠ：重りの数だけを考慮する．
ルールⅡ：重りの数だけを考慮するが，同数でないときは支点からの距離も考慮する．
ルールⅢ：重りの数と支点からの距離の両方を考慮するが，両要因とも異なる場合は葛藤状態に陥り，一貫した解決法をもたない．
ルールⅣ：両側の(重りの数)×(支点からの距離)の結果を比較して判断する．

表 4.2.1 天秤課題における，児童が用いるルール別の正答率パターンの予測 (Siegler, 1976) 数字はパーセントを示す．

問題のタイプ	ルール Ⅰ	Ⅱ	Ⅲ	Ⅳ
A. 均衡	100	100	100	100
B. 重り	100	100	100	100
C. 距離	0「釣り合う」という	100	100	100
D. 葛藤─重り	100	100	33 チャンスレベルの反応	100
E. 葛藤─距離	0「右が下がる」という	0「右が下がる」という	33 チャンスレベルの反応	100
F. 葛藤─均衡	0「右が下がる」という	0「右が下がる」という	33 チャンスレベルの反応	100

第2章　認知発達の理論　　　　　　　　　　　　　　　　　　　　441

　次にスィーグラーは，子どもがどのルールを用いているかを推定するために，表4.2.1に示すような6種類の問題タイプを用意した．表4.2.1の正答率のパターンは，各ルールに完全に従った場合の予測値を表している．

　5～6歳児，9～10歳児，13～14歳児，16～17歳児各30人を対象とし，個別に実験を行った結果，各年齢群の問題ごとの正答率(パーセント)は表4.2.2のようになった．この表から，5～6歳児はルールⅠに，9～10歳児はルールⅡに，13～14歳児はルールⅢに近似的に対応しているが，ルールⅣは16～17歳児でも十分にあてはまらないことがわかる．

　このように，スィーグラーは最初"天秤課題"を用いて子どものルールを推定する研究を行ったが，その後この方法を"光源からの距離と影の大きさ"，"確率"，"液量の比較"など多くのピアジェ課題に応用した．

　ピアジェが用いた課題を新しい方法論で分析し直すという点で，スィーグラーはピアジェに比較的忠実な新ピアジェ派の代表といえるかもしれない．しかし，そのスィーグラーもその後，子どもの発達が一つの問題解決方略から別の問題解決方略へと直線的に移行するのではなく，複数の問題解決方略をもちながら，子どもが自分に合った問題解決方略を適応的に選択する，とする方略選択(strategy choice)の理論を展開している(Siegler と Jenkins, 1989)．たとえば，幼児が「3＋5」という加算問題を実行する場合，答えを出すためにとられる方略として次の8種類が区別された．

① 合計方略：数えるごとに指を1本ずつあげながら「1, 2, 3, 4, 5, 6, 7, 8」という．
② 近道合計方略：指を3本と5本あげ「1, 2, 3, 4, 5, 6, 7, 8」という．
③ 被加数からの合計方略：指を1本ずつあげながら「3, 4, 5, 6, 7, 8」という．
④ ミン(min)方略：指を1本ずつあげながら「5, 6, 7, 8」という(大きい数からの数えあげ)．
⑤ 指再認方略：指を3本と5本あげ，数えずに"8"という．
⑥ 分解方略：3＋5は4＋4に似ているから，答えは8というように答える．
⑦ 推測方略：直接答えをいい，どうして数えたか聞かれると「そう思ったから」という．
⑧ 記憶検索方略：直接答えをいい，どうして数えたか聞かれると「知っているから」

表4.2.2 年齢群別，問題別の天秤課題の正答率(%) (Siegler, 1976)

問　　題	5～6歳児	9～10歳児	13～14歳児	16～17歳児
均　　衡	94	99	99	100
重　　り	88	98	98	98
距　　離	9	78	81	81
葛藤―重り	86	74	53	51
葛藤―距離	11	32	48	50
葛藤―均衡	7	17	26	40

という.

スィーグラーたちは，4〜5歳の幼児8人を11週間にわたって調べた．子どもたちのその日の調子で実施できる問題が変動したので，加算問題の総数は最小の子どもで130問，最多で244問と個人差が生じた．全体としてみると，観察期間の初期では"合計方略"の頻度が高かったが，後期では"ミン方略"と"記憶検索方略"が増え，より洗練された方略の選択が行われるようになっていった．しかし，個人ごとに使用した方略の種類を調べると，4種類から7種類までであり，その範囲の中で問題ごとに方略選択が行われていることが示された(Siegler と Jenkins, 1989)．

2) ケイスによる新ピアジェ派理論の分析

ケイスは，新ピアジェ派の理論の特徴についてまとめる論文を書いている(Case, 1992)．彼は新ピアジェ派の理論を，a)ピアジェの体系を継承している部分，b)ピアジェの体系を発展させている部分，c)ピアジェの体系を変更した部分の三つに分けて整理した．紙幅の関係で，具体的な細かな議論に立ち入ることはできないが，このケイスの整理を以下に要約して紹介する．

a) ピアジェの体系を継承する公準　　以下の五つの点について，新ピアジェ派はピアジェの理論を基本的に継承している．

a-1．子どもは，経験を既存の認知構造に同化する：すなわち，子どもは世界の観察者でなく，能動的に世界を同化する(取り入れる)存在である．

a-2．子どもは，自分自身の認知構造を創造する：子どもの認知構造は，単に経験の産物ではなく，経験を一貫した形で体制化しようとする試みの産物でもある．

a-3．子どもは，普遍的な構造の水準の系列を通過していく：子どもの知的発達において，認知構造の一般的水準を三つないし四つの時期に区分しうる．

a-4．先の構造は，あとの構造に含められる：あとの段階のより抽象性の高い構造は，初期の段階の構造の上に構築される．

a-5．異なる構造を獲得する特徴的年齢を定めることができる：子どもがいわゆる最適の環境にあれば，ある水準の段階を獲得する特徴的な年齢範囲を定めることができる．

b) ピアジェ体系を発展させた公準

b-1．発達と学習は区別しなければならない：ピアジェが発達と学習の区別を行ったように，新ピアジェ派もこの両者を区別する．ケイス自身は，新しい認知構造の形成につながる"問題解決と探索"の過程と，既存の構造内での強い連合の形成につながる"固定と自動化"の過程を区別している．

b-2．発達の再構造化は，そのシステム全体に生ずる性質のものではない：中期のピアジェは，再構造化が構造全体に作用すると考えたが，後期のピアジェは，再構造化が一度に特定の部分だけに作用することを示唆した．新ピアジェ派は，後者の立場を支持する．

b-3．構造的系列の周期的反復を取り出すことができる：新ピアジェ派は，おのおのの

一般的発達段階において周期的な再帰が生ずると考える．これは，ピアジェの垂直的ズレ（vertical décalage）の概念を発展させたものである．

c） ピアジェの体系を変更した公準

c-1. 認知構造は再定義されねばならない：新ピアジェ派においては，子どもの認知構造は記号論理によって定義されない．むしろ，その形式，複雑さ，階層的統合の水準によって定義される．そこで，認知構造に及ぼす社会・文化的過程が重要な役割を果たす．

c-2. 子どもの認知構造の複雑さには，変化の上限がある：上に述べた認知構造の一般性と，文化的・文脈的特殊性は相矛盾する可能性が大きい．そこで，新ピアジェ派は，発達を制約する一般的過程と，この一般的制約の中で作用する特殊な過程を区別する．

c-3. 成熟は，変化の上限の規定に強力な役割を果たす：新ピアジェ派は，この上限の段階的変化を規定する，特定可能な生物学的要因が存在すると考える．

c-4. この上限の規定において，注意のシステムが強力な役割を果たす：新ピアジェ派は，子どもの注意の容量またはワーキング・メモリー（working memory）が認知発達の主要な制約要因であるとみなしている．

c-5. 発達の全体像の説明が可能になる以前に，個人差が考慮されねばならない：新ピアジェ派は，個人差が子どものワーキング・メモリーの利用の仕方を規定する重要な要因であるとしている．

このようにして，新ピアジェ派は，子どもの注意または情報処理容量を重視する結果，課題分析（task analysis）の重要性を強調する．すなわち，新ピアジェ派の研究者は，

（1） 子どもの遂行（成績）に影響を及ぼす外的状況

（2） そのような状況におかれたときに子どもがとる目標および方略

（3） その方略が課す情報の負荷

の分析を重んずるのである．

以上が，ケイスのまとめた新ピアジェ派の理論の特徴である．新ピアジェ派の研究は，よりミクロな分析を行う代わりに，研究テーマや対象に制約があるように思われる．たとえば，新ピアジェ派は，乳児の認知発達に関するデータはほとんど提出していない．

c. 最近の研究動向 ——“心の理論”研究——

これまで，ピアジェ以後の認知発達研究として，乳児期に焦点をあてたバウアーの研究と，幼児期から児童期の情報処理能力の発達に焦点をあてた新ピアジェ派の研究を紹介してきた．もう一つ，ピアジェ理論と間接的に関連する最近の重要な研究動向として，イギリスとアメリカを中心に発展してきた“心の理論（theory of mind）”の研究をあげることができる（Leekam, 1993；子安，1997, 1999, 2000）．

アメリカの動物心理学者プレマック（Premack, D.）らは，チンパンジーなど霊長類の動物が，たとえば“あざむき”行動のように，他の仲間の心の状態（mental states）を推測

しているかのような行動をとるという事実に注目し，これを"心の理論"と呼ぶことを1978年に提唱した．プレマックによれば，他者の目的・意図・知識・信念・思考・疑念・推測・ふり・好みなどの内容が理解できるのであれば，その動物または人間は"心の理論"をもつと考えるのである．

このプレマックらの提案を受けて，オーストリア出身の心理学者パーナー（Perner, J.）らは，誤った信念（false belief）課題を用いて幼児の"心の理論"を調べる研究を1983年に発表した（Wimmer と Perner, 1983）．これは，次のような課題である．なお，以下に示すのは，説明のための簡易版（Perner, 1991）による．

「マクシは，お母さんの買い物袋をあける手伝いをしています．マクシは，あとでもどってきて食べられるように，どこにチョコレートをおいたかをちゃんとおぼえています．その後，マクシは遊び場に出かけました．マクシのいない間に，お母さんはチョコレートが少し必要になりました．お母さんは"緑"の戸棚からチョコレートを取り出し，ケーキを作るために少し使いました．それから，お母さんはそれを"緑"にもどさず，"青"の戸棚にしまいました．お母さんは卵を買うために出ていき，マクシはお腹をすかせて遊び場からもどってきました．

〔テスト質問〕「マクシは，チョコレートをどこにさがすでしょうか？」

この課題の結果，3〜4歳児はほとんどが正しく答えられない（"青"を選ぶ）が，4〜7歳にかけて正解率が上昇するというデータが得られた．パーナーらは，この一連の研究の結果から，"心の理論"の出現の時期がおよそ4歳ごろからであるとしている（Perner, 1991）．

これに対して，アメリカの心理学者ウェルマン（Wellman, H.）は，3歳児が誤った信念課題で失敗することは事実であるとしても，3歳児にも他者の心を推測することが十分可能であるとし，パーナーと論争を起こしている（Wellman, 1990）．

"心の理論"の定義とそれが出現する時期については，現在も論争と研究が進められている．このような"心の理論"研究は，子どもを能動的に知識を探索する存在と考える点ではピアジェの考え方を受け継いでいるが，幼児が決して"自己中心的"存在ではなく，他者の心の状態を推測することが可能な，コミュニケーション能力を備えた社会的生物であると規定することによって，ピアジェの理論の限界を乗り越えようとするものでもあるといえよう．

"心の理論"研究のような最新の発達心理学の研究動向をみていると，ピアジェ理論はいささか影が薄くなった印象を受けるが，ピアジェの理論はなお参照され，引用されなければならないものである．そのことは，数多く出版されている"心の理論"の研究書の文献欄からも明らかである．

現象例
文科系と理科系

　ピアジェの認知発達の理論の中でいちばん問題となるのは，「11～12歳から14～15歳にかけての時期に，思考の内容と形式を分離し，内容が具体的な事柄だけでなく，抽象的な関係や単なる可能性の問題や事実に反する仮定についても同一の論理形式を用いて推論することができるようになる」とする"形式的操作期の理論"であろう．具体的操作期までは，ピアジェが用意した実験課題は豊富であり，研究データもかなりよくそろっている．また，ピアジェの理論に基づく追試研究の結果は，国や文化によってかなり変動はあるものの，大筋では承認できる部分が多い．

　ところが，形式的操作期については，イネルデとピアジェの『児童期から青年期への思考の成長』(Inhelder と Piaget, 1958) しかまとまった著作がなく，しかもそこで取り上げられている課題は理科と数学の問題に限定されている．

　また，多くの追試研究の結果から，形式的操作の理論とは合致しないデータが次々に現れるようになった(たとえば，図 4.2.5 のイギリスの研究データ参照)．15歳で完成どころか，ピアジェの基準では，大学生でも形式的操作の段階に達しないものの割合が高いことさえ示されている．また，ピアジェが形式的操作の発達を理科や数学の分野に限定したことに対しても，さまざまな批判が加えられた．

　ピアジェは，これらの批判を受けて 1972 年に理論の修正を行い，形式的操作の完成時期に個人による差や文化による差があること，また個人の適性によって獲得される論理的思考の種類が異なることを認めた．すなわち，たとえば，理学部の学生と法学部の学生では，学問上必要とされる論理の形式は異なって当然なのである．

　高等教育で問題となる文科系(literary courses)と理科系(science courses)の区分は，自明のこととして受けとめられているが，その認知心理学的基盤が明らかにされてきたとは必ずしもいいがたい．ピアジェの当初の理論では，この両者に共通な論理の発達があるはずだということになるが，1972年の修正理論では，適性の分化によって両者が分離するのは当然ということに変わった．この問題は，知識が領域固有(domain-specific)の発達をするのか，領域一般(domain-general)の発達があるのか，という重要な心理学的論点とつながる．ピアジェはこの問題を解決するこ

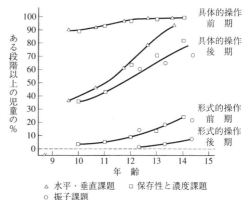

図 4.2.5 イギリスの代表的児童母集団におけるピアジェの発達段階の分布 (Shayer ら, 1976)

となくこの世を去ったが，領域一般の発達というピアジェの当初の考えを否定し去ってはならないだろう．それなしには，異なる学問の間の対話や，ひいては人間どうしの対話が成り立たないことになるからである．

エピソード

ピアジェとフランス語文化

　一般的に，世界的な学者として認知されるには，善かれ悪しかれ，いわゆるアングロ・サクソン（英米）文化圏で承認されることが重要である．

　心理学の発展に影響を与えた二大巨人といえば，フロイト（Freud, S.）と並んでジャン・ピアジェの名をあげる人が多いだろう．心理学論文の引用回数（citation index）の研究でも，かつてはこの二人がベスト2であった．しかし，フロイトが早くにアメリカの学界に紹介され，またユダヤ人であるためにナチズムの迫害から逃れてロンドンで最晩年を過ごしたこともあって，アングロ・サクソン文化に溶け込んだ（ロンドンにはフロイト博物館もある）のに対し，ピアジェはスイスのフランス語文化圏で生まれ，著作をフランス語だけで行ったこともあって，アングロ・サクソン文化圏での認知は比較的遅く，その時期は第2次世界大戦後，とくにイギリスの出版社ラウトレッジ（Routledge & Kegan Paul）から英語版の翻訳シリーズが出てから以降といってよい．そのピアジェも，晩年にはアメリカ心理学会の学会賞を受賞し（1969），アングロ・サクソン文化圏で完全に認知された．

　ピアジェの理論は，言語の明晰性を重視するフランス語文化をぬきに語ることはできない．そこでは，論理的であるということは，ことばではっきりと語りうるということにほかならない．そのため，ピアジェの研究では，子どもの言語反応の分析（いわゆる臨床法）が中心になっている．ピアジェの"自己中心性"の概念も，最初は幼児のことばの分析から導き出されたものである．

　このような言語重視のピアジェの姿勢が，行動主義全盛期の戦前のアメリカの心理学界から拒否された大きな理由であろう．また，アメリカの研究者を中心とする近年の"新ピアジェ派"の研究のピアジェに対する批判点の中にも，子どもの思考を言語反応だけでとらえることへの疑問が含まれている．ただし，"ことばで語りえないもの"の重要性を論じたポラニーの『暗黙知の次元』（Polanyi, 1966）に，ピアジェの理論が少なからぬ影響を与えていることにも言及しておかなければならない．

〔子安増生〕

文　献

1）　天岩静子 編(1982): ピアジェ双書5，ピアジェ派心理学の発展II，国土社.

第2章 認知発達の理論 447

2) Bower, T.G.R.(1966): The visual world of infants. *Scientific American,* **215** : 80-92.

3) Bower, T.G.R.(1974): *Development in infancy.* W.H. Freeman & Co. 岡本夏木, 野村庄吾, 岩田純一, 伊藤典子 訳(1979): 乳児の世界―認識の発生・その科学, ミネルヴァ書房.

4) Bower, T.G.R.(1982): *Development in infancy,* 2nd ed. W.H. Freeman & Co.

5) Bower, T.G.R.(1989): *The rational infant* ; *Learning in infancy.* W.H. Freeman & Co. 岩田純一, 水谷宗行ほか 訳(1995): 賢い赤ちゃん, ミネルヴァ書房.

6) Case, R.(1972): Validation of a neo-Piagetian mental capacity construct. *Journal of Experimental Psychology,* **14** : 387-413.

7) Case, R.(1992): Neo-Piagetian theories of intellectual development. In : Beilin, H. and Pufall, P. (eds.), *Piaget's theory* ; *Prospects and possibilities,* pp.61-104. Lawrence Erlbaum Associates.

8) Cox, M.V.(1992): *Children's drawings.* Penguin Books. 子安増生 訳(1999): 子どもの絵と心の発達, 有斐閣.

9) Demetriou, A.(ed.)(1988): *The neo-Piagetian theories of cognitive development* ; *Toward an integration.* North Holland.

10) Inhelder, B. and Piaget, J.(1958): *The growth of logical thinking from childhood to adolescence.* Routledge & Kegan Paul.

11) 子安増生(1997): 子どもが心を理解するとき, 金子書房.

12) 子安増生(1999): 幼児期の他者理解の発達―心のモジュール説による心理学的検討, 京都大学学術出版会.

13) 子安増生(2000): 心の理論―心を読む心の科学, 岩波書店.

14) Leekam, S.(1993): Children's understanding of mind. In : Bennett, M.(ed.), *The child as psychologist* ; *An introduction to the development of social cognition.* Harvester. 二宮克美, 子安増生, 渡辺弥生, 首藤敏元 訳(1995): 子どもは心理学者―〈心の理論〉の発達心理学, pp.44-48, 福村出版.

15) Pascual-Leone, J.(1970): A mathematical model for the transition rule in Piaget's development stages. *Acta Psychologica,* **32** : 301-345.

16) Perner, J.(1991): *Understanding the representational mind.* MIT Press.

17) Piaget, J.(1924): *Le jugement et le raisonnement chez l'enfant.* PUF. 滝沢武久, 岸田 秀 訳(1969): 判断と推理の発達心理学, 国土社.

18) Piaget, J.(1970): *L'épistémologie génétique.* PUF. 滝沢武久 訳(1972): 発生的認識論, 白水社クセジュ文庫.

19) Piaget, J.(1972): Intellectual evolution from adolescence to adulthood. *Human Development,* **15** : 11-12.

20) Piaget, J. and Garcia, R.(1991): *Toward a logic of meanings.* Lawrence Erlbaum Associates. 芳賀 純, 能田伸彦 監訳(1998): 意味の論理―意味の論理学の構築について, サンワコーポレーション.

21) Piaget, J. and Inhelder, B.(1956): *The child's conception of space.* Routledge & Kegan Paul.

22) Piaget, J. and Inhelder, B.(1966): *La psychologie de l'enfant.* PUF. 波多野完治, 須賀哲夫, 周郷 博 訳(1969): 新しい児童心理学, 白水社クセジュ文庫.

23) Polanyi, M.(1966): *The tacit dimension.* Routledge & Kegan Paul. 佐藤敬三 訳(1980): 暗黙知の次元, 紀伊國屋書店.

24) Premack, D. and Woodruff, G.(1978): Does chimpanzee have a theory of mind ? *The Behavioral and Brain Sciences,* **1** : 515-526.

25) Shayer, M., Küchemann, D.E. and Wylam, M.(1976): The distribution of Piagetian stages of thinking in British middle and secondary school children. *The British Journal of Educational Psychology,* **46** : 164-173.

26) Siegler, R.S.(1976): Three aspects of cognitive development. *Cognitive Psychology,* **4** : 481-520.

27) Siegler, R.S. and Jenkins, E.(1989): *How children discover new strategies.* Lawrence Erlbaum Associates.

28) Wellman, H.(1990): *The child's theory of mind.* MIT Press.

29) Wimmer, H. and Perner, J. (1983): Beliefs about beliefs ; Representation and constraining function of wrong beliefs in young children's understanding deception. *Cognition,* **13** : 103-128.

第3章

言語獲得の理論

　言語獲得理論にはとっつきにくいところがあるかもしれない．しかし，次に述べる三つの分類と三つの特徴についての前知識があれば，その気持はやわらぐだろう．

　① 言語獲得理論の三つの分類：本文で紹介されている言語獲得理論は多種多様であるが，その守備範囲から三つに分類できる．仮にそれらを A 群・B 群・C 群と呼び，どんなものが入るか図 4.3.1 に示した．

　A 群には，"基礎的な理論"と言語獲得研究での"独特な理論"が含まれる．基礎的な理論には"言語・文法"の定義などが入る．独特な理論には"刺激の貧困"

A群	B群	C群
基礎理論と独特の論理	現象全体を説明する理論	個々の現象を説明する理論
言語・文法・生成文法 二つの公式 刺激の貧困 否定証拠問題 種固有性 モジュール性 瞬間的文法獲得モデル	言語獲得モデル 原理とパラメータ 言語学習可能性 臨界期説 RRモデル LMCモデル	軸文法（ブラウンの文法） ブルームの文法 シュレジンジャーの文法 知覚の方略 空主語パラメータ 意味によるブートストラップ BRS理論 バイアス理論 制約理論 対比理論

図 4.3.1 言語獲得理論の三つの分類

や"瞬間的文法獲得モデル"などが入り，これらは言語学者チョムスキーの独特の思考から出てきたもので，その斬新さゆえに本質の理解は難しい．物理学の相対性理論にたとえる人もいる．

B群には，言語獲得での"現象全体を説明する理論"が含まれる．言語獲得の始まりから完成までの全体を視野においている．対象とする年齢範囲が広いために，大ざっぱなところが残っている．

最後のC群には，言語獲得での"個々の現象を説明する理論"が含まれる．ほとんどが具体的な現象を扱い，その現象を説明しようとするものである．たとえば，文法理論（軸文法，シュレジンジャーの文法など）では，子どもにも大人と同じように文法があると考えて，それを記述しようと努力している．制約理論では語の獲得過程を説明しようとしている．具体的な現象を扱う関係で，どうしても対象とする年齢範囲は狭くなる．

もし読者が知的ゲームが好きなタイプならばA群が気にいるかもしれない．読者が現実主義者ならばC群に親近感をもつだろう．理解のしやすさからいえば，C→B→Aの順に（C群が最も理解しやすい），抽象度からいえば逆のA→B→Cの順になるだろう．

② 三つの特徴：現在の言語獲得理論を眺めたとき，それらの理論にはいくつかの共通点があることがわかる．第1の共通点は"生得論への強い関心"である．これまで心理学では生得論は必ずしも主流の理論にはなりにくかった．言語獲得研究も同じである．しかし事情は変化してきている．使われる用語は，生得，制約，バイアス，生物学と多様だが，人がもっている生得的な側面を無視しては言語獲得が語れなくなっているのだ．ただ，生得性の強調の度合は研究者によって違いがある．最も生得的要素を重視しているのは，"普遍文法による言語獲得モデル"である．"言語学習可能性"も生得的な側面を重視しているが，関心はそれよりも言語学習が可能な条件の解明にあるといえる．

もう一つの共通点は，"シミュレーション"への関心である．すなわち人間の言語獲得をソフト的な装置モデル，すなわち一種のプログラムのつながりで示そうとするのである．その典型は，"軸文法"に代表される古典的文法研究や"LMC"モデルにみることができる．現在のところシミュレーションの程度は低いが，"普遍文法による言語獲得モデル"や"言語学習可能性の言語学習手順"もその流れにあるといえる．

最後の共通点は，"他の理論・モデルへの強い関心"である．それぞれの理論を説明したもとの論文・著書を読めばわかるが，それぞれが引用している文献はかなり共通している．しかも引用の仕方が，相手の理論・モデルの批判ではなく，自分の理論・モデルの立証のため使われることが多い．これはそれぞれの理論が将来一

つの方向に集約されていく過程にあるからではないだろうか.

3.1 言語獲得理論

子どもは特別の事情がない限り,特別な訓練もなく周囲で話されることばを自然に習得して母語話者(native speaker)になる.これが言語獲得(language acquisition)である.獲得する言語を目標言語(target language)と呼び,目標言語には私たちが日常使っている自然言語(natural language)も含まれる.自然言語には,日本語のように現在も使用されている言語とともに,過去のものとなった言語や未来の言語も含まれる.

では,子どもはどのようにして言語を獲得するのか.この問いに対してこれまで三つの立場から答えられるのが常だった(Crystal, 1987).模倣説による解答,認知説による解答,生得説による解答である.模倣説では,周囲の言語刺激への子ども側の模倣とその模倣への周囲の反応から言語獲得は可能になると考える.認知説では,言語獲得は認知的発達を基礎にして可能になると考える.生得説では,外からの刺激が乏しい状況でも遺伝的に規定された普遍文法によって言語獲得は可能になると考える.

しかし,この数年の間に言語獲得研究は大きな変化をみせている.その特徴は,言語獲得での"生得的な要因の見直し"である.従来,言語獲得で生得論を主張するのは言語学やそれに近い心理学者とされることが多かった.ところが,制約論に典型的に示されているように,多くの心理学者が生得論的立場に傾きつつある.ある意味では,言語学者と心理学者との冷戦は終り,"生得論"という名のもとに和解と発展の時代に入りつつあるといえるかもしれない.おそらくここ10年は言語獲得研究の飛躍の時代になるだろう.

このような時代背景をふまえて,本章では,これからの言語獲得研究を理解するのに最低必要な諸理論を紹介する.非常に断片的な記述が多く理解には困難が予想されるが,これらの理論を知ることで現在の言語獲得研究の方向性がみえてくるだろう.もっと詳しく知りたい人は,文献に示した論文や著書に目を通してほしい.

本節は三つの項目から構成されている.(a)古典的言語獲得理論,(b)現在の言語獲得理論I:生得的生成文法理論,(c)現在の言語獲得理論II:生得的生成文法理論に属さない言語獲得諸理論,である.(a)の内容は,そのままの形で現在主張されることは少ないが,現在の言語獲得理論を理解するのに不可欠な内容を多く含んでいるので,あえて説明に加えた.

a. 古典的言語獲得理論

古典的言語獲得理論は1960~1980年の間に出されたもので,チョムスキー(Chomsky)の言語理論から大きな影響を受けている.チョムスキーの言語理論は通常,初期理論→標準理論→拡大標準理論→修正拡大標準理論→統率・束縛理論と変化してきたといわれてい

る (今井, 1986). 初期言語獲得理論は, 初期理論・標準理論から影響を受けたもので, 二つの流れがある. 「文法記述研究に関連する理論」, 「知覚の方略に関連する理論」である. ここではこれら二つの流れを紹介するが, その前にチョムスキーの初期理論・標準理論で重要な用語をいくつか解説する.

1) 初期の生成文法理論：初期理論・標準理論の言語観

1957 年にチョムスキーが発表した『文法の構造』(Chomsky, 1957)は言語学に革命をもたらしたといわれ, そこで展開された言語理論は 1965 年の著書『文法理論の諸相』(Chomsky, 1965)で一定の形をもったといわれている. この新しい言語理論の特徴は, それまで実態が不明確だった文法を数学的形式をもった一種の装置(device)と定義したことにある. この考えは, 同じ時期に現実のものとなりかけていた電子計算機の理論と似ている面がある. チョムスキー自身文法の数学的特徴に強い関心を示していた. チョムスキーの考えたこの文法装置は, 明確な規則の集まりとされ, これらの規則を順にあてはめることで文を生成する(generate). したがって, 日本語の文法とは日本語のみを生成する装置を意味し, 日本語話者とは日本語の装置を内蔵している人をさす. 初期の生成文法では, 言語・文法・生成文法を次のように定義していた.

言語の定義：言語(language)とは, 有限の長さをもち, かつ有限な一連の要素から成り立つ文の(有限・無限両様の)集まりである(Chomsky, 勇 訳, 1963 より引用). この定義を幼児言語にあてはめると, いかにこの定義が優れているかがわかる. たとえば, "ミルク"という 1 語しか話せなかった子どもが "ミルク", "パン" の 2 語を話せるようになったとする. この変化をことばで明確に規定するのは困難な作業である. ところが, チョムスキーの言語の定義を使えば, 次のように変化を単純に記述できる.

$$\{ ミルク \} \rightarrow \{ ミルク, パン \}$$

{ }は集合を, →は左の集合が右の集合に変化したことを意味する.

文法の定義：L なる言語の言語分析における基本的目標は, L の文をなす文法的連鎖を L の文をなさない非文法的連鎖より区別し, その文法的連鎖の構造を研究することである. L の文法(grammar)は, かくして L の文法的連鎖をすべて生み出し, 一方非文法的なものは一つも生み出さないところの装置といえよう(Chomsky, 勇 訳, 1963 より引用).

生成文法の定義：生成文法(generative grammar)というのは, 明示的な, そして, 明確に定義された, 何らかの方式に従って, 文に構造的記述を付与する規則の体系にほかならない(Chomsky, 安井 訳, 1970 より引用).

2) 文法記述研究に関連する理論

前項で述べた諸定義は, 言語獲得の研究者に新しい研究パラダイムを与え, 言語獲得の新しい流れをつくった(ただし, チョムスキー自身はこの研究パラダイムは自分の方法論となじまないと述べている). なぜなら, それまでの研究で使用された伝統的な文法概念・用語を使用せずに, 全く新しい視点から言語獲得について研究する道を開いたからで

第3章　言語獲得の理論　　　　　　　　　　　　　　　　　　　*453*

表 4.3.1　文法記述研究での二つの公式

公式	内　　　　　　容
1	1次的言語資料＝文法的発話＋誤用発話
2	言語＝1次的言語資料内の文法的発話＋1次的言語資料外の文法的発話

注)　1次的言語資料：録音や筆記によって得られた全発話.
　　　文法的発話：正確な文法が存在するとして，その文法で生成できる発話.
　　　誤用発話：正確な文法が存在するとして，その文法で生成できない発話.
　　　言語：生成可能な発話集合.

ある．新しいパラダイムからまず最初に現れたのが文法記述研究である．ここでは子どもには大人とは違った独自の文法があると考えて，その正確な文法を書き示すことが研究の目標と考えられた．この文法記述研究を進めるにあたっては，表4.3.1の二つの公式が研究の前提とされていた(岩立, 1994)．

　幼児言語を研究する場合，1次的言語資料とは子どもが発した発話の集合を意味する．公式1から，この発話集合には誤用発話が含まれることがわかる．ここから，子どもの発話には子どもにとっての言いまちがいが混じっているので，少数の発話例から一般的な結論を出すと誤りをおかす危険があることがわかる．また公式2から，幼児の文法記述研究は，部分集合としての1次的言語資料から，そのときの子どもにとって真の言語集合を予測する作業を意味することがわかる．このような研究パラダイムから，多くの文法が提案された．その中で有名なのは，形式的分布分析による文法(とくに軸文法)，シュレジンジャーの文法，ブルームの文法である．

　形式的分布分析でいう"形式"とは，主語や動詞など従来の文法範疇にとらわれないことを意味する．それまでの言語発達研究は，子どもの発話をその時代の文法用語を使って数量的に処理することが多かった．たとえば，名詞がいくつ出ているかを数えるなどである．"分布分析"とは，特定の言語要素を他の言語要素との相対的位置関係から規定しようとする方法である．たとえば，AB・AC・ADの三つの発話があった場合，Aに対する位置関係(分布)からB・C・Dが同じ語群に含まれると予想する．

　形式的分布分析による文法としては，ブラウンら(BrownとFraser, 1964)の文法とブレイン(Braine, 1963)の軸文法(pivot grammar)がある．ブラウンらの文法は，図4.3.2のとおりである．図4.3.2の文法では，語群を二つに分けてそれぞれをC_1, C_2とし，その位置関係から文を生成しようとしている．図4.3.2の文法に従えば，"Daddy bear"は文法的に正しい適格文，"bear Daddy"はC_2C_1の語順になるので不適格文となる．ブラウンらの論文には，図4.3.2の文法に至るまでの途中経過が詳しく述べられているので，文法作成の手順を知りたい人はもとの論文にあたってほしい．

　次の軸文法は，ブレインが2語文期の子どもが発した連語の分析結果から類推した文法である．ブレインは，この時期の語には2種類の語群があると考えた．軸(pivots)とX語(X-words)である．X語はのちに開放語(open words)と呼ばれるようになった．軸に

$$発話 \rightarrow C_1 + C_2$$

$C_1 \rightarrow$ A, Daddy, Mummy, 's, See, That, The, There, Two
$C_2 \rightarrow$ bear, bird, block, boat, Bobby, book, bowl, boy, broken,
      candle, car……whistle, wire

注）　→：書き替え規則. 左のものを右のものの一つに置き換
　　　　えることを意味する.
　　　C_1：集合1 (class 1)の語群
　　　C_2：集合2 (class 2)の語群
　　　……：省略を意味する.

図4.3.2　ブラウンらの文法（Brown と Fraser, 1964 より改変）

表4.3.2　軸文法での発話可能性

発話可能性	内　　容	発　話　例
X	1語発話の場合	みかん
P_1X	先頭に軸語がくる連語	ここ　みかん
XP_2	後部に軸語がくる連語	みかん　ちょーだい

注）　X：X語. P_1, P_2：軸語.

は，① 数は少ない，② 多数の語と連語をつくる，③ 特定の発話位置がある，という特徴
があった．軸が特定の発話位置をもつ場合，先頭にくるものがP_1，後部にくるものがP_2
と呼ばれた．X語には，① 子どものもつ語彙全体から軸になる語を除いて残ったもの，
② 出現頻度は少ない，③ 特定の位置はもっていない，④ 1語でも発話される，という特
徴があった．これらの特徴から，軸文法では表4.3.2の三つの発話可能性がある．たとえ
ば，X語"みかん"とP_2軸語"ちょーだい"によって"みかん　ちょーだい"という発
話が出てくる．その後，表4.3.2には発話可能性として"XX"が加えられるようになっ
た．

　ブラウンらの文法や軸文法に対しては，その後ブルーム（Bloom, 1970）から，子どもの
文法能力をあまりに単純にみているという批判が出された．批判の内容は，軸文法で同じ
ように記述される "Mummy sock" が違った文脈（たとえば，① 子どもが母親の靴下を拾
った場合，② 母親が子どもに子どもの靴下をはかせる場合）で使われ，文法的にも違った
構造をもっている，というものである．その批判に合わせて，格文法（case grammar）に
近いシュレジンジャーの文法（Schlesinger, 1977）やチョムスキー文法に近いブルームの
文法（Bloom, 1970）が提案された．

　シュレジンジャーの1977年の文法モデルは図4.3.3のとおりである．このモデルは，発
話情報の流れとその流れの中で作用する要因を示している．発話過程の最初にくるのは，
認知構造（cognitive structure）で，ここに発話したい内容がまず現れる．この認知構造の
段階では，各事象の範疇化，すなわち意味的要素とその論理的関係の決定はなされていな
い．獲得言語間の違いもないとされる．次の入力表示（I(nput)-marker）の段階になると，

発話は範疇化される．たとえば，意味要素が動作主(agent)や動作(action)に分化する．この段階になると獲得言語によって構造に違いが生じる．そして最後に，入力表示に実現化規則(realization rules)が適用されて実際の発話が生じる．たとえば，"動作主＋動作(agent + action)" という規則が適用されて "Bambi go" のような発話が生成される．ただ，実際の発話にはいろいろな可能性がある．そこで，これを決定するために，伝達の際の考慮因子(communicative considerations)が作用する．伝達の際の考慮因子としては発話の強さなどが仮定されている．発話の強さとは，たとえば同じ要求をするのに命令形を使うか疑問文を使うかを決めるものである．

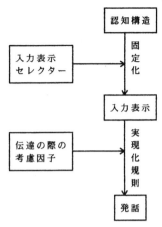

図4.3.3　シュレジンジャーの発話モデル(Schleginger, 1977)

ブルームの文法は完成されたものをめざしているために複雑で，ここで簡単に説明するのは困難である．おもな特徴を述べれば，シュレジンジャーの文法では主語-述語(生成文法的にいえば，名詞句 NP＋動詞句 VP)の存在を認めていないのに対して，ブルームの場合は認めている．また，ブルームは獲得される規則にかなりの個人差があることを認めている．部分的には軸文法的要素の存在も認めている．

日本語児に関しては，奥津の文法(連用修飾成分と述語の関係に注目した文法)に準拠した格関係基軸文法や多層文法モデルが提案されている(詳細は，岩立，1979を参照)．

3） 知覚の方略に関連する理論

初期の生成文法は，心理学の世界にもう一つの研究の流れをつくった．派生の複雑度の理論(derivational theory of complexity)に関する研究である．この理論では，言語学者が指摘する各種の文法的操作は心理学的実験を通して確認できる，とされた．とくに研究されたのは，変形(transformation)と呼ばれる操作である．たとえば，能動文と受動文を理解するのにかかる時間は受動文の方が長いと考えられた．なぜなら，受動文は能動文に受動変形が加わってできるのでそれだけ複雑とされたからである．多くの研究の結果，生成文法でいう言語操作は心理学的実在とはいえないことが示されるようになり(Epstein, 1969)，それに代わって新しい提案がいくつかなされた．

その一つがベーバー(Bever, 1970)の知覚の方略(perceptual strategies)である．ベーバーは，言語を理解する過程を単純ないくつかの方略の組み合わせで説明しようとした．たとえば，方略A(文中の切れ目をみつけて，文をいくつかのまとまりに分ける)，方略C(文を各語の意味的関係から理解する．たとえば，人，食べる，クッキーの3語があった場合，それらがどんな語順でも "人がクッキーを食べる" と理解する)，方略D(英語児の

場合，"名詞　動詞　名詞"を"動作主　行為　対象"と理解する）である．方略Cは意味方略と呼ばれ，方略Dは語順方略と呼ばれている．発達的には，意味方略→語順方略の順で現れる．日本語児の場合にはさらに助詞方略（たとえば，ガ格助詞やヲ格助詞によって文を理解する）が加わって，意味方略→語順方略→助詞方略の順で使われるようになる（岩立，1980）．

b.　現在の言語獲得理論Ⅰ：生得的生成文法理論

現在の多くの言語獲得理論は，言語獲得が生得的要因（遺伝）と言語入力（環境）の二つの作用から可能になると考えている．しかし，二つの作用のどちらを重視するか，またその二つの作用をどのようにとらえるかで違いがある．現在の言語獲得理論で，最も生得的要因を重視するのはチョムスキーを筆頭にした生成文法的立場をとる人たちである．この流れに属する理論として，"普遍文法（universal grammar：UG）による言語獲得モデル"と"言語学習可能性（language learnability）"がある．

1）　普遍文法による言語獲得モデル

普遍文法は，統率・束縛理論（government and binding theory）とともに現在のチョムスキーが主張する言語獲得理論の中核をなす概念である（Chomsky, 1981；1988, 解説は，今井，1986を参照）．この言語獲得理論を大津（1989）は図4.3.4の言語獲得モデルで説明している．この図のモデルでは，人間に生得的に存在する"普遍文法"に"経験"が作用すると"文法獲得関数"の作用で大人の文法が生成されると考える．たとえば，日本語の言語経験が作用すると日本語の文法が，英語の言語経験が作用すると英語の文法が生成（獲得）される．

では，普遍文法の中身はどうなっているのだろうか．一つの可能性は，普遍文法の中に日本語など自然言語の文法情報がほとんど入っていると仮定することである．"完全生得論"とでも呼べるこのケースでは，新しく学習するものがほとんどないので子どもの負担はゼロに近くなる．しかし，普遍文法が多くの情報のために過度に肥大化することになって現実的ではない．そこで，現在の生成文法理論では図4.3.5のように"原理とパラメータ（principles and parameters）"で普遍文法が構成されていると考えている（大津，1989）．図4.3.5のモデルでは便宜的に，普遍文法は複数の原理から構成され，その各原理には必ずパラメータと呼ばれる選択項目が存在し，パラメータの多くは経験に先立って暫定値（デフォールト値と呼ばれる）が決まっている，と仮定されている．UGの中の下線部が暫定値を示している．原理1，3，4では暫定値が大人の個別中核文法でも保持されているのに対して，原理2，nでは値が変更されている．図4.3.5のモデルによれば，言語獲得とは経験によって個々のパラメータの値が決められることを意味する．

大人の文法＝f(UG, E)

注）　f：文法獲得関数
　　　UG：普遍文法
　　　E：経験

図4.3.4　大津の言語獲得モデル（大津，1989）

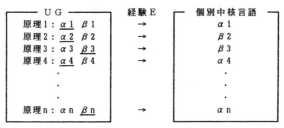

図 4.3.5 原理とパラメータ (大津, 1989)

　パラメータに関する実際の言語獲得仮説としては，「空主語パラメータ (null subject parameter)」がよく知られている．自然言語には，日本語やイタリア語のように時制文で主語が省略可能な言語と，英語のように省略が不可能な言語とがある．前者を空主語言語，後者を非空主語言語と呼んでいる．子どもは言語を獲得する過程で，自分が学習する言語が空主語言語か非空主語言語かによってパラメータを設定する必要がある．ハイアムズ (Hyams, 1986) はこのパラメータの初期の暫定値は空主語なので，イタリア語児はパラメータの設定を変更する必要はないが，英語児はあとで設定を変える必要があると主張している．

　生成文法の言語獲得理論から，さらにいくつかの重要な提案がなされている．その中から，議論の対象になりやすい"種固有性"，"刺激の貧困"，"モジュール性"，"瞬間的文法獲得モデル"について説明する．

　種固有性 (species-specific) とは，言語はヒトという生物種に固有のもので，ヒトという生物種に属する個体であれば，生後一定の環境条件が満たされればその個体のもつ他の属性 (たとえば，身長) に左右されることなく母語の文法を獲得することができることを意味している．ここから，文法はヒトという生物種に均一的 (species-uniform) という主張が出てくる．

　刺激の貧困 (poverty of stimulus) とは，大人の文法には経験のみからは帰納できない部分が含まれているという考えをさす．言い換えれば，経験の中には含まれない要素が大人の文法に存在するとすれば，経験以外のところ (とくに普遍文法) にその出所を求める必要があると考える．

　モジュール性 (modularity) とは，ある心理的構造が他の構造とは独立して存在するという主張である．言語の場合には，言語に関連する心理的構造が他の心理的構造 (たとえば，思考に関する心理的構造) から独立していることを意味する．当初，モジュール性は研究上の方略としての仮説とされたが，その後の研究から，実質的に言語はモジュールとして存在すると考えられるようになってきた．

　瞬間的文法獲得モデル (instantaneous model of grammar acquisition) とは，文法獲得モデルを考える場合，出発点 (言語経験が与えられる前) と最終点 (大人の文法が獲得され

た状態)の関係だけを考え，その間の時間的・段階的発達過程を一括して扱い，その中での現象にはふれない，とする考えである．モデルを単純化する利点があるが，文法獲得の中間段階が最終段階の状態を規定するという主張(梶田，1977-1981)を考慮すれば，問題をあまりに単純化しすぎているとする批判もある．また発達過程に関心のある多くの心理学者にとっても受け入れがたい考えである．

2） 言語学習可能性

生成文法的言語獲得理論を，別の視点からとらえようとする動きがある．その一つが，言語学習可能性である(Pinker, 1984)．この理論を，ウェクスラー(Wexler, 1982)は三つの項目で説明している．三つとは，① 文法のクラス(a class of grammars)，② 文法のための情報(information about a grammar)，③ 言語学習手順(a language learning procedure)である．

① の項目から，人間に学習可能な文法が集まって"文法のクラス(集合)"を構成していることがわかる．この集合には，現存する自然言語すべての文法と，現在は存在しないが人間が学習可能とされる言語の文法が含まれている．日本語の文法もこの文法集合の一要素である．学習可能な文法集合の中の特定の文法を学習するには，② の項目より，その文法に関する情報が必要になる．それが"文法のための情報"である．また，③ の項目から，その情報から特定の文法を作り出す装置も必要である．それが"言語学習手順"である．このことを簡単に説明すれば，子どもには言語獲得のためのプログラムが本来仕組まれていて，特定の刺激が与えられればそのプログラムが自動実行されて言語能力が発生するといえるだろう．

ただ，言語学習手順の実際の運用を考えた場合，検討しなければならない問題がいくつかある．その代表が，否定証拠問題(negative evidence problem)である．この問題に入る前に，まず"肯定証拠"と"否定証拠"について説明したい．肯定証拠とは，言語獲得に際して子どもに文法的な文を提示することである．たとえば，形容詞の名詞修飾を学習する際に，"赤いスイカ"という文を与えることがこれにあたる．この肯定証拠は，日常の生活で親から頻繁に与えられる．否定証拠とは，文法的におかしい文を子どもが発した場合，親がそのおかしさを指摘することをさす．たとえば，「赤いのすいか」と子どもがノ格の誤用発話をしたとき，形容詞の名詞修飾の場合には名詞による名詞修飾(たとえば，「静岡のスイカ」)と違って「の」はつけないことを教えることである．ところがこのような否定証拠は，親子の会話状況で与えられることは少ないとされている(Brown と Hanlon, 1970)．

否定証拠問題を，ピンカー(Pinker, 1992)は図 4.3.6 を使って説明している．この図では言語を文の集合と考え，それを円で表現している．H は子どもがある時点でもっている仮説言語(hypothesized language)を意味し，T は子どもがこれから学習しなければならない目標言語(target language)を意味する．言語学習での子どもの課題は，仮説言語

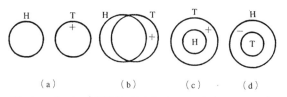

図 4.3.6　子どもが言語獲得で経験する四つの状況 (Pinker, 1992)

を目標言語に近づける，すなわちできるだけ H と T の重なり部分を増すことである．

ところで，図 4.3.6 の (a) の場合には，仮説言語と目標言語が完全に分離しているので，両言語で共通の文は存在しない．(b) の場合には，仮説言語と目標言語が交差しているので，一部の文が両言語で共通である．(c) の場合には，仮説言語が目標言語の部分集合になっている．(d) の場合には，目標言語が仮説言語の部分集合になっている．ピンカーによれば，(a) から (c) の場合には，両親からの肯定証拠としての文 (図 4.3.6 の ＋) によって仮説言語の不十分さが自覚できるので，仮説言語の修正が可能である．ところが (d) の場合には，否定証拠 (図 4.3.6 の －) がなければ修正は不可能である．しかし，実際には否定証拠が欠如しているのに子どもは仮説の修正を行う．そこで，ピンカーはこの否定証拠問題を解決するには，人間の脳に前もって否定証拠がなくてもまちがった仮説を修正する機構が備わっていると考えるしかないと述べている．

その他詳しく述べられないが，ピンカーは意味によるブートストラップ (semantic bootstrapping) という理論を提出している (Pinker, 1987)．これは，統語範疇を最初は具体的な意味から定義するとする考えである．たとえば，名詞は花のような具体名詞から愛のような抽象名詞まで含む概念だが，当初は"人あるいは物の名前"と具体的な定義で名詞を理解する．

c. 現在の言語獲得理論 II：生得的生成文法理論に属さない言語獲得理論

生成文法的な言語獲得理論は，個々に微妙な違いはあるとしても，チョムスキーの強い影響のため学派としてもまとまりをもっている．それに対し，これから紹介する言語獲得理論は，相互に深い関係があるとしても統一した理論的枠組みで理解することは難しい．それぞれが独自の問題意識をもち，説明しようとする対象にも違いがあるからである．したがって，できれば別々に述べるのが適切かもしれないが，便宜的に五つのグループに分けて各理論を説明したい．言語発達初期での理論：BRS 理論とバイアス理論，語学習の理論：制約理論と対比理論，臨界期説，RR モデル，LMC モデルの五つである．

1) 言語発達初期での理論：BRS 理論とバイアス理論

小さな子どもに話しかけるとき，大人はどんな話し方をするのだろうか．実際に試してみればわかるが，大人は子どもに対して大人に対するのとはかなり違った話し方をする．ではなぜか．この問いに答えようとするのが，BRS 理論 (生物学的適切信号説，biologically relevant signals theory)である．では，子どもの側は大人の話をどのように聞いているのだろうか．この問いに答えるのがバイアス理論(bias theory)である．

BRS 理論について述べる前に，この理論と深い関係にある親のことばかけに関する研究について述べておきたい．子どもに対する親のことばかけは，ベビートーク(baby talk)またはマザリーズ(motherese)と呼ばれ，これまでに多くの研究がなされている．そして研究の結果，マザリーズには，① 短文で文法構造が単純である，② よく使う語が限定され，繰り返しが多い，③ 声のトーンが高くなる，④ 誇張された発音，誇張された表現や動作を伴う，⑤ 話題は目の前のことに限定される，⑥ 質問や呼びかけが多い，などの特徴があることが知られている．

マザリーズの研究の多くは，親の語りかけと子どもの言語獲得には何らかの関係があるのではないかという期待から進められた．しかし研究の結果，その期待を裏づける証拠は十分に集まらなかった(Snow と Ferguson, 1977)．その失敗の原因はどこにあるのか．この問いに対して，ファーナードのグループは，研究指標にその原因を求めた(Fernald, 1992)．すなわち，これまでの研究の失敗は文法的特徴に拘泥しすぎた点にある，と考えた．そして新しい指標として，親の語りかけの音律(prosody)に焦点をしぼって研究を進めた．その結果，多少の違いはあるとしても，文化や言語をこえて親は決まった音律で子どもに語りかけることが明らかになってきた．すなわち，親は子どもに対して，① いつもより高いピッチで，② 強く，③ 抑揚をつけて，④ 文中で長い休止をとりながら，話す傾向がある．また，親は自分の感情を決まった音律で表現する．たとえば，賛同の感情を上下する抑揚で表現するのに対して，禁止の感情を低い上下のない抑揚で表現する．

親の語りかけの特徴的な音律は，子どもに多くの影響を与える．たとえば，これらの音律的特徴のおかげで，子どもはことばを理解できない段階でも親の感情(たとえば，受容的か否定的か)を理解することができる．また，話せる段階に入ると，音律は文章の内容や文章構造を理解する際の助けになる．たとえば，親は強調したい語を誇張したピッチで表現し，子どもの注意を喚起するし，文の構造を理解しやすくするために適当に休止を単語間に入れる．

BRS 理論とは，この親の語りかけの独特な音律が進化の過程での自然淘汰によってもたらされた，と考える説である．ファーナードによれば，独特な音律は，前言語期・言語初期の乳幼児と効果的な会話をするために特殊化されたもので，このおかげで親は子どもの世話を支障なく進めることができる．そして，結果として生物学的再生産に寄与することになる．しかし，言語能力のモジュール性の考えからこの説明に反対する研究者もいる．たとえば，ピアッテッリ-パルマリーニ(Piattelli-Palmarini, 1989)は，言語は質的に全く新しい能力で，進化論に基づく適応理論では説明できない，と述べている．人間の言語能力が他の認知領域とは全く別のものとして現れたのか，それとも他の認知能力の進化の副産物として現れたのか，現在も議論の分かれるところである．

第3章　言語獲得の理論　　　461

　バイアス理論とは，乳幼児は他の刺激に比べて言語刺激に偏った（バイアスをもった）感受性をもっている，とする理論である．この理論を体系づける研究者はまだ現れていないようだが，この理論を証拠づける研究はいくつか発表されている．たとえば，4か月と8か月の幼児は，大人向けの話し方をした文よりも子ども向けの話し方（マザリーズ）をした文の方に長時間注意を向ける（WerkerとMcleod, 1989）．また，生後4日の段階で他の言語よりも親の言語に注意を払う（Mehlerら, 1990）．

　BRS理論とバイアス理論は，相互補完関係にある．すなわち，BRS理論によって明らかになった送り手の言語刺激の特徴と，バイアス理論によって明らかになった受け手の情報処理の特徴は，呼吸の合った相互作用によって機能を果たすことになるからだ．

2）　語学習の理論：制約理論と対比理論

　語を獲得する際に，子どもはどのようにして正しい意味にたどりつくのか．たとえば，秋田犬をさして"いぬ"といわれた子どもは，どのようにしてそのことばの意味を知るのか．これが語学習問題（word learning problem）である．子どもは，犬，秋田犬，茶色，とんがった耳，など種々の可能性の中から正しい意味を選び出す必要がある．

　この語学習問題に対する常識的な説明は，"仮説-検証"モデルである．このモデルでは，子どもは多数の意味可能性の中から仮説として一つの意味を選択し，その後の検証過程でその仮説の保持・棄却を確かめていく，と考える．仮説がその後の経験で否定されない場合は仮説を保持し，否定されればそれを捨てて新しい仮説を選択することになる．このモデルに対しては三つの疑問が出されている．第1は，仮説を立てられるのは6，7歳以降と考えられるのに，1，2歳の子どもがどうして語学習に限ってこのやり方をとれるのか，という疑問である．第2が，否定証拠がないのに仮説の変更が起こるのはなぜか，という疑問である．第3は，無数の仮説が可能なのにどうして一定の仮説にたどりつくのか，また最初の仮説をどのようにして立てるのか，という疑問である．第3の疑問に対して，フォーダー（Fodor, 1981）は，子どもがつくる仮説には生得的に決められた順序があると考えた．しかし，あらゆるものではないにしても相当の数の意味で一定の序列が決まっていると考えるのは現実的ではないし，一定の序列が決まっていると場合によっては不都合が生じるかもしれない．

　そこで出てきたのが，強制的にある範囲の可能性を除く仕組みが子どもに生得的に準備されている，という考えである．この考えは制約（constraints）と呼ばれている．語の獲得での制約としてマークマン（Markman, 1990）は三つをあげている．対象全体ルール（whole object assumption），カテゴリー・ルール（taxonomic assumption），相互排他ルール（mutual exclusive assumption）の三つで，表4.3.3のように定義されている．

　カテゴリー・ルールの定義にある"主題的に関連をもつ対象（thematically related objects）"とは，ウシに対するミルクをさしている．それに対して"同じカテゴリーに属する対象（objects of same taxonomic category）"とは，ウシに対するブタをさしてい

表 4.3.3 マークマンの三つの制約

制　　約	内　　　　　　　　容
対象全体 ルール	新しいラベルは，その部分・その性質・その他の特性ではなく，対象全体に対するものである．
カテゴリー ・ルール	新しいラベルは，主題的に関連をもつ対象ではなく，同じカテゴリーに属する対象に対するものである．
相互排他 ルール	対象はただ一つのラベルをもつ．

る．ウシとブタは動物として同じカテゴリーに属しているのに対して，ウシとミルクは生活での接近性から結びついている．したがって，カテゴリー・ルールは，新しいラベルを何らかのカテゴリー名として理解することを意味する．

　では，これら三つの制約は語の学習でどのような働きをするのだろうか．三つのケースに応用してみよう．第1のケースは，秋田犬をさして"いぬ"といわれた子どもの例である．この子どもはまだ"いぬ"を学習していないとする．この場合，子どもは，対象全体ルールによって"いぬ"は犬全体をさすと理解し，次にカテゴリー・ルールによって"いぬ"は犬のカテゴリー名だと理解することになる．第2のケースは，リンゴを知っている子どもの目の前にリンゴとスイカがおかれたのち，"すいか"といわれた子どもの場合である．この場合，子どもは，相互排他ルールによって"すいか"はリンゴをさすのではないことを知る．そしてもう一つのスイカに目を向け，対象全体ルールとカテゴリー・ルールによって"すいか"はスイカのカテゴリー名だと理解することになる．第3のケースは，"いぬ"を知っている子どもが犬をさして"茶色"といわれた例である．この場合，相互排他ルールによって"茶色"が犬をさすのではないことがわかる．そこで，次に新しい意味を探すことになる．ただ，次にどの意味を選ぶかについては三つの制約は指示してくれない．

　制約とともに語の獲得で大きな働きをするのが，対比の原理(principle of contrast)である．対比の原理とは，形での違いがあれば意味でも違いがある，とするクラークの原理である(Clark, 1987)．この原理によって語のまちがいの一つである拡張(overextension)は次のような経過で修正される．拡張とは，"いぬ"という語を犬以外のネコ，ライオンなどにも使うまちがいである．このようなまちがいをしていた子どもが，新しく"ねこ"を覚えたとする．すると，"ねこ"と既知の"いぬ"は形式が違う(ラベルが違う)ので，対比の原理によって違った意味をもつことになる．そして，"ねこ"が表す意味領域を"いぬ"が表すことができなくなって拡張の範囲は狭まることになる．

　マークマンによれば，相互排他ルールとクラークの対比の原理は似た概念であるが，両者の守備範囲には違いがある．対比の原理の方がより広い領域に適用される．したがっ

て，対比の原理が成り立つのに相互排他ルールが成り立たない場合がある．たとえば，
"犬"と"動物"の関係である．この場合，対比の原理は成り立つが，相互排他ルールは
成り立たない．相互排他ルールはあくまでカテゴリー階層が同じ事物間の対比関係に限定
される．また，マークマンは，自らの制約が決定論的なものではなく確率的(probabilis-
tic)なものと考えている．

3）臨界期説

　言語獲得での臨界期説(critical period hypothesis)は，制約理論とも深く結びついてい
て，成熟による制約(maturational constraints)とも呼ばれている．臨界期説では，言語
を獲得するにはそれに適した時期(限界期)があると考える．この説を積極的に主張してい
るのはレネバーグ(Lenneberg, 1967)とニューポート(Newport, 1990 ; 1991)である．

　レネバーグは言語の生物学的基礎を明らかにする大著の中で，脳の発達と言語獲得の関
係を明らかにする章を設けている．そしてその中で，言語学習能力は成熟によって可能に
なるものだと述べ，第一言語の獲得は2歳前後から脳の側性化(lateralization)が確立さ
れる思春期前後までであるという臨界期説を主張している．側性化とは，言語などの特定
の機能が左右一方の大脳半球に偏る現象をいう．言語獲得の時期が2歳前後まで待たされ
るのは成熟の段階に達していないからで，言語獲得が終りを告げるのは脳神経の適応力が
失われるからである．レネバーグはこれらの主張の根拠として，脳損傷や大脳半球切除な
どによる失語症の発症時期とその予後をあげている．とくに，思春期以前に発症した失語
は回復するのに，思春期以後の失語は回復が困難な点を重視している．

　これに対して，ニューポートらの研究グループはASL(American Sign Language)と
呼ばれる非音声言語を使った研究やアメリカへの移住者の第二言語(米語)獲得に関する研
究から，臨界期説を証明しようとした．ASLはアメリカでの多くの研究から，音声言語
ではないがその発生や言語構造からみて，日本語や英語と同じく自然言語の一つで，特定
の人が人工的に作成した言語(たとえば，エスペラント語)とは違うと考えられている
(NewportとMeier, 1985)．ニューポートらは，ASLを獲得した人々を獲得時期に沿っ
て三つの群に分けた．第1がネイティブな学習者で，誕生時からASLに接していた人た
ちである．第2が早期の学習者で，4〜6歳にASLに接するようになった人たちである．
第3が後期の学習者で，12歳以降にASLに接するようになった人たちである．3群とも
30年をこえてASLを日常生活で使用していた．これら3群の人たちにASLを使った各
種の言語能力検査を実施した結果，語順など基本的な部分では3群に違いがなかったが，
形態論(morphology)上で3群に違いがみられた．ネイティブな学習者→早期の学習者→
後期の学習者の順で成績が悪くなった．また，移住者の第二言語獲得に関する研究から，
3〜7歳での移住者は母語話者と違いがないが，それ以後の移住者では移住暦年齢が高く
なるほど文法能力は低くなる傾向がみられた．

　ニューポートはこれらの研究などから，言語獲得は成熟上の変化(maturational

change)によって可能になり，この変化はある種の内的制約(internal constraints)の作用で起こると述べている．

4）RR モデル

RR モデル（表象の再記述理論，representational redescription model）は，カーミロフ-スミス(Karmiloff-Smith, 1992)が，認知発達のいろいろな側面を統一的に説明するために提唱している理論である．したがって，この理論は必ずしも言語獲得に焦点をあてたものではないが，現在の言語獲得理論を考えるうえで無視できない．とくにピアジェ派の言語獲得研究に新しい方向性を作り出している点が重要である．

RR モデルでは，認知的発達を三つの相で説明し，この三つの相を支える表象の形式(format)には四つのレベルがあると主張している．

三つの相の最初に位置する相1では，外の情報を使って表象付属体(representational adjunctions)と呼ばれる表象が，既存の表象とは独立した形で蓄積される．相2に入ると，外の情報には注意が払われなくなって，蓄積された表象付属体が変化していく．この変化は新たなエラーを生じさせる．相3に入ると，変化した表象付属体と外のデータとの融和が進み，柔軟な行動ができるようになる．形式の四つのレベルの最初はレベルI (Implicit, 内在)と呼ばれている．このレベルでは，情報は生得的な手続によって符号化されて一つの表象になるが，独立独歩の状態を保つ．当然，領域外の表象とも無関係である．次のレベルE_1(Explicit 1)になると，独立独歩の表象は再記述という処理を受けて圧縮され，抽象化された表象になる．このレベルでは表象は意識化も言語化もできない．次のレベルE_2になると，表象は意識化可能になり，最後のE_3レベルになると意識化も言語化も可能になる．なお，RR モデルは暦年齢に沿って発達段階を決める段階モデル(stage model)ではなく，暦年齢とは無関係な相モデル(phase model)であるとされている．相モデルということから，ある年齢でAの表象はレベルI, Bの表象はレベルE_3ということも起こる．

カーミロフ-スミスによれば，現在の言語獲得理論には対立する二つの立場がある．言語領域を独自の過程と考える領域固有(domain-specific)の立場と，言語領域を他の領域と共通した過程と考える領域一般(domain-general)の立場である．この二つの立場に対してカーミロフ-スミスは第3の立場を主張している．RR モデルである．

RR モデルとは単純化していえば，最初は領域固有だった知識が，のちに領域をこえた領域一般の知識に書き直される，とする理論である．相1, 2やレベルI, E_1 は領域固有の特徴をもっている一方で，相3やレベルE_2, E_3 は領域一般の特徴をもっているからだ．RR モデルを言語獲得に応用すると次のようになる．言語獲得の初期(相1, 2やレベルI, E_1)では，言語領域の表象が他の領域の表象から独立した形で発達する．この時期は領域固有の時期で，この時期の特徴は次のような研究例からかいまみることができる．すなわち，乳児が誕生直後から言語音声に特別な関心を示す事実(バイアス理論の内容)，認知

第3章　言語獲得の理論　　465

的に障害をもった幼児が多少の遅れはあっても言語を獲得する事実，語の獲得でマークマンの制約理論が成り立つ事実などは，この時期が領域固有の時期であることを示している．

しかしこの言語領域固有の表象は，このままでは柔軟さに欠けている．そこでその後，メタ言語的能力を身につける過程で，言語領域固有の表象は同じ領域内の表象や他の領域の表象とのつながりをもつようになって，柔軟性をもつようになる．また，新しい表象を意識化したり言語化したりすることも可能になる．

5）　LMC モデル

LMC モデル（language-making capacity model）は，スロービンを中心に行われた多言語での言語獲得研究の成果を説明するために，スロービン自身が考えたモデルである（Slobin, 1985）．このモデルは現在引用される機会は少ないが，今後の言語獲得モデルを考えるうえで役立つ多くの知恵を含んでいる．

LMC モデルでは，言語獲得は操作原理（operating principles : OP）と呼ばれる種々の手続によって可能になると考えている．獲得言語の言語刺激にふれていない段階では，LMC だけが存在する．そして LMC に外から獲得言語の言語刺激と状況を説明する事象の二つが与えられると，LMC の中の操作原理が働いて基本幼児文法（basic child grammar）が作られる．この基本幼児文法は一種の普遍文法で，言語間で共通とされ，この文法によって初期の発話が可能になる．基本文法ができ上がったあと新しい情報が与えられると，新しい操作原理によって処理され，基本文法は成人文法に近づいていく．

実際の操作原理として，スロービンは数多くのものを提示している．たとえば，言語刺激を知覚し貯蔵するためのものとして，「ユニットの最後に注目する OP」"OP(ATTENTION): END OF UNIT" がある．この原理は「抽出されたスピーチユニットの最後の音節に注目し，それを一緒に現れた他のユニットと関連させて蓄えなさい」という働きをする．

エピソード‖‖‖

言語獲得研究またはその理論的研究を理解しようとするとき，アメリカの東海岸と西海岸の比較をすることは案外役に立つ．その例をいくつか示そう．

最初は出発点である．現在の言語獲得研究の第一歩は東海岸の Dedham で 1961 年に開催された "第一言語獲得" に関する会議だといわれている．この会議にはチョムスキー（Chomsky），ブラウン（Brown），レネバーグ（Lenneberg）をはじめ若く有望な研究者が集まっていた．報告書（Bellugi と Brown, 1964）を読むと，会議での熱気が伝わってくる．その後そこに集まった研究者が全米，あるいは世界に散らばった．

次が，理論の現在の傾向である．東海岸では学習可能性（ピンカーら）のような生得的生成文法に近い言語獲得理論が中心になっている．それに対して，西海岸にはもっと自由な

雰囲気があって，制約理論(マークマン)，BRS 理論(ファーナード)，LMC モデル(スロービン)など雑多な理論が出されている．

　研究集会にも違いが出ている．西海岸の動向を知りたければ，春にスタンフォード大学で開催される "Annual Child Language Research Forum" に出席するのがいいし，東海岸の動向を知りたければ，秋にボストン大学で開催される "Conference on Language Development" に出席するのがいいだろう．ただ，最近はボストンの方が人気が高いらしく，西の研究者は両方に，東の研究者はボストンだけに出る人が多いと聞く．この傾向はもちろん人の移動によって今後多少の変化はあるだろうが，会議の特色は変化しそうにもない．

　両海岸の違いに最初に気づいたのはカンサスでの学会のときだった．そこで会ったカンサス大学のライス(Rice, M.)さんたちが「両方の勉強をしたければ(中央に位置する)カンサスがいいわよ」といっていたのがいまでも印象に残っている．

〔岩立志津夫〕

文　献

1) Bellugi, U. and Brown, R.(eds.)(1964): The acquisition of Language. *Monographs of the Society for Research in Child Development,* **29**: 1.

2) Bever, T.G.(1970): The cognitive basis for linguistic structures. In : Hayes, J.R.(ed.), *Cognition and the development of language.* pp.279-362, John Wiley & Sons.

3) Bloom, L.(1970): *Language Development ; Form and function in emerging grammars.* MIT Press, Cambridge, MA.

4) Braine, M.D.S.(1963): The ontogeny of English phrase structure ; The first phase. *Language,* **39**: 1-13.

5) Brown, R. and Fraser, C.(1964): The acquisition of syntax. In : Bellugi, U. and Brown, R.(eds.), *The acquisition of language ; Monographs of the Society for Research in Child Development,* **29**: 43-79.

6) Brown, R. and Hanlon, C.(1970): Derivational complexity and order of acquisition in child speech. In : Hayes, J.R.(ed.), *Cognition and the development of language.* pp.11-53, John Wiley & Sons.

7) Chomsky, N.(1957): *Syntactic structures.* Mouton. 勇　康雄 訳(1963): 文法の構造，研究社．

8) Chomsky, N.(1965): *Aspects of the theory of syntax.* Cambridge University Press. 安井　稔 訳(1970): 文法理論の諸相，研究社．

9) Chomsky, N.(1981): *Lectures on government and binding.* Dordrecht, Holland, Foris.

10) Chomsky, N.(1988): *Generative grammar ; Its basis, development, and prospects*(Special Issue of Studies in English Linguistics and Literature). Kyoto University of Foreign Studies.

11) Clark, E.V.(1987): The principle of contrast ; A constraint on language acquisition. In : MacWhinney, B.(ed.), *Mechanisms of language acquisition.* pp.1-33, Lawrence Erlbaum Associates.

12) Crystal, D.(1987): *The Cambridge encyclopedia of language.* Cambridge University Press.

13) Epstein, W.(1969): Recall of word lists following learning of sentences and of anomalous and random strings. *Journal of Verbal Learning and Verbal Behavior,* **8**: 20-25.

14) Fernald, A.(1992): Human maternal vocalizations to infants as biologically relevant signals ; An evolutionary perspective. In : Barkow, J.H., Cosmides, L. and Tooby, J.(eds.), *The adapted mind ; Evolutionary psychology and the generation of culture,* pp.391-428. Oxford University Press.

第3章 言語獲得の理論 *467*

15) Fodor, J.A. (1981): The present status of the innateness controversy. In : Fodor, J.A. (ed.), *Representation*, pp.257-316. Cambridge University Press.

16) Hyams, N.M. (1986): *Language acquisition and the theory of parameters*. D. Reidel.

17) 今井邦彦 編(1986): チョムスキー小辞典, 大修館書店.

18) 岩立志津夫(1979): 幼児言語において発話文法は可能か? 月刊言語, 8(8): 78-86.

19) 岩立志津夫(1980): 日本語児における語順・格ストラテジーについて. 心理学研究, **51** : 233-240.

20) 岩立志津夫(1994): 幼児言語における語順の心理学的研究, 風間書房.

21) 梶田 優(1977-1981): 生成文法の思考法(1)～(48). 英語青年, **CXXX III-CXX VII**.

22) Karmiloff-Smith, A. (1992): *Beyond modularity ; A developmental perspective on cognitive science*. MIT Press.

23) Lenneberg, E.H. (1967): *Biological foundations of language*. John Wiley & Sons.

24) Markman, E.M. (1990): Constraints children place on word meanings. *Cognitive Science,* **14** : 57-77.

25) Mehler, J., Jusczyk, P., Lambertz, G., Halsted, N., Bertoncini, J. and Amiel-Tison, C. (1990): A precursor of language acquisition in young infants. *Cognition*, **29** : 143-178.

26) Newport, E.L. and Meyer, R. (1985): The acquisition of American Sign Language. In : Slobin, D. I. (ed.), *The cross-linguistic study of language acquisition*. Vol.1, pp.881-937. Lawrence Erlbaum Associates.

27) Newport, E.L. (1990): Maturational constraints of language learning. *Cognitive Science,* **14** : 11-28.

28) Newport, E.L. (1991): Contrasting conceptions on the critical period for language. In : Carey, S. and Gelman, R. (eds.), *The epigenesis of mind ; Essay on biology and cognition*, pp.111-130. Lawrence Erlbaum Associates.

29) 大津由紀雄(1989): 心理言語学. 英語学体系第6巻, 英語学の関連分野, pp.181-361, 大修館書店.

30) Schlesinger, I.M. (1977): *Production and comprehension of utterances*. Lawrence Erlbaum Associates, Hillsdale, NJ.

31) Piattelli-Palmarini, M. (1989): Evolution, selection, and cognition ; From 'learning' to parameter setting in biology and the study of language. *Cognition,* **31** : 1-44.

32) Pinker, S. (1984): *Language learnability and language development*, Harvard University Press.

33) Pinker, S. (1987): The bootstrapping problem in language acquisition. In : MacWhinney, B. (ed.), *Mechanisms of language acquisition*, pp.399-441. Lawrence Erlbaum Associates.

34) Pinker, S. (1992): Language acquisition. In : Osherson, D.N. and Lasnik, H. (eds.), *An invitation to cognitive science*, pp.199-241. MIT Press.

35) Slobin, D.I. (1985): Crosslinguistic evidence for the language-making capacity. In : Slobin, D.I. (ed.), *The crosslinguistic study of language acquisition*, Vol. 2, pp.1157-1249. Lawrence Erlbaum Associates.

36) Snow, C.E. and Ferguson, C.A. (eds.) (1977): *Talking to children*. Cambridge University Press.

37) Werker. J.E. and Mcleod, P.J. (1989): Infant preference for both male and female infant-directed talk ; A developmental study of attentional and affective responsiveness. *Canadian Journal of Psychology,* **43** : 230-246.

38) Wexler, K. (1982): A principle theory for language acquisition. In : Wanner, E. and Gleitman, L. R. (eds.), *Language acquisition ; The state of the art*, pp.288-315. Cambridge University Press.

第 **4** 章

日常認知の発達理論

　物理の世界に法則があるなら人の心にも法則があるに違いない．科学としての実験心理学は，実験室内でデータを集めて統計的に分析する自然科学的な手法を人の心に応用することで始まった．何を客観的データとするかに関し，行動主義者たちは「行動は心理学では唯一，観察可能で客観的なデータを示してくれる．だから行動だけが研究の対象である」と考え，人の行動に関する客観的データを，主として動物実験を中心に集めた．他方，エビングハウスは，存在が目にみえず，形としても存在せず，必ずしも行動に現れるとは限らない“記憶”という対象を取り上げ，自分自身を被験者としてデータを集め，忘却に関する普遍的，一般的なカーブを得ることに成功した．こうして実験心理学は，観察可能な行動だけでなく，記憶，思考，認知など，人の頭の中にある精神機能について，日常生活に影響するような多くの要因を徹底的に除外し，一般法則を導こうと努力してきた．

　ところが，この種の発想と実験方法によるモデル化では，実際に生活している人の行動をうまく説明できないとする結果や意見が出されるようになった．つまり，日常の人の認知や判断は，諸要因を統制した実験室の中で行う判断とは必ずしも同じでないことが指摘されるようになった．これは，人の認知が普遍ではなく人が生活している環境，文化の違いで異なる可能性を意味している．

　こうして，統制された実験室の中の人間でなく，日常で生活している人間に研究の目が向けられるようになった．そして，従来のモデルでは表すことのできなかった，あるときには有能で，あるときにはミスをおかす，多様で柔軟な人間の姿がうきぼりにされ始めたのである．

　そこで本章では，（1）日常的環境，社会・文化的側面と認知，（2）日常生活で用いる知識，（3）日常活動の分析，という三つの側面から，発達研究に関わるものも含めて日常認知に関する研究を概観することにする．

4.1 日常的環境，社会・文化的側面と認知

a. 生態学的環境と認知

従来，刺激図形に関する反応を実験室中心に進められていた知覚研究で，ギブソン (Gibson, J.J.) は，生活体が実際に生活している生態学的環境と知覚との関係の重要性を説いた.

ギブソンは第2次世界大戦中，軍事関係の心理学者として活動し，離着陸，航行と目標認知，追跡と回避，標的の狙撃と爆撃など，空軍の視空間の問題に取り組んだ. そして現実に遭遇する知覚事態は，実験室で扱う奥行知覚とはあまりにかけ離れていることを知り，伝統的な知覚理論の限界を痛感して，新しい仮定に基づく視覚理論の必要性を感じるようになった.

ギブソンは，実践的な知覚理論を展開するのに，"環境"の知覚と"空間"の知覚の区別を強調する. つまり，生活体は"環境"の配列を知覚するのであって，物理的"空間"の3次元を知覚することなどはありえないと考える. たとえば，面と平面は，ほとんど同じ意味をもつことばであるが，生態学的用語である"面"と，物理的，幾何学的用語である"平面"には大きな違いがあるという. なぜなら平面は透明で抽象的なものであるが，面は不透明で実体があるからである. さらに平面には色がないが面には色がある. 平面はキメがないが，面にはキメがある. また，生態学的な実存の世界は，深い意味をもつものからなっているが，物理的世界は意味あるものから成り立っているわけではない. 加えて，面は時間とともにその形を変え，色を変える. たとえば，動物が姿勢を変えるときに生じる動物の表面のしなやかな変形，さざ波を立てて流れる水の変形，日いち日と大きくなり，やがて枯れる植物などもその例である. さらに，これらは太陽の位置の違いによってもみえ方が変化する. このように"環境内"の物体運動は，"空間内"の物体運動とは異なっており，生態学的な事象は多様であるため，オーソドックスで物理学的な単純な公式では，いまのところ測定することはできないとする.

またギブソンは，生活体が生きていく"環境"に注目すると，環境から生活体にアフォード (afford) するもの，つまりアフォーダンスがあるとする. アフォーダンスとは，環境が生活体に提供するものや，用意したり備えたりするもので，動物などの生活体と環境の相補的関係を含んでいる. たとえば，もしも陸地の表面がほぼ水平で（傾斜しておらず），平坦で（凸凹がなく），十分な広がり（動物の大きさに比して）をもっていて，その材質が（動物の体重に比して）硬いならば，その表面は支えることをアフォードする. つまりそれは四足動物，二足動物において直立姿勢をアフォードする. しかし，その平面はミズスマシに対する支えにはならない. このように，アフォードするものは，"生活体との関係"で決まるものであり，心理学が取り上げてきた観察者の"経験"や"主観的価値"で決ま

るのではない．また最も豊かで精緻なアフォーダンスは他の動物によって，とくに人間の場合は，人間によってもたらされる．これはトポロジカルには閉じた面をもつ遊離体であるが，基本的形を維持し，その面の形を変え，自分で動き出す．また，触れれば触れ返すし，たたけばたたき返す．つまり，行動は行動をアフォードし，他者と相互に関係し合う．このように動物や人はふつうの対象とは非常に違うので，乳幼児は動物や人を，植物や生命のない事物と区別することをすぐに覚えてしまう．

　ギブソンのこの生活体と環境との関係を重視した心理学は，知覚を中心にしたものにすぎなかった．彼のこの考えの影響を受け，幅広い認知の分野に応用したのがナイサー（Neisser）である．

　ナイサーは，認知心理学という新しい心理学の枠組みをつくったとして高く評価された本を刊行したころ，ギブソンのいるコーネル大学に移った．そこでギブソンの知覚に対する生態学的アプローチを知り，強い影響を受けるようになった．やがてナイサーは，人間の日常活動に注意を向けるようになった．そして，これまでの実験室での統制された記憶実験は，われわれの文化と日常的現実から乖離した，いわゆる"生態学的妥当性"を欠いた研究であり，日常生活で生じる記憶に対する知識体系とは異なり，人の日常行動の理解には役立たないと考えた．こうしてそのころより，ふつうの人々が，日常生活の中で行う精神活動と認知心理学のさまざまな分野とを関係づけることに多くの努力を傾けるようになり，医者の診断活動，ギャンブラーの賭けの方法，言い訳，目撃者の証言など，日常的な現象が研究対象として取り上げられるようになった．

b.　社会・文化的側面を重視する認知

　西洋哲学の伝統は，理論的思考と実際的思考とを区別し，互いに対立するものとみなしてきた．そして，アリストテレスは理論的思考の方が優れていると信じ，現代の心理学者の多くも同じく，論理的思考，科学的概念，問題解決など理論的なものを暗黙のうちに扱っている（Scribner, 1984）．

　しかし，日常から切り離された実験室的な状況で理論的にものが考えられたとしても，実際の状況でも考えられるとは限らない．また逆に，人は日常的な場面から切り離されたところで理論的に考えなくても，実際の日常生活では，経験的に有能にふるまうことが観察される．この実生活で有能にふるまう人間に着目する日常認知研究は，比較文化的な研究に端を発して行われるようになった．

　たとえば，ブラジルの都市では，5～15歳くらいの子どもたちが，通りでいろいろな種類のキャンディを売り歩いている．ブラジルでは義務教育が徹底していないため，キャンディ売りの子どもたちの中には学校に行っていない子どもや，途中でやめた子どもも含まれている．しかし，この子どもたちは，ブラジルの日々刻々と変化する激しいインフレの中で，自分で仕入屋にいき，仲間のキャンディ売りに比べて高すぎることがない小売値を

つけてキャンディを売っている．また，お客との値引き交渉で，たとえば3本で500クルゼーロにして売ったときと，7本で1,000クルゼーロにして売ったときとではどちらの方が得であるか，という計算を的確に判断しているのである．

サックス(Saxe, 1991)は，キャンディ売りの経験のある子どもとそうでない子ども一人ずつについて，算数能力を検討してみた．すると，キャンディ売り経験者は，お金を使っての加減算，比率の計算で有能さが目立っていた．しかも，その加算方法は，足し算の原理がよくわかっているときにみられるという方法，たとえば{(20+20) + (8+6) = ?}というように，計算しやすいように数のグループを作り直すやり方で計算した．

キャンディ売りの子どもにみられたこのような"数学的"技能や理解は，学校の経験が土台となって学べたというものではない．これらは，日々のキャンディ売りの経験を通して，自ら学んだ(構成した)ものなのである．

このように日常で有能にふるまう人たちの姿は，実験室実験に基づく理論では理論化しにくい．人のこのような側面を理論化しようとするとき，文化・歴史的な文脈が人の高次精神機能にどう関わっているかを説明したヴィゴツキーの考え方が大きな影響を及ぼし始めたのである．

ヴィゴツキー(Vygotsky)は，人の活動の分析の単位は，全体の基本的な性質が全部保存されるレベルでなくてはならないとする．これは水の性質を調べるとき，水を構成する水素原子と酸素原子のレベルまで分解してその構造や関係を解明しても水の性質を調べたことにならないのと同じであり，水はあくまでも水の性質を備えたレベルを最小単位として分析する必要があると考える．さらに，人は一人で存在するのではなく，社会・歴史的な背景の中に存在し，言語や記号をも含む文化・歴史的な遺産を日常生活の中に引き継ぎ，それらを駆使して生活していると考える．

たとえば，覚えておかなくてはならないことがあった場合，ペンをとり紙にメモをとってポケットに入れる．これは，ペン，紙，服とそのポケットという人類が確立してきた文化的"道具"と，言語，言語を書き留める文字という媒介メディアを使って成り立つ記憶活動である．またある場合は，重要なことをすべて一人で覚えるのではなく，よく知っている人に必要に応じてたずねたりする．まわりにある道具の種類，覚えなくてはならないものの重要性や即時性によってその記憶方法を変えたりする．このように日常生活では，実験室で行われる実験のように，何の道具も使わず，意味のないものを暗記して生活しているのではなく，多くの人に囲まれ，多くの文化・歴史的遺産を駆使し，それらとインタラクションしながら生活しているのである．文化・歴史的な文脈の中で生活する人間を調べるのに，日常的な要因を徹底的に排除し，統制した実験室の中での人間を調べたのでは，これらの特徴は表しにくい．こうして，職場での仕事の仕方，スーパーでの買物の際の計算の仕方など，社会の中で実際に生活している人たちの活動を中心に，観察的な方法と実験的な方法とを組み合わせて，人が日常的な課題をどのように解決しているのかを分

析する心理学的な研究が行われるようになったのである.

またこれに関し、ロゴフ（Rogoff, 1990）は、子どもの学習と発達を「思考における徒弟」という概念で説明している. ロゴフは、子どもとその両親が相互に補い合っていることに注目し、子どもは大人から適時アドバイスを受けながら、自分の生活する文化社会に積極的に参加し、観察し（guided participation）, 社会の一員となる存在であると考える. そこでは、大人は子どもの課題理解の程度を評価し、それに基づいて子どもを支える土台（scaffolding）を調整しながら援助している. 一方で、子どもの方も大人の教示のペースに合わせながら、適時必要な情報の提供を要求するという大人の援助への調整がみられ、そこでは共同的・補完的な活動が行われている. また自分たちよりも熟達した人たちの助言に支えられて参加することにより（guided participation）, 子どもの学習はより促進され、子どもは自分で学習を統制することが可能となる. このような活動は乳幼児においても観察され、6か月児も自分の目的のために適時母親に援助を求め、まるで母親を道具のように使うことが観察されている.

c. 状況的認知

ところで前述のように、ギブソンは人間と環境との相互依存性に関連し、知覚と行為に関連した概念であるアフォーダンスについて記述した. それによると、面を知覚することは直接、面のアフォーダンスを知覚することになる. そしてこのことは、環境に依存する事物の"価値"や"意味"が直接に知覚されることに結びつく. つまり、価値や意味は知覚者の頭の中に閉じて存在するのではなく、外側にも存在することになる.

また、文化的要因を含む状況と主体とのインタラクションを重視する人たちは、個人内に限られた認知能力だけでなく、行為する主体のまわりにある文化的な道具（言語や記号を含む）や他者とのインタラクションを通して構成される世界を重視する. つまり、従来の心理学では頭の中での情報処理メカニズムにもっぱら焦点をあてていたのに対して、これらの心理学は、常にまわりにある道具や言語、記号、他者のような媒体、それらの使用を含んだ人の活動に注目し、トータルな"状況の中"で、主体と環境との間で共有される知識のメカニズムを解明しようとする. これは認知過程の変化・発達というのは、主体の頭の中だけの出来事というより、環境や外在する道具、媒体、社会的なシステムなど、いわゆる"状況に埋め込まれた"ものとの交渉のあり方の中にあるという立場となる. この考え方には、従来の心理学が"頭の中"に知識や技能がある、と当然考えてきた暗黙の仮説の問い直しを迫るものである. そして、このような認知の考え方は"状況的認知"と呼ばれている.

これに関しレイヴ（Lave）は、リベリアの仕立屋の手工業徒弟制において、日常の仕立作業での徒弟制の学習を研究した. そこでは、ことさらに教え込まれたり、試験を受けたり、機械的なまねごとを繰り返すといったことがないのに、少数の例外を除くと、驚くほ

どみな技能にたけた，尊敬される親方になれる．この種の徒弟制の文化人類学的な研究を基盤に，レイヴとウェンガー（Lave と Wenger, 1991）は，状況的認知の考え方をさらに発展させ，生きられた世界への参加こそが社会的実践（その中に学習が含まれる）の理論において鍵となる分析単位であり，学習とは社会的実践と切り放せない側面であると考えるようになった．そして，徒弟制のみならず，すべての学習は"正統的周辺参加"として特徴づけられる，とした．

たとえばユカタンのヤマ族で，将来産婆になる少女の多くは，その母親か祖母が産婆である．そのような家庭では，少女は成長過程の中で，母親が出産前のマッサージを施しているのをみたり，難しいケースや奇跡的に成功した話を聞いたり，買物のあとで産後の検診に訪問するとき同行したり，伝言や使い走りをしたりして産婆術の実践のエッセンスを吸収していく．少女たちは，産婆の生活（昼夜関係なくあらゆる時間に出かけなくてはならないこと，産婆に相談にくる人がどんな話をするか，どんな薬草や治療薬を備えておかなくてはならないか）を教えられなくても知っている．

やがて彼女は，自分の出産，年老いた祖母の手助けなどがきっかけとなって，他者の出産を助けるようになる．このように他者の出産を助ける彼女は，いわば産婆となるのである．やがて時間がたつにつれて，この徒弟は祖母，母親に代わっていっそう多くの仕事を代行するようになり，一人前の産婆となっていく．

一方，今日の職業教育が採用しているような，学校での本の勉強と現場での実習というやり方では，次のような徒弟制がみられる．たとえば肉屋の徒弟は，学校においては，教師は彼らが小売店で働いていたときに教えていたテクニックで，しかも学校の設定に容易に合わせることができることを教える．しかし教えられたことは，現代のスーパーには無関係なものが多い．たとえば，学校では包丁の研ぎ方を最初に学ぶ．しかし現在は会社が定期的に研がれた包丁を分配し，切れない包丁を回収するので包丁を研ぐ必要はない．スーパーでは，新人が店に入ると，自動包装機で作業ができるようになるよう訓練される．これが使いこなせるようになると，別の新人がくるまでその仕事をずっとさせられる．もし，新しい徒弟がこなければ，何年もその仕事だけをすることになる．このような状況では，徒弟のみならず職人も，いったん自分の職にはまってしまったら，作業の全領域を学ぶことはめったになくなる．

前述のユカタンの例からわかるように，一人前になるまでの学習では必要な資源は非常にさまざまであり，それは教授活動だけから学べるとは限らない．「ああいう人たちになること」という意識が学習の具体的な到達点であり，それは心理学が用いる目標，課題，知識獲得などの，狭い単純なことばで表現できないほど複雑なものを含んでいる．さらに実践の技術を理解するということには，道具の使い方を学習すること以上のものを含んでいる．なぜなら，道具の使い方を学習するということは，その道具実践の歴史とつながることであり，その文化での生き方に直接参加することにもなるからである．

さらに実践では，自己の能力の評価，つまり自分の労働，技能がうまいか下手かがすぐにはっきりわかる．たとえば，仕立屋の徒弟であれば，帽子がきちんとつくれるかどうかはつくってみれば明確だし，きちんとつくることができれば，その作業では一人前であることを意味している．こうして周辺的な場に正統的に参加すると，テスト，賞賛，非難などがなくても，自分の力を自己評価できる．したがって，ある技能を身につけることができ，しだいに重要な仕事を任されるようになり，そのことで自分の役割が中心的な方向に移動するようになると，熟練した実践者としてのアイデンティティの実感が増大することにもなる．

また，この肉屋と産婆の例を比べてみると，一人前になる学習とは，個人の内部だけで生じるのではなく，社会の実践と不可分に結びついていることがわかる．たとえば，ユカタンの産婆の例は，学習とは，教える行為がなくても，また公式に組織化された徒弟制がなくても成立することを示しており，肉屋の例は，コースが設定されていても，学習者が学習の重要な側面にアクセスできなければ学習の成立は難しいことを示している．このように考えると，新参者が実践共同体に正統的に周辺的なやり方で参加可能だということは，新参者が円熟した実践の本場に広くアクセスできることを意味している．また新参者は，正統的に周辺的なやり方で参加することで，熟した実践の場があることを知り，それらと外部の諸生産関係に広くアクセスでき，連続的につながった未来を知ることができる．このように，実践共同体で，幅広く，広範囲に正統的な周辺参加が可能になると，学習者の学習に対するアイデンティティも増大することになる．このように考えると，学習の成立のしやすさ，しにくさは，個人の努力や資質の違いでもないし，教える側の教え方の違いでもない．つまり，社会的世界で生起することだといえよう．

4.2 日常生活で用いる知識（素朴心理学）

心理学が科学としての体裁と体系化とを確立していくに従い，理論のための理論や，科学的手続に拘泥するあまり，そこで用いられる概念や実験事態の多くは人間世界から遊離した「概念的構成物」と化した感がある（南, 1992）．かつてハイダー（Heider, 1958）は，日常においてわれわれが直感的に知っていることの中に，実り多い概念や仮説への予感が明確に表現されない形で横たわっているとし，「人が通常もっている観念」，「常識的仮説」，「隠された体系」などを「素朴心理学」と呼んだ．本節では，この素朴心理学に関して，"生物"概念と人の行動の背後にある心理的側面の素朴理論の研究を取り上げる．

a. 素朴生物学

ピアジェは，幼児期初期の何百何千もの発達変化をうまく処理する領域普遍的な段階理論を提唱した．しかしその後，条件によってはピアジェの示した段階以前でピアジェ課題

第4章　日常認知の発達理論　　　*475*

を解決することが示されてきた．このことは，発達とはピアジェが示したような，各領域にわたり普遍的に存在する領域普遍の能力があるのではなく，領域や課題ごとに，自分にとってなじみのあるものかどうか，その課題について経験を積んでいるかどうか，などが影響することを意味している．しかし同時に，このピアジェを批判する発達論は，何百何千もの個別の発達変化の整理を断念することを意味している．

　ケアリー(Cary, 1985)は，ピアジェの段階論が直面したこの問題を回避しつつ，子どもの発達をうまく整理する方法を探って，強い構造化と弱い構造化という考え方を提示した．強い構造化とは，さまざまな個別的な理論の全体領域を覆うような変化で，科学史において，アリストテレスの力学がガリレオの力学，ニュートンの力学，アインシュタインの相対性理論に変化したように，パラダイムが変わるような変化である．このパラダイムが変わるような変化では，新たな理論のデータ群と，これまで集積されてきたデータ群とが違っているわけではない．そこではたとえば，力，速度，時間，質量といった，力学の中核となるような用語でも，それ以前の理論体系の中と新しい体系の中を比べると根本的に異なる意味をもつようになる．このように理論が異なると，ある理論体系で用いられる用語と別の理論体系で用いられる同じ用語の，用語間の移行が不可能になる．つまり，共約不可能な現象がみられるのである．一方，弱い構造化とは，初心者が熟達者になるときのような，徐々に生じる変化であり，用いられる用語や概念の意味が変化するようなものではない．そしてケアリーは，発達とは，この2種類の構造の変化の組み合わせであると考える．

　ケアリー(Cary, 1985)は，この仮説を生物概念の獲得について検証しようとした．ケアリーは，子どもと大人が，たとえ同じことばを用いたとしても，子どもは大人の言語では表現できないような言語を用い，大人の言語では子どもの言語を表現できないとする．つまり，共約不可能なこの2種類の言語は，必然的に世界を根本的に違う仕方で分けたような理論を表現しているとする．たとえば，年少児の用いる"生物"ということばには"植物"が含まれていないが，大人が用いるときには"動物"も"植物"も含まれている．

　ケアリー(Cary, 1985)は，根本的に異なる大人と子どもの世界に関して，就学前児が人間の行動を理解する枠組みとしてもっているのは直感心理学であり，そこでは意図的因果性に基づいて判断しているとする．この枠組みでは，心臓の働きを説明するには，そのふるまい(ドキドキする)を述べれば十分である．心臓の動きと死と成長に対する生物学的な必然性については全く考慮されない．しかしながら，10歳になると，子どもたちはそうした行動のすべてを理解するような別の枠組み，すなわち，身体内の各部分の統合的な働きという観点をもつようになる．10歳児は多くの内臓を知っていて，そうした器官がどのように統合的に働いて生命，成長，生殖を支えているのかというモデルを構築している．これは身体があたかも生命を維持する"機械"で，内臓の器官を身体という"機械の部分"であるかのように，全体との統合関係で概念化するメカニズム論的モデルを構築し

ているとしている．この概念化によって，あらゆる動物は似たようなものであり，植物も動物と同じようなものだと想像でき，植物も生物だという理解が可能になる．このことから，ケアリー(Cary, 1985)は，4歳児は自立した理論としての生物学をもっていないこと，彼らがもっているのは動物に関する生物学ではなく，むしろ，動物行動に関する心理学理論だと主張している．

他方，カイル(Keil)は，子どもの生物概念について存在論的な研究を行っている．存在論とは，何が実在するか，に関する学問である．われわれの概念体系には数十万の概念体系が含まれている．しかし，根本的に違う種類のものが数十万も存在しているわけではない．たとえば，"その考えは緑です"，"東京タワーは緑です"という文章は，同じく誤りであるけれども，誤りの意味が異なる．なぜなら，"考え"には色はないが東京タワーには色があり，偶然緑でなかっただけで，緑でありうるからである．この前者のタイプの誤りは，カテゴリーまちがいと呼ばれ，後者の単なる誤りと区別される．このようにわれわれは，考え，緑，東京タワーなど，多くの概念をもっているが，これらの存在論的なカテゴリーは，個々の概念の数に比較してはるかに少ない数だと考えられる．

このように，存在論的基本カテゴリーは，数こそ少ないが，われわれの概念体系の中核となっている．それは，さまざまな仕方で帰納に制限を与えている．そしてカイル(Keil, 1979)はカテゴリーまちがいの判断によって，存在論的基本概念の集合は診断できると考えた．

また，カイル(Keil, 1983 a)は，"草は眠い"，"鳥は眠い"，"鳥は病気である"など，生物学の述語と語を組み合わせてカテゴリーまちがいを判断させた．その結果，年少児は動物と非生物を区別するけれど，まだ，動物と植物概念を単一存在論的項目，生き物に統合するまでには至っていないことを示した．このように考えると，結局，5歳児と大人を比較して5歳児に欠けているのは"生き物"という上位概念ということになる．

他方，シュプランガーとカイル(SpringerとKeil, 1989)は，たとえば，赤ん坊は眼や髪の色など，両親の生物学的な身体の特異性を受け継ぐと4歳児が期待するのに対して，太る，すぐ泣く，などの社会的あるいは心理的に決まる特異性に対してはそのような特性を受け継がないと思っていることを示した．このことは，年少児が自立した生物学をもつことを示唆している．一方，稲垣と波多野も一連の研究で，幼児は自立した生物学を心理学と区別してもっており，その幼児の生物学は，生気論的生物学として特徴づけられることを示している．

稲垣と波多野のいう"生気論的理由づけ"とは，関連器官をあたかも生きた人間のように扱う擬人化に基づいて因果的に説明するものである．生気論では，関連器官の意図が現象を引き起こすのであって，ケアリーの主張する器官を所有する人の意図は関係ない．たとえば，「どうして私たちは，毎日ごはんを食べるの？」という質問に対して，「おいしいものを食べたいから」と答えるのは意図的(心理的)理由づけ，「胃は食べ物から力をとっ

ているから」と答えるのは生気論的理由づけとなる．また「食べ物を胃や腸で変形し，体の中で取り込むため」と答えれば，生命を一つの機械のごとく見立てて，その部分全体のメカニズムを説明するような，メカニズム的理由づけ，ということになる．そして，稲垣と波多野(InagakiとHatano, 1993)は，もっともらしい理由を選択させると，6歳児は生気論を好み，8歳児はメカニズム論に続いて生気論を選び，大人はメカニズム論を選ぶこと，6歳児は生気論を好むからといってもいつもそれを選ぶわけではなく，生物学的な質問には生気論，心理的な質問には意図説明を選んでいることを示した．このことから，大人が好む因果説明と，6歳児が好む生物現象の因果説明は非常に違っていること，6歳児は心理学と生物学を区別していることから，ケアリー(Cary, 1985)が主張するように，心理学から生物学が区別されるのではなく，幼児には幼いころから自立した生物学の領域があり，その領域内で質的な変化が生じるとしていると主張する．幼児に自立した生物学があるかどうかという問題は，幼児の発達が領域固有であるのか，領域普遍であるのかという問題に関わる問題といえる．

b． 心の素朴理論(theory of mind)

従来の心理学の中心的な関心は，「思考」と「現実性」との関係の解明であった．しかし，日常のわれわれは，人の行動を，「思考」ではなく「心理的な側面」を中心に説明して理解する．たとえば，「ジョンは食料品を買いに行くつもりだ」というとき，明確に示されていなくても，われわれは「ジョンは何か食べたいのだ」と思っており，「食料品店で食料を購入できる」と思っていることを推測できる．このように，われわれは日常生活において，他者社会的な状況についてある常識的な考えをもっている．そしてそれは，他者や社会的な状況の「思考」を解明するものではなく，「心理的側面」を理解するのに役立つようなものである．この種の常識は，科学理論のように，系統的，明確なものではないけれど，われわれの生活に適確に機能している．

ウェルマン(Wellman, 1990)は，多くの理論には，① 一貫性があり，② 他の理論とは異なる特殊で存在論的な現象の切り取りがみられ，③ その領域内において，理解可能で未来を予測できるような説明原理の枠組みをもっている，という三つの要素を備えているとする．たとえば，行動主義の理論とピアジェの理論について考えてみた場合，どちらも理論内に一貫性があり，他の理論とは明確に区別できる特殊な用語を使用し，人の行動についての概念化とそれを説明する枠組みをもっている．そして，人の行動に関する常識的な考えは，科学理論のように原理的な理論ではないが，それなりに一貫性をもち，大人も理解できるような思う，望む，信じる，夢見る，という，領域に特徴的なことばを用いて表現し，それなりに行動の予測ができる．したがって，心の世界についての考えも，科学理論とはいえないけれど，素朴な理論といえるとする．

ウェルマン(Wellman, 1990)は，子ども(図4.4.2 ①)と大人(図4.4.2 ②)のもつ心の素朴

図 4.4.1 日常認知のイメージ

理論とその違いを示している．どちらの図においても，われわれの行動(action)の心理的な因果関係を説明するのは，信念-欲求(belief-desire)を中心とする理由づけであり，これが中心となって心的世界の常識が形成されて素朴心理学の基礎となっている．

図 4.4.2 は，素朴心理学の骨組みとなる概念とその関係を示したものである．たとえば，「ビルは床屋へ行った」という文章があったとする（行為）．この行動の中に，われわれは暗黙のうちに「彼は髪を切りたかったのだ（欲求）」，「彼は床屋が髪を切ってくれる場所だと知っている（信念）」など，ビルの心の世界を察することができる．このように，信念と関連する心理的な働きには，行為者の知識，確信，想像，考え，意見などがあり，欲求と関連する心理的な働きには，行為者の希望，要求，願望，好み，目的，責任，価値観，大志などがある．また，信念と欲求には，一つの望みが次の望みを生み，さらにそれが次の望みを生む，というような繰り返しがある．したがって，図 4.4.2 ① では，それを円形をした矢印で表している．

「ジルは子猫を探すのに椅子の下をみた」場合で考えてみる．まず，ジルはどうして椅子の下を探したか．それは，ジルは椅子の下に猫がいると思ったからだ．この場合，次のことが考えられる．まず，ジルは椅子の下に猫がいると思ったから椅子の下をみた．つまり，知識や信念は知覚の仕方を定めている．知覚は心的な世界の中に外部の現実世界を知らせてくれるものである．また，「ヘレンはアイスクリーム屋へ行った」という場合，ヘレンはお腹が空いていたからアイスクリームを食べた，つまり，生理的な欲求や基本的な感情は，欲望の炎を燃やす原料となるが，信念の燃料とはならない．逆に，知覚は信念の燃料となる．喜び，愛情，悲しさなどの基本的な感情は欲望と大きく関係しているが，それ自身が欲望を構成しているわけではない．このようなプロセスを経て出てきた反応は，じつに多様なものとなる．良い結果が出れば，喜び，満足，幸福，安心が得られ，悪けれ

第4章 日常認知の発達理論

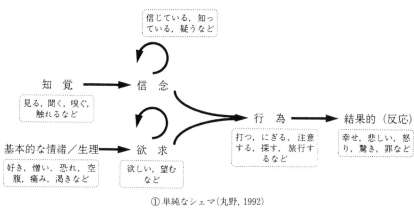

① 単純なシェマ（丸野, 1992）

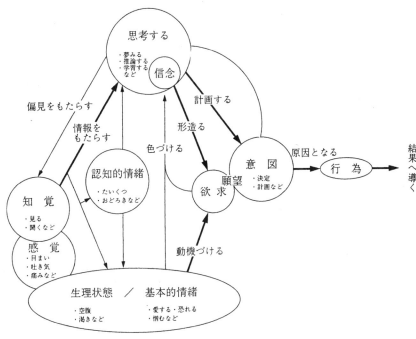

② 精緻化されたシェマ（丸野, 1992）

図 4.4.2 "信念-欲求"推論シェマ（Wellman, 1990）

ば，怒り，不幸，失望が生じる．行為の結果が信念と異なる場合には，困惑，好奇心，驚きをもたらし，ときには，困惑，狼狽，歓喜などの反応が生じることとなる．

図 4.4.2 ② は，さらに精緻化された心的世界のスケッチである．これは，中心に図 4.4.2

① で示された信念-欲求-行為の関係が組み込まれ，加えて，意図，思考という中心的な構成概念が付加されて，さらに概念間のつながりが加わったものである．

たとえば，「ビルがハリエットを撃った」とする．ビルは彼女をおどそうとして誤って撃ってしまった．ビルは彼女がビルの心を傷つけるのを恐れていた．そして，おどす以外に手がなかったとする．このような場合，信念と実際の行動はかけ離れており，この乖離を結びつけるものが意図である．したがって，常識世界の心理的説明（常識心理学）では，意図は行為の基本的な原因であり，行為は行為者の意図で説明される．また意図に従ってある欲求を現実化するようなプランは立てられ，意図に従ってさまざまな信念が活動に移される．さらに意図には2種類の意図があると考えられる．たとえば「暑いのでビールが飲みたい」という意図と，「仕事を終らせたい」という意図など，複数の意図が同時に存在するとき，信念に基づいて意図間の調整が行われる．このため，信念と欲求の結びつきは図4.4.2①にあるような1本の矢印でなく，図4.4.2②では2本の矢印が示されている．図4.4.2②の2本の矢印は，同時に複数の信念が存在したとき，プランニングがなされる場合と，そうでない場合を示している．たとえば「フランス料理が食べたい」という欲求は，フランス料理がどんなものかを知っていて初めて生じる．また，欲求にはランクがあるので，フランス料理に対する思い（信念），フランス料理を食べに行ける実際的な可能性に対する確信（信念）がこのランクづけと関係している（形造り）．また「フランス料理を食べたい」という欲求や感情が強いほど「フランス料理はおいしい」という信念の確信度は強まり（色づけ），信念と欲求のリンクは相互に"色づけ"され，情緒と思考の間のリンクも色づけされている．一方，思考する材料は知覚によって与えられる．つまり，知覚は思考を形成する．しかし，思考に提供されているのは知覚した情報のすべてではなく，思考も知覚するものに制約を与えている（偏見をもたらす）．また，図4.4.2②に示した心のスケッチでは，影響のサイクルが情緒から欲求，思考，知覚へと大きく広がり，情緒が活動に結びついていることが示されている．また，情緒と欲求が人の思考を色づけしうることも示している．これに関しては，たとえば，楽しみにしていたプロ野球の試合が雨で中止になると人は心底がっかりする．このように認知を前提として起こる感情は認知的情緒と呼ばれる．認知的情緒は思考と基本的情緒を結びつけている．

では，この心の素朴理論と科学理論の相違点は何であろうか．ウェルマンは，これについて次のように説明している．まず，理論には，パラダイム，学派のような，存在論を規定し，基本的な因果説明装置をもっている"枠組み理論"と，その枠組み理論に含まれ，枠組み理論の中で変化する個々の経験的な"特殊理論"があると考える．たとえば，行動主義とピアジェ派では，行動ということばに関する意味が違っている．この違いは，行動主義とピアジェ派との枠組み理論が異なるので，枠組み理論内の特殊理論との関係が変わってくることから生じると考えられる．そして，科学理論と心の素朴理論が似ているのは，この枠組み理論のレベルであるとする．

第4章　日常認知の発達理論　　　*481*

　科学理論と心の素朴理論には，次のような相違点がある．まず，科学理論は一貫性をもっており，個々の仮説で構成され，理論のかけらもまた理論である．しかし，心の素朴理論には，科学理論ほど一貫性がない．なぜなら，心の素朴理論の特殊理論は，仮説で構成されているのでなく，経験的な特殊な個別例を発達させたものだからである．このため，たとえ経験を積むことで，個人についてのものの見方，考え方が変わったとしても，特殊理論の範囲内で理論が修正されているにすぎないのである．また，科学理論にはプロセスという側面があり，実験を重ね，厳密な理論を引き出すような理論化という側面をもっている．しかし，心の素朴理論には，この理論化がない．このように科学的なものの考え方と日常的なものの考え方は異なっているけれど，特殊理論が枠組み理論との関係で機能することは同じである．このため，科学理論と心の素朴理論は，枠組み理論の範囲内で似ていることになる．

　他方，メンタル・モデル，スクリプト，シェマは，特殊理論が枠組み理論との関係で機能しないので理論ではない．たとえば，スクリプトでは「レストランでお金を払うのはなぜか」という質問に答えられない．説明こそが理論の鍵であるが，これらにはその説明がない．このレストランの例の場合，説明の鍵は経済学や生理学の中にあるのであって，レストランのスクリプトの中にあるのではない．

4.3　日常の活動を分析するもの

　人の生活世界を見直すため，日常の活動そのものを見直し，分析，理論化しようとする立場がある．ここでは，生活の分析，日常会話の分析について述べる．

a.　生活の分析

　日常の生活の最も基本的な生活とはどのようなものであろうか．その特徴のいくつかをあげると，一つは，生物的な生存が優先されるというものであろう．何より生きなければならない．と同時に，第2に生存は社会の中でなされるから，文化的な特徴をもつものでもある．第3に，生存のための活動は，あまりにも当り前のことなのでことさら問題にされないようなものである．問題になるときは，まだ十分に習得されていないとか，何か不適合があることを示している．そのような当り前である(taken-for-granted)ことが，われわれの"生活世界"の基本であることは現象学で強調されていることでもある．

　無藤(1992；1993；1994)はその一連の考察で，当り前であることの成立を日常生活でのルーティンの確立に求め，主として子どもにおけるその獲得の研究に基づき，検討した．そして，その日常での生活世界の成り立ちからさらに一般的な知識(素朴知識)がどのように獲得されるのかを理論化した．この二つについて提案されている発達過程を以下に要約する．

IV 発達心理学

ルーティンの形成には少なくとも三つの側面がある．① 時間と ② 空間と ③ 活動内容である．まず，① の生活の時間のルーティン化は，繰り返し同種の活動がなされて，その結果，手順が安定して獲得されることである．その際に，(a)実際の活動で，ある役割を担いながら実行・実践できること，(b)その実践の過程でその活動を巡って言語化できること，(c)別な場面でその活動について手順を言語化できること，という三つに区別できる．あとになるほど，発達的に高度なものであり，いわゆる知識として自立する．

もちろん小さい子どもが，たとえば食事について十分に自立して実行できるわけではないが，親の誘導のもとで，適当な物理的場所と道具があれば，食事の参加者としての役を実現できているかのようにふるまうことができる．食べるという行為を食事の場面で継続的に行えば，その役を実行したことになるからである．また，その食事の場面を楽しむということもいわば自然に現れる．次に，その食べることや，食べる順序や道具について，また食べることのおいしさや，食べることが元気を増すことや，食事のときは楽しくしよう，といったことを食事の最中に行うようになる．これは親の同種の発言に則ってのことであると思われる．最後に，食事の場面を離れても，それらの手順や機能について言及できるようになる(手順は 4 歳過ぎに，機能についてはもっと遅れる．とくに，社交性の認識は小学校中学年以降のようだ)．もっとも明示的な手順の知識が得られたからといって，それ以前の実践的かつ暗黙のあり方が無になるのではなく，相変わらず重要であり続けると思われる．大人になったからといって，活動の細部を明瞭に言及できるわけではない．また，活動を実行する際，活動は，場面や道具や他者に依存して進められる．このような意味からも，実践的，暗黙的知識が有効であり続けるだろう．

ところで，この発達過程の中に，日常の状況的認知の指摘する側面から，素朴理論の理論が指摘する側面への移行の始まりを見いだせる．つまり，小さい年齢での日常的な活動では，状況的認知の理論で指摘するように，実際の場面で活動することの中で認知が成り立っているようにみえる．それに対して，4 歳ごろになれば，その日常的活動のおもな手順については，その場面を離れてもことばで語れるようになるが，それは前述のように，素朴理論でいう"理論"との関係で手順についての知識が洗練されていく始まりであろう．

② の生活の空間的ルーティン化は，なじみのある場所の成立として概念化できよう．その場所で特定の活動を行うことにより，場所と活動との結びつきができる．その場所の位置のみならず，その場所にある物・人との関係も安定する．活動に直接必要なもののみならず，通例そこにあるものも場所・活動のセットに組み入れられよう．場所と活動のセットは，認知的に安定するだけでなく，愛着の感じられる，あるいは他の感性的・情動的感覚をも含み込むことになる．たとえば，食事は食堂のテーブルで行うのであり，その光景とセットで記憶される．そのため，その場所以外ですることは特別の場合となる．

③ の活動内容は手順や必要な物・人・場以外に，やり方・マナーなどを考えることが

できる．これらは時間・空間と合わさって，安定したルーティン活動を構成する．

現実生活の個々の活動に習熟する過程から，いかにして，より一般的な知識(特定の状況や活動をこえて，多くのものにあてはまるはずの知識)が生まれるのであろうか．手順の知識(スクリプト)が目標との関連において吟味される過程が重要であると思われる．たとえば，食事の場合は，栄養をとる，おいしさ・満腹感を味わう，他の人との社交性を満たす，などのねらいがあるだろう．それは典型的な食事では同時に満たされる目標であり，同時であることにおそらく意味がある．根底的には生理的な生存のための活動でありながら，文化的に重要であるので，文化的に容認される特定の形をもち，同時に，そこで得られる満足感を共有することは社交性に通じる．

食事のさまざまなバラエティの中で，特定の目標が強調されることはありうる．一人で食べる場合や，栄養をつけたいと思う場合と，友だちを呼んで仲良く食事をする場合とでは，食事の手順のステップで重視されることが変わってくる(外山，1993)．目標との関連での吟味が食事の個々の行為とどう結びつくのかの説明を要求するようになるだろう．そこに，より一般的な知識との関連が生まれる．あるいはまた，そもそも食べ物を食べることが，食べ物を口に入れ，消化して，お腹が一杯になると同時に，元気も出てくる．同時に，食べ物は変形され，その中の大事な何かが吸収され，残りが排泄される．その過程は，やはり目標である栄養や満腹などとの関連で吟味され，細かいステップとその目標との関連の意義が検討される．たとえば，おかず(肉や野菜)は栄養が強調され，デザートのお菓子はおいしさが強調される．また，栄養をとる必要のある場合にはおかずを食べるように努力する．その結果，食べ物を巡る生物学的な知識の獲得が促されるはずだ．要するに，活動の手順の意義の吟味が核となって，活動と一般的な知識との関連が想定されるのである．

個々の活動の検討以外に，生活の活動の分析でもう一つふれるべきことは，生活全体で複数の活動が互いに占める位置のパターンの形成の問題である．たとえば，時間的なルーティンが複数の活動に及ぶとき，ながら活動(複数の活動の重なり)とか，すき間としての活動(おもな活動の間の移行における活動)，回遊としての活動(次の活動を探す活動)が生まれるだろう．この種の分類は，現代の生活パターンの分析に不可欠である．たとえば，現代社会でのメディア使用(読書，テレビ視聴，ラジオ聴取など)はこの活動のあり方と不可分である．それらがどう日常の知識として把握されるかの検討は今後の課題であろう．

b. 日常会話の分析

一人で思考するときとは異なり，会話をするには他者が必要である．このために，他者と対話するときには，自分と他者との間にある"間"の影響が現れる．

従来，文法や自然言語の処理の問題では，主として"会話"ではなく，"文文法"を扱ってきた．それは，文の内容に関連した状況や場面からその文を独立させ，いわば理想化

された孤立状態にある文の統合や意味構造を研究するものであった.

ところで山田と好井(1991)は, 文の意味と文の内容の関係について次のような例をあげている.「ぼくは, キツネ」,「んー, と. じゃー私はタヌキ」. この会話は何について話しているのであろうか. 山田らはこの日常ふつうにみられるせりふについて, その場の状況(文脈)によって, 初めて文の意味が決まってくる, としている. たとえばこの場合, おそば屋さんでの会話であれば,「ぼくはキツネうどん」,「んー, と. じゃー私はタヌキそば」であり, 子どもたちの劇での配役決めであれば,「ぼくはキツネ役」,「んー, と. じゃー私はタヌキ役」である.

日常対話の詳細な分析は, 社会学ではエスノメソドロジーと呼ばれる分野で取り上げられている. そこでは, 無意識のうちに"当り前のこと"としてとらえられ, 注意されることもなく見逃してしまいがちな, 市井(エスノ)の人々の日常的な相互作用である"生活"を解読しようとする. たとえば, エスノメソドロジーでは, 会話の際の他者との"間"のとり方, すなわち, あいづち, うなずき, 沈黙, 割り込みに権力構造が読み取れることを示唆している. 山田と好井(1991)は, 日本の大学生に, 同性, 異性のそれぞれと対話させ, 違いを分析した. すると女子学生の場合, 男子学生と対話するときは,「すごーい」,「ほんとぉ」など, 男子学生が話すのに合わせて, 絶妙なタイミングで, かわいらしく, 愛らしくあいづちを打つ. ところが, 同じ女子大生が同性の女子大生と話すときには, あいづちをうつことなく, 相手に負けじと, 自分の主張したいことをどんどんしゃべる. 一般に男性は, 相手の話に関心がもてなければ, ほとんど"あいづち"などによる支持作業をせず, 話題の転換を選択する. つまり, 男子学生は, 女子学生と対話するとき, "関心の欠如を示す沈黙", "割り込み"という手段を用いて話題を自分の興味があるもののみに導き, 本来女性が自分の意見を主張したいことや主張できる場を巧みに奪っているとする. また, こうして男性は, より円滑に自己の発話権を誘導し, トピックを展開するという.

一方心理学では, 他者との対話において過去が想起されるとき, 単に過去の記憶, 知識がつなぎ合わされるのでなく, 現在との関わりの中で常に更新され, 新しく作り出され, オリジナルな記憶が生じるとされる. このことをエドワーズとミドルトン(Edwards とMiddleton, 1986)は, 共同想起と呼んだ. たとえば, 高校時代の友人に久しぶりに会ったとたん, 忘れていた高校時代のことを数々思い出す. さらに互いの知識や記憶, 想起されたものをつなぎ合わせると, 一つの共通した出来事のイメージが形成される. このとき, 共同想起の場では, ときには, いま進んでいる想起を評価し価値づける会話で彩られ, その集団で評価され, 価値づけられるものが多く語られる. こうして, 同じく高校時代のことを想起しても, 対話するメンバーによって, 語られる内容が違ったものになる.

これらのことから, エドワーズとミドルトンは, 過去を想起するためには, ある一定のプロセスが存在するとしている. このことは, 個人の想起のプロセスは個人だけの認知能

力に還元できるものではなく，文化に所属するメンバーで共有され媒介された文化的な活動である可能性を示唆している．

　また，家庭での幼児と家族の対話においては，「この前おばあちゃんの家に行ったとき……」，「あなたが3歳のとき……」，「昨年海に行ったとき……」など，過去に共有した時間に関する質問をよく行う．つまり，過去を共有し，家族全員がともに共通の過去を想起することが重視される．リーズとフヴィッシュ（Reese と Fuvish, 1993）は，この家族と過去を想起するとき，子どもに対して二つのことが暗黙のうちに教えられているという．まず，どんな話題がふさわしいかを選んで個人的な経験を思い出すこと，しかも，個人的な経験を他者が理解できるように，子どもが属する文化に受け入れられる一貫性のある型，どう語られるべきかという型に組織化することである．こうして集められ，構成された人生における重要な経験の記憶は，その人の人生物語をつくることになる．

　ところで，個人的な経験に関する記憶は自伝的記憶と呼ばれる．決して正確な記憶ではないこの記憶は，日常生活では何の働きもしておらず，人の行動はすべて手続的知識と意味的知識によって導かれるとされてきた．しかし，人がある問題に直面したとき，その問題は過去の経験を抽象化した一般的な知識と関連しているとは限らない．そのため人は，一般的な知識を使うというより，むしろ自伝的記憶をたどり，よく似た問題に直面したときの経験を振り返るし，その方が役に立つ場合は多い．このように自伝的記憶は，日常生活で重要な役割を果たしていると考えられる．ナイサー（Neisser, 1986）は，個人的記憶は一連の類似した出来事を代表するものだと指摘し，それをレピソード（repisode）と呼んでいる．

現象例||||||||||||||||||||||||||||||||||||||||||||||||||||||||||||||||||||||||||||||||||||||||||||||||||||||||||||||||||||||||||||

　1993年，日本では米が不作で，従来の「米は輸入しない」という政府の方針に反して，米を緊急輸入することになった．ところで，政府が従来の方針を掲げている間は，「安い米を輸入した方が庶民のため」，「国産米も値段が下がってよい」などと，政府の方針を疑問視する消費者の声が多数存在した．しかし，いったん米を輸入し始めると，庶民は「外米はイヤ！」とばかりに高い国産米を買いだめし，米屋から国産の米が姿を消し，"平成の米騒動"が起こった．この相反する庶民の言動は，われわれが日常用いている"考え"や"知識"が，科学理論のようにその破片までも論理的なものとなっていないことを示している．このため，相反する論理が自分の中に同時に存在していても決して矛盾を感じないのである．このように人は，勤勉の美徳とレジャーの有用性とを同時に説いたりすることができる．そして，このような矛盾する行動を葛藤なくとることができる人間行動を説明するのは，科学的，論理的な理屈ではなく，人の心理的な要因であることが多い．たとえば米問題の場合，「安心できる米は国産米」，「安心できる米を食べたい」という国民の心理的要因が米の買い占めに走らせたのである．このように，人の日常行動には心理的な

要因が大きく影響していると考えられる.

また, 日常生活では, 何もかも科学のように論理的に考えて生活していては通用しない部分がある. たとえば買物をするとき, 財布の中身と相談しながら買物をするが, そのとき必要とされる計算方法は, 決して学校で学ぶ綿密な計算ではない. 大ざっぱな概算でよい. しかし, このとき最も大切なことは, 「手持ちのお金よりも少ない金額に抑える」ことである. 学校の科学的な算数では, 誤りは, "少ない", "多い" の2通りが考えられる. しかし, 買物のときは, 正確である必要はないが, 持ち金より多い買物をすることは許されない. つまり日常生活の計算方法では, "少ない" ものはよいが "多い" ことは許されないのである. このように, 日常現象で必要なことと, 科学的に必要なこととは, 必ずしも一致しない.

また, 日常生活の行動や思考は, 他者や環境の影響を受けることが多い. たとえば, 高校時代の友人に会うと, それまで忘れていた高校時代のことを次々と思い出す. 昔遊んだ場所を訪れると, 当時のことを思い出す. これらは, 他者や場所とのインタラクションがあって思い出せることであり, それらなくして一人で努力して思い出せるものではない. つまり, 人の思考や行動は, 一人の頭の中に閉じられているようなものではないと考えられる. このように考えると, 記憶活動を人の頭の中だけに存在すると考えてきた従来の記憶研究は, 人が日常用いている記憶活動とは異なる記憶の側面について取り上げていたことがうかがえるだろう.

〔青木多寿子, 無藤　隆〕

文　献

1) Cary, S.(1985): *Conceptual change in childhood*. MIT Press. 小島康次, 小林好和 訳(1994): 子どもは小さな科学者か―J. ピアジェ理論の再考―, ミネルヴァ書房.

2) Edwards, D. and Middleton, D.(1986): Joint remembering; Constructing an account of shared experience through conversational discourse. *Discourse Process,* **9**: 423-459.

3) Heider, F.(1958): *The psychology of interpersonal relations*. John Wiley & Sons, New York. 大橋正夫 訳(1978): 対人関係の心理学, 誠信書房.

4) Inagaki, K. and Hatano, G.(1993): Young Children's Understanding of the Mind-Body Distinction. *Child Development,* **64**: 1534-1549.

5) Keil, F.C.(1979): *Semantic and Conceptual Development*; *An Ontological Perspective*. Harvard University Press, Cambridge, MA.

6) Keil, F.C.(1983 a): On the emergence of semantic and conceptual distinctions. *Journal of Experimental Psychology*; *General,* **112**: 357-385.

7) Lave, J. and Wenger, E.(1991): *Situated learning*; *Legitimate Peripheral Participation*. Cambridge University Press. 佐伯 胖 訳(1993): 状況に埋め込まれた学習―正統的周辺参加―, 産業図書.

8) 丸野俊一(1992): 心的世界や過程に関する幼児の理解―幼児はどのような「心の理論」を持っているのか―. 九州大学教育学部紀要, **36**: 65-86.

9) 南 博文(1992): 素朴心理学再考―ハイダーの着想からエスノメソドロジーへの展開. 対人行動研究, **11**: 1-12.

第4章　日常認知の発達理論　　　　487

10) 無藤　隆(1992): 生活における発達. 東　洋; 繁多　進, 田島信元 編: 発達心理学ハンドブック, 福村出版.

11) 無藤　隆(1993): 子どもにおける日常生活の実践と把握. 無藤　隆 編: 現代発達心理学入門, ミネルヴァ書房.

12) 無藤　隆(1994): 幼児教育と学校教育. 講座幼児の生活と教育(第1巻), 岩波書店.

13) Neisser, U.(1986): Nested structure in autobiographical memory. In: Rubin, D.C.(ed.), *Autobiographical memory*. Cambridge University Press, Cambridge.

14) Reese, E. and Fivush, R.(1993): Parental styles of talking about the past. *Developmental Psychology*, **29** : 596-606.

15) Rogoff, B.(1990): *Apprenticeship in thinking*. Oxford University Press.

16) Saxe, G.B.(1991): *Culture and cognitive development ; Studies in mathematical understanding.* Lawrence Erlbaum Associates.

17) Scribner, S.(1984): Studying Working Intelligence. In: Rogoff, B. and Lave, J.(eds.), *Everyday cognition ; Its development in social context*, pp.9-40. Harvard University Press.

18) Springer, K. and Keil, F.C.(1989): On the development of biologically specific beliefs ; The case of inheritance. *Child development,* **60** : 637-648.

19) 外山紀子(1993): スクリプトの意味づけにおける発達的変化―食事スクリプトを例として―. 心理学研究, **64** : 378-383.

20) Wellman, H.M.(1990): *Children's Theory of Mind*. MIT Press.

21) 山田富秋, 好井裕明(1991): 排除と差別のエスノメソドロジー, 新曜社.

第5章

関係性とパーソナリティ発達の理論
——愛着理論の現在——

　私たちは，いかにしていまある自分自身になりえたのだろうか．他とは代えがたい一つの明確なパーソナリティを備え，そして日々他者との間に，ある一定の関わりを展開する"この私"に，どのようにしてなることができたのだろうか．おそらく，その答えは，私たち一人ひとりの生育歴，とくに養育者との連綿たる相互作用の歴史の中にあるとみてよかろう．フロイト（Freud, S.）に始まる精神分析理論は，ことのほか，この"過去がもたらす意味"を強調し，私たちにパーソナリティ発達理解のための一つの有用な枠組みを提示してくれた．20世紀の心理学が，それに与するも抗うも，この精神分析理論を一つの核として進行してきたことは否みがたい事実である．

　ただし，その病理的な色彩とややいきすぎた幼児期決定論のにおいとが，"実証"心理学発展の障壁となってきたこともまた事実である．健常レベルのパーソナリティ発達を実証的観点から精緻に把握するためには，別の枠組みの登場を待たなくてはならなかった．本章では，そうした別の枠組みとして，ボウルビー（Bowlby）に始まり，エインズワース（Ainsworth）へと受け継がれた愛着理論に焦点をあて，その全体像を俯瞰してみることにしよう．この愛着理論は，一般的に乳幼児期および児童期における親子関係の理論として性格づけされることが多いが，それはこの理論の真の性質と意義とを十分に伝えるものではない．ボウルビーは，愛着理論をパーソナリティの生涯発達に関する総合理論として位置づけている．彼は，精神分析，比較行動学，認知科学など，じつに多様な学問体系に依拠しつつ，人間に組み込まれた生得的な愛着行動のパターンと，それに個人の経験・社会化がもたらす影響について考究し，いかにしてパーソナリティの始原が発達早期に形成され，またその後生涯にわたって連続性を保ちうるのかについて膨大かつ精細な仮説を打ち立てている．

　こうしたボウルビーの仮説の妥当性は，その後，とくにエインズワースの案出したストレンジ・シチュエーション法を通して検証されていくことになる．エインズ

ワースは，その方法によって乳幼児の愛着の類型化を可能にし，発達早期の個人差が，実際にいかなる要因に規定されて生起してくるのか，またそれは，その後の関係性および社会情緒的発達にどう影響していくのかを，実証的に明らかにする道を切り開いたのである．本章では，批判的な視点も交えながら，こうした愛着理論の展開および現時点における理論的・実証的到達点について論考を試みることにする．

5.1 愛着とは何か——愛着理論の概要——

愛着(attachment)とは，厳密にいえば，危機的な状況に際して，あるいは潜在的な危機に備えて，特定の対象との近接を求め，またこれを維持しようとする個体(人間やその他の動物)の傾性であると考えることができる(Bowlby, 1969)．しかしながら，より広義には，個体が特定の対象との間に築く強い情緒的絆(emotional bond)あるいは愛情関係(affectional relationship)一般をさしていうことも多い．

かつて，こうした関係性は，個体が，何よりも飢えや渇きなど，自らの基本的欲求の充足(1次的動因の低減)を求めて他個体に依存するようになる結果，あくまで2次的に生起してくるものと理解されていた(2次的動因説)(DallardとMiller, 1950)．すなわち，乳児が養育者に近接しようとするのは，乳児にとってその養育者の存在そのものが重要あるいは魅力的だからなのではなく，生存していくうえで不可欠な生理的諸条件を満たしてくれる対象がたまたまその養育者であるからにすぎないと考えられていたのである．こうした考え方は，1950年代から1960年代にかけて多くの論者にとられ，一つの時代を築いたといえなくもないが，ほどなく，比較行動学に依拠したボウルビー(Bowlby, 1969；1973；1980)の理論にとって代わられることになる．

カモやガンなどの鳥の雛が，生後間もない時期に最初に出会った対象(それは同じ種に限られず，他生物種，たとえば人間でもかまわない)の後追いをする現象は広く知られているが，ボウルビーは，これと同様の機構が他の多くの生物種，そして人間にも生得的に備わっているのではないかと考えた．鳥の雛は，栄養摂取など，基本的欲求の充足を求めて後追いをしているわけでは必ずしもない．それは，生理的諸条件が十分に満たされた状況においても依然生起しうる．すなわち，ボウルビーは，対象を希求し，それとの近接関係を維持しようとする傾向が，栄養摂取などの欲求から2次的に派生してくるわけではなく，それとは独立に元来個体に生得的に組み込まれており，そして個体の生き残り・適応に不可欠の機能を果たしていると考えたのである．

こうしたボウルビーの仮説の妥当性は，ハーローらによる子ザルを扱った一連の実験結果からも間接的にうかがい知ることができる(Harlow, 1958；HarlowとHarlow, 1965)．ハーローは，生後間もないうちに母ザルから子ザルを引き離し，その子ザルを，ミルクを

与えてくれる金網でできた代理母模型とミルクはくれなくても温かい毛布でできた(実験によっては,そのうえやさしく揺すってくれる)代理母模型とがいる状況下におき,その様子を精緻に観察した.結果は,ミルクを飲みにいくとき以外,子ザルは,金網製の母親には近づかず,大半の時間を毛布製の母親にしがみついて過ごし,またときにはそれを活動の拠点(安全基地)としてさまざまな探索行動を行うというものであった.つまり,子ザルには,接触による慰めおよび安心感を与えてくれる存在に絶えずくっついていることが,栄養摂取とは全く別の意味で重要であったということである.

　人類の黎明期の環境を想像するならば,そこは捕食者に満ちた非常に危険な所であったに違いない.知覚能力も運動能力もきわめて未熟な人間の乳児は捕食者にとって格好の餌食であっただろう.そうした環境の中で乳児は特定対象との近接を維持し,その対象から効率的に自らに対する保護や養育を引き出しえなければほとんど生き延びることはできなかったのではないだろうか.乳児の示す一連の愛着行動(しがみつく,後追いする,泣く,微笑する,定位するなど)は,他個体の関心を自らに引きつけ,他個体から保護を引き出すために進化してきたきわめて合理的な行動レパートリーと解することができる.

　ボウルビーは,そのときどきの状況に応じて現出したり,消失したりする個々の愛着行動を背後から支えるメカニズムとして,愛着システムという行動制御システムの存在を仮定している(図4.5.1).この愛着システムは,個体の状態や環境条件の変化などに応じて,体温や血圧などを適正な一定範囲内に保持・調整する生理的システムと同じように,特定対象との近接関係をホメオスタティックに制御している(恐れの情動が強く喚起されるような危機的状況や,病気や疲労の状態にあるときなどに,その場に適切な愛着行動を発動させ,他個体から慰撫や保護が得られると今度はそれを静穏化させるといった一連の行動連鎖をつかさどる).ボウルビーによれば,この愛着システムは,恐れ(fear),探索(exploration),親和(affiliation)といった他の行動制御システムと有機的・整合的に連携して,そのときどきの状況に適応的なふるまいを組織化し,個体の生き残り確率を高めているのだという.

　こうしてみてくると,愛着という概念は,相対的に無力で,絶対的な保護を必要とする乳幼児あるいは児童期のみに適用されうるもののように思われてくるかもしれない.しかしながら,ボウルビーは愛着を,個体が自律性を獲得したあとでも,形を変え,まさに揺りかごから墓場まで,生涯を通じて存続するものだと仮定している.確かに,行動レベルでみる限り,愛着が乳幼児期に最も顕現しやすいという事実はいかなる意味でも否みようがない.が,ボウルビーによれば,他個体との近接関係を維持するということは,文字どおり距離的に近い位置にい続けるということのみを意味するわけではない.それは,(たとえ物理的には離れていても)特定対象との間に相互信頼に満ちた関係を築き,そして危急の際にはその対象から助力してもらえるという主観的確信や安心感を絶えず抱いていられるということをも意味する.こうしたことからすると,愛着の発達とは,行動レベルの

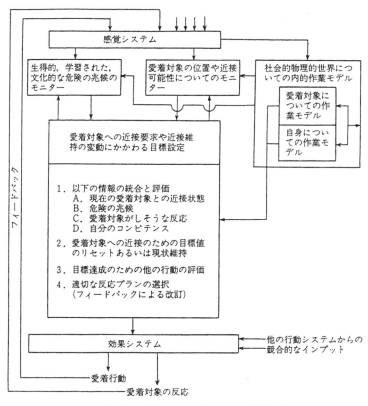

図4.5.1　愛着システム(Bretherton, 1987)

近接から表象レベルの近接へと徐々に移行していく過程であると解することができるかもしれない．

　加齢に伴い，個体は，それまで経験した関係の質に応じて，自己と他者に関するある種の"表象モデル(内的作業モデル，internal working model)"を構成し，そのモデルを適宜想起し，活用することによって(たとえ他者に現実に近接しその他者から保護を得られなくても)そのときどきの危機的状況にうまく対処し，心身状態の恒常性を自ら保持することが可能になっていく("表象〔内的作業〕モデル"概念の概要に関しては，遠藤，1992を参照されたい)．ボウルビーにとって，愛着とは，依存性(dependency)とは明らかに異なる概念であり，親子関係など，力の差が歴然としたいわば縦の関係のみならず，成人期における友人関係など，それぞれ自立し対等な個体どうしの関係，いわば横の関係においても十分に成り立ち，かつ(たとえば情緒的サポートという形で)個体の適応に寄与しうるものということになる．

また，ボウルビーは，早期段階における愛着の組織化の個人差が，その後のパーソナリティ発達の基盤になるとも仮定している．先に述べたように，個体は，自らが経験する養育者との関係の質に応じて，自分と他者に関する一般化された期待や確信，すなわち表象モデル（自分は愛され助力してもらえる存在なのか，他者あるいは自分が住まう対人世界は自分の求めにいかに応じてくれるのかといったことなどに関する認知的モデル）を形成すると考えられる．そして，無意識裡にそれを用いて，その後の多くの対人関係を知覚，解釈し，さらには自分の行動のプランニングを行っていく．すなわち，早期段階のモデルは，その後の対人関係全般においていわば"鋳型"として機能し，個人の安定・一貫した行動傾向を支えることになるわけである．こうした対人関係スタイルとパーソナリティとはむろん同義ではないが，両者にかなり重なる部分があることは否定できない．ボウルビーは，表象モデルとして内在化された愛着の質が生涯発達過程においてかなりの時間的連続性を備え，個人に一貫した対人関係スタイルをとらせることを通して，パーソナリティの固定化・安定化に深く影響を及ぼすと仮定している．ボウルビーが愛着理論をパーソナリティ発達の総合理論として位置づけるのは，まさにこうした仮定があるからにほかならない．

　愛着が個体の適応およびその後の発達全般にいかに重要な役割を果たすかについては，愛着の形成が途中で阻害されたり，はじめから愛着対象を欠いているケースを考察することによって明確になるかもしれない．母性的養育を剥奪されて生育した（すなわち特定の対象との間に愛着関係を築けなかった）子ザルのその後が，ハーローはじめ複数の研究者によって報告されている（Harlowら，1971；Kraemer，1992）．それらの研究知見によれば，剥奪経験をもつサルは集団の中で孤立する傾向が強く，ときに他個体に対してきわめて攻撃的にふるまうという．また，他の異性個体と性的な関係を結ぶのに決定的な障害を示すことも少なくはないという．刷り込みの研究や配偶関係の研究において，個体が早期経験を通して性的パートナーの選択基準を形成するという知見が得られているが，愛着経験を剥奪された個体には，配偶・繁殖のうえで必要な諸条件が部分的に欠落してしまうということがあるのかもしれない（Kraemer，1992）．

　こうした知見を人間の乳幼児にそのまま適用して考えることは短絡的かつ危険なことであるが，人間の乳幼児にもある程度似たような傾向が認められることは，乳幼児期に離別や虐待など厳酷な境遇におかれて生育した子どもや施設児を扱った研究（Bowlby，1951；Spitz，1950）などから明らかである．適切な介入が発達の早期段階に行われないと，ときに，各種の愛着の障害（表4.5.1）に発展しうる可能性も否定できない．もっとも，人間の乳幼児の発達はより可塑性に富み，かつ弾力的（resilient）であり（Kagan，1984），また，重篤な病理につながるのは，単に特定対象との間に愛着関係を築けなかったことのみならず，環境刺激の著しい不足など，複数の要因が複合的に交絡した場合であるという指摘もある（Rutter，1972；1981）．早期の愛着形成の失敗が，個体のその後の発達にどれだけの

第5章　関係性とパーソナリティ発達の理論　　*493*

表 4.5.1　健常範囲から逸脱した各種愛着の障害(Zeanah ら, 1993 をもとに作表)

タイプ I：誰にも愛着を示さない障害(nonattached attachment disorder)

1)通常ならば愛着システムが発動されるような危機的状況でも特定の養育者に選好を示さない.
2)分離に際し抵抗を示すことがない. 示すとしても誰ということに関わりなく無差別的に示す.
3)誰かと社会的関わりをもつことがあるにしても, 無差別的にそれをもつ傾向が強い.
4)子どもの精神年齢は少なくとも生後8か月以上に達している.
☆子どもの数に比して保育者の数がきわめて少ないなど, 劣悪な施設環境で生育した子どもや, 親が養育
　怠慢(neglect)で極端に無視されて育った子どもなどに多いとされる.

タイプ II：無差別的愛着の障害(indiscriminate attachment disorder)

1)たびたび愛着対象のもとを離れ, 振り返り確かめることなく歩き回るようなことがある.
2)身体的に危ない状況に自分の方から飛び込んでいくようなことがある.
3)ほとんどあるいは全く知らない大人に対して親しげにふるまったり彼らから慰撫や保護を求めようとす
　る.
4)その症候は注意散漫多動障害(attention-deficit-hyperactivity-disorder：ADHD)では説明できない.
5)以下二つの下位類型が存在する.
　a)無差別的親交型(誰に対しても親しげにふるまうがその社会的応答は表面的である, など)
　b)無謀事故多発型(自分の方からあえて危ないものへ向かうような傾性を有している, など)
☆短期間に養育者・保育者が頻繁に入れ替わり, いつ誰が養護してくれるかきわめて予測しにくい状況下
　にいる子どもなどに多いとされる.

タイプ III：抑制的愛着の障害(inhibited attachment disorder)

1)新奇な環境, 見知らぬ人がいる状況で玩具などに接近したり触ったりすることにためらいをみせる.
2)愛着対象以外との社会的相互作用を極端に避けようとする傾向がみられる.
3)人と関わる状況での(たとえ愛着対象がいても)感情が乏しい. 過度に用心深い態度をみせたりする.
4)以下二つの下位類型が存在する.
　a)過剰しがみつき型(愛着対象との直接的近接関係が脅かされると激しく抵抗する, など)
　b)強迫的応諾型(愛着対象とのポジティブな感情のやりとりが少なく, その指図に盲従する, など)
☆ a)は分離や手術などの外傷体験を有している場合や親が過剰に神経質で過保護である場合などに, b)
　は親が厳酷で過剰に懲罰的であるような場合に多いとされる.

タイプ IV：攻撃的愛着の障害(aggressive attachment disorder)

1)愛着対象に選好を示すが, その対象や自分への攻撃, 怒りのために結果的に慰撫されないことも多い.
2)言語的・身体的怒りの表出が顕著. それは年齢相応の不従順, 一時的フラストレーションとは異なる.
3)不安の症候(分離不安, 睡眠障害など)が認められるが, 攻撃性があまりに顕著なため, それが目立たな
　い.
☆頻繁に激しい家庭内暴力を目にしたり, 自身その犠牲になったりすることがあるような場合に多いとさ
　れる.

タイプ V：役割の逆転がみられる愛着の障害(role-reversed attachment disorder)

1)親子関係に役割の逆転(本来親がとるべき役割や責任を子どもの方がとる)が認められる.
2)子は新奇な状況においても愛着対象に不安をみせることなく近接を維持する.
3)親に対して過度に心配を寄せたり, 養護行動をとったり, 威張ったり, その行動を統制しようとしたり
　する.
4)親の心理的安定・幸福感を過剰に気づかっている様子が認められる.
☆抑うつ的な親や虐待をする親のもとで生育した子どもなどに多いとされる. 研究者の中には後述するD
　タイプ(無秩序型)との関連を指摘する向きもある(Goldberg, 1991).

影響をもたらすかについては，今後とも精緻な検討を重ねていく必要があるが，いずれにしてもその影響が無視しがたいものであることは確かであるといえよう．

5.2　乳幼児期における愛着の個人差とそれを規定する要因

a.　愛着の個人差

　ボウルビーによれば，愛着は一般的に表 4.5.2 に示したような過程を経て発達するとされている．しかしながら，個人レベルでみれば，その発達の様相はまさに千差万別といえるだろう．個々の子どもがおかれた状況，子ども自身の生得的個性などによって，発達の遅早，それから遅早という観点からはとらえられない愛着パターンそのものの質的差異が

表 4.5.2　愛着行動の発達(Bowlby, 1969)

第 1 段階：「人物の識別を伴わない定位と発信」(誕生から生後 8〜12 週ごろ)

　人物を弁別する能力にまだ限りがあるので，主たる養育者，たとえば母親以外の対象に対しても広く愛着行動を向ける．その具体的な行動レパートリーは，追視，リーチング，微笑，泣き，発声，喃語などで，人の顔や声を知覚するとすぐに泣きやむというようなことも多い．

第 2 段階：「一人または数人の特定対象に対する定位と発信」(12 週ごろ〜6 か月ごろ)

　行動レパートリーそのものは第 1 段階からそのまま引き継がれているが，それを向ける対象が一人か数人の人物(多くの場合母親)に絞り込まれる．視覚的にも，聴覚的にも，その特定人物の特徴を弁別的に知覚し，その対象との間で際立って親密な相互交渉を展開するようになる．

第 3 段階：「発信および移動による特定対象への近接の維持」(6 か月ごろ〜2, 3 歳)

　この時期はさらに特定対象に対する選好が強まり，いわゆる“人見知り”や“分離不安”が顕在化してくる．家族などの見慣れた対象は 2 次的な愛着対象となりうるものの，見知らぬ人の働きかけに対してはかたくなに応じない，あるいはむしろ恐れと逃避の反応を示すというようなことも生じ始める．運動能力が急速な高まりをみせ，はいはいや歩行などによる移動が可能となるため，愛着行動のレパートリーもさらに多様化する．離れていく母親の後追いをしたり，戻ってきた母親にかけより抱きついたり，母親を安全基地として探索行動をしたり(母親と玩具などの目当ての対象との間を行きつ戻りつしながら安心して遊ぶ)と前段階にはない行動がみられるようになる(能動的身体接触行動が顕著に増加する)．また，認知能力の発達により，母親などの特定対象の行動や自分がおかれた状況に合わせて，自分の行動プランをある程度意図的に調整・変更できるようになる．もっとも，この段階ではまだ他者の感情や動機を十分に読み取ることが困難なため，そうした行動の調整にもおのずと限りがあるといえる．

第 4 段階：「目標修正的な協調性の形成」(3 歳前後〜)

　特定対象と自分(との関係)に関する認知的なモデル(表象モデルあるいは内的作業モデル)が安定した形で機能するようになり，たとえ絶えず近接していなくても，その対象は自分の所へ必ず戻ってきてくれる，何かあったら必ず助けてくれるという確信をもてるようになる．また，愛着対象が自分とは異なる意図や感情をもった存在であるということに気がつき始め，そのうえでその対象の行動をある程度予測できるようになる．すなわち，この段階になると，子どもは，自分と愛着対象相互の感情や意図の一致・不一致を敏感に察知し，それに応じて行動目標を適宜柔軟に修正することができるようになる．そして，結果的に愛着対象との間で協調的な相互交渉をもつことが可能になる．この段階に至って，泣き，発声，後追いといった具体的な愛着行動はしだいに影をひそめ，愛着対象そのものの存在ではなく，内在化した愛着対象のイメージ，モデルを心のよりどころ，安心感の源泉として，特定の愛着対象以外，あるいは家庭外の人物，仲間と幅広く相互作用することができるようになる．

生み出され，先にも述べたように，ひいてはそれがその後の対人関係スタイルあるいはパーソナリティの個人差へと発展しうるものと理解できる．

こうした愛着の個人差を把捉する理論的枠組みを整理・構築し，その後の愛着研究の礎を築いたのが，ストレンジ・シチュエーション法(strange situation procedure: SSP)の創始者として知られるエインズワースら(Ainsworthら，1978)である．彼女らは，乳幼児にストレスがかかるような状況下で，主要な愛着対象に対してどのような愛着行動を向け，またその対象をいかに安全基地として利用しうるかということが，乳幼児の愛着の個人差を測定するうえで最も有効な指標になると考えた(エインズワースのいう愛着の個人差とは，ストレスに対する対処方略の質的差異，すなわち，子どもがあるストレスフルな

図 4.5.2 ストレンジ・シチュエーションの8場面(繁多, 1987)

事態に対して，いかに養育者を活用し対処しうるか，どのような方略を用いて養育者との近接関係を維持しうるかの違いであると理解することができる）.

SSP とは，その名からもある程度推察されるように，乳幼児を新奇な実験室に導入し，親と分離させたり見知らぬ人（ストレンジャー）と対面させることによってストレスを与え，そこでの乳幼児の反応を組織的に観察しようとする実験的方法のことである．それは，図 4.5.2 に示すような 8 場面からなり，乳幼児の愛着の質は，愛着対象に対して近接を求める行動，近接を維持しようとする行動，近接や接触に対する抵抗行動，近接や相互交渉を回避しようとする行動，（実験室から出て行った）愛着対象を探そうとする行動，距離をおいての相互交渉，という六つの観点から評定される．エインズワースはこのうち，とくに回避行動と抵抗行動に着目して，乳幼児の愛着の質を大きく，A タイプ（回避型，avoidant），B タイプ（安定型，secure），C タイプ（抵抗/アンビヴァレント型，resistant/ambivalent）の三つに分類することが可能だとしている．簡単にいうならば，A タイプとは回避行動が顕著に観察されるタイプのことである．また，C タイプとは，抵抗行動が相対的に際立っているタイプのことである．それに対して B タイプは，回避行動と抵抗行動の両方の程度が相対的に低く愛着行動が全般的に安定しているタイプのことである．以下では，もう少し詳細に各タイプの特徴づけをしておくことにしよう．

A タイプ（回避型）：親との分離に際し泣いたり混乱を示すということがあまりない．再会時には親から目をそらしたり，明らかに親を避けようとする行動がみられる．親がだっこしようとしても子どもの方から抱きつくことはなく，親がだっこをするのをやめてもそれに対して抵抗を示したりはしない．親を安全基地として（親と玩具などの間を行きつ戻りつしながら）実験室内の探索を行うということがほんどみられない（親とは関わりなく行動することが相対的に多い）.

B タイプ（安定型）：分離時に多少の泣きや混乱を示すが，親との再会時には積極的に身体的接触を求め，容易に静穏化する．実験全般にわたって親や実験者に対して肯定的な感情や態度をみせることが多く，親との分離時にも実験者からの慰めを受け入れることができる．また，親を活動拠点として積極的に探索行動を行うことができる.

C タイプ（抵抗/アンビヴァレント型）：分離時に非常に強い不安や混乱を示す．再会時には親に強く身体的接触を求めていくが，その一方で親に対して怒りを示し，また激しくたたいたりする．こうした近接と怒りに満ちた抵抗という両価的な側面がみられるため，アンビヴァレント型と呼ばれることもある．SSP 全般にわたって行動が不安定で随所に用心深い態度がみられ，親を安全基地として，安心して探索行動を起こすことがあまりできない（親に執拗にくっついていようとすることが相対的に多い）.

エインズワースら（Ainsworth ら，1978）が，アメリカの乳幼児をサンプルとして明らかにした各タイプの比率は A タイプが 21%，B タイプが 67%，C タイプが 12% というものであった．ファン・アイジェンドーンら（van IJzendoorn と Kroonenberg，1988）は，

第 5 章 関係性とパーソナリティ発達の理論 *497*

表 4.5.3 愛着タイプの国際比較(各愛着タイプの比率, %)(van IJzendoorn
と Kroonenberg, 1988 ; 三宅, 1990 をもとに作表)

	A	B	C		
アメリカ	21.1	64.8	14.1	$N=1,230$	Ainsworth ら(1978)ほか 18 の研究を総括
ドイツ	35.3	56.6	8.1	$N=136$	Grossmann ら(1981)ほか 三つの研究を総括
イギリス	22.2	75.0	2.8	$N=72$	Smith と Noble(1987)
スウェーデン	21.6	74.5	3.9	$N=51$	Lamb ら(1982)
オランダ	26.3	67.3	6.4	$N=251$	Goossens(1986)ほか四つ の研究を総括
イスラエル	6.8	64.4	28.8	$N=118$	Sagi ら(1985)ほか二つの 研究を総括
中国	25.0	50.0	25.0	$N=36$	Li-Repac(1982)
日本(1)	13.9	66.7	19.4	$N=36$	Durett ら(1984)
日本(2)	0	68.3	31.7	$N=60$	Takahashi(1986)
日本(3)	0	72.0	28.0	$N=25$	Miyake ら(1985)
日本(4)	0	75.9	24.1	$N=29$	Miyake ら(1986)

世界 8 か国で行われた 39 の研究, 約 2,000 人の乳幼児の愛着に関するデータを総括して
いるが, それによる各タイプの比率はエインズワースらの研究結果に非常に近いものであ
った(A—21%, B—65%, C—14%). もっとも, 社会文化による違いが全く存在しない
というわけではなく(表 4.5.3), たとえばアメリカのデータと比較して, ドイツでは A タ
イプの比率が, またイスラエルや日本では C タイプの比率が相対的に高い(日本では A タ
イプの比率が極端に低い)ということが明らかになっている. この背景に, 社会文化間に
存在する, 子どもやその養育に対する基本的考え方・姿勢および現実の養育システムの差
異などが関与している可能性は否定できないだろう[1].

[1] 愛着分類の比率に文化間差が生じるのは, SSP によって子どもに引き起こされるストレスが, 文化
によって大きく異なるからではないかと考える向きがある. すなわち, SSP が, 日常の養育環境な
どと比較して, ある文化においてはあまりにもストレスフルであったり, 別の文化では逆にさほどス
トレスを与えないものであったりするために, そこに子どもの日常の愛着の様相が正確に反映されな
い可能性があるのではないかというのである. たとえば, ある文化の子どもが, 日ごろから親との分
離を経験することが相対的に多いとすれば, SSP における分離場面はさほど恐れや不安を与えるも
のにはならず, 結果的に, 子どもが親に近接を求めて安堵を得る必要は低くなる(すなわち A タイプ
的行動が多くなる)のではないだろうか. グロスマンら(Grossmann ら, 1981)は, ドイツには子ども
を早くから自立させようとする慣習があり, 親は子どもと相対的に距離をおいた関係をとることが多
いため, SSP が子どもにとってさほどストレスフルなものにはならず, 結果的にドイツにおける A
タイプの比率が高くなっているのではないかと推論している. 一方, 日本のように, 母子が日常, 分
離することが相対的に少なかったり(Miyake ら, 1985), イスラエルにおけるキブツのように, 子ど
もが日常, 見知らぬ大人に接することがほとんどなかったりする(Sagi ら, 1985)状況では, SSP が
子どもに過度の恐れや不安を与えている可能性は否定できず, 結果的に(子どもの日常の愛着行動を
必ずしも反映しない)親に執拗に強く近接を求める行動, すなわち C タイプ的な行動が多くなってし
まうということが考えられる. こうした文化間差については, SSP の方法論的妥当性の問題も含め,
現在もさまざまな議論がなされており, 今後の研究動向が注目されるところである(van IJzendoorn

と Sagi, 1999).

なお，近年，上述した ABC のいずれのタイプにもおさまらない新しい愛着タイプ D,
無秩序/無方向型(disorganized/disoriented)が脚光をあびている．メインとソロモン
(Main と Solomon, 1990)によると，そのおもだった特徴は，突然のすくみ(freezing),
顔をそむけた状態での親への近接，ストレンジャーにおびえた際に親から離れて壁にすり
寄るような行動，再会の際に親を迎えるためにしがみついたかと思うとすぐに床に倒れ込
むような行動など，傍からみるとじつに不可解な行動パターン，本来は両立しないような
行動システム(たとえば近接と回避)が同時に活性化されるような動きにあるという．B タ
イプはもちろんのこと，A タイプは親などに対する愛着行動や情動表出を一貫して抑え
込もうとする(minimize)点で，また C タイプは愛着行動や情動を最大限に表出し(maxi-
mize)，愛着対象を常時自分のもとにおいておこうとする点で，いずれも整合的かつ組織
化された(organized)愛着タイプであるということができる(Main, 1991)．ところが，こ
の D タイプは ABC にみられるようなこうした行動の一貫性をあまり有しておらず，個々
の行動がばらばらで全体的に組織立っていない(disorganized)，あるいは行動の方向性や
ゴールがみえない(disoriented)という印象を観察者に与えるという．現在，過去のデー
タも含めて，現実にこうした D タイプの子どもがどれだけ存在しているのか，またどの
ような境遇下でこうしたタイプの愛着が生起しているのかについて，盛んに研究(たとえ
ば Solomon と George, 1999)が行われており，今後の動向が注目されるところである．

b. 愛着の個人差を規定する要因

それでは，上でみたような愛着の個人差はどのような要因に起因して生まれてくるので
あろうか．ここでは環境の要因と子ども自身の要因を中心に論考を試みることにしよう.

1) 養育環境の要因

ボウルビーおよびエインズワースは，愛着の個人差が子どものそれまでの生育歴の反映
であり，とくに養育者の子に対する関わり方，すなわち，養育者が日常，子どもの状態や
欲求をどれくらい敏感に察知しうるか(感受性，sensitivity)，そして，そのうえで子ども
が示す種々のシグナルや行動にどれくらい適切に応答しうるか(応答性，responsiveness)
ということが，愛着の質を分ける重要な規定因であると仮定していた．子どもの視点から
いうと，子どもにとって養育者がどれくらいいつも近接可能で，また情緒的に利用可能で
あるか(情緒的利用可能性，emotional availability)が重要だということである．エイン
ズワースら(Ainsworth ら，1978)が白人中流家庭の母子を対象にして実際に行った自然観
察の結果によれば，各愛着タイプの子の母親はそれぞれ以下のような特徴を備えていたと
いう.

A タイプ(回避型)の子の母親は，全般的に(子がネガティブな状態にあるときにはとく
に)子どもの働きかけに対して拒否的にふるまうことが多く，他群の母親に比して子ども

と対面して微笑することや身体的に接触することが少ない．また，子どもの行動を強く統制しようとする働きかけが相対的に多くみられる．

Ｂタイプ（安定型）の子の母親は，子どもの欲求や状態の変化に相対的に敏感であり，子どもの行動を過剰にあるいは無理に統制しようとすることが少ない．また，子どもとの相互交渉は調和的かつ円滑で，遊びや身体的な接触を楽しんでいる様子が随所にうかがえる．

Ｃタイプ（抵抗/アンビヴァレント型）の子の母親は，子どもの送出するシグナルに対する敏感さが相対的に低く，子どもの行動や情動状態を適切に調整することが不得手である．子どもとの間で肯定的な相互交渉をもつことも少なくはないが，それは子どもの欲求に応じたものというよりも母親の気分や都合に合わせたものであることが相対的に多い．結果的に，子どもが同じことをしても，それに対する反応が一貫性を欠くとか，応答のタイミングがずれるとかいうようなことが多くなる．

子どもの視点からすると，Ａタイプの子どもは，いくら愛着のシグナルを送出しても，養育者からそれを適切に受け止めてもらえることが少ない．結局のところ，愛着行動を起こすこと自体が，多くの場合無駄になるということである．あるいは，愛着シグナルを表出したり近接を求めていけばいくほど，養育者が離れていく傾向があるため，それを最小限に抑え込むことによって（すなわち回避型の愛着パターンをとることで），逆に，子どもは養育者との距離をある一定範囲内にとどめておこうとするのだとも解せる．つまり，拒絶的な養育者のもとでは，愛着シグナルをあまり送らない方が，養育者を自分の近くにおいておくのには効率がよいという逆説が成り立つわけであり，近接関係の維持という究極的ゴールからすれば，回避的な行動傾向は十分にその子の適応に寄与しているということになる*2．

＊2　Ａタイプの特徴の規定因に関しては別の説明もなされている．それは，モデリング（観察学習）による説明である．ある研究者たち（Main ら，1979；Malatesta ら，1988）によれば，Ａタイプの子の母親は日ごろから全般的に情動表出が乏しい傾向にあるという．つまり，子どもは，そうした母親の特徴を観察学習することによって，自らそれを身につけてしまう．結果的に SSP では，その（否定的情動も含めた）情動表出全般の乏しさによって回避型と判断されることになるというわけである．

一方，Ｃタイプの子の養育者は，ときどきはその子の求めに応じてくれる．しかし，その応じ方が一貫していないため，子どもの側からすれば，自分がどうすれば近接関係が確実に維持されるのか，予測がつかない．またいつ養育者が離れていくかもわからない．結果的に子どもは養育者の動きにいつも過剰なまでに用心深くなり，安心して探索行動を起こすことが困難になる．養育者の行動の一貫性や予測可能性が乏しい分，子どもはできる限り自分の方から最大限に愛着シグナルを送出し続けることで，養育者の関心を絶えず自分の方に引き寄せておこうと試みるのだろう．Ｃタイプの子どもが，SSP の再会場面で，強く近接を求めながら，一方で反抗的な態度を示すのも，いつまた置き去りにされるかわからないという不安が先に立ち，それを必死に食い止めようとして起こす行動と解することができるかもしれない．

こうしたAタイプやCタイプの子の養育者に対し，Bタイプの子の養育者は，相対的に情緒的応答性が高く，しかもそれが一貫しており予測しやすいため，子どもの方は養育者の働きかけに対して強い信頼感を寄せることができる．すなわち，自分が困惑していると養育者は必ず側にきて自分を助けてくれるという確信をもっている分，あるいはどうすれば養育者が自分の求めに応じてくれるかを明確に理解している分(すなわち愛着に関してポジティブな内容の表象モデルを形成しているため)，子どもの愛着行動は全般的に安定し，子どもは安心して探索行動を起こすことが可能になるのだろう．

ただし，こうした養育者の関わりのスタイルは，あくまで3タイプを比較したときに相対的にどういう違いがあるかということであり，各タイプの養育者一人ひとりにこの知見がすべてあてはまるわけでは当然ない．また，このタイプ間の差異が，その後の追試研究の結果と必ずしも一致しているわけではなく，現時点で，上述したエインズワースの見解を絶対的なものと考えることはできそうにない(GoldsmithとAlansky，1987；Lambら，1985)．愛着の個人差の形成に養育者の関わり方が不可分に関与している可能性はむろん否定しえないものの，具体的にいかなるメカニズムで子の愛着タイプが分岐してくるのかについては，さらなる研究結果の蓄積を待たなくてはならないようである(Thompson，1993)．

なお，先にふれたDタイプ(無秩序型)に関しては，現在までに，近親者の死などの心的外傷から十分にぬけきっていない養育者や抑うつ傾向の高い養育者の子ども(AinsworthとEichberg，1991；MainとHesse，1990)に，また日ごろから親に虐待されているような子ども(Crittenden，1985；1988)に多くみられるという指摘がなされている．メインとヘッセ(MainとHesse，1990)によれば，無秩序型の子の養育者は，誰の目にも明確にそれとわかる事象にではなく，自身の(過去の外傷体験などに関する)記憶や思考にとりつかれ，突然行動に変調をきたしたり，パニックに陥ったりすることがあるという．そうした養育者の突然の行動の乱れは，子どもの目にはいかなる客観的事象とも結びつかない(すなわち原因が推測できない)きわめて不可解なものとして映り，子どもの側にひどい恐怖をもたらす可能性がある．本来，恐怖や不安を感受した際の避難所，安全基地が愛着対象たる養育者ということになるが，こうしたケースでは，その逃げ場となるべき基地こそが恐怖の源でもあるわけであり，その意味で，子どもは解決不可能な逆説的状況に追い込まれることになる．いわば，子どもはその状況に対してなすすべがなく，有効な対処方略を自らとりようがないわけであり(解消されるべき問題は客観的環境の中には存在せず，親自身の心的空間の中にある)，結果的に状況に翻弄され，愛着行動を一貫した形で組織化することができなくなってしまう(すなわち，無秩序な愛着パターンが生まれてしまう)．

もっとも，先に述べたように，近年，このDタイプに関する研究は盛んに行われるようになってきているものの，まだまだ不明な点も多く，現時点では，このメインらの見解もあくまで仮説の一つとして受けとめておくべきであろう(SolomonとGeorge，1999)．

2) 子ども自身の要因

上述したエインズワースの見解をはじめ，環境因，とくに親の養育スタイルの重要性を強調する立場に対し，子ども自身が元来有している要因，すなわち気質(temperament)などの役割をより重視する立場もある(Camposら, 1983 ; Kagan, 1982 ; 1984)．この立場によれば，SSP によって分類される ABC という子どもの愛着タイプは，それまでの被養育経験以上に，もともと子どもが有しているストレス耐性，苦痛の感じやすさ，泣きやすさなどの生得的個性の差異を反映しているということになる．

これまでの研究を総括すると，A タイプ(回避型)は，一般的に怖がりやすさ(fearfulness)という気質傾向が相対的に低い(新奇な場面においてもあまり不安にならず行動パターンが崩壊しない[Kagan, 1984])タイプと解釈されているようである(Cassidy, 1994)．SSP の分離場面においてそれほど恐れの情動を喚起されず，苦痛を感受しなければ，当然のことながら再会場面において戻ってきた養育者に対してとりたてて注意を払う必要はない．ましてや身体的接触を求めていく必要もない．結果的に，SSP の分類スキーマでは，回避的傾向が強い A タイプと判断されることになる．なお，ルイスとフェイリング(Lewis と Feiring, 1989)は，こうした怖がりやすさとは別に，気質としての対物指向性(object-orientedness, 人よりも物に強い関心を寄せる傾向)が，A タイプの典型的な特徴といえるのではないかとしている(生後 3 か月時の対物指向性の強さから 12 か月時の回避型の愛着パターンを予測しうることを見いだしている)．

一方，C タイプ(抵抗/アンビヴァレント型)は，これまでの研究において，A タイプとは逆に怖がりやすさが相対的に高いタイプ，あるいはいらだちやすさ・ぐずりやすさ(irritability)という気質傾向が高いタイプ(Miyakeら, 1985 ; Sagiら, 1985)と解釈されているようである(Cassidy, 1994)．分離場面によりネガティブに反応し(苦痛および泣きをより激しく表出し)，しかもそれを長く引きずることになれば，当然の帰結として，再会場面においても容易に静穏化しない，回復が遅くなるということになろう(主観的に危機を強く感受し，愛着システムが強く発動されている分，愛着行動は最大限にしかも持続的に表出されることになるのだろう)．結果的に，そうした一連の様子が抵抗/アンビヴァレント型の行動傾向を示すものと判断されても，さほど不思議ではないということになる．

怖がりやすさのような気質次元に関していうと，B タイプ(安定型)は，A タイプと C タイプの中間的な気質特徴を備えたタイプであると特徴づけられることになろう(怖がりやすさあるいは苦痛の感じやすさのような 1 次元を想定した場合に，その程度が低い子がだいたい A タイプ，中程度の子が B タイプ，程度の高い子が C タイプということになる)．結局のところ，こうしたアプローチによると，愛着のタイプは，エインズワースがいうように子どもがストレス対処のためにとる行動方略・行動パターンの"質的な"差異を表したものというよりも，ある種の気質傾向(あるいはストレス感受性そのもの)の強弱，すなわち"量的な"差異を反映したものにすぎないということになるのだろう(それ

は本来，ある特性の高低という観点から把捉してしかるべきものであり，タイプ論的な理解にはあまり意味がないということになろう）．

　現時点においては，研究間における気質（自然観察あるいは実験的手法によって気質を測定するか，養育者の報告に頼るかなど）や愛着（SSPによるか，Qソートによるかなど）の測定方法，それらの測定時期，取り上げる気質次元や気質概念そのものに関する理解の食い違いなどもあり（CalkinsとFox, 1992），気質と愛着の関連性について明確な結論を下すことは困難であるように思われる（Cassidy, 1994）．また，上述したようなことを支持する研究がある一方で，愛着タイプと怖がりやすさ（BraungartとStifter, 1991；Frodiとと Thompson, 1985），あるいはいらだちやすさ（van den Boom, 1989）との関連性を問題にしたいくつかの研究がその追試に失敗している．気質が愛着の形成に何らかの影響を及ぼしている可能性はむろん否定できないが，その影響プロセスがいかなるものであるかについては今後の研究に負うところが大きいようである．現段階である程度確実にいえそうなことは，少なくとも唯一気質のみが愛着の個人差を直接的に規定しているわけではないということくらいかもしれない（Goldberg, 1991, 2000；ThompsonとLamb, 1984）．

3）　養育者の関わり方と子ども自身の要因との交絡

　ここでは統合的な観点から，愛着の個人差の規定因について整理しておくことにしよう．

　クロッケンバーグ（Crockenberg, 1981）は，子どものいらだちやすさと愛着の安定性との関連をみているが，それによれば，子どものいらだちやすさはある限定条件つきで不安定な愛着の形成に関わるのだという．その限定条件とは，母親がその扱いにくい子どもにうまく対処しうるだけの社会的サポートを受けていない場合である．逆にいえば，母親が子の養育に必要なサポートを十分受けうる状況では，子どものいらだちやすさは不安定な愛着の形成にほとんど影響を与えないということである．また，ファン・デン・ブーム（van den Boom, 1994）は，子どもの気質的ないらだちやすさが母親にネガティブに作用する可能性を想定したうえで，出生直後にいらだちやすさが高いと判断された子の母親に，感受性・応答性を高める介入を行った．その結果，介入を受けた母親の子は，何も介入を受けなかった母親の子よりも，（出生直後の気質傾向はほぼ同じでありながら）のちに安定型の愛着を示す確率が明らかに高かったという．これらの研究知見は，母子がおかれた状況いかんで，子の愛着形成に優位に働く要因が違ってくること，また，愛着形成は基本的に母子それぞれの要因の組み合わせパターンによって決まるものであるということを示唆しているように思われる．

　このことに関連してふれておくとすれば，グロスマンら（Grossmannら, 1985）は，新生児期における子どもの気質傾向（気むずかしさおよび扱いやすさ）と生後6か月時点における母親の子どもに対する感受性・敏感さを組み合わせて検討し，両方の要因がうまくかみ合ったとき（すなわち，子どもが扱いやすく，かつ母親の感受性が高い場合）に，安定した

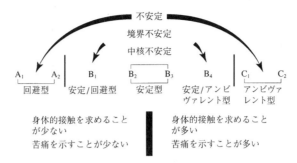

図 4.5.3 愛着の詳細な分類(Belsky と Rovine, 1987)

愛着が最も形成されやすいことを示している．

　別の角度から，親子両方の要因が子の愛着形成に関与すると指摘する向きもある．先にも述べたように，気質と愛着タイプとの関連性に関してはまだまだ不明な点が多いわけであるが，ある一群の研究者は，ABC という大分類から離れ，下位類型も含めたより詳細な分類スキーマ(図 4.5.3)に従うと，そこにある一貫した傾向がみえてくると考えている．たとえば，ベルスキーら(Belsky と Rovine, 1987)は，愛着パターンを，SSP におけるネガティブな表出行動と身体接触行動の多少に従って，$[A_1, A_2, B_1, B_2]$ と $[B_3, B_4, C_1, C_2]$ という二つのグループに分けたところ，前者に属する子どもはより"扱いやすい(easy)"気質を，後者の子どもはより"扱いにくい(difficult)"気質をそれぞれ有している確率が高かったとしている．しかしながら，$[A_1, A_2]$ と $[B_1, B_2]$ を，また $[B_3, B_4]$ と $[C_1, C_2]$ を(すなわち回避型と安定型，安定型と抵抗型を)気質的に分けることは困難であったという．この結果から，ベルスキーらは，気質が愛着パターンの差異に影響を及ぼすことは事実であるが，ABC という愛着タイプを直接分けるものではなく，そこには別個の要因，おそらくは親の養育スタイルの要因が介在している可能性が高いと述べている．

　フォックスら(Fox ら, 1991)は，父母それぞれに対する愛着にどれだけ一致がみられるかという問題について，それまでの研究をメタ分析しているが，その中で，このベルスキーらの枠組みに依拠した分析も行っている．それによれば，一方の親への愛着が，$[A_1, A_2, B_1, B_2]$ か $[B_3, B_4, C_1, C_2]$ のいずれかに分類されるとき，他方の親への愛着もそれと同じグループに分類される確率が有意に高かったが，それぞれのグループ内における愛着の下位カテゴリーについてみると，父母への愛着に有意な一致傾向はみられなかったという(より正確にいうならば，A タイプと $[B_1, B_2]$，また $[B_3, B_4]$ と C タイプに関して，すなわち安定型になるか不安定型になるかということに関しては，父母による一致が認められなかった)．換言するならば，父母によって愛着の下位カテゴリーが異なることも少なくはなかったということである．このことは，子ども自身のもつ特性(おそらくは気質)が，愛着形成にある一定のバイアスをかけうる($[A_1, A_2, B_1, B_2]$ か $[B_3, B_4, C_1, C_2]$ のいず

れかのグループに偏らせる)一方で、(グループ内における)愛着の安定/不安定(Bタイプになるか否か)に関しては、親の関わり方の役割が大きいということを示唆している(Goldberg, 1991；Rothbart と Shaver, 1994)．やはり、愛着の個人差の形成に関しては、"親の関わりも子の気質も"というべきなのかもしれない．それは、親子いずれか一方の要因によるものではなく、親子両者が参加して進行する相互規定的作用の歴史の産物とみてしかるべきものであろう(Goldberg, 2000)*³．

＊3　正確にいうと、子の気質と親の関わりとの交絡関係には、2通りのものが仮定できるかもしれない．一つは、子の気質が直接的に、愛着行動の発動そのものにある種のバイアスあるいは制約をかけ、それに親の働きかけがさらなる影響を及ぼすという加算的な影響過程である．本文中でいうと、ベルスキーら(Belsky と Rovine, 1987)の仮定がほぼそれに相当するとみてよかろう．すなわち、気質としての怖がりやすさ、いらだちやすさ、苦痛の感じやすさなどが、その場その時の愛着行動をある程度方向づけるが、その安定/不安定を規定するのは、別に加わる要因、すなわち親の関わり方であるというものである．もう一つは、気質が、親の養育スタイルあるいは親子の相互作用の質の決定にあずかり、そしてその影響のもと、時間軸に沿って徐々に愛着のタイプが固定化されていくという影響過程である．本文中でいえば、ファン・デン・ブーム(van den Boom, 1994)の仮定に近似しているといえる．すなわち、子どもが元来有しているぐずりやすさ・いらだちやすさなどの行動性向が、たとえば親の養育に対する動機づけをくじき(ときに自己効力感を喪失させ)、子に対する拒絶的な関わりを招来したり、あるいは円滑な相互作用の進展を妨げたりするという形で、結果的に不安定な愛着の形成に関与するというようなことである．

5.3　生涯にわたる愛着の連続性

a.　愛着の時間的連続性

先述したようにボウルビーは、愛着理論をパーソナリティ発達の総合理論と考え、発達早期に形成された愛着の個人差が、パーソナリティ発達の基盤としてその後の生涯発達に多大な影響をもたらしうると仮定していたわけであるが、現実に、その仮定はどれだけ妥当といいうるのだろうか．ここでは、そうした愛着の時間的安定性・連続性の問題について考究してみることにしたい．

愛着は、生涯発達過程の中で、個人の社会・認知能力の発達および環境の諸変化などの影響を受けて、当然、その様相を大きく変化させる．したがって、"同型的な連続性(complete continuity)"を問題にする限り、愛着の生涯発達ラインをたどることは容易なことではない．当然のことながら、乳児期の愛着行動が成人期においてもなお不変のまま残っているということはかなり例外的なことなのである．ここで着目すべきなのは、乳児期の愛着の個人差が、どう形を変えつつその後の対人関係スタイルや種々の行動パターンに差異をもたらすのかという"異型的な連続性(heterotypic continuity)"ということになろう．

2歳以降、就学前後までの子どもの発達を追ったいくつかの研究が、早期の愛着の質と、仲間関係における社会的スキルなど、その後の社会情緒的発達との間に特異的な関連

性があることを見いだしている．仲間関係を扱った研究知見を総括していうならば，Bタイプの子どもは，一般的にコミュニケーション・スキルにたけており，仲間に対して積極的にしかも肯定的な情動をもって働きかけることが多いため，他の仲間からの人気がより高くなる傾向があるらしい(Boothら，1991；Jacobsonと Wille，1986；Pastor，1981)．また，Bタイプの子どもは他のタイプに比して，より向社会的，共感的な行動(他児に対する援助行動や泣いている子に対する慰めなど)が多いという報告もある(Kestenbaumら，1989)．それに対して，Aタイプの子どもは，仲間に対して否定的な情動をもって攻撃的・敵対的にふるまうことが多いため，仲間から拒否され孤立する傾向が高いという(Ericksonら，1985；LaFreniereと Sroufe，1985；Sroufe，1983)．Cタイプの子どもは，他児の注意を過度に引こうとしたり，衝動的かつフラストレーションに陥りやすかったりする性質を有する一方で，ときに，他児に対して受け身的，従属的な態度をとることも少なくはなく，他の子どもたちから無視されたり攻撃されたりする確率が相対的に高いという(Renkenら，1989；Sroufe，1983)．

　このほかに，遊び方や課題解決場面での様子(Matasら，1978)，自我弾力性(ego resiliency，問題状況に柔軟かつ有能に対処しうる能力)や自己統制能力(Arendら，1979；Watersら，1979)などにも，早期の愛着タイプによる顕著な差異が現れたという報告がある．また，SSPとは別の方法(たとえば，1時間にわたる親との分離ののち，その子どもたちが親とどう相互交渉を再開するかを観察する方法など)によって就学前児の愛着タイプの分類を試みたいくつかの研究が，その分類と乳児期のSSPによる分類との間にきわだった一致傾向があることを見いだしている(Grossmannと Grossmann，1991；Mainと Cassidy，1988)．たとえば，ワートナーら(Wartnerら，1994)は乳児期における愛着分類(Dタイプを含めた4分類)と6歳時のそれとの一致が82％にのぼることを報告している．

　幼児・就学前児の表象レベルの愛着(自分や家族の写真あるいは分離を扱った絵やストーリーに対してどのような態度でいかなる話をしうるか，または自分や親のことをどう描画するかといったことなどに現れる愛着傾向)を問題にしたいくつかの研究も，それと乳児期のSSPによる愛着分類との間に有意な関連性があることを見いだしている(Brethertonら，1990；Grossmannと Grossmann，1991；Mainら，1985)．たとえば，メインら(Mainら，1985)は，6歳児の行動レベルの愛着と分離場面の絵や家族の写真などを通して得た表象レベルの愛着との間に連関が認められること，またその両者が，乳児期のSSPにおける愛着分類によって，かなり正確に予測されることなどを明らかにしている．

　乳児期の愛着と児童期以降の愛着および社会情緒的発達との関連性をみた研究ということになると，その数はかなり少なくなるが，欧米圏を中心に行われているいくつかの縦断研究が，いまや青年期後期くらいまでの知見を提示するに至っている．

　グロスマンら(Grossmannと Grossmann，1991)は，10歳児を対象に，父母との関係や，趣味，学校，友人のこと，また自分にストレスフルな問題が生じた際にとる対処方略

などについての面接を行い，それらと乳児期の愛着との関連性を検討している．結果は，早期の愛着の安定性が，ストレスフルな状況で自らがとる対処方略や友人関係の知覚，また面接そのものに対する姿勢などをかなり予測するというものであった．すなわち，早期の愛着が安定していた子は，不安定な子に比して，不安，怒り，淋しさなどのネガティブな感情が生起するような状況において，他者を信頼して援助を求めていくことが容易であると，また，数人の親友をもち彼らから愛情や援助を受ける機会に恵まれていると知覚していたのである．さらに，面接中に不快な質問があっても，それに対して防衛的にならずに適切に応じることができたという（早期の愛着が不安定だった子は，面接者を無視したり，逆に面接者に対して極端になれなれしい態度をとったりした）．

　エリッカーら（Elicker ら，1992）は，乳児期における SSP の結果と，10〜11 歳時に行ったサマーキャンプ中の子どもの行動との関連性について報告している．それによれば，1 歳時に安定型愛着を示していた子どもは，全般的に情緒的健康度や自己信頼感が高く，また他児との相互作用や，教師やカウンセラーなどの大人からサポートを得ることに関してより長じていたという．それに対して，過去にAタイプやCタイプの不安定型愛着を示していた子どもは，他児と容易に親密になることができなかっただけでなく，自分のパートナーとしてやはりAタイプやCタイプの子を選択する確率が高かった．とくに，Aタイプの子どもは，他児の行動を歪めてネガティブに認知する傾向が強く，他者理解に関して最も敏感さを欠いているという結果になった．また，乳児期に不安定型愛着を示していた子どもは，同性よりも異性の仲間と相互交渉をもつことが相対的に多く，さらに，自分が親との間でとっている関係スタイルを，教師などの大人との間でも繰り返してしまう傾向が強かったという．

　乳児期の愛着スタイルと青年期以降の愛着スタイルとの直接的連関を検討している研究もすでにいくつか存在している．たとえば，ウォーターズら（Waters ら，1995；2000）は，生後 12 か月時点の SSP 分類と後述する成人愛着面接を用いて測定した 20 歳時点の愛着分類との間に有意な一致傾向を認めている（ABC 3 分類での一致率は 64 %，安定/不安定の 2 分類での一致率は 72 %）．また，同様の結果をハミルトン（Hamilton, 2000）も得ている．もっとも，ワインフィールドら（Weinfield ら，2000）やジンマーマンら（Zimmermann ら，1998）の研究では有意な連関は認められておらず，現段階において，愛着スタイルの長期にわたる連続性がどれだけ一般的なものであるかを結論づけることはできない．

　いまのところ，上述した縦断研究は，青年期後期までの結果を報告するにとどまっている．したがって，このあと，成人期，さらには中高年期へと，乳児期の愛着がどのように連続していくのか，あるいは変容していくのかについては，今後の知見の積み重ねを待つしかない．ただし，成人期以降の愛着を扱ったいくつかの調査研究が回顧的データに依拠しているため直接的にとはいえないものの，過去の愛着と現在の対人関係スタイルや社会的適応性などとの間にある程度の関連性があることを示唆している（たとえば Feeny と

Noller, 1990；Hazan と Shaver, 1987；Kobak と Sceery, 1988；Mikulincer ら, 1990).

　縦断研究による真の意味での愛着の生涯発達過程の解明は，まだまだ先のことになりそうであるが，これまでの直接・間接の研究結果を総合してみると，まさにボウルビーが仮定したように，人生早期の愛着は，その後の社会情緒的発達とかなりの連続性を有し，少なからず個人の適応性に影響を及ぼしているといえるのではないだろうか.

b. 愛着の連続性を支えるメカニズム

　それでは，上でみたような愛着の時間的連続性は，どのようなメカニズムに起因して生じてくるのだろうか.

　一つの説明は，いうまでもなく，表象モデルによる説明である．すなわち，先にみたように，ボウルビーは乳幼児期の経験が表象モデルの中に取り込まれ，そのモデルが高い時間的安定性を保つ結果，それを基盤として発動される種々の社会的行動も，結果的に高い一貫性と連続性とを備えるようになると仮定していた．もう一つの説明は，生得的個性・気質による説明である．気質を愛着の規定因とする考え方についてはすでにふれたが，一部の気質論者は，この遺伝的・生物学的基盤をもった気質傾向が，生涯発達過程の中であまり変化を被ることがないために，その随伴現象ともいえる愛着や社会的行動も必然的に高い時間的連続性を示すのだと主張する．これらの二つの説明は，連続性を支えるメカニズムに関して全く別個の仮定をしているわけであるが，いずれも個人が有する安定した内的要因に着目しているという意味では，共通項が皆無というわけではない.

　こうした個人内要因を重視する立場に対して，愛着を生育環境に対する一時的反応の状態あるいは環境そのものの性質の反映とみなし，環境側の時間的安定性から愛着の連続性を説明しようという立場もある(Easterbrooks と Goldberg, 1990；Lamb ら, 1985；Thompson ら, 1982). この立場によれば，ある発達時点における愛着や各種の社会的行動の質は，基本的にそのときどきの環境要因(母親の関わり方を含む)に大きく左右されるという．つまり，原理的には，環境が変化すれば，それに随伴して子どもの様相も大きく変化しうるということである．しかしながら，現実的には，養育者が変わるなど，子どもの生育する環境ががらりと一変してしまうようなことはかなり希少であるといえる．すなわち，この立場では，愛着に時間的連続性がある(ようにみえる)のは，表象モデルなり気質なり，子ども自身の内的要因が固定的で安定しているからではなく，通常，子どもの生育環境にあまり変化が生じないからにすぎないというのである.

　現に，経済的困窮など，ストレスフルな状況にあり，環境の変化を被りやすいサンプルでは，愛着タイプを変化させる子どもの割合が相対的に高くなること(全体の4割前後)が知られている(Thompson ら, 1983；Vaughn ら, 1979). また，愛着タイプに変化がみられたケースに特別な関心を寄せたいくつかの研究が，その変化の背後に家族環境，あるいは養育者の関わり方，情動状態の変化といった要因の介在を認めている(Easterbrooks と

Goldberg, 1990 ; Erickson ら, 1985). さらに複数の研究者が, 父母それぞれに対する子の愛着が必ずしも一致するわけではないということを見いだし (Belsky と Rovine, 1987 ; Cox ら, 1992 ; Lamb ら, 1982 ; Main と Weston, 1981), 愛着のタイプが, 個人の特性というよりも, 結局, 誰との, どのような他者との相互作用であるか, その関係性の性質を反映したものである可能性がより高いと結論している. これらの一連の知見は, 確かに, 愛着のタイプが, 基本的に, 養育環境の変化に応じて変わりうるものであり, 連続性が認められるにしても, それは多分に環境側の時間的安定性によるところが大きいということを示唆しているように思われる.

ただし, これらの知見から, 愛着の時間的連続性の規定因として, 環境の相対的安定性という要因のみを仮定することは, 多分に的外れなことであろう. スルーフら (Sroufe ら, 1990)は, 乳幼児期の愛着が安定型の子と不安定型の子とを比較したとき, 両者が就学前期に同じように不適応に陥ったとしても, その後の小学校における適応は前者の方が優れる傾向にあるということを明らかにしている. これは, 早期に安定した愛着を築きえた子どもが, そうでない子どもに比して, 何らかの理由でいったんマイナスの方向に変化したとしても, その後, 再び高い適応性を発揮しうるだけの潜在的な回復力・弾力性を準備していたということを示唆している. 愛着の歴史は, テープ・レコーダーのように新しく異質なもの(環境要因)が入力されれば, それまでの一切が消されてしまう (Kagan, 1980)といったものではないのだろう. 発達早期に形成された愛着の核は, ある時点において一時的に潜伏することがあっても(決して完全に消えてしまうということはなく), その後再び顔をもたげ, 個人の社会情緒的発達に何らかの影響をもたらしうるのかもしれない.

結局のところ, ある発達時点における子どもの愛着スタイルおよび適応性は, 早期の愛着(あるいはそれを基盤に形成された表象モデル)と現今の環境要因との相互作用の中から生み出されてくると理解すべきかもしれない (Lewis と Feiring, 1991 ; Rothbart と Shaver, 1994). また, そこに何らかの形で気質的要因が介在する可能性もむろん否めない. 愛着の時間的安定性は, こうした複数の要因の交絡の産物とみなしてしかるべきものだろう (Thompson, 1993).

もっとも, 発達のより早い段階においては, 環境のもつ影響力が相対的に大きく (Lewis と Feiring, 1991), またあとになるにつれて, 個人に内在化された表象モデルの影響力が増大してくると考えるのがより適切であるといえるかもしれない (Rothbart と Shaver, 1994). じつのところ, 上述した愛着の不連続性を示すデータは, そのほとんどが, 乳児期から幼児期にかけての短いタイムスパンの発達過程を扱ったものである. それよりも長いスパンを視野に入れた研究は, 前にみたように, 多くの場合, 愛着にかなり強い時間的連続性があることを示している. ボウルビーは, 愛着の表象モデルが, 乳幼児期, 児童期といった相対的に未成熟な時期に漸次的に形成され, 加齢とともにその構造的安定性・固定性を増していくと考えていたが, これは裏を返せば, 早期段階の表象モデル

第5章 関係性とパーソナリティ発達の理論 509

にはまだ改変可能な部分あるいは可塑性が十分に残されているということを意味する．発達早期においては表象モデルが確固としていない分，子どもには，環境の変化を受け入れるだけの柔軟性(あるいはそれに容易に反応してしまう傾向)があるのだと考えられる．

　しかし，加齢が進行し，愛着の表象モデル，そしてそれと当然重なり合っていると思われる自己概念，他者理解などが固まってくると，環境とそのときどきの行動や感情との間に，不可避的にそれらが介在するようになるのだろう．たとえば，不安定な愛着の表象モデルを作り上げ，他者一般のふるまいに対して否定的・悲観的な予測を立てがちになっている個人は，たとえ新たに遭遇する他者が潜在的に自らにサポートを与えうるような人であっても，その人の言行を歪めて解釈し，自ら不適切な行動をとることで，現に自分が予測する方向に相互作用を導いてしまう(結果的にサポートを遠ざけてしまう)といったことがあるかもしれない(Bowlby, 1988)．環境は，加齢とともに個人の外側に独立してあり，偶発的にふりかかるものとしての性質を減じ，むしろ個人によって必然的につくられるものとしての性質を強めていくと考えられる．つまり，人は，表象モデルあるいは信念や期待に基づいて，自分にとって(たとえそれが苦痛なものであっても)よりなじみやすく予測可能な対人世界を作り上げ，そこに安住するようになるということである．スルーフ(Sroufe, 1990)は，10～11歳の子どもを対象にしたサマーキャンプでいつもいじめられてきた不安定型の愛着の子どもが，ある日，偶然いじめにあわなかったときに，当惑して，そのいつもいじめている子に，なぜいじめないのかを悲しげに問うたというエピソードをあげているが，愛着パターンの連続性は，こうしたその人自身の(表象モデルに沿った)環境に対する一定の働きかけによって維持されていくところが大きいのかもしれない．

　愛着の生涯発達過程には，むろん所どころに不連続性を生み出す契機が存在すると考えられる．しかし，その契機は相対的に発達早期により多く，加齢とともに少なくなっていくというのが実状なのだろう．

5.4 総括と展望

　本章では，子どもの愛着の個人差とそれを規定する要因，および早期の個人差がその後の発達過程にどのような形で連続していくかという問題を中心に，愛着理論およびそれに依拠した実証研究の概要を述べてきた．むろん，愛着研究がここで取り上げたトピックだけにとどまるわけではない．たとえば，現在，愛着研究は，成人期・中高年期における対人関係や配偶関係などの問題を視野に入れ，個人の高い適応性や幸福感について具体的かつ有用な示唆をもたらすに至っている(Parkesら, 1991；SimpsonとRholes, 1997；SperlingとBerman, 1994)．また，愛着の連続性に関する研究の一環として，親自身の愛着スタイルが子どもの愛着形成にいかに連続していくか(影響を及ぼしうるか)という，愛着の世代間伝達(Mainら, 1985)の問題もかまびすしく議論されるようになってきている(愛

着の世代間伝達の詳細に関しては，遠藤〔1993〕を，また日本人母子における世代間伝達の実証的データに関しては，数井ら〔2000〕を参照されたい）．さらに，愛着研究は，児童虐待など種々の臨床的問題との理論的架橋を進め，その発生因と介入方法に関して新たな視座を提供するに至っている（Atkinson と Zucker, 1997；Zeanah と Zeanah, 1989）．

　また，愛着理論の適用範囲および実証研究の裾野が広がる一方で，従来の愛着理論および愛着概念そのものを見直そうという動きも生じてきている．たとえば，5.1節で述べたように現在，愛着を（危機に際して他個体への近接を求め，またこれを維持しようとする個体の傾性であると解釈するのみならず），個体間の強い情愛的絆あるいは愛情関係一般であると広義に解釈する研究者が増えてきているが，こうした動向に異議を唱える研究者がいないわけではない．たとえば，マクドナルド（MacDonald, 1992）は，進化論的な観点から，本来，愛着と情緒的温かさ（warmth）（個体間で交される愛情）は明確に区別されるべきものであるという興味深い論考を展開している．彼によれば，愛着とはあくまでも（潜在的）危機に際して喚起される個体のネガティブな情動を，他個体への近接およびその維持を通して減殺させる機能を果たすもの（ネガティブな情動に結びついた制御システム）であるのに対し，温かさあるいは愛情は，特定対象との緊密な関係性そのものにポジティブな情動を経験させ，その関係性の形成・維持を強く動機づける働きをもつもの（ポジティブな情動に結びついた制御システム）であるという．彼は，確かに現代の先進型・西欧型文化圏においては両者の重なり，相関性が大きくなっており（個体間の愛着関係が安定していれば，それに比例する形で温かさ・愛情の度も強い），そのためにそれらが渾然一体のものであるかのように錯認される傾向があるが，それは本来，人間社会一般（とくに原初的な生活を営む社会），ましてや人間以外の動物種全般にあてはまるものではないのだと警鐘を鳴らしている．また，これに関連して，ゴールドバーグら（Goldberg ら, 1999）も，最近の愛着概念の誤用・汎用を問題視し，愛着をより限定的に“保護してもらえることに対する信頼感（confidence in protection）”と再定義すべきだと提言している．

　愛着理論の中核的仮定であるモノトロピー（最初期の愛着が特定の一人の人物のみに向けられるという考え）および漸成的・階層的組織化（最初期の主要な愛着対象との関係が基盤となり，またその関係の質を保つ形で，その後のさまざまな対人関係が漸次的に組織化されるという考え）の仮定についても異論を示す研究者が増えてきている．たとえば，ルイス（Lewis, 1987）は，子どもが誕生時点から特定の一人だけではないさまざまな人間関係（社会的ネットワーク）の中にあり，そしてそれぞれの関係から別個のものを経験・学習し，発達するということを強調している．彼は，主要な愛着対象との関係が他の関係に影響を及ぼす可能性を認めながらも，それぞれの関係性の質が基本的に独立に決まってくると主張する．また，レイダーマン（Leiderman, 1989）は，主要な対象（多くの場合母親）との関係に関する表象モデルがその後の対人関係においてドミナントな役割を果たすと仮定するボウルビーの説に対して，子どもは，経験する複数の関係それぞれに関して個別に表

象モデルを構成し，かつ使い分けているのだという批判を向けている．そして，主要な対象との関係に関する表象モデルがたとえ不安定なものであっても，子どもの中にあるどれか一つの表象モデルが安定したものであれば，前者の機能不全を後者が十分補いうるし，また，その結果，子どもの社会情緒的発達が全般的に円滑に進行しうる可能性も否定できないとしている．さらに，マクドナルド(MacDonald, 1992)は，先述したようにポジティブな情動に結びついた行動制御システムと，ネガティブな情動に結びついた行動制御システムとが，生物学的に別個の基盤を有し，本質的に独立に存在しているという立場から，"関係の個別化(compartmentalization)理論"を展開している．彼によれば，人は，状況や相互作用をする他者の性質に応じて，ポジティブ情動(愛情)が優位な関係と，ネガティブ情動(敵意や攻撃性)が優位な関係とを，完全に相互に切り離した形で形成しうるのだという．

　愛着の表象モデルという概念に関する知識構造や記憶といった，認知科学的視点からの吟味も進んでいる．表象モデルがどのような認知的構造を有し，どのような発達過程を経るのか，またモデルの構造と愛着のタイプおよび病理との間にはどのような対応関係が存在するのかといった問いを巡って，現在多くの論者が熱い議論を展開している(こうした一連の議論に関しては，BrethertonとMunholland〔1999〕や遠藤〔1992〕らを参照されたい).

　さらに，愛着研究の方法論を再吟味しようという機運も高まってきている．たとえば，従来の愛着研究は，ほぼ全面的にSSPに依拠する形で進行してきたといっても過言ではないが，そのSSPが真に何を測りえているのか(純粋に愛着の個人差を取り出しえているのか，そこに愛着以外の個人差は混入していないか，全く愛着とは異なる要素の個人差を測っているのではないかなど)，あるいは十分な通文化的妥当性を備えているのか，といった議論が近年盛んになされるようになってきている(Goldberg, 2000)．それと同時に，アタッチメント・Qソート法(WatersとDeane, 1985)など，SSPに代わるオルタナティブが模索され始めている(Qソート法に関しては，近藤〔1993〕に，またSSPとQソート法の異同に関しては，遠藤〔1998〕に詳しい解説があるので参照されたい).

　また上でも多少ふれたが，愛着の生涯発達研究の進行に伴って，幼児期以降の愛着を測定する方法も次々と案出され始めている．その中でもとくに着目に値するのは，メインら(Georgeら, 1985；MainとGoldwyn, 1984)による成人愛着面接(adult attachment interview)の開発といえるだろう．この手続は，青年あるいは成人に対して，乳幼児期における父母との愛着関係の記憶，過去の愛着関係からの現在の自分の対人関係への影響，自分の愛着関係一般に対する態度などの想起を求めるもので，その内容や内容の整合一貫性によって，個人を自律型(autonomous)，愛着軽視(拒絶)型(detached or dismissing)，とらわれ(纏綿)型(preoccupied or enmeshed)の3類型，場合によっては未解決型(unresolved)を含めて4類型に分類することが可能になっている(それぞれの類型は,順に,乳幼児期における安定,回避,抵抗/アンビヴァレント,無秩序/無方向に対応するとされる).その妥当性や信頼性に関しては今後とも吟味を重ねていく必要があるが,これによって,先述した愛着の世代間伝達や成人期の愛着などに関する研究が大幅に進展したことは事実であり,これからさらにその重要性が増していくことは疑いえないことといえる(Hesse,1999).

おそらく,発達心理学の関心が乳幼児期から生涯発達過程全体に移行するに従い,ますます,各発達時点における愛着を測定する測度の重要性が高まってくるものと思われる.研究者は各測度の精度を高めることはもちろん,そうした測度間の理論的整合性に関しても当然注意を払う必要が生じてこよう.各測度の精度がいくら高くとも,それぞれが概念的に別個のものを測定しているようでは,真の意味での愛着の連続性は明らかにされえないと考えられるからである.

また,エインズワースのABC分類に関しても,その妥当性を一度根底から問い直してしかるべきかもしれない.ABC分類は何もSSPを用いた研究のみでなされているわけではない.現在,次々と開発されている新しい測度も,基本的には,この分類案をほぼ全面的に踏襲しているといえる.たとえば,AならA,CならCに括られる子どもが,真に一様な特性を備えた子どもといえるのか,本来異質な特徴および背景要因(生育歴など)を備えた子どもが牽強付会的にどれか一つのタイプに押し込められることはないのか,といったことに関して再吟味してみる必要があるのではないだろうか.マラテスタら(MalatestaとWilson, 1988)は,愛着を各タイプの子どもにドミナントな情動という観点から考究しているが,それによれば,Cタイプには,質的に異なる特徴(および背景要因)をもった2種の子ども,すなわち怒りの情動が顕著なタイプと悲しみの情動が顕著なタイプの存在が仮定できるという(しかもそれぞれのタイプにおける母親の関わり方には程度の差異ではなく質的な差異が仮定できるという).彼女ら自身は別段ABCという既成の枠組みをいぶかっているわけではないが,その仮定が量的な差異こそあれ質的には等質とされてきた各愛着タイプの妥当性に疑義を差しはさむものであることに変わりはない.

愛着理論が今後どこにいくのか,その行方を現時点において正確に占うことは難しい.おそらく,それはますます多方向にさまざまな関心を広げていくのであろう.ただし,一つ確実にいえることは,人生の初期からそれ以降へと徐々に研究のウエイトが移っていくということである.冒頭で,筆者は愛着理論がパーソナリティ発達の総合理論たりうるという位置づけを行ったが,それと本文の内容とのギャップからして,読者の中には多分に"肩すかしをくらった"という印象をもたれた方があるかもしれない.本文中に,いわゆる既成のパーソナリティ理論に関する記述が一切ないためである.それは,裏を返せば,愛着理論が一部の先駆的論考(Magai, 1996；MagaiとMcFadden, 1995)を除き,まだ既

成のパーソナリティ理論とほとんど明確な理論的架橋をなしえていないこと，また愛着の連続性および生涯発達の研究が，既成のパーソナリティ理論を適用しうる年齢帯(ほとんどのパーソナリティ理論は暗黙裡に成人を仮定して理論構築を行っている)まで十分には進行していないことを意味する．現今の愛着理論は，確かにパーソナリティ発達の総合理論たりうる潜在的可能性を有してはいるが，まだ現実にそれにはなりえていないのである．そうなるまでには，いましばらく生涯発達研究の進展を見守らなくてはならないようである．

現象例

母親の就労が子の愛着形成に及ぼす影響

本文中では親の日常の養育スタイルが子の愛着形成に大きく関与する可能性について論じたが，それでは，そもそも養育自体が時間的にきわめて制限されてしまう状況，すなわち(主たる養育者であることの多い)母親が就労のために子の養育をある一定時間(多くは家族外の)他者に委ねなければならない場合に，母子相互作用および子どもの愛着形成はどのように進行するのだろうか．女性の社会進出が進み，夫婦共働きが大幅に増えつつある現在，この問題は多くの親が気にかけるところであろう．

母親の就労の影響を扱った研究の中には，それが早期の母子関係，そして子の愛着形成にあまり好ましくない影響を及ぼすと結論しているものもある(Barglowら，1987；BelskyとRovine，1988)．しかし，これまでに行われた研究の全体を見渡すと，むしろこうした見解は少数派といえるかもしれない(Howes，1999)．子どもとの絶対的な接触時間が減ることは当然として，子どもに対する感受性や遊び場面での相互作用に関していうと，就労している母親としていない母親とでは，ほとんど差がないという知見が得られている(EasterbrooksとGoldberg，1985；Zaslowら，1989)．それどころか，子どもに対する注視や発声の回数(Schubertら，1980)，あるいは肯定的な情緒的働きかけ(Schwartz，1983)などは，むしろ就労している母親の方が多いという報告もあるくらいである．

ホフマン(Hoffman，1989)は，母親の就労が子どもの発達に及ぼす影響を考える際に，就労，そしてそれに必然的に伴う他者による代理的養育そのものよりも，就労と育児の間で母親がどれだけ心理的葛藤を覚えているかということを重視すべきだと述べている．すなわち，子どもとの分離あるいは子どもを他者に預けて働くことに対する不安や罪悪感の方が，就労という事実以上に，はるかに大きく母子の関係性の質を左右する可能性があるというのである．スティフターら(Stifterら，1993)は実際に就労している母親を対象とする研究を行い，子どもとの分離に強い不安傾向を示す母親が子どもとの相互作用により問題を示しやすいこと，また回避型の愛着タイプの子どもを相対的に多くもちやすいことなどを明らかにしている．

母親が仕事と育児の間で葛藤を覚えることが多くなる背景には，夫婦関係の問題や家族

514 　　　　　　　　IV 発達心理学

からのサポートの乏しさという要因が密接に関係している可能性がある．仕事を続けながら十分に子育てをしていけるという母親の自信は，たとえば，夫が母親の仕事に対して深い理解を示し，育児や家事に積極的に参加するような状況の中から生み出されてくるのであろう．就労している母親が子に対してどれだけ適切な育児をなしうるか，また子の発達がいかに健常に進行するかという問題は，決して母親一人の問題ではなく，夫やその他家族を含めた養育環境全体の問題であるという認識を私たちはもってしかるべきなのかもしれない．

エピソード

ボウルビーとエインズワース

　ボウルビー(Bowlby, J. : 1907-1990)はケンブリッジ大学卒業後，ボランティアとして，幼児から青年までのさまざまな社会的不適応に苦悩する子どもたちと幅広く関わり，その中で，発達早期における養育者および家族環境が子どもの健常な発達にいかに重要であるかを悟ったといわれている．彼は，このころから複数の精神分析家と交流をもち．その影響を強く受けることになるが，幼児のファンタジーに重きをおき，現実の経験事象を相対的に軽視する精神分析理論にはどうしてもついていけないものを感じていたらしい．逆にいえば，こうした精神分析に対する違和感が彼独自の理論構築を推進させたといういい方も可能だろう．彼はその後，世界保健機構(WHO)の要請により，第2次世界大戦によって親や家族を失った孤児に関する研究を行い，"母性的養育の剥奪(maternal deprivation)"が子どもの心身発達に及ぼす種々の弊害を強く世に訴えることになる(Bowlby, 1951)．これは，養護施設の改善などさまざまな実利をもたらす一方で，のちに"母性的養育剥奪理論の功罪"という形で激烈な論争(たとえば，Rutter, 1972 ; 1981)を引き起こすことにもなった．じつのところ，彼は当時，なぜ早期の母子分離がその後の発達を歪めるほどに大きな意味をもつのか，といったことに関して整合的な説明を付すことのできない自分の理論の弱点を察知していたらしい．たまたまそのころ，彼は比較行動学者であるローレンツ(Lorentz, K.Z.)の書およびハインド(Hinde, R.A.)その人と接触をもつ機会を得たが，そうした新たな学問体系との出会いが彼にとって大きな転換点となったことはまちがいない．彼は，人間の親子の絆に他生物にみられるような生得的な基盤と生物学的な機能が存在することを仮定し，また比較行動学の諸知見によって自説の欠落点を補充することで，現在の愛着理論を完成させたのである．

　エインズワース(Ainsworth, M.D.S. : 1913-1999)は，もともとトロント大学で"security theory(親への安定した依存は子の見知らぬ状況での探索を助け，知識や各種スキルの獲得を促すといった考え)"についての研究を行っていた(この研究はのちの彼女の愛着研究に大きな意味をもった)が，結婚後，夫のロンドン行きに同行し，そこでボウルビーとの

第5章 関係性とパーソナリティ発達の理論 515

運命的な出会いをすることになる．彼女はボウルビーの母子分離に関する調査研究に共同
研究者として参加し，その中で，子どもによって分離に対する反応が大きく異なることに
初めて気がついたらしい．ただし，当時の彼女は，そのころボウルビーが傾倒しつつあっ
た比較行動学の重要性を理解できず，結局，ボウルビーのもとを去ることになった．彼女
は，夫が働いていたウガンダに赴き，そこで彼女独自の母子観察を始めることになる．し
かし，その観察を通して，ボウルビーの卓見に改めて気づき，それに依拠しつつ，ウガン
ダの母子の愛着パターンを精緻に分析し，のちのABC分類の基礎を作り上げたといわれ
ている．その後，彼女はバルティモアに移り，アメリカの母子の観察研究を手がけること
になる．彼女の当時の悩みの種は，アメリカの乳児が日常場面で短い母子分離に接しても
ウガンダの乳児のように困惑や苦痛をあまり示さないということであった．つまり，日常
の観察をいくら行っても，母子の関係性および子どもの愛着の個人差が明確にはみえてこ
ないということである．彼女は，そこで，アメリカの乳児を，ある一定のストレスがかか
るような状況に人為的に導入することを思い立ったのである．それが，ストレンジ・シチ
ュエーション法の始まりである．本文中でも述べたように，このストレンジ・シチュエー
ション法の開発によって，子どもの愛着の個人差を多くの研究者が共通の枠組みで把捉す
ることが可能となり，現在のような愛着研究隆盛の礎が築かれたのである．

〔遠藤利彦〕

文　献

1) Ainsworth, M.D.S., Blehar, M.C., Waters, E. and Wall, S.(1978): *Patterns of attachment ; A psychological study of the Strange Situation.* Erlbaum, Hillsdale, NJ.

2) Ainsworth, M.D.S. and Eichberg, C.G.(1991): Effects on infant-mother attachment of mother's unresolved loss of an attachment figure or other traumatic experience. In : Parkes, C.M., Stevenson-Hinde, J. and Marris, P.(eds.), *Attachment across the life cycle*, pp.160-183. Routledge, New York.

3) Arend, R., Gove, F.L. and Sroufe, L.A.(1979): Continuity of individual adaptation from infancy to kindergarten ; A predictive study of ego-resiliency and curiosity in preschoolers. *Child Development,* **50** : 950-959.

4) Atkinson, L. and Zucker, K.J.(eds.)(1997): *Attachment and psychopathology.* Guilford, New York.

5) Barglow, P., Vaughn, B.E. and Molitor, N.(1987): Effects of maternal absence due to employment on the quality of infant-mother attachment in a low-risk sample. *Child Develoment,* **58** : 945-954.

6) Belsky, J. and Rovine, M.J.(1987): Temperament and attachment security in the Strange Situation ; An empirical rapprochement. *Child Development,* **58** : 787-795.

7) Belsky, J. and Rovine, M.J.(1988): Nonmaternal care in the first year of life and the security of infant-parent attachment. *Child Development,* **59** : 157-167.

8) Booth, C.L., Rose-Krasnor, L. and Rubin, K.H.(1991): Relating preschoolers' social competence and their mothers' parenting behaviors to early attachment security and high-risk status. *Journal of Social and Personal Relationships,* **8** : 363-382.

9) Bowlby, J.(1951): *Maternal care and mental health.* Columbia University Press, New York.

10) Bowlby, J.(1969): *Attachment and Loss ; Vol. 1, Attachment.* Basic, New York.(revised edition

516   IV　発達心理学

1982).

11) Bowlby, J.(1973): *Attachment and Loss* ; Vol. 2, Separation. Basic, New York.

12) Bowlby, J.(1980): *Attachment and Loss* ; Vol. 3, Loss. Basic, New York.

13) Bowlby, J.(1988): *A secure base* ; *Parent-child attachment and healthy human development*. Basic, New York.

14) Braungart, J.M. and Stifter, C.A.(1991): Regulation of negative reactivity during the Strange Situation ; Temperament and attachment in 12-month-old infants. *Infant Behavior and Development,* **14** : 349-367.

15) Bretherton, I.(1987): New perspectives on attachment relations ; Security, communication, and internal working models. In: Osofsky, J.D.(ed.), *Handbook of infant development*, 2nd ed. pp.1061-1100. Wiley, New York.

16) Bretherton, I. and Munholland, K.A.(1999): Internal working models in attachment relationships. In : Cassidy, J. and Shaver, P.R.(eds.), *Handbook of attachment*, pp.89-114. Guilford, New York.

17) Bretherton, I., Ridgeway, D. and Cassidy, J.(1990): Assessing internal working models of the attachment relationship ; An attachment story completion task for 3-year-olds. In : Greenberg, M.T., Cicchetti, D. and Cummings, E.M.(eds.), *Attachment in the preschool years*, pp.273-308. University of Chicago Press, Chicago.

18) Calkins, S.D. and Fox, N.A.(1992): The relations among infant temperament, security of attachment, and behavioral inhibition at twenty-four months. *Child Development, 63* : 1456-1472.

19) Campos, J.J., Barrett, K.C., Lamb, M.E., Goldsmith, H.L. and Stenberg, C.(1983): Socioemotional development. In: Haith, M. and Campos, J.J.(eds.), *Handbook of child psychology*, Vol. 2, pp.783-915. Wiley, New York.

20) Cassidy, J.(1994): Emotion regulation ; Influences of attachment relationships. In : Fox, N.A.(ed.), *The development of emotion regulation* ; *Biological and behavioral considerations. Monographs of the Society for Research in Child Development*, No. 240, Vol. 59, Nos. 2-3 : 228-249.

21) Cox, M.J., Owen, M.T., Henderson, V.K. and Margand, N.A.(1992): Prediction of infant-father and infant-mother attachment. *Developmental Psychology, 28* : 474-483.

22) Crittenden, P.M.(1985): Maltreated infants ; Vulnerability and resilience. *Journal of Child Psychology and Psychiatry,* **26** : 85-96.

23) Crittenden, P.M.(1988): Distorted patterns of relationship in maltreating families ; The role of intergenerational representational models. *Journal of Reproductive and Infant Psychology,* **6** : 183-199.

24) Crockenberg, S.B.(1981): Infant irritability, mother responsiveness, and social support influences on the security of mother-infant attachment. *Child Development, 52* : 857-868.

25) Dallard, J. and Miller, N.E.(1950): *Personality and psychotherapy*. McGraw-Hill, New York.

26) Easterbrooks, M.A. and Goldberg, W.A.(1985): Effects of early maternal employment on toddlers, mothers, and fathers. *Developmental Psychology, 21* : 774-783.

27) Easterbrooks, M.A. and Goldberg, W.A.(1990): Security of toddler-parent attachment ; Relation to children's sociopersonality functioning during kindergarten. In : Greenberg, M.T. and Cummings, E.M.(eds.), *Attachment in the preschool years*, pp.221-244. University of Chicago Press, Chicago.

28) Elicker, J., Englund, M. and Sroufe, L.A.(1992): Predicting peer competence and peer relationships in childhood from early parent-child relationships. In : Parke, R. and Ladd, G.(eds.), *Family-peer relations* ; *Modes of linkage*, pp.77-106. Erlbaum, Hillsdale, NJ.

29) 遠藤利彦(1992):愛着と表象；愛着研究の最近の動向―内的作業モデル概念とそれをめぐる実証研究の概観―. 心理学評論, **35** : 201-233.

30) 遠藤利彦(1993):内的作業モデルと愛着の世代間伝達. 東京大学教育学部紀要, **32** : 203-220.

31) 遠藤利彦(1998):アタッチメント研究の方法論に関する一試論―Strange　Situation　Procedure と

第5章 関係性とパーソナリティ発達の理論 *517*

Attachment Q-Sort は何を測り得るのか？九州大学教育学部紀要, **43**: 1-21.

32) Erickson, M., Sroufe, L.A. and Egeland, B.(1985): The relationship between quality of attachment and behavior problems in preschool in a high risk-sample. In : Bretherton, I. and Waters, E.(eds.), *Growing points of attachment theory and research. Monographs of the Society for Research in Child Development*, No. 209, Vol. 50, Nos. 1-2 : 147-166.

33) Feeney, J.A. and Noller, P.(1990): Attachment style as a predictor of adult romantic relationships. *Journal of Personality and Social Psychology*, **58** : 281-291.

34) Fox, N.A., Kimmerly, N.L. and Schafer, W.D.(1991): Attachment to mother, attachment to father ; A meta-analysis. *Child Development*, **62** : 210-225.

35) Frodi, A. and Thompson, R.A.(1985): Infants' affective responses in the Strange Situation ; Effects of prematurity and of quality of attachment. *Child Development*, **56** : 1280-1290.

36) George, C., Kaplan, N. and Main, M.(1985): The Berkeley Adult Attachment Interview (unpublished protocol). Department of Psychology, University of California, Berkeley, CA.

37) Goldberg, S.(1991): Recent developments in attachment theory and research. *Canadian Journal of Psychiatry*, **36** : 393-400.

38) Goldberg, S.(2000): *Attachment and development*, Arnold, London.

39) Goldberg, S., Grusec, J.E. and Jenkins, J.M.(1999): Confidence in protection ; Arguments for a narrow definition of attachment. *Journal of Family Psychology*, **13** : 475-483.

40) Goldsmith, H.H. and Alansky, J.A.(1987): Maternal and infant temperamental predictors of attachment ; A meta-analytic review. *Journal of Consulting and Clinical Psychology*, **55** : 805-816.

41) Grossmann, K.E. and Grossmann, K.(1991): Attachment quality as an organizer of emotional and behavioral responses in a longitudinal perspective. In : Parkes, C.M., Stevenson-Hinde, J. and Marris, P.(eds.), *Attachment across the life cycle*, pp.93-114. Routledge, New York.

42) Grossmann, K.E., Grossmann, K., Huber, F. and Wartner, U.(1981): German children's behavior toward their mothers at 12 months and their fathers at 18 months in Ainsworth's Strange Situation. *International Journal of Behavioral Development*, **4** : 157-181.

43) Grossmann, G., Grossmann, K.E., Spangler, G., Suess, G. and Unzner, L.(1985): Maternal sensitivity and newborns' orientation responses as related to quality of attachment in northern Germany. In : Bretherton, I. and Waters, E.(eds.), *Growing points in attachment theory and research. Monographs of the Society for Research in Child Development*, No. 209, Vol. 50, Nos. 1-2 : 233-278.

44) Hamilton, C.E.(2000): Continuity and discontinuity of attachment from infancy through adolescence. *Child Development*, **71** : 690-694.

45) 繁多　進(1987): 愛着の発達―母と子の結びつき，大日本図書.

46) Harlow, H.F.(1958): The nature of love. *American Psychologist*, **13** : 673-685.

47) Harlow, H.F. and Harlow, M.K.(1965): The affectional system. In : Schrier, A.M., Harlow, H.F. and Stollnitz, F.(eds.), *Behavior of nonhuman primates* ; Vol. 2. Academic Press, New York.

48) Harlow, H.F., Harlow, M.K. and Suomi, S.J.(1971): From thought to therapy ; Lessons from a primate laboratory. *American Scientist*, **59** : 538-549.

49) Hazan, C. and Shaver, P.(1987): Romantic love conceptualized as an attachment process. *Journal of Personality and Social Psychology*, **52** : 511-524.

50) Hesse, E.(1999): The Adult Attachment Interview ; Historical and current perspectives. In : Cassidy, J. and Shaver, P.R.(eds.), *Handbook of attachment*, pp.395-433. Guilford, New York.

51) Hoffman, L.W.(1989): Effects of maternal employment in the two-parent family. *American Psychologist*, **44** : 283-292.

52) Howes, C.(1999): Attachment relationships in the context of multiple caregivers. In : Cassidy, J. and Shaver, P.R.(eds.), *Handbook of attachment*, pp.671-687. Guilford, New York.

53) Jacobson, J.L. and Wille, D.E.(1986): The influence of attachment pattern on developmental changes in peer interaction from the toddler to preschool period. *Child Development*, **57** : 338-347.

518   IV 発達心理学

54) Kagan, J.(1980): Four questions in psychological development. *International Journal of Behavioral Development,* **3** : 231-241.

55) Kagan, J.(1982): *Psychological research on the human infant ; An evaluative summary.* W.T. Grant Foundation, New York.

56) Kagan, J.(1984): *The nature of the child.* Basic, New York.

57) 数井みゆき, 遠藤利彦, 田中亜希子, 坂上裕子, 菅沼真樹(2000): 日本人母子における愛着の世代間伝達, 教育心理学研究, **48** : 323-332.

58) Kestenbaum, R., Farber, E.A. and Sroufe, L.A.(1989): Individual differences in empathy among preschoolers ; Relation to attachment history. In : Eisenberg, N.(ed.), *Empathy and related emotional responses. New Directions for Child Development,* **44** : 51-64.

59) Kobak, R.R. and Sceery, A.(1988): Attachment in late adolescence ; Working models, affect regulation, and representations of self and others. *Child Development,* **59** : 135-146.

60) 近藤清美(1993): 乳幼児期におけるアタッチメント研究の動向とQ分類法によるアタッチメントの測定. 発達心理学研究, **4** : 108-116.

61) Kraemer, G.W.(1992): A psychobiological theory of attachment. *Behavioral and Brain Science,* **15** : 493-541.

62) LaFreniere, P. and Sroufe, L.A.(1985): Profiles of peer competence in the preschool : Interrelations between measures, influences of social ecology, and attachment history. *Developmental Psychology,* **21** : 56-69.

63) Lamb, M.E., Hwang, C.P., Frodi, A. and Frodi, M.(1982): Security of mother-and father-infant attachment and its relation to sociability with strangers in traditional and nontraditional Swedish families. *Infant Behavior and Development,* **5** : 355-367.

64) Lamb, M.E., Thompson, R.E., Gardner, W. and Charnov, E.L.(1985): *Infant-mother attachment ; The origins and developmental significance of individual differences in strange situation behavior.* Erlbaum, Hillsdale, NJ.

65) Leiderman, P.H.(1989): Relationship disturbances and development through the life cycle. In : Sameroff, A.J. and Emde, R.N.(eds.), *Relationship disturbances in early childhood,* pp.165-190. Basic, New York.

66) Lewis, M.(1987): Social development in infancy and early childhood. In : Osofsky, J.(ed.), *Handbook of infancy,* 2nd ed, pp.419-493. Wiley, New York.

67) Lewis, M. and Feiring, C.(1979): The child's social network ; Social object, social function and their relationship. In : Lewis, M. and Rosenblum, L.A.(eds.), *The child and its family.* Plenum, New York.

68) Lewis, M. and Feiring, C.(1989): Infant, mother, infant-mother interaction behavior and subsequent attachment. *Child Development,* **60** : 831-837.

69) Lewis, M. and Feiring, C.(1991): Attachment as personal characteristic or a measure of the environment. In : Gewirtz, J.B. and Kurtines, W.N.(eds.), *Intersections with attachment,* pp.3-21. Erlbaum, Hillsdale, NJ.

70) MacDonald, K.(1992): Warmth as a developmental construct ; An evolutionary analysis. *Child Development,* **63** : 753-773.

71) Magai, C.(1996): Personality theory ; Birth, death, and transfiguration. In : Kavanaugh, R.D., Zimmerberg, B. and Fein, S.(eds.), *Emotion ; Interdisciplinary perspectives,* pp.171-201. Lawrence Erlbaum, Mahwah, NJ.

72) Magai, C. and McFadden, S.H.(1995): *The role of emotions in social and personality development ; History, theory, and research.* Plenum, New York.

73) Main, M.(1991): Metacognitive knowledge, metacognitive monitoring, and singular (coherent) vs. multiple (incoherent) models of attachment ; Findings and directions for future research. In : Parkes, C.M., Stevenson-Hinde, J. and Marris, P.(eds.), *Attachment across the life cycle,* pp.127-

第 5 章　関係性とパーソナリティ発達の理論　　　519

159. Routledge, New York.

74) Main, M. and Cassidy, J.(1988): Categories of response to reunion with the parent at age 6 ; Predictable from infant attachment classifications and stable over a 1-month period. *Developmental Psychology*, **24** : 415-426.

75) Main, M. and Goldwyn, R.(1984): Predicting rejection of her infant from mother's representation of her own experience ; Implications for the abused-abusing intergenerational cycle. *Child Abuse and Neglect*, **8** : 203-217.

76) Main, M. and Hesse, E.(1990): Parents' unresolved traumatic experiences are related to infant disorganized attachment status ; Is frightened and/or frightening parental behavior the linking mechanism ? In : Greenberg, M.T., Cicchetti, D. and Cummings, E.M.(eds.), *Attachment in the preschool years*, pp.161-182. University of Chicago Press, Chicago.

77) Main, M., Kaplan, N. and Cassidy, J.(1985): Security in infancy, childhood and adulthood ; A move to the level of representation. In : Bretherton, I. and Waters, E.(eds.), *Growing points in attachment theory and research. Monographs for the Society for Research in Child Development*, No. 209, Vol. 50, Nos. 1-2 : 66-104.

78) Main, M., Lisa, T. and William, T.(1979): Differences among mothers of infants judged to differ in security. *Developmental Psychology*, **15** : 472-473.

79) Main, M. and Solomon, J.(1990): Procedures for identifying infants as disorganised/disoriented during the Ainsworth Strange Situation. In : Greenberg, M.T., Cicchetti, D. and Cummings, E.M. (eds.), *Attachment in the preschool years*, pp.121-160. University of Chicago Press, Chicago.

80) Main, M. and Weston, D.(1981): Quality of attachment to mother and to father ; Related to conflict behavior and the readiness for establishing new relationships. *Child Development*, **52** : 932-940.

81) Malatesta, C.Z. and Wilson, A.(1988): Emotion cognition interaction in personality development ; A discrete emotions, functionalist analysis. *British Journal of Social Psychology*, **27** : 91-112.

82) Matas, L., Arend, R.A. and Sroufe, L.A.(1978): Continuity of adaptation in the second year ; The relationship between quality of attachment and later competence. *Child Development*, **49** : 547-556.

83) Mikulincer, M., Florian, V. and Tolmacz, R.(1990): Attachment styles and fear of personal death ; A case of study of affect regulation. *Journal of Personality and Social Psychology*, **58** : 273-280.

84) 三宅和夫(1990): 子どもの個性；生後 2 年間を中心に，東京大学出版会.

85) Miyake, K., Chen, S.J. and Campos, J.J.(1985): Infant temperament, mother's mode of interaction and attachment in Japan ; An interim report. In : Bretherton, I. and Waters, E.(eds.), *Growing points in attachment theory and research. Monographs of the Society for Research in Child Development*, No. 209, Vol. 50, Nos. 1-2 : 276-297.

86) Parkes, C.M., Stevenson-Hinde, J. and Marris, P.(eds.) (1991): *Attachment across the life cycle*. Routledge, New York.

87) Pastor, D.(1981): The quality of mother-infant attachment and its relationship to toddlers' initial sociability with peers. *Developmental Psychology*, **17** : 326-335.

88) Renken, B., Egeland, B., Marvinney, D., Mangelsdorf, S. and Sroufe, L.A.(1989): Early childhood antecedents of aggression and passive-withdrawal in early elementary school. *Journal of Personality*, **57** : 257-281.

89) Rothbart, J.C. and Shaver, P.R.(1994): Continuity of attachment across the life span. In : Sperling, M.B. and Berman, W.H.(eds.), *Attachment in adults ; Clinical and developmental perspective*, pp.31-71. Guilford, New York.

90) Rutter, M.(1972): Maternal deprivation reconsidered. *Journal of Psychosomatic Research*, **16** : 241-250.

91) Rutter, M.(1981): *Maternal deprivation reassessed*. Penguin, Harmondsworth.

92) Sagi, A., Lamb, M.E., Lewkowicz, K.S., Shoham, R., Dvir, R. and Estes, D.(1985): Security of

520 IV 発達心理学

infant-mother, -father, and -metapelet attachment among kibbutz-reared Israeli children. In : Bretherton, I. and Waters, E.(eds.), *Growing points in attachment theory and research. Monographs of the Society for Research in Child Development*, No. 209, Vol. 50, Nos. 1-2 : 257-275.

93) Schubert, J.B., Bradley-Jhonson, S. and Nuttal, J.(1980): Mother-infant communication and maternal employment. *Child Development,* **51** : 246-249.

94) Schwartz, P.(1983): Length of day-care attendance and attachment behavior in 18-month-old infants. *Child Development,* **54** : 1073-1978.

95) Simpson, J.A. and Rholes, W.S.(eds.) (1997): *Attachment theory and close relationships*. Guilford, New York.

96) Solomon, J. and George, C (eds.) (1999): *Attachment disorganization*. Guilford, New York.

97) Sperling, M.B. and Berman, W.H.(eds.) (1994): *Attachment in adults ; Clinical and developmental perspective*. Guilford, New York.

98) Spitz, R.A.(1950): Anxiety in infancy ; A study of its manifestations in the first year of life. *International Journal of Psycho-Analysis,* **31** : 138-1434.

99) Sroufe, L.A.(1983): Infant-caregiver attachment and patterns of adaptation in the preschool. In : Perlmutter, M.(ed.), *Minnesota symposium on child psychology*, Vol. 16, pp.41-83. Earlbaum, Hillsdale, NJ.

100) Sroufe, L.A.(1990): An organizational perspective on the self. In : Cicchetti, D. and Beeghly, M. (eds.), *The self in transition*, pp.281-307. University of Chicago Press, Chicago.

101) Sroufe, L.A., Egeland, B. and Kreutzer, T.(1990): The fate of early experience following developmental change ; Longitudinal approaches to individual adaptation in childhood. *Child Development,* **61** : 1363-1373.

102) Stifter, C.A., Coulehan, C.M. and Fish, M.(1993): Linking employment to attachment ; The mediating effects of maternal separation anxiety and interactive behavior. *Child Development,* **64** : 1451-1460.

103) Thompson, R.A.(1993): Socioemotional development ; Enduring issues and new challenges. *Developmental Review,* **13** : 372-402.

104) Thompson, R.A. and Lamb, M.E.(1983): Security of attachment and stranger sociability in infancy. *Developmental Psychology,* **19** : 184-191.

105) Thompson, R.A. and Lamb, M.E.(1984): Assessing qualitative dimensions of emotional responsiveness in infants ; Separation reactions in the Strange Situation. *Infant Behavior and Development,* **7** : 423-445.

106) Thompson, R.A., Lamb, M.E. and Estes, D.(1982): Stability of infant-mother attachment and its relationship to changing life circumstances in an unselected middle class sample. *Child Development,* **53** : 144-148.

107) Thompson, R.A., Lamb, M.E. and Estes, D.(1983): Harmonizing discordant notes ; A reply to Waters. *Child Development,* **54** : 521-524.

108) van den Boom, D.C.(1989): Neonatal irritability and the development of attachment. In : Kohnstamm, G., Bates, J. and Rothbart, M.K.(eds.), *Temperament in childhood*, pp.299-318. Wiley, New York.

109) van den Boom, D.C.(1994): The influence of temperament and mothering on attachment and exploration ; An experimental manipulation of sensitive responsiveness among lower-class mothers with irritable infants. *Child Development,* **65** : 1457-1477.

110) van IJzendoorn, M.H. and Kroonenberg, P.M.(1988): Cross-cultural patterns of attachment ; A meta-analysis of the Strange Situation. *Child Development,* **59** : 147-156.

111) van IJzendoorn, M.H. and Sagi, A.(1999): Cross-cultural patterns of attachment ; Universal and contextual dimensions. In : Cassidy, J. and Shaver, P.R.(eds.), *Handbook of attachment*, pp.713-734. Guilford, New York.

第5章　関係性とパーソナリティ発達の理論　　　521

112) Vaughn, B., Egeland, B., Sroufe, L.A. and Waters, E.(1979): Individual differences in infant-mother attachment at twelve and eighteen months ; Stability and change in families under stress. *Child Development,* **50** : 971-975.

113) Wartner, U.G., Grossmann, K., Fremmer-Bombik, E. and Suess, G.(1994): Attachment patterns at age six in south Germany ; Predictability from infancy and implications for preschool behavior. *Child Development,* **65** : 1014-1027.

114) Waters, E. and Deane, K.E.(1985): Defining assessing individual differences in attachment relationships ; Q-methodology and the organization of behavior in infancy and early childhood. In : Bretherton, I. and Waters, E.(eds.), *Growing points in attachment theory and research. Monographs for the Society for Research in Child Development*, No. 209, Vol. 50, Nos. 1-2 : 41-65.

115) Waters, E., Merrick, S. K., Albersheim, L. J. and Treboux, D.(1995): Attachment security from infancy to early adulthood ; A 20-year longitudinal study of attachment security in infancy and early adulthood. Paper presented to the Biennial Meeting of the Society for Research on Child Development, Indianapolis, March 30-April 2.

116) Waters, E., Merrick, S. K., Treboux, D., Crowell, J. and Albersheim, L.(2000): Attachment security from infancy to early adulthood ; A twenty-year longitudinal study. *Child Development*, 71 : 684-689.

117) Waters, E., Wippman, J. and Sroufe, L.A.(1979): Attachment, positive affect, and competence in the peer group ; Two studies in construct validation. *Child Development,* **50** : 821-829.

118) Weinfield, N., Sroufe, L. A. and Egeland, B.(2000): Attachment from infancy to early adulthood in a high risk sample ; Continuity, discontinuity, and their correlates. *Child Development*, **71** : 695-702.

119) Zaslow, M., Pedersen, F., Suwalsky, J. and Rabinovich, R.(1989): Maternal employment and parent-infant interaction at one year. *Early Childhood Research Quarterly,* **4** : 459-478.

120) Zeanah, C.H., Mammen, O.K. and Lieberman, A.F.(1993): Disorders of attachment. In : Zeanah, C. H.(ed.), *Handbook of infant mental health,* pp.332-349. Guilford, New York.

121) Zeanah, C.H. and Zeanah, P.D.(1989): Intergenerational transmission of maltreatment ; Insights from attachment theory and research. *Psychiatry,* **52** : 177-196.

122) Zimmermann, P., Grossmann, K.E. and Fremmer-Bombik, E.(1998): Attachment in infancy and adolescence ; Continuity of attachment or continuity of transmission of attachment ? Manuscript submitted for publication.

V

社 会 心 理 学

第1章

認知的斉合性理論

1.1 認知的斉合性理論とは

認知的斉合性理論(cognitive consistency theory)は,現段階では,単一の理論というより,認知の構造的ダイナミックスを扱っている類似した諸理論の総称である(Abelson, Aronson, McGuire ら,1968).大別すると,(a) ハイダー(Heider, 1946;1958)のバランス概念を基本原理として,A-B-X 理論,適合性原理,構造的バランス理論,感情・認知の斉合性理論,象徴的心理・論理学,態度の認知空間モデル,線形補外モデルへと展開されたバランス系諸理論(Heiderian balance theories)と,(b) フェスティンガー(Festinger, 1957)の不協和の概念を基礎とする認知的不協和理論(cognitive dissonance theory)のオリジナル・バージョン,および多数の改訂バージョン,の2種類の系譜に分けられる(Eagly と Chaiken, 1993;Festinger, 1964;Harmon-Jones と Mills, 1999).

バランス系理論が意識と思考の比較的合理的側面を扱っているのに対し,認知的不協和理論は思考プロセスの不合理で自己防衛的側面を強調している.不協和理論がバランス系理論と最も異なる点は,認知と行動を区別せず,行動(反応および行為)も一つの認知要素として扱い,行動から発生する不斉合状態を理論の中核に組み入れていることである.

認知的斉合性理論では,認知を構成する諸要素は個別断片的に存在するのではなく,一定のまとまりをもつ構造を形成していると仮定する.その構造はスキーマ(schema)のような固定構造ではなく,一つの力学的閉合システムであり,認知内部にはその構成要素の間の秩序を維持しようとする力が働いている.認知の場の構造的力学によって,認知要素間にまとまりや秩序が維持されている状態を認知的斉合性という.

個々の構成要素の配列と動作は,その構造の力学的な場の状態と変化を示す指標である.もし何らかの事情で認知の場が無秩序の状態に陥ったり,無秩序であることが自覚された場合には,その秩序を回復しようとする力が働く.その心理的力を不斉合低減(inconsistency reduction)動機づけと呼ぶ.この動機づけが認知的斉合性の諸理論に共通す

る最も基本的な仮定である。認知的斉合性の各理論は，(a) 認知の構成要素間の斉合性と不斉合性の定義，(b) 不斉合状態の名称，(c) 不斉合状態に陥る状況と条件，(d) 不斉合性の程度または量，(e) 不斉合低減動機づけの現れ方，などに関して比較的独自の立場を採用してきた。

社会心理学は，人々が互いにどう思い，影響し合い，関連し合っているかを科学的に研究する学問として定義できる(Myers, 1993)。認知的斉合性理論は，意識と思考の性質に関する理論であり，社会心理学に固有の理論ではない。しかし，歴史的にみれば，この理論は，社会心理学における対人関係と相互コミュニケーションの基礎理論，態度の構造理論および態度変化のプロセス理論として 1940 年代後半に登場し，50 年代から 70 年代前半にかけて，実験社会心理学の主流として膨大な理論的実証的研究を産出した。他面で，研究者の間に活発な論争を引き起こした(Eagly と Chaiken, 1993；Kruglanski, 1996)。

1970 年代から 80 年代前半において，多くの社会心理学者の関心が帰属(attribution)と社会的認知(social cognition)におけるクールな情報処理プロセスの研究に移った。認知的斉合性の諸理論(とくに，認知的不協和理論)はすでにその歴史的使命を終えたと言明した研究者もいる(Abelson 1983；Jones, 1985；Schlenker, 1992)。しかし，1980 年代後半から，社会心理学における態度・感情・動機づけ・自己・規範などへの広範な関心の復活と平行して，認知的斉合性理論のもつ構造的特性と認知的ダイナミックスが再び注目されつつある(Aronson, 1992；Eagly と Chaiken, 1998；Harmon-Jones と Mills, 1999；Lavine, Thomsen と Gonzales, 1997；Petty と Wegener, 1998；Pittman, 1998；Prislin, Wood と Pool, 1998；Smith, 1998；Wood, 2000)。

本章では，認知的斉合性の根底にあるマイクロプロセスとして，スミス(Smith, 1998)が展望した表象と記憶におけるコネクショニスト・モデル(connectionist model)を取り入れた。認知的斉合性理論が 50 年以上にわたって扱ってきた問題とアプローチは，近似的ではあるが，このモデルの多重モジュール・ネットワーク(multiple-module network)と並列制約満足処理(parallel constraint-satisfaction processing)の仮定によって，統合的に理解できるように思われるからである。次節以降，認知的斉合性の諸理論について，ほぼ年代順に，そのオリジナルな姿と理論的実証的貢献，残された課題を検討した。最後に，認知的斉合性を統合的に理解するための回帰ネットワーク・モデルを提示した。

1.2 ハイダーのバランス理論：自己と他者と事物のハーモニー

ハイダー(Heider, 1946；1958)は，自己(p)と他者(o)と事物(x)の 3 者関係が自己の内部で相互にストレスなく調和している状態をバランスと定義し，バランス(均衡)およびインバランス(不均衡)の状態が生ずる条件とインバランスの解消法について，一見単純だが，含蓄のある理論を提唱した。図 5.1.1 の(a)にバランス理論の基本構造を示した。こ

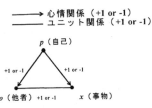

(a) 理論の基本構造

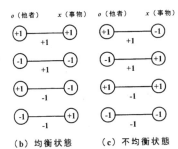

(b) 均衡状態　　(c) 不均衡状態

図5.1.1 ハイダーのバランス理論(Heider, 1946 ; 1958) 自己 p の視点からみた8パターンの均衡と不均衡状態をダンベル形式で表示した．ここで，ダンベルの左右のおもりは，それぞれ，自己 p の他者 o と事物 x に対する心情関係の符号を表す．また，ダンベルの把手は o-x 間のユニット関係の符号を表す．ただし，関係の符号(正負)の表記には，+1 と −1 を使用した．

の理論は p-o-x 理論，均衡理論ともいわれる．x は事物でも人物でもよいが，人物を明示する場合は x の代わりに q と表記する．

　バランス理論では p-o-x の相互の関係としてユニット関係(unit relation)と心情関係(sentiment relation)の二つのタイプの関係を考える．たとえば，ある人 o が身につけている服装 x と o 自身とを切り離してみることは難しい．夫 (o) と妻 (q) はしばしば一体とみなされる．このような場合，o-x 間，o-q 間にはそれぞれ正(以後，+1 と表記)のユニット関係があるという．逆に，総理大臣 (o) と内閣不信任決議案 (x) のように，相互に離反的対立的に知覚される二つの対象の関係を負(以後，−1 と表記)のユニット関係という．一般に，ひとまとまりと知覚される複数の対象はユニットを形成する．ユニット形成(unit formation)の概念は，ゲシュタルト心理学の知覚的群化(perceptual grouping)とほぼ同義である．対象間のユニット形成を促す要因として，近接性，類似性，共通運命，相互作用，親しみ，所有，所属性，因果性などがある．他方，対象に対する評価的感情(態度)を心情という．自己が他者または事物を好んだり，賛成・称賛・承認している心情関係は +1 であり，嫌ったり，反対・非難・拒絶している関係は −1 である．

　二つの対象 (p-o, p-x, または，o-x) の間に二つのタイプの関係(心情関係とユニット関係)が同時に存在するとき，2者間の関係構造は二つの関係の符号(+1 または −1)のかけ算の結果(積)が正の符号(+1)になるならば均衡状態となり，積が負の符号(−1)になるならば不均衡状態となる．たとえば，自己 (p) が自分の属性のある側面 (x) を気に入らないと思っているならばインバランスに陥る (p-x のユニット関係が +1, p-x の心情関係が −1, 関係の積は −1)．

第1章　認知的斉合性理論　　　527

　三つの対象間の関係，つまり $p-o-x$ の3者関係についても，$p-o$ 関係，$o-x$ 関係，$p-x$ 関係の三つの符号（$+1$ または -1）の積が $+1$ になるならば均衡状態，これらの符号の積が -1 になるならば不均衡状態と定義できる．$p-o-x$ 間の三つの関係の符号を組み合わせると，図5.1.1のダンベル形式で表示したように，8パターンの $p-o-x$ 関係があり，同図（b）の四つの状況は均衡状態であり，（c）の四つの状況は不均衡状態である．

　自己（p）の「坊主憎けりゃ袈裟まで憎い」という心理はバランスを構成する（図5.1.1（b）第2行：$p-o$ の心情関係が -1，$o-x$ のユニット関係が $+1$，$p-x$ の心情関係が -1，三つの関係の積は $+1$）．もし与党議員（p）が内心では総理大臣（o）を好ましくないと思っていながら，内閣不信任決議案（x）に対して反対したならば，p はインバランス状態となる（図5.1.1（c）第4行：$p-o$ の心情関係が -1，$o-x$ のユニット関係が -1，$p-x$ の心情関係が -1，三つの関係の積は -1）．バランス・インバランスの定義における関係の符号の乗法ルールは，バランス系諸理論の全体に適用可能な最も重要な原理である（Cartwright と Harary, 1956）．

　自己は均衡状態を好む傾向がある．不均衡状態は，自己に不快な緊張状態をもたらすので，そのインバランスを解消しようと試みる．ただし，この不斉合状態を低減する方法は一つだけではない．たとえば，自己（p）が恋人（o）の新しいヘアスタイル（x）が気に入らないとする（図5.1.1（c）第1行）．この場合，そのヘアスタイルを好きになる（図5.1.1（b）第1行），別のヘアスタイルに変えるように働きかける（同第3行），その恋人を嫌いになる（同第2行），という3通りのバランス回復法がある．このように，方法や手段が違っても同じ目的（バランス）に到達できることを等終局性（equifinality）という．そのほかに，ハイダーは対象を認知的に分化する方法，たとえば，その恋人をファッション感覚のない部分とそれ以外の好ましい部分の二つに分ける，という方法も示した．しかし，この手段では，一つの対象（全体的恋人像）における否定面と肯定面の同時存在，つまり両面価値（ambivalence）の存在によって新たなインバランスが生ずるであろう．

　他者や事物に対する魅力や態度が定まっていないとき，その魅力や態度の生成の仕方には法則性があるだろうか．バランス理論は，$p-o-x$ の三つの関係のうちどれか一つの関係が欠如している場合，三つの関係が結果としてバランスとなるように，新たな関係が自然に誘発されると仮定する．たとえば，自己（p）は他者（o）が自分と同じ趣味（x）の持ち主だとわかったならば，自己は他者を好きになるだろう（$p-o$ 間の魅力形成）．もし自己（p）の恋人（o）が沖縄（x）の出身であると知ったならば，自己は沖縄を好きになるだろう（$p-x$ 間の態度形成）．ことわざの「敵の敵は味方」，「敵の味方は敵」も，このバランス原理にあてはまる（Aronson と Cope, 1968）．

　しかし，フェスティンガー（Festinger, 1987/1999）が $p-o-x$ 理論に抗議して述べたように，「私はチキンが好き」，「チキンはチキンフードが好き」，「私はチキンフードが嫌い」という関係はインバランスとはならない．じつは，ハイダー自身も，$p-o-x$ が好き嫌い

の心情関係だけで構成される3者関係には懐疑的であった。三つの関係の一つにユニット関係を導入するという着想を得て、初めて、バランス理論が誕生したのである。これは態度研究と知覚研究の幸運な出会いであった(IckesとHarvey, 1978)。バランス理論はとくに、羨望、嫉妬、競争心、および低い自尊心のもとではあてはまらない(Heider, 1946)。妻(p)は、夫(o)の不倫相手(q)を好きになることはないだろう。

ジョーダン(Jordan, 1953)は、実験参加者に8パターン(64種類)の架空のp-o-x状況を文章化して示し、pが自分であると想像してもらったうえで、各状況の心地よさ(pleasantness)の程度の評定を求めた。その結果、同じバランス状況であっても、p-xとo-xの関係がともに+1、または、ともに−1の二つの状況が、他の二つのバランス状況、および、四つのインバランス状況よりも心地よいことを見いだした。その後の研究でも、この結果は繰り返し確認された。ただし、ジョーダンに始まる一連の研究は、実験参加者の役割演技によるものである。

最も快適な状況は、自己の好きな他者との間に態度や意見の一致があった場合であった。インバランス状況であっても、自己が他者に魅力を感じていた場合には、さほど不快な状況とは評価されなかった。このことからザイアンス(Zajonc, 1968)は、p-o-x状況では同意・バランス・魅力の3要因が、この順序で独立に状況の評価に影響を及ぼしていると解釈し、経験的証拠はバランス理論に有利だとはいえないと結論づけた。しかしインスコ(Insko)らは、自己の他者に対する好意は、同時に自己と他者との相互作用ないし類似性を予期させるので、p-o間の+1の心情関係にはすでに+1のユニット関係が加算されている状況であると考え、これを支持する結果を見いだしている(Insko, 1981, 1984; Insko, SongerとMcGarvey, 1974)。また、カシオッポとペティ(CacioppoとPetty, 1981)は、p-o-x状況について思考時間が長いほど、あるいはxが重要であるほど、バランス効果が顕著になることを報告している。

ハイダーのバランス理論は、自己・他者・事物の関係構造から生ずる不斉合状態と不斉合低減動機づけの現れ方を定式化した最初の認知的斉合性理論である。対人関係の基礎理論としてのバランス理論は、1950年代から60年代前半まで活発に研究された(Zajonc, 1968)。しかし、60年代後半から1980年頃まで停滞期に入った。その外在的理由としては、認知的不協和理論に基づく行動と認知のダイナミックスに関する研究が絶頂期を迎えていたこと、社会心理学者の関心が対人関係の研究よりも、個人の認知的情報処理過程の研究へと移りつつあったこと、などが考えられる。

バランス理論が停滞した内在的理由として、(a)人間の複雑な認知構造とダイナミックスを理解するには、バランス理論におけるp-o-xの状況は、あまりにおおまかで例外が多かったこと(つまり、p-o-xに個別具体的な人物・事物・関係を代入すると、しばしば予測に合わない結果が生じたこと)、(b)ハイダーの等終局性の概念は、明確で一義的な予測を求める研究者にはむしろ研究抑制的に働いたこと、(c)検証実験の多くが現実場面

第1章　認知的斉合性理論　　　529

での反応の測定よりも，研究法として問題の多い役割演技（role playing）を採用したこと，(d) ハイダーのバランス理論では，p-o-x 状況で発生するインバランスの程度や量が定義されず，状況がバランスとインバランスの二つにしか分類されなかったこと，などがあげられる．バランス理論の精緻化を図ることは，現在でも有望で興味深い研究課題であると思われる．

たとえば，この困難な時期も，p-o-x 状況におけるバランスの数量化の問題，および，インバランスの程度と態度の形成・変化との関係は持続的に研究され，これらはインスコの線形補外モデル（linear extrapolation model）に集約された（Insko, 1984；Runkel と Peizer, 1968；Tashakkori と Insko, 1979）．

1980 年代以降，バランス理論は，(a) 説得状況における態度的情報処理の好意・同意ヒューリスティック（liking-agreement heuristic）として（Chaiken と Eagly, 1983；Chaiken, Liberman と Eagly, 1989；Chaiken, Wood と Eagly, 1996），(b) 認知的情報処理の緩やかで包括的なスキーマとして（Smith, 1998），(c) 態度対象間の関係構造の分析原理として（Lavine, Thomsen と Gonzales, 1997），(d) 他のバランス系理論とともに，態度の体制化および連合ネットワーク（associative network）の構成原理として（Judd と Krosnick, 1989），その先見性が再認識されている．

1.3　ニューカムの A-B-X 理論：コミュニケーション行為と自閉的反応

ニューカム（Newcomb, 1953；1959；1968）が提唱した A-B-X 理論は，バランス理論を現実の社会的相互作用状況に拡張したものである．p-o-x の代わりに A-B-X が用いられているが，これは単なる記号の置き換えではない．彼の目的は，社会的相互作用をコミュニケーション過程として理解することにあった．A-B-X 理論は，最小の社会集団として二人の人物（A と B）が事物（X）を媒介として相互作用している状況を想定する．図 5.1.2 の(a)にその理論の基本構造を示した．A-B-X 理論は，対称性（symmetry）に向かう緊張理論，対人コミュニケーションの対称性理論ともいわれる．

A-B-X 理論によれば，相互に好意的な人物 A と人物 B が，何かある事物 X に対して食い違った態度をもっているならば，A-B-X 空間に，その食い違いを解消しようとする力が働き，これはコミュニケーション行為（communicative act）または自閉的反応（autistic response）として現れる．

A-B-X 理論の背後にあるロジックは少し複雑だが興味深い．人々は環境的真空や社会的真空の中で生活しているわけではない．つまり，社会的相互作用はその媒体となる事物が存在しなければ成り立たず，逆に，事物に対する態度の形成と維持のためには社会的相互作用が不可欠である．

A-B-X 空間においては，人物 A が B と X に対して同時にもつ相互依存的オリエン

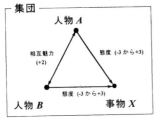

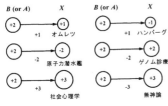

図5.1.2 ニューカムの A-B-X 理論(Newcomb, 1953 ; 1959 ; 1968)

A-B-X 間の対称および非対称状態の代表例をダンベル形式で表示した．ここで，ダンベルの左側の重りは，人物 A と人物 B の相互魅力の大きさを表し，右側の重りは，人物 A の X に対する態度(または，人物 B の X に対する態度)の符号と大きさを表す．ダンベルの矢印のある把手は，人物 B の X に対する態度(または，人物 A の X に対する態度)の符号と大きさを表す．ただし，相互魅力の大きさを $+2$, 態度の値の変域を -3 から $+3$ と仮定した．

テーション(魅力および態度)があり，これを共オリエンテーション(co-orientation)という．人物 B も B 自身の共オリエンテーションをもつ．人物 A の共オリエンテーションは B の X に対する態度に依存し，人物 B の共オリエンテーションは A の X に対する態度に依存する．したがって，A-B-X の3者関係は，どの関係の変化も他の関係に影響を及ぼす．A-B-X 空間は一つの力学的閉合システムである．

A と B が X に対して類似した態度をもっている状況を対称性という．この用語は，図 5.1.2(a)に示した点 ABX からなる三角形が，線分 AB の垂直二等分線に対して線対称になることに由来するものと思われる．対称性，つまり態度の類似性は報酬的機能をもつ．なぜなら，その対称性の存在によって，相互に相手の行動の予測性が高まると同時に，自己の態度の妥当性を確認できるからである(図 5.1.2(b))．コミュニケーションの本質的機能は，互いの共オリエンテーションを維持できることにある．A-B-X 理論における不斉合低減動機づけは，対称性に向かう学習性の持続的緊張である．

相互に好意をもつ人物 A と B が事物 X に対して食い違った態度をもっているとき，そのシステムは不安定な緊張状態に陥る．A-B-X システムに生ずる緊張の原因は X に対する態度の食い違い(つまり，非対称性)である．しかし，発生する緊張状態の大きさは多数の要因によって影響される．そのような調節変数には，(a) 食い違いの程度，(b) X の重要性，(c) A-B の相互魅力，(d) X の共通関連性，(e) A と B の自己魅力(自尊心)，(f) 地位・身分，(g) 役割，(h) 規範，などがある．

A-B-X 理論についても，バランス理論と同様に，乗法ルールを適用できる．たとえば，

第1章　認知的斉合性理論　　　　　531

図5.1.2(c)の三つの状況の3者関係の積はすべて負(上から，−2，−8，−18)となり，非対称状態である．関係の強さ(魅力と態度の数値)のかけ算は，数学的には意味をもたないが，その積をシステムの緊張状態のおおまかな指標と考えることは不可能ではない．ここでは，第3行の無神論を巡る意見の対立状況(−18)において最大の緊張状態が生ずるであろう．

　相互に親しい人物 A と B が環境内の弁別刺激について情報を交換する過程で，二人にとって重要な事物 X に対する態度に大きな食い違いが発見されたならば，X に関して対称性に到達すべく，活発なコミュニケーション行為が展開されることになる．A-B-X 理論によれば，A または B は相手に働きかけて，相手の態度を自己の態度と一致させようと試みるだろう．この試みが成功すれば対称性が確立され，その A-B-X システムは安定する．相互に歩み寄って中間地点に落ち着くかもしれない．さらに，「不同意であることに同意する」可能性もある．

　ニューカムによれば，A と B の相互魅力が低い場合には，対称性に向かう心理的緊張は狭い範囲の事物 $X_1, X_2, X_3, \cdots$ でしか生じない．たとえば，関係が冷めてきた夫婦の間では，個人的快楽や社会的儀礼の範囲でしか，コミュニケーション行為がなされなくなるかもしない．

　A または B の X に対する羞恥心や罪悪感，A-B 間の地位や役割も，コミュニケーション行為の発現過程に影響する．たとえば，企業組織においてトップ(A)が考えている事業拡張計画(X)に対して，部下(B)が反対の態度をもっていたとしても，B は立場上，積極的な発言を控えるだろう．

　A-B-X 理論では，コミュニケーション行為とは別に，A または B が，自己の認知内だけで非対称性を低減させる自閉的反応があると仮定する．すなわち，(a) 自己の態度変化，(b) 他者の魅力低減，(c) 他者の態度の誤認・錯覚・歪曲，(d) 他者の自己への好意の疑問視，(e) 他者または自己と事物との知覚的分離，(f) 自己の魅力の変更(自尊心の低減)，(g) ひたすら非対称性に耐えること，などである．ニューカムはとくに言及していないが，そのほかに，(h) X の重要性の低減，(i) X の共通関連性の過小評価も，有力な緊張解消法である．これらの自閉的反応の定式化は，バランス理論におけるインバランス解消法と似ているが，さらに複雑で緻密である．

　A-B-X 理論は，バランス理論と同様に，非対称性解消法の等終局性を仮定している．しかし，バランス理論と異なり，A-B-X 理論は，p-o-x(A-B-X) 3者間の関係の強さ(相互の魅力度，食い違いの程度，事物の重要性など)を明確に理論的変数として組み込んでいる．A-B-X 理論は，3者間の関係構造の質的違いだけではなく，インバランス(非対称性)の程度も考慮した最初のバランス系理論である．

　A-B-X 理論が想定した非対称の状況は，フェスティンガーの認知的不協和理論における社会的不一致(social disagreement)の状況に似ている．社会的不一致は，不協和が発

生する典型的状況の一つである(Festinger, 1957). フェスティンガーはニューカムの*A-B-X*理論について全く言及していないが，*A-B-X*理論における非対称状態の解消法(コミュニケーション行為，および，さまざまな自閉的反応)は，そのまま，認知的不協和理論における不協和低減法となりえるものである．

ニューカムの研究の関心は，個人の意識過程よりも，むしろ集団過程にあったようにみえる．皮肉なことに，1950年代後半に，バランスと認知的不協和の研究が活発になるのと平行して，社会心理学の主要な研究テーマは，集団よりも個人に移った．*A-B-X*理論における態度と魅力の相互依存性という強い要請は，その後，態度の類似性が対人魅力に及ぼす影響という方向に，いわば矮小化された(Byrneと Nelson, 1965).

*A-B-X*理論は，現実の複雑な集団過程と社会的相互作用に対して，強力な分析手段を提供したといえる．*A-B-X*理論で示された対称性追求の心理的緊張が，コミュニケーション行為の原動力となるという洞察は，現在もその重要性を失っていない．しかし，ニューカムが述べているように，現実のコミュニケーション行為は，*A-B-X*の3者関係における非対称性とは別に，地位，役割，規範など多数の要因の影響を受ける．これらの調節変数の複合的効果については，まだ十分な実証的吟味がなされていない．また，自己魅力の低下など，さまざまな自閉的反応のうち，どの反応がどのような場合に採用されやすいか，という興味深い問題も未開拓の状態にある．*A-B-X*理論は，現在も，有望な研究仮説の供給源である．

1.4 オズグッドとタンネンバウムの適合性原理：ソースとコンセプトの認知的相互作用

適合性原理(congruity principle)は，オズグッドとタンネンバウム(Osgoodと Tannenbaum, 1955)が提唱した態度変化の量的予測モデルである．適合性理論，適合性モデルともいう．この理論は，少数の情報項目，つまり，ソース(source)とコンセプト(concept)と主張(assertion)，からなる単純なメッセージを想定し，メッセージの受け手(receiver)の認知的情報処理過程を扱う．適合性原理によれば，入力メッセージが不適合であるならば受け手にストレスをもたらす．ここに適合性に向かう心理的圧力が生じ，この圧力はソースとコンセプトに対する評価の変化(つまり，態度変化)となって現れる．

適合性原理の基本構造を図5.1.3の(a)に示した．この理論はハイダーの*p-o-x*理論の特殊ケースであると考えることができる．入力メッセージは，二つの評価対象の間に新たな関係を形成させる情報である．これは，*p-o*関係と*p-x*関係が存在し，*o-x*関係が欠如している状況において，外部から*o-x*関係の情報を提供することにほかならない．適合性原理の核心は，*o-x*関係の新たな導入によって*p-o-x*の3者関係がインバランスに陥ったとき，*p-o*関係と*p-x*関係の符号と強度(つまり，*p*の*o*と*x*に対する評価)にどのような変化が生ずるかという問題に帰着する．

第1章 認知的斉合性理論

適合性原理によって定義される適合状態は，通常のバランス状態よりも，狭い範囲でしか生じない．図5.1.3の(b)に示したように，3者関係の積がそれぞれ正の値(上から順に，+9, +4, +4)であるだけでなく，ダンベルの両サイドのおもりの大きさが等しい場合だけが適合状態である．図5.1.3(c)における第1行の状況は，関係の積は正の値(+3)であるが，左右のおもりの大きさが異なるので不適合状態となる．他方，関係の符号の積が負の値の場合には常に不適合状態である．図5.1.3(c)の第2行から第4行の状況における3者関係の積はすべて負の値(順に，-6, -3, -2)であり，不適合状態である．

適合性原理による態度変化量の予測式は，主張の符号(+1, -1)によって異なる．ここで，メッセージに接触する前のソースとコンセプトの評価次元上の位置(態度の初期値)を，それぞれ，V_s と V_c とする．

「+1の主張」によって不適合状態が生じた場合，

$$\text{ソースの態度変化量} = \{|V_c|/(|V_s|+|V_c|)\} \cdot (V_c - V_s) \tag{1.1}$$

$$\text{コンセプトの態度変化量} = \{|V_s|/(|V_s|+|V_c|)\} \cdot (V_s - V_c) \tag{1.2}$$

「-1の主張」によって不適合状態が生じた場合，

$$\text{ソースの態度変化量} = \{|V_c|/(|V_s|+|V_c|)\} \cdot (-V_c - V_s) \tag{1.3}$$

$$\text{コンセプトの態度変化量} = \{|V_s|/(|V_s|+|V_c|)\} \cdot (-V_s - V_c) \tag{1.4}$$

と表せる．ただし，適合性原理によれば，不適合性の量が大きいほど，メッセージの信憑性に対する不信感(incredulity)が高まり，その結果，ソースとコンセプトの態度変化量はより減少する．したがって，これらの予測式は，不信感の強さ(i)によって補正される．

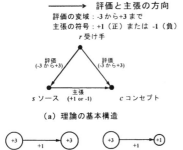

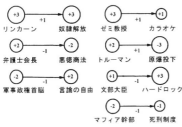

図5.1.3 オズグッドとタンネンバウムの適合性原理
(Osgood と Tannenbaum, 1955)

適合性原理が扱うメッセージの基本要素はソース s とコンセプト c と主張である．メッセージの受け手 r の視点からみた r-s-c 間の適合および不適合状態の代表例をダンベル形式で表示した．ここで，ダンベルの矢印のある把手は，ソース s のコンセプト c に対する主張(s-c 関係)を表す．ただし，+1の主張は，称賛・賛成・承認・好意などの表明(肯定的結合的関係)，-1の主張は，非難・反対・否認・嫌悪などの表明(否定的分離的関係)である．ダンベルの左右の重りは，それぞれ，受け手 r のソース s とコンセプト c に対する評価の初期値(変域は-3から+3)を表す．

これとは別に，式(1.2)と(1.4)には，それぞれ，主張それ自体の効果による態度変化量の増減分($\pm A$)が，定数項として付加される．

　適合性原理はバランス理論と違って，不適合解消法の等終局性を仮定していない．特定対象に特定量の態度変化が生ずると予測する．ここで，不信感と主張の効果を考慮せずに，予測式(1.1)〜(1.4)を用いて試算すると，図5.1.3(c)の第1行の状況では，ゼミ教授に-0.5，カラオケに$+1.5$の態度変化が生じ，その結果，ゼミ教授への評価は$+2.5$，カラオケへの評価は$+2.5$となる．同第2行の状況では，トルーマン大統領に-3，原爆投下に$+2$の態度変化が生じ，トルーマン大統領への評価および原爆投下への評価は，ともに，-1となる．同第3行の状況では，文部大臣に-3，ハードロックに-1の態度変化が生じ，文部大臣への評価は-2，ハードロックへの評価は$+2$となる．同第4行の状況では，マフィア幹部に$+1$，死刑制度に$+2$の態度変化が生じ，マフィア幹部への評価は-1，死刑制度への評価は$+1$となる．

　残念ながら，適合性原理を直接検証した研究は非常に少ない．そして，実験的証拠は，この原理と中程度にしか一致していない．態度変化の方向は別として，その数量的予測については，明確な支持が得られなかった(EaglyとChaiken，1993；ShawとCostanzo，1982)．しかし，その原因は，適合性原理が，(a)メッセージにおける主張の強さ，複雑さ，豊かさを無視し，(b)ソースとコンセプトの重要性や関連性の問題を除外し，(c)ソースとコンセプトの評価次元における位置(極化の程度)を変化抵抗の大きさと同一視し，(d)不信感の強さを不適合性の量の増加関数と仮定したため，と考えられる．つまり，最小限の変数と仮定から最大限の予測的精度を求めたためである．

　バランス系理論の研究者を最も悩ませてきた難問の一つは，p-o-xなど，複数の実体間における関係のタイプ・符号・方向・強度を，どのように統合してモデル化するかという問題である．バランス系理論の中で，適合性原理が，o-x関係を± 1に固定し，p-o関係とp-x関係の変化量を検証可能な形で示したことの意義は大きい．

　適合性原理におけるソースとコンセプトの評価的連動性という着想は，現在，態度の連合ネットワーク・モデルの中に生きている(Fazio，1986，1990；Judd，Drake，DowningとKrosnick，1991)．図5.1.4の一部に示したように，メイオとオルソン(MaioとOlson，1998)は，実験参加者に，アインシュタインは，ナノテクノロジーの研究をやめるように主張していた，という架空のメッセージを与えた．もし事前にアインシュタインに対する態度へのアクセシビリティ(accessibility)を高めたならば，負の活性化拡散(negative spreading activation)によって，ナノテクノロジーに対する態度が否定的になるであろう．彼らは，実験参加者に，アインシュタインに対する嘘の態度(否定的態度)を反復表明させるという巧みな操作によって，この予測を確認している．他方，そのメッセージへの単なる接触は，受け手に態度変化をもたらさなかった．

　では，この図5.1.4の状況で，もし外部情報によって，受け手のダーウィンの進化論に

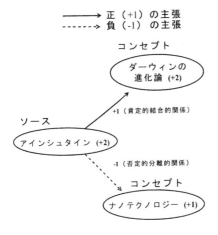

図 5.1.4　適合性原理と活性化拡散 (Maio と Olson, 1998；Tannenbaum, 1967, 1968)
「アインシュタインは，ダーウィンの進化論に対して肯定的立場を主張し，ナノテクノロジーに対して否定的立場を主張した」というメッセージ（架空）の受け手の認知構造を考える．もしここで，進化論についての新たな外部情報によって，受け手のダーウィンの進化論に対する評価がさらに肯定的な評価へと変化したならば，ナノテクノロジーに対する評価は，自動的に，否定的な評価へと変化するだろうか．適合性原理は，正負の主張で相互に関連している三つの判断対象の間では，どの対象に対する評価の変化も，無意識のうちに，他の二つの対象の評価に規則的な変化を及ぼすだろうと予測する．

対する態度をより肯定的な態度（たとえば，+3）に変化させたならば，これと連動してアインシュタインの評価が上がり，さらに，ナノテクノロジーに対する評価が自動的に下がるだろうか．タンネンバウム (Tannenbaum, 1967；1968) は適合性原理を再考し，このような無意識的連動性の存在を示唆する実験結果を報告している．彼自身は，この現象を媒介された般化 (mediated generalization) と呼んだが，活性化拡散効果の先駆的研究とみることができる．

1.5　構造的バランス理論：ハイダーのバランス理論の一般化

カートライトとハラリー (Cartwright と Harary, 1956) は，バランス概念の数量化と理論的拡張をめざして，構造的バランス理論を提唱した．図 5.1.5 に示したように，この理論では，有限個の実体（人物または事物）を点（ノード）によって表示し，実体間の関係を符号付き有向線によって表す．関係の方向に対称性（たとえば，相互の好意性，ユニット関係）がある場合には，線の向きを省略できる．線形グラフ理論のもとでは，グラフと行列と関係は論理的に同等である．

関係のタイプの取扱いは一般に困難であるが，彼らはこれを線の色の違いとして処理した．たとえば，バランス理論における心情関係とユニット関係は，それぞれ，赤色と緑色の線として表示できる．他方，関係の強さは，線の太さとして容易に図示できるが，彼らはその理論に関係の強さの違いを導入することは時期尚早と考え，これを一定であると仮定した．構造的バランスの問題に関係の強さを考慮した数理モデルは，その後も十分な成功をみていない．

ある点 P（たとえば，図 5.1.5 の点 A）から，別の 1 点（たとえば，点 B）以上の点を通過

して，同じ向きのまま最初の点 P まで戻ってくる同色の線の集まりをサイクルという．n 個の線をもつサイクルを n-サイクルという．さらに，線の向きと色の違いを無視した同様のサイクルを，セミサイクル(semicycle)という．サイクル・セミサイクルを構成する線の符号の積によって，そのサイクル・セミサイクルの符号が定義される．たとえば，正($+1$)と正($+1$)と負(-1)の三つの線で構成されたセミサイクルの符号は負である．

構造的バランス理論によれば，バランス状態が生ずるのは，(a) 符号付き単色型グラフ(s-graph)のすべてのサイクルの符号が正である場合と，(b) 符号付き有向単色型グラフ(s-digraph)のすべてのセミサイクルの符号が正である場合である．カートライトとハラリーは，符号付き有向二色型グラフについては，線の色の違いを無視して，すべてのセミサイクルの符号が正である場合を，暫定的に，構造的バランス状態と定義した．ハイダーの p-o-x 状況は，典型的な符号付き有向二色型グラフである．

特定のグラフの構造的バランスの程度 $b(G)$ は，そのグラフのサイクルとセミサイクルの総数に占める正のサイクルおよびセミサイクルの数の比率として，定義されている（$0 \leq b(G) \leq 1$）．また，あるグラフ構造の特定の点 P を通る長さ N 以下のサイクルおよびセミサイクルの符号がすべて正であるとき，この状態を，点 P において局所的 N-バランス(local N-balance)という．たとえば，図 5.1.5 に示したグラフでは，その全体的構造はインバランスであるが，人物 C において局所的 3-バランスである．

構造的バランス理論は，個人の認知構造だけでなく，刺激の場の構造（たとえば，集団や社会の構造）を扱っている点で，他のバランス系諸理論と大きく異なる．この理論は，認知と感情の関係，上下関係，派閥(clique)，社会的ネットワーク，集団間関係などをバ

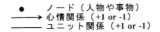

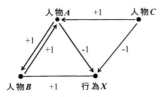

図 5.1.5 構造的バランス理論(Cartwright と Harary, 1956)
人物 A と人物 B は相互に好意的であり，人物 C は A に対して好意的であり，A と C はともに B の行為 X を否定的にみている状況を，四つのノードで構成される符号付き有向二色型グラフとして表示した．ただし，関係の符号の表記には，$+1$ と -1 を使用した．このグラフには，点 AB 間に一つの正の 2-サイクル，点 ABX 間に二つの負の 3-セミサイクル，点 AXC 間に一つの正の 3-セミサイクル，点 $ABXC$ 間に二つの負の 4-セミサイクルがある．全体の構造的バランスの程度は $2/6=0.33$ である．

ランス理論の立場から研究するための基本的視点を提供した(Davis, 1967；De Nooy, 1999；Harary, 1983).

1.6 感情・認知の斉合性理論：認知構造と態度的感情

一般に態度は，感情・認知・行動の三つの側面からアプローチすることができる(EaglyとChaiken, 1993；RosenbergとHovland, 1960). ローゼンバーグ(Rosenberg, 1956；1960)の感情・認知の斉合性理論(affective-cognitive consistency theory)は，ある事物に対する態度的感情とその認知構造との間には常に一定の調和が存在し，もし態度的感情と認知構造のどちらか一方に不可逆的変化が生じたならば，他方にもこれに対応した変化が生ずると仮定する.

図5.1.6に示したように，感情・認知の斉合性理論における認知構造は，(a) 一つの態度対象 X，(b) 価値 Y_i とその重要性 $I_i (i=1, 2, \cdots, n)$，(c) 態度対象 X と価値 Y_i との関係の強さ S_i，によって構成される. 関係の強さは，態度対象が自己の価値観の実現を促進または妨害する程度についての判断である. 認知構造は，関係の強さと価値の重要性の積和 ($\sum S_i I_i$) によって定義される値 V_{CSX} をもち，この値を認知構造指数という. この着想は，期待-価値理論(expectancy-value theory)に受け継がれた(たとえば，Feather, 1982).

関係の強さと価値の重要性とは次元が異なるので，その積も積和も数学的には意味をもたないが，認知構造指数 V_{CSX} は構造的斉合性(structural consistency)の程度を表す指標の一つになりうるかもしれない. この場合，認知構造指数の絶対値が大きいほど，構造的斉合性も高くなるであろう. 認知構造指数を，価値促進斉合性(value-facilitation consis-

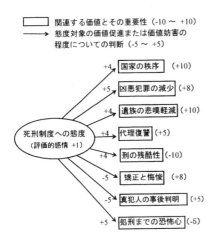

図5.1.6 認知構造と態度的感情(Rosenberg, 1956；1960；1968)

死刑制度に対する態度を事例として，感情・認知の斉合性理論における認知構造と評価的感情との関係を示した. ここでの認知構造は，(a) 態度対象である死刑制度，(b) 国家の秩序，凶悪犯罪の減少などの八つの価値とその重要性，(c) 死刑制度が価値を促進または妨害する程度についての判断，によって構成されている. 認知構造指数は，(+4)(+10)+(+5)(+8)+…+(+5)(-5)=+10である. この状況では，死刑制度に対する少し肯定的な態度的感情(+1)がみられることになる. ただし，この態度的認知の構造的斉合性は高くない. もしこの状況で態度的感情が否定的な方向に変化したならば(たとえば，評価的感情=-2)，認知構造にも変化が生じ，たとえば，死刑制度は凶悪犯罪の減少にあまり効果がないと判断するようになるかもしれない.

tency)ということもある(Lavine, Thomsen と Gonzales, 1997 ; Prislin, Wood と Pool, 1998).

感情・認知の斉合性理論では，それぞれ独立に測定された態度的感情量 A_x と認知構造指数 V_{csx} との間には高い正の相関関係が存在すると仮定する．図 5.1.6 のような認知構造のもとでは，その構造的斉合性は低いと思われるが，死刑制度に対するやや肯定的な態度的感情がみられるだろう．感情・認知の不斉合性の程度は明確には定義されていない．これは，態度的感情量と認知構造指数の食い違いの程度によって定義できるかもしれない (Chaiken と Baldwin, 1981 ; Chaiken と Yates, 1985 ; Van der Pligt, De Vries, Manstead と Van Harreveld, 2000).

ローゼンバーグ(Rosenberg, 1960)は，ある政策に対する態度的感情を変化させたならば，その認知構造にも大きな変化が生ずることを実証した．実験参加者の態度的感情は後催眠暗示によって操作された．彼は，認知構造の変化は，価値の重要性の変化としてではなく，態度対象の価値促進と価値妨害の程度についての判断(関係の強さ)の変化として，現れやすいことを見いだした．さらに，感情変化によって引き起こされた認知構造の変化は持続的であり，実験終了後ももとの値に戻らなかった参加者が半数いたと報告している．この研究から，最初に何らかの仕方で感情を大幅に変化させることが，いわゆるマインド・コントロールの最も有力な手段の一つであることがわかる．しかし，彼の実験は研究倫理からみて問題があり，現在では許されないだろう．

元来，感情・認知の斉合性理論は，態度内構造(intraattitudinal structure)の理論として，ハイダーのバランス理論とは独立に構成された(Rosenberg, 1968)．しかし，バランス概念の導入によって，さらに興味深い理論へと発展したといえる(次節)．イーグリーとチャイクン(Eagly と Chaiken, 1993 ; 1998)が指摘したように，価値という用語の代わりに態度という語を用いれば，この理論はそのまま態度間構造(interattitudinal structure)のモデルとなりうる．彼女たちは，態度と認知・感情・行動との間の斉合性を，それぞれ，(a) 評価・認知の斉合性(evaluative-cognitive consistency)，(b) 評価・感情の斉合性，(c) 評価・行動の斉合性，と命名し，ローゼンバーグの感情・認知の斉合性理論を，評価・認知の斉合性理論の一つとして位置づけている．

1.7 象徴的心理・論理学と認知的バランス：態度の認知空間モデル

エイベルソン(Abelson)とローゼンバーグは，自ら象徴的心理・論理学(symbolic psycho-logic)と命名した心理演算法則と態度的認知のバランスモデルを提唱した(Abelson と Rosenberg, 1958 ; Rosenberg と Abelson, 1960)．彼らは，人間の思考は感情に色づけられているため，形式論理学では説明できないと考えた．このモデルは，図 5.1.7 に示したような有限個の要素からなる態度の認知空間(attitudinal cognitorium)を想定す

第1章　認知的斉合性理論　　539

る．この空間の構成要素は，正負の評価的感情を誘発する知覚的認知的対象である．ここ
には，人物・事物・概念・場所・出来事・政策・制度・価値など，あらゆる態度対象が含
まれる．自己概念も重要な要素である．

態度の認知空間における任意の二つの要素の間には，次の四つの認知的関係のいずれか
の関係がある．つまり，肯定的結合的関係(p)，否定的分離的関係(n)，両面価値的関係
(a)，無関係(o)である．どの要素も，それ自身との反射的関係はpであると仮定された．
彼らは，二つの要素A, Bとその関係をArBと表記し，これを認知的単位(cognitive
unit)，センテンス(sentence)，あるいは，認知的バンド(cognitive band)と呼んだ．

表5.1.1に示したように，この空間の概念の場は，関係の構造行列Rとして表すことが
できる．彼らの定義によれば，この行列Rの擬似行列式の値がaとなるとき，その態度
の認知空間は全体として，インバランス状態にある．ここで，擬似行列式の値は，行列式
を求める関数における奇順列の符号をすべて＋とし，かつ，次のような積と和の演算法則
に従って算出される．

$$pp=p, \quad nn=p, \quad pn=n, \quad po=o, \quad no=o \tag{1.5}$$

$$p+p=p, \quad n+n=n, \quad p+o=p, \quad n+o=n, \quad p+n=a \tag{1.6}$$

ただし，和と積について交換法則が成り立つものとする．

たとえば，エール大学のある男子学生Eが，男女共学制Cに賛成し，良い成績Gを望
み，かつ男女共学制Cは良い成績Gの達成を妨害すると考えていたとする(Abelsonと
Rosenberg, 1958)．この状況の関係構造は，EpCとEpGとCnGを認知的単位とする
3×3の対称行列で表示できる．この擬似行列式の値は，$ppp+pnp+ppn+ppp+pnn+$
$ppp=p+n+n+p+p+p=p+n=a$である．したがって，その学生の態度的認知空間は
インバランス状態にある．

エイベルソンとローゼンバーグの認知的バランス・モデルは，構造的バランス理論(Cart-
wrightとHarary, 1956)を，個人の認知空間に適用したものと考えることができる．たと

表5.1.1　態度の認知空間における関係の構造行列

態度対象	自己概念	配偶者	人権	北海道の冬	息子	マラソン	スノーボード
自己概念	p	p	p	o	o	o	n
配偶者	p	p	p	n	p	p	o
基本的人権	p	p	p	o	o	o	o
北海道の冬	o	n	o	p	o	n	p
息子	o	p	o	o	p	p	p
マラソン	o	p	o	n	p	p	o
スノーボード	n	o	o	p	p	o	p

　　注)　pは肯定的結合的関係，nは否定的分離的関係，oは無関係であることを
　　　　表す．この7×7の対称行列の擬似行列式の値はa(ambivalence)であり，
　　　　態度の認知空間はインバランス状態にある．これは，スノーボードと息子
　　　　がアンバランス文であることに由来する．

えば符号付き単色型グラフは，関係の構造行列 R と論理的に同等である．象徴的心理・論理学の演算は，4要素ブール代数と異種同形である(Runkel と Peizer, 1968；Harary, 1983)．彼らは，図 5.1.7 に示したような関係の強弱を含む理論を構想したが，カートライトとハラリーと同様，これを断念した．

関係の方向の対称性を全面的に仮定した点では，符号付き有向単色型グラフよりも後退したといえる．しかし，態度の認知空間においては，方向性を考慮しなくても，さほど大きな問題は生じないかもしれない．構造的バランス理論におけるノードは単なる点であったが，このモデルではノード自身も評価的感情を誘発すると仮定した．これによって，感情・認知の斉合性理論は，この壮大なモデルにおける細部のより精密な下位理論として位置づけられた(Rosenberg, 1968)．

彼らのモデルでは，認知的単位それ自身も，バランスとアンバランスに分類される．ここでは，バランス系理論に共通の乗法ルールが適用される．たとえば，ともに正の感情を誘発する要素 A, B の肯定的関係 ApB はバランス文であり，それぞれ正と負の感情を誘発する要素 A, C の肯定的関係 ApC はアンバランス文である．

態度の認知空間のインバランス状態も，認知的単位におけるアンバランス文も，基本的には認知的関係の変化または評価的感情の変化によって解消可能である．そのほかに，内外からの入力情報によるインバランスの解消法としては，抑圧，思考停止，認知的分化と孤立化，外的情報の無視または否定，偏った走査(biased scanning)，補強(bolstering)，論駁的否定，超越(transcendence)，合理化(rationalization)，忘却，などの仕方がある (Abelson, 1959, 1968; Rosenberg, 1960, 1968)．ただし，これらはすべて，不協和低減法

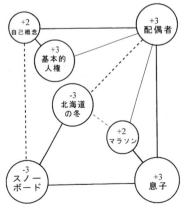

図 5.1.7 態度の認知空間モデル(Abelson と Rosenberg, 1958; Rosenberg と Abelson, 1960)
自己概念を含む複数の態度対象とその間の認知的関係から構成される態度の認知空間の一例を示した．円の大きさは，対象の評価的感情の絶対値を表す．認知的関係の存在とその強さを，線とその太さによって表示した．ここで，肯定的結合的関係は，好き・接近・賛成・協同・促進などの認知の総称である．逆に，否定的分離的関係は，嫌い・回避・反対・競争・妨害などの認知である．他方，関心がない，責任がない，影響がない，などの認知は，無関係として処理され，図には表示されない．この態度の認知空間は，全体として，インバランスの状態にある．

としても利用可能である.

1.8 認知的不協和の理論：行動的斉合性と認知的斉合性の統合

認知的不協和理論(cognitive dissonance theory)は，フェスティンガー(Festinger, 1957)が提唱した認知的動機づけの理論である．人々は，自己の意識の内部に何らかの心理的矛盾(psychological inconsistency)が発生すると，不協和状態に陥り，その不協和を低減しようとする．彼は，このように一見，非常に単純な仮定に基づいて，態度変化，情報の探索と回避，流言の伝播など，さまざまな現象を統一的に説明した．多くの社会心理学者は，彼の理論を，認知的斉合性理論における最も貴重な宝石とみなしている(EaglyとChaiken, 1993, p.456 参照)．

図5.1.8に認知的不協和理論の基本構造を示した．この理論の構成要素は，自己と周囲の環境についてのあらゆる知識・意見・信念である．これを認知要素という．バランス系理論の仮定した実体・事物・人物・概念などは，不協和理論の扱う認知要素の下位成分である．不協和理論では，たとえば，「ミネアポリスの冬は非常に寒い」(Festinger, 1957, p.10)という認知は，このセンテンスに示された内容全体が認知要素となりうる．さらに重要な特徴は，フェスティンガーは，認知と感情と行動をあえて区別せず，これらを一括して認知として扱ったことである．不協和理論においては，行為(action)や反応(reaction)は行動的認知であり，不安や恐怖は感情的認知である[*1]．

任意の二つの認知要素xとyだけを考えて，not-xがyから帰結されるとき，そのxとyは相互に不協和な関係にあるという．不協和関係は意識の中に，xとnot-xが同時に存在している両面価値的状態といえる．夢をみているときのように，もし「雨の中に立っているのに，自分が濡れているという証拠は何も見いだせない」(Festinger, 1957, p.14)

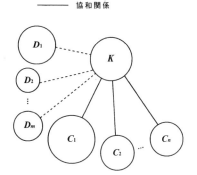

図5.1.8 認知的不協和理論の構造と不協和のマグニチュード(Festinger, 1957)

特定の認知要素(キー認知要素)と連合して不協和が存在する仮説的認知システムを表示した．円の面積は認知要素の重要性を表す．不協和のマグニチュードM_dは，キー認知要素の面積をK, m個の不協和要素の面積の総和をD, n個の協和要素の面積の総和をCとするとき，乗法ベキ関数によって次のように定義できる(Sakai, 1999)．

$$M_d = [D/(D+C)]^{\theta_1} \times D^{\theta_2} \times K^{\theta_3} \quad (1)$$

ここで，三つのベキ指数パラメータは，それぞれ，$0 < \theta_1 \leq 1$, $0 < \theta_2 \leq 1$, $0 < \theta_3 \leq 1$, の範囲にある理論的定数を表す．

とするならば，その二つの認知要素は不協和関係にある．認知要素間の不協和関係の存在が，不協和を引き起こす．不協和関係にある二つの認知要素への同時的アクセシビリティ(simultaneous accessibility)は，不協和関係の知覚に大きく影響する(McGregor, Newby-Clark と Zanna, 1999)．不協和のマグニチュード(dissonance magnitude)は，不協和関係にある認知要素が重要であるほど大きい．特定の認知要素と連合する不協和の全体的マグニチュードは，関連する認知的関係(不協和関係と協和関係)の中に占める不協和関係の重みづけられた割合の関数である．ここで，認知的関係は，関係に含まれる認知要素の重要性によって重みづけられる．

不協和は不快な緊張状態である(Devine, Tauer, Barron, Elliot と Vance, 1999；Harmon-Jones, Brehm, Greenberg, Simon と Nelson, 1996；Zanna と Cooper, 1974)．人はそれを低減したり，回避しようと試みる．不協和低減法には，不協和関係にある認知要素の一方を変化し相互に協和関係にすること，不協和要素の過小評価および協和要素の過大評価，新しい協和要素の追加，の3通りの仕方がある．他方，不協和回避法として，不協和の発生または既存の不協和の増加が予想される状況や情報を，積極的に回避するという仕方がある．

フェスティンガーは，不協和が発生する典型的状況として，決定後(post-decision)，強制的承諾(forced compliance)，情報への偶発的・無意図的接触，社会的不一致，現実と信念・感情との食い違い，の五つの状況を取り上げた．ただし，社会的不一致から生ずる不協和は，ニューカムの A-B-X 理論における非対称性の状態と同じである．彼はインバランスと不適合の状態を，不協和の一種とみなしたが，その理論的関係については明示しなかった．

不協和の低減と回避の圧力の現れ方は多様であり，(a) 態度変化(その後の研究はここに集中)，(b) 態度の補強(Sherman と Gorkin, 1980)，(c) 態度の硬化(hardening)(McGregor ら, 1999)，(d) 行動の変化(Aronson, 1992, 1999；Beauvois と Joule, 1996, 1999；Festinger, 1987/1999)，(e) 環境の変化(Festinger, 1957, p.20)，(f) 誤認と認知的歪曲(Scheier と Carver, 1980)，(g) 忘却(Elkin と Leippe, 1986)，(h) 超越(Burris, Harmon-Jones と Tarpley, 1997)，(i) 人物・状況・情報への選択的接触(Brock と Balloun, 1967；Freedman と Sears, 1965；Frey, 1986)，(j) 大衆折伏活動と社会的支持の獲得(Festinger, Riecken と Schachter, 1956)，(k) 流言の受容(Festinger, 1957, pp.235-243)，などがある．インバランス低減法よりも，はるかに多彩な低減様式が想定された[*2]．

不協和低減モードの多様性は，この理論に深みと柔軟性をもたらしたが，逆に，どの条件下でどのモードやストラテジーが最も採用されやすいか，という問題が残された．低減モードの特定化の問題は，現在も十分には解決されていない難問である(Leippe と Eisenstadt, 1999；Simon, Greenberg と Brehm, 1995)．この問題は，不協和理論の予測の精度に関係するだけでなく，反証可能性にも関係する．しかし，ハイダーのバランス理論と同

第1章 認知的斉合性理論 543

様に，認知的不協和理論それ自体は，不協和低減の等終局性を仮定する．図5.1.8に示した認知システムに即していえば，$(m+n+1)$個の認知要素のうち，結果として既存の不協和のマグニチュードの値が小さくなる変化ならば，どの認知要素の変化でもよいということである．ただし，酒井(Sakai, 1999)の乗法ベキ関数(MPF)モデル(multiplicative power-function model)は，図5.1.8の式(1)が示すように，協和要素の過大評価または追加という仕方は低減効率がよくないので，この低減モードはあまり採用されないだろうと予測する．つまり，不協和低減の圧力は，第1に不協和要素(D)に，次にキー認知要素(K)に，最後に協和要素(C)に，向けられるであろう．

フェスティンガーは，個々の認知要素の変化については，変化抵抗の小さい認知要素ほど，不協和低減のターゲットになりやすいと仮定した．一般に，物理的現実と社会的・心理的現実に対応する認知の変化抵抗はきわめて大きい．彼は，とくに，反応と行為に注目した．行動的認知は現実を反映しているからである．もし行動的認知と連合して不協和が発生したならば，行動的認知とは別の認知要素が変化のターゲットとなりやすい．つまり，不協和理論は行動的認知をキー認知要素とするとき，その個別的予測性が高まることになる．

行動的認知が，不協和を媒介として，他の認知要素に及ぼす斉合性圧力を，行動的斉合性(behavioral consistency)と呼ぶことにする．行動的認知は自己の行動に対応しているので，その行動的斉合性は，必然的に，自己の行動を追認し支持するような方向に働くであろう．認知的不協和に関する理論的実証的研究は，行動的斉合性が作用しやすい状況(つまり，決定後と強制的承諾の状況)に集中した(Brehm と Cohen, 1962；Festinger, 1964；Wicklund と Brehm, 1976)．

不協和理論の研究者たちが行動的斉合性の問題に焦点をあてたことは，多くの独創的で刺激的な実験と理論的精緻化を生み出したが，その反面，認知的不協和理論のもつ思考の一般理論としての含意が軽視され，不協和理論は，行為に伴う自己正当化の態度変化(self-justificatory attitude change)と自我防衛(ego defense)を扱う理論であると誤解される原因となった．人間の不合理性と自己防衛的行動は，非常に興味深い研究領域である(精神分析は，その先駆けであった)．しかし，行動的斉合性に研究が集中し，自己正当化の態度変化の出現が不協和の発生，および低減のほぼ唯一の証拠として扱われてきたことは，認知的不協和理論にとって不幸なことである(Aronson, J., Cohen と Nail, 1999；Devine ら，1999)．

決定とコミットメントは，不協和理論における行動的認知の一方を代表する．婚約であれ，就職先であれ，多くの場合，決定は複数の可能な選択肢の中から一つを選び，残りを放棄する行為である．決定後は，選ばれた選択肢の否定面と棄却された選択肢の肯定面は，その決定と不協和関係となる．したがって，決定後においては，ほぼ必然的に不協和が生ずる．もし決定後に，選んだ方の否定面と棄却した方の肯定面を過小評価し，逆に，

544 V 社会心理学

選んだ方の肯定面と棄却した方の否定面を過大評価したならば，その不協和を低減でき
る．その結果，選ばれた選択肢の魅力は決定前よりも上昇し，棄却された選択肢の魅力は
低下するだろう (Brehm, 1956 ; Festinger, 1964 ; Gerard と White, 1983)．

　決定後における選択肢間の魅力差拡大効果(spreading-apart effect)は，典型的な自己
正当化の態度変化である．決定が重要であるほど，発生する不協和も大きい．不協和を恐
れるあまり，重大な決定を先送りしたり，敬遠したり，他人のせいにすることもある
(Festinger, 1957, p.31)．決定後，選んだ選択肢の欠点を想起させる状況や情報はできる
だけ回避し，棄却した選択肢の欠点を指摘する人物や情報を積極的に探索するかもしれな
い．意思決定前後のプロセスと選択的接触に関する不協和理論の仮説は，認知的情報処理
と情報収集の性質を探るうえで，現在も興味深い含意をもつが，1960 年代後半から，一
部の例外を除いて，その実証的研究が中断された状態にある．

　強制的承諾は，不協和理論における行動的認知のもう一方を代表する．江戸時代の日本
人キリスト教徒が，処刑の嚇しのもとに，踏み絵を踏まざるをえなかったとすれば，その
行為は典型的な強制的承諾である (Sakai, 1981)．自己の私的態度や信念に反する公的言
動を反態度的行動(counterattitudinal behavior)という．報酬の提供や罰の嚇しは，反態
度的行動を誘発しやすい．フェスティンガーによれば，公的言動と私的態度の食い違いは
不協和を発生させ，その不協和を低減する最も効果的な方法の一つは，私的態度を行動と
一致するように変化させることである．このとき，承諾に対する報酬や罰が小さいほど，
態度変化はより大きくなる．図 5.1.8 に照らして，公的言動をキー認知要素，私的態度を
不協和要素，報酬や罰を協和要素と考えれば，(a) 報酬や罰が大きい場合よりも，むしろ
小さい場合の方が，協和要素が少なくなり，不協和の全体的マグニチュードが大きくなる
こと，(b) 私的態度を公的言動に一致する方向に変化させれば，その不協和を低減できる
こと，は明らかである．

　フェスティンガーとカールスミス(Festinger と Carlsmith, 1959)は，強制的承諾状況に
おける不協和理論の予測を劇的に実証した．実験者は，1 時間に及ぶ単調な反復作業の
"実験"に参加した男子学生に対して，次の実験参加者(実際には，実験アシスタント)に
「今やってきた実験はたいへん面白くて楽しかった」と話してほしいと依頼した．実験参
加者は，その反態度的行動の見返りとして，一方の条件では 20 ドルが，他方の条件では
1 ドルの報酬が支払われた．どちらの条件も，大部分の参加者はその反態度的行動を承諾
し，実験を待っていた女子学生と対面して，依頼された行動を遂行した．彼女は，最初の
うちは参加者の主張に反論したが，最後にはその説明を受け入れた．各参加者は，その
後，第 2 実験者から，作業の面白さについて，率直な意見を教えてほしいと頼まれた．実
験結果によれば，20 ドルの報酬を提供された参加者は，その作業を事実つまらなかった
と評価したのに対して，報酬が 1 ドルだった参加者は，その作業を面白かったと評価した
のである[*3]．

この研究は，報酬が小さいほど態度変化は大きい，という自明でない予測を実証した最初の研究であり，不協和理論における橋頭堡（対立理論における攻撃目標）となった．その現象を不十分な正当化（insufficient justification）という．これを単独に，不協和効果（dissonance effect）ということもある．この研究結果は，当時の行動主義的心理学の常識的見解（報酬は大きいほど，いかなる反応も生起しやすく強化されやすい）とは正反対の結果であったため，心理学界に衝撃を与え，同時に，猛反発を招いた．ただし，現在の社会心理学から，1960年代のフェスティンガーと認知的不協和理論に対する熱狂と反発を理解することは困難である[4]．

ほどなく，不十分な正当化とは逆に，反態度的唱導行為に対する金銭的報酬が大きいほど私的態度の変化も大きいという結果が報告された（Janis と Gilmore, 1965 ; Rosenberg, 1965）．これを，誘因・強化効果（incentive-reinforcement effect）という．1960年代から70年代前半にかけて，不協和効果と誘因・強化効果の妥当性を巡って激しい論争が展開された．同時に，認知的不協和理論の説明に対する有力な代替理論として，ベム（Bem, 1972）の自己知覚理論（self-perception theory）とテデスキーら（Tedeschi, Schlenker と Bonoma, 1971）の印象操作理論（impression management theory）が提唱された．高田・白井・林（1983）は，その論争の過程で得られた大量の実験データを仔細に分析し，クーパーとファジオ（Cooper と Fazio, 1984）の New Look モデル（次節）に先行して，強制的承諾状況における不協和効果の出現に関わる最も重要な要因は，行動および行動の対人的悪影響に対する個人的責任であると指摘した．高田らが，その分析結果をふまえた独自の理論的展開を示さなかったことは惜しまれる．

1.9　不協和理論の改訂バージョン： 不協和の連合するキー認知要素は何か

認知的不協和理論に触発された膨大な研究から，不十分な正当化も，不協和の発生と低減のプロセスそれ自体も，フェスティンガーが想定したほど単純ではないことが明らかになった．現在，不協和の発生・低減過程に影響する要因として確認されている調節変数には，(a) 自由意思とコミットメント（Beauvois と Joule, 1996, 1999 ; Brehm と Cohen, 1962 ; Festinger, 1964 ; Harmon-Jones, 1999 ; Mills, 1999 ; Sakai, 1981），(b) 知覚された自由（Linder, Cooper と Jones, 1967），(c) 確固とした期待と自己概念（Aronson, 1968 ; 1992 ; 1999），(d) 不協和の喚起特性と錯誤帰属（Kiesler と Pallak, 1976 ; Zanna と Cooper, 1974），(e) 不協和の増幅剤と鎮静剤（Cooper, Zanna と Taves, 1978），(f) 嫌悪結果または嫌悪事象に対する個人的責任性（Aronson, Chase, Helmreich と Ruhnke, 1974 ; Collins と Hoyt, 1972 ; Cooper と Fazio, 1984 ; Cooper と Goethals, 1974 ; Cooper と Worchel, 1970 ; Cooper, Zanna と Goethals, 1974 ; Goethals と Cooper, 1972, 1975 ; Goethals, Cooper と Naficy, 1979 ; Hoyt, Henley と Collins, 1972 ; Nel, Helmreich と

Aronson, 1969；Sakai と Andow, 1980；Wicklund と Brehm, 1976），（g）飲酒，価値再確認，自己肯定的情報（Steele, 1988；Steele と Liu, 1983；Steele, Southwick と Critchlow, 1981；Steele, Spencer と Lynch, 1993），などがある．

　これらの調節変数の研究者は多かれ少なかれ，不協和理論の改訂バージョンを提唱した．不協和理論のオリジナル・バージョンの立場に近いマッグレガーら（McGregor ら，1999）は，認知的不協和理論は，背後から自己知覚理論の挑戦を受け，正面から，三つの改訂バージョン，つまり，自己概念バージョン（Aronson, 1968）と New Look モデル（Cooper と Fazio, 1984）と自己肯定理論（Steele, 1988）の挑戦を受けた，と回顧している．認知的不協和理論のオリジナル・バージョンと改訂バージョン，および，改訂バージョン相互における対立と論争は，図5.1.8に示したキー認知要素として，認知的不協和理論は，どのようなタイプの認知要素を採用すべきかという問題に帰着する．ただし，不協和の発生と低減の証拠は，自己正当化の態度変化と行動変化だけだろうか，という大きな問題が背後にある．

　アロンソン（Aronson, 1968；1992；1999）は，一貫して，不協和の連合するキー認知要素を自己概念（self-concept）と仮定した．彼の視点では，自己概念が，反態度的行動および行動結果によって脅かされたとき，不協和が発生する．不協和低減とは，傷ついた自己概念の修復過程であり，これは自己正当化の態度変化として現れる．自己概念には三つの成分があり，自己斉合性（self-consistency）と自己有能性（self-competence）と自己道徳性（self-morality）である．その自己概念を維持しようとする動機づけが，不協和の発生と低減過程の本質である．自己概念バージョンの派生命題によれば，自己の唱導行為が態度に一致する親態度的行動（proattitudinal behavior）であり，他者に何も悪影響を及ぼさない場合でも，その行為が自己の過去の諸行為に照らして，偽善的行為（hypocrisy）であると枠づけられたならば，自己概念が脅かされ，その唱導行為を補強する方向への行動変化が生ずる（Aronson, Fried と Stone, 1991）．アロンソンは，自己概念と対立する認知要素であれば，いかなる認知要素であれ，不協和を発生させると仮定したといえる．自己概念バージョンにおける不協和発生の証拠は，自己正当化の態度変化と行動変化である．

　クーパーとファジオ（Cooper と Fazio, 1984）は，不協和の連合するキー認知要素を，嫌悪結果（aversive consequences）に対する個人的責任性（personal responsibility）の知覚と仮定した．彼らの New Look モデルによれば，反態度的行動に伴って態度変化が最大になるのは(a)行動遂行における知覚された自由（perceived freedom），(b)行動の嫌悪結果，(c)結果の予見可能性（foreseeability），(d)結果に対する罪悪感（guilty conscience），が同時に存在している場合である．彼らは，これらの要因を総合して，行動の嫌悪結果に対する個人的責任性の知覚が，不協和喚起の唯一条件と考えた．彼らの見解によれば，認識論的な意味での認知的不斉合性（cognitive inconsistency）それ自体は，もはや不協和プロセスとは無縁である．行為者が不協和喚起の原因を自己の行動に帰属したと

き，不協和動機づけと態度変化が最も生起しやすい．なぜなら，行為者は自己の態度を変化させることによって，結果の嫌悪性を軽減できるからである．彼らの見解は，強制的承諾の効果に関する大量の経験的証拠からの帰納的結論であり，New Look モデルは，反態度的行動に伴う態度変化の生起条件と態度変化の理由を明確に示したといえる．

しかし，不協和理論は，最小限，二つの認知要素を必要とする．この New Look モデルにおいて，一方の認知要素が嫌悪結果に対する個人的責任性の知覚であることは明らかだが，不協和関係にある他方の認知要素が不明確である．New Look モデルでは，不協和の発生に二つの認知要素は必要ではなく，一つの認知要素だけが，つまり，嫌悪結果への個人的責任性の知覚だけが存在すれば十分であると仮定しているようにみえる(Scher と Cooper, 1989)．認知要素間の不協和関係を含まないような「不協和」理論というものが存在しうるのだろうか[5]．New Look モデルは，認知的不協和理論の適用範囲を，過度に狭くしたという批判もある(Aronson, 1992；Harmon-Jones, 1999)．

スティール(Steele, 1988)の自己肯定理論(self-affirmation theory)によれば，不協和の全プロセスは，一般的自我機能の一部にすぎない．不協和動機づけは，認知要素間の不斉合性低減動機づけでも，特定の自己概念と他の認知要素との不斉合性低減動機づけでもなく，自己システムを脅かす刺激と情報への対処行動の動機づけである．この対処行動は，自己完全性(self-integrity)の知覚を維持するために遂行される戦争であって戦闘ではない．自己システムへの脅威から生ずる不快感を軽減し，自己完全性の知覚を回復するためのあらゆる手段が総動員される．その手段には，態度変化だけでなく，自己の重要な価値観の再確認，友人との会話，飲酒，祈りなどが含まれる．

自己肯定理論の推論と検証実験によれば，たとえ自己概念の特定の側面が部分的に脅かされても，自己概念の別の重要な側面を肯定する思考と活動の機会が与えられたならば，全体として，自己完全性の知覚を維持できるので，強制的承諾の状況においても，自己正当化の態度変化がみられない(Steele と Liu, 1983)．自己肯定のための自己資源(self-resources)が豊富で容易に接近可能(accessible)な人々は，自己イメージの復元力が高いので，決定後の状況においても選択肢間の魅力差拡大効果を示さない(Steele ら, 1993)．

自己概念と New Look と自己肯定の三つの改訂バージョンは，不協和の自己防衛的側面を強調している点において非常に類似している．認知的不協和理論を最初から自己防衛的行動の動機づけ理論として解釈するならば，不協和理論が自己機能理論に統合されることは必然的ななりゆきといえる(Tesser, 2000 参照)．事実，一部の研究者は，しばしば，不協和理論は自己理論(self theory)と名称変更した方がよいと示唆してきた(Berkowitz, 1992；Greenwald と Ronis, 1978)．

しかし，三つの改訂バージョンの相互論争から面白い事実が見いだされた．J. アロンソン(Joshua Aronson)らは，資源としての自己機能と，基準(standards)としての自己機能に注目し，選択的自己肯定(selective self-affirmation)の存在を確認した(Aronson, J.,

Blanton と Cooper, 1995；Aronson, J. ら，1999）[*6]．たとえば，障害者へのサービス増加に反対する立場のエッセイを書いた実験参加者は，肯定的な自己概念である「客観的」という自己属性情報は追求したが，肯定的な自己概念であるはずの「思いやりがある」という自己属性情報は回避した．彼らはその効果を，それぞれ自己同一化（identification）と自己分離化（disidentification）と呼んでいる．自己同一化と自己分離化は，不協和理論の観点からいえば，自己の属性への選択的接触である．自己概念は，不協和の連合するキー認知要素としてだけではなく，不協和低減のためのターゲット要素にもなりうることが確認されたといえる．

　ストーンら（Stone, Wiegand, Cooper と Aronson, 1997）は，偽善行為を遂行した実験参加者は，自己肯定活動の機会よりも，自己正当化の機会の方を，より選択することを見いだした．彼らの見解によれば，自己についての重要な信念と行動との食い違いから生ずる不協和を低減するためには，直接的ストラテジーである自己正当化が，間接的ストラテジーである自己肯定よりも採用されやすい．したがって，不協和低減の目標は，自己完全性をグローバルに維持することではなく，自己基準（self-standards）と行動との食い違いを低減することである．ブラントンら（Blanton, Cooper, Skurnik と Aronson, J., 1997）は，思いやり次元について反態度的唱導行為を誘発したのち，逆に，思いやりがあるという自己肯定的属性情報をフィードバックすると，より大きな自己正当化の態度変化が生ずることを見いだした．同様に，ガリンスキーら（Galinsky, Stone と Cooper, 2000）は，反態度的スピーチ後における自己の価値観の肯定活動は，確かに自己正当化の態度変化を抑制するが，その肯定活動後の価値観否定情報のフィードバックは，逆に態度変化を著しく促進することを見いだした．

　ストーン（Stone, 1999）は，これらの事実をふまえ，自己属性アクセシビリティ（self-attribute accessibility）の視点から，自己肯定と自己概念と New Look の3種類の改訂バージョンの境界条件を考察している．このモデルによれば，自己が望まない行動（unwanted behavior）の心理的効果は，その行動文脈において，どの情報のアクセシビリティが高まり，いかなるプロセスが活性化するかによって決まる．自己概念バージョンは，自己基準としての自己機能を強調しているのに対して，自己肯定理論は，自己資源の柔軟性を重視している．自己の肯定的属性が行動前に接近可能な場合には，資源機能が働きやすく，したがって，行動後の自己正当化は減少する（ただし，行動後に資源機能が働くこともある）．望まない行動が状況の行動規範に違反し，かつ，自己に特有の属性に注意が向けられているならば，自己の基準機能が働き，脅かされた自己概念を回復するための態度変化または行動変化が生ずる．他方，自己属性に注意が向けられていないならば，共有された自己基準としての規範に照らして行動結果が判断され，New Look モデルの示唆したような社会的制裁回避のための態度変化が生ずる．

　ストーンの自己属性アクセシビリティ・モデルは，不協和理論の改訂バージョン相互の

適用条件とそのプロセスの明確化に大きく貢献したといえる．しかし New Look モデル
の提唱者の一人であるクーパー(Cooper, 1999)は，自己システムの重要性を認めつつも，
自己の個人的基準の侵害の知覚は，文化的社会的規範の侵害の知覚と同様に，行動の嫌悪
結果を増幅する要因の一つにすぎず，不協和動機づけの本質は，あくまでも嫌悪事象に対
する責任性にあると考えた．

　1990年代には，不協和理論のオリジナル・バージョンにも，改めて注意が向けられ，
新たな理論的展開がみられた．ボーヴォアとジュール(Beauvois と Joule, 1996 ; 1999)は，
自己概念バージョンと New Look モデルが，いずれも，本来の不協和理論を認知的防衛
理論へと変化させたと批判し，急進的不協和理論(radical dissonance theory)を提唱し
た．この理論の特徴は，図5.1.8に示した認知システムにおいて，行動的コミットメント
をキー認知要素としていることである．彼らの見解では，不協和低減とはコミットした反
態度的問題行動の合理化の過程であり，自己概念の侵害とも，行動の嫌悪結果とも無関係
である．彼らの推論によれば，退屈な課題の遂行者が，正直に「課題はつまらなかった」
と述べる行為は，むしろ課題遂行行動と不斉合であり，逆に，「課題は面白かった」と嘘
を述べる行為(Festinger と Carlsmith, 1959)は，課題遂行行動と斉合する．したがって，
この状況では，正直者の方が嘘つきよりも不協和が大きく，遂行した課題をより面白いと
評価するはずである．彼らは，この興味深い推論を支持する実験結果を報告している．同
様に，彼らは，喫煙者である実験参加者に6時間の禁煙を要請した．その禁煙時間終了時
点で，さらに3日間の禁煙を要請した．実験の最初に，禁煙の理由を明示した場合と明示
しなかった場合とを比較すると，非明示条件の方が，2回目の禁煙要請への承諾率が高か
った．彼らはこの結果を，3日間の禁煙行為へのコミットメントが，最初の6時間の禁煙
行為と斉合し，理由非明示群における不協和の効果的な低減手段になったためと解釈し
た．急進的不協和理論では，反態度的行動から生じた不協和を，その行動と斉合する新た
な反態度的行動によって低減することを，行為的合理化(act rationalization)という．反
態度的行動を連続して要請する実験手続を，彼らは，二重強制的承諾パラダイム(double
forced-compliance paradigm)と呼んだ．彼らの見解によれば，不協和理論は，自我理論
でも不斉合性理論でもなく，コミットメントの心理学を構成する局所的理論である．

　ミルズ(Mills, 1999)は，キー認知要素を行動的認知に固定したうえで，行動と行動結果
と結果の望ましさと結果の生起確率の四つの側面から，不協和理論の改良を提唱した．こ
の改良バージョンによれば，不協和は行動が望ましくない結果を生じさせた場合に発生す
る．たとえば，決定の状況においては，選ぶ予定の選択肢の否定面も，棄却予定の選択肢
の肯定面も，ともに望ましくない結果である．彼の見解では，人々は，行動の遂行以前
に，結果の望ましさを確率計算し，予想される不協和を回避するための行動をとる．ミル
ズとフォード(Mills と Ford, 1995)は，決定前においても，(a)私的態度における選択肢
間の魅力差の拡大が生ずるだけでなく，(b)公的態度における選択肢間の魅力差の縮小が

生ずることを見いだした．公的態度における魅力差縮小は，公的コミットメントを避けるという観点から，不協和回避のためのストラテジーと位置づけられた．

ハーモン-ジョーンズ(Harmon-Jones, 1999)は，不協和を，環境に対する効果的行動(effective behavior)への黄信号とみなす．彼の効果的行動モデルは，認知的斉合性や協和関係には注目しない．効果的行動は自動的無意識的にも遂行できるからである．問題は認知的不斉合性であり，認知的食い違いである．もし効果的行動を導く認知と矛盾する情報に接触したならば，その情報は，(a) 不快な不協和状態を喚起させ，(b) 不協和低減と呼ばれる認知活動を始動させ，(c) 認知的行動的調節に至る．ここでは，認知は行動のために存在し，不協和低減の近動機は負の感情(negative affect)の軽減であるが，遠動機は効果的行動の要求である．彼のモデルでは，行動と態度と信念と価値は，どれもキー認知要素となりうるが，認知要素がキー認知であるためには心理的コミットメントが必要である．

ハーモン-ジョーンズら(Harmon-Jones ら, 1996)は，嫌悪結果が，不協和の発生にとって必要不可欠であるかどうかを吟味した．彼らは，実験参加者に，反態度的言明を誘発するのに丁度かろうじて十分な正当化(just barely sufficient justification)を提供した．この場合，全く嫌悪結果がなくても，参加者は行動と一致する方向への態度変化を示した．さらに，反態度的行動の遂行中に生理的喚起が見いだされた．彼らは，これらの事実から，New Look モデルが排他的に強調する嫌悪結果は，不協和発生の必要条件ではないと結論づけている．

酒井(Sakai, 1999)のMPF モデルは，不協和理論の概念的洗練と拡張をめざした非線形関数モデルである．ここでは，認知要素を，自己または観察他者によって言語化可能な心理状態と定義する．認知要素は，典型的にはセンテンスによって表現可能である．MPF モデルは，図 5.1.8 に示した認知システムにおいて，あらゆるタイプの認知要素がキー認知要素となりうると仮定する．つまり，不協和の連合する認知要素を，行動的認知，自己概念，嫌悪結果，自己完全性のように，特定のタイプの認知要素に限定しない．このモデルは，不協和理論のさまざまなバージョンに固有の特徴を抽出し，相互関係と問題点を考察するための統合的枠組みを提供することができる．ただし，この数理モデルの適用における二つの基本条件は，(a) 活性化されているキー認知要素および関連要素群をセンテンス化することと，(b) 単一の認知要素だけでなく認知システムにおける状態の変化を観測し，そのシステムにおける不協和のマグニチュードの増減をリアルタイムで追跡すること，である．

MPF モデルは，認知要素の定義がさらに洗練されたならば，不協和理論とバランス系理論との概念的交流に貢献できるであろう．多くの不協和理論研究者が軽視してきた思考の合理性の研究には，バランス系理論の視点の導入が不可欠である．たとえば，もし黄色いカラスという複合概念の活性化が不協和状態を引き起こすならば，カラスと黄色という

単一概念も，認知要素として扱えるかもしれない．反実仮想法的思考（counterfactual thinking）は，不協和理論の視点からも興味深い．可能な世界についての想像は認知要素となりうる．反実文と事実文の内容を，同時に意識すると分化した情動が生ずるという証拠がある（Abelson, 1983；Roese, 1997 参照）．外的刺激間の知覚的不適合や入力情報間の矛盾（たとえば，ストループ・カラーワード）については，不協和の概念それ自体の再検討を必要とするかもしれない．

1.10 認知的斉合性の回帰ネットワーク・モデル：認知の構造的ダイナミックスの統合的理解に向けて

認知過程のコネクショニスト・モデルの一般的仮定によれば，あらゆる事物と概念は，1組の処理ユニット（processing unit）の活性化パターン，または活性化ベクトルとして表象され，ユニットそれ自体は活性化（activation）を送受信する画素（pixel）であり，単独では心理的意味をもたない（Smith, 1998）．ヘッブ（Hebb, 1966）が仮定した脳の細胞集成体（cell-assembly）の近似として，n個のユニットによって構成される回帰ネットワーク（recurrent network）を想定する．

図5.1.9に示したように，ここでは，回帰ネットワークにおけるユニットの活性化水準の絶対値を半球の体積として表す．ユニットの活性化水準が，正の値の場合を，とつ（凸）半球によって表示し，負の値の場合を，おう（凹）半球によって表示する．逆に，凸半球はユニットの活性化が正の値であること，凹半球は活性化が負の値であることを示す．この表示法による回帰ネットワークを，とくに，おうとつ（凹凸）半球ネットワーク（concave-convex semi-sphere network）と呼ぶことにする．

ユニット間の双方向の結合子は，活性化の流れの伝導体であり，特定の結合ウエイト（connection weight）をもつ．表5.1.2にn個のユニットによって構成される回帰ネットワークの結合ウエイトの構造行列を示した．その$n \times n$の正方行列は，必ずしも対称行列

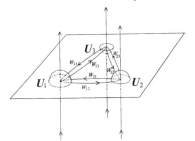

図 5.1.9 認知的斉合性の回帰ネットワーク・モデル
三つのユニットによって構成される回帰ネットワークを，凹凸半球ネットワークとして表示した．このモデルでは，ユニットの活性化水準の絶対値を半球の体積として表す．凸半球は活性化が正の値であること，凹半球は活性化が負の値であることを示す．ユニット数がn個の回帰ネットワークも，凹凸半球ネットワークとしての表示法は，3ユニットネットワークの場合と同じである．

表5.1.2 回帰ネットワークにおける結合ウエイト(w_{ij})の構造行列

送信ユニットの 活性化 $a_i(U_i)$	受信ユニットの活性化 $a_j(U_j)$				
	$a_1(U_1)$	$a_2(U_2)$	$a_3(U_3)$	$\cdots$	$a_n(U_n)$
$a_1(U_1)$	w_{11}	w_{12}	w_{13}	$\cdots$	w_{1n}
$a_2(U_2)$	w_{21}	w_{22}	w_{23}	$\cdots$	w_{2n}
$a_3(U_3)$	w_{31}	w_{32}	w_{33}	$\cdots$	w_{3n}
$\cdot$	$\cdot$	$\cdot$	$\cdot$		$\cdot$
$\cdot$	$\cdot$	$\cdot$	$\cdot$		$\cdot$
$\cdot$	$\cdot$	$\cdot$	$\cdot$		$\cdot$
$a_n(U_n)$	w_{n1}	w_{n2}	w_{n3}		w_{nn}

注) w_{ij} は，送信ユニット i の活性化が受信ユニット j に伝導されるときの結合ウエイトを表す．$a_i(U_i)$ と $a_j(U_j)$ は，ユニット i とユニット j の活性化水準を表す．

ではない．ネットワークの解釈水準に応じて，(a) ユニットと，(b) ノード(ユニットの集合)と，(c) センテンス(ノードの集合)が使用されるが，凹凸半球ネットワークとしては同型である．

認知的斉合性の回帰ネットワーク・モデルは，活性化の流れによる受信ユニットの体積の膨張を斉合入力(consistent input)，その体積の縮小を不斉合入力(inconsistent input)と定義する．斉合入力(膨張)と不斉合入力(縮小)の判別には，バランス系理論の乗法ルールが適用できる．送信ユニット U_i と受信ユニット U_j との間に正の結合ウエイト($w_{ij}>0$)が存在するとき，(a) U_i も U_j も凸半球ならば斉合入力，(b) U_i が凸半球，U_j が凹半球ならば不斉合入力，(c) U_i も U_j も凹半球ならば斉合入力，(d) U_i が凹半球，U_j が凸半球ならば不斉合入力，である．送受信ユニット間に負の結合ウエイト($w_{ij}<0$)が存在するときは，斉合入力と不斉合入力の関係が，正の結合ウエイトの場合と逆になる．

この回帰ネットワーク・モデルは，特定の結合ウエイトで構造化された凹凸半球ネットワークにおいて，各ユニット半球が，斉合入力(体積膨張)を追求し，かつ，不斉合入力(体積縮小)を回避していると仮定する．各半球は，そのユニットの活性化の変化抵抗に応じて，特定の膨張率と縮小率を示すものとする．結合ウエイトにも，変化抵抗があると仮定する．学習と思考は，結合ウエイトの値に影響を及ぼすであろう．ネットワークの出力パターンは，意識的コントロールが関与しないならば，現在の入力パターンとネットワークの結合ウエイトにおける並列制約満足処理の結果であると仮定する．

スミス(Smith, 1998, pp.429-434)によれば，スキーマは気密性の高い連合ネットワークであり，コネクショニスト・モデルは，連合ネットワーク・モデルとスキーマ理論の基底にあるモデルである．ここでは，1組のユニットの活性化パターンをノード(node)と呼び，二つのノード間の結合をリンク(link)と呼ぶことにする．代表的ノードは，(a) 事物・人物・事象の知覚的表象，(b) 概念・カテゴリー・感情・要求の認知的表象，(c) 自

己・他者・行動・属性の知覚的認知的表象，である．単一ノードは，それ自体が，特定の活性化水準をもつものとする．リンクはノード間の特定の含意関係を表し，結合ウエイトと同様，正負の数値をもつと仮定する．リンクには，関係を示す名称をつけることができる．たとえば，心情関係とユニット関係は，ハイダーのバランス理論におけるリンク名である．

ユニット半球に関する定義と仮定は，ユニットと結合子を，それぞれ，ノードとリンクに置換して適用することができる．ただし，ノード間の関係に対称性が仮定できるならば，一つのリンクで表示できる．バランス系諸理論(バランス理論，A-B-X 理論，適合性原理，構造的バランス理論，感情・認知の斉合性理論，態度の認知空間モデル)に示されたインバランス状態は，リンクで構造化された凹凸ノード半球ネットワーク内の二つのノード半球 X, Y における膨張追求・縮小回避の力の相互対立的状態として理解できる．

その状態の解消プロセスには，意識的コントロールが関与するかもしれない．各ノード半球は，ユニット半球と同様に，そのノードの活性化の変化抵抗に応じて，特定の膨張率と縮小率を示すであろう．リンクにも変化抵抗があると仮定する．ダンベル表示法における符号と数値のある円形・楕円形・四角形の"重り"は凹凸のあるゴム製半球として，符号と数値と太さと色のある"把手"は，符号と数値と名前のあるリンクとして，回帰ネットワークに導入できる．

認知的不協和理論における不協和状態は，協和関係と不協和関係と無関連関係で構造化された凸形センテンス半球ネットワークを想定するならば，そのネットワーク内の二つのセンテンス半球 X, Y における膨張追求・縮小回避の力の相互対立的状態として理解できる．ユニット半球に関する定義と仮定は，ユニットと結合子を，それぞれ，センテンスと関係に置換して適用する．ここでは，1 組のノードの活性化ベクトルをセンテンスと呼ぶ．センテンスそれ自体が正の活性化をもち，その活性化水準はセンテンスの重要性(真理値と評価値)に対応すると仮定する．もし X, Y 間の不協和低減過程において，センテンス X の活性化水準が負の値に変化したならば，これは X が not-X センテンスに変化したことと同等であり，符合を逆転し，協和センテンスとして凸半球で表す．各センテンス半球は，そのセンテンスの変化抵抗に応じて，特定の膨張率と縮小率を示す．協和関係と不協和関係の変化抵抗は，センテンスの変化抵抗に還元できるかもしれない．不協和理論の放射状構造における円の面積は，凸形のゴム製センテンス半球の体積として，回帰ネットワークに導入することが可能である．

シュルツとレッパー(Shultz と Lepper, 1996 ; 1999)は，不協和低減プロセスにローカリスト制約満足モデル(localist constraint-satisfaction model)を適用し，協和モデル(consonance model)を提唱した．このモデルは，表 5.1.2 に示したような n 個のユニットの活性化と結合ウエイトからなるネットワークの全体的協和を次式で定義する．

$$\text{Total consonance}_n = \sum_{i=1}^{n} \sum_{j=1}^{n} w_{ij} a_i a_j \tag{1.7}$$

同様に，リードら(Read, Vanman と Miller, 1997)は，認知的斉合性とゲシュタルト心理学の諸原理を，コネクショニズムにおける並列制約満足の視点から再定式化した．

両者に共通するのは，n 個のユニットまたはノードで構成されるネットワークの状態を，エネルギー状態として解釈したことである．ネットワークのエネルギー水準(E)は，n 個のユニットまたはノードの活性化水準の非線形関数であり，$(n+1)$次元空間の超曲面として表現される．式(1.7)はネットワークのエネルギー状態を表す関数の一つであるが，エネルギー軸と逆向きなので，$E = -(\text{Total consonance}_n)$である．この曲面には，さまざまな山や谷や盆地が存在する．ネットワークは，そのエネルギー水準が低いほど秩序があり安定する．逆に，エネルギー水準が高いならば，ネットワーク全体が無秩序かつ不安定である．その場合には，ユニットまたはノードの活性化水準が，その結合ウエイトまたはリンクの制約を受けつつ，自動的に変化し，そのエネルギー状態は，身近なアトラクタ(極小値)に移行することになる．両者は，それぞれ独立に，不協和低減のコンピュータ・シミュレーションの結果が，現実の不協和実験の結果と一致することを示した．

シュルツとレッパーの協和モデルとリードらのゲシュタルト原理の再定式化は，ともに，社会心理学に非常に壮大で魅力的な展望を導入したといえる．ただし，彼らの計算アプローチは，意識的意図的動機づけの扱い，不協和のマグニチュードの定義，使用可能な認知要素数，関係のパラメータの設定法など，まだ多くの解決すべき問題を残している(Sakai, 1999 ; Smith, 1998)．

ウェグナーとバージ(Wegner と Bargh, 1998)の提示した情報処理と行動における自動性(automaticity)とコントロールの理論に鑑みて，認知的斉合性の全プロセスは，一種の多重課題処理(multitasking)である．不斉合性低減と斉合性追求の諸過程において，無意識的自動処理と意識的コントロール処理が，同時並列的に実行されているはずである．斉合性追求と不斉合性低減が単なるコインの裏表の関係ではないと仮定するならば(Cialdini, Trost と Newson, 1995 ; Harmon-Jones, 1999 参照)，言語的表象を利用したコントロール処理の比重は，斉合性追求過程の方が，不斉合性低減過程よりも大きいかもしれない．

〔注〕
* 1　フェスティンガー(Festinger, 1954/1999)の認知的不協和理論の草稿は，行動と認知を明確に区別し，行動項目と認知項目の間における協和関係と不協和関係を考察している．おそらく，彼は，認知的不協和理論の構想を精緻化する過程で，行動を行動的認知として扱うという着想を得たものと思われる．この草稿は，1954年1月に，当時ミネソタ大学にいたフェスティンガーが，彼のゼミ参加者3名(Brehm, J. W., Mills, J., ほか1名)に配布したものである．さらに，その草稿から，フェスティンガーは当初から，インド人と日本人(日系二世)が示した一見不可解な行動と信念(恐怖をあおるような流言の伝播と受容，日本がアメリカに勝利したという信念の維持)に注目していたことがわかる．

第 1 章　認知的斉合性理論　　　555

＊2　認知的不協和理論(Festinger, 1957)の最終章(11章)である「総括および将来への示唆」の総括部分の草案(draft)は、フェスティンガーに依頼されてミルズが執筆したものである。この11章で初めて、協和への動因(drive toward consonance)という概念が示された。フェスティンガー(Festinger, 1987/1999)は、不協和理論についての最後の公式発言の中で、この理論に関する実証的研究のほとんどが実験室における態度変化のみを扱い、日常世界においては不協和低減の主要な手段であるはずの行動変化の研究がなかったとコメントし、次のような例をあげた。ある人物が部屋を出ようとして、うっかり部屋の仕切り壁の方に直進し、そこにドアがみつからなかったら、その人物はかなりの不協和を経験し、すぐにあたりを見回して、「オーマイガッド、ドアはあそこにあるじゃないか」といいながら、そのドアから出るであろう。ミルズによれば、彼がかつて、ニューヨークのフェスティンガーの自宅アパートメントを訪問したとき、フェスティンガーとの話を終え、帰ろうとして、自分では玄関に向かうドアを開けたつもりだったのに、クロゼットのドアを開けてしまった、ということである。

＊3　フェスティンガーとカールスミス(FestingerとCarlsmith, 1959)の実験で用いられた課題は、(a) 12個の糸巻きを、片方の手でトレーに全部乗せ、それが終ったら、次にトレーから全部下ろし、それが終ったら再度、全部乗せるという作業を繰り返すこと、および、(b) ボード上の48個の四角いペグを、片方の手で、一つひとつを時計まわりに4分の1回転させるという作業、であった。この奇妙な課題は、フェスティンガーが1956年9月、研究助手のミルズに、スタンフォード大学の心理学実験室全部を捜して、最も退屈するような課題をみつけるよう依頼し、彼が発見した心理学実験材料である。実験参加者は、最初に、この2種類の課題を30分ずつ遂行し、その後、実験者から、次の参加者に、この課題がたいへん楽しくて面白かったと述べるように頼まれたのである。20ドルの報酬は、1日分のアルバイト料(現在の貨幣価値に換算すると約60ドル)に相当する。実験者の役割は、最初、フェスティンガーの別の研究助手が担当していたが、彼は実験参加者に手際よく20ドルを手渡すことができず、参加者が受け取りを拒否したために、1957年1月に学部学生で、心理学科長(Chairman)の甥でもあったカールスミスと交代した。第2実験者の役割は、最初のうちはミルズが単独で担当したが、その後、もう一人の大学院生と分担した。第1実験者の交代は、不協和理論の検証実験で多用されたディセプション(deception)の手続が、実験参加者だけでなく実験者にも心理的負担になることを示唆している。この手続の倫理的問題点と代替研究法については、コーン(Korn, 1997)に詳しい。

＊4　この時代の目撃者の一人であるザイアンス(Zajonc, 1990)は、フェスティンガーがいなかったならば、実験社会心理学という学問領域が出現したかどうかさえ疑わしいと述べた。

＊5　ピットマン(Pittman, 1998, p.577)は、クーパーとファジオが、認知要素間の協和関係と不協和関係の分析を理論的推論から除去したにもかかわらず、不協和という語を使用していることに異議を唱えた。彼は New Look モデルは、不協和理論と同じデータを扱ってはいるが、全く別種の理論であると主張している。

＊6　ジョシュア・アロンソン(Joshua Aronson)は、自己概念バージョンの提唱者であるエリオット・アロンソン(Elliot Aronson)の息子である。New Look モデルのクーパー(Cooper)のもとで学位を取得した。彼はスティール(Steele)の自己肯定理論の積極的支持者でもある。エリオット・アロンソンは、1956年春学期に、フェスティンガーから、出版前の認知的不協和理論(Festinger, 1957)の原稿を手渡され、それを読んで非常に感動したことを回顧している(Aronson, 1992)。原稿を受け取ったとき、フェスティンガーから、その原稿を彼の子どもたちのブルーベリージャムで汚されたりしないようにくれぐれも注意するようにいわれたらしい。ただし、そのときの子どもたちの中には、ジョシュアは含まれていなかった(彼が生まれたのは、もっと後である)。本章では、エリオット・アロンソンを引用するときは「アロンソン」(Aronson)、ジョシュア・アロンソンを引用するときは「J. アロンソン」(Aronson, J.)と表記した。

〔酒井春樹〕

文　献

1)　Abelson, R.P. (1959): Modes of resolution of belief dilemmas. *Journal of Conflict Resolution*, **3** : 343-352.

2)　Abelson, R.P. (1968): Psychological implication. In : Abelson, R.P., Aronson, E., McGuire, W.J., Newcomb, T.M., Rosenberg, M.J. and Tannenbaum, P.H. (eds.), *Theories of cognitive consistency* : *A sourcebook*, pp.112-139. Rand McNally, Chicago.

3)　Abelson, R.P. (1983): Whatever became of consistency theory ? *Personality and Social Psychology Bulletin*, **9** : 37-54.

4)　Abelson, R.P., Aronson, E., McGuire, W.J., Newcomb, T.M., Rosenberg, M.J. and Tannenbaum, P.H. (eds.) (1968): *Theories of cognitive consistency* : *A sourcebook*. Rand McNally, Chicago.

5)　Abelson, R.P. and Rosenberg, M.J. (1958): Symbolic psycho-logic : A model of attitudinal cognition. *Behavioral Science*, **3** : 1-13.

6)　Aronson, E. (1968): Dissonance theory : Progress and problems. In : Abelson, R.P., Aronson, E., McGuire, W.J., Newcomb, T.M., Rosenberg, M.J. and Tannenbaum, P.H. (eds.), *Theories of cognitive consistency* : *A sourcebook*, pp.5-27. Rand McNally, Chicago.

7)　Aronson, E. (1992): The return of the repressed : Dissonance theory makes a comeback. *Psychological Inquiry*, **3** : 303-311.

8)　Aronson, E. (1999): Dissonance, hypocrisy, and the self-concept. In : Harmon-Jones, E. and Mills, J. (eds.), *Cognitive dissonance* : *Progress on a pivotal theory in social psychology*, pp.103-126. American Psychological Association, Washington, DC.

9)　Aronson, E., Chase, T., Helmreich, R. and Ruhnke, R. (1974): A two-factor theory of dissonance reduction : The effect of feeling stupid or feeling "awful" on opinion change. *International Journal of Communication Research*, **3** : 59-74.

10)　Aronson, E. and Cope, V. (1968): My enemy's enemy is my friend. *Journal of Personality and Social Psychology*, **8** : 8-12.

11)　Aronson, E., Fried, C. and Stone, J. (1991): Overcoming denial and increasing the intention to use condoms through the induction of hypocrisy. *American Journal of Public Health*, **81** : 1636-1638.

12)　Aronson, J., Blanton, H. and Cooper, J. (1995): From dissonance to disidentification : Selectivity in the self-affirmation process. *Journal of Personality and Social Psychology*, **68** : 986-996.

13)　Aronson, J., Cohen, G. and Nail, P.R. (1999): Self-affirmation theory : An update and appraisal. In : Harmon-Jones, E. and Mills, J. (eds.), *Cognitive dissonance* : *Progress on a pivotal theory in social psychology*, pp.127-147. American Psychological Association, Washington, DC.

14)　Beauvois, J.-L. and Joule, R.-V. (1996): *A radical dissonance theory*. Taylor & Francis, London.

15)　Beauvois, J.-L. and Joule, R.-V. (1999): A radical point of view on dissonance theory. In : Harmon-Jones, E. and Mills, J. (eds.), *Cognitive dissonance* : *Progress on a pivotal theory in social psychology*, pp.43-70. American Psychological Association, Washington, DC.

16)　Bem, D.J. (1972): Self-perception theory. In : Berkowitz, L. (ed.), *Advances in experimental social psychology*, Vol. 6, pp.1-62. Academic Press, New York.

17)　Berkowitz, L. (1992): Even more synthesis. *Psychological Inquiry*, **3** : 312-314.

18)　Blanton, H., Cooper, J., Skurnik, I. and Aronson, J. (1997): When bad things happen to good feedback : Exacerbating the need for self-justification with self-affirmations. *Personality and Social Psychology Bulletin*, **23** : 684-692.

19)　Brehm, J. W. (1956): Postdecision changes in the desirability of alternatives. *Journal of Abnormal and Social Psychology*, **52** : 384-389.

20)　Brehm, J.W. and Cohen, A.R. (1962): *Explorations in cognitive dissonance*. Wiley, New York.

21)　Brock, T.C. and Balloun, J.C. (1967): Behavioral receptivity to dissonant information. *Journal of Personality and Social Psychology*, **6** : 413-428.

第 1 章 認知的斉合性理論 *557*

22) Burris, C.T., Harmon-Jones, E. and Tarpley, W.R. (1997): "By faith alone" : Religious agitation and cognitive dissonance. *Basic and Applied Social Psychology*, **19** : 17-31.

23) Byrne, D. and Nelson, D. (1965): Attraction as a linear function of proportion of positive reinforcements. *Journal of Personality and Social Psychology*, **1** : 659-663.

24) Cacioppo, J.T. and Petty, R.E. (1981): Effects of extent of thought on the pleasantness ratings of P-O-X triads : Evidence for three judgmental tendencies in evaluating social situations. *Journal of Personality and Social Psychology*, **40** : 1000-1009.

25) Cartwright, D. and Harary, F. (1956): Structural balance : A generalization of Heider's theory. *Psychological Review*, **63** : 277-293.

26) Chaiken, S. and Baldwin, M.W. (1981): Affective-cognitive consistency and the effect of salient behavioral information on the self-perception of attitudes. *Journal of Personality and Social Psychology*, **41** : 1-12.

27) Chaiken, S. and Eagly, A.H. (1983): Communication modality as a determinant of persuasion : The role of communicator salience. *Journal of Personality and Social Psychology*, **45** : 241-256.

28) Chaiken, S., Liberman, A. and Eagly, A.H. (1989): Heuristic and systematic information processing within and beyond the persuasion context. In : Uleman, J.S. and Bargh, J.A. (eds.), *Unintended thought*, pp.212-252. Guilford Press, New York.

29) Chaiken, S., Wood, W. and Eagly, A.H. (1996): Principles of persuasion. In : Higgins, E.T. and Kruglanski, A.W. (eds.), *Social psychology : Handbook of basic principles*, pp.702-742. Guilford Press, New York.

30) Chaiken, S. and Yates, S.M. (1985): Affective-cognitive consistency and thought-induced attitude polarization. *Journal of Personality and Social Psychology*, **49** : 1470-1481.

31) Cialdini, R.B., Trost, M.R. and Newsom, J.T. (1995): Preference for consistency : The development of a valid measure and the discovery of surprising behavioral implications. *Journal of Personality and Social Psychology*, **69** : 318-328.

32) Collins, B.E. and Hoyt, M.F. (1972): Personal responsibility-for-consequences : An integration and extension of the "forced compliance" literature. *Journal of Experimental Social Psychology*, **8** : 558-593.

33) Cooper, J. (1999): Unwanted consequences and the self : In search of the motivation for dissonance reduction. In : Harmon-Jones, E. and Mills, J. (eds.), *Cognitive dissonance : Progress on a pivotal theory in social psychology*, pp.149-173. American Psychological Association, Wasington, DC.

34) Cooper, J. and Fazio, R.H. (1984): A new look at dissonance theory. In : Berkowitz, L. (ed.), *Advances in experimental social psychology*, Vol. 17, pp.229-266. Academic Press, New York.

35) Cooper, J. and Goethals, G.R. (1974): Unforeseen events and the elimination of cognitive dissonance. *Journal of Personality and Social Psychology*, **29** : 441-445.

36) Cooper, J. and Worchel, S. (1970): Role of undesired consequences in arousing cognitive dissonance. *Journal of Personality and Social Psychology*, **16** : 199-206.

37) Cooper, J., Zanna, M.P. and Goethals, G.R. (1974): Mistreatment of an esteemed other as a consequence affecting dissonance reduction. *Journal of Experimental Social Psychology*, **10** : 224-233.

38) Cooper, J., Zanna, M.P. and Taves, P.A. (1978) : Arousal as a necessary condition for attitude change following induced compliance. *Journal of Personality and Social Psychology*, **36** : 1101-1106.

39) Davis, J. A. (1967): Clustering and structural balance in graphs. *Human Relations*, **20** : 181-187.

40) De Nooy, W. (1999): The sign of affection : Balance-theoretic models and incomplete digraphs. *Social Networks*, **21** : 269-286.

41) Devine, P.G., Tauer, J.M., Barron, K.E., Elliot, A.J. and Vance, K.M. (1999): Moving beyond attitude change in the study of dissonance-related processes. In : Harmon-Jones, E. and Mills, J. (eds.), *Cognitive dissonance : Progress on a pivotal theory in social psychology*, pp.297-323. Amer-

558 　　　　　　　V 社 会 心 理 学

ican Psychological Association, Wasington, DC.

42) Eagly, A.H. and Chaiken, S.(1993) : *The psychology of attitudes*. Harcourt Brace Javanovich College Publishers, Fort Worth, TX.

43) Eagly, A.H. and Chaiken, S.(1998) : Attitude structure and function. In : Gilbert, D.T., Fiske, S.T. and Lindzey, G.(eds.), *The handbook of social psychology* Vol. 1, 4th ed. pp.269-322. McGraw-Hill, New York.

44) Elkin, R.A. and Leippe, M.R.(1986): Physiological arousal, dissonance, and attitude change : Evidence for a dissonance-arousal link and a "don't remind me" effect. *Journal of Personality and Social Psychology*, **51** : 55-65.

45) Fazio, R.H.(1986): How do attitudes guide behavior ? In : Sorrentino, R.M. and Higgins, E.T. (eds.), *Handbook of motivation and cognition : Foundations of social behavior*, pp.204-243. Guilford Press, New York.

46) Fazio, R.H.(1990): Multiple processes by which attitudes guide behavior : The MODE model as an integrative framework. In : Zanna, M. P.(ed.), *Advances in experimental social psychology*, Vol. 23, pp.75-109. Academic Press, New York.

47) Feather, N.T.(ed.)(1982): *Expectations and actions : Expectancy-value models in psychology*. Erlbaum, Hillsdale, NJ.

48) Festinger, L.(1954/1999): Social communication and cognition : A very preliminary and highly tentative draft. In : Harmon-Jones, E. and Mills, J.(eds.), *Cognitive dissonance : Progress on a pivotal theory in social psychology* (Appendix A), pp.355-379. American Psychological Association, Washington, DC.

49) Festinger, L.(1957): *A theory of cognitive dissonance*. Row, Peterson, Evanston, IL. 末永俊郎 監訳 (1965): 認知的不協和の理論, 誠信書房.

50) Festinger, L.(1964): *Conflict, decision, and dissonance*. Stanford University Press, Stanford, CA.

51) Festinger, L.(1987/1999): Reflections on cognitive dissonance : 30 years later. In : Harmon-Jones, E. and Mills, J.(eds.), *Cognitive dissonance : Progress on a pivotal theory in social psychology* (Appendix B), pp.381-385. American Psychological Association, Washington, DC.

52) Festinger, L. and Carlsmith, J.M.(1959): Cognitive consequences of forced compliance. *Journal of Abnormal and Social Psychology*, **58**: 203-210.

53) Festinger, L., Riecken, H. and Schachter, S.(1956) : *When prophecy fails*. University of Minnesota Press, Minneapolis, MN.

54) Freedman, J.L. and Sears, D.O.(1965): Selective exposure. In : Berkowitz, L.(ed.), *Advances in experimental social psychology*, Vol. 2, pp.57-97. Academic Press, New York.

55) Frey, D.(1986): Recent research on selective exposure to information. In : Berkowitz, L.(ed.), *Advances in experimental social psychology*, Vol. 19, pp.41-80. Academic Press, New York.

56) Galinsky, A.D., Stone, J. and Cooper, J.(2000): The reinstatement of dissonance and psychological discomfort following failed affirmations. *European Journal of Social Psychology*, **30** : 123-147.

57) Gerard, H.B. and White, G.L.(1983): Post-decisional reevaluation of choice alternatives. *Personality and Social Psychology Bulletin*, **9** : 365-369.

58) Goethals, G.R. and Cooper, J.(1972): Role of intention and postbehavioral consequence in the arousal of cognitive dissonance. *Journal of Personality and Social Psychology*, **23** : 293-301.

59) Goethals, G.R. and Cooper, J.(1975): When dissonance is reduced : The timing of self-justificatory attitude change. *Journal of Personality and Social Psychology*, **32** : 361-367.

60) Goethals, G.R., Cooper, J. and Naficy, A.(1979): Role of foreseen, foreseeable, and unforeseeable behavioral consequences in the arousal of cognitive dissonance. *Journal of Personality and Social Psychology*, **37** : 1179-1185.

61) Greenwald, A.G. and Ronis, D.L.(1978): Twenty years of cognitive dissonance : Case study of the evolution of a theory. *Psychological Review*, **85** : 53-57.

第1章 認知的斉合性理論　　　　559

62) Harary, F.(1983): Consistency theory is alive and well. *Personality and Social Psychology Bulletin*, **9**: 60-64.

63) Harmon-Jones, E.(1999): Toward an understanding of the motivation underlying dissonance effects: Is the production of aversive consequences necessary? In: Harmon-Jones, E. and Mills, J.(eds.), *Cognitive dissonance: Progress on a pivotal theory in social psychology*, pp.71-99. American Psychological Association, Washington, DC.

64) Harmon-Jones, E., Brehm, J.W., Greenberg, J., Simon, L. and Nelson, D.E.(1996): Evidence that the production of aversive consequences is not necessary to create cognitive dissonance. *Journal of Personality and Social Psychology*, **70**: 5-16.

65) Harmon-Jones, E. and Mills, J.(eds.)(1999): *Cognitive dissonance: Progress on a pivotal theory in social psychology*. American Psychological Association, Washington, DC.

66) Hebb, D.O.(1966): *A textbook of psychology*, 2nd ed. W.B. Saunders, Philadelphia, PA. 白井　常ほか 訳(1975): 行動学入門，第3版，紀伊國屋書店.

67) Heider, F.(1946): Attitudes and cognitive organization. *The Journal of Psychology*, **21**: 107-112.

68) Heider, F.(1958): *The psychology of interpersonal relations*. Wiley, New York. 大橋正夫 訳(1978): 対人関係の心理学，誠信書房.

69) Hoyt, M.F., Henley, M.D. and Collins, B.E.(1972): Studies in forced compliance: Confluence of choice and consequence on attitude change. *Journal of Personality and Social Psychology*, **23**: 205-210.

70) Ickes, W. and Harvey, J.H.(1978): Fritz Heider: A biographical sketch. *The Journal of Psychology*, **98**: 159-170.

71) Insko, C. A.(1981): Balance theory and phenomenology. In: Petty, R.E., Ostrom, T.M. and Brock, T.C.(eds.), *Cognitive responses in persuasion*, pp.309-338. Erlbaum, Hillsdale, NJ.

72) Insko, C.A.(1984): Balance theory, the Jordan paradigm, and the Wiest tetrahedron. In: Berkowitz, L.(ed.), *Advances in experimental social psychology*, Vol. 18, pp.89-140. Academic Press, New York.

73) Insko, C. A., Songer, E. and McGarvey, W.(1974): Balance, positivity, and agreement in the Jordan paradigm: A defense of balance theory. *Journal of Experimental Social Psychology*, **10**: 53-83.

74) Janis, I.L. and Gilmore, J.B.(1965): The influence of incentive conditions on the success of role playing in modifying attitudes. *Journal of Personality and Social Psychology*, **1**: 17-27.

75) Jones, E.E.(1985): Major developments in social psychology during the past five decades. In: Lindzey, G. and Aronson, E.(eds.), *The handbook of social psyshology* Vol. 1, 3rd ed. pp.47-107. Random House, New York.

76) Jordan, N.(1953): Behavioral forces that are a function of attitudes and of cognitive organization. *Human Relations*, **6**: 273-287.

77) Judd, C.M., Drake, R.A., Downing, J.W. and Krosnick, J.A.(1991): Some dynamic properties of attitude structures: Context-induced response facilitation and polarization. *Journal of Personality and Social Psychology*, **60**: 193-202.

78) Judd, C.M. and Krosnick, J.A.(1989): The structural bases of consistency among political attitudes: Effects of political expertise and attitude importance. In: Pratkanis, A.R., Breckler, S.J. and Greenwald, A.G.(eds.), *Attitude structure and function*, pp.99-128. Erlbaum, Hillsdale, NJ.

79) Kiesler, C.A. and Pallak, M.S.(1976): Arousal properties of dissonance manipulations. *Psychological Bulletin*, **83**: 1014-1025.

80) Korn, J.H.(1997): *Illusions of reality: A history of deception in social psychology*. State University of New York Press, Albany, NY.

81) Kruglanski, A.W.(1996): Motivated social cognition: Principles of the interface. In: Higgins, E. T. and Kruglanski, A.W.(eds.), *Social psychology: Handbook of basic principles*, pp.493-520.

Guilford Press, New York.

82) Lavine, H., Thomsen, C.J. and Gonzales, M.H.(1997): The development of interattitudinal consistency : The shared-consequences model. *Journal of Personality and Social Psychology*, **72** : 735-749.

83) Leippe, M.R. and Eisenstadt, D.(1999): A self-accountability model of dissonance reduction : Multiple modes on a continuum of elaboration. In : Harmon-Jones, E. and Mills, J.(eds.), *Cognitive dissonance : Progress on a pivotal theory in social psychology*, pp.201-232. American Psychological Association, Washington, DC.

84) Linder, D.E., Cooper, J. and Jones, E.E.(1967): Decision freedom as a determinant of the role of incentive magnitude in attitude change. *Journal of Personality and Social Psychology*, **6** : 245-254.

85) Maio, G.R. and Olson, J.M.(1998): Attitude dissimulation and persuasion. *Journal of Experimental Social Psychology*, **34** : 182-201.

86) McGregor, I., Newby-Clark, I.R. and Zanna, M.P.(1999): "Remembering" dissonance : Simultaneous accessibility of inconsistent cognitive elements moderates epistemic discomfort. In : Harmon-Jones, E. and Mills, J.(eds.), *Cognitive dissonance : Progress on a pivotal theory in social psychology*, pp.325-353. American Psychological Association, Washington, DC.

87) Mills, J.(1999): Improving the 1957 version of dissonance theory. In : Harmon-Jones, E. and Mills, J.(eds.), *Cognitive dissonance : Progress on a pivotal theory in social psychology*, pp.25-42. American Psychological Association, Washington, DC.

88) Mills, J. and Ford, T.E.(1995): Effects of importance of a prospective choice on private and public evaluations of the alternatives. *Personality and Social Psychology Bulletin*, **21** : 256-266.

89) Myers, D.G.(1993): *Social psychology*, 4th ed. McGraw-Hill, New York.

90) Nel, E., Helmreich, R. and Aronson, E.(1969): Opinion change in the advocate as a function of the persuasibility of his audience : A clarification of the meaning of dissonance. *Journal of Personality and Social Psychology*, **12** : 117-124.

91) Newcomb, T.M.(1953): An approach to the study of communicative acts. *Psychological Review*, **60** : 393-404.

92) Newcomb, T.M.(1959): Individual systems of orientation. In : Koch, S.(ed.), *Psychology : A study of a science*, Vol. 3, pp.384-422. McGraw-Hill, New York.

93) Newcomb, T.M.(1968): Interpersonal balance. In : Abelson, R.P., Aronson, E., McGuire, W.J., Newcomb, T.M., Rosenberg, M.J. and Tannenbaum, P.H.(eds.), *Theories of cognitive consistency : A sourcebook*, pp.28-51. Rand McNally, Chicago.

94) Osgood, C.E. and Tannenbaum, P.H.(1955): The principle of congruity in the prediction of attitude change. *Psychological Review*, **62** : 42-55.

95) Petty, R.E. and Wegener, D.T.(1998): Attitude change : Multiple roles for persuasion variables. In : Gilbert, D.T., Fiske, S.T. and Lindzey, G.(eds.), *The handbook of social psyshology*, Vol. 1, 4th ed. pp.323-390. McGraw-Hill, New York.

96) Pittman, T.S.(1998): Motivation. In : Gilbert, D.T., Fiske, S.T. and Lindzey, G.(eds.), *The handbook of social psychology*, Vol. 1, 4th ed. pp.549-590. McGraw-Hill, New York.

97) Prislin, R., Wood, W. and Pool, G.J.(1998): Structural consistency and the deduction of novel from existing attitudes. *Journal of Experimental Social Psychology*, **34** : 66-89.

98) Read, S.J., Vanman, E.J. and Miller, L.C.(1997): Connectionism, parallel constraint satisfaction processes, and Gestalt principles :(Re)introducing cognitive dynamics to social psychology. *Personality and Social Psychology Review*, **1** : 26-53.

99) Roese, N.J.(1997): Counterfactual thinking. *Psychological Bulletin*, **121** : 133-148.

100) Rosenberg, M.J.(1956): Cognitive structure and attitudinal affect. *Journal of Abnormal and Social Psychology*, **53** : 367-372.

101) Rosenberg, M.J.(1960): An analysis of affective-cognitive consistency. In : Hovland, C. I. and Rosenberg, M. J.(eds.), *Attitude organization and change*, pp.15-64. Yale University Press, New

第1章 認知的斉合性理論　　　*561*

Haven, CT.

102) Rosenberg, M.J.(1965): When dissonance fails: On eliminating evaluation apprehension from attitude measurement. *Journal of Personality and Social Psychology*, 1 : 28-42.

103) Rosenberg, M.J.(1968): Hedonism, inauthenticity, and other goads toward expansion of a consistency theory. In : Abelson, R.P., Aronson, E., McGuire, W.J., Newcomb, T.M., Rosenberg, M.J. and Tannenbaum, P.H.(eds.), *Theories of cognitive consistency : A sourcebook*, pp.73-111. Rand McNally, Chicago.

104) Rosenberg, M.J. and Abelson, R.P.(1960): An analysis of cognitive balancing. In : Hovland, C.I. and Rosenberg, M.J.(eds.), *Attitude organization and change*, pp.112-163. Yale University Press, New Haven, CT.

105) Rosenberg, M.J. and Hovland, C.I.(1960): Cognitive, affective, and behavioral components of attitudes. In : Hovland, C.I. and Rosenberg, M.J.(eds.), *Attitude organization and change*, pp.1-14. Yale University Press, New Haven, CT.

106) Runkel, P.J. and Peizer, D.B.(1968): The two-valued orientation of current equilibrium theory. *Behavioral Science*, 13 : 56-65.

107) Sakai, H.(1981): Induced compliance and opinion change. *Japanese Psychological Research*, 23 : 1-8.

108) Sakai, H.(1999): A multiplicative power-function model of cognitive dissonance : Toward an integrated theory of cognition, emotion, and behavior after Leon Festinger. In : Harmon-Jones, E. and Mills, J.(eds.), *Cognitive dissonance : Progress on a pivotal theory in social psychology*, pp.267-294. American Psychological Association, Washington, DC.

109) Sakai, H. and Andow, K.(1980): Attribution of personal responsibility and dissonance reduction. *Japanese Psychological Research*, 22 : 32-41.

110) Scheier, M.F. and Carver, C.S.(1980): Private and public self-attention, resistance to change, and dissonance reduction. *Journal of Personality and Social Psychology*, 39 : 390-405.

111) Scher, S.J. and Cooper, J.(1989): Motivational basis of dissonance : The singular role of behavioral consequences. *Journal of Personality and Social Psychology*, 56 : 899-906.

112) Schlenker, B.R.(1992): Of shape shifters and theories. *Psychological Inquiry*, 3 : 342-344.

113) Shaw, M.E. and Costanzo, P.R.(1982): *Theories of social psychology*, 2nd ed. McGraw-Hill, New York. 古畑和孝 監訳(1984): 社会心理学の理論Ⅰ・Ⅱ, サイエンス社.

114) Sherman, S.J. and Gorkin, L.(1980): Attitude bolstering when behavior is inconsistent with central attitudes. *Journal of Experimental Social Psychology*, 16 : 388-403.

115) Shultz, T.R. and Lepper, M.R.(1996): Cognitive dissonance reduction as constraint satisfaction. *Psychological Review*, 103 : 219-240.

116) Shultz, T.R. and Lepper, M.R.(1999): Computer simulation of cognitive dissonance reduction. In : Harmon-Jones, E. and Mills, J.(eds.), *Cognitive dissonance : Progress on a pivotal theory in social psychology*, pp.235-265. American Psychological Association, Washington, DC.

117) Simon, L., Greenberg, J. and Brehm, J.(1995): Trivialization : The forgotten mode of dissonance reduction. *Journal of Personality and Social Psychology*, 68 : 247-260.

118) Smith, E.R.(1998): Mental representation and memory. In : Gilbert, D.T., Fiske, S.T. and Lindzey, G.(eds), *The handbook of social psychology*, Vol. 1, 4th ed. pp.391-445. McGraw-Hill, New York.

119) Steele, C.M.(1988): The psychology of self-affirmation : Sustaining the integrity of the self. In : Berkowitz, L.(ed.), *Advances in experimental social psychology*, Vol. 21, pp.261-302. Academic Press, New York.

120) Steele, C.M. and Liu, T.J.(1983): Dissonance processes as self-affirmation. *Journal of Personality and Social Psychology*, 45 : 5-19.

121) Steele, C.M., Southwick, L.L. and Critchlow, B.(1981): Dissonance and alcohol : Drinking your troubles away. *Journal of Personality and Social Psychology*, 41 : 831-846.

122) Steele, C.M., Spencer, S.J. and Lynch, M.(1993): Self-image resilience and dissonance : The role

562   V 社 会 心 理 学

of affirmational resources. *Journal of Personality and Social Psychology*, **64**: 885-896.

123) Stone, J.(1999): What exactly have I done ? The role of self-attribute accessibility in dissonance. In : Harmon-Jones, E. and Mills, J.(eds.), *Cognitive dissonance : Progress on a pivotal theory in social psychology*, pp.175-200. American Psychological Association, Washington, DC.

124) Stone, J., Wiegand, A.W., Cooper, J. and Aronson, E.(1997): When exemplification fails : Hypocrisy and the motive for self-integrity. *Journal of Personality and Social Psychology*, **72**: 54-65.

125) 高田利武・白井泰子・林　春男(1983): 認知的不協和理論の変遷(II)—「不十分な正当化の心理的効果」に関する諸理論的立場の吟味と総括—実験社会心理学研究, **22**: 167-181.

126) Tannenbaum, P.H.(1967): The congruity principle revisited : Studies in the reduction, induction, and generalization of persuasion. In : Berkowitz, L.(ed.), *Advances in experimental social psychology*, Vol. 3, pp.271-320. Academic Press, New York.

127) Tannenbaum, P.H.(1968): The congruity principle : Retrospective reflections and recent research. In : Abelson, R.P., Aronson, E., McGuire, W.J., Newcomb, T.M., Rosenberg, M.J. and Tannenbaum, P.H.(eds.), *Theories of cognitive consistency : A sourcebook*, pp.52-72. Rand McNally, Chicago.

128) Tashakkori, A. and Insko, C.A.(1979): Interpersonal attraction and the polarity of similar attitudes : A test of three balance models. *Journal of Personality and Social Psychology*, **37**: 2262-2277.

129) Tedeschi, J.T., Schlenker, B.R. and Bonoma, T.V.(1971): Cognitive dissonance : Private ratiocination or public spectacle ? *American Psychologist*, **26**: 685-695.

130) Tesser, A.(2000): On the confluence of self-esteem maintenance mechanisms. *Personality and Social Psychology Review*, **4**: 290-299.

131) Van der Pligt, J., De Vries, N.K., Manstead, A.S.R. and Van Harreveld, F.(2000): The importance of being selective : Weighing the role of attribute importance in attitudinal judgment. In : Zanna, M.P. (ed.), *Advances in experimental social psychology*, Vol. 32, pp.135-200. Academic Press, New York.

132) Wegner, D.M. and Bargh, J.A.(1998): Control and automaticity in social life. In : Gilbert, D.T., Fiske, S.T. and Lindzey, G.(eds.), *The handbook of social psychology*, Vol. 1, 4th ed. pp.446-496. McGraw-Hill, New York.

133) Wicklund, R.A. and Brehm, J.W.(1976): *Perspectives on cognitive dissonance*. Erlbaum, Hillsdale, NJ.

134) Wood, W.(2000): Attitude change : Persuasion and social influence. *Annual Review of Psychology*, **51**: 539-570.

135) Zajonc, R.B.(1968): Cognitive theories in social psychology. In : Lindzey, G. and Aronson, E. (eds.), *The handbook of social psychology*, Vol. 1, 2nd ed. pp.320-411. Addison-Wesley, Reading, MA.

136) Zajonc, R.B.(1990): Leon Festinger(1919-1989). *American Psychologist*, **45**: 661-662.

137) Zanna, M.P. and Cooper, J.(1974): Dissonance and the pill : An attribution approach to studying the arousal properties of dissonance. *Journal of Personality and Social Psychology*, **29**: 703-709.

第2章

帰 属 理 論

理論の概要　帰属過程(attribution process)とは，行動や現象の原因を何に帰するかという因果関係の認知を中心とした，他者，自己，社会的事象に関する推論過程をさし，科学者でも哲学者でもないふつうの人間が，どのような情報や知識を利用して，どのように推論を行うかを理論化したものが，帰属理論(attribution theories)である．

帰属の問題は，1960年代後半から1980年代にかけて，社会心理学で最も注目を集めた研究領域の一つであった．扱われた問題は多岐にわたり，研究の数も膨大なものであった．具体的な研究領域としては，原因の帰属に関連する推論の過程，他者認知における帰属，自己の行動に関する帰属および自己の情動帰属，達成課題における成功-失敗に対する帰属，責任の帰属などがある．これ以外に，援助や攻撃，説得や社会的影響，ゲーム行動や対人相互作用，集団過程など，社会心理学のさまざまな問題に帰属の観点を導入し，当事者の認知や解釈が，その後の対人行動や相互作用の経過にいかなる影響を及ぼすかを検討した応用的研究も数多く存在する．これらの研究は，社会心理学の諸領域の発展に寄与したという点で重要な意味をもつが，それらを導いたものは，帰属理論そのものというよりも帰属関連の理論というべきものであるので(KelleyとMichela, 1980, の表現によればattributional theories)，ここでは紹介しない．

初期の帰属理論は，現実の人間が行う推論，認知の過程をモデル化したものというよりは，論理的に推論すればこのようになるはずだという理想的な基準線を示した，規範理論(normative theory)的な要素が強いと指摘されている．このため，のちにいくつかの修正がなされたが，これは近年のいわゆる社会的認知研究を発展させる契機となった．

最近の帰属研究では，そのような情報処理的な社会的認知研究の成果を受け，また認知心理学的な研究方法を取り入れて，帰属における推論プロセスがより詳しく検討され，新しい知見が蓄積されつつある．伝統的な帰属理論が，抽象的，一般的

な判断の原則やルールを提示することを中心としていたのに対して，最近の研究では，領域や行動の種類に特有な推論や，既存の知識と新しい情報との相互作用などを考慮に入れて，本格的なプロセスモデルをめざした理論化が企てられている．

理論の構築に関わった人々と時代背景　帰属理論は，ハイダー(Heider, 1944；1958)の先駆的な考察に始まった．ハイダーは，一般の人々が自分をとりまく世界をどのように認知し，また記述するかということに注目して，素朴心理学(naive psychology)を提唱したが，帰属の問題はその中核をなしている．ハイダーの理論に登場する概念や仮説は，のちの帰属研究に大きな影響を与えた．たとえば，原因を人に帰するか，環境に帰するかという二分法は，その後の帰属研究で，内的帰属(internal attribution)—外的帰属(external attribution)という基本的な軸として広く用いられている．

ハイダーの考察は，ケリー(Kelley, H.H.)，ジョーンズとデーヴィス(Jones, E. E. と Davis, K.E.)，ワイナー(Weiner, B.)といった人々を通じて，より体系的な帰属理論として発展していった．この時期は1960年代後半から1970年代にかけてであり，歴史的にみると，それ以前のほぼ10年にわたって隆盛をきわめた認知的一貫性理論(theories of cognitive consistency)の研究が下火になり始めた時期にあたる．ハイダーのバランス理論やフェスティンガー(Festinger, L.)の認知的不協和理論に代表される認知的一貫性理論では，認知形成のプロセスを扱うというよりは，既存の認知間の不均衡や不一致によってもたらされる不快な状態，およびそれを解消するための行動を研究対象としており，動機づけの色彩を伴った認知を研究してきたといえる．それに対して帰属理論は，認知の形成に関連する情報処理過程そのものを研究対象とし，社会心理学における本格的な認知研究の第一歩となった．この歴史的な変化をベム(Bem, 1972)は，「社会心理学におけるパラダイム・シフト」と呼び，またフィスクとテイラー(Fiske と Taylor, 1991)は，「一貫性を求める者(consistency seeker)」としての人間から，「素朴な科学者(naive scientist)」としての人間へと，社会心理学が想定する人間像が変化した，と指摘している．

帰属理論と現代の社会現象　帰属理論は，さまざまな現象の原因を人々がいかに推論し，その現象の意味を解釈するかというプロセスを説明しようとするものであるから，日常の出来事や社会問題に広く応用することができる．その中で，最近，日本の学校で重大な問題となっている“いじめ”の例を取り上げてみよう．

いじめはなぜ生じるのか．その原因は何か．いじめる子どもの側に心理的な問題があるのか，いじめられる側にも何らかの問題があるのか．あるいはいじめの背景に，学校の問題，家庭の問題，そして最近の社会状況を原因として指摘することもできるかもしれない．ことわっておくが，ここではいじめの原因そのものを論じようとしているのではない．子ども自身，教師，親，そして一般の人々が，いじめの

表 5.2.1 いじめの原因の認知——いじめた子, いじめられた子, いじめをみた子の原因帰属 (鈴木・田口・田口, 1992, をもとに作表)

原　　因	いじめた子	いじめられた子	いじめをみた子
いじめた子に悪いところがあったから	8.4%	19.4%	16.2%
いじめられた子に悪いところがあったから	58.0	15.7	22.1
何が原因かわからない	21.9	52.8	53.7
その他	10.9	9.3	7.4
無答	0.8	2.8	1.5

注) 実際の質問の仕方は, いじめた子に対する場合といじめられた子に対する場合とで若干異なっている.

　原因をどのように認知しているかを問題にしたいのである. 原因をどう認知するかは, 責任の判断につながるだけでなく, 今後の対策の方向を左右するなど, いじめに対する人々の反応を決定づけると考えられる.

　鈴木ら(1992)は, この問題に関する一連の研究の中で, いじめた子といじめられた子, そしていじめをみた子のそれぞれに, いじめの原因をたずねた. 対象は小学校5年生から中学校3年生であるが, 小学生で65.8%, 中学生では37.3%がいじめられたことがあると答え, 小学生の70.9%, 中学生の43.3%が, いじめた経験があると答えている. いじめをみたことがあるのは, 小学生の69.2%, 中学生の67.5%であった. いじめの原因に関しては, 表5.2.1のように, 自分がいじめた場合には, 相手(いじめられた側)に原因があるとする答えが多かったのに対して, いじめられた子の方は, 半数以上が「何が原因かわからない」と答えている. いじめる側が「相手が悪かったから」と答えているのは, 自分に都合のよい帰属(self-serving bias と呼ばれる)の一例と考えられ, 相手の非を理由とすることによって, 自分の行為を正当化しているものとみられる. しかしいじめられた場合には, 必ずしもいじめた子が悪いとは認知しておらず, 原因がわからないという反応の方がはるかに多いことが注目される. いじめをみている傍観者の場合も, 原因不明という回答が多く, また「いじめた子が悪い」という回答より「いじめられた子が悪い」という回答の方がやや多いのが気になるところである.

　また鈴木ら(1990)は, 大学の教育学部2年生, 教育実習生, 現職教師を対象にした調査も行っている. そのうち, いじめの原因に関する自由記述の結果をみてみると, 大学2年生や教育実習生が, "欲求不満"や"異質排除", "学校問題", "受験体制・学歴社会"などを原因にあげることが多いのに対して, 現職教師は"友人関係"や"心の荒廃"などをあげることが多く, "学校問題"や"受験体制・学歴社会"をあげる者はきわめて少なかった.

2.1 原因帰属の理論

人はどのような場合に，どのような原因の推論を行うであろうか．またその際，どのような情報を集め，それをどのように利用するのであろうか．原因帰属に関しては，ケリーの2種類のモデル(Kelley, 1967 ; 1972 a および 1972 b)がよく知られている．

a. ケリーの ANOVA モデル

ケリーは，まず同様な事象を繰り返し観察することができ，他の人々の反応に関する情報も収集することが可能なようなケースに関する，きわめて一般的，普遍的な原因帰属のモデルを提出した．このモデルは，現実に人間が行っている推論を理論化したものというよりも，むしろ一種の論理的な基準を示したものということができるが，ここで依拠しているのがミル(Mill, J.S.)の差異法(method of difference)と呼ばれるものである．これを参考にして，ケリーは共変原理(covariation principle)という原因帰属の原理を提唱した．これは，「結果は，原因であるかもしれないいくつかの要因のうちで，時をこえて，結果がそれと共に変化するような要因，つまり結果が起こるときには存在し，結果が起こらないときには存在しないような要因に帰せられる」というものである．

共変原理は，さまざまな事象や状況に適用できる，非常に一般的な原理であるが，ケリーはこれをとくに，「ある特定の対象(S)に対する人間(P)の反応の原因を推論する」という種類の帰属場面に適用して，ANOVA(分散分析)モデルを構築した．ケリーは「ある映画をみて面白いと思った」という場合を例にあげているが，このような反応が生じた原因は映画そのものの性質にあるとは限らず，人の側に原因があることもあり，またそのときの特殊な状況が原因となっている可能性もある．そこで反応が，実体(entity, 刺激と言い直してもよい)，人，時および実体との相互作用の様態，のそれぞれと共変するかどうかをテストする必要が生じる．そのためには，

① 弁別性(distinctiveness)——他の実体(たとえば他の映画)に対しては，別の結果が起こるか．

② 時をこえた一貫性(consistency over time)——その実体に対してはいつも同じ結果が起こるか．

③ 様態をこえた一貫性(consistency over modality)——その実体との相互作用，接触の仕方が異なっても(たとえば，映画をどのような形でみても)，同じ結果が起こるか．

④ 合意——他の人々も，その実体に対して同様の反応・経験をするか，

という4種類の基準に関する情報を吟味しなければならない．そして，弁別性，一貫性，合意のすべてが高いとき，つまりその実体に対しては，いつも，どのような形で接触して

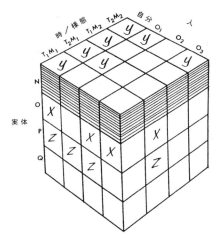

図 5.2.1 結果 y を実体 N へ帰属させるようなデータ・パターン (Kelley, 1967)

も同じような結果(反応)が起こり，また他の人々の結果も同様であるとき，そして他の実体に対しては同じ結果が起こらないとき，その結果は実体によって引き起こされたものだという判断をすることができるのである．

このような分析の結果，反応が個人の側の要因に帰せられることもあり，またその場の一時的な特殊要因に帰せられることもあるが，ケリーが重視したのは，ある実体に対する反応が，その実体の固有の特性に帰せられるケースである．というのは，対象である実体への帰属は，認識の妥当性に関する確信を与えるという意味でも重要だからである．

ケリーは上のような分析を，条件間変動に対応する弁別性と，条件内誤差項に対応する(非)一貫性，(非)合意の程度とを比較するという形の分散分析になぞらえたことから，このモデルは分散分析(ANOVA)モデルと呼ばれている．そして図 5.2.1 のように，実体，人，時と様態の変化に伴うデータ・パターンを表示したものは，ANOVA 立方体と呼ばれる．このモデルでは，人間が各種の情報を収集して，統計的分析に似た形の合理的推論を行うことを仮定しており，また，あらかじめ予想や先入観をもつことなく，いくつかの原因の候補を平等に吟味することを仮定している点が特色である．

b. ANOVA モデルに関連したその後の理論的発展

ANOVA モデルに関しては，その後多くの研究者によって修正や再検討が行われ，最近に至るまで活発な研究が行われている．以下，そのおもなものを紹介する．

まずオーヴィスら(Orvis ら, 1975)は，テンプレート照合モデル(template matching model)を提唱した．実体への帰属を生じる典型的なデータ・パターンは，上にも述べた

ように，合意，弁別性，一貫性のすべてが高い H-H-H のパターンであるが，人への帰属が最も生じやすいのは，合意と弁別性が低く，一貫性が高いという L-L-H の場合であり，環境(状況)への帰属が生じやすいのは，合意が低く，弁別性は高く，一貫性が低いという L-H-L という場合である．合意，弁別性，一貫性の情報は常にすべてが与えられているとは限らないが，情報が不完全であっても，人はこれらの典型的なパターンと比較することによって帰属を行うと，このモデルでは予測している．

1980 年代以降も，ANOVA モデルに対する再検討は，ヨーロッパの研究者を中心に活発に行われた．ヤスパースら(Jaspars ら，1983)の提唱した帰納的論理モデル(inductive logic model)では，ケリーのモデルが分散分析との類比を唱えていながら，現実には不完全な情報しか考慮していないことを指摘し，人間はある事象が起こるのに必要かつ十分な原因を探求するという仮定のもとに，合意，弁別性，一貫性の高低を組み合わせた 8 通りすべてに対して理論的予測を行った．

またヒルトンとスルゴスキー(Hilton と Slugoski，1986)の異常条件焦点モデル(abnormal conditions focus model)によると，説明すべき事象の原因だと思われる，通常でない条件を探し出すことが知覚者の課題であり，その際に合意，弁別性，一貫性の情報が対照事例を設定するために用いられる．さらにヒルトンらは，知覚者が事前に，その種の事象に対してスクリプト的な知識をもっているか否かの違いも重要だとしている．知覚者が，ある特定の状況における人々の通常の行動について知識をもっている場合には，そのスクリプトからずれた行動は非常に情報価が高く，何らかの異常な条件の探求を促す．

これ以外にも，フェルスタリング(Försterling, 1989)，チェンとノヴィック(Cheng と Novick, 1990)，ヒルトンら(Hilton ら，1995)の研究など，さまざまな理論的展開が試みられている．

c. 因果スキーマと割引・割増原理

ケリーは ANOVA モデルが適用できないようなケースに対しても，原因帰属の理論を提出している．それは，同様の事態に関する観察を繰り返すことができず，合意，弁別性，一貫性の情報を収集する余裕がない場合である．現実の社会的相互作用の際になされる帰属では，これに該当するケースが多く，その点で適用範囲が広い．

1) 因果スキーマ

関連情報の収集が不可能な場合には，既存の知識や因果関係に関する予想や先入観などが作用する余地が大きい．ケリー(Kelley, 1972 b)は，因果関係の形式に関する知識，具体的には，結果を生じるに際して複数の原因がどのように作用するかに関する抽象化された知識を，因果スキーマ(causal schema)と呼んだ．この種の知識を使えば，ANOVA 型の分析で必要とされる各種の情報がなくても帰属を行うことができる．

ケリーの提唱した因果スキーマにはいろいろな種類があるが，最も一般的で適用事例が

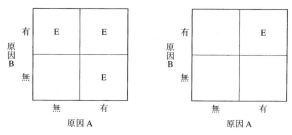

(a) 複数十分原因(MSC)のスキーマ　(b) 複数必要原因(MNC)のスキーマ
図 5.2.2　因果スキーマ (Kelley, 1972 b)

多いのは，複数十分原因 (multiple sufficient causes : MSC) のスキーマである．これは，結果 E に関連する原因が複数あり，そのうち一つが作用すれば，他の原因が作用するか否かにかかわらず結果が生じる，という場合に対応する．図 5.2.2(a) に示されているのは，原因が二つのケースであるが，A，B のどちらか一方が作用すれば，他方が作用してもしなくても結果 E は生じる．たとえば，小学生が本を読むという行動を E とすれば，それはその子がその本を面白いと思っている場合にも起こるし (原因 A が存在)，また読書感想文を書くようにという宿題が出ている場合にも生じるだろう (原因 B が存在)．本自体に魅力を感じていれば宿題など出ていなくても読書をするであろうし，また宿題が出ていれば，面白くなくても本を読むと予想される．つまり二つのどちらか一方が存在すれば，他方がなくても結果は生じるということになる．そして感想文を書かなければならない本が面白ければ，もちろん小学生はその本を読むであろう．このような因果関係が想定されるのは，片方の原因が本人の内的な原因，他方が外的な原因である事例が多いが，A，B が能力と努力であるときのように両方とも内的原因の場合もあり，またどちらも外的原因の場合もある．

複数十分原因型の因果関係が想定できる場合には，一方の原因が存在する状況で結果が生じたことがわかったとき，他方の原因の存否に関する推論は不明確なものになる．この点を表現したものが，あとで述べる割引原理である．

二つ以上の原因が両方とも作用しなければ結果が生じないような場合には，複数必要原因 (multiple necessary causes : MNC) のスキーマが適用される．これは珍しい事象や極端な出来事によくあてはまる．たとえば，オリンピックで金メダルをとるためには，能力，努力に加えて，その日の体調や運も有利に作用することが必要だろう (図 5.2.2(b))．このような因果関係の形式が想定されるならば，結果が生じた場合の推論はきわめて明確となり，割引原理で表されるような曖昧さは存在しない．

なお，ここで注意しておかなければならないのは，スキーマということばの意味が，近年の認知研究におけるスキーマとは異なることである．認知心理学でいうスキーマとは，

各領域によって異なる，具体的な内容を伴った知識であり，ケリーが考えたような抽象的な因果関係の形式に関する知識は，現在のスキーマ概念とは性格のやや異なったものだといえる．

2）割引原理・割増原理

因果スキーマに関する記述の中で用いた，読書をする小学生の例をもう一度考えてみよう．もし何の宿題も出ていないし，誰からも促されていないのにその子が本を読んでいたとすれば，その本に興味を感じて，自発的に読んでいるのだろうと推論することができるが，読書感想文を書くという宿題が出ていたとすると，その子がその本を面白いと思っているかどうかはよくわからない．すなわちこの場合は，宿題という，もう一つの原因（かもしれないもの）が存在するために，本に対する内発的興味という原因の重要性は割り引かれ，因果的役割を低く評価されたことになる．

これをケリー（Kelley, 1972 a）は，「所定の結果を生ずることに関する所定の原因の役割は，もし他にも原因らしきものが存在するならば割り引かれる」という割引原理（discounting principle）として表現した．上の例以外でも，行動を行うことで報酬や利益を得たときに本心が疑われるような場合や，有利な条件のもとで成功したときには実力があまり評価されない場合など，行動を促進したり，容易にするような要因が作用する場面で割引原理型の推論が起こることはきわめて多い．

その一方，行動を抑止したり，妨害する方向の力が作用する中で行動が生じた場合には，割増原理（augmentation principle）で表されるような，確信をもった推論がなされる．つまり，「もしある結果に対して，もっともらしい抑制的原因と，もっともらしい促進的原因の両方が存在するならば，促進的原因の役割は，それだけが存在する場合に比べて，より大きいと判断されるだろう」というのである．周囲の反対を押し切ってなされた行動や，コストを伴う行動では，本人の意志がとくに強かったと判断されるし，不利な条件のもとで立派な成績をおさめた場合には，実力が高く評価される．

2.2 他者帰属の理論

帰属理論の主要な適用領域の一つに，他者認知の問題がある．内的帰属-外的帰属というハイダー以来の分類に従えば，行動が行為者の内部の原因に帰せられる内的帰属の条件を吟味することが課題となるが，そこでは単なる因果的な推論にとどまらず，他者の行動の意味を解釈し，その行動から他者の内的特性・属性を推論するプロセスが重要な問題となる．また他者に対するそのような推論は，その他者に関する将来の予測の基礎となり，その人との相互作用にも影響を及ぼすという意味で，社会心理学で扱われるさまざまな問題と重大な関連性をもっている．

a. 対応推論理論とその修正

他者認知に関連する帰属過程を考察した古典的な理論モデルとしては，ジョーンズとデーヴィス（JonesとDavis, 1965）の対応推論理論がある．この理論では，他者の行為を観察したとき，そこからその行為の背後にある意図を推論し，さらにその意図の基底にある傾性（disposition）を推測するというプロセスを扱っている．ここでいう傾性とは，性格や態度のように，個人の安定した内的特性，属性をさす（なお，"行為（act）"と"行動（behavior）"の間には明確な意味の違いはないが，ここではジョーンズらに従い，"行為"という語を用いる）．

ある人物の行為を見聞きしたからといって，そこから常に内的傾性を推論できるとは限らない．また各種の行為は，それぞれ内的傾性を反映する程度が異なっている．たとえば，誰もが行うような当り前の行為は，行為者の独特な内的傾性を推論する場合の手がかりとはならず，その意味で情報価が低いが，規範から逸脱した行為や非常に珍しい行為，突飛な行為などは，その人物の傾性を明確に浮かび上がらせる．この点をジョーンズとデーヴィスは，"対応（correspondence）"という概念を用いて論述している．対応とは，支配的な行為が支配しようという意図の反映であり，さらには支配的な性格の発現であるという場合のように，「行為とその基底にある属性とが，同様の用語で記述される程度」と定義されている．つまり，行為が周囲の状況によって規定され，拘束されていると思われるほど，推論の対応度は低くなる．

ただし"対応"という概念には，このほかに行為者の独自の個性を確信をもって推論できる程度，という意味合いが含まれている．ジョーンズとデーヴィスは同じ論文の中で，"対応"に関する，もう一つの，よりフォーマルな定義を述べているが，それによると「その属性上で行為者が占めると判断される位置が，その属性上での平均的人間の位置と考えられるものからずれているほど，対応は増加する」（JonesとDavis, 1965, p.224）．つまり対応度の高い推論とは，行為者がふつうの人とは異なった，独特の性格や態度をもっているという確信を伴った推論をいうのである．

対応の程度は，どのような要因によって左右されるであろうか．ジョーンズとデーヴィスは，行為を，行為者がいくつかの行為選択肢から選択したもの（場合によっては，行為を行うか，行わないかという二つの選択肢からの選択であることもある）と考えて，選ばれた選択肢と選ばれなかった選択肢の比較によって，行為者の意図，さらには傾性を推測する，というプロセスを仮定した．個々の行為はそれぞれ，いくつかの結果（effects）をもつが，行為者の意図および傾性を推測するための手がかりとなるのは，選ばれた行為のみに伴い，選ばれなかった行為には伴わない結果である．このような非共通な結果（non-common effects）が少数しかなければ，そこから行為者の意図や傾性を推測することは容易だが，非共通結果が多い場合には，どれが行為選択の決め手であったかを推論することは困難になる．つまり，選ばれた行為のみに伴う非共通結果の数が少ないほど推論の対応

アダムス嬢の結婚相手の候補者

バグビー　　コードウェル　　デクスター
　ⓐⓑⓒ　　　　ⓐⓒⓓ　　　　ⓒⓔ

結婚に際して考慮されるべき結果
 a：富
 b：社会的地位
 c：性的満足
 d：子ども
 e：知的刺激

cは共通する結果なので，これを除去すると

　ⓐⓑ　　　　　ⓐⓓ　　　　　ⓔ

推論：もしバグビーを選べば，アダムス嬢は地位に弱い俗物；もしコードウェルなら，アダムス嬢は母性タイプ；もしデクスターならばアダムズ嬢はインテリ

図 5.2.3　結婚相手の選択に関する非共通結果と推論（Jones と Davis, 1965 を一部省略）

度は高くなると予測される．これが対応の程度を規定する第1の要因である（ジョーンズとデーヴィスがあげた，結婚相手の選択に関する推論の例を図5.2.3に示す）．

　また，非共通結果の（想定される）望ましさも，推論の対応度を左右する．一般に，人間誰もが望むような，あるいは同じ文化に属する人がみな望むような結果は，行為者の独特の性質を知るためには役立たない．上にも述べたように，"対応"という概念には，平均からずれた明確で極端な特性の推論，という意味合いが含まれており，望ましくない結果を伴うと考えられる行動の方が，対応度の高い推論を可能にすると予測される．

　要するに，選ばれた行為に伴う非共通結果の数が少なく，さらにそれがあまり望ましくないものであるとき，対応のある，確信度の高い推論が可能になるということになる．

　行為者の行為は知覚者にとって，無関連で中性的なものとは限らない．ジョーンズとデーヴィスは，行為が知覚者に対して個人的な関連性をもつ場合について，"快楽的関連性(hedonic relevance)"と"個人性(personalism)"という2種類の概念を提起した．快楽的関連性とは，行為が知覚者に対してプラスの効果を与え，満足や快感をもたらすか，あるいは知覚者に害を与え，不快や失望をもたらすかという，正負の関連性である．また個人性とは，快楽的関連性がある場合の中でも，とくに行為が知覚者を標的としたもの，つまり知覚者を満足させたり，害を与えようと意図して行われたと感じられる場合をさす．

　行為が知覚者にとって快楽的な関連性を増すにつれて，推論の対応度も高まると予測されている．さらに，行為の結果が好ましいものなら，知覚者が行為者に対してもつ好意的評価は，推論の対応度が増すにつれて増加し，行為の結果が好ましくないならば，対応度が高いほど否定的評価が増すだろうと考えられる．そしてこの傾向は，行為が知覚者を直接に標的としたもの，つまり個人性をもつものであるとき，いっそう強くなるとされている．

　ところで対応推論理論における"結果の望ましさ"という要因には，やや曖昧な点がある．この要因は，行為の起こりやすさ，生起確率に関する期待と言い換えた方が理解しやすい．社会的に望ましいとされているものの，めったに人が行わない行動もあり，その種

の行動は対応の高い推論を導くからである. ジョーンズとマッギリス(Jones と McGillis, 1976)は, 対応推論理論の修正と再定式化を行ったが, その中では, 結果の"想定される望ましさ"は, "期待される誘発性(expected valence)"という, より厳密な表現に変わっている. この変数は −1 から +1 の範囲の値をとり, ある行為者が特定の結果を望むであろう事前確率を表す.

"期待される誘発性"を算出するために, ジョーンズとマッギリスは"カテゴリーに基づく期待"と"ターゲット(対象人物)に基づく期待"の2種類の期待を導入した.

カテゴリーに基づく期待は,「日本の大学生なら〜だろう」というように, 行為者が属する集団, カテゴリーに関する知識に基づく期待であり, それによって, そのカテゴリーにおける特定の行為の起こりやすさが査定できる. 他方, "ターゲットに基づく期待"とは, 当該行為者自身に関する事前の知識に由来する期待であり, 過去の行動や関連した問題に対する態度を手がかりに, 外挿によって推測されたものである.

ジョーンズとマッギリスの修正モデルでは, "対応"の概念についても, 情報の獲得という観点から再定義が行われている. それによれば,「なぜある行為が起こったのかを説明するために提出された属性‐結果の連鎖を仮定するとき, 対応とは, その属性が存在する確率や属性の強さに関して獲得される情報の程度をさす」(Jones と McGillis, 1976, p.391). 事前の期待からずれた行動は, それがカテゴリーに基づく期待であれ, ターゲットに基づく期待であれ, 多くの情報をもたらすものであるから, 対応の高い推論を可能にする. カテゴリーに基づく期待から逸脱している場合には, 行為者がそのカテゴリーに属する平均的な人間の傾向性からずれているという意味で, 特異性をもつと推論できるし, ターゲットに基づく期待からの逸脱は, その人物の普段の行動傾向と異なっていることを示し, 当該の状況や刺激に対する明確な意図の存在をさし示すのである.

b. その後の理論的展開

他者の特性・属性の推測に関しては, 対応推論理論から導かれた仮説を検証するさまざまな研究がなされ, 態度の帰属などの領域では, 理論とは食い違った興味深い推論の傾向が見いだされたが, それらはまた新たな理論的展開を促すものであった. 以下, 対応推論以後の理論的発展の代表として, 3種類のモデルを簡単に紹介する.

1) 行動‐傾性間の関係に関するスキーマ・モデル

ジョーンズとデーヴィスの対応推論理論をはじめ, 初期の帰属理論は, どのような領域の行動にも適用できる, 普遍的な帰属の方式を理論化したものであり, "内容にとらわれない(content-free)"理論だと特徴づけられる. しかし現実には, さまざまな種類の行動または状況に特有な帰属の推論も存在すると考えられ, そのような特徴を考慮に入れた, "内容や領域に特有な(content-specific)"推論のモデルが必要となってくる. 行動と傾性との間の関係に関して, 行動の種類・領域を分類し, それらの領域別に推論の方式を理論

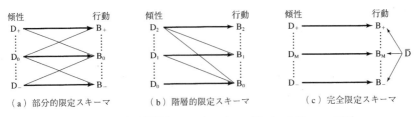

図 5.2.4 行動-傾性間関係についてのスキーマ(Reeder と Brewer, 1979)

化したのがリーダーとブルーワー(Reeder と Brewer, 1979)であった．

　他者の行動からその人の内的な傾性を推測するには，どのような傾性をもつ人がどのような行動を行うかに関する，事前の知識やスキーマが作用し，その種のスキーマは行動の種類によって異なっている．リーダーとブルーワーは，行動を3または4種類のカテゴリーに分類し，それぞれに対して行動-傾性間の関係に関するスキーマを考察している．

　まず最も一般的なケースでは(図5.2.4(a))，たとえば性格的に外向性(D_+)な人は行動レベルでも外向的にふるまい(B_+)，内向的な性格(D_-)の人は内向的な行動(B_-)をとる，というように，内的な傾性と行動のレベルとが対応していることが多いが，状況によっては，性格とは少し異なった行動が現れることもある．つまり，外向的な性格の人がふつうの行動(B_0)をとることもあるし，性格的にはふつう(D_0)の人が，外向的または内向的な行動(B_+, B_-)をとることもある．これはとくに方向性のない対称的なスキーマであり，リーダーらは，部分的限定スキーマ(partially restrictive schema)と呼んだ．この種のスキーマが適用される領域では，状況の力がどのように作用したと想定されるかによって，行動と対応するレベルの傾性をそのまま推測するか，または行動の位置から，いずれかの方向に寄った傾性を推測するかが決まってくる．

　これに対して，道徳的な領域や能力関連の領域などでは，行動-傾性間の関係に非対称性のあるスキーマが想定される．たとえば，社会的な望ましさが関与する行動では，図5.2.4(b)のように，傾性のレベルで不道徳な(D_2)人は，状況によって不道徳な行動(B_2)も道徳的な行動(B_0)もするというように，行動のばらつきが大きいのに対して，道徳的な傾性(D_0)をもつ人は，どんな状況でも道徳的な行動(B_0)をすると考えられる．このようなスキーマが想定される場合には，不道徳な行動が生じたならば，その人は傾性として不道徳な人だという推論ができるが，道徳的な行動は，傾性的に道徳的な人も不道徳な人もどちらも行うので，道徳的な行動から内的な傾性を推測することは難しい，ということになり，ここに推論の非対称性が生じる．

　能力に関連する分野には，これとちょうど逆方向だが，類似した形のスキーマが適用される．つまり高い水準の達成行動(図5.2.4(b)のB_2に対応)は能力の高い(D_2)人だけが行えるが，能力が高くても，環境条件が悪いときや動機づけが低いときには，低い達成行動(B_0)しか示せない．一方，能力が低い場合(D_0)の達成行動は，常に低い水準にとどまる

(B_0)．このような能力に関連する領域では，高い水準の達成行動は能力の高さを明確に示すが，低い水準の達成行動は，能力を推定する手がかりになりにくいのである．

このように道徳と能力に関連する分野では，どちらも行動の連続体上の一方の極は，内的傾性を明確に表すという意味で診断性が高く，他方の極は診断性が低いという非対称な傾向があり，階層的限定スキーマ(hierarchically restrictive schema)が適用される．

このほかに，傾性と行動のレベルが完全に対応しているような場合を，リーダーらは完全限定スキーマ(fully restrictive schema)と呼んでいる(図5.2.4(c))．ここでは中程度の傾性を表すD_Mとは別に，安定的傾性をもたない$\bar{D}$が仮定されており，この場合には，行動の面ではどのレベルの行動をも示すとされている．

なおのちの論文(Reeder, 1993)では，リーダーは上記のようなスキーマの名称を使っておらず，傾性を単に，能力，道徳特性，態度，頻度に基づく特性という4種類に分けて，それぞれにおける推論の問題を論じている．

2） トロピの2段階推論モデル

トロピの2段階推論モデル(Trope, 1986)は，傾性推論に関するプロセスモデル構築の試みとして注目すべきものである．彼は傾性の推論に至るまでのプロセスを，行動の同定(behavior identification)とそれに引き続いて起こる傾性推論(dispositional inference)という2つの段階に分割している(図5.2.5参照)．

まず行動の同定の段階では，観察された行動がどのような種類のものであるかの意味づけを行い，カテゴリー化する．トロピは表情写真を実験の刺激として用いたが，知覚者はまず第1に，その表情がどんな感情を表したものかを同定しなければならない．この判断に際しては，(a)行動の手がかり(刺激そのもの)，(b)状況的な手がかり，(c)その人物に関する過去の情報に基づく手がかり，という3種の手がかりが作用する．たとえば，その状況が怒りを誘発するような性質のものであれば，曖昧な表情が"怒り"の表情と同定されやすく，またその人が過去にもよく怒る人であったという情報も，"怒り"だという同

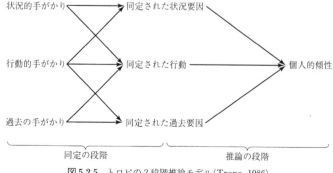

図5.2.5　トロピの2段階推論モデル(Trope, 1986)

定を促進する.

表情が"怒り"や"喜び"などのカテゴリーのいずれかに分類され, 行動の意味が同定されると, 次に第2の傾性推論の段階に進む. この段階では, 性格や態度など, その人物の内的な傾性を推論するのであるが, その際にも前と同様な3種の手がかりが働く. ただしここでは, 状況的な情報は前の段階とは逆方向に作用する. たとえば, 状況が怒りを誘発するようなものであったという情報は, その人が怒りっぽい性格であるという推論を抑制する. 性格的にとくに怒りっぽくない人でも, そのような状況では怒りを表すと考えられるからである. つまり, 行動に対して促進的な方向の状況的要因があるときには, 内的要因の推測が困難になるという, 前節で述べた割引原理がこの段階で働くのである. このように, 状況要因に関する情報が, 行動の同定と傾性推論の段階で, 判断に対して逆方向の影響をもつという予測が, トロピのモデルで注目すべき点の一つであるが, 実際には, 2つの段階が総合されて最終的な判断となるので, 状況的な誘因が最終判断に対して, ポジティブ方向に作用するか, ネガティブ方向に働くかは, どちらの段階における効果が相対的に強いかによるとされている(Trope と Liberman, 1993).

対象人物の過去の行動傾向に関する情報は, 傾性の推論に際しても, 行動の同定の場合と同方向に作用する. つまり, 「その人物は過去にもよく怒った」という情報は, ある行動を怒りの表出だと同定することを促進したのと同様に, その人が怒りっぽい性格だという傾性推論も促進するのである.

3) ギルバートの3段階モデル

帰属過程に関する実証的研究が進むにつれて, 理論的な予測に反する, さまざまなまなエラーやバイアスが見いだされてきたが, その中でも最も注目を集めたものは, "基本的な帰属のエラー(fundamental attribution error)"と呼ばれる現象である. これは, 他者の行動に対する帰属において, 「環境の影響力に比べて, 個人的・傾性的要因の重要性を過大評価する, 人間の一般的傾向」(Ross, 1977, p.184)をさし, 外部の状況要因より, 行為者本人の態度や性格などを過度に重視する傾向をいう. このような傾向は, 広範な社会的場面でみられ, 消失させることがきわめて困難であることから, 人間の基本的な認知傾向を反映したものとして, 帰属における"基本的なエラー"とされている.

この傾向は, 原因の帰属だけでなく, 態度などの傾性の推論(dispositional inference)にもみられる. たとえば賛否どちらの側に立つかをくじ引きで決めるディベートの場合のように, 外的拘束下でなされた言動であっても, 演説の内容に対応した態度をその人物がもっていると推測してしまう, というような結果が繰り返し見いだされてきた. この現象は, ジョーンズとデーヴィスの対応推論理論との関連から, 行動と対応する内的特性を読み取りすぎる傾向として, "対応バイアス(correspondence bias)"と呼ばれることも多い.

対応バイアスは, 帰属の推論過程そのものの理論的な再検討を促すきっかけとなった点

でも重要な現象である．従来の帰属理論では，他者の行動を見聞きしたとき，まずなぜその人がそのような行動をしたのかという原因の帰属がなされ，行動が集団圧力，社会的役割，報酬などのような外的な原因ではなく，本人の側の内的な原因によって生じたと推論されるとき，行動に対応した態度や性格などが推測される，と想定してきた．つまり，傾性推論は原因帰属に引き続き，原因帰属の結果を前提にして起こると暗黙のうちに仮定してきたのである．しかし最近の実験的研究では，傾性推論の前に必ずしも原因の推論が行われているとは限らないことが明らかになっており(Smith と Miller, 1983; Hamilton, 1988 など)，この点が対応バイアスを解明する有力な手がかりになると考えられる．

それでは，傾性推論はいったいどのようなプロセスでなされるのだろうか．ギルバート(Gilbert, 1989; Gilbert ら, 1988)は，演説を聞いたり，エッセーを読んだりしたのち，その人の真の態度を推測するまでのプロセスを，① カテゴリー化(categorization)，② 特性記述(characterization)，③ 修正(correction)の 3 段階に分けている．たとえば，ある人の文章を読んだとき，まず"これはサマータイム導入賛成の文章だ"というカテゴリー化が起こり，それに続いてただちに，"書き手はサマータイム導入賛成の態度をもっている"という特性記述，つまり傾性推論が起こるとされる．そして最後の第 3 段階ではじめて，文章が書かれた際の状況が考慮され，場合に応じて前段階での推論が修正されると考えられている．つまり，サマータイム導入賛成の文章を書いてほしいと強く要請されたのだから，書き手は本当は賛成ではないのかもしれないというような推論は，最後の段階で生じると仮定される．この順序は，従来の帰属理論で，状況要因の吟味，つまり原因帰属を，傾性推論に先立つものと想定していたのとは逆であり，このモデルの大きな特徴といえる．3 段階のうちで，最初の二つは認知的資源を特別に要しない自動的な過程であるのに対して，最後の修正の段階は意識的な処理段階で，多くの認知的資源を要する．そこで，他の対象に注意を向けているなど認知的資源に制約がある場合には，状況要因を勘案した推論の修正が十分に行われず，それが対応バイアスとして表れるとギルバートは論じている．

なお，ギルバートはその後の論文(Gilbert と Malone, 1995)で，傾性推論に至る以前の諸段階を視野に入れて，当初のモデルを拡大している．それによると全プロセスは，事前の信念→状況の知覚→行動の期待→行動の知覚→傾性推論→状況による修正という各段階に分解される．そして，対応バイアスが生じる原因に関しても，上で述べたような修正段階での問題以外にも，行動の拘束力に対する認識の欠如，行動に対する非現実的な期待，行動のカテゴリー化における誤りなどが関与していると指摘されている．

2.3 自己帰属の理論

帰属の推論は，他者の行動や身のまわりに起こるさまざまな現象に対してなされるだけ

でなく，自分の行動に対しても起こる．自己帰属に関するおもな理論として，ベム(Bem, D.L.)の自己知覚理論とシャクター(Schachter, S.)の情動2要因理論がある．

a. 自己知覚理論

ベムの自己知覚理論(self-perception theory)の出発点は，当時隆盛であった認知的不協和理論の立場からなされた実験の結果を，不協和という動機づけ状態を仮定することなく，スキナー流の行動主義的な機能分析によって解釈し直すという試みであった(Bem, 1967)．その点では，他の帰属理論に共通する認知的な志向とは異なった性格をもつが，そのおもな命題は，他の帰属理論のそれと非常によく合致しており，のちに帰属の枠組みの中に統合されることとなった．

自己知覚理論の基本的な仮定は，自己知覚と他者知覚との機能的な同一性にある．これは以下の二つの仮説に要約される(Bem, 1972)．

（1） 人は，部分的には，自分自身の外顕的行動(overt behavior)，およびこの行動が起こった状況の観察から推測することによって，自分自身の態度，情動，その他の内部状態を知るに至る．

（2） 内的な手がかりが弱く，曖昧で，解釈不可能である範囲では，人は，その人の内部状態を推測するために，必然的に外的な手がかりに頼らざるをえない外部の観察者と，機能の上では同じ立場にある．

ベムは，自分の態度や感情に関する，本人自身しか知りえない，つまり自己知覚だけに有効な内的手がかりは，たとえ存在したとしても不明瞭で曖昧だと考えており，自分の行動と周囲の状況とを考え合わせた推論過程を，自己知覚の主要部分だと考えている．ここで考慮されるのは，状況が行動をどの程度コントロールする力をもつかという側面であり，報酬や誘因や社会的拘束力など，行動をコントロールする力が存在したならば，人は自分の行動が，自分の内部状態や特性を反映したものとは考えない．それに対して，自分の行動が環境からコントロールされていない場合には，人はその行動を，自分の内部状態や特性を反映したものとみるだろうと予測される．ここで仮定されたプロセスは，他者認知の場合の推論過程と非常に似かよったものである．

ベムは，このような自己知覚のプロセスを仮定することによって，認知的不協和理論の立場から行われた実験のいくつかを再解釈しようと試みた．一例として，フェスティンガーとカールスミスが行った強制的承諾の実験(Festinger と Carlsmith, 1959)をあげてみよう．この実験では，被験者に単調で退屈な作業を行わせたあとで，待っている次の被験者(じつはサクラ)に「作業は面白かった」と告げるよう頼んだ．その際，一つの条件では謝礼として1ドルが，他の条件では20ドルが支払われた．被験者の多くはその依頼に応じて，実験での作業が面白かったと話したが，実験の最後に行われた作業の面白さに関する評定では，1ドル条件の被験者が，20ドル条件，および次の被験者への説明を行わない

コントロール条件の被験者よりも，作業の面白さを有意に高く評定する傾向があった．

この結果を，不協和理論では次のように説明している．つまり，本当は面白くない作業を他人に面白いと話したということは認知的不協和を生じるが，20ドル条件では多額の報酬が行動を正当化するので，不協和の程度は小さく，作業に対する認知を変える必要は生じない．他方1ドル条件では，報酬の額が少なく，行動に対する十分な正当化とならないため（そのため"不十分な正当化"の状況と呼ばれる），被験者が経験する不協和は大きく，それを低減しようという動機づけが高まる．他人に話したことばはもはや変えられないので，そのことばに適合するように作業に対する認知を変えたのだ，というのである．

これに対して自己知覚理論では，実験の最後に行われた評定に表れたのは，自分の行動（次の被験者に作業が面白いといったこと）と，その際の状況（1ドルまたは20ドルをもらったこと）とを考え合わせて，自分の態度を推論した結果だと考える．20ドルもらって「面白い」といった人を他人がみた場合には，そのことばが高額の報酬によって誘発されたものだろうと推定するが，1ドルしかもらわなかった場合には，面白いという言明はその人の本当の態度を反映したものと推論するであろう．フェスティンガーらの実験の被験者は，これと同じ推論を自分に対して適用しただけだとベムは考えたのである．そして，それを証明するため，いわゆる他者シミュレーション（interpersonal simulation）の実験を行った．これは，もとの不協和実験の場面を再現したような録音テープを観察者に聞かせて，最後の評定を推定させるというものであったが，観察者による推定は，もとの実験の被験者の評定とよく類似しており，ベムはこれを，自説を支持する結果と考えた．

不協和理論と自己知覚理論の間には激しい論争の応酬が続き，双方の立場からの実証的研究が数多く行われたが，不十分な正当化の実験に関しては，どちらの理論の予測も同方向のものであったため，理論間の優劣を決することは容易ではなかった．ベム自身もそれを認め，自己知覚理論は，過度の正当化（overjustification）など不協和理論から予測のできない領域に発展していった．過度の正当化とは，本来被験者が面白いと思っている魅力的な行動に対して余分な報酬を与え，行動を内的な興味と外的報酬の両方から正当化することである．このような場合には，被験者は報酬のために行動をしたかのように感じ，報酬がない場合に比べて内発的興味を減じることが知られている（Lepperと Greene, 1978）．

b. シャクターの情動理論

シャクター（Schachter, 1964）が提唱した情動の2要因理論も，当初は，帰属の理論とは認識されていなかった．しかしこの理論は，自分の情動状態をどう認知し，解釈するかという過程を扱ったもので，帰属の理論的枠組みに非常によく適合しており，自己の情動の帰属に関する数多くの実証的研究の源泉となった．

この理論が情動の2要因理論と呼ばれるのは，情動を経験するためには，① 生理的な喚起と，② 認知的要因という2つの要因が必要である，という主張による．シャクター

は，ジェームズ-ランゲ説やそれに対するキャノン（Cannon, 1927）の反論など，情動に関する諸理論を考察したうえで，生理的喚起だけでは情動を起こすのに十分でないという点と，原因の明らかでない生理的喚起状態にある人は，自分の状態を理解し，ラベルづけしようという評価要求（evaluative need）をもつという点をとくに主張している．

理論の主要な命題は以下の三つである．

（1）　人が生理的な喚起状態にありながら，それに対して直接の説明をもたないならば，その人は自分が利用できる認知によって，この状態にラベルづけし，自分の感じているものを記述するだろう．全く同じ生理的喚起状態が，状況の認知的な側面によって，喜びや怒りのようなきわめて多様な情動のラベルを付与されることがありうる．

（2）　人が，それに対して完全に適切な説明をもっているような生理的喚起状態にある場合には，評価要求は起こらず，利用できる他の認知によって自分の感じているものにラベルづけしたりはしないだろう．

（3）　同じ認知的環境にあったとしても，人は生理的喚起状態を経験する範囲でのみ，情動的に反応し，自分の感じているものを情動と記述するだろう．

シャクターの理論の根拠となっているのは，この理論化の少し前に行われた実験的研究である（Schachter と Singer, 1962）．この実験で，被験者たちはエピネフリンを注射されて生理的喚起を起こさせられた（コントロール条件の被験者たちは，生理的食塩水を注射された）．ただし，エピネフリンの注射を受けた被験者の中でも，一部の者は注射の副作用として，顔のほてりや手のふるえなどの症状が生じることを正しく知らされていたが（Inf 群），他の被験者たちは注射の副作用に関して何の情報も与えられていない（Ign 群）か，または誤った情報（エピネフリンによって生じる症状とは異なった副作用の予告）を与えられる（Mis 群）かどちらかだった．その後，各被験者はもう一人の被験者（実はサクラ）と一緒に待合い室で待つことになるが，そのサクラは，ある条件では不機嫌に怒りを表し，別の条件ではうきうきと高揚した気分を表すように仕組まれていた．被験者がそのサクラの言動に誘導されて，怒りまたは喜びの情動を表すかどうかが重要な点であるが，生理的喚起状態にありながらその原因を正しく知らされていた Inf 群の被験者は，情動的な徴候を示さなかった．これは前述の命題2と一貫した結果である．これに対して，生理的喚起について正しい情報を与えられていなかった Ign 群と Mis 群では被験者は情動的な傾向を示し，サクラの言動に応じて，怒りまたは喜びの情動を表した（なお怒り条件では Mis 群は設けられていない）．これは命題1を支持する結果である．しかし，命題3に対応する結果は必ずしも明確ではなかった．つまり，生理的食塩水のみを注射され，生理的喚起を起こしていないコントロール群の被験者は情動を経験しないと予測されたが，コントロール群が示した情動のレベルは，Ign 群や Mis 群よりは低かったものの，Inf 群よりはやや高かった．これは注射によって喚起を起こさなくても，被験者が自然に生理的な喚

起を起こしたためではないかと考えられている．

　情動の2要因理論に基づいた実験的研究は多数行われ，自己の情動の帰属が必ずしも現実の因果関係に対応していないこと，つまり錯誤帰属(misattribution)がしばしば生じることが明らかになった．そしてこの錯誤帰属をうまく利用すれば，恐怖症や不眠症などの治療に有効なのではないかと，臨床的応用もさまざまに試みられた．

　しかしこの理論に対しては，いくつかの批判や反論があり，またシャクターとシンガーの実験の追試的研究でも，結果の一部しか再現されていないものが多い(Marshallと Zimbardo, 1979など)．理論的な批判としては，レーベンソール(Leventhal, 1980)とジルマン(Zillmann, 1978)がそれぞれ，人が認識論的な原因探索を行うというシャクターの基本的仮定に疑問を提起した．とくにジルマンは，2要因理論に代わって，素因(dispositional)，興奮，経験という三つの要素からなる情動の3要因理論を提唱している．

2.4　達成関連の帰属の理論

　スポーツの大会で良い記録を出したり，数学のテストで悪い点をとったりする場合のような，達成場面での成功-失敗に対する原因の帰属に関する考察は，ハイダー(Heider, 1958)に始まったが．これを本格的に取り上げて，原因帰属が後続の心理過程に及ぼす影響までを射程に入れた広範な理論を展開したのはワイナー(Weiner, 1974；1986)であった．この理論は教育心理学などの分野に対しても影響力が大きく，少しずつ修正・拡張されて，最近では動機づけ理論としても発展している(図5.2.6参照)が，行動そのものに対する原因帰属というよりは，達成行動の"結果"に対する帰属の理論である点が特徴といえる．

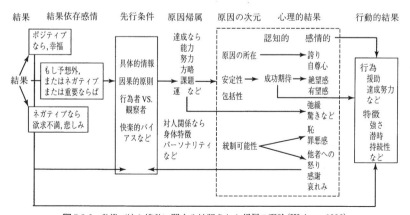

図5.2.6　動機づけと情動に関する拡張された帰属の理論(Weiner, 1986)

a. 原因の分類

まずワイナーは，成功-失敗の原因と考えられる要因を整理したが，最初にあげられたのは能力，努力，課題の難しさ，運という四つの要因であった．これらは，その原因が本人の内部にあるか，外部にあるかという原因の所在(locus of causality)の次元と，時がたっても変化しない安定要因か，変化しやすい不安定要因かという安定性の次元の二つを組み合わせた，四つのセルの中に配置することができる(表5.2.2(a)参照)．

ワイナーはその後，達成関連の原因を3次元に分類，記述する枠組みを提出した．その3次元のうち，2次元は上に述べた，原因の所在(内的-外的)と，安定性であり，追加された三つ目の次元は統制可能性(controllability)である．それぞれのセルの代表的な原因は表5.2.2(b)のとおりである．

能力と気分とはどちらも内的でかつ統制不可能な原因であるが，能力はたやすく変化しない安定的な原因であるのに対して，気分は変動しやすい原因である．また内的で意図的な統制が可能な努力は，特定の課題ごとに変わる不安定な側面と，"努力家"という表現でも表されるような安定的な側面とに分けられている．外的な原因としては，統制不可能で安定的な課題の難しさと，統制不可能でかつ不安定な運のほかに，統制可能な原因も考えられている．教師のえこひいきのような安定的原因と，他者からの思いがけない援助であるが，いずれも他者が意図的に統制することが可能だということで，本人(成功-失敗の当事者)が統制できるという意味ではない．

b. 原因帰属が後続の事象に及ぼす影響

ワイナーのモデルでは，原因の帰属がその後の期待や感情，さらには将来の達成行動に及ぼす影響をも視野に入れている点が特徴であるが，まず将来の達成成績に対する期待は，安定性の次元と関連していると考えられる．能力や課題の難しさなどの安定した原因への帰属がなされれば，成功のあとにはまた成功を期待し，失敗のあとには失敗を期待するという傾向が強い．他方，結果が努力や運のような不安定な原因に帰属された場合には，今回成功または失敗したからといって，将来も同様な結果が起こるとは限らず，将来の達成結果を期待することは困難になるのである．

表5.2.2　成功-失敗に関する原因の分類

(a) 2次元分類(Weier, 1974)

安定性	原因の所在	
	内　的	外　的
安　定	能　力	課題の難しさ
不安定	努　力	運

(b) 3次元分類(Weiner, 1979)

統制可能性	内　　的		外　　的	
	安　定	不安定	安　定	不安定
統制不可能	能　力	気分	課題の難しさ	運
統制可能	持続的な努力	そのときどきの一時的な努力	教師のくせや偏り	他者からの予期せぬ援助

第2章 帰 属 理 論　　　　　　　　　　　583

　また成功や失敗に対する感情反応と関係があるのは，当初，内的-外的という原因の所
在の次元とされていた．一般に人は成功したときには誇りを感じ，失敗したときには恥ず
かしさを感じると予想されるが，このような感情反応は，結果が内的要因に帰属された場
合に強まり，外的要因に帰属されたときには弱くなると考えられていたのである．しか
し，帰属と感情との関係はもっと複雑であることが，しだいに明らかになってきた．それ
によると，成功または失敗のあとの感情は，

　（1）　成功-失敗の結果に直結した，帰属に媒介されない感情——例）成功における幸
　　　　福観
　（2）　帰属の次元と関連した感情——例）内的帰属と自尊心や誇り，統制可能原因への
　　　　帰属と怒りや罪悪感，統制不可能原因への帰属と哀れみや恥ずかしさ
　（3）　特定の原因への帰属と関連した感情——例）運への帰属と驚き
に分類することができる．

　将来の結果に対する期待と感情とは，それぞれのちの達成行動を規定する．たとえば，
一度失敗したとしても，それを安定した原因ではなく，努力の不足などの不安定な原因に
帰属した人は次の機会にもっと一生懸命になるだろうが，その傾向は過去の努力不足を後
悔するという感情によって強められるであろう．また，失敗の原因を安定要因に帰属して
将来の成功の期待が低下し，さらに絶望感も強いときには，その人はやる気を失うと予測
される．

　ワイナーのモデルは，自分の達成結果に対する帰属だけでなく，他者の成功-失敗に対
する反応にも広く適用されている．たとえば援助行動を例にとれば，能力があるのに努力
を怠った人に対しては，他者からの評価が厳しくなり，援助行動も起こりにくいが，自分
で統制できない原因のために困難な状況に陥った人に対しては，援助行動が起こりやすい
ことが知られている．このモデルは帰属だけにとどまらず，その後の動機づけや行動をも
予測する力をもち，現実場面にも適用可能性が高いこと，また帰属の次元が明確でわかり
やすいこともあって，その影響力はきわめて大きく，数多くの実証的研究を生み出した．
とくに日本国内の帰属研究の中では，ワイナーの理論に導かれたものが大きな割合を占め
ている．

〔外山みどり〕

文　　献

1）　Bem, D.L.(1967): Self-perception ; An alternative interpretation of cognitive dissonance phenom-
　　ena. *Psychological Review*, **74** : 183-200.
2）　Bem, D.J.(1972): Self-perception theory. In : Berkowitz, L.(ed.), *Advances in experimental social
　　psychology*, Vol. 6, pp.1-62. Academic Press.
3）　Cannon, W.B.(1927): The James-Lange theory of emotions ; A critical examination and an
　　alternative theory. *American Journal of Psychology*, **39** : 106-124.

584   V 社 会 心 理 学

4)   Cheng, P.W. and Novick, L.R. (1990): A probabilistic contrast model of causal induction. *Journal of Personality and Social Psychology,* **58** : 545-567.

5)   Festinger, L. and Carlsmith, J.M. (1959): Cognitive consequences of forced compliance. *Journal of Abnormal and Social Psychology,* **58** : 203-211.

6)   Fiske, S.T. and Taylor, S.E. (1991): Social cognition, 2nd ed. McGraw-Hill.

7)   Försterling, F. (1989): Models of covariation and attribution ; How do they relate to the analogy of analysis of variance ?. *Journal of Personality and Social Psychology,* **57** : 615-625.

8)   Gilbert, D.T. (1989): Thinking lightly about others ; Automatic components of the social inference process. In : Uleman, J.S. and Bargh, J.A. (eds.), *Unintended thought,* pp.189-211. Guilford.

9)   Gilbert, D.T. and Malone, P.S. (1995): The correspondence bias. *Psychological Bulletin,* **117** : 21-38.

10)   Gilbert, D.T., Pelham, B.W. and Krull, D.S. (1988): On cognitive busyness ; When person perceivers meet persons perceived. *Journal of Personality and Social Psychology,* **54** : 733-739.

11)   Hamilton, D.L. (1988): Causal attribution viewed from an information-processing perspective. In : Bar-Tal, D. and Kruglanski, A.W. (eds.), *The social psychology of knowledge,* pp.359-385. Cambridge University Press.

12)   Heider, F. (1944): Social perception and phenomenal causality. *Psychological Review,* **63** : 299-302.

13)   Heider, F. (1958): *The psychology of interpersonal relations.* Wiley. 大橋正夫 訳 (1978): 対人関係の心理学, 誠信書房.

14)   Hilton, D.J. and Slugoski, B.R. (1986): Knowledge-based causal attribution ; The abnormal conditions focus model. *Psychological Review,* **93** : 75-88.

15)   Hilton, D.J., Smith, R.H. and Kim, S.H. (1995): Processes of causal explanation and dispositional attribution. *Journal of Personality and Social Psychology,* **68** : 377-387.

16)   Jaspars, J., Hewstone, M. and Fincham, F.D. (1983): Attribution theory and research ; The state of the art. In : Jaspars, J., Fincham, F.D. and Hewstone, M. (eds.), *Attribution theory and research : Conceptual, developmental, and social dimensions,* pp.3-36. Academic Press.

17)   Jones, E.E. and Davis, K.E. (1965): From acts to dispositions ; The attribution process in person perception. In : Berkowitz, L. (ed.), *Advances in experimental social psychology,* Vol. 2, pp.219-266. Academic Press.

18)   Jones, E.E. and McGillis, D. (1976): Correspondent inferences and the attribution cube ; A comparative reappraisal. In : Harvey, L.H., Ickes, W.J. and Kidd, R.F. (eds.), *New directions in attribution research,* Vol. 1, pp.389-420. Lawrence Erlbaum Associates.

19)   Kelley, H.H. (1967): Attribution theory in social psychology. In : Levine, D. (ed.), *Nebraska Symposium on Motivation,* Vol. 15, pp.192-238. University of Nebraska Press.

20)   Kelley, H.H. (1972 a): Attribution in social interaction. In : Jones, E.E., Kanouse, D.E., Kelley, H.H., Nisbett, R.E., Valins, S. and Weiner, B. (eds.), *Attribution ; Perceiving the causes of behavior,* pp.1-26. General Learning Press.

21)   Kelley, H.H. (1972 b): Causal schemata and the attribution process. In : Jones, E.E., Kanouse, D.E., Kelley, H.H., Nisbett, R.E., Valins, S. and Weiner, B. (eds.), *Attribution ; Perceiving the causes of behavior,* pp.151-174. General Learning Press.

22)   Kelley, H.H. and Michela, J.L. (1980): Attribution theory and research. *Annual Review of Psychology,* **31** : 457-501.

23)   Lepper, M.R. and Greene, D. (1978): *The hidden costs of reward ; New perspectives on the psychology of human motivation.* Lawrence Erlbaum Associates.

24)   Leventhal, H. (1980): Toward a comprehensive theory of emotion. In : Berkowitz, L. (eds.), *Advances in experimental social psychology,* Vol. 13, pp.140-207. Academic Press.

25)   Marshall, G.D. and Zimbardo, P.G. (1979): Affective consequences of inadequately explained physiological arousal. *Journal of Personality and Social Psychology,* **37** : 970-988.

26)   Orvis, B.R., Cunningham, J.D. and Kelley, H.H. (1975): A closer examination of causal inference ;

第2章 帰属理論　　　　585

The roles of consensus, distinctiveness, and consistency information. *Journal of Personality and Social Psychology,* **32** : 605-616.

27) Reeder, G.D.(1993): Trait-behavior relations and dispositional inference. *Personality and Social Psychology Bulletin,* **19** : 586-593.

28) Reeder, G.D. and Brewer, M.B.(1979): A schematic model of dispositional attribution in interpersonal perception. *Psychological Review,* **86** : 61-79.

29) Ross, L.(1977): The intuitive psychologist and his shortcomings ; Distortions in the attribution process. In : Berkowitz, L.(ed.), *Advances in experimental social psychology,* Vol. 10, pp.173-220. Academic Press.

30) Schachter, S.(1964): The interaction of cognitive and physiological determinants of emotional state. In : Berkowitz, L.(ed.), *Advances in experimental social psychology,* Vol. 1, pp.49-80. Academic Press.

31) Schachter, S. and Singer, J.E.(1962): Cognitive, social, and physiological determinants of emotional state. *Psychological Review,* **69** : 379-399.

32) Smith, E.R. and Miller, F.D.(1983): Mediation among attributional inferences and comprehension processes ; Initial findings and a general method. *Journal of Personality and Social Psychology,* **44** : 492-505.

33) 鈴木康平，田口広明，田口恵子(1990):いじめに対する意見と原因の認識．熊本大学教育学部紀要，人文科学，**39** : 303-317.

34) 鈴木康平，田口広明，田口恵子(1992):いじめに対する認識の発達社会心理学的研究―いじめの根絶視と「いじめ―いじめられ」の当事者に対する認知の観点から―．熊本大学教育学部紀要，人文科学，**41** : 213-226.

35) Trope, Y.(1986): Identification and inferential processes in dispositional attribution. *Psychological Review,* **93** : 239-257.

36) Trope, Y. and Liberman, A.(1993): The use of trait conceptions to identify other people's behavior and to draw inferences about their personalities. *Personality and Social Psychology Bulletin,* **19** : 553-562.

37) Weiner, B.(1974): *Achievement motivation and attribution theory.* General Learning Press.

38) Weiner, B.(1979): A theory of motivation for some classroom experiences. *Journal of Educational Psychology,* **71** : 3-25.

39) Weiner, B.(1986): *An attributional theory of motivation and emotion.* Springer-Verlag.

40) Zillmann, D.(1978): Attribution and misattribution of excitatory reactions. In : Harvey, J.H., Ickes, W.J. and Kidd, R.F.(eds.), *New directions in attribution research,* Vol. 2, pp.335-368. Lawrence Erlbaum Associates.

第3章

社会的比較の理論

　人の社会的行動は，社会的促進や社会的手抜き現象で明らかなように，他者の存在によって大きく影響される．それだけでなく，自分自身についての評価や判断を行うときでも，人は他者に依存している．以下では，自分自身についての評価的な認知を行う際にも，他者の存在によってさまざまな影響を受けることについて考えていく．ここで評価的な認知とは，自分自身にとって"良い-悪い"あるいは"望ましい-望ましくない"がはっきりとしているような次元での認知のことである．たとえば，能力の場合には，ほとんどの人は能力が高い方が"良い"とし，身体的魅力も高い方が"望ましい"と思っているはずである．この他者に関する情報が自己に対する評価に影響する過程は，社会的比較過程(social comparison processes)と呼ばれている．この問題については，山口(1990)で詳述したので，ここではおもにそれに基づきながら，最近の研究成果も取り入れてもう一度考えてみる．

3.1　社会的比較と情報接触

　フェスティンガー(Festinger, 1954)は，社会心理学者として初めて，人には自分自身の能力や意見などを評価しようとする欲求が存在すると主張した．その後もたとえばトロピ(Trope)は，人には自分の能力を正確に評価しようとする動機があると主張し，自己評価欲求の強さを示す一連の実験結果を報告している(Trope, 1975, 1979, 1980, 1982；Tropeと Ben-Yair, 1982；Trope と Brickman, 1975)．フェスティンガー(1954)に触発された多くの研究(たとえば，Suls と Miller, 1977)やトロピの行った一連の研究結果は，明らかに自己評価欲求の存在を支持している．ただし，自己評価欲求を直接測定することは難しく，またこの欲求が他の欲求とどのように絡み合っているかはまだ十分に明らかになっていない．とくに他者の成績や意見などに関する情報への接触と自己評価との関わりに関しては，まだ検討すべき課題が多く残されている(Suls と Miller, 1977；Wood, 1996)．他者の成績や意見などに関してどのような情報を求めるか，また，与えられた情報にどのよう

に反応するかなどについては，これから指摘するようにさまざまな問題が残されているが，まずフェスティンガー(1954)の理論の基本仮説について考えてみよう．

a. 「自己評価」の動因(仮説1)．
人には自分の意見や能力を評価しようとする動因が存在する(仮説1)．

自己評価欲求の理由として，彼は自分の意見や能力について不正確な評価を行うことが，多くの状況でまずい結果になったり，場合によっては致命的なことになったりすることをあげている．確かに，たとえば，自分の能力について過大評価をしていると，実力以上の仕事を引き受け，あとで困ったことになるかもしれない．したがって，正確な"自己評価(self-evaluation)"はわれわれが社会生活を営むために必要なものであるといえよう．そして，このような生活上の必要性に基づく自己評価では，正確な自己像を得ることに重点がおかれることが予想されるであろう．したがって，自己の意見や能力はできるだけ正確に評価されることになると考えられる．これは，すでに述べたトロピが主張し，それを支持する実験結果を報告しているものである．

ところが，これまでの社会的比較に関する研究で得られたデータは，これ以外の動機の存在も考えなくては説明ができないし，あとで考察するように，フェスティンガー自身が比較他者の選択に他の動機が関与することを認めている．したがって，社会的比較研究の主題は，人が単に正確な自己評価を求めようとするだけでなく，他者との比較により何を達成しようとしているのかを理解することになっている．

b. 社会的手段による自己評価(仮説2)
自己評価のための客観的，非社会的な手段が得られないほど，他者の意見や能力と自分のそれとを比較する(仮説2)．

この仮説の後段にある，他者の意見や能力と自分のそれとを比較するということは，多くの研究が一致して支持するところである．ところが，他者の意見や能力の参照が客観的，非社会的な手段が存在しないときに限られるかどうかについては疑問がある．自己評価の目的が明確な自己像を得るためであれば，たとえば，自分は100 mを何秒で走ることができるかを知れば十分であろう．あるいは，もっと日常生活に即していえば，いつも通っている駅で，電車がどこまできたときに走れば，その電車に間に合うかを知っていれば十分なのである．このような自己評価を行うためには，他者の走る速さについて知る必要はない．ところが，多くの場合，人は他者との比較なしには，自分の走る速さについて評価をすることができない．目の前の電車に乗り込めるかどうかではなく，一緒に走っている他の人よりも先にその電車に飛び込めるかどうかにより，われわれは自分の走る速さについて評価を下していると考えられるのである．そして，自分がどこで走り出せばホームにいる電車に飛び込めるかという判断と，自分が他者と比較してどのくらい速いかとい

う判断はそれぞれ別な欲求を満足させていると思われる．前者の判断が行われたからといって，後者の判断が不必要になるとは考えられない．前者のような，いわば絶対的な自己評価と，後者のような相対的な自己評価とは，互いに補完し合うものではなく，それぞれ独立なものであり，異なった動機に基づいていると考えられる．そして，上でも述べたように，社会的比較研究の中心はこの後者の動機を特定しそれが比較他者の選択や，行動，認知，感情に与える影響を調べることである．仮に客観的で非社会的な手段が存在しようとも，他者との比較は人の自己評価，とくに相対的な自己評価にとっては重要な役割を果たしていると考えられる．

c. 他者情報への選択的接触（系3A，仮説4）

比較他者となりうる他者のうち，自分の能力や意見と近い者が比較のために選ばれるだろう（系3A）．

能力評価の場合には，意見の場合に存在しないことが多い一方的な上昇指向の動因が存在する（仮説4）．

系3Aは，比較の対象になる者が誰でもよいわけではないことを意味する．自分の将棋の実力を評価するときに，プロの棋士と比較するアマチュアはいない．自分の能力や意見に近い者を比較の対象として選ぶというのがフェスティンガーの考えである．

仮説4では，とくに能力の社会的比較の場合に上昇指向の動因が影響すると述べている．

これまでの多くの研究は，この系3Aと仮説4から比較対象となる他者を予測しようとしてきたが，その予測は必ずしも一義的に導き出すことはできない．第1に，自分に近いあるいは自分と似ているということがどういうことかが，はっきりしていない．第2に，上昇指向の動因が比較他者の選択にどのように影響するかもよくわかっていない．そのため自分よりも成績の良い者を比較他者として選択するのか，または自分よりも成績の悪い者を選択するのかが，不明なのである．実際，その後の研究は比較対象として自分よりも成績の良い者についての情報を知ろうとしたり，自分よりも成績の悪い者の成績を知ろうとしたりすることを報告している．ラタネ（Latané, 1966）の指摘しているように，ここで"自己評価（self-evaluation）"の欲求以外に，"自尊心（self-esteem）"に関わる動因の存在が指摘されたということは重要な意味をもっている．

フェスティンガー（1954）は，社会的比較過程の理論の中で，能力と意見の比較だけを取り上げた．しかし，その後の研究の対象は必ずしも能力と意見の比較に限定されているわけではない．とくに，能力は社会的に望ましい特性の一つであり，能力の社会的比較のメカニズムは他の社会的な望ましさが明らかな特性の社会的比較の場合と同様であろうと考えられている．したがって，これまでの研究の対象は能力に代表される社会的望ましさの明らかな事柄と，意見に代表される社会的望ましさの明確でない事柄の社会的比較の問題

に大きく分けられるといえよう．しかし，ここでは，最初に述べたように，もっぱら能力および他の社会的望ましさの明確な特性の社会的比較を取り上げることにする．

　社会的比較に関する従来の多くの実証的研究は，どのような他者を比較対象として選択するかを問題としてきた．そうした研究では，被験者にどの他者と自分の特性を比較したいかを直接的にたずねるのではなく，どの他者の特性あるいは成績を知りたいかをたずねるという方法を用いる．すなわち，被験者がどの他者に関する情報を求めているかを調べることにより，どの他者との比較を行おうとしているかがわかると考えているのである．

　これまでの研究では，社会的比較を動機づけている欲求として，おもに自己評価欲求と"自己高揚(self-enhancement)"欲求，あるいは"自己防衛(self-defense)"欲求，それに自己改善欲求の三つを考えている．まず，自己評価欲求とは，フェスティンガー(Festinger, 1954)がいうように，自分の特性を評価したいという欲求である．また，自己高揚欲求あるいは自己防衛欲求とは自分自身についてより良い評価を行いたい，あるいは好ましくない評価は避けたいという欲求である．そして，自己改善欲求とは優れた他者と自分を比較することによって，自己改善を行おうとする欲求である．

d.　上位他者に関する情報の選択

　ホイーラー(Wheeler, 1966)は，自己評価欲求と自己高揚欲求の存在は，自分よりも上位の他者との比較に導くと解釈した．彼は，この二つの欲求は，自分と似ているが，少しだけ自分より上位の者との比較に結びつくと考えたのである．彼の解釈によれば，自分の能力を正確に評価するために似た者と比較するが，とくに自分より良い者を選択するのは，より良い者と自分が似ていることを確認できることを期待してであるという．実際，彼はその後多くの研究で使われるようになった，順位づけ(rank-order)パラダイムを用いて，このことを示している．彼の研究では，被験者は7名のグループで性格テストを受けたが，その際その得点に従ってゼミに参加できるか否かが決定されると聞かされた．性格テストを受けたのちに，自分の得点とさらにグループ内での順位が4位であることが知らされた．そして，被験者はそのグループの他者の得点のうちのどの順位の者の得点を知りたいかをたずねられたのである．結果は，予測どおりであった．被験者は，自分と似ていてしかも上位である者，すなわち第3位の者を選ぶ傾向がみられたのである．

　ところが，上位他者の得点を知りたがるのは必ずしも自己評価や自己高揚欲求に基づくものではなく，他の理由がありうることを指摘している研究がある(Hakmiller, 1966；ThorntonとArrowood, 1966；Wheelerら, 1969)．たとえば，ホイーラーら(Wheelerら, 1969)は，特性が社会的に望ましいものか否かにかかわらず，上位得点者の得点を知りたがるという結果を得ている．この結果は，それまで仮定されてきた二つの動機だけでは説明できないものである．そこで，上位得点者への選択的接触の理由として，"典型例(positive instance)"(ThorntonとArrowood, 1966)や"得点範囲の探索(range-seeking)"(Hakmiller, 1966)が考えられるようになった. どのような特性にせよ, 最高得点をとる者を知ることはその特性についての情報を与えてくれるので, 情報的価値があるというのが, 典型例による説明である. また, 最高得点を知ることは, 全体の得点範囲の探索に役立つであろう. したがって, この点からも最高得点者を知ることには意味があるということになる. また, グルーダー(Gruder, 1971)は自己評価欲求と自己高揚欲求のほかに典型例を知ろうとしたり, 得点範囲の探索を行おうとしたりする動機も考慮に入れた実験を行った. その結果, 典型例, 特性の望ましさ, 得点範囲の探索のどの要因ともそれだけでは結果を説明することはできなかった. つまり, この三つの要因のどれもが関わり合っていることを示す結果が得られたのである.

結局, 上位他者の選択を行う理由として, 自己評価欲求, 自己高揚欲求のほか, 典型例, 得点範囲の探索が考えられるといえよう. ただし, あとから指摘された典型例や得点範囲の探索は, 社会的比較のために行われるわけではなく, 評価の対象となる次元がどのようなものであるかを知ろうとするためであると考えるのが適当であろう(Collins, 1996). また, 自己評価欲求および自己高揚欲求のほか, 自己改善のために優れた他者と自分とを比較するのだということも考えられている(Wood, 1989).

また, 上位他者との比較の結果, 自己評価の低下と上昇のどちらも生じる可能性があることを, コリンズ(Collins, 1996)は関連文献のレビューに基づいて主張している. 比較他者と自分との間に非常に特殊な類似性があるときには, 上位他者との比較の結果同化が起こり, 自己評価が上昇するというのである. たとえば, ブラウンら(Brownら, 1992)の研究では, 自分よりも魅力的な比較他者との比較を行うとき, 自分とその他者がたまたま誕生日が同じであれば, 魅力に関する自己評価が上昇するが, 誕生日が同じでない場合には, 自己評価には変化はなかった. また, ブルーワーら(BrewerとWeber, 1994)も, 学業に優れた者との比較で, 比較他者が自分と同じ少数集団に所属している場合には, 上位他者との比較は下位他者との比較よりも自己評価を上昇させることを見いだしている.

e. 下位他者に関する情報の選択

ウィルス(Wills, 1981)は, 人が自分よりも劣った者についての情報を求めるという下方比較(downward comparison)を行うこともあると主張している. 彼によれば, 人は自尊心に対する脅威を感じたときに自分よりも下位にある者との比較によって自分の主観的幸福感を増大させようとすると考えられる. たとえば, ハックミラー(Hakmiller, 1966)は, 順位づけパラダイムを用いて, 自尊心に対する脅威となりうるようなテストを受けたときには自分よりも良い特性をもっている他者の得点よりも, 自分よりも劣る者の得点を知りたがることを示した. ただし, この場合最も悪い特性をもっている者は, また典型例でもあった. したがって, この研究の結果からだけでは, 被験者は悪い特性をもっている者の得点を知ることにより, 自尊心に対する脅威を取り除こうとしたのかどうかは不明であ

る．被験者はただそのテストによって測定される特性の典型例を知りたかっただけかもしれないのである．そこで，フレンドら（Friend と Gilbert, 1973）はテストの測定する属性と自尊心に対する脅威の程度を独立に操作して，他者による評価への懸念や否定的評価によって経験する苦悩の程度の高い者の場合のみ，ハックミラー（Hakmiller, 1966）の結果を再現できることを見いだした．すなわち，他者による否定的評価を恐れる者だけが，自分の自尊心に脅威を感じたときに（自分の得点が良い特性をあまりもっていないことや，悪い特性を強くもっていることを示しているとき），自分よりも下位の者の得点を知りたがったのである．さらに，ピジンスキーら（Pyszczynski ら, 1985）において，被験者は自分の成績によって他者の成績に関する比較欲求に影響を受けていた．つまり，成績が悪く自尊心に脅威を感じているときほど，成績の悪い他者の成績を知りたがるという結果が得られている．このように，とくに自尊心に対する脅威があるとき，人は下方比較を行いやすいといえる．

　以上より，比較対象の選択に関しては，自尊心に対する脅威の有無により上方比較か下方比較かが決定されるといえよう．これまでの研究をみる限りでは，得点上の類似性はあまり被験者の選択に影響を与えてはいないと考えられる．ホイーラー（Wheeler, 1966）の研究は例外で，自分よりも少し離れた他者の得点に関する情報を選択する傾向を示す研究は少ない．とくに自尊心に対する脅威が与えられたときには，上で述べたように，自分と他者との得点上の類似性はあまり影響してこないことが示されている．次に，この類似性（similarity）の問題について別の視点から考えてみよう．

f. 属性の類似性

　自分に近い者と比較するというフェスティンガー（Festinger, 1954）の仮説（系 3 A）は，初期の研究では問題となる能力次元上での類似性に関してあてはまると考えられてきた．しかしそうではなく，問題となる能力に関連した属性の類似性に関してあてはまるという解釈も可能である．ザンナら（Zanna ら, 1975）は，こう考えて次のような研究を行った．男女大学生が，潜在的な知的能力を測定するテストを受けたのち，そのテスト結果について曖昧な情報のフィードバックを受けた．そして，その際その知的能力に関しては男性（または，女性）の方が優れていると告げられたのである．そのあとで，被験者は自分と同じ性別の被験者の得点を知りたいか，あるいは異性の被験者の得点を知りたいかをたずねられている．ここで，もし能力と関連した属性の類似性が社会的比較のために重要であれば，その能力に関してどちらの性が優れていようが，被験者は同性の被験者の得点を知りたがるであろう．一方，被験者が"模範者（standard-setters）"の方に興味があるならば，優れているといわれた性の被験者の得点を知りたがるであろう．その際，自分の性が優れているといわれれば同性を，また，異性の方が優れていれば，異性の得点を知りたがるであろう．実際には，被験者は，さまざまな属性をもつ集団のリストを示され，それら

の集団について得点の分布があるので，得点の分布を知りたいものについて，第1希望と第2希望を答えるようにいわれた．なお，このリストにある集団はそれぞれの性に関して，学生7集団，労働者7集団であった．すなわち，被験者は合計28の集団から，自分が得点を知りたい集団を第2希望まで選択したのである．その結果，97％の被験者は自分と同性の集団の得点の分布を第1希望として選択していた．この第1希望に関する結果は，被験者が問題となっている能力と関連した属性が似ている者を選択することを示している．これは，関連した属性の類似性が重要であるとするザンナらの立場を支持するものである．このように自分と似た属性をもつ者と比較を行おうとすることは，他の研究でも示されている（たとえば，JonesとRegan, 1974）．たとえば，ザンナ（Zannaら, 1975）の結果は，ミラー（Miller, 1982）やホイーラーら（Wheelerら, 1982）によって確認されている．ただし，フェルドマンら（FeldmanとRuble, 1981）では，被験者は同性の成績を知ろうとするだけでなく，自分よりも上位の者の成績を知ろうとする傾向がみられているので，上位他者についての情報を求めるという傾向が否定されているわけではない．

g. 比較他者の選択に関する研究のまとめ

　これまでの研究は，人が情報探索の対象として上位他者を選んだり，下位他者を選んだりすることを示している．上位他者を選択するする理由としては，自己評価欲求，自己高揚欲求のほか，自己改善，典型例，得点範囲の探索が考えられている．また，下位他者を選択するのは，とくに自尊心に対する脅威が存在するときであることが示唆されていた．実際，自尊心に対する脅威が，他者情報の選択に影響を与えることはスミスら（SmithとInsko, 1987）によっても示されている．彼らは順位づけパラダイムを用いて，自分と他者との成績の違いが公になってしまうようなときには，上位他者の情報を知ろうとする傾向が減じることを示した．この結果は，彼らが主張しているように，自他の成績の違いが公になってしまうと自尊心に対する脅威が生じるので，それを避けようとしているためと解釈できる．さらに，問題となっている能力と関連した属性が似ている者を情報探索の対象とすることが示されていた．

　結局，人がどのような他者の成績情報を求めるかは，フェスティンガー（Festinger, 1954）のいうような自己評価だけでなく，他の要因，とくに自己高揚欲求（あるいは自己防衛欲求）によっても大きく影響されるし，自己改善の動機も関わっていることが考えられる．

　以上が，フェスティンガー（1954）の理論に啓発されて行われた，他者の成績情報に対する接触欲求に関する研究の概要である．これらの研究は，おもに人がどの他者についての情報を求めるかを測定することにより，どの他者との社会的比較を望んでいるかを探ろうとしたものである．ところが，人はいつも社会的比較を行うかどうかを選択することができるとは限らない．すなわち，他者の能力についての情報が与えられてしまうこともあ

る．そのような場合，人はどのような対応をするであろうか．

　現実の場面では，他者の成績などについての情報が好むと好まざるとにかかわらず知らされてしまう場合がある．たとえば，ライバルとともに模擬試験を受けた受験生が，ライバルの方が英語の点数が良かったことを知ったときにどうするであろうか．その受験生は，社会的比較を行えば自己評価を下げざるをえなくなる．しかし，これまでの研究で示されているように，自己についての否定的な評価を避けようとする自己高揚欲求が何らかの仕方で，この自尊心に対する脅威を低減するように働くことが予想される．

　このような状況におかれたとき，人は社会的比較を行う次元を広げ，他者に劣っていることがまだ明らかになっていない次元での優位を確認することにより自尊心を高めて，ある特定の能力の比較による自尊心低下の補償を行うことができる．具体的には，他の能力の次元において，比較対象となっている他者が劣っているという情報を獲得すればよい．また，能力以外の次元でも，他者の評価を低めることにより，全体として自尊心の低下を防ぐことができる．ただし，他者が自分よりも高い能力をもっているという情報が与えられても，その人物が自分と似ていない場合には自己概念に対する脅威とはならないため，上に述べたような手段に訴える必要もないと思われる．山口ら(1983)は，社会的比較と情報接触欲求との関連を問題にする場合には，どの他者についての成績を知りたいかだけでなく，他者のどのような側面を知りたがっているかも調べる必要があることを示唆している．さらに，この研究では社会的比較を考える際には，特定の能力次元だけでなく，多次元で考える必要があることが示されている．実際，ウッドら(Wood ら, 1999)は，自尊心の高い者は，失敗したのちに自分の最も強い属性で他者と比較しようとすることを示している．

　最後に，情報接触対象の選択により社会的比較を研究する際の問題点を指摘しておこう．まず，情報接触対象の選択だけでは社会的比較を行っているかどうかが確認できない．ある人に関する情報を求めたからといって，それが自分とその人との比較を目的としたものとは限らないのである．さらに，ウッド(Wood, 1996)が指摘しているように，順位づけ法ではすでに自分の相対的位置は与えられていることになるので，比較対象となる者が絞られてしまっているという問題点がある．日常事態では，順位づけ法のような形で情報探索をすることはまずないのである．

3.2　SEM モ デ ル

　上で述べたような情報探索を指標とした社会的比較研究の問題点を回避するものに，テッサー(Tesser, 1986 ; 1988)の SEM (self-evaluation maintenance, 自己評価維持) モデルがある．このモデルの基本的な前提は以下のとおりである．

1. 人は自己評価を維持したり高めたりするように行動する．

2. 自分と他者との関係が自己評価に大きく影響する.

この前提に関わる重要な概念として，活動の関連性(relevance)と自分と他者との心理的近さ(closeness)がある. まず，関連性とは自己評価との関連性のことである. たとえば，体操選手にとっては，体操競技で良い成績をあげることは重要な業績であり，そのため，体操競技で良い成績をとれば，自己評価は高まるであろうし，悪い成績をとれば自己評価は下がるであろう. したがって，彼の定義によれば，この体操選手にとっては，体操競技で良い成績をあげることは自己評価との関連性の高い行動ということになる. 一方，物理学の研究者にとってみれば，体操が上手にできるということはあまり重要なことではなく，体操の上手下手は自己評価にほとんど影響しないであろう. この人にとっては，体操の成績というのは自己評価とあまり関係のないものなのである. したがって，体操競技で良い成績をあげることなどは自己評価との関連性が低い活動ということになる. また，心理的近さとは，自分と他者との心理的な距離のことである. たとえば，自分の兄弟は他人よりも近いし，自分と共通点の多い他者はそうでない者よりも近いであろう. テッサーら(Tesser と Paulhus, 1983)によれば，この心理的な近さはハイダー(Heider, 1958)のいうユニット関係性のような概念であり，生まれ，年齢，経歴，容姿，物理的近接性などが似ているほど近くなるものであるという.

他者の優れた活動は，自己評価を上昇させるように働いたり，自己評価を低下させるように働いたりする. そのとき，自己評価を上昇させるか低下させるかを規定しているのは，その活動の関連性(relevance)と自分と他者との心理的近さ(closeness)であるとテッサーは主張している. 具体的には，この概念を用いて，威光にすがる過程(reflection process)と，比較過程(comparison process)の分析が行われている. ここでいう威光過程とは他者の威光にすがって自分の評価を上げようとする現象をいう. これは，チャルディーニらによって報告され威光現象(bask in the reflected glory)と名づけられているが(Cialdini ら, 1976; Cialdini と Richardson, 1980)，SEM モデルはこのような現象の起こる条件を特定する. たとえば，自分の弟がオリンピックの体操競技で金メダルを獲得したということは，その人の誇りとなり，自己評価が高まることが考えられる. 多くの場合，自分の身内が活躍するということは誇りとなるのである. ただし，このモデルは，そのような威光現象が生じるのは，体操競技での活躍が自己評価とは関連のない場合に限られることを予想する. すなわち，物理学の研究者の弟がオリンピックの体操競技で金メダルを獲得した場合には，物理学研究者の自己評価が威光現象によって上昇することが考えられるであろう. しかし，自分も体操選手であり一緒にオリンピックに参加していた場合はどうであろうか. 自分はメダルを獲得できなかったのに弟が金メダルを獲得したという場合には，威光現象は生起せず，自己評価も上昇しないであろう. この場合はむしろ，優秀な弟との比較過程が生起し，自己評価は低下してしまうことも考えられるのである. このように SEM モデルは，他者や自己の成績(performance)，活動の関連性，自分と他者との

心理的近さという三つの中心的概念をもとにさまざまな予測を行うものである．このモデルは，情報の選択的接触でなく，社会的比較による自己評価の変化を人がどのようにコントロールするかに焦点をあてている(Tesser, 1988)．とくに感情への社会的比較の影響に関して，SEM モデルは他者の成績，関連性，心理的近さという変数が影響することを予測する．そして，実際，これまでに社会的比較の結果として嫉妬が生じることが報告されている(Nadler ら, 1983；Bers と Rodin, 1984；Salovey と Rodin, 1984)．これらの研究は，① 他者についての情報によって，おそらくは社会的比較が行われ，その結果として快不快の感情が生起していること，② その際に SEM モデルで問題とする成績，自己評価との関連性，比較対象との心理的近さ，という三つの変数が大きな影響を与えていることを示している．

3.3 社会的比較に関する将来の研究の方向

最後に，社会的比較に関する今後の研究の方向について考えてみよう．最近ウッド(Wood, 1996)は，社会的比較過程を"社会的情報の獲得段階"，"社会的情報を自己と関連づけて考える段階"，"社会的比較に対する反応の段階"の三つに分類している．これまでに提出された社会的比較に関する主要な理論は，フェスティンガー(Festinger, 1954)の社会的比較過程の理論とテッサー(Tesser, 1988)の SEM モデルであるが，それらをこの分類にあてはめると，前者は情報接触に焦点をあてており，"社会的情報の獲得の段階"に関する理論ということになり，後者はすでに情報が得られたときに人がどのように行動するかに関わっているので，"社会的比較に対する反応の段階"に関する理論であるといえよう．したがって，この二つの理論は相互補完的なものであると考えられる．今後の課題は，第2の段階についての研究を進めることであろう．たとえば，ある次元についての社会的情報が与えられると，自分にとって都合のよい別の次元で社会的比較をしようとする，などという多次元比較の現象は，この第2段階に関わるものである．また，第1段階の他者に関する情報がなくとも，自分で勝手にそれを作り出す傾向についての研究もこの段階に関わるものである．たとえば，アリックら(Alicke ら, 1995)は，自分は平均以上に望ましい特性をもっているとみなしやすいという傾向を報告している．そして，この傾向は伊藤(1999)によってわが国でも一部分確認されている．これらのように第2段階に関わる研究を進めることにより，社会的比較過程の全体像が明らかになってくると思われる．また，ギボンズら(Gibbons と Buunk, 1999)が行っているように，社会的比較傾向の個人差も社会的比較過程の理解には欠かせないものであり，今後の研究が必要である．

〔山口　勧〕

596 V 社 会 心 理 学

文 献

1) Alicke, M.D., Klotz, M.L., Breitenbecher, D.L., Yurak, T.J. and Vrendenburg, D.S.(1995): Personal contact, individuation, and the better-than-average effect. *Journal of Personality and Social Psychology*, **68**: 804-825.
2) Bers, S.A. and Rodin, J.(1984): Social-comparison jealousy; A developmental and motivational study. *Journal of Personality and Social Psychology*, **47**: 766-779.
3) Brewer, M.B. and Weber, J.G.(1994): Self-evaluation effects of interpersonal versus intergroup social comparison. *Journal of Personaliy and Social Psychology*, **66**: 268-275.
4) Brown, J.D., Novick, N.J., Lord, K.A. and Richards, J.M.(1992): When Gulliver travels; Social context, psychological closeness, and self-appraisals. *Journal of Personality and Social Psychology*, **62**: 717-727.
5) Cialdini, R.B., Borden, R.J., Thorne, A., Walker, M.R., Freeman, S. and Sloan, L.R.(1976): Basking in reflected glory; Three (football) field studies. *Journal of Personality and Social Psychology*, **34**: 366-375.
6) Cialdini, R.B. and Richardson, K.D.(1980): Two indirect tactics of image management; Basking and blasting. *Journal of Personality and Social Psychology*, **39**: 406-415.
7) Collins, R.L.(1996): For better or worse; The impact of upward social comparison on self-evaluations. *Psychological Bulletin*, **119**: 51-69.
8) Feldman, N.S. and Ruble, D.N.(1981): Social comparison strategies; Dimensions offered and options taken. *Personality and Social Psychology Bulletin*, **7**: 11-16.
9) Festinger, L.(1954): A theory of social comparison processes. *Human Relations*, **7**: 117-140.
10) Friend, R.M. and Gilbert, J.(1973): Threat and fear of negative evaluation as determinants of locus of social comparison. *Journal of Personality*, **41**: 328-340.
11) Gibbons, F.X. and Buunk, B.P.(1999): Individual differences in social comparison; Development of a scale of social comparison orientation. *Journal of Personality and Social Psychology*, **76**: 129-142.
12) Gruder, C.L.(1971): Determinants of social comparison choices. *Journal of Experimental Social Psychology*, **7**: 473-489.
13) Hakmiller, K.L.(1966): Threat as a determinant of downward comparison. *Journal of Experimental Social Psychology*, **Supplement 1**: 32-39.
14) Heider, F.(1958): *The psychology of interpersonal relations*. Wiley, New York.
15) 伊藤忠弘(1999): 社会的比較における自己高揚傾向；平均以上効果の検討. 心理学研究, **70**: 367-374.
16) Jones, S.C. and Regan, D.T.(1974): Ability evaluation through social comparison. *Journal of Experimental Social Psychology*, **10**: 133-146.
17) Latané, B.(1966): Studies in social comparison-introduction and overview. *Journal of Experimental Social Psychology*, **Supplement 1**: 1-5.
18) Miller, C. T.(1982): The role of performance-related similarity in social comparison of abilities; A test of the related attributes hypothesis. *Journal of Experimental Social Psychology*, **18**: 513-523.
19) Nadler, A., Fisher, J.D. and Ben-Itzhak, S.(1983): With a little help from my friend; Effect of single or multiple act aid as a function of donor and task characteristics. *Journal of Personality and Social Psychology*, **44**: 310-321.
20) Pyszczynski, T., Greenberg, J. and LaPrelle, J.(1985): Social comparison after success and failure; Biased search for information consistent with a self-serving conclusion. *Journal of Experimental Social Psychology*, **21**: 195-211.
21) Salovey, P. and Rodin, J.(1984): Some antecedents and consequences of social-comparison jealousy. *Journal of Personality and Social Psychology*, **47**: 780-792.
22) Smith, R.H. and Insko, C.A.(1987): Social comparison choice during ability evaluation; The

第3章　社会的比較の理論　　　597

effects of comparison publicity, performance feedback, and self-esteem. *Personality and Social Psychology Bulletin,* **13** : 111-122.

23) Suls, J.M. and Miller, R.L. (eds.) (1977): *Social comparison processes.* Hemisphere, Washington, DC.

24) Tesser, A. (1986): Some effects of self-evaluation maintenance on cognition and action. In : Sorrentino, R.M. and Higgins, E.T. (eds.), *The handbook of motivation and cognition* ; *Foundations of social behavior,* pp.435-464. Guilford, New York.

25) Tesser, A. (1988): Toward a self-evaluation maintenance model of social behavior. In : Berkowitz, L. (ed.), *Advances in experimental social psychology,* Vol. 21, pp.181-227. Academic Press, New York.

26) Tesser, A., Miller, M. and Moore, J. (1988): Some affective consequences of social comparison and reflection processes ; The pain and pleasure of being close. *Journal of Personality and Social Psychology,* **54** : 49-61.

27) Tesser, A. and Paulhus, D. (1983): The definition of self : private and public self-evaluation management strategies. *Journal of Personality and Social Psychology,* **44** : 672-682.

28) Thornton, D.A. and Arrowood, A.J. (1966): Self-evaluation, self-enhancement, and the locus of social comparison. *Journal of Experimental Social Psychology,* **Supplement 1** : 40-48.

29) Trope, Y. (1975): Seeking information about one's ability as a determinant of choice among tasks. *Journal of Personality and Social Psychology,* **32** : 1004-1013.

30) Trope, Y. (1979): Uncertainty-reducing properties of achievement tasks. *Journal of Personality and Social Psychology,* **37** : 1505-1518.

31) Trope, Y. (1980): Self-assessment, self-enhancement, and task preference. *Journal of Personality and Social Psychology,* **16** : 116-129.

32) Trope, Y. (1982): Self-assessment and task performance. *Journal of Experimental Social Psychology,* **18** : 201-215.

33) Trope, Y. and Ben-Yair, E. (1982): Task construction and persistence as means for self-assessment of abilities. *Journal of Personality and Social Psychology,* **42** : 637-645.

34) Trope, Y. and Brickman, P. (1975): Difficulty and diagnosticity as determinants of choice among tasks. *Journal of Personality and Social Psychology,* **31** : 918-925.

35) Wheeler, L. (1966): Motivation as a determinant of upward comparison. *Journal of Experimental Social Psychology,* **Supplement 1** : 27-31.

36) Wheeler, L., Koestner, R. and Driver, R.E. (1982): Related attributes in the choice of comparison others ; It's there, but it isn't all there is. *Journal of Experimental Social Psychology,* **18** : 489-500.

37) Wheeler, L. and Koestner, R. (1984): Performance evaluation ; On choosing to know the related attributes of others when we know their performance. *Journal of Experimental Social Psychology,* **20** : 263-271.

38) Wheeler, L., Shaver, K.G., Jones, R.A., Goethals, G. and Cooper, J. (1969): Factors determining the choice of a comparison other. *Journal of Experimental Social Psychology,* **5** : 219-232.

39) Wills, T.S. (1981): Downward comparison principles in social psychology. *Psychological Bulletin,* **90** : 245-271.

40) Wilson, S.R. and Benner, L.A. (1971): The effects of self-esteem and situation on comparison choices during ability evaluation. *Sociometry,* **34** : 381-397.

41) Wood, J.V. (1989): Theory and research concerning social comparisons personal attributes. *Psychological Bulletin,* **106** : 231-248.

42) Wood, J.V. (1996): What is social comparison and how should we study it ? *Personality and Social Psychology Bulletin,* **22** : 520-537.

43) Wood, J.V., Giordano-Beech, M. and Ducharme, M.J. (1999): Compensating for failure through social comparison. *Personality and Social Psychology Bulletin,* **25** : 1370-1386.

44) 山口　勧，古谷妙子，山崎章子(1983)：能力の社会的比較における自己高揚的傾向について．武蔵野女子大学紀要，**18**：153-159.
45) 山口　勧(1990)：「自己の姿への評価」の段階．中村陽吉 編：「自己過程」の社会心理学，pp.111-142，東京大学出版会．
46) Zanna, M.P., Goethals, G.R. and Holl, J.F.(1975): Evaluating a sex-related ability ; Social comparison with similar others and standard setters. *Journal of Experimental Social Psychology*, **11** : 86-93.

第4章

自己呈示理論

　われわれは，他者の外見や言動を通して他者に対してさまざまな印象を抱き，部分的にはそうした印象に基づいて，その人への対応の仕方を決める．したがって，われわれがどのような手がかりをどのように使って他者に関する印象を作り上げるのかを研究することは，対人行動を理解するうえできわめて重要なものであり，従来から，対人認知・印象形成・帰属過程といった標題のもとに数多くの研究が行われてきた．

　これとは逆に，われわれは社会生活の中で，印象形成の対象となる自分，すなわち"他者からみられる自分"に関心を抱き，その印象をコントロールしようと努める．それによって，"自分に対する他者の対応の仕方"に影響を及ぼすことができるからである．就職試験の面接は，よい例であろう．銀行や商社の面接を受けに行く学生は，わざわざ髪を短く整えて，普段はあまり着ない紺のスーツに身をかため，面接者の質問に対して，自分がいかに"御社"にとって"お買い得"な人間であるかをアピールする．また，友だちとの何気ない会話の中にも，たとえば自分の失敗に対してさまざまな言い訳を口にする場合などのように，自分の印象が悪くなることを避けようとする表現がしばしば観察される．

　このように，人は，自分自身の特定のイメージを選択的に他者に伝達することによって，自分に対する他者の知覚や評価に影響を及ぼし，それによって，他者が自分をどのように扱うかを左右することができるし，しばしばそれを実行する（Schlenker, 1980）．こうした行動は自己呈示（self-presentation），あるいは印象操作（impression management）と呼ばれ，近年，社会心理学の重要な研究テーマの一つとなっている．

4.1　自己呈示研究の流れ

古くから，人間を人生という舞台で役回りを演じる俳優としてとらえようとする立場が

ある．シェークスピアの作品において語られる「全世界が一つの舞台／そして人間はみな役者にほかならぬ／それぞれに出があり引っ込みがあり／一生を通じてさまざまな役を演じる」(『お気に召すまま』, 2幕7場)などはよく知られている．安西(1988)によると，このような考え方は，古代ギリシャのピタゴラス，ローマのペトロニウスに発し，それ以後，古代・中世・ルネッサンスを通じて長い伝統を背負った観念であるという．また，人々がこのような見方に関心をもっていたことは，現在使われている単語の中に，演劇に関連するものが含まれていることからも推測できる．"人"の意味で使われている "person" が，劇の登場人物がつける面を意味する "persona" に由来することはよく知られているし，また役割を意味する "role" はラテン語の "rotula" に由来し，これは台詞を羊皮紙に書いて木の棒に巻きつけたもの(プロンプターの原型)を意味していたという．"attitude (態度)" が初めて英語として使われたときの意味は「俳優が自分の役を表現すること，その表現の形態」といわれている(Schlenker, 1985)．

しかし，近年の自己呈示研究に直接的な影響を与えたのは，ゴフマンである．ゴフマンは，日常生活において人々が演じる行動を "パフォーマンス" と呼んだ．これは，ある状況にいる参加者が，どのような仕方であれ，他の参加者に影響を及ぼすのに役立つようなすべての行動をさす．また，行為者が相手や相互作用の場面，とりわけ自分自身をどのようにみているかを伝達するために用いる言語的・非言語的行動は "立場" あるいは "筋書き(line)" と呼ばれる．また，立場の主要な側面が "面子(face)" であり，特定の場面で人が主張する肯定的な価値をさす．いわば，承認された社会的属性という形で描かれた自己イメージである．そして，他者との出会いの中で演じる筋書きに矛盾がなく，その場面で価値のある人間だと他の人々からみなされている場合，その人は「面子を保って」いることになる．しかし，思わぬ失敗や他者の悪意ある攻撃によって，面子が脅威にさらされた場合，自分が行っていることを面子と一致させる必要が出てくる．これがフェイスワーク(face-work)と呼ばれるプロセスである．フェイスワークは，回避過程と修復過程に分けられる．回避過程は，面子が脅威にさらされた場合，実際に面子を失うのを回避するための過程であり，自己の面子を救うという防衛的過程(defensive practice)と他者の面子を救おうとする保護的な過程(protective practice)が含まれる．また，面子を失う事態が実際に生じたあとには修復過程が開始される．これは，①挑戦(事故に注意を向け，立場を修復する義務が生じる)，②提案(参加者，とくに侵害者に対して，侵害を訂正し秩序を再び確立する機会が与えられる)，③受容(その提案を満足できるものとして受け入れる)，④感謝(許された侵害者は，寛容にも自分を許してくれた人に対して感謝のサインを送る)，という順序で進行する．このような人間どうしの相互作用の分析は，のちの社会心理学における自己呈示研究に大きな影響を及ぼすこととなった．

4.2 社会心理学における自己呈示研究

当初, とくに"実験"社会心理学においては, 研究の中心的課題として自己呈示の問題に焦点があてられることは少なかった. むしろ, 従来, 個人内部の心理的過程に基づく理論的枠組みの中で理解されてきた現象(認知的不協和, リアクタンス, 社会的促進など)を, 自己呈示という対人的過程の中で生じる問題として解釈しようとする研究が中心であった. たとえば, ゲーズら(Gaes ら, 1978)は, 反態度的行動によって"態度変化"が観察されたとしても, それは認知的不協和の発生によるものではなく, 反態度的行動によって傷つけられた社会的アイデンティティを修復することを意図した態度表明だと主張した. また, リアクタンス理論では, 自由行動(free behavior)に対する脅威がリアクタンスを生じさせ, これが自由を回復しようとする行動や認知変化を導くことが仮定される. これに対してハイルマンとトフラー(Heilman と Toffler, 1976), ベアら(Baer ら, 1980)は, 自由を回復しようとする動機は「自律的な人間というイメージを他者に投影したいという欲求」から派生するものであると主張した.

しかし, 1980年代に入って自己呈示の研究は, "別解釈の提供"の段階を脱し, 対人行動を理解するうえでの重要なアプローチとして認められるようになった. ただし, 現在の自己呈示の研究は, 一つの理論的枠組みに基づいて行われているわけではない. むしろ, 「人間の社会行動の原因と結果についての疑問を公式化し, それに答えようとするためのメタ理論的な枠組み」(Tetlock と Manstead, 1985)とみなすほうが妥当であろう. たとえば, 社会心理学には, "認知的整合性理論"があるが, これは, 認知要素の間の一貫性を保とうとする力の存在を仮定する. これと同じように, "自己呈示理論"は, 人は多くの社会的場面で他者から抱かれる自分の印象を操作しようと動機づけられるという仮定のもとに, 人間の社会的行動を検討しようとするものである.

4.3 自己呈示をどのようにとらえるか

自己呈示をどのように定義するかに関して, 研究の間で共通の認識があるわけではない. ここでは, シュレンカーとウエイゴールド(Schlenker と Weigold, 1992)などに従って, 自己呈示をどのようにとらえるかに関する議論の中で問題になってきた点についてまとめてみることにしよう.

第1に, 自己呈示の範囲をどこまで広げるかという問題がある. 狭くとらえる場合には, 目前の人からみられる印象を意図的に操作する側面が強調される(Buss と Briggs, 1984 ; Jones と Pittman, 1982 ; Snyder, 1987). この場合には, 特定の条件下で生じる行動, あるいは特定の人々が採用する行動で, 勢力・承認を獲得しようとする対人的動機と

結びつけられる．たとえば，ジョーンズとピットマン（Jones と Pittman, 1982）は自己呈示を，「行為者の内的属性に関する他者の帰属を誘発ないし形成しようとする勢力増大動機に影響される行動の諸側面」と定義する．こうした立場に対して，自己呈示を広くとらえる立場もある．たとえば，シュレンカー（Schlenker, 1985）は，行為者の目標や相手の期待や価値観に合致するように行為者が情報をパックすることと考える．本を書く場合，著者は読者層を想定して彼らの理解が容易になるような形に内容を編集する．同じように，人々は，社会的生活において，できる限り最善の記述になるように自分自身に関する情報を編集する，というのである．

　第2は，誰の（何の）印象を操作するのかという点である．もちろん，自分が他者に与える印象に関心をもつからこそ自己呈示ということばが使われているわけであるが，自分以外の対象・事象の印象に影響を与えようとして情報をコントロールすることもある．この場合には"印象操作（管理）"という語が使われることが多い．たとえば，自分の知人を第三者に紹介する場合，その内容によって知人が悪い印象を受けないように注意を払うことがあるし（Knouse, 1989），友人が異性から好意的に評価されるように，異性の好みに合う方向にその友人の特徴を伝達することもある（Schlenker と Britt, 1999）．さらに，人間ではなく，集団や組織の印象が問題になるときもある．

　第3に，自己呈示の対象を"他者"に限定するのか，あるいは"自分自身"をも含めるのか，という問題がある．グリーンウォルドとブレックラー（Greenwald と Breckler, 1985）は，他者に知られない状況で行う私的な自己評価が肯定的な方向に偏っていることなどから（Greenwald, 1980），自己呈示の対象として自分自身，言い換えれば"内なる聴衆（inner audience）"をも含めるべきだと考えている（Baldwin と Holmes, 1987）．

　またシュレンカー（Schlenker, 1985）は，自分が特定のタイプの人間であるとみせる過程を自己同定（self-identification）と呼び，人はこれによって自分のアイデンティティを自分自身および他者（相互作用の相手や想像上の他者）に対して固定化させ，表現すると仮定した（Schlenker と Weigold, 1992）．こうした立場に立つと，自己呈示という標題のもとに行うべき領域が広がりすぎる点が問題となる（Leary, 1994；Leary と Kowalski, 1990）．

　最後に，自己呈示を意識的に行われるものに限定するのか，ということが問題になることもある．研究者の中には，意識的・意図的に行われる行動に限定する人がいる一方で（Briggs と Cheek, 1984；Jones と Pittman, 1982；Snyder, 1974, 1987），無意識的あるいは自動的な行動も含めて広く自己呈示をとらえたり（Hogan, 1983；Schlenker, 1980 など），その段階を考慮しようとする研究者もいる（Leary, 1995）．この問題に関しては，意識的に行ったかどうかを特定することは困難であるし，どのような過程で自己呈示が自動的に行われるようになるのかを研究すること自体，自己呈示という行動についての理解を深めることにつながるので（Paulhus, 1993），概念的に両者を区別することは必要であっ

ても，意識的なものだけに研究の対象を限定してしまう必要はないと思われる．

4.4　自己呈示の機能と分類

　自己呈示をどのように定義するか，また，どのような行動の自己呈示的側面を扱うかによって異なってはくるが，自己呈示を行うことには，いくつかの機能がある（Leary と Kowalski, 1990）．第1は，"報酬の獲得と損失の回避"である．自己呈示を行うことによって，広い意味での報酬を得ることができる．ここでいう報酬は，金銭的な側面はもちろん，地位の獲得，他者からの援助なども含まれる．同時に，すでにもっている資源の維持にも役立つ．第2は，"自尊心の高揚・維持"である．自己呈示を行うことによって，他者から好意的に評価されるようになれば，それが自尊心を高揚させることになる．逆に，他者からの非難を避けることによって，自尊心の低下を最小限に抑えることができる．第3は，"アイデンティティの確立"である．自己概念と他者からの評価が一致しないときなど，自己概念に合致した行動をとることによって，アイデンティティを確立することができる（Baumeister, 1982 ; Baumeister と Tice, 1986）．

　では，自己呈示への動機づけが高まったとき，人はどのような形で自己呈示を行うのだろうか．テダスキとノーマン（Tedeski と Norman, 1985）は，① 戦術的（tactical）か戦略的（strategic）か，② 防衛的（defensive）か主張的（assertive）かという二つの次元で分類することを試みている（図 5.4.1）．

　戦術的自己呈示は，特定の対人場面において一時的に生じる行動をさす．一方，戦略的自己呈示は，多くの場面においてこうした戦術を組み合わせ，長期にわたって特定の印象を他者に与えようとする方略をいう．2番目は，防衛的-主張的という次元である．防衛的自己呈示は，他者が自分に対して否定的な印象を抱いたり，抱く可能性があるとき，自分のイメージをそれ以上傷つけないようにしたり，少しでもそれを良い方向に変えようと

	〈戦術的〉	〈戦略的〉
〈防衛的〉	弁解 正当化 セルフ・ハンディキャッピング 謝罪 社会志向的行動	アルコール依存 薬物乱用 恐怖症 心気症 精神病 学習性無力感
〈主張的〉	取り入り 威嚇 自己宣伝 示範 哀願 賞賛付与 価値高揚	魅力 尊敬 威信 地位 信憑性 信頼性

図 5.4.1　自己呈示行動の分類

する試みである. これに対して, 主張的自己呈示は, 特定の印象を他者に与えることを目的にして積極的に自らの行動を組み立てていく自己呈示をいう.

4.5 主張的な自己呈示

表5.4.1は, 戦術的な自己呈示の戦術のうち, 代表的なものをまとめたものである (JonesとPittman, 1982). 左から①その名称, ②他者からどのような印象でみられることを目的とするか, ③自己呈示が失敗に終ったときどのような印象でみられる危険があるか, ④どのような感情を相手に生じさせることで目的が達成されるか, ⑤具体的にどのような行動があるか, が示されている.

a. 取り入り (ingratiation)

ジョーンズとウォートマン (JonesとWortman, 1973)は, 取り入りを「個人の資質の魅力に関して, 特定の他者に影響を与えようと不当に企てられた戦略的行動」(p.2)と定義している. 取り入りが生起する条件として重要なのは以下三つの要因である.

① 誘引価 (incentive value):取り入ろうとする相手から好意的評価を受けることの, 自己呈示者にとっての重要性の程度. 言い換えれば相手に対する依存度であり, 重要性が高いほど (依存しているほど), 相手に取り入ろうとする傾向は強くなる.

② 主観的成功確率 (subjective probability):取り入りが成功をするかどうか, 本人が事前に評価する成功の主観的な確率. これが高いとき, 取り入りを実行に移す可能性が高くなると考えられる.

③ 正当性の認知 (perceived legitimacy):お世辞の場合でいえば, これは本心と異なることを相手にいうわけなので, 本人にとっては正当な行為とは考えにくい. そこで, さ

表5.4.1 代表的な主張的自己呈示の戦術

自己呈示の戦術	目標とする帰属	失敗した場合の帰属	相手に喚起される感情	典型的な行為
取り入り (ingratiation)	好感がもてる	追従者 卑屈・同調者	好意	自己描写・意見同調 親切な行為・お世辞
自己宣伝 (self-promotion)	能力ある	自惚れた 不誠実	尊敬	業績の主張 業績の説明
示 範 (exemplification)	価値ある 立派な	偽善者 信心ぶった	罪悪感・恥	自己否定・援助 献身的努力
威 嚇 (intimidation)	危険な	うるさい・無能・迫力なし	恐怖	脅し・怒り
哀 願 (supplication)	かわいそう 不幸	なまけ者 要求者	養育・介護	自己非難 援助の懇願

第4章　自己呈示理論　　　　　　　　　　　605

$$P=[(A-A')\times(M\pm M')]+(D\pm D')+L$$

$\begin{bmatrix} P=業　績 & L=運 \\ A=安定した能力要因 & A'=一時的な能力の制限要因 \\ M=安定した動機づけ要因 & M'=一時的な動機づけ要因 \\ D=通常の難易度 & D'=難易度に影響する一時的要因 \end{bmatrix}$

図5.4.2　遂行の変動に影響を及ぼす諸要因の関係

まざまな理由づけを行って，自分の行為が正当なものだと考えようとする．取り入りが実行されるかどうかは，どの程度正当なものだと信じ込むことができるかに依存する．取り入りには，お世辞(flattering)，意見同調(opinion conformity)，親切な行為(favor doing)などの方略が含まれる．

b.　自己宣伝(self-promotion)

自己宣伝は，知識，技術などに関して有能な人間であることを印象づける方略である．もちろん，有能さを印象づける最も明確な手がかりは遂行そのものである．ある意味で，遂行の水準を高める動機づけの一つといえる(Baumeister, 1989)．しかし，遂行は，さまざまな要因によって影響を受けるので(Darley と Goethals, 1980)，遂行に関して本人が行う説明の内容によって，他者が自分の能力に関して行う推測に影響を及ぼすことができる(図5.4.2)．たとえば，失敗したあとに"十分に努力しなかった"という説明をして他者に受け入れられれば，失敗の原因として"能力の低さ"が果たす役割は，多少とも割り引かれることになる．

能力の高さは業績によって示されるので，能力が高い人は自己宣伝を行う必要性は少ないが，能力が低く不安定であるほど，業績の説明によって自己宣伝を行う必要性が高くなる．したがって，「自己宣伝を必要とする場合ほど，言明の信憑性が低くなる」というジレンマが生じることになる．また，自己の能力に関する説明の内容によっては"自惚れ""不誠実"といった否定的な印象をもたれる危険があるので，取り入る人と同様，自己宣伝を行う人もある種のジレンマを感じることになる．そして，自己宣伝を行うことによって否定的評価を受ける可能性がある場合，逆方向の謙遜(modesty)を行うことがある．

自己宣伝は，単一の行動としてではなく，その行動が生じる文脈に照らして判断される．たとえば，同じ自己宣伝でも，会話の相手から促されたり，相手自身が自己宣伝を行った場合には，自己宣伝を行っても否定的な印象を抱かれることは少なくなる(Holt-graves と Srull, 1989)．

c.　示範(exemplification)

示範は，自己犠牲的な行為や献身的努力などを通じて「道徳的価値があり完璧な人間である」という印象を他者に与えようとするものである．このような理想的な価値を内面化し

ていて誠実にそれを実践する人々が存在することを否定するものではないが，しばしば，同じ行動が自己の勢力を増大しようとする意図をもつ自己呈示としての色彩を帯びる．典型的な例はカリスマ的リーダーの行動にみられる．カリスマ的リーダーは，明確なビジョンを描き出し，それを達成するための明確な道筋を示し，さらに，自分たちの運動・組織の目的を意味づけるなどの方法でフォロワーに対する影響力を強めるが，自己呈示に関してはとくに自己宣伝と示範に優れているという (GardnerとAvolio, 1998)．

示範という自己呈示は成功すれば強い影響力を獲得することができるが，たとえば望ましくない自己の行為が露見するなどして意図する印象を相手に与えることに失敗した場合には，「偽善者」というレッテルを貼られることになる(GibertとJones, 1986)．

d. 哀願 (supplication)

自分の勢力・資源が限られたものであるとき，いわば最後の手段として哀願という形態の自己呈示を行うことができる．これは，自分が弱い存在であることを印象づけることによって否定的な結果が生じるのを防ぐ方略である．「弱者を助けるべきである」という社会的規範が存在するとすれば，周囲の人々がこの規範に従って自分に援助・養育の手を差し伸べてくれる可能性が高まるのである．ただし，他の方略と同様に，場合によっては「なまけ者」，「何かと要求ばかりする人だ」という否定的印象を受ける危険がある．

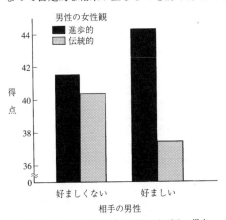

図5.4.3 各条件の被験者の平均アナグラム得点

女性らしさの自己呈示は，しばしば哀願的な自己呈示の要素を含む．たとえば，ザンナとパック(ZannaとPack, 1975)は，これから会うことになっている相手が好ましい異性で，かつ，伝統的な女性観をもっているとされた場合，女性は与えられた課題の成績を低く抑えることを明らかにしている．能力を低く自己呈示することが女らしさをみせることにつながると解釈することができる(図5.4.3)．さらに，好ましい男性の前では，女性被験者が食べるスナック菓子の量が少なくなることも示されている(Moriら, 1987; PlinerとChaiken, 1990)．

e. 威　　嚇

威嚇は，相手に否定的な結果がもたらされる危険があることを示して，その人に恐怖感を抱かせる方略をいう．こうした方法によって，他者に対して自分の要求を受け入れさせ

ることができる(Felson, 1978；Tedeski ら, 1974).

威嚇はしばしば，攻撃的行動に結びつく．まず，相手に恐怖感を抱かせるには，苦痛を
与える力を自分がもっていること，それが単なる脅しでないことを示す必要があり，それ
が実際の攻撃行動を生み出すことになる．また，他者から攻撃を受けた場合，攻撃を受け
た人が何もせずにに黙っていることは，相手の否定的評価，あるいは相手の方が強いとい
う主張を受け入れてしまうことを意味する．しかし，その相手に報復的な攻撃を実行すれ
ば，攻撃者や周囲の人々に対して，自分の勢力の強さを誇示することができる．面子を傷
つけられたあとの報復的な攻撃には，このように社会的アイデンティティを回復しようと
する動機が含まれる(Brown, 1968；Felson, 1982；大渕, 1993；Worchel, 1978；山入端,
1994, 参照).

4.6　防衛的な自己呈示

a.　釈　　明

人が不適切な行為，あるいは期待はずれの行為を行った場合，その行為と期待の間のギ
ャップを埋め合わせるために行為者自身が行う言明を釈明(account)という(Scott と
Lyman, 1968)．釈明にはさまざまな種類があり，シェンバッハ(Schonbach, 1980)はこれ
らを譲歩(concession)，否認(denial)，正当化(justification)，弁解(excuse)の四つに分
類している．ここでいう譲歩は，相手のいうとおりに自分の非を認め，悔恨の情を示し，
罪のあがないを申し出るなど，謝罪にまつわる一連の行為をさす．否認は，自分の責任を
一切認めない，あるいは“事件”が生じたことさえ認めようとしない場合である．弁解
は，「こんなこと，するつもりはなかった」，「お酒を飲み過ぎてしまって……」，など，自
己と“悪い”行為との結びつきを弱めようとする言明をいう．これに対して，正当化は，
少なくとも部分的には自分に責任があることを認めたうえで，その行為の否定的意味合い
を弱めようとする言明のことをさす．他者を傷つけておきながら，「相手はそれほど痛が
っていない」，「当然の報いだ」などと他者に主張する場合などがこれにあたる．

どのような種類の釈明を選ぶか，また，複数の釈明をどのように組み合わせて使うか
は，社会的苦境の性質によってある程度決まってくる(古屋と湯田, 1988；Gonzales ら,
1990；Gonzales ら, 1992)．たとえば，自分の行動が明らかに不適切なものであり，責任
が自分にあることを認めている場合に謝罪が行われやすい(Tedaschi と Riordan, 1981)．

ゴンザレスら(Gonzales ら, 1992)は，「友人から借りた車を運転していて事故を起こし，
友人から説明を求められた」などの場面を提示し，自分だったらどのように釈明するかを
被験者に自由に書いてもらった．そこに書かれた釈明の言葉を分類したところ，事件の結
果の重大さや，本人の責任の程度には関わりなく，謝罪がいちばん多く述べられる傾向が
みられ，そのあとに，弁解，正当化，否認が続いた．また，非難されるべき行動によって

苦境に陥った場合の方が，謝罪が多く行われる傾向が認められた．さらに，責任が大きい場合の方が，さまざまな形態を組み合わせて複雑な釈明を行う傾向や，女性の釈明の方が男性に比べて複雑なことも明らかにされた．

b. セルフ・ハンディキャッピング

ハンディキャップは，身体的障害，精神的・心理的障害，環境(家庭)的要因など，(成功を困難にするような)"不利な条件"をいう．通常は，こうしたハンディキャップの存在を自ら他者に強調するようなことはしないが，自尊心が脅かされそうな事態が予想される場合，自ら自己のハンディキャップを強調したり，そうしたハンディキャップを自分で作り出すことがある．こうした行為をセルフ・ハンディキャッピングという．

セルフ・ハンディキャッピングを行うことによって，自分の行為に関して他者が行う帰属を操作することができる．すなわち，失敗した場合には"自分の能力の低さ"が原因であるとする明確な帰属を行うことができず(割引原理)，一方，成功した場合には，能力の高さがより強く推測されることになる(割増原理)．もちろん，こうした過程で強調される特性や行動は，実際に"ハンディキャップ"となりうるものである．しかし，本人にとっては「さほど重要でない領域における否定的特徴」を強調することによって，より重要な(中心的な)領域における自分の遂行に関する評価を避けることができるのである．

アーキンとバウムガードナー(Arkin と Baumgardner, 1985)は，セルフ・ハンディキャッピングを

① ハンディキャップが実際に獲得される(acquired)ものか，言語的に主張される(claimed)のみか，

② ハンディキャップが個人の内部に求められるか，外部に求められるか，

③ 肯定的な自己イメージを獲得(acquisitive)しようとするものか，自己イメージを防衛(protective)しようとするものか，

という側面から分類している(表 5.4.2)．

バーグラスとジョーンズ(Berglas と Jones, 1978)は，「代謝障害の治療に使われる2種類の薬が知的課題の遂行に及ぼす影響を調べるための実験であり，薬を飲まない条件と飲む条件であるテストを行って成績を比較する」という表向きの目的のもとで実験を行っ

表 5.4.2 セルフ・ハンディキャッピング方略の分類
(Arkin と Baumgardner, 1985)

	獲得的(acquired)	主張的(claimed)
内的	薬物・アルコールの摂取 努力の抑制	テスト不安・対人不安 身体的不調の訴え 抑うつ
外的	不利な遂行条件の選択 困難な目標の選択	課題の困難さの主張 劣悪な遂行条件の主張

第4章　自己呈示理論　　　*609*

た．まず，20問からなるテストに解答する際，半数の被験者に対してはそのうち16問を解答不能なものとしたが，全問終了後「20問中16問正解だった」と告げた（非随伴的成功条件）．残りの半数の被験者には，12～14問程度正解できる程度に難易度を調整し，最後に高成績を収めたことを被験者に告げた（随伴的成功条件）．こののち，課題遂行を促進する薬（アクタビル）か遂行を妨害する薬（ハンドクリン）のいずれかを選ぶように求められた．その結果，とくに男性の場合，非随伴的成功条件の被験者の方が遂行を妨害するとされたパンドクリンを選ぶ人が多いことが明確に示された．これは，たとえ成功を経験をしても，それがはっきりした達成感に基づいていない場合，自ら不利な条件を背負い込むことでその肯定的な自己イメージを維持しようとしたと解釈することができる．

　努力の抑制も，しばしばセルフ・ハンディキャッピングとしての役割を果たす．フランケルとスナイダー（FrankelとSnyder, 1978）の研究では，被験者は解答不能な課題を遂行して失敗感を味わったあと，アナグラム課題を与えられた．その結果，課題が「それほど難しくない」といわれた条件の被験者の方が，「非常に難しい」といわれた条件の被験者よりも正解数が少なく，また，解答に要する時間も長かった．これは，「それほど難しくない」といわれた場合，失敗の原因が自分の能力の低さに帰せられてしまう可能性があるために，あまり努力をしなかったと解釈することができる（Snyderら, 1981）．

　ロードウォルトら（Rhodewaltら, 1984）は，プリンストン大学の水泳部員にセルフ・ハンディキャッピング尺度を実施し，セルフ・ハンディキャッピング方略をとる傾向が強い人と弱い人を選び出したうえで，競技大会前にどれくらい練習をするのか調べた．その結果，あまり重要でない大会の前には，両群とも練習量に差はなかったが，重要な大会の前には，セルフ・ハンディキャッピング傾向の弱い人は練習量を増加させたのに対し，セルフ・ハンディキャッピング傾向の強い人は増加させなかった．以上のような努力の抑制は，しばしば学習不振児（アンダーアチーバー）の問題に関連する（Jones, 1989; Riggs, 1992; Thompson, 1994）．

　セルフ・ハンディキャッピングと類似した方略に，サンドバッギング（sandbagging）がある（GibsonとSachau, 2000; ShepperdとSoucherman, 1997）．これは，自己の遂行水準に対する他者の期待を下げることを目的とする自己呈示をさし，①故意に失敗する，②自己のスキルや能力を控えめに述べる，③自分の過去の成績よりも低い予想をする，などの行為が含まれる．これまでの研究では，他者から強い期待を受けると遂行が悪化することが知られているので（Baumeister, 1984; Baumeister, HamiltonとTice, 1985），サンドバッギングに成功すれば自己の遂行の悪化を防げることになる．さらに，遂行評価の基準が低く設定されることにより，相対的に遂行が高く評価される可能性が高まることが予想される．

4.7 間接的な自己呈示

これまでみてきた自己呈示の方略は，呈示者が自己の言動を通じて直接的に行うものであるが，特定の他者の存在を利用して，間接的に自己の印象を高揚させたり，低下を防ぐ方略がある．チャルディーニ(Cialdini, 1989)は，こうした間接的な自己呈示の方略として四つの可能性があるとしている．

(1) 好ましい他者との結びつきを強調する，

(2) 好ましくない他者と肯定的な結びつきがあることを強調しない，

(3) 好ましくない他者と否定的な結びつきがあることを強調する，

(4) 好ましい他者と否定的な結びつきがあることを強調しない，

である．

チャルディーニら(Cialdini ら, 1977)は，電話インタビューで，学生に六つの質問を行い，学生の回答に関係なく，半数の被験者には「6問のうち正解は五つ」と告げ(高自尊心条件)，残りの半数の被験者には，「正解は一つ」と告げた(低自尊心条件)．こののち，実験者は，数日前に自分の大学のフットボールチームが他大学のチームと闘った結果をたずねた．ただし，上記それぞれの条件の中で，半数の被験者に対しては自分の大学が勝った試合(対ヒューストン大学)について，残りの半数の被験者に対しては負けた試合(対ミズーリ大学)についてたずねた．そして，その勝敗を答えるときに，"we"を使うかどうかを調べた．これを，被験者がフットボールチームとの結びつきを強めようとしているのか，あるいは弱めようとしているのか，を調べるための指標としたのである．その結果，高自尊心条件では"we"を使った人の割合は勝敗に関係なかったが，低自尊心条件では，自分の大学が勝った試合の結果を答える場合のほうが"we"を使う人の割合が大きいことが明らかにされた．また，スナイダーら(Snyder ら, 1986)の行った研究では，いくつかの被験者集団に課題を遂行させたのち，成績が良かった，あるいは成績が悪かったというフィードバックを与えた．その結果，成績が良かったというフィードバックを与えられた集団のメンバーは悪かったというフィードバックを受けた集団のメンバーに比べて，大きな部屋で何人かの判定員の前で課題の種類や解決法について説明を行う場面で"チームバッジ"を実験者から受け取り，また，それを身につける傾向が強かった．

すでに連合している(自分が所属している)集団を高く評価する一方で，結びつきのない(ライバルの)集団の評価を下げるという方略も間接的な自己呈示の形態と考えられる．たとえば，チャルディーニとリチャードソン(Cialdini と Richardson, 1980)は，アリゾナ州立大学のキャンパスで学生に声をかけ，"潜在的創造性"のテストを受けてほしいと頼んだ(90%が承諾)．そして，被験者の回答に関わりなく，失敗条件の被験者に対しては「創造性が平均より低い」と告げ，平均条件の被験者に対しては「平均的な創造性のもち

主」と告げた．さらに，統制群の被験者には「テスト結果はあとで郵送する」と告げた．このあと，自分が所属する集団(アリゾナ州立大学)，あるいは，ライバル集団(アリゾナ大学)の評価(教育環境，入試の基準など)を求めた．その結果，創造性が低いといわれた条件の被験者は，他の条件の被験者に比べて，所属集団に対する評価を高める一方で，ライバル集団の評価を低めることが明らかにされた(図 5.4.4)．

否定的に評価されている対象と何らかの結びつきが明らかになった場合，その対象に対する評価がポジティブな方向に変化する (boosting)．フィンチとチャルディーニ(Finch と Cialdini, 1989)は，帝政ロシア末期の怪人物ラスプーチンを，皇后に取り入って権力をほしいままにした悪党として"史実どおりに"紹介した文章を被験者に読ませたが，その際，半数の被験者にはラスプーチンの生まれた月日を被験者自身の月日と同じにしておき，他の被験者には異なる月日にしておいた．その結果，誕生日が同じだと信じ込まされた被験者はそうでない被験者に比べて，ラスプーチンに対する評価が良くなっていた(Cialdini と De Nicholas, 1989)．

肯定的に評価されている対象と自己との結びつきが明らかになると，"実際に"自尊心が上昇することも明らかにされている．ブラウンら(Brown ら, 1992)は，女性被験者に魅力度が高い刺激人物あるいは魅力度が低い刺激人物の写真をみせ，誕生日が同じ，あるいは異なるという情報を与えた．その結果，誕生日が異なる場合には被験者の自尊心の高低

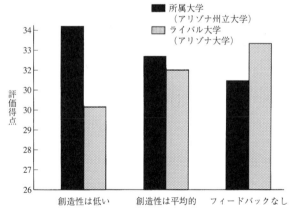

図 5.4.4 所属大学およびライバル大学への評価(Cialdini と Richardson, 1980)

表 5.4.3 対象人物に対する魅力の程度

対象人物の魅力度	異なる誕生日		同じ誕生日	
	低自尊心	高自尊心	低自尊心	高自尊心
低	2.96	2.84	2.61	3.00
高	2.52	2.66	2.98	2.58

に関わらず対比効果が生じる(すなわち, 美しい刺激人物に接すると自己評価が低下する)が, 誕生日が同じ場合, 高自尊心群の被験者は対比効果を生じさせるのに対して, 低自尊心群の被験者は同化効果(美しい刺激人物に接すると自己評価が高まる)を生じさせた(表5.4.3).

4.8 自己呈示の個人差

自己呈示に対する関心の程度や, 実際に自己呈示を行う能力やその頻度には個人差があることが知られている. 中でも, とくに自己呈示の問題と直接的に結びつく性格特性として注目されてきたのは, "自己モニタリング" と "マキャベリ主義" である.

a. 自己モニタリング

自己モニタリング(self-monitoring)は, 対人場面において自己呈示や感情表出を注意深く自己観察し, それを調整・統制(すなわち, モニター)することをさす. 自己モニタリング傾向が高い人々は, 自分の行動が社会的状況のもとで適切であるか否かに常に関心を抱く. そして, その状況で他者がどのようにふるまうかを注意深く観察して, それをガイドラインとして自分自身の行動を調整しようとする. これとは反対に, 自己モニタリング傾向の低い人々は, 他者の行動など外部の手がかりに対する関心は乏しい代わりに, 自分の内的な感情状態や安定した態度によって自分の行動を決める. この自己モニタリング傾向の差異は, 人々の社会的行動に大きな影響を及ぼすことが知られている(Snyder, 1979 ; 1987).

スナイダー(Snyder, 1974)が開発した自己モニタリング尺度は 25 項目からなる真偽法の尺度で, 自己呈示に関わる五つの側面,

(1) 自己呈示が社会的に適切かどうかについての関心の強さ
(2) 状況に適した自己呈示を行う手がかりとして, 他者の行動を参照する程度
(3) 自己呈示や表出行動を統制・変容する能力
(4) 特定の状況におけるこの能力の使用
(5) 状況の違いに伴って, 表出行動や自己呈示が変化する程度

を測定することを意図したものである(邦訳版は岩淵ら, 1982).

自己モニタリング傾向が高い人は, 得られた情報を自分の行動を調整するために用いるので, 状況が変わると行動もそれに伴って変動することが多い. これとは対照的に, 自己モニタリング傾向が低い人は, 比較的安定した自己の内的特性からの情報を用いることが多いために, 状況が変わっても行動に一貫性が認められる(Snyder と Monson, 1975). また, 自己モニタリング傾向が高い人は, 特定の社会的状況で自分がどのようにみられるかに関心をもつために, つき合う相手を選ぶときに外見を重視して "見栄えのする" 女性を

選ぶ傾向がある一方，自己モニタリング傾向が低い人は，特定の態度・性格の人と一緒に活動することが自分自身を表現することにつながるので，外面よりも内面を重視してパートナーを選ぶことが明らかにされている(Snyderら，1985；1988)．

b. マキャベリ主義

マキャベリ(Machiavelli, N.B.：1469-1527)はイタリアの政治思想家で，『君主論』や『政略論』の著者として知られている．これは君主たるものの心得を説いたもので，目標達成のためには冷淡な手段を使うことも辞さず，嘘も方便と考え，理想よりも現実の利益を重視する，などの姿勢が貫かれている．クリスティーとガイス(ChristieとGeis, 1970)は，一般にマキャベリの思想に共鳴し，日常の生活の中でそれを実現している人々がいるのではないかと考え，こうした人々を選び出すためのマキャベリアニズム尺度を開発した．マキャベリアニズム尺度(以下，"Mach尺度"と略記)にはいくつかの種類があるが，最も多く使われているのが"Mach IV"である．これは，20項目からなる尺度で，マキャベリ主義の三つのテーマに関する項目が集められている．

（1） 対人関係の中で，お世辞や嘘など他者を操作するための戦術を使うことを肯定する傾向(項目例：他人を信頼しきってしまうと，とんでもない目にあう)．
（2） シニカルな人間観(項目例：「人には皆悪いところがあって，機会があればそれが現れる」と考えておけば無難である)．
（3） 伝統的な道徳性の軽視(項目例：不治の病にかかっている人は，安楽死を選べるようにすべきだ)．

このような意味でのマキャベリ主義は，これまで扱ってきた自己呈示の問題と重なる部分があると考えてよいだろう．

これまで，マキャベリ主義傾向の強い人々がどのような行動を示すのか，かなりの数の研究が行われている(Fehrら，1992)．たとえば，マキャベリ主義を信奉する人々が他者を操作する術にたけているなら，彼らは，その一つの現れである"嘘"が上手につける人といってもよいだろう．ガイスとムーン(GeisとMoon, 1981)は，Mach尺度で高得点をとった人(高Mach)と低得点をとった人(低Mach)を選び出し，仲間が"盗み"をした事実を知っているのに知らないふりをするときと，"盗み"をしなかったという事実を語るときの表情をビデオに収め，これを別の被験者にみせて，画面に出てくる人物が嘘をついているか，それとも本当のことをいっているかを6段階で評定してもらった．その結果，盗みなし条件

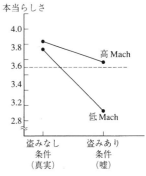

図5.4.5 高Machおよび低Machの被験者に対する「本当らしさ」の評定(GeisとMoon, 1989)

（真実を述べる条件）では，高Machも低Machも本当のことをいっていると評定されたが，盗みあり条件（嘘をいう条件）では，低Machは嘘が"ばれる"のに対して，高Machは中性点付近に評価されていた．これは，高Machの人々が，ある程度"そ知らぬ顔で"嘘をつけることを示している（図5.4.5）．

このほかにも，高Machは他者を操作するための技術に優れた面がある．シェパードら（SheppardとVidmar, 1980）は，模擬裁判の場面で高Machと低Machの人に弁護士役をやらせて，裁判の結果がどのように異なるのかを調べている．この研究では，目撃者役の被験者に暴力事件をビデオテープでみせたあと，その目撃者に対して弁護士役の被験者が尋問をした．すると，高Machに尋問された目撃者の証言内容が，その弁護士が望んでいる方向（依頼人に有利な方向）に偏る傾向が認められた．これは，高Machは，自分に都合の良い目撃証言を引き出す能力をもっていることが推測される結果である．さらに，陪審役の被験者は，この目撃証言に引きずられる形で，高Machの依頼人に対して事件の責任を帰そうとすることが少なくなることも明らかにされている．

現象例

スポーツでも仕事でも，人がみているところで何かを行う場面では，一人で行う場合に比べて，その"できばえ"が変わってくることがある．この現象は，従来から"社会的促進"という標題のもとに数多くの研究が行われてきた．他者の存在は，それだけで動因を高めたり，注意を課題からそらしてしまうなど，さまざまな影響を行為者に及ぼすが，それだけではなく，他者に対して"格好いいところをみせよう""下手なことはできない"など，自己呈示の動機づけも高まることが考えられる．そして，"みせよう"とする気持が高じて，かえってまずい結果を招いてしまうこともある．バウマイスター（Baumeister, 1984）は，このような状況のもとで遂行が予想よりも悪い水準にとどまってしまう現象を"チョーキング（choking）"と呼んだ．

バウマイスターとスタインヒルバー（BaumeisterとSteinhilber, 1984）は，アメリカのプロ野球ワールドシリーズの記録を分析することによって，"みせよう"とすることがチョーキングを招くことを示した．彼らは，1924～1982年のシリーズのうち，一方のチームが圧倒的な強さで最初から4勝をあげて優勝した10回分は除外したうえで試合の結果を分析した．すると，優勝がかかっていない最初の2試合だけをみてみると，全試合のうち60.2％は地元チームが勝っていた．これは，いわゆる「ホームコート（グラウンド）・アドバンテージ」と呼ばれるもので，従来からいくつかの研究で確認されている．ところが，最終戦（第5，第6，第7試合）の結果だけをまとめて調べてみると，地元チームの勝率は40.8％に低下していた．その中から第7戦だけを選び出してみると，この傾向はさらに強まり，地元チームは38.5％しか勝っていなかった．こうした傾向は，地元の圧倒的

な応援に"応えよう"とする気持，言い換えれば自己呈示的な側面がプレーに悪影響を及ぼしたと解釈することが可能であろう．じつは，この結果だけからでは，地元チームが勝利を目前にしてプレッシャーを感じたのか，それとも，ビジターチームが頑張ったのかはわからない．そこで，どちらが妥当性の高い説明かを知るためにバウマイスターらはチームのエラーの数を調べた．すると，第1，第2試合ではホームチームの方がエラーが少ないのに対して，第7戦では逆にエラーが多くなることが明らかになった．これは，前述の解釈の妥当性を示しているといえよう．

なお，こうした統計資料に基づく分析の場合，指標のとり方などによって異なる結果が得られることもある．その後の議論に関しては，ヒートンとシガール(HeatonとSigall，1989；1991)やバトラーとバウマイスター(ButlerとBaumeister，1998)などを，また，日本における研究に関しては釘原(1998)を参照されたい．

エピソード

自己呈示あるいは印象操作ということばの中に，"自分を偽る"，"嘘をつく"という側面が含まれることもあって，心理学者も含め，この領域の研究に対して良い印象を抱かない人々がかなりいるようである．この領域で卓越した業績を残したジョーンズ(Jones，1990)は，自分が印象操作の研究を行っていることに関連して，ある著名な社会心理学者が「印象操作の問題は不快なので，そのことについて考えるのも嫌だ」といわれたことがあると述懐している．

リアリィ(Leary，1995)は，自己呈示の領域で活躍している研究者数名から意見を求め，自己呈示の研究がなぜ嫌われるかの理由を以下の四つにまとめている．

（1） 自己呈示は，本来的に操作的・偽瞞的なものであり，社会生活の中の"醜い"，目を向けたくない側面と考えられてきた．

（2） 1970年代以来，社会心理学では人々の認知過程の分析に焦点が合わせられ，自己呈示のように対人的動機を含め問題は背景に追いやられた．

（3） 当初，自己呈示の研究が，個人内の過程として説明されてきた現象に対する"別解釈"として取り上げられることが多かった．これが，旧来の立場に立つ研究者に欲求不満を生じさせることとなった．

（4） 自己呈示の研究は，たとえ理論的・実証的な立場から研究が行われたとしても，結局は，人々をどのように操作するかというポップ心理学と同列のものだと理解された．

〔安藤清志〕

文　献

1) 安西徹雄(1988): この世界という巨きな舞台—シェイクスピアのメタシアター，筑摩書房.
2) Arkin, R.M. and Baumgardner, A.H.(1985): Self-handicapping. In : Harvey, J.H. and Weary, G. (eds.), *Attribution* ; *Basic issues and applications*. Academic Press, New York.
3) Baer, R., Hinkle, S., Smith, K. and Fenton, M.(1980): Reactance as a function of actual versus projected autonomy. *Journal of Personality Social Psychology*, **38** : 416-422.
4) Baumeister, R.F.(1982): A self-presentational view of social phenomena. *Psychological Bulletin*, **91** : 3-26.
5) Baldwin, M.W. and Holmes, J.G.(1987): Salient private audiences and awareness of the self. *Journal of Personality Social Psychology*, **52** : 1087-1098.
6) Baumeister, B.F.(1984): Choking under pressure ; Self-consciousness and paradoxical effects of incentives on skillful performance. *Journal of Personality Social Psychology*, **46** : 610-620.
7) Baumeister, R.F. and Steinhilber, A.(1984): Paradoxical effects of supportive audiences on performance under pressure ; The home field advantage in sports championships. *Journal of Personality Social Psychology*, **47** : 85-93.
8) Baumeister, R. F. , Hamilton, J. C. and Tice, D. M.(1985): Public versus private expectancy of success ; Confidence booster or performance pressure ? *Journal of Personality Social Psychology*, **48** : 1447-1457.
9) Berglas, S. and Jones, E.E.(1978): Drug choice as a self-handicapping strategy in response to noncontingent success. *Journal of Personality Social Psychology*, **36** : 405-417.
10) Briggs, S.R. and Cheek, K.M.(1988): On the nature of self-monitoring ; problems with assessment, problems validity. *Journal of Personality Social Psychology*, **54** : 663-678.
11) Brown, J.D., Novick, N.J., Lord, K.A. and Richards, J.M.(1992): When Gulliver travels ; Social context, psychological closeness, and self-appraisals. *Journal of Personality Social Psychology*, **62** : 717-727.
12) Buss, A.H. and Briggs, S.R.(1984): Drama and the self in social interaction. *Journal of Personality Social Psychology*, **47** : 1310-1324.
13) Butler, J. L. and Baumeister, R. F.(1998): The trouble with friendly faces skilled performance with a supportive audience. *Journal of Personality Social Psychology*, **75** : 1213-1230.
14) Christie, R. and Geis, F.L.(1970): *Studies in machiavellianism*. Academic Press.
15) Cialdini, R.B.(1989): Indirect tactics of image management ; Beyond Basking. In : Giacalone R.A. and Rosenfeld, R.(eds.), *Impression management in the organization*. Erlbaum, Hillsdale, NJ.
16) Cialdini, R.B., Borden, R.J., Thorne, A., Walker, M.R., Freeman, S. and Sloan, L.R.(1976): Basking in reflected glory ; Three (football) field studies. *Journal of Personality Social Psychology*, **34** : 366-375.
17) Cialdini, R.B. and Richardson, K.D.(1980): Two indirect tactics of image management ; Baskimg and blasting. *Journal of Personality Social Psychology*, **39** : 406-415.
18) Cialdini, R.B. and De Nicholas, M.E.(1989): Self-presentation by association. *Journal of Personality Social Psychology*, **57** : 626-631.
19) Darley, J.M. and Goethals, G.R.(1980): People's analysis of the causes of ability-linked performance. *Advances in Experimental Social Psychology*, **13** : 1-37.
20) Felson, R.B.(1978): Aggression and impression management, *Social Psychology Quarterly*, **41** : 205-213.
21) Felson, R.B.(1982): Impression management and the escalation of aggression and violence. *Social Psychology Quarterly*, **45** : 245-254.
22) Fehr, B., Samsom, D. and Paulhus, D.L.(1992): The construct of Machiavellianism ; Twenty years later. In : Spielberger C.D. and Butcher, J.N.(eds.), *Advances in personality assessment*, Vol. 9.

第4章　自己呈示理論　　　　617

Erlbaum, Hillsdale, NJ.

23) Finch, J.F. and Cialdini, R.B.(1989): Another indirect tactic of (self-) image management. *Personality and Social Psychology Bulletin,* **15** : 222-232.

24) Frankel, A. and Snyder, M.L.(1978): Poor performance following unsolvable problems ; Learned helplessness of egotism? *Journal of Personality Social Psychology,* **36** : 1415-1423.

25) 古屋　健，湯田彰夫(1988): 社会的苦境場面における言語的印象管理方略．心理学研究，**59**, 120-126.

26) Gaes, G.G., Kalle, R.J. and Tedeschi, J.T.(1978): Impression management in the forced compliance situation. *Journal of Experimental Social Psychology,* **14** : 493-510.

27) Cardner, W. L. and Avolio, B. J.(1998): The charismatic relationship ; A dramaturgical perspective. *Academy of Management Review,* **23** : 32-58.

28) Geis, F.L., and Moon, T.H.(1981): Machiavellianism and deception. *Journal of Personality Social Psychology,* **41** : 766-775.

29) Gibson, B. and Sachau, D.(2000): Sandbagging as a self-presentational strategy ; Claiming to be less than you are. *Personality and Social Psychology Bulletin,* **26** : 56-70.

30) Gilbert, D. T. and Jones, E. E.(1986): Exemplification ; The self-presentation of moral character. *Journal of Personality,* **54** : 593-615.

31) Gonzales, M.H., Manning, D., Jr. and Haugen, J.A.(1992): Explaining our sins ; Factors influencing offender accounts and anticipated victim responses. *Journal of Personality Social Psychology,* **62** : 958-971.

32) Gonzales, M.H., Pederson, J.H., Manning, D.J. and Wetter, D.W.(1990): Pardon my gaffe ; Effects of sex, status, and consequence severity on accounts. *Journal of Personality Social Psychology,* **58** : 610-621.

33) Greenwald, A.G.(1980): The totalitarian ego ; Fabrication and revision of personal history. *American Psychologist,* **35** : 603-618.

34) Greenwald, A.G., Breckler, S.J.(1985): To whom is the self presented? In : Schlenker, B.R.(ed.), *The self and social life.* McGraw-Hill.

35) Heaton, A.W. and Sigall, H.(1989): The "championship choke" revisited ; The role of fear of acquiring a negative identity. *Journal of Applied Social Psychology,* **19** : 1019-1033.

36) Heaton, A. W. and Sigall, H.(1991): Self-consciousness, self-presentation, and performance under pressure ; Who choke, and when? *Journal of Applied Social Psychology,* **21** : 175-188.

37) Heilman, M. E. and Toffler, B. L.(1976): Reacting to reactance ; An interpersonal interpretation of the need for freedom. *Journal of Experimental Social Psychology,* **12** : 519-529.

38) Holtgraves, T. and Srull, T.K.(1989): The effects of positive self-descriptions on impressions ; General principles and individual differences. *Personality and Social Psychology Bulletin,* **15** : 452-462.

39) 岩淵千明，田中國夫，中里浩明(1982): セルフ・モニタリング尺度に関する研究．心理学研究，**53** : 54-57.

40) Jones, E.E. and Pittman, T.S.(1982): Toward a general theory of strategic self-presentation. In : Suls, J.(ed.). *Psychological perspectives on the self,* Vol. 1. Erlbaum, Hillsdale, NJ.

41) Jones, E.E. and Wortman, C.(1973): *Ingratiation ; An attributional approach.* General Learning Press, Morriston, NJ.

42) 神山　進(1994): 記号としての服装．木下富雄，吉田民人 編：記号と情報の行動科学，福村出版．

43) カイザー，S.B.(被服心理学研究会 訳)(1994): 被服と身体装飾の社会心理学—装いのこころを科学する，北大路書房．

44) Knouse, S.B.(1989): Impression management and the letter of recommendation. In : Giacalone, R. A. and Rosenfeld, P.(eds.), *Impression management in the organization.* Erlbaum, Hillsdale, NJ.

45) 釘原直樹(1998): 優勝を目前にした時のプレッシャーに関する日米比較．日本心理学会第62回発表論文集，**126**.

618   V 社 会 心 理 学

46) Leary, M.R. (1995): *Self-presentation*; *Impression management and interpersonal behavior*. Brown & Benchmark.

47) Leary, M.R. and Kowalski, R.M. (1990): Impression management; A literature review and two component model. *Psychological Bulletin*, **107** : 34-47.

48) Mori, D., Chaiken, S. and Pliner, P. (1987): "Eating lightly" and the self-presentation of femininity. *Journal of Personality Social Psychology*, **53** : 693-702.

49) 大渕憲一 (1993): 人を傷つける心―攻撃性の社会心理学, サイエンス社.

50) Paulhus, D. (1993): Bypassing the will; The automatization of affirmations. In : Wegner, D.M. and Pennebaker, J.W. (eds.), *Handbook of mental control*. Prentice-Hall.

51) Pliner, P. and Chaiken, S. (1990): Eating, social motives, and self-presentation in women and men. *Journal of Experimental Social Psychology*, **26** : 240-254.

52) Rhodewalt, F., Morf, C., Hazlett, S. and Fairfield, M. (1991): Self-handicapping; The role of discounting and augmentation in the preservation of self-esteem. *Journal of Personality Social Psychology*, **61** : 122-131.

53) Rhodewalt, F., Saltzman, A.T. and Wittmer. J. (1984): Self-handicapping among competitive athletes ; The role of practice in self-esteem protection. *Basic and Applied Social Psychology*, **5** : 197-210.

54) Schlenker, B.R. (1980): *Impression management*; *The self concept, social identity, and interpersonal relations*. Brooks-Cole, CA.

55) Schlenker, B. R. (1985): Identity and self-identification. In : Schlenker, B. R. (ed.), *The self and social life*. McGraw-Hill.

56) Schlenker, B.R. (1985): Introduction ; Foundations of the self in social life. In : Schlenker, B.R. (ed.), *The self and social life*. McGraw-Hill, New York.

57) Schlenker, B. R. and Britt, T. W. (1999): Beneficial impression management; Strategically controlling information to help friends. *Journal of Personality Social Psychology*, **76** : 559-573.

58) Schlenker, B.R. and Weigold, M.F. (1992): Interpersonal processes involving impression regulation and management. *Annual Review of Psychology*, **43** : 133-168.

59) Sheppard, B.H. and Vidmar, N. (1980): Adversary pretrial procedures and testimonial evidence ; Effects of lawyer's role and Machiavellianism and attractiveness. *Journal of Personality Social Psychology*, **39** : 320-332.

60) Shepperd, J. A. and Soucherman, R. (1997): On the manipulative behavior of low Machiavellians ; Feigning incompetence to "sandbag" an opponent's effort. *Journal of Personality Social Psychology*, **72** : 1488-1459.

61) Snyder, C.R., Lassegard, M.A. and Ford, C.E. (1986): Distancing after group success and failure ; Basking in reflected glory and cutting off reflected failure. *Journal of Personality Social Psychology*, **51** : 382-388.

62) Snyder, C.R. and Smith, T.W. (1982): Symptoms as self-handicapping strategies ; The virtues of old wine in a new bottle. In : Weary, G. and Mirels, H.L. (eds.), *Integrations of clinical and social psychology*. Oxford University Press, New York.

63) Snyder, C.R., Smith, T.W., Augelli, R.W. and Ingram, R.E. (1985): Shyness as a self-handicapping strategy. *Journal of Personality Social Psychology*, **48** : 970-980.

64) Snyder, C.R., Smoller, B., Strenta, A. and Grankel, A. (1981): A comparison of egotism, negativity, and learned helplessness as explanations for poor performance. *Journal of Personality Social Psychology*, **40** : 24-30.

65) Snyder, M. (1974): The self-monitoring of expressive behavior. *Journal of Personality Social Psychology*, **30** : 526-537.

66) Snyder, M. (1979): Self-monitoring process. In : Berkowitz, L. (ed.), *Advances in experimental Social Psychology*, Vol. 12. Academic Press, New York.

第 4 章 自己呈示理論

67) Snyder, M.(1987): *Public appearances/private realities* ; *The psychology of self-monitoring*. Freeman.

68) Snyder, M., Berscheid, E. and Glick, P.(1985): Focusing on the exterior and interior ; Two investigations of the initiation of personal relationships. *Journal of Personality Social Psychology*, **48** : 1427-1439.

69) Snyder, M., Berscheid, E. and Matwychuk, A.(1988): Orientations toward personnel selection ; Differential reliance on appearance and personality. *Journal of Personality Social Psychology*, **54** : 972-979.

70) Snyder, M. and DeBono, K.G.(1989): Understanding the functions of attitudes ; Lessons from personality and social behavior. In : Pratkanis, A.R. Breckler, S.J. and Greenwald, A.G.(eds.), *Attitude structure and function*. Erlbaum, Hillsdale, NJ.

71) Snyder, M. and Monson, T.C.(1975): Persons, situations, and the control of social behavior. *Journal of Personality Social Psychology*, **32** : 637-644.

72) Strack, S. and Coyne, J.C.(1983): Social confirmation of dysphoria ; Shared and private reactions to depression. *Journal of Personality Social Psychology*, **44** : 798-806.

73) Tedeschi, J.T. and Norman, N.(1985): Social power, self-presentation, and the self. In : Schlenker, B.R.(ed.), *The self and social life*. McGraw-Hill.

74) Tedeschi, J.T., Smith, R.B. and Brown, R.C.(1974): A reinterpretation of research on aggression. *Psychological Bulletin*, **81** : 540-563.

75) Tedeschi, J.T. and Riordan, C.A.(1981): Impression management and prosocial behavior following transgression. In : Tedeschi, J.T.(ed.), *Impression management theory and social psychological theory*. Academic Press.

76) Tetlock, P.E. and Manstead, A.R.S.(1985): Impression management versus intrapsychic explanations in social psychology ; A useful dichotomy ? *Psychological Review*, **92** : 59-77.

77) Thompson, T.(1994): Self-worth protection ; Review and implications for the classroom. *Educational Review*, **46** : 259-274.

78) Tracy, K.(1990): The many faces of facework. In : Giles H. and Robinson, W.P.(eds.), *Handbook of Language and Social Psychology*. Wiley.

79) Worchel, S., Arnold, S.E. and Harrison, W.(1978): Aggression and power restoration ; The effects of identifiability and timing on aggressive behavior. *Journal of Experimental Social Psychology*, **14** : 43-52.

80) 山入端津由(1994): 面子と暴力. 大渕憲一 編 : 暴力の行動科学(現代のエスプリ 320), 至文堂.

81) Zanna, M.P. and Pack, S.J.(1975): On the self-fulfilling nature of apparent sex differences in behavior. *Journal of Experimental Social Psychology*, **11** : 583-591.

第5章

社会的交換の理論

　A男さんが疲れた身体を引きずって夜遅く家に帰り，一杯やりながらほっとしていると，姑から嫌みをいわれたという話を奥さん（B子さん）が始める．はじめのうちはおとなしく話を聞いていたのだが，そのうちに「もっとちゃんと話を聞いてョ」とB子さんが声を荒げるようになり，そうなると酔いも手伝って，「いい加減にしろ，バカヤロー」と怒鳴ってしまう．その後は，お定まりの修羅場である．社会的交換理論は，このような相互作用を，資源の交換という側面から分析する．この例の場合には，B子さんはA男さんから"ねぎらい"ないし"理解"という資源を獲得しようとして，失敗した．A男さんは"家庭の安らぎ"という資源を得ることができなかった．A男さんもB子さんも，お互い，「昔はもっとやさしくしてくれたのに」と思っている．

　つまり，比較水準（昔）と比べ，現在の相手から得られる報酬（やさしさ）の水準が低いので，相手に対して不満を感じている．しかし，お互い，ほかにもっと多くの報酬（やさしさ）をより少ないコストで与えてくれる相手をもっていない．つまり，選択的比較水準（他の相手から期待することのできる報酬の水準）よりも現在の関係から得られる報酬の水準が高いことになり，不満を感じながら別れられない．このような相互作用を続けているうちに，最初はあれほど愛し合っていた二人も，お互いに魅力を感じなくなってしまう．そうなると，「損をするのはいつも私ばっかりだわ」というように，関係の公平さが気になるようになる．

　それでもこの二人が結婚生活を続けているのは，お互いが，自分の必要とする資源を手に入れるために相手を必要としている，つまり相手に依存し合っているからである．たとえば，夢のマイホームを手に入れるために多額のローンを組んでしまったので，二人の収入を合わせないとローンの返済ができない．つまり，マイホームという資源を手にするためには，お互いが相手の収入という資源に依存しているわけである．この二人のどちらがより大きな権力をもっているかは，それぞれが相手にどれほど依存しているかによって決まってくる．たとえばA男さんが「マイ

第 5 章 社会的交換の理論 621

ホームなんてどうだっていい」と思うようになれば，A男さんのB子さんに対する依存度が低くなり，逆に権力が増すことになる．このように，人間や組織の間の関係を，そこでどのような資源がどういった形で交換されているかという側面から分析し，そこで起こっていることを説明するのが，社会的交換理論である．

5.1 は じ め に

社会的交換理論は，一定の前提のもとで明確に定義された変数間の関係という厳密な意味での理論というよりは，社会科学の広範な諸分野にまたがり広く受け入れられている，一種のパラダイムといった方がよいだろう．個人と個人，個人と集団，あるいは集団と集団の関係を分析するにあたって，その関係で起こっている資源の交換という側面に注目するアプローチは，すべて広義の交換理論に含まれる．この広義の交換理論で扱われている"資源"は広範な内容を含んでおり，お金や物やサービスといった経済的資源はもちろん，地位やプレステージ，権力などの社会的資源，愛情や承認，尊敬などといった心理的資源まで含んでいる．したがって，この意味でのパラダイムとしての交換理論は，社会科学一般とほぼ同義である．社会学であれ経済学であれ政治学であれ，すべての社会科学は何らかの形で個人間ないし集団間の相互作用を扱っており，そこでの相互作用には何らかの資源の交換が含まれているからである．

もちろん，このような交換理論の定義がほとんど意味のないものであることは，誰の目にも明らかだろう．経済学を経済的資源に関する交換理論，政治学を政治的資源に関する交換理論と呼び換えたところで，何も新たな知見が得られるわけではない．しかし話を社会心理学に限れば，この一見とりとめのない定義も，まんざら意味のないものではないかもしれない．というのは，社会心理学は社会心理的資源の交換理論と呼び換えることができないからである．つまり，社会心理学を社会心理的資源の交換理論と呼び換えることができないという事実を際立たせることによって，この定義は，社会心理学の中の"社会科学的側面"と"非社会科学的側面"との対比をはっきりとわれわれにみせてくれる．社会心理学を社会心理的資源の交換理論と呼び換えることができない理由は，社会心理学には，個人間ないし集団間(あるいは個人と集団との間)の相互作用を扱わない部分がかなり大きな比重を占めているからである．この意味では，社会心理学における社会的交換理論は，社会心理学の中での社会科学的立場を代表するものであるということもできるだろう．

5.2 理論の概要

a. 基本概念

社会的交換理論について説明するにあたっては，とりあえず以下の基本概念について簡単に説明しておく必要がある．

1) 行為者

社会的交換理論は，行為者間の資源の交換過程とその結果を扱う理論である．したがってそこでの基本的前提は，それぞれ相手が必要としている資源をコントロールしている，二者以上の行為者の存在である（ただし行為者は個人とは限らない．集団であってもよい．以下の説明では，行為者が個人である場合を想定しているが，行為者を集団と考えてもかまわない）．

2) 報　酬

二人の行為者間に交換が生じるためには，最低限の条件として，お互いが相手の資源を必要とする，あるいは手に入れたがっている必要がある．交換の単純な例として，ある人（Aさんと呼ぶことにする）が酒屋から300円でビールを購入する場合，Aさんはビールを，そして酒屋は300円を手に入れたがっている．Aさんがビール嫌いであれば，この交換は起こらないだろう．また，相手に渡す資源の自分にとっての価値が，相手から受け取る資源の価値よりも小さい場合にも，交換は成立しない．たとえば上の例で，Aさんにとってのビールの価値が300円の価値よりも小さければ，Aさんはビールとひきかえに300円を渡そうとしないだろう．同じことは酒屋の側についてもいえる．この二つの条件が満たされ，二人の行為者の間で交換が成立した場合，交換によって手に入れた（もともとは相手によってコントロールされていた）資源が，報酬（reward）と呼ばれる．

3) 相互依存関係

このような交換関で重要なのは，お互いが，自分の必要とする資源（＝報酬）を手に入れるために，相手を必要としていることである．このことは，言い換えれば，お互いが，自分の必要とする資源に関して，相互に依存していることを意味する．上の例では，Aさんは酒屋に，酒屋はAさんに依存している．また，このような依存関係の存在は，お互いに相手の行動に影響を与える可能性が存在することを意味している．

b. 社会的交換と経済的交換

先に述べたように，社会的交換理論では，さまざまな種類の資源が交換の対象として扱われている．フォアとフォア（FoaとFoa, 1976；1980）は，人々の間で交換される資源の種類を，具体性，個別性という二つの次元からなる平面上に，愛情（love），地位（status），情報（information），お金（money），物（goods），サービス（service）の6種類に分

第5章 社会的交換の理論　　　623

類した上で，交換される資源の種類によって，交換の内容や交換の規則が異なってくると
している．この観点からすれば，経済的交換理論(経済学)と社会的交換理論は，交換され
る資源によって区別されると考えられる．すなわち，経済的交換理論は主としてお金や物
やサービスの交換を，社会的交換理論はそれ以外の資源，特に愛情や地位などを扱うもの
とされている．

　これに対して，社会的交換理論と経済的交換理論が区別されるのは，交換される資源の
内容によってではなく交換の特性によってである，とする立場に立つ交換理論家も多い．
たとえばブラウ(Blau, 1964)は，交換が明確な契約の形をとっておらず，したがって，与
えられた資源に対してどれだけの返報をすれば十分であるかが明確ではない点に，経済的
交換と区別される社会的交換の独自性があるとしている．このような交換条件の不明確性
は，相手に対する義務を拡散させる働きをもち，特定の相手との間に永続性のある関係を
生み出すことになる．この点に関しては，エマソン(Emerson, 1976)やモームとクック
(MolmとCook, 1995)なども同様の立場をとっており，不特定の相手との間の1回限り
の交換ではなく，ある程度継続的な相手との間の交換関係を扱う点に，経済的交換理論と
区別される，社会的交換理論の特徴があるとしている．

c. 資源の交換により何が起こるのか

　相互依存関係にある行為者間での資源の交換を分析することによって，社会的交換研究
は，いったい何を明らかにしようとしているのだろうか．言い換えれば，社会的交換研究
者は，資源の交換の結果として起こる，どのような現象に関心をもっているのだろうか．
社会的交換理論の対象として最も頻繁に現れるのは，対人魅力である．対人魅力の研究
は，心理学的社会心理学の中で社会的交換理論が主要な理論として用いられる，ほとんど
唯一の分野であるといってもいいすぎではないだろう．多くの研究で，相手が自分に与え
る利益とコストによって相手に対する好意度や魅力，また関係が継続されるかどうかが決
まってくることが示されている(BergとMcQuinn, 1986；Jacobsonら, 1980；Margolin
とWampold, 1981；Rusbult, 1983；Willsら, 1974)．

　これに対して社会学的社会心理学の中での社会的交換理論に基づく研究は，その多くが
権力と集団の凝集性を扱っている(Blau, 1964；Emerson, 1962)．また，社会学的社会心理
学と心理学的社会心理学に共通する研究対象としては，交換関係における公正(justice)な
いし衡平(equity)がある(Adams, 1965；Deutsch, 1975；Homans, 1961；MessickとCook,
1983；Walsterら, 1978)．交換の公正さないし衡平さは，心理学的社会心理学においては，
相手に対する魅力や関係維持に影響を与える独立変数として扱われる場合が多いのに対し
て，社会学的社会心理学では，権力行使に対する緩衝要因として扱われる場合が多い．

5.3 古典的交換理論：2者関係における交換理論

a. ティボーとケリー

ティボーとケリー（Thibaut と Kelley, 1959）の『集団の心理学』は，社会心理学における社会的交換理論の古典であり，そこで導入されたいくつかの概念は，現在に至るまで，その後の社会的交換理論の分析枠組みを決定している．ここではまず，彼らによって導入された基本的概念について説明しておきたい．

1） 比較水準と選択的比較水準

人々がある関係にとどまっているのは，必ずしも彼らがその関係に満足しているからではない．この単純な事実は，心理学者が人間関係を分析する際に，えてして見落とされてしまうことがある．ティボーとケリーは，比較水準（comparison level）CL と選択的比較水準（comparison level for alternatives）CL_{alt} という二つの概念を明確に区別することにより，人々がある関係にとどまるかどうかと，その関係から満足を得ているかどうかとを区別して分析するように，その後の社会心理学者たちを導いている．比較水準 CL というのは，ある人がこれまで得てきた利得水準に基づく満足の基準である．ある関係において得ている利得の水準がこの比較水準よりも高ければ，その人はその関係（あるいは相手）に満足し，比較水準よりも低ければその関係に不満を感じることになる．

これに対して選択的比較水準 CL_{alt} とは，現在の関係以外の関係から得られると期待される最大の利得水準であり，現在の関係から得られる利得がその水準よりも低くなれば，その関係から離脱して，より大きな利得を与えてくれる関係に乗り換えるという選択が生じる．現在の関係から得られる利得が選択的比較水準より低いということは，現在の関係におけるよりも大きな利得を与えてくれる，乗り換え可能な関係が他に存在しているということである．したがって，ある人が現在の関係から得ている利得の水準がいくら比較水準より高く，その関係に満足を感じている場合でも，選択的比較水準がもっと高ければ，その関係は安定した関係とはならない．たとえば現在の恋人がいくら優しくて，その相手に満足している場合にも，もっとずっと優しく魅力的な相手が現れれば，その新しい相手に乗り換える可能性が高いだろう．逆に，現在の関係で得ている利得の水準が比較水準より低く，その関係に大きな不満をもっていても，選択的比較水準がもっと低ければ，不満をもちつつその関係にとどまることになる．離婚すると生活のあてがないため，嫌いな夫から離れられないといった場合がこれにあたる．

2） 社会的交換関係の分析

ケリーとティボーによる社会的交換関係の分析は，相互依存関係の分析と言い換えることも可能である．社会的交換が成立し，お互いが相手に対して資源を提供し合っている状態では，それぞれの利得は，自分が相手に提供する資源のコストと，相手から提供される

第5章　社会的交換の理論　　625

表5.5.1　利得行列の一つの例：囚人のジレンマ

行為者Bの選択	行為者Aの選択	
	X	Y
X	Aの利得　2 Bの利得　2	Aの利得　3 Bの利得　0
Y	Aの利得　0 Bの利得　3	Aの利得　1 Bの利得　1

報酬によって決定される．このことは，それぞれの利得が，少なくとも部分的には相手の提供する（あるいはしない）資源の量によって決まってくることを意味している．すなわち，社会的交換が成立している状態では，それぞれの得る利得が，相手の行動（どれだけの資源を提供するか）によって決定されている．この意味で，すべての交換関係は相互依存関係であると考えることができる．

a）　利得行列（payoff matrix）　　このような交換関係の性質を分析する道具として，ティボーとケリーは利得行列を用いている．利得行列とは，二人の交換当事者のそれぞれが選択する行動を行列の行と列により表現し，その組み合わせに対応する行列のセルに，その組み合わせが生じた場合にそれぞれが得る利得を示したものである．表5.5.1はこのような利得行列の一例を示している．

ある交換関係において，一方の当時者が相手に依存している場合，相手はその当事者の利得をコントロール（統制）することができる．たとえば表5.5.1に示される相互依存関係において，AがXを選択している場合，Aの得る利得が2になるか0になるかは，BがXを選択するかYを選択するかに依存しており，逆にいえばBはAの得る利得を2にするか0にするかをコントロールすることができる．この観点からすれば，相互依存的な交換関係は，お互いの利得に対する相互コントロール関係と考えることもできる．ティボーとケリーは，さまざまな形態の相互依存関係を，そこに次の3種類のコントロールがどれだけ含まれているかという観点から分析するのが有益であると考えた．

b）　自己統制（reflexive control）　　自分の行動が自分の利得をコントロールしている程度．たとえば，表5.5.1に示されている利得行列においては，A，Bそれぞれの行為者はそれぞれ，XではなくYを選択することにより，自分の利益を1単位増加することができる．つまり，この利得行列においては，それぞれの行為者は1単位分の自己統制をもっていることになる．

c）　運命統制（fate control）　　一方の行動が相手の利得をコントロールしている程度．たとえば表5.5.1の利得行列においては，A，Bそれぞれの行為者はそれぞれ，YではなくXを選択することにより，相手の利益を2単位増加することができる．すなわち，この利得行列における運命統制の程度は，それぞれ2単位分である．

d）　行動統制（behavior control）　　上述の2種類のコントロール（自己統制と運命統

表 5.5.2 行動統制を含む利得行列の一つの例：信頼ゲーム

行為者 B の選択	行為者 A の選択	
	X	Y
X	A の利得　2 B の利得　2	A の利得　1 B の利得　0
Y	A の利得　0 B の利得　1	A の利得　1 B の利得　1

制)においては，それぞれの行為者のもつコントロールは，相手の行動に依存していない．分散分析のたとえを使えば，これら2種類のコントロールは，自分の行動が自分の利得(自己統制)および相手の利得(運命統制)に与える"主効果"である．表 5.5.1 の利得行列においては，それぞれの利得は，分散分析において主効果のみが存在する場合と同様，自分のもつ自己統制と相手のもつ運命統制に分解可能である．これに対して表 5.5.2 に示される利得行列においては，それぞれの利得は"主効果"に分解しつくすことができず，"交互作用効果"にあたる部分が残される．このことは，一方の行為者が相手の利得に対して与える影響が，相手の選択によって変わってくることを意味している．たとえば，表 5.5.2 の利得行列において，B が X を選択している場合には，A にとっては Y を選択するよりも X を選択する方が有利である．これに対して B が Y を選択している場合には，A にとっては X よりも Y を選択した方が有利である．したがって，B は X と Y のいずれかを選択することにより，A の行動をコントロールすることができる．たとえば A に Y ではなく X を選択させたいと思えば，B は X を選択すればよい．このことは A の側からみた場合にも同じであり，したがってこの利得行列においては，相互に行動統制が存在している．

3) 主要な従属変数：魅力と権力

それでは，これらの概念を用いて，ティボーとケリーは何を明らかにしようとしたのか．言い換えれば，彼らの研究における主要な従属変数は何であったか．この問いに対する答えは，すでに上述の説明の中に用意されている．すなわち，彼らにとっての主要な従属変数は，権力関係および対人魅力(そしてこの二つの密接に関連したものとしての集団の凝集性)である．

彼らの(またその他多くの)社会的交換理論のユニータな特徴は，これらの変数を，特定の交換関係の当事者たちのもつ個人特性の従属変数としてではなく，関係の性質の従属変数として扱っている点にある．すなわち上に紹介した諸概念によって記述される交換関係の特質こそが，権力や魅力の源泉として分析されているわけである．しかし，社会心理学におけるその後の研究の発展の中で，これら二つの従属変数に関して，心理学的社会心理学と社会学的社会心理学の間に分業が生まれ，心理学的社会心理学の中での社会的交換理論はもっぱら対人魅力の分析に応用され，社会学的社会心理学の中での社会的交換理論は

もっぱら権力の分析に焦点が当てられることになった.

4） 利得行列の変換

ケリーとティボーは 1978 年に, 1959 年に出版された『集団の心理学』以降の理論的発展を集約した『対人関係—相互依存関係の理論』（Kelley と Thibaut, 1978）を出版した. そこで展開された新たな理論発展は "利得行列の変換" を中心としたものである. 彼らはまず, 2 種類の利得行列——所与行列（given matrix）と実効行列（effective matrix）——を考える. 所与行列は, 客観的な利得関係を示している. これに対して実効行列は, 交換当事者にとって主観的に意味のある利得構造を示すものである.

たとえば, 表 5.5.1 に示された客観的利得構造のもとで, 二人の行為者 A と B が, 繰り返し交換を行う（X か Y かの選択を行う）場合を考えてみよう. 表 5.5.1 に示された利得行列は, 一般に "囚人のジレンマ" と呼ばれる状況での利得関係を表している. この利得行列の特徴は行動統制が存在しない点にあり, したがってそれぞれの行為者の行動が自分と相手の利得に与える影響は, 相手の選択に依存していない. それぞれの行為者は X ではなく Y を選択することにより, 相手が X と Y のいずれを選択している場合にも, 自分の利得を 1 単位分増加させることができる（ゲーム理論では, このような場合の Y を "優越戦略" と呼んでいる）. もし A と B のそれぞれが相手の利得に関心をもたず, 自分の利得のみを考えて行動するとすれば, 当然それぞれが Y を選択することになる. その結果, それぞれの得る利得は 1 単位であり, それぞれが X を選択したときに得られる 2 単位分の利得よりも少なくなる. つまり, A と B のいずれもが自分の利益のみを追求して裏切りの手（Y）を選択すれば, 双方が協力の手（X）を選択した場合よりも損をすることになってしまう. 囚人のジレンマの問題は, 当事者のいずれもが自分の利益のみを追求している限り, このように, お互いに首を絞め合うことになってしまう点にある.

これに対して, A と B が表 5.5.1 に示される状況で繰り返し交換を行う場合には, 話が少し違ってくる. 同じ相手との間で交換が繰り返される場合には, 運命統制を使って相手の行動をコントロールすることができるからである. たとえば, B に Y ではなく X を選択させたいと A が考えたとしよう. 表 5.5.1 の利得行列では, B にとっては, A が X をとるか Y をとるかにかかわりなく, Y を選択する方が X を選択するより利益が大きい（自己統制）. この点からすれば, A は B の行動をコントロールできないように思われる（つまり, この利得行列には行動統制が存在しない）. しかし, B が Y を選ぶたびに A も Y を選び, B が X を選ぶたびに A も X を選ぶとすればどうだろう. そうなると, B は Y を選ぶと 1 単位（YY のセル）, X を選ぶと 2 単位（XX のセル）の利益が得られる. その結果, B は Y ではなく X を選択することになり, A は B の行動をコントロールできる.

このように, 相手が裏切れば必ず自分も非協力の手を選択し, 相手が協力の手を選択している限りは自分も協力の手を選択する行動は, ゲーム理論では "応報戦略（tit-for-tat-strategy）" と呼ばれている. A と B の二人がこの応報戦略を採用している場合には, 長

表5.5.3 囚人のジレンマで，相手が応報戦略を採用した場合の長期的利得

行為者 B の選択	行為者 A の選択	
	X (協力の手)	Y (非協力の手)
X (協力の手)	A の利得　2 B の利得　2	A の利得　1 B の利得　1
Y (非協力の手)	A の利得　1 B の利得　1	A の利得　1 B の利得　1

期的にみた利得行列は表5.5.3のようになる．表5.5.3に示された利得行列は，一方的な裏切り(Y)は，長期的には相互非協力の状態(いずれもが1単位の利得を得る)を生み出すことを示している．この利得行列においては，少なくとも相手が協力している限りは自分も協力した方が得な利得関係が存在している．このことは，表5.5.1に示された囚人のジレンマでの交換が繰り返されることにより，表5.5.3に示される(長期的利得に基づく)実効行列が発生すること，すなわち表5.5.1に示される所与行列が表5.5.3の実効行列に変換(transform)されることを意味している．

　このような所与行列から実効行列への利得行列の変換は，もちろん，交換が繰り返し行われる中で応報戦略が採用される場合に起こるだけではない．たとえば，自分の利得だけではなく相手の利得も自分にとって重要である行為者の場合には，実効行列における自分の利得に，所与行列における相手の利得が反映するという形で，所与行列から実効行列への変換がなされている．この意味での利得行列の変換は，主として社会的動機——自分の利得と相手の利得のどのような組み合わせを望ましいと考えるか——研究の一環として行われることが多い(KuhlmanとMarshello, 1975；Liebrandとvan Run, 1985；MessickとMcCintock, 1968)．

b.　ホマンズ

　ティボーとケリーが心理学において交換理論を確立したのとほぼ同じ時期に，社会学においてもホマンズ(Homans)とブラウ(Blau)の二人によって交換理論が確立されつつあった．彼らの確立した交換理論は，社会心理学のその後の発展の中ではティボーとケリーの理論ほど大きな影響を与えてこなかったが，あとの節で述べるエマソン(Emerson)らの研究を通して，ネットワーク交換理論の発展につながることになった．ここではホマンズとブラウの二人の社会学的交換理論創設者のうち，社会心理学者にもある程度受け入れられているホマンズ(Homans, 1961)の理論を中心として紹介する．

　心理学者であるティボーとケリーが利得行列を使って交換関係の性質に焦点をあてた理論づくりを進めたのに対して，社会学者であるホマンズがむしろ個人の行動原理に焦点を

あてた理論づくりを進めていったのは，表面的には皮肉な現象である．実際，ホマンズは社会学者たちにより"心理学還元主義"だという非難をあびてきた．しかしネットワーク交換理論が急速に整備されつつある現在の状況から振り返ってみると，個人の行動原理の確立によって，交換理論による分析をネットワーク全体に拡張する基礎が生み出されたと考えることも可能である．

　ホマンズの交換理論の一つの特徴は，個人行動の基本原理として，学習心理学で用いられる強化(reinforcement)の原理を採用している点にある．この原理はホマンズの理論体系の中では，個人の特定の行為が報酬を与えられる頻度が高いほど，その個人はその行為を遂行しやすくなる，という"成功命題(success proposition)"として述べられている．この"成功命題"のほかにも，学習心理学から採用した"刺激命題(stimulus proposition)"，"価値命題(value proposition)"，"剥奪-飽和命題(deprivation-satiation proposition)"などの命題が用いられている．

　このように，ヒース(Heath, 1976)によって"後ろ向きの合理性"と呼ばれる強化の原理を採用すると同時に，ホマンズは"前向きの合理性"も，個人行動の基本原理として採用している．すなわち，個人は最も大きな主観的な期待効用(価値×確率)をもたらす行為を選択する，としている(rationality proposition, 合理性命題)．強化と合理的選択のいずれを個人行動の基本原理とするかは，あとでみるように，現在の交換理論が直面する最大の理論課題といえるが，ホマンズの理論体系の中では，この二つの原理が，交換理論をマクロ現象へ適用する際にどのような違いをもたらすかが，十分に認識されていなかったといえよう．

　ホマンズはまた，社会心理学における交換理論の重要な研究対象となってきた分配正義(distributive justice)ないし衡平(equity)の説明原理として，"攻撃-承認命題(aggression-approval proposition)"を採用している．

5.4　2者関係をこえた交換理論：ネットワーク交換理論

a.　エマソンの権力-依存理論

　上に紹介した古典的交換理論は，ティボーとケリーの場合にも，ホマンズの場合にも，いずれも分析の対象は2者関係にとどまっていた．交換理論のこのような限界を克服し，交換理論をよりマクロな現象の分析へと拡張することをめざしたのが，エマソン(Emerson, 1972 a ; 1972 b)である．彼は交換理論の拡張の方向として，共働集団(corporate groups)における交換の分析と，2者交換関係の結合としての交換ネットワークの分析，の二つの方向を構想した．このうちの後者の，交換ネットワークを通して交換理論を拡張するという構想は，現在ではネットワーク交換理論として開花しつつある．これに対して，共働集団における交換の分析は，交換ネットワーク分析ほどの発展をみせていない

（エキ〔Ekeh, 1974〕に代表される文化人類学的な交換理論の立場からは，社会心理学における交換理論が1対1の交換関係である限定交換にのみ焦点を合わせ，特定の個人間での直接の交換を伴わない一般交換の側面が軽視されているという批判が寄せられている．この批判に対する交換ネットワーク分析の立場からの対応とてしては，Yamagishiと Cook〔1993〕，山岸〔1991〕などを参照されたい）．したがって，ここでは主としてネットワーク交換理論の最近の発展について紹介する．

　先に述べたように，古典的な交換理論は2者間の交換関係についての理論ではあるが，そこでも，交換関係にある2者が，社会的真空の中に孤立して存在すると考えられているわけではない．たとえばティボーとケリーの交換理論における選択的比較水準の概念は，当該の2者関係の外部からも必要な資源が手に入る可能性を前提としている．分析は特定の2者関係に焦点を合わせているが，その関係をつくっているそれぞれの行為者は，それぞれ別の交換相手をもっているという前提が，暗黙のうちに仮定されているわけである．

　これに対してエマソンは，ティボーとケリーにおいて暗黙の前提とされていたこの交換相手の選択可能性に，より積極的な理論的役割を担わせることにより，交換理論の拡張を図った．つまりエマソンは，特定の2者間の交換関係は社会的真空の中で起こるのではなく，多くの場合，より大きな広がりをもった交換関係ネットワークに埋め込まれた形で存在していると考えた．このように，特定の2者交換関係が，より大きな広がりをもつ交換ネットワークに埋め込まれて存在しているとすれば，その交換ネットワークの形態は，特定の2者間の交換に影響を与えているはずである．逆にいえば，特定の2者間の交換の内容を分析するためには，その2者交換関係がどのような形態の交換ネットワークに埋め込まれているかを知る必要がある．エマソンが行ったのは，交換ネットワークの形態が個々の交換関係に与える影響を分析するための理論づくりの作業である．

　エマソンのネットワーク交換理論における中心的な被説明変数は権力関係である．エマソンは，ネットワークの形態が，そのネットワークの内部での2者交換関係における権力関係を決定すると考えた．以下に，エマソンのネットワーク交換理論についての紹介をするにあたって，ここでまず，エマソンの理論で重要な役割を果たしているいくつかの概念と基本原理について，簡単に説明しておきたい．

1）　交換ネットワークと交換関係の結合

　エマソンによれば，交換ネットワークないし交換関係ネットワークとは，二つ以上の2者交換関係が結合されたものである．ただしここで重要なのは，二つの交換関係（たとえばAB関係とBC関係）が（この場合にはBで）重なっているだけでは，この二つの交換関係が（Bで）結合されているとは考えられていない点である．一方の交換関係がもう一方の交換の内容に影響を与えるときにのみ，これら二つの交換関係は結合し，交換ネットワークを形成するとされている．

2） 正結合ネットワークと負結合ネットワーク

上に述べたように，交換ネットワークは二つ以上の交換関係が結合されたものであり，交換関係の結合は，一方の交換が他方の交換に影響を与えるかどうかに依存している．この場合エマソンは，2種類の影響を考えている．一方の関係における交換の成立が他方の交換を促進する場合，この二つの交換関係は"正結合"されている．たとえばBがAから交換によって得た資源を，Cとの交換で用いる場合などでは，AB関係とBC関係とが，Bで正結合されているわけである．これに対して，一方の関係における交換の成立が，他方の交換を抑制する場合，この二つの交換関係は"負結合"されている．たとえばB子がA男とC男の二人のいずれかとデートをする場合などは，いずれかの関係が成立すれば，もう一方の関係は成立できないので，AB関係とBC関係とはBで負結合している．すべての結合関係が正結合から成り立っている交換ネットワークは，正結合ネットワークと呼ばれ，すべて負結合から成り立っている場合には負結合ネットワークと呼ばれる．また一つのネットワークの中に正結合と負結合のいずれもが含まれている場合には，混合結合ネットワークと呼ばれる．以下に紹介するエマソンのネットワーク交換理論は，主として負結合ネットワークを前提としたものである．

3） 権力-依存原理（power-dependence principles）

エマソン（Emerson, 1962）は，ウェーバーによる権力の定義を援用しつつ，相手の抵抗を排除して自分の目的を達成する能力として権力を定義する．より具体的には，交換される資源の相対的な価値である交換比を，自分に有利な方向に変化させる能力として権力を定義している．エマソンは，特定の交換関係における2者間の権力が，お互いの相手に対する依存度によって決定されると考えた．

ある行為者がある交換関係において現在の交換比のもとで得ている報酬が，別の相手との交換関係から得られる報酬を上回っている分（ティボーとケリーの用語を使えば，現在の相手から得ている報酬とCL_{alt}との差）が大きければ大きいほど，その行為者は，現在の交換相手に強く依存している．たとえば誰からもちやほやされるB子にとっては，ちやほやされるという報酬を手に入れるにあたって，特定のボーイフレンドであるA男にあまり強く依存しない．これに対して，他に誰も注意を向けてくれないD子にとっては，ただ一人のボーイフレンドであるE男に対する依存度が大きくなる．このような場合には，相手に対する依存度の小さい行為者が，より依存度の大きい行為者に対して権力をもつことになる．また，相手に対する依存度がより小さい行為者がより大きな権力をもつということは，その行為者が交換比を自分に有利な方向へ変化させることを意味している．すなわち，相手に提供する資源を減らし，相手からより多くの資源を獲得するようになると考えられる．たとえば上の例でのA男とB子の場合，現在の交換比（お互いに相手をどの程度大切にするか）のもとで，B子のA男に対する依存度が，A男のB子に対する依存度よりも小さいとすれば，B子はA男に対してより大きな権力をもつことになり，

交換比を自分に有利な方向へ変化させる（たとえば，より多くのわがままを通させるようになる）.

　この交換比の変化は，理論的には両者のお互いに対する依存度が等しくなる交換比で安定するはずである．たとえばB子のA男に対するわがままの度が進めば，他のボーイフレンドからよりもより大きな満足をA男から得られることになり，B子のA男に対する依存度は上昇する．同時に，A男にとってはB子との付き合いに対してのコストが増えることになり，したがって，A男のB子に対する依存度が低下する．この二つのプロセスが進行すれば，いずれはB子のA男に対する依存度と，A男のB子に対する依存度が均衡する交換比に達することになり，B子のそれ以上のわがままは通らなくなる．クックと山岸(CookとYamagishi, 1992)は，エマソンの論文では曖昧にされていたいくつかの問題点を整理する中で，このプロセスを等依存原理(equi-dependence principle)と呼んでいる.

4）　権力と構造権力

　エマソンは上述の権力-依存理論に基づき，2者交換関係における交換比は，それぞれの相手に対する依存度が等しくなる交換比で均衡すると考えた．この均衡交換比が達成された交換関係においては，お互いの依存度が等しいわけなので，当然，お互いの相手に対する権力も等しくなるはずである．ただし，均衡状態で依存度が等しいということは，交換比が1：1になっていることを意味するわけではない．つまり等依存の均衡状態でお互いが得ている報酬は，必ずしも同じではない．等依存状態で等しいのは，現在の相手から得ている報酬の価値と，それ以外の相手から得ることのできる報酬の価値(CL_{alt})との差であって，それぞれのCL_{alt}のレベルが違えば，均衡状態で現在の相手から得る報酬の絶対量は当然異なってくる．クックと山岸(1992)は，均衡状態でそれぞれが得る報酬レベルを構造権力(structural power)の指標であると考え，交換比を自分に有利に変化させる能力としてエマソンにより定義された権力と，ネットワーク構造により決定される構造権力とは違うものであることを強調している．構造権力はネットワークの形態と，ネットワーク内での位置の関数であり，ネットワーク内部でのそれぞれの交換関係において交換比を構造権力に近づける原動力となるのが，エマソンにより定義された権力である.

b.　クックと山岸によるネットワーク交換理論

　エマソンのネットワーク交換理論をさらに発展させたのが，クックと山岸である．彼らはまず，エマソンにより定義された権力は，それぞれの関係における交換比を等依存状態に変化させる力であるのに対して，ネットワーク構造そのものによって決定される構造権力は，等依存がネットワークを構成するすべての交換関係で達成された状態での，それぞれの交換関係における交換比に現れると考えた．先に述べたように，この構造権力は，それぞれの関係における二人の行為者にとってのCL_{alt}のレベルによって決定される．たと

えば AB 間の交換関係において，A にとっての CL_{alt} が 10，B にとっての CL_{alt} が 0 であるとする．またこの交換から A が得る報酬を a，B が得る報酬を b とすれば，等依存原理が意味するのは，$a-10=b-0$ という関係で均衡が成立するということである．この場合，上の式は $a-b=10$ と変形されるため，等依存状態では，A は B よりも 10 単位多くの報酬を得ることになる．つまり，この場合，A の構造権力は B の構造権力よりも 10 単位の報酬分大きい．

このように，2者関係におけるそれぞれの CL_{alt} がすでにわかっていれば，構造権力のレベルを推定するのは簡単である．ところが交換ネットワークにおいては，通常はこのような情報があらかじめ提供されているわけではない．したがって，ネットワークの形態から，それぞれの関係における CL_{alt} のレベルを推定しなければならない．しかしここに，それぞれの関係における CL_{alt} のレベルを推定するためには，ネットワーク内のすべての行為者(ないしネットワークのノード)の権力がすでにわかっていなければならないという，鶏と卵の問題が存在している．山岸とクックは，この問題を解決するために，ネットワーク内のすべての交換関係において等依存関係が成立する交換比を算定するためのアルゴリズムを提案している．この方法を用いれば，上述の権力との間の鶏と卵の問題を，両者を同時に推定することにより解決可能となる．

負結合交換ネットワークにおける権力分布を予測するための理論および方法の開発は，現在のアメリカにおける社会学的社会心理学の一つの中心問題となっており，上述のクックと山岸を中心とする考え方以外にも，いくつかの興味ある方法が競合関係にある(Bienenstock と Bonacich, 1992；Freidkin, 1992；Skvoretz と Fararo, 1992；Willer と Markovsky, 1992)．本章の目的は交換理論の紹介にあるので，交換理論以外の視点からネットワーク分析を進めているこれらの研究について詳しく紹介することは差し控えるが，本章の目的との関連において，以下の点だけは指摘しておきたい．すなわち，クックと山岸の方法は，エマソンの交換理論に基づいており，そこでは，個々の行為者がネットワークの形態についての情報をもっている必要がないという点である．クックと山岸の理論では，特定の2者交換関係において，自分が提供した資源が相手にとってどれだけの価値をもっているか，また相手の CL_{alt} のレベルや，相手が自分にどれほど依存しているかについてさえ知っている必要がない．これは，彼らの理論が合理的選択の原理によってではなく，むしろ強化の原理に基づいているからである．これに対して，上に引用した研究においては，理論の前提として合理的選択の原理が採用されている場合が多く，したがって上にあげた種類の情報を行為者がもっている必要がある．この点は，以下の節で検討する，現在の交換理論の最も重要な理論問題である，合理的選択と"結果による選択"のいずれを交換理論の基礎原理とするかの問題と直接関連している．

5.5　新しい理論発展

a.　合理的選択理論と交換理論

　交換理論は，本章のはじめに紹介した古典的交換理論の段階から，強化と合理的選択の両者を，人間行動の基礎原理として採用してきた．ただし，ティボーとケリー，ホマンズなどの古典的交換理論においては，この二つの原理が対立する可能性のあることは十分に理解されておらず，したがってその二つのいずれを基礎原理として採用するかについての議論は，古典的交換理論家の間ではほとんど行われてこなかった．しかしエマソン以降の交換理論においては，主として心理学的社会心理学と社会学的社会心理学の間で，この二つの原理の相対的な比重のおき方に差が生まれてきた．社会学的社会心理学者であるエマソンは，1960 年代から 1970 年代前半までの著作においては強化の原理を強調していたのに対して，それ以降の著作では，強化の原理を強調しつつも，合理的選択の原理に基づいた議論を多く展開するようになった．上に述べたように，現在の社会学的社会心理学における交換理論の中心をなしているネットワーク交換理論家は，モーム (Molm, 1980 ; 1990) を除けば，多かれ少なかれ合理的選択の原理を用いた理論展開を行っている．これに対して主として対人魅力の研究で使われてきた，心理学的社会心理学における交換理論では，合理的選択の原理はほとんど採用されておらず，主として強化の原理に基づく研究が進められてきた．

　このように，1980 年代後半から 1990 年代にかけて，社会学的社会心理学においては，社会的交換理論が合理的選択の原理をより強く採用していった．その結果，社会的交換理論の理論的アイデンティティが失われ，交換理論とたとえばゲーム理論との間の境界がほとんどかき消される状態が生まれることになった．社会的交換理論の特徴は，相互依存関係を重視する点にある．この点に関しては，ゲーム理論も同じである．いずれの理論の場合にも，相互依存関係にある行為者が，お互いの意志ないし行動の決定にあたっての社会的環境を構成している点に，分析の焦点があてられている．個々の行為者が合理的に意志決定を行っているという前提を採用すれば，交換理論とゲーム理論との間に，本質的な差は存在しないと考えざるをえない．

　そこで問題となるのは，ゲーム理論と区別される，独自の理論としての交換理論が必要か，という問題である．この問題に関しては，いくつかの立場がありえるだろう．まず第 1 に，たとえば対人魅力などの研究においては，交換理論をゲーム理論で置き換えることは困難であろう．先に述べたように，対人魅力の研究における交換理論は，これまで主として強化の原理に基づいていた．強化に基づく行動を，合理的意志決定の原理によって分析することは，可能かもしれないが，あまり生産的ではないだろう．この意味では，分野や対象によっては，ゲーム理論と区別される，強化の原理に基づく交換理論が必要だとい

第5章　社会的交換の理論　　　635

う議論が成り立つ.

　第2の立場は，第1の議論のもとになっている対象や分野を除けば，それ以外の対象や分野では交換理論は必要ないという立場である. 行為者の合理的選択を仮定すれば，交換理論よりもゲーム理論の方が精緻であり，したがって，ゲーム理論だけで十分であると考えられる. これに対して，第3の立場として，第1と第2の議論を前提としたうえで，なおかつ独自の理論としての交換理論に意味があり，必要だとする立場がありえる. その理由は，ゲーム理論ではマクロな現象の分析が困難だと考えられるからである. たとえば，ネットワーク交換理論の場合を考えてみよう. クックと山岸のネットワーク交換理論は行為者の合理的選択を前提としておらず，基本的には強化の原理を採用しているが，これに対して，純粋に合理的行為者を仮定したゲーム理論の立場から交換ネットワークの分析を行おうとするアプローチもある(BienenstockとBonacich, 1992). しかしゲーム理論の観点から交換ネットワークの分析を行おうとすれば，ネットワークの構造などについての知識を，すべての成員がもっているという仮定が必要である. この仮定はネットワークの規模が小さい間は，あまり問題とならないであろう. しかし数百人規模の成員を含むネットワークの構造を，一人ひとりの行為者が完全に把握しているとは，とうてい考えがたい. したがって，かなり大規模なネットワークにおける交換関係を分析しようとすれば，ネットワーク構造についての知識を必要としない形での理論が必要となる. こういった場合には，強化の原理に基づく交換理論が，ゲーム理論よりも有効となるだろう.

b.　進化論的アプローチと交換理論

　上の議論により，社会的交換理論がゲーム理論からの独自性を主張しようとすれば，少なくとも部分的には，強化の原理を採用する必要があることが明らかにされた. ここで最後に，心理学における新しい視点である進化の視点と，強化の視点との関係について述べておきたい.

　強化の原理は，特定の行動傾向の説明に際して，論理的には進化の原理と同じ形をとっている. いずれの場合にも，"結果による選択"によって，特定の行動傾向が形成されるとしている. 別の言い方をすれば，いずれの場合にも，形成される行動傾向は"適応的"であり，それが形成される状況で個人にとって有利な結果をもたらしたものである. この意味では，特定の行動傾向が形成された状況(すなわち相互依存関係)の性質が変化しないという前提をおけば，合理的選択と結果による選択とを区別する意味はないように思われる. 合理的選択をする行為者は，特定の相互依存関係のもとで自分にとって有利な選択を行うはずであるし，そういった合理的判断をする認知能力のない行為者も，ある程度の記憶能力さえあれば，強化の原理によりいずれは同じ選択を行うようになるだろうと考えられるからである. 古典的交換理論家の多くが合理的選択と結果による選択の双方を採用しながら，それら両者の関係をあまり問題にしていなかったのは，両者が結局は同じ結果を

もたらすだろうという素朴な信念が存在したためであったと思われる（筆者はかつてエマソンにこの問題について個人的にたずねたことがあるが，その答えはここで述べたのと同じ種類のものであった）。

しかし1990年代に入り，先に紹介した囚人のジレンマ，およびその集団バージョンである社会的ジレンマ研究の中で，これら二つの原理が全く異なった結論を導く場合のあることが明らかにされ始めた．合理的選択の観点からすれば，繰り返しのない囚人のジレンマにおいては，非協力（表5.5.1のY）が選択されるはずである．ところが現実の社会では，人々は1回限りのジレンマ状況で必ずしも非協力を選択しているわけではない．もちろん現実の社会における1回限りのジレンマでの協力は，多くの場合，監視システムとサンクション・システムによって支えられているだろう．しかし，そういった監視とサンクションが存在しない場合にも，非協力が一般的だとは必ずしもいえない．このようなワンショット・ジレンマでの協力が合理的選択の原理からは説明できないとすれば，そこでの協力行動は，何らかの形で"利他的"な動機を想定しなければ説明できないはずである．

社会的ジレンマ研究における新しい流れ（林，1994；林と山岸，1994；OrbellとDawes，1991, 1993；Yamagishi, 1995；YamagishiとYamagishi, 1994）は，特定の相互依存関係の利得構造のもとでは，（長期的な自己利益を確保するための戦略として利他的にふるまうのではなく）純粋に利他的にふるまうことで，結局はその行為者自身の自己利益がもたらされることを明らかにすることにより，ワンショット・ジレンマにおける協力行動の説明を，交換理論の立場から可能としている．たとえばオーベルとドウズ（OrbellとDawes，1993）の実験では，何人かの中から好きな数だけ相手を選んで囚人のジレンマを行う状況では，協力的かつ他人に対する信頼の高い被験者は，非協力的かつ信頼の低い被験者よりもより多くの利益をあげることが示されている．その理由は，非協力的な被験者はあまり多くの相手を選ばないため，実際に成立するペアは，協力的な被験者どうしから成り立っている可能性が高いからである．

ここで社会的交換理論にとっては，このような，非合理的でありながら"意図せざる結果"として自己利益につながる特定の行動傾向が，実際にどのようなメカニズムによって形成されたか——つまり，強化により形成されたか，進化により遺伝子に組み込まれた形で形成されたか——は，重要な問題ではない．重要なのは，そのような行動傾向を"適応的"なものとする利得構造が，特定の相互依存関係に存在しているという事実を指摘することである．先に述べたように，社会的交換理論はあくまでも関係性についての理論であり，個々の行為者の行動原理についての理論ではない．特定の相互依存関係がどのような結果を生み出すかが，社会的交換理論にとって重要な問題なのである．合理的選択にこだわらず，結果による選択の原理を重視する交換理論の立場からすれば，交換理論の目的は，特定の相互依存関係においてどのような行動傾向が行為者自身にとって有利であるかを明らかにすることにある（どのようなプロセスを通して，人々が実際にそのような行動

傾向を身につけるようになるかは，交換理論そのものの範囲をこえた問題である）．

逆にいえば，人間がある特定の（認知特性，すなわち情報処理の特性も含む広い意味での）行動傾向をもっていることが知られていれば，その行動傾向がどのような相互依存関係のもとで行為者にとって有利であるかを知るために，交換理論を使うことも可能である．この意味での交換理論の使用は，4枚カード問題に表れる情報処理のバイアスが，囚人のジレンマを含む交換関係において有利となる，"裏切り者に注目する"情報処理によって生み出されたものであることを明らかにした，コスミデスら（Cosmides, 1989 ; Cosmidesと Tooby, 1989）の研究で採用された研究ストラテジーであるといえる．同様な研究ストラテジーは，他人を信頼することが有利になる相互依存関係が存在することを示すことによって，不十分な情報に基づく他人の協力傾向の予測におけるバイアスとしての信頼を説明しようとする，山岸らの一連の研究（Yamagishi と Yamagishi, 1994 ; 山岸ら, 1995）においてとられているストラテジーでもある．このような形での交換理論の応用が可能となることによって，これまで社会的認知研究と独立に，あるいは対立する形で行われてきた社会的交換の研究が，今後は社会的認知研究と相互補完的な形で行われるようになる可能性が生まれてきたといえるだろう．

現象例||||||||||||||||||||||||||||||||||||||||||||||||||||||||||||||||||||||||||||||||||||||||||||||||||||
ボーダーレス経済が労働者の権力の弱体化をもたらす

社会的交換理論は，日常の細々とした個人間の関係から，マクロな社会現象までを，その理論の対象としている．本文では日常的な個人間の関係の例を使う場合が多かったので，ここではマクロな社会現象の例を使って，社会的交換理論がどのように適用できるかを考える．

現在，地球規模で起こっている現象の一つに，一般に経済の国際化ないしボーダーレス化と呼ばれる現象がある．交通や通信手段，開発途上国における教育の進歩などの結果として，経済活動において国境のもつ意味がしだいに小さくなりつつある．ネットワーク交換理論が扱っている構造権力分析の視点からすれば，このような経済活動のボーダレス化は，労働者の権力の弱体化を意味すると考えられる．

エマソンの権力-依存理論では，2者間の権力は，お互いが相手の資源にどの程度依存しているかによって決まってくる．この理論をネットワーク関係に拡張したネットワーク交換理論では，このお互いに対する依存度は，それぞれの行為者が別の相手から必要な資源をどの程度容易に獲得できるかで決まってくる．この理論を産業国における労働力と資本という，二つのグループの行為者の間の関係に適用してみる．

経済のボーダーレス化の始まる以前には，この2者のいずれもが，お互いにほぼ完全に依存していた．もちろん個々の労働者や個々の資本家は，特定の相手に完全に依存していたわけではない．たとえば現在の労働環境が気に入らない労働者は別の企業に移ることも

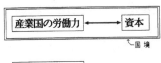

図 5.5.1 労働と資本との間の権力-依存関係

できるし，資本家も誰を雇うかを決めることができる．しかし，労働者のグループ全体と資本家のグループ全体とでは，一応のバランスがとれており，一方が他方に対して一方的に権力を行使するという事態は，あまり一般的ではなかった．ところが経済のボーダレス化により，これまで産業国の資本にとっては手に入らなかった途上国の労働力が，自国の労働者との関係におけるオプションとして使えるようになった．つまり，図に示されているように，これまで1対1の安定した関係にあった産業国での労使関係に，途上国の労働力が資本にとっての選択肢として入り込んで三者のネットワークが形成されることになる（具体的には，資本が途上国に流出するという形，ないし途上国から外国人労働者が産業国に流入するという形の，いずれかの形をとる）．この三者からなる負交換ネットワークにおいては，エマソンらが実験室で証明したように，資本に構造権力が集中することになる．この結果，産業国での労働者の権力は低下し，（個々の労働者は別として，全体としてみれば）失業ないし低賃金を甘受するという形で，この構造権力の低下に苦しむことになるだろう．

〔山岸俊男〕

文　献

1) Adams, J.S.(1965): Inequity in social exchange. *Advances in Experimental Social Psychology*, **2**: 267-299.
2) Berg, J.H. and McQuinn, R.D.(1986): Attraction and exchange in continuing and noncontinuing dating relationships. *Journal of Personality and Social Psychology*, **50**: 942-952.
3) Bienenstock, E.J. and Bonacich, P.(1992): The core as a solution to negatively connected exchange networks. *Social Networks*, **14**: 231-243.
4) Blau, P.M.(1964): *Exchange and power in social life*. Wiley, New York.
5) Cook, K.S. and Emerson, R.M.(1978): Power, equity and commitment in exchange networks. *American Sociological Review*, **43**: 721-739.
6) Cook, K.S. and Yamagishi, T.(1992): Power in exchange networks; A power-dependence formulation. *Social Networks*, **14**: 245-265.
7) Cosmides, L.(1989): The logic of social exchange; Has natural selection shaped how humans reason? Studies with the Wason selection task. *Cognition*, **31**: 187-279.
8) Cosmides, L. and Tooby, L.(1989): Evolutionary psychology and the generation of culture, part II; Case study; A computational theory of social exchange. *Ethology and Sociobiology*, **10**: 51-97.
9) Deutsch, M.(1975): Equity, equality, and need; What determines what value will be used as the basis for distributive justice? *Journal of Social Issues*, **31**: 137-150.

第 5 章　社会的交換の理論　　　*639*

10) Ekeh, P.(1974): *Social exchange theory* ; *The two traditions*. Harvard University Press, Cambridge, MA.

11) Emerson, R.M.(1962): Power-dependence relations. *American Sociological Review,* **27** : 31-41.

12) Emerson, R.M.(1972 a): Exchange theory, part Ⅰ ; A psychological basis for social exchange. In : Berger, J., Zelditch, M. and Anderson. B.(eds.), *Sociological theories in progress*, Vol. 2, pp.38-57. Houghton-Mifflin, Boston.

13) Emerson, R.M.(1972 b): Exchange theory, part II ; Exchange relations and networks. In : Berger, J., Zelditch, M. and Anderson, B.(eds.), *Sociological theories in progress*, Vol. 2, pp.58-87. Houghton-Mifflin, Boston.

14) Emerson, R.M.(1976): Social exchange theory. *Annual Review of Sociology,* **2** : 335-362.

15) Foa, E.B., and Foa, U.G.(1976): Resource theory of social exchange. In : Thibaut, J.W., Spence, J. T. and Gergen, R.C.(eds.), *Contemporary topics in social psychology*, pp.99-131. General Learning Press, Morristown, NJ.

16) Foa, E.B. and Foa, U.G.(1980): Resource theory ; Interpersonal behavior as exchange. In : Gergen, K.J., Greenberg, M.S. and Willis, R.H.(eds.), *Social exchange* ; *Advances in theory and research*, pp.77-101. Plenum, New York.

17) Freidkin, N.(1992): An expected value model of social power ; Predictions for selected exchange networks. *Social Networks*, **14** : 213-229.

18) 林直保子(1994): ネットワーク型囚人のジレンマ研究の意義—社会的ジレンマと繰り返しのない PD へのアプローチ．日本社会心理学会第 32 回大会発表論文集，pp.86-89.

19) 林直保子，山岸俊男(1994): 信頼と選択的プレイパラダイム．日本グループダイナミックス学会第 42 回大会発表論文集，pp.102-103.

20) Heath, A.(1976): *Rational choice and social exchange* ; *A critique of exchange theory*. Cambridge University Press, Cambridge, UK.

21) Homans, G.C.(1961): *Social behavior ; Its elementary forms*. Harcourt, Brace and World, New York.

22) Jacobson, N.S., Waldron, H. and Moore, D.(1980): Toward a behavioral profile of marital distress. *Journal of Consulting and Clinical Psychology,* **48** : 696-703.

23) Kelley, H.H. and Thibaut, J.W.(1978): *Interpersonal relations* ; *A theory of interdependence*. Wiley, New York.

24) Kuhlman, D.M. and Marshello, A.F.J.(1975): Individual differences in game motivation as moderators of programmed strategy effects in prisoner's dilemma. *Journal of Personality and Social Psychology,* **32** : 922-931.

25) Liebrand, W.B.G. and van Run, G.J.(1985): The effects of social motives on behavior in social dilemmas in two cultures. *Journal of Experimental Social Psychology,* **21** : 86-102.

26) Lloyd, S.A., Cate, R.M. and Henton, J.M.(1984): Predicting premarital relationship stability ; A methodological refinement. *Journal of Marriage and the Family,* **46** : 71-76.

27) Margolin, G. and Wampold, B.E.(1981): A sequential analysis of conflict and accord in distressed and nondistressed marital partners. *Journal of Consulting and Clinical Psychology,* **49** : 554-567.

28) Messick, D.M. and Cook, K.S.(eds.)(1983): *Equity theory* ; *Psychological and sociological perspectives*. Praeger, New York.

29) Messick, D.M. and McClintock, C.G.(1968): Motivational bases of choice in experimental games. *Journal of Experimental Social Psychology,* **4** : 1-25.

30) Molm, L.D.(1980): The effects of structural variations in social reinforcement contingencies on exchange and cooperation. *Social Psychology Quarterly,* **43** : 269-282.

31) Molm, L.D.(1990): Structure, action, and outcomes ; The dynamics of power in social exchange. *American Sociological Review,* **55** : 427-447.

32) Molm, L.D. and Cook, K.S.(1995): Social exchange and exchange networks. In : Cook, K.S., Fine,

G.A. and House, J.S. (eds.), *Sociological perspectives on social psychology*, pp.209-235. Allyn and Bacon, Boston.

33) Orbell, J.M. and Dawes, R.M. (1991): A "cognitive miser" theory of cooperators' advantage. *American Political Science Review*, **85** : 515-528.

34) Orbell, J.M. and Dawes, R.M. (1993): Social welfare, cooperator's advantage, and the option of not playing the game. *American Sociological Review*, **85** : 515-528.

35) Rusbult, C.E. (1983): A longitudinal test of the investment model ; The development (and deterioration) of satisfaction and commitment in heterosexual involvements. *Journal of Personality and Social Psychology*, **45** : 101-117.

36) Skvoretz, J. and Fararo, T.J. (1992): Power and network exchange ; An essay toward theoretical unification. *Social Networks*, **14** : 325-344.

37) Thibaut, J.W. and Kelley, H.H. (1959): *The social psychology of groups*. Wiley, New York.

38) Walster, E., Walster, G.W. and Berscheid, E. (1978): *Equity ; Theory and research*. Allyn and Bacon, Boston.

39) Willer, D. and Markovsky, B. (1992): The theory of elementary relations ; Its development and research program. In : Bergwe, J. and Zelditch, M. (eds.), *Theoretical research programs ; Studies in theory growth*, pp.323-363. Stanford University Press, Stanford, CA.

40) Wills, T.A., Weiss, R.L. and Patterson, G.R. (1974): A behavioral analysis of the determinants of marital satisfaction. *Journal of Consulting and Clinical Psychology*, **42** : 802-811.

41) 山岸俊男 (1991): 社会的交換と社会的ジレンマ. 盛山和夫, 海野道郎 編 : 秩序問題と社会的ジレンマ, pp.227-257, ハーベスト社.

42) Yamagishi, T. (1995): Social dilemmas. In : Cook, K.S., Fine, G.A. and House, J.S. (eds.), *Sociological perspectives on social psychology*, pp.311-335. Allyn and Bacon, Boston.

43) Yamagishi, T. and Cook, K.S. (1993): Generalized exchange and social dilemmas. *Social Psychology Quarterly*, **56** : 235-248.

44) Yamagishi, T., Gillmore, M.R. and Cook, K.S. (1988): Network connections and the distribution of power in exchange networks. *American Journal of Sociology*, **93** : 833-851.

45) Yamagishi, T. and Yamagishi, M. (1994): Trust and commitment in the United States and Japan. *Motivation and Emotion*, **18** : 129-166.

46) 山岸俊男, 山岸みどり, 高橋伸幸, 林直保子, 渡部 幹 (1995): 信頼とコミットメント形成—実験研究. 実験社会心理学研究, **35** : 23-34.

第6章

グループ・ダイナミックスの理論

　グループ・ダイナミックスは，集合体の全体的性質（集合性）の動態を研究する人間科学である．集合体には，人間だけではなく，人間にとっての環境も含まれる．

　グループ・ダイナミックスは，メタ理論として，社会構成主義の立場に立つ．すなわち，"個人＝心を内蔵した肉体"という人間観，外界と内界を区別する常識は採用しない．身体に現前する世界や身体の行為は，集合性によって規定されると考える．

　集合性は，集合的行動とコミュニケーションという二つの側面から把握できる．集合的行動とは，集合体の全体を視野に入れたときに観察できる集合体全体の挙動である．一方，コミュニケーションとは，集合体が雰囲気や規範を形成・維持・変容したり，消滅させたりする一連のプロセスである（個人間の情報伝達のことではない）．複数の集合性は，多層的重複構造をなす．個々の集合性は，この多層的重複構造の中で変化する．

　グループ・ダイナミックスは人間科学である．自然科学は，外在的事実を客観的に観察する．一方，人間科学は，研究対象（当事者）と研究者による共同的実践の中から知識を紡ぎ出す．

6.1　グループ・ダイナミックスとは

a. 集合体の動学

　グループ・ダイナミックスは，集合体の全体的性質——集合性——の動態を研究する人間科学である．人間科学とは，自然科学に対するもう一つの科学である．人間科学と自然科学の違い，人間科学の方法論については，6.3 節で述べる．

　グループ・ダイナミックスが対象とする集合体（グループ）は広範多岐にわたる．

- 夫婦，恋人どうしといった二人グループ
- 一緒に仕事をしている数人あるいは一緒にスポーツを楽しんでいる数人のグループ

- 一つの企業に所属する何百，何千，何万という人のグループ（ふつう，組織と呼ばれるグループ）
- 野球場の観客席を埋めつくす数万人のグループ（ふつう，観衆，群集と呼ばれるグループ）
- 同じコミュニティに居住する何千，何万という人々のグループ
- 日本列島の上に住む1億2,000万の人々のグループ（国民と呼ばれるグループ）

などは，すべて，グループ・ダイナミックスが研究対象とする集合体の例である．地球環境問題や南北問題がクローズアップされる現在，宇宙船地球号の乗組員数十億という巨大な集合体を研究対象にすることも時代の要請である．

グループ・ダイナミックスが対象にする集合体は，上に例示したような，集合体の人々が空間的なまとまりをもって存在している集合体に限定されない．たとえ空間的には散在していても，同じ言語，方言，専門用語などを使用する人々は，一つの集合体として取り扱う．また，地域的には拡散していても，ある流行を追う人々，ある特定の事物を使用する人々も，一つの集合体として取り扱う．

さらに，争い合う複数の人も一つの集合体としてとらえる．また，対立抗争の関係にある複数の集団は，個々の集団も一つの集合体ではあるが，同時に，複数の集団をひとまとめにして一つの集合体としてとらえることもできる．

以上，集合体の人間に焦点をあててきたが，集合体の概念には，人間のみならず，人間にとっての環境も含まれる．すなわち，集合性とは，集合体の人々とその環境が一つの全体として有するトータルな性質である．

b. 社会構成主義

しばしば，集合体は，直接，間接の影響関係にある個人の集合として定義される．しかし，この定義は，個人についての周到な考察を欠いている．グループ・ダイナミックスは，この定義を採用しない．

1) "個人＝心を内蔵した肉体"という常識

私たちは，ふつう，人間といえば個人を想像する．その場合の個人とは，まずもって皮膚で囲まれた肉体である．しかし，その肉体がイコール個人ではない．個人は，頭の中で考えたり，心の中で感じたりする肉体である．個人とは，その内部に思考や感情（あるいは情報処理）の座を有する肉体，すなわち，"個人＝心を内蔵した肉体"というのが，私たちの常識である．あるいは，心の方を中心に据えていえば，"肉体に内蔵された心"という観念が，私たちの常識である．

"個人＝心を内蔵した肉体"という常識は，"外界と内界を区別する"常識と表裏一体である．"肉体に内蔵された心"は内なる世界，すなわち，内界である．一方，外なる世界，すなわち，外界は，内界にどのようにとらえられる（認識される）かとは無関係に，それ本

第6章 グループ・ダイナミックスの理論 *643*

来の姿で存在する，と考えられている．外界には，皮膚の外側のみならず，皮膚の内側も
含まれる．内臓は皮膚の内部にあっても外界である．内臓の状態を感じる(認識する)と
は，皮膚の内部にある外界(内臓)を，肉体に内蔵された内界にとらえることである，と考
えられている．

　しかし，"個人＝心を内蔵した肉体"，あるいは，"肉体に内蔵された心"という常識は，
私たちの素朴な日常経験から自然に形成された常識ではない．この常識は，特定の歴史的
経緯，および，生育史的経緯を経て，私たちの常識になったのである．本章では，この点
について詳しく述べるゆとりはない．この常識が素朴な日常経験と矛盾さえしていること
は，廣松(1982，第2編第1章；1993，第2編第1章)において，きわめて論理的に述べら
れている．それをわかりやすく解説したものに，楽学舎(2000，第2章)がある．また，ク
ールター(Coulter, 1979)は，"肉体に内蔵された心"が，日常の言語活動を通じて社会的
に構成された観念であることを明解に論じている．さらに，"個人＝心を内蔵した肉体"
という常識が，どのような歴史的，生育史的経緯を経て形成されたのかという点について
は，大澤(1990)が社会学的身体論の立場から卓抜した考察を行っている(そのわかりやす
い解説については楽学舎〔2000，第7章〕を参照)．

2）　現前・身体・事物

　では，"個人＝心を内蔵した肉体"という常識を前提にしないとして，いかなる前提か
らスタートすればよいのだろうか．まず，その前提を述べる準備として，三つの用語——
現前・身体・事物——を導入しよう．

　まず，現前という用語．あなたのまわりは決して無ではない．あなたには，何がしかの
世界が立ち現われている．その，立ち現われていることを"現前する"という．世界とい
っても大仰に考える必要はない．あなたには，何がしかの風景的世界が現前しているはず
だ．しかも，その風景的世界は，決して一枚岩ではなく，さまざまな分節肢に分節してい
る——たとえば，本，ボールペン，机，などの分節肢が現前している．

　現前という概念は，認識(みえる，聞こえる，など)よりも浅い概念である．なぜなら
ば，認識という概念は，単に現前するという意味をこえて，例の"外界と内界を区別す
る"常識に基づく暗黙の了解をも包含している．たとえば，花がみえる(花を認識する)と
いうときには，外界に花が実在しており，その花を内界にとらえたということが暗黙の了
解となっている．それに対して，現前という概念は，そこまで立ち入らない．ただ，無で
はない風景的世界が現前していること，その風景的世界の中に花という分節肢が現前して
いること，そこまでを意味しているだけである．

　現前する風景的世界は身体と事物からなる．身体とは，それに対して風景的世界が現前
しているもののことである．いうまでもなく，身体は心を内蔵していない．一方，事物と
は，それに対して風景的世界が現前していないもののことである．あなたにも，そして，
あなたの隣に座っている友人にも何がしかの風景的世界が現前しているがゆえに，あなた

も友人も身体である．また，部屋の片隅にいる猫にも，おそらく何らかの風景的世界が現前しているであろうから，その猫もまた身体である．それに対して，机やその上のコップには風景的世界が現前していないがゆえに，それらは事物である．

身体と事物の区別は，生物と非生物の区別と同じではない．何が身体であり，何が事物であるかは，それらの身体と事物を含む集合体の状態によって規定される．たとえば，小さい子どもと，その子がまるで妹のようにかわいがっているぬいぐるみ（もし，そのぬいぐるみが傷つけられた日には，自分の体を傷つけられたような痛みを感じるようなぬいぐるみ）の集合体では，子どもはもちろん，ぬいぐるみも身体である．後述する「互換する身体」の箇所（p.647）で導入する概念を用いるならば，互換が生じるか否かが，身体と事物を区別する基準となる．

3）集合体こそ主体

身体に現前する分節肢は，すべて，何らかの意味をもっている．つまり，現前するのは単なる"何か"ではない．たとえば，"机"という意味をもつ"何か"である——言い換えれば，"机としての何か"である．仮に，いますぐどこかに飛んでいってもいい綿ごみであろうとも，それは，"いますぐどこに飛んでいってもいい綿ごみ"という意味をもつ"何か"である——"いますぐどこに飛んでいってもいい綿ごみとしての何か"である．

さらにいえば，意味をもたないものは，そもそも現前しない——そもそも分節肢になりえない．いま，図5.6.1のように二つ並んだ本棚があり，それを熟視したとしよう．はたして，黒で塗った多角形は現前していただろうか．おそらく，本棚1個分，2個分，あるいは，本棚の1段分，2段分は現前していただろう．しかし，黒で塗ったような奇妙な多角形は現前していなかったであろう．その理由は，奇妙な多角形には意味がないからである．一方，本棚の1個分や1段分には意味がある．実際，多くの人々が，過去に本棚1個を購入した経験や，1段分の本がダンボール1箱に納まるかどうかを思案した経験をもっている——したがって，本棚1個や棚1段は，そのような経験に裏づけられた，何らかの意味をもっている．

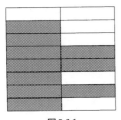

図5.6.1
本棚の1段，2段は現前するが，こんな奇妙な多角形は現前しない．

意味は，集合体の中で形成される．"机"という意味は，机を机として使用する身体（たち）と，机と称される（多くの）事物を含む集合体の中で，不断に維持されている．あるいは，"もう随分古くなったから，そろそろ買いかえたい机"という意味は，そのように語り合う家族とその机からなる集合体によって形成され，その集合体の中で維持される．

以上，①分節肢の現前にとって，意味が不可欠であること，②意味は集合体の中で形成されることを述べた．これら2点から，身体に世界が現前するのは集合体のなせるわざである，という結論が導かれる．あえて，身体に世界を現前させる主体

を問うならば，それは，その身体を包含する集合体である——決して，"肉体に内蔵された心"ではない．

集合体が世界を現前させる（集合体が，身体に現前する世界を構成する）という前提は社会構成主義（たとえば，Gergen, 1994 a；1994 b）と呼ばれている．社会構成主義はグループ・ダイナミックスの前提（メタ理論）でもある．

6.2　グループ・ダイナミックスの概念と理論

集合体の全体的性質，すなわち集合性は，二つの側面から記述できる．一つは，集合体の観察可能な動き——集合的行動——であり，もう一つは，規範や雰囲気の形成・変容プロセス——コミュニケーション——である．いかなる集合体の集合性も，集合的行動とコミュニケーションという二つの側面をもっている（Sugiman, 1997）.

a.　集合的行動
1）　集合的行動
集合的行動とは，集合体を一つの全体として観察したときに観察できる動き（行動）のことである．ここで，二つの点に注意しておこう．

第1に，一つの集合体の集合的行動を観察するには，その集合体の全体を視野に入れなければならない．もちろん，集合体の規模が大きくなれば，その全体を一気に視野に入れることは困難になる．その場合には，部分部分を観察して，それを合成して全体像を得ることになるが，あくまでも集合的行動という概念が，集合体全体の動きをさす概念であることに変わりはない．

第2に，集合的行動には，集合体の人々の動きのみならず，それらの人々にとっての環境の動きも含まれる．すでに定義した身体・事物という概念を用いるならば，集合的行動とは，集合体の身体と事物双方の動きを包含する．

すでに述べたように，グループ・ダイナミックスは，争い合う複数の身体，対立する複数の集団をも一つの集合体としてとらえる．そのような集合体には，二人の殴り合い，複数の集団の間の攻防戦といった集合的行動が観察される．もちろん，争いや攻防の原因である事物も集合的行動の要素である．

翻って考えれば，私たちは，オギャーと生まれてから死ぬまで，1秒の切れ目もなく，常に，何らかの集合的行動の一角を演じている．つまり，純粋に単独の行動というのはありえない．要は，どの程度の広さの空間を，どの程度の長さの時間，観察するかである．空間と時間を適当にとれば，いかなる身体の行動も何らかの集合的行動の一部としてとらえられる．たとえば，夜一人で寝ている人であっても，その人が勤務する職場とその職場に勤務する全従業員の自宅が視野に入るくらいの空間を2, 3日間観察するならば，2交

替制，あるいは3交替制といった勤務ローテーション（という集合的行動）の一角を，寝るという行動によって演じていることがわかる．

2) 環境——とくに"もの"的環境について

集合的行動は，身体とその環境をひとまとめにした動きである．環境には，もちろん，物的な環境（物的な事物）も含まれるが，"もの"的な環境（"もの"的な事物）も含まれる．"もの"的環境とは，繰り返され定型化した集合的行動である．

制度（慣行）や役割は，"もの"的環境の例である．制度は，一過性でもありえた集合的行動が，何らかの理由で継続，反復されることによって確立する．また，公式，非公式の役割も，決してその役割を遂行する人によってのみ，その内実が決められるのではなく，集合体全体の動きの中で決められていく．制度にせよ，役割にせよ，それらが"もの"的環境として確立すると，物的環境のように，人々の行動の制約条件として機能する．

集合体の中で当り前のように使用されることばも，"もの"的環境の一つである．当初は，ごく一部の人しか使用していなかったことばが，しだいに流布し，集合体の共通語となることによって，そのことばは"もの"的環境の一部となる．あることばの使用という集合的行動が反復されることによって，そのことばは"もの"的環境の一部となり，集合的行動の制約条件として機能するようになる．また，制度や役割をさし示すことばの普及は，制度や役割の確立を促進する．

3) 集合的行動の無縁圏

集合体は，特定の集合的行動をとることによって，その集合的行動とは無縁の世界（無縁圏）をもつくっていく．無縁とは想像すらしないという意味である．集合体は，特定の集合的行動をとりつつ，多くのありえたかもしれない集合的行動を無縁圏に廃棄していく．もちろん，集合体が自覚的に廃棄するのではない——もし，ある集合的行動を自覚的に廃棄するのであれば，その集合的行動は集合体にとって無縁ではなかったことになる．

b. コミュニケーション

1) コミュニケーション

コミュニケーションとは，コミュ（共同性）をつくることである——決して，個人間の情報伝達のことではない．集合体にとってのコミュとは，規範や雰囲気である．すなわち，コミュニケーションとは，規範や雰囲気を創出，維持，変容し，消滅させる一連のプロセスである．

規範や雰囲気とは，集合体の身体に対して妥当な現前や行為を指示する操作である．規範は言語的に表現可能，雰囲気は言語的に表現不可能という違いがある．ただし，規範が言語的に表現可能だからといって，実際に規範が言語的に表現されているというわけではない．多くの規範は，言語的に表現されずして，妥当な現前や行為をさし示す．

2） 雰 囲 気

雰囲気は，身体に現前する世界やその分節肢に“表情”や“色合い”を与える．これらの表情や色合いは，通常，客観的に外在する世界(外界)に対して内界に生じる感情と考えられている．しかし，すでに述べたとおり，そのような外界-内界図式はグループ・ダイナミックスの依拠するところではない．

3） 規 範

規範は言語的に表現可能である(現実に言語で表現されるか否かは別として)．規範は，その言語的な表現形態によって二つに分類できる．一つは，“べし規範(価値的規範)”，もう一つは“である規範(認知的規範)”である．

“べし規範”とは，……すべし，するべからず，した方がよい，しない方がよいといった形態で表現できる規範の総称である．“べし規範”は，それに違背する行為に対して，行為の方を“べし規範”に合致させるよう変更を迫る．

“である規範”とは，……である，……がある，といった形態で表現できる規範の総称である．“である規範”では，それに違背する行為に対して，“である規範”の方が違背行為に合致するよう変化する．

通常は，例の外界-内界図式に則り，外界の対象を内界にとらえる，と考えられている．しかし，そうではなく，規範が，対象を……すべきものとして現前させたり，……であるものとして現前させるのである．

4） 規範の形成プロセス

規範の形成プロセスに関する卓抜した理論に，大澤(1990)の身体論がある．以下，その概略を紹介しよう．ただし，“個人＝心を内蔵した肉体”という常識や外界-内界図式(とくに，無条件に外在する外界という観念)は前提にしないという点に，くれぐれも留意していただきたい．この身体論についてのわかりやすい解説は，楽学舎(2000，第5・7章)にある．

身体には，二つの水準がある．一つは，“互換する身体”の水準，もう一つは，“超越的身体”の水準である．互換する身体とは，複数の身体が根こそぎ入れ替わる身体の状相である．決して，他者になったような気持になるとか，他者に感情移入するのではない．まさに，文字どおり，他の身体に“なる”のである．このような状相は，私たちが常識としてもっている人間像からみれば，いかにも突飛である．しかし，私たちは，この常識的人間像――“個人＝心を内蔵した肉体”という人間像――を棄却したことを改めて思い出さねばならない．

身体が根こそぎ互換するということは，身体に現前する世界もまた根こそぎ互換するということである．しかし，複数の身体の間に互換が十分頻繁に生じ，現前する対象が十分な強度をもって現前するならば，個々の身体に対する現前をこえた共通の経験が生じる．この共通の経験こそ，対象の意味(対象が何であるか)にほかならない．

648　　　　　　　　　　　　　V　社　会　心　理　学

　対象の意味は，互換する個々の身体に対する現前をこえている．それは，複数の身体に
共通の経験であり，複数の身体の全体に対して現前する．言い換えれば，複数の身体の全
体を代表するような"第三の身体(超越的身体)"に対して現前する．したがって，意味の
形成は超越的身体の形成とパラレルである．かくして，互換する身体(たち)が，互換する
身体でありつつも，超越的身体の作用圏に入った(超越的身体が発する意味の声を聞くよ
うになった)とき，通常の現前——意味をもつ何かの現前(6.1節b項3)を参照)——が可
能になる．意味が成立するということは，対象が，"……すべきもの"，"……である"とい
う形態で現前することである．すなわち，意味の形成は，規範(べし規範・である規範)
の形成でもある．

5)　コミュニケーションの無縁圏

　集合体が特定の集合的行動をとることによって，同時に，集合的行動の無縁圏をもつく
るのと同様，特定のコミュニケーションを展開する(特定の雰囲気や規範を形成する)こと
によって，コミュニケーションの無縁圏をもつくっていく．すなわち，集合体は，特定の
雰囲気や規範を形成する一方で，同時的に，ありえたかもしれない雰囲気や規範を無縁圏
に廃棄していく．

c.　集合性の多層的重複構造

　同一の集合体にも，多数の集合性が形成される——集合性が多層的に形成される．いわ
ゆる親密な関係にある身体たちは，非常に多層的な集合性に包まれている．

　また，身体の数が増えるにつれて，ある一群の身体を包む集合性，別の一群の身体を包
む集合性，前者の身体群の一部と後者の身体群の一部を包む集合性といった構造になる．
つまり，多くの集合性が，部分的に重複しながら形成される．特定の身体に注目した場
合，その身体と同一の集合性に包まれている身体はない．身体の個性とは，その身体を包
む集合性(群)の個性である．決して，個性を，"個人に内蔵された心(内界)"に求める必
要などない．

　以上のような集合性の多層的重複構造を通じて，個々の集合体は変化する(また，それ
によって，身体に現前する世界も変化する)．たとえば，集合性Aに包まれる身体a，集
合性Bに包まれる身体bがいるとしよう．このままでは何の変化も起こらない．しかし，
何らかの理由により，二つの身体a，bからなる集合体Xができた(新しい集合性Xがで
きた)としよう．身体aは集合性Aによって動かされている．そのaがbとともにつくっ
た集合性Xには，aを介して，集合性Aがブレンドされる．したがって，集合性Xに包
まれる身体bは，集合性Aによっても動かされるようになる．こうして，もともと身体
bが包まれていた集合性Bにも，集合性Aの性質が浸透する．

第6章　グループ・ダイナミックスの理論　　　　　*649*

6.3　グループ・ダイナミックスの方法論

a.　人 間 科 学

　グループ・ダイナミックスは，自然科学に対するもう一つの科学，すなわち，人間科学の立場をとる．では，人間科学としてのグループ・ダイナミックスは，いかなる方法論に依拠するのか．まず，改めて自然科学の基本を整理し，それとの対比をしながら人間科学の特徴を述べることにしよう．

1）　自然科学の基本

　自然科学が対象とする事実は，次に述べる二つの特徴をもっている．それらは，自然科学を研究する者にとって，あるいは自然科学を学ぶ者にとって，あまりにも自明の特徴である．

　第1に，自然科学が対象とする事実は，自然科学が発見する前から存在していた事実である．ただ，発見される前は，誰もその事実を知らなかっただけのことである．誰も知らなかったけれども，じつは存在していた事実を発見すること，これが自然科学の“発見”である．たとえば，DNAの二重らせん構造は，1950年，ワトソンとクリックという二人の生理学者によって発見された．しかし，DNAは，ずっと昔から，二重らせん構造をしていたのだ．ただ，人間がそれを知らなかっただけの話である．その，誰も知らなかった，しかし，存在していた事実が，ワトソンとクリックによって発見されたわけである．

　第2に，自然科学が対象とする事実は，その事実が発見され，広く知られるようになったからといって，その事実自体が変化してしまうことなどありえない．つまり，事実が発見されたがために，事実が事実でなくなるといったことはありえない．DNAの二重らせん構造が発見され，教科書に書かれるようになったからといって，急に，DNAが三重らせん構造や四重らせん構造に変化してしまうなど，もはや，悪い冗談である．

　このように，自然科学は，人が知ろうと知るまいと存在している事実を対象にする．言い換えれば，人が知る知らないとは無関係に存在している，自然のあるがままの姿，本来の姿こそ，自然科学にとっての事実である．

　自然のあるがままの姿，本来の姿を発見しようとするならば，その，あるがままの姿を壊さないように注意しながら観察する必要がある．もちろん，観察対象に，ある程度の操作を加えることもある——観察対象に測定機器を装着したうえで観察する，観察対象に実験的操作を施したうえで観察する，など．しかし，いかに操作を加える場合でも，その操作は必要最小限の操作に限られる．測定機器の装着によって，本来の姿が変化してしまうような事態，必要以上の実験的操作によって，本来の（変化の）姿が歪曲されてしまうような事態は，慎重に回避されねばならない．ましてや，観察者の願望によって観察結果が左右されることなど，あってはならないことである．

こうして，自然科学では，観察対象と観察者の間には明確に一線が引かれることになる．そして，観察対象を一線の向こう側に据え，観察者は，一線のこちら側から，自らの主観を交えることなく観察しなければならない．これが，自然科学の基本である．

2） もう一つの科学 —— 人間科学

自然科学が，われわれの知的世界を豊かにしたことは，改めていうまでもない．自然科学は，われわれが知らなかった，しかし，存在していた事実を，次々に発見してきたし，今後も発見し続けるだろう．

しかし，先に述べた自然科学の基本が通用しない現象もある．つまり，観察者と観察対象の間に一線を引いて両者を分離することが不可能な現象である．そのような現象では，観察者が好むと好まざるとにかかわらず，観察者と観察対象の間に相互作用が生じてしまう．言い換えれば，観察者と観察対象による共同的実践が進行してしまうのである．

このような現象では，観察者が手にする事実も，共同的実践を成立基盤とする．事実は，共同的実践の中で生まれ，生まれた事実は共同的実践の対象となる．言い換えれば，事実は，共同的実践の当事者(研究者と研究対象)にとっての事実である．その意味で，事実は，当事者たちがその事実を知っているからこそ，事実となる．この点において，当事者が知ろうが知るまいが存在する自然科学の事実とは，決定的に異なっている．

観察者と観察対象の間に一線など引けない現象，したがって，両者の間に共同的実践が進行してしまう現象は少なくない．たとえば，経済予測について考えてみよう．観察者(経済学者)は観察対象(国民の経済活動)を観察し，その実態を把握し，経済動向を予測する．ここで，仮に，ある経済学者が，今後景気は悪くなると予測したとしよう．また，その予測が，マスコミで広く報じられたとしよう．

一つの可能性として，企業は景気の悪化による消費の冷え込みを見越して，早々，生産を抑制し，一方，消費者の方も，所得が増えない，あるいは，減少することを見越して，財布のひもを引き締めるかもしれない．そうすれば，実際に景気は悪くなる．予想が当たったわけである．しかし，予想の的中は，観察者の実態把握や，予想の根拠が正しかったことを意味しない．観察者(経済学者)の予測を観察対象(国民の経済活動)が知る(織り込み済みとする)ことによって，観察対象が予測の方向に変化し，その結果，予測が的中してしまったにすぎない．このような現象を，社会学者マートンは，"予言の自己成就"と呼んでいる．

逆の可能性もある．企業は，景気の悪化による消費の冷え込みを恐れ，生産コストの削減，製品価格の切り下げに努めるかもしれない．もし，多くの企業が製品価格を切り下げ，物価が安くなれば，消費者は購買意欲をそそられ，景気は悪くならないかもしれない．今度は，予測がはずれたわけである．しかし，再び，予測がはずれたのは，観察者の現状把握や予測の根拠がまちがっていたからだとはいえない．先の予測が的中してしまった場合と同じく，観察者(経済学者)の予測を観察対象(国民の経済活動)が知る(織り込み

済みとする)ことによって観察対象の方が変化し，その結果，予測がはずれてしまっただけの話である．

重要なことは，観察者が発見した事実を観察対象が知ると，観察対象が変化してしまうということである．いかに観察者と観察対象の間に一線を引き，両者を分離しようとしても，それは不可能なのだ．このようなことは，自然科学では，全く想定されていない．

経済予測の例における観察者と観察対象の間には，単に，両者の間に一線を引けないという以上の関係がある．そもそも，観察対象が予測を聞いて生産・消費行動を変えるということは，観察対象が予測を求めているからである．経済活動には，予測が必要である．何をどれだけ生産するかを決定するには，市場の動きを予測しなければならない．値のはる商品を，いま買うべきか，もう少し待つべきかを決めようとすれば，これまた今後の市場動向を予測しなければならない．そして，このような経済予測に対する生産者と消費者のニーズに応えて，経済学者は今後の経済動向を予測する．

つまり，経済学者(観察者)は，生産者・消費者(観察対象)とともに，経済活動という共同的実践に参加しているのだ．経済学者の予測は，その共同的実践の中で発せられた一言である．日頃の会議(という共同的実践)の中で，ある発言が全員の意見を変えることがあるように，経済活動という共同的実践の中で，経済学者の予測が経済活動を変えても，何ら不思議はない．むしろ，観察者の予測による観察対象の変化は，観察者と観察対象が共同的実践を行っていることの証拠でさえある．

以上，経済予測を例に引きながら，研究者と研究対象の間に一線を引けない現象——したがって，両者による共同的実践が進行してしまう現象——の存在を指摘した．いわゆる人文・社会科学が取り組んできた現象の多くは，この種の現象である．しかし，従来，この種の現象に対しても，自然科学のスタンス——研究者と研究対象の間に一線を引くスタンス——で取り組まれることが多かった．その根底には，科学を自然科学と等置する前提があった．

そもそも，科学という営みは，徹底的な言説化へのこだわりにおいて，他の営みから区別される．決して，行間に語らせるのではなく，日常言語，数学その他の記号言語を用いて，徹頭徹尾，言説化していくこと——ここにこそ，科学という営みの特徴がある．そうであれば，一線の向こうの対象を，一線のこちら側から徹底的に言説化していくのは，科学の一つの流儀ではあっても，決してそれのみが科学ではない．

研究者と研究対象との間に一線などは引けないこと，研究対象との共同的実践が進行してしまうことを織り込み済みにしたうえで行われる言説化もありうるはずである．いや，さらに前向きに，研究対象(当事者)との共同的実践を意図したうえで行われる言説化も，あってしかるべきである．そのように，研究対象との共同的実践を前提，ないし，目的にする言説化の営みを，人間科学と呼ぶことにしよう．

もはや，科学＝自然科学ではない．もう一つの科学，すなわち，人間科学もある．科

学＝自然科学＋人間科学である．では，人間科学の現場はいかにあるべきか．

b. 当事者と研究者による共同的実践

1) ローカルな共同的実践

人間科学では，事実は共同的実践の中から生まれ，共同的実践の中に編み込まれていく．人間科学は共同的実践のための科学である．研究者とフィールドの人々は共同的実践を行う．したがって，フィールドの人々は単なる研究(観察)対象ではなく，当事者と呼ぶべきだろう．

研究者と当事者の共同的実践は，必ずしも平坦な道のりではないであろう．双方の主張が食い違い，激しく対立することがあるかもしれない．しかし，対立を経験しながらも，共同的実践が一段落し，当事者と研究者が，実践の記録とそこでの思考を共同のメッセージとして発信できることもある．この当事者と研究者による共同メッセージこそ，人間科学の知識である．

共同的実践は，特定の時期(時代)に，特定の場所で，特定の人々によって行われる．もちろん，時期の長い短い，場所の広い狭い，人々の多い少ないは，さまざまである．しかし，そのような違いはあっても，共同的実践は，限定された時期に，限定された場所で，限定された人々によって行われる．人間科学の知識は，基本的に，限定された時期と場所における限定された人々による共同的実践，つまり，ローカル(局所的)な共同的実践の中から生まれる．

一方，自然科学は，すでに存在していたけれども人間が知らなかった事実を発見する．その事実は，場所をこえて，時代をこえて妥当するユニバーサル(普遍的)な事実である．つまり，自然科学は，普遍的事実を探求する科学である．普遍的事実を探求するには，事実についての知識が普遍的に正しいことを，実験や観察によって実証しなければならない．したがって，自然科学の目的は普遍的事実の"実証"だといえる．それに対して，人間科学の目的は"実践"，共同的な実践である．

人間科学の目的が実践であるからといって，データ収集や観察が人間科学に不要だなどというわけではない．データ収集や観察は，人間科学にとっても非常に重要である．しかし，人間科学におけるデータ収集や観察は，あくまでも共同的実践のためのものである．それに対して，自然科学におけるデータ収集や観察は，普遍的事実を実証するためのものである．自然科学のデータや観察結果は，場所をこえ，時代をこえて妥当する事実(現象)の"標本(サンプル)"である．

人間科学のデータ収集や観察は，ローカルな共同的実践の中で，その共同的実践のために行われる．共同的実践を行おうとすれば，現状をよく観察しなければならないのはもちろんである．必要ならばデータも集めなければならない．現状のみならず，過去のいきさつや歴史について，よく調べてみる必要性も出てくる．あるいは，将来について，予想や

第6章　グループ・ダイナミックスの理論　　　653

シミュレーションをしてみることが必要になる場合もある．このように，人間科学にとっても，データ収集や観察は重要である．しかし，人間科学のデータ収集や観察は，あくまでも，ローカル(局所的)な現状，過去，将来を把握するためのものである．決して，場所をこえて，時代をこえて妥当する普遍的事実を発見するためのものではない．

　自然科学は，現在を理解するにあたって，過去遡及的に"原因"を解明し，その原因の結果として現在を理解する．しかるのちに，諸前提の大枠に変化がなければ，過去から現在に至る原因-結果関係を未来に外挿する．この意味で，自然科学は，第一義的には，過去遡及的(バックワード)な性格をもつ．

　これに対して，人間科学は，現在を，未来志向的に"目的因"への通路として位置づける．そして，あくまでも目的因に向かっての運動のために，現状の詳細，および，過去から現在に至った道のりが，社会的に構成される．この意味で，人間科学は，第一義的には未来志向的(フォワード)，ないし，価値志向的な性格をもつ．われわれが，工学に未来開拓的な性格を感じるのは，工学には，すでにして，人間科学的要素が含まれているからである．工学は，人工物についての自然科学という側面と，人間科学としての側面をあわせもっている．

2)　1次モードと2次モード

　ローカルな現状，過去，将来を把握し，その把握に基づいて問題解決に取り組む段階を，共同的実践の1次モードと呼ぶことにしよう．この1次モードでは，データ収集や観察も必要になる．また，研究者は，さまざまな概念や理論を持ち込む．

　重要なことは，1次モードの共同的実践は，必ず，ある前提，しかも気づかざる前提の上に立った実践である，ということである．"気づかざる"というところが重要である．自分たちが前提にしていることを徹底的に洗い出し考えぬいたとしても，考えついた前提のそのまた根底に，必ず"気づかざる前提"が存在している．言い方を変えれば，気づかざる前提に立たない共同的実践など，そもそも不可能である．気づかざる前提に立って初めて，共同的実践を行うことが可能になる．

　ところが，共同的実践が進行するうちに，それまでの実践の根底にあった"気づかざる前提"に気づくことがある．この"気づかざる前提"に気づく段階を，2次モードと呼ぼう．"あっ，そうか．いままで，そういう前提に立っていたのか"と，それまでの(1次モードの)前提に，過去形で気づくモードである．こうして，2次モードを経て新たなる1次モードに入っていく．

　新たなる1次モードでは，現状，過去，将来の把握の仕方が，前の1次モードとは異なってくる．また，前の1次モードで行った共同的実践の意味合いも異なってくる．しかし，今回の1次モードの共同的実践もまた，"気づかざる前提"——もちろん，前回の"気づかざる前提"とは違うけれども——に立っている．その"気づかざる前提"に気づくときには，新たなる2次モードに入っていく．

人間科学の現場は，1次モードと2次モードの繰り返し，1次モードと2次モードの連続的交替運動である．この二つのモードの交替運動は，小さな(微視的な)交替運動と大きな(巨視的な)交替運動に分けることができる．まず，微視的な交替運動が日常的に進行している．小さな気づき，小さな発見は，すべて，1次モード→2次モード→(新たなる)1次モードという交替運動である．もちろん，この場合には，"気づかざる前提"に気づいたという感覚は伴わないし，"気づかざる前提"が大きく変化するわけでもない．しかし，いかに小さい変化ではあるにしても，"気づかざる前提"は必ず変化している．感覚的には，とくに前提が変化したという感覚はなくとも，現状，過去，将来の事実を徹底的に調べ，実践の対象としていくことによって，じつは，"気づかざる前提"の方も徐々に変化している．この微視的な交替運動が数多くなされるところに，大きな(巨視的な)交替運動に向けてのエネルギーが蓄積されていく．

大きな(巨視的な)交替運動の場合には，2次モードに入ったとき，まさに，"気づかざる前提"に気づいた，という感覚を伴う．"そうか，自分たちは，そう思い込んでいたのだな(そういう，気づかざる前提に立っていたのだな)"と，目の上の鱗が落ちたような感覚を覚えることもあるだろう．このような大きな交替運動が生じると，それまでの(1次モードの)実践や，その基礎になっていた現状，過去，将来の把握が大きく変化する．

以上，1次モードと2次モードについて述べたことは，人間科学のみならず，自然科学にもあてはまるようにみえる．確かに，自然科学においても，日ごろの小さな発見，あるいは新奇な発見をきっかけに，おおもとにある基礎理論(前提)が改訂されてきた．そして，基礎理論が改訂されると，従来の多くの知見が，改訂された基礎理論の上に再編成される．このプロセスは，人間科学について述べた，1次モード→2次モード(基礎理論の改訂)→新たなる1次モードと同じようにみえる．

しかし，自然科学では，このような基礎理論の改訂を続けることによって，普遍的な事実に接近できるという大前提がある．逆にいうと，普遍的な事実に接近していくためにこそ，基礎理論の改訂がなされるのである．一方，すでに述べたように，人間科学は，普遍的事実を追求する科学ではない．人間科学は，ローカルな共同的実践のための科学である．1次モードの共同的実践が，2次モードを経て，新たなる1次モードの共同的実践に入ることによって，当事者や研究者は，自らの実践や，そのための現状，過去，将来の把握に対して確信を深めていくだろう．しかし，そのことは，普遍的に妥当する事実(時代や社会をこえて，万人に妥当する事実)を手にすることを意味しない．

3) 目的と価値観

実践には，必ず目的がある．また，実践は，必ず何らかの価値観を前提にしている．そうであれば，実践の中から生まれる人間科学の知識にも，何らかの目的・価値観が前提になっているはずである．さらにいえば，人間科学の知識は，その知識の前提となっている目的や価値を共有する人々の実践にとってこそ，意味ある知識である．

一方，自然科学では，特定の目的や価値観によって知識が影響されるなど，もってのほかである．医学書に書いてある知識は，いかなる目的や価値観をもっている人にもあてはまる．自然科学は，目的や価値観などとは無関係に存在している事実を取り扱う．

それに対して，人間科学は目的や価値観と分かちがたく結びついている．したがって，ある人間科学の知識を使うということは，その知識の発信者と目的や価値を共有していくことを意味する．それだけに，人間科学の知識を作り出す研究者も，人間科学の知識を使おうとする人々も，自らの目的や価値観を問い続けることが必要である．

先に述べた1次モードと2次モードの交替運動は，目的や価値観についてもあてはまる．目的や価値観は，常に自覚されているとは限らない．しかし，私たちの実践は，必ず何らかの目的や価値と結びついている．その証拠に，自らの目的や価値観とかけ離れた人に出会うと，ショックを受けたり，場合によっては感銘を受けたりする．

当事者も，研究者も，自覚することなく，特定の目的や価値観に縛られていることが多い．そのような場合，当事者や研究者に，自分を縛っている目的や価値観を気づかせることも人間科学の役割である．"あっ，そうか，自分(たち)は，そういう目的・価値観に縛られていたのか"，"そうだとしたら，もし，目的や価値観を変えれば，明日に向かって，こういう一手もあるじゃないか"という具合に．

4） ローカルからインターローカルへ

共同的実践は，特定の人物(当事者と研究者)によって，特定の場所，特定の時代(時期)に行われる．このような限られた範囲の人物が，特定の場所で，特定の時代に行う共同的実践を，ローカル(局所的)な実践と呼んだ．このローカルな共同的実践についての共同的メッセージから，人間科学の知識が生まれるわけである．

ローカルな共同的実践についての共同メッセージは，特定の人物，特定の場所，特定の時代に彩られた生々しい実践の記録である．生々しい記録は，それなりに人の心を打つものであるが，同時に，他の場所，他の時代の他の人々の実践に結びつきにくいのも事実である．他の人が参考にしようと思っても，"あの人物だったから，あの場所だったから，あの時代だったから，できたのだ"と思わざるをえない．

そこで，生々しい記録をちょっとだけ抽象化してやる必要がある．つまり，ちょっとだけ一般的な概念を使って，直接の当事者ではない人にも理解できるようにするのである．この抽象化の作業も，研究者と当事者が共同して行う．おそらく研究者の方が，「こういう概念が使えるのではないか」と提案する場合が多いだろう．研究者は，その概念について，かみくだいてかみくだいて，わかりやすく説明しなければならない．また，当事者の方も，決して研究者の言いなりになってはいけない．自分(たち)の実践が，その概念で的確に表現されるのか，また，その概念で自分(たち)の実践をメッセージにしてよいのか，徹底的に考え，研究者とも議論しなければならない．こうして，当事者と研究者の共同による人間科学の知識が生まれ，発信される．

こうして，あるローカルな場所・時代から発信された知識は，抽象化のおかげで，他のローカルな場所・時代に伝播していく．あるローカルな場所・時代から発信された知識は，他のローカルな場所・時代にいる人(たち)によってキャッチされ，実践の参考にされるかもしれない．そうなれば，地点や時点を異にする二つのローカルな場が結びつくことになる．言い換えれば，二つのローカルな場の間にも，共同の関係，共同の実践が生まれるわけである．つまり，ローカルな知識がインターローカルな知識になる．こうして，共同的実践の輪が広がっていく．

もちろん，キャッチした知識をそのまま使うとは限らない．批判も結構である．ちょうど一つのローカルな共同的実践の中に，当事者と研究者の対立がありうるのと同じように，異なる地点・時点の間の共同的実践にも批判や対立はありうるはずである．むしろ，そのような批判や対立を通じて，批判する側，される側の共同が深まり，ローカルなメッセージ(知識)が，より広範な人々のメッセージ(知識)へと鍛えられていく．

5) 研究者の役割 —— 理論

研究者と当事者の共同的実践において，研究者が研究者としてなすべき貢献は，一にかかって，理論に基づく貢献であろう．理論に基づく貢献を除外すれば，研究者としての貢献と研究者以外の人の貢献に，本質的な違いはない．

ここにいう理論の範囲は広い．個別の現象，個別の実践についての理論もあるだろうし，グランド・セオリー，メタ理論の類もあるだろう．また，データ解析，モデル構成など，研究手法についての理論もあるだろう．また，いかに人間科学的なフィールドワークであっても，自然科学の理論や概念も必要になる．

すでに述べたように，ローカルな共同的実践は，1次モードと2次モードの連続的交替運動として進行する．理論は，この交替運動に寄与するものでなければならない．まず，1次モードにおいては，理論には，現状と過去の把握，将来の予測に役立つこと，および，実践の指針や計画を立てることに寄与することが求められる．次に，1次モードにおける"気づかざる前提"を常に問い続け，2次モードへの進展を促進することも求められる．さらには，明示化された"気づかざる前提"に基づいて，先行する1次モードの認識や実践を再定位し，新たなる1次モードへの進展に寄与することが求められる．

理論は，ローカルな共同的実践の記録や，そこから紡ぎ出された言説を，抽象化，一般化することにも寄与しうる．理論によって抽象化，一般化された記録や言説は，他のローカルな共同的実践への伝播力を獲得する．こうして，ローカルな共同的実践が，インターローカルな共同的実践へと拡大する可能性が開かれる．

最後に，人間科学の目的が，当事者と研究者の共同的実践だからといって，すべての研究者が，当事者と直接的な共同の関係になければならないなどといっているのではない．むしろ，当事者との距離については，遠近さまざまな研究者が必要である．書斎の理論家もいれば，広い歴史的・空間的視野から理論を展開する研究者もいる．ただ，自然科学の

第6章 グループ・ダイナミックスの理論　　　657

理論家が，どこか末端で，試験管を振って実証する同僚を念頭においているのとは対照的に，人間科学における書斎の理論家や広い歴史的・空間的視野に立つ研究者は，どこか末端で，現実の当事者と共同する同僚を念頭においておく必要があるだろう．

〔付記〕

　本章で紹介したグループ・ダイナミックスに対して違和感を感じられる読者も多いだろう．とくに，1970年代以前に，カートライトとザンダー（Cartwright と Zander, 1960）を代表的な教科書としてグループ・ダイナミックスを学んだ世代にとっては，本章で紹介したグループ・ダイナミックスは全く別物にもみえるだろう．しかし，グループ・ダイナミックスの生みの親であるレヴィン（Lewin, K.）の社会的場の理論やアクションリサーチの精神には，本章のグループ・ダイナミックスに通底するものがある．むしろ，レヴィンの後継者たちに始まる個人還元主義（認知還元主義），および，実験室実験偏重の論理実証主義的傾向がグループ・ダイナミックスを不毛の学にした．本章には，グループ・ダイナミックス再生の意図が込められている．

エピソード

集合的行動のコントロール——緊急避難誘導

　指差誘導法（follow-direction method）——誘導者は，"出口はあちらです．あちらに逃げて下さい"と大声で叫ぶとともに，出口の方を上半身全体を使ってさし示す．誘導者自身も出口の方へ移動する．従来，避難訓練の場で最も広く用いられてきた代表的誘導法である．

　吸着誘導法（follow-me method）——誘導者は，自分のごく近辺にいる1,2名の避難者に対して，"自分についてきて下さい"と働きかけ，自分が働きかけた避難者を実際に引きつれて避難する．したがって，誘導者が出口の方向を告げたり，多数の避難者に大声で働きかけたりはしない．誘導者が近辺の避難者を自分に吸着して避難誘導することから，この名称を与えた．

　1980年10月，都市防災訓練が行われた福岡市博多駅前地下街の一角を使用して，二つの誘導法を比較した（図5.6.2, 5.6.3）．おおかたの予想に反して，吸着誘導法の方が効率的だった．群集の動きを解析したところ，吸着誘導法では，誘導者を核とする即時的小集団ができ，四つの即時的小集団が，ころがる雪だるまのように周囲の避難者を巻き込み，迅速に大きな群集流を作りあげたことがわかった．

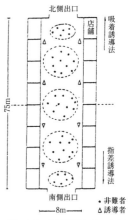

図5.6.2　実験開始時点における避難者の配置

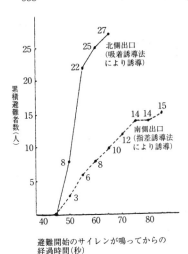

図 5.6.3 北側出口・南側出口における累積避難者数の推移

1982年9月，大阪市消防局消防学校の訓練棟地下室で追試を行った．今度は，誘導者の数を変えてみた——16名の避難者に対して，2名の誘導者を配する場合と4名の誘導者を配する場合とを比較した．二つの場合で，結果は対照的だった．4名の誘導者を配した場合は，前回の実験と同様，吸着誘導法の方が効率的だったが，2名の誘導者しか配さなかった場合には，指差誘導法の方が効率的だった．デパートや商店街のように，従業員を訓練さえしておけば多くの誘導者が確保できる場合，劇場のようにそれが難しい場合など，状況に応じた誘導法が計画されねばならない (Sugiman と Misumi, 1988；杉万，1988)．

エピソード
保守的・閉鎖的な規範を変える —— 過疎地域の活性化

日本にある約3,000の市町村のうち，1/3は過疎地域である．多くの過疎地域にいまなお残存するのが，保守的，閉鎖的な体質である．集落の活性化につながるかもしれない意見も，一握りの資産家や有力者が首を縦に振らない限り葬り去られてしまう．この変化の一切を拒絶する"田舎のいやらしさ"は，多くの若者にふるさとを捨てさせる．そして，多くの住民に"長いものには巻かれろ"の処世術を身につけさせる．

ここに紹介するフィールドワーク(杉万，2000，第2章)を行った鳥取県智頭町の活性化運動は，十数年前，たった二人の人物の出会いから始まった．ある者は無視することによって，ある者は冷ややかな眼差しを向けることによって，また，ある者は露骨な圧力をかけることによって，二人の出現を"一時のまちがい"にしようとした．その中にあって，二人は地域の伝統的体質に対する義憤をいっそう強め，かつ，したたかな戦略性にも訴えながら，矢つぎ早に新しい企画を実行していった．

周囲を杉に囲まれ，"杉のまち"の名をもつこの地域にあって，活性化運動は杉の高付加価値化を巡って展開された．まず，杉の間伐材を利用した，小さな杉板はがきと杉製写真立ての開発がスタートだった．その次は，杉の特長をいかした木造建築家屋の設計コンテスト．全国から，148件に及ぶ優れた作品が寄せられた．授賞式に東京から訪れた特

第6章 グループ・ダイナミックスの理論 659

賞受賞者は,「コンテストの主催者は,町役場と林業関係者の代表と思っていた. まさか,住民主体の小集団組織が,これほど大規模なコンテストを企画し,仕掛け,実行し,成功させたとは想像もできなかった」と記している. さらに,二人は,智頭町の中でも最も山深くにある集落を舞台として,ログハウス群の建築にチャレンジした. 建築のノウハウを習得させるために,2名の青年をカナダに派遣. 建築にあたっては,カナダ人のログビルダーが来村,集落の中に住み着いて建設の指導をした. 全国から,ログハウスづくりを経験してみたいと思う人々が集まった. みな"地域活性化のモニュメント"をつくろうと,一夏,汗を流した. そのころには,二人を中心に約30人の住民が力を合わせるようになっていた.

〔杉万俊夫〕

文　献

1) Cartwright, D. and Zander, A.(eds.)(1960): *Group dynamics : Research and theory*, 2nd ed., New York : Harper & Row. 三隅二不二, 佐々木　薫 訳編(1969): グループ・ダイナミックス(第2版), 誠信書房.

2) Coulter, J.(1979): *The social construction of mind : Studies in ethnomethodology and linguistic philosophy*. London : Macmillan. 西阪　仰 訳(1998): 心の社会的構成；ヴィトゲンシュタイン派エスノメソドロジーの視点, 新曜社.

3) Gergen, K.(1994 a): *Toward transformation in social knowledge*, 2nd ed. London : Serge. 杉万俊夫,矢守克也, 渥美公秀 監訳：もう一つの社会心理学；社会行動学の転換に向けて, ナカニシヤ出版.

4) Gergen, K.(1994 b): *Realities and relationships : Soundings in social construction*. Cambridge : Harvard University Press.

5) 廣松　渉(1982, 1993): 存在と意味(第1・2巻), 岩波書店.

6) 大澤真幸(1990): 身体の比較社会学 I, 勁草書房.

7) 楽学舎(2000): 看護のための人間科学を求めて, ナカニシヤ出版.

8) 杉万俊夫(1988): 避難誘導法のアクションリサーチ. 安倍北夫, 三隅二不二, 岡部慶三 編：自然災害の行動科学, 福村出版.

9) Sugiman, T.(1997): A new theoretical perspective of group dynamics. In : Leung, K., Kim, U., Yamaguchi, S. and Kashima, Y.(eds.), *Progress in Asian Social Psychology*, Vol. 1. Singapore : John Wiley & Sons.

10) 杉万俊夫(2000): フィールドワーク人間科学：よみがえるコミュニティ, ミネルヴァ書房.

11) Sugiman, T. and Misumi, J.(1988): Development of a new evacuation method for emergencies : Control of collective behavior by emergent small groups. *Journal of Applied Psychology*, **73**(1): 3-10.

VI

臨 床 心 理 学

第1章

深層心理学の理論

　深層心理学というのは，もともとオイゲン・ブロイラーによってつくられたことばであり，無意識ということを仮定する心理学のことをさしていた．つまり深層心理学とは“深み”というメタファを用いる心理学であり，意識だけではなく，その下，深みに無意識の存在を仮定して二つの層をもった構造をモデル化する心理学であると考えられる．深層心理学という専門用語に関しては，エレンベルガー(エレンベルガー，1980)によるフロイトの記述にみられるように，精神分析における前期フロイトの理論のことをさす狭い意味でとらえる場合もあるけれども，ここでは精神分析の流れをくんで心を層構造でみていく心理学をすべて深層心理学としてみなすという広い意味で考えていきたい．さらには深層心理学はその発生の仕方からしても必然的に心理療法に結びついてくると思われるので，心理療法と関連づけて述べていきたい．またここでは，深層心理学という理論的パラダイムのもつ発展可能性とその限界に焦点をあてて記述していくので，紙数の関係もあって，それ自体としては重要でありながらこの連関ではふれることのできない立場や理論があることをあらかじめことわっておきたい．

　深層心理学は，心理学全体の中で特殊な位置を占めていると思われる．というのは，いわゆる実験心理学は，物理学をモデルとし，科学であろうとしてきたからである．だから理論構成やデータの収集，分析においても，客観性というものが重要になる．それに対して深層心理学は，主観性を重視する．心理療法から深層心理学が生まれたように，患者の主観的世界をしかも治療者の主観的な見方を入れ込むことで探求しようとする．ゆえに深層心理学は主観性をできるだけ排除するのではなくて，むしろ積極的に主観を入れていこうとし，それに対して理論的な反省(reflection)をする学問であるといえよう．

第1章　深層心理学の理論　　*663*

1.1　フロイトの深層心理学

a.　無意識の発見

　フロイト (Freud, S.: 1859-1939) はヒステリーの治療を行ううちに，無意識の存在を仮定するようになった．ヒステリーの症状は，たとえば声帯などに問題がないのに声が出なくなるとか，神経や筋肉に異常がないのに手が麻痺するとか，神経生理学的な見方や意識的な意図で説明のつかないものである．しかし，フロイトがこのような患者を催眠にかけて想起させてみると，それには本人が意識していなくてもある意図が隠れていることがわかったのである．このことからフロイトは，無意識ということを仮定するようになったのである．

　たとえばフロイトのあげているルーシー，R.の症例（フロイト, 1974）では，患者はヒステリー性の嗅覚の喪失と焦げたプディングのような匂いの幻覚に悩まされていた．幻覚は治療の経過とともに葉巻の匂いに変わる．彼女にさらに回想を強いていくと，彼女が家庭教師をしている所の主人が葉巻をふかしていたときに，帰ろうとしたお客が主人の子どもにキスをしようとしたのに対して主人が怒ったのが思い出される．さらに回想していくと，ある婦人がこの主人の所に遊びにきて，子どもの口にキスをしたのに対して，主人が子どもの口にキスをさせるのを見逃すようでは子どもの教育はまかせられないと患者にいったことがわかる．そしてこれは患者が男やもめである主人を秘かに愛していて，結婚できればと思っていただけに非常に外傷となったことがわかったのである．この回想と洞察によってルーシーの症状は消失していく．

　フロイトの理論で大切なことは，無意識というのが性的なことと結びついていることである．上のルーシーの例でも主人への愛という無意識的願望が抑圧されている．無意識の欲望とは性的なもので，そのために抑圧されるのである．フロイトの理論ではとくに異性の親を愛し，同性の親を憎むというエディプス・コンプレックスの存在が重視される．このルーシーの症例において問題になっている主人への愛はエディプス・コンプレックスと一見すると関係がないようであるけれども，主人への愛という不可能な愛と，それをとがめる気持が自分にあることで，エディプス的な構造はやはり認められるのである．つまりエディプス構造とは，ある愛や願望と，それを禁止するものとがあって成立するのである．これはあとで述べるエスと超自我の構造につながっていく．

　先に述べたように，ヒステリー症状は神経生理学などの医学的で客観的な見方では説明のつかないものであった．ルーシーの例でも，医学的には異常がないのに，嗅覚の異常に悩まされていた．深層心理学はこのように客観的には問題でないことも主観的に重要なこととして取り上げていくのである．これはのちのフロイトにおけるファンタジーの考え方につながるのである．フロイトは最初のころ，神経症には性的誘惑などの原因となってい

る外傷体験が存在していることを信じていた．ところが原因として語られた外傷体験が客観的な現実では起こっていないことがあることがわかってきたのである．そのことからフロイトは，客観的な物的現実とは区別された"心的現実"（フロイト，1973）を問題にしようとする．つまり，患者によって語られたファンタジーは外的現実とは一致していなくても，心的現実として存在価値が認められるのである．

　また，ヒステリー症状は，一方では客観性で割り切れない主観的な世界でありながら，同時に意識という狭い意味での主観性でも理解できないものなのである．これに対して深層心理学は，無意識の存在を仮定することによって，主観性の概念を広げていく．実験心理学に基づく行動療法も心理的な症状や問題を扱うけれども，扱われるのは外に現れている刺激と反応だけであって，その間のいわゆるブラックボックスで何が生じているかは問われない．ロジャースによるクライエント中心療法においても主観的世界の内容はあまり明らかにされない．それに対して深層心理学は，無意識ということを仮定することによって，主観的世界の深みをさまざまな概念やイメージで内容的に示そうとするのである．フロイトのエディプス・コンプレックスはそれのよい例である．このように主観的世界の深みを内容的に示せることは，深層心理学というパラダイムの豊かさであると同時に，虚構性や恣意性として自然科学や現象学から批判をあびるところでもある．

　無意識の存在を仮定することによって，表層的意識の下の無意識という二つの層からなる深層心理学のモデルが成立する．これは2階建て構造のモデルで，上の仮の現れの下に本当の存在があるとみなしている．このような見方は現実の存在にイデアを対置させるプラトン哲学や，現象に対するヌーメノンや物自体という対立を考えるカント哲学に沿っている．ヒルマンも指摘するように，深層心理学はきわめてカント的なパラダイムに基づいているのである．このような2階建て構造はフロイトの夢理論における顕在内容と潜在思考の関係においても同じである．イメージとなって現れてくる夢の内容は，実は無意識の底にある潜在的思考が検閲を受けることによって変形されて生じてくるものだというのである．無意識にある思考は夢の作業において移動（Verschiebung，置き換え）をしたり，圧縮（Verdichtung）されたりする．たとえば父親のイメージは馬に置き換えられたり，二つの気持が一つのイメージに圧縮されたりする．フロイトにおいては意識と無意識の間に前意識の存在が仮定され，そこで検閲が行われるとみなされるように，二つの層の間に葛藤があり，その中間領域で抑圧や検閲が行われると考えられるのである．圧縮と移動などの夢の作業も，その中間領域での出来事なのである．

　最初フロイトによる神経症の治療は，無意識の内容を意識にもたらすことに重点をおいていた．とくに催眠状態で外傷体験に伴うさまざまな感情を想起できると，カタルシスや除反応が生じて神経症が解決されるとみなされていた．しかし抵抗の現象に気づいたことからフロイトは催眠をやめて，自由連想による精神分析に移行していく．心理療法を進めていくと，意識と無意識の間の葛藤があるからこそさまざまな形で抵抗が生じてくる．た

とえば，治療時間に遅刻したり，肝心のことが話題になっているときに思わずテーマをずらしたりするなどのようにである．だから，中核となっていると思われる内容を直接に探ろうとするよりも，むしろこのような抵抗を問題にし，それを一つひとつ解決していくことで治療は進むのである．また心理療法が深まるにつれて，患者の人間関係が治療関係に重ねられたり，問題になっていることが治療関係の中で生じてきたりする．このような転移や抵抗は深層の問題に直接的に入るのではなくて，前意識や検閲者における場合と同じように中間領域をつくっていると考えられるので，このような治療関係を通じてできた中間領域に関わっていくことで精神分析による治療は進展するのである．

b. 不安と自我

最初フロイトは不安を性的なものに還元できると考えていた．だから，たとえば不安夢も無意識的願望が抑圧されるために不快感，不安感として感じられるとしてみなされていた（フロイト，1969）．しかし，とくに死の不安が性的なものに還元できないということがわかってきて，死の欲動の考え方が生じてくる．フロイトはリビドーが対象に向かう場合と自我に向かう場合の区別を行っていたが，『快楽原則の彼岸』（フロイト，1970 a）においてすべてのリビドーはより包括的な統一体を作り出し維持しようとするエロス，または生の欲動として一括され，それに対して生命的統一の破壊と静止状態に向かう死の欲動が対置される．このことからフロイトの理論，あるいは深層心理学にとって二つの発展可能性が生じてくる．一つは「不安の本来の座」としてとらえられた自我の分析と強化に進む方向である．もう一つは死の欲動や不安の解体していく力に着目する方向である．

最初の方向は『自我とエス』（フロイト，1970 b）に認められる．これまでは意識と無意識の区分による二層モデルであったが，フロイトは自我の抵抗が無意識的であることに着目する．たとえば，心理療法において核心的な話が出てきたときに思わず話題を変えることは，自我のなす抵抗であるけれども，それは必ずしも意識してやっていることではない．それゆえに自我も意識的であったり無意識的であったりするので，意識と無意識の対立から神経症を考えていくことはできないという結論に達する．それに代わって自我，エス，超自我という三つの心的審級からなる新しいモデルが登場する．エスは欲動的なもので，これまでの無意識の概念とあまり変わらない．自我は外界との接触でエスから分離したもので，人格の中の統合的部分である．超自我は同一視されている自我理想といえるが，検閲者やエディプス・コンプレックスにおける両親の禁止の機能を引き継いだもので，欲望の実現を禁じようとする機能なので，その意味ではエスと自我の中間に位置しているのである．そして自我は外界からの脅威に対する不安，エスの衝動に対する不安，超自我の厳格さに対する罪責不安にさらされている不安の座なのである．

このように自我が脆弱なもので，しかもエスというのはどこまで追求してもきりがないものなので，治療的にも無意識の衝動や性的欲望を探求するのではなくて，むしろ自我が

どのように衝動を防衛しているかに注目することによって自我の分析を中心にし，抑圧されるものから抑圧するものへと焦点を移そうとする流れが生じてくる．これがのちの自我心理学につながるもので，自我にある程度の強さを与えることを目標とするのである．たとえば自我のさまざまな防衛について書いたアンナ・フロイトや，葛藤から自由な自我の領域ということを提唱したハインツ・ハルトマンなどがその代表である．

このようなエロスをこえる死の欲動や自我の不安に直面して自我の強化を図る方向に対して，むしろその逆に性的衝動をこえているような不安を根元的に見直し，自我を解体するような破壊性を明確にとらえ直し，それと直面していこうという方向が『快楽原則の彼岸』には認められる．死の欲動から妄想−分裂態勢を考え出したメラニー・クラインの理論はこの方向を受けており，それによると乳児は母親との一体感だけから出発するのではなくて，同時に死の欲動によって引き起こされる不安にさらされているのである．さらには，生の欲動が結局は死の欲動に負けてしまうならば，中途半端な統一一体としての自我を強化したり，あるいは自我にしがみついていてもつまるところは意味がないではなかろうか．むしろ自我の虚構性を見抜いて，それを解体する方が大切ではないか．ジャック・ラカンの精神分析はこの方向に進んでいったといえよう．またのちにふれるユング派における元型的心理学の方向も，自我の解体の方向を示唆している．

フロイトについては，機械的モデルと人間関係を中心においたモデルの二つの方向があるというガントリップの見方などのように，その後の精神分析の展開に関係づけてさまざまな方向をくみとることができるが，ここでは，自我中心的な見方と自我解体的な見方の筋で深層心理学の流れをみていくことにする．

1.2 ユングの理論

a. 集合的無意識

フロイトの理論に対して，ユングの深層心理学は決定的な違いをいくつかもっている．神経症における外傷体験を重視することからもわかるように，フロイトは基本的に個人的な生活史の過去に無意識を位置づけようとする．それに対してユングは，無意識は個人的体験をこえた次元をもっているとし，個人的無意識と区別された集合的無意識ということを提唱する．これは個人の生活史や過去の記憶をこえた，祖先，文化，さらには人類に共通する無意識なのである．たとえば治療関係において，母親的なイメージが非常に動いているときにも，クライエントの実際の母親に対する関係を振り返ったり，それを修正したりすることが問題になっているとか，あるいはそれに基づいて治療者に対する母親イメージの投影や転移が生じているとは考えない．むしろ個人をこえた"母なるもの"が治療において動いているとしてとらえているのである．これを母なる元型が働いているともいうことができる．元型とはある行動をしたりイメージを生み出したりするためのアプリオリ

第1章　深層心理学の理論　　　667

に与えられた可能性のことであり，個人的に習得されたものではなくて無意識に先在している普遍的な型である．それゆえに，心の構造としてさまざまな元型の存在が仮定されるのである．元型として重要なのはペルソナ，影，アニマ，アニムス，自己，などである．ペルソナとは職業や役割など，社会に対してみせている仮面のようなものである．影とは，無意識に沈んでいる自分の生きてこなかった側面で，同性のイメージで現れる．アニマとアニムスは，男性にとっての女性像，女性にとっての男性像で，影よりも深い無意識におけるイメージであると考えられる．自己というのは，自我が意識の中心であるのに対して，魂全体の中心のイメージであるとみなされる．またユングにおける無意識というのは性的なものに限らない．それゆえに『変容の象徴』(ユング, 1992)に端的に示されているように，リビドーも性的なものではなくてむしろ心的エネルギー一般としてとらえられるのである．フロイトにおいてさまざまなイメージが性的に解釈されるのに対して，逆に性的なイメージでさえ象徴的に解釈される．たとえばファルスというのも権力の象徴や，道祖神の例からもわかるようにあの世とこの世との間の境界や宇宙の樹としても現れるのである．

　フロイトの心の構造のモデルが2階建て構造をしていることを指摘したが，ユングによる無意識のとらえ方は個人的無意識にいわばもう1階下の集合的無意識を付け加えた3階建ての層構造のモデルとしてイメージできるかもしれない．事実ユングは，2階建ての家を上から下へと下りていき，地下室のまだ下に部屋を発見するという自分の夢から集合的無意識のことを考え出しているので(ユング, 1992)，このイメージは妥当かもしれない．その夢の最初にユングは2階建てのロココ様式の広間にいて，「悪くはないな」と思ったのにもかかわらず，階下がどうなっているのかを知らないことに気づいて，1階に降りていく．そこは15, 16世紀ごろの時代のもので，「本当に家中を調べてまわらなくちゃならない」と思いながらみてまわっていると，地下室に通じる石の階段がみつかる．ローマ時代のようにみえた地下室でユングの興味は強烈なものになり，床を綿密に調べて輪のある石板を引っ張るとまだ下に通じる石のはしご段がみえた．またさらに下へ降りると，原始文化の名残りのように骨や陶器の破片が散らばっている洞穴に至り，そこでユングは半ば壊れかけた人間の頭蓋骨を二つみつけたのである．

　しかし，ユングの集合的無意識はこのような3階建てモデルではなくて，フロイトのファンタジーの考えをもっと押し進めたものともみなせる．フロイトはいわゆる外傷体験や幼児体験が必ずしも"客観的な"事実に基づいていないことを発見し，幻想の重要性を指摘した．そうすると，幻想は必ずしも幼児期の記憶に基づいてはいないし，また幼児体験というメタファで語られる必要がないのではないか．ユングの集合的無意識とはこの幻想の概念を広げたところに成立するともいえるのである．

　ファンタジーのとらえ方という点でフロイトとユングをもう少し比較してみよう．フロイトは幻想が必ずしも事実に基づいていないことを知って，外的現実に対する"心的現

実"の存在を主張した．これに対してユングによれば，外的現実があって，それに対立したり補ったりするものとして2次的に心的現実やファンタジーがあるのではない．むしろファンタジーこそが現実なのである．この意味でユングは，「魂は日々に現実を作り出し…その働きはファンタジーという表現で呼ぶしかない」(Jung, 1960)と述べているのである．現実というのがファンタジーの働きによってできているというのは奇妙に思われるかもしれない．しかしブランケンブルクが分裂病における「自明性の喪失」(ブランケンブルク, 1978)ということを指摘したように，たとえばここにおいてあるペンを手にして書くとか，コップの水を飲むとかいうようないわゆる外的な現実での自明の連関も分裂病などにおいては失われることがあり，そのような連関を生み出すファンタジーの働きなくしては現実は成立しないのである．

この連関でユングは，esse in anima, 魂の内の存在ということを述べる．つまり無意識が個人の生活史や過去に位置づけられると，個人の中にファンタジーや心が存在することになるのに対して，無意識が個人をこえていて，ファンタジーが現実を作り出しているとすると，逆に魂の中，ファンタジーの中に個人が存在することになるのである．またユングが魂ということを強調するのも，魂が現実性を生み出し，魂が個人の心をこえている世界を意味しているからなのである．

このことから元型ということを実体化したり，客観化するのが誤りであることがわかる．よくユング心理学においては，分裂病患者の妄想やヴィジョンが，その人が経験したり読んだりしたことがないはずのシンボルや宗教的内容と一致していたということから元型の存在を客観的に証明しようとする試みがなされる．しかし元型ということは客観的に存在するのではなく，そもそも客観的に存在を証明しようという姿勢自体が元型のもつリアリティを体得していないことを白日のもとにさらしているようなものである．たとえあるヴィジョンに一致する神話がみつかったとしても，それはそのヴィジョンと神話が水平的に関係しているだけであって，その背後にある元型は証明できないのである．元型とはあるイメージが過去の自分の経験や文化的な遺産に水平的に関係づけられることによって原因や根拠をもつのではなくて，そのイメージそれ自体にしか根拠や現実性がないという垂直的深さを示しているのである(Giegerich, 1984)．元型とは幻想やファンタジー自体のもつ現実性からの帰結なのである．

b. 無意識の補償と統合

深層心理学は意識と無意識の関係を基本にしているが，フロイトにおいては，意識，無意識，前意識というモデル，自我，エス，超自我というモデル，さらにはエディプス構造においても，3者関係が中心になっている．それに対して，ユングの場合は2者関係的である．ユングにおいて大切な概念に補償(compensation)ということがある．ユングにおいて意識は魂全体からすると小さな部分である．それゆえに意識の一面性に対して無意識

第1章 深層心理学の理論 669

にそれを補償する働きやイメージが常に生じてくる．これがコンプレックスであったり，影のイメージであったりする．たとえば非常に厳格な生き方をしてきた人に，ルーズであったり非道徳的な生き方が無意識に布置される．あるいは常に男性に負けないように戦ってきて仕事に打ち込んできた女性に，エロティックで女らしいイメージが無意識に生じてきたりする．そのように無意識に補償的に生じてきたイメージや生き方と意識の態度との対話や関係づけが治療的にも大切なのである．

ユングにおいて，神経症は衝動の抑圧によったり，衝動に脅かされていることによるのではなくて，"自己との不一致"としてとらえられている．つまり何かが自分の中で矛盾したり対立したりしていて，簡単にいえば無意識が意識に歪んだ形で対立しているのである．それゆえに意識と対立したり補償したりしている無意識の内容を意識に取り入れたり，意識に統合することが必要であることになる．これは影やコンプレックスのイメージについてもいえるし，異性像として現れてくるアニマとアニムスについてもいえることである．結合というのはユング心理学における決定的な治癒イメージである．ユング心理学においては，一度無意識から切り離されて確立されている自我がいかにして再び無意識に関係づけられ再結合するかという個性化(individuation)の過程が重要になる．

このように意識と無意識の間に2者関係を基本におくことからユングとフロイトの治療におけるさまざまな違いが生じてくる．まず内容的には，禁止したり3者構造を成り立たせたりするものとしての父親イメージを重視するフロイトに対して，ユングの場合においては母親イメージやアニマ像が大切になる．そのためにフロイトでは近親相姦は禁止されるべきものなのに対して，ユング心理学では近親相姦のイメージは，無意識との再結合のイメージとして象徴的に重要になる(Jung, 1971)．

また禁止したり検閲したりする審級を間に挟む3者構造においては，抵抗や転移を挟んだ中間領域が大切になるし，また抵抗や検閲によって無意識の内容をどのように出して同時に隠しているかが検討される．これに対して2者関係的にみる場合には，中間領域や出し方，隠し方はあまり重要ではない．現れてくるイメージや言語表現はそのまま受け取られるし，イメージが自己展開していくプロセスをなるべく妨げないことが大切になるのである．ユング派の心理療法において夢分析や絵画療法，それに箱庭療法がよく用いられるのも，このようなイメージの自己展開していくプロセスを信頼して，それに乗ろうとしているからである．それゆえにユング派の心理療法における転移・逆転移のイメージの一つは，クライエントと治療者の間の共通の無意識，二人の間の第3のものとしての魂に関わり，逆にそれによって抱えられていくというものである．

このように治療スタンスに決定的な違いがあるために，ユング心理学による治療が非常に成功していて，イメージがみごとに自己展開している場合に，精神分析の方から出し方，隠し方や，狭い意味での治療関係から検討していってもあまり意味がないし，治療のプロセスの中心に全くふれていないことになる(河合ら，1995)．逆に抵抗や検閲が強い場

合の治療プロセスを，ユング派による心理療法は理解しそこねる危険も存在するのである．つまり抵抗や治療関係によって歪められているイメージをそのままに受け取ってしまい，いわば抵抗を見抜けずにだまされていって，治療の本筋を見失ってしまうのである（河合，2000）．

補償の概念から無意識の統合や結合がユング心理学の中心であるかのように述べると，ユング心理学も自我中心主義的で人間中心主義的である印象を与えるかもしれない．しかしユング心理学は脱人間中心主義的な方向をはらんでいる．たとえばコンプレックスについて，ユングは自我もコンプレックスの一つであると述べている．つまり自我とは魂の中のさまざまな人格の一つであるにすぎず，それぞれが独立した人格であるコンプレックスのうちのどれも自我となる可能性があるともいえるのである．だから自我を一つに固定して，そこの立場だけからみていくのも疑問なのである．またここでは神経症を"自己との不一致"としてとらえ，統合と結合が治療モデルであるかのように述べた．しかしユングは，「自分が自分自身と一致していないことに気づいた人は，個性化されている」（Jung，1973）とも述べている．つまり分裂を文字どおり克服し，統合や結合をなしとげることが治療の目標ではなくて，そもそも人間は分裂した存在であるかもしれないのである．むしろそれを無理に統合しようとするのが，神経症的なのかもしれない．このようにユング心理学にも，あとで述べる元型的心理学につながるような脱自我中心主義の方向もみられるのである．

1.3 内 的 対 象

メラニー・クラインの理論やそれから発展していった対象関係論において，フロイト派とユング派の考えはある意味で接近する．クラインの理論自体は死の欲動の考え方を受けて自我解体的方向をもっていると思われるが，フロイト派とユング派の接点となったのは，むしろ発達的な見方の部分であるといえよう．

a. 幻想と母なるもの

メラニー・クラインは幻想を重視する．たとえば，乳児がミルクをもらえなくて泣きわめいているときにも，自分が乳房を破壊しているとか引き裂かれた乳房によって自分が迫害されているという幻想を抱くなどのように，どのようなイメージや幻想を抱かれているかに注目するのである（スィーガル，1977）．これは，ユング派における絶対に保護してくれる全能の母なるものや，子どもを呑み込んで食いつくしてしまうような悪い母親のイメージなどに近いものである．元型という概念がフロイトのファンタジーの考え方をさらにラディカルにとらえていった結果として理解できることを述べたように，外的対象，現実の親子関係から因果論的に考えるのではなく，内的対象，幻想を中心にみていくと，フロ

イト派とユング派の見方は収斂してくる．内的対象とか幻想はユングのいう元型や元型的イメージにほぼ重なっており，良い対象と悪い対象，あるいは良い乳房と悪い乳房は，ユング心理学における良い母親元型と悪い母親元型とに対応しているのである．

またメラニー・クラインにおいては，ファルスより乳房が重視され，父親より母親が大切であるとみなされるように，3者関係よりもエディプス構造以前の2者関係の重視がみられる．このようにフロイト派の考え方の一部がユング派に接近したことの背景に，精神分析が子どもの治療と境界例の治療に広がっていったことがあると考えられる．大人の神経症の治療においてはエディプス構造を前提にできたけれども，子どもの治療や重症例においてはそのような3者構造が必ずしも成立していないのである．そしてウィニコットにおける発達促進的環境(facilitating environment)やバリントにおける魚にとっての水のようなあり方である1次愛のように，2者構造や母親といってもエディプス水準におけるような対象としての母親ではなくて，むしろ自分を包んでくれたり，自分がそれと一体となっているような，対象以前の母親なのである．これもユング的にとらえると，グレート・マザー，母なるものに包まれていることにほかならないのである．これはある意味では個人的な対象となる母親をこえた，包んでくれるような非個人的な母なるものを表しているといえよう．

フロイト派とユング派の接近は対象関係論のせいばかりではない．これまでのユング派，ことにその中の古典派と呼ばれている人々がすでに自我の確立した人が人生の後半においていかにして無意識との新しい関係を打ち立て，無意識との再結合をなしとげるかという個性化のプロセスに力点をおいていたのに対して，クライン派の影響を受けたロンドンのユング派の人々を中心に，ユング派でも人生の前半において自我を確立していく過程を重視する発達的な見方の一群が登場する．これがいわゆるユング心理学の中での発達派である．この中にはコフートの自己愛の考え方を取り入れたマリオン・ヤコービやカトリン・アスパーなどもいる．メラニー・クラインに認められるもともとの思想とは異なって，フロイト派とユング派が接近した背景には母子関係を土台にして自我を発達的にとらえる見方，つまり自我建設的な見方があるといえよう．

b. 分　　裂

メラニー・クラインは，妄想-分裂的態勢と，抑うつ態勢という二つの発達段階のモデルを打ち立てた．妄想-分裂的態勢においては，まだ全体的対象は成立しておらず，部分対象が良い対象と悪い対象とに分析している．たとえばミルクをくれるときの母親は良い乳房であり，良い対象であるけれども，お腹がすいているのにまだミルクをくれない母親は悪い乳房であり，迫害的な対象なのである．母親は全体像として把握されておらず，そのときそのときに妄想的な幻想が生じてき，自己の統一性もない．それに対して抑うつ態勢になると，良い体験をもたらしてくれるのも悪い体験をもたらしてくれるのも同じ一人

672   VI 臨 床 心 理 学

の母親であることが認識されて全体的対象と一つの全体としての自我が成立し，同時に全
体的対象としての母親を破壊してしまったのではないかという思いによって罪悪感や抑う
つ感が生じてくるのである．メラニー・クラインの理論で興味深いのは，態勢というもの
がある年齢の発達段階で過ぎてしまうのではなくて，常に存在して再現されうるものであ
ることである．また妄想-分裂態勢において乳房が断片化したり，多数の迫害者が自我の
中に入り込んだりするように感じられることは，死の欲動に基づいているという（スィー
ガル, 1977）．このように人間の根本的な破壊性から人格構造をとらえ直していったといえ
るのである．クライン以後の精神分析では分裂のもつ意味が重要になっていくが，フロイ
トが神経症のメカニズムとしてとりあげた抑圧と区別された分裂ということを取り上げた
のも重要な功績であろう．またこのような文脈の中で，抑圧は神経症の原因というよりも，
抑圧という防衛を使えるという自我の強さがあるという肯定的な意味でも理解されていく
のである．
　自我心理学から出発しつつ，メラニー・クラインの影響を受けた対象関係論との橋渡し
をしたのが，境界例について画期的な仕事をなしたカーンバーグである．カーンバーグは
母子関係についてのマーラーなどの生物学的な自我の発達理論をふまえたうえで対象関係
論を取り入れて，独自の人格構造論を提唱する．クラインの場合においても，分裂は自我
が混沌とした状態やバラバラに解体した状態に陥らない防衛としての意味があることは認
識されていた．カーンバーグは病理的なものもあるレベルでの自我の構成や防衛として理
解していく．その意味でカーンバーグは自我心理学的なのである．そして人格構造を神経
症，境界例，精神病の三つの病理水準に分けていく．神経症では同一性は統合されてお
り，抑圧を中心とした防衛がなされ，現実吟味能力は保たれている．境界性人格構造では
自他の表象は区別されているものの同一性は拡散しており，分裂を中心とした防衛がなさ
れ，現実と現実感覚が変転するものの現実吟味能力は維持されている．精神病的人格構造
では同一性は拡散し，分裂を中心とした原始的防衛がなされ，現実吟味は欠如している．
カーンバーグは現代において最も問題になっている境界例について道しるべとなるような
仕事をなしたといえよう．またカーンバーグは治療における転移，逆転移を重視し，破壊
的な投影を治療者が向けられたときにそれを否定したりする支持的な心理療法の有効性に
疑問を投げかけている点で，自我心理学に立脚しつつも心のもつ破壊性に目を向け，それ
と直面する必要を強調しているのである（カーンバーグ, 1983）．

1.4　ヒルマンによる深層心理学

　深層心理学というパラダイムをもう一度ラディカルにとらえ直したのが，ヒルマンをは
じめとする元型的心理学である．これは『ユングとポスト・ユンギアン』（サミュエルズ,
1990）を著したサミュエルズによれば，古典派，発展派と並ぶ元型派に分類されることに

第1章　深層心理学の理論　　　　　673

なる．ヒルマンは深層心理学の"深み"というパラダイムを，ヘラクレイトスの断片45で述べられている"深み"のメタファにさかのぼって考える．つまり，魂とは水平的動きでとらえるものではなくて，垂直的深みをもつものなのである．さてその深みとは何なのであろうか．

　ヒルマンは深みを死との関連でとらえる．つまり字義どおりのもの，文字どおりの意味が死ぬことによって，現実や物の深みが姿を現すのである．たとえばプレイセラピーでのことを考えてみると，単なる箱に思われていたものが，母親の胎内や，竜のおなかの中に変わる．これも単なる箱という字義どおりの意味が死ぬことによって開けてくる深みなのである．深みは死によって現れてくるので，歪み，解体，病理を伴う．フロイトが日常生活の精神病理として取り上げた言いまちがい，聞きまちがいなどの失錯行為も，日常の構造を壊していることであり，それによって無意識の意図という魂の深みが垣間みえるのである．あるいはペンの先が自分の目に突き刺さってきそうな気がして怖くてたまらないという症状が存在する場合にも，ふつうではありえない世界が症状や病理によって姿をみせるのである．魂の深みというとセンチメンタルでロマンティックな印象を与えるかもしれないが，このような病理化（pathologizing）は魂の深みにとって不可欠なのである．

　深みを死との関連でとらえることは，無意識の概念のとらえ直しにもつながる．これまでの深層心理学における無意識は，身体や母親的なものと同一視されていた．たとえば，ヒステリー反応やストレス反応のように身体的なものは意識的なコントロールが及びにくくて無意識的なものであるし，また母親と一体であることを無意識の世界として考えたり，また母子一体の状態から自立していくのが意識の確立であるとみなす発達的な考え方が支配的であった．それに対してヒルマンは『夢と冥界』（Hillman, 1979）の中で，古代ギリシアの世界観において，ge（underground）とchthon（underworld）とが区別されていることに着目する．大地のge が母性，生命や情動の世界であるのに対して，地下の世界であるchthon は生命ではなく冷たい死の世界，ハデスの支配する冥界である．魂は大地の世界と区別されたこの冥界に関係しているのであって，大地，母性，身体的なものと等置することができないというのである．この区別を端的に示しているメタファーがペルセポネー（コレー）の神話である．大地母神デーメーテルの娘であるコレーは冥界の王であるハデスにさらわれ，ペルセポネーとして冥界の女王となる．母なるものから断ち切られて冥界に赴くペルセポネーの動きこそ，母なるものや身体的なものから区別された魂の動きを示しているのである．それゆえに無意識の世界も母なるものではなくて，むしろ死の世界と考えた方がいいのである．

　元型的心理学の特徴はまた非常に現象学的であることである．これまでの深層心理学はすでに述べたように，現象と物自体とを区別するカント哲学に沿っていた．元型的心理学は深みということを強調する一方で現象学的である．「イメージは何をも代表するものではない」（ヒルマン, 1993）とヒルマンが述べたように，イメージを身体的原因や現実的出

来事はもちろんのこと，何かの形而上学的実体に還元しようとはしない．イメージは現れのまま受け取られるので，元型や象徴ということも強調しないのである．これは単なる哲学的な議論にすぎないように思われるかもしれないが，これによってイメージに対する態度に決定的な差が生じる．イメージを過去の経験や身体的原因に還元してしまうと，そのイメージのリアリティに向き合えないのは自明であろう．たとえば夢の中で殺されそうになったのに，それに対して，前日にそのような映画をみたからというふうに納得してしまうと，夢での殺されるリアリティはなくなってしまうであろう．またある元型や象徴に還元されてしまってもそのイメージのリアリティは弱くなり，とらえそこねられているのである．元型的心理学はよく出来事の背景にどのような神や神話が存在するかを問題にする人格化(personifying)を行ったり，あるいは誰が背景にいるかを見通す(see through)という意味での心理学化(psychologizing)を強調したりするので，神や神話へすべてを還元してしまっている印象を与えるときがあるかもしれない．しかしこれはある出来事やイメージをある神に還元したりそこに存在根拠を見いだしたりするのではなくて，それらの神や神話は実体ではなくてあくまで出来事を見通していっている視点や観点なのである．またある観点からイメージを深めてもそれで終りではなくて，さまざまな観点によってイメージや出来事はどこまでも深まるのである．だから「神話は事物を説明するのではなく根拠づける」と述べた神話学者のケレニーのことばをもじって，ヒルマンは「神話は基礎づけるのではなくて，開くのである」(ヒルマン, 1993)と述べるのである．

　元型的心理学はこれまでの深層心理学の自我中心性，人間中心性を修正しようとする(河合, 1993)．一般に深層心理学においては，無意識を意識化したり，ある衝動をいかにしてコントロールするかが重要であった．ユングにおいても，イメージとして現れてくる無意識の内容をいかにして意識に統合するかが個性化の過程で必要であるとみなされていた．そのモデルとなるのは，向こうの世界に行った英雄が怪物を退治して，そこからお姫さまを連れて帰って結婚するという物語である．つまり心理学的に言い換えるならば，無意識に圧倒されている状態を脱した自我が，お姫さまで象徴されているような無意識の内容の統合をとげるということである．しかしヒルマンは，このようなイメージは自我中心的にすぎないとみなす．世界の昔話や神話を検討してみても，必ずしもお姫さまを連れ帰ったり，お姫さまと結婚しない話が多くある．たとえば日本の例で考えても，鶯の里や夕鶴の物語にみられるように，異類の女性は結局は人間とは結ばれずに，向こうの世界に帰っていく．あるいはかぐや姫の場合には，姫はこの世の男性とは結婚せずに月の世界に戻っていくのである．だからヒルマンは向こうのものを持ち帰ったり，結合するのが大切なのではなくて，むしろ先にふれたペルセポネーの神話のように，死んで向こうの世界に行くことの方が大切であると考えるのである．死，あるいは死のイメージを理論の中心に据え，自我を構築し拡大しようという見方を否定しているという意味で，ヒルマンはフロイトの死の欲動の考え方に含まれていた自我解体的な方向をめざしているといえよう．

このように自我中心的な見方を否定することは，ヒルマンの脱人間化（dehumanizing）という概念につながってくる．これは人間と魂を区別するということである（Hillman, 1975）．死の世界と魂が関係づけられたように，魂と人間主体を混同してはいけないのである．だから個性化ということも人間主体や人間全体の個性化や自己実現でなくて，症状やイメージの個性化が重要になる．たとえば，乗り物恐怖という症状の場合でも，この症状を克服したり，この症状によって示されることを統合したりするのが大切ではなくて，この症状が何を望んでいるかが重要になる．またイメージのとらえ方に関しても，たとえば夢の中にライオンが登場した場合でも，自分の攻撃性や本能的なものを象徴していると考えられたライオンから主人公がどう逃れるか，あるいはどのようにしてライオンを捕えることができるかというように，人間主体や自我からみて夢にアプローチするのではない．そうではなくてイメージの個性化ということは，そのライオンが何を望み，どのように変容していこうとしているのかに注目するのである．その意味で元型的心理学は統合をめざした一神論的ではなくて，それぞれのイメージや視点をいかしていこうという多神論的な立場（Hillman, 1981）に立つのである．このために元型的心理学は魂全体の統合の中心としての自己というユングの考え方に対しても疑問を呈するのである．

1.5 深層というパラダイムをこえて

これまでの心理学は，ヒルマンによる元型的心理学を含めて深層心理学のパラダイムの中におさまっていた．それに対して，ジャック・ラカンの精神分析学と元型的心理学の中のヴォルフガング・ギーゲリッヒは脱主体化をさらに進めると同時に，深みという深層心理学のパラダイム自体の再考を迫る．その意味では，対象関係論とユング心理学の中の発達派が自我の発達という見方で収斂していったのに対して，ラカンと元型的心理学は自我の解体という方向で重なってくるのである．

深層心理学の特徴は，自我という実体を認めて，それに対立する無意識をその下に仮定していたことである．つまり自我とか無意識とかを実体化している．この傾向は自我を強化したりサポートしたりしようとする自我心理学的な立場においてとくに顕著であるし，また自我と無意識の結合をイメージする場合にも自我は実体化されている．自我の実体化や絶対化についてはすでにユングとヒルマンの心理学が問題を指摘していた．つまり，自我というのはとくに重要なものではなくて，むしろ自我が解体するときに，自我の視点を離れられるときに魂の世界が開かれるのである．それに対してラカンは，まず自我の虚構性をあばく．鏡像段階が示しているように，自我とはバラバラであるものが一つのまとまりのように鏡に映って，自分がそれであると思い込んで同一視している幻想的で想像的なものにすぎないのである（Lacan, 1966）．

深層心理学は自我の虚構性には賛成しても，プラトン主義のように自我という仮の存在

の背景に無意識，元型，自己とかいう真なるものが存在しているとみなす傾向がある．そうすると今度は逆に無意識の世界が実体化されてしまう．存在のいわば根源としての母子一体性の回復をめざす心理学や，自分の神話や自我をこえた自己というものに究極の存在をみるある種のユング心理学においては，自我は実体ではなくてもそれをこえたところには実体があるかのような錯覚が抱かれている．ヒルマンはこの実体化をかなり避けることに成功している．なぜならば，魂や神話は実体ではなくて出来事をみるための観点にすぎないからである．その意味で絶対の存在はなくて，出来事はどこまでも深まるのである．だからヒルマンは元型ではなくて，元型的イメージしか存在しないという現象学的立場に立つのである．それに対してラカンは，追い求められている絶対的対象というものはじつは存在しないという．自我だけではなくて，完全で絶対的な対象も幻想なのである．

　元型的心理学のコンテクストではヴォルフガング・ギーゲリッヒが実体化の問題を指摘している．ユング心理学においても，自我というものがある存在であって，それにペルソナとか，影，アニマ・アニムス，などの存在が向かい合っているように考えられている．そうすると自我と並んでさまざまなコンプレックスがあるように，魂の中にそのようなさまざまな実体が存在していて，表面の部分にはペルソナがあって，しだいに深く内に入っていくにつれて自我や影になっていくかのようである．しかしユングが「影とは無意識の全体である」と述べたことをひきつつ，ギーゲリッヒは自我や影などの無意識のさまざまの像が実体ではないことを指摘する．そうではなくて，魂というものがときには自我，ときには無意識，影などとして現れるだけなのである(Giegerich, 1994)．そうでなければ影が無意識の全体であるというのは矛盾していることになる．このように自我も無意識も実体ではなく，魂の現れであるとすると，表層と深層という深層心理学のメタファは通じなくなる．

　層構造モデルに問題があり，自我や無意識さえ実体化できないとなると，心理学はどこから出発することができるのであろうか．すべてが実体を失う中で心理学は恣意的になり，解体していくのであろうか．ラカンは無意識は言語のように構造化されているという．この定式自体すでに，言語が2次過程で無意識が1次過程であるという層構造の考え方を打ち破っている．そして「一つのシニフィアンは主体をもう一つのシニフィアンへと表象する」(Lacan, 1966)といわれているように，主体はシニフィアンの連鎖を追っていくのである．しかし，このような言語の次元に入るためには，ラカンがフロイトの『快楽原則の彼岸』に関係づけて述べているように，物そのものを破壊することが必要になる．これはギーゲリッヒにおける魂の世界，イメージの世界についていえるのと同じである．つまり生のままのものを殺すこと，それによって魂の世界が誕生するのである(Giegerich, 1994)．イメージや神話をもちだすと，それが究極のリアリティであるかのような印象をユング心理学は与えているかもしれないけれども，イメージも絶えざる破壊によって生み出されるのである．

第1章　深層心理学の理論　　　*677*

　ギーゲリッヒは，神々のイメージはそれ自体で存在するのではなくて，生けにえとして
の動物を殺害したり，動物を狩ったりする行為があってこそ生じてくることとを指摘す
る．たとえばゼウスという神のイメージも雄牛を捧げるという儀式行為があってこそ生じ
てくるもので，それぬきにしてゼウスについての抽象的なイメージや神話がそれ自体で存
在するのではない．このときに殺される動物とは対象化されるものではなくて，まさに自
分の生物学的存在，無媒介的な存在であって，それを殺して否定することによって，媒介
されている魂，イメージという現実が生み出されているのである(河合, 1998)．ゆえに実
体性を失った心理学は単に脱主体化して解体していくのではなくて，殺すこと，否定する
行為によって，実体化しない主体をそのつど弁証法的に生み出し，イメージや言語からな
る現実性を作り出していることを指摘しているのである．フロイトにおける死の欲動にみ
られた自我解体的方向を最も先鋭化した心理学は，実体化し層構造で現実をとらえていく
深層心理学のモデルを批判することにとどまらず，否定し殺す行為から現実や主体を実体
化せずにとらえているといえよう．これは実は心理療法の実際にとっても非常に重要なこ
となのである．なぜなら，心理療法においては客観的な答えや真理が存在するのではなく
て，クライエントの側からも治療者の側からも主体的に関与し，コミットすることで動い
ていくものだからである．

〔河合俊雄〕

文　　献

1)　ブランケンブルク, W., 木村　敏ほか 訳(1978): 自明性の喪失，みすず書房．
2)　エレンベルガー，木村　敏，中井久夫 監訳(1980): 無意識の発見(下)，弘文堂．
3)　フロイト, S., 高橋義孝 訳(1969): 夢判断(下)，新潮文庫，p.352, 新潮社．
4)　フロイト, S., 井村恒郎，小此木啓吾ほか 訳(1970a): 快感原則の彼岸．フロイト著作集6，自我論・不安本能論，人文書院．
5)　フロイト, S., 井村恒郎，小此木啓吾ほか 訳(1970b): 自我とエス．フロイト著作集6，自我論・不安本能論，人文書院．
6)　フロイト, S., 懸田克躬 訳(1973): 精神分析学入門，中公文庫，p.503, 中央公論社．
7)　フロイト, S., 懸田克躬，小此木啓吾 訳(1974): ヒステリー研究．フロイト著作集7，ヒステリー研究，人文書院．
8)　Giegerich, W.(1984): Die Herkunft der psychologischen Erkenntnisse C.G. Jungs. *Gorgo*, **7**, S. 7.
9)　Giegerich, W.(1994a): *Animus-Psychologie*. Frankfurt a.M., Peter Lang.
10)　Giegerich, W.(1994b): *Tötungen. Gewalt aus der Seele. Versuch über Ursprung und Geschichte des Bewusstseins*. Frankfurt a. M., Peter Lang.
11)　Hillman, J.(1975): *Re-Visioning Psychology*, pp.173. Haper & Row.
12)　Hillman, J.(1979): *The dream and the underworld*. Haper & Row.
13)　Hillman, J.(1981): Psychology ; Monotheistic or Polystheistic. In: Miller, D.(ed.), *The new polytheism*. pp.109-137, Spring Publications. 桑原知子，高石恭子 訳(1991): 甦る神々，春秋社．
14)　ヒルマン, J., 河井俊雄 訳(1993): 元型的心理学，p.22, p.43, 青土社．
15)　Jung, C.G.(1960): *Psychologische Typen*, G.W. Bd. 6, §73. Walter-Verlag.
16)　Jung, C.G.(1971): *Die Psychologie der Übertragung*, G.W. Bd. 16, §419. Walter-Verlag.

678 VI 臨 床 心 理 学

17) Jung, C.G.(1973): *Briefe*, Bd.III, p.51. Walter-Verlag.

18) ユング, C.G., ヤッフェ編(河合隼雄ほか 訳)(1972): ユング自伝 1，p.228～，みすず書房.

19) ユング, C.G., 野村美紀子 訳(1992): 変容の象徴，筑摩書房.

20) 河合隼雄，満岡義敬，シェリー・シェファード(1995): 女性とイメージ. 箱庭療法学研究，8(2): 87-102.

21) 河合俊雄(1993): ユングの分析心理学(ユングによる無意識の発見と魂のリアリティ)，岩波講座現代思想 3・無意識の発見，pp.33-64, 岩波書店.

22) 河合俊雄(1998): 概念の心理療法―物語から弁証法へ. pp.37-51, 日本評論社.

23) カーンバーグ，前田重治 監訳(1983): 対象関係論とその臨床，岩崎学術出版社.

24) 河合俊雄(2000): 心理臨床の理論，p.76, 岩波書店.

25) Lacan, J.(1966): *Ecrits*, p.840, Seuil, Paris.

26) サミュエルズ，村本詔司，村本邦子 訳(1990): ユングとポスト・ユンギアン，創元社.

27) スィーガル，岩崎徹世 訳(1997): メラニー・クライン入門，p.16～, p.36, 岩崎学術出版社.

第2章

カウンセリングの理論

　"カウンセリング(counseling)"ということばは，一般に"相談"と訳されて多方面で用いられているが，ここで取り上げるのは，いうまでもなく"心理カウンセリング"，すなわち，比喩的に"心の傷"や"心の病"と呼ばれるような心理的問題の克服を援助する営みのことである．

　ここでいう"心の傷"とは"困難な状況における正常な心理的苦痛"であり，重大な災害や犯罪の被害者になる，戦争などで迫害されたり拷問される，重病や深刻な身体障害にさいなまれるといった状況で生じるトラウマ(trauma)だけでなく，友人や恋人に裏切られるとか，就職や進学の希望がかなわないとか，周囲の人に軽蔑されたり攻撃されるとか，家族が重病になるとか，離婚や離職に直面するといった，より日常的な状況における心理的苦痛や苦悩を含んでいる．

　一方，"心の病"とは"通常の環境における異常な心理的反応"であり，神経症や心身症，知的障害や精神病，非行や犯罪，薬物依存や人格障害など，精神医学が対象とするような問題を含む(ただし，正常と異常の境界線をどこにひくかは，時代や文化，個人や集団によって多少なりとも異なる)．

　研究者の中には，"心の傷"を対象とする営みがカウンセリングであり，"心の病"を対象とするのは"心理療法(psychotherapy)"であると区別する人もいるが，カウンセラーとセラピストのサービスは実際上はかなり重なっており，両者はほぼ同義として扱われることが多い．そこで本章でも両者を区別しないで記述する．

　カウンセリングや心理療法にはさまざまの学派やアプローチがある．フロイト(Freud, S.)派の精神分析療法，ユング(Jung, C.G.)派の夢分析や箱庭療法，ロジャース(Rogers, C.R.)派のクライエント中心療法，パールズ(Pearls, F.)のゲシュタルト療法，エリス(Ellis, A.)の論理療法，あるいは，行動療法，催眠療法，家族療法，音楽療法，絵画療法，さらに，わが国で開発された森田療法や内観療法など，数え上げればきりがないほどである．そこで本章では，これらの中からロジャースとエリスの理論を取り上げて解説し，さらに，いくつかの理論やアプローチを統合

した例として，筆者が定式化した基礎統合的心理療法(理解療法)を付加することにしたい．

　カウンセリングや心理療法の理論は，理論の創始者のキャリアにかなり影響されているので，理論を説明するにあたっては，まず，創始者の背景を簡単に述べることにした．また，本章では，各理論の紹介だけでなく，理論上の問題点をいくつか取り上げて論じようと思う．

2.1　ロジャースの理論

a.　理論の背景

　ロジャース(Rogers, C.R.)は，1902 年，アメリカ合衆国のイリノイ州で生まれた．両親は敬虔なプロテスタントであった．彼は，科学的農業に関心をもち，ウィスコンシン大学農学部に進んだが，YMCA の活動などを通して苦しむ人々に接し，牧師になろうと考えた．そこでユニオン神学校に入学したが，やがて，コロンビア大学で臨床心理学と進歩主義教育思想を学ぶようになり，同大学教育学部に移籍した．そして 1926 年ごろから，ニューヨーク市の児童相談所で，実際の臨床活動を始めた．当時の大学では"客観性"が重視され，一方，児童相談所ではフロイト派の考え方が支配的だったため，彼はその両者を統合するようなアプローチを醸成していったようである．彼は以後も各所で本格的な臨床的実践を積み重ね，1942 年の『カウンセリングと心理療法』の中で，自己の理論と方法を"非指示的療法"としてまとめた．本書は全米に議論を呼び，とくに，クライエントのことばをそのまま繰り返す技法などが注目された．しかし，のちにロジャースはそうした技法よりも，自分のアプローチの根幹をなすセラピストの姿勢を強調しようとして，自分のアプローチを"クライエント中心療法(client-centered therapy)"と呼び，1951 年に同名の著書を出版した．

　ロジャースは，自分の理論を科学的にも実証しようとした．その結果は，1954 年の『サイコセラピーとパーソナリティ変化』，1967 年の『治療的関係とそのインパクト』にまとめられている．結果は明瞭ではなかったが，彼のアプローチの有効性を示唆するデータも得られた．

　1964 年以降，彼は，自分のアプローチを発展させて，"エンカウンター・グループ"を始めた．このグループにおいては，いわゆる臨床的な問題を抱えた人々だけでなく，誰もが人間的に成長し，自分の問題により主体的に関わっていけるようになることがめざされる．この活動は全米に大きく広がり，1980 年までに延べ 1,000 万人以上が参加したといわれている．

　ロジャースは，1968 年，人間科学センターを創設してこうした活動を展開し，自分のアプローチを PCA(person centered approach)と呼んで，地域や教育界にも役立たせよ

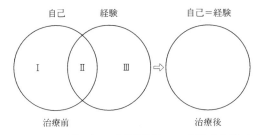

図 6.2.1 ロジャース理論からみた治療過程(Rogers, 1951 を参考にして作成)
Ⅰ：歪曲された自己概念，Ⅱ：意識化された経験，Ⅲ：意識化されない経験.

うとした．彼は，カウンセリングや臨床心理学だけでなく，多くの領域で多大な功績を残して，1987 年に死亡した．

b. 理論の骨子

彼の理論は，1959 年にアメリカ心理学会からの要請を受けて出版された『クライエント中心療法の立場から発展した治療，パーソナリティ，対人関係の理論』に凝集して述べられているので，ここではそれに基づいて，彼の理論を要約する．

彼の理論によると，心理的問題は自己と経験の不一致ととらえられる(図 6.2.1 参照)．ここで，"経験"といわれているのは，ある時点で生起している感覚や知覚，感情や欲求，認知や認識の総体をいう．一方，彼のいう"自己"とは"自己概念"や"自己構造"と同義であり，要するにその時点で意識される自己の知覚や感情や認知である．したがって，自己と経験の一致とは，とりもなおさず，全経験の意識化にほかならない．自己と経験が一致せず，意識されない要素があると，それが自己にとって脅威となり，人は傷つきやすく，不安になる．

心理的問題が自己と経験の不一致ならば，治療目標は両者の一致である．彼の考えでは，自己と経験が一致すると，人は自分のすべての経験を肯定的にとらえられる．つまり，外的な刺激や自分の行動を有機体的に(自己を維持・強化するように)価値づけ，それ以外の条件では価値づけなくなる．そして，ロジャースによれば，このとき人は，他者の経験に対しても，無条件の肯定的関心や共感的理解を示せるようになる．そうすると，相互に肯定的になれるわけだから，他者と調和を保って生活できるようになる．このような人を，彼は"十分に機能する人間(fully functioning person)"と呼び，そのような状態に向かう過程を自己実現(self actualization)と呼んだ．

では，自己と経験の不一致はどのようにして起こり，それはどのようにして解消されうるのだろうか．

ロジャースの考えでは，乳幼児は，有機体的価値づけに従って行動している．自然に内

的な価値判断の準拠枠(internal frame of reference)が形成されていくといってもよいだろう．しかし，やがて自己を世界から分化して意識するようになると，子どもの心の中にしばしば意識されにくい領域や歪曲されて意識される領域が生じてくる．子どもは親など重要な他者からの肯定的関心(positive regard)を求めており，それに基づいて自分自身を肯定的にみようとするのだが，大人は一般に子どもが成長するにつれて，特定の条件(condition)を満たす行動をとるときしか肯定的な反応をしない．こうして子どもは，他者から肯定された側面をより認知しやすく，否定された側面をより認知しにくくなるのである．

このような乖離が大きくなりすぎると，認知されない経験は自己を脅かすため，否定されたり歪曲されたりする．あるいは逆に，もっぱら否定的な自己概念が前景に出てくる．ロジャースはそれが，いわゆる神経症や非行などの心理的問題にほかならないと考えた．彼はまた，そうした認知しがたい要素が自我を圧倒し，自我が崩壊した状態が精神病であるともとらえている．

ではこうした乖離はどのように解消できるのだろうか．まず，彼が示した「治療過程が起こるための条件」を列挙してみよう．

（1）　二人がコンタクトをもっていること．

（2）　クライエントが，自己と経験が不一致か，傷つきやすいか，不安かの状態にいること．

（3）　セラピストが，二人の関係においては自己と経験が一致していること．

（4）　セラピストが，クライエントに対して無条件の肯定的関心を経験していること．

（5）　セラピストが，クライエントの内的準拠枠を共感的に理解しているという経験をしていること．

（6）　クライエントは，セラピストの無条件の肯定的関心と共感的理解を，少なくとも最小限度は知覚していること．

つまり，セラピストだけの条件をあげれば，①自己一致，②共感的理解，③無条件の肯定的関心の三つが示されれば，クライエントは自己一致に向かうというのである．この場合の"自己一致"とは，その時点で自分の全経験を精確に意識化していること，"共感的理解"とは，あたかもクライエントの内的準拠枠に依拠しているかのように感情移入しながらクライエントを理解していること，"無条件の肯定的関心"とは，どのような経験でも肯定的にみているということを意味する．

つまり，かつての重要な他者と違って，クライエントの内的準拠枠に沿いながら，クライエントのすべての経験に対して肯定的関心を示す人が現れて，その人との間で相互作用が起これば，クライエント自身が自分を肯定的にみられるようになり，全経験を意識できるようになる．そして，そのことは，とりもなおさず心理的問題の克服となって顕現するというわけである．

ところで，このような理論は，ロジャースが試みたような方法で科学的に実証することができない．その主たる理由は，心的現象は身体的現象（反応や行動）と1対1に対応しているという保証が得られないために，物理学的な方法で厳密に測定することがほぼ不可能なことと，治療に影響すると思われる個々のクライエントと個々のセラピストの要因があまりにも多いために，ある治療法の効果を物質科学の厳密さで統計的に検討することがまず不可能だからである．しかし，心理療法の理論は治療実践によって，ある程度妥当性が推定できる．実際，多くの臨床家の治療経験によれば，ロジャースのアプローチが有効であったと感じられるケースは少なくない．とりわけ非行少年や神経症に苦しむ人々が，自己を全体として受容するようになって，問題を克服していったようにみえるケースは非常に多い．ロジャース自身の報告では，症例ブライアン（『カウンセリングの技術』）が有名である．また，彼の考え方を発展させて，子どもの遊戯療法を行ったアクスライン（Axline，V.M.)の症例ディプス（『開かれた小さな扉』）にも，ロジャース派のアプローチの効果がみごとに記述されている．

c. 理論の問題点

まず，ロジャースの理論の独自性について，とくにフロイトの理論とどう違うかを考えてみよう．フロイトは無意識に抑圧された葛藤が神経症の原因であり，それを意識化することで症状は解消されると考えた．

ロジャースは，フロイトの理論が主観的概念によって記述されていることもあって，フロイトに批判的であったが，上述のように理論の骨子をとらえるならば，フロイトの考え方と重なる部分が相当大きいようにも思われる．もちろん，フロイトは過去の性的葛藤，とりわけエディプス・コンプレックスを強調したのに対し，ロジャースは現在の経験と未来指向性を重視しているというような相違点も確かにある．しかし，すべての過去の経験と未来への展望は現在に影響しており，少なくとも現在をみることは過去を排除していないはずである．また，フロイトの後継者のM. クラインがエディプス期以前に発生すると指摘している "good mother, bad mother, good me, bad me" といった観念は，ロジャースのパーソナリティの発達理論に内包されているものときわめて類似している．

また，ロジャース理論では，親に対する感情がセラピストに投影される "転移" があまり取り上げられていないとか，"診断" の無益性や有害性が強調されすぎているという指摘もある．確かに，ロジャース派のセラピストが，転移に気づかなかったり，診断をおろそかにしたために，治療に失敗したようにみえるケースも報告されている．しかし，これらは主として実践上の問題であり，理論そのものに内在する問題とはいいがたいように思われる．

次に，ロジャースの後継者ジェンドリン（Gendlin，E.T.)が指摘した点を取り上げよう．彼は，ロジャースのパーソナリティ理論では，パーソナリティがなぜ現在のあり方を維持

しようとするかが語られているが，それがいかにして変容するかが語られていないとし，その変容過程を詳細に観察して，十分意識されない曖昧な"感じ"に焦点をあて，それを言語やイメージによって象徴的に把握する過程こそが重要であると考えた．彼はそうした注意集中の過程をフォーカシング(focusing)と呼び，そのための方法論を確立した．確かに，この方法によって，パーソナリティの変容(無意識の意識化)過程がより明瞭になることがあるので，ジェンドリンによってロジャース理論はより精緻にされたといってよいように思われる．

けれども，ロジャース理論の本質は，何といっても，先にあげた6条件の妥当性にあるように思われる．ここでは，とくにセラピストに課せられる三つの条件を満たすことが理論的に可能かどうかを考えてみよう．

第1の条件としてあげられる自己一致ははたして生じうるだろうか．われわれの意識は，少し内省してみればわかるように，ほとんど常に何らかの対象に焦点づけられている．ということは，周辺にはより無意識的な領域が必然的に存在することになる．たとえば，この本を読みながら右足の親指の状態を常に意識することは決してできない．もちろん，われわれは「ぼんやりと漂うような意識状態」も経験することがある．そのような状態では，ふだんよりも無意識的な経験が意識されやすいので，フロイト派の精神分析やユング派の夢分析ではそうした状態が利用されている．しかし，ぼんやりとしているからといって，経験全体が意識されているということにはならない．実際には，常にかなりの領域が意識されていないといった方が正しいだろう．

ロジャースは，おそらくこの点に気づいていて，望ましいのは「すべての経験を意識する可能性がある」「経験に対して開かれている」「あらゆる経験が歪曲して意識されたり拒否されたりしない」状態であると言い換えている．また，上述の記述でも，「二人の関係において」という断り書きがある．したがって，ロジャースのいう自己一致とはある種の理想状態であって，現実には「たとえ自己概念をゆるがしかねない体験が生じても，常にそれを精確に把握・統合しようとする姿勢を失わないこと」と読み換えた方が妥当ではないかと思われる．すなわち，第1条件はセラピストが「自己一致しようとしていること」と修正すべきではないかと思われる．

さて，第2条件の共感的理解であるが，これも完全に他者の立場に立つことは人間には不可能なので"あたかも"という条件をもっと強調すべきではないかと思われる．たとえばセラピストが理解したことを表明する際にも，「あなたは，こういう気持なのですね」とか「こういう感じですか」というように必ず留保を残しておくべきではないだろうか．この条件も，厳密には「共感的に理解しようと努めること」というべきだろう．

第3条件に至っては，努力目標の色彩がいっそう強くなる．ロジャースのような例外的な人間を除くと，他者の全経験に対して肯定的なまなざしを向けることは，まず不可能であろう．人間は自分が育った文化の影響を受けながら，自分の価値観を醸成していくので

あり，その際，他者の経験の一部が自分の価値観に抵触し，不快感を引き起こすということは避けがたい．おそらくロジャース自身も，治療場面以外では自己や他者の経験に無条件的な肯定的関心を払えないときがあったのではなかろうか．

しかし，ここで重要なのは，ロジャースは内的な"経験"に対して無条件に肯定的にみていこうとするのであって，外的な"行動"に対して無条件に肯定するのではないという点である．筆者はロジャースの主宰するグループで，ロジャースが参加者と激しい論争をするのを目のあたりにして驚いた経験がある．そのとき彼は，「私は論争が好きだ」といった．おそらく彼は，論争が好きな自分を肯定的にみているし，ときには他者の意見に反対してもよいと考えていたのだろう．しかし，彼は，決して暴力や権威で他者を服従させようとはしなかった．たとえ，他者を服従させたいという気持は肯定するにしても．

このように考えると，これらの3条件はセラピストの努力目標として設定し直した方がよいように思われる．逆にいうと，これらがあたかも実現できるかのように描かれた記述は，理論的な妥当性に欠けるということになる．また，このようにとらえると，クライエントとセラピストの相違も本来程度の差であって，白か黒かという二分法ではとらえられないことになる．つまり，自己一致についていうならば，セラピストはクライエントよりも，より意識的にその目標をめざしている，あるいは，自分の内界により勇敢に向き合おうとしているということになるだろう．

さて，これら3条件の達成に向けて常に努力しているセラピストがいて，それがクライエントの自己一致を促進したとしよう．では，そうすれば必然的に，クライエントの心理的問題が解決されたり，対人関係が改善されるといえるだろうか．自己一致が本質的に不可能だとすれば，この命題の真偽は検証できないのだが，ロジャースはこの命題が正しいことを固く信じていたように思われる．つまり，最終的には肯定的傾向が否定の傾向を凌駕するという信念である．ここには，彼の信仰が大きく影響しているのではなかろうか．

われわれが夜ごとみる夢や人類の歴史を証拠としてあげるまでもなく，人間の内界には愛もあれば憎しみもある．人間には全体の調和的発展を望む気持もあれば，自己(の遺伝子・所属集団)以外はすべて破壊しようとする衝動も存在するのである．とりわけ，人類が自らの文明によって他の数多くの生物種を滅亡させ，近い将来，人類自身も滅亡の危機に瀕することが予想される現代にあって，ロジャースのような楽天的な見方をするためには，宗教的基盤がどうしても必要になるように思われる．

これは先にふれた診断の問題にも関わるのだが，たとえば，分裂病やうつ状態と診断される人の中には，「治療によって幸福になれるはずがない」「自分だけの世界に閉じ込もる方が満足だ」「いっそ死んだ方がましだ」などと信じる人がいる．また，神経症や無気力，非行などの"症状"や"問題行動"は，一種の防衛反応としての側面をもっている．すなわち，そうした反応や行動によって，人はより脅威的な状況に陥るのを回避したり，社会的方法ではないが基本的な欲求を満足させられることがあるのだ．したがって，一部の

人にとっては，"共感的理解"や"無条件の肯定的関心"は，それこそ脅威的に感じられる可能性がある．彼らの中で，治療を拒否する人が現れるのはむしろ，当然のことであろう．

　心理療法が成功するということは，単純に快が増大することを意味しない．むしろ多くのケースでそれは，新たな次元の苦しみを生きることといった方が事実に即している．真に"科学的"にみれば，自己概念を脅かす経験を意識化し，無条件の肯定的関心と共感的理解をもって他者と関わり，自由と責任のもとに主体的に人生を歩む方が苦難が大きいかもしれないのである．

　このように考えると，ロジャースの理論は，一見普遍的にみえるけれども，必然的に限界を内包しているように思われる．この点については，次節でも取り上げることにしよう．

2.2　論理療法の理論

a.　理論の背景

　論理療法(rational emotive therapy)は，エリス(Ellis, A.)によって創始された．彼は，1913年，アメリカ合衆国のピッツバーグに生まれ，コロンビア大学で臨床心理学の博士号をとり，ニューヨーク市で個人開業した．彼は，精神分析の訓練を受けたが，精神分析は時間がかかりすぎるうえ，いわゆる"洞察"が得られてもよくならないクライエントに数多く接したため，新たな治療法を模索した．その過程で彼は，神経症的な不安や怒りを示すケースでは，ほとんど常に，半ば無意識的な思考過程(非合理的な信念)が症状の維持に貢献していることを確認した．したがって，彼のアプローチでは，そうした非合理的な信念を対話によって打ち破り，合理的な考えに基づいて行動していくことが求められる．つまり，理性によって，不適切な感情反応をコントロールしていくわけである．このアプローチは，少なくともアメリカでは相当の治療効果を示しているようである．

　彼のこのような洞察とそれに基づく実践には，クライエント中心療法，ゲシュタルト療法，行動療法，サイコドラマなどの心理療法のいくつかの学派の理論と方法だけでなく，一般意味論や実存主義，さらには古代ストア派の知見などが巧みに取り入れられている．彼の理論はある意味でシンプルだが，その背景は非常に広い．

b.　理論の骨子

　論理療法の理論はいくつかの著書に書かれているが，ここでは概説書として適切な『論理療法』(EllisとHarper, 1975)と，橋口の解説(1989)に基づいて要約してみよう．

　論理療法では，しばしば，ABCDEという頭文字で発症から治癒への過程が説明される．各文字はそれぞれ以下を意味する．

第2章　カウンセリングの理論　　　*687*

```
A (出来事) ──────────→ C (結果：心理的問題)
                   ↑
              B (非合理的信念)
A (出来事) ──────────→ E (結果：心理的問題の克服)
                   ↑
              D (非合理的信念の論駁：合理的信念の形成)
```

図 6.2.2　論理療法からみた治療過程 (三川, 1994 を改変)

A (activating event or experience or affairs)：きっかけとなる出来事や体験

B (belief system)：信念体系

C (conseqence)：結果

D (discriminate and dispute)：非合理的信念を識別し論駁する

E (effect)：治療効果

　すなわち，論理療法の理論では，心理的問題は不適切な感情反応であるとされる．結果としてそのような反応 (C) が現れるとき，その原因は，ある出来事 (A) ではなく，その出来事に関する非合理的信念 (B) に求められる．したがって，その信念の合理性を吟味し，それが非合理的であれば，それを合理的信念によって徹底的に論駁すること (D) によって，治療効果 (E) が得られるというわけである．

　この書物では，そうした非合理的な信念を 10 個にわたって例示しているので，以下にそれを要約して抽出する．

（1）　自分は大切だと思うすべての人々から愛されるべきだし，愛されねばならない（愛されないのは我慢できない．愛されないと生きていけない）．

（2）　自分はいくつかの重要な領域において才能があるはずで，何かすばらしい業績をあげて当然だ（自分には本来的な価値がある．それが認められるべきだ）．

（3）　不当なことを行う人は下劣な人間なので，断固として非難し罰するべきである．

（4）　不正な扱いを受けたり，拒絶されたり，欲求不満に陥ることは，非常に恐ろしいことである．

（5）　苦悩や精神的苦痛は外部の出来事から必然的に生じるので，人間はそれをコントロールできない．

（6）　危険や恐怖を感じさせるような物事に直面すると，ひどく不安になるのが当り前である．

（7）　生きがいを求めて切磋琢磨するよりも，困難を避け責任をとらなくてもよいような，怠惰な暮らしをする方が安楽だ．

（8）　人生においては，過去の出来事が現在を完全に決定する．

（9）　未来は現在より望ましい状態になるべきだし，そうする方法が見いだせないと大変なことになる．

(10) 何もしなくてよい状態で，自分を楽しませてくれるものに満ちた生活が最も幸福
だ.

これらをまとめると，人間の価値や幸福は他者から愛されるかどうか，正当に評価され
るかどうかにかかっている，ということになるのではなかろうか. つまり，「成功する＝
良いこと＝ほめられる＝愛される＝価値がある＝幸福＝生きていける」という思考，ある
いはそれを裏返して，「失敗する＝悪いこと＝罰される＝愛されない＝価値がない＝不
幸＝生きていけない」という思考である. とくに，神経症者はこれらを絶対視し，「そう
に違いない」「そうあるべきだ」「そうあらねばならない」と考えがちなのである. 確か
に，こうした考えが極端になれば，非合理的信念(irrational belief)といえるだろう.

エリスらは，クライエントが半ば無意識的にこうした非論理的で絶対論的思考をしてい
ることをまず明確にし，それに対して反論していく. たとえば，「愛されなくても生きて
いけるし，ある程度の幸福を味わうことはできる」「失敗したからといって，この世の終
りというわけではない」「人が自分を拒絶すべきでないという根拠はない」「価値観は人に
よって異なる」「他者が自分の価値観のとおりに行動すべきだというのは傲慢だ」「過去に
不幸なことがあっても，そのために将来幸福を味わえないということはない」「他者を罰
するよりも，愛情を示した方が，他者の行動が改善される可能性が高い」「失敗を恐れて
何もしないより，本当に自分がやりたいことをやろうと努力する方が幸福である」などと
説明する. そして，以後は合理的信念(rational belief)に沿って行動するように勧め，課
題を出し，それを実行していく過程で心理的問題が克服されることを確認していくのであ
る.

このように非合理的信念から解放され，精神的に健康になった人間は，以下のような特
性をもつとされる.

(1) self-interest　自己に対して真実であり，自分のやりたいことを追求できる.

(2) self-direction　自分の生き方を自分で方向づけ，自己の行動に責任をもつ.

(3) tolerance　他者に寛容である. 不愉快な行動をとる人に対しても，人間とし
て軽蔑したりしない.

(4) acceptance of uncertainty　人生で絶対に確実なことはないことを受け入れ，
それを恐れず，むしろ楽しむことができる.

(5) flexibility　固定的なものの見方をしない. 変化に開かれている.

(6) scientific thinking　客観的かつ論理的に物事を考えようとする.

(7) commitment　仕事や趣味など，本当にしたいことに熱心に取り組む.

(8) risk taking　本当にしたいことがあれば，失敗する危険があっても，それに
挑んでいく.

(9) self-acceptance　自分が生きていること，自分の全存在を受容し，人間全体
を評価しようとはしない.

この理論の妥当性と治療法の有効性は、目標が"合理的信念"や"幸福感"などの心的現象であるため、他の治療法と同様、物質科学ほどの厳密さでもって証明することは不可能である。しかし、臨床的には論理療法が効果的なケースも少なくないように思われる。たとえば、失敗や軽蔑されることを恐れて異性との性交渉をもてなかったクライエントが、論理療法を受けて、みごとに性体験をもてたケースや、母親が浪費することを非難していたクライエントが、自分が他の兄弟のように愛されていなかったことに対して母親を恨んでいることに気づき、論理療法を受けて、母親がまちがいを犯す"権利"を認め、母親に優しくするように努めたところ、母親との関係が改善され浪費もやんだといったケースが報告されている。このようなケースでは、治療効果があったことは明らかなように思われる。論理療法によって、誰もが完全に「精神的に健康な人間」になるとはいえないだろうが、その方向に進んでいくクライエントが数多くいることは確かなように思われる。

c. 理論の問題点

この理論の問題点として、第1に、エリスの考える「精神的に健康な人間」は、はたしてすべての人の目標になりうるかどうかということがあげられる。つまり、目標の普遍妥当性である。おそらく、このような目標に理性的に同意し、その目標を実現するために合理的に思考しようとするのは、正常な成人、ないし神経症圏の成人に限られるのではないだろうか。実際、エリスも子どもの場合は非合理的な考えにとらわれるのも無理はないとしているし、分裂病者の治療に、こうした方法が有効だとはしていない。あるいは、橋口が示唆しているように、この理論は西欧文化圏に暮らすクライエントにより適しているのかもしれない。

実際、子どもたちにとっては、親に愛されるかどうかが致命的な場合もある。また、幼いときには、自分は良い子か悪い子か、親は自分を愛しているか憎んでいるか、他者は正義の味方か悪人か、といった単純な識別をしやすいし、不合理な恐怖を抱きやすいものである。また、このような「黒か白か」「全か無か」といった思考は、いわゆる"ボーダーライン・ケース"(かつては、神経症と精神病のボーダーラインを意味したが、最近では人格障害の一類型とされる)では、特徴的なことである。また、分裂病の症状とされるような妄想は、非合理的な信念が発展したものとみなせる場合も多い。このような人々に対して、彼らの中に"非合理的な信念"が潜んでいることを明らかにし、それを説得によって論破しようとしても、おそらく激しい抵抗が生じて治療が中断しかねないだろう。そもそも彼らは、論理療法を自発的に受けようとはしないに違いない。

また、正常者でも、人生の目標を対人関係と切り離して設定できる人はごくまれではないかとも思われる。むしろ、愛情や優越感など他者との関係における目標をイメージする方がふつうなのではなかろうか。たとえば、家族に愛されること、試合に勝つこと、試験に合格すること、賞をとること、恋愛すること、結婚すること、地位を得ることなどを目

標にしている人は非常に多い．このような人が神経症に陥らないのは，そのような目標が
ある程度達成されているからではなかろうか．このような特定の目標が達成されることを
強く望み，しかも，ある時点でそれが達成できないことが明らかになったとき，人々が絶
望してしまうのは，むしろ自然なことではなかろうか．

　また，不快を与える対象に対して攻撃するというのも自然な反応のように思われる．実
際，自分(たち)の価値観によって他者を裁き，ときには身体的に攻撃するということは，
この社会では日常的な現象である．権力闘争や戦争はその典型であろう．エリスのアプロ
ーチが普遍化されれば世界は平和になるだろうが，実際はこうした(低次元の)攻撃は人間
社会からなくならないだろう．

　このように考えてみると，新たな次元に開かれるのは，この社会で激しい対人的欲求不
満にさらされる理性的な人々だけなのかもしれない．仏教用語でいうと，煩悩の強い人だ
けが，悟りに至る可能性に開かれているというわけである．

　このことに関連して，論理療法では人間の本質的価値を評価しないという点を取り上げ
てみよう．人間の全体的な価値，あるいは存在価値について，エリスの考えは多少変遷し
ている．彼はかつて，「"人間的な価値"，すなわち"善"とは，ただ生きていること，い
まここに存在していることにのみ基づくべきである」と考えていた．しかし，「生きてい
るという理由で，善だという根拠はない」という指摘を取り入れて，彼は「人間は本来的
な"価値"をもっていない」と考えるようになった．そして，そういう自己の本質的な価
値や全体的な人間性の評価を行わない方がよいとし，次のように主張する．

　　「私はここにこうやって生きている」「私は生きている間，なるべく苦痛を少なくし，
　　なるべく楽しみを大きくする方を選ぶ」「さあ，どうすればその目的に対して最も効
　　果があるか，やってみよう！」

　つまり，合理的思考によって行動する方が人生を楽しめ，幸福になれると彼は信じてい
るのである．しかし，この信念は，はたして合理的であろうか．なるほど，自分の本質的
な価値を問題にせず，やりたいことを追求していくならば，人間は幸福を味わえる可能性
が高いであろう．しかし，たとえそうだとしても，合理的行動が幸福を保証するわけでは
ない．そのことは，「成功を祈ります…あなたの理論的思考がうまくいくように」という
彼のことばにも現れている．彼はやはり，祈らずにはいられないのだろう．それは，合理
的思考ではなく信仰(belief)に基づく祈りなのである．

　このことを逆にいうと，ある人々にとっては，神経症や妄想をもって生きる方が，困難
な現実を受容し創造的生活に挑むよりも安楽かもしれないということになる．人間にまち
がいを犯す権利を認めるならば，神経症に陥る権利も認めねばならないだろう．そして，
ある人にとっては，本当にその方が幸福なのかもしれないのである．論理療法のタームに
よってこのことを表現すると，「合理的信念が非合理的信念よりも常に人を幸福にすると
証明できない」ということになるだろう．

第2章　カウンセリングの理論　　　*691*

論理療法理論の問題点の第2として，ある感情や行動を結果として考えたとき，「その原因はA(出来事)ではなく，B(信念体系)である」と断定的に述べていることがあげられる．確かに，欲求不満や不幸な出来事に直面したときに，神経症的反応を示す人もあれば，冷静に対処する人もある．多くの場合，そこに思考過程が介在していることは認めねばならないだろう．しかし，理論的に考えるならば，その場合，Aは必要条件ではないが十分条件であるだろう．すなわち，B→CではなくA+B→Cというべきである．

また，このような思考過程が介入しない感情や行動も少なくない．人間の行動も，他の動物たちほどではないにしても，遺伝子や神経系の構造によって，自動的に決定されている部分がかなりあるように思われる．この点は"事実"として，もっと強調されるべきではないかと思われる．

論理療法理論の第3の問題点は，"人間性"ということを，rationalなこと，もっというと"善"なることと同一視している点である．人間は，他の動物にみられないような集団虐殺や環境破壊を行う．しかし，彼らは，こうした反応を決して"人間的"とはいわない．同様に"自己実現"という概念も用いられることがあるが，これも良いイメージを伴っている．しかし，絶対的な善悪を否定するならば，人間性や自己実現の否定的側面にももっと留意してよいのではないかと思われる．これはとりわけ，現代という時代の要請にも対応する点であろう．

以上をまとめるならば，神経症的反応が非合理的思考によって引き起こされることが多いということ，そして，クライエントの中には，思考過程をより合理的なものに修正することによって，神経症を克服する人々が少なくないということは事実であろう．しかし，論理療法理論では，この過程を理論化する際に，幸福，楽しみといった概念を単純にあてはめすぎるところがあるように思える．つまり，よくよく考えてみると，神経症を克服した方が人間は幸せになるという証拠は不十分なのである．

また，論理療法理論では，神経症的反応を引き起こす十分条件としての出来事を軽視する傾向があるし，"非合理的思考"の多くが，人間としては自然な反応とみることもできるという点を見逃しやすい．あるいはまた，"人間性"や"自己実現"ということを，単純に"善なるもの"とみる傾向もある．

けれども，全体としてみるならば，論理療法の理論は，心理療法の理論としてはきわめて整合性の高いものの一つであるといってよいように思われる．

2.3　基礎統合的心理療法の理論

a.　理論の背景

基礎統合的心理療法(basic integrative psychotherapy)は，筆者が現在定式化している理論とアプローチである．筆者は，1951年に生まれ，京都大学で心理療法の訓練を受け

た．当時，京都大学には，ユング派，フロイト派，ロジャース派など諸学派の教官がいた
が，筆者は彼らから学ぶだけではなく，その後の臨床活動の過程で，行動療法や家族療
法，論理療法や森田療法など他の学派の考え方も部分的に取り入れ，筆者なりの統合的理
論とアプローチを形成してきた．このアプローチの中心的サービスは，クライエントの内
界をより深く理解しようと努力し続けることにあるので，筆者はこのアプローチを「理解
療法」とも呼んできた（倉光，1995）．

b. 理論の骨子

　この理論では，心の世界を，1）感覚や知覚，2）イメージや思考，3）欲求や動機づ
け，4）快・不快や感情などの領域に大きく区分し，外界の知覚から行動の解発までの継
起を考える．ここでは，一般に，人間の行動は次のような過程で生起すると考える．すな
わち，われわれ人間の内界には，現実の環境刺激に対応するような感覚や知覚が生じてい
ると同時に，現在は現実化されていない何らかのイメージが発生している．環境の知覚に
は，その環境が有害か有益かを判断するような快感や不快感，ないしは，それが分化し発
展した感情が伴われるが，準知覚ともいえるイメージにも現実体験に準じる快・不快や感
情が伴われる．次にそうしたイメージの実現または回避に対する欲求や動機づけが喚起さ
れ，その実現または回避に有効な行動がイメージされて，実行に移される．その結果，環
境に変化が生じる（または生じない）と，はじめの感覚から，最後の快・不快までの一連の
継起，すなわち，「こういう環境で，こういう行動をとると，こういう結果になった」と
いうことが記憶される．そして，次に類似の環境を知覚したとき，あるいは，それに関連
した刺激を知覚したときに，それがイメージとして再生されるのである．とくに，強い
快・不快を引き起こした体験のイメージやその時点の身体状態や成熟において重要なイメ
ージは適応上重要なので発生または再生される頻度や意識化される確率が高いだろう．

　感覚や知覚からイメージや思考，欲求や動機づけを経て，快・不快や感情に至る心的現
象の継起のほとんどは，通常は，当面の関心に従って，ごく一部しか意識化されない．と
くに，イメージについていうと，われわれが覚醒時に意識的・論理的に展開できるイメー
ジはごく一部で，大部分は無意識の世界で，過去の個人的な体験のイメージ，ないしは，
生得的で普遍的なイメージとして自動的に発生していると考えられる．

　生物は，一般に，自己（または近縁）の遺伝子の拡大再生産をめざすので，一連の心的現
象も個体の遺伝子の拡大再生産に有益な行動を解発するように進化してきたと考えられ
る．ところが，人間の場合は，快・不快の種類，あるいは，それに対応する欲求の種類が
非常に多くなり，それらの中で，現時点でどれを優先すべきかについてしばしば深刻な葛
藤が生じる．すなわち，人は，水や栄養，睡眠や身体的苦痛回避などを指向する生理的欲
求だけでなく，愛情欲求，優越欲求，性的欲求，養育欲求，コントロール欲求，経済的欲
求などの社会的欲求，さらには，創造欲求，知的欲求，倫理的欲求などのいわゆる自己実

現欲求などを感じ，あらゆる瞬間に，どの欲求の満足を優先するか（どのイメージを実現するか）で葛藤を起こす可能性がある．一般に，より高次の欲求満足の方が，生理的欲求や社会的欲求などの基本的欲求の満足よりも強い快を引き起こすように思われるが，前者の満足は往々にして後者の満足を犠牲にするため，実際には前者が優先される確率はかなり低いように思われる．

とくに，基本的欲求の満足が著しく阻害される事態に遭遇したり，そうしたイメージが頻繁に生じたりすると，高次欲求を満足させるようなイメージは意識されにくくなる．たとえば，生命の危機に直面したり，重要な他者を失ったり，自由が奪われたり，差別や迫害にあったり，あるいは，そうしたトラウマ体験とまではいえないまでも，重要な他者から愛されていないとか，周囲の人々から軽蔑されているとか，将来の希望がないように感じたりすると，人はしばしばそのような体験やイメージに支配されて，これからの人生で何をしたいか，何をなすべきかといったことまで考えが及ばなくなってしまう．

先に述べたように，心の病の症状や問題行動のかなりの部分は，このような苦痛を伴うイメージの意識化や現実化を回避したり，基本的欲求を闇雲に満たそうとする半ば無意識的な反応としてとらえうるのだが，結局のところ，当該欲求を満足させないばかりか，高次欲求の満足も阻害してしまうのが常である．

このような状況で最も賢明な対処法は，潜在的な"心の傷"ないし欲求不満を正しく認識し，満足できる欲求は満足させ，満足できない欲求は悲哀や怒りなどの感情反応を経て諦め，より高次の欲求，とりわけ，個人的な価値観に即した倫理的欲求を満足させる行動（筆者はこれを"個人的当為"と呼んでいる）をイメージして，その実行に努めることではなかろうか．そして，その過程を促進するためには，セラピストがクライエントの内界を，とりわけ，そのような苦痛を伴うイメージ（心の傷）と個人的当為をできるだけ的確に理解しようと努め続けることが有益なのではないだろうか．この仮説が筆者の理論の中核である．この理論に基づくアプローチは，表 6.2.1 のようにまとめることができる．

この過程をもう少し詳しく記述してみよう．このアプローチではまず，心理的問題とされる症状や問題行動の背後に心の傷ないし欲求不満が潜在していると仮定し，それを推測する作業から始める．内界を推測するうえでの媒体は，心理的問題に関連する話だけでな

表 6.2.1 基礎統合的心理療法における援助過程

① 内界が表現しやすい場を創造する．
② そこでの反応や表現から潜在的な心の傷ないし欲求不満を推測する．
③ 基本的欲求の満たせる部分は満たす．
④ クライエントが「理解された」「わかってもらえた」と感じる．
⑤ 満たせない部分を明確にする．
⑥ クライエントに感情反応が生じ，やがて，諦めの境地が訪れる．
⑦ 個人的当為がイメージされる．
⑧ その実行に対して，ポジティブ・フィードバックを行う．

く，最近みた夢やふと思いついたこと，興味をひかれる社会現象や出来事，関心のある文学や音楽，映画や演劇についての話，あるいは，クライエントが創造する詩や物語，箱庭や人形劇，絵画や漫画，さらには，クライエントとともに楽しむスポーツやゲームなども含まれる．さらに，クライエントの服装や話し方，表情や声の調子，発汗や筋緊張，遅刻や無断欠席といった反応や行動，あるいは，"症状"や"問題行動"も重要な媒体になる．

"心の傷"や"苦痛を伴うイメージ"を適切に把握するためには，内界表現がなされやすい場を設定する必要がある．そして，何らかの表現がなされたときには，それに対してネガティブなフィードバックを行わないように気をつける．たとえば，「そんなことは考えるな」「気にするな」「元気を出せ」などといった，内的状態を否定するような命令や指示は行わない．ときには，セラピストの内にクライエントに対する攻撃的感情が生じてくることもあるが，そのようなときは，それがクライエント理解の最前線だと考えて，そうした行動を生み出した現在までの心の傷や欲求不満をさらに推測していくようにする．

また，一見，ネガティブにみえるクライエントの反応や行動にも，たいていの場合は，ポジティブな動機やごく自然な基本的欲求を見いだすこともできる．そうすると，クライエントがそうした反応や行動を示すのも「無理からぬところがある」とか「一理ある」と感じられるものである．そのことをフィードバックすると，心の傷と心理的問題の関連が了解されることが少なくない．

また，筆者のアプローチでは，セラピストが重要な他者の代理として基本的欲求の一部を満たせるように思われる場合には，それを実行する場合がある．たとえば，幼子であれば，だっこしたり，欲しい物を取ってあげたり，ゲームの相手をしたり，心からほめたりするし，成人であっても，特別な場合には，一緒に食事をしたり，散歩したりすることがある．このような対応は，クライエントを依存的にしたり，症状を悪化させたりする危険性があるので，多くのアプローチでは禁止されているが，筆者のアプローチでは現在までのところそれほど有害な事態は生じていない．

このようなアプローチを続けていくと，クライエントはしだいに「セラピストに自分の苦しみや満たされぬ思いがわかってもらえた」と感じるようになる．このとき，たいていは，セラピストの内界でも，クライエントと類似の感情やイメージが生起する．すなわち，クライエントはセラピストと苦しみを「分かち合う」のである．

ただし，そのような場合でも，個々人の体験は決して全く同一ではないので，セラピストが安易に「お気持はわかります」などということはない．むしろ，セラピストがクライエントがどれほど傷ついたか，あるいは，これからどうしたらよいかはよくわからないと述べた方が，クライエントの中に「ある程度はわかってもらっている」という感じが起こりやすいように思われる．ともかく，セラピストが「わかった」と思えることではなく，クライエントが「わかってもらった」と思えることが重要なのである．

「自分の苦しみをわかってもらっている」という感慨は，その苦しみからやや距離をと

ることにつながり，やがて，どうしても満たされない欲求の認知が生じる．このとき，クライエントは強い怒りや嘆きの感情を体験する．しかし，やがてその感情がおさまってくると，「私はそういうつらい体験をしたのだ」「それも私の人生だった」といった，一種の諦め（明らめ）が生じ，「それでも自分は生きている」「むしろ，生かされている」「生きていていいのだ」という感じが生まれ，やがて，個人的当為がイメージされるようになる（個人的当為は「たましい」からのメッセージのように感じられることも多い）．あとは，その実行に対して，ポジティブにフィードバックし続けるわけである．

　実際，強い苦痛や欲求不満を感じながらも生きているということは，ある程度の基本的欲求は満たされているということでもある．また，とにもかくにも，こうして一人の人間として生きているということは，確率的にはまさに「有り難い」出来事である．こうした認識に至ったとき，人は，自己の生存の意義を感じ，あるいは，自己の生存を可能にしているあらゆる存在に対して感謝の念を抱きやすい．そのとき，フロイト流にいえば，「愛することと働くこと」につながるような個人的当為が明確になってくるのではなかろうか．そして，個人的当為を実行に移していく過程は，心理的問題の克服過程そのものなのである．

c.　理論の問題点

　基礎統合的心理療法の理論は，心の傷を重視している点でフロイトの初期の理論を取り入れているし，個人的当為は普遍的な人生の課題が個人的な現れ方をしたとみれば，ユングの考えにも近い．また，心理的問題の克服に際して，無意識的感情や無意識的思考の意識化を重視しているという点では，ロジャースやエリスの考え方と共通しているところもある．むしろ，この理論では，独自性が明瞭でないという問題がある．

　また，この理論では，高次欲求の満足，とりわけ，個人的当為の実行による倫理的欲求の満足が基本的欲求の満足よりも強い快を引き起こすと仮定しているが，それが事実かどうか，あるいは，そもそも，すべての人間に倫理的欲求が生じるかどうかは疑わしい．

　また，苦しみの表現，あるいはそれを「わかってもらう」ことが，諦めにつながり，それが個人的当為の明確化を導くという過程は，実際にはそう簡単に進まないように思われる．この過程は段階的というよりらせん的に進み，あるいは，フラクタルな過程が蓄積されていって，あるとき，大きな変容が生じるといった方が実際に即しているのではなかろうか．

　さらに，各個人が非常に低い確率で生存していることが事実だとしても，それは誰にとっても「有り難い」ことではない．むしろ，多くのクライエントにとっては生存は苦痛そのものであろう．このようなアプローチをとるだけで，その苦痛が本当に乗り越えられるのだろうか．おそらく，このアプローチはクライエントを支える多くの要因のごく一部として働くにすぎないのだろう．

ほかにも，基礎統合的心理療法にはさまざまの重要な問題が内包されているが，臨床経験からすると，このようなアプローチでも，少なくとも一部のクライエントには役立つことがあると思われる．他の理論と同様，実践事例は理論の妥当性を証明するものではないが，それを支持するデータとしては非常に重要だろう．

〔倉光　修〕

文　献

1)　Axline, V.M.(1964): *Dibs in search of self*. Readers Digest. 岡本浜江 訳(1972): 開かれた小さな扉，リーダースダイジェスト．

2)　Ellis, A. and Harper, R.A.(1975): *A new guide to rational living*. Wilshire Books. 國分康孝，伊藤順康 訳(1981): 論理療法，川島書店．

3)　Ellis, A.(1975): *How to live with a neurotic at home and at work*. Crown Publishers. 國分康孝 監訳(1984): 神経症者とつきあうには，川島書店．

4)　Gendlin, E.T.(1978): *Focusing*. Bantam Books. 村山正治，都留春夫，村瀬孝雄 訳(1982): フォーカシング，福村出版．

5)　橋口英俊(1989): 理性感情療法(RET)．伊藤隆二 編：心理治療法ハンドブック，福村出版．

6)　倉光　修(1995): 臨床心理学，岩波書店．

7)　倉光　修(1999): カウンセリングの心理学，岩波書店．

8)　倉光　修(2000): 動機づけの臨床心理学—心理療法とオーダーメイドテストの実践を通して—，日本評論社．

9)　三川俊樹(1994): 認知的アプローチ．中西信男，渡辺三枝子 編：最新カウンセリング入門，ナカニシヤ出版．

10)　Rogers, C.R.(1942): *Counseling and psychotherapy* ; *New concepts in practice*. Houghton Mifflin. 佐治守夫 編，友田不二男 訳(1966): カウンセリングと心理療法(ロージァズ全集，第2, 9巻に分訳)，岩崎学術出版社．

11)　Rogers, C.R.(1951): *Client-centered therapy* ; *Its current practices, implications, and theory*. Houghton Mifflin. 友田不二男ほか 訳(1966): (ロージァズ全集，第3, 5, 7, 8, 16巻に分訳)，岩崎学術出版社．

12)　Rogers, C.R.(1959): A theory of therapy, personality and interpersonal relationships, as developed in the client-centered framework. In : Koch, S.(ed.), *Psychology* ; *A Study of a science*, Vol. III. Formulations of the person and the social context. McGraw-Hill. 伊藤　博 編訳(1967): クライエント中心療法の立場から発展した治療，パーソナリティ，対人関係の理論(ロージァズ全集，第8巻)，岩崎学術出版社．

13)　Rogers, C.R. et al.(1954): *Psychotherapy and personality change*. University of Chicago Press. 友田不二男ほか 訳(1967): サイコセラピーとパーソナリティ変化(ロージァズ全集，第10, 13巻に分訳)，岩崎学術出版社．

14)　Rogers, C.R. et al.(1967): *The therapeutic relationship and its impact* ; *A Study of psychotherapy with schizophranics*. University of Wisconsin Press. 友田不二男ほか 訳(1972): 治療的関係とそのインパクト(ロージァズ全集，第19, 20, 21巻に分訳)，岩崎学術出版社．

15)　佐治守夫，飯長喜一郎(1983): ロジャース クライエント中心療法，有斐閣新書．

第3章

行動・認知療法の理論

3.1 臨床心理学の行動論的理解

　さまざまな悩みをもち，不適応感を抱いたり，何らかの症状を呈することによって臨床家の門をたたくクライエントは，どうして悩みや不適応感を身につけてしまったのだろう．ここで，「あらゆる行動は学習によるものであって，神経症でさえ，それは何らかの理由で不適応的に学習された行動パターンであるにすぎず，他の行動の学習とは何ら区別されるものではない」というアイゼンク(Eysenck, 1959)のことばに耳を傾けてみよう．もし，問題行動や症状の源がただ人間の素質にあるとするならば，同一の素質をもつ一卵性双生児の場合，兄弟の一方が問題行動を示すと，他方が同様の問題行動を示したとしても何ら不思議ではない．しかし，現実にそのようなケースは多くはない．問題行動や症状は，何らかの規準に基づいて"問題"であり"症状"であると判断された行動であるにすぎないので，その源をただ素質的なところに求めるにはいささか無理が多いようである．むしろそれらは，素質をベースとして，生まれてから以後のさまざまな経験を通して，他の適応的な行動と同様に身についた行動パターンであると考えた方がよいのかもしれない．アイゼンクのことばは，こうした問題行動や症状の獲得に対する考え方を表したものである．

　このように，問題行動やさまざまな不適応行動が学習されたものであると考えると，われわれはそれらに対する臨床的な介入を考えるにあたって，次のような発想をもつことができる．すなわち，問題行動や症状，さまざまな不適応行動の発生機序がさまざまな学習の法則に従っているならば，われわれは，同じく学習の諸法則に照らし合わせて，これらの問題や症状を変容したり，消去することができるはずである．それは，「もし神経症的な行動が習得されるものであるならば，習得に用いられたのと同一の原理を組み合わせることで学習解除ができるにちがいない」というダラードとミラーのことばに端的に示されている(DollardとMiller, 1950)．このような観点から，客観的に検証されてきた学習心

理学の諸理論を，問題行動や症状，あるいはさまざまな不適応行動の変容と消去，あるいは新しい適応行動の積極的な獲得に積極的に応用しようとするところに，行動論的な臨床心理学の基本的発想がある．

　臨床心理学的な出来事を行動理論の枠組みから理解しようという試みは，古くはパブロフの条件反射の研究にさかのぼることができる．パブロフによる条件反射理論に関する一連の研究は，行動形成の基本的原理を明らかにする視点を導入し，その後，いわゆる実験神経症に関する研究が隆盛をきわめるに至って，条件反射理論から神経症的症状を理解するという新しい切り口が開かれたのである．その後，1950年代後半に入り，臨床心理学の行動論的な理解の枠組みは飛躍的な展開をとげることになる．イエーツ（Yates, 1958）のチックの治療に関する論文の発表や，ウォルピ（Wolpe, 1958）の実験神経症に関する研究と逆制止法による神経症の治療法の開発は，のちの行動論的な臨床心理学の発展に大きな影響を与えた．

3.2　行動療法の理論

a.　行動療法の基本的発想

　行動療法の基本的発想は，症状のとらえ方と治療に対する考え方にある．それは，「症状の根底に神経症があるのではなく，症状それ自体があるにすぎない．症状を取り除けばそれで神経症が排除されたことになる．多様な症状がある場合には，一つの症状を取り除けば，他の症状を取り除くことが容易になる．そして，すべての症状が除去されれば全治したことになる」というアイゼンク（1959）のことばに端的に示されている．

　精神分析に代表される従来の心理療法では，症状の背景にはたとえば「無意識の中にある原因」や「心の深層のメカニズム」が仮定され（それが実在するかどうかは全く証明不可能である），それがさまざまな機制によって表面に現れてきたものが症状であると考えられている．しかし行動療法においては，症状あるいはさまざまな問題行動は，他の行動と同じように学習によって獲得されたものであると考えられている．したがって，「無意識の中にある原因」や「心の深層のメカニズム」といった，いわば“架空”の構成概念を仮定することなく，症状あるいは問題行動そのものが治療の対象となるのである．

　治療に対する考え方も当然特徴的である．行動療法では，治療の対象はあくまでも症状あるいは問題行動そのものであり，治療は，症状自体を扱うことで達成されると考える．そして具体的には，学習理論に基づいた諸技法によって，①すでに学習され，維持されている症状や問題行動を消去する，②望ましい適応行動を新しく，しかも積極的に習得させる，という2点が治療の中心課題となるのである．

b. アイゼンク，ウォルピと行動療法

行動療法の発展を決定づけた二人がアイゼンクとウォルピであることは疑う余地もない．

アイゼンクは 1916 年ドイツに生まれ，1940 年ロンドン大学を卒業ののち，1942 年から 1946 年までミル・ヒル病院の心理学研究室の主任を勤めたあと，1946 年モーズレイ病院の心理学部長，1955 年ロンドン大学精神医学研究所教授，のちにロンドン大学名誉教授となり，1997 年逝去．パーソナリティに関する実験的研究を出発点として，精神分析に対する激しい批判を加え，学習理論をパーソナリティ研究と臨床心理学に導入し，行動療法の理論的基盤を築いた．

1960 年，アイゼンクの編集による "Behaviour therapy and the neuroses" が出版され，行動療法は臨床心理学の治療体系として周知されるに至る．1963 年に行動療法の基礎と臨床の学術雑誌である "Behaviour Research and Therapy" の編集人としてその刊行に携わった．本誌発行ののち，行動療法関係の学術専門雑誌が相次いで刊行されるようになった．

一方，ウォルピは，南アフリカに生まれ，1939 年ウィットウォーターズランド大学で医学の学位を受け，開業医生活と軍医として勤務ののち，1949 年から同大学の講師として勤務を始めた．軍医時代にいわゆる戦争神経症患者と接するうちに神経症患者の治療に大きな関心を抱くようになった．当初は精神分析の影響を受けていたものの，パブロフやハルの研究に接するに至り，「生体における諸過程に内在する関係の法則性を発見し，学習が心理学的医学(psychological medicine)に最も深い関係をもつ過程であるゆえに，学習過程に関連した法則的諸関係の確立こそが心理学的医学において治療効果を発揮するための最高の方途である」(Wolpe, 1969)との確信をもつに至った．そして，1946 年から条件反応と神経症に関する実験的研究に従事し始めた．また，その後の研究成果に基づいて，1958 年 "Psychotherapy as reciprocal inhibition" を著し，行動療法の中心的技法となっている系統的脱感作法の基礎を築いた．その後も精力的に基礎研究と臨床研究を進めた．1998 年逝去．

c. 行動療法の特徴

1) 科学的臨床心理学の追求

園田と高山(1978)は，心理療法を科学の名に値するものにするためには，それが科学一般の理論にかない，誰によっても観察される客観性と不変性を備えた事実によって体系づけられたものとなるようにしなければならないと指摘しているが，この指摘に端的に示されているように，行動療法の最も大きな特徴は，それが「科学としての心理療法」を追求していこうとする姿勢をもっていることである．

アイゼンク(Eysenck, 1960)は，従来の心理療法と行動療法を比較し，その違いを次の

ように指摘している．すなわち，① 行動療法が検証可能な演繹に導く，適切に定式化された一貫性のある理論に基づくという点，② 基礎理論と，それから導き出された演繹を検証するために，とくに計画された実験的研究から導き出されているという点，③ 解釈はたとえそれが全く主観的でなくとも，また，誤りでなくとも行わないという点は，行動療法の特徴を端的に示している．行動療法は，直感や思弁を排除し，実証的な裏づけをもち，客観的で具体的な概念や用語を使用し，そのように客観的に記述された手続に従って実施すれば，いつ誰が行っても同じ結果が得られるというメリットをもっている．

2) 技法の多様性

行動療法にはきわめて多様な技法が含まれており，それが行動療法の一つの特徴となっている．なぜなら，行動療法は学習理論（行動理論）と呼ばれる一つの理論体系に基づいているものの，学習理論が一つの理論から構成されているのではなく，異なった複数の行動原理から構成されているからである，したがって行動療法は，複数の理論や実験や臨床事実を基盤とした治療法群を構成するのである．山上(1987)が指摘しているように，技法の多様性は，治療の適用範囲を広げることになる．その結果治療者は，無理をすることなく広い範囲の対象や問題を治療することができるようになる．

3) 治療効果の評価

行動療法による治療の効果は，「方法論的に厳密な査定」によって評価される(Kendallと Hollon, 1979)．治療開始前のベースラインの測定を厳密に行うことに始まり，行動分析を経て治療仮説を立案し，治療的介入を行ったのち，方法論的に客観的で厳密な変容の査定を行うという治療効果の一連の評価のプロセスをとることは，行動療法の大きな特徴の一つであり，行動療法が科学的臨床心理学をめざしていることの表れである．単に主観的な感じや見た目で治療効果を判定するのではなく，あくまでも客観的な指標を用いて治療の終結の判断を行い，治療効果の判定を行うのである．

d. 行動療法の発展

心理学が長い過去と短い歴史をもっているといわれるように，行動療法も長い過去と短い歴史をもっているといわれる．行動療法という用語が臨床心理学界に登場したのは1953年のことである(Skinner ら, 1953)．また，行動療法が神経症に対する効果的な治療法であるという評価が定着したのは，上述のアイゼンク(Eysenck, 1960)による *"Behaviour therapy and the neuroses"* が出版されて以来である．このように，行動療法はまだ半世紀にも満たない短い歴史しかもっていないのである．

ところが，行動療法の過去は，行動理論の歴史に相当するといってもよい．3.1節で述べたように，行動療法の過去は，パブロフによる条件反射理論にまでさかのぼることができる．また，ワトソンの行動主義の台頭や，1940年代から1950年代初頭にかけてのダラードやミラー，マウラーらによる学習心理学の立場からの臨床心理学の理論化を経て，行

動療法は，その理論的な基礎を固めるに至った．

1950年代後半に入り，行動療法は飛躍的な展開をとげることになる．1958年，行動療法の発展に大きなインパクトを与えた二つの研究が発表された．一つは，イエーツ（Yates, 1958）によるチックの治療に関する論文の発表である．彼はハルの条件性制止理論に基づいて"負の練習法（negative practice）"と呼ばれる方法でチックの治療を試み，消去の手続を行えば症状の改善が認められることを報告した．同年，ウォルピ（Wolpe, 1958）は，実験神経症に関する基礎的研究結果に基づいて，神経症の主症状である不安反応の消去技法を"逆制止法（reciprocal inhibition）"としてまとめ，行動療法を代表する神経症の治療法である"系統的脱感作法（systematic desensitization）"の基礎を固めた．

一方，わが国においては，1950年代の半ば以降，学習理論を臨床に応用しようとする研究が行われ始めた（たとえば夜尿症の治療を試みた梅津〔1956, 1957〕の研究など）．また，臨床の現場から行動療法に積極的に取り組む研究も現れた．たとえば内山（1959 a, 1959 b）は，『小児緘黙症の研究Ⅰ・Ⅱ』と題する論文の中で，関東地方のある地方都市の全小学校に在籍する児童（24,245人）の中からいわゆる緘黙児と呼ばれる子どもたち46人を抽出し，古典的条件づけを基本とした"刺激漸増法"と"耐性法"を実施し，緘黙の治療に大きな成果をあげた．内山の研究は，わが国での初めての大規模な行動療法の実践報告である．

その後1960年代から1970年代にかけて，多くの基礎的，実践的研究が発表されるようになるが，その動向は諸外国における発展の経緯と酷似している．また，1974年に日本行動療法学会が発足することにより，わが国における行動療法は大きく飛躍することになる．

e. 行動療法の実際

1） 系統的脱感作法

系統的脱感作法は，クライエントがある刺激場面で不安や恐怖反応を示すときに，これらの反応とは相容れない反応（たとえば筋弛緩反応）を生起させると，クライエントの不安・恐怖反応は抑制され，不安や恐怖を誘発していた刺激と不安・恐怖反応の結びつきは減弱するという逆制止の原理に基づいている（Wolpe, 1958）．

まずクライエントに，不安・恐怖反応と相容れない反応として，筋弛緩反応を漸進的筋弛緩法や自律訓練法などによって習得させる．そして同時に，クライエントが不安・恐怖反応を示す刺激場面を調べ，それをその刺激度が小→大という順序に並べておく（不安階層表：anxiety hierarchy の作成）．次いでクライエントが筋弛緩反応を習得したならば，逆制止によってこれらの刺激場面と筋弛緩とを結びつける操作が行われる．つまり，クライエントを十分な弛緩状態におき，不安誘発刺激をイメージによって提示する．もしクライエントが不安を感じたときには，さらに筋弛緩を行わせることによってその不安を弱め

ていく．このような手続を，刺激度が小さいものから大きいものへと順次繰り返すことによって，やがて最終的な刺激場面に対する不安・恐怖反応が消去されることになる．

系統的脱感作法は，さまざまな不安障害や，赤面，どもりといった神経症的症状，不適応行動に広く適用され，その効果が十分に認められている．

2） エクスポージャー

不安や恐怖を引き起こしている刺激場面にクライエントを直接さらすことによって，不安や恐怖反応を消去する手続であり，古典的条件づけの消去のメカニズムに基づいている．すなわち，本来不安や恐怖反応を引き起こす無条件刺激がない状態で，それまで不安や恐怖を引き起こしていた条件刺激のみを提示する(消去)ことによって，条件刺激に対する条件反応(不安・恐怖)を消去しようというのである．不安場面にさらしたとき，クライエントは当初強い情動反応を示すが，もともと不安や恐怖反応を引き起こす刺激(無条件刺激)が提示されないでいると，クライエントの情動反応は減弱されていく．

エクスポージャーは，強迫性障害やパニック障害の治療に大きな効果をあげており(貝谷，1998；久保木，1999)，そのほかにも，登校拒否の指導(強制登校法)にも適用されている(園田，1971)．

3） オペラント法

オペラント条件づけの原理に則って行われる行動変容法で，その適用範囲はきわめて広い．とくに，幼児・児童の不適応行動の消去や，新しい適応行動の形成には有効である．オペラント法はいくつかの技法群に分類することができる(東，1987)．

第1は，望ましくない行動を減ずる手続で，除外学習やタイムアウト法がその代表的なものである．問題行動の維持に何らかの正の強化が作用している場合(たとえば，子どもが癇癪を起こしたときに母親が機嫌をとったり，しかる，つまり，子どもに注意を払う)には，その強化を取り去る(子どもが泣き叫んでも注意を与えない)ことによって行動の消去が行われる．このように，不適応行動を維持している強化子を取り除き，その行動の消去を図るのが除外学習である．タイムアウト法も同様に，問題行動場面から子どもを一定時間引き離すことによって，すべての強化子を取り除き，その消去をねらう方法である．

第2は，望ましい行動を増加させる手続で，積極的強化法やトークン・エコノミー法などがある．望ましい行動がみられたとき，これを正の強化子(たとえば，ほめことばや身体接触など)によって強化していく方法が積極的強化法，シールやカードなどのように，のちに一定のルールに従って何らかの報酬と交換のできる代用貨幣(トークン)によって強化していく方法がトークン・エコノミー法である．

第3は，新しい適応行動を形成する手続である．新しい行動を獲得する場合に，いきなりその行動を練習させるのではなく，いくつかの下位目標行動を設定し，一連の反応を徐々に段階的に強化していきながら形成し，最終的に目標となる行動を形づくっていくシェーピング法がこれにあたる．

第3章 行動・認知療法の理論 703

4) モデリング法

モデリングとは，自らの試行錯誤によらず，他人（モデル）の行動を観察することによって，モデルと同じような行動が学習される過程をさしている（Bandura, 1969）．適切なモデルを提示し，クライエントにそれを観察させることによって不適応行動を消去したり，新しい適応行動の獲得を図る方法である．たとえば，引っ込み思案の子どもに，人前で積極的にふるまうモデルを観察させることによって，積極的な行動を獲得させようとするのがこの方法である．さまざまな恐怖症，強迫性障害，引っ込み思案の治療や，自閉症の子どもにことばを獲得させる試み，カウンセラーの養成訓練などに応用されている．

5) その他の技法

特定の習癖や不適応行動に対して，嫌悪刺激を対提示することによって，当該の不適応行動を抑制する方法が嫌悪療法と呼ばれている．強迫行為，アルコール中毒，性的不適応，書痙などの治療に応用されている．また，クライエントのもつ症状や不適応的な習癖を意図的かつ集中的に繰り返し行わせ，小休止を挿入したあと再びそれを反復させるという手続によってその問題を消去する方法は"負の練習法"と呼ばれている．チックなどの機能性の運動障害やどもりの治療に効果をあげている（たとえば，東條と前田, 1988 など）．

f. いま行動療法は何ができるか

行動療法は発展していく中で，1970年代後半から大きな変化をとげるようになった．行動療法の変化は，行動理論の発展に応じて生じた変化と，行動療法の適応領域の拡大によって生じた変化という2点から理解することができる．また，これらの変化は同時に，いま，行動療法は何ができるかを如実に語るものでもある．

行動療法がその理論的基盤を行動理論におく限り，行動療法の発想やその中で用いられるさまざまな技法に行動理論の研究動向が反映されるのは自明のことである．1970年代後半に入って，行動理論は大きな変化をとげた．そして，そうした変化を反映して，行動療法は大きな変化をとげるようになった．坂野（1978）は，行動療法の変化に影響を及ぼしている行動理論の変化として，① 内潜的・認知的活動を外顕的な行動と同様に扱い，内潜的な過程に外顕的な行動理論のアナログを適用する，② バンデューラ（Bandura, 1969；1971）の社会的学習理論によって代表されるように，行動のプロセスにおいて認知の働きを重視する，③ 人間が行動をいかにコントロールしているかという制御メカニズムを明らかにする（春木, 1978），という傾向が顕著となっていることを指摘した．そして，こうした学習理論の変化に応じて，行動療法は，① セルフコントロール技法の開発，② さまざまな認知行動療法の発展，③ それまで有効であると指摘されてきたさまざまな技法を組み合わせてより大きな治療効果を得ようとする"パッケージ治療法"の開発，④ 適応症例の拡大，という方向へと変化するに至った．なお，この間の行動療法の発展について

は坂野(1995)に詳しい.

　一方，卓越した治療効果という点において行動療法が最もよく適用されてきたのはさまざまな不安障害の治療場面である．また，さまざまな発達障害を呈する子どもたちへの治療教育場面においても行動療法は大きな効果をあげてきた．しかし上に述べたように，現在行動療法が実践される領域は不安障害の治療や発達障害に対する治療教育場面にとどまらない．また，パッケージ治療法が発展し，適応領域が拡大されるにつれて，医療場面においては，行動療法が有効であるといわれてきた精神医学や心身医学の場面のみならず，リハビリテーションや地域保健，あるいは，健康管理の領域にまで広がってきている．

　こうした中で行動療法は，"行動医学(behavioral medicine)"とした新たな展開を迎えている．行動医学とは一般的に，「健康と疾病に関する心理社会的，行動的，生物・医学的な科学の知識の発展と統合を図り，疾病の予防，原因の追求，診断，治療，リハビリテーションにこれらの知識を応用することに関連した学際的研究領域」であると定義されている(SchwartzとWeiss, 1978)．また，行動医学は，① バイオフィードバック法による心理学的な介入方法を確立し，② 頭痛や高血圧，肥満といった，従来，医学的な介入の対象と考えられてきた疾患に対する心理学的な介入方法を開発，実践し，③ そして，疾患を予防し，健康を維持するために必要な健康行動の形成と維持をねらった介入方法を開発，実践する，という形で発展してきた．こうした発展の経緯は，赤木(1989)によって，「心身医学が身体疾患の病因論を強調し，行動医学は，より直接的に身体疾患の治療，予防の行動心理学的研究に関わっている」と簡潔に指摘されている．

　このように，行動療法が行動医学に発展していく過程の中で，行動療法は単に治療法としての意義だけではなく，精神疾患や身体疾患，あるいはさまざまな心理学的問題の予知と予防を考える具体的方策の確立に向けて，新たな知識と技術を提供する段階へとさしかかってきたといえるだろう．

3.3　認知療法の理論

a.　認知療法における行動理解のモデル

　認知療法は，さまざまな精神病理学的な障害を治療する際に用いられる，アクティブで，指示的で，時間制限的で，構造的な治療アプローチであると定義されている．それは，個人の感情と行動は，そのかなりの部分が，個人が世界をどのように構造化しているかによって規定されているという原理に基づいている(Beckら, 1979)．また，認知療法の背景には，基本的な仮説として，個人の認知(思考パターン)が行動異常(たとえば，うつ病における感情障害)と密接に関連しており，歪んだ認知の修正こそが行動異常の治療には必要であるとする考え方がある．つまり，行動異常，あるいは病理的な症状は，個人の生育史の中で形成された固定的なスキーマ(個人の中にある，かなり一貫した知覚・認

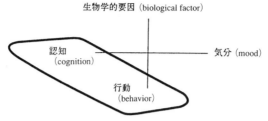

図 6.3.1 認知療法における行動理解モデル(Padesky, 1988)

知の構え)に従って判断された歪んだ思考様式によって引き起こされ,維持されているのだと考え,スキーマを修正し,歪んだ認知を修正することが介入の主眼とされている.

さて,認知療法における行動理解のモデルでは,人間の行動を図 6.3.1 に示すような四つの構成要素から成り立っていると考える(Padesky, 1988).治療の方略を考える際に大切なことは,図 6.3.1 に示された行動の構成要素のうち,いったいどの要素を変容すると効果的な治療的介入が行われるか,あるいは,どこから着手すると早期の改善が望めるかという点であろう.認知療法では,図 6.3.1 において太い実線で囲まれた部分,すなわち,個人の認知と行動の変容がさしあたりの治療ターゲットとされる.つまり,認知と行動の変容が認知療法の取り扱う領域であり,それらの変容を通して全体的な治療的介入を行おうとする.

行動の変容は,患者にどのようにふるまえばよいかを教え,患者による適応した行動の学習を援助することで達成される.また,行動の変容は,その他の構成要素の変容に比べると比較的容易であり,患者が直接コントロールできるものである.一方,認知の変容は,問題となる患者の思考様式を変えようとする試みから成り立っている.のちに述べるように,たとえばうつ病患者には特有の思考様式が認められるが,こうした思考様式を,以下に紹介するような技法によって変容することで,問題への介入を図ろうとするのである.

b. ベックと認知療法

認知療法の発展を語るとき,その創始者であり,体系化を行ったベック(Beck, A.T.)の功績を述べなければならない.

ベック(Beck, 1963)は,50 人のうつ病患者と,38 人の非うつ病患者の思考プロセスを比較検討する中から,うつ病患者には,低い自尊心,強い自責感,逃避願望,不安などの特有の思考内容と,独善的な推論や過度の一般化などの特有な非論理的・非現実的思考パ

ターン(認知の歪み)がみられることを観察した。また，うつ病の感情障害は，こうした思考障害のために生じるのではないかとの仮説のもと，認知の歪みの源となる個人のスキーマの形成プロセスについて考察し，その結果，患者の判断過程をより客観的なものに改め，思考の前提条件となっている個人の認知的構えの妥当性を検証し，それをより妥当なものへと変化させることによってうつ病の改善がなされることを報告した(Beck, 1964)。

　ここで認知療法が誕生したことになる。その後ベックは "Depression" と題する書物の中で，うつ病の認知モデルについて述べ(Beck, 1967)，1970年 "Cognitive therapy: Nature and relation to behavior therapy" と題する論文を発表し，認知療法の特徴をまとめているが，このころまでに認知療法はひとまず完成したといえる(Beck, 1970)。そして1976年に，"Cognitive therapy and the emotional disorders" を出版し，その中で，抑うつ，不安・恐怖，強迫といったさまざまな障害に対して認知療法の立場からの理解の視点と治療の発想を明確に示している(Beck, 1976)。また，1979年に出版された "Cognitive therapy of depression" は，認知療法が最もよく適用される症状であるうつ病に対する認知療法のバイブルとでもいえる書物である(Beck ら, 1979)。また，最近では，不安障害や強迫性障害，人格障害，あるいは家族療法や夫婦療法場面にも認知療法を適用し，その成果を報告している(Beck と Emery, 1985; Beck, 1988; Beck ら, 1990)。

　ベックは1921年に生まれ，米ブラウン大学において英語学と政治学を専攻し，同大学を1942年に卒業ののち，イェール大学医学部に進学，同校を卒業後，マサチューセッツ州の病院における神経学のレジデントをしたあと，医学へと進んだ。ベックが当時勤務した病院は，ボストン精神分析研究所の指導を受け，ベックも精神分析学的な立場から精神科医療を行うようトレーニングを受けたが，日ごろの治療実践と1950年代に行われたうつ病の治療に関する実験的検討の結果から精神分析に批判的な評価を行うようになり，独自の認知療法を体系化していった。上に述べたような認知療法の理論化と臨床応用を着実に行うとともに，ペンシルバニアをはじめとして全米各地に認知療法センターを設立して認知療法の臨床を行うとともに，ワークショップなどを精力的にこなし，認知療法の発展に指導的な役割を果たしている。

c. 問題となる思考様式

　ベックら(Beck ら, 1979)によれば，うつ病の認知モデルは，感情の中に，① 認知の3要素(cognitive triad)，② スキーマ，③ 認知の歪みと誤った情報処理，という三つの要素があると考える。ここでいう認知の3要素とは，① 過度の自責感や罪悪感などといった自己に対する否定的な見方，② ペシミズムを代表とする，自己をとりまく世界に対する否定的な見方，③ 絶望感を中心とした将来に対する否定的な見方，から成り立っている。すなわち，自分自身と自分をとりまく世界，そして，自分の将来をいずれも否定的にみるという認知の仕方(思考様式)が感情障害の基底となると考えるのである。とりわけう

つ病患者にとって問題となる思考様式の代表は，③に示された絶望感を中心とした将来に対する否定的な考え方であり，それはしばしばうつ病患者の自殺の原因になっているといえる．

また，スキーマをとりまく思考の構造は，図6.3.2のようになっていると考える．まず，ある刺激事態に直面したとき，患者の中にいわば自動的に思い浮かんでくる考えを"自動思考(automatic thinking)"と呼んでいる．たとえば，うつ病の女性患者が，自分の子どもと同年齢くらいの幼児と楽しく歩いている主婦をみかけたときに，「ああ，自分は悪い母親だ」などとすぐに考えてしまうのがその例にあたる．自動思考は場面に特有のものであり，日常生活で出くわす問題となる場面の数だけ多様な自動思考があるといえる．

図6.3.2 スキーマをとりまく思考の構造

次に，多様な自動思考に対して，場面をこえて共通に認められる考え方で，「……すべきである」とか「……しなければならない」と表現される思考内容を「背景にある思い込み(underlying assumption)」という．たとえば上記の例では，「母親としてしっかりしていなければならない」とか，「母親として……のようにふるまわなければならない」といった思い込みが認められるかもしれない．そして，多様な自動思考に共通して考えられる思考内容で，背景にある思い込みの背後にあると考えられるのが"スキーマ"である．スキーマはルール，あるいは信念とも呼べるもので，しばしば，「私は絶対に……だ」とい

表6.3.1 認知の歪み例

恣意的な推論：結論を支持する証拠がなくとも，出来事を客観的に判断することなく，自分勝手に推論を行ってしまう傾向．

選択的抽象化：さまざまな出来事に目が行き届かず，自分に関係していると判断した事柄のみを選択的に抽象化して考え，経験全体を些細な出来事に基づいて概念化する傾向．また，些細な事柄に焦点を合わせて自分の信念を正当化するとともに，その他の情報は無視してしまう傾向．

迷信的思考：独立した関連性のない出来事の間に何らかの因果関係を信じる傾向．

過度の一般化：些細な出来事を過度に一般化して考え，すべてを一つの次元で考えたり，一つの孤立した出来事に基づいて一般的なルールや結論を考え出したりする傾向．また，客観的には関連していない状況にその考え方を適用してしまう傾向．

誇張と矮小化：些細な出来事を大きく取り上げたり，大切な良い出来事を見落としたり，それが些細な出来事であるかのように判断する傾向．とりわけ，自分にとって好ましくない出来事を誇張することが多い．

「すべし」思考：「……しなければならない」と考える傾向．

個人化：自分に無関係な出来事であっても，それが自分自身に直接関係しているかのような判断を行う傾向．

絶対的で二者択一的思考：「良いか悪いか」，「完全か不完全か」，あるいは「あれかこれか」といった二者択一的な思考を行う傾向．

う表現で表される．「私は母親としては絶対に無能だ」といった信念がそれにあたる．

また，認知の歪み，あるいは誤った情報処理の仕方，あるいは思考パターンには表6.3.1に示したようなものがある．

d. 認知療法の実際

認知療法は，当面の問題への対処の方法を教えるものであり，患者の社会的スキルを増大させ，生活上の急を要する事態により効果的に対処できるという感覚と自己効力感の増大を図ることを目的としている（フリーマン，1989）．そのために，認知療法の介入では，表6.3.2に示されたようなさまざまな認知的技法と行動的技法が用いられる．

ここでいう認知的技法とは，患者の誤った考えと不適応的な思い込みを描写し，その妥当性を検証し，変容するために用いられるさまざまな技法群をさしている．その目的は，

① 否定的で自動化された思考をモニターする．
② 認知，感情，行動の間に結びつきがあることを認識する．
③ 歪んだ自動思考にあてはまる，あるいは反する証拠を調べる．
④ 歪んだ認知をより現実的な説明に置き換える．
⑤ 経験を歪める原因となっている非機能的な信念を特定し，変容することを学習する．

という操作ができるよう，患者に学習体験を与えることにある．このようにして行われる認知的介入は一般的に認知的再体制化と呼ばれている．

一方，行動的技法としては，一般的に，活動スケジュール表の作成とそれに基づく遂行度・満足度の評定，段階的なホームワークの割り当て，イメージリハーサル，主張訓練，

表6.3.2 認知療法の技法（フリーマン，1989）

〔認知的技法〕
① 患者に特有の「意味」を理解する
② 患者の思考を裏づける証拠についての質問
③ 誰，あるいは何のせいでそうなっているかを見直す（原因帰属の変容）
④ 選択の余地を検討する
⑤ 破局的な見方を緩和する
⑥ 想像したなりゆきを検討する
⑦ プラスとマイナスの側面を検討する
⑧ 否定的な考えを肯定的な考えに変化させる
⑨ 認知的な歪みのラベリング
⑩ 誘導的な連想の活用
⑪ 誇張的表現や逆説を利用する
⑫ 尺度の利用
⑬ イメージの置き換え
⑭ 言語化（音声化）
⑮ 認知的リハーサル
⑯ 自己教示法
⑰ 思考中断法
⑱ 気晴らしの利用
⑲ 直接的論争
⑳ 認知的不協和の利用

〔行動的技法〕
① 活動スケジュール表の作成（1週間単位）
② 習得・満足感スケジュールの作成
③ 段階的な課題の割り当て表の作成
④ 行動リハーサル
⑤ 社会的スキル訓練，主張訓練
⑥ 読書療法
⑦ in vivo exposure
⑧ リラクセーション，瞑想，呼吸訓練

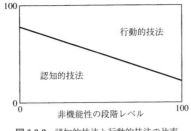

図 6.3.3 認知的技法と行動的技法の比率
(フリーマン, 1989)

ロールプレイといった手続が導入され，その中で患者の歪んだ認知に気づかせ，それを修正し，新しい適応行動の獲得がねらわれる．

行動的技法は，行動をできるだけ早く変えることを目的として行われるものである．そしてここでは，直接的な行動療法の技法が用いられることになる．したがって，たとえば自殺企図患者に必要であると思われる短期的で早急な効果をもたらすためには，行動的技法がしばしば用いられる．また，より長期的な認知の変化を助けるための情報収集を考慮に入れた短期的な介入として行動的技法が用いられ，症状が重篤であればあるほど，行動的な介入が重要視されることになる．さらに，行動的技法は，単に行動を変化させるだけではなく，特定の行動と結びついた認知を引き出すためにも用いられている．

これら二つの技法群は，図 6.3.3 に示すように，軽症の患者には認知的技法のウエイトが大きく，症状がより重篤になるほど行動的技法群が重要視されている(フリーマン, 1989)．

e. いま認知療法は何ができるか

上に述べたように，認知療法は当初，うつ病に対する治療法として確立され，その有効性が検討されてきた．しかしながら最近になって，認知療法は不安障害(Beck と Emery, 1985)や恐慌性障害(大野, 1989)，アルコール依存症(井上, 1989)，強迫性障害(フリーマン, 1989)，人格障害(Beck ら, 1990)といった多様な精神障害に適用されるようになり，その効果が検証されてきている．

また，心身症と呼ばれる病態の中でも，摂食障害はわが国において認知療法がしばしば適用されている症例である(厚生省特定疾患神経性食欲不振症調査研究班, 1992；熊野と末松, 1992)．というのも，神経性食欲不振症に代表される摂食障害の治療では，患者が共通してもつ歪んだ認知の修正が重要な治療課題となっているからである(青木, 1984)．たとえば，摂食障害患者には，極端な痩せ願望と体重増加に対する強い恐怖心，食べることに罪悪感を感じたり，食事のことで頭が一杯であるといった食事強迫といった認知的特徴がしばしばみられる．また，そうした認知的特徴を生成する歪んだ思考プロセスが同時に

みられるとともに，それらの変容が治療にあたって必要であると判断されるケースが少なくない，したがって，そうした認知的特徴に着目した治療的介入を行うことが有効であると考えられる．

このように，認知療法が適用される症例は，さまざまな精神障害や心身症へと広がりをみせてきた．また，ストレス性の思考障害や，日常生活場面での健康の維持と増進を図るための方法として，あるいは，学生相談の技法として適用可能性があるとの指摘も行われている（林, 1988）．今後，どのような症例に対して認知療法が有効であるかをいっそう明らかにすることによって，認知療法は臨床心理学の新しい理論的枠組みとして，また，新しい治療の方法論として有用な情報を提供していくものと考えられる．

3.4　自律訓練法の理論

a.　催眠研究から自律訓練法へ

19世紀末，ドイツの大脳生理学者フォークトは，睡眠と催眠の比較研究を行っているうちに，催眠状態そのものに心身の健康を促進するという治療的効果のあることを発見した．またフォークトは，催眠を受けている患者が自分自身で同様の状態を作り出すことができることを認めたことから，催眠と同様の状態を患者自身によって作り出させることによって，それを病気の予防法として用いるようになった．

その後のドイツの精神医学者シュルツは，フォークトがいうように，催眠状態そのものに治療効果があるならば，催眠によって得ることのできる状態を詳細に記述し，同時にそのような状態を作り出す合理的な練習の方法はないかと考えた．そして，催眠状態においてどのように感じるかを調べたところ，とても気持が良いこと，腕や脚が重たく感じられ，同時に温かく感じられることなどが明らかとなった．そこでシュルツは，「気持が落ち着いている」あるいは，「両腕がとても重たい」といった暗示文を頭の中でいいきかせ，一つの状態が得られたならば次の暗示文に移るという段階的な練習によって，催眠に類似した心身の弛緩状態を作り出す方法を考案し，これに自律訓練法（das autogene Training；autogenic training：以下 AT と略記する）という名前を与えた．1932年のことであった．

AT はこのように，催眠の研究をもとにでき上がってきたが，決して催眠そのものではない．催眠研究から出発し，臨床的な経験を経て吟味された独自の体系をもつ心理生理学的なトレーニング法である．その目的とするところは，何も催眠状態を作り出すことではなく，心身の無駄な緊張を取り除き，心の再体制化や調整を図るところにある．自律訓練によってもたらされる状態は，ホメオスタシス的，自己調整的で，さまざまな栄養補給的な大脳制御機能の促進に関連しているといわれている（Luthe, 1969）．いわば，心身ともにリラックスをし，心の安定を図り，急激な刺激の変化に対してもいわば動じることのな

い適応性の増大をねらい，健康の増進を図ろうというのが AT のねらいであるといえる（内山, 1972）．また，佐々木(1989)によれば，AT には，① 疲労回復，過敏状態の沈静化，自己統制力や自己決定力の増加，痛みや精神的苦痛の緩和，自律神経機能の安定といった一般的効果，② 不安や緊張，恐怖などを主症状とする神経症や，心理的な緊張やストレスが強く影響していると考えられる心身症の治療を中心とする医学的効果，③ 教育効果を高めるための補助的効果，という三つの具体的効果が認められるという．

b.　ルーテと自律訓練法

AT の理論的，臨床的発展を論じるとき，シュルツのあとを受けて AT を自律療法として体系化したルーテの貢献を見逃すわけにはいかない．

1922 年にドイツに生まれ，エッペンドルフ医科大学を卒業後，第 2 次世界大戦に従軍．1950 年以来，シュルツのもとで AT の指導を受け，1951 年モントリオールに移り，心身医学専門のクリニックを開き，心身症と AT の研究を進めるようになった．そして，AT の中枢神経系機能に及ぼす効果や，AT 中に生じるさまざまな心理学的，生理学的変化の発現機序と機能に関する研究を精力的に行い，自律性中和法と呼ばれる技法をそれまでの標準練習に付け加えた．さらに，AT が大脳の左右両半球の機能特殊性からみて，非言語的で直感的な精神活動をつかさどる右半球の機能を高め，左半球の言語的で論理的な機能との統合作用を促進すると考え，その機能を促進するための空間感覚練習を始めた．このようなプロセスをたどって，ルーテは，AT をより広範な自律療法(autogenic therapy)として確立するに至った．こうした研究業績は "*Autogenic Therapy*" 全 6 巻として体系化され公刊されており，わが国でもそのすべてが翻訳刊行されている(Luthe, 1969)．

また，大脳両半球の機能特殊性に関する研究は，非利き手を支配している大脳半球の中に潜在する脱理性的，脱合理的思考の機能を呼び覚まし，これを活性化することで創造性を開発する技法へと結びつき，"*Creativity Mobilization Technique*" として体系化されるに至った(Luthe, 1976)．1985 年に急逝するまで，ルーテの一生は AT とともにあったといっても過言ではない．またルーテは親日家としても有名であった．禅に代表される東洋思想に強くひかれ，それを心理療法の中に積極的に取り入れようとした．1985 年逝去．

c.　自律療法の体系

AT は現在，自律療法としてさまざまな練習からなる一つの治療体系を構成している．自律療法の概略は図 6.3.4 に示すとおりであるが，以下にその概略を説明する．

1）　標準練習(standard exercise)

AT の基本的な部分であり，心身の安定と自律神経機能の調整がそのねらいとなる．標準練習は表 6.3.3 に示すように，背景公式と六つの公式から成り立っている．

背景公式はのちに述べるような楽な姿勢をとったあと，閉眼状態で心理的に落ち着いた

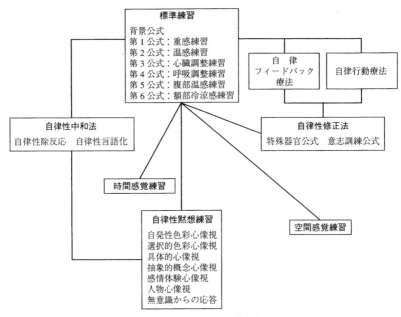

図 6.3.4 自律療法の構成図

状態を保ち,不必要な緊張を取り去った状態をつくるために導入されるものである.そして背景公式に続いて,心身の安定状態を示す六つの公式を用いた練習が順次行われる.

第1公式(四肢重感練習)と第2公式(四肢温感練習)は,標準練習の中でもとりわけ重要である.第1公式で得られる手や脚が重たいという感覚は,生理学的には筋弛緩と関連している.つまり,四肢の筋肉が十分に弛緩しているときに,それは手や脚が重たいという感覚として感じられることになる.一方,第2公式で得られる手や脚が温かいという感覚は,末梢の皮膚温の上昇と関連している.また,末梢の皮膚温の上昇は,末梢の毛細血管の拡大と関連している.つまり,自律神経系の副交感神経系の活動が賦活されたときに生じる末梢の毛細血管の拡大が,手や脚が温かい感覚として感じられるのである.

表 6.3.3 自律訓練法標準練習公式一覧

背景公式:気持がとても落ち着いている.
第1公式:両腕両脚がとても重たい(四肢重感練習).
第2公式:両腕両脚がとても温かい(四肢温感練習).
第3公式:心臓がとても静かに規則正しく打っている
　　　　　(心臓調整練習).
第4公式:とても楽に息をしている(呼吸調整練習).
第5公式:胃のあたりがとても温かい(腹部温感練習).
第6公式:額がとても涼しい(額部冷涼感練習).

第3章　行動・認知療法の理論　　　　713

第3公式は鼓動をゆっくりさせることをねらっており，心臓調整練習と呼ばれている．また，第4公式は呼吸調整練習と呼ばれ，呼吸のリズムがゆったりとしたものとなるよう練習を行う．腹部温感練習と呼ばれる第5公式では，ちょうど胃部の後ろあたりに位置する自律神経系の分岐点である太陽神経叢に温感を感じようとする．わが国においても，古くから"臍下丹田"ということばで示される部分への注意を集中しようとするものである．そして第6公式は，額部冷涼感練習と呼ばれ，頭蓋の血流量の減少に対応している．東洋では古来から"頭寒足熱"が心身ともに安静な状態といわれているが，第6公式はこうした状態に対応するものである．

以上のような公式を通して，心身ともに安静な状態を作り出し，心身の調整機能の向上を図ろうとするのが標準練習である．

2）　時間感覚練習（time sense exercise）

就寝前に，「○時○分頃に目を覚ます」といった内容の意思訓練公式（後述）を行うことによって時間感覚を獲得する練習である．

3）　黙想練習（meditative exercise）

標準練習を行っている最中に，自然とイメージが浮かんでくる人が少なくない．それはどこかの景色であることもあれば，イメージ全体が何かの色におおわれているということもある．黙想練習は，標準練習のあと，こうしたイメージを描く能力を開発しようとする練習であり，一般的に以下のような段階を追って行われる．

① 自発的色彩心像視：自然に現れる色彩をみる練習
② 選択的色彩心像視：特定の色彩をイメージとして描く練習
③ 具体的心像視：具体的な物をイメージとして描く練習
④ 抽象的概念心像視：希望といった抽象的な概念をイメージとして描く練習
⑤ 感情体験心像視：たとえば，海岸に寝そべっているときに感じる気分をイメージとして描く練習
⑥ 人物心像視：人物をイメージとして描く練習
⑦ 無意識からの応答：「自分は何をしようとしているのか」といった自分自身への応答をイメージする練習

4）　自律性修正法（autogenic modification）

たとえば肘がムズムズして違和感を感じるというときに，「右肘がとてもすっきりしている」といった公式を唱えることによってすっきりした肘の感覚を得るというように，身体の特定部位に働きかけてその生理的な変化を引き起こそうとする"特殊器官公式（organ specific formula）"と，たとえば節酒しようとするときに，「人がお酒を飲んでいても私は平気でいられる」といった公式を唱えることによって，練習者の心理的な反応に変化をもたらそうとする"意思訓練公式（intentional formula）"から成り立っている．いずれも標準練習の終了後に行う．

5) 自律性中和法(autogenic neutralization)

AT を行っている最中には，上記のようなイメージだけではなく，過去の出来事を思い出したり，身体の一部(たとえば腕)が動くような感じがするといった運動性の変化が生じることがある．これらの変化は心身の調整過程における解放現象であるといわれているが，自律性中和法は，こうした状態を体系的に進めていこうとする練習である．自律性除反応(autogenic abreaction)と自律性言語化(autogenic verbalization)からなっている．

6) 空間感覚練習(space exercise)

腕や足のように左右対象となっている身体部位に注意を向け，両部位の距離を感じたり，その間にある空間の質量感を感じる練習である．

7) 自律行動療法(autogenic behavior therapy)

3.2 節で紹介された系統的脱感作法において，不安を逆制止するために用いられる不安拮抗反応としては筋弛緩反応が用いられることが多く，ウォルピ自身も漸進的筋弛緩法を用いている．しかしながら，最近では，AT によって得られる状態が不安に拮抗する作用をもっていることから，不安拮抗反応として AT によって得られるリラックス状態を用いることが一般的となっている(内山, 1984)．また，認知行動療法のさまざまなパッケージにおいても，AT は不安に対処するためのセルフコントロール法として積極的に採用されている．このように，行動療法や認知行動療法の中で AT を活用する治療法を総称して自律行動療法と呼んでいる．

8) 自律フィードバック訓練(autogenic feedback training)

筋電位や皮膚温，血圧，脳波などの身体反応の変化を，光や音による信号として生体にフィードバックすることによって，そのセルフコントロールをねらおうとする方法は一般的にバイオフィードバック法と呼ばれている．AT の練習にバイオフィードバック法を組み合わせることによって AT の習得がより容易になるように工夫された方法を自律フィードバック訓練という(Green ら, 1969)．

d. 自律訓練法標準練習の実際

それでは以下に，自律療法の中でも最も一般的に用いられている AT 標準練習の実際と実施にあたっての留意点についてみてみよう．

1) 環境の調整

練習者はまず，練習場所として雑音の入らない，できるだけ静かな場所を選ぶ．心身のリラックスを図るために，余計な刺激はあらかじめ遮断しておいた方がよい．そして，ネクタイやベルトのように身体を圧迫するものは，余計な刺激と考え取り除いておく．

こうした外的な条件が整うと，練習者は，

① 仰臥姿勢：仰向けに寝て行う

② 腰掛け姿勢：背もたれのない椅子に腰掛け，全身の力を抜く

③ よりかかり姿勢：ソファーのように，首までもたれかけさせることのできる状態のうち，いずれかの姿勢をとる．そして，姿勢が決まったならば，軽く目を閉じて，表6.3.3に示したような言語公式を反復暗唱する．

2） 受動的注意集中

われわれが日常生活で経験する注意集中の仕方は，能動的な注意の集中であり，意図的で，意識的で，努力を伴うものである．ところが，AT の練習に際して，「右手よ重くなれ」と自分にいいきかせても右手の重感が感じられるわけではない．また，「気持よ落ち着け」といっても余計に緊張を感じ，気持が落ち着くこのないことは明らかである．

もし「右手よ重くなれ」と積極的に注意を払ったとすると，それは練習者に余計な緊張を生み出すことになり，これは AT のねらいに反する出来事となる．AT の練習のキーワードは“受動的注意集中(passive concentration)”である．ただ公式を繰り返すことに心がけ，公式でふれられている身体部位に何となく留意し，気がつくと「温かさが感じられる」という受け身的な姿勢で練習をすることが大切である．

3） 公　　式

上に述べたような環境の中で，練習に適切な姿勢をとり，そして，表6.3.3にあるような公式を頭の中でつぶやくように繰り返す．通常の練習では，第1公式から第6公式まで段階的に，それぞれ背景公式を挿入しながら進めていく．たとえば最初は，「気持がとても落ち着いている．右腕がとても重たい．気持がとても……（反復）……」と二つの公式を繰り返すことになる．そして一つの公式が達成されたならば，順次，次の公式を付け加えていく．こうした練習を約1～2分間，朝，昼，夕にそれぞれ3回程度実施するのが標準的な練習である．なお，公式を唱えるときには，① 受動的注意集中を心がけ，意図的に変化を求めないようにする，② 単に公式を繰り返すことを心がける，③ さりげなく当該の身体部位に留意している，という点に注意しなければならない．

4） 自律性解放

AT の練習中に，訓練中の公式とは一見関係のない反応がみられることがある．たとえば，腕がピクピク動いたり，肘に痛みを感じたり，しびれを感じるといった具合である．また，めまいを感じたり，身体が浮くような感じがしたり，視覚的なイメージを感じたり，不安を感じたりすることもある．こうした反応は，AT の副作用でもなく，また，体質上の過敏傾向に基づくものでもない．むしろ，標準練習を行っているときの受動的注意集中に伴って生じるものであり，ルーテはこうした反応を自律訓練状態によって解放された自己調整の現象であると考え，“自律性解放(autogenic discharge)”と呼んだ．

自律性解放による諸反応は通常，練習を進めていくうちにしだいに減少する．しかし，自律性解放のために身体の違和感を強く訴え，練習の動機づけが低下し，治療関係から脱落したり，治療への抵抗が生じることも少なくない．したがって，練習者に対して，練習開始前に自律性解放に関する簡単な説明をしておくことが望ましい．

5) 自律訓練法の禁忌

AT は最近になって，一種の健康法として手軽に用いられる傾向が認められる．しかし，AT を行っている最中に自律神経機能に何らかの変化が生じていることを忘れてはならない．そうした心身の変化が当面の症状に悪影響を及ぼすこともあるのである．したがって，AT の実施にあたっては，それを適用することができるかどうかを知っておかなければならない(Luthe, 1969)．

a) 非適応　非適応とは，AT を適用しようとしても無駄であると判断される場合をさす．たとえば，言語能力が未発達な幼児，重度の精神遅滞，練習中に起こった危険な症状に対処できない場合，AT に対して動機を欠いている場合，精神分裂病の急性期などがそれにあたる．

b) 相対的非適応　他の治療法が第一義的に優先される症例にあっては，AT は相対的非適応とされる．

c) 禁忌　AT を行うことによって好ましくない反応が出たり，症状が悪化する可能性がある場合，AT は禁忌とされる．たとえば，心筋梗塞の直後，低血糖症，訓練中に血圧が上昇する場合，退行期うつ病，内因性精神障害で訓練後に妄想を示す患者，乖離反応のある患者，医学的な管理下にない糖尿病や緑内症などに対して AT は禁忌とされている．

d) 相対的禁忌　AT を実施する際に特別の注意を必要としたり，標準練習の一部の公式を除外して実施する必要がある場合，それは AT の相対的禁忌とされる．たとえば，心臓疾患や人工透析，甲状腺機能亢進患者には第 3 公式(心臓調整)，気管支喘息の場合には第 4 公式(呼吸調整)，消化性潰瘍，糖尿病，低血糖にあっては第 5 公式(腹部温感)が相対的禁忌となる．

e. いま自律訓練法は何ができるか

AT が，
① 胃炎，消化不良，消化性潰瘍，潰瘍性大腸炎，過敏性腸症候群などの消化器系疾患
② 洞性不整脈，期外収縮，虚血性心疾患，高血圧，低血圧，頭痛などの心臓血管系疾患
③ 気管支喘息などの呼吸器系疾患
④ 糖尿病，甲状腺機能障害，脂質代謝障害などの内分泌・代謝系疾患
⑤ 痙性斜頸，関節炎，リウマチ，背部痛などの筋・骨格系疾患
⑥ 排尿障害，性機能障害，振せん，チック，神経痛などの諸症状

などの諸疾患において，その効果が認められることが示されてからすでに久しい(Luthe, 1969)．そして AT は，最近になって，行動療法，交流分析と並んで，心身医学における三つの代表的治療法であるといわれるようになった(石川, 1985)．

AT は，この症例にだけ適用できるというのではなく，非特異的な心身の調整法である

がゆえに，その適用範囲はかなり広い．また副作用も少なく，練習も比較的簡単である．さらに心理生理学的な方法であるゆえに，とくに心身相関の結果として生じている心身症の治療には適切である考えられている．とりわけ，① 不安や緊張が病態に強く関与していると思われる場合，② 自律神経失調状態，③ 病気がストレスに関連していると思われる場合，にその効果を発揮すると考えられる．

また，AT は，臨床的な場面だけではなく，健康な生活を送っている人であっても日常のリラクセーション法として活用することができる．健康増進の方法としての利用も可能である．現代社会はストレス社会であるといわれている．それだけ AT に対する期待は大きいといえるだろう．

〔坂野雄二〕

文　献

1) 赤木　稔(1989): 新・行動療法と心身症；行動医学の展開，医歯薬出版．
2) 青木宏之(1984): 神経性食欲不振症におけるセルフコントロールの破綻と回復について．行動療法研究, **10**: 58-65.
3) 東　正(1987): 新版・子どもの行動変容，川島書店．
4) Bandura, A.(1969): *Principles of behavior modification*, Holt, Rinehart & Winston, New York.
5) Bandura, A.(1971): *Social learning theory*. General Learning Press, New York. 原野広太郎，福島脩美 訳(1974): 人間行動の形成と自己制御，金子書房．
6) Beck, A.T.(1963): Thinking and depression. *Archives of General Psychiatry*, **9**: 324-333.
7) Beck, A.T.(1964): Thinking and depression, II. *Archives of General Psychiatry*, **10**: 561-571.
8) Beck, A.T.(1967): *Depression*; *Clinical, experimental, and theoretical aspects*. Hoeber, New York.
9) Beck, A.T.(1970): Cognitive therapy; Nature and relation to behavior therapy. *Behavior Therapy*, **1**: 184-200.
10) Beck, A.T.(1976): *Cognitive therapy and the emotional disorders*. International University Press, New York. 大野　裕 訳(1990): 認知療法，岩崎学術出版社．
11) Beck, A.T.(1988): *Love is never enough*. Harper & Row, New York.
12) Beck, A.T. and Emery, G.(1985): *Anxiety disorders and phobias*; *A cognitive perspective*. Basic Books, New York.
13) Beck, A.T., Freeman, A. and Associates (1990): *Cognitive therapy of personality disorders*. Guilford Press, New York.
14) Beck, A.T., Rush, A.J., Shaw, B.F. and Emery, G.(1979): *Cognitive therapy of depression*. Guilford Press, New York. 坂野雄二 監訳(1992): うつ病の認知療法，岩崎学術出版社．
15) Dollard, J. and Miller, N.E.(1950): *Personality and psychotherapy*; *An analysis in terms of learning, thinking and cultures*. McGraw-Hill, New York. 河合伊六，稲田準子 訳(1972): 人格と心理療法，誠信書房．
16) Eysenck, H.J.(1959): Learning theory and behavior therapy. *Journal of Mental Science*, **105**: 61075.
17) Eysenck, H.J.(1960): *Behaviour therapy and the neuroses*. Pergamon Press, Oxford. 異常行動研究会 訳(1965): 行動療法と神経症，誠信書房．
18) フリーマン, A., 遊佐安一郎 監訳(1989): 認知療法入門，星和書店．
19) Green, E.E., Walters, E.D., Green, A.M. and Murphy, G.(1969): Feedback technique for deep relaxation. *Psychophysiology*, **6**: 371-377.

718   VI 臨 床 心 理 学

20) 春木　豊(1978):制御行動の理論；教育・治療の基礎としての行動理論. 早稲田大学大学院文学研究科
　　紀要, **24**: 1-15.
21) 林　潔(1988): Beck の認知療法を基とした学生の抑うつについての処置. 学生相談研究, **1**: 97-107.
22) 井上和臣(1989): アルコール依存症の認知療法. 精神科治療学, **4**: 43-52.
23) 石川　中(1985): 心身医学のすすめ, 筑摩書房.
24) 貝谷久宣 編(1998): パニック障害, 日本評論社.
25) Kendall, P.C. and Hollon, S.D.(1979): *Cognitive-behavioral intervention*; *Theory, research and procedures*. Academic Press, New York.
26) 厚生省特定疾患神経性食欲不振症調査研究班(1992):神経性食欲不振症への対応のために. 厚生省特定
　　疾患神経性食欲不振症調査研究班平成三年度研究報告書別冊.
27) 久保木富房 編(1999): 強迫性障害, 日本評論社.
28) 熊野宏昭, 末松弘行(1992): 認知行動療法ケース研究；Bulimia. 精神療法, **18**: 25-32.
29) Luthe, W.(1969): *Autogenic therapy*. Grune & Stratton, New York. 池見酉次郎 監修(1971): 自律訓
　　練法(全6巻), 誠信書房.
30) Luthe, W.(1976): *Creativity mobilization technique*. Grune & Stratton, New York. 内山喜久雄 監訳
　　(1981): 創造性開発法；メス・ペインティングの原理と技法, 誠信書房.
31) 大野　裕(1989): 恐慌障害の認知療法. 精神科治療学, **4**: 33-41.
32) Padesky, C.(1988): Cognitive therapy. Lecture Note presented at the workshop of the 3rd World Congress of Behavior Therapy, Edinburgh.
33) 坂野雄二(1995): 認知行動療法, 日本評論社.
34) 坂野雄二(1978): 社会的学習と行動療法；モデリング療法と自己教示に関する一考察. 心理学評論,
　　21: 226-237.
35) 佐々木雄二(1989): 自律訓練法, 日本文化科学社.
36) Schwartz, G.E. and Weiss, S.M.(1978): Behavioral medicine revisited; An amended definition. *Journal of Behavioral Medicine*, **1**: 249-251.
37) Skinner, B.F., Solomon, H.C. and Lindsley, O.R.(1953): Studies in behavior therapy. Metropolitan State Hospital, Waltham, MA., State Report, I, Nov. 30.
38) 園田順一(1971): 学校恐怖症に関する臨床心理学的研究；行動理論からのアプローチ. 鹿児島大学医学
　　部雑誌, **23**: 581-619.
39) 園田順一, 高山　巖(1978): 子どもの臨床行動療法, 川島書店.
40) 東條光彦, 前田基成(1988): チックに対する認知的変容と症状改善；Self-efficacy を指標として治療
　　過程の検討. カウンセリング研究, **21**: 46-53.
41) 内山喜久雄(1959 a): 小児緘黙症に関する研究；第1報 発現要因について. 北関東医学, **9**: 772-785.
42) 内山喜久雄(1959 b): 小児緘黙症に関する研究；第2報 治療方法について. 北関東医学, **9**: 786-799.
43) 内山喜久雄(1972): 行動療法, 文光堂.
44) 内山喜久雄(1984): 不安症候群, 岩崎学術出版社.
45) 梅津耕作(1956): 条件づけ法による夜尿症の治療に就いて. 精神医学研究所業績集, **3**: 162-173.
46) 梅津耕作(1957): 条件づけ法による夜尿症の治療に就いてII. 精神医学研究所業績集, **4**: 117-124.
47) Wolpe, J.(1958): *Psychotherapy by reciprocal inhibition*. Stanford University Press, San Francisco.
　　金久卓也 監訳(1977): 逆制止による心理療法, 誠信書房.
48) Wolpe, J.(1969): The practice of behavior therapy. Pergamon Press, New York. 内山喜久雄 監訳
　　(1971): 行動療法の実際, 黎明書房.
49) 山上敏子(1987): 行動医学の実際, 岩崎学術出版社.
50) Yates, A.J.(1958): The application of learning theory to the treatment of tics. *Journal of Abnormal and Social Psychology*, **56**: 175-182.

第4章

家族療法の諸理論

　精神医療においても，心理臨床の場においても，家族の実態の把握や家族の協力なしには，診断も治療もきわめて困難である．家族療法は，個人を含む家族というコンテキストの中で，症状や問題の発生・持続のメカニズムを理解し，その家族のもてる治癒力，ないしは解決能力を活性化させ，症状の消失や問題の解決を図る家族アプローチの総称である．対象関係論を中心とする家族療法，コミュニケーション論をもとにした家族療法，家族療法の理論化を否定し，「人との出会い」を強調したウィテカー（Carl Whitaker）らの実存的な家族療法，体験を強調したサティア（Sateir, V.），デュール（Duhl, B.）らの体験的家族療法，サイバネティックスや概念構成主義（constructivism）を基調とし，外在化法などの技法を生み出したホワイト（White, M.），エプストン（Epston, D.），東洋的な思想をいかしたディ・シェイザー（de Shazer, S.）らのブリーフ・セラピーなど，さまざまな家族療法があるが全体的には統合の方向に動きつつある．ここでは最も一般的なもののみを概説する．

4.1　世代論的家族療法の基礎理論

a.　は じ め に

　精神分析学が個人の過去から現在に至る精神力動を重視したように，ボーエン（Bowen, M.），ナージ（Boszormenyi-Nagy, I.），フラモ（Framo, J.）らは，3世代にわたる力動や世代間の問題などに多大な関心を払い，その臨床を通して得た知見をもとに，理論と技法とを発展させた．ここでは，ボーエンの家族力動論を中心に述べることとする．

b.　基 礎 理 論

　このグループの家族療法は一種のシステム論ではあるが，精神分析から出発しているところから，他のシステム論よりも家族員の精神病理の力動性に重点をおいている点できわめて特徴的である．ボーエンの理論は八つの連結した概念をもって構成されているが，そ

図 6.4.1　自己分化の尺度

のうちの"自己分化(differenciation of self)"は、いわば中心的概念である。

　自己分化とは、個人のうちで、情動と知性とが十分に分化した、いわば成熟した状態のことである。これは融合(fusion)の対極に位置するものであり、家族からの分離独立に無理がない状態とみることができる。しかし、人間の成長において、情動と理性とは必ずしもバランスがとれるとは限らない。あるものは知性面だけが発達し、言語化が十分にできるようになっているのに、情動が発達せず、家族との情動的な融合状態、すなわち"未分化な自我集合(undifferenciated ego mass)の状態"にある。分裂病はこの典型であると考えられる。

　ボーエンの作成した自己分化尺度(図6.4.1)は、分化と融合の関係を示したものである。これは分化の程度を仮説的に尺度化したものである。分化が完全に達成されているものを100、最も分化のできていない融合の状態にあるものを0として、75, 50, 25の諸段階が仮設されている。ボーエンによれば、尺度の左側にある人たちは、情動と知性とが融合し、かつまた家族の自我集合の内にあるため、その生活は、彼らを取り囲む人たちの情動に支配され、その結果、機能不全の状態に陥りやすいという。その反対に、分化程度の最も高い人たちは、情動の面でも成熟しており、ストレス状況においても理性的に行動することができ、周囲の人に動かされないですむ。われわれの多くはこの尺度の中間にあるものと考えられる。

　次の概念は"3者構造(triangulation)"に関するものであり、ボーエンはそれが分化程度を規定する要因の一つであると考えている。通常、人は他者との2者関係において安定している場合は相互に快く情緒的交流をすることができるが、内的・外的ストレスが加わると、その関係は不安定となり、それがある限度をこえると、彼らは第三者を巻き込み、3者構造をつくることによって安定を図るようになる。しかしこの3者構造が再び不安定になると、情緒的な布置状況は安定した2者組と孤立したよそ者に分かれ、状況がさらに不安定になると、今度は構造内の一人が、さらにもう一人のよそ者を巻き込む動きを示すようになり、ここに3者構造化が進行する、とのことである。両親の間に連合がつくれず、父親はよそ者の位置におかれ、他方母親が子どもを情緒的に取り込んで子どもの情緒的発達を阻害している例はきわめて多い。

　人間はその分化水準に応じて自分と同程度の分化水準にある人と結婚する傾向があると考えられるところから、3者構造はこうした未分化な人どうしの間に生じやすく、このために子どもが情動のシステムに融合させられる可能性は高くなると思われる。

　第3の概念は、家族投射過程(family projection process)である。これは親の未分化さ

が子どもに伝承される過程を説明したものである．自己分化程度の低い母親を例にとれば，彼女は自己不確実で対人関係にも自信がない．この場合，この母親は子どものうちに自分と同じような特性をみつけ出して過敏に反応し，その是正に努める．その結果，子どもを本当に自信のない人に作り上げてしまう．一度この投射過程ができ上がってしまうと母親と子どもは継続的に同じ役割をとり続けるようになり，母親の特性は子どもの内に定着するようになる．換言すれば，家族投射過程は，親の情動が子どもの情動を規定する過程であり，その規定は，子どもの現実とは全く関係なく，いつのまにか，それがしだいに子どもの現実となる．ボーエンによれば，臨床的には，親の不安が高く未分化であればあるだけ，子どものうちに症状が発生する危険性は高いとのことである．

　第4は多世代伝承過程（multigenerational transmission process）の概念である．この概念は，核家族を情緒的な1単位とみる考え方を多世代を含む家族に拡大したものである．つまり，未分化な自己が形成され，その個人が症状行動を呈するようになったのは，2世代の過程においてではなく，それ以上の世代を経た伝承の過程の結果であるということになる．これはボーエンの分裂病3世代説から発展したものである．

　第5の概念は，情緒的遮断（emotional cutoff）である．これは，未分化な人が実家との強い情緒的な結びつきを断ち切る一つの方法であり，やがてそれはパターン化し，他のあらゆる人間関係を規定するようになる．通常，人間は成長するにつれて自然に親から分離独立するようになるが，自己分化のできていない人はなかなか達成できない．そこで，親との情緒的な融合を断つために，情緒的遮断の方法，すなわち，無理に親たちから物理的に離れたり，接触を断ったり，情緒的に関わらないようにしたりする方法をとるようになる．ボーエンによると，成長期に経験した情緒的融合が強ければ強いほど，その人はのちに際立った遮断現象を起こしやすいという．事実，実家との融合を断つ，つまり家族自我集合（family ego mass）の内から離脱することは容易なことではない．しばしば，その個人は孤立し，阻害を経験する．そこで，その人は実家に代わる他の人（男友だちとか女友だち）を求め，その人との融合の中に自己の情緒的安定性を見いだそうとする．そこで，再びその人は別の融合状態に取り込まれる結果となる．つまり，情緒的遮断はパターン化し，反復され，夫婦間では情緒的離婚となって具現するというわけである．

　第6の概念は，同胞の位置に関するものである．これは家族システム内における各家族員の機能的な位置づけ（たとえば，長男，長女など）がそれぞれの役割を規定する，というものである．長男が年をとるにつれて，そのおかれた位置にふさわしいように形づくられていくのがその例である．ボーエンらは，この同胞の位置関係は将来の結婚生活における役割を規定すると考えている．W.トーマンが，「長子（男・女を問わず）は，年下のものと結婚した場合，喜んで責任をとり，決定を下し，進んで何事も実行する傾向があり，また相手が自分を物事をよくわきまえている人であるとみてくれていると考え，物事を押しつけがちである．末っ子の場合は，逆に年上の配偶者が責任をとり，決定を下し，先に立

って動いてくれることを期待しやすく，年上のものが自分のいっていることを本当に理解してくれているものと思いがちである．……」と述べているが，確かに位置関係は，その後の対人関係におけるその人の役割を規定する面をもっているといってよいようである．

第7は核家族の感情過程についてである．ボーエンは夫婦関係が，慢性的なあるいは急性の緊張状態に陥ると，家族の構成員は，個々のあるいは家族のシステムの安定を保持するために，次の四つのメカニズムを使用するという．それは，(a)情緒的に距離をおく，(b)夫婦が争う，(c)配偶者が機能不全を起こす，(d)子どもが傷つく．

最後に第8の概念は社会的情緒過程である．これは前述の七つの概念からなる家族システム論を社会システムのレベルに応用したものである．

c. 技 法 論

この療法は家族システムのもつ基本的分化度を高め，ストレスへの耐性を築き上げることである．そのために，ボーエンとその協力者は，合同家族面接の形式を避け，夫婦だけの面接を行っている．その方が効果的であるという．治療の場面では二人の大人と治療者からなる三角構造を媒介に夫婦の成長を助け，それによってIPの症状の消失を図るようにしている．そのために，治療者は夫婦の慣習化した情緒的システム(三角構造)に巻き込まれないように，やや離れた位置を保ち，影響力の少ない，平静かつ控え目で中立的な立場をとるように心がける．そして，夫婦の三角構造のシステムを変化させる方法として，まず，夫婦のうちからより成熟した分化水準のものを選び，その個人に長期にわたる働きかけをする．これによって，その個人が古い情緒的な拘束のパターンから解放されると，すなわち，その人が自己の立場を確立すると，それにつれて対遇者の方も，同じような変化を示し始め，その人なりの生き方を見いだすようになる．これがこの療法の方法論的特徴である．

4.2 構造派の家族療法の基礎理論

a. は じ め に

構造派の家族療法(structual family therapy)は，サルバドール・ミニューチン(Salvadore Minuchin)らによって始められた家族療法の一派であり，システム論に基づく家族療法のうちでも，最も家族システムの構造に重きをおいたアプローチをしている．貧困過程や非行少年のいる家庭などを対象に始められた経緯があり，中産階級以上の人を対象とした他の家族療法にみることのできない種々の特徴を有する．

b. 基 礎 理 論

構造派の家族療法家は家族をシステムとみなし，それが種々の交流様式を通して機能す

ると考えている．そして，家族員とサブ・システムと社会システムの相互作用に存在する構造的欠陥から生じる家族病理へのアプローチ方法を編み出した．この構造派の考えの基礎には次の三つの前提がある．

第1の前提は，「人間は，自分の運命の支配者ではない」ということである．すなわち，個人は社会との関係において生活しその制約を受けているところから，個人の精神内界の活動も内的過程の現象としてよりは，個人と社会との絶えざる相互作用によるものであると考えるべきである．

第2の前提は，「家族の構造はまた社会的脈絡として理解できる」ということである．

第3の前提は，「家族のシステムは，全体と部分との間の関係，つまりその相互交流のパターンを通してのみ説明しうることから，個人の機能障害は，父-母，父-子，母-子といった各サブ・システムの関係を規定する規則(家族員間の境界，提携，権力のあり方)に起因するものであると考えられる」ということである．ミニューチンによれば，適切に組織化された家族には明確な境界があり，夫婦のサブ・システムには，夫と妻のプライバシーを守るための閉ざされた境界が，また両親のサブ・システムには親と個人との間に明確な境界があり，またさらに，同胞のサブ・システムにもそれ自体の境界が存在し，階層的に組織化が行われているという．こうした境界や提携や権力構造の規範モデルからの逸脱を問題視し，その変化をもたらすのが構造派の治療の目標である．

ここでいう"境界"とは，家族が相互に交流する過程において，誰がどのようにその過程に参加したらよいかを規定する規則のことである．この境界には，曖昧なもの，明確なもの，堅固なものがあるとされ，正常に機能している家族には明確な境界が存在するものと考えられている．そのような機能的にうまくいっている家族の子どもたちは，彼らのもつ自立と従属の傾向を上手に調和させることが可能であり，家庭内や家庭外における変化やストレスに柔軟に対応することができるが，家族の境界が曖昧な纏綿状態(enmeshed, diffused boundary)にある家族は，家族システムへの参加の規則が定かでないため，構成員はあらゆる問題に巻き込まれ，過剰に関わり合ったり，お互いにもたれ合ったりする．そのため，ストレスに満ちた内的外的諸変化に適応する準備態勢が整わず機能不全の状態に追い込まれがちである．他方，境界が堅固で，構成員の関わりが薄い(dis-engaged, rigid boundary)家族では，あまりにも個が強調されすぎ，依存することが全く許されないため，そのうちにある子どもは内的・外的ストレスに柔軟に対応できなくなる．

こうした機能的に欠陥のある家族は，内的外的諸変化に対応しきれないところから，サブ・システム内にストレスを蓄積する結果を招き，サブ・システム間の境界はさらに曖昧となり，親-子間に世代をこえた交流パターンができ上がることとなる．

次に，提携の仕方についてだが，家族がよりよく機能するためには臨機応変に提携することができなければならない．他との提携に柔軟性を欠き，支配的になると，その連合は固定化したものとなる．ミニューチンによると，その連合のパターンには，夫婦間のスト

レスを回避する"迂回による構造化"と，親子が共同してもう一人の親に対抗する"連合による構造化"があるという．たとえば，前者は，問題のある夫婦が，その葛藤の表面化を恐れて意識的にあるいは無意識のうちに連合したり（迂回-攻撃），あるいは競って世話をやいたりして（迂回-支持），夫婦の葛藤の回避を試みるのがそれである．後者は，仕事にかまけて家をかえりみない夫に不満を感じている妻が，子どもと連合して夫に対抗するのがその例である．このように蓄積されたストレスを回避もしくは迂回させて家族や個人の安定化を図る交流のパターンは一時的には安定をもたらすが，それは家族内の緊張を解消するどころか，さらに緊張を増す結果を招き，特定個人に症状を発展させるもととなる．そして，その症状は一時的にしろ家族の構造的な安定をもたらすが，それもまた緊張を招く火種となり，悪循環の過程をたどることとなる．

　家族の構造を考えるうえでもう一つ重要なのは権力構造である．機能的に障害のある家族には，子どもが親の権限を侵し，子どもの方が権力を奪っているといった逆転した構造がよくみられる．神経性食思不振症の場合なども，患者の痩せによって家族が牛耳られ，家族の権力構造が完全に逆転している例である．

c. 技 法 論

　構造派の家族療法は，「交流の規則を巡る家族システムを再構成すること，すなわち，相互の関わり方の選択の幅を広げ，家族の交流の現実をより柔軟なものにすること」を治療の目的とし，次のような種々の治療技法を用いている．

　アポンテ（Aponte, H.J.）によると，硬直化した家族を変化させるためには，おおよそ次の三つのカテゴリーに入る技法が採用されるという．

　その1：交互作用を生み出す諸技法．この種の技法のうちよく用いられるのは，構成化の促進，実行の奨励，課題の設定の三つである．

　構成化の促進は，治療者が家族の相互作用のパターンに影響を与えるように合目的的に彼らとの交互作用に自分自身をおくことである．たとえば，夫に対して劣等感を抱いている妻の場合，治療者は彼女の夫とは異なる態度で接し，できる限り彼女の意見や決断を尊重するように努め，彼女の内に新しい交互作用のパターンを作り出すのがその例である．

　実行の奨励は，治療者が家族員の相互作用のパターンを習慣化させて彼らの交互作用を促進する過程である．たとえば，夫の浪費が夫婦間の争いになっている場合，治療者はこの点に目を向け，過去3週間のうちにどれだけ自分のために，また相手のためにお金を使ったかを話し合わせ，家庭における夫婦の相互作用に新しいパターンを創造するように助け，それを実行に移させる．

　課題の設定は，治療者が家族員に課題を与え，その規定された交互作用の媒介変数の中で操作を行うようにさせるものである．「旅行に行く前にちゃんと喧嘩をして行きなさい」．

その2：交互作用にジョイントする技法．これには，トラッキング，調停，模倣などの技法が含まれる．

トラッキングは，家庭生活の表象(その家族特有の言語，人生目標，歴史，価値観など)をたどりつつ，その過程で家族との意思の疎通を図り，関係を結んでいく方法である．

調停は，治療者が家族関係を規制している諸規則を受容して家族の支持的ネットワークの中に入り込み，自分の立場が固まったところで，家族に変化をもたらすようにする方法である．

模倣は，治療者が家族員の話し方，動作，調子などを模倣し，家族の一員のようになって家族に加わる方法．

その3：システムを再構成する技法．これにはシステムそのものの再編，症状の改善，家族構造の変革に関する技法などがある．

再編成の技法には，問題を発生させ持続させているシステムに新しいシステムを付加する方法と問題のシステムからあるシステムを消去する方法がある．母と息子の結びつきが強すぎるときに，息子と同年齢の子どもを同席させ，自然にその関係の変化を促すのが前者であり，母親を教会に出席させ，婦人会の人との交流を深めさせる一方，父親に子どもの面倒をみるように協力させるといった方法が後者である．

症状改善の技法としては，症状の増強法，症状の矮小法が代表的である．増強法は，症状を増強させて，それがもつ補償的な意味を失わせ，それによって症状を克服させるという一種の逆説法である．このちょうど逆が矮小法である．たとえば，患者以外の同胞の方がもっと難しい問題を抱えていると話し，親の関心を他に移すのがそれである．このほかに，「お宅のお子さんはうつ病なので学校に行かないのではありません．ご両親が喧嘩しないように家にいるのです」といった再定義法もある．

家族構造を変革する技法には，家族の固定化した考えや変化への抵抗を打ち破る解離法(家族員の差異を強調する方法で，隠れた葛藤を顕在化させる方法，慣習化したパターンを阻止する方法が含まれる)がある．

以上のほかにも，パターンの構成法，パターンの強化法，パターンの再組織化法などがある．

4.3 MRI の短期集中療法と戦略的家族療法の基礎理論

a. はじめに

戦略的家族療法も，もとはといえばメンタルリサーチ研究所(Mental Research Institute)において，ジョン・ウイークランド(John Weakland)やポール・ワッツラウイック(Paul Watzlawick)などによって開発された短期集中療法から発展したものである．そこで，ここでは両者を一緒に概説する．

b. 短期集中療法と戦略的家族療法の基礎理論

短期集中療法と戦略的家族療法は，問題や症状を個々の行動としてではなく，一連の事象の一部分であり，そこには問題をもつクライエントのみならず多くの人々が直接的・間接的に関与しているという見方をしている．この立場から両者は，ある特定の原因(病因)から特定の結果(問題・症状)が直線的な関係で出現するという考え方はしない．むしろ，円環的な現象であると理解し，問題の裏にあるものに目を向けず，むしろ問題そのものの解決を意図するところにその特徴がある．

短期集中療法を行う治療者は，症状や問題が継続している状況を詳細に検討することから始める．そして，そこに存在する解決の努力，つまりそれまでに家族が試みてきた種々の問題解決の努力こそが問題であるとの視点から，家族システム内の変化を恒常的(homeostatic)におしとどめている力を描写することに焦点をあてる．彼らが問題を解決できないのは，家族の努力が家族のホメオスタシスを脅かすことのない "1次的"な解決にすぎないか，それとも再編成にすぎないからかであると考えている．

これに対して，戦略的家族療法の代表であるジェイ・ヘイリー(Jay Haley)はライフサイクルにおける家族段階の意味を強調し，家族内に年齢相応のあるいは年齢不相応の階層的なとりきめが存在しているかいないかに関心を向け，さらに問題解決の技法として，ミルトン・エリクソン(Milton Erickson)が行った間接催眠法，とくに逆説法を多く採用している．

c. MRI と戦略的家族療法の技法論

前述のように，両者は症状の消失ないしは問題の解決を目的にしているところから，かなり大胆な手法を採用している．

1) 症 状 処 方

これは逆説法の一種である．治療者がもっともらしい理由をつけて，症状を意図的に強化したり再現させたりするように指示し，そうすることによってクライエント自身が症状を自由にコントロールできるようにするものである．この処方によって，症状のもつ意味と力は失われる．通常これは「もっとやりなさい Do More」処方とも呼ばれ，クライエントが治療者の指示に従っても従わなくても，どちらの場合でも治療の進展が図られることから，治療的二重拘束と呼ばれる．

2) 抑 制 処 方

症状処方などによって生じた急速な変化をおしとどめ，変化の定着化を図る方法で，「ゆっくり行きなさい Go Slow」処方と呼ばれるものや，再発を防止するために「以前のような状態に戻る努力をして，それができたら今度は症状をなくす努力をして下さい」という処方が出されることもある．

3） 枠づけの仕直し（reframing）

クライエントは症状を問題視し，そうすることでかえって症状を悪化させ，悩みを大きくしている場合が多い．そこで，彼らの考え方を治療的に有益と考えられる別の考え方に置き換える必要がある．この置き換えが"枠づけのし直し"と呼ばれるものである．父親がナイフを振り上げて娘の夜遊びを阻止しようとしたとき，これを家族が暴力的な気違い沙汰であると非難しているのを治療者は「自分の一生をかけてまで娘の夜遊びをやめさせようとする父親の愛情に心をうたれた」と言い換え，家族が父親の行動をそれまでとは異なる意味に解釈できるように手助けし，父親の行動に対する家族の反応を一転させる．これがそのよい例である．

4） 課題の指示

これは宿題ともいわれるもので，日課とか苦行とかを計画的に実行させるものである．たとえば，アルコール依存症の夫をもつ妻に二日酔いのふりをさせ，一日中床について完全に無能な主婦を演じるように指示する．すると，いままでとは逆に，夫の方が妻を介抱するようになる．

5） メタファ

隠喩．人間は自分の考えや情報を伝達する手段として隠喩をよく用いる．ギリシャ神話，聖書の寓話，おとぎ話がその例である．ヘイリーはビデオ・テープ『現代版ハンス少年』を通して，この隠喩の使用が直接的なコミュニケーションの困難な事例に有効であることを示している．犬を怖がるハンスという少年がいた．この少年は幼少期に，いまの両親の養子になったが，そのことを両親からは知らされていなかった．そこで，治療者は，まず少年がこの事実を知っていると仮定して，家族が子犬を飼うことと，養子縁組のことについてオープンに話し合ってもらうことにした．まず治療者は，「人を怖がっている子犬を養子にする」という話をもちだした．子犬が病気になればお医者さんのところに連れて行かなければならないことがあるということも話した（養子である少年が治療者の所に連れてこられた話と，子犬の話とを並行させたのである）．少年が「子犬が病気になればお金がかかるのでもう捨てられるかもしれない」といいだしたときに，治療者は一度犬を飼い始めたら，その家族は何があってもたとえお金がどんなにかかってもその犬を捨てるようなことはしないものだと強調した．少年と両親がそれぞれひそかに抱いていた気がかりな点を，子犬を飼うという話を通して，比喩的に話し合ったわけである．隠喩はことばだけでなく動作で表現されることもある．

6） 儀　式

儀式もまた，考えを伝達したり要点を明確にし行動の順序を変えたりするための方法である．これには，婚約，結婚式，葬式，誕生パーティー，その他もろもろの通過儀式が含まれる．たとえば，自殺された遺族の悲しみや痛みを癒すために，故人の好きだった樹木を植え，その成長を見守るように指示するのがその一つである．

4.4 ミラノ・システミック家族療法とポスト・ミラノ・システミック家族療法の基礎理論

a. はじめに

ミラノ・システミック家族療法は，パラツォーリ(Palazzoli, S.)を中心とした四人の治療者によって始まった最もシステム論を強調した革新的な家族療法である．創設した1967年から四人の治療者は共同して治療法の開発と教育・研修に力を入れてきたが，年を経るにつれて意見を異にし，その結果，このグループは1972年に，男性：ボスコロとチキン(Boscolo, L. と Cecchin, G.)，女性：パラツォーリとプラタ(Palazzoli と Prata, G.)の2組に分かれ，その理論も異なるに至った．そしてさらにこの2組はそれぞれ別の発展をとげ，キャンベル(Campbell, D.)によると，ごく最近ではポスト・ミラノ・システミック家族療法と呼ばれるところまで変化してきている．そこで，初期の四人組のころとその後の理論に分けて概説する．

b. 基礎理論

1) ミラノ派家族療法の初期の理論と技法論

ミラノ派の家族療法家は，システム論的なアプローチによる家族療法のうちでも最もシステム論に忠実な立場をとり，彼らのアプローチはとくにシステミックと呼ばれている．MRI の影響を受けてはいるが，かなり異なる方向へと理論を発展させている．その思考の中心にベイトソンの"円環的な因果律"の概念をとらえ，"直線的な思考法"，つまり「A が B を引き起こし，それが C の原因となる」といった考えに拘束されないように心がけ，問題とすべきものは家族員でも問題を抱えた家族そのものでもなく，家族が継続する終りのない永遠の循環，"ゲーム"であると考えている．たとえば，直線的な見方では，「抑うつ的」なのをその個人のもつ属性とみなし，その個人を「抑うつ的な人である(to be)」とみなしがちである．しかし，円環的な見方からすると，その人の「抑うつ」は他の家族員に対するメッセージであり，「抑うつを示している(to show)」と解される．仮に妻が抑うつ(A)を示したとする．そして，それに対して夫がだらしないといって妻をなじった(B)とすると，そのことで妻は無力だと感じ抑うつ的(A)になる．そこに一連の行動の輪ができ上がり，システムは恒常性を獲得する．このような症状を含む家族成員の諸行動を彼らはシステムのホメオスタシスの働きと考え，その家族による"ゲーム"を終らせることを治療の目標と考えた．その治療のための指針として，次の三つの原則を重視している．

a) 仮説の設定(hypothesizing)　　　科学的な実験は仮説を立てることから始まる．家族面接で情報が無秩序に集められても無駄が多いところから，ある線に沿って情報が集め

られることが必要である．科学的な実験において「実験データ」が仮説の当否を決めるように，この家族療法では，面接場面で言語的，非言語的に家族から示されるフィードバックと治療者がセッション終了時に家族に与える処方や儀式によって，やや遅れて家族から示されるフィードバックをもとに仮説を検証し，もし不適切ならば消去し，フィードバックに基づく新しい仮説を立て，さらにその仮説を検証するものである．

b）円環性(circularity)　「円環性とは，治療者が家族から差異と変化といった関係性に関する情報を引き出し，そのフィードバックに基づいて自己を探求するように導く治療者の能力のことである」．いま少しわかりやすく説明すると，それは，家族からフィードバックされる情報を「関係の表れ」として認識しうる能力，つまり"差異"と"変化"を認識しうる能力のことである．家族の関係を知るために，差異を明確にする円環的質問法が用いられる．たとえば，「お父さんが弟さんと争っているとき，お母さんはどうしておられましたか」，「おうちでいちばん息子さんに干渉されるのはどなたですか．おじいさんですか，おばあさんですか」，「息子さんがお父さんを攻撃するようになったのは，お父さんが病気になられてからですか」がその例である．

c）中立性(neutrality)　治療者は，家族の誰にも味方せず，誰にも敵対しない，つまりメタ・ポジションの位置をとる．円環的に同じ質問を家族全員に順次していくのはその一例である．

さて，治療構造と技法論についてだが，このグループは治療をチームで行う．チームのうち二人(1970年代後半からは一人)が治療者として家族に会い，残りのメンバーはワンウェイミラーを通してセッションを観察し，インターフォンにより適宜治療者に助言するという治療構造を採用している．それは治療者が家族の安定操作に巻き込まれないようにするためである．

各セッションは，明らかに異なる機能をもつ五つの部分から構成されている．前回のセッションについての報告を聞くためにチームで集まる"プレセッション"，治療者が家族と会って情報を収集する"セッション"，得られた情報に基づき家族に与える処方をチームで考案する"インターセッション"，治療者のみが再び家族面接し処方を与える"インターベンション"，この処方に対する家族の反応について話し合う"ポストセッション"である．これは先の仮説の設定，円環性，中立性の3原則に基づくものである．

治療の間隔は通常1か月に1回で，10回を1クールとする長期集中療法(long brief therapy)である．重いケースであればあるだけ頻繁に会うのが一般的だが，このグループの人は家族の依存性を排除し，自ら問題の解決に努めるようこのような形式をとっている．また，前述のごとく，治療は必ず仮説をもって進められるべきであると主張し，セッションを通して仮説の妥当性を検討するようにし，仮説が否定された場合には新たな仮説を立てるように試みている．このようにして，治療は治療者主導型で進められ，かくして家族のもつ直線的な仮説に基づくシナリオは否定される．

では次に技法論についてふれよう．ミラノ派の家族療法はMRIや戦略派の家族療法とは異なり，問題行動だけでなくその問題をとりまくひとまわり大きな関係の布置状況について処方するという方法を採用している．その一つが"肯定的意味づけ(positive connotation)"と呼ばれる技法である．たとえば，家族がある意味で患者の症状の存在を必要としていると考えられるような場合に，治療者が患者の症状行動を称賛したり，症状の持続を奨めたりすると，それは結果的には残りの家族員を責めることとなり，その結果，家族の治療動機をそぐことにもなりかねない．こういう難関を乗り越えるために，その症状に関係する家族のすべての行動を肯定的に意味づけるのが，まさにこの技法である．

このほか，"このまま変わらないでいなさい(no change)"，"無能宣言(declaration of impotence)"といった逆説法や儀式処方なども使用されている．

c. トム，アンデルセンらのシステミック理論

前述のように，ミラノ派の四人組は1982年には完全に分裂し，女性組と男性組の2群に分かれた．そして，女性組は調査研究に力を注ぎ，また治療においては"家族ゲーム"を力ずくでもやめさせる立場をとった．他方，チキンとボスコロの男性組は教育・訓練に力を入れ，その過程で，トム(Tomm, K.)，クローネン(Cronen)，ピアース(Pearce, J.)，マツラナ(Maturana, H.)，バレラ(Varela, F.)などの影響を強く受け，その理論は多く変貌し，ミラノ派なるものの存在自体がしだいに不明瞭になった．ミラノ派の家族療法をアメリカに導入し発展させたトムは，セッション後に出される処方にウエイトをおかず，セッション中に治療者が介在し，介入的な質問を行うこと自体がより強力な治療的介入にほかならないと主張し，"リフレクシブな質問法(reflexive questioning)"，"戦略的質問法"などの面接法を次々と紹介し，「治療の目標が，家族の考えや視野を広げ，家族自らが問題を解決する選択の幅を広げること，つまり家族のもてる力をさらに増強すること(empowerment)にある」点を明確にした．リフレクシブな質問には，「もし息子さんに料理の好きなガールフレンドができたら，息子さんの食欲は出てくるでしょうか．それとも，いままでどおりでしょうか」，「5年後，お子さんたちはどうしておられるでしょうか」などがある．また，戦略的な質問には，「娘さんが遅く帰られたときに，いまのように締め出されるのと，少し時間をおいて"お前が帰っていないのを知らないで悪かった"といって入れてあげるのと，どちらが長い目でみて効果的でしょうか」といったたぐいのものがある．

トムばかりでなく，最近ではノルウェーのT.アンデルセン(Andersen, T.)がReflecting teamなる治療法を開発し，世界の注目を集めている．アンデルセンはベイトソンの「差異は差異を生む」という考え方，マツラナのいう「多くの可能な意味づけから多くの可能な世界が生まれてくる」との考えや，さらにはブロー－ハンセン(Bulow-Hansen, A.)の手法やグーリシャン(Goolishian, H.)の考えなどを積極的に採用して，この方法論を編み

出した．リフレクティング・チーム（reflecting team）は，面接者と家族の織りなす「家族状況に関する意見とその意見に対する説明からなる円環的なフィードバック過程に，より多くの異なる"意見"と"説明"が加わることによって，家族のみならず面接者の視野が広がり，新しい世界が生まれること」を意図しているところにその特徴がある．かつてのミラノ・グループでは，ワンウェイミラーの裏にいるメンバーは観察者あるいは治療の補助者として外側にとどまっていたが，Reflecting team では，面接の途中で面接者または家族の要望に従って裏にいたメンバーが面接室に入り，家族と面接者の前で，彼らがつぶさに感じたセッションに対する私見を吐露し合い，その後再び面接者と家族が会合してリフレクションに対するリフレクションを行うというやり方をしている．また，ときには面接室を暗くして観察室の明かりをつけ，裏の人たちの意見を聞くこともある．こうした手続を経ることによって，家族と面接者と観察者とが相互に影響し合い，3者の視野が広がり，解決の可能性の幅が拡大していく．ここではもはやミラノ派の治療者がいってきたような，処方や儀式などを与えてそれを実行させるといった治療者主導型の姿勢は影をひそめている．この方法は，治療者が自分の筋立てに従って家族を治療するという姿勢をやめ，家族とともに新しい筋書きをつくる過程でもある．

4.5 ポスト・モダニズムとそれに準ずる家族療法的アプローチの基礎理論

a. はじめに

20世紀の近代的な合理主義は精神療法界に大きな貢献を果たし，これまでに述べたように多種の家族療法の発展をもたらしてきたが，時代の変化とともに，さまざまな矛盾が指摘されるようになり，新たなる治療理論の展開をみるに至った．そして，前述したポスト・システミック家族療法の発展をきっかけに，現代の家族療法的アプローチ（"解決に焦点をあてた治療"，"共働的なアプローチ"，"ナラティブ・セラピー"，"リフレクティング・チーム・アプローチ"）が多くの家族療法家の関心をひいている．しかし，それらの基礎理論は先に述べた T. アンデルセンのシステム論（前節 c 項）の基礎をなしたマツラナやブロー・ハンセンやグーリシャンらの社会構成主義的な認識論とポスト・モダニズムがそのもとをなしているので，ここでは，それらを総括的に説明することにする．

b. 基礎理論

1) 現代的家族療法の根底にあるポスト・モダニズムとその社会的背景について

ポスト・モダニズムの発想は，革新的なものであり，これまでの家族療法に関する考え方に反省と批判をもたらし，新たなる家族療法的アプローチを生み出した．20世紀の終りに主張されるようになったポスト・モダニズムの背景には，おおむね次のようなことがあったといわれている．

732 VI 臨床心理学

a） 面接間隔の固定化に対する批判　　これはミラノ・システミック家族療法の実践家たちが，週1回定期的に面接を行うという常習化した方法にメスを入れ，面接の間隔は症例や治療の進展状況に応じて決めるべきであると考え，問題が重篤であればあるだけ頻回に会うよりも，面接の間隔を1か月にするといった長期集中療法(long brief therapy)の方が効果的であるという結果を示し，それまでの固定化した治療者優先型の治療のあり方に疑問を投げかけた．

b） 円環的因果律に基づく家族要因説に対する批判　　家族療法は自然科学的な直線的因果律を廃し，円環論を主張するところにその特徴があるが，"システムとしての家族"を問題視することは，家族側からすれば，疾病なり問題の原因は"あなたがた家族にある"といわれているように聞こえ，率直に受け取れない場合があったとは考えられる．家族は患者の発病によって傷つき，家族システムそのものにも歪みを生じるのはごく自然なことであるのに，治療者や研究者はそうとは考えず，偏見をもって接したため，家族は強い反発を覚え，とくに，分裂病者を抱えた家族などは家族療法を受けることに抵抗を示したという歴史がある．こうした家族には，分裂病は「病気であって，その発症には家族は関係していないが，再発予防や社会復帰の促進に果たす家族の役割はきわめて大きい」という心理教育的な考えの方が納得がいき，受け入れられやすかった．確かに"システムとしての家族"には問題を生み出す面があることは否定できないかもしれないが，健全な面を生み育てる側面があることを強調した方がより治療的であると考えられるようになったのである．

c） ジェンダー問題に関係する諸批判　　1960年代以降のフェミニズムの台頭によって，精神療法の基礎理論に"女性の視点"が導入され，しだいに男性優位の社会を基盤とした心理学や精神療法に疑問が投げかけられるようになった．すなわち，1）育児については母性や女性の役割が重視され，父性や父親の役割はそれほど重視されなかったことや，2）治療の場においても，男女に関する社会的既成概念や価値基準（男性・父親優位）に基づく解釈が施され，女性としての母親の発言が軽視されがちであったことに対する批判が高まり，さらにその批判は各種の差別問題にまで波及した．かくして，治療者のもつ既成概念の転換が求められるようになった．

d） 医療関係者のヒエラルキーに対するクライエントや家族からの批判　　日常生活における消費者運動が活発化し，医療におけるインフォームド・コンセントなど，治療者側が守らなければならない"集団の責任性(accountability)"が強調されるようになるにつれて，従来までの治療者-クライエント関係のヒエラルキー構造に変更が求められ，しだいに両者の共働的アプローチが重視されるにようになった．

e）　アメリカのような多人種の人たちからなる国においては，家族問題をある特定文化によって構築された理論によって解釈し，その解決を図ることは困難であるばかりか，かえって問題を複雑にする危険性があった．異文化のもとで育った人たちの治療には多文

化的な視点が不可欠である．たとえば，日本では密着した母子関係や曖昧なコミュニケーションはそれほど問題視されることはないが，欧米諸国の人たちはそれを病的なものと考え，そうした"システムとしての家族"のあり方に変更を求めようとする場合がある．それはそれなりに意味のあることではあるが，生まれ育ったそれぞれの文化的背景を考慮し個別的に処遇することが大切である．この動きは，白人たちが有色人種の文化を軽視し，自分たちの文化を絶対的なものと考え，強引にそれを押しつけ他人種の権利を侵害してきたという反省から生まれたものである．

f）新しい認識論の展開に伴う"システム論"の変化　家族療法の基礎をなす"システム論"は，家族の恒常性，症状のもつ機能性などに代表されるメカニカルなサイバネティックス・モデルをその基本とする認識論の上に展開されてきたが，1982年以降に，ボスコロ(Boscolo, L.)やチキン(Cechin, G.)による進化論的なサイバネティックス論や，マツラナ(Maturana, H.)やバレラ(Varela, F.)の"自動形成論(autopoiesis)"，さらには，フォン・グレーサーウィック(von Glaserwick, P.)の"革新的構成主義論(radical constructivism"などの概念が紹介されるにつれて，認識論上の論争が盛んになった．そして，治療者が"客観的"とか"普遍的"と考えてきていた事柄が"真実"であるかどうかを再検討せざるをえなくなった．かくして，従来の治療法が治療者の準拠枠に従って解釈され，それが事実であると考えられてきたことに対する批判が強まった．そして，フォン・フォースター(von Foerster, H.)がいうように，治療関係には，二つのシステムが存在し，従来までは"観察されるシステム(observed system)"が実在すると考え，観察者の観察結果を重視する立場をとってきたが，実際に存在するのは"観察するシステム(observing system)"のみであるとする見解が広く採用されるようになった．換言するならば，治療を推進させるためには，治療者は家族の外側にいるのではなく，家族と治療者の共働によって構成される"治療的コミュニケーション・システム"の効力を重視すべきであるということになる．

c．技 法 論

欧米の家族療法は，前述したように，認識論の転換や普遍的と考えられてきたミニューチン(Minuchin)の家族構造論からの脱構築(ポスト構造主義)を試み，いまや再構築の時代に入った感がある．ニコルス(Nichols, M.)，シュワルツ(Schwartz, R.)，トム(Tomm, K.)などの意見を参照するならば，1990年代前半から現在に至る家族療法的アプローチはおおまかに次の四つの社会構成主義的なものがその代表のようである．

1）解決に焦点をあてた治療(solution-focused therapy：SFT)

この治療法はディ・シェイザー(de Shazer, S.)とバーグ(Berg, I.)によって開発された短期集中療法の一種である．この二人は，精神療法家が個人のみならず家族システムなどが抱えた"問題に焦点をあてていることが問題である"という立場をとり，焦点を問題から

解決へと向け換え，個人や家族のもつ潜在的な解決能力を引き出すような質問法を編み出している．彼らは，問題の発生や形成過程について質問することを避け，ミラクル・クエッションといわれるような独特の質問法を用いている．この質問法は，たとえば，「夜中に何か奇跡が起こって問題が解消してしまったとしたら，次の日どうしたらそのことがわかりますか」とたずねるといったたぐいのものである．それは問題に目を向けていたクライエントの焦点を，問題がなくなったあとの生活に移し換えることによって，問題の意味を違った視点から見直す機会を与えるのである．もし見直しが不可能な場合には，スケーリング・クエッションなる質問をしたりする．「問題が最悪のときを10，問題がなくなったときを0だとしたら，いまはどの位の状態にあると思いますか」とたずね，クライエントが9だと答えたならば，「どうやって10から9へと動かしたのですか」と質問し，クライエントが問題を減らす方向に努力し，すでに幾分なりとも成功を収めているということを自覚できるようにするのがこの質問の特徴である．こうした質問をすることによって，クライエントの視点は雪だるま式にポジティブな方向に変化していく．このSFTは"システムとしての家庭"に焦点をあてているわけではないが，家族員との対話を通して，家族の小さな変化の連鎖を引き起こし，それによってさらなる変化が家族システム全体に波及することを意図しているのである．

2） 共働的・対話的アプローチ

この家族療法的アプローチは，H. アンデルセン（Anderson, H.）とグーリシャンによって代表されるものではあるが，その根底にある"社会構成主義（social constructionism）"の考え方は，後述する T. アンデルセン（Andersen, T.）の"感想を述べ合う諸過程（reflecting processes）"なるアプローチを生んでいるように，今日の家族療法界に大きな影響力をもっている．これらの人々は，"システムとしての家庭が問題を生み出す"という考えから，"問題がシステムを構成する"という正反対の立場をとり，「問題は客観的に存在するのではなく，他者との会話を通してのみ存在するものである」と主張し，治療とは治療者とクライエント家族との共働作業である"治療的会話"ないしは"言語システム"を通して，それまでに語られたことのない新しいストーリーを構成することであると考えている．これは，従来までの治療者主導型の会話，すなわち，治療者が自分の筋書きに沿って会話を進め，治療者の思う方向にストーリーを構築していくような操作性の高い面接方法を排除することによって，家族の問題は自然に解消（dissolute）していくという前提に立っているものである．H. アンデルセンによると，「創造性は，クライエントと治療者の両者による対話の過程を通して初めて入手できるものであり，"治療者主導型"の会話や対話にはそれは期待できない．治療者とクライエントの"ごくふつうの会話"，つまりある人がある時間帯，話をリードし，その他の人はそれに耳を傾け，また別の時間帯にはその逆が起こるといった対等的な話し合いと話題の交換が行われる，そんな日常的な会話に近い話し合いにこそ多くの可能性は生まれてくる」とのことである．この彼女のアプローチの特徴

は，治療者とクライエントが専門的な知識やそれぞれの内に想起する多面的な可能性を共有し合い，さらにお互いの試みやアイディアや仮説を共有するチャンスを拡大し，治療過程とそのあり方にそれぞれ責任をもち合うという枠組みを順守するところにある．

3) ナラティブ・セラピー(narrative therapy)

この療法はマイケル・ホワイト(White, M.)などによって提起されたユニークな治療法である．中でも，"問題の外在化法(externalization of the broblem)"はよく知られた画期的な技法である．通常，家族の一員に症状なり問題なりが生じた場合，その個人に家族の非難が集中し，それが患者や家族に，あるいは患者と家族の関係に病理的な影響を与えることがある．そのような場合，問題を患者から切り離し，問題が患者の外部に存在するあたかも人格を備えているかのようなストーリーを患者との間に作り出し，患者のみならず家族が，この擬人化された問題に共同して関わっていけるようにすると，患者と家族との会話は建設的なものになっていき，両者の共同作業は予想以上の変化を生み出す可能性がある．この技法は日本では，癇癪を起こす子どもを非難せず，「この子が癇癪を起こしているのは癇癪の虫の居所が悪いからよ．居所のいいところに収めましょう」といった古来からある方法であり，筆者は精神分裂病者などの社会復帰にも有効であると考えている．家族は患者を責めるのをやめ，非難のほこ先を"問題"に向け変えることによって，"システムとしての家庭"は大きく変化するものである．

4) リフレクティング・チームを用いた家族療法的アプローチ

社会主義国家ノルウェーの精神科医 T. アンデルセンが，精神医学の実践を通して，システミックな治療論の重要性を認めつつ，彼独特の治療構造を打ち出したことは前述したところだが，ここで再度言及することにする．彼のアプローチは Reflecting processes といわれるもので，従来までの治療者主導型の家族療法とは異なる革新的なものである．それはベイトソン，マツラナ，ブロー−ハンセン，グーリシャンらの考え方を取り入れ，「面接者と家族が織り成す家族状況に関する意見とその意見に対する意見表明を行う円環的なフィードバックの過程に，さらに多くの異なる意見とその意見に対する意見表明が加わることによって，家族のみならず面接者の視野が広がり，新しい世界が開ける」といった考え方を積極的に採用したものである．この方法は，従来の治療チームを用いた家族療法(1〜2人の面接者が家族と面接し，ワンウェイミラーのうしろにいる治療チームないしはコンサルティング・チームと共同して治療を進める方法)の変形である．具体的には，面接者と家族と鏡の裏にいるリフレクティング・チーム・メンバーが面接状況に対するそれぞれの感想と意見を率直に披露し合う過程を通して，新しい解決の道をともに模索するものである．すなわち，面接者以外の治療チーム・メンバーは隣の観察室で面接状況をつぶさに観察し，セッションの途中，面接者が「うしろにいる人たちの意見を拝聴してみたいと思いますが……」と問いかけ，了解が得られたところで面接担当者と家族(観察されていたシステム)と裏にいるチーム(観察システム，observing system)が部屋を交換するか，

面接室の明かりを消し，観察室の明かりをつけ，両システムの立場を交替するか，あるい
は面接室の片隅に家族と面接者が席を移し，チームの人たちが面接室に入るといったやり
方をする．リフレクティング・チームの各メンバーは，"観察していたときに感じた感想
と意見"を面接者と家族のいる前で率直に述べ合う．その後，面接者と家族は，メンバー
が述べたさまざまな感想や意見をもとに面接を再開し，相互に意見を交換し合う中で，家
族が自ら解決策を見いだしたり，場合によっては，この再度の面接に対するチームの意見
を拝聴し，そのうえで家族なりの解決法を案出する手順を踏むこともある．こうしたやり
方は，治療者が処方し，家族にその履行を迫る従来の家族療法とは大きく異なる．この方
法は，最初は，家族以外の観察者チームを手がかりとしたところから"reflecting team"
といわれてきたが，家族の数人をリフレクティング・チームにして家族面接を行うなどの
方法も有効であるところから，現在では"reflecting processes"と呼ぶようになってい
る．この種の家族と治療者の共働的なアプローチは，わが国ではなじみが薄く，その実践
はまだまだ限られているが，この方法を歓迎する家族は決して少なくはない．しかし，筆
者の「家族のための心の相談室」にみえるクライエント家族には，治療者の権威ある指示
や助言を求める人もあり，そうした人たちの場合は，面接者やリフレクティング・チーム
が提示した多くの意見を参考に彼らなりの結論を導くように働きかけてもうまくいかない
ことが多い．場合によっては，家族員間の争いを激化させ，治療に対する不満を生み出す
こともある．そうした場合は，治療者側がチームとよく話し合い，適切と思える助言や指
導を試案として提示する方が効果的である．

4.6 家族行動療法の基礎理論

a. はじめに

家族行動療法は，個人や家族の問題をそれまでの学習の結果であるととらえ，学習のし
直しや新たな条件づけを通して行動変容をもたらす治療法である．心理学の行動理論に準
拠しているところから，心理士によって実践されている場合が多い．リバーマン (Liber-
man, R.P.)，パターソン (Patterson, G.R.)，スチュアート (Stuart, R.B.) などによって推
進され，最近では，"家族心理教育"の一方法として，精神障害者の再発予防やリハビリ
テーションの促進にも適用されている．

b. 基礎理論

周知のごとく，行動療法は行動心理学の理論を基礎としたもので，正常な適応行動と同
じく異常（病的）な不適応行動もまた学習されたものであると考えている．すなわち，すべ
ての行動は，誤った学習または不十分な学習の結果であり，それゆえ学習理論に則った客
観的操作によって変えることができるはずである．なお，行動論者は，適応的でない習慣

第4章　家族療法の諸理論　　　　737

を消去し適応行動を学習させるならば，全人格的改善も期待できると信じている．

　この行動療法の原理を家族治療に応用したものが家族行動療法である．家族行動療法家は，家族内の不適応行動も個人同様，学習の結果として生じたものであると考え，その行動を形成・維持する環境的対人的諸条件を行動の原理——古典的な条件づけ，オペラント条件づけなどの再学習法——に従って操作することが可能であると考えて，その原理と技法の多くを採用している．これらの治療者は，家族内の不適応行動がしばしば複雑に交錯する交互作用の過程で生じているという事実に着目し，不適応行動の持続を家族員間の相互強化の結果であると再定義している．

c. 技 法 論

　この治療では，まず第1に，治療者は家族員との間に肯定的な治療同盟をつくり，家族問題の行動分析をする．その際，IPの行動の不適応的な面が何であるか(どこをどう強め，どこをどう弱めるか)，家族員はそれぞれ相手にどのような期待をしているかを詳細に検討する．そして次に，家族が不適応行動を結果的に支えていると思われる環境的・対人的強化因子の発見に努める．こうした行動分析は全治療過程を通じて行われる．次に治療者は，家族が不適応行動を強化している因子を変えさせるようにする．そのために，行動療法の諸技法を適用する．とくに正の強化法(positive reinforcement)とシェーピング法(shaping)は好んで用いられる．正の強化法は望ましい行動パターンに報酬を与えてそれを強化し，その行動の再現の可能性を高めるのがそのねらいである．また，シェーピング法は，オペラント条件づけによる訓練法で，一連の反応系列(たとえば，望ましい行動に近い諸反応の系列)を形成するために，個々のさまざまな反応のうちから，目標方向を志向したより正しい反応のみを強化し，しだいに反応系列をその方向に作り上げていく方法である．

　これらの技法の理解を助けるために，リバーマンの記述を引用しよう．

　　「F夫婦は長いこと仲が悪かった．結婚1年目に別居し，3年間の結婚カウンセリングを受けたことがある．F氏はパラノイド傾向のある人で，妻が彼に愛情と関心を十分に示してくれないことにとても敏感に反応した．彼は妻が彼女の両親と親密な関係にあることを非常に嫉妬した．F婦人はだらしがなくまとまりのない女性だった．彼女は年相応に家事をこなし，五人の子どもの世話をしてほしいという夫の期待にそえなかった．そのため，彼らの結婚生活にはたび重なる相互の責め合いとけなし合いと怒りの抑圧と不機嫌とが目立った」．

　　15回目の面接をするにあたって，次のような方法を用いた．それは，望ましくない行動を強化するような関心や情緒的な反応を示さないようにさせ，シェーピング法の原理を用いることによって，夫婦間に望ましい行動を起こさせるように指導することだった．戦術的には，それは治療場面を重要な"基本的規則"で固めることであっ

た．すなわち，批判やくどくどしい言い方をやめさせ，過ぐる1週間にみられた，期待にそった相手の行動について話し合わせることであった．二人がお互いに肯定的な交流をするようになったところで，治療者はすすんで補助者のように彼女の肯定的な側面を強化する強化子の働きをした．

そして，夫婦がそれぞれ相手に対して期待している特定な行動が何であるかを明瞭に伝えるようにさせ，その行動目標を順次達成していくように宿題を出した．たとえば，F氏が妻の夕食の準備の仕方が悪い——テーブル・セットの仕方が悪い，テーブル・クロスを使っていない，食器の並べ方が悪い——と訴えているのに対して，F夫人が改善の余地のあることを認めたので，手初めに，彼女に夜だけはテーブル・クロスを使うように指示した．他方，F氏には，彼女の努力に対して絶えず肯定的な関心を示すことの重要性を強調した．1週間後，彼らは宿題をやりとげることができ，夕食が楽しかったと報告した．F夫人はしだいに夫の喜ぶ行動を多くとるようになり，他方，夫の方もこの進歩を喜んで支持した．

他の問題領域についても同じような過程がみられた．F氏は妻にもっと縫い物やYシャツのアイロンかけをしてほしいと思っていた．また，F夫人の方は拡大した家族が住むには家が狭すぎることから，そこでの生活に疲れ切っていた．しかしF氏の方は，妻が家事をやらなくなることを恐れて大きい家に移ることを考えようともしなかった．そこでF夫人には，もっと縫い物やアイロンかけをするように，またF氏には，新しい家に引越すことを考えてみるように指示し，それによって彼女の行動を強化するようにさせた．具体的には，毎日曜日，一定時間，妻と一緒に新聞の住宅欄を調べ，売りに出された家をみにいくようにさせ，そうすることで妻の行動を強化するようにした．また妻には，彼女の家事の改善が新しい家に対する夫の関心を引き起こすことを明確にした．

この事例はシェーピング法の一例である．家族行動療法では，このほかに，"正の貸付法(positive risk)"，"モデリング法(modeling)"，"トークン・エコノミー法(token economy program)"といった方法も広く用いられている．

4.7 家族心理教育

a. はじめに

心理教育は従来までの精神分裂病の家族研究や家族療法に対する反省から生まれたものである．周知のごとく，家族研究と家族療法は主として精神分裂病を中心に発展してきたが，他の精神疾患に比べて，それほどめざましい発展をみることはなかった．家族研究に支えられた"家族病理論"が治療的に役立つよりは，むしろ，その逆に病者を抱えた家族を悩ませ，苦しめ，治療への抵抗を呼ぶ結果を招来する傾向があった．

第4章　家族療法の諸理論　　　　　　　　　　　　739

　しかし，精神病薬，向精神病薬など，精神薬理学のめざましい発展に伴って精神分裂病者の長期入院の必要性が少なくなり，外来通院治療が可能になるにつれ，今日では社会復帰を促進するための政策と具体的指導方法が必要視されるようになった．早期退院と通院治療は患者と家族に希望を与えることとなったが，症状を残したままの早期退院と在宅ケアは大きな負担を家族に負わせる結果となった．とりわけたび重なる再発と陰性症状の持続は，家族を悩まし続け，その将来を絶望的なものにする危険性すらはらんでいた．換言すれば，入院中心の医療が行われていた時代よりも現在の方が，家族の悩みは現実的，具体的かつ深刻であり，それゆえ患者の再発予防と社会復帰を促進する指導の必要性が高まり，この要望に応えるように開発されたのが家族心理教育である．

　家族心理教育は分裂病に限ったものではなく，あらゆる慢性疾患（うつ病，てんかん，脳脊髄損傷など）に適用されているが，ここでは分裂病を中心に述べることにする．

b.　基　礎　理　論

　分裂病の再発予防と社会復帰を目的とした家族心理教育には，レフ（Leff）らが行った感情表出（expressed emotion：EE）を基本とした社会療法，ゴールドスタイン（Goldstein）らを中心とするカリフォルニア大学グループの危機介入の家族療法，アンダーソン（Anderson, C.）らを中心とするピッツバーグ大学の心理教育，ファルーンとリバーマン（FalloonとLiberman）による行動療法的な家族療法，マクファーレン（McFarlane）の多家族療法，グリック（Glick, I.）らによる心理教育的アプローチなど，さまざまなものがある．しかし，その基本的な考え方には大きな違いはない．

　これらの教育的・治療的アプローチは，患者のみならず家族を対象としたものである．アンダーソンによれば，心理教育が発展した時代的背景には，次のようなものがあったとのことである．

　第1は，患者のケアに対する基本的な考え方が変わったこと，つまり脱病院化の動きが活発化するにつれて，退院した患者に対する在宅指導が必要となり，患者も家族も治療者も，また地域社会の人々も再発予防と社会復帰促進のための研究を必要とするようになったことである．

　第2は，"説明を受けたうえでの合意（informed concent）"がなければ患者を入院させることができない，つまり患者に「治療を拒否する権利」が与えられるようになり，入院させられた患者が治療を拒否できるようになったことである．これによって再発する者が多くなり，家族の悩みはさらに深刻化した．

　第3は，精神生物学の進歩に伴いストレスに対する患者の脆弱性が明らかにされ，さらに多くの情報が一度に入ってきた際に，患者が処理できなくなる過程が解明されてきたことである．

　第4は，家族研究は直線的因果律をもとに，患者の発病の原因を家族に求めてきた．そ

こでは，患者が家族に与える影響は全く研究されなかったため，こうした研究からは効果的な介入法や治療法は生まれてこなかった．このような時期に，ブラウン(Brown)らによる感情表出(EE)に関する研究が公表され，家族療法界にある種の衝撃を与えた．その研究は，それまでよしとされてきた家族療法的なアプローチが家族のEE水準を下げるどころか，逆に高める役目を果たしていることを示したのである．第3の脆弱性の研究とともに，このEE研究は分裂病の家族療法のあり方に大きな変革を迫ったといってよい．

第5は，こうした研究の成果をもとにした各種の新しいモデルの家族へのアプローチが次々と出現し，それに伴って"家族と患者の権利を守る運動(family patient advocacy movement)"が盛んになったことである．患者と家族は治療者に情報の提供を求め，彼らの生活に影響するような決定が下される際には，その決定への参加を要求するようになった．こうして，治療者はそれまでにとってきたような曖昧な態度で接することは許されなくなり，質問には責任をもって答えなければならなくなった．分裂病の告知についてもはっきりした態度を表明しなければならなくなった．

以上述べたような背景のもとに，家族心理教育はしだいにわが国の精神医療にも取り入れられるようになった．

さて，それでは，家族心理教育にはどのような理論があるのだろうか．アンダーソンによれば，その基本には次の四つの仮説があるという．

（1） 分裂病は脳の疾患，つまり原因不明の生物学的な障害に起因するものであり，病気以外の何物でもない．また，そのとり乱した行動は意図されたものではなく，まさにこの病気の症状そのものである．

（2） この病気をもつ患者は刺激に脆く，また家族の方もこの病気によって否応なしに刺激され，とり乱しやすい．この二つの力(患者の脆弱性と家族の動揺)は患者の弱いところにらせん状に作用する(患者の脆弱性：症状は家族を動揺させ，その動揺は患者の動揺を強めることとなる)．

（3） これまで家族が分裂病の原因であるといわれたりしてきたが，それを立証するものはどこにもないが，家族がこの病気の経過に何らかの影響を与える可能性があることは立証されている．

（4） 適切な環境のもとであれば，家族は，より好ましい形の対応をする力をもち合わせている．情報の提供と支援は恐怖を軽減し，この病気の属性を変えるのに役立つ．患者と家族はその情報と支援が肯定的なものであればあるだけ，この病気のもつ属性に耐える力(何かできるという自信と希望)をもつことができるようになる．

c. 技 法 論

家族心理教育の技法論は，ゴールドスタイン，アンダーソン，ファルーン，マクファーレンなどその実施者によって異なる．

第4章　家族療法の諸理論

1）　ゴールドスタインらの危機に焦点をあてた家族療法（crisis-oriented family therapy）

これは UCLA の研究グループによって始められたものである．かれらは，平均入院日数 10～12 日の急性期の患者の多くが，退院後の 6 週間に再発している事実に着目し，この再発率を下げるために，退院直後の時期に適用する家族ぐるみの治療的介入法を考案した．彼らは退院直後の 6 週間は，患者と家族にとって再適応を必要とする不安定な時期であり，また患者は小康状態を保ってはいても，まだ家族への復帰にためらいを覚え，かなり緊張している．他方，家族の方も，患者の発病によって傷つき動揺し，その衝撃から十分に回復していないばかりか，発病時の患者の言動に恐れや怒りを覚えており，患者を抵抗なく受け入れ，その言動を肯定的に支持できる態勢にない場合が多い．したがって，この時期の両者の間には葛藤が生じ，とくに患者が傷つく場合が多いと思われる．

このような観点から同グループは，この 6 週間に患者と家族に効果的な介入を行うことによって，患者にふりかかる圧力を最小限にすることを考えたのである．この介入法は患者が発病するに至った状況に焦点をあて，このような誘発状況に陥らないようにする教育を施し，また将来起こりうる同じような破壊的な衝撃を未然に防ぐ方策をともに模索することを目的としている．

2）　アンダーソンと Hogarty らの心理教育（psycho-education）

ピッツバーグ大学のこのグループは慢性の分裂病者の再発予防と社会復帰を目的に，家族と患者に正しい最新情報を提供し，少しでも快適な病気との共存を可能にするプログラムを発展させた．この心理教育は次の 5 段階からなる．すなわち，第 1 段階：関係づけ，第 2 段階：サバイバル・ワークショップ，第 3 段階：再開，第 4 段階：社会的・職業的適応，第 5 段階：治療の終結を経て行われる．

第 1 段階では，家族全員と真に協動できる同盟関係を樹立し，家族の話題や問題をともに検討するとともに，家族のもてる資源と対処戦略を検討して，家族のもてる力を最大限発揮できるような治療契約を結ぶ．そして，短期目標と長期目標を考え，ゆっくりしたペースで家族セッションをもつようにする．家族セッションの頻度を多くすると，家族は患者の変化が遅いためフラストレーションを覚え，患者に圧力をかけてしまうことになりかねない．そこで，セッションの頻度は患者の変化の速度に合わせて，2 週間に 1 回とするようにし，現在の危機状況に焦点をあてる．

第 2 段階では，①家族が主たる看護者であり，長期にわたってケアしていかなければならないこと，②患者と生活をともにすることは至難のわざではあるが，心理教育的な情報の提供によって，家族が具体的な方策を立てることができ，達成感を味わうことができるようになること，③慢性例の場合は，家族が近づきすぎたり，従来よりも指示的になったりして患者に刺激を与え，患者を混乱させてしまう場合が多いこと，④教育を受けることで，家族は病気を現実のものとして受けとめ，現実に即した期待をもつようにな

ること，⑤情報の公開によって家族と治療者の関係が変わり，家族は治療者にあまり依存しなくなることがみられる．

この段階で表6.4.1のようなワークショップが土曜日1日かけて行われるが，ときには何日かかけて行われることもある．

第3段階は社会生活を再開する時期である．まだ退院して間がない時期なので，患者の機能水準もエネルギー水準も低く不安定である．そのうえ，陰性症状もあるので，家族のいらだちは大きい．そこで，①家族の世代境界を明確にし，②他人との間の対人的境界

表6.4.1　心理教育ワークショップの概要

9：00～9：15	コーヒー，自由歓談
9：15～9：30	開会の辞ならびに当日の予定の説明
9：30～10：30	精神分裂病：どういうものなのか
	歴史および疫学
	個人的(主観的)体験
	他覚的所見
	精神生物学
10：30～10：45	休憩，自由歓談
10：45～12：00	精神分裂病の治療
	抗精神病薬の使用について
	作用機序
	どうして必要か
	起こりうる効果についての説明
	副作用
	心理社会的治療方法
	病気の経過への影響
	その他の治療法および処遇の仕方
12：00～1：00	昼食，自由歓談
1：00～3：30	家族と精神分裂病
	患者側のニーズ
	家族のニーズ
	この疾患への家族の反応について
	患者や家族の直面する共通の問題
	家族のできる援助
	期待の修正
	過剰な刺激を避ける方法
	限界の設定
	ある種の行動を選択的に無視すること
	コミュニケーションは簡潔に
	服薬体制を支えること
	家族の日常生活を平常化すること
	援助を求めるサインを見つけられるようになること
	専門家の援助を求めること
3：30～4：00	個々の問題への質問
	まとめ
	自由歓談

を設定し，さらに③家族―地域間の境界を設定できるようにできる限り他の家族や地域社会の人と交流する機会を多くする．

この時期にはできるだけ実行可能な小さい課題を出すようにし，"やれた"という経験を多くもたせるようにする．また家事を手伝わせる場合には，家族の誰かと，とくに仲のよい関係にある人とペアを組んでやらせるようにする．

第4段階は，患者を社会に適応させていく段階である．患者の状態が6か月間安定しているようであれば，たとえば，それまで母親とだけしか外出しなかった患者に兄弟と一緒にボーリングに行くように指示したり，病院にいくバスの中で知らない人に思い切って道順を聞いてみるように指示したりする．また，職場への復帰と適応を考えるべき時期でもあるので，仕事への耐性力を養うために，患者の現在の機能水準よりもやや低い仕事，たとえば1〜2時間のアルバイトから始めるようにし，「やりとげた」という経験を積み重ねるようにする．少しやれるようになると，家族はより以上のことを期待するので，ブレーキをかけ破綻を未然に防ぐようにする．

第5段階は病気の再発を予防し，患者の社会復帰を促進するための将来の方針を決定する時期である．すぐに家族セッションをやめるようなことはせず，間隔をあけ，長期的に関わりをもてるよう配慮する．

3) ファルーンとリバーマンの行動家族介入法

ファルーンらの考え方はすでに家族行動療法の項でふれたごとく，行動分析の結果をもとに学習理論の原理に即した諸技法，たとえばオペラント条件づけ，シェーピング法をたくみに使用している．この人たちもまた介入の段階を四つに分け，第1段階で患者と家族に教育的ワークショップを，第2段階では多家族集団による行動を伴ったコミュニケーションの訓練，第3段階では多家族集団によるコミュニケーションと問題解決の訓練，そして第4段階では家庭を基盤とした包括的な問題解決訓練を行っている．

ファルーンらの介入は，まず家族に対して行う合同または個別的面接を通して，家族の問題解決行動のいくつかの欠陥を操作的に明らかにする多面的な査定，つまり行動分析から始める．そして次に教育的ワークショップに移る．それぞれの家庭で2時間，ときには3時間かけて行われる．その対象は退院して間もない，薬で一応の安定をみた患者と家族である．

教育的ワークショップは2セッション行い，その後の2か月間は毎週，次の3か月は隔週，最後の3か月は月に1回の割で，継続的に家庭でセッションをもつ．そしてさらに，月に1回程度病院で行う他の家族とのグループ・ミーティングに出席するよう要請する．第1セッションの教育内容は，分裂病の特質，経過，治療についての話し合い，家族の病気に対する考え方，感じ方，恐れ，期待などを共有するものである．それに対する第2セッションは分裂病治療における薬物の効能に関する講義である．

4) マクファーレンの多家族療法

この療法には，①構成員を限定せずに行う短期のもの，②構成員を限定して行う短期のもの，③構成員を限定せずに行う長期にわたるもの，④構成員を限定して長期にわたって行うもの，の4種類があるが，通常は④の形式のものが一般的である．

この構成員を限定した長期にわたる多家族療法は，5～6家族を集めて約2～3年にわたって行われ，次の5段階を通じて行われる．

第1段階は治療者が多くの家族を集めて治療集団を構成し，家族を評価し同盟関係を結ぶ時期である．そのためにまず，個々の家族と会合し，次のことを達成するように努める．まず第1に，個々の家族員がどのように分裂病とその病因を考えているか，また最近の家族状況と治療がどのように患者の再発を早めているかを明確にする．第2に，個々の家族員のもつ力（とくに対処能力）と弱さ（脆弱性）を評価する．第3に，集団の目的と，どのような過程を経て行われるものか，その際リーダーはどのような役割を果たすかを説明する．そして第4に，共同治療者が集まって集団の構成の仕方について検討し，結論を出す．

ここからわかるように，この療法は集団療法の原理に則った治療法で，集団の編成の仕方に慎重である．編成にあたり，診断と家族構成の同質性を考えるとともに，価値観，性格，対処様式を受け入れられるように，異なる家族を集めることを前提にしている．年齢構成も重要な因子と考えられている．

第2段階は，集団の凝集性を高めることに焦点が合わせられる．第3段階は拘束された状況から解放され問題解決が図られる時期である．お互いに家族を客観視し，批判するようになり，しだいに治療的な性質を帯び始める．家族はそれぞれ集団の中でそれまでとは異なる行動をとるようになり，患者が仕事のことを話しだしたりすることもある．

最後の第4段階は，社会的なネットワークを作り上げる時期である．第3～4段階までに1年半～3年を要する関係から，この時期ともなると家族の世代境界は明確になり，再発も少なくなっている．多家族集団はもはやリーダーを必要とせず，構成員どうしは互いに友人として関われるようになっている．親たちも患者のことに気を奪われずにすむようになっている．そこで，患者の社会化の援助がこの段階の重要な課題となる．そのために，患者が危機状況に陥ったときも，以前とは異なりそれを集団で解決させるようにする．そのようにすることによって，家族どうしの助け合いは深まり，集団の外でも問題を解決できるようになる．

〔鈴木浩二，鈴木和子〕

第4章　家族療法の諸理論　　　745

文　　献

1）Anderson, C., Reiss, D.J. and Hogarty, G.E.(1986.): *Schizophrenia and Family*. Guilford Press, New York. 鈴木浩二，鈴木和子 監訳(1989): 分裂病と家族，金剛出版.

2）Anderson, C., 鈴木浩二，鈴木和子 抄訳(1989): 再発予防と家族療法(1). 家族療法研究, **6** : 25-45.

3）Andersen, T.(ed.)(1991): *The Reflecting Team*, Which was revised by Andersen, T.: the reflecting processes. W.W. Norton and Co., New York. 鈴木浩二 監訳(2001): リフレクティング・プロセス，金剛出版.

4）Anderson, T.(2001): *Reflecting Processes*. 鈴木浩二 監訳(2001): リフレクティング・プロセス，金剛出版.

5）Aponte, H.J. and Van Deusen, J.M.(1981): Structural Family Therapy. In : Gurman, A. and Kniskern, D.(eds.), *Handbook of Family Therapy*. Brunner/Mazel, New York.

6）Boscolo, L., Cecchin, G., Hoffman, L. and Penn, P.(1987): *Milan Systemic Family Therapy*. Basic Books, New York. 鈴木浩二 監訳(2000): 家族面接のすすめ方，金剛出版.

7）Bowen, M.(1978): *Family Therapy in Clinical Practice*. Jason Aronson, New York.

8）Campbell, D., Draper, R. and Crutchley, E.(1991): The Milan Systemic Approach to Family Therapy. In : Gurman, A.S. and Kniskern, D.P.(eds.), *Handbook of Family Therapy*, Vol. III, pp.325-362. Brunner/Mazel, New York.

9）de Shazer, S.(1985): *Keys to Solution in Brief Therapy*. Norton, New York. 小野直広 訳(1994): 短期療法解決の鍵，誠信書房.

10）Faloon, I.R.H. and Liberman, R.P.(1983): Behavioral family interventions in the management of chronic schizophrenia. In : McFarlane, W.R.(ed.), *Family Therapy in Schizophrenia*, pp. 117-137. Guilford Press, New York.

11）Fisch, R., Weakland, J.H. and Segel, L.(1983): *The Tactics of Change*. Jossey-Bass Publishers, San Francisco. 鈴木浩二，鈴木和子 ほか訳(1986): 変化の技法，金剛出版.

12）Haley, J.(1981): *Problem-Solving Therapy*; *New Strategies for Effective Family Therapy*. Jossey-Bass Publishers, San Francisco. 佐藤悦子 訳(1985): 家族療法，金剛出版.

13）Kopeikin, H.S., Marshall, V. and Goldstein, M.J.(1983): Stages and impact of crisis-oriented family therapy in the aftercare of acute schizophrenia. In : McFarlane, W.R.(ed.), *Family Therapy in Schizophrenia*, pp.69-97. Guilford Press, New York.

14）Liberman, R.P.(1970): Behavioral approches to family and couple therapy. *American Journal of Orthopsychiatry*.

15）McFalane, W.R.(1983): Multiple family therpay in schizophrenia. In : McFalane, W.R.(ed.), *Family Therapy in Schizophrenia*, pp.141-172. Guilford Press, New York.

16）McNmee, S. and Gergen, K.(eds.): *Therapy as Social Construction*. 野口裕二，野村直樹 訳(1997): ナラティヴ・セラピー，金剛出版.

17）Minuchin, S.(1974): Structual Family Therapy. In : Arieti, S. and Caplan, G.(eds.). Basic Books, New York.

18）Minuchin, S.(1974): *Families and Family Therapy*. Harvard University Press, Cambridge. 山根常男 監訳(1984): 家族と家族療法，誠信書房.

19）Patterson, G.R.(1971): *Families*; *Application of social learning to family life*. Research Process, Champaign, III. 大淵憲一 訳(1975): 家族変容の技法をまなぶ，川島書店.

20）Palazzoli, M.S., Cecchin, G., Prata, G. and Boscolo, L.(1978): *Paradox and Counterparadox*. Jason-Aronson, New York. 鈴木浩二，鈴木和子 監訳(1989): 逆説と対抗逆説，星和書店.

21）Tomm, K.(1988): Interventive interviewing; Part III. Intending to ask lineal, circular, strategic, or reflective questions ? *Family Process*, **27** : 1-15.

第5章

相互作用を重視する理論

　本章では，ゲシュタルト療法とエンカウンター・グループを取り上げてみる．なぜなら，これら二つの理論に共通していえることとして，相互作用(relationshipもしくは relatedness)を重視している視点があるからである．すなわち，個人の場合は他者や外界との関係において，また，物事の場合は環境との関係においてとらえようとしているところがあるからである．

　まず，ゲシュタルト療法は“図”と“地”の相互作用で物事をみていこうとしている．ここで“図”とは，関心事のことであり，意識にのぼっていることをいう．たとえば，無口の子どもが問題になっているとすれば，それをさす．その背後，すなわちゲシュタルト的には“地”の部分では，必ずといってよいくらい，よくしゃべる母親(あるいは他の保護者)の存在を見いだすことができる．このように問題行動を“図”と“地”，この場合は“無口の子ども”と“母親”との関係性でみようとしているのである．

　一方，エンカウンター・グループも，どこまで他者と，ひいては自己と出会えるか，を課題にしている．すなわち，自己と他者，自己の中の自己，という関係をみようとしている．そして，エンカウンター，すなわち出会いを通して，グループ参加者の相互や関係性の成長や改善が治癒力になるとしている．すなわち，グループ内での自己受容や他者への配慮，対決，また許容度や凝集性などのグループの関係性の高まることが精神的癒しにつながるとしている．

　理論構築に関わった人々　ゲシュタルト療法のパールズ(Perls, F.：1893-1970)も，またいまではパーソン・センタード・アプローチといわれるエンカウンター・グループのロジャース(Rogers, C.R.：1902-1987)も，偶然とはいえ，ほとんど同時代に生き活躍した人物といえよう．このことは，相互作用を重視する理論の構築に深く関わった上記の人々が，その同時代的背景の影響を受けた結果ともいえるかもしれない．

　パールズとロジャースが出会ったという記録は残されていないが，筆者の見解で

は，1960年代のアメリカにおいて台頭したヒューマン・ポテンシャル・ムーブメントの立役者どうしとして互いに視野に入っていたに違いない．それに，パールズもエンカウンター・グループにふれているし，晩年のロジャースも自己開示や自らの感情を表現するなど，パールズの影響を間接的に受けたのではないかと思われる関わり方をしている．またロジャース自らが名づけたとは思われないが，アメリカには"ゲシュタルト・エンカウンター・グループ"という名称のものがあるくらいである．とにかく，どちらもアメリカ人間性心理学会(AHP)の発展に中心にあって寄与しているので，どこかで会いまみえている可能性がある．そうでなくても，少なくとも間接的には関わり合っていたのではないかと推測される．

いずれにしても，二つの理論に共通しているのは，相互作用もしくは関係性の重視，"今-ここ"という現象学的場における関わりの理論をはじめとして，自発性の重視，非精神分析的であること，グループでの関わりの理論などである．そして何よりも二人とも心理臨床の世界に新しい理論を構築して貢献したばかりでなく，その実践家としてもずばぬけた実力の持ち主であった点で共通している．

現代的な現象例　図6.5.1の"ルビンの盃"は，心理学としてのゲシュタルトを学界にアピールしたものであるが，たとえば，一方では"二人の人が顔を向かい合わせにしている"ともみえるし，他方では"盃"ともみてとれる．それゆえ，ゲシュタルトの観点からは，現象を一方的，もしくは一側面的にのみみることの危険性を教えられる．すなわち，"図"と"地"との関係，もしくは相互作用をみることの重要性に気づかされる．先の子どもの例についていえば，無口を母親との関係でみたのがそうであり，何事においてもしかりである．不登校の場合も，自我が育っていない，母子分離不安，神経症的などと，当該の子どものみに帰因させるとらえ方では，もはや不登校の現象をとらえることはできなくなっている．なぜなら，弱い者いじめの存在や教師の対応の仕方，家庭の問題，学校の管理主義的な側面，偏差値過重視，学校に行く意味の喪失をはじめとする現代の家族や学校教育，時代や社会全体が抱えている多義にわたる問題の，いわば不登校の影の部分，ゲシュタルト的には背景もしくは"地"の部分との関係でとらえることが，より現象に接近するとらえ方として提起されるからである．

エンカウンター・グループからは，とめようがないくらい猛烈なスピードで人間関係の希薄化が進行する現代に

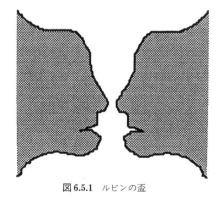

図6.5.1　ルビンの盃

おいて，出会いの意味と大切さを教えられる．人格をもった人間と人間の関係，すなわち"我と汝"(Buber, M.: 1878-1965)の関係ではなく，他者を利用する道具としてのみみる関係，"我ともの"との関係が浸透しつつあり，昨今は"1.5の関係の時代"(小此木，1987)とまでいわれているのがそれである．そのようなとき，一方では，じっくり時間をかけて"エンカウンター(出会い)"のグループに参加し，他者との相互作用の中で自分や他者と出会うことをめざすエンカウンター・グループの現代的意義は大きい．他方では，家族，または学校や職場もそのままグループとみなすこともでき，それらの現実の中でどれほど自分や他者と出会えるか，現代に生きる者は挑戦を受けているとも考えられる．さらにいえば，それら現実のグループの中で，どれほど相互に関係をもつことができるか，治癒的な雰囲気を醸成することができるか，が問われていると受けとめることもできる．

5.1 ゲシュタルト療法の理論

a. ゲシュタルトとは

ゲシュタルト(Gestalt)とは，ドイツ語の形態，全体，統合などをさすことばであるが，その訳語については，当初，アメリカでは "configuration" と紹介され，イギリスでは "shape," フランスでは "forme" とされていたが，いずれも不十分で，ケーラー(Köhler, 1929)らの"ゲシュタルト性質"もしくはそのまま"ゲシュタルト"とすべきだとする主張もあり，いまではそれを各国とも採用しているところが多い．日本語の『広辞苑』では，「メロディーなどのように，部分の寄せ集めではなく，それらの総和以上の体制化された構造をさす概念，形態」とある．

学問的体系としてのゲシュタルトは，ベルトハイマーの「見えの運動に関する研究」(Wertheimer, 1912)，「再体制化」で知られ，"*Psychologische Forschung*"誌をベルトハイマーらとともに創刊したコフカ(Koffka, 1921)，アフリカの西海岸カナリア群島でのチンパンジーの洞察実験で知られるケーラー(Köhler, 1920)らを代表とするゲシュタルト学派により提唱された主として知覚心理学の領域における一連の概念である．すなわち，与えられた条件内において全体として形態的に優れ，かつ秩序あるまとまりをなそうとする傾向—プレグナンツの傾向(Pragnantz-Tendentz)—など，ゲシュタルト要因の理論を概念化したものである．

この知覚における概念は，その後，学習(Wulf, 1922)，人格(Lewin, 1935)，社会・集団(Lewin, 1951 ; Asch, 1952 ; Sherifと Sherif, 1956)，精神現象，ひいては環境との関わりを含めた人間全体の現象にまで広げられたが，とりわけ臨床心理学の領域においては，パールズ(Perls, 1942)により提唱された実存主義的現象学の流れをくむ心理療法が含まれている．

b. 提唱者パールズ

ゲシュタルト療法の提唱者はパールズである（倉戸，1990）．もちろん，妻のローラ（Perls, L.）をはじめ，グッドマン（Goodman, P.），ヘッファリン（Hefferline, R.），シムキン（Simkin, J.）などの，いわゆる "一世" と呼ばれる初期の療法家もしくは協力者たちの貢献が大であったことも忘れてはならない．

ゲシュタルト療法の誕生にまつわるエピソードとしては，パールズがフロイトと決別したのがその発端だといわれている．すなわち，1936年にチェコで開催された国際精神分析学会においてフロイトと邂逅し，また「口愛的抵抗（oral resistance）」という論文をも発表したが，両方とも歓迎されることなく失意のうちにアイデンティティ・クライシスにみまわれる経験をもった．立ち直るべく奮起して，4年後の1940年，"フロイト理論と実践の修正" という副題のついた *Ego, Hunger & Aggression*（1942年出版）を著した．この著書の中でConcentration Therapyということばが使われていたが，これは意識化もしくは注意を集中する療法とでも訳せるもので，いまでいうゲシュタルト療法の基本を最初に述べたものである．

パールズは1893年にドイツのベルリン郊外にあるユダヤ人居留区に誕生している．ユダヤ系の両親の三人目の子どもで，姉が二人いた．誕生は難産で鉗子分娩によらざるをえなかった．また母親が乳頭感染症にかかっていたため授乳が十分でなく，栄養障害を起こして嘔吐，下痢，脱水症状などにみまわれた．そのうえ，上の姉は障害をもっていたため，母親のエネルギーと時間はその姉にほとんどとられていたので，パールズはときに嫉妬したとのちに述懐している．両親は夫婦喧嘩が絶えなかったという．父親が横暴であったためとパールズには映ったが，その父も商売で家を空けがちであった．彼は母親のこともよく思っていなかった節があるが，その母親に連れられて演劇や歌劇を鑑賞したり，美術館を訪れたりしている．そして演劇や歌劇からは，役柄の人物になりきることや，声と動きの一致，またボディランゲージを学び，それらをゲシュタルト療法に取り入れている．

その後，両親や教師をてこずらせる少年になっていく．たとえば，両親の金銭を盗む，勉強せず，家出する，落第点をとって退学するなど，無軌道で，いまでいう反社会的行動がみられた．しかし，中学校に入り，教科よりも生徒の人間的側面に情熱をかける教師に出会う．その教師からサポートされて好きな演劇に没頭するが，そのことが万事について好転する契機となり，成績も向上し，16歳でベルリン大学医学部に入学する．

この医学部時代に第1次世界大戦を体験し，戦死者や負傷兵の間を駆け巡る．敵弾の中をくぐりぬける体験もし，また負傷で一時帰国したときに歌劇をみて，戦場の悲惨さと歌劇場での華やかさとの不釣り合いに不条理さを感じ，精神的動揺と混乱にみまわれる．

精神分析家としての訓練は，恋愛中に体験した愛，欲望，罪悪感，恥，嫉妬などの混乱を整理するため，ホルナイ（Horney, K.）に精神分析を受けたことに端を発している．そ

750   VI 臨床心理学

の後ハッペル(Happel, C.)とは，両親が押しつけた価値観と自らの善悪の判断，性，職業，生き方についての価値観との間の葛藤の問題で分析を受けている．続いて，ドイッチェ(Deutsch, H.)とヒルシュマン(Hilschmann, E.)の二人からコントロールワークを，そしてハルニック(Harnik, E.)，さらにライヒ(Reich, W.)から分析を受けている．最後のライヒとの分析において，過去の出来事を言語的に追っていくより，分析中の姿勢，声，身体の動きの方が，より洞察へと導き出されることを体験する．この間，大脳生理のゲシュタルトで著名なゴールドスタイン(Goldstein, K.)の助手や精神病院の臨床助手を勤めている．そして精神分析家の資格も得る．

　資格は得たもののユダヤ人に対する迫害が厳しくなり，難を逃れるためにオランダ，南アフリカへと転々とする．そしてアメリカへ渡る．アメリカでは，当時ホルナイなど著名な分析家がいた William Alanson White 精神分析研究所において臨床を始めた．そしてやがてニューヨークにゲシュタルト研究所を開設する．クリーブランドにも研究所を開設し，後継者の育成にあたる．ビッグサーにあるのちのエサレンのレジデントにもなり，多くのエピソードとともに全米に名声を博するようになる．しかし落ち着けなくて，魂の安住を求めカナダに研究所を設立する．落ち着き始めたころ世界旅行に旅立ち，帰路のシカゴにて病に倒れる．

5.2　ゲシュタルト療法の概念

a.　知覚から全人格の法則へ

1)　まとまりのある方向への統合

　先にみたように，ゲシュタルトという概念はおもに知覚の領域において展開された理論であった．それは，人間は事物を個々に無関係な存在として知覚するというよりは，知覚過程において意味のある全体へと統合する傾向をもっていることを明らかにしたものである．たとえば，知人の家を訪問する場合を考えてみたらよい．その知人の家は H 電鉄の"R"駅を下車して徒歩9分の所にあるとする．下車すると，指示どおり，まず山手の改札口を出て北に歩き，"R 登山口"の交差点を左へ曲がる．その道には"パン屋"があるが，そのまま約3分いくと"S 3丁目"のバス停があるが，その手前の"交差点"を左に折れる．そして最初の"三叉路"をまた左に曲がる．目印としては三叉路の所に"教会"がある．曲がると，約100 m の所が知人宅である．この場合，"R"駅，"R 登山口"の交差点，"パン屋"，"S 3丁目"のバス停とその前の交差点，三叉路と"教会"などは，訪問客にとっては，おのおのが無関係な存在ではなく，まとまりのある一連のものとして，知覚される．すなわち，はじめから順に知人宅へ行く道順としての意味をもつ．したがって，再度訪問するときには，これらは標識として役に立つし，"パン屋"まできたら，あと約3分で"S 3丁目"のバス停があり，その前を左折すればよい．そうすると，"教会"

があり，その前のを左折すれば知人宅だと予測することができる．

2）"図"と"地"

　上記の知人の家に着いたとする．ベルを鳴らすと，奥さんが玄関に挨拶に出てこられて，ピアノのある応接間に通してくれて，お茶とお菓子を出してくれたとする．その場合，奥さん，応接間，ピアノ，茶菓子などのおのおのを切り離して個々の存在として知覚しはしない．それらを，これまた一連のものとして知覚する．しかし，ときとしてそれらの中から一つのものを"図"として浮かび上がらせてとらえることがある．すなわち，意識の前面に"図"としてのぼってくるものがある．

　一方，"図"として選択されないものは背景へと押しやられる．それをゲシュタルト療法では"地"と呼んでいる．ここで何を"図"として選択するかは，一口にいえば，関心がどこにあるかによるとされる．言い換えれば，目に映るものは，そのときの関心に従って意味のもつ方向へと構成されるのである．それゆえ知覚が散漫になり，応接間が無関係な物体の単なる寄せ集めとしか映らないときは，関心をひかれるものが複数あって混乱しているときか，選択できないときか，あるいは，関心が全くないときかである．

　具体的にいえば，目下ピアノにこっている訪問客が訪ねるとするなら，まずピアノに目がいくであろう．それが"図"となるからである．誰がどんな曲を弾くのか，知人も弾くのか，それとも奥さんか，お嬢さんか，楽譜にはどんなものがあるのかなどに好奇心を抱くに違いない．その他のものはその訪問客には重要ではなく，背景すなわち"地"へと押しやられてしまうのがふつうである．

　空腹の訪問客なら，出された茶菓子に目がいくであろう．そして早く食べたいと思うだろう．知人に質問のある訪問客なら，早く知人と話をしたいと思うだろう．また郷里を離れて下宿している訪問客なら，奥さんと話しながら郷里の母を思い出すかもしれない．ところが，しぶしぶ付き添ってきただけの人なら，何も"図"にのぼってこないかもしれない．そんな人には，何か興味をひかれるものが出てくるまでは，その応接間はただの物体がおかれている空間でしかなく，訪問そのものも退屈なものでしかないであろう．

　この例からわかるように，"図"は意識にのぼってくるもので，意識化することとほぼ同義語である．この"図"は，時間の経過とともに，次のものが"図"となるまで，意識の前面にある．しかし，次のものが"図"となったときは，とって代わって"地"へと押しやられる．たとえば，先の空腹の訪問客がお菓子を食べてひとまずお腹が落ち着き，今度は知人の話に耳を傾けるというのがそうである．いままで"図"にあった"空腹"が"地"へと引っ込められ，今度は"知人の話"が"図"にのぼってきたからである．このように，いままで"地"にあったものが，意識の前面にのぼってきて"図"になることを，そして，いままで"図"にあったものが"地"となることを図地反転というが，意識の流れとは，この図地反転の連続をいう．

3) ホメオスタシス

ホメオスタシスとは，有機体としての人間がサバイバルするために生理的平衡を保つ機能のことであるが，ゲシュタルト療法では心理的ホメオスタシス，さらに社会的ホメオスタシスと呼ばれるものが仮説されている(Perls, 1974)．後者の二つのホメオスタシスを仮説したのはパールズが最初であるといわれているが，いずれのホメオスタシスも，生理的なものと同様，外界の変化に適応するためにとられる生命体の営みとして理解される．

まず，生理的ホメオスタシスとは，たとえば血液中の水分の含有量を一定に保つ機能のことである．これが保たれないと，人間は健康を維持していくことができない．それゆえ，水分の含有量が下がった場合は，それを補うために身体組織中の水分が血液へと供給される．そのため，発汗，唾液分泌，排尿などの生理的作用は減少する．一方，血液中の水分が低くなると，そのこと自体は人間には意識されないが，喉の渇きを覚えることはできる．そして，水を飲むことによって，平衡を維持することができる．このように生理的ホメオスタシスは生命体がサバイバルしていくための生理的な機能である．

次に，心理的ホメオスタシスであるが，これは快・不快に始まり，喜怒哀楽を主とする感情を経験するとき，その経験そのものがホメオスタシスの機能であると仮説されている．たとえば，不快な経験をすると不快感や怒りなどを覚えるのがそうである．それは，喉の渇きが体内の水分不足を示す生理的機能であるのと同様に，サバイバルのための機能である．さらに例示すると，ある女子中学生は両親の夫婦喧嘩の最中にたまらなくなって仲に入り，「もういいかげんにやめて！」と叫んだ．ところが母親から「子どもは黙っていなさい！」と逆にしかられてしまった．そこで何か悪いことをしたのかなと思ったが，「……むしょうに腹が立ってきた」という．この例自体，せっかく介入したのに逆にしかられてしまったという点で，痛ましいといわざるをえないが，子どもの「むしょうに腹が立ってきた」という感情体験は，それゆえ，外界との摩擦を緩和してサバイバルするために，自らの中に起きてきた心理的平衡を維持する機能ととれよう．

社会的ホメオスタシスとは，社会的なレベルにおいても，生理的なものと同質のホメオスタシス機能が働いていると受け取れる現象をいう．たとえば，パールズの例(Perls, 1974)に従えば，近隣に火災が起きたとき，近所の者が一致して消火に協力するというのがそうである．この例では，社会のバランスが崩れたときには，ホメオスタシスよろしく，社会の中にそれを修復する機能が存在することを示唆している．しかし，それは健全な社会のことであり，病んでいる社会ではこの機能はみられないのではないか．したがって，ホメオスタシスは社会的レベルではいつも存在するとはいえないのではないか，という疑問は残る．しかし，パールズ流にいうならば，一つは，混乱や破壊でさえも，人類，地球や宇宙規模でみた場合，自然現象全体のバランスを保つことにつながる，ということになりそうである．

第5章　相互作用を重視する理論

b.　ゲシュタルト療法の人格論

1）　全人的な考え方

　人間をどう理解するかは，心理学的には人格論といわれている．ゲシュタルト療法の人格論は，従来の心身2元論の考え方と違って，人間を1元論的にとらえようとするところにその特徴がある．従来の考え方は，17世紀以来主流となった考え方であるデカルト流（Descartes, R.：1596-1650）の心と身体とを分けた2元論（Dualismus）であるが，ゲシュタルト療法では，人間を統合された存在として1元論的，すなわちホーリスティック（holistic）に理解する．これは東洋の心身一如の考え方とほぼ同義といってよいが，心と身体を一連のつながった存在として考える．たとえば，心の活動と身体の活動とを考えた場合，その二つは，エネルギーの消費量や身体的行為に出るか出ないかにおいては異なるが，"活動"という点では同一線上で考えられるとするのである．換言すれば，心の活動，すなわち精神的活動は，本来は身体的活動に根ざした，あるいはそれから派生したものであるが，身体のエネルギー消費を極力節約する形でなされる活動と理解する．具体的には，イメージをもつことがそうである．たとえば，パールズの例を引用すれば，夕食のための買い物にスーパーへ行くとき，多くの人はあらかじめ献立を決めておいて，それに必要な品を買うという方法をとる．したがって，スーパーへ着いたら，手際よく買物をすることができる．この例で明らかなように，「あらかじめ献立を決めておく」というのは精神的な活動であるが，あとの買物をするという身体的な活動に役立っている．ここでの精神的活動は，"てこ"の原理よろしく，身体的活動を少しのエネルギー消費で助けている．しかし両者とも，夕食の準備をするという点で，一つのつながった活動ということができよう．異なるのは，エネルギーの消費量である．このような考え方は人間の能力を最大限に発揮するために内的にシンボルを操作することができるということを示唆している．

　夢や無意識の理解も同様に，ゲシュタルト療法では1元論的である（Perls, 1969）．すなわち，夢に登場するものは何でもすべてその人が投射されたもので，その人とつながっていると考える．また無意識も，意識と異なった存在としてみるのではなくて，どちらも一線上にあるものとみなしている．換言すれば，人間の行動は身体的な活動という顕在的なレベルか，精神的な活動という潜在的なレベルか，そのいずれかに現れるとするのである．

　ひととなりについても，人間をまるまる全人的にとらえようとする．たとえば，一般には，強いところ，誇れるところ，好ましい性格など，いわゆる良い面か，あるいは逆に，弱いところ，コンプレックスなど悪い面か，そのいずれか一方のみをみようとする傾向があるといえよう．しかし，ゲシュタルト療法では，良い面も悪い面も，また価値をおいている側面もおいていない側面も，両方ともまるまるその人そのものであるととらえる．心理療法においてクライエントとまるごと関わることを可能にさせたのは，このようなとらえ方ができるようになったからであり，それとともに心身症への関わりに効果を及ぼして

いるのである.

このように全人的なとらえ方は, 心身2元論の土壌の上に立って発展してきた心理学や異常・正常と二分割して考えてきた心理療法に対する挑戦として受け取ることができよう.

2) 教育モデル対医学モデル

従来の心理臨床や心理療法は, 医学にそのモデルを見いだしてきた. たとえば, 心理診断ということでいえば, 正常・異常という基準, あるいは病気・健康という基準, すなわち"あれかこれか"に依存して発展してきた. また, 使用する概念や用語も, 正常・異常に始まり, 神経症, うつなど, 多くは医学のものを借用している. すなわち, いわゆる医学モデルに準拠してきたのである. しかし, たとえば不登校やスチューデントアパシー, 無気力などの現代が生み出す現象は, もはや医学のみに準拠した考え方や心理治療ではとらえられないし, また治療効果が上がらなくなってきている. 不登校の理解には, もはや当該の子ども個人の神経症的不安や病的弱さにその原因を求めるだけでは不十分で, 家庭での問題, 学校でのいじめや管理のあり方, また社会状況が起因しているとするとらえ方が必須になっている. スチューデントアパシーや無気力にしても, 大学へ行くことの意味, 授業の内容とあり方, 本人の興味, また人生の目標, 生きる価値など, 現代の教育や社会が抱えている問題と大いに関係している.

医学では, 医師が一方的に診断し, 治療にあたるというのが伝統である. それが医学であり, 医師の役割や責任でもある. 一方, 心理臨床や心理療法ではどうか. 主訴や問題の多くは家族のダイナミックス, 人間関係, また社会との折り合い, それに見方や価値観に起因するものがあるので, 何が原因か, どうしたらよいかを一義的にかつ一方的に決められない. たとえば, 離婚を考えれば明らかなように, それは基本的には二人の人間関係の問題や人生の問題であり, その人の選択の問題である. そしてそれは, 現代という時代や社会が大いに関係しているといわざるをえない. 一方, この過程に関わる心理臨床家は, 医師のように全責任を負いかねる. むしろ意思決定したり責任を担うのは, 当事者であるという考え方に立つ. それがその人の成長のためだからである. このような考え方は, それゆえ成長モデルもしくは教育モデルといわれているが, ゲシュタルト療法もこの考え方に立脚している.

3) 統合を志向する人格

ここで統合を志向する人格とは, まずパールズに従えば, 成熟した人格あるいはセルフサポートのできる人格ということになる. 彼は"薔薇は薔薇であるところの薔薇である"(スタインの詩)になぞらえて, 人はその人らしさをいっぱい身につけたときに存在価値があり, 成熟した人格の持ち主ということができるとしている(倉戸, 1989).

また図地反転がスムーズに行われるというときにも, 統合の状態にあるといえる. 固着, 取り入れ, 投射などが病理的水準にあれば不統合ということになるが, 統合はこれら

がみられないときの状態をさす．図地反転がスムーズにいくというのは，外界とのコンタクトがうまくいっている証拠であり，基本的には現実を現実とする認知がスムーズに行われていることを示唆している．

一方，ホメオスタシスの観点からも同じことがいえる．統合とは生理学的ホメオスタシスはもちろんのこと，心理的ホメオスタシスが機能していることをいう．そして社会的ホメオスタシスへと展開する社会や地域，環境に対する感受性をもち合わせているとき，統合は個人のレベルから社会のレベルへと拡張される（Perls, 1974）．

統合を志向する人格は，ブラウン（Brawn）らの合流教育（confluent education）でいう大脳の左半球・右半球の統合という視点からも考えることができる．概念や数など知的な側面をつかさどるといわれている左脳と，音楽や詩，イメージなどをつかさどるといわれている右脳との統合を図ること，すなわち知的なものと情緒的なものとのバランスがとれるようになることは，統合を志向する人格といえる．

c. 関係性重視の理論

1） ゲシュタルト療法における関係性

ゲシュタルト療法における関係性は，一つは，即述したように，無口が問題となっているとすれば，すなわち"図"になっているとすれば，その背後あるいは"地"になっている，よくしゃべる母親の存在との関係で問題をみようとすることを意味する．このように問題行動を"図"と"地"との関係性でみようとしているのである．それは問題を内容ではなくて構造としてとらえようとしているともいえよう．そして，むしろ心理治療に役に立つものの見方・考え方は，上記のように，構造あるいは関係性を問題にして初めて可能になるという立場をとる．

2） グループ・セラピー

ゲシュタルト療法は多くの場合においてグループ・セラピーの形態をとる．これは誕生当初，たまたまセミナーやワークショップの参加者にデモを兼ねてやってみたという偶然と，クライエントの費用が皆の分担ですむという経済性とが結びついたと思われるが（Perlsら，1982），関係性を重視する立場からは，まことに都合のよい形態といえる．すなわち，グループそのものが社会の縮図としての機能を果たすのと，他者との関係性が如実に現れるからである．たとえば，精神分析でいう感情の転移などもグループの中では頻繁にかつ具体的に観察できる．これはセラピストの立場からいえば，わかりやすい心理治療の手がかりが目の前にあることを意味する．そして他のクライエントにとっても明らかに転移を観察できるという利点がある．

3） 現象学的側面

この療法は"今-ここ（here and now）"を大切にすることで知られている．"今-ここ"とは，セラピーがまさに展開されている現象学的場とそこでの関わりをさす．たとえば，

「今，首を横に振ってらっしゃるのをお気づきですか」，「お父さんの話をなさると，手に
こぶしをつくってらっしゃるのがみえますが，ご自分でもご存じですか」などと，"今-ここ"で観察されるものを取り上げることをいう．そして「そのこぶしで何かしてみてください」などと関わる．

　他の多くの心理療法が"あのとき-あそこで(then and there)"はどうであったかと，過去の現象を過去にさかのぼって，なぜそのような行動をとったのかを理解しようとするのと対照的に現在性(presentness)を強調するのがこの療法の特徴といえる．すなわち，たとえば神経症は過去に問題があった人であるだけではなく，その後も継続して現在も問題をもち続けている人ととらえる．そしてそれは"今-ここ"においても観察可能な現象の中にみられるとする．したがってこの立場に立つ心理療法は，現象の中に自明にみられる表情・動作・言語に関わることになる．この関わりは上記の例でも明らかなように，多くの場合，現在形で表現される．そして，なぜそのようになるのかというセラピストの解釈は極度に避けられる．

5.3　エンカウンターの理論

a.　エンカウンターとは

　エンカウンター・グループ(encounter group)とは"出会いのグループ"とも呼ばれるが，一つは1960年代にロジャース(Rogers, C.R.)を中心に実践されてきた基本的な人間関係を体験する小集団活動(basic encounter group)のことをさす．グループの目的は，一口にいえば，おもに参加者のパーソナルグロースにおかれ，そのグループ構成はまちまちであるが，多くの場合12人前後の参加者と1〜2人の世話人(ファシリテーター)からなり，1回2時間から2時間半の非構成的なグループ・セッションを集中的に何回か経験する．ここで非構成的とは，あらかじめ予定されたテーマもなく，話したいとき話したい人が発言するという意味で，参加者の主体性が最大限に尊重され，世話人の介入は逆に最小限になされる許容的な雰囲気のあるグループのことをいう．

　一方，時を同じくしてアメリカ西海岸では，ヒューマン・ポテンシャル・ムーブメントの中心になったエサレンにおいて，シュッツ(Schutz, 1973)によるエンカウンター・グループが広く衆目をあびて実施されている．シュッツはベストセラー"*Joy*"の著者としても知られているが，人間関係の方向性を測定するFIRO-B(Fundamental Interpersonal Relationship Orientation-B)の考案者でもあり，いわゆる小集団活動の研究や実践に貢献した人としても著名である．

　また，東部メーン州ベセルにおいては，1946年にNational Education Association主催(1951年よりNational Training Laboratories in Group Development：NTL)の最初の構成的グループであるラボラトリー(laboratories)やT-グループ(training group)が開催

され，以後の一連の小集団活動の原動力となっている（Bradford ら，1964；倉戸，1966）．

これらエンカウンター・グループは，一時アメリカ市民に爆発的人気を呼び，長時間継続される"マラソンエンカウンター"や"女性問題を話し合うグループ"など，マスコミの報道するところとなったこともある．筆者の留学先の大学でも，夏には 100 を数える各種のグループが開催されていたが，その人気のほどがうかがえよう．

b. 提唱者ロジャース

ロジャースは来談者中心療法（client-centered therapy）の提唱者であるが，その後個人療法からグループ，さらにはコミュニティ，異文化間へと展開された彼の理念や方法はパーソン・センタード・アプローチと呼ばれるようになったことでも知られている．エンカウンター・グループについては，上にみたように必ずしも彼が唯一の提唱者とはいえない節もあるが，basic encounter group の名称は彼の命名によるし，とくにわが国では，エンカウンター・グループといえばロジャース，という具合に認識されているといえよう．

彼はアメリカのイリノイ州に生まれ，敬虔で厳格な，しかし暖かいキリスト教信者の両親に育てられた．高校生のとき世界キリスト教学生会議の代表として中国に派遣され，異なった風景とともにキリスト教以外の宗教，異なった人々の生活や文化などに接して，いまでいう異文化体験をする．この異質なものの存在との出会いがその後の彼の人生や価値観に大きく影響を及ぼしていく．ウィスコンシン大学の農学部に入るが，のちに史学科に転学部している．そしてユニオン神学校へと進むが，コロンビア大学教育学部大学院でホーリングワースの指導を受け，教育心理学や臨床心理学を修める．ロチェスターの児童愛護協会児童研究部に勤務したが，そこではおもに非行少年の処遇面接をし，いくら忠告や助言をしても少年が再犯を繰り返すことに遭遇して，既存の面接方法に限界を感じ始める（Rogers, 1961）．

1942 年に『カウンセリングと心理療法』（Rogers, 1942）を著し，先の忠告・助言・解釈という伝統的な方法に代わって傾聴することの有効性を世に問うた．そこには，人間には成長への衝動があり，主体性が芽生えれば十分に機能することが可能だという，のちに彼が主張するに至る人間観をかいまみることができる．1957 年には『治療的パーソナリティ変化の必要にして十分な条件』（Rogers, 1957）を発表し，純粋性（genuineness），無条件の肯定的関心（unconditional positive regard），共感的理解（empathic understanding）をカウンセラー側の条件，そして知覚（perception）をクライエント側の条件とした．この条件を含めた彼の人間観や介入の方法は，カップルや夫婦・結婚の問題（Rogers, 1969；1972），小集団活動であるエンカウンター・グループ（Rogers, 1969；1970）へと展開されることになる．

c. 心理療法に及ぼした影響

エンカウンター・グループの基盤となっているのは来談者中心療法であるが，その影響からあげると，まずロジャースの方法は，忠告・助言・解釈といったセラピスト主導の介入方法からクライエント主導型の介入の提案となったが，これは権威的な縦の関係から民主的な横の関係樹立への転換を意味し，心理療法のみならず広く医療・教育・福祉・司法をはじめ，家庭や職場，女性解放運動，自主的な活動などの各界に影響を及ぼしている．それゆえ，ロジャースのもたらした各界への影響は，"静かな革命(quiet revolution)"(Farson, 1975)と呼ばれている．

次にセラピストは問題に対処したり，解決することに専念するよりも，むしろ問題を抱えている人間(person rather than problems)に関心を向けた．これにより表面的に問題解決を図ったり，対象療法的に問題をみるのではなく，その人間の内面，人間そのものと出会うことによる人格の転換(personality change)を意図した．それゆえ問題の内容よりも問題をどう抱えてきたかその過程に関心を注いだ．

傾聴や受容，共感的理解などのロジャースの態度・技法は，人間は生物学的に，あるいは環境により決定されているとするそれまでの人間観に対して，人間は一人ひとり個性があり，責任ある存在として尊重されるとき自己実現が促されるとする人間に対する楽観主義に根ざした人間観に基づいているものである．それはマズロー(Maslow, 1954)，メイ(May, 1961)，オールポート(Allport)などの同時代の心理学者，またティリッヒ(Tillich, 1952)，フッサール(Husserl, 1952)，ハイデッカー(Heidegger, 1959)などの同じく同時代の神学者や哲学者の考えと同質のものである(Farson, 1975)．

この人間の決定因子についてはスキナーとの論争がある(Rogers と Skinner, 1956)．人間はどこまでコントロール可能か，あるいは誰がコントロールするのか，選択や主体性はどうなるのか，などがその論点であった．スキナーは，人間は広義には文化に，狭義には周囲の環境にコントロールされるとしたが，ロジャースは前述のように，主体的に選択することができる存在としての人格と自己実現傾向によるとした．

心理療法に及ぼしたさらなる影響は，それまで心理療法は職人芸としてその過程については明らかにされてこなかったが，録音による逐語記録を発表することにより科学的・体系的に研究したり学習することができるようになったことである．また，逐語記録から得られた情報をQ-テクニックにより統計的に分析したことも，同様に心理療法に科学のメスを入れることになった．

エンカウンター・グループは，基本的には上記ロジャースの人間観や技法によりながら，それらの適用をグループにおいて試みた人間関係の実験ともいえよう．そこでの人間関係は，従来の治療者対被治療者というような権威的なものではなく，世話人も参加者の一員として参加する．カウンセラーやセラピストは，リーダーでもトレーナーでもなく世話人と呼んだところに意味があるが，この世話人はもっぱら"今-ここ"で起こる参加者

第5章　相互作用を重視する理論　　　759

相互の人間関係の中に，一人の参加者あるいは同じ人間としてそこに居合わすのである．この関わりは"過去"を重視しがちな心理療法に"現在"の意味を認識させることとなった（畠瀬, 1990）．また，非権威的な関わりやグループを通しての自己実現傾向の促進は，おりしも展開されつつあったヒューマン・ポテンシャル・ムーブメントを促進することとなった．

　このようにエンカウンター・グループをきっかけに，個人療法から集団療法へと広げられた彼の理念と技法は，北アイルランドのベルファーストにおけるカトリックとプロテスタントの人たちのグループ(1977)，南アフリカの黒人と白人の人種問題紛争の解決をめざしたグループ(1986)，ソビエト（現ロシア）でのワークショップ(1987)，ラテンアメリカ紛争解決のためのワークショップ(1986)などへと，宗教や人種問題，異文化間の問題，国際的緊張緩和の問題にまで広げられている．

　彼はかつて，このエンカウンター・グループは世界が変化のときを迎えるとき，その変化に適応するための手がかりを示唆すると予測し，さらに世界の緊張状態を緩和するために試みられるであろうと期待したが，それは上記のごとく世界の緊張状態のみられる各地でみごとに実現への一歩として踏み出されているのである．

　筆者は 1995 年に，ロシアでのワークショップ以来実りつつあるハーモニー研究所(Harmony Institute)という組織をみる機会があった．その研究所は約 10 名の医師や Ph. D. の心理学者たちとその家族の組織で，International Conference on Conflict Resolution(1995) をアメリカの Common Institute と毎年共催しているが，日常的には心理療法やカウンセリングを通して民主化を促進しようとしている．チェルノブイリの事故後の子どもたちの心のケアにあたっている心理学者もいた．シカゴのチェンジズと似た試みであると理解したが，ペレストロイカ後の混乱期にあるロシアにおいて社会的にも貴重な働きをしている様子がうかがえた．ロジャースのまいた種が着実に実を結びつつある様子であり，ロジャース死せどもエンカウンター・グループの精神は死ぬどころか，かつてライバルであったロシアでも必要とされ，ますますいかされているという感じを強くしている．

1)　エンカウンターにおける概念と特徴

　a)　**"今-ここ"**　"今-ここ(here and now)" とは，エンカウンター・グループでいえば，グループが進行している，まさにその空間的・時間的次元をさす．参加者は，はじめ自己紹介や過去の述懐など，またグループ外で経験したことなどを話し出す場合が多いが，やがてグループの成長とともに，その場に居合わすことができるようになる．その場に居合わすとは，居心地も安定し，他者のいうことを傾聴したり，自らの内面で経験していることに開かれていくようになることをいう．同時にグループの中で，他者の動きなど，"今-ここ"で生起している現象にも気づいていく．また，発言をよくする人，しない人など，あるいはグループでの応答が誰から誰に流れ，自らは誰のどのような言動に心を動かされ，逆に悪感情をもつかなど，内面の動きを含めたダイナミックスをも意識化する

ことができるようになる.

このような傾聴, 内面や外界の意識化が進展するのを妨げるものは, すなわち“今-ここ”に生きられないのは, 偏見, 先入観, 自説の固執, 投射, 想像, 思い込みなどである. しかし参加者はこれらをすぐには取り去ることができない. ときとして焦ったり悶えたりするが, いくつかのプロセスを経てやがて“今-ここ”での経験に開かれていくことにより是正していく. この“今-ここ”での経験に開かれていくプロセスがエンカウンター・グループでの成長のプロセスということになるが, 多くは言語的には現在型を使うことから始められるという指摘(倉戸, 1979)がある. また, それは“我-汝”(Buber, 1960)という出会いの経験ともいわれている. それは真に他者と人格的な関係をもつことをいうが, そのきっかけは, ときとして否定的感情や攻撃の表出という方法でなされることがある.

この“今-ここ”は現在性(presentness)を象徴的に表現しているものであるが, 現在という時間的概念は刻々変化し過去へと押しやられて, 厳密な物理学的意味では存在しえないのではないかという批判もある. これはグループにおける人間関係はまさに刻々変化する過程の真っただ中に居合わせることによって, そしてそれをまぎれもない“今-ここ”に生起しつつある現象, すなわち現象学的場として経験するとき, 現在という時間的概念は存在するといえる. それゆえ, このロジャースの立場は「現象学的」といわれているが, 現象学的という名称を使うことに対してはヨーロッパ学派からの批判もある(霜山, 1968). しかし彼の意図は, 客観的で絶対的な場ではなく, そこに居合わせる個人によってさまざまに知覚される私的な現象学的場(phenomenal field)が存在することを示唆することと, そこにおいてこそ“出会い”が成立することを指摘するために用いられたものと思われる.

b) 許容的雰囲気　　エンカウンター・グループの特徴の一つは個人の尊重・受容・共感的理解を中心とした許容的雰囲気であろう. 参加者は安全でしかも何を発言しても許容される文化的風土の中で個人的な経験や感じ方, 感情を開示していく. 世話人も威圧的でなく, むしろ積極的・肯定的関心を示してくれるので, 上記はさらに促進される. このようにグループの雰囲気が許容的と感じられると, 参加者は胸襟を開き始める. 防衛する必要が薄らぐからである. そしていままで外に対してもっぱら使っていたエネルギーを自らに向けだす. すなわち内面をみるのに使いだす. はじめは必ずしも肯定的とは限らないが, 醜い, 弱い, 防衛のかたまりのような屈折したものであったとしても, そこにまぎれもない真の自己の姿をみることを自らに許すことを始めるのである. これはまさに自らとの出会いの始まりということができるが, それは何よりも参加者の主体性が尊重される許容的雰囲気がグループに醸成されてくるからである. 換言すれば, 「メンバー自身に権威を」(村山, 1992)ともいわれるくらい, エンカウンター・グループは参加者が相互に尊重し合う中で主体性を取り戻す文化的風土をもっているといえよう.

c) 人間関係理論対治療理論　　目的論からいえば, エンカウンター・グループの目

的は，一口にはいいがたいが，グループ経験を通して，沈黙，他者の発言，自分の発言が
どう受け取られたか，そのときどきに感じられる感情などを手がかりに，自己をみつめ直
し，自己の人間関係のあり方に気づくことであろう．もちろんエンカウンター・グループ
にも境界例や神経症様の，いわゆる病態水準の重い人が参加してくることもありうるが，
理論的にも実践的にも，上と同様のグループ経験の中で，すなわちグループ内の人間関係
の中で，癒されていくということになる．一方，心理療法の場合は，それがグループの形
をとったとしても，目的はあくまで心理治療である．したがって，グループ内の人間関係
は従となる．換言すれば，前者は参加者どうし間というホリゾンタル(横)な関係の中で自
己の人間関係のあり方に気づくのであり，後者はセラピストとクライエントというバーテ
ィカル(縦)な関係の中で問題解決や症状の心理治療が行われるということができよう．さ
らにいえば，前者と後者の相違は，インターパーソナルな関係とイントラサイキックな関
係ということができよう．

　また，方法論的には上記と重複するところがあるが，エンカウンター・グループでは世
話人がグループの一員となり，グループの成長とともに上記の目的が達成されるのに対し
て，心理療法ではセラピストの第一義的関心はクライエントのセラピーであり，それを通
しての治癒である．したがって，前者では人間関係が，後者では治療が，それぞれ優先さ
れるといえよう．両方のグループに参加した者が，前者は暖かく居心地はよいが，人格の
変容を期待する場合は生ぬるく感じるし，後者はセラピストがクライエントとのセラピー
を開始すると，グループの中の他のクライエントはしばし置き去りにされたように感じ
る，と漏らしていたことがある．一つの感想ではあるが，両者の違いをいいあてているよ
うに思える．この違いは，筆者の経験からは，前者が参加者全員の力で個人やグループを
支えるのに対して，後者では全責任はセラピストにありといわんばかりに，セラピストの
関わりや発言が頻発するからではないかと思われる．

2）　エンカウンター・グループの過程についての理論

a）　ロジャースのエンカウンター・グループの過程

エンカウンター・グループで
はどのようなことが起こるのか，また進展するとしたらそれはどのような過程を経るの
か，についてまずロジャースにより考察された15段階のものをあげる(Rogers, 1970)．

　［段階Ｉ］　模索：当惑，不気味な沈黙，礼儀正しい表面的やりとり，社交的会話など，
グループの中で参加者はどうしたらよいか模索し始める．

　［段階II］　個人的表現または探究に対する抵抗：模索の段階が進むと個人的態度の表明
がみられるが，信頼感の欠如や自分をさらけだす恐れから，他の参加者からのアンビヴァ
レントな反応や抵抗を受けることがある．

　［段階III］　過去感情の述懐："あのとき，あそこで"経験した話をする．それは"嫌だ
った"とか，過去に経験したことではあるが，ときとしてなにがしかの感情を伴う．

　［段階IV］　否定的感情の表明：「自己紹介」の提案に対して否定的な発言がなされるこ

とがよくあるが，それは"今-ここ"で起こる感情の最初の表明である．

[段階V] 個人的に意味のある事柄の表明と探究：参加者にとって意味のあることの発言がみられだす．たとえば，「自分には一人も友と呼べる人物はいない」と打ち明ける参加者が出てくる．

[段階VI] グループ内における瞬時的対人感情の表明：「あなたが黙ってると，否定されているように感じる」など，参加者から参加者へ，肯定的であれ否定的であれ，そのとき経験した感情が表明される．

[段階VII] グループ内の治癒力の発展：苦悩している参加者に対して，援助的・促進的・治療的態度で接する動きが自然に出てくる．

[段階VIII] 自己愛と変化の芽生え：自己受容がみられるようになり，変化の兆しが表れる．

[段階IX] 仮面の剝奪：あるときは穏やかに，あるときは執拗なまでに，参加者は自らの感情を隠さないこと，社交的な仮面を脱ぐこと，自分自身であることを要求してくる．

[段階X] フィードバック：参加者は自分が他者にどのように映っているか，また自分に映った他者の姿をそれぞれ示すことが出てくる．

[段階XI] 対決：参加者どうしが正面から「ぶつかっている」場面に出くわす．対決しているのであるが，対立的な場合もあるし肯定的な場合もある．

[段階XII] グループ・セッション外での援助的関係の出現：グループ外で，たとえば散歩，食事，お茶などのときに，個人的問題で悩んでいたり傷ついている参加者に援助的に接触している人が出現する．

[段階XIII] 基本的出会い：参加者各自が自己を語り，感情を表明し，仮面を脱ぐとき，参加者間には対決や受容，そして共感的理解がみられるようになる．

[段階XIV] 肯定的感情と親密さの表明：深い親密さと肯定的感情を参加者どうし共有し始める．暖かさ，われわれ意識，信頼などの感情が表明される．

[段階XV] グループ内での行動の変化：身振り，表情，声の調子，発言数，たたずまいなど，グループ内における行動の変化がみられるようになる．

b） 日本における追試　　上記のロジャースにより考察されたグループの過程は日本における実践と研究を通して検証されている．それらはおおよそロジャースのものと基本的には一致しているようである．その一つは村山・野島(1977)のものであるが，エンカウンター・グループの過程を6段階に区分している(表6.5.1).

[段階I] 当惑・模索——ファシリテーターによる場面構成後のとまどい，当惑，困惑，不安など．

[段階II] グループの目的・同一性の模索——場つなぎ的に次から次へと話題を追うなど．

[段階III] 否定的感情の表明——グループの中の目立つ人，ファシリテーター・グルー

プの性質について不満，攻撃，不信などの否定的感情が爆発するなど．

［段階IV］　相互信頼の発展──まとまりができ，信頼感，親密感，他者への関心・配慮が高まるなど．

［段階V］　親密感の確立──重要な自己の内面は語られないが，冗談と笑いがどんどん出て親密感が深まるなど．

表 6.5.1　エンカウンター・グループ発展段階(村山, 野島, 1977)

| 段階 I ：当惑・模索 |
| 段階 II ：グループの目的・同一性の模索 |
| 段階III：否定的感情の表明 |
| 段階IV：相互信頼の発展 |
| 段階 V ：親密感の確立 |
| 段階VI：深い相互関係と自己直面 |
| 終結段階 |

［段階VI］　深い相互関係と自己直面──"今-ここ"に基づいた率直な自己表明，正直な他者への応答，フィードバック対決，いろいろな試みや挑戦が行われるなど．

最後の段階は終結段階──段階VI以上に展開したグループには満足感があり，それまでに展開しなかったグループには不満足感が残る．

c）　シュッツの発達段階　　シュッツは FIRO-B の概念を用いてエンカウンター・グループの発達過程として，内包(inclusion)，支配(control)，愛情(affection)の 3 段階を考えた．内包というのは，参加者は自分がグループの内にすでにいるのか，まだ外にいるのか，すなわち in or out のいずれかの状態から出発し，やがてグループにおけるイニシアティブの問題になり，自分はグループの上位にいるのか下位にいるのか，すなわち top or bottom のいずれかの状態を経験し，そして最終段階として，グループあるいは他の参加者に対する愛着の問題へと展開する．すなわち，愛着を覚え近しい感情をもつのか，あるいは距離のある感情をもつのか，close or distant を感じる状態へと発展する．もちろん両極端ではなく，その中間の状態も含まれているが，グループの発展はこの順序の過程を経るとしている．体験的には，このシュッツによる過程は構造的で理解しやすい面がある．

このシュッツの過程の是非については，わが国においては，筆者の指導のもとに，いくつかの追試がなされている．その一つは和田(1980)のものであるが，アメリカ人と違って日本人の場合はグループが開始されると参加者は支配(control)の問題が関心事であることが判明している．したがって日本人の場合，第 2 段階の支配から出発し第 3 段階の愛情，そして内包の段階へと展開していく傾向にある．他は斎木(1979)のものであるが，おおよそ和田の結果と同じ傾向を示唆している．

3）　関係性重視の理論

a）　エンカウンター・グループにおける関係性とは　　エンカウンター・グループにおいては，参加者が自己をみつめ，自己に気づいていくのは，"今-ここ"という現象学的場における参加者相互の関係を通してである．グループ開始後の"模索"に始まり，"グループ内での行動の変化"までの 15 の過程は，すべてその場に居合わせた自己と他，自己と自己，他と他の相互関係の中で進展する．その意味ではグループは，まさに自己を知

る王道ということができよう.

これはエンカウンター・グループが継続し,かつ集中的に開催されることにもよるが,肯定的・否定的の両方のフィードバックを得たり,対決したり,そしてやがて出会ったりするグループという人間関係を体験する場面構成は,とりもなおさず関係性重視の設定である.その関係性の中で,前述のような治癒力や援助的雰囲気が醸成されるのである.

この関係性重視の立場がエンカウンター・グループの特徴といえるが,自己と他者あるいは自分と自分の関係は,現代人の多くにとって取り組むことが必要で不可欠な課題ということができよう.

b) 現象学的側面　ロジャースのいう「現象学的」については先に概説したが,いま一度,畠瀬(1990)がロジャースの『エンカウンター・グループ』の「訳注」で解説しているところから引用しておこう.

「心理学研究の一つの態度をさし,(1)いかなる過程や偏見にもとらわれることなく経験そのもののありのままの姿を記述し,(2)個々の事象より全体的な把握を重んじ,(3)観察されたことの中に入り込みレンズでみることのできる以上のものをとらえる姿勢をもち,(4)人間の行動より意識に映ったものをとらえる,などの特色をあげることができる.現在の心理学の主要な研究法が操作的統計的研究に傾き,現象学的資料を単なる主観的報告として排除することに批判的であることは明らかである.なお,ここでいう現象学的方法はヨーロッパに発した哲学的現象学や実存主義的現象学とは学風を異にしている」.

上記で畠瀬も指摘しているように,ロジャースの「現象学的」というのは,第三勢力としてのヒューマニスティック心理学の範疇でとらえる方が,むしろ適切なのかもしれない.このことは,彼がグループでの“今-ここ”というときでさえも,寛大で“あのとき,あそこで”でも何でも自由に語れる雰囲気(畠瀬,1990)を志向していたことからもうなずけよう.

c) 関係性とマイナスの側面　エンカウンター・グループの体験者は,多くの場合,現実の生活の場に帰ってからも汎化がみられるという報告がある.これはエンカウンター・グループの効果ともいえ,好ましい報告である.一方,批判的な報告(氏原,1977)もある.それによると,グループは多くの場合,合宿形式でリゾート地やセミナーハウスで開催され,いわば文化的孤島(cultural island)での凝縮されたものであり,それは疑似体験でしかないのに,そこに逃避したり,現実と錯覚したりすることは好ましくない.ましてアクティングアウトであれば何をかいわんやであるという指摘である.参加者どうしの恋愛はその一例であるが,それも“今-ここ”での凝縮された関係性のなせるわざということができよう.

それに心理的損傷の問題も,数は少ないが報告(ロジャース,1984;畠瀬,1990;村山,1977)されている.このあたりをどう理解するかについて,かつて筆者は小集団活動一般

第5章　相互作用を重視する理論　　　765

の考察の際に，グループの文化的風土（導入された初期の翻訳調の色彩の濃いもの），世話
人もしくはトレーナー，セラピストの問題，参加者のパーソナリティ，の3側面から論考
したことがある（倉戸, 1981）．ロジャース（Rogers, 1970）は，一般的に肯定的な結果のみ
が報告されがちなので，否定的な結果や失敗・マイナス，危険性も同様に尊重しなければ
ならないとしているが，けだし学ぶべき態度であると思われる．そしてグループでの変容
が持続されないこと，また吐露した深い問題が未解決のままに終結してしまうことなどを
あげて，この問題に対して慎重な態度をみせている．

〔倉戸ヨシヤ〕

文　献

1) Asch, S.(1952): *Social Psychology*. Prentice-Hall.
2) Bradford, L.P., Gibb, J.R. and Benne, K.D.(1964): *T-Group theory and laboratory method : innovation in reeducation.* John Wiley.
3) Buber, M.(1960): Dialogue between Martin Buber and Carl Rogers. *Psychologia*, **3**(4): 208-221.
4) Evans, R.(1975): *Rogers, C*. E.P. Dutton, & Co.
5) Farson, R.(1975): Carl Rogers' Quiet Revolutionary. *"Carl Rogers"*. E.P. Dutton & Co.
6) 畠瀬　稔(1990): エンカウンター・グループと心理的成長, 創元社.
7) Koffka, K.(1921): *Die Grundlagen der psychischen Entwicklung : Eine Einführung in die Kinderpsychologie.* Zickfeldt.
8) Köhler, W.(1920): *Die physischen Gestalten in Ruhe und in stationären Zustand.* Braunschweig.
9) Köhler, W.(1929): *Gestalt Psychology*. Liveright.
10) 倉戸ヨシヤ(1966): The development of the T-group theory and laboratory method in Japan. 社会問題研究, **15**: 3. 4.
11) 倉戸ヨシヤ(1979): 集団の心理. 鈴木　清ほか 編：教育心理学, 第10章, pp.194-217, ミネルヴァ書房.
12) 倉戸ヨシヤ(1981): 心理学における一つのシステマティックな教育の試み. 一点鐘, 甲南学園.
13) 倉戸ヨシヤ(1981): An exploration of group experience causalities through case studies. 甲南大学紀要, 文学編, **39**: 74-96.
14) 倉戸ヨシヤ(1989): ゲシュタルト療法. 原野広太郎ほか 編：性格心理学新講座, 第5巻, pp. 133-138, 金子書房.
15) 倉戸ヨシヤ(1989): ゲシュタルト療法. 河合隼雄, 水島恵一, 村瀬孝雄：臨床心理学大系, 第9巻, pp.123-145, 金子書房.
16) 倉戸ヨシヤ(1990): パールズ. 小川捷之, 福島　章, 村瀬孝雄 編：臨床心理学大系, 第16巻, pp.323-335, 金子書房.
17) 倉戸ヨシヤ(1991): ゲシュタルト療法. 氏原　寛, 村瀬孝雄, 小川捷之, 東山紘久 編：臨床心理学事典, 培風館.
18) Lewin, K.(1935): A Dynamic Theory of Personality: Selected Papers, Adams, D.K. and Zener, K. E.(trans.). McGraw-Hill.
19) Lewin, K.(1951):*Field Theory in Social Science : Selected Theoretical Papers by Kurt Lewin.* Harper & Brothers.
20) Maslow, A.H.(1954): *Motivation and Personality*. Haper & Row.
21) 村山正治(1990): エンカウンター・グループ. 上里一郎ほか 編：臨床心理学大系, 第8巻, 金子書房.
22) 村山正治(1992): ヒューマニティー, 九州大学出版会.
23) 野島一彦(1990): エンカウンター・グループ. 氏原　寛ほか 編：臨床心理大辞典, 培風館.

24) 小此木啓吾(1987): 1.5 の時代, 筑摩書房.
25) Perls, F.S.(1942): *Ego, hunger and aggression*. Vintage Books.
26) Perls, F.S. and Goodmann, P.(1951): *Hefferline, Gestalt therapy*. Delta.
27) Perls, F.(1969): *Gestalt therapy verbatim*. Real People Press.
28) Perls, F.S.(1974): *The Gestalt approach and Eye witness to therapy*. Science & Behavior Books. 倉戸ヨシヤ監訳(1990): ゲシュタルト療法, ナカニシヤ出版.
29) Perls, L., From, I., Polster, E. and Polster, M.(1982): *An oral history of Gestalt therapy*. The Gestalt Journal.
30) Rogers, C.R.(1942): *Counseling and Psychotherapy*. Houghton Mifflin.
31) Rogers, C.R.(1957): The necessary and sufficient conditions of therapeutic personality change. *Journal of Consulting Psychology*, 21 : 95-103.
32) Rogers, C.R.(1961): *On becoming a person*. Houghton Mifflin.
33) Rogers, C.R.(1969): *Being in relationship, Freedom to learn*. Charles E. Merrill Publishing.
34) Rogers, C.R.(1969): The Group comes of age. *Psychology Today*, Del mar, CRM Books.
35) Rogers, C.R.(1972): *Becoming a partners ; marriage and its alternatives*. Delacorte.
36) Rogers, C.R.(1970): *Carl Rogers on encounter group*. Harper & Row. 畠瀬　稔, 畠瀬直子 訳(1982): エンカウンター・グループ, 創元社.
37) Rogers, C.R. and Buber, M.(1960): Dialogue between Martine Buber and Carl Rogers. *Psychologica,* 3(4): 208-221.
38) Rogers, C.R. and Skinner, B.F.(1956): Some issues concerning the control of human behavior. *Science,* 124 : 1057-1065
39) 斎木文江(1979): エンカウンター・グループの効果について. 甲南大学文学部修士論文.
40) Schutz, W.(1973): *Elements of Encounter*. Joy Press.
41) Sherif, M. and Sherif, C.W.(1956): *An outline of social psychology*. Harper, New York.
42) 霜山徳爾(1968): ロージャズと人間学派. わが国のクライエント中心療法(ロージャズ全集第18巻). 岩崎学術出版社.
43) 氏原　寛(1977): The La Jolla program 1977 summer institute に参加して. 大阪外国語大学紀要, 日本語・日本文化, 7 : 73-93.
44) 和田憲明(1980): エンカウンター・グループの研究. 甲南大学文学部修士論文.
45) Wertheimer, M.(1912): Experimentelle Studien über das Sehen von Bewegung. *Zeitschrift für Psychologie,* 61 : 161-265.
46) Wulf, F.(1922): Über die Veränderung von Vorstellungen (Gedächtnis und Gestalt). *Psychologische Forschung,* 1 : 333-373.

第6章

個人の内界を重視する理論

「これからは自分を過大評価して傲慢になったり，劣等感をもって自己否定してしまわないよう，自分のありのままの姿をみつめつつ，自分にできることをこつこつとやっていこうと思います．人のことも考えて行動していこうと思います．……神様が私に求めていらっしゃることは，きっと私の目の前におかれていることを私なりに精一杯こなしていくことなのかもしれません．先のことを考えず，『今日一日をまずは生きよう』という気持を忘れないようにしたいです」（人生の目的を失い，無気力になっていた20歳の女性）．

これは内観療法を体験した人の感想であるが，これを森田療法体験者の声といっても不思議に思う人は少ないだろう．どちらも自分の体験をみつめ，そこから浮かび上がってきた"ありのままの自己"を受容し，そこから出発して現実に対処することを求めているからである．箱庭療法でもクライエントが自己の内界のありのままの姿を箱庭に投影できるように，治療者は邪魔をせず静かにみまもる．

この章で取り上げた心理療法は，その成立の歴史や治療方法は異なっている．森田療法は現実の行動から自己洞察を深め，内観療法では生育史で体験した具体的な事実を調べ自己洞察を行う．箱庭療法は内的世界を箱庭という形に表現し，内的体験過程を味わう．内観療法と森田療法の底流には東洋的人間観があり，箱庭療法はユング心理学を基盤にもちその理論は東洋思想と親近性があるのが両者の共通点の一つであるまいか．また，これらの療法はクライエント自身の体験的理解を求め，治療者の言語による働きかけに重きをおいていない点も共通している．もちろん治療者の存在は重要だが他の心理療法と比べると治療者は背景に退き，クライエント自らの体験が治療的意義をもっているといえよう．

6.1 内 観 療 法

a. 吉本伊信と内観療法

内観の歴史は、吉本伊信(1916-1988)の歴史である。彼は奈良県大和郡山市の肥料商と農園を経営する一家の三男として出生した。母の強い影響もあって、少年時代より浄土真宗に親しみ、さらに青年時代には婚約者(キヌ子)に好かれたい思いもあって、信仰を深めていった。そして郡山園芸学校卒業後、家業の手伝いと書道の練習と仏教の勉強をしていたが、自分の信心が単なる知識の集積にすぎないことを痛感し、浄土真宗の一派に伝わる"身調べ"に精進するようになった。

それは5~6日間の断食・断水・断眠という条件下で、「いま死んだら自分の魂はどこにいくのか。地獄か極楽か、身・命・財を捨てて問いつめよ」という厳しい修行法であった。幾度か挫折したが、1937年ついに「世界中の人が助かっても、私だけは地獄行きの浅ましい人間だ。その私がいまここに生かされているのは、まさに仏の慈悲のおかげだ」という懺悔のきわみが感謝のきわみに転換するような、歓喜法悦の宗教的体験を得た。

宗教家の中には一度悟りが開かれればそれでよしとする人が多いことを悔やみ、日常生活で自己をみつめ、反省することの大切さを痛感していた吉本は、この身調べ法を単に一宗一派の求道法にとどめるのではなく、ごく一般の人々ができる自己探究法・自己反省法にしようと意図した。

そのため、仏の慈悲や地獄の恐怖といった宗教的色彩を取り除き、断食・断眠などの条件をやわらげ、ふつうに三度の食事と睡眠をとるようにした。そして自己探究のテーマや順序を定め、指導者の役割も明確にした。このようにして1940年ごろ、現在の方法の基礎を整え、自己の内心を観察するという意味で、それを"内観"と名づけた。

吉本はこの内観を広めることを自分の使命と考え、社会的信用と活動資金を得るため実業界に入って精力的に働き、ついに社長となり成功をおさめた。1953年実業界を引退した彼は、郷里に内観研修所を開設し、本格的な活動を始めた。そしてその後の豊富な指導経験をもとにして、意欲さえあれば誰でもができる方法として発展させてきた。この経緯は『内観への招待』(吉本, 1983)に詳しい。

その結果、内観は心身の健康な人々の精神修養や自己啓発にとって有効な方法として認められるようになった。さらに、心身に問題をもった人々も内観を体験するようになり、家庭や学校や職場での人間関係の不和や、非行・犯罪・神経症・アルコール依存症・薬物依存症・心身症などの不適応に苦しむ人々の心理療法としての価値もしだいに認識され、学校・企業・少年院・刑務所・病院などでも採用されるようになった。

1978年には日本内観学会が結成され、内観の研究や実践に拍車がかかるようになった。1980年代になると日本各地に内観研修所が生まれ、さらにドイツ、オーストリアにも研

修所が開設され，アメリカ，イタリア，スイス，イギリスなどで研修会がもたれるようになった．1991年には第1回内観国際会議が東京で開かれ，8か国から内観面接者や研究者が参加した．その後3年おきにオーストリア，イタリアなどで開催されている．しかし，内観の研究はいまなお未開拓の部分が多く，基礎的な研究課題が山積しているという竹元隆洋(1984)の指摘は，現在も変わらない．

b. 内観療法の方法論

内観療法ではクライエントに自分と自分をとりまく世界との関係を，① 世話になったこと，② して返したこと，③ 迷惑をかけたこと，の三つのテーマに沿って調べること(これを内観という)を求める．日常生活から離れて1週間集中的に内観することを集中内観といい，日常生活の中で随時内観することを日常内観という．集中内観の方法は，次のとおりである．

1) 場面設定

静かな部屋に1週間こもり，午前6時起床，洗面・清掃ののち，6時半から午後9時まで内観に没頭する．食事も自分の部屋でとり，他のクライエントとの交流は禁止されている．外的世界の刺激を遮断した孤独な状況は，クライエントの目を内的世界に導いていく．

2) 内観の具体的方法

クライエントはまず無理のない限り母(または母親代わりの人)に対して，小学校低学年までの自分を，前述のテーマに沿って具体的な事実を調べる．それが終われば，高学年，中学校，高校……というように年代を区切って現在までを調べる．

そして次は父，それがすめば配偶者というように生育史の中での身近な人物に対する自分を同様の観点から調べていく．ひととおり終われば，また母に対する自分というテーマに戻る．

3) カウンセラーとの面接

カウンセラーはクライエントに内観の仕方を教え，1〜2時間に1回3〜5分面接する．それはおよそ次のような形式で行われる．

クライエントの部屋を訪れたカウンセラーは，ていねいに礼をしてたずねる．

「この時間，誰に対するいつごろの自分を調べてくださいましたか？」

それに対して，クライエントはそのエッセンスを，しかし具体的なイメージを伴った内容で答える．

「母に対する中学校時代の自分を調べました．お世話になったことは……．して返したことは……．迷惑をかけたことは……．」

カウンセラーは共感的受容的態度で静かに耳を傾ける．吉本は「内観者(クライエント)の声は天の声です．天が内観者の口を借りて，私に内観のヒントを教えてくださっている

のだと謹んで拝聴させていただいています」と語っている．そのため，クライエントの語る迷惑をかけたことの内容がいかにひどいことであろうと非難や批判をせず，クライエントの自己探究の勇気に感動し，それを語るクライエントのカウンセラーへの信頼に感謝しながら傾聴する．もちろんテーマに沿わない内容なら，それを指摘し本来のテーマに戻るよう指示する．

そして，次の時間に内観するテーマを確認する．

「次はお母さんに対する高校時代の自分ですね．ありがとうございました．」

カウンセラーは深々と礼をして，静かに部屋を辞去する．無駄口はたたかない．面接の実際については，三木(1976；1979；1998)に詳しい．

c. 内観療法の治癒機制

クライエントは内観のテーマに沿って自己を探究していくと，自己を過去から現在まで歴史的に理解し，身近な人々との関係の中で生きる自己を多面的に理解し，一つの出来事に対しても表層的な理解から重層的な理解へと深めていく．このように，内観療法は自己を総合的に理解する方法といえよう．

ここでは内観療法における治癒機制を考察するため，代表的と思われる一つの事例を紹介したい(詳しくは，三木，1994を参照)．

■ 生命の輝き── 薬物依存の女性の事例 ──

クライエント：Mさん，30歳，専業主婦．夫は会社員．彼女は大学時代から生きる意味が感じられず，その空虚感を埋めるため，仲間と法律で禁止されている薬物に耽溺したり，向精神薬をアルコールに混ぜて飲んだりして現実感覚を失っていた．家族の努力で薬物との縁が切れ，見合いをして結婚した．しかし，夫は仕事に忙しく夫婦の会話も乏しく，そのうえ流産も重なり，寂しさから向精神薬を乱用するようになり，交通事故や万引き事件を起こし，2年後ついに精神病院に入院した．1か月後，退院したが翌日に再発し，堪忍袋の緒が切れた夫からの離婚話に驚いて，医者の勧めで内観を研修した．

内観の経過：〔1日目〕「内観で自分は変われるか」という不安で圧倒されながら彼女は内観を開始したが，母親に対する内観ではテーマに沿って過去のエピソードをよく思い出し，スムーズに内観できている．

〔2日目〕 彼女は面接者を信頼し，たとえ恥ずかしい内容でも語る．夕方には，両親の愛情を実感して落涙している．

〔3日目〕 嘘と盗みのテーマで内観．小さいころから嘘が多く，長ずるに従って親をだまして勝手なことをし，ついに薬物依存の世界に入った自分の姿が明らかになった．

〔4日目〕 嘘と盗みの内観の続きをした．「自分の愚かさが痛いほどわかり，……私は何という恥知らずかとの思いに赤面しました」と述べている．

〔5日目〕 この日の体験は治療的意義が大きいので，少し詳しく彼女の体験記を紹介し

ておこう.「5日目の朝,そのときは母に対する自分を調べていましたが,大きくはじけるものがありました.とてもよく眠れて気持よく目覚められ,カーテンを開けたら青空の広がるすがすがしいお天気で,食事がおいしくいただけて,生きていることの素晴らしさに感動を覚えたのです.そして,いまこのように感じることができるのは,母が自分を産んでくれたからなのだという思いにいきあたり,痛いほどに感謝の気持があふれてきました.食事をおいしいと感じられるのも,自然に対する感激も,すべて母が私をおなかにいる間から大切にいつくしんでくれたからこそ,この心身があってこそ,それゆえにこの感動を体験できたのです.産むだけでなく,今日までこんな私を見放しもせず,いつも支えてくれた両親やまわりの人たちの愛によって,私は今日を迎えることができたのです.こんな大切なことに全く気づかず,母のささいなことばに傷ついては薬や嘘に逃げ,すべてをごまかして自分は何と愚かだったことでしょう.生きていてよかった,生かせてもらえて幸せだと思いました.生きて存在しているだけで,こんなにも大きな喜びを味わえるのですから,薬や遊びでしか快楽や喜びを味わえなかった私と今度こそ別られそうだとの自信をもち,感動に包まれた5日目を終えました.」

〔6日目〕 夫に対する内観で,薬物依存のため夫を苦しめていた自分の姿が現れ,謝罪と感謝の気持で一杯になっている.

〔7日目〕 内観研修は座談会で終了したが,彼女は確かなものをつかんだという充足感で満たされている.

その後の経過:母親や夫との人間関係の調整のため,Mさんは母親や夫とともにカウンセリング(筆者の妻が担当)にきた.その結果,母親から自立でき,夫の協力も得られ,6か月後には夫との生活に復帰し,カウンセリングを終結した.7年後の現在,夫婦の会話もはずみ,彼女は趣味をいかした生活を楽しんでいる.Mさんの治癒機制は図6.6.1の

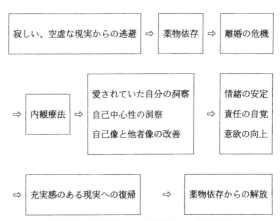

図6.6.1 内観療法による薬物依存の治癒機制

ようになろう.

一般に内観療法の治癒機制は次のように考えられる.

a） クライエントの強い動機づけ　1週間ぶっ通しに自分の内面をみつめるのは，苦痛である．しかしMさんのように動機づけが強いと，自己変革も生じやすい.

b） 研修所の治療的環境　〔遮断と保護の環境〕　クライエントは仕事や学業を休み，研修所の静かな部屋にこもる．内観の邪魔になるような刺激は遮断され，食事や寝具が提供され，カウンセラーが心の旅に同行する．この遮断と保護によって，クライエントは安心して孤独になり，自己の中に沈潜することができる．Mさんの場合も家庭や病院という刺激から隔離され，保護された治療的環境の中であるからこそ，じっくりと自己をみつめられたといえよう.

〔規則正しい生活〕　8時間の睡眠，三度の食事，内観，入浴というように，規則正しいスケジュールで毎日を過ごすので，心身のリズムが整ってくる．そして，内観による精神的安定や研修所の保護的雰囲気などの要因が相互作用して，食欲不振や睡眠障害，あるいは肩こりなどの自律神経失調症状が消失していくことはまれではない．Mさんが5日目によく眠り，気持のよい朝を迎え，食事がおいしく感じられたのもその例の一つである.

c） カウンセラーとクライエントのよい人間関係　カウンセラーからの尊重・受容に支えられて，クライエントも信頼し，自己開示が進む.

d） 内観の体験そのもの　〔愛されていた自分の洞察〕　「世話になったこと」というテーマに沿って過去を想起していくと，両親をはじめ身近な人々から愛されていたことが次々と浮かんでくる．その結果，Mさんも両親からの，とくに母親からの愛情を認識し，感激している.

〔自己中心性の洞察〕　「迷惑をかけたこと」というテーマに沿って調べていくと，世話になったことが多くあるのに，して返したことが少なく，迷惑をいっぱいかけていた自分が自覚されてくる．自分勝手な欲望に振り回され，自分の利益や都合しか考えていなかった自分の姿が浮かび上がってくる．この自己中心性は人間性の根源的傾向といえよう．Mさんも両親から愛情をかけられていたのに，迷惑ばかりかけていた自分を発見し，その愚かしさに赤面している.

内観によって愛されていた自分を洞察し，自分の自己中心性を実感すれば，寂しさや被害者意識が解消し，土居健郎のいう"甘え"を再体験し，愛情飢餓が癒され，人間や世界に対する基本的信頼感と安定感が生まれる．そして，相手の立場を思いやることができるようになり，自分の責任を引き受け，新たに生きる意欲が向上する.

〔自己像や他者像の改善〕　村瀬(1989)によれば，心理療法が真に治療的変化を引き起こすのは自己像が柔軟で自由かつ的確なあり方へと変容していく過程であるという．内観療法のテーマに沿って調べていくと，Mさんの例でも，いままでの「愛されていない私」という歪められていた自己像やそれへの関わり方が現実に即して変化し，自己肥大にも自

第 6 章　個人の内界を重視する理論　　　773

己卑下にも陥らず，自己受容し，現実的な行動へと変化している．自己像の変化とともに他者像も変化する．Ｍさんもいままでの「私を傷つけ，支配的な母親」というイメージを，「欠点もあるが，私を愛してくれる母親」というイメージに変化させている．

　われわれは自己像や他者像に従って行動している．そのため，それらが現実的なものになればなるほど，適応行動がとりやすいといえよう．

　e）　自己を歴史的・多面的・重層的に理解しようとする努力　　現在だけを検討しても理解できないことが，歴史を振り返ってみると理解できることが多い．また両親や配偶者，あるいは子どもや職場の人々とどのような関係を結んでいたかに焦点をあてると，自己を多面的に理解できる．さらに一つの出来事の意味についても，内観の繰り返しによって心の深い層と出会え，思いがけない発見がある（村瀬, 1983）．

　これまで一元的に単純にとらえてきた自己やそれをとりまく世界の姿や意味を，「世話になったこと」，「して返したこと」，「迷惑をかけたこと」という新しい観点から改めて問いかけ，歴史的・多面的・重層的理解をする作業が内観療法といえよう．もちろん，自己や世界はすべて多様な姿や意味を内包しているため完全に解き明かすことはできないが，その努力を続けることが精神的成長の原動力ではあるまいか．

〔三木善彦〕

文　　献

1）　三木善彦(1976)：内観療法入門，創元社．
2）　三木善彦(1979)：内観療法における指導者．季刊精神療法，5(3)，金剛出版．
3）　三木善彦(1994)：生命の輝き―薬物依存の女性の事例―．日本内観学会第17回大会発表論文集．
4）　三木善彦，三木潤子(1998)：内観ワーク，二見書房．
5）　村瀬孝雄 編(1983)：内観法入門，誠信書房．
6）　村瀬孝雄 編(1989)：臨床心理学，日本放送出版協会．
7）　竹元隆洋(1984)：瞑想の精神療法(内観療法の理論と実践)．現代のエスプリ202，至文堂．
8）　吉本伊信(1983)：内観への招待，朱鷺書房．

6.2　森田療法の理論

a.　森田療法とは何か

　わが国独自の精神療法として有名な森田療法は，1918年ごろから森田正馬(1874-1938)によって創始された．彼は，当時用いられた神経衰弱という病名の不明確な使用法を問題にして新しい学説を立てるとともに，これに代わる神経質の概念をあらためて提唱した．森田療法はもともと，神経質と呼ばれるこの一群の神経症に適用された．1922年，彼が46歳のときに神経質の特殊療法として正式に公表されたが，ここに至るまでには多くの臨床経験の積み重ねがあった．

この治療法の成功は、よくいわれるように治療原理がわかりやすく、実践にあたって複雑な規定がないこと、そして何よりも実効があることによると思われる。しかし、森田療法を真に特徴づけるものは、その根底にある森田の治療観、もしくは人間観であろう。森田説によれば、問題は個々の症状にあるのではない。神経質の症状そのものがただちに病理的というよりも、むしろそれをあってはならないものとして自我から排除しようとする心的態度の中にこそ、真の意味での神経症が成立するのである。神経症者の不安や安全感の欠如は、症状自体から生じるのではなくて、こうした彼の反省的意識から出てくる。森田にとって、神経症的状態がそのまま心身の病態ではない。それは、自己の心身の状態に関わる事実——とりわけ心理的事実としての感情の事実——を受け入れようとしない煩悩の自我の病にほかならない。もっと端的に表現すれば、神経症はある個人の誤った精神的態度と構えから生じるのである。

森田療法の実践の場では、このような治療原理に支えられた独特の治療システムに従って、実際の治療が進行するのである。

b. 歴史と発展

神経症の精神療法は、それが起こった時代や社会の文化的環境ときわめて密接な関係がある。森田理論や治療法が、神経症の病因論に関する森田の独創的な思索の結果として生まれてきたのは当然としても、その基盤にある歴史的・文化的背景や、対人関係に関わる情況の理解は欠くことができない。

森田によると、この治療法が確立するまでにほぼ20年の歳月を要したという。その間にはさまざまな思想や技法との出会いがあり、試行錯誤の道程があった。1902年、彼が呉秀三門下の新人精神科医として世に出たとき、精神療法を専攻の科目として選ぶ。最初の精神療法的経験は、分裂病者に対する屋内屋外の作業療法であった。のちに彼らとの対比を通じて、神経質の患者における生の欲望の内在を見いだすきっかけになったのは、このときの体験によるところが大きいといわれている。

また森田は、早い時期から神経症をヒステリーと神経質に二分する考えを提案した。最初の10年間は、紹介されてまだ日が浅い催眠法をいち早くその治療に取り入れた。そして暗示効果の点から両者を対比することで、神経質の概念を明確なものにしていく。一方、当時は神経衰弱という用語が一般に流布していたが、提唱者であるビアード(Beard, G.M.)ははじめ、その原因は神経系の脱リン化作用による衰弱状態であるとした。そのため、生物学的な治療法も盛んに行われた。森田もこれらを追試してみたが、いずれも無効に終わった。このときの経験が、神経症の心因説を彼が信ずるようになる一因になったとされている。

そのほかにも、ミッチェル(Mitchell)の安静療法や隔離法、ビンスワンガー(Binswanger)の肥胖療法、デュボワ(Dubois)の説得療法など、当時欧米で行われていた治療法を

第6章　個人の内界を重視する理論　　　775

一定期間，進んで実施してそれらの効果の評価を行った．この経験の結果わかったのは，単なる形式的な模倣では役に立たないこと，こうした各治療法の適切な組み合わせ，適用のタイミングと実施期間についての工夫が必要なこと，などであった．この事情に関しては別に詳しく述べたことがあるので(近藤，1989)，ここでは子細に立ち入らない．いずれにしても，これらの治療技法，原理や着想が取り入れられて，森田療法と呼ばれる，全く新しい作品となって生まれ変わることになるのである．

c.　森田の神経症理論

1）　神経質の類型

前にもふれたが，森田は当時広まっていた，ある種の神経症は生理的な衰弱によって起こるという説に反対して心因説を唱えた．そして，以前から性格の一類型をさすために用いられる神経質という呼称を，彼の創始にかかる治療法の適用となる一群の神経症に対して採用することにした．その後，森田の学説が広まるにつれて，性格類型としての神経質と区別する意味もあって，現在では森田神経質という用語がよく使われている．

森田は，彼のいわゆる神経質に含まれる一群の病態を，幾度か変更を加えたのちに，最終的には次の三つの病型に分類した．

a）　普通神経質　　従来は神経衰弱といわれたものがこれにあたる．現行の精神医学用語でいえば，心気症あるいは心気神経症である．つまり，自身の生理的現象やささいな体の変化に著しくこだわり，どこまでも執着する結果，それが重い病気の徴候ではないかと心配し，恐れる状態である．これにはまた，不安傾向が慢性に持続する慢性不安状態も含まれる．

b）　発作性神経質　　これは急性不安の状態である．不安発作の形で現れたり，いろいろなことが漠然と不安になる浮動性不安や，ときには不安代理症のような，あちこちと定まらない身体症状となって出てくることもある．

c）　強迫観念症　　恐怖神経症はこれに該当するが，強迫行為は含まれていない．

森田療法では，治療の実施にあたってどのタイプの神経症にこれが適用できるか，最初から有効範囲を設定するのが常である．しかし，この分類でわかるように，その適応はかなり広い範囲に及んでいる．どのタイプの神経症にせよ，森田が神経質と名づけた一定の人格特性，心理機制，それに心的構えがそこにみてとれるような病態があれば，治療の対象として選択されることになる．

2）　神経質人格の特性

森田理論や治療の進め方を理解するためには，治療の対象となる人々の人格特性について，あるいは神経症についての見解を知る必要がある．森田説によれば，神経症のすべての症状は，患者がそのために悩むようなある葛藤の原因となる過程そのものの表現にほかならない．絶えず増大し，強化される神経症の不安や緊張は，彼がそれを抑止しようと努

めたり，葛藤を避けよう逃れようとすればするほど，逆に患者自身の内部から呼び起こされるようになる．そしてその基本には，森田が“生の欲望”と名づけた，もともと神経質者に内在する強い生存欲がある．欲望が強ければそれだけ悩みや葛藤も生じやすい．つまりそれらは生の欲望の反面であり，両者は同一事実の両面という関係にある．治療は，症状の背後にあるこの生存欲を自覚させることから出発する．病者に備わるこのような建設的な力の存在に注目した点が，森田の神経症観，人間観の大きな特徴であろう．

次に，こうした神経症的な葛藤を生み出す基盤になる，森田のいわゆる神経質人格の精神病理学的特性をいくつかあげて解説する．

a） ヒポコンドリー的自己観察　森田神経質の基盤にある内向的性格と呼ばれる一定の性格傾向から生じる．森田によれば，「（行動の）目的に対して，自己の力と手段のみに屈托・拘泥する傾向」がここにいう内向性である．言い換えれば，絶えず自分の能力や心身の具合のみに心を奪われて他をかえりみない，自己中心的過敏性のことである．

b） 完全主義・最大限主義　神経質者はいつも最大限の要求しかしない．つまり最大限主義者（maximalist）である．彼にとって，自分の心身の状態は常に理想的に保たれる必要がある．生理的な現象，日常のごくありふれた感覚や経験をそのまま素直に当り前のこと，自然のこととして受け入れることができない．そればかりか，それがあたかも重大な障害であり，欠陥であるかのように受けとめる．安全感と精神的安定の維持こそが究極の価値であり目的であるという態度が，こうした神経症的に偏した主張となって現れるのである．

c） 不安との直面を避ける　森田療法の治療原理の核心は，神経症の症状を形成する基盤にある不安にどう対処するか，という点にある．不安や恐怖を避けたり，排除しようとしたりせずに，それをそっくりそのまま受け入れる，そしてそのことに伴う苦痛に耐えながらやるべきことはやる，というのが根本的な対処の方法である．

d） その他の特性　①神経質者は，失敗してもそこから学習ができない．あるいはその生活態度をみると，事実を事実として承認する即物的な心構えに欠ける．②彼らは，自分たちは他の人々と違っていると思い込む．誰もが経験するようなことでも，自分たちだけが特別だという差別感にとらわれるために，その事実をありのままに認めることができにくい．③将来にある可能性をすぐ実現しようとする．必要な手順をふまず，段階を飛び越えて願望の実現を図る．④人間が生きるとは，幸福と不幸，喜びと悲しみとの間を行きかいしつつ動く道程にほかならない，という事実がなかなか理解できない．⑤神経質の人間は，劣等感，不能（全）感に悩むが，他人よりも自分たちが抱える悩みの方がずっと大きいと信じ込む，などの特徴的な心的態度があげられる．

ここにあげられたような心的傾向は，森田神経質だけでなく，神経症に共通する基本的属性と思われる．神経症的対処行動の特性は，そのタイプのいかんにかかわらず，目前の不安の処理の仕方に関わる．圧倒的な不安に直面して，神経症者はいつものやり方では葛

藤の解決を図ることが困難である．不安を回避することに手いっぱいで，このため体験によって学習することもままならない．

また彼らは，自分の心身の状態をいつも理想的なよい状態に保ちたいと願う．そこでそのつどの自己や環境の現実に即した行動が起こせなくなる．そのために，誰もがもつさまざまの欲求を達成しようとかかる前に，それが失敗することを予期して，不当な不安や恐怖にとらわれる．所期の目的達成よりも，とにかく自己の安全の追究が第一ということになる．こうしてますます自己防衛に専念するため，自閉的な生活を強いられて，自己と世界や他人との疎外感が生じてくる．他人とは違うという差別感，自分ばかりが不当にいつも損をする，苦しまねばならないという被害意識はここから出てくる．また，絶対の安全保障がなければ行動しないという態度のために，物事の達成がいつまでもままならない．

以上にあげたような森田神経質の心的態度の特性を，森田学派では自己中心性ということばで表現する．先述したヒポコンドリー傾向とは，自分の能力や健康の挫折を前もって何となく感じるような気分のことをいうが，ありふれた日常的事態に対してまでもそうなるのは，この自己中心的な構えから由来する．こうして，神経症の症状の悪循環が始まるのである．

3）　神経質症状の発生過程

神経質症状が形成され発展する基盤には，ある一定の素質や性格要因の関与があるとされる．そしてその基盤の上に，神経質特有の心理機制が発動し，さまざまの症状が発展する．森田はこの神経質症状の形成に関わる最も重要な心理機制として，ヒポコンドリー基調と精神交互作用の二つをあげた．次に，事例を示してこの事情を具体的に説明する．

事例は現在 32 歳の女性．中学生のころ，英語の授業中に教科書を読むように名ざしされた．このとき思わず声が震えたことがきっかけとなり，以後何かにつけて声の震えを意識するようになった．秘書の務めをしている関係で，人と話をしたり，来客にお茶を出す，書類をもってくる，というような仕事が多い．また，人前で字を書くこともある．そのときの手の震えが他人にさとられるのではないかと絶えず気になる．いまでは，行動を実際に起こす前からそのことを心配するようになり，かんじんの仕事そのものが手につかない状態である．

この例では，中学生時代の教室での初体験は，その場かぎりのものとして忘れられていた．しかしその後，幾度か似たような状況の中で同じような手の震え，声の震えを体験した．この過程で，最初の感性的知覚に，記憶や推理などの意味づけや感情的要素が付け加わって，もっと複雑な精神現象が体験されることになる（ヒポコンドリー性気分による判断）．これまで大して気にもとめなかったささいな知覚的体験も，しだいに深刻に受けとめられるようになる．常に震えを予期していちずに失敗を恐れ，また他人から笑われたり，ばかにされるのではないかと恐れる．この予期不安が不当にふくれあがり，思考や行動の自由がそこなわれる結果，ついには日常生活の遂行にも支障が出てくる．

森田のいう内向性性格の持ち主が，ふとある偶発的な経験に執着する．それ自体は誰もが経験するようなことで，この場合は，たまたま人前であがったという事実をさすが，これを森田はヒポコンドリー体験と呼ぶ．そしてこうした体験に執着せしめる要因を，彼はヒポコンドリー基調と称した．これは前述の内向的性格に裏打ちされた，神経質症状発生の母胎となる一種の精神的過敏状態と考えられる．

この事例は，ヒポコンドリー性気分の強い内向性性格の持ち主が，健康な個人にもある偶然の震え体験に注意を向け，震えをとめようと努める．しかし，これは多くの場合逆効果で，震えまいとすればするほどそれは強まるのである．こうして，不断に震えを意識し予期するので，予期不安は高まるばかりとなる．これが震えに対する注意の集中を引き起こし，そのためかえって震えの感覚は鋭敏化する．この，注意の固着がますます感覚や知覚を過敏にする悪循環過程が精神交互作用である．以上を図示すれば次のようになろう．

森田神経質＝ヒポコンドリー性基調×誘因×精神交互作用

ここで神経質発症の主役はヒポコンドリー性基調であり，症状の発展にあたって重要な役割を果たすのが精神交互作用ということになる．誘因は，ここでは単なるきっかけにすぎない．

4）治療の基本原理

a）思想の矛盾　森田の用語であるが，事実や現実対願望，理想もしくは観念との乖離や矛盾のことをいう．人間は誰しも自分自身を，主観的な存在としても客観的な存在としても体験できるので，感情と理性，知的理解と体験による理解との間にずれが生じる．一致することは難しい．心に描いたことを知的な手段によって事実に変えようとすれば，この思想の矛盾に陥る危険がある．とりわけ神経質者は，自分の心身の状態をいつも理想的に保ちたいと願う．この欲求があるために，思想の矛盾はより顕著に現れる．ごくふつうの生理的な感覚とか経験を，さも重大な欠陥や障害であるかのように考えて無理に否認しようとする．"かくありたい"，"かくあらねばならぬ"と願うことと，"かくある"という事実とを一致させる試みは，こうしてとかく非現実的になりやすい．

先ほどの震え恐怖の事例でいえば，どんな場合でも冷静沈着で，人前で緊張もせず震えもせずという状態は，観念の世界でしか存在しない．現実には震えるままに，目前の必要事を果たしていくしかない場合も多いのである．

b）体得と理解　森田療法では体得，つまり実際に経験して身につけることを重視する．このため，体を使って何かを実行することが常時奨励される．このやり方の根底には，次のような思想があると思われる．あることを会得するための知識とは，同時にその知識を身につける自分自身を内面から変えるようなものでなければならない．こうした自己の変革が，その事柄の理解をさらに深め，それがまた，よりいっそうの自己変革につながっていく．このためには身体的行為による実践が不可欠となる．観念的になりやすい神経質的態度の修正のために，このような思想に裏打ちされた治療法が用意されているので

ある.

　c）自然の受容　　前述したように，観念や気分に偏した神経質的生活態度の是正が，この治療法の一貫した基本原則である．そこで強調されるのは「自然をそのままに受け入れる」，「事実だけが真実」という治療原則である．この場合の自然や事実とは，自分の心身の状態，とりわけ心理的事実としての感情の事実（井村，1952）を意味する．ある課題を達成する過程に抵抗はつきものだが，現実に即して本来の欲求の実現を図る努力が重要であろう．これに反して神経質的態度の特徴は，その過程で生じる欲求不満を予見して，自己防衛に走ることである．実際にどれだけのことをなしとげたかよりも，主観の満足や自己の安全が優先される．こうした目的と手段の混同や転倒を正すために，苦痛は苦痛として受けとめつつ，それと同時に欲求実現に向けて努力する態度への転換を援助する．これが心理的事実に即した自然の態度である．ここには自己を自然の一部と感じ，自然の中に適切に位置づけられることで，自己の同一性が保たれると感じる日本人の心性にぴったりくるものがあるだろう．そしてまた，自然のもつ治癒力への信仰も同時に示されていると思われる．この「本来有るものを在るがままに在らしめる」というのは，よく誤解されるが単なる諦めとは違う．与えられた環境や自己の事実を直視しようとする，一つの現実主義的態度であろう．

　d）苦痛の忍受と恐怖突入　　森田療法の核心的原理は，苦痛に耐えぬいてそれを保持することにあるといわれる（Wendt, 1961）．耐えぬくことの意味は，神経質の患者が症状からくる苦痛，不安や恐怖にこだわる限り，その状態を固定させてしまい，自分自身をそれに同化させることによって健康な力とエネルギーを失ってしまう（Wendt, 1961）事実を体得することにある．むしろ，苦痛や不安の純度や強度をそのままに保ち続け，自己の内部に作用させるようにしむけておく．そしてその状態が増大して最高潮に達してもそれから逃げずに，逆に恐怖の中に突き入る．そうすることで，不安や恐怖がもつ異常な力を，かえって自分自身の力に変えていくことができるという体験が可能となる．かつてある患者は，この瞬間にその不安とか恐怖は自分にとって異物でも何でもなくて，真の自分の一部として出てくるものと感じたことを語ってくれた．森田がいうように，自然の健康な生命力がここで解放され，それとともに不安や恐怖はそれ自体の力が尽きて自滅してしまう．ここで重要なのは，単に不安に耐えるばかりでなく，内心の健全な欲求の事実をも認めて，その充足を図るという解放的な反面（井村，1952）を，治療の現場で体験できるような方法や手順が設定される必要性である．

エピソード

　森田正馬は精神科医としての第一歩を踏み出したときから，精神療法に興味をもったといわれている．その理由として考えられるのは，一つには当時の学問的背景であろう．この時代の精神医学は生物学的，器質論的立場が優勢であった一方で，その関心がようやく

精神障害における心因の探究に，あるいは神経症の病理や治療に向けられつつあった．もう一つの理由としては，森田自身の個人的体験による影響を考慮に入れる必要がある．

幼時から森田は，どちらかといえば病弱であった．学齢期になると，小学校の教師をしていた父親の厳格な訓育についていけず，学校に行くのを嫌がって泣いたという．中学生時代は不登校，怠学を繰り返し，落第や家出も経験した．5年で卒業するはずの中学を7年かかって出た．また，9歳から10歳のころに村の寺で極彩色の地獄絵をみてショックを受けた．そのときから死後の運命のことが頭から離れず，強い不安と恐怖に満ちた悪夢におそわれ，眠れない夜を過ごしたことがあった．

森田自身がはっきりと認めているが，後年彼が神経質の研究をするようになった第一の要因は，自分の神経症体験であった．16，7歳ごろから頭痛，心悸亢進，疲労感の増悪など心気的な訴えが持続し，大学1年の終りには"神経衰弱"と診断された．その結果，約1年間無為の生活を余儀なくされた．このときの苦しみは，まさに森田のいわゆる"神経質"のとらわれそのものといってよかった．加えて家からの送金も途絶えて，半ば自暴自棄となった彼は一切の治療も養生もやめてしまう．そして，どうにでもなれという気持で勉強に専心する．試験の結果は思いがけず上出来であったうえに，あれほど苦しんだ症状から解放されてしまうのである．

青年期における神経症体験を通じて，死中に活を求めるということばどおり，恐怖のさなかに入ることにより，かえって恐怖が消えていくことを身をもって森田は理解した．「恐怖はそのままに恐怖する」，「有るものを在るがままに在らしめる」という森田療法の根本原理は，このときの体験が発見的契機となって結実し，発展していったものと考えることも可能であろう．

〔近藤喬一〕

文　　献

1) 井村恒郎(1952): 心理療法, p.225, 世界社.
2) 近藤喬一(1989): 森田療法の発見. 精神療法, **15**(3): 218-226.
3) Wendt, I.Y.(1961): *Zen, Japan und der Westen*, S. 153. Paul List Verlag, München.

6.3 箱庭療法の理論

a. 箱庭療法の歴史

1) 箱庭療法の始まり

箱庭療法は，遊戯療法の一技法として始まったといえる．遊戯療法の先覚者の一人であるローウェンフェルト(Lowenfeld, M.)の『世界技法(*The World Technique*)』から始まったからである．彼女は，ウェールズ(Wells, W.)の小説に出てくる床遊びからヒントを

得て，驚嘆の箱(wonder box)をつくった．それは，床で遊ばれている玩具をその箱の中だけで遊ぶように限定し，遊ばれた玩具を箱の中に片づけたことに始まる．子どもたちは，棚に整理されている箱を出し，箱の中で遊んだが，あまりにもおもしろいので，その箱を驚嘆の箱と呼んでいたらしい．彼女は，玩具を整理し，砂を使い，箱の大きさも決めて，世界技法とした．世界技法のセットは，箱庭療法の用具よりひとまわり小さい．たとえば，箱はA3判の用紙の2枚分ぐらいの大きさである．

この世界技法は二つの流れに分かれる．一つは，アメリカでビューラー(Bühler, C.)が診断を重視して世界テストとした．ビューラーは玩具の数や種類を限定し，どれぐらいの玩具を使ったか，何種類(のちに述べる箱庭と同じように，人間類，動物類，植物類，乗り物類，建造物類の5種類に分類)使用したか，攻撃性はどうかなどの指標をつくり，それによって診断が可能だと考えた．一方，スイスでカルフ(Kalff, D.)が治療を重視して，ユングの考えを加味して箱庭療法として発展させた．

2) 日本での箱庭療法の展開

河合隼雄は，1965(昭和40)年にスイスよりこの技法を日本に導入した．そのとき彼はSandspiel(直訳すれば砂遊び)を「箱庭療法」と翻訳した．これは，彼が日本で古くからある箱庭遊びを知っていたからであった．というのは，彼の小学校1年生のときの国語の教科書に「箱庭遊び」が掲載されていた．1918(大正7)年の国語の教科書でもすでに取り扱われている．このように，日本には箱庭療法に類似するものがあるが，この事実を奥平(1988)が研究し，三つの流れを指摘した．一つは洲浜であり，二つ目は盆石であり，三つ目は江戸時代中期から始まったらしい箱庭遊びである．この箱庭遊びが上に述べた教科書に載っていたものである．これは1955(昭和30)年ぐらいまで残っていたと思われる．

河合によって1965年に日本に導入されて以来，この技法は教育研究所，クリニック，精神病院，家庭裁判所など，さまざまなところで使用され，爆発的に普及していった．また，1987年に日本箱庭療法学会が設立され，機関誌『箱庭法学研究』が発行されている．

b. 箱庭療法とは

1) 箱庭療法の用具

用具は，図6.6.2に示すものが典型である．図にみられるように，箱庭療法の用具は，縦×横×高さが57 cm×72 cm×7 cmの箱と，細かい砂とミニチュアの玩具である．

箱は，遊戯療法室や面接室が外界と現実の世界との境界としてあるのに加えて，さらに内界を投影しやすくする枠として存在すると考えられている．部屋に加えて箱がさらに保護していることになる．中井久夫の枠づけ法にみられるように，敏感なクライエントのみならず，誰でも心理的に枠が守りになりうることを示している．中井は箱庭療法に箱があることにヒントを得て，枠づけ法を思いついたと述べている．箱の底は青色に塗られており，掘ると水が出てくる感じにつくられている．実際に水の使用を許すか否かは，面接者

図 6.6.2　箱庭療法の用具の一例（箱，砂，ミニチュアの玩具）

の判断に委ねられている．カルフは水の使用を許可しており，筆者も認めている．しかし，あまりに多く水を使用するときは制限しなければならない．たとえば，箱から水があふれ出すような場合である．

　砂は感触のよさから，退行を促すと考えられている．感触のよさから母性との関係も指摘されている．バウアー（Bowyer, R.）は，砂に触れるか否かは，ロールシャッハテストのM反応をするか否かと関連があることを指摘し，砂と母性との関係を主張している．また，土と同じ役割をし，大地の感じを出し，あらゆるものが立脚する土台でもあると考えられる．このような砂の意味を知るために，箱庭療法を学ぶための実習では，まず砂に触れ，その感触を楽しみ，砂の意味といわれているものを実際に体験的に知ってもらうことが行われている．

　玩具は，すでに述べたビューラーと同じく5種類に分類される．人間類は，日常生活を営む人々，兵士，マリアやキリスト像，仏像など宗教的なもの，警官や消防士などさまざまな人の玩具である．動物類は，猛獣，家畜，魚類などである．植物類は，大小の木，草，花などである．建造物類は，建物，日本風や西洋風の家，橋，柵などである．乗物類は，馬車，自動車，パトカー，飛行機，戦闘機，船，ボートなどである．

　これらの玩具は，現実にあるものの縮小されたものである．また，モディファイされており，全く相似的に縮小されたものともいえないところに玩具のおもしろさがある．また，玩具は立体であり，3次元表現となるところにも利点があると考えられる．

2) カルフの考え

カルフは，ローウェンフェルトの世界技法に，ユングの分析心理学を加味して箱庭療法をつくった．したがって，カルフの考えの底には，分析心理学の考えが，たとえばマンダラの意味，元型的イメージなどが横たわっている．ここでは，カルフが強調する2点について述べておきたい．一つは母子一体性であり，二つ目は自由で保護された空間である．

a）母子一体性　箱庭の作品がつくられるためには，クライエントと面接者との関係が重要であり，その関係は母と子の根本的，基本的な関係である母子一体感であることを強調している．母親の体内に子がいるときは，文字どおり母子一体である．誕生によって，母と子は物理的には分離する．ところが，物理的に分離したあともはじめは心理的には一体感は保たれる．たとえば，母親がイライラすると乳児もイライラし，落ち着きをなくすなどにみられる．この一体性は，時がたつにつれて少しずつ分離していくであろうが，子どもは新たな出来事のときなどは，母のもとに一瞬は戻る．その戻り方は，年齢が進むほどさまざまになり，特定しにくくなる．しかし，いくら齢をとっても，母のもとへ（それが家や自然や物に変わることがあるかもしれないが），戻りそこから出発すると考えることができよう．このようなことから，カルフは，作品がつくられる底には，面接者とクライエントとの間に母子一体性があることを主張していると思われる．親子一体性の関係を確立するために，すでに述べた箱と砂の存在が手助けになっていることも強調しておかなければならないだろう．

b）自由で保護された空間　制作者が，心の世界を投影した作品をつくるためには，自由で保護された空間が必要であることを主張する．単に薬を飲むように箱庭を制作すればよいということではない．そこには，すでに述べた制作者と面接者との人間関係が必要であり，しかもそれは基本的には意識的，無意識的であっても，自由で保護されていると制作者が感じる必要がある．"自由である"ことは，無制限に何をしてもよいと認められていることではない．おのずと制限された中でこそ本当の自由があるといえる．箱がその制限の役割を果たしているように思われる．箱は制限を加えているとともに，すでに述べたように，"守る"役割をも果たしている．

c. 箱庭療法の見方

1）治療過程

心理療法と同じように，箱庭療法にも典型的な過程が想定されている．カルフはノイマンの考えに基づきながら，彼女自身の経験をふまえて，a）動物・植物的段階，b）闘争の段階，c）集団への適応の段階，の3段階を考えている．

a）動物・植物的段階　無意識内のものが投影されてくるとき，それらは動物・植物を使用した作品になりやすいという．なぜなら，無意識は本能的，衝動的なものとされており，それらを表現するときは，動物・植物によることが多いためである．

図 6.6.3　箱庭作品の一例(20 歳代，女性)

 b） 闘争の段階　　新しい秩序，新しいバランスができるためには，古いものの崩壊があり，そのための戦いがある．これらを示すものが，闘争の段階といわれ，戦いの作品などで示される．

 c） 集団への適応の段階　　心の中で新しいバランスができ，新しい秩序ができたことの表れとして，この段階の作品が考えられる．街の作品や公園などの作品が多い．

 一つの作品から制作者の特徴を診断することは難しい．もちろん，一つの作品に制作者の特徴がよく示されている場合もあるが，常に一連の作品の流れで，すなわち系列的に理解していこうとするのが箱庭療法家の立場である．

 2） 作品について

 箱庭療法の一つの作品を図 6.6.3 に示した．このような作品をイメージ(心像)として考えている．

 a） イメージ(心像)として　　河合はイメージを「意識と無意識との接点に生じてくるもの」と考え，三つの特徴，①直接性，②集約性，③具象性をあげている．筆者もこの考えに準拠し，特徴として④力動性を加えたい．

 ① 直接性とは，ことばで表現するよりも直接的に表現されることをいう．たとえば，"父親を殺したい"というよりも，父親の人形を制作者と思われる人形がナイフで刺している図の方が迫力があり，視覚的，直接的に伝わってくる．

 ② 集約性とは，イメージは一つの意味を示しているというよりも多くの意味を含んでおり，重なったものとなっていることである．曖昧になるともいえるが，心は明確に

第6章　個人の内界を重視する理論　　785

一つであるというよりもいろいろな側面をもっており，それらの表現としては集約的なイメージがぴったりするであろう.

③　具象性とは，①の直接性とも重なるが，イメージでは抽象的な表現ではなく，具体的な表現となることである.

④　力動性とは，イメージは静止したものではなく，動きのあるものであることを意味する. 箱庭の作品は，ある一時点的な表現であり，次の瞬間には変化していることをも含んでいる. また作品の玩具も，動きを含んでおかれていることを忘れてはならない. たとえば，おかれた自動車は，動いているかもしれない.

　b）　左右性　　玩具が箱の中にいかにおかれるかにも注目している. おかれた位置の左右，上下の意味づけは，グルンヴルトの図式を参考に考えられることが多い. 図を示せないが，たとえば左は無意識，右は意識，上は天や父，下は地下や母などと解釈されている. そのまま図式的にあてはめるわけではないが，作品をみていくときに参考になる考え方である. これを拡大すると布置との関係も出てこよう. 箱の中での玩具の位置と布置という視点，すなわち面接をしている中での布置へと考えを広げていくことは大切なことである.

　c）　テーマ　　つくられた作品のテーマを考える. 制作者自身が作品に題をつけることによって，その作品のテーマと考えることもできる. また面接者が，渡河のテーマ，戦いのテーマ，流れのテーマなどとテーマをつけることもある. テーマをつけることによって作品をより深く理解することができる. 図6.6.3の作品は二つの領域に分かれており，山に登っていくテーマといえよう. あるいは流れのテーマともいえるかもしれない.

　テーマは面接の過程を示すこともあるし，個々の作品を示すこともあるが，どのようなテーマで制作されているかを理解することは，制作者を理解しやすくすると思われる.

エピソード

ドラ・カルフ（Kalff, D.）

　カルフが心理療法に関心をもち，箱庭療法へと進んでいったのは，50歳代からだという. 有能な人で，はじめはピアニストになりたかったらしい. しかし，ピアノ指症にかかり挫折する. オランダの大富豪と結婚していたが，第2次世界大戦のときナチによって夫は殺され，彼女はたまたまスイスにきていたので難を逃れたらしい. このような事件や，また別荘がユングの別荘の近くにあったためユングと親しかったこと，子ども好きであったことなどから，子どものセラピストとして，人生の後半から勉強を始めたのである. ロンドンにまで行って，ローウェンフェルトから世界技法を学んできたカルフが，ユングにこの技法を説明したとき，ユングはぜひこの方法を発展させるように奨めたという. というのは，ユングは夢を素材にして積極的（能動的）想像をしていたが，この技法はまさに箱の砂の上，すなわちミニチュアで積極的想像をするようなものだったからである.

河合隼雄

日本で初めてのユング派の資格を習得して1965年にスイスより帰国し、そのときに箱庭療法を日本に導入した。日本の心理療法が来談者中心療法一色に塗り込められていた中で深層心理学的な方法を少しずつ日本に広めていった。このとき、箱庭療法が重要な役割を果たしたと思う。いままでの方法は、1回ずつの応答を大切にするために、全体の流れや面接者の個性などが見失われがちであった。彼は全体の流れの重要性を主張した。箱庭の作品は、写真やスライドとして残り、全体の流れがわかりやすい利点を利用した。無意識の大切さや、イメージの大切さなど、深層心理学の基本的概念をわかりやすく説明し、日本で抵抗なくこれらが受け入れられるようにした。

日本心理臨床学会や日本臨床心理士会などをリードし、日本の臨床心理学界の第一人者である。

現象例

1) **日本人と箱庭**：箱庭療法に類似したものが日本に三つあったことはすでに本文中で述べた。このように日本人は箱庭療法を身近なものと考え、箱庭が好きなのである。実際、奥平によると、料理雑誌にも「わが家のおいしい箱庭」という題で弁当が載っていたという。また、マンガにも「箱庭」というテーマで書かれたものがある。盆栽や日本的な庭を大事にするのも、この技法が好まれることを支えているように思える。

図 6.6.4　カルフと彼女の箱庭療法室

第6章　個人の内界を重視する理論　　　787

　今日の日本では，子どもたちはことばでものを表現するのを苦手にしているという．正確に調べたわけではないが，これは世界的な傾向かもしれない．今日はテレビをはじめ映像社会といわれるように，映像が主流であり，聴視覚社会になっているからである．このような時代でも，作品がイメージである箱庭療法の意義は薄れないと思う．なぜなら，イメージはことばで表現しにくいものを表しているからである．むしろこれは，若い人には好まれるであろう．箱庭が言語表現を妨げるのではないかと憂うる人もいるが，そうとも思われない．箱庭で作品がつくれることは，意識化への一歩が踏み出されたことであり，ここから言語表現への道が開かれるのではないかと期待されるからである．

　2）　カルフと日本：カルフについては，「エピソード」で述べてあるが，彼女はたびたび来日している．彼女は日本に魅せられ，富士山に魅せられていたらしい．単に魅せられて観光のためにだけ来日したのではない．日本から多くのことを学んでいたのである．もちろん，われわれ日本人もカルフから多くのことを学んだのであるが……．

　カルフの写真および箱庭療法室の一部を示したのが図 6.6.4 である．

　面接室は西洋風，東洋風など，世界のいたるところからの玩具で満たされている．砂箱が二つあり，大きな机と椅子．カルフは椅子に座って暖かく制作を見守っている．カルフの家全体を示す写真が載せられないのは残念であるが，落ち着いた 14 世紀ごろからの家と聞く．しかもゲーテが座ったという暖炉もある．

　いままでの話は，家から始まってカルフ自身のもつ守りの力，ユング派的にいうとグレートマザー(太母)の包容力を強調したかったためである．日本では，このグレートマザーはまだまだ，日本人の心の底で生きている．しかも，今日，子どもを呑み込み，しばりつけるなどの否定的なグレートマザーの現象が顕著に現れてきているようにみえる．グレートマザーの肯定的なものの代表が箱庭療法ではないかと思う．箱庭療法をグレートマザーの視点からとらえることも重要であろう．

〔岡田康伸〕

文　献

1）　岡田康伸(1984)：箱庭療法の基礎，誠信書房．
2）　岡田康伸(1993)：箱庭療法の展開，誠信書房．
3）　奥平ナオミ(1988)：日本における箱庭．箱庭療法学研究，**1**(1)：74-86．
4）　河合隼雄(1967)：箱庭療法入門，誠信書房．

索　引

ア

INRC 群　434, 435
哀願　606
アイコン　261
愛されていた自分の洞察　772
愛情関係　489
愛着　489, 490, 491, 492, 510
　　──の安定性　502
　　──の個人差　494, 495, 498, 502, 504
　　──の個人差を規定する要因　498
　　──の時間的連続性　504, 507
　　──の障害　492, 493
　　──の世代間伝達　509
　　──の連続性を支えるメカニズム　507
愛着概念　510
愛着軽視(拒絶)型　511
愛着行動　490
　　──の発達　494
愛着システム　490
愛着対象　496
愛着パターン　494
愛着分類の比率の文化間差　497
愛着理論　69, 488, 510, 512
曖昧な纏綿状態　723
アーキテクチャー　262
アーギュメント　318
アクションリサーチ　657
アクセシビリティ　534
あざむき　443
足場　421
アタッチメント・Q ソート法　511
頭の中の小人　281
新しい客観的心理学　409
新しい認識論の展開に伴う "システム論" の変化　733
扱いにくい気質　503
扱いやすい気質　503
アトキンソンのモデル　367

アトラクタ　554
アナログ的　279
アナロジー　2, 5, 6, 12, 14, 16, 20, 21, 22, 23, 24
アナロジーモデル　339
アニミズム　4, 23
あのとき-あそこで　756
アフォーダンス　176, 469, 470
アミノ酸　81
誤った情報処理　706
誤った信念　444
RR モデル　464
ROC 曲線　226
R-O 連合　394
アルキメデス性　112
アルゴリズム　156, 166, 241, 247, 336
アルコール依存症　709
rG-sG 結合　382
暗順応　139
暗所視　137
安静療法　774
安全基地　490, 495
アンダーソンと Hogarty らの心理教育　741
安定性　582
アンバランス文　540
暗黙知　278
『暗黙知の次元』　446

イ

yes-no 実験法　226
イオンチャンネル　87
異化　431
威嚇　606
"いかに" と "何が" に関する視覚処理系　247
意義　411
意義化　412, 415
異型的な連続性　504
移行学習　382
威光にすがる過程　594
イコニック　51

意識　3, 408, 409, 411, 419, 423
　　──を弁護する闘い　408, 423
意識的コントロール　552
意識的コントロール処理　554
意志訓練公式　712
意思決定理論　103
異常科学　9
異常条件焦点モデル　568
依存性　491
1 次的言語資料　453
1 次モード　653
一過型細胞　248
一貫性　566
一体感　783
1 対比較法　107
一般化円型基底関数　170
一般化画像放射照度方程式　163
一般化可能性係数　122
一般結合命題　235
一般システム理論　37, 39, 40, 43, 44
一般問題解決プログラム　333
遺伝　74
遺伝学　62
イナクティブ　51
今-ここ　755, 759
意味　644
　　──の論理学　434
意味記憶　286, 293, 298
意味構造　344
意味ネットワーク・モデル　287
『意味の論理』　433
意味プライミング　291
イメージ　784
　　──のエレメント　272
　　──の視角　281
イメージサイズ　280
イメージシステム　275, 276, 282
イメージスキャニング　280
イメージ表象　276
いらだちやすさ　501, 502
色の恒常性　197
陰影からの形状復元　160

因果関係 23
因果関係的心理学 410
因果スキーマ 568
因果的関係 7
因果の法則 199
因果分析 323
因果連鎖 323
印象操作 599
印象操作理論 545
インターブロッブ系 245
インターローカル 655
インバランス 525
隠蔽 391
隠喩(メタファ) 3, 8
　——の相互作用説 7
引用回数 446

ウ

ヴィゴツキー学派 406
ヴィゴツキー理論 425
ウェーバーの法則 141
ウェーバー比 141, 218
ウェルトハイマーの原理 53
ウェルナーの有機体発達理論 50
ウガンダ 515
うつ病 705
　——の認知モデル 706
埋め込み構造 310
運動奥行効果 210
運動盲 244
運命統制 625

エ

ANOVA モデル 566
エクスポージャー 702
S-R 結合 381
S-R 図式 49
S-R 理論 393
SEM モデル 593, 595
S-S 適合理論 388
S-S 理論 393
エスノメソドロジー 417, 484
エソグラム 66
A タイプ(回避型) 496, 498
X 細胞 248
エッジ 272
A 2 状態 387
エディプス・コンプレックス 663, 665
エネルギー 305
A-B-X 理論 529

エピソード記憶 286, 293, 296, 298
fMRI 法 98, 220
MST 野 244
MAT 学習 117
MAP 推定 165
MDL 基準 118
MT 野 244
MPF モデル 543, 550
LMC モデル 465
A 1 状態 386
演繹構造 7
演繹図式 7
演繹的構造 9
エンカウンター 756
エンカウンター・グループ 680, 746, 756, 758
　——の過程 762
円環性 729
遠刺激 204
援助 421
エンドストップ型ニューロン 237
エンドストップ特性 245
エントロピー 43, 47

オ

横断的分析 19
応答性 498, 502
おうとつ(凹凸)半球ネットワーク 551
応報戦略 627
大きさの恒常性 201, 204
オーガニゼーション 44
オーガニゼーション全体性 37
オシレーション 382
恐れ 490
おばあさん細胞仮説 235, 238, 241
オプティカルフロー 159
オペラント 383
オペラント条件づけ 702
オペラント法 702
重さの弁別閾 218
親子一体性 783
親の関わり方と子ども自身の要因との交絡 502
親の語りかけの音律 460
親の養育スタイル 503
温感練習 712

カ

外延 434
外延的性質 108
"外界と内界を区別する"常識 642
回帰ネットワーク 551
解決に焦点をあてた治療 731, 733
開口放出 90
外在的測定 180
解釈 4, 29, 30
解釈学 3, 8
外制止 391
階層構造 315
階層的限定スキーマ 575
階層レベル 316
外側膝状体 237
外的帰属 564
外的精神物理学 217, 219
外的に媒介された記銘 414
外的補助手段 413, 414
解読原理 183
概念駆動型過程 207
概念形成 384
概念的表象 282
解発特徴 241
回避行動 496
回避の傾向 501
開放システム 47
開放的自然システム 47
下位有機的世界 46
快楽的関連性 572
ガウス曲率 161
カウンセリング 679
顔ニューロン 238, 239
可解性 112
科学 651
　——の隠喩(メタファ)説 7, 8
　——の方法論 10
　——のメタファ論 2, 5, 6, 7, 8, 10, 11, 13, 14, 17, 18, 19, 21, 22, 23, 24, 25, 26, 28, 31, 33
　——の理論 6
科学革命 9, 18
科学史 11
化学シナプス 86
化学受容器 86
科学的概念 420, 421, 422
化学的平衡 382
科学的モデル 7

科学哲学　7, 11, 12
科学哲学者　5
化学伝達物質　87
科学方法論　3
科学理論　2, 6, 10, 480
科学論　3, 12, 13, 31
科学論的理論　2
書き替え規則　314
核家族の感情過程　722
学際科学　10
核酸　83
学習　421
学習可能性　416
学習機能　6
学習された無関連　389
学習心理学　697
学習速度の係数　388
学習理論　34, 698, 700
カクテルパーティー現象　255
獲得形質　63
額部冷涼感練習　712
革命期　25
隔離法　774
仮現運動　146
『賢い赤ちゃん』　438
加重　142
過剰期待　391
過剰期待減少　397
カスケード・モデル　264
仮説の設定　729
家族員間の境界　723
家族行動療法　736
家族の類似性　15, 20, 21
家族投射過程　720
下側関連合野　238
家族療法的アプローチ　733
過疎地域の活性化　658
課題解決　384
課題の指示　727
課題分析　443
偏った走査　540
価値基準　16
価値促進斉合性　537
価値低減法　394
価値的規範　647
可聴曲線　138
学校　418, 420
学校教育　416, 422
学校制度　422
学校的な場　417
活性化　297, 298, 299
活性化拡散処理　321

活性化拡散モデル　289
活性化パターン　551
活性化ベクトル　551
活動　24, 422
　　——のリソース　417
葛藤行動　68
活動システム　422
活動電位　89
活動理論　421
過程　783
カテゴリー　4, 5, 28
カテゴリー集合　20
過度の正当化　579
下方比較　590
含意　438
感覚　197, 235
　　——の測定理論　219
感覚-運動期　431
感覚記憶　258
間隔（距離）尺度　105
間隔尺度　109
感覚尺度　215
感覚神経　235
感覚生理学　229
感覚モダリティ　222
環境　409, 646
　　——の変化　542
環境重視主義　409
環境主義　49
環境世界　66
関係の構造行列　539
関係の個別化　511
関係のタイプ・符号・方向・強
　度　534
還元主義　10, 55
観察　8
　　——の理論依存性　7
観察学習　499
観察言語　6, 8
観察事実　8, 9
観察者中心座標系　246
間主観的　7
感受性　224, 225, 498, 502
感情混入モデル　358, 360
感情情報機能　357
感情情報機能説　357
感情的認知　541
感情と情報処理方略　360
感情・認知・行動　537
感情・認知の斉合性理論　537
感情ネットワーク・モデル
　355, 357, 361

感情の生起に関する理論　348,
　361
感情の認知に及ぼす影響に関す
　る理論　348, 355, 361
感情の理論　347, 361
間接知覚理論　174
間接プライミング　291
完全限定スキーマ　575
桿体　99
観念　212
眼優位性　237
完了行動説　393

キ

記憶　197, 413
　　——の構造モデル　258
記憶術　284
記憶走査モデル　258
記憶表現　315
機械論　2, 4, 23, 25, 26, 28, 29,
　30, 45, 381
幾何学的錯視　202
幾何級数的増加　218
記号　412
記号使用　412
記号的一般化　16
儀式　727
気質　501, 502, 503, 507, 508
擬社会的　418
基準関連妥当性　123
偽善的行為　546
規則　421
基礎公式　218
期待-価値理論　367, 537
期待効用　629
期待される誘発性　573
期待理論　394
気づかざる前提　653
気づかれない感覚　196
キー認知要素　545, 546
帰納推論　8, 9
機能説　360
機能的磁気共鳴画像法　220
帰納的論理モデル　568
規範　647
気分一致効果　357, 358, 359, 360
気分調整説　357, 358
技法の多様性　700
基本的測定値　109
基本的な属性のエラー　576
記銘　413, 414, 415
　　——の発達　414

肌面の勾配 210
逆光学 154, 166
逆制止法 701
虐待 500, 510
逆転学習 382
逆問題 154, 166
客観的心理学 407
客観的・量的アプローチ 30
逆向マスキング 149
ギャップ結合 87
求心性神経エネルギー間相互作
　用 391
急進的不協和理論 549
Qソート 502
吸着誘導法 657
教育 416
教育工学 34
『教育の過程』 51
強化 114, 381
境界が堅固で関わりが薄い家族
　723
教科構造 51
強化スケジュール 383
強化説 381, 393
強化の意外性 385
共感的理解 682, 757
競合学習法 242
恐慌性障害 709
教授 421
共振的神経応答 243
共振的符号化説 242
強制的承諾 542, 578
強制登校法 702
共同 416, 417, 419, 421
共同意識 408
共同解決 416
共同活動 417
共同過程 418
共同想起 484
共同体 421
共同的実践 650
共働的・対話的アプローチ 734
共働的なアプローチ 731
共同的認識 419
強迫性障害 709
恐怖神経症 775
共変原理 566
共約不可能 475
共約不可能性 7, 9, 15, 18, 23, 28
協和関係 542
協和への動因 555
協和モデル 553

極限法 107, 220
極小値 554
極小変化法 220
局所コネクショニスト・モデル
　301
局所的 N-バランス 536
曲率 168
曲率線 161
許容的雰囲気 760
緊急避難誘導 657
均衡 525
均衡化 51
均衡理論 526
近刺激 192, 204, 210
近代科学 7

ク

空間感覚練習 714
空間視系 246
空間失認 238
空間周波数 147
空間周波数選択性 243
空間周波数チャンネル 243
空間的加重 142
具象性 784
ぐずりやすさ 501
具体性 421
具体的操作期 431, 432
クライエント中心療法 680
クラインの4元群 435
グラフ理論 42
グループ・セラピー 755
グループ・ダイナミックス 641
グレートマザー 787
クロスモダリティ・マッチング
　223
グローバル・セオリー 384
クロンバックの α 係数 122
群性体 434
クーンのパラダイム論 21
クーンらの立場 8
クーン理論 8, 11, 20

ケ

計画 39
経験主義 381
経験の関係系 110
経験的な枠組み 192, 205, 208
経験の領域 421
経済学 422
経済的交換 622
計算アプローチ 554

計算理論 156, 166, 241, 247
計算論的学習理論 117
形式的操作期 431, 433
形式的分布分析 453
形而上学 5
形而上学的パラダイム 12, 13,
　16, 17, 19, 23
形質 70
計数 394
傾性推論 576, 577
系統樹 61
系統的脱感作法 699, 701
系統発生 47
系統発生的位置 396
系列ダイヤグラム 117
経路 244
経路理論 244
KSD 原理 186
ゲシュタルト 748
ゲシュタルト心理学 4, 11, 52,
　329, 330, 408
ゲシュタルト図形 12, 14
ゲシュタルト変換 9
ゲシュタルト療法 746
血縁選択 71, 72, 73
結合命題 235
決定 543
決定機構 374
決定後 542
ゲーム理論 42, 634
原因の所在 582
幻影肢 194, 212
嫌悪結果 546
研究者の役割 656
研究方法論 3, 29, 30
元型 666, 667, 668, 670, 671,
　674, 676
元型的 783
元型的心理学 666, 670, 672,
　673, 674, 675
言語 431, 452
言語学習可能性 458
言語獲得 451
言語獲得理論 449
言語活動 384
言語ゲーム 419
言語システム 275, 276
言語シンボル 424
現在性 756
検索生成的プライミング 388
検索手がかり 392
減算法 259

原始スケッチ 158
現象学 3
現象学的側面 764
現象学的場 760
言説化 651
現前 643
原理とパラメータ 456
権力-依存理論 629

コ

語彙決定課題 291, 293, 297
合意 566
行為 541
『行為から思考へ』 431
行為者 622
行為的合理化 549
好意・同意ヒューリスティック 529
硬化 542
光学的配列 173
光学的流動 172
光学的流動パターン 175
効果的な行動 550
効果の法則 381
交換ネットワーク 629
交換理論 634
攻撃の愛着の障害 493
交互作用にジョイントする技法 725
高次視覚 158
高次神経活動 412
高次精神機能 409, 410, 418, 420
恒常法 107, 220
公正 623
合成 29
構成概念的妥当性 123
構成-統合モデル 320
構成パラダイム 12, 13, 14, 23
『構造主義』 429
構造的斉合性 537
構造的バランスの程度 536
構造的バランス理論 535
構造的不変項 176
構造派の家族療法 722
構造派の治療技法 724
肯定的意味づけ 730
行動 468
　　——の生物学的発達 418
　　——の同定 575
　　——の文化的発達 410
　　——の変化 542
行動医学 704

行動科学 37, 38, 53
行動経済学 393
行動工学 383
行動主義 49, 381, 409, 411
　　——のパラダイム 2
行動主義者 468
行動主義心理学 2, 3, 25, 34, 40, 65, 329, 409
行動生態学 65, 70
行動的技法 708
行動的斉合性 541, 543
行動的認知 541
行動統制 625
行動目録 66
行動療法 383, 698
　　——の特徴 699
　　——の発展 700
行動理論 700
行動レベルの近接 490
行動論 697
興奮 145
興奮性シナプス後電位 87
衡平 623, 629
項目応答理論 124
効用性原理 49
合理化 540
合理性 11
合理的選択理論 634
合流教育 755
公理論的測定論 110
声 423
語学習問題 461
互換する身体 647
呼吸調整練習 712
国際発生的認識論研究センター 429
国際理論心理学会 3
心の傷 679
心の状態 443
心の多重構造理論 244
心の病 679
心の理論 443
誤差逆伝播 265
個人 408
個人還元主義 657
"個人=心を内蔵した肉体"という常識 642
個人差 64
個人性 572
個人的基準の侵害 549
個人的責任性 546
コスト 70

個体 409
個体還元主義 422
個体主義的能力論 417
個体中心主義 421
個体能力主義 409
個体発生 47, 410
固定的活動パターン 67
古典的言語獲得理論 451
古典的行動主義 25
コトバ主義 421
コトバの原初的対話性 419
子ども自身の要因 501
コネクショニスト・モデル 300, 342, 525, 552
コネクション・マシン 7
このまま変わらないでいなさい 730
小人と人食い鬼問題 334
個別科学 3, 5, 10
コミットメント 543, 545
コミュニケーション 646
　　——の無縁圏 648
コミュニケーション機能 419
コミュニケーション行為 529
ゴールドスタインらの危機に焦点をあてた家族療法 741
コレクト・リジェクション 225
コレクト・リジェクション率 225
怖がりやすさ 501
混合メタファ 26, 27, 28, 30
コンジョイント測定 112
コントラスト 146
コントラスト感度曲線 147
コントロール 554
コントロール理論 373
コンピテンス 27
コンピュータ 415
コンピュータ援助型精神物理学 227
コンピュータ・シミュレーション 42, 554
コンピュータ・シミュレーション・モデル 281
コンピュータ・メタファ 26
コンポーネント・プロセス・モデル 349, 350
コンポーネント・モデル 116

サ

罪悪感 513, 546
サイクル 536

採餌行動 73
最小可聴閾 138
最小実行の原理 157
再生的思考 330
最大事後確率推定 165, 166
最適採餌理論 393
最適戦略モデル 71, 72
サイバネティックス 26, 42, 103
細胞集成体 265
細胞膜 79
催眠 710
催眠法 774
最尤法 227
サカディック抑制 249
錯誤帰属 545, 581
サブ・パラダイム 5, 22, 23, 25,
　26, 27, 28, 34
サポート 514
3次元構造 160
3次元表現 158
3者構造 720
算術級数的増加 218
3母数ロジスティック・モデル
　124
三目並べ 343

シ

CAI研究 34
CAIシステム 56
シェーピング法 702, 737
シェマ 430, 481
ジェームズ-ランゲ説 580
ジェンダー問題に関係する諸批
　判 732
視覚計算理論 154
視覚情報処理 154
自覚性 420, 421
視覚的イメージ 275
視覚的コード 274
視覚的情報貯蔵 261
視覚的マスキング 249, 262
自我心理学 666, 672, 675
自我弾力性 505
時間感覚練習 713
時間計測 394
時間的加重 142
時間的接近 381
軸索輸送 92
軸文法 453
刺激閾 104, 137, 215
刺激-強化連合 394
刺激強度 217

刺激選択 384
刺激抽出理論 116
刺激頂 104
刺激等価性 241
刺激の貧困 457
刺激の連合力(注意)の減少 397
刺激般化 382
刺激-反応 25, 412
刺激-反応図式 411
刺激-反応理論 381
刺激表象の精緻化 397
資源 70, 622
資源依存 257
自己一致 682
試行錯誤学習 381
『思考と言語』 420, 422, 423, 425
思考や行為を支援する道具 415
自己改善欲求 589
自己概念 509, 546, 681
自己概念バージョン 546
事後確率 165
自己完全性 547
自己基準 548
自己機能理論 547
自己構造 681
自己肯定理論 546, 547
自己高揚欲求 589, 590, 592, 593
自己資源 547
自己実現 681, 691
自己斉合性 546
自己生成的プライミング 387
自己正当化の態度変化 543
自己宣伝 605
自己像や他者像の改善 772
自己属性アクセシビリティ 548
自己属性情報 548
自己知覚理論 545, 578
自己中心性 432
　──の洞察 772
自己呈示 599
自己統制 625
自己統制能力 505
自己評価 587, 588, 590, 592
自己評価維持モデル 593
自己評価欲求 586, 589, 590, 592
自己分化 720
自己分離化 548
自己防衛の行動 543
自己防衛欲求 589, 592
自己モニタリング 612
視細胞 86
事実 8

指示的水準 276
事象 172
事象関連電位 95
事象索引化モデル 322
事象知覚 172
視神経 237
静かなる革命 26
システム 42
　──を再構成する技法 725
システム科学 45
システム工学 39
システムズ・アプローチ 42
システム哲学 39
システム論 37
施設児 492
自然科学 649
事前確率 165
自然システム 45, 46, 47
自然主義 409, 411
自然選択 59
自然的過程 409
自然淘汰 460
自然な記憶 412
自然発生的概念 420, 421, 422
自然法則 7
思想の矛盾 778
持続型細胞 248
自尊心 588, 593
自尊心低下 593
事態設定因子 393
Cタイプ(抵抗/アンビヴァレン
　ト型) 496, 498, 499, 501,
　503, 505, 506, 512
悉皆型 260
実験 429
実験室実験 657
実験神経症 698
実験的方法 25, 30
実行 39
実効行列 627
実効性 180
実証主義 25
質的・解釈的アプローチ 30
失認症 238
失敗回避動機 367
視点依存表現 169
自伝的記憶 485
視点不変表現 169
自動化された処理 390
『児童期から青年期への思考の成
　長』 445
自動思考 707

索　引　795

自動性　554
シナプス　87
しなやかな性能低下の原理　157
示範　605
事物　643
時分割方式　264
自閉的反応　529
縞模様　243
縞模様パターン　147
社会　408
社会化　408
社会科学　422
社会学　33
社会学的パラダイム　12, 17, 19
社会還元主義　408
社会構成主義　642
社会性　419, 420
社会制度　422
社会生物学　70
『社会生物学』　73
社会的学習理論　703
社会的交換　622
社会的交換理論　621
社会的サポート　502
社会的情緒過程　722
社会的情報の獲得の段階　595
社会的スキル　504
社会的相互行為　422
社会的相互作用　422
社会的ネットワーク　510
社会的場の理論　657
社会的比較　589
　——に対する反応の段階
　　595
社会的比較過程　595
　——の理論　587, 595
社会的比較傾向の個人差　595
社会的変容　421
社会的ホメオスタシス　753
社会媒介活動　416
社会文化的アプローチ　423
社会歴史的アプローチ　406,
　408, 422, 424, 425
社会歴史的存在　417
釈明　607
写像　6
写像過程　342
シャドウイング　255
遮蔽輪郭　159, 161
自由意思　545
習慣強度　113, 115, 382
重感練習　712

集合性　641
　——の多層的重複構造　648
集合体　641
集合的行動　645
　——の無縁圏　646
集合論　42
囚人のジレンマ　627
集積体　46, 55
集団遺伝学　63
集団過程　532
縦断的分析　19
集団の凝集性　626
集団符号化　235
集団符号化説　242
集中内観　769
自由で保護された空間　783
終板電位　91
周辺最尤推定法　125
周辺尤度　125
集約性　784
16の二進操作　434
主観的成功確率　604
主観的等価点　104, 215
熟練　424
種固有性　457
主成分学習法　242
手段　413
手段刺激　411, 413, 414
手段-目的分析　334
手段-目標関係　383
シュッツの発達段階　763
述部　318
受動的注意集中　715
種に特殊な学習過程　396
『種の起原』　60, 75
受容器　134
受容器電位　85
主要な愛着対象　495
受容野　236
シュレジンジャーの文法　454
シュワン細胞　79
馴化　397
準絵画的　279
準絵画的要素　282
準拠枠　374
順向マスキング　149
瞬時的文法獲得モデル　457
順序尺度　109
順序（序数）尺度　105
純粋性　757
順接と逆説の接続詞　420
順応　50, 139

上位有機的世界　46
生涯にわたる愛着の連続性　504
生涯発達　488, 504, 509, 512, 513
生涯発達過程　507
消去　392
状況　24, 26, 27, 31
　——の定義　419
状況的認知　472
状況認知　3, 26, 27, 29, 30
状況モデル　321, 322
状況論　424
上下法　227, 228
条件刺激　381
条件反射　381, 698
条件反応　392
条件反応過程　412
小細胞系　245
小集団活動　756
症状処方　726
象徴　432
象徴的心理・論理学　538
冗長な刺激　389
情緒的温かさ　510
情緒的絆　489
情緒的遮断　721
情緒的利用可能性　498
焦点刺激　202, 204
情動伝達理論　349, 351
情動2要因理論　578
情報収集　544
情報処理アプローチ　3, 6, 26,
　27, 29, 30, 415, 417
情報処理過程　393
情報処理機構　6
情報処理技術　4
情報処理モデル　329, 332
情報接触　595
乗法ベキ関数モデル　544
情報理論　42
乗法ルール　527
除外学習　702
初期視覚　158, 159
ショケ積分　130
所与行列　627
処理資源　257
処理周期　319
処理水準　275
処理ユニット　551
自律型　511
自律訓練法　710, 711
　——の禁忌　716
自律行動療法　712, 714

自律性　490
自律性解放　715
自律性言語化　712
自律性修正法　713
自律性除反応　712
自律性中和法　714
自律フィードバック訓練　714
自律フィードバック療法　712
自律療法　711
人為的刺激　411
人為的状況　411
新科学哲学　3, 7, 8, 10, 11
人格論　753
進化的安定状態　71
進化的安定戦略モデル　71, 72
進化論　59
心気症　775
心気神経症　775
真偽判断課題　287, 293
神経エネルギー間相互作用　384
神経回路網　104
神経回路網モデル　265, 342
神経還元主義　235
神経グリア細胞　79
神経細胞　79
神経質　773
神経症　773
神経衰弱　773
神経生理学　104
神経電気分析　219
神経におけるカクテルパーティ
　ー処理　242
神経量子仮説　220
信号化　412
人工概念形成実験　420
信号検出理論　219, 220, 224, 229
信号刺激　68, 224
人工知能　6
人工的, 記憶術的記憶　412
新行動主義　25
人工物　418
人工物パラダイム　12, 13, 17,
　19, 23
『人口論』　59
斟酌情報　202, 204
斟酌理論　192, 201, 210
心情関係　526
Sinsteden の風車　198
新生児反射　431
新精神物理学　222
心像　784
心臓調整練習　712

深層表象　282
身体　643
親態度的行動　546
心的外傷　500
心的精神物理学　215
信念　278
信念体系　687
信念-欲求　478
真の得点　120
新ピアジェ派　436, 439
『新ピアジェ派の認知発達理論』
　439
神秘主義　4, 23
シンボリック　51
シンボル　198, 199, 432
信頼性係数　120
心理学　33
心理学史　25
心理学者の微小電極　244
心理学的な道具　412, 415
心理教育　738
心理主義　11
心理的葛藤　513
心理的コミットメント　550
心理的道具　413
心理的ホメオスタシス　752
心理物理学的同調曲線　149
心理療法　754
心理臨床　754
親和　490

ス

図　746, 751
推移行列　115
随意性　420, 421
随意的注意　410
数値的関係系　110
数理学習理論　2
数理モデル　113
スキーマ　27, 309, 326, 337, 430,
　524, 704, 706, 707
スキーマ理論　552
スクリプト　310, 481, 483
スティーヴンスの精神物理学
　215, 219, 221
スティーヴンスの法則　135
ストレンジ・シチュエーション
　法　488, 495, 515
スパースコーディング　242
スパースコーディング説　242
刷り込み　69, 492
スリット光　237

ズレ　432
スロット　311

セ

生活世界　481
生活的概念　420, 421
正結合ネットワーク　631
斉合人力　552
生産的思考　330
制止性の連合　389
静止膜電位　88
成熟した機能　416, 417
成熟しつつある機能　416
成人愛着面接　506, 511
精神間　422, 423
精神間機能から精神内機能へ
　418
精神交互作用　777
精神測定関数　219, 220
精神的健康　52
精神内的カテゴリー　418
精神内平面　419, 420
精神発達　422
『精神発達の理論』　425
精神物理学　104, 216, 217
　――の法則　105
精神物理学的測定法　106, 215,
　219, 220
『精神物理学要論』　230
精神分析　408, 409, 543, 698
精神分析理論　49, 488, 514
精神療法　774
生成文法　452
生存率　70
生態学的事象　174
生態学的妥当性　26, 27, 273
生態学的理論　174
生態環境　396
生態システム　425
精緻化命題ネット　321
正当化　10
正当性の認知　604
正統的周辺参加　473
生得性　436
生得的解発機構　68
生得的個性　494, 507
生の欲望　776
生物概念　475
生物科学　37
生物学　33
生物学的運動　183
生物学的進化　410

生物学的適切信号説　459
生物学的発達　410
生命の階梯　61
制約　461
制約条件　156, 158, 160, 162
生理学還元主義　408
『生理光学ハンドブック』　192
生理的喚起　580
生理的ホメオスタシス　752
世界仮説　5, 18, 19, 20, 23, 26, 32
　　──の図式　29
世界観　12, 13, 17, 18, 23, 24, 28
『世界技法』　780
世界テスト　781
世界保健機構　514
世代論的家族療法　719
積極的強化法　702
積極的想像　785
接近説　381, 393
摂食障害　709
折衷理論　30
説得療法　774
セミサイクル　536
セルフ・ハンディキャッピング
　　608
線形方程式　115
線形補外モデル　529
線形モデル　114
漸限値　398
閃光　193, 195, 211
先行訓練　385
先行条件づけ　385
潜在学習　382
潜在制止　386
漸成的・階層的組織化　510
前操作期　431, 432
『戦争と平和』　411
全体　46, 55
全体性　39, 44
全体報告法　261
選択　70, 74
選択の残効　244
選択的自己肯定　547
選択の順応　148, 244
選択の接触　542
選択の注意　255, 384
選択の比較水準　624
選択的マスキング　244
センテンス　539, 550
センテンス半球　553
セントラルドグマ　63
先入見　8

『善の研究』　232
専門母体　16, 17
戦略　70
戦略的家族療法　726
戦略的質問　730

ソ

相互依存関係　622
総合学説　63
相互活性化モデル　301
相互結合ネットワーク　305
相互作用　746
走査　280
操作　430
操作主義　25, 232
相対主義　11
相対性理論　45
相対弁別閾　218
想定される望ましさ　573
増分閾値　141
双方向性の結合　166
相貌失認　238
測定　430
測定尺度　105
測定理論　229
側抑制　145
阻止　384
ソビエト心理学　417
素朴心理学　474
素朴生物学　474
素朴知識　481
素朴理論　474, 477, 480
存在論　16, 428, 476
ソン尺度　221

タ

帯域通過　138
対応　571
対応推論理論　571
対応バイアス　576
退行　782
第5世代コンピュータ開発計画
　　6
大細胞系　245
第三勢力の心理学　51, 52
第三勢力の理論　49
対象　413
対象関係論　670, 671, 672
対象刺激　414
対称性に向かう緊張理論　529
対人関係スタイル　492, 495,
　　504, 506

対人コミュニケーションの対称
　　性理論　529
対人魅力　623
対数関数の法則　105
対数法則　217, 218
体制化　50
体制化要因　53
代替案　126
態度　537
　　──の認知空間　538
　　──の連合ネットワーク・モ
　　デル　534
態度間構造　538
態度形成　527
態度内構造　538
態度変化　542
第2次世界大戦　514
大脳皮質視覚領　237
対比の原理　462
タイプ　277
タイプA　245
対物指向性　501
タイプB　245
タイムアウト法　702
代理的養育　513
対話性　420
　　──の形式　423
タウ（τ）　179
ダーウィニズム　49
タカ・ハト・ゲーム理論　75
多義図形　209
ターゲット問題　339
他者　418, 419, 423
他者指向性原理　49
他者シミュレーション　579
他者制御言語ゲーム　419
他者理解　509
多重課題処理　554
多重モジュール・ネットワーク
　　525
多世代伝承過程　721
多層ネットワーク　304
多層評価理論　349, 352, 355
多段階形成理論　418
脱馴化　388
達成行動　583
達成動機　367
脱分極　89
多糖　82
ダブルバインド　421
多変数関数の近似問題　170
誰にも愛着を示さない障害　493

索　引

段階法　228
単眼立体視　168
短期記憶　258, 388
短期記憶内の表象の活性化　386
短期集中療法　726
探索　490
単純型細胞　237
単純再帰ネットワーク　305
単糖　82
単独解決　416
蛋白質　81
断片図形　208, 209
弾力性　508

チ

地　746, 751
知覚　8, 186, 212, 235, 750, 757
　——された自由　546
　——の建築　237
　——の恒常性　436
　——の体制化　52
　——の方略　455
知覚可能な事象　174
知覚循環　273, 274
知覚的恒常性　201
知覚的達成　210
知覚的ベクトル分析　182
チトクロームオキシダーゼ　97
知能検査　416
チャンネル　243
チャンネル理論　243
注意過程　388
仲介変数　382
中間視覚　158, 160
抽出の過程　341
中途切切り型走査　260
中立性　729
超越　540
超越的身体　647
長期記憶　258
長期集中療法　732
調整法　107, 220
調節　41, 51, 431
丁度可知差異　218
超複雑型細胞　237
超並列統語解析モデル　303
チョーキング　614
直接記憶範囲　259
直接尺度構成法　221, 232
直接性　784
直接知覚理論　174
直接的(条件反射的)結合　412

直接的知覚　212
直接プライミング　291
治療の間隔　729

ツ

通貨　70
通常科学　9

テ

出会い　423
　——の理論　423
である規範　647
TOTEユニット　375
定言三段論法　337
抵抗　664, 665, 669, 670
抵抗/アンビヴァレント的行動
　501
抵抗行動　496
低次精神機能　410
定常状態　47
　——にある開放システム　47
定数測定　215
ディストリクト　272
ディセプション　555
Dタイプ(無秩序型)　493, 498,
　500, 512
ティーチング・マシン　34, 383
ディー・プライム　224
デオキシグルコース法　97
適応型テスト　125
適応的精神物理学　227
適合性原理　532
適合性モデル　532
適合性理論　532
適者生存　61
テクスチャー　159
デシジョントリー　127
テスト場面　417
データ　8
データ依存　257
データ収集　652
哲学　3, 4
哲学的メタファ　23
『哲学の知恵と幻想』　428
手ニューロン　238, 239
デフォールト値　310
テーマ　785
転移　665, 669, 672
電位感受性色素　96
転位行動　68
テンプレート照合モデル　567
電話交換器メタファ　25

ト

同意　528
同一化ではない統一　423
動因低減　382
動因低減説　393
動因低減理論　383
同化　41, 51, 431
統覚　212
等価刺激差異　105
等価刺激比率　105
等感曲線　138
動機づけ　524
同期的符号化説　242
等輝度刺激　246
道具　410, 412, 413, 415, 417,
　418, 421
道具主義　11
道具使用　384, 412
道具性の理論　368
道具的行動　382
道具的条件づけ　393
道具的方法　412, 413
同型性　38, 39, 44
統計的決定理論　42
同型的な連続性　504
統合図式　319
統合的理論　29
動詞クラスター課題　323
同時最尤推定法　125
当事者と研究者による共同メッ
　セージ　652
同時対比　144
同時的アクセシビリティ　542
同時マスキング　149
等終局性　527, 543
導出的測定値　109
統制可能性　582
統制された処理　390
同調曲線　243
当否法　220
動物-環境生態系　175
動物心理学　62
動物精神物理学　215, 228
動物メタファ　423
同胞の位置関係　721
特殊器官公式　712
特殊結合命題　235
特殊神経エネルギー説　136, 235
特殊説　136
特殊理論　480
特徴-照合モデル　176

特徴統合理論　244
特徴比較モデル　289
特別な活性化状態　386
トークン　277, 702
トークン・エコノミー法　702
“どこに”と“何が”に関する視
　覚処理系　247
『都市のイメージ』　271
突然変異説　62
徒弟制　473
トポロジー　42
トラウマ　679
とらわれ(纏綿)型　511
トランザクショナリズム　205,
　207
トランスファー RNA　85
取り入り　604
トレードオフ　70, 260

ナ

内化　408, 417, 418, 420, 421
内化モデル　418
内化論　418
内観　768
内観主義　407
内観心理学　407, 408, 409
内在的測定　181
内的過程　202, 204
内的作業モデル　491
内的精神物理学　215, 217, 219
内的に媒介された記銘　414
内部感覚　196
内包　434
内包的性質　108
内容的妥当性　123
仲間関係　504
流れ図　254
生の類推　14
ナラティブ・セラピー　731, 735

ニ

2 過程説　394
2 元論　753
二項対立図式　409
2 次強化　382
2 次の動因説　489
2 次モード　653
二重課題　256
二重強制的承諾パラダイム　549
二重コード化理論　274, 276, 282
二重刺激の機能的方法　413,
　415, 421

二重消去律　112
二重像　196
二重パラダイム科学　13, 14, 18
日常的認知研究　417
日常内観　769
日常認知　3, 26, 27, 29, 30
2・1/2 次元スケッチ　158, 164
2 母数ロジスティック・モデル
　124
乳幼児精神物理学　215
ニュートン力学　45
ニュールック心理学　205, 206,
　207
ニュールック派の知覚心理学
　49
New Look モデル　546
二要因説　363
人間科学　38, 53, 649
『人間科学序説』　429
人間行動学　33
人間性　691
人間の心理学的本性　418
人間＝ロボット論　48
認識　8
認識細胞　238
認識細胞仮説　238, 241
認識論　3, 12, 428
認知　212, 429
　——の 3 要素　706
　——の修正　704
　——の発達　428
　——の変化抵抗　543
　——の歪み　706
認知科学　6, 10, 417, 422, 488
認知過程　341
認知還元主義　657
認知行為　333
認知構造　442, 537
認知構造指数　537
認知神経心理学　267
認知心理学　2, 3, 6, 10, 25, 26,
　27, 28, 29, 34, 49
　——のパラダイム　2, 5
認知心理学者　417
認知説　329
認知地図　274, 383
認知的な構え　706
認知的規範　647
認知的技法　708
認知的経済性　287
認知的斉合性の回帰ネットワー
　ク・モデル　551

認知的斉合性理論　524
認知的相互作用　532
認知的単位　539
認知的動機づけ　541
認知的・発見的機能　6, 7
認知的・発見法的　16
認知的バランス・モデル　539
認知的バンド　539
認知的評価　348, 349, 350, 352,
　353, 354, 355, 363
認知的評価理論　348, 349, 351,
　352, 353, 354, 363
認知的不協和理論　524, 541, 578
認知発達　26, 27
認知発達研究　3
認知発達理論　29
認知表象　333
認知要素　541
認知療法　362, 704, 705
認知理論　11
認知論的学習理論　383

ヌ

ヌクレオチド　83

ネ

ネオ・ダーウィニズム　62
ネガティブな情動に結びついた
　制御システム　510
ネットワーク交換理論　629
ネットワーク・システム　39
ネットワーク表象　295, 337
ネットワーク理論　42
熱力学の第二法則　47

ノ

ノイズ刺激　224
ノイマン型逐次処理　7
脳磁図　95
脳磁場計測法　220
能動性　41
能動的想像　785
能動的人間モデル　55
脳波　95
能力評価　588
ノード　272, 552
ノード半球　553

ハ

バイアス理論　460
バイオフィードバック法　704
媒介活動　411, 412, 421

媒介過程　382
媒介記憶　413
媒介手段　415
媒介性　413, 415
配偶　492
背景刺激　392
背側ストリーム　246
ハイパーコラム　237
胚メタファ　423
バイリンガル　282
薄明視　137
箱庭　786
箱庭遊び　781
箱庭療法　780, 781, 786, 787
場所学習　383
場所法　284
パス　272
パズル解き　9, 20, 31
派生の複雑度の理論　455
パーセプトロン　265
パーソナリティの個人差　495
パターン説　136
パターン・モデル　116
バックプロパゲーション則　304
パッケージ治療法　703
発見　10
発見的学習法　51
発生的認識論　41, 428
『発生的認識論序説』　429
発達　421
　　──の最近接領域　415, 416,
　　　421, 422
　　──の平行四辺形　414
『発達心理学』　41
発達段階説　27
発話　423
ハードウェア　241, 247
ハードウェア還元主義　247
場の理論　4
母親の就労　513
　　──が子の愛着形成に及ぼす
　　　影響　513
母親の養育スタイル　500, 501
パフォーマンス　600
パブリックイメージ　271
ハミルトンの法則　73
パラソル細胞　245
パラダイム　2, 5, 8, 9, 10, 13, 14,
　　15, 17, 19, 20, 21, 22, 26, 28,
　　31, 32, 44
　　──の拡張性　15
　　──の3次元構造　13

　　──の支配　2
　　──の選択　2
　　──の定義　12
パラダイム概念　11, 16
パラダイム・ケース　20, 21
パラダイムシフト　44
パラダイム転換　5, 9, 23, 34
パラダイム転換期　18
パラダイム論　2, 3, 5, 7, 8, 11,
　　19, 20, 25, 31, 33
バランス　525, 528
バランス系諸理論　524
バランス文　540
バランス理論　525
ハルの行動理論　113
バーローのニューロン原則　239
範囲　30
般化減少　391
反実仮想法的思考　551
反射学　409
反射に基づく心理学　408
反証主義　3, 8, 10, 11
繁殖　492
反態度的行動　544
判断基準　225
反転図形　198, 208
反応　541
反応確率差分説　393
反応-強化連合　394
反応自動形成　395
反応性　41
反応性原理　49
反応値　217
反比例仮説　389
反復説　428

ヒ

ピアジェの認知発達　30
ピアジェの発達理論　50
ピアジェ理論　11, 26
BRS理論　459
PEST法　227
PET法　98
PAC学習　118
p-o-x理論　526
美学　4
比較過程　594
比較器　374
比較行動学　62, 65, 488, 514, 515
比較水準　624
比較人間認知研究所　424
比較判断の法則　106

光変換機構　99
非還元的特性　46, 55
比視感度曲線　137
比尺度　109
被説明項　6, 7
非線形　116
非線形関数モデル　550
非線形モデル　115
Bタイプ（安定型）　496, 498,
　　499, 501, 504, 505, 512
ヒット　225
ヒット率　225
否定証拠問題　458
PDPモデル　265, 342
批判的合理主義　3, 8, 10, 11, 12
肥満療法　774
ヒーブス　46, 55
ヒポコンドリー基調　777
ヒューマンインターフェース
　　39
ヒューリスティックス　336
評価　39
描画　432
評価・感情の斉合性　538
評価・行動の斉合性　538
評価次元　348, 349, 350, 352
評価的連動性　534
評価・認知の斉合性　538
評価要求　580
評価理論　349
表現　156
標準正則化理論　155, 162
標準練習　711
表象　431
　　──の再記述理論　464
表象的処理　276
表情特異性　239
表象モデル　491, 492, 500, 507,
　　508, 511
表象レベルの愛着　505
表象レベルの近接　491
表層的表象　281
比率産出法　222
比率推定法　222
比率（比例）尺度　105
非連続説　393
疲労（反応性禁止）　382
品等法　107

フ

ファイ・ガンマ関数　220
ファルーンとリバーマンの行動

家族介入法 743
不安階層表 701
不安障害 709
ファンタジー 663, 664, 667, 668
フィードバック 42
フィルター・モデル 255
フィールド 652
夫婦関係 513
夫婦間のストレスを回避する
　"迂回による構造化" 723
フェイスワーク 600
フェヒナーの精神物理学 215
フェヒナーの対数法則 221
フェヒナーの法則 217, 218, 229
フォイエルバッハに関する第6
　テーゼ 418
不応期 90
フォーカシング 684
フォーミズム 2, 4, 23, 26, 27,
　28, 29
フォールス・アラーム 225
不確定下における決定 126
不協和回避法 542
不協和喚起 546
不協和関係 541
不協和低減法 542
不協和動機づけ 547
不協和のマグニチュード 542
不均衡 525
復元探索 319
複合感覚 196
複合刺激 384, 398
　――の形態化 391
複合条件づけ 384
複合体 29
複雑型細胞 237
複雑なシステム全体 422
複数十分原因 569
複数パラダイム科学 13, 18
複数必要原因 569
腹側ストリーム 246
腹部温感練習 712
負結合ネットワーク 631
符号化 135
符号付き単色型グラフ 536
符号付き有向単色型グラフ 536
符号付き有向二色型グラフ 536
不十分な正当化 545
不斉合低減 524
不斉合入力 552
付帯現象 278
二つの方式 453

物体視系 246
物体失認 238
物体中心座標 169
物体中心座標系 247
物的な環境 646
不登校 754
太縞 245
負の活性化拡散 534
負の感情 550
負の練習法 701
部分的限定スキーマ 574
部分報告法 261
不変項 172
普遍性 11
普遍文法 456
プライミング 386
プライミング効果 291, 297
プラグマティズム 24, 383
プラン 417
ブリダンのろば 411
不良設定問題 154, 160, 162
古い主観的・経験的心理学
　409
プルキンエ現象 137
ブルーナーの教授理論 51
不連続性 509
プログラム学習 34
プロスペクト理論 129
プロダクション・ルール 333
ブロックの法則 142
プロット構造 316
ブロップ 238
ブロップ系 245
雰囲気 647
分化 44
文化間差 497
文科系 445
文化人類学的観点 417
文化の社会的規範の侵害 549
文化的発達 409, 410, 418, 423
　――の一般的発生法則 418
文化歴史的アプローチ 423, 424
文化-歴史理論 407
分業 421
分散の理論 29
分散表現 235
分散表現仮説 242
分散分析モデル 566
分析 29
分析単位 411
分配正義 629
文法 452

文法獲得関数 456
文法記述研究 453
文脈 24, 26, 27, 29, 31, 392
文脈刺激 391
文脈主義 2, 4, 11, 23, 24, 26, 27,
　28, 29, 30, 31
分類 432

へ

平均誤差法 220
並行性 41
平行テスト 121
平衡電位 89
閉鎖システム 47
ベイズ推定 169
ベイズ推定法 125
ベイズ的アプローチ 127
ベイズの定理 128, 165
並列処理 7
並列制約満足処理 525, 552
並列分散処理 342
並列分散処理モデル 265, 304
ベキ関数 135, 221, 223
　――の法則 106
ベキ指数 221, 222, 230
ベキ法則 219, 221, 223, 229, 232
べし規範 647
ベース問題 339
ヘルマン格子 145
変異 61, 74
変形上下法 228
変形的不変項 176
変則例 9, 25
扁桃核 239
変動性 219
弁別 140
弁別閾 104, 140, 215, 220
弁別移行学習 384
弁別逆転学習 384
弁別刺激 393
弁別性 566

ホ

方位選択性 237
防衛反応 685
法王細胞 241
包括適応度 73
方向の恒常性 201, 204
放射線問題 339
報酬 622
方略選択 441
ボーエンの理論 720

補強 540
保護してもらえることに対する
　信頼感 510
母子一体性 783
ポジティブな情動に結びついた
　制御システム 510
ポジトロン断層法 220
母子の相互行為 419
母子分離 514, 515
補助刺激 411
補助手段 413
補助的動機 411
ポスト・モダニズムの発想 731
母性的養育 492
　——の剥奪 514
保存性 432
ボーダーライン・ケース 689
ボーダーレス化 637
ボトルネック 255
ホメオスタシス 47, 382, 752, 755
ホールズ 46, 55
本質的緊張 9

マ

マキャベリ主義 613
マグニチュード産出法 222
マグニチュード推定法 107, 215, 221, 222, 232
マクファーレンの多家族療法 744
マクロ構造 318
マクロ・ルール 319
マザリーズ 460
マスキング 149
待ち行列理論 42
マッハバンド 144
マッピング 6
マルコフ確率場 165
マルコフ確率場理論 165
マルコフ性 165

ミ

未解決型 511
味覚嫌悪条件づけ 395
見方の枠組み 7
ミクロ構造 318
ミジェット細胞 245
身調べ 768
ミス 225
ミス率 225
三つ山課題 27

未分化な自我集合 720
見本例 17
ミラノ・システミック家族療法 728
魅力 528
魅力形成 527
魅力差拡大効果 544
民族心理学 410
ミン方略 441

ム

無意識 662, 663, 664, 665, 668, 673, 675, 676
無意識的結論 195
無意識的自動処理 554
無差別的愛着の障害 493
無条件刺激 381
無条件の肯定的関心 682, 757
無条件反応 381
結びつけ問題 242
無秩序/無方向型 498
無能宣言 730
無媒介記憶 413, 414
無パラダイム科学 13

メ

名義尺度 109
明順応 139
明所視 137
命題 277, 318
命題的要素 282
命題ネット 321
名目(名義)尺度 105
メタ科学 44
メタコントラスト 249
メタ哲学 5
メタ・パラダイム 12, 13, 17, 19, 23
メタファ 2, 3, 4, 5, 6, 7, 8, 15, 16, 21, 31
　——の写像説 6
　——の説明機能 6
　——の相互作用 15
　——の相互作用説 6
メタファ論 3, 27
メッセンジャーRNA 85
メンタル・モデル 295, 336, 481
面の首尾一貫性定理 160

モ

盲点 196
網膜神経節細胞 237

網膜像の大きさ 201, 204
木構造 435
黙想練習 713
目的と価値観 654
目的論 44
目的論的心理学 410
目標 278
目標指向性 37, 44
目標設定理論 371
モジュール 154, 158, 159, 168, 243, 244, 262, 267
モジュール性 290, 457
モデリング 499, 703
モデル 2, 4, 6, 7, 8, 14, 16, 21, 23, 24, 31
モデル・アナロジー論 7
モデル主義 7
物語化 415
物語カテゴリー 317
物語スキーマ 314
物語生成 415
物語文法 314
物シンボル 424
"もの"的環境 646
モノトロピー 510
物の永続性 431
模倣 416, 421
模倣能力 416
モーメント心 184
森田神経質 775
森田療法 773
問題解決 329, 417
問題解決能力 421
問題空間 333

ヤ

役割演技 529
役割の逆転がみられる愛着の障害 493

ユ

誘意価 369
誘引価 604
誘因価 367
誘因・強化効果 545
優加法性 128
有機体論 2, 4, 23, 24, 26, 27, 28, 29, 30, 40
有機体論革命 48
有機的世界 46
遊戯療法 780
優生学 64

索　引　　　803

尤度　125
尤度比　226
有能性　27
有毛細胞　86
歪んだ認知　705
歪んだ部屋　205
ユニット関係　526
ユニット形成　526
ユニット半球　552
指差誘導法　657

ヨ

養育環境の要因　498
要因　29
要因加算法　259
養護施設　514
要塞問題　340
幼児期決定論　488
要素　29
要素主義　381
要素的過程　409
要素的心理過程　409
容量モデル　256
予期図式　274
予期的位相　273
抑うつ　500
抑制　145
抑制処方　726
抑制性シナプス後電位　87
抑制的愛着の障害　493
予見可能性　546
予測　6,30
読み書き　422

ラ

来談者中心療法　757,786
らせん形カリキュラム　51
ラベルづけ　580
ランドマーク　272,274

リ

リアリズム　23,26,27,28,29,30
リアリティ　30
利益　70
理科系　445

力学的事象　186
力動性　784
リコーの法則　142
リスクのある決定問題　126
利他的行動　73
利得行列　226,625
リハーサルされた状態　386
リハーサルされない状態　387
リフレクシブな質問法　730
リフレクティング・チーム・ア
　プローチ　731,735
領域一般　445,464
領域固有　445,464,477
領域普遍　477
了解心理学　409
両眼視差　159,168
両眼立体視　168
量子理論　45
両面価値　527
理論　8,656
理論言語　6,7,8
理論心理学　3,31
理論の枠組み　9,10
理論負荷性　8,9
臨界期　69
臨界期説　463
臨界持続時間　142
臨界帯域　143
臨界面積　142
リンク　552
リン脂質　79
臨床法　436,446

ル

類似性　5,6
類推　14,16,21,22
累積プロスペクト理論　130
ルーティン　482
ルート・メタファ　2,4,5,13,
　19,20,21,22,23,26,28,29,
　30,32
ルート・メタファ論　2,5,15,
　19,21,22,25,31,33,34
ルビンの盃　747
ルール評価アプローチ　439

レ

例示化　310
歴史主義　11
歴史的発達　410
レスコーラ-ワグナー・モデル
　384
レスポンデント　383
劣加法性　128
レトリック　8
連合強度　385,398
連合説　329
連合ネットワーク　529
連合ネットワーク・モデル　552
連想強度　288
連想的結合関係　276
連続説　393

ロ

ロイド・モーガンの公準　65
労働研究　424
ローカリスト制約満足モデル
　553
ローカルな共同的実践　652
ロジスティック関数　116
ロドプシン　99
論理学　10,11
論理経験主義　7,8
論理実証主義　3,8,9,10,11,25,
　657
論理的記憶　410
論理的構成体　113
論理療法　686

ワ

Y細胞　248
ワーキング・メモリー　443
枠　781
枠組み理論　480
枠づけの仕直し　727
枠づけ法　781
割引原理　570
割増原理　570

欧文索引

A

α model 114
A 1 状態 386
A 2 状態 387
A タイプ(回避型) 496, 498, 499, 501, 503, 505, 506, 512, 513
abnormal conditions focus model 568
abstraction process 341
A-B-X 理論 529
accessibility 534
accommodation 51, 431
ACT 292
act 24
act rationalization 549
action 541
activity 41
activity theroy 421
adaptation 50, 139
adaptive control of thought 292
adaptive psychophysics 227
adaptive test 125
adult attachment interview 511
affect infusion model 358
affect-as-information 357
affectional relationship 489
affective-cognitive consistency theory 537
affiliation 490
affordances 176
aggressive attachment disorder 493
AIM 358, 360
alternative 126
ambivalence 527
animal psychophysics 215
animal-environment ecosystem 175
ANOVA モデル 566
apperception 212
argument 318
assimilation 51, 431
associative network 529

B

attachment 489
attachment theory 69
attitudinal cognitorium 539
audibility curve 138
augmentation principle 570
autistic response 529
autogenic behavior therapy 714
autogenic discharge 715
autogenic feedback training 714
autogenic modification 713
autogenic neutralization 714
autogenic therapy 711
automatic thinking 707
automaticity 554
autonomous 511

B

β model 115
B タイプ(安定型) 496, 498, 499, 501, 504, 505, 512
back propagation error learning 304
backward masking 149
band pass 138
base problem 339
basic encounter group 756
Bayes theorem 165
behavior control 625
behavior economics 393
behavioral consistency 543
behavioral ecology 65
behavioral medicine 704
belief-desire 478
bias theory 460
biased scanning 540
binding problem 242
binocular disparity 159
biological motion 183
biologically relevant signals theory 459
Bloch's law 142
blocking 384
bolstering 540
BRS 理論 459

C

C タイプ(抵抗/アンビヴァレント型) 496, 498, 499, 501, 503, 505, 506, 512
CAI 34
CAI 研究 34
CAI システム 56
causal analysis 323
causal chain 323
causal schema 568
center of moment 184
choking 614
circularity 729
citation index 446
classification 432
client-centered therapy 680, 757
CMM 223
cognition 429
cognitive action 333
cognitive appraisal theory 348
cognitive band 539
cognitive consistency theory 524
cognitive dissonance theory 524, 541
cognitive economy 287
cognitive representation 333
cognitive triad 706
cognitive unit 539
cogruity principle 532
coherence graph 319
communicative act 529
comparator 374
comparison level 624
comparison level for alternatives 624
comparison process 594
compartmentalization 511
complete continuity 504
complex cell 237
component model 116
computational learning theory 117
computer assisted instruction

34
computer-aided psychophysics 227
concave-convex semi-sphere network 551
concentration therapy 749
conceptually driven process 207
concrete operational period 432
confidence in protection 510
configuration 391
confluent education 755
connectionist model 342, 525
conservation 432
consistent input 552
consonance model 553
constancy 436
constraints 461
construction-integration model 320
contextualism 24
contrast sensitivity function 147
controllability 582
correct rejection 225
correspondence 571
correspondence bias 576
counseling 679
counterattitudinal behavior 544
counterfactual thinking 551
covariation principle 566
crisis-oriented family therapy 741
critical area 142
critical band 143
critical duration 142
critical period hypothesis 463
cross-modality matching 223
crude analogy 14
CS 381, 398
CSF 147
cumulative prospect theory 130

D

D タイプ（無秩序型） 493, 498, 500, 512
décalage 432
deception 555
decision making under risk

126
decision making under uncertainty 126
decision mechanism 374
decision tree 127
declaration of impotence 730
decoding principles 183
deep representation 282
dependency 491
derivational theory of complexity 455
derived measurement 109
detached or dismissing 511
devaluation method 394
difference threshold 104, 215
dis-engaged, rigid boudary 723
disciplinary matrix 16, 17
discounting principle 570
disidentification 548
disorganized/disoriented 498
dissimilation 431
distributive justice 629
DL 104
do 39
domain-general 445, 464
domain-specific 445, 464
dorsal stream 246
double forced-compliance paradigm 549
downward comparison 590
drive toward consonance 555
dual-paradigm science 14
Dualismus 753

E

early vision 158, 159
ecological events 174
effective behavior 550
effective matrix 627
effectivities 180
egocentrism 432
elaborated propositional net 321
"Elemente der Psychophysik" 230
emotional availability 498
emotional band 489
emotional cutoff 721
empathic understanding 757
enactive 51
encounter group 756

endplate potential 91
enmeshed, diffused boundary 723
epi-phenomenon 278
epistemology 428
EPP 91
EPSP 87
equal-appearing intervals 105
equal-appearing ratios 105
equifinality 527
equilibration 51
equiloudness contour 138
equiluminance stimuli 246
equity 623, 629
ERP 95
ESS 72, 76
ethogram 66
evaluative need 580
evaluative-cognitive consistency 538
event 172
event-indexing model 322
event-related brain potentials 95
everyday cognition 26, 417
evolutionary stable state 71
evolutionary stable strategy 72
excitatory postsynaptic potential 87
exemplification 605
exocytosis 90
expectancy-value theory 367, 537
expected valence 573
exploration 490
extension 434
external attribution 564
extrinsic measurement 180

F

face-work 600
false alarm 225
false belief 444
family projection process 720
fate control 625
fear 490
fearfulness 501
FIRO-B 756
fixed action pattern 67
fMRI 法 98, 220

focusing 684
follow-direction method 657
follow-me method 657
forced compliance 542
foreseeability 546
formal operational period
   433
formism 23
forward masking 149
fragmented figure 209
fully restrictive schema 575
functional magnetic resonance
   imaging 98
functional methods of double
   stimulation 413
fundamental attribution error
   576
Fundamental Interpersonal
   Relationship Orientation-
   B 756
fundamental measurement
   109
Fundamentalformel 218

G

general problem solver 333
generalized radial basis func-
   tion 170
generative grammar 452
genuineness 757
Gestalt 748
Gestalt psychology 330
given matrix 627
global theory 384
gnostic cell 238
goal setting theory 371
good mother, bad mother,
   good me, bad me 683
GPS 333
grammar 452
grandmother cell 238
GRBF 170
groupment 434
guided participation 472
guilty conscience 546

H

HAM 292
"*Handbuch der Physiologis-
   chen*" 192
hardening 542
hedonic relevance 572

Heiderian balance theories
   524
here and now 755, 759
heterotypic continuity 504
hierarchically restrictive
   schema 575
high-level vision 158
hit 225
hobbits and orcs problem 334
homunculus 281
hot spot 91
how vision と what vision 247
Hull's behavior theory 113
human associative memory
   292
human science 38
hypocrisy 546
hypothesizing 728

I

iconic 51
idea 212
IDM 56
ill-posed problem 154, 162
image scanning 280
immediate perception 212
IMPACT 56
implication 438
impression management 599
impression management the-
   ory 545
imprinting 69
incentive value 604
incentive-reinforcement effect
   545
inclusive fitness 73
incommensurability 9
inconsistency reduction 524
inconsistent input 552
increment threshold value
   141
indiscriminate attachment dis-
   order 493
inductive logic model 568
infant psychophysics 215
information-processing model
   332
ingratiation 604
inhibited attachment disorder
   493
inhibitory postsynaptic poten-
   tial 88

innate releasing mechanism
   68
INRC群 434, 435
instantaneous model of gram-
   mar acquision 457
instantiation 310
instructional decision model
   56
instrumentality theory 368
insufficient justification 545
intension 434
interattitudinal structure 538
International Center for
   Genetic Epistemology
   429
International Society for The-
   oretical Psychology 3
interpersonal 422
interpersonal simulation 579
interval scale 105, 109
interval working model 491
intraattitudinal structure 538
intrinsic measurement 181
inverse optics 154
inverse problem 154
IPSP 88
irritability 501
ISTP 3

J

jnd 218
just noticeable difference 218
justice 623

K

KDE 210
kinetic depth effect 210
KSD原理 186

L

language 452
language acquisition 451
language-making capacity
   model 465
latent inhibition 386
lateral inhibition 145
law of causality 200
law of specific nerve energies
   136
lexical decision task 291
LHCH 424
likelihood ratio 226

索　　引　　807

liking-agreement heuristic
　　529
line of curvature　161
linear extrapolation model
　　529
linear model　114
link　552
linking proposition　235
literal percept　204
literary courses　445
Lloyd Morgan's Canon　65
LMC モデル　465
local *N*-balance　536
localist constraint-satisfaction
　　model　553
locus of causality　582
logarithmic law　217
logical constract　113
logistic function　116
long brief therapy　732

M

Mach band　144
macrostructure　318
magnitude of dissonance　542
magno system　245
management by objectives
　　372
MAP 推定　165
mapping　6
mapping process　342
marginal likelihood　125
masking　149
MAT 学習　117
maternal deprivation　514
maximum a posteriori esti-
　　mate　165
maximum likelihood estima-
　　tion method　227
MBO　372
MDL 基準　118
means　413
means-ends analysis　334
measurement theory　219, 229
mechanism　23
meditative exercise　713
MEG　220
MEM　352
memory organization packet
　　314
mental model　336
mental psychophysics　215

mental states　443
messenger RNA　85
metaphor　3
method of adjustment　107,
　　220
method of average error　220
method of constant stimuli
　　107, 220
method of limits　107, 220
method of magnitude estima-
　　tion　107, 221, 222
method of minimal changes
　　220
method of paired comparisons
　　107
method of rank order　107
method of right and wrong
　　cases　220
microstructure　318
middle vision　158, 160
minimum adequate teacher
　　117
minimum description length
　　118
misattribution　581
miss　225
mixed metaphors　26, 30
MNC　569
modularity　290, 457
mood-regulation　357
MOP　314
motherese　460
motion blind　244
MPF モデル　543, 550
mRNA　85
MSC　569
MST 野　244
MT 野　244
multi-level theories　349
multigenerational transmis-
　　sion process　721
multiple necessary causes　569
multiple sufficient causes　569
multiple-entry, modular memo-
　　ry system　352
multiple-model network　525
multiple-paradigm science　13
multiplicative power-function
　　model　543
multitasking　554

N

narrative therapy　735
negative affect　550
negative evidence problem
　　458
negative practice　701
negative spreading activation
　　534
neo-Piagetian　439
network model of affect　355
neural quantum theory　220
neurelectric analysis　219
neuroglial cell　79
neuron　79
neuron doctorine　239
neuroreductionism　235
neutrality　729
New Look モデル　546
new philosophy of science　3
no change　730
nominal scale　105, 109
non-linear model　115
non-paradigm science　13
nonattached attachment dis-
　　order　493

O

object　413
occasion setter　393
occluding contour　159, 161
ontology　428
optic array　173
optical flow　172
optical flow pattern　175
OR　42
ordinal scale　105, 109
organicism　24
organization　50, 52
orientation selectivity　237
over-expectation　398
overjustification　579

P

PAC 学習　118
paradigm　18
paradigm shift　9
parallel constraint-satisfac-
　　tion processing　525
parallel distributed processing
　　342
parameter estimation by

sequential testing method 227
partially restrictive schema 574
parvo system 245
passive concentration 715
pattern model 116
pattern theory 136
payoff matrix 625
PCA 680
PDP モデル 265, 342
perceived freedom 546
perceived legitimacy 604
perceptible events 174
perception 212, 757
perceptual strategies 455
perceptual vector analysis 182
person centered approach 680
personal responsibility 546
personalism 572
PEST 法 227
PET 220
PET 法 98
phenomenal field 760
phosphene 193, 211
pivot grammar 453
plan 39
point of subjective equality 104
pontifical neuron 241
positive connotation 730
positron emission tomography 98
post-decision 542
poverty of stimulus 457
power law 221
p-o-x 理論 526
predicate 318
preferred percept 205
preoccupied or enmeshed 511
preoperational period 432
presentness 756
primal sketch 158
principle of contrast 462
principle of graceful degradation 157
principle of kinematic specification of dynamics 186
principle of least commitment 157
principles and parameters

456
proattitudinal behavior 546
probably approximately correct 118
problem space 333
processing cycle 319
processing unit 551
production rule 333
productive thinking 330
proposition 318
propositional net 321
prosody 460
PSE 104
psycho-education 741
psychologicism 11
psychometric function 220
psychophysical tuning curve 150
Purkinje phenomenon 137

Q

Q ソート 502
quasi-pictorial 279
quiet revolution 26

R

radical dissonance theory 549
ratio scale 105, 109
rational emotive therapy 686
rationalization 540
reaction 541
reactivity 41
realism 23
recapitulation theory 428
receptive field 236
reciprocal inhibition 701
recognition process 341
recurrent network 551
referent 374
reflecting team 730
reflection process 594
reflexive control 625
reflexive questioning 730
reframing 727
reinstatement search 319
relatedness 746
relationship 746
representation 431
representational processing 276
representational redescription model 464

reproductive thinking 330
resource 70
responsiveness 498
reward 622
rG-sG 結合 382
Ricco's law 142
R-O 連合 394
ROC 曲線 226
role playing 529
role-reversed attachment disorder 493
root metaphor 4
RR モデル 464
rule-assessment approach 439

S

s-digraph 536
s-graph 536
scaffolding 421, 472
scan 280
schema 309, 430, 524
schematic propositional analogical associative representation systems 352
Schwann cell 79
science courses 445
scope 30
SDT 224
see 39
selective adaptation 244
selective aftereffect 244
selective masking 244
selective self-affirmation 547
self actualization 681
self-affirmation theory 547
self-attribute accessibility 548
self-concept 546
self-consistency 546
self-defense 589
self-enhancement 589
self-esteem 588
self-evaluation 587, 588
self-evaluation maintenance 593
self-integrity 547
self-justificatory attitude change 543
self-monitoring 612
self-perception theory 545
self-presentation 599

索　引　809

self-promotion 605
self-resources 547
self-standards 548
SEM モデル 593, 595
semantic memory 293
semantic network model 287
semantic structure 344
semicycle 536
sensitivity 498
sentence 539
sentiment relation 526
SFT 733
shape from shading 160
shaping 737
signal detectability theory 224
signalization 412
signification 412
simple cell 237
simple recurrent network 305
simultaneous accessibility 542
simultaneous contrast 144
simultaneous masking 149
Sinsteden の風車 198
situated cognition 26
situation model 321
SM 612
socially mediated activity 416
societal transformation 421
solution-focused therapy 733
SOP 386
SPAARS 352, 354
space exercise 714
species-specific 457
specificity theory 136
spreading activation process 321
spreading-apart effect 544
S-R 結合 381
S-R 図式 49
S-R 理論 393
SRN 305
S-S 理論 393
S-S 連合理論 388
SSP 495, 497, 499, 501, 502, 503, 505, 511, 512
SST 116
staircase method 228
standard exercise 711
standard operating procedures 386
standard regularization theory 155
stimulus equivalence 241
stimulus sampling theory 116
stimulus threshold 104, 215
STM 386
story grammar 314
strange situation procedure 495
strategy choice 441
stream 244
structual family therapy 722
structural consistency 537
structural invariants 176
subjective probability 604
summation 142
supplication 606
surface consistency theorem 160
surface representation 281
sustained cell 248
symbolic 51
symbolic psycho-logic 538
synchronization of oscillatory neuronal responses 243
systematic desensitization 701

T

tacit knowledge 278
target problem 339
task analysis 443
temperament 500
template matching model 567
terminal stimulus 104
test-operation-test-exit 375
texture gradient 210
"The Image of the City" 271
"The Process of Education" 51
then and there 756
theory ladeness 8
theory of direct perception 174
theory of mind 443
theory of signal detection 224
thick stripes 245
third force psychology 52
threshold of audibility 138
tic-tac-toe 343
time sense exercise 713

tit-for-tat-strategy 627
TM 34
TOTE ユニット 375
trade-off 70
transcendence 540
transfer RNA 85
transformational invariants 176
transformed up-and-down method 228
transient cell 248
trauma 679
tree structure 435
triangulation 720
tRNA 85
TSD 224
tuning function 243

U

UDTR 228
UG 456
unconditional positive regard 757
unconscious conclusion 195
undifferenciated ego mass 720
unit formation 526
unit relation 526
universal grammar 456
unresolved 511
up-and-down method 227
up-down transformed response method 228
UR 381
US 381, 398

V

V 1 237
valence 369
value-facilitation consistency 537
ventral stream 246
verb-clustering task 323
visual field 205
visual world 205

W

warmth 510
Weber's law 141
where vision と what vision 247
WHO 514

word learning problem 461
work 422
working memory 443

X

X 細胞 248

Y

Y 細胞 248
yes-no 実験法 226

Z

zone of proximal development 415

人名索引

ア

アイゼンク（Eysenck, H. J.）　697, 698, 699
アトキンソン（Atkinson, J. W.）　366, 367
アトキンソン（Atkinson, R. C.）　258, 386
アリストテレス（Aristotle）　23
アリスン（Allison, J.）　393
アロンソン（Aronson, E.）　546
アロンソン（Aronson, J.）　547
アンダーソン（Anderson, J. R.）　292, 293, 295, 296, 297, 298
アンデルセン（Andersen, T.）　731

イ

イエーツ（Yates, A. J.）　698, 701
イーグリー（Eagly, A. H）　538
石黒広昭　415
イネルデ（Inherde, B.）　445
インメルマン（Immelman, K.）　396

ウ

ウイークランド（Weakland, J.）　725
ヴィゴツキー（Vygotsky, L. S.）　27, 407, 409, 410, 411, 412, 413, 415, 416, 417, 418, 419, 420, 421, 422, 423, 424, 425, 471
ウィーゼル（Wiesel, T. N.）　237
ウィトゲンシュタイン（Wittgenstein, L.）　15, 20, 21
ウィルス（Wills, T. S.）　590
ウィルソン（Wilson, E. O.）　73
ウエイゴールド（Weigold, M. F.）　601
ウェクスラー（Wexler, K.）　458
ウェーバー（Weber, E. H.）　218
ウェルトハイマー（Wertheimer, M.）　330, 331
ウェルナー（Werner, H.）　41
ウェルマン（Wellman, H.）　444
ウェルマン（Wellman, H. M.）　477
ウェンガー（Wenger, E.）　421, 473
ウォーターズ（Waters, E.）　506
ウォートマン（Wortman, C.）　604
ウォルツ（Waltz, D. L.）　303

ウ（続き）

ウォルピ（Wolpe, J.）　698, 699
ウォーレス（Wallace, A. R.）　59, 74
ウォーレン（Warren, W. H. Jr.）　181, 186, 188
内山喜久雄　701
ウッド（Wood, D.）　421
ウッド（Wood, J. V.）　593
梅津耕作　701
ヴルーム（Vroom, V. H.）　366, 369
ヴント（Wundt, W. M.）　407, 408, 429

エ

エイベルソン（Abelson, R. P.）　310, 538
エインズワース（Ainsworth, M. D. S.）　488, 495, 496, 498, 500, 501, 512, 514
エクマン（Ekman）　219
エビングハウス（Ebbinghaus, H.）　468
エプストン（Epston, D.）　719
エマソン（Emerson, R. M.）　629, 631
エリコーニン（El'konin）　425
エリス（Ellis, A.）　679, 686
エリッカー（Elicker, J.）　506
エルマン（Elman, J. L.）　306
エンゲストロム（Engeström, Y.）　421, 422
遠藤利彦　491, 510, 511

オ

オーヴィス（Orvis, B. R.）　567
苧阪直行　217, 220, 228
オズグッド（Osgood, C. E.）　532
オートニー（Ortony, A.）　309
オートリー（Oatley, K.）　349, 351

カ

カイル（Keil, F. C.）　476
カーヴァー（Carver, C. S.）　373
数井みゆき　510
ガスリー（Guthrie, E. R.）　381
ガダマー（Gadamer, H. G.）　8
カッティング（Cutting, J. E.）　184
カートライト（Cartwright, D.）　535, 657
カミル（Kamil, A. C.）　393

索　引　　　*811*

カーミロフ-スミス（Karmiloff-Smith, A.）　464
ガリペリン（Gal'perin, P. Y.）　418, 425
ガルシア（Garcia, J.）　395, 396
ガルシア（Garcia, R.）　433
カールスミス（Carlsmith, J. M.）　544, 578
カルナップ（Carnap, R.）　8, 9, 10
カルフ（Kalff, D.）　781, 782, 783, 785, 787
河合隼雄　781, 786
ガンツ（Ganz, L.）　249
カーンバーグ（Kernberg, O.）　672

キ

ギーゲリッヒ（Giegerich, W.）　675, 676, 677
キケロ（Cicero, B.）　284
ギブソン（Gibson, J. J.）　172, 180, 205, 210, 273, 469, 470
キャノン（Cannon, W. B.）　580
キャンベル（Campbell, N. R.）　5, 14
キリアン（Quillian, M. R.）　286
ギルバート（Gilbert, D. T.）　577
キンチュ（Kintsch, W.）　318

ク

クック（Cook, K. S.）　632
グッデイル（Goodale, M. A.）　246
クーパー（Cooper, J.）　546
クラーク（Clark, E. V.）　462
クリック（Crick, F. H. C.）　63
グルダー（Gruder, C. L.）　590
グレイ（Gray, C. M.）　242
グレゴリー（Gregory, R. L.）　204
クレマー（Kremer, E. F.）　398
グロス（Gross, C. F.）　247
グロス（Gross, C. G.）　238
グロスマン（Grossman, K. E.）　497, 502, 505
クロッケンバーグ（Crockenberg, S. B.）　502
クーン（Kuhn, T. S.）　2, 3, 5, 7, 8, 10, 11, 12, 13, 14, 15, 16, 17, 18, 20, 21, 25, 31, 32

ケ

ケアリー（Cary, S.）　475
ケイス（Case, R.）　439
ケーミン（Kamin, L. J.）　384
ケーラー（Köhler, W.）　748
ケリー（Kelley, H. H.）　564, 624
ケリング（Koelling, R.）　396

コ

コスリン（Kosslyn, S. M.）　279
コノスキー（Konorski, J.）　238
コリンズ（Collins, A. M.）　287
コール（Cole, R. A.）　417, 424, 425

コールヴィル（Colwill, R. M.）　394
ゴールドスタイン（Goldstein, K.）　750
ゴールドバーグ（Goldberg, S.）　510
ゴールトン（Galton, F.）　64
近藤清美　511

サ

斎藤秀昭　239
酒井春樹　543, 550
坂野雄二　703
佐々木雄二　711
サーストン（Thurstone, L. L.）　118, 219, 220
サッチマン（Suchman, L. A.）　417
サティア（Sateir, V.）　719
ザポロジェッツ（Zaporozhets, O.）　425
サン-シモン（Saint-Simon, C. H.）　54
ザンダー（Zander, A.）　657
ザンナ（Zanna, M. P.）　591

シ

シェアー（Sherer, K. R.）　349, 350, 351
ジェームス（James, W.）　254
シェリントン（Sherrington, C. S.）　241
ジェンキンス（Jenkins, H. M.）　395
ジェンドリン（Gendlin, E. T.）　683
シフリン（Shiffrin, R. M.）　258, 386, 390
シャイアー（Scheier, M. F.）　373
シャクター（Schacter, S.）　362, 578
シャクトマン（Schactman, T. R.）　392
ジャストロー（Jastrow）　220
ジャネ（Janet, P.）　418
シャノン（Shannon, C. E.）　254
シャンク（Schank, R. C.）　310, 313
シュヴァネヴェルト（Shvaneveldt, R. W.）　291
シュッツ（Shutz, B.）　756
シュナイダー（Schneider, W.）　242, 390
シュプランガー（Spranger, E.）　409
ジュール（Joule, R.-V.）　549
シュルツ（Shultz, T. R.）　553, 710
シュレジンジャー（Schlesinger, I. M.）　454
シュレンカー（Schlenker, B. R.）　601, 602
ショー（Shaw, R. E.）　176
ジョーンズ（Jones, E. E.）　564, 604
ジョンソン-レアード（Johnson-Laird, P. N.）　336, 349, 351
白井泰子　545
ジルマン（Zillmann, D.）　581
ジンガー（Singer, W.）　243
シンガー（Singer, J. E.）　362, 581
ジンチェンコ（Zinchenko, V. P.）　425
ジンマーマン（Zimmermann, P.）　506

ス

スィーグラー（Siegler, R. S.） 439
スキナー（Skinner , B. F.） 34, 383, 758
スクリブナー（Scribner, S.） 424
鈴木康平 565
スティーヴンス（Stevens, S. S.） 135, 219, 221, 230, 232
スティフター（Stifter, C. A.） 513
スティール（Steele, C. M.） 547
ストーン（Stone, J.） 548
スナイダー（Snyder, M.） 612
スペンサー（Spencer, H.） 61
スペンス（Spence, K. W.） 382
スミス（Smith, E. E.） 289
スミス（Smith, E. R.） 525
スミルノフ（Smirnov, A. A.） 407
スルゴスキー（Slugoski, B. R.） 568
スルーフ（Sroufe, L. A.） 508, 509
スロービン（Slobin, D. I.） 465

セ

ゼキ（Zeki, S.） 164

ソ

園田順一 699
ソープ（Sope, W. H.） 65
ソロモン（Solomon, J.） 498
ソロモン（Solomons） 220
ソーンダイク（Thorndike, E. L.） 50, 381
ソーンダイク（Thorndyke, P. W.） 315

タ

ダーウィン（Darwin, C.） 59
高田利武 545
高山 巌 699
ダビドフ（Davydov, V. D.） 425
ダラード（Dollard, J.） 697
タルビング（Tulving, E.） 286, 293
タンネンバウム（Tannenbaum, P. H.） 532

チ

チェン（Cheng, P. W.） 568
チャイクン（Chaiken, S.） 538
チャルディーニ（Cialdini, R. B.） 610
チョムスキー（Chomsky, N.） 451

ツ

ツワーン（Zwaan, R. A.） 322

テ

ディ・シェイザー（de Shazer, S.） 719

ティボー（Thibaut, J. W.） 624
テイラー（Taylor, S. E.） 564
ティンバーゲン（Tinbergen, N.） 66
ティンバーレーク（Timberlake, W.） 393
デーヴィス（Davis, K. E.） 564
デカルト（Descartes, R.） 220, 753
デシモン（Desimone, R.） 239
テッサー（Tesser, A.） 593, 595
テデスキー（Tedeschi, J. T.） 545
デメトゥリウ（Demetriou, A.） 439
デュエム（Duhem, P.） 5
デュボワ（Dubois） 774
デュール（Duhl, B.） 719
デュルケム（Durkheim, E.） 408
テラー（Teller, D. Y.） 235
デルブフ（Delboeuf） 219, 220

ト

トヴェルスキー（Tversky, A.） 130, 131
トッド（Todd, J. T.） 186
ド・フリース（De Vries, H.） 62
トリーズマン（Treisman, A.） 244
トルハースト（Tolhurst, D. J.） 248
トールマン（Tolman, E. C.） 276, 382, 399
トロピ（Trope, Y.） 575
ドンダース（Donders, F. C.） 259

ナ

ナイサー（Neisser, U.） 27, 272, 470
中井久夫 781
ナージ（Boszormenyi-Nagy, I.） 719

ニ

ニューウェル（Newell, A.） 345
ニューカム（Newcomb, T. M.） 529
ニューポート（Newport, E. L.） 463

ノ

ノヴィック（Novick, L. R.） 568
ノーマン（Norman, D. A.） 295, 296

ハ

ハイアムズ（Hyams, N. M.） 457
ハイダー（Heider, F.） 474, 524, 525, 564
ハインド（Hinde, R. A.） 514
ハインロート（Heinroth, O.） 66
バウアー（Bower, G. H.） 312, 355, 356, 361
バウアー（Bower, T. G. R.） 436
バウアー（Bowyer, R.） 782
バウトン（Bouton, M. E.） 392
バウマイスター（Baumeister, B. F.） 614
ハクスリー（Huxley, T. H.） 62

バークレー（Berkeley, G.）194
パース（Pierce, C. S.）24
パスカル-レオーネ（Pascual-Leone, J.）439
ハックミラー（Hakmiller, K. L.）590
ハッチンズ（Hutchins, E.）417
バートレット（Bartlett, F. C.）309, 325, 430
パーナー（Perner, J.）444
バフチン（Bakhtin, M. M.）420, 423, 425
パブロフ（Pavlov, I. P.）381, 407, 411, 698
ハミルトン（Hamilton, C. E.）506
ハミルトン（Hamilton, W. D.）73
ハーモン-ジョーンズ（Harmon-Jones, E.）550
林 春男 545
バーライン（Berlyne, D. E.）377
パラツォーリ（Palazzoli, S.）728
ハラリー（Harary, F.）535
ハル（Hull, C. L.）118, 276, 382, 399
春木 豊 703
パールズ（Perls, F.）679, 746, 749
バーロー（Barlow, H. B.）239
ハーロー（Harlow, H. F.）377, 489, 492
パワーズ（Powers, W. T.）373
ハンソン（Hanson, N. R.）8
バンデューラ（Bandura, A.）703

ヒ

ピアジェ（Piaget, J.）11, 26, 27, 29, 41, 420, 428, 429
ピアース（Pearce, J. M.）388, 389, 390, 391
ビアード（Beard, G. M.）774
ピスチンスキー（Pyszczynski, T.）591
ピッティンジャー（Pittenger, J. B.）176
ヒューベル（Hubel, D. H.）237
ビューラー（Bühler, C.）781, 782
ピリシン（Pylyshyn, Z. W.）277, 279
ヒルトン（Hilton, D. J.）568
ヒルマン（Hillman, J.）664, 673, 674, 675, 676, 672
ピンカー（Pinker, S.）458
ビンスワンガー（Binswanger, L.）774

フ

ファイヤアーベント（Feyerabend, P. K.）9, 10, 13
ファジオ（Fazio, R. H.）546
ファーナード（Fernald, A.）460
ファン・アイジェンドーン（van IJzendoorn, M. H.）496
ファン・デン・ブーム（van den Boom, D. C.）502, 504
フィスク（Fiske, S. T.）564
フェイリング（Feiring, C.）501

フェスティンガー（Festinger, L.）524, 541, 579, 586
フェヒナー（Fechner, G. T.）216, 230
フェルスタリング（Försterling, F.）568
フォーガス（Forgas, J. P.）358
フォークト（Vogt, O.）710
フォーダー（Foder, J. A.）290
フォックス（Fox, N. A.）503
フォン・クリース（von Kries）219
フォン・フレイ（Max von Frey）136
フーコー（Foucault, J. B. L.）415
ブライトメイヤー（Breitmeyer, B. G.）249
ブラウン（Brown, P. L.）395
ブラウン（Brown, R.）453
ブラック（Black, M.）6, 15
プラトー（Plateau, M.）219
プラトン（Plato）23
フラモ（Framo, J.）719
ブランスフォード（Bransford, J. D.）415
フリーコゥルム（Frykholm, G.）186
ブリッジマン（Bridgman, P. W.）232
フリッシュ（Frisch, K. von）66
フリーマン（Freeman, A.）708
プルキンエ（Purkinje, J. E.）137
ブルックス（Brooks, L. R.）274
ブルーナー（Bruner, J. S.）3, 11
ブルーワー（Brewer, M. B.）574
ブルーン（Vroon, P. A.）28
ブレイン（Braine, M. D. S.）453
プレマック（Premack, D.）393, 443
ブレランド（Breland, K. & M.）395
ブレンターノ（Brentano）219
フロイト（Freud, S.）408, 409, 446, 488, 662, 663, 664, 665, 666, 667, 668, 670, 671, 673, 674, 676, 677, 679, 749
ブロードベント（Broadbent, D. E.）254
プロフィット（Proffitt, D. R.）184

ヘ

ペイビオ（Paivio, A.）274, 276, 279
ベイリス（Baylis, G. C.）239
ベイン（Bain, A.）383
ベケシー（Békésy, G. von）146
ベック（Beck, A. T.）705
ヘックハウゼン（Heckhausen, H.）371
ヘッケル（Haeckel, E. H.）62, 428
ヘッセ（Hesse, E.）500
ヘッセ（Hesse, M. B.）5, 7, 14
ペパー（Pepper, S. C.）2, 4, 5, 19, 20, 23, 24, 25, 26, 28, 29, 30, 31, 34
ベーバー（Bever, T. G.）455
ベム（Bem, D. J.）545, 564, 578

ヘリング（Hering）219
ベルスキー（Belsky, J.）503
ベルタランフィー（von Bertalanffy, L.）37, 48,
　52
ベルヌーイ（Bernoulli, J.）218
ヘルバルト（Herbart, J. F.）217
ヘルマン（Hermann, L.）145
ヘルムホルツ（Helmholtz, H. von）192, 194,
　195, 198, 199, 200, 204, 208, 212
ペレット（Perret, D. E.）239, 248
ベレルソン（Berelson, B.）53

ホ

ホイーラー（Wheeler, L.）589
ボーヴォア（Beauvois, J. -L.）549
ボウルビー（Bowlby, J.）69, 488, 489, 490, 491,
　492, 494, 498, 504, 507, 508, 514
ボーエン（Bowen, M.）719
ポジオ（Poggio, T.）162
ポズナー（Posner, M. I.）274
ポパー（Popper, K. R.）3, 8, 10, 11, 12
ホフマン（Hoffman, L. W.）513
ホマンズ（Homans, G. C.）628
ポラニー（Polanyi, M.）446
ホランド（Holland, P. C.）393
ホール（Hall, G.）389, 390, 397
ボールズ（Bolles, R. C.）396
ホルナイ（Horney, K.）749
ホワイト（White, M.）719, 735
ホワイト（White, R. W.）377

マ

マー（Marr, D.）154, 241, 247, 267
マキャベリ（Machiavelli, N. B.）613
マクドナルド（MacDonald, K.）510, 511
マークマン（Markman, E. M.）461
マクレランド（McClelland, J. L.）264, 301
マスターマン（Masterman, M.）11, 12, 15, 16, 18
マッギリス（McGillis, D.）573
マッキントッシュ（Mackintosh, N. J.）388
マッハ（Mach, E.）145
マラテスタ（Malatesta, C. Z.）512
マルクス（Marx, K.）418
マルスバーグ（Malsburg, C.）242
マレイ（Murray, D. J.）219, 229

ミ

ミショット（Michotte, A.）186
ミッチェル（Mitchell）774
ミード（Mead, G. H.）24
ミニューチン（Minuchin, S.）722
ミュラー（Müller, J. P.）136, 235

ミラー（Miller, G. A.）373
ミラー（Miller, N. E.）697
ミラー（Miller, R. R.）392
ミルズ（Mills, J.）549
ミルナー（Milner, A. D.）246
ミルナー（Milner, P. M.）242

ム

村上陽一郎　18
村瀬孝雄　772

メ

メイヤー（Meyer, D. E.）291
メイン（Main, M.）498, 500, 505, 511
メース（Mace, W.）173
メラニー・クライン（Klein, M.）666, 670, 671,
　672

モ

モーガン（Morgan, C. L.）64, 66
森　晃徳　242
森田正馬　773, 779
モル（Moll, L. C.）415
モールディン（Mauldin, J. E.）393
茂呂雄二　423

ヤ

ヤスパース（Jaspars, J.）568
山岸俊男　632

ユ

ユクスキュル（Uexküll, J. J. von）66
ユトール（Uttall, W. R.）241
ユング（Jung, C. G.）666, 667, 668, 669, 670, 671,
　674, 675, 679, 781, 783

ヨ

吉本伊信　768
ヨハンソン（Johansson, G.）172, 182

ラ

ライプニッツ（Leibniz, G. W.）217
ラカン（Lacan, J.）666, 675, 676
ラザルス（Lazarus, R. S.）349, 350, 351
ラズロー（Laszlo, E.）40, 44, 46
ラプラス（Laplace, P. S.）218
ラマルク（Lamarck, J. B.）61
ラメルハート（Rumelhart, D. E.）292, 301, 309,
　343

リ

リー（Lee, D. N.）178, 179

リアリィ（Leary, M. R.） 615
リクール（Ricoeur, P.） 4
リシュマン（Lishman, J. R.） 178
リーダー（Reeder, G. D.） 574
リップス（Rips, L. J.） 288
リビングストーン（Livingstone, M. S.） 244
リンチ（Lynch, K.） 271

ル

ルイス（Lewis, M.） 501, 510
ルーテ（Luthe, W.） 711
ルネソン（Runeson, S.） 186
ルボー（Lubow, R. E.） 386
ルリア（Luria, A. N.） 413, 425

レ

レイヴ（Lave, J.） 421, 472
レイコフ 6
レイダーマン（Leiderman, P. H.） 510
レヴィン（Lewin, K.） 4
レオンチェフ（Leont'ev, A. N.） 413, 414, 415, 421, 425
レスコーラ（Rescorla, R. A.） 385, 394
レッパー（Lepper, M. R.） 553
レネバーグ（Lenneberg, E. H.） 463
レーベンソール（Leventhal, H.） 581

ロ

ローウェンフェルト（Lowenfeld, M.） 780, 783
ロゴフ（Rogoff, B.） 472
ロジャース（Rogers, C. R.） 52, 679, 680, 746, 757, 762
ローゼンバーグ（Rosenberg, M. J.） 537
ロック（Locke, E. A.） 371
ロック（Rock, I.） 210
ロバイン（Rovine, M. J.） 503
ロフタス（Loftus, E. L.） 289
ロマーニズ（Romanes, G. J.） 64
ロールズ（Rolls, E. T.） 239, 248
ローレンツ（Lorenz, K. Z.） 66, 514

ワ

ワイスマン（Weismann, A.） 62
ワイナー（Weiner, B.） 564, 581
ワインフィールド（Weinfield, N.） 506
ワグナー（Wagner, A. R.） 385, 386
ワーチ（Wertsch, J. V.） 418, 419, 422, 425
ワッツラウィック（Watzlawick, P.） 725
ワトソン（Watson, J. B.） 381, 700
ワートナー（Wartner, U. G.） 505
ワロン（Wallon, H.） 431
ワン（Whang, S.） 188

編者略歴

なか じま よし あき
中 島 義 明

1944 年　東京都に生まれる
1972 年　東京大学大学院人文科学研究科博士課程心理学専門課程退学
　　　　大阪大学大学院人間科学研究科教授を経て
現　在　早稲田大学人間科学学術院教授
　　　　大阪大学名誉教授
　　　　文学博士

現代心理学［理論］事典（新装版）　　定価はカバーに表示

2001 年 10 月 20 日　初　版第 1 刷
2018 年 7 月 20 日　新装版第 1 刷

　　　　　　　　　　　　編　者　中　島　義　明
　　　　　　　　　　　　発行者　朝　倉　誠　造
　　　　　　　　　　　　発行所　株式　朝倉書店
　　　　　　　　　　　　　　　　会社
　　　　　　　　　　　　東京都新宿区新小川町6-29
　　　　　　　　　　　　郵 便 番 号　162-8707
　　　　　　　　　　　　電　話　03（3260）0141
　　　　　　　　　　　　FAX　03（3260）0180
〈検印省略〉　　　　　　　http://www.asakura.co.jp

© 2001〈無断複写・転載を禁ず〉　　　Printed in Korea

ISBN　978-4-254-52024-8　C3511

JCOPY ＜（社）出版者著作権管理機構 委託出版物＞
本書の無断複写は著作権法上での例外を除き禁じられています．複写される場合は，
そのつど事前に，（社）出版者著作権管理機構（電話 03-3513-6969，FAX 03-3513-
6979，e-mail: info@jcopy.or.jp）の許諾を得てください．

好評の事典・辞典・ハンドブック

脳科学大事典	甘利俊一ほか 編 B5判 1032頁
視覚情報処理ハンドブック	日本視覚学会 編 B5判 676頁
形の科学百科事典	形の科学会 編 B5判 916頁
紙の文化事典	尾鍋史彦ほか 編 A5判 592頁
科学大博物館	橋本毅彦ほか 監訳 A5判 852頁
人間の許容限界事典	山崎昌廣ほか 編 B5判 1032頁
法則の辞典	山崎 昶 編著 A5判 504頁
オックスフォード科学辞典	山崎 昶 訳 B5判 936頁
カラー図説 理科の辞典	山崎 昶 編訳 A4変判 260頁
デザイン事典	日本デザイン学会 編 B5判 756頁
文化財科学の事典	馬淵久夫ほか 編 A5判 536頁
感情と思考の科学事典	北村英哉ほか 編 A5判 484頁
祭り・芸能・行事大辞典	小島美子ほか 監修 B5判 2228頁
言語の事典	中島平三 編 B5判 760頁
王朝文化辞典	山口明穂ほか 編 B5判 616頁
計量国語学事典	計量国語学会 編 A5判 448頁
現代心理学［理論］事典	中島義明 編 A5判 836頁
心理学総合事典	佐藤達也ほか 編 B5判 792頁
郷土史大辞典	歴史学会 編 B5判 1972頁
日本古代史事典	阿部 猛 編 A5判 768頁
日本中世史事典	阿部 猛ほか 編 A5判 920頁

価格・概要等は小社ホームページをご覧ください.